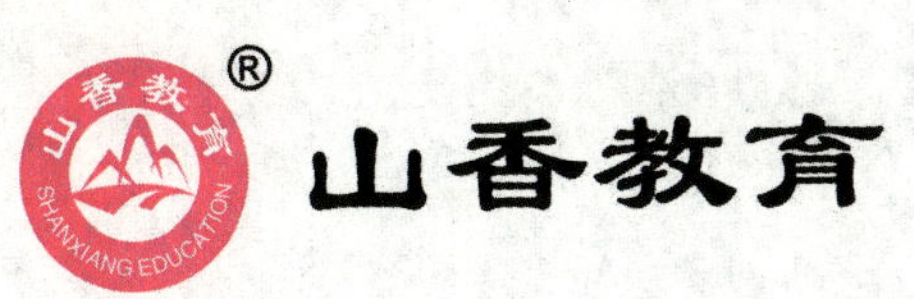

河南省教师招聘考试专用教材

教育理论基础

山香教育考试命题研究中心 主编

图书在版编目(CIP)数据

河南省教师招聘考试专用教材. 教育理论基础 / 山香教育考试命题研究中心主编. -- 北京：首都师范大学出版社, 2023.9

ISBN 978-7-5656-7710-6

Ⅰ. ①河… Ⅱ. ①山… Ⅲ. ①教育理论-教师-聘用-资格考试-教材 Ⅳ. ①G451.1

中国国家版本馆CIP数据核字(2023)第157423号

河南省教师招聘考试专用教材
JIAOYU LILUN JICHU
教育理论基础
山香教育考试命题研究中心　主编

策划编辑　张文强
责任编辑　杨林玉　曹亮亮　　封面设计　山香教育
首都师范大学出版社出版发行
地　　址　北京市海淀区西三环北路105号
邮　　编　100048
咨询电话　010-68418523(总编室)　　010-68982468(发行部)
网　　址　http://cnupn.cnu.edu.cn
印　　刷　河南黎阳印务有限公司
经　　销　全国新华书店
版　　次　2023年9月第1版
印　　次　2023年9月第1次印刷
开　　本　889mm×1194mm　1/16
印　　张　44
字　　数　1172千
定　　价　68.00元

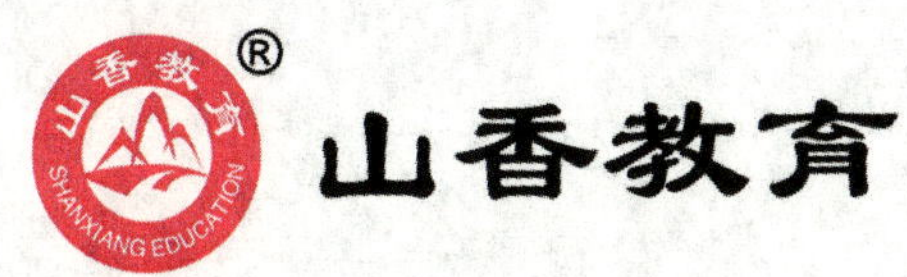

24年内容沉淀

将心注入，只为考生上岸

24年

SHANXIANG
EDUCATION

品牌
故事

山香女孩

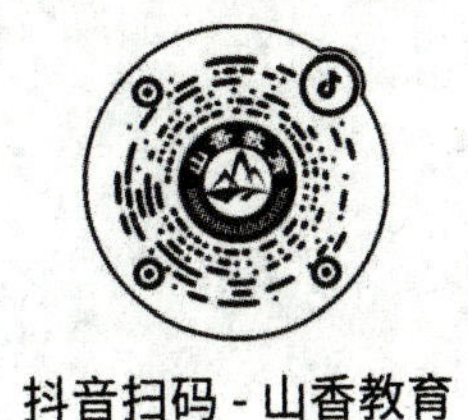

抖音扫码 - 山香教育

一段真实感人的故事

一个中国招教的传奇

一个大山中质朴的女孩

只为了能守候心中的爱情

执著地踏上教师招考之路

几经心酸、坎坷数载

终含泪圆梦

师者大爱无疆

回首仍在招教路上迷茫无助

痛苦挣扎的考生

她忍痛放弃来之不易的光辉事业

决然分享自己的招教秘籍

掇菁撷华、纳优去粕，无微不至、倾心辅导

只为复制精彩，再造成功

她圆了一批又一批考生的教师之梦

她让一批又一批的考生喜泪盈眶

她收到了一句又一句的致谢和感恩话语

她已经不是一个她了

而是更多的她，创造了中国招教奇迹！

她就是——山香教育！

SHANXIANG EDUCATION

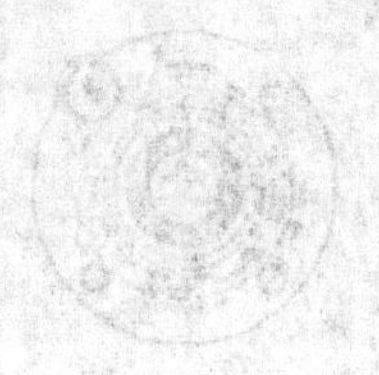

前言

近年来，教师招聘考试越来越“火热”。考生在参加教师招聘考试时面临着两大困境：一方面，随着广大考生对教师招聘考试的不断探索，笔试分数的差距在不断缩小；另一方面，教师招聘考试的试题难度和灵活性也在不断提高。因此，获得一套实用性强的教辅对考生来说尤为重要。

教育理论基础作为河南省教师招聘考试的必考内容，具有内容多、复习难、要求高的特点。鉴于此，山香教育结合多年研究成果和教学反馈，深入分析制约考生得高分的因素，对教材进行精心编排，旨在帮助考生通过阅读和学习达到理想的备考效果。

3大特色 破解教育理论

特色1 立足真题考情 归纳核心考点

考情最能体现命题人的思想。通过对真题的梳理分析，整理出命题特点和考查方向，并以此作为教材的核心内容，真正做到“考什么，讲什么”“怎么考，怎么讲”。同时，通过“思维导图”等栏目的呈现，使整个教材知识体系形成一个完美闭环。

特色2 融合教学经验 传授备考心法

教师招聘考试作为一门选拔性考试，考生顺利通过考试的途径只有一个：考高分。每道题的正误都可能决定是否顺利通过考试。所以，核心知识和备考心法就显得尤为重要。本书的编写摒弃了以往传统说教式的罗列，倡导互动式学习，并融合山香名师多年授课经验，通过“记忆有妙招”“小香课堂”等栏目设计，帮助考生掌握核心解题能力。

特色3 微课视频助学 强化巩固提升

鉴于文字讲解的局限性，本书针对重难点知识配备了微课视频，由山香名师进行视频讲解，实现“读”和“讲”的完美结合。同时，本书设置“考点大默写”栏目，聚焦关键知识，助力考生掌握核心考点。

愿诸君能够善用山香图书这件“利器”，在即将到来的教师招聘考试中打好有准备之战，在有限的时间内选择最恰当、最有效的方法备考。预祝大家早日走上心目中的三尺讲台！

编　者

说　明

★：考点的重要程度或者考频，星级越高即说明该考点的重要程度或者考频越高，最高为三颗星。

黑体字：专有名词或者关键词语。

波浪线：需要重点掌握的句子。

红色字体：考点中最重要的内容，其重要性远高于黑体字和波浪线。

使用图解 SHI YONG TU JIE

思维导图

- 梳理知识脉络
- 勾勒认知地图

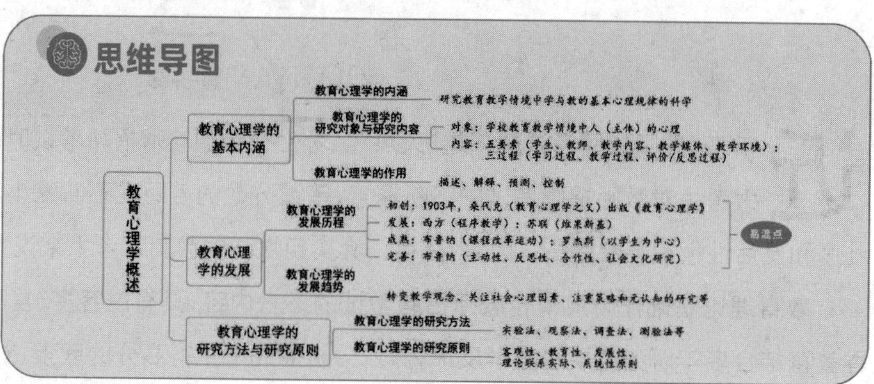

河南考向

本章从宏观层面介绍了教育与社会发展、教育与人的发展的关系，内容较为琐碎，需要识记和理解的知识较多。现对本章河南考向分析如下：

考点类型	考点名称	常考题型	能力层级	考查热度
高频考点	社会政治经济制度、生产力、文化对教育发展的影响和制约	单选、多选、判断	识记	★★
	教育的社会功能	单选、多选、判断、简答	理解	★★
	教育的相对独立性	单选、多选、不定项、判断	识记	★★
	个体身心发展的动因	单选、多选、判断、填空	理解	★★

河南考向

- 探究命题规律
- 精准预测考向

核心考点

- 立足真题考情
- 归纳核心考点

第一节　教育目的概述

一、教育目的的内涵

考点1　教育目的的概念【单选、判断】★

教育目的指教育要达到的预期结果，是根据一定社会发展和受教育者自身发展需要及规律，对受教育者提出的总的要求，规定了把受教育者培养成什么样的人，是培养人的质量规格标准，同时也反映了教育在人的努力方向和社会倾向性等方面的要求。教育目的一般由国家或国家教育行政部门制定，指导一定时期各级各类的教育工作。

★ 考点大默写 ★

1. 思维是人脑对客观事物的本质属性与内在联系的______、______反映。
2. 从思维的特点来看，每次看到"月晕"就要"刮风"，"础石潮湿"就要"下雨"，就能得出"月晕而风，础润而雨"的结论，这体现了思维的______；地震工作者可以根据动物的反常现象或其他仪表的数据来分析与预报震情，这体现了思维的______。
3. 在思维的品质中，思维的______表现为能从不同角度、运用不同方法思考问题；思维的______是指思维活动迅速正确，能当机立断。
4. 具体形象思维是以直观形象和______为支柱的思维过程；抽象逻辑思维是以______为中介来反映现实的思维过程。

考点大默写

- 再现高频考点
- 验收学习成果

真题面对面

- 再现历年真题
- 还原考场体验

真题面对面

1. [2023周口市直,单,1分]某学校楼道中设置了由学生自主设计和创作的文化墙。这种文化墙属于( )

A. 物质性隐性课程　　B. 观念性隐性课程

C. 制度性隐性课程　　D. 心理性隐性课程

2. [2022郑州市直,单,0.8分]从课程论的角度来说,教室里的图画、标语、黑板报属于( )

A. 活动课程　　B. 显性课程　　C. 隐性课程　　D. 学科课程

答案:1. A　2. C

鉴于各地命题的参考资料不同,对"素质教育的核心"的界定也有一定的区别。有些地区的真题点明"素质教育的核心是创新教育",也有些地区的真题点明"素质教育的核心是创新精神",还有些地区的真题点明"素质教育的核心是创新精神和实践能力",等等。不管哪种表述,都点明了"创新"二字。考生在复习备考过程中,只需抓住"创新"这个关键词,在此基础上灵活应对即可。

小香课堂

- 精讲重点难点
- 提示易错易混

记忆有妙招

- 编写速记口诀
- 高效趣味记忆

记忆有妙招

关于杜威的主要教育思想,我们总结了以下口诀帮助考生记忆:三即两学无目的,还有一个三中心。

(1)三即:"教育即生活""教育即生长""教育即经验的改组或改造"。

(2)两学:"学校即社会""从做中学"。

(3)无目的:"教育无目的论"。

(4)还有一个三中心:"儿童中心(学生中心)""活动中心""经验中心"。

知识再拔高

多元智力理论的新发展

经过研究,加德纳又提出了第八种智力,即认识自然智力(自然观察智力),它是认识自然,并对我们周围环境中的各种事物进行分类的能力。后来,他又提出了第九种智力,即存在智力,指陈述、思考有关生与死、身体与心理等问题的倾向性,如人为何到地球上来,在人类出现之前地球是怎样的,别的星球有无生命,以及动物之间能否相互理解等。

知识再拔高

- 开阔考生视野
- 完善知识体系

视频二维码

- 山香名师录播
- 助力视频学习

四、个体身心发展的规律【单选、多选、判断、填空、简答、案例分析】必背 ★★★

考点1　个体身心发展的顺序性

顺序性和阶段性

1. 个体身心发展的顺序性的概念

身心发展的顺序性是指人的身心发展是一个由低级到高级、由简单到复杂、由量变到质变的连续不断的发展过程。例如,身体的发展遵循着从上到下、从中间到四肢、从骨骼到肌肉的顺序发展,心理的发展总是由机械记忆到意义记忆,由具体思维到抽象思维。

高效备考从扫码开始……

扫码听讲的4个理由

1 海量真题免费刷
2 参加模考体验佳
3 时政打卡天天有
4 备考咨询专业答

考情分析与解读

第一部分　教育学

第一章　教育与教育学

本章考题约占试卷总分值的1%～14%，考查题型主要为单项选择题、多项选择题、不定项选择题、判断题、填空题、名词解释、简答题、论述题等。

第二章　教育的基本规律

本章考题约占试卷总分值的2%～10%，考查题型主要为单项选择题、多项选择题、不定项选择题、判断题、填空题、简答题、论述题、案例分析题等。

第三章 教育目的与教育制度

本章考题约占试卷总分值的1%~12%，考查题型主要为单项选择题、多项选择题、不定项选择题、判断题、填空题、辨析题、简答题、论述题、案例分析题等。

第四章 教师与学生

本章考题约占试卷总分值的1%~20%，考查题型主要为单项选择题、多项选择题、不定项选择题、判断题、填空题、简答题、论述题、案例分析题等。

第五章 课　程

本章考题约占试卷总分值的1%~5%，考查题型主要为单项选择题、多项选择题、不定项选择题、判断题、填空题、简答题等。

第六章　教　学

本章考题约占试卷总分值的2%~20%，考查题型主要为单项选择题、多项选择题、不定项选择题、判断题、填空题、简答题、论述题、案例分析题等。

第七章　德　育

本章考题约占试卷总分值的1%~12%，考查题型主要为单项选择题、多项选择题、不定项选择题、判断题、填空题、辨析题、简答题、论述题、案例分析题等。

第八章　班级管理与班主任工作

本章考题约占试卷总分值的1%~11%，考查题型主要为单项选择题、多项选择题、不定项选择题、判断题、填空题、简答题、案例分析题等。

第九章　课外、校外教育与三结合教育

本章考题约占试卷总分值的1%～7%，考查题型主要为单项选择题、多项选择题、不定项选择题、判断题、案例分析题等。

第二部分　心理学

第一章　心理学概述

本章考题约占试卷总分值的1%～3%，考查题型主要为单项选择题、多项选择题、判断题等。

第二章　认知过程

本章考题约占试卷总分值的4%～13%，考查题型主要为单项选择题、多项选择题、不定项选择题、判断题、简答题、论述题等。

第三章　情绪情感、意志过程

本章考题约占试卷总分值的1%～4%，考查题型主要为单项选择题、多项选择题、判断题等。

第四章　个性心理

本章考题约占试卷总分值的1%～10%，考查题型主要为单项选择题、多项选择题、不定项选择题、判断题、简答题、案例分析题等。

第三部分　教育心理学

第一章　教育心理学概述

本章考题约占试卷总分值的1%～5%，考查题型主要为单项选择题、多项选择题、判断题等。

第二章　心理发展及个别差异

本章考题约占试卷总分值的1%～14%，考查题型主要为单项选择题、多项选择题、不定项选择题、判断题、简答题、案例分析题等。

第三章 学习理论

本章考题约占试卷总分值的2%～18%，考查题型主要为单项选择题、多项选择题、判断题、简答题、论述题、案例分析题等。

第四章 学习心理

本章考题约占试卷总分值的2%～20%，考查题型主要为单项选择题、多项选择题、不定项选择题、判断题、简答题、论述题、案例分析题等。

第五章 教学心理

本章考题约占试卷总分值的1%～11%，考查题型主要为单项选择题、多项选择题、判断题、案例分析题等。

第六章 心理健康与教师职业心理

本章考题约占试卷总分值的1%～10%，考查题型主要为单项选择题、多项选择题、判断题、案例分析题等。

第四部分　新课程改革

第一章　新课程改革概述

本章考题约占试卷总分值的1%～10%，考查题型主要为单项选择题、多项选择题、不定项选择题、判断题、填空题、简答题、论述题等。

第二章　新课程与教学改革

本章考题约占试卷总分值的1%～12%，考查题型主要为单项选择题、多项选择题、判断题、简答题、案例分析题等。

第三章　综合实践活动

本章考题约占试卷总分值的1%～13%，考查题型主要为单项选择题、多项选择题、判断题、简答题、论述题等。

第五部分　教师职业道德

第五章　说课技能与教学反思技能

本章考题约占试卷总分值的1%,考查题型主要为单项选择题、多项选择题、判断题等。

第八部分　教育写作与教育活动设计

第一章　教育写作

第二章　教育活动设计

专家微课视频索引

(扫描正文中下列知识点处的二维码,即可获取专家微课视频)

考情分析与解读

考情分析

河南省教师招聘考试没有统一的考试形式，一般由各地教育部门或者人事部门组织招考，目前主要有地市统考、地市或县区单独招考等形式，包括笔试、面试、考核、录用等环节和程序。

从笔试内容来看，河南省教师招聘考试主要可分为以下几类：第一类考查教育理论基础知识，如郑州市高新区、洛阳市洛龙区、安阳市殷都区等；第二类考查教育理论基础知识和公共基础知识，公共基础知识有单独成卷进行考查的，也有混合到教育理论基础知识的考题中进行考查的，如郑州市金水区、新乡市长垣市、信阳市淮滨县等；第三类考查教育理论基础知识和学科专业知识，如洛阳市西工区、许昌市魏都区、焦作市孟州市等；第四类考查教育理论基础知识和职业能力测验，如焦作市山阳区等。

整体来看，河南省各地区的教师招聘考试笔试内容略有差异，但教育基础知识为各地区的必考内容。

注：以上信息根据河南省2023年招教考情整理，仅供参考。具体信息考生需以报考地区的考试公告为准。

内容解读

一、教育学

教育学部分是整个教师招聘考试知识体系的基础，侧重于对教育教学的基础知识、基本理论和研究方法的考查。考生在识记和理解这部分知识的同时，要能够运用相关理论知识去解读教育教学实践中的具体问题，能够树立符合时代发展、社会发展以及人的发展的教育教学观，并在此基础上提出正确而合理的解决方法和策略。

我们将教育学部分划分为九章进行讲解，首先从宏观上讲解教育与教育学的产生及发展历程、教育的基本规律（教育与社会、教育与人的关系）、教育目的与教育制度；其次从微观上讲解学校教育所涉及的重要内容：教师、学生、课程；最后讲解教学，德育，班级管理与班主任工作，课外、校外教育与三结合教育等实践领域的相关知识。考生在复习备考时可结合每章的特色栏目有针对性地进行复习。

下图为教育学部分知识框架图：

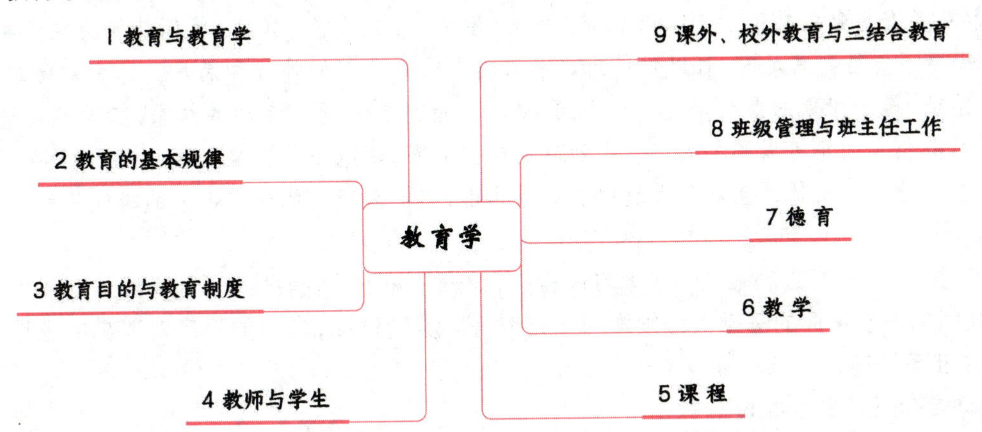

真题示例

1.［2023郑州郑东新区，单，1.5分］教育家凯兴斯坦纳指出，“国家的一切教育制度只有一个目标，便是造就公民”。这种教育目的的取向是(　　)

A. 社会本位　　B. 文化本位　　C. 政治本位　　D. 个人本位

解析：本题考查教育目的的价值取向。教育目的的社会本位论认为：(1)确立教育目的的根据是社会的要求，个人的发展必须服从社会需要，因为个人生活在社会中，受制于社会环境。(2)教育的目的是为社会培养合格的成员和公民，使受教育者社会化。(3)社会价值高于个人价值，教育质量和效果可以用社会发展的各种指标来评价。根据“造就公民”一词可知，教育家凯兴斯坦纳的教育目的的取向是社会本位论。

答案：A

2.［2023周口市直，多，1.5分］我国课程的具体表现形式有(　　)

A. 教学评价　　B. 课程计划　　C. 课程标准　　D. 教学目标

E. 教材

解析：本题考查课程内容的三种表现形式。目前，我国中小学课程主要由课程计划、课程标准、教材三部分组成。

答案：BCE

二、心理学

心理学部分是河南省教师招聘考试中的基础部分。该部分知识侧重于对各种心理现象的考查，具体包括认知过程、情绪情感过程和意志过程、个性心理倾向性和个性心理特征。考生应在熟练、准确掌握上述基础知识的同时，结合生活实际以及历年真题灵活把握，并总结出自己的做题方法与策略。

下图为心理学部分知识框架图：

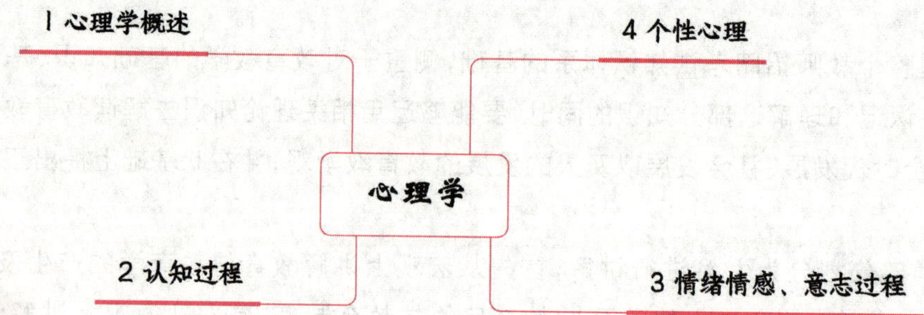

真题示例

1.［2023周口市直，单，1分］儿童手拿玩具飞机在空中飞舞，满足自己当飞行员的愿望，属于想象的(　　)

A. 替代功能　　B. 预见功能　　C. 补充功能　　D. 调节功能

解析：本题考查想象的功能。想象有预见、补充、替代、调节功能。A项，替代功能指在现实生活中，当人们的某种需要不能得到满足时，可以借助想象从心理上得到一定的补偿和满足。儿童借助想象满足自己当飞行员的愿望，属于想象的替代功能。B项，预见功能指想象能预见活动的结果，指导活动进行的方向。C项，补充功能指借助想象可以弥补人们认识活动的时空局限，超越个体狭隘的经验范围，获得更多的知识。D项，调节功能指想象对机体的生理活动过程有调节作用，它能改变人体外周部分的机能活动过程。

答案：A

2.［2023事业单位，不定项，2分］在学习过程中，对一个知识点，有些同学刚掌握就进入下一个知识点的学习，有些同学在刚掌握的基础上继续学习一定时间。实验证明，学习的程度对遗忘的进程有影响。对此下列表述中正确的有(　　)

A. 低度学习的材料容易遗忘

B. 达到恰能背诵的程度，记忆效果最好

C. 能背诵的基础上进行过度学习，记忆效果好

D. 因造成精力与时间的浪费，过度学习没有必要

解析：本题考查影响遗忘进程的因素。一般来说，材料过多、学习程度太小或太大，都不利于对知识的记忆。过度学习是指学习达到恰能背诵之后再继续学习。实验证明：过度学习达到50%，即学习的熟练程度达到150%时，学习的效果最好；超过150%时，效果并不递增，很可能引起厌倦、疲劳而成为无效劳动。故AC两项说法正确。

答案：AC

三、教育心理学

从河南省教师招聘考试的特点来看，教育心理学部分在河南省教师招聘考试中所占比例较大。该部分主要介绍了学生的心理发展、学习理论、学习心理、教学心理以及心理健康与教师职业心理等内容。考生应能全面且系统地掌握教育心理学的基本概念及基本理论，并能够将其应用于教学实际，从而为今后的教育教学活动打下基础。

下图为教育心理学部分知识框架图：

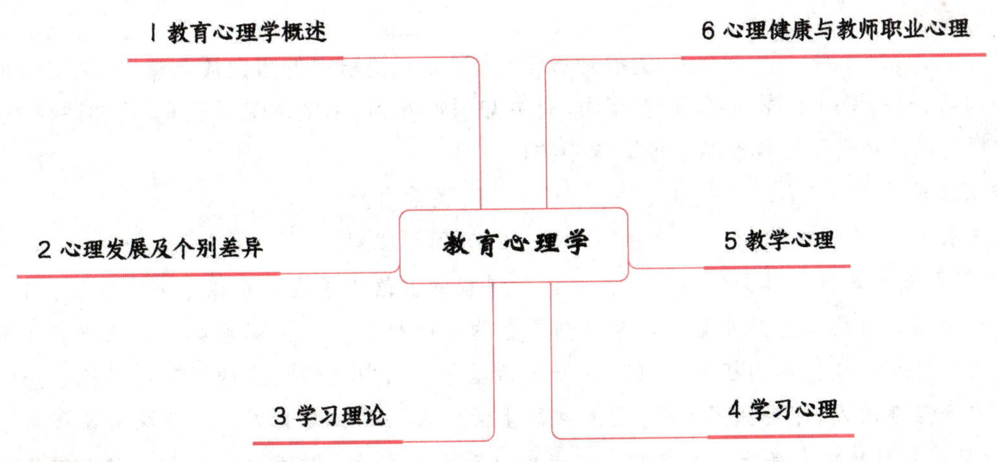

真题示例

1.［2023郑州郑东新区，单，1.5分］善于学习的学生并不只是听课、做笔记和等待老师布置作业，还会预测完成作业需要多长时间，在写作业前获取相关知识信息，在测评前复习功课与笔记，在必要时组织学习小组进行讨论，以及使用其他多种方法。这体现的学习策略是（　　）

A. 组织策略　　B. 精细加工策略　　C. 资源管理策略　　D. 元认知策略

解析：本题考查学习策略。元认知策略大致分为计划策略、监控策略、调节策略三种。元认知计划是根据认知活动的特定目标，在一项认知活动开始之前计划各种活动、预计结果、选择策略，想出各种解决问题的方法，并预估其有效性。元认知计划策略包括设置学习目标、浏览阅读材料、产生待回答的问题以及分析如何完成学习任务等。给学习做计划就好比是足球教练在比赛前针对对方球队的特点与出场情况提出对策。不论是完成作业还是为了应付测验，学生在每节课都应当有一个一般的"对策"。成功的学生并不只是听课、做笔记和等待教师布置作业，他们会预测完成作业需要多长时间，在写作业前获取相关信息，在考试前复习笔记，在必要时组织学习小组，以及使用其他各种方法。故题干所述为元认知策略中的计划策略。

答案：D

2.［2023周口市直，多，1.5分］英国心理学家沃拉斯提出的创造活动的阶段包括（　　）

A. 准备阶段　　B. 酝酿阶段　　C. 明朗阶段　　D. 假设阶段

E. 验证阶段

解析:本题考查创造活动的阶段。沃拉斯认为创造性活动主要由准备、酝酿、明朗和验证四个阶段构成。(1)准备阶段:在这一阶段,创造者收集、整理资料,即收集创造活动所必需的各种信息,组织已有的旧经验,掌握必要的技能。(2)酝酿阶段:在准备阶段收集到的信息并未消极地存储在头脑中,而是按照一种我们目前尚不清楚的方式被加工和重新组织。(3)明朗阶段:这是指创造者经过长期酝酿,产生新假设或对考虑的问题豁然开朗,这种现象也叫作灵感。(4)验证阶段:在这个阶段,创造者要把头脑中产生的新假设或新观点通过实践加以检验。

答案:ABCE

四、新课程改革

我国第八次基础教育课程改革启动于1999年,其精神已深入到教育教学的各个领域。因而本部分知识在教育实践领域显得尤为重要。我们将新课程改革部分的知识分为三章进行讲解,从新课程改革的提出背景、具体目标、理念,到实践领域中的各种变革,如教师角色的变化、教学行为的变化、教学观的变化,学生学习方式的变化等,再到综合实践活动等相关内容。本部分知识与教育学部分第四章、第五章和第六章的内容有一定的联系,考生可将它们结合起来复习。

真题示例

1. [2023事业单位,不定项,2分]有的教师教学时把"婴儿奶粉中的蛋白质含量"有关知识加入到化学课程的相关内容,有的教师教学时把"礼貌用语"有关知识加入到《小壁虎借尾巴》等语文课程的相关内容。类似这些教师的做法体现了课程改革价值追求中的(　　)

A. 回归生活世界　　B. 关爱自然

C. 个性发展　　D. 国际理解

解析:本题考查新课程改革的价值追求。我国新课程的价值追求表现在以下五个方面:(1)教育公平。这意味着课程必须谋求所有适龄儿童平等享受高质量的基础教育。(2)国际理解。这意味着我国的课程体系必须追求国际性与民族性的内在统一。(3)回归生活世界。回归生活世界的课程在目标上意味着要培养在生活世界中会生存的人,即会做事、会与他人共同生活的人。(4)关爱自然。这意味着课程必须把关爱自然、追求人与自然的可持续发展作为重要的价值追求。(5)个性发展。这意味着课程必须尊重每一位学生个性发展的完整性、独立性、具体性、特殊性。题干中,这些教师把生活中的知识加入相关的课程中,这体现了课程改革价值追求中的回归生活世界。

答案:A

2. [2022南阳四区联考,判断,0.5分]新课程背景下,教师的教学行为发生了转变。在对待自我上,新课程强调赞赏;在对待与其他教育者的关系上,新课程强调引导。(　　)

解析:本题考查新课程背景下教师教学行为的变化。新课程背景下教师教学行为的变化表现在:(1)在对待师生关系上,新课程强调尊重、赞赏;(2)在对待教学关系上,新课程强调帮助、引导;(3)在对待自我上,新课程强调反思;(4)在对待与其他教育者的关系上,新课程强调合作。题干表述错误。

答案:×

五、教师职业道德

近年来,师德问题备受关注,大多数地区的教师招聘考试也越来越重视对本部分的考查,不但考查学生对基础知识的识记情况,还经常考查考生对本部分知识的理解与运用能力。我们将教师职业道德部分的知识分为三章进行讲解。第一章主要是引导考生对教师职业道德有一个整体的认识,接着介绍教师职业道德的基本原则、范畴及《中小学教师职业道德规范》解读,最后一章是对实践领域的指导。本部分中,2008年修订的《中小学教师职业道德规范》尤为重要。

真题示例

1. [2023郑州郑东新区,单,1.5分]下列行为或表现符合为人师表这一教师职业道德规范要求的是(　　)

A. 认真备课上课,认真批改作业,认真辅导学生

B. 作风正派,廉洁奉公

C. 不以分数作为评价学生的唯一标准

D. 循循善诱,诲人不倦

解析:本题考查2008年修订的《中小学教师职业道德规范》。2008年修订的《中小学教师职业道德规范》中关于"为人师表"方面所规定的具体职业行为要求有:坚守高尚情操,知荣明耻;严于律己,以身作则;衣着得体,语言规范,举止文明;关心集体,团结协作,尊重同事,尊重家长;作风正派,廉洁奉公;自觉抵制有偿家教,不利用职务之便谋取私利。B项正确。A项是教师职业道德规范中"爱岗敬业"的要求。C、D两项是教师职业道德规范中"教书育人"的要求。

答案:B

2. [2022郑州市直,多,1.2分]教师职业道德的构成因素有(　　)

A. 教师职业技能

B. 教师职业纪律

C. 教师职业责任

D. 教师职业理想

E. 教师职业态度

解析:本题考查教师职业道德的构成。教师职业道德包括教师职业理想、教师职业责任、教师职业态度、教师职业纪律、教师职业技能、教师职业良心、教师职业作风、教师职业荣誉等构成要素。

答案:ABCDE

六、教育法律法规

依法执教是依法治国方略在教育系统中的具体体现,因此,掌握必要的教育法律法规知识是成为一名合格教师的重要保证。考生在宏观上掌握教育法律法规知识的同时,也要对具体的法条进行识记,如此方能为顺利通过考试打下坚实的基础。

真题示例

1. [2023郑东新区,单,1.5分]根据《中华人民共和国未成年人保护法》,下列表述正确的是(　　)

①公安机关依法维护校园周边的治安和交通秩序,属于司法保护

②学校针对学生发展特点开设社会生活指导课与心理健康辅导课,属于学校保护

③教育、卫生健康、网信等部门定期开展预防未成年人沉迷网络的宣传教育,属于网络保护

④对未完成义务教育的辍学未成年人,教育行政部门责令其父母将其送入学校接受义务教育,属于政府保护

A. ①②③　　B. ①②④　　C. ①③④　　D. ②③④

解析:本题考查《中华人民共和国未成年人保护法》。根据《中华人民共和国未成年人保护法》第六章政府保护第八十八条规定,公安机关和其他有关部门应当依法维护校园周边的治安和交通秩序,设置监控设备和交通安全设施,预防和制止侵害未成年人的违法犯罪行为。①表述错误。第三章学校保护第三十条规定,学校应当根据未成年学生身心发展特点,进行社会生活指导、心理健康辅导、青春期教育和生命教育。②表述正确。第五章网络保护第六十八条规定,新闻出版、教育、卫生健康、文化和旅游、网信等部门应当定期开展预防未成年人沉迷网络的宣传教育,监督网络产品和服务提供者履行预防未成年人沉迷网络的义务,指导家庭、学校、社会组织互相配合,采取科学、合理的方式对未成年人沉迷网络进行预防和干预。③表

述正确。第六章政府保护第八十三条规定，对尚未完成义务教育的辍学未成年学生，教育行政部门应当责令父母或者其他监护人将其送入学校接受义务教育。④表述正确。综上，本题选D项。

答案：D

2.［2023周口市直，判断，0.5分］《中华人民共和国教师法》规定，学校不能把教师考核的结果作为实施奖惩的依据。（　　）

解析：本题考查《中华人民共和国教师法》。《中华人民共和国教师法》第二十四条规定，教师考核结果是受聘任教、晋升工资、实施奖惩的依据。

答案：×

七、教材教法

教材教法是有效教学的基础，对本部分内容，考生除了要掌握基础知识之外，还要能够在实践中运用这些教学技能。我们将本部分内容分为五章进行讲解，首先介绍了教学技能的相关基础概念，然后对教师教学过程中常用的教学技能进行了详细介绍。考生在复习备考时要注意学以致用。

八、教育写作与教育活动设计

我们将教育写作与教育活动设计部分的知识分为两章进行讲解。第一章是对教育写作的评分标准、考查题型的介绍及议论文的写作策略指导；第二章主要介绍了教育活动设计的相关内容及答题思路。考生要重点掌握教育写作的技巧及教育活动设计的答题策略。

备考策略

河南省教师招聘考试中，由于教育理论基础知识较多、较细，考生在复习时经常陷入困境。因此，我们总结了以下三个方面的备考策略：

1. 系统复习理论知识

考生在进行理论知识的学习时要从大处着眼、小处着手，做到既全面了解又重点突破，在全面把握知识构架的基础上对自己比较薄弱的知识点进行针对性的理解。考生在回顾、记忆知识的同时，还要注意知识的灵活运用，并与当前的教育热点相联系。因为在当前的考试中，对知识点的记忆性考查日趋减少，更多地侧重于考查对相关知识的理解和运用。

2. 熟悉掌握历年真题

历年真题可以作为分析和把握试题难度的材料，通过分析历年真题，充分了解命题规律，在此基础上及时弥补自己的不足之处。同时，一些重要知识会反复考查，这些知识就需要考生重点记忆和理解，并能够灵活运用。因此考生要多看多练，熟悉掌握历年真题，将真题中的每个知识点都研究透彻。对于某些试题的解析，考生如果想深究其相关内容，可以翻阅以下常用参考书：①王道俊、郭文安主编的《教育学》；②全国十二所重点师范大学联合编写的《教育学基础》；③项贤明主编的《教育学原理》；④柳海民主编的《教育原理》《现代教育原理》等；⑤劳凯声主编的《教育学》；⑥彭聃龄主编的《普通心理学》；⑦莫雷主编的《教育心理学》；⑧张大均主编的《教育心理学》；⑨皮连生主编的《教育心理学》；⑩陈琦、刘儒德主编的《当代教育心理学》。

3. 科学制订备考计划

考生在制订备考计划时要注意结合自身的实际来合理安排时间，尤其是面临毕业的在校生和已经工作的在职人员的复习备考时间比较紧张，更要根据学习内容合理利用时间。一般来说，整体复习规划精确到月份就可以了，不要过于细致。进一步的安排由阶段复习计划和单科复习计划来完成，详细列出每周的复习任务和进度。最后制订相应的日计划。

第一部分

教育学

SHAN XIANG

内容导学

- 河南省教师招聘考试教育学部分共分为九章。
- 第一至三章主要是对教育学基本原理及研究方法的阐释，第一章的考查题型一般为客观题，第二、三章主、客观题均会涉及。
- 第四章至第八章主要介绍教育教学实践中所涉及的基本理论，考查题型主、客观均会涉及。其中，第四章、第六章和第七章为主观题的高频考查章节。
- 第九章是对课外、校外教育与三结合教育内容的阐述，考查题型一般为客观题。
- 考生应重点掌握第一章、第二章、第四章至第八章的内容，并结合历年真题和每章的栏目有重点地复习。对于以客观题为主要考查形式的知识点，应注重识记与理解；对于以主观题为主要考查形式的知识点，不仅要做到识记和理解，更要能灵活运用。

第一章 教育与教育学

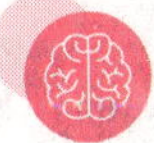

思维导图

- 教育与教育学
  - 教育及其产生与发展
    - 教育的概念
      - "教育"的词源（易混点）
      - 教育的定义
    - 教育的属性（易错点）
      - 本质属性：育人
      - 社会属性："永历继长，相对民生"
    - 教育的基本要素
      - 教育者、受教育者、教育影响（重点）
    - 教育的形态
      - 非制度化的教育与制度化的教育
      - 家庭教育、学校教育与社会教育
      - 农业社会的教育、工业社会的教育与信息社会的教育
    - 教育的功能
      - 个体发展功能与社会发展功能；正向功能与负向功能
      - 显性功能与隐性功能；保守功能与超越功能
    - 教育的起源
      - 神话起源说、生物起源说、心理起源说、劳动起源说
    - 教育的历史发展（易混点）
      - 六艺：礼、乐、射、御、书、数
      - 四书：《大学》《中庸》《论语》《孟子》
      - 五经：《诗》《书》《礼》《易》《春秋》
      - 七艺："三科"（文法、修辞、辩证法）、"四学"（算术、几何、天文、音乐）
      - 七技：骑马、游泳、击剑、打猎、投枪、下棋、吟诗
  - 教育学及其产生与发展
    - 教育学的内涵
      - 研究对象：教育现象、教育问题（易错点）
      - 根本任务：揭示教育规律
      - 价值：反思日常教育经验、科学解释教育问题、沟通教育理论与实践
    - 教育学的发展概况（重点）
      - 孔子：有教无类、启发诱导、因材施教
      - 《学记》："教师长时等七（启）夕（息）"
      - 夸美纽斯：《大教学论》、"泛智"教育
      - 卢梭：性善论、自然主义教育、《爱弥儿》
      - 洛克："白板说"、《教育漫话》
      - 赫尔巴特：《普通教育学》、教育性教学、教学四阶段论
      - 杜威："三即两学无目的，还有一个三中心"
  - 教育研究
    - 教育研究概述
      - 组成要素：客观事实、科学理论和方法技术
    - 教育研究的类型
      - 基础研究、应用研究与开发研究
      - 定量研究与定性研究
      - 发展性研究、评价性研究和预测性研究
      - 历史研究、描述研究、相关与比较研究、实验研究、理论研究
    - 教育研究的基本过程
      - "一选二检三制订，整理分析写报告"
    - 教育研究方法
      - 观察研究法、调查研究法、实验研究法、行动研究法、质性研究法、教育叙事研究

河南考向

本章属于教育学的基础章节，也是重点考查章节，内容较为琐碎，需要识记的知识较多。现对本章河南考向分析如下：

考点类型	考点名称	常考题型	能力层级	考查热度
高频考点	教育的词源、定义	单选、判断	识记	★★
	教育的属性与基本要素	单选、多选、判断	识记	★★★
	教育功能的分类	单选、判断	识记	★★
	教育的起源	单选、多选、判断	识记	★★
	古代社会的教育	单选、多选、判断、填空	识记	★★★
	现代社会的教育	单选、多选、判断	识记	★★
	教育学的定义	单选、多选、判断	识记	★★
	教育学的萌芽阶段、独立形态阶段	单选、多选、判断、填空、名词解释、简答	理解	★★★
	陶行知的教育思想	单选、多选、判断、简答、论述	理解	★★
新增考点	教育的形态	单选、多选、不定项	识记	★★
	教育学的价值	单选、不定项、判断	识记	★★
	孔子的教育目的	单选	识记	★★
	孟子提出的道德修养方法	多选	识记	★★

核心考点

第一节　教育及其产生与发展

一、教育的概念

教育是人类有目的地培养人的一种社会活动，是传承文化、传递生产与社会生活经验的一种途径。

考点 1　“教育”的日常用法　【单选】

在日常生活中，人们经常使用“教育”一词。这些用法大致可分为三类：

(1)作为一种过程的“教育”，表明一种深刻的思想转变过程，如“我从这部影片中受到了一次深刻的教育”。

(2)作为一种方法的“教育”，如“你的孩子真有出息，你是怎么教育孩子的”。

(3)作为一种社会制度的“教育”，如“教育是振兴地方经济的基础”。

在这三类用法中，最基本的还是第一种用法，因为无论是作为一种方法的“教育”，还是作为一种社会制度的“教育”，如果不伴随着教育对象深刻的思想转变过程，都很难称得上是真正的“教育”。

考点2 “教育”的词源 【单选、判断】 必背 ★★

“教育”一词最早见于《孟子·尽心上》中的“得天下英才而教育之，三乐也”。孟子是最早将“教”“育”二字用在一起的人。许慎在《说文解字》中这样解释：“教，上所施，下所效也”“育，养子使作善也”。

在西方，“教育”一词源于拉丁文“educere”，前缀“e”有“出”的意思，意为“引出”或“导出”。

真题面对面

[2022郑州惠济，判断，0.5分]“教育”一词最早见于《论语》中的“得天下英才而教育之，三乐也”一句。(　　)

答案：×

考点3 教育的定义 【单选、判断】 必背 ★★

一般说来，人们是从两个角度给“教育”下定义的：一个是社会的角度，另一个是个体的角度。

1. 从社会的角度来定义

(1)广义的教育。指增进人的知识与技能、发展人的智力与体力、影响人的思想观念的活动。广义的教育可能是无组织的、自发的或零散的，也可能是有组织的、自觉的或系统的。它包括社会教育、学校教育和家庭教育。

(2)狭义的教育。指学校教育，是教育者依据一定的社会要求，依据受教育者的身心发展规律，有目的、有计划、有组织地对受教育者施加影响，促使其朝着所期望的方向发展变化的活动。

(3)更狭义的教育。更狭义的教育有时是指思想品德教育活动，与学校中常说的“德育”是同义词。

真题面对面

[2022洛阳四区联考，判断，0.59分]狭义的教育指的是课堂教学。(　　)

答案：×

2. 从个体的角度来定义

从个体的角度来定义“教育”，往往把“教育”等同于个体学习与发展的过程。

兼顾社会和个体两个方面给教育下定义：教育是在一定社会背景下发生的促使个体的社会化和社会的个性化的实践活动。

知识再拔高

教育定义的方式

美国分析教育哲学家谢弗勒在《教育的语言》一书中探讨了三种定义的方式，即规定性定义、描述性定义和纲领性定义。

(1)规定性定义，即作者自己所创制的定义，其内涵在作者的某种话语情境中始终是同一的。也就是说，不管其他人所用的“教育”一词是什么意思，我所用的“教育”一词就是这个意思。

(2)描述性定义，是指对定义对象的适当描述或对如何使用定义对象的适当说明。在词典上，一般见到的大多是描述性定义的罗列，描述性定义回答的是“教育实际是什么”的问题。

(3)纲领性定义，是一种有关定义对象应该是什么的界定。它往往包含着“是”和“应当”两种成分，是描述性定义和规定性定义的混合。

真题面对面

[2022周口中心城区,单,0.5分]雅斯贝尔斯认为,教育是人对人的主体间灵肉交流的活动。根据谢弗勒有关教育定义的分类,这种界定属于( )

A. 描述性定义　　B. 纲领性定义　　C. 功能性定义　　D. 规定性定义

答案:D

二、教育的属性 【单选、多选、判断】 必背 ★★★

考点1 教育的本质属性

教育的本质属性是育人,即教育是一种有目的地培养人的社会活动,这是教育区别于其他事物现象的根本特征。这也是教育的质的规定性。教育的具体而实在的规定性体现在:(1)教育是人类所特有的一种有意识的社会活动;(2)教育是人类有意识地传递社会经验的活动;(3)教育是以人的培养为直接目标的社会实践活动。

教育的本质属性

此外,王道俊、郭文安主编的《教育学》中指出,教育是一种有目的地培养人的社会活动,是人类社会生活不可或缺的重要组成部分,教育有其相对稳定的质的特点:(1)有目的地培养人的活动;(2)教育者引导受教育者传承经验的互动活动;(3)激励与教导受教育者自觉学习和自我教育的活动。总之,教育是有目的地引导受教育者能动地学习与自我教育以促进其身心发展的活动。

关于教育的本质属性,我们需要注意:

(1)教育是人类社会特有的活动,动物界不存在教育。社会性和意识性是人的教育活动和动物的"教育"活动的本质区别。动物界所谓的"教育"活动只是一种生存本能活动,不是有意识的社会活动。如幼猴学跳跃、老鹰教小鹰飞翔等。

(2)人类社会中的一些行为是不属于教育的。例如:①没有明确目的的、偶然发生的行为,如孩子偶然把手指伸到火苗上,被灼伤,由此获得有关火的知识;②日常家庭生活中的"抚养""养育"行为,如父母养育孩子;③人类的本能行为,如新生儿吮吸母乳等;④机械的灌输和随心所欲的学习;⑤错误观念的影响。

真题面对面

1. [2023郑州高新,判断,0.5分]教育是自发地引导受教育者能动地学习与自我教育以促进其身心发展的活动。( )

2. [2022洛阳四区联考,判断,0.59分]动物界的教育活动和人类社会的教育活动都是有意识的社会活动。( )

答案:1. ×　2. ×

考点2 教育的社会属性

(1)永恒性。教育是人类所特有的社会现象,它是一个永恒的范畴。只要人类社会存在,就存在着教育。

（2）历史性。在不同的社会或同一社会的不同历史阶段，教育的性质、目的、内容等各不相同。不同时期的教育有其不同的历史形态、特征。

（3）继承性。教育的继承性是指不同历史时期的教育都前后相继，后一时期教育是对前一时期教育的继承与发展。

（4）长期性。无论从一个教育活动完成的角度，还是从一个个体的教育生长的角度，其时间周期都比较长。

（5）相对独立性。教育受一定社会的政治经济等因素的制约，但作为一种培养人的社会活动，教育有其自身的规律，具有相对独立性。此外，教育的相对独立性还表现在特定的教育形态不一定跟其当时的社会形态保持一致，而存在教育“超前”或“滞后”的现象。

（6）生产性。教育是生产性活动，与其他生产活动相比，在对象、过程与结果等方面有自己的特殊性。

（7）民族性。教育是在具体的民族或国家中进行的，无论是在思想上还是在制度上，无论是在内容还是在方法手段等方面都有其民族性的特征，特别表现在运用民族语言教学、传授本民族的文化知识等方面。

为帮助考生理解教育的社会属性，我们总结了如下内容：

社会属性	概念要点	示例
永恒性	与人类社会共始终	“自有人生，便有教育”
历史性	不同时期，有不同点（古今不同）	西汉初期的“罢黜百家，独尊儒术”
继承性	不同时期，有相同点（古今相同）	“因材施教”原则、讲授法等的沿用
长期性	时间周期长	“十年树木，百年树人”
相对独立性	可“超前”，可“滞后”	教育先行/教育优先发展
生产性	生产性活动	教育与生产劳动相结合
民族性	不同民族/国家，特征不同	办好中国特色社会主义高校

记忆有妙招

我们把教育的社会属性总结为一句话来帮助考生进行记忆：永利（历）机（继）场（长），相对民生。

真题面对面

1.［2023郑州登封，单，0.9分］无论教材如何改革，唐诗宋词始终是我国中小学教育的重要内容之一。这表明教育具有（　　）

A. 永恒性　　B. 历史性　　C. 相对独立性　　D. 继承性

2.［2022洛阳四区联考，单，0.95分］当社会生产力处于较低的水平时，教育的思想内容等可能会超过生产力发展水平。这体现了教育的哪一社会属性（　　）

A. 永恒性　　B. 历史性　　C. 相对独立性　　D. 民族性

答案：1. D　2. C

三、教育的基本要素【单选、多选、判断】必背 ★★★

教育者、受教育者(学习者)和教育影响(教育媒介)是构成教育活动的基本要素。探究与掌握三者的意义体现在:(1)有助于认识教育的质的特性;(2)有助于剖析教育活动的机制;(3)有助于研究和抓好教育各个部门的工作。

1. 教育者

广义的教育者指对受教育者态度、知识、技能、思想、品德等方面起到教育影响作用的人。

狭义的教育者指从事学校教育活动的人。其中,教师是学校教育者的主体,是直接的教育者,在整个教育过程中起主导作用,是学生身心发展的主要影响源。

2. 受教育者(学习者)

受教育者是指参与教育活动、与教育者在教学与教导上互动,以期自身在语言、知识、智慧、学业、品德、审美和体魄等方面获得发展的人,主要是学生。

受教育者是教育的对象及学习活动的主体,在接受思想、品德、知识、技能、行为以及智慧、性格等方面的影响时具有主观能动性。其特点有:(1)**发展性和不成熟性**。受教育者一般在生理、心理、社会性等方面还不成熟,处于发展的过程中,或者缺乏某方面的知识与技能,所以才有受教育的必要。(2)**可塑性和可教性**。即人在生理上有巨大的潜能,有很大的可塑性,只要教育得当,每个人都可以有良好的发展,"人皆可以为尧舜""没有教不好的学生",在一定意义上是有道理的。(3)**能动性和主体性**。受教育者接受教育之前,往往已有一定的知识经验、一定的思想意识、一定的动机,所以,他在教育活动中不是简单地、被动地接受影响,而是有选择地、主动地接受教育,建构知识的意义的。

教育的基本要素说法众多,教育者与受教育者是两个主体性的要素。需注意:教育者≠教师,受教育者≠学生。

3. 教育影响(教育媒介)

教育影响即教育活动中教育者作用于学习者的全部信息,既包括了信息的内容,也包括了信息选择、传递和反馈的形式,是内容与形式的统一。从内容上说,主要是教育内容、教育材料或教科书;从形式上说,主要是教育手段、教育方法和教育组织形式。

上述教育的三要素之间既相互独立,又相互规定,共同构成一个完整的实践系统。

教育活动中有诸多矛盾,其中,受教育者与教育内容这一对矛盾是教育中的基本的、决定性的矛盾,因为它是教育活动的逻辑起点。

知识再拔高

教育的基本要素的其他说法

说法一:构成教育活动的基本要素有教育者、受教育者和教育内容。

说法二:构成教育活动的基本要素是教育者、受教育者、教育内容与教育物资。其中,教育内容是教育活动中的纯客体,教育物资指进入教育过程的各种物质资源。

说法三:凡是教育活动都具有教育者、受教育者、教育内容和教育活动方式等基本要素。考生要特别注意,教育内容不只表现为课程、教科书、教学参考资料等,教育者自身所拥有的知识、经验、言谈举止、思想品质和工作作风,以及师生与生生探讨和交流所涉及的各种经验、见闻与事物,也属于教育内容。

说法四:从宏观角度看,教育活动由教育主体、教育目标、教育内容、教育手段、教育环境、教育途径六个要素构成。从微观角度看,教育活动由教育者、学习者、教育内容和教育手段四个要素构成。教育者是教育过程中“教”的主体；学习者是教育过程中“学”的主体；教育内容是师生共同认识的客体；教育手段是教育活动的基本条件，它主要包括物质手段和精神手段。

真题面对面

1. [2022平顶山舞钢，单，1分]以下不属于教育活动三要素的是(　　)

A. 教育者　　B. 受教育者

C. 教育环境　　D. 教育内容

2. [2021平顶山湛河，判断，0.6分]学校教师是最直接的教育者，在教学活动中起主导作用。(　　)

答案：1. C　2. √

四、教育的形态 新增 【单选、多选、不定项】 ★★

教育形态是指由教育者、学习者和教育影响三个基本要素所构成的教育系统在不同时空背景下的变化形式，也是“教育”理念的历史实现。根据不同的标准，可以划分出不同的教育形态。

1. 非制度化的教育与制度化的教育

根据教育系统自身形式化的程度，可以将教育形态划分为“非制度化的教育”与“制度化的教育”。

非制度化的教育是指那些没有能够形成相对独立的教育形式的教育。这种教育是与生产或生活高度一体化的，没有从日常的生产或生活中分离出来成为一种相对独立的社会机构及其制度化行为。

制度化的教育是从非制度化的教育中演化而来的，是指由专门的教育人员、机构及其运行制度所构成的教育形态。制度化的教育是人类教育的**高级形态**。

2. 家庭教育、学校教育与社会教育

从教育系统赖以运行的空间标准看，可以将教育形态划分为“家庭教育”“学校教育”与“社会教育”。

教育的最早独立形态是社会教育，家庭教育出现在一夫一妻制的家庭产生之后，学校教育形态出现最晚。学校教育自产生时起，就区别于社会教育和家庭教育，其特点概括起来主要有：(1)职能的专门性；(2)组织的严密性；(3)作用的全面性；(4)内容的系统性；(5)手段的有效性；(6)形式的稳定性。其中，作用的全面性表现在：学校教育是全面培养人的活动，它不仅要关心教育对象的知识和智力的增长，也要关心学生思想品德的形成，还要关注受教育者的身心健康成长。

3. 农业社会的教育、工业社会的教育与信息社会的教育

从教育系统赖以运行的时间标准以及建立于其上的产业技术和社会形态出发，可以将教育形态划分为“农业社会的教育”“工业社会的教育”与“信息社会的教育”。

(1)农业社会教育的特征：①古代学校的出现和发展；②教育阶级性的出现和强化；③学校教育与生产劳动相脱离。

(2)工业社会教育的特征：①现代学校的出现和发展；②教育与生产劳动从分离走向结合，教育的生产性日益突出；③教育的公共性日益突出；④教育的复杂性程度和理论自觉性都越来越高，教育研究在推动教育改革中的作用越来越大。

(3)信息社会教育的特征：①学校将发生一系列变革；②教育的功能将进一步得到全面理解；③教育的国际化与教育的本土化趋势都非常明显；④教育的终身化、全民化和全纳教育的理念成为指导教育改革的基本理念。

知识再拔高

教育的基本形式

划分标准	基本形式	
纵向	原始教育现象、古代教育现象、近代教育现象、现代教育现象和当代教育现象	
横向	学校教育	在学校中进行的各级各类教育
	家庭教育	家庭成员之间的相互教育,多指父母或其他年长者对儿女辈进行的教育
	社会教育	一类是校外儿童教育,一类是校外成人文化教育
	自我教育	人们自我组织的自学活动及自省、自修行为
	自然形态的教育	渗透在生产、生活过程中的口授身传生产、生活经验的现象

真题面对面

1. [2022洛阳四区联考,单,0.95分]学校教育不仅教学生学习知识、掌握技能,还要培养学生的品行,促进学生身体健康。这体现了学校教育的什么特点(　　)

A. 形式的稳定性　　B. 手段的有效性

C. 作用的全面性　　D. 职能的专门性

2. [2022南阳四区联考,多,1.9分]信息社会的教育的特征包括(　　)

A. 教育的功能进一步得到全面理解

B. 教育国际化与教育本土化趋势非常明显

C. 教育的终身化和全民化理念成为指导教育改革的基本理念

D. 学校教育与生产劳动分离

3. [2022郑州惠济,不定项,1分]没有能够形成相对独立的教育形式的教育是指(　　)

A. 大众教育　　B. 体制外教育　　C. 校外教育　　D. 非制度化教育

答案:1. C　2. ABC　3. D

五、教育的功能

教育功能是教育活动和教育系统对个体发展和社会发展所产生的各种影响和作用。它取决于教育本质,并随着对教育本质认识的变化而变化。但教育功能不是教育本质,本质回答“教育是什么”,而功能回答“教育能够干什么”。

考点1　教育功能的特征 【多选】

(1)客观性。教育功能不是主观臆想的,它是由教育的本质和教育系统的结构所决定的。

(2)社会性。教育功能随社会历史条件的变化而变化。

(3)多样性。教育对社会方方面面的作用,决定了教育功能的多样性。

(4)整体性。教育功能的整体性不仅表现在教育系统内部的协调一致,还表现在教育与社会系统的整体联动。

(5)条件性。教育功能的实现是需要条件的:一是要符合教育自身的规定和规律,二是需要现实提供适合功能发挥的条件。

考点2 教育功能的分类 【单选、判断】 必背 ★★

表1-1 教育功能的分类

分类依据	类型	含义	点拨
作用的对象	个体发展功能（本体功能）	教育对个体发展的影响和作用。它由教育活动的内部结构特征决定，发生于教育活动内部	两者是辩证统一的关系：(1)教育的个体功能是教育的社会功能衍生的前提和基础；(2)教育的社会功能对教育的个体功能的发挥具有制约作用
	社会发展功能（派生功能/工具功能）	教育对社会发展的影响和作用	
作用的方向	正向功能	教育有助于社会进步和个体发展的积极影响和作用	对任何社会、任何时期的教育来说，正向和负向的功能并存，只不过比重不同而已，多数时期的教育以正向功能为主
	负向功能	教育阻碍社会进步和个体发展的消极影响和作用	
作用呈现的形式	显性功能	教育活动依照教育目的，在实际运行中所出现的与之相吻合的结果，如促进人的全面和谐发展、促进社会的进步等	显性功能与隐性功能的区分是相对的，一旦隐性的潜在功能被有意识地开发、利用，就可以转变成显性教育功能
	隐性功能	伴随显性教育功能所出现的非预期性的功能	
性质	保守功能	教育具有自身的结构，具有内在的稳定性和自身的逻辑性，不随社会的变化而变化，表现出教育重复、封闭、保守的一面	由于教育自身具有保守倾向，其自我保存功能一般要强于自我更新功能
	超越功能	通过教育的自我更新和变革，促进和引领人类社会的发展	

日本学者柴野昌山将教育功能的方向和形式结合起来，把教育功能划分为四类，即显性正向功能、隐性正向功能、隐性负向功能以及显性负向功能。柴野昌山对这四种教育功能分别予以举例说明，例如，考试作为教师评价学生学习效果、强化学生学习欲望的工具来说具有显性正向功能，但若教师仅凭考试成绩来评价学生，便会导致学生产生书呆子型成就中心的偏向，这是考试的隐性负向功能；又如，学校中的表扬制度以及晨会之类的仪式性活动的本来目的只在于帮助学生区分正误，但也可能会产生增强学生对学校的归属意识、促进群体整合等预料之外的副产品，这些副产品便是隐性正向功能；至于显性负向功能，学校教育作为一种价值追求，一开始就竭力去避免教育的显性负向功能，但由学生群体的反学校、反教师的亚文化而导致的各种不良行为或越轨行为则属于显性负向功能。

真题面对面

1. [2022平顶山舞钢，单，1分]按教育功能作用的方向划分的是（　　）

A. 个体发展功能和社会发展功能　　B. 正向功能和负向功能

C. 显性功能和隐性功能　　D. 本体功能和派生功能

2. [2022洛阳四区联考，判断，0.59分]教育的功能可以分为正向功能与负向功能。但不管是哪种功能，教育对人的发展作用都是积极的。（　　）

3. [2022濮阳市直，判断，0.43分]教育由于其自身具有保守倾向，其自我保存功能一般要强于自我更新功能。（　　）

答案：1. B　2. ×　3. √

六、教育的起源 【单选、多选、判断】 必背 ★★

表 1-2 教育的起源

代表学说	代表人物	主要观点	评价
神话起源说	朱熹	(1)教育由人格化的神(上帝或天)所创造; (2)教育目的是体现神或天的意志	(1)是人类关于教育起源的最古老的观点; (2)受到当时在人类起源问题上认识水平的局限,是根本错误的、非科学的
生物起源说	利托尔诺(法) 沛西·能(英)	教育是一种生物现象,而不是人类所特有的社会现象。教育的产生完全来自动物的本能,是种族发展的本能需要	(1)第一个正式提出的有关教育起源的学说,标志着在教育起源问题上开始转向科学解释; (2)没有把握人类教育的目的性和社会性,把教育的起源问题生物学化
心理起源说	孟禄(美)	教育起源于日常生活中儿童对成人的无意识模仿	把人类有意识的教育行为混同于无意识模仿,否定了教育活动的目的性和意识性,同样导致了教育的生物学化,否认了教育的社会属性
劳动起源说	主要集中在苏联(如米丁斯基、凯洛夫等)和我国	在马克思历史唯物主义理论指导下形成,认为教育起源于人类特有的生产劳动	提供了理解教育起源和教育性质的一把“金钥匙”

此外,以叶澜为代表的学者持交往起源说的观点,他们认为教育起源于人与人之间的交往。

记忆有妙招

我们可用以下口诀来快速识记主要教育起源学说的观点和代表人物:

(1)神话起源说——诸(朱熹)神合一;(2)生物起源说——本能(沛西·能)生利(利托尔诺)息;(3)心理起源说——心理仿孟禄;(4)劳动起源说——米凯爱劳动。

真题面对面

1. [2023信阳市直,单,1.2分]马克思主义教育理论对教育起源的正确解释是( )

A. 劳动起源论 B. 实践起源论 C. 生物起源论 D. 社会起源论

2. [2022平顶山湛河，多，1.81分]以下教育起源说及其代表人物对应正确的是（　　）

A. 神话起源说——昆体良

B. 生物起源说——利托尔诺

C. 心理起源说——孟禄

D. 劳动起源说——凯洛夫

答案：1. A　2. BCD

七、教育的历史发展

考点1　原始社会的教育　【单选】★

总体来说，原始社会的教育主要有以下三个特征：

（1）教育具有**非独立性**，教育和社会生活、生产劳动紧密相连。教育是在生产劳动和社会生活中进行的，没有特定的教育场所和专职教育人员。

（2）教育具有自发性、**全民性（普及性）**、广泛性、**无等级性（平等性）**和**无阶级性**，是原始状态下的教育机会均等，只因年龄、性别和劳动分工不同而有差别。

（3）教育具有**原始性**。教育内容简单，主要是传递生产经验；教育方法单一，只限于动作示范与观察模仿、口耳相传与耳濡目染。

考点2　古代社会的教育　【单选、多选、判断、填空】 必背 ★★★

1. 古代社会教育的特征

古代社会的教育一般指奴隶社会的教育和封建社会的教育。

（1）奴隶社会的教育及其特征

奴隶社会里，出现了专门从事教育工作的教师，产生了学校教育，教育从社会活动中分化出来，成为独立的形态。奴隶社会的教育的共同特征表现在：

①学校教育成为奴隶主阶级手中的工具，具有鲜明的阶级性。

②学校教育与生产劳动相脱离和相对立。

③学校教育趋于分化和知识化。

④学校教育制度尚不健全。

（2）封建社会的教育及其特征

封建社会的学校教育较之奴隶社会的学校教育，在规模上逐渐扩大，在类型上逐渐增多，在内容上也日益丰富，并且具有等级性、专制性和保守性。

封建社会跟奴隶社会相比，等级性是它最突出的特点。但是，由于封建社会的生产仍是手工操作的小生产，生产劳动者的培养不需要通过学校教育，因而封建社会的学校教育，仍然没有培养生产工作者的任务，基本上也是与生产劳动脱离的。

（3）古代东西方教育的共同特征

古代东西方的教育虽然在具体内容和形式上存在许多差异，但也有一些共同特征：阶级性、道统性、等级性、专制性、刻板性、象征性。具体表现如下：

教育的阶级性与等级性

①教育具有**阶级性**，学校成为统治阶级培养人才的场所，非统治阶级的子弟不能或无权进入学校接受正规的教育。如“唯官有书，而民无书”。

②教育具有**道统性**，天道、神道、人道往往合而为一，统治阶级的政治思想和伦理道德是唯一被认可的思想。

③教育具有**等级性**，在统治阶级内部，统治阶级子弟也要按照家庭出身等进入不同等级的学校。如唐朝的“六学二馆”。

④教育具有专制性，教育过程是管制与被管制、灌输与被灌输的过程，道统的威严通过教师、牧师的威严，通过招生、考试以及教学纪律的威严予以保证。

⑤教育具有刻板性，教育方法和学习方法比较单一，都是死记硬背、机械模仿。

⑥教育具有象征性，教育的象征性功能占主导地位，即能不能受教育和受什么样的教育是区别社会地位的象征。

知识再拔高

古代东西方教育的共同特征的其他说法

(1)出现了专门的教育机构和专职的教育人员；(2)有了鲜明的阶级性与严格的等级性；(3)文化的发展和典籍的出现丰富了学校教育的内容；(4)学校教育与生产劳动分离；(5)教育方法崇尚书本、呆读死记、强迫体罚、棍棒纪律；(6)官学和私学并行的教育体制；(7)个别施教或集体个别施教的教学组织形式。

真题面对面

[2021安阳殷都，单，0.86分]古代社会的教育方法和学习方法单一，体现了古代教育的哪种特点(　　)

A. 象征性　　B. 阶级性　　C. 专制性　　D. 刻板性

答案：D

2. 古代社会教育的发展

(1)古代中国

表1-3　古代中国教育的发展

时期	教育发展概况
夏代	我国最早的学校出现
商代	①学校有“大学”“小学”“庠”“序”等(根据不同年龄学生的教育要求，划分不同的教育阶段)； ②瞽宗——商代大学特有的名称
西周	①政教合一，显著特征是“学在官府”“学术官守”； ②学校教育制度发展得比较完备，有“国学”“乡学”之分：“国学”设在周王朝都城和诸侯国都城，分为“大学”和“小学”两类，专门供奴隶主贵族子弟就读，“乡学”是各地设立的地方学校，只有“小学”一级，供普通贵族子弟就读； ③基本学科：六艺，具体指礼、乐、射、御、书、数；礼乐教育是中心
春秋战国	①官学衰微，私学兴起，稷下学宫是养士的缩影，由官家举办、私家主持，特点：学术自由； ②私学的发展是我国教育史、文化史上的一个重要里程碑，直接促成了百家争鸣的社会盛况
两汉	①汉武帝采纳董仲舒“**罢黜百家，独尊儒术**”的建议，实行思想专制的文教政策，并明确提出以儒家的经术和才德为标准选拔官吏； ②太学是当时的最高教育机构，其正式教师是博士，主要从事教学工作，兼具咨询官吏的职能； ③汉代地方官学通常称为郡国学或者郡县学，其发展起始于景帝末年、武帝初年的“**文翁兴学**”
隋唐	①在选士制度上采取科举制； ②六学(国子学、太学、四门学、律学、书学、算学)二馆(崇文馆、弘文馆)组成中央官学的主干

续表

时期	教育发展概况
宋、明、清	①程朱理学成为国家的统治思想; ②教学的基本教材和科举考试的重要依据是四书五经("四书"是《大学》《中庸》《论语》《孟子》的合称,"五经"是《诗》《书》《礼》《易》《春秋》的合称); ③宋代书院盛行; ④明代以后,八股文成为科考的固定格式; ⑤1905年(清光绪三十一年),科举制度被废除

注:六艺——礼,包括政治、历史和以"孝"为本的伦理道德教育;乐,包括音乐、诗歌、舞蹈教育;射,射箭技术教育;御,以驾兵车为主的军事技术教育;书,文字教育;数,简单的计算教育。"六艺"中,礼、乐、射、御作为大艺,是大学的课程;书、数作为小艺,是小学的课程。

真题面对面

1. [2023事业单位,单,0.8分]"博士"这一称呼最早见于2000多年前,是一种官名,主要负责保管文献档案、编撰著述、掌通古今、传授学问、培养人才,其作为正式教师在最高学府"太学"主持教学始于( )

A. 秦朝　　B. 汉朝　　C. 唐朝　　D. 宋朝

2. [2021安阳殷都,单,0.86分]( )以后,学校教育制度已发展到比较完备的形式,形成了"学在官府,政教合一"的官学体系,并有了"国学"与"乡学"之分。

A. 西周　　B. 夏商　　C. 春秋　　D. 两汉

3. [2021郑州金水,单,0.58分]中国古代学校教育的主要内容是六艺,它包括( )

A. 礼、乐、射、辞、书、数　　B. 文法、修辞、辩证法、书数、射御

C. 算术、几何、文法、辩证法、天文、书数　　D. 礼、乐、射、御、书、数

答案:1. B　2. A　3. D

(2)古代印度

古代印度宗教权威至高无上,教育控制在婆罗门教和佛教手中。

婆罗门教有严格的等级规定,把人分成四种等级:首先处于最高等级的是僧侣祭司,应该受到最优良的教育;其次是刹帝利,为军事贵族;再次是吠舍种姓,仅能从事农工商业;处于最低等级的是首陀罗种姓,被剥夺了受教育的权利,识字读经被认为是违反了神的旨意,可能会被处死。婆罗门教的经典《吠陀》是教育的主要内容,教育活动主要是背诵经典和钻研经义。婆罗门教的僧侣是唯一的教师。

佛教与婆罗门教的教义大致相同,敬奉梵天,主张禁欲修行。但佛教比较关心大众,表现在教育上主要是广设庙宇,使教育面向更多的群众,形成了寺院学府的特色。

(3)古代埃及

古代埃及社会尊重文人而轻鄙不识文字的人,学校教育较为发达,形成了不同种类的学校,主要有宫廷学校、职官学校、寺庙学校(僧侣学校)和文士学校。

①宫廷学校。这种学校一般设立于国王所在地的宫廷内,用于教育王室子弟和朝臣子弟,使之学成以后充任官吏。宫廷学校所传授的大都是一些普通课程,包括读、写、数学、天文等基础知识。

②职官学校。这种学校由政府机关设立用来训练本部门需要的官吏,主要招收贵族子弟,教学内容包括普通文化课程和专门职业教育。

③寺庙学校。这种学校一般设在大城市的寺庙中，研究并教授数学、天文学、医学、建筑学等，俨然是古代埃及的最高学府。

④文士学校。这种学校用来培养能熟练运用文字从事书写及计算工作的人，招收人数较多，对出身限制稍宽，修业期限有长有短。**文士学校**是古代埃及开设最多的学校。

古代埃及教育的一大特征是“以僧为师”“以吏为师”。

(4)古代希腊

在古希腊许多奴隶制城邦国家中，斯巴达和雅典最强大，也最有名。因此，通常以这两个城邦的教育代表古希腊教育。雅典教育和斯巴达教育也是欧洲奴隶社会两种著名的教育体系。

古代雅典在西方最早形成体育、德育、智育、美育和谐发展的教育，教育内容比较丰富，教育方法也比较灵活，教育目的是培养有文化、有修养和多种才能的政治家和商人。

古代斯巴达教育以**军事体育训练**和**政治道德灌输**为主，教育内容单一，教育方法也比较严厉，其教育目的是培养忠于统治阶级的强悍的军人。

在女子教育方面，雅典教育轻视女子教育，且女子的社会地位低下；而斯巴达教育则重视女子教育，目的在于强健女性体魄，以保证下一代的健康。

真题面对面

[2021洛阳伊川，单，1分]古希腊斯巴达教育比较重视(　　)

A. 军事体育　　B. 政治哲学　　C. 天文数学　　D. 全面发展

答案：A

(5)中世纪的西欧

西欧进入封建社会后，形成了两种著名的封建教育体系，即**教会教育**和**骑士教育**。

教会教育的目的是培养教士和僧侣，教育内容是“**七艺**”，包括“**三科**”(文法、修辞、辩证法)和“**四学**”(算术、几何、天文、音乐)，而且各科都贯穿神学。

骑士教育是一种特殊的世俗教育形式，主要采取家庭教育的形式。这种教育的目的是培养封建骑士，教育内容是“**骑士七技**”，即骑马、游泳、击剑、打猎、投枪、下棋、吟诗。

(6)文艺复兴时期的欧洲

文艺复兴时期资产阶级提倡的新的文化和世界观被称为“人文主义”。人文主义即以“人”为中心的文化，用到教育上，人文主义教育即以“人”为中心的教育。代表人物有意大利的维多利诺、尼德兰的埃拉斯莫斯(又译伊拉斯谟)、法国的拉伯雷和蒙田等人。

古代东西方教育的主要内容是易考点，考生在掌握六艺、四书五经、七艺等知识点时，可将所有内容整合到一起进行对比记忆，如下所示：

六艺——礼、乐、射、御、书、数；

四书——《大学》《中庸》《论语》《孟子》；

五经——《诗》《书》《礼》《易》《春秋》；

七艺——“三科”(文法、修辞、辩证法)和“四学”(算术、几何、天文、音乐)；

七技——骑马、游泳、击剑、打猎、投枪、下棋、吟诗。

考点3 近代社会的教育 【单选】

(1)国家加强了对教育的重视和干预,**公立教育**崛起。

(2)**初等义务教育**的普遍实施。机械化工业革命的基本完成和电气化工业革命的兴起,提出了普及初等教育的要求,并为初等教育的普及提供了物质条件。德国是世界上最早普及义务教育的国家。

(3)教育的**世俗化**。教育从宗教中分离出来。有些国家明确规定,宗教、政党不得干预学校教育。

(4)教育的**法制化**。重视教育立法,依法治教。

考点4 现代社会的教育 【单选、多选、判断】 必背 ★★

进入20世纪以后,教育的改革和发展呈现出一些新的特点。

(1)**教育的终身化**。20世纪60年代以后提出的教育贯穿人一生的终身教育思想,强调职前教育与职后教育的一体化、青少年教育与成人教育的一体化、学校教育与社会教育的一体化。法国教育家**保罗·朗格朗**最早系统论述了终身教育。

终身教育是适应科学知识的加速增长和人的持续发展要求而逐渐形成的一种教育思想和教育制度,包括各个年龄阶段的各种方式的教育。把终身教育等同于成人教育或职业教育是片面的。

(2)**教育的全民化**。全民教育是指教育必须向所有人开放,人人都有接受教育的权利且必须接受一定程度的教育。

(3)**教育的民主化**。教育民主化是对教育的等级化、特权化和专制性的否定。

教育民主化首先是指教育机会均等,即教育要为所有的社会成员提供平等的教育权利,包括入学机会的均等、教育过程中享有教育资源机会的均等和教育结果的均等,这意味着要对社会弱势学生群体给予特殊照顾;其次指师生关系的民主化;再次指教育方式、教育内容等的民主化,为学生提供更多自由选择的机会;最后是追求教育的自由化,包括教育自主权的扩大,如办学的自主性,根据社会要求设置课程、编写教材的灵活性,价值观念的多样性等。

概言之,教育民主化是指全体社会成员享有越来越多的教育机会,受到越来越充分的民主教育。

(4)**教育的多元化**。教育的多元化是对教育的单一性和统一性的否定,它是世界物质生活和精神生活多元化在教育上的反映。具体表现为培养目标的多元化、办学形式的多元化、管理模式的多元化、教学内容的多元化、评价标准的多元化等。

(5)**教育技术的现代化**。教育技术的现代化是指现代科学技术在教育上的应用,包括教育设备、教育手段、教育方法等的现代化以及由此而引起的教育思想、观念的变化。

知识再拔高

关于现代教育的特征的其他说法

说法一:(1)现代教育的公共性。(2)现代教育的生产性。人们日益认识到,今天的教育就是明天的经济。教育的消费是明显的消费,潜在的生产;是有限的消费,扩大的生产;是今日的消费,明日的生产。教育已经成为经济发展的杠杆。教育的经济功能得到了世界各国政府的充分重视,教育改革因此被作为经济发展的战略性条件。(3)现代教育的科学性。(4)现代教育的未来性。(5)现代教育的国际性。(6)现代教育的终身性。"活到老,学到老"的口号就体现了这一特征。(7)现代教育的革命性。

说法二:(1)培养全面发展的人正由理想走向实践。(2)教育与生产劳动相结合成为现代教育规律之一。(3)教育民主化向纵深发展。具体表现在:①教育普及化的开始;②"教育机会均等"口号的提出;③教育法制化的形成;④教育民主化的质量和水平不断提高。(4)人文教育与科学教育携手并进。(5)教育普及制度化，教育形式多样化。(6)终身教育成为现代教育中一个富有生命力和感召力的教育理念。(7)实现教育现代化是各国教育的共同追求。教育现代化具体包括教育观念现代化、教育目标现代化、教育内容现代化、教育方法和手段现代化、教师队伍现代化、教育管理现代化、教育设备现代化、教育制度现代化、教师素质的现代化等。其中，确立和形成现代化的教育观念是保证教育现代化实现的一个重要前提；教师素质的现代化是教育现代化的核心。教育现代化的最高目的是实现人的现代化。

真题面对面

1. [2022周口中心城区，单，0.5分]进入20世纪以后，教育呈现出新的特点。下列哪项不属于20世纪以后教育的特点(　　)

A. 教育的全民化　　B. 教育的民主化

C. 教育的个别化　　D. 教育的多元化

2. [2022南阳卧龙，单，1.3分]“教育必须面向所有人，即人人都有接受教育的权利，且必须接受一定程度的教育”，这体现了教育(　　)的特点。

A. 终身化　　B. 多元化

C. 全民化　　D. 民主化

3. [2022郑州市直，单，0.8分]“今天的教育就是明天的经济，教育已经成为经济发展的杠杆”，这说明教育具有(　　)

A. 科学性　　B. 生产性

C. 阶段性　　D. 独立性

答案：1. C　2. C　3. B

★★ 考点大默写 ★★

1. 我国最早将“教”“育”二字用在一起的人是＿＿＿＿＿＿。
2. 教育有广义和狭义之分，广义的教育包括＿＿＿＿＿＿、＿＿＿＿＿＿、社会教育，狭义的教育指的是＿＿＿＿＿＿。
3. 教育与其他社会活动的根本区别集中体现在教育是一种有目的地＿＿＿＿＿＿的社会活动。
4. 教育与人类社会共始终，这体现了教育的社会属性中的＿＿＿＿＿＿。
5. 原始社会的教育内容和现代社会的教育内容是不同的，从教育的社会属性来看，这表明教育具有＿＿＿＿＿＿。
6. 构成教育活动的基本要素包括＿＿＿＿＿＿、＿＿＿＿＿＿和教育影响，其中＿＿＿＿＿＿是主导性的要素，在整个教育过程中起主导作用。
7. 从作用的方向看，教育功能可分为＿＿＿＿＿＿和＿＿＿＿＿＿；从作用的呈现形式看，教育功能可分为＿＿＿＿＿＿和＿＿＿＿＿＿。
8. 教育心理起源说的代表人物是美国的＿＿＿＿＿＿，他认为教育起源于儿童对成人的＿＿＿＿＿＿。教育劳动起源说是在马克思主义理论指导下形成的，它认为教育起源于人类所特有的＿＿＿＿＿＿。
9. 西周各级各类学校的基本学科是六艺，它的主要内容包括＿＿＿＿＿＿、＿＿＿＿＿＿、＿＿＿＿＿＿、

__________、书、数，其中，__________教育是六艺的中心；宋朝教学的基本教材和科举考试的重要依据是四书五经，其中“四书”是指__________、__________、__________和__________。

10. 中世纪西欧教会教育的主要内容是“七艺”，它包括“三科”和“四学”，“三科”指的是__________、__________和__________，“四学”指的是__________、__________、__________和__________。

11. 人从出生到坟墓都要学习，这一观点体现了现代教育的__________。法国教育家__________最早系统论述了这一思想。

12. “既追求让所有人都受到同样的教育，又追求教育的自由化”体现了教育的__________特点。

【参考答案】

1. 孟子　2. 家庭教育；学校教育；学校教育　3. 培养人　4. 永恒性　5. 历史性　6. 教育者；受教育者（学习者）；教育者　7. 正向功能；负向功能；显性功能；隐性功能　8. 孟禄；无意识模仿；生产劳动　9. 礼；乐；射；御；礼乐；《大学》；《中庸》；《论语》；《孟子》　10. 文法；修辞；辩证法；算术；几何；天文；音乐　11. 终身性；保罗·朗格朗　12. 民主化

考点　教育公平

教育公平可分为三类，即入学机会公平、受教育过程公平和教育结果公平，这三种形式的教育公平并不是并列的，入学机会公平是教育公平最基本的形式，是实现其他两种公平形式的前提和基础，受教育过程公平是教育公平的核心，而教育结果公平则是教育公平的目标和理想。

第二节　教育学及其产生与发展

一、教育学的内涵

考点1　教育学的定义　【单选、多选、判断】　必背　★★

教育学是研究教育现象和教育问题，揭示教育规律的一门科学。教育学的首要任务是认识纷繁复杂的教育现象，根本任务是揭示教育规律。

教育现象是教育活动在运动发展中的表现形式，是教育活动外在的、表面的特征，包括教育社会现象和教育认识现象。教育问题是人们从大量教育现象中提炼出来的、作为认识和研究对象的课题，是推动教育学发展的内在动力。

教育规律是教育现象与其他社会现象及教育现象内部各个要素之间本质的、内在的、必然的联系或关系。教育最基本的规律有两条：一条是关于教育与社会发展关系的规律，我们称之为教育的外部关系规律；另一条是关于教育和人的发展关系的规律，我们称之为教育的内部关系规律。

关于教育学的研究对象，集中表现为三种说法：第一种说法认为教育学的研究对象是“教育现象”（以南京师范大学教育系编写的《教育学》为代表）；第二种说法认为教育学的研究对象是“教育问题”（以村井实主编的《什么是教育》为代表），第三种说法认为教育学的研究对象是“教育现象和教育问题”（以王道俊、王汉

澜主编的《教育学》为代表)。总的来说,第三种说法最为常见。河南省教师招聘考试中第一种和第三种说法均有涉及,考生在做题时可根据试题的情况进行具体分析,灵活应对。

真题面对面

[2022平顶山市直,不定项,2.1分]( )是人们从大量教育现象中提炼出来的、作为认识和研究对象的课题,是推动教育学发展的内在动力。

A. 教育制度　　B. 教育技术　　C. 教育问题　　D. 教育观念

答案:C

考点2　教育学与教育科学的关系 【单选】★

教育学是庞大教育科学体系中的基础学科。教育科学是有关教育问题的各种科学理论的学科群,它包含教育社会学、教育经济学、教学论、课程论、教育技术学等。教育学研究的是教育基本的、一般的问题,是从总体上分析教育问题的,而其他学科则是从某个角度对某个方面的问题进行研究的。

真题面对面

[2021安阳滑县,单,0.7分]教育科学现已形成了一个庞大的科学体系,在这个体系中,基础学科是( )

A. 教育哲学　　B. 教育心理学　　C. 教育生理学　　D. 教育学

答案:D

考点3　教育学的价值 新增【单选、不定项、判断】★★

(1)反思日常教育经验。(2)科学解释教育问题。(3)沟通教育理论与实践。在教育学发展过程中存在着"源"与"流"的关系问题。教育学发展的"源"在教育实践。教育实践不仅是教育理论的源泉,而且是检验教育理论正确与否的标准。当某一教育理论形成以后,就成为影响以后教育思想发展的"流",成为现成的思想体系,反过来指导教育实践的发展。教育学研究的目的不仅是促进教育理论知识的增长,而且是更好地开展教育实践。教育学扮演着一种"中介"或"桥梁"的作用,沟通着教育理论与教育实践。

真题面对面

1. [2022南阳宛城,单,0.7分]教育学发展过程中,存在着"源"与"流"的关系问题,教育学发展的"源"在( )

A. 教育自身　　B. 教育评价

C. 教育实践　　D. 培养人才的质量

2. [2022平顶山市直,不定项,2.1分]教育学是研究教育现象和教育问题、揭示教育规律的学科。下列选项中,属于教育学的价值的有( )

A. 反思日常教育经验　　B. 科学解释教育问题

C. 沟通教育理论与实践　　D. 培养学生成为高精尖人才

答案:1. C　2. ABC

二、教育学的发展概况

孔子的教育思想

考点1 教育学的萌芽阶段

1. 中国萌芽阶段的教育思想 【单选、多选、判断、填空、名词解释、简答】★★★

(1)孔子的教育思想 必背

孔子是春秋末期的大思想家、大教育家,儒家学派的创始人。他的教育思想主要体现在《论语》一书中。

表1-4 孔子的教育思想

学说核心	以"仁"为学说核心和最高道德标准;仁最通常的意思就是"爱人"	
教育对象	有教无类(办学方针);"自行束脩以上,吾未尝无诲焉"	
教学纲领	"博学于文,约之以礼"	
教育目的	培养德才兼备的从政君子;"仕而优则学,学而优则仕"(此话虽为子夏所述,但代表了孔子的教育观点)	
教育作用	①社会作用:庶、富、教。孔子认为人口、财富和教育是立国的三个要素,教育事业的发展,要建立在经济发展的基础上。孔子是中国历史上最先论述教育与经济发展关系的教育家。 ②个体作用:"性相近也,习相远也"。孔子肯定了教育在人的发展过程中的关键作用,为人人有可能受教育、人人都应当受教育提供了理论依据	
教育内容	①整理修订《诗》《书》《礼》《乐》《易》《春秋》,奠定儒家教育内容的基础; ②道德教育居于首要地位,道德教育的主要内容是"仁"和"礼"; ③"子以四教:文、行、忠、信"; ④偏重社会人事、文事,轻视科技与生产劳动	
教学原则与方法	启发诱导	①孔子:不愤不启,不悱不发。举一隅不以三隅反,则不复也。朱熹解释:愤者,心求通而未得之意;悱者,口欲言而未能之貌;启,谓开其意;发,谓达其辞。 ②世界上**最早提出启发式教学**的教育家
	因材施教	①因材施教的前提是承认学生间的**个体差异**,并了解学生特点,在了解的基础上有针对性地进行教育。例如:"求也退,故进之;由也兼人,故退之"。 ②我国历史上**首倡因材施教**的教育家
	学、思、行相结合	强调学思结合,提出"学而不思则罔,思而不学则殆";还强调学习与行动相结合,要求学以致用
	温故知新	"温故而知新,可以为师矣"

因材施教

真题面对面

1. [2023信阳市直,单,1.2分]"不愤不启,不悱不发"是(　　)的教育主张。

A. 孔子　　B. 孟子　　C. 韩非子　　D. 荀子

2. [2022南阳卧龙,单,1.3分]古代教育家中提倡因材施教、启发诱导、学思并重教育方法的是(　　)

A. 孔子　　B. 孟子　　C. 荀子　　D. 韩非子

3. [2022驻马店驿城,判断,0.55分]墨子是中国历史上最先论述教育与经济发展关系的教育家。(　　)

答案:1. A　2. A　3. ×

(2)孟子的教育思想

①人性论。孟子持"性善论",这是他教育思想的基础。孟子认为,人性应当是指"仁义礼智"之类的道德属性。

②教育的作用和目的。孟子认为,教育的全部作用在于经过扩充人固有的"善性"而达到国家的治理,教育的目的在于"明人伦"。

③理想人格。孟子提出了理想的"大丈夫"人格,即"富贵不能淫,贫贱不能移,威武不能屈"。这种理想人格的实现主要靠人的内心修养。

☞④道德修养方法。A. **存心寡欲**。孟子认为存养和扩充善端的障碍来自耳目之欲,过多的物质欲望会妨碍道德修养。B. **持志养气(尚志养气)**。孟子与孔子一样,也要求学生树立远大的理想和宏伟目标,对社会发展有自己的理想和尽自己的义务。孔子称之为"杀身成仁",孟子称之为"舍生取义"。C. **反求诸己**。孟子一方面继承了孔子的内省思想,同时又对其加以发展,使它与"性善论"相结合,并推衍为反求诸己,以此作为协调人与人之间关系的原则。D. **磨炼意志**。孟子通过对人处于不同境遇产生的不同心态分析,阐明了磨炼意志的重要意义。他认为许多在德与才方面有成就的人多处于各种生活的逆境中,而生活于安逸环境中的人无忧无虑,往往不明事理,这就是所谓的"生于忧患,死于安乐"。新增

⑤教学方法。A. **"深造自得"**:深入地学习和钻研,有自己的收获和见解。B. "盈科而进":学习和教学过程要循序渐进。C. "教亦多术":对不同情形的学生采取不同的教法。D. "专心致志":学习必须专心致志,不能三心二意。

真题面对面

[2021洛阳洛龙,单,0.9分]在教育问题上尤其重视道德教育,强调尚志养气和意志锻炼,主张"舍生取义"和"生于忧患""死于安乐"的儒家学派的代表人物是(　　)

A. 孔子　　B. 孟子

C. 荀子　　D. 墨子

答案:B

(3)荀子的教育思想

①人性论与教育的作用。荀子提出了"**性恶论**",认为教育的作用是"化性起伪",就是通过教育和学习来改变自己的本性,使人具有适应社会生活的道德智能。

②教育目的。荀子要求教育培养推行礼法的"贤能之士",或者说具有儒家学者身份且长于治国理政的各级官僚,他把当时的儒者划分为几个层次,即俗儒、雅儒、大儒,教育应当以**大儒**为理想目标。

③教育内容。荀子注重读经，以儒经为学习与教育内容。在诸经中，荀子尤重《礼》，以之为自然与社会(道德与政治)的最高法则。

④学习过程。“不闻不若闻之，闻之不若见之，见之不若知之，知之不若行之。学至于行之而止矣。行之，明也；明之为圣人。”荀子认为，**闻、见、知、行**每个阶段都有充分的意义，由此构成了一个完整的学习过程。

⑤教师的地位。在先秦儒家诸子中，荀子是**最为提倡尊师**的，表达了与孔孟颇为不同的见解。孟子曾经依据《尚书·泰誓》“天佑下民，作之君，作之师”的说法，将君师并称，荀子进而把师提到与天地、祖宗并列的地位，将教师视为治国之本。

(4)墨家的教育思想

①教育作用。墨子“**兴天下之利，除天下之害**”的社会政治思想的一项重要内容，就是推行教育。他主张通过“有力者疾以助人，有财者勉以分人，有道者劝以教人”，建设一个民众平等、互助的“兼爱”社会。

②教育目的。“兼相爱，交相利”的社会理想决定了墨家的教育目的是培养实现这一理想的人，即“兼士”或“贤士”，具体标准有三条：“博乎道术”“辩乎言谈”“厚乎德行”，即知识技能的要求、思维论辩的要求和道德的要求。

③教育内容。墨翟以“兼爱”“非攻”为教，同时注重文史知识的掌握和逻辑思维能力的培养，还注重实用技术的传习。墨家教育内容的特色和价值主要体现在科学技术教育和训练思维能力的教育上，它们突破了儒家六艺教育的范畴，堪称一大创造。

④知识来源。对于获得知识的理解，墨翟认为，人的知识来源可分为三个方面，即“亲知”“闻知”和“说知”。前两种都不可靠，必须重视“说知”，即依靠类推和明故的方法来获得知识。

真题面对面

[**2021平顶山湛河，判断，0.6分**]孔子主张教育要培养贤士，贤士必须具备三个条件：“厚乎德行，辩乎言谈，博乎道术”。(　　)

答案：×

(5)道家的教育思想

道家主张“绝学”和“愚民”，认为“绝学无忧”。根据“道法自然”的哲学，道家主张教循自然原则，一切任其自然，便是好的教育。道家反对儒家的礼教，主张培养“上士”或“隐君子”；提倡怀疑的学习方法，讲究辩证法，提倡“用反”“虚静”等充满辩证法思想的教育教学原则。

(6)《学记》的教育思想 必背

《学记》(收入《礼记》)是中国也是世界教育史上的第一部教育专著，被誉为**“教育学的雏形”**，成文大约在战国末期。《学记》从正反两方面总结了儒家的教育理论和经验，系统阐发了教育的作用和任务、学校制度、教育目的、教学原则、教师的地位和作用、师生关系等。《学记》开篇阐述了教育的目的：“建国君民，教学为先”“君子如欲化民成俗，其必由学乎”，论述了教育与政治的关系。《学记》中总结的教学原则如下所示：

表1-5 《学记》中的教学原则

教学原则	要点	引文示例
教学相长	教与学是教学过程的两个方面，两者相互促进，“学”因“教”而日进，“教”因“学”而益深	“是故学然后知不足，教然后知困。知不足，然后能自反也；知困，然后能自强也。故曰：教学相长也”
尊师重道(教师观)	尊师才能重道，要重道必须尊师	“师严然后道尊，道尊然后民知敬学”

续表

教学原则	要点	引文示例
藏息相辅	正课学习与课外练习必须兼顾，课内与课外相结合，相互补充，相互促进	“大学之教也，时教必有正业，退息必有居学”
豫时孙摩	预防性原则：要在不良倾向尚未发作时就采取预防措施	“禁于未发之谓豫”“发然后禁，则扞格而不胜”
	及时施教原则：要把握教学的最佳时机	“当其可之谓时”“时过然后学，则勤苦而难成”
	循序渐进原则：教学要遵循一定的顺序	“不陵节而施之谓孙”“杂施而不孙，则坏乱而不修”
	学习观摩原则：要相互观摩，相互学习，取长补短	“相观而善之谓摩”“独学而无友，则孤陋而寡闻”
启发诱导	反对死记硬背，主张启发式教学。要开导学生，但不要牵着学生走；对学生提出较高的要求，但不能使学生灰心；指导学生学习的门径，而不把答案直接告诉学生	“故君子之教，喻也。道而弗牵，强而弗抑，开而弗达。道而弗牵则和，强而弗抑则易，开而弗达则思。和、易以思，可谓善喻矣”
长善救失	教师要注意学生的个别差异，帮助他们发扬优点，克服缺点	“学者有四失，教者必知之。人之学也，或失则多，或失则寡，或失则易，或失则止。此四者，心之莫同也。知其心，然后能救其失也。教也者，长善而救其失者也”

此外，《学记》还主张“**学不躐等**”，即教学要遵循学生的心理发展特点，循序渐进；同时，重视学生的学习，指出“善学者，师逸而功倍，又从而庸之”。

《学记》中的“教学相长”有本义与引申义之分。“教学相长”的本义并非指教与学双方的相互促进，而是指教师以教为学。它说明了教师本身的学习是一种学习，而教导他人的过程也是一种学习。正是这两种不同形式的学习相互推动，使教师不断进步。但后人在注释“教学相长”时，对其作了引申，将它视为教学过程中教师、学生双方互相促进、共同提高的过程。

记忆有妙招

为帮助考生记忆，我们将《学记》中的教学原则总结为如下口诀：**教师长时等七夕**。**教**：教学相长；**师**：尊师重道；**长**：长善救失；**时**：豫时孙摩；**等**：学不躐等；**七（启）**：启发诱导；**夕（息）**：藏息相辅。

真题面对面

1. [2023洛阳瀍河，单，1.2分]《学记》中提出了“豫、时、孙、摩”的教学思想，其中“豫”指的是(　　)

A. 禁于未发　　B. 当其可

C. 不陵节而施　　D. 相观而善

2. [2022 周口中心城区，单，0.5 分]（　　）是人类历史上最早出现的专门论述教育问题的著作，被称为“教育学的雏形”。

A.《学记》　　B.《大教学论》　　C.《雄辩术原理》　　D.《普通教育学》

3. [2022 郑州新密，单，0.8 分]《学记》是著名的世界教育思想遗产，下列有关《学记》的表述正确的是（　　）

①教学原则：“当其可之谓时”　②教育与文化的关系：“建国君民，教学为先”

③教师观：“师严然后道尊”　④教学方法：“亲知”“闻知”“说知”

A. ①②③　　B. ①③　　C. ③④　　D. ①④

答案：1. A　2. A　3. B

(7)朱熹的教育思想

朱熹是南宋著名理学家、教育家，其整理编撰的儒家基本读物中，《四书章句集注》（简称《四书集注》）对后世影响最大。

①关于教育的目的、作用。朱熹将人性分成“天命之性”（绝对至善）和“气质之性”（有善有恶），认为教育的作用就在于“变化气质”，强调学校教育的目的是“明人伦”。

②论“小学”和“大学”教育。8 岁至 15 岁为小学教育阶段，任务是培养“圣贤坯璞”。15 岁之后为大学教育阶段，与小学教育重在“教事”不同，大学教育内容的重点是“教理”，即重在探究“事物之所以然”。

③学习阶段。朱熹将《论语》和《中庸》中的思想纳入教育活动中，把教育活动分为“博学、审问、慎思、明辨、笃行”五个阶段。

④朱子读书法。朱子读书法是古代最有影响的读书方法论，是朱熹的学生汇集他的训导概括归纳出来的，共六条。具体内容如下：

循序渐进。包含三个意思：一是读书应该按照一定次序，前后不要颠倒；二是应根据自己的实际情况和能力，安排读书计划，并切实遵守它；三是读书要扎扎实实打好基础，不可囫囵吞枣，急于求成。

熟读精思。朱熹认为，读书既要熟读成诵，又要精于思考。在这方面，他有一句十分精辟的论述。他说：“大抵观书，先须熟读，使其言皆若出于吾之口；继以精思，使其意皆若出于吾之心，然后可以有得尔。”

虚心涵泳。所谓“虚心”，是指读书时要虚怀若谷，静心思虑，仔细体会书中的意思，不要先入为主，牵强附会。所谓“涵泳”，是指读书时要反复咀嚼，细心玩味。

切己体察。朱熹强调读书必须要见之于自己的实际行动，要身体力行。

着紧用力。包含两方面的意义：一是必须抓紧时间，发愤忘食，反对悠悠然；二是必须抖擞精神，勇猛奋发，反对松松垮垮。

居敬持志。所谓“居敬”，就是读书时精神专注，注意力集中。所谓“持志”，就是要树立远大的志向，高尚的目标，并要以顽强的毅力长期坚持。

⑤道德教育方法。道德教育是理学教育的核心，也是朱熹教育思想的重要内容。朱熹关于道德教育的方法，可以概括为以下几点：

立志。朱熹认为，志是心之所向，对人的成长至关重要。他要求学者首先应该树立远大的志向。

居敬。这要从两方面努力：“内无妄思”，即自觉抑制人欲的诱惑，自觉执守封建伦理道德；“外无妄动”，即在服饰动作、言语态度等外貌方面“整齐严肃”，符合封建伦理道德规范。

存养。朱熹认为每个人都有与生俱来的善性，但同时又有气质之偏和物欲之蔽。因此，需要用“存养”的功夫，来发扬善性，发明本心。

省察。“省”是反省，“察”是检查。“省察”即经常进行自我反省和检查。

力行。朱熹所说的"力行"，是要求将学到的伦理道德知识付之于自己的实际行动，转化为道德行为。

真题面对面

1. [2022 郑州金水，单，0.96 分]"使其言皆若出于吾之口，使其意皆若出于吾之心"，体现了"朱子读书法"中的( )

A. 居敬持志　　B. 熟读精思　　C. 着紧用力　　D. 切己体察

2. [2022 南阳四区联考，判断，0.5 分]朱熹认为道德教育包括五个环节：立志、居敬、存养、省察、力行。其中，"省察"是经常进行自我反省和检查的意思。"力行"是要将学到的伦理道德知识付之于自己的实际行动，转化为道德行为。( )

答案：1. B　2. √

(8)王守仁的教育思想

①论教育作用。王守仁十分重视教育对于人的发展所起的重要作用，提出了"学以去其昏蔽"的思想。他认为"理"不在"心"外，而是存在于"心"中，**"心即理"**。

②论道德教育。王守仁把"明人伦"作为道德教育的目的，为了实现这一目的，王守仁主张以六经为主要学习内容，他认为读经书可以帮助明吾心之常道，即普遍永恒的道理。他在《尊经阁记》中提出："故六经者，吾心之记籍也，而六经之实，则具于吾心。"

2. 西方萌芽阶段的教育思想　【单选、多选、判断、填空】　★★

西方教育学的思想主要源于古希腊的哲学家**苏格拉底、柏拉图和亚里士多德**。他们被称为古希腊"三杰"。

(1)苏格拉底

①教育的目的、任务。苏格拉底认为教育的目的是培养治国人才，教育的**首要任务**是培养道德。"美德即知识"的思想是苏格拉底教育思想的一个重要内容。

②苏格拉底问答法。苏格拉底以其雄辩和与青年智者的问答法著名。苏格拉底问答法亦称"产婆术"，分为四步：第一步为讽刺(讥讽)，即通过问答从对方观点中引出矛盾，迫使其否定曾经肯定的结论，苏格拉底认为这是使人获取知识的前提，因为除非一个人"自知其无知"，否则，他将坚持已有的错误概念。第二步为"助产术"，即在否定自己已有观念的基础上，引导学生独立思考，形成新概念。第三步是归纳，即通过讽刺否定个别、偶然和错误的概念，通过产婆术寻求正确的概念，达到从个别到一般。第四步为定义，即对发现的正确概念进行表述。

真题面对面

[2021 平顶山湛河，判断，0.6 分]产婆术可分为四步，即讽刺、助产术、归纳和定义。( )

答案：√

(2)柏拉图

①代表作。柏拉图的教育思想集中体现在其代表作《理想国》中，该著作被认为是后世公共教育思想的源头。在西方教育思想史上，柏拉图的《理想国》和卢梭的《爱弥儿》、杜威的《民主主义与教育》被称为三个里程碑。

②教育目标。柏拉图把教育与政治相结合，认为教育对于实现理想的政治制度有重大作用，特别是对于培养最高统治者作用更大，因此他认为教育的最高目标就是培养哲学王。

③早期教育。柏拉图重视早期教育，他是“寓学习于游戏”的最早提倡者，要求不强迫孩子学习，主张采用做游戏的方法，在游戏中更好地了解每个孩子的天性。

④认识论。柏拉图提出了**知识即回忆**的观点，他认为人在出生以前已经获得了一切事物的知识，当灵魂依附于肉体（降生）后，这些已有的知识被遗忘了，通过接触感性事物，才重新“回忆”起已被遗忘的知识。学习并不是从外部得到什么东西，它只是回忆灵魂中已有的知识。

真题面对面

[2021驻马店，判断，0.88分]亚里士多德是古希腊百科全书式的哲学家，在历史上首次提出了“寓学习于游戏”的观点。（　　）

答案：×

（3）亚里士多德

①代表作。亚里士多德是古希腊**百科全书式**的哲学家，他的教育思想主要体现在他的著作**《政治学》**中。

②教育目的。**亚里士多德**秉承了柏拉图的理性说，认为追求理性就是追求美德，就是教育的最高目的。

③公共教育。亚里士多德主张公立教育取代私家教育，并提出教育事业应该是公共的，而不是私人的。这种公共教育并不是普及教育，奴隶和妇女并没有受教育权。

④和谐教育。亚里士多德在教育史上首次提出了“教育遵循自然”的观点，主张按照儿童心理发展的规律进行分阶段教育，提倡对儿童进行和谐的教育，成为后来全面发展教育的思想源泉。

⑤文雅教育（自由教育）。文雅教育最早由亚里士多德提出，是其教育思想的重要组成部分。亚里士多德认为，人只有充分运用和发展理性，才能获得身心的自由发展。要实现文雅教育，需要具备两个基本条件：闲暇时间和自由学科。

⑥灵魂论。亚里士多德将人的灵魂分为三个部分：营养的灵魂、感觉的灵魂和理性的灵魂。灵魂论为教育必须包括体育、德育、智育提供了人性论上的依据。亚里士多德认为智力的健全依赖于身体的健全，主张体育先于智育进行。

真题面对面

[2023洛阳瀍河，单，1.2分]下列理论中最早由亚里士多德提出的是（　　）

A. 教育遵循自然　　B. 教育心理学化

C. 寓学习于游戏　　D. 教学的教育性原则

答案：A

（4）昆体良

①代表作。**昆体良**是古罗马教学法大师，他是西方教育史上第一个专门论述教育问题的教育家。其代表作**《雄辩术原理》**（《论演说家的教育》或《论演说家的培养》）集希腊和罗马教育思想和经验之大成，是欧洲古代教育理论发展的最高成就，也是西方最早的教育著作，被誉为古代西方的第一部教学法论著。

②学习过程。昆体良总结了他在修辞学校长期培养演说家的经验，提出了“模仿、理论、练习”三个循序渐进的学习过程。

③教学组织形式。在教学的组织形式方面，昆体良提出了分班教学的思想，主张把学生分成班级，在同一时间由教师对全班学生而不是对个别学生进行教学。这是班级授课制思想的萌芽。

④教学原则与方法。昆体良的一个重要见解是反对体罚,他是最早提出反对体罚的教育家。他认为体罚是对儿童的凌辱,会使儿童心情压抑、沮丧和消沉,对儿童的成长产生非常消极的后果。与此相联系,他强调运用奖励的方法。

真题面对面

[2021信阳平桥,单,0.8分]( )是公元一世纪古罗马最有成就的教育家,也是最早提出反对体罚的教育家。

A. 柏拉图　　B. 昆体良

C. 夸美纽斯　　D. 苏格拉底

答案:B

考点2　教育学的独立形态阶段　【单选、多选、判断】 必背 ★★★

独立形态教育学创立的标志主要有:(1)从对象方面而言,教育问题成为一个专门的研究领域;(2)从概念和范畴方面而言,形成了专门的教育概念与范畴;(3)从方法方面而言,有了严谨科学的研究方法;(4)从结果方面而言,产生了一些重要的教育学家,出现了一些专门的、系统的教育学著作;(5)从组织机构而言,出现了专门的教育研究机构。这些标志并不是同时出现的,而是在比较长的历史时期内逐渐形成的。因此,教育学的创立也不是瞬间完成的,而是一个历史的过程,前后经历了较长时间。一般认为,这个过程的起点是17世纪捷克教育家夸美纽斯《大教学论》的问世,终点是19世纪初德国教育家赫尔巴特《普通教育学》的发表。

教育学作为一门独立的学科,伴随着近现代形态的学校教育而产生于17世纪的欧洲。英国哲学家培根为独立形态教育学的出现做出了重要贡献。作为"近代实验科学的鼻祖",培根猛烈地批判了亚里士多德以来的经院哲学,首次提出把教育学作为一门独立的学科,他还提出了实验的归纳法,将其看成获得真正知识的必由之路,为后来教育学的发展奠定了方法论基础。

真题面对面

[2022洛阳四区联考,判断,0.59分]培根首次提出把教育学作为一门独立的学科。( )

答案:√

1. 夸美纽斯

捷克教育家夸美纽斯深受人文主义精神影响,具有强烈的民主主义思想,他在教育学的创立过程中,取得了突出的成就,其1632年出版的《大教学论》是教育学开始形成一门独立学科的标志,该书被认为是近代第一本教育学著作。其主要教育观点包括以下几点:

(1)"泛智"教育。夸美纽斯从他的民主主义的"泛智"思想出发,提出了普及教育的思想。他认为教学应当成为"把一切事物教给一切人类的全部艺术",提出"一切男女青年都应该进学校"。为此他编写了很多教材,如《世界图解》。

(2)教育适应自然原则(亦称自然适应性原则)。这是贯穿夸美纽斯整个教育思想体系的根本性指导原则。主要有两方面的内容:①教育要遵循自然界存在着的普遍秩序,即自然规律;②教育要适应人的自然本性和儿童的年龄特征。

(3)班级授课制。夸美纽斯对近代教育学最大的贡献之一,就是他所确立的班级教学制度及其理论。

(4)教学原则。夸美纽斯提出并论证了直观性、系统性、量力性、巩固性、因材施教和自觉性等教学原则。

(5)**德育内容**。夸美纽斯把**智慧**、**勇敢**、**节制**、**公正**这四种品德称为主要的或基本的德行，他在德育内容中还纳入了一个在当时是崭新的概念——**劳动教育**。

(6)学制系统。夸美纽斯将24年学习时间区分为婴儿期(幼年期)、儿童期、少年期和青年期四个发展阶段，各为6年，并提出与之相适应的母育学校、国语学校、拉丁语学校和大学四级学制以及有关的课程安排，建立了统一的学制系统。

夸美纽斯的著作及其地位：《大教学论》是教育学开始形成一门独立学科的标志；《世界图解》是世界上最早的带有插图的儿童教科书；《母育学校》是世界上第一本系统论述学前教育的专著。

真题面对面

1. [2022郑州金水，单，0.96分]夸美纽斯是捷克伟大的民主主义教育家，是西方近代教育理论的奠基者。贯穿夸美纽斯整个教育体系的一条根本性指导原则是(　　)

A. 教育的系统性原则　　B. 教育的量力性原则

C. 教育适应自然原则　　D. 教育的巩固性原则

2. [2021安阳殷都，单，0.86分](　　)的《大教学论》是近代最早的一部教育学著作，是近代独立形态教育学的开端，是教育学开始成为一门独立的学科的标志。

A. 夸美纽斯　　B. 培根

C. 裴斯泰洛奇　　D. 洛克

答案：1. C　2. A

2. 卢梭

(1)自然主义教育思想。卢梭是坚定的“性善论”者。他认为教育的任务应该使儿童“归于自然”，这是其自然主义教育的**核心**。卢梭在其著作《爱弥儿》中，通过对假想的教育对象爱弥儿进行系统教育的过程，批判封建教育制度，提倡服从自然法则、听任人的身心自由发展的“自然教育”。所谓“自然教育”指的是教育的目的是使人成为自然人。自然人是指在任何情况下，都能坚持做人的本分的人，“在自然秩序中，所有的人都是平等的，他们共同的天职，是取得人品；不管是谁，只要在这方面受了很好的教育，就不至于欠缺同他相称的品格”。“出自造物主之手的东西都是好的，而一到了人的手里，就全变坏了。”这是《爱弥儿》的开篇第一句。

(2)“消极教育”的主张。所谓“消极教育”即成人的不干预、不灌输、不压制和让儿童遵循自然率性发展。但“消极教育”并非无所作为，还有两件事要做：①观察自由活动中的儿童，了解他的自然倾向和特点；②防范来自外界的不良影响。

记忆有妙招

关于卢梭的教育思想及代表著作，考生可用以下口诀进行记忆：**卢梭性善爱弥儿**。

真题面对面

1. [2023事业单位,单,0.8分]“在自然秩序中,所有的人都是平等的,他们共同的天职,是取得人品;不管是谁,只要在这方面受了很好的教育,就不至于欠缺同他相称的品格。”该观点来自(　　)

A. 夸美纽斯　　B. 赫尔巴特　　C. 卢梭　　D. 柏拉图

2. [2022郑州新密,单,0.8分]下列选项中,描述卢梭的教育思想的观点是(　　)

A.“生活就是发展,而不断发展,不断生长,就是生活”

B.“把一切事物教给一切人类”

C.“出自造物主之手的东西都是好的,而一到人的手里,就全变坏了”

D.“不存在无教学的教育,正如反过来,我也不承认有任何无教育的教学一样”

答案:1. C　2. C

3. 康德

(1)代表作。康德的教育思想主要反映在《康德论教育》一书中。

(2)人性论与道德论。他认为教育的根本就是要对人的本性进行适当的控制,“人是唯一需要教育的动物”,自由是道德教育的最高目的,必要的“管束”和“训导”是实现自由的必要保证。

(3)最早讲授教育学。作为哲学家,康德曾先后四次在哥尼斯堡大学讲授教育学,是最早在大学开设教育学讲座的有影响力的学者之一。

4. 裴斯泰洛齐

(1)代表作。裴斯泰洛齐的教育思想主要反映在他的教育小说《林哈德与葛笃德》中。

(2)教育目的。裴斯泰洛齐认为教育目的应是“促进人的一切天赋能力和力量的全面、和谐发展”。他认为,人的本性包括智力(脑)、精神(心)和身体(手)三个方面,而且这三个方面是相互联系的,因此,教育目的就是使人成为有道德、有智慧、有劳动能力与身体健康的人。

(3)“教育心理学化”口号的提出。在西方教育史上,裴斯泰洛齐是第一个明确提出“教育心理学化”口号的教育家。所谓“教育心理学化”就是把教育提高到科学的水平,将教育科学建立在人的心理活动规律的基础上。

(4)要素教育论。要素教育论是裴斯泰洛齐基于教育心理学化理论对初等教育内容和方法的重要论述,也是他为初等教育革新所从事的开创性实践的结晶。他认为,初等学校的各种教育都应该从最简单的要素开始,然后逐渐转到日益复杂的要素,以便循序渐进地促进人的和谐发展。

(5)初等学校各科教学法。裴斯泰洛齐是现代初等学校各科教学法的奠基人。他对初等学校的语言教学、算术教学和测量教学尤为重视。在算术教学上,裴斯泰洛齐认为,数字“1”是数目的最简单要素,而计数是算术能力的要素。算术教学应首先通过具体实物或直观教具使儿童产生“1”这个数字的概念,并从“1”开始,用个位数进行运算,然后了解和运算十位数、百位数……在形成整数概念的基础上再进行整数四则运算。

(6)教育与生产劳动相结合思想。裴斯泰洛齐虽不是第一个提出教育与生产劳动相结合思想的人,但却是西方教育史上第一个将这一思想付诸实践的教育家,并在自己的实践活动中推动和发展这一思想。

记忆有妙招

关于裴斯泰洛齐的教育思想,我们总结了以下口诀帮助考生记忆:**裴齐要诉(素)心里(理)话(化)。**

真题面对面

1. [2022郑州新郑,单,0.66分]西方教育史上第一个提出教育心理学化的教育家是(　　)

A. 夸美纽斯　　B. 裴斯泰洛齐　　C. 赫尔巴特　　D. 瓦·根舍因

2. [2022周口中心城区,单,0.5分]裴斯泰洛齐被认为是现代初等学校各科教学法的奠基人,他认为教学算术应该从(　　)开始。

A. 数字1　　B. 直线　　C. 个位数的简单计算　　D. 数字

答案:1. B　2. A

5. 洛克

(1)"白板说"。洛克反对天赋观念,提出了"白板说"。他认为人的心灵原来就像一块白板,没有一切特性,没有任何观念,天赋的智力人人平等。他明确指出:"我们日常所见的人中,他们之所以或好或坏,或有用或无用,十分之九都是他们的教育所决定的。人之所以千差万别,便是由于教育之故。"

(2)"绅士教育论"。洛克认为,教育的目的就是培养绅士,而这种培养只能通过家庭教育,由此提出了"绅士教育论"。在其著作《教育漫话》(1693年)一书中,他详细论述了绅士教育的内容(即体育、德育和智育)及方法。在洛克的绅士教育理论体系中,德育居于首要地位。因为在他看来,德行是一个绅士必须具备的最重要的品质。

记忆有妙招

关于洛克的教育思想及代表著作,考生可用以下口诀进行记忆:**洛克白板画(话)绅士**。

真题面对面

[2021郑州金水,单,0.58分]在近代西方教育史上提出著名的"白板说"的教育思想家是(　　)

A. 夸美纽斯　　B. 卢梭　　C. 洛克　　D. 裴斯泰洛齐

答案:C

6. 斯宾塞

斯宾塞是19世纪英国著名的哲学家、社会学家和教育家,其代表作是《教育论》(1861年)。斯宾塞是实证主义者,他反对思辨,主张科学是对经验事实的描写和记录。

(1)教育任务。斯宾塞提出教育的任务是为完满生活做准备。

(2)核心理念。主要包括:①提倡科学教育,反对古典主义教育;②提倡自主教育,反对灌输式教育;③提倡快乐和兴趣教育,反对无视学生身心发展规律的教育方式。

(3)"科学知识最有价值"。斯宾塞明确提出了科学知识最有价值的见解。他指出人类生活主要由五项活动组成,学习这五项活动对应的科学知识是必要的。①直接有助于自我保全的活动——生理学、卫生学;②获得生活必需品从而间接有助于自我保全的活动——数学、力学、物理学、化学、天文学、地质学、生物学、社会学等;③目的在抚养和教育子女的活动——心理学、教育学;④与维持正常的社会和政治关系有关的活动——历史学;⑤在生活中的闲暇时间用于满足爱好和感情的各种活动——审美课程。由此,斯宾塞强调生理学、卫生学、数学、机械学、物理学、化学、地质学、生物学等实用学科的重要性,反对古典语言和文学的教育。此外,他还特别重视体育。

(4)教学方法。他主张启发学生学习的自觉性,反对形式教育,重视实科教育。

真题面对面

1. [2022新乡市直,单,0.99分]斯宾塞的《教育论》提出了非常著名的(　　)论断,重视实科教育,是近代科学教育的先锋。

A. "最有价值的知识是科学"　　B. "学生中心"

C. "教育即生活"　　D. "教育无目的"

2. [2022濮阳华龙,单,1.12分]在教学方法方面,他主张启发学生学习的自觉性,反对形式教育,重视实科教育,他提出教育的任务是完满生活做准备。这个"他"指的是(　　)

A. 斯宾塞　　B. 卢梭　　C. 陶行知　　D. 凯洛夫

答案:1. A　2. A

7. 赫尔巴特

赫尔巴特

赫尔巴特是康德哲学教席的继承者,德国著名的心理学家和教育学家,在世界教育史上被认为是"现代教育学之父"或"科学教育学的奠基人"。他的《普通教育学》的出版(1806年)标志着规范教育学的建立,同时,这本书也被认为是第一本现代教育学著作。赫尔巴特强调必须有"一种教育者自身所需要的科学",有"科学与思考力"。这门科学最重要的是要有"自身的概念"。他明确地指出,"普通教育学必须把论述基本概念放在一切论述之前",只有这样才能获得科学的统一性。其思想主要有以下几点:

(1)教育理论体系的两个理论基础

赫尔巴特的贡献在于把道德教育理论建立在伦理学的基础上,把教学理论建立在心理学的基础上,可以说是奠定了科学教育学的基础。伦理学即实践哲学,主要体现为五种道德观念;心理学就是研究观念的科学。赫尔巴特重视和发展了两个重要的概念,即"意识阈"和"统觉"。儿童在原有基础上形成新观念的过程称统觉,教学中的注意、兴趣都与统觉有紧密联系。依据统觉原理,赫尔巴特为课程设计提出了"相关"和"集中"两项原则,目的是保持课程教学的逻辑结构和知识的系统性。

(2)教育目的

赫尔巴特认为教育的最高目的是道德和性格的完善,他把教育的目的分为两种:"可能的目的"和"必要的目的"。"可能的目的"是指与儿童未来所从事的职业有关的目的;"必要的目的"具体而言就是指养成内心自由、完善、仁慈、正义和公平这五种道德观念,这也是教育的根本目的。

(3)教育性教学原则

教育性教学是赫尔巴特教育学的核心,赫尔巴特第一次明确提出这一概念,把道德教育与学科知识教学统一在同一个教学过程中。

☞(4)课程体系。赫尔巴特根据学生的六种兴趣提出了六种课程:经验的兴趣——自然学科,思辨的兴趣——数学与逻辑,审美的兴趣——艺术学科,同情的兴趣——语言学科,社会的兴趣——社会学科,宗教的兴趣——宗教学科。新增

(5)教学四阶段论

表1-6　赫尔巴特的教学四阶段论

阶段	内涵	学生的心理状态
明了(清楚)	把新教材分解为各个构成部分,并和意识中相关的观念,即已经掌握的知识进行比较	学生处于"静态的专心活动"中,其心理状态主要表现为"注意"

续表

阶段	内涵	学生的心理状态
联合(联想)	建立新旧观念的联系,使学生在新旧观念的联系中继续深入学习新教材	学生处于"动态的专心活动"中,其心理状态主要表现为"**期待**"
系统	学生在教师的指导下,在新旧观念联系的基础上进行深入思考,寻求结论和规律	学生处于"静态的审思活动"中,其心理特征是"**探究**""感觉到系统知识的优点"
方法(应用)	通过实际练习,运用系统的知识,使之变得更熟练、更牢固	学生处于"动态的审思活动"中,其心理特征是"**行动**"

赫尔巴特的**教学四阶段论**,后来被发展为五段,即预备、提示、联合、总结、应用。

(6)儿童管理论

赫尔巴特将教育过程分为相互联系、前后衔接的三个部分:管理、教学和训育。管理的目的和中心任务是要克服儿童"不服从的烈性",以便为教学和训育创造次序。管理的措施主要包括:①惩罚的威胁;②监督;③命令和禁止;④惩罚,这是上述方法未能奏效时采取的严厉的措施;⑤权威与爱;⑥让儿童有事做。教学是实现教育目的的基本手段,训育即道德教育。

赫尔巴特强调系统知识的传授,强调课堂教学的作用,强调教材的重要性,强调教师的权威作用和中心地位,形成了传统教育"课堂中心""教材中心""教师中心"的特点。他的教育思想对19世纪以后的教育实践和教育思想产生了很大影响,被看作传统教育理论的代表。

记忆有妙招

为帮助考生记忆,我们将赫尔巴特的主要教育思想总结为如下口诀:**一个原则,两个基础,三个中心,四个阶段。**

(1)**一个原则**:教育性教学原则;

(2)**两个基础**:伦理学、心理学;

(3)**三个中心**:课堂中心、教材中心、教师中心;

(4)**四个阶段**:明了(清楚)、联合(联想)、系统、方法(应用)。

真题面对面

1. [2022郑州高新,单,0.7分]在西方教育史上被誉为"科学教育学的奠基人",在世界教育史上被称为"教育科学之父""现代教育学之父"的教育家是(　　)

A. 裴斯泰洛齐　　B. 第斯多惠　　C. 卢梭　　D. 赫尔巴特

2. [2022安阳文峰(高新),单,0.9分]赫尔巴特提出了教学形式阶段理论,认为任何教学活动都必须经历的阶段是(　　)

A. 困难—问题—假设—验证—结论　　B. 明了—联想—系统—方法

C. 预备—提示—比较—总括—应用　　D. 感觉—记忆—理解—判断

3. [2022郑州市直,多,1.2分]赫尔巴特所代表的传统教育思想的核心内容一般被概括为(　　)

A. 课堂中心　　B. 教师中心　　C. 活动中心　　D. 教材中心

E. 学校中心

答案:1. D　2. B　3. ABD

8. 杜威

杜 威

杜威的理论是现代教育理论的代表，区别于传统教育“课堂中心”“教材中心”“教师中心”的“旧三中心论”，他提出了“儿童中心(学生中心)”“活动中心”“经验中心”的“新三中心论”。杜威强调儿童在教育中的中心地位，主张教师应以学生的发展为目的，围绕学生的需要和活动组织教学，以儿童中心主义著称。其代表作**《民主主义与教育》**(又译**《民本主义与教育》**，1916年)及反映在其作品中的**实用主义**教育思想，对20世纪的教育和教学有深远影响。

杜威的教育论著中，曾系统阐述过教育与生活、学校与社会、经验与课程、知与行、思维与教学、教育与职业、教育与道德、儿童与教师等八组关系，这些构成了实用主义教育思想的全部。其主要教育观点包括以下几点：

(1)论教育的本质

杜威认为，教育即生活，教育即生长，教育即经验的改组或改造。“教育是生活的过程，而不是将来生活的准备。”此外，杜威还提出“学校即社会”，这是对“教育即生活”的进一步引申。从“教育即生活”到“学校即社会”，再到课程的变革(“从做中学”)是层层递进的。

(2)论教育的目的

杜威从“教育即生活”中引出他的“**教育无目的论**”。“教育的过程，在它自身以外没有目的，它就是它自己的目的；教育的过程是一个不断改组、不断改造和不断转化的过程。”

(3)“从做中学”

在经验论的基础上，杜威提出“**从做中学**”，要求以活动性、经验性的主动作业取代传统的书本式教材的统治地位。同时，“从做中学”也是杜威提出的教学方法，这是一种经验的方法、思维的方法和探究的方法。杜威认为思维和行动起始于疑惑，他提出了著名的反省思维五步说，也称为五步探究教学法，即创设疑难情境、确定疑难所在、提出解决问题的种种假设、推断哪个假设能解决这个困难、验证这个假设。

杜威的教育学说提出以后，西方教育学便出现了以赫尔巴特为代表的**传统教育学派**和以杜威为代表的**现代教育学派**的对立局面。

记忆有妙招

关于杜威的主要教育思想，我们总结了以下口诀帮助考生记忆：**三即两学无目的，还有一个三中心。**

(1)三即：“教育即生活”“教育即生长”“教育即经验的改组或改造”。

(2)两学：“学校即社会”“从做中学”。

(3)无目的：“教育无目的论”。

(4)还有一个三中心：“儿童中心(学生中心)”“活动中心”“经验中心”。

真题面对面

1. [2021洛阳伊川，单，1分]杜威的“新三中心”指的是(　　)

A. 教师中心、书本中心、课堂中心　　B. 儿童中心、活动中心、课堂中心

C. 儿童中心、经验中心、活动中心　　D. 儿童中心、书本中心、活动中心

2. [2022信阳淮滨，判断，0.5分]教育的过程，在它自身以外没有目的，它就是它自己的目的。这是夸美纽斯关于教育目的的观点。(　　)

答案：1. C　2. ×

考点3 20世纪教育学的多元化发展 【单选、多选、判断】★

1. 实验教育学

实验教育学是19世纪末20世纪初产生于德国，随后在欧美一些国家发展的以教育实验为标志的教育思想流派。它的主要代表人物是德国的**梅伊曼**和**拉伊**、法国的比纳、美国的霍尔和桑代克，代表著作主要有《实验教育学》《实验教育学纲要》等。其中，拉伊主张一切教育教学中的被动、接受、吸收要让位于活动、表现、建构和创造。实验教育学重视研究儿童发展与教育的关系，重视实验，并强调从实验的结果中寻找教育的途径和方法。

真题面对面

[2022南阳四区联考，多，1.9分]属于实验教育学代表人物的是（　　）

A. 梅伊曼　　B. 布厄迪尔　　C. 斯普朗格　　D. 拉伊

答案：AD

2. 文化教育学

文化教育学又称精神科学教育学，是19世纪末出现在**德国**的一种教育学说，代表人物主要有狄尔泰、斯普兰格、利特。代表著作主要有狄尔泰的《关于普遍妥当的教育学的可能》、斯普兰格的《教育与文化》、利特的《职业陶冶、专业教育、人的陶冶》等。

文化教育学的基本观点是：(1)人是一种文化的存在，因此人类历史是一种文化的历史；(2)教育的对象是人，教育又是在一定社会历史背景下进行的，因此教育的过程是一种历史文化过程；(3)教育的研究必须采用精神科学或文化科学的方法，亦即理解与解释的方法进行；(4)教育的目的是要促进社会历史的客观文化向个体的主观文化的转变，并将个体的主观世界引导向博大的客观文化世界，从而培养完整的人格，而培养完整人格的主要途径就是“陶冶”与“唤醒”。

3. 实用主义教育学

实用主义教育学是19世纪末20世纪初兴起于**美国**的一种教育思潮，对20世纪整个世界的教育理论研究和教育实践发展产生了极大的影响。其代表人物是**杜威**、**克伯屈**，代表著作主要有《民主主义与教育》《经验与教育》《设计教学法》等。

实用主义教育学是在批判以赫尔巴特为代表的传统教育学的基础上提出来的，其基本主张有：

(1)教育即生活，教育的过程与生活的过程是合一的；

(2)教育即学生个体经验持续不断的增长；

(3)学校是一个雏形的社会；

(4)课程组织应以学生的经验为中心；

(5)师生关系以儿童为中心；

(6)教学过程注重学生的独立发现和体验，尊重学生发展的个体差异。

真题面对面

[2022郑州高新，多，1分]实用主义教育学是在批判传统教育学的基础上提出和发展起来的。下列属于实用主义教育学主要观点的是（　　）

A. 以经验为中心组织课程　　B. 学校是一个雏形的社会

C. 教育即学生经验的持续不断的增长　　D. 师生关系以儿童为中心

答案：ABCD

4. 马克思主义教育学(社会主义教育学)

苏联一批教育家在确立和建设社会主义教育科学事业的过程中,运用马克思主义世界观和方法论阐释教育问题,逐渐形成了社会主义教育理论。克鲁普斯卡娅的《国民教育与民主主义教育》(最早以马克思主义为基础探讨教育学问题的著作),马卡连柯的《论共产主义教育》《教育诗》《塔上旗》,凯洛夫的《教育学》等,都是马克思主义教育学的代表性著作。

1939年,凯洛夫主编的《教育学》总结了苏联20世纪二三十年代教育的经验,论述了**全面发展**的教育目的,并极其重视智育及教养的地位和作用,提出了一套比较严格和严密的教学理论。该书被公认为世界上第一部马克思主义的教育学著作,并对新中国成立后乃至现在的教育都产生了很大的影响。其主要特点是:重视智育在全面发展中的地位和作用;肯定课程教学是学校工作的基本组织形式,强调教师在教育和教学中的主导作用,强调教材的权威性和稳定性。在《教育学》中,他指出,教学要"以知识、技能和熟练技巧的体系去武装学生,并在这一过程中有计划地使学生的认识能力和才能得到发展"。这就是著名的凯洛夫知识教育思想。

我国教育家杨贤江以李浩吾为化名出版的《新教育大纲》(1930年)是我国第一部马克思主义的教育学著作。☞他致力于我国的青年教育,提出了"**全人生指导**"的青年教育思想。"全人生的指导"思想的核心是教育青年树立正确的人生观,引导他们走上革命道路。新增

马克思主义教育学的基本观点是:

(1)教育是一种社会历史现象,在阶级社会中具有鲜明的阶级性,不存在脱离社会影响的教育;

(2)教育起源于社会性生产劳动,劳动方式和性质的变化必然引起教育形式和内容的改变;

(3)现代教育的根本目的是促使学生个体的全面发展;

(4)现代教育与现代大生产劳动的结合不仅是发展社会生产力的重要方法,也是培养全面发展的人的唯一方法;

(5)在教育与社会政治、经济、文化的关系上,教育一方面受它们的制约,另一方面又具有相对独立性,并反作用于它们,对于促进现代社会政治、经济与文化的发展具有巨大的作用;

(6)马克思主义的唯物辩证法和历史唯物主义是教育科学研究的方法论基础。

真题面对面

1. [2022郑州二七,单,1分]以马克思主义的观点来阐述教育教学问题的教育家及其著作是( )

A. 夸美纽斯的《大教学论》
B. 凯洛夫的《教育学》
C. 赫尔巴特的《普通教育学》
D. 杜威的《民主主义与教育》

2. [2022郑州高新,判断,0.6分]我国最早以马克思主义观点阐述教育问题的著作是《新教育大纲》。( )

答案:1. B 2. √

5. 批判教育学

批判教育学兴起于20世纪70年代,是当代西方教育理论界占**主导地位**的教育思潮,代表人物有美国的鲍尔斯、金蒂斯、阿普尔,法国的布厄迪尔。代表著作主要有《资本主义美国的学校教育》《教育与权力》《教育、社会和文化的再生产》等。

批判教育学的目的就是要揭示所谓自然事实背后的利益关系,帮助教师和学生对自己所处的教育环境及形成教育环境的诸多因素敏感起来,即对他们进行启蒙,以达到意识"解放"的目的,从而积极地寻找克服教育及社会不平等和不公正的策略;教育理论研究要采用实践批判的态度和方法。

6. 制度教育学

制度教育学是在20世纪60年代诞生于法国的一种教育学说，从另一个方面开辟了教育学研究的新领域和新视角，其代表人物是F·乌里、A·瓦斯凯、M·洛布罗等。其代表性著作主要有瓦斯凯和乌里的《走向制度教育学》（1966年）、《从合作班级到制度教育学》（1970年）以及洛布罗的《制度教育学》（1966年）等。

制度教育学侧重于对学校的各种教育制度进行分析，引起了人们对学校制度的高度重视，使人们获得了对原来视为当然的学校制度进行质疑和批判的意识与能力，促进了教育社会学的发展。

考点4 中国近现代教育思想

1. 蔡元培的教育思想 【单选、多选】 ★

蔡元培是我国近代著名的民主革命家和教育家。他为中华民族的进步和发展，为我国的教育事业，尤其是高等教育事业的改革和发展，做出了重大贡献。毛泽东评价他为“**学界泰斗，人世楷模**”。

（1）“五育并举”的教育方针

蔡元培认为教育的最终目的是造就“**完全人格**”，而造就“完全人格”需要“五育”并举。1912年2月，蔡元培发表了著名的教育论文《对于新教育之意见》（后改为《对于教育方针之意见》），比较系统地提出了五育并举的思想，即：军国民教育、实利主义教育、公民道德教育、世界观教育和美感教育。蔡元培认为，“五育”不可偏废，其中军国民教育、实利主义教育、公民道德教育偏于现象世界之观念，为隶属于政治之教育；**世界观教育**和**美感教育**以追求实体世界之观念为目的，为超越政治之教育。蔡元培首次将美育纳入教育方针，这是中国教育史上的创举。

在我国近代史上，“美育”的发展离不开两个人物——王国维和蔡元培。考生应注意区分二者对“美育”的贡献。一般我们认为，王国维是第一位把美育概念引入中国并对美育的性质和地位进行深入研究的人。但“美育”一词的流传应归功于蔡元培，他提出了“以美育代宗教”的主张。

（2）改革北京大学的教育实践

1916年12月，蔡元培被任命为北大校长后，对北大进行了全面的改革。主要措施有：①抱定宗旨，改变校风。蔡元培改革北大的第一步是明确大学的宗旨，并为师生创造研究高深学问的条件和氛围。具体内容有：改变学生的观念；整顿教师队伍，延聘积学热心的教员；发展研究所，广积图书，引导师生研究兴趣；砥砺德行，培养正当兴趣。②贯彻“思想自由，兼容并包”的办学原则。③教授治校，民主管理。④学科与教学体制改革。

（3）教育独立思想

教育独立的基本要求可大致归结为：①教育经费独立；②教育行政独立；③教育学术和内容独立；④教育脱离宗教而独立。

（4）儿童本位的教育意识

蔡元培推崇“尚自然、展个性”的儿童教育思想，在新旧教育的比较中，他从受教育者本体的角度，阐释该教育思想，“夫新教育所以异于旧教育者，有一要点焉，即教育者非以吾人教育儿童，而吾人受教于儿童之谓也”。他指出，违反自然、束缚个性自由发展的旧教育，不仅是对儿童身心的摧残，更无益于家庭、国家和社会的发展，主张儿童教育要适合儿童身心发展的特点和规律。

真题面对面

[2022洛阳洛龙，单，1.1分]随着时代的进步与发展，“五育并举”内容发生着深刻的变化。最早提出“五育并举”思想的教育家是（　　）

A. 陶行知　　B. 严复　　C. 梁漱溟　　D. 蔡元培

答案：D

2. 黄炎培的教育思想 新增 【单选、多选】 ★

黄炎培是我国职业教育的先驱，他提倡“大职业教育主义”，被誉为**中国职业教育之父**。他的教育思想如下：

(1)职业教育的作用：“谋个性之发展”“为个人谋生之准备”“为个人服务社会之准备”“为国家及世界增进生产力之准备”；

(2)职业教育的目的：使无业者有业，使有业者乐业；

(3)职业教育的教学原则：手脑并用、做学合一、理论与实际并行、知识与技能并重；

(4)职业道德教育的基本要求：敬业乐群。

真题面对面

[2022特岗，单，2分]提出“使无业者有业，使有业者乐业”教育思想的是(　　)

A. 黄炎培　　B. 陈鹤琴　　C. 蔡元培　　D. 陶行知

答案：A

3. 晏阳初的教育思想 【单选】

晏阳初是享誉国内外的平民教育家，乡村改造运动的倡导者与实践家，被誉为“国际平民教育之父”。在乡村教育实践中，他提出了“四大教育”“三大方式”(“四大教育”即文艺教育、生计教育、卫生教育和公民教育，“三大方式”即学校式、家庭式和社会式)。他认为，要解决四大教育必须采用三大方式。他主张，知识分子要到乡村去，为农民办教育，要“化农民”必须先“农民化”。

4. 陈鹤琴的“活教育”思想体系 【单选】

陈鹤琴是我国现代著名的教育家、儿童心理学家和儿童教育专家，是我国现代幼儿教育的奠基人，被誉为“中国儿童心理研究的开创者和奠基人”“**中国幼教之父**”和“**中国的福禄贝尔**”。在总结自己以往教育实践和思想的基础上，陈鹤琴明确提出了“活教育”主张，并形成了独立的理论体系。

(1)“活教育”的目标。做人，做中国人，做现代中国人。

(2)“活教育”课程。活教育的课程是以大自然、大社会为出发点，让学生直接去学习。“活教育”的课程打破惯常按学科组织的体系，采取活动中心和活动单元的形式，即能体现儿童生活整体性和连贯性的“五指活动”形式，也即：儿童健康活动、儿童社会活动、儿童科学活动、儿童艺术活动和儿童文学活动。

(3)“活教育”的教学原则。凡是儿童能够做的，就应该教儿童自己做；凡是儿童能够想的，应当让他自己想；你要儿童怎样做，就应当教儿童怎样学；等等。

(4)“活教育”的方法。做中教，做中学，做中求进步；重视室外活动，着重于生活的体验，以实物为研究对象，以书籍为辅佐的参考。

(5)“活教育”的步骤。实验观察、阅读思考、创作发表、批评研讨。

真题面对面

[2022周口中心城区，多，2分]陈鹤琴“活教育”教学的步骤是(　　)

A. 实验观察　　B. 阅读思考　　C. 创作发表　　D. 批评与研讨

答案：ABCD

5. 梁漱溟的教育思想

梁漱溟对近代中国教育史的贡献，在于他的乡村教育理论和实验。乡村教育是他乡村建设理论的重要组成部分。梁漱溟的乡村建设和乡村教育理论建筑于他对中国传统文化和社会的分析、中西文化的比较之上。他认为，乡村建设与乡村教育是一个问题的两个方面，乡村建设应以乡村教育为方法，而乡村教育需以乡村建设为目标，“建设、教育二者不能分开”。

6. 陶行知的教育思想 【单选、多选、判断、简答、论述】 必背 ★★

陶行知

陶行知是我国现代教育史上著名的人民教育家和卓越的民主主义战士。他师承杜威、孟禄等，他曾说过：“千教万教教人求真，千学万学学做真人。”他以“爱满天下”“捧着一颗心来，不带半根草去”的精神为教育奉献出了毕生的心血。毛泽东称颂他为“伟大的人民教育家”，宋庆龄赞誉他为“万世师表”。

（1）生活教育理论。陶行知提出了生活教育理论，认为“生活即教育”，主张以人类的生活作为教育内容，在生活实践中接受教育；“社会即学校”，要“把学校里的一切延伸到大自然界中去”；“教学做合一”，强调学做结合。在陶行知的生活教育理论中，“生活即教育”是生活教育理论的本质论及核心，“社会即学校”是生活教育理论的范围论，“教学做合一”是生活教育理论的方法论。

（2）培养目标。陶行知针对旧教育把培养“人上人”作为目标的现象，指出新教育应培养全面发展的“人中人”。他强调教育学生做“人中人”，因为“人中人”有“独立的意志、独立的思想、独立的生计和耐劳的筋骨、耐饿的体肤、耐困乏的身体”，去做那摇不动的基础。

（3）“六大解放”主张。陶行知是中国创造教育的先驱，提出教师的责任不在教，而在教学生学。他提出了“六大解放”的主张，概括性地指出创新的前提是要解放人，即解放儿童的头脑、解放儿童的双手、解放儿童的眼睛、解放儿童的嘴巴、解放儿童的空间、解放儿童的时间。

（4）小先生制。即由年长的优秀学生教年幼学生或民众，以传播知识，开展人民大众的教育。陶行知有感于旧中国文化落后，文盲众多，普及教育中师资极端匮乏，提出让儿童一边当学生，一边当“先生”，“即知即传人”，把学到的知识随时传授给周围的人。这是一种普及教育的方法。

杜威与陶行知的教育思想均属于高频考点，同时二者也是易混点，考生在备考时要注意理解二者的差别。陶行知的“生活教育理论”是对杜威教育思想的吸取和改造，他认为杜威的“教育即生活”只是把社会生活引入学校，还不是真正的社会生活，仍然是一种“鸟笼式”的生活教育。他主张以真正的社会生活，以民众改造社会和自然的全部社会实践作为教育内容，实行真正的生活教育。

真题面对面

1.［2023郑州郑东新区，单，1.5分］针对旧教育把培养“人上人”作为目标的现象，他指出新教育应培养全面发展的“人中人”。这里的“他”指的是教育家（　　）

A. 陈鹤琴　B. 杨贤江　C. 蔡元培　D. 陶行知

2.［2022周口中心城区，多，2分］陶行知生活教育理论的核心观点包括（　　）

A. 生活即教育　B. 社会即学校　C. 发展即教育　D. 教学做合一

3.［2022濮阳范县，判断，0.4分］陶行知“生活教育理论”的方法论是活动与发展。（　　）

答案：1. D　2. ABD　3. ×

考点5 当代教育学理论的新发展 【单选、多选、判断、填空】★

1. 现代教学理论的三大流派

布鲁纳、赞科夫、瓦·根舍因等人提出的教学理论，充实了教育学的内容，提高了教育学的科学化水平，被视为现代教学理论的三大流派。同时，布鲁纳、赞科夫和瓦·根舍因一同被国际上誉为"课程现代化"的三大典型代表。

(1)布鲁纳

美国教育家**布鲁纳**出版了**《教育过程》**一书，该书系统地阐述了他的**结构主义教育思想**。他倡导**发现法**，注重培养学生的科学探索精神、科学兴趣和创造能力。

(2)赞科夫

苏联教育家赞科夫通过近二十年的小学教学改革实验，出版了**《教学与发展》**一书。他把学生的一般发展作为教学的出发点，提出了发展性教学理论的五条教学原则，即高难度、高速度、理论知识起主导作用、理解学习过程、使所有学生包括"差生"都得到一般发展的原则。他提出"以尽可能大的效果来促进学生的一般发展"，这是赞科夫发展性教学理论的核心。"一般发展"指的是个体以智力为核心的包括情感、意志、个性以及集体主义精神在内的一般发展。

(3)瓦·根舍因

德国教育家瓦·根舍因创立了**范例教学理论**，提出改革教学内容，加强教材的基本性、基础性，并通过对范例的接触，培养学生独立思考、独立判断与独立工作的能力。

记忆有妙招

考生可用以下口诀来快速记忆现代教学理论的三大流派及其代表人物：**布结构、赞发展、瓦范例。**

真题面对面

1. [2021 安阳滑县，单，0.7 分]在当代教学理论发展中，德国教育家瓦·根舍因提出的是( )

A. 教学过程最优化理论　　B. 范例教学理论

C. 结构主义教学理论　　D. 教学与发展理论

2. [2022 开封祥符，判断，1 分]让差生也得到发展这一著名论断的提出者是乌申斯基。( )

答案：1. B　2. ×

2. 其他学者的观点

表 1-7　其他学者的观点

代表人物	主要教育思想	代表著作
皮亚杰(瑞士)	教学的主要目的是发展学生的智力	《教育科学与儿童心理学》
保罗·朗格朗(法国)	**终身教育理论**	《终身教育引论》
苏霍姆林斯基(苏联)	学校教育的理想是培养全面和谐发展的人，要实现这样的目标，就必须实施全面和谐发展的教育，即把教育看作由德育、智育、体育、劳动教育、美育五部分有机地相互联系并相互渗透的统一整体	《给教师的一百条建议》 《把整个心灵献给孩子》 《帕夫雷什中学》

★★ 考点大默写 ★★

1. 教育学的研究对象是＿＿＿＿＿＿和＿＿＿＿＿＿，其中，＿＿＿＿＿＿是推动教育学发展的内在动力。
2. 教育学的价值主要体现在反思日常教育经验、科学解释教育问题及＿＿＿＿＿＿上。
3. 孔子的教育思想主要体现在＿＿＿＿＿＿一书中。他在教育对象上主张＿＿＿＿＿＿，还最早提出了“不愤不启，＿＿＿＿＿＿”的启发式教学思想。
4. 在人性论上，孟子主张＿＿＿＿＿＿，荀子主张＿＿＿＿＿＿。
5. ＿＿＿＿＿＿是世界上最早的专门论述教育教学问题的著作，它提出了＿＿＿＿＿＿的原则，认为“学然后知不足，教然后知困”。
6. 西方教育思想史上的三个里程碑式的著作是＿＿＿＿＿＿、＿＿＿＿＿＿和＿＿＿＿＿＿。
7. 西方第一部教育著作是古罗马昆体良的＿＿＿＿＿＿。
8. 夸美纽斯的＿＿＿＿＿＿是近代第一本教育学著作，他在此书中提出了“＿＿＿＿＿＿”教育思想，探讨“把一切事物教给一切人类的全部艺术”。
9. 洛克反对天赋观念，提出了“＿＿＿＿＿＿”。他在＿＿＿＿＿＿一书中提出了绅士教育的思想。
10. 赫尔巴特的＿＿＿＿＿＿标志着规范教育学的建立，这本书也被认为是第一本现代教育学著作。赫尔巴特第一次提出了＿＿＿＿＿＿的概念，他认为任何教学都必须经历＿＿＿＿＿＿、＿＿＿＿＿＿、＿＿＿＿＿＿、方法四个阶段。
11. 杜威是现代教育理论的代表，他提出了＿＿＿＿＿＿、＿＿＿＿＿＿、＿＿＿＿＿＿的新三中心论。
12. 凯洛夫主编的＿＿＿＿＿＿被公认为世界上第一部马克思主义的教育学著作，我国教育家杨贤江所著的＿＿＿＿＿＿是我国最早用马克思主义观点论述教育问题的著作。
13. 陶行知提出了＿＿＿＿＿＿理论，其内容主要包括＿＿＿＿＿＿、＿＿＿＿＿＿和＿＿＿＿＿＿三个方面。
14. 赞科夫提出的＿＿＿＿＿＿理论、瓦·根舍因提出的＿＿＿＿＿＿理论和布鲁纳提出的结构主义教育思想被视为现代教学理论的三大流派。

【参考答案】

1. 教育现象；教育问题；教育问题 2. 沟通教育理论与实践 3.《论语》；有教无类；不悱不发 4. 性善论；性恶论 5.《学记》；教学相长 6.《理想国》；《爱弥儿》；《民主主义与教育》 7.《雄辩术原理》（《论演说家的教育》或《论演说家的培养》） 8.《大教学论》；泛智 9. 白板说；《教育漫话》 10.《普通教育学》；教育性教学；明了（清楚）；联合（联想）；系统 11. 儿童中心（学生中心）；活动中心；经验中心 12.《教育学》；《新教育大纲》 13. 生活教育；生活即教育；社会即学校；教学做合一 14. 发展性教学；范例教学

边缘考点

考点　合作教育学

合作教育学产生于20世纪50年代，到80年代逐渐成熟，主要代表人物有苏联教育家阿莫纳什维利、雷先科娃、沙塔洛夫。他们长期从事教育理论和实践的探索，形成各自独特的理论体系，但都强调在合作的基础上建立师生关系，因而形成“合作教育学”。合作教育学的核心是师生之间的“合作”，形成“教师热爱、尊重、信任、严格要求学生——学生卓有成效地学习、信任和尊重教师——教师热爱学生”的“合作”的循环。

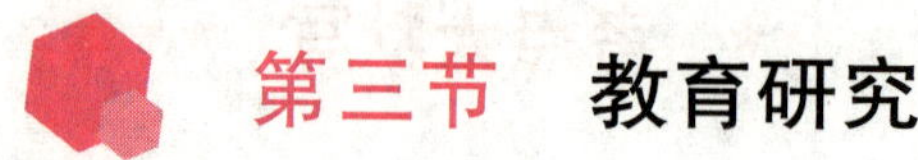

第三节 教育研究

一、教育研究概述

考点1 教育研究的内涵 【多选】★

教育研究是以教育问题为对象，运用科学的方法，遵循一定的研究程序，收集、整理和分析有关资料，以发现和总结教育规律的一种认识活动。

教育研究同所有的科学研究一样，由三个要素组成，即**客观事实、科学理论**和**方法技术**。教育研究的基本性质：文化性、价值性、伦理性和主体性。

教育研究的对象是教育问题，它包括理论问题与实践问题。教育问题具有的特点是：复杂性、两难性、开放性、整合性与扩散性。

考点2 教师参与教育研究的意义 【多选】

(1)教师参与教育研究是教师自我反思、重新学习、不断调整和改善知识结构的过程；(2)教师参与教育研究是教师与他人沟通交流、扩大视野的过程；(3)教师参与教育研究是教师挑战自我、提高教育研究能力的过程。

考点3 教师进行教育教学研究的优势 新增 【不定项】★

(1)教师工作于真实的教育教学情境之中，最了解教学的困难、问题与需求，能及时清晰地察觉到问题的存在。

(2)教师与学生的共同交往构成了教师的教育教学生活，因此教师能准确地从学生的学习中了解到自己教学的成效，了解到师生互动需要改进的方面，尤其是能从教育教学现场中、从学生的文件(如考卷、作业、作文、周记等)中获得第一手资料，这为研究提供了良好的条件。

(3)实践性是教育教学研究的重要品性，教师是教育教学实践的主体，针对具体的、真实的问题所采取的变革尝试，能够在实际中得到检验，进而产生自己的知识，建构适合情境的教学理论。

二、教育研究的类型 【单选】★

考点1 基础研究、应用研究与开发研究

根据研究目的的不同，教育研究可分为基础研究、应用研究与开发研究。

(1)基础研究以抽象、一般为特征，目的是揭示、描述、解释某些现象和过程以及它们的活动机制与内在规律。也就是说，所设计的研究将对研究领域具有直接增加知识的价值。

(2)应用研究以具体、特殊为特征，它是对基础研究的成果做进一步的验证，就所关注的某一实际问题，从大量的案例中寻求概率性的必然结论。其目的在于解决某些特定的问题或提供直接有用的知识。

(3)开发研究是在基础研究与应用研究基础上对研究成果做进一步推广以扩大其影响，实现其价值的研究。它不是为了获取知识，而是为了展开知识，将研究的成果与经验加以运用、推广和普及。

考点2 定量研究与定性研究

根据方法论的不同，教育研究可分为定量研究与定性研究。

(1)定量研究，也称量化研究，是对事物的量的分析和研究，也就是通过解决“是多少”等的数量问题来对事物进行研究，主要侧重于用数字和量表来描述所研究的事物。定量研究的主要方法有调查法、相关法和实验法。

(2)定性研究,也称质化研究,就是对事物的质的方面的分析和研究。它主要是通过解决所研究事物"为什么"的问题,继而对所研究的事物做出语言文字的描述。定性研究主要包括以下几种方法:访问法、观察法以及案例研究法。

考点3 发展性研究、评价性研究和预测性研究

根据研究的功能,教育研究可分为发展性研究、评价性研究和预测性研究。

(1)发展性研究主要用于探索教育发展和教育改革的策略,回答"如何改进"的问题。

(2)评价性研究主要用于对两个或者两个以上选择活动的价值做出判断,回答"怎么样"的问题。

(3)预测性研究主要用于分析事物未来的发展趋势和前景,回答"将会怎么样"的问题。

考点4 历史研究、描述研究、相关与比较研究、实验研究、理论研究

根据研究使用的方法,教育研究可分为历史研究、描述研究、相关与比较研究、实验研究、理论研究。

(1)历史研究涉及对过去发生事件的分析和解释,它回答的问题是"过去是怎样的"。历史研究的目的在于通过对过去事件的原因、结果或趋向的研究,解释当前事件和预测未来事件。

(2)描述研究是通过问卷、调查、访谈、观察以及测验等手段搜集资料以验证假设或回答有关现实的问题。

(3)相关研究是对两个或更多数量的教育对象间是否存在相关以及相关程度进行判定,研究目的在于建立相关或用于预测。比较研究是按一定标准对彼此有联系的事物加以对照分析,以确定它们的共同点和差异点、共同规律和特殊本质,从而得出符合客观实际的结论。

(4)实验研究是研究者根据一定的研究假设,在教育活动中创设能验证假设的环境和条件,主动地控制研究对象,排除无关因素的干扰,从而探索事物的因果联系。

(5)理论研究是对复杂的教育问题的性质和相互关系,从理论上加以分析、综合、抽象和概括,以发现其内在规律并形成一般性结论。

三、教育研究的基本过程 【单选、多选、不定项】 ★

1. 选择研究课题

选择和确定研究课题是进行教育研究的第一步,并且是关键性的一步。研究课题可以来源于教育实践,也可以来源于教育理论。一个好的研究课题必须具有以下特点:

(1)选题必须有价值;(2)选题必须有科学的现实性;(3)选题必须明确具体;(4)选题必须新颖,有独创性;(5)选题必须有可行性。

2. 教育文献检索与综述

(1)教育文献的分类

①按文献的社会属性来分,分为政治文献、军事文献、经济文献、教育文献等。

②按文献的记录形态(载体)分,分为印刷型、缩微型、视听型(也称为"视听资料"或"声像资料")、机读型。

③按文献的处理、加工程度分,可分为一次文献、二次文献、三次文献。A. 一次文献包括专著、论文、调查报告、档案材料等以作者本人的实践为依据而创作的原始文献。B. **二次文献**是对原始文献加工、整理,使之系统化、条理化的检索性文献。一般包括题录、书目、索引、提要和文摘等。C. 三次文献是在利用二次文献的基础上对某个范围内的一次文献进行广泛深入的分析研究之后,综合浓缩而成的参考性文献,包括动态综述、专题述评、数据手册、年度百科大全以及专题研究报告等。

④按文献的功能划分,可分为事实性文献、工具性文献、理论性文献、政策性文献和经验性文献。

A. 事实性文献是指专门为教育科学研究提供事实证据的文献,包括古今中外已被发现和证实的各种形

式、各种内容的事实资料，如文物、教育史学专著、各种测验量表、各类教育实验报告、教育名家教育实录等。

B. 工具性文献是指专门为教育科学研究提供检索咨询的文献，包括工具书、网上检索查询、学术动态综述等。

C. 理论性文献是指专门为教育科学研究提供理性认识的文献，包括教育专著、论文、文集、教育家评传、方法论著作等。

D. 政策性文献是指专门为教育科学研究提供政策依据的文献，包括规章制度、政府文件与统计资料等。

E. 经验性文献是指专门为教育科学研究提供感性认识的文献，包括调查报告、工作总结、经验、教育参考书、各级各类学校教科书、教学大纲等。

真题面对面

[2021 驻马店，多，1.76 分]二次文献是对原始文献加工、整理，使之系统化、条理化的检索性文献，一般包括(　　)

A. 题录　　B. 书目　　C. 索引　　D. 提要

答案：ABCD

(2)教育文献检索

在教育研究过程中，文献检索是必不可少的步骤，它贯穿研究的全过程。查阅文献资料的途径有很多，既可利用目录、索引、文摘等检索工具进行，也可利用联机检索、光盘检索、上网检索等计算机检索方法进行。其中，网络检索是查阅资料最快捷的方法。

文献检索的基本方法包括**顺查法、逆查法、引文查找法、综合查找法**。

(3)教育文献综述

对于比较正规的教育科研或较大研究课题来说，完成文献资料的阅览之后，还要撰写文献综述。文献综述也称研究综述，是指在全面掌握和分析某一学术问题或研究领域相关文献的基础上，对该学术问题或研究领域在一定时期内已有的研究成果、存在的问题进行分析、归纳、整理和评述而形成的研究成果。文献综述有两种类型：一种是叙述性文献综述，另一种是述评性文献综述。

对学术研究而言，文献综述就像是路标，它可以帮助读者识别研究的起源与进程，告诉读者哪些作品是未来研究最重要的根源。从世界范围看，大凡成功的学者都非常重视文献综述，也精于文献综述。文献综述具有正负双面效应，它既可以为后人的研究提供学术养料，同时也可能框定甚至窄化或限制后人尤其是那些墨守成规者的视野和思想。

真题面对面

[2023 事业单位，不定项，2 分]下列关于文献综述的描述正确的选项包括(　　)

A. 一般而言，成功的学者都非常重视且精于文献综述

B. 文献综述其实是对以往文献观点的罗列，无需进行深入分析

C. 文献综述就像是路标，它可以帮助读者识别研究的起源与进程

D. 文献综述具有正负双面效应，既能开阔研究视野，又能限制研究思路

答案：ACD

3. 制订研究计划

制订研究计划，需要做好几个方面的工作：(1)确定研究类型和方法；(2)选择研究对象；(3)分析研究变

量;(4)形成研究计划。

4. 教育研究资料的收集、整理与分析

(1)收集研究资料。研究资料是指研究者在实施研究计划过程中所得到的现实资料。收集资料是研究的主要任务和研究基础。

(2)整理研究资料。资料整理是根据调查、研究的目的,对收集和调查研究所得的资料进行科学的审核、分类、汇总和再加工的过程。

(3)分析研究资料。资料分析的基本步骤:阅读资料—筛选资料—解释资料。

5. 教育研究论文与报告的撰写

研究论文是对某一问题进行探讨、研究后写出的具有自己独到见解的研究文章,是研究成果的书面表达形式。分为两大类:(1)实证性的研究报告,其主要形式有实验报告、调查报告、观察报告等;(2)理论性的学术论文,常见的形式有案例、综述、述评、理论性的论文等。一般教育学术论文的结构,由题目、署名、摘要、关键词、前言、正文、结论、注释(或参考文献)等组成。其中,前言、正文和结论构成论文的主体。

记忆有妙招

为帮助考生记忆,我们将教育研究的基本过程总结为:**一选二检三制订,整理分析写报告。**

四、教育研究方法

考点1 常用的教育研究方法 【单选、多选、判断、简答】★★

1. 观察研究法

(1)观察研究法的概念

观察研究法是指人们有目的、有计划地通过感官和辅助仪器,对处于自然状态下的客观事物进行系统考察,从而获取经验事实的一种科学研究方法。观察研究法是教育科学研究广泛使用的一种方法。观察研究法不限于肉眼观察、耳听手记,还可以利用视听工具,如录音机、录像机等。

(2)观察研究法的类型

①根据观察的情境条件,可分为自然观察法和实验观察法;

②根据观察时是否借助仪器设备,可分为直接观察法和间接观察法;

③根据观察者是否直接参与被观察者所从事的活动,可分为参与观察法和非参与观察法;

④根据观察内容是否有统一设计的、有一定结构的观察项目和要求,可分为结构性观察和非结构性观察;

⑤根据观察的内容是否连续完整以及观察记录的方式,可分为叙述观察法、取样观察法和评价观察法。

(3)观察研究的记录方法

观察研究记录一般包括描述记录、取样记录和行为检核三类方法。

①描述记录,指运用文字对观察到的事件或研究对象的行为做全面、客观的记录。主要有日记描述法、系列记录法、轶事记录法、持续记录法等。

日记描述法即对同一个或同一组被试在一段较长的时间内进行反复研究观察,把观察到的被试的各方面的新行为、新发展记录下来,进行研究,它可以逐日跟踪记录,也可以隔日追踪记录。

系列记录法是对被试某种行为进行连续的定期观察研究,以便系统地收集被试行为发展的资料。这是一项有计划、有目的的重点观察,而不是总体的随机观察。

轶事记录法不是记录一个被试的连续行为,而是着重记录观察者感兴趣且认为有价值的行为。

持续记录法比轶事记录法更详细、更完整,要求尽可能详尽地捕捉最主要行为或事件的要素,是记录连续行为的最好方法，只要客观地把实际情况记下来即可。

②取样记录，是一种以行为为样本的记录方法。可分为时间取样和事件取样。

③行为检核，指在观察前依据所需观察的目标，确定观察内容，并制定一个观察核对表，观察者根据观察到的事件或行为，对照观察核对表中的各个项目逐条检核，在符合的条目上做记号。主要用来核对重要行为的呈现与否，不提供行为性质材料。

(4)观察研究的优缺点

优点：可以在自然状态下获取教育事实数据；不干扰观察对象的自然表现，可以获得客观、真实的数据；可以对同一观察对象进行较长时间的跟踪研究。

不足：取样小，观察研究法一般限于小样本的研究；所获材料具有一定的表面性；观察缺乏控制，不能说明所观察到现象的因果关系。

真题面对面

[2022濮阳范县，单，0.6分]为了了解新教师的教学情况，张校长经常推门听课，直接记录上课老师的教学情况。他所采用的教育研究方法是(　　)

A. 观察法　　B. 比较法　　C. 记录法　　D. 个案法

答案：A

2. 调查研究法

(1)调查研究法的概念

调查研究法是在教育理论指导下，通过运用观察、列表、问卷、访谈、个案研究及测验等方式，收集教育问题的资料，从而对教育的现状做出科学分析，并提出具体工作建议的一整套实践活动。

在教育调查研究中，常用的调查方法有查阅资料、问卷法、开调查会、访谈法和调查表法，其中，最基本、使用最广泛的方法是问卷调查。

(2)调查研究法的类型

①依据调查的目的分为历史调查、现状调查、发展调查、常规调查、相关调查和原因调查等；②依据调查内容的性质分为事实调查和意见调查；③依据调查的范围分为综合调查和专题调查；④依据调查的对象分为全面调查(普遍调查)、重点调查、抽样调查和个案调查；⑤依据调查的内容，可分为科学性的典型调查、反馈性的普遍调查和预测性的抽样调查。

(3)调查研究法的优缺点

最突出的优点是：可以深入了解教育现状，发现问题，弄清事实，为教育行政部门制定教育政策、教育规划以及为教育改革提供事实依据。

局限性：调查往往只是表面的，难以确定其因果关系；调查的成功往往取决于被调查者的合作态度，更多地受制于研究对象；调查的可靠性有一定限制，调查者的主观倾向、态度都有可能影响被调查者，使调查的客观性降低。

真题面对面

[2022郑州高新，单，0.7分]有目的、有计划地通过访谈、发放问卷等方式来了解某一问题的现状，收集有关事实、数据等材料。这种研究方法是(　　)

A. 比较研究法　　B. 观察法　　C. 调查研究法　　D. 经验总结法

答案：C

3. 实验研究法

(1)实验研究法的概念

实验研究法是根据研究目的，运用一定的人为手段，主动干预或控制研究对象的发生、发展过程，通过观察、测量、比较等方式探索、验证所研究现象因果关系的研究方法。

实验研究的目的是发现事物间的因果关系，是各类研究中唯一能确定因果关系的研究。

(2)实验研究法的性质

①教育实验必须要有一个理论假说；②实验的根本目的在于揭示变量之间的因果关系；③实验必须控制某些条件；④真正科学的实验是可以重复验证实验结果的。

(3)实验研究法的优缺点

优点：能确立因果关系，认识事物的本质和规律；研究结果客观、准确、可靠；能对变量进行控制，提高研究的信度；能为理论的构建提供佐证和说明；能将实验变量和其他变量的影响分离开来；严密的逻辑性是其他研究方法难以比拟的。

缺点：应用范围有限，有些问题难以用实验的方法来解决；可能会有人为造作的痕迹，实验的结果不一定就是现实的结果，缺乏生态效应等。

真题面对面

[2022 濮阳市直，判断，0.43 分]教育研究的方法中，实验法是探讨条件和教育对象之间因果关系的研究方法。(　　)

答案：√

4. 个案研究法

(1)个案研究法的概念

个案研究法是对某一个体、某一群体或某一组织在较长时间里连续进行调查，从而研究其行为发展变化全过程的研究方法。它是当今教育研究中运用广泛的定性研究方法，也是描述性研究和实地调查的一种具体方法。其任务是揭示研究对象形成、变化的特点和规律，以及影响个案发展变化的各种因素，并提出相应的对策。

(2)个案研究法的特点

①研究对象的个别性和典型性；②研究内容的深入性和全面性；③研究方法的多样性和综合性；④研究过程的客观性和真实性。

(3)个案研究法的优缺点

优点：它能生动地描述过程、形象地展示个案，这是定量统计难以做到的。

局限：研究结论的主观性较强；常常会遇到伦理道德问题；个案研究成果的推广性有限；对研究人员的语言技能、洞察力有较高要求。

5. 比较法

比较法是根据一定的标准，对不同国家的教育制度、教育理论或教育实践进行比较研究，找出各国教育的特殊规律和普遍规律的研究方法。

考点 2　新兴的教育研究方法 【单选、多选、判断】★★

1. 行动研究法 必背

(1)行动研究法的概念

行动研究是指实际工作者(如教师)基于解决实际问题的需要，与专家、学者及本单位的成员共同合作，将实际问题作为研究的主题，进行系统的研究，以解决实际问题的一种研究方法。

在**勒温**、**柯雷**等人的倡导下，教育行动研究在20世纪50年代的美国曾盛极一时；70年代教育行动研究在英国大放光彩，以**斯腾豪斯**、**埃利奥特**为代表人物；到80年代，以**凯米斯**、**格兰迪**、**卡尔**等人为新一代代表人物。

(2)行动研究法的特点

教育行动研究的特点可以概括为"为教育行动而研究""在教育行动中研究""由教育行动者研究"。

①"为教育行动而研究"指出了教育研究的目的，行动研究以提高行动质量、解决实际问题为首要目标。

②"在教育行动中研究"指出了研究的情境和研究的方式，行动研究以行动过程与研究过程的结合为主要表现形式。

③"由教育行动者研究"指出了教育行动研究的主体是实际工作者，主要是教师。

(3)行动研究法的步骤

行动研究的基本过程大致分为循序渐进的四个环节，即计划、行动、考察和反思。其中，行动是设计方案付诸实施的过程，对教师而言，行动意味着改革、改进和进步。行动具有以下特性：①**验证性**，检验设计方案的可行性；②**探索性**，发现和寻找各种新的可能性；③**教育性**，服从、服务于学生的成长和发展。

(4)行动研究法的基本模式

开展行动研究的基本模式是：问题筛选—理论优选—运用和反思。

知识再拔高

教师提高教学研究技能的途径

教师提高教学研究技能的途径有三种方式：**阅读**，即教师自己阅读有关教学理论和教学研究方法的论著；**合作**，即与大学或研究机构的教学研究专家合作进行实验研究；**行动研究**，即教师针对实际问题自己思考解决问题的办法。这三种方式之中，实际上以"研究"最有实效。教师通过自主的研究才能唤起阅读的需要和合作的兴趣。

真题面对面

[2021郑州金水，单，0.58分]身处教育实践第一线的研究者与受过专门训练的科学研究者密切合作，以教育实践中存在的某一问题作为研究对象，通过合作研究，再把研究结果应用到自身从事的教育实践中去的研究方法属于(　　)

A. 行动研究法　　B. 观察法　　C. 实验法　　D. 个案法

答案：A

2. 质性研究法

质性研究也称为"实地研究法"或"参与观察法"，它是基于经验和直觉的研究方法，以研究者本人作为研究工具，凭借研究者自身的洞察力，在与研究对象的互动中理解和解释其行为和意义建构。质性研究实际上并不是一种方法，而是许多不同研究方法的统称。

3. 教育叙事研究

叙事研究是抓住人类经验的故事性特征进行研究并用故事的形式呈现研究结果的一种研究方式。它所关注的是在一定的场景和实践中所发生的故事，以及主人公是如何思考、筹划、应对、感受、理解这些故事的。即教育主体叙述教育教学中的真实情境的过程，是通过讲述教育故事，体悟教育真谛的一种研究方法。

教育叙事研究源于叙事学，得益于后现代思想的影响，归属于质性研究。教育叙事研究是自下而上的研究。它不是“从一般到特殊”，而是“从特殊到一般”；不是“自上而下”，而是“自下而上”。所谓“自下而上”，意在强调扎根实践、关注现场、重视事实、尊重经验。

4. 教育随笔

教育随笔，顾名思义就是谈教育思想观点的随笔，也可以说“教育心得”，主要是写教育过程中某一点体会最深的心得。教育随笔的主要特点是短小精悍、取材广泛、迅速及时。

考点3 教师进行教育研究的新进展——校本研究 【单选、多选、判断、填空】★

1. 校本研究的概念

校本研究是以校为本的教学研究的简称，指以学校自身条件为基础，以学校校长、教师为主力军，针对学校现实存在的问题而开展的有计划的研究活动。它与传统教育的最大区别是研究的重心下移到学校，是种“从学校中来，到学校中去”的研究活动。

2. 校本研究的特点

(1)校本研究是一种实践研究

教学研究可以分为理论研究与实践研究。理论研究的着眼点是揭示教学规律、深化教学认识；实践研究的着眼点是解决教学问题、改善教学实践。理论研究回答的是“是什么”“为什么”的问题，实践研究回答的是“做什么”“怎么做”的问题。显然，校本研究是一种教学实践研究。

(2)校本研究以校为基础和前提

以校为本的基本内涵是：

①为了学校。一切为了学校的发展，为了学校教育能力和教育精神的建设，为了学校文化的提升。

②在学校中。学校的发展只能在学校中进行，只有植根于学校的生活、贯穿于教学的过程，并被所有教师所认同、所追求的改革才能沉淀为学校的血肉、传统和文化。

③基于学校。学校发展的主体力量是校长和教师。要相信校长和教师的创造潜能，充分发挥他们的主观能动性，引导他们从学校实际出发，规划学校、发展学校。

3. 校本研究的基本要素

(1)自我反思。自我反思被认为是教师专业发展和自我成长的核心因素，是开展校本研究的基础和前提。

(2)同伴互助。同伴互助的实质是教师作为专业人员之间的交往、互动与合作，其基本形式有三种：对话、协作、帮助。

(3)专业引领。专业引领就其实质而言，是理论对实践的指导，是理论与实践之间的对话，是理论与实践关系的重建。

自我反思、同伴互助、专业引领三者具有相对独立性，同时又是相辅相成、相互补充、相互渗透、相互促进的关系。

真题面对面

[2022新乡原阳，单，0.6分]（　　）被称为是教师专业发展和自我成长的核心因素，是开展校本研究的基础和前提。

A. 自我批评　　B. 自我反思

C. 终身学习　　D. 自我认识

答案：B

★★ 考点大默写 ★★

1. 直接以自己的生产、科研、社会活动等实践为依据撰写出来的文献属于______。

2. 采用问卷、访谈等方式收集有关资料，进行分析研究的教育研究方法是______。

3. ______的目的是发现事物间的因果关系，是各类研究中唯一能确定因果关系的研究。

4. 行动研究适用于解决______问题，它的基本过程大致分为循序渐进的四个环节，即______、______、______和______。

5. 校本研究的基本要素包括______、______和______，其中______是教师专业发展和自我成长的核心因素，是开展校本研究的基础和前提。

【参考答案】

1. 一次文献　2. 调查研究法　3. 实验研究　4. 实际；计划；行动；考察；反思　5. 自我反思；同伴互助；专业引领；自我反思

我于______年____月____日完成了对本章的学习。

复盘一下，我对自己较肯定的地方是______

（足够努力/心态积极/方法得当……）

我觉得自己需要改进的地方是______

（懒惰懈怠/心情浮躁/方法不当……）

休息片刻，开启下一站征程！

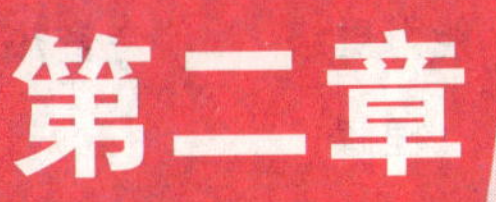

第二章 教育的基本规律

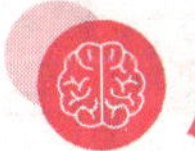

思维导图

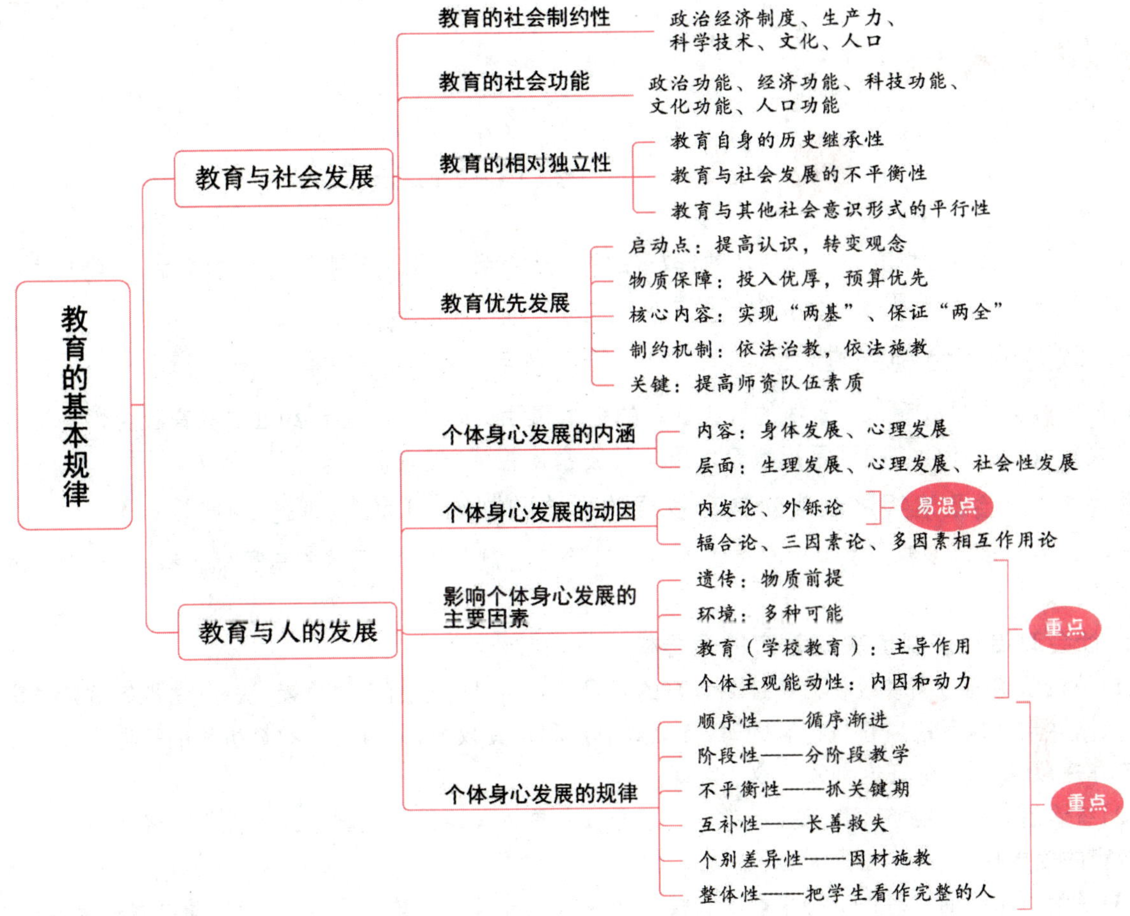

河南考向

本章从宏观层面介绍了教育与社会发展、教育与人的发展的关系，内容较为琐碎，需要识记和理解的知识较多。现对本章河南考向分析如下：

考点类型	考点名称	常考题型	能力层级	考查热度
高频考点	社会政治经济制度、生产力、文化对教育发展的影响和制约	单选、多选、判断	识记	★★
	教育的社会功能	单选、多选、判断、简答	理解	★★
	教育的相对独立性	单选、多选、不定项、判断	识记	★★
	个体身心发展的动因	单选、多选、判断、填空	理解	★★

续表

考点类型	考点名称	常考题型	能力层级	考查热度
高频考点	影响个体身心发展的主要因素	单选、多选、判断、填空、简答、论述	理解	★★★
	个体身心发展的规律	单选、多选、判断、填空、简答、案例分析	运用	★★★
新增考点	教育优先发展	判断	识记	★★
	斯金纳有关外铄论的观点	多选	识记	★★

核心考点

第一节　教育与社会发展

作为一种有目的地培养人的社会活动，教育的发展受社会政治经济制度、生产力水平、科学技术和文化传统等的影响，并对这些因素的变化发展产生反作用。

一、教育的社会制约性 必背

教育的社会性是教育这一永恒的社会现象的**根本属性**。教育的社会制约性是教育社会性的最主要的表现形式。教育的社会制约性是指教育发展与社会密切相关，受其制约。

考点1　社会政治经济制度对教育发展的影响和制约 【单选、多选、判断】★★

社会政治经济制度决定教育的性质。在同一政治经济制度下，各国的教育虽然也有差异，但其本质属性是相同的。

1. 社会政治经济制度决定教育的领导权

(1)统治阶级通过国家政权力量控制教育的领导权。通过国家颁布的政策、法令、法规等规定办学的宗旨和方针，并用强制手段监督执行。同时，各级政府还利用其权力，通过任免教育机构的领导人和实施教师聘任等办法，从组织上保证这种领导权的实现。

(2)统治阶级通过经济力量来控制教育的领导权。具体表现为通过国家政策性教育经费投入等办法来控制教育的领导权。

(3)统治阶级还通过意识形态来影响和控制教育的领导权。在教育领域，一般是通过课程标准的设置、教科书的编写、教科书的审定、各种读物的出版发行以及对教师的培训和思想的影响等方式，在实际上左右着教育的领导权。

2. 社会政治经济制度决定受教育权

在阶级社会中，统治阶级总是要采取种种直接或间接的手段，决定和影响受教育权在社会中的分配，决定谁有享受学校教育的权利，谁无享受学校教育的权利，谁有受什么样学校教育的权利等问题。在阶级社会中，“超阶级”“超政治”的教育是不存在的。

3. 社会政治经济制度决定教育目的

政治经济制度尤其是政治制度，是直接决定教育目的的因素。教育的根本任务是培养人，可以说，在一定社会中，培养具有什么政治方向和思想观念的人，是由政治经济制度决定的。

4. 社会政治经济制度决定着教育内容的取舍

不同政治经济制度的社会具有不同的政治方向、思想意识和主流文化，并且要求培养具有不同政治立场和思想意识的人，这自然要求传递不同的教育内容，特别是思想道德方面的内容。

5. 社会政治经济制度决定着教育体制

教育体制是一个国家配合政治、经济、科技体制而确定下来的学校办学形式、层次结构、组织管理等相对稳定的运行模式和规定。任何一个国家的教育体制都不存在固定僵化的模式，要随着政治体制、经济体制的变革而变革。

6. 社会政治经济制度制约教育的改革与发展

在推动教育改革和发展的动力因素中，政治经济制度起着直接的推动作用。任何由非政治力量引发的教育改革和发展，都需要而且只能借助于政治的中介作用才能实现。现代世界各国所进行的大规模的教育革新，无一不是由政府和教育行政机关所直接组织、调节、控制的。

7. 教育相对独立于政治经济制度

尽管政治经济制度对教育有着巨大的影响和制约作用，但教育也具有自身的规律，有自己的相对独立性。这就意味着学校不可以忽视自身的办学规律，不能放弃学校教育任务而直接为政治经济制度服务。

知识再拔高

社会政治经济制度对教育发展的影响和制约的其他说法

(1)政治经济制度的性质决定教育的社会性质；(2)政治经济制度决定着教育的宗旨和目的；(3)政治经济制度决定着教育的领导权；(4)政治经济制度决定着受教育权；(5)政治经济制度决定着教育的管理体制。

真题面对面

1. [2022平顶山舞钢，单，1分]政治经济制度与教育之间的关系是相互制约、相互影响。以下说法不正确的是(　　)

A. 政治经济制度决定教育的领导权　　B. 政治经济制度决定教育体制

C. 教育相对独立于政治经济制度　　D. 政治经济制度制约着教育结构的变化

2. [2021驻马店驿城，单，1分]中华人民共和国公民有受教育的权利和义务，决定我国受教育权的主要因素是(　　)

A. 我国社会的政治经济制度　　B. 我国社会的人口结构

C. 我国经济发展的需要　　D. 我国的文化传统

答案：1. D　2. A

考点2　生产力对教育发展的影响和制约　【单选、判断】★★

1. 生产力的发展水平制约着教育发展的规模和速度

教育发展的规模与速度，取决于生产力发展所提供的物质条件和生产力发展对教育事业所提出的要求。生产力发展水平直接影响一个国家在教育经费方面的支付能力，而教育经费的支付能力直接影响校舍建设、仪器设备、教材建设、师资待遇和教师培养等多方面的教育条件，从而成为影响教育事业发展规模和速度的主要因素。

2. 生产力的发展水平制约着教育结构的变化

教育结构是指各级各类学校的比例关系和衔接方式，以及不同性质专业之间的比例构成。生产力的发展促使经济结构产生各种变化，从而也决定了教育结构的变化。

3. 生产力发展水平制约着教育的内容、方法与手段

传播和继承人类已有的生产生活经验是教育活动最初的价值取向，由此决定了生产力的发展水平必然制约着教育内容的选择。生产力的发展促进了科学技术的发展与更新，从而也要求教育内容不断调整与更新。同时，生产力的提高也在不断地促进教学方法、手段、组织形式的更新与发展。

4. 生产力发展水平制约着学校的专业设置

学校的专业设置及结构调整，必须依据人才市场所需要的专门人才的规格及数量而进行，即学校的专业设置受制于社会生产力发展状况。

5. 教育相对独立于生产力的发展水平

虽然受生产力发展水平的制约，但教育与生产力的发展并非完全同步。我们也要认识到，教育相对独立于生产力的发展水平并不是说教育的发展可以脱离生产力的发展，教育归根结底还是要受生产力发展水平的制约。如果教育的发展脱离了生产力的制约，盲目发展，必然会带来问题。

知识再拔高

生产力对教育发展的影响的其他说法

说法一：(1)生产力的发展水平制约着教育事业发展的规模和速度；(2)生产力的发展水平制约着人才培养的规格和教育结构；(3)生产力的发展水平制约着课程设置和教学内容的改革；(4)生产力的发展水平制约着教学的方法、手段和组织形式。

说法二：(1)生产力发展水平影响教育发展的规模和速度。(2)生产力发展水平影响教育目的。生产力的发展水平之所以影响教育目的，主要是因为社会生产力水平和方式决定了劳动力的规格，进而也决定了教育所培养的人的规格，尤其是人的知识、技能和态度的规格。教育必须依照生产力发展带来的劳动分工结构变化来确定教育目标，培养与生产力发展水平相适应的不同质量和规格的人才。(3)生产力发展影响课程设置及内容选择。(4)生产力发展影响教学方法、手段及组织形式。

真题面对面

1. [2023事业单位，单，0.8分]生产力发展与社会进步带来了劳动分工和人才结构变化，教育就必须培养与此相适应的不同质量和规格的人。这说明生产力发展水平能够影响(　　)

A. 教育规模　　B. 教育目的
C. 教育年限　　D. 教育性质

2. [2021信阳市直，单，1.2分]近年来，多媒体进入课堂，学生有了更多的学习途径，这在古代是不可能的。这说明教育会受(　　)的影响。

A. 教育规模　　B. 教育水平
C. 学生数量　　D. 生产力水平

答案：1. B　2. D

考点3　科学技术对教育发展的影响和制约　【单选】

现代教育发展的根本动因是科技进步。科学技术对教育的影响，首先表现为对教育的动力作用。具体地说，科技对教育的作用表现如下：

1. 科学技术能够改变教育者的观念

科技发展水平决定了教育者的知识水平和知识结构，影响到他们对教育内容、方法的选择和运用，也会影响到他们对教育规律的认识和教育过程中教育机制的设定。

2. 科学技术能够影响受教育者的数量和教育质量

一方面，科技的发展及其在教育上的广泛运用，使教育对象得以扩大；另一方面，科技的发展正日益揭示出教育对象的身心发展规律，从而使教育活动遵循这种规律，提高了教育质量。此外，科学技术的每次革新都极大地促进了受教育者数量的增长和教育质量的提高。

3. 科学技术能够影响教育的内容、方法和手段

科技的发展促使教学内容不断更新、课程体系不断变化。同时，随着科学技术的迅猛发展，教育的方法和手段也得以改进。

知识再拔高

传统学校教育和网络教育的区别

类别	传统学校教育	网络教育
形式	"金字塔形"的等级制教育	"平等的"开放式教育
优劣标准	依据掌握在他人手中的"筛选制度"	依据掌握在自己手中的"兴趣选择"
年龄段	较严格意义上的"年龄段教育"	"跨年龄段教育"或"无年龄段教育"
时空限制	存在着时空限制	跨时空的教育

考点4 文化对教育发展的影响和制约 【单选、多选】★★

从广义上说，教育是文化的一部分，但教育又是一种非常特殊的文化，因为教育既是文化的构成体，又是文化传递、深化与提升的手段。这就是教育的**双重文化属性**。文化对教育的影响与制约主要表现在以下几个方面：

1. 文化对教育具有价值定向作用

不同的教育在很大程度上是由不同的文化价值观支配和决定的。一个社会的教育是以保存或传承现有文化成果作为主要的甚至是唯一的价值取向，还是在继承现有文化的同时致力于传统文化的转型并创造新文化，取决于社会总体的文化价值观。

2. 文化发展促进学校课程的发展

文化对课程的影响主要体现在两个方面：(1)课程内容的丰富；(2)课程结构的更新。课程的发展不是随文化变迁而自发更新嬗变的过程，而是有意识的创造性转换的过程。

3. 文化影响教育目的的确立

教育目的的确立，除了取决于社会政治经济制度和生产力发展水平以外，还受文化的影响。例如，我国古代社会的主流文化是以儒学为核心的伦理型文化，这种文化反映在人才培养上，就强调教育目的是"在明明德，在亲民，在止于至善"。

4. 文化影响教育内容的选择

教育的内容就是人类的文化。不同时期的文化和不同国家与民族的文化，影响着教育内容的不同选择。

5. 文化影响着教育教学方法的使用

不同的文化影响着人们对知识及其来源的认识，在教育上影响着人们对师生关系的认识，由此决定了人们对教育教学方法的不同应用。

考点5 人口对教育发展的影响和制约 【单选、多选】★

人口是构成人类社会的基本要素，教育是延续人类的基本活动，二者之间有着内在的联系。人口对教育的制约作用具体体现在以下几个方面：

1. 人口影响着教育发展的战略目标及其战略重点

教育发展的战略目标是教育在一个较长时期内关于全局发展的奋斗目标，亦即预期要达到的未来发展的总要求和总水平。战略目标的实现与否不仅取决于一定的社会经济条件，而且也受到人口因素的制约。

教育发展的战略重点是指教育中对于实现战略目标具有关键意义的环节和部分。战略重点的选择不仅要按照教育发展的特点和需要，而且还应视人口等客观条件而定。

2. 人口的数量制约着教育发展的规模、速度和教育经费

在教育事业扩张的情况下，必然要求增加教育经费以满足教育规模扩大的需要。否则要么降低入学率，保证教育质量的提高；要么保持或扩大入学率，降低生均经费，这势必影响教育质量的提高。

3. 人口结构影响教育结构

在人口的社会结构中，人口的就业结构、分布结构和人口的流动趋向都会对教育的结构即各级各类教育的合理比例构成、学校的地区布局和发展方向产生影响。

4. 人口质量影响教育质量

(1)人口中教育者的质量影响和制约着教育质量；(2)入学者已有的水平对教育质量的总的影响；(3)人口中年长者的素质影响和制约着新生一代的人口质量。

也有学者认为，人口对教育的制约和影响有：(1)人口数量影响教育的规模、结构与质量；(2)人口质量影响教育质量；(3)人口结构影响教育结构；(4)人口流动对教育提出挑战。

真题面对面

[2022濮阳市直，多，1.52分]人口对教育的制约和影响体现在(　　)

A. 人口数量影响教育的规模、结构和质量　　B. 人口质量影响教育质量

C. 人口结构影响教育结构　　D. 人口流动对教育提出挑战

答案：ABCD

二、教育的社会功能 【单选、多选、判断、简答】 必背 ★★

教育的社会功能主要指教育对社会发展的影响和作用，其主要特点包括：间接性、隐含性、潜在性、迟效性、超前性。

考点1　教育的社会变迁功能

教育的社会变迁功能是指教育通过开发人的潜能，提高人的素质，引导人的社会化，影响人的社会实践，能够推动社会的改革与发展。教育的社会变迁功能表现在社会生活的各个领域。

1. 教育的政治功能

教育受到政治经济制度的制约，同时又对政治经济制度有维护、巩固和加强的作用。

(1)教育培养出政治经济制度所需要的人才

通过培养人才实现对政治经济制度的影响，是教育作用于政治经济制度的主要途径。任何一种政治经济制度，要想得到维持、巩固和发展，都需要大量依据一定要求培养出来的人才，而这些人才的培养，很大程度上依靠教育。

(2)教育通过传播思想、形成舆论作用于一定的政治经济制度

教育特别是学校教育，不仅向学生传播、灌输一定的政治思想意识，而且通过在校师生的言论行动、学校的教材和刊物向社会宣传一定的思想意识，制造社会舆论，借以影响群众，影响社会的风俗习惯和道德面貌等，为一定的政治经济服务，起着巩固现有政治经济制度的作用。

(3)教育促进民主化进程，但对政治经济制度不起决定作用

①一个国家的民主程度直接取决于一个国家的政体，但又间接取决于这个国家人民的文化程度和教

育事业发展的程度，一个国家普及教育的程度越高，人的知识越丰富，就越能增强人民的权利意识，认识民主的价值，推崇民主的政策，推动政治的改革和进步。

②教育对社会政治经济制度起着巨大的影响作用，但不起决定作用。教育不能改变政治经济制度发展的方向，而只能在一定的政治经济制度为其所规定的轨道上发挥作用，不能超越这一轨道。教育也不能成为决定政治经济制度发展的根本动力，教育在社会基本矛盾运动的过程中，对社会的发展只能起到加速或延缓的作用。

知识再拔高

教育的政治功能的其他说法

说法一：(1)维系社会政治稳定。作为一种复杂的社会实践活动，教育的首要政治功能表现在它对维护社会政治稳定发挥着十分重要的作用。《礼记·学记》中就曾明确提出，"古之王者建国君民，教学为先"，这就充分表明教育是"化民成俗"，是治国安邦的关键，而这正是教育的基本功能所在。教育维系社会政治稳定主要通过为社会培养各种政治人才、培养具有一定政治素质的社会公民、宣传统治阶级思想、制造一定社会舆论等方面来实现。

(2)提高社会政治文明水平。一般来说，教育是通过传播思想、制造舆论来影响社会政治生活的。在现代社会，教育发挥着弘扬社会政治、思想、道德及文化领域中的正面因素，抑制与抵御腐朽、落后等消极因素，进而提高社会政治文明水平。一个国家的政治文明水平，取决于该国的政体，但同时也与人民的文化素质、教育水平密切相关。

(3)促进社会政治变革。教育促进社会政治变革主要体现在三个方面：①教育的普及化是现代社会政治变革的重要标志，同时也是推进社会政治变革的重要力量。②教育通过传播先进思想和弘扬优良道德来促进社会政治变革。③政治民主化是现代社会政治发展的必然趋势，而这依赖教育的发展和推动。

(4)培养社会政治人才。作为培养人的重要方式和有效工具，教育通过培养具有一定政治态度、思想意识的人，在维护和巩固一定的政治制度中发挥积极作用。

说法二：(1)教育具有维护社会政治稳定和促进社会变革的功能；(2)教育通过培养一定社会所需要的合格公民和政治人才去实现教育的政治功能；(3)教育通过传播思想、制造舆论来影响社会政治生活；(4)教育推进着政治民主化。

真题面对面

1.［2023信阳市直，单，1.2分］《礼记·学记》中指出，"古之王者建国君民，教学为先"，这体现了教育的(　　)功能。

A. 维系社会政治稳定　　B. 促进社会政治变革

C. 促进经济增长　　D. 提高劳动者素质

2.［2022驻马店驿城，单，1.2分］班里有的学生特别向往能够被教师指定为班级里的小老师、值日生，而很多教师会通过这种方式锻炼学生的管理能力，从而初步培养合格的公民和社会治理人才。这主要体现出教育的(　　)

A. 政治功能　　B. 经济功能

C. 文化功能　　D. 服务功能

答案：1. A　2. A

2. 教育的经济功能

(1)教育再生产劳动力

劳动力的质量和数量是生产力发展的重要条件，教育承担着再生产劳动力的重任。教育再生产劳动力具体体现在：

①教育使潜在的生产力转化为现实的生产力；

②教育可以提高劳动力的质量和素质，使之获得一定劳动部门认可的技能和技巧，成为发达的和专门的劳动力；

③教育可以改变劳动力的形态，把一个简单劳动力训练成一个复杂劳动力，把一个体力劳动者培养成一个脑力劳动者；

④教育可以使劳动力得到全面发展，提高劳动转换能力，摆脱现代分工对每个人造成的片面性。

(2)教育再生产科学知识

科学知识是第一生产力，但是科学知识在未用于生产前只是一种意识形态的或潜在的生产力，必须通过教育才能把前人积累的科学知识传递给年青一代，把潜在的生产力转化为现实的生产力。所以，教育是实现科学知识再生产的**重要手段**。教育再生产科学知识具体表现在：

①教育可以高效能地扩大科学知识的再生产，使原来为少数人所掌握的科学知识在较短的时间内为更多的人所掌握，从而提高劳动生产效率，促进生产力的发展；

②教育也担负着发展科学、再生产科学的任务，这在高校表现得尤为明显。

知识再拔高

教育的经济功能的其他说法

(1)促进经济增长。舒尔茨提出人力资本理论，指出全面的资本概念应该包括物力资本和人力资本。人力资本是指体现在人身上的资本，是对生产者进行教育、职业培训等支出及其在接受教育时的机会成本等的总和，以人的劳动能力的高低和可使用程度作为衡量依据。根据人力资本理论的观点，教育绝不仅仅是一种消费活动。因为经济发展的快慢主要取决于劳动力素质的高低，而不是资本的多寡或自然资源的丰瘠。而人力资本的核心是提高人口质量，教育投资是人力投资的最主要的组成部分。所以说人力资本的再生产不应当仅仅被视为一种消费，而应视为一种经济效益远大于物质投资的经济效益投资。舒尔茨还提出了人力资本收益测算法，强调了教育及教育投资对国民经济增长的贡献率，将教育作为促进经济增长、发展社会经济的重要支撑点。

(2)推动科技发展。学校特别是高等学校既是传授知识的教育机构，承担再生产科学知识的任务，也是从事科学研究的重要基地，担负着生产新科学知识和生产力的重要使命。

(3)提高劳动者素质。首先，教育可以把可能的劳动力转化为现实的劳动力；其次，教育可以改变劳动能力形态，提高劳动者的生产能力。

真题面对面

1. [2023周口市直，单，1分]"治贫先治愚""教育扶贫"能够阻断贫困代际传递，这是因为教育具有(　　)功能。

A. 政治　　B. 文化　　C. 经济　　D. 生态

2. [2021新乡卫滨(高新)，判断，0.4分]教育可以把可能的劳动力转化为现实的劳动力，但不能改变劳动能力形态。(　　)

答案：1. C　2. ×

3. 教育的科技功能

教育是发展科学技术和培养人才的基础，在现代化建设中具有基础性、先导性、全局性作用。

(1)教育能完成科学知识的再生产

教育对科学创造的成果加以合理的加工和编排，传授给更多的人，尤其是传授给年青一代，使他们能够掌握前人创造的科学成果，为进行科学知识的再生产打下基础。

(2)教育推进科学的体制化

科学的体制化是指出现职业的科学家以及专门的科研机构去开展科学研究。只有在教育高度发达的情况下，才会出现科学的体制化。

(3)教育具有科学研究的功能

教育者在传播科学知识的同时，也直接从事科研工作，这在高校里尤为突出。

(4)教育促进科研技术成果的开发利用

科学技术在教育上的应用，丰富了科学技术的活动，能扩大科学技术的成果。

4. 教育的文化功能

教育的文化功能

(1)教育能够传承文化

文化的传承是文化得以延续和发展的基本前提。教育传承文化的功能有三种主要表现形式（传递、保存、活化）。

①教育可以传递和保存文化

教育是文化传递和保存最为基本和最为有效的手段。随着社会的不断发展，文化的传递、保存方式不断发生变化。但无论发生何种变化，都离不开教育这一最基本的方式。

②教育可以活化文化

教育要实现真正意义上的文化传承，还必须把储存形态的文化转化为现实活跃形态的文化，即把附着于物体、文字和技术性载体上的文化符号转化到人这一载体上，为人所掌握与内化。这一转化的过程就是文化的活化。

(2)教育能够改造文化（选择和整理、提升文化）

改造文化是指在原有文化要素的基础上所进行的取舍、调整和再组合。教育对文化的改造主要是通过选择文化和整理文化来实现的。教育是文化传递的手段，但教育又不等同于文化传递。并非所有的文化都能成为教育内容，教育必须对文化进行选择和整理。教育对文化的选择标准有两个：①社会价值标准，即某种文化只有不背离社会政治、经济和文化传统才能成为教育内容；②个体发展需要的价值标准，即教育选择文化还要考虑到教育对象（学习者）的身心发展规律、特点以及学科内在的逻辑顺序和需要。

(3)教育能够传播、交流和融合文化

教育通过传播文化，使不同国家和民族的文化相互交流、交融，促进文化的优化和发展。教育应重视发展多元文化，促进各社会族群间的相互尊重与和谐发展。

(4)教育能够更新和创造文化

没有文化的更新和创造，就没有文化的真正发展。教育更新、创造文化的功能主要表现在两个方面：①教育通过培养具有创新精神和创造能力的人来发挥其文化创造的功能；②教育直接创造新的文化。

教育对文化的传递功能和传播功能是易混淆的知识点，应注意：文化传递强调时间上的流动，从一代人传到另一代人；文化传播强调空间上的流动，从一个地方传到另一个地方。

真题面对面

[2022周口中心城区,单,0.5分]我国在世界各地开办孔子学院,向各国人民介绍中国文化,这说明教育对文化具有( )

A. 创造功能
B. 传递功能
C. 传播功能
D. 更新功能

答案:C

5. 教育的人口功能

人口是社会的生态基础,是连接个体与社会的桥梁。教育的个体功能要转化成政治、经济功能,首先要通过教育提高人口的素质来实现。教育对人口的影响表现在:(1)调控人口数量,控制人口增长;(2)改善人口素质,提高人口质量;(3)使人口结构趋向合理化;(4)有助于人口迁移。

知识再拔高

教育的生态功能

建设生态文明社会,关涉到每一个单位、家庭、社会成员,也必然关涉到教育,要求现代教育承担生态教育的历史重任,发挥其应有的生态功能:(1)树立建设生态文明的理念;(2)普及生态文明知识,提高民族素质;(3)引导建设生态文明的社会活动。

考点2 教育的社会流动功能

教育的社会流动功能是指社会成员通过教育的培养、筛选和提高,能够在不同的社会区域、社会层次、职业岗位、科层组织之间转换、调整和变动,以充分发挥其个人的智慧才能,实现其人生价值。教育的社会流动功能按其流向可分为横向流动功能(水平流动)与纵向流动功能(垂直流动)。

三、教育的相对独立性 【单选、多选、不定项、判断】 必背 ★★

所谓教育的相对独立性,是指教育作为一种培养人的社会活动,相对于其他社会现象来说,具有自身的规律和能动性。教育的相对独立性主要表现在以下几个方面:

1. 教育自身的历史继承性

教育和其他社会现象一样,在其历史的发展过程中必然从各个方面吸收和利用以往历史阶段的教育成果和经验。教育的思想、制度、内容和方法等各个方面不仅反映着一定社会的生产力发展水平和政治经济制度的要求,而且与教育发展的历史沿革有着一定的渊源,都带有自己发展历程中的烙印。这就是教育自身的历史继承性。

2. 教育与社会发展的不平衡性

教育受一定社会的生产力发展水平和政治经济制度制约、决定,但与社会生产力发展水平和政治经济制度的改变并非完全同步,具有与社会发展的不平衡性。

3. 教育与其他社会意识形式的平行性

教育作为社会意识形态中的一种意识形式,与社会意识形态中的其他意识形式,如政治思想、哲学观念、伦理道德、宗教、文学、艺术等,有着密切的联系,这种联系不是决定与被决定的关系,而是相互影响的平行性关系。

知识再拔高

教育相对独立性的其他说法

说法一：(1)教育是一种相对独立的社会实践活动；(2)教育是一种具有历史继承性的社会实践活动；(3)教育具有跟社会发展进程不相适应的一面。

说法二：所谓教育的相对独立性，是指作为社会一个子系统的教育，它对社会的能动作用具有自身的特点和规律性，它的历史发展也有其独特连续性和继承性。这主要表现为下述几个方面：(1)教育是培育人的活动，主要通过所培育的人作用于社会；(2)教育具有自身的活动特点、规律及原理；(3)教育具有自身发展的传统与连续性。

真题面对面

[2022郑州高新，不定项，1.1分]教育是一种独立的社会实践活动，相对于社会发展和个体身心发展，教育具有相对独立性。我们提出教育具有相对独立性，主要是强调教育(　　)

A. 有自身的规律　　B. 对政治经济起决定作用

C. 可以超越社会历史而存在　　D. 不受生产力发展水平制约

答案：A

四、教育优先发展 新增 【判断】 ★★

考点1 教育优先发展的内涵

教育优先发展，又称教育先行或教育超前发展，内涵有二：其一是社会用于发展教育的投资要适当超越于现有生产力和经济发展状态而超前投入；其二是教育发展要先于或优于社会上其他行业和部门而先行发展。在这里，"优先"是指在全局中与其他非优先的事务相比较而言，是指在长远的多种事物不能够齐头并进时，在排序上使某一事务先行而言。

考点2 教育优先发展的实践策略

实践教育优先发展，需要全社会的支持和参与，需要采取多管齐下的方略和措施。我国教育优先发展的实践策略包括：(1)提高认识，转变观念——落实优先发展的启动点；(2)投入优厚，预算优先——落实优先发展的物质保障；(3)实现"两基"、保证"两全"——落实优先发展的核心内容；(4)依法治教，依法施教——落实优先发展的制约机制；(5)提高师资队伍素质——实践教育优先发展的关键。

真题面对面

[2022南阳宛城，判断，0.9分]一定总量的教育投资是发展教育事业的物质基础，提高认知、转变观念是实践教育优先发展的关键。(　　)

答案：×

★★ 考点大默写 ★★

1. 决定教育的性质、领导权和受教育权的根本因素是______________，它也是直接决定教育目的的因素。
2. 决定教育事业发展的规模和速度的是______________。
3. 学校课程的变化深受文化发展的影响，文化对课程的影响主要体现在__________的丰富和__________的更新两个方面。
4. 教育通过传播思想、形成舆论作用于一定的政治经济制度，这体现了教育的__________功能。

5. 人力资本理论强调了教育的__________功能。

6. 在人类发展历程中，常出现教育与社会政治经济发展不平衡的现象。这说明教育具有__________。

7. 我国西周的“学在官府”以及欧洲的“政教合一”体现了教育的__________功能。

8. 学习传统文化时取其精华、去其糟粕。这说明教育能够__________文化。

9. 影响教育的各种因素中，__________制约着学校的专业设置。

【参考答案】

1. 社会政治经济制度 2. 生产力发展水平 3. 课程内容;课程结构 4. 政治 5. 经济 6. 相对独立性 7. 政治 8. 选择 9. 生产力发展水平

考点 教育的社会成层功能

教育的社会成层功能，指的是现代社会中的各级各类学校教育在受教育者个人的社会集团(主要是阶级、阶层)的归属、社会职业地位以及调整社会结构中所起的作用。它是教育的政治功能中颇为独特的一个方面，通俗地讲，是指通过教育可以增进个人社会升迁的机会，从而改变社会的阶层结构，以达到改造社会的目的。在我国，千军万马过独木桥，农民子弟通过升入大学，跳出“农门”，就是教育社会成层功能的表现。

第二节 教育与人的发展

一、个体身心发展的内涵 【单选、多选、不定项】★

个体身心发展是指作为复杂整体的个体在从生命开始到生命结束的全部人生过程中，不断发生的变化过程，特别是指个体的身心特点向积极方面变化的过程。就内容而言，个体身心发展包括身体和心理两方面的发展。

☞从发展层面来讲，人的发展大体可以分为三个层面：一是生理发展，包括机体的正常发育，体质的不断增强，神经、运动、生殖等系统生理功能的逐步完善；二是心理发展，包括感觉、知觉、注意、记忆、思维、言语等认知的发展，需要、兴趣、情感、意志等意向的形成，能力、气质、性格等个性的完善；三是社会性发展，包括社会经验和文化知识的掌握，社会关系和行为规范的习得，使人不断社会化、提高社会性，发展成为具有社会意识、人生态度和实践能力的现实的社会个体，能够适应并促进社会发展的人。新增

二、个体身心发展的动因 【单选、多选、判断、填空】必背 ★★

个体身心发展的动因——内发论

考点1 内发论(遗传决定论)

1. 内发论的基本观点

内发论强调内在因素，如“需要”“成熟”，强调人的身心发展的力量主要源于人自身的内在需要，身心发展的顺序也是由身心成熟机制决定的。即在人的身心发展过程中起决定作用的是遗传素质。内发论又称自然成熟论、预成论等。

2. 内发论的主要代表人物及其观点

表1-8 内发论的主要代表人物及其观点

代表人物	主要观点
孟子	人的本性是善的，“万物皆备于我”
弗洛伊德	人的性本能是最基本的自然本能

续表

代表人物	主要观点
威尔逊	“基因复制”是决定人的一切行为的本质力量
高尔顿 （遗传决定论的“鼻祖”）	个体的发展及其个性品质早在基因中就决定了，发展只是这些内在因素的自然展开，环境只起引发作用
格塞尔	强调成熟机制对人的发展的决定作用
霍尔	“一两的遗传胜过一吨的教育”；“复演说”

此外，我国历史上曾出现过“生而知之”的“天才论”，或“性也者，与生俱生也”，或“唯上智与下愚不移”等“先天决定论”，都属于遗传决定论的范畴。

总的来说，内发论认为心理发展与生理发展没有什么根本的实质性区别，心理发展是先天因素成熟的结果，因而完全否定了后天学习、经验的作用。其关注重点是人的“生长”，以及人的成长规律和成熟机制。

考点2 外铄论（环境决定论）

1. 外铄论的基本观点

外铄论认为人的发展主要依靠外在的力量，诸如环境的刺激和要求、他人的影响和学校的教育等。外铄论又称外塑论或经验论等。

2. 外铄论的主要代表人物及其观点

表1-9 外铄论的主要代表人物及其观点

代表人物	主要观点
荀子	人的贵贱、愚智、贫富都取决于后天的教育和学习，教育在人的发展中起着**“化性起伪”**的作用
洛克	提倡“白板说”，认为人的心灵犹如一块白板，它本身没有内容，可以任意涂抹
华生	给我一打健康的婴儿，不管他们祖先的状况如何，我可以任意把他们培养成从领袖到小偷等各种类型的人
斯金纳	人的行为乃至复杂的人格都可以通过外在的强化或惩罚手段来加以塑造、改变、控制或矫正

总的来说，外铄论一般都注重教育的价值，对教育改造人的本性，形成社会所要求的知识、能力、态度等方面，都保持积极乐观的态度。他们关注的重点是人的“学习”：学习什么和怎样有效学习。

记忆有妙招

关于内发论和外铄论的代表人物，我们可采用以下口诀进行记忆：**内孟**（孟子）**四尔**（威尔逊、高尔顿、格塞尔、霍尔）**弗**（弗洛伊德），**外出寻**（荀子）**找金**（斯金纳）**色落**（洛克）**花生**（华生）。

考点3 辐合论

辐合论，也称为二因素论。这种观点肯定先天遗传因素和后天环境对儿童发展的重要作用，而且二者的作用各不相同，不能相互替代。

德国心理学家**施泰伦**在其所著的《早期儿童心理学》一书中，明确地提出儿童心理的发展受环境和遗传共同影响的“合并原则”，即提出：发展等于遗传与环境之和。

美国心理学家**吴伟士**（武德沃斯）认为，虽然儿童的发展是其遗传和后天环境共同影响的结果，但这两种因素在儿童的发展中所起的作用是不同的。他认为，人的发展等于遗传与环境的乘积。

考点4 三因素论

三因素论是在苏联教育家凯洛夫主编的《教育学》(1948年版)中有关影响人发展的因素理论的简称。其主要论点是:个体发展受遗传、环境与教育三方面的影响,但这些因素各自在发展中所起的作用不同。遗传是个体发展的基础,它为个体发展提供了可能,但是遗传对个体发展不具决定性意义,因为没有环境的作用,遗传提供的基础不可能实现,人也不可能成为人,世界上"狼孩"的存在就是实证,因此使人发展成为人的决定性因素是环境。其中作为特殊环境的学校教育,对人的发展具有主导作用。

考点5 多因素相互作用论(共同作用论)

辩证唯物主义认为,人的发展是个体的内在因素(如先天遗传素质、机体成熟的机制)与外部环境(如外在刺激的强度、社会发展的水平、个体文化背景等)在个体活动中相互作用的结果。人是能动的实践主体,没有个体的积极参与,个体的发展是不能实现的。在主客观条件大致相似的情况下,个体主观能动性发挥的程度,对人的发展有着决定性的意义。

在多因素论中,影响较大的是叶澜教授提出的**"两层次三因素论"**。两层次即对个体发展的潜在可能产生影响的因素(简称为"可能性因素")和对个体发展从潜在可能转化为现实产生影响的因素(简称为"现实性因素")。可能性因素包括个体自身的条件(先天的和后天的)与环境条件两个因素;现实性因素指发展主体所进行的各种类型的实践活动(生理活动、心理活动和社会实践活动)。两个层次分别由个体自身条件、环境条件和实践活动三个因素构成。

真题面对面

1. [2022平顶山湛河,单,1.09分]"虎父无犬子""老鼠的儿子会打洞",体现了( )的观点。

A. 环境决定论　B. 宗教决定论　C. 遗传决定论　D. 多因素相互作用论

2. [2022郑州新密,多,1分]强调后天的环境与教育对人的发展起主要作用的是( )

A. 华生　B. 霍尔　C. 斯金纳　D. 高尔顿

3. [2022南阳四区联考,判断,0.5分]"人之所不学而能者,其良能也;所不虑而知者,其良知也。"这句话体现了外铄论的思想。( )

答案:1. C　2. AC　3. ×

三、影响个体身心发展的主要因素 【单选、多选、判断、填空、简答、论述】 必背 ★★★

总体看来,影响个体身心发展的因素主要有遗传、环境、教育(学校教育)和个体主观能动性等。

考点1 遗传

遗传,也叫**遗传素质**,是指从上一代继承下来的生理解剖上的特点,如机体的形态、结构以及器官和神经系统的特征等。这些遗传素质是先天的,与生俱来的。人的发展就是在人类特有的遗传素质基础上展开的。遗传素质是人的身心发展的前提,具体体现在以下几个方面:

1. 遗传素质是人的身心发展的前提,为人的发展提供了可能性,但不能决定人的发展

人的身心发展必须以正常的遗传素质为基础,发展才有可能。没有这个前提,任何发展都不可能,或者某些遗传素质有缺陷,某种发展可能永远就不能实现。例如,一个生而失聪的儿童,就不可能发展其听觉能力而成为音乐家。

遗传素质不决定人身心发展的现实性,王安石的《伤仲永》中的仲永就是典型的例子。"用进废退"和"获得性遗传"说明遗传素质具有一定的**可塑性**,它会随着环境、教育的改变和人类实践活动的深入等作用而逐渐发生变化。遗传因素对人的影响在整个发展过程中总体上呈**减弱趋势**。因此,一个人的神经系统,虽然生来就被某些属性所制约,但是它本身却具有极大的可塑性。即使是某些低能或弱智儿童,在特殊教育的作用下，也能获得一定发展。“遗传决定论”的观点夸大了遗传的作用，把遗传看作决定人的发展的唯一因素，是不正确的。

2. 遗传素质的个别差异是人的身心发展的个别差异的原因之一

遗传素质存在着个别差异，表现在高级神经活动类型、感觉器官的结构和机能方面。这些差异是个性形成的生理基础，是人的个性差异的最初原因。

3. 遗传素质的成熟机制制约着人的身心发展的水平及阶段

个体的遗传素质是逐步发展成熟的。遗传素质的成熟程度，为一定年龄阶段的身心发展提供了限制与可能，制约着年青一代身心发展的过程及其阶段。教育必须按照遗传素质发展的水平进行，超越或落后于遗传素质成熟水平都不利于人的发展。格塞尔通过双生子爬梯实验证明了他的“成熟势力说”。

知识再拔高

遗传在人的发展中的作用的其他说法

(1)遗传素质是人的发展的生理前提；(2)遗传素质的成熟程度制约着人的发展过程及年龄特征；(3)遗传素质的差异性对人的发展有一定的影响。

真题面对面

1. [2021平顶山湛河，单，0.8分]先天失明的人很难成为画家，天生体弱的人很难成为运动健将。这表明(　　)

A. 遗传素质是人身心发展的前提

B. 遗传素质的成熟程度制约人的身心发展

C. 遗传素质具有可塑性，可以决定人的身心发展

D. 遗传素质本身可以随着环境和人类实践活动的改变而改变

2. [2022平顶山舞钢，判断，0.8分]遗传不会影响人的发展。(　　)

答案：1. A　2. ×

考点2　环境

环境包括自然环境和社会环境两大部分，教育学中所说的环境一般指社会环境。广义上来说，教育也包括在环境这一概念之中。为了突出学校教育在人的身心发展中的自觉性、目的性和计划性的特点，以区别于环境影响的某种程度的自发性，我们把学校教育从环境中分离出来，另做详细叙述。

环境因素

1. 社会环境为个体的发展提供了多种可能，使遗传提供的发展可能变成现实

社会环境是人发展的外部条件，为个体的发展提供了多种可能，如机遇、条件和对象。离开社会环境这种外部条件，再好的遗传素质也难以发挥作用。遗传提供的可能只有在一定的社会环境下才能变为现实。“近朱者赤，近墨者黑”“蓬生麻中，不扶而直”及“孟母三迁”的故事，都说明了社会环境对人的发展的影响。

2. 环境是推动人身心发展的动力

(1)环境是人身心发展不可缺少的外部条件。在人类社会中，每个

社会成员之间都结成一定的社会关系，因而人具有社会性的特点，人的发展永远不能离开赖以生存的社会环境。

(2)环境推动和制约着人身心发展的速度和水平。环境对个体发展的影响有积极和消极之分，一般来说，生产力发达地区或良好的社会生活条件，可以加速年青一代身心发展的进程；相反，不良的社会生活条件，则可能阻碍年青一代身心发展的进程。

3. 环境不决定人的发展

环境对人的身心发展具有一定的影响，但环境不决定人的发展，因为环境的作用具有自发性、偶然性等特点，对于环境的影响，个体存在适应与对抗，“出淤泥而不染”讲的就是这个道理。这也说明虽然环境制约着人的身心发展，但是人在一定程度上又可以发挥主观能动性，超越环境的制约。因此，夸大环境对人的发展的作用特别是“环境决定论”的观点，是错误的。

4. 人对环境的反应是能动的

社会环境是人发展的外部条件，但是个体对于环境的影响不是消极被动的，而是积极能动的实践过程。环境对人的发展的影响要通过个体的主观努力和社会实践活动才能实现。有的人在良好的环境中却没有什么成就，甚至走向与环境要求相反的道路；有的人在恶劣的环境中却能“出淤泥而不染”，成为很有作为的人。因此，主观能动性是外部影响转化为内部发展要素的根据。

真题面对面

[2023周口市直，判断，0.5分]“染于苍则苍，染于黄则黄”揭示了社会环境对个体发展的影响。(　　)

答案：√

考点3　教育(学校教育)

教育是社会环境的一部分，但它是影响人的发展的自觉的、可控的因素。教育，从逻辑上既是特殊的实践，又是特殊的环境。由于这种特殊性，使得在影响人的发展的因素中，教育对人的发展特别是对年青一代的发展起着主导作用和促进作用。

1. 学校教育在人身心发展中起主导作用的原因

(1)学校教育是有目的、有计划、有组织地培养人的活动。(2)学校有专门负责教育工作的教师，相对而言效果较好。(3)学校教育能有效地控制和协调影响学生发展的各种因素。

也有学者认为，教育在人的发展中起主导作用的原因表现为：(1)教育是一种有目的地培养人的活动，它规定着人的发展方向；(2)教育特别是学校教育，给人的影响比较全面、系统和深刻；(3)学校教育有专门的经过训练的教师；(4)学校教育可以调控遗传素质和环境的作用，选择遗传因素和社会环境中的有利条件，扬长避短地促进青少年的身心发展。

2. 学校教育在人身心发展中起主导作用的表现(学校教育在影响个体发展上的特殊功能)

(1)学校教育对于个体发展做出社会性规范。

(2)学校教育具有开发个体特殊才能和发展个性的功能。学校教学内容的多面性和同一学生集体中学生才能的差异性，有助于个体特殊才能的发现，而专门学校对这些才能的发展具有重要作用。

(3)学校教育对个体发展的影响具有即时和延时的价值。

(4)学校教育具有加速个体发展的特殊功能。

3. 实现学校教育在人身心发展中起主导作用和促进作用的条件

学校教育的主导作用和促进作用的实现是相对的、有条件的。

(1)从外部环境方面来说，它要求社会的发展为个体的发展提供相应的前提，它依赖于家庭环境的影响，包括家长的职业类别和文化程度、家庭的经济状况和自然结构；依赖于**社会发展的状况**，包括生产力水平、科技发展、社会环境、社会文化传统和民族心态以及公民整体素质等。

(2)从教育系统内部来说，它依赖于**教育自身的状况**，包括学校的物质条件、师资队伍、教育管理者的水平等方面；依赖于**学习者的主观能动性**；它要求教育要遵循**儿童的身心发展规律**，还要积极协调社会、家庭等各个方面的教育影响，使其成为一股适合儿童需要的合力。

在肯定学校教育对个体发展所起的主导作用的同时，还应正确地看待"教育万能论"和"教育无用论"这两个在教育功能认识上的误区。

"教育万能论"是一种片面地夸大教育在人的发展中的作用的观点，认为人完全是教育的产物。代表人物有英国的洛克、德国的康德、美国的华生、法国的爱尔维修等。

"教育无用论"是一种抹杀教育在人的发展中的作用的观点，认为教育对人的发展无能为力。中世纪的一些学者以及英国的高尔顿都是这一观点的代表人物。

知识再拔高

教育在个体发展中的作用

1. 教育对个体发展的独特价值

(1)引导个体发展的方向；(2)提升个体发展的速度；(3)开发个体的特殊才能；(4)唤醒个体生命的自觉。

2. 教育的个体发展功能

(1)教育的个体社会化功能。人的发展首先是社会性的发展，因此教育的个体发展功能首先表现为促进个体社会化的功能。主要表现在：①教育促进个体思想意识的社会化；②教育促进个体行为的社会化；③教育促进角色和职业的社会化。

(2)教育的个体个性化功能。真正的教育是个性化的教育，促进人的个性发展是教育最根本的功能。主要表现在：①教育促进人的主体意识的形成和主体能力的发展；②教育促进个性差异的充分发展，形成人的独特性；③教育开发人的创造性，促进个体价值的实现。

真题面对面

1. [2022新乡市直，单，0.99分]关于学校教育影响人发展的独特功能的表现，下列表述不正确的是(　　)

A. 学校教育对个体发展做出社会性规范

B. 学校教育对个体发展的影响有即时和延时价值

C. 学校教育有效控制和协调影响学生发展的各种因素

D. 学校教育具有开发个体特殊才能和发展个性的功能

2. [2022郑州惠济，单，0.5分]学校能够在思想上促进学生思想意识社会化，在行为上促进学生行为社会化，在角色上培养学生的职业意识和角色。这体现的是教育的(　　)

A. 流动功能　　B. 变迁功能

C. 个体功能　　D. 社会功能

3. [2021安阳，单，0.8分]在影响人的身心发展的诸因素中，教育在人的身心发展中起(　　)

A. 主导作用　　B. 决定作用

C. 动力作用　　D. 基础作用

答案：1. C　2. C　3. A

考点4 个体主观能动性

1. 个体主观能动性的概念

个体主观能动性是指人的主观意识和活动对于客观世界的积极作用，包括能动地认识客观世界和改造客观世界，并统一于人们的社会实践活动中。

从活动水平角度看，个体主观能动性由三个层次构成：第一层次是人作为生命体进行的生理活动，第二层次是个体的心理活动，最高层次是社会实践活动。

个体主观能动性

2. 个体主观能动性的作用

个体的主观能动性是一种寻求发展的积极动机和渴望，是人的身心发展的内在动力，也是促进个体发展从潜在的可能状态转向现实状态的决定性因素。逆境可以成才，"同流而不合污""出淤泥而不染""威武不能屈"等典故反映了人的主观能动性在个体发展中的作用。

总之，影响人的身心发展的因素是多方面的。遗传素质是人的身心发展的物质前提，环境为个体的发展提供了多种可能，而教育作为特殊的环境对人的身心发展起主导作用，个体主观能动性是人的身心发展的内因和动力。这些因素彼此关联、相互配合，共同发挥作用，促进人的身心发展。

真题面对面

[2021商丘永城，判断，0.65分]人的主观能动性是人发展的内在动力，对人的发展起决定作用。(　　)

答案：√

四、个体身心发展的规律【单选、多选、判断、填空、简答、案例分析】必背 ★★★

考点1 个体身心发展的顺序性

顺序性和阶段性

1. 个体身心发展的顺序性的概念

身心发展的顺序性是指人的身心发展是一个由低级到高级、由简单到复杂、由量变到质变的连续不断的发展过程。例如，身体的发展遵循着从上到下、从中间到四肢、从骨骼到肌肉的顺序发展，心理的发展总是由机械记忆到意义记忆，由具体思维到抽象思维。

2. 个体身心发展的顺序性的教育要求

人的发展的顺序性是客观的、不以人的意志为转移的，教育工作要遵循这种顺序性，循序渐进地促进人的发展。所以，教育一般不可"陵节而施"，否则就会出现教育的异化，造成教育的负效应。对于早期教育的问题，我们要明白，早期教育并不是越早越好，过于夸大早期教育的目的和作用是极为错误的。

真题面对面

1. [2021安阳殷都，单，0.86分]个体身心发展的(　　)是指人的身心发展是一个由低级到高级、由简单到复杂、由量变到质变的连续不断的发展过程。

A. 顺序性　　B. 阶段性　　C. 互补性　　D. 不平衡性

2. [2022郑州高新，判断，0.6分]为适应个体发展的顺序性，教育应遵循循序渐进的教学原则。(　　)

答案：1. A　2. √

考点2　个体身心发展的阶段性

1. 个体身心发展的阶段性的概念

个体身心发展在不同的年龄阶段表现出不同的总体特征及主要矛盾，面临着不同的发展任务，这就是身心发展的阶段性。在一定的年龄阶段，人的生理与心理两方面就会出现某些典型的、本质的特征，即年龄特征。例如，童年期学生的思维特点是具有较大的具体性和形象性，抽象思维能力还比较弱，对抽象的道理不易理解；少年期的学生，抽象思维已经有了很大的发展，但经常需要具体的感性经验做支持。

2. 个体身心发展的阶段性的教育要求

个体身心发展的阶段性规律，决定了教育工作必须根据不同年龄阶段的特点分阶段进行。如果不顾学生的年龄特征和接受能力，在教育工作中搞“一刀切”“一锅煮”，让孩子同成年人一样地听报告、搞活动、开批判会，把对儿童和青少年的教育“成人化”，就违反了个体身心发展的阶段性规律。教育工作必须从学生的实际出发，针对不同年龄阶段的学生，提出不同的具体任务，采取不同的教育内容和方法，既不能把小学生当中学生看待，也不能把初中生和高中生混为一谈。

真题面对面

1. [2022平顶山舞钢，单，1分]教育工作必须从学生实际出发，针对不同的年龄阶段的学生提出不同的具体任务、不同的教育内容和方法。这体现了个体身心发展的(　　)

A. 顺序性　　B. 阶段性　　C. 互补性　　D. 差异性

2. [2022濮阳市直，单，0.81分]幼儿园小学化和小学成人化都是违背了个体身心发展的(　　)规律的表现。

A. 个别差异性　　B. 顺序性　　C. 不均衡性　　D. 阶段性

答案：1. B　2. D

考点3　个体身心发展的不平衡性(不均衡性)

1. 个体身心发展的不平衡性的表现

一方面是指身心发展的同一方面的发展速度，在不同的年龄阶段是不平衡的。例如，青少年的身高体重在其全部发展过程中会经历两个高峰：第一个高峰是在一岁左右，第二个高峰是在青春发育期。在这两个高峰期内，身高体重的发展较之其他阶段快得多。

另一方面是就个体身心发展的不同方面而言的。研究表明，青少年身心的不同方面所达到的某种发展水平或成熟的时期是不平衡的，有的方面可能在较早年龄就达到较高水平，而有的方面则晚些。例如，青春初期的孩子身高体重的增长已达到较高水平，而骨化过程远远没有完成。感知觉是认识的低级阶段，儿童的感知觉的发展比高级形式的判断、推理等逻辑思维能力的发展要早许多。

2. 个体身心发展的不平衡性的教育要求

根据个体身心发展的不平衡性，教育教学要抓住关键期，以求在最短的时间内取得最佳的效果。所谓关键期，就是指人的某种身心潜能在人的某一年龄段有一个最好的发展时期。研究认为，关键期既包括有机体需要刺激的时期，也包括有机体对某种刺激最敏感的时期。因此，关键期也叫**敏感期**、**最佳期**。在这一时期内，对个体某一方面进行训练可以获得最佳成效，并能充分发挥个体在这一方面的潜力。错过了关键期，训练的效果就会降低，甚至永远无法补偿。当然，关键期也并不是绝对的，错过关键期之后，经过补偿性学习仍有可能得到发展，只是难度要大些。因此教育必须适应人身心发展的不平衡性，在人的素质发展的关键期内，施以相应的教育，促进该素质的发展。

真题面对面

1. [2022 周口中心城区，单，0.5 分]"狼孩"的故事告诉我们，要善于抓住个体发展的关键期，教育必须顺应儿童发展的(　　)

A. 顺序性　　B. 不平衡性　　C. 阶段性　　D. 个别差异性

2. [2022 新乡市直，判断，0.68 分]个体发展的关键期是个体对于某种刺激特别敏感的时期。过了这一时期，同样的刺激对之影响很小或没有影响。(　　)

答案：1. B　2. √

考点 4　个体身心发展的互补性

1. 个体身心发展的互补性的概念

互补性是指机体某一方面的机能受损甚至缺失后，可通过其他方面的超常发展得到部分补偿。机体各部分存在着互补的可能，为人在自身某方面缺失的情况下能与环境协调，从而继续生存与发展提供了条件。互补性也存在于心理机能与生理机能之间。人的精神力量、意志、情绪状态对整个机能起到调节作用，能帮助人战胜疾病和残缺，使身心依然得到发展。

2. 个体身心发展的互补性的教育要求

教育工作者要树立信心，相信每一个学生，特别是暂时落后或在某些方面有缺陷的学生，通过其他方面的补偿性发展，都可以达到与一般正常学生一样的发展水平；还要掌握科学的教育方法，发现学生的优势，扬长避短、长善救失，激发学生自我发展的信心和自觉。

真题面对面

[2023 事业单位，单，0.8 分]一名唐氏综合征患者因为生病，智商停留在五六岁，而他却有指挥管弦乐队的天赋，指挥管弦乐队时似乎是个正常且聪明的孩子。这表明人的身心发展具有互补性，因此(　　)

A. 教育者对学习者要做到因材施教

B. 教育者对学习者的教育要抓住关键期

C. 教育者对学习者要有信心，善于发现学习者的优势

D. 教育者要根据学习者不同年龄阶段的特点进行分阶段教育

答案：C

考点 5　个体身心发展的个别差异性

个别差异性

1. 个体身心发展的个别差异性的概念

个体身心发展的个别差异性，是指个体之间的身心发展以及个体身心发展的不同方面之间，存在着发展程度和速度的不同。人的先天素质、环境和教育以及自身的主观能动性的不同，决定了人的身心发展存在着个别差异。

2. 个体身心发展的个别差异性的表现

(1)不同儿童同一方面的发展速度和水平不同，如有些人"少年得志"，有些人则"大器晚成"。

(2)不同儿童不同方面的发展存在差异，如有的儿童的数学能力较强，但绘画能力却很差，而有的儿童正好相反。

(3)不同儿童所具有的个性心理不同，如同年龄的儿童具有不同的兴趣、爱好和性格等。

(4)个别差异也表现在群体间，如男女性别的差异。

3. 个体身心发展的个别差异性的教育要求

个体身心发展的个别差异性要求教育必须因材施教，充分发挥每个学生的潜能和积极因素，有的放矢地选择适宜、有效的教育途径和方法手段，使每个学生都能得到最大的发展。如在教学中采取弹性教学制度、采取能力分组、组织兴趣小组等。

真题面对面

1. [2022郑州市直，单，0.8分]教育要适应人的发展的个别差异性规律，应该做到(　　)

A. 因材施教　　B. 循序渐进　　C. 教学相长　　D. 防微杜渐

2. [2021郑州金水，单，0.58分]王老师发现有的学生爱唱歌，就引导他们参加歌唱比赛；有的学生爱打球，就让他们写“我的打球体验日记”。王老师的做法遵循了学生在发展过程中的(　　)

A. 阶段性　　B. 不平衡性　　C. 顺序性　　D. 个体差异性

答案：1. A　2. D

考点6　个体身心发展的整体性

1. 个体身心发展的整体性的概念

学生是一个整体的人，以其整个身心投入教学生活，并以整个身心来感知、体验、享受和创造这种教学生活。教师所面对的是一个活生生的、整体的人，尽管这个整体不是“完美”的整体。

2. 个体身心发展的整体性的教育要求

(1)教学应该面对学生整个身心；(2)教学要着眼于学生的整体性，促进学生的一般发展，注意做到认知因素与非认知因素、意识与潜意识、科学与艺术的统一。

表1-10　个体身心发展规律的总结

规律	要点	题干关键词	教育要求
顺序性	强调一定的方向性，整体发展趋势不可逆	“由……到……”“从……到……”	循序渐进、不陵节而施
阶段性	强调不同阶段的发展特征或任务不同	××阶段、××时期	分阶段教学，不搞“一刀切”“一锅煮”
不平衡性	强调同一个体，包含两层含义：①同一方面不同速；②不同方面不同步	速度有快有慢、水平有高有低	抓关键期、及时施教
互补性	强调生理与生理之间的互补或生理与心理之间的互补	身残志坚，眼盲耳聪	长善救失、扬长避短
个别差异性	强调不同个体或群体之间的差异	“有的……有的……”“有人……有人……”	因材施教
整体性	强调从整体上把握教育对象的特征，使整体大于部分之和	多方面相统一	把学生看作完整的人

考点大默写

1. 内发论认为，在人的身心发展过程中起决定作用的是________，________是我国古代内发论的代表人物。

2. “生而知之”的天才论和“一两的遗传胜过一吨的教育”都是________的观点。

3. 外铄论的主要代表人物包括________、________、________和斯金纳等。

4. 英国哲学家洛克的"白板说"是________的典型代表。

5. 影响人身心发展的因素有遗传、环境、教育和个体主观能动性等。其中,________为人的发展提供了物质前提,________在人的身心发展中起主导作用,________是促进个体发展从潜在的可能状态转向现实状态的决定性因素。

6. "龙生龙,凤生凤,老鼠的儿子会打洞。"这一说法反映了________因素对人的发展的影响。

7. "近朱者赤,近墨者黑"反映了________因素对人发展的影响。

8. "出淤泥而不染""同流而不合污"说明人的身心发展的源泉和动力是________。

9. 个体身心发展的________要求在教育过程中必须做到循序渐进,揠苗助长违背了这一规律。

10. 幼儿园教育既应杜绝"小学化",又要注意幼小衔接。这体现了个体身心发展的________。

11. 人在某一年龄段最好的发展时期是指发展的________,它体现了人的身心发展的________。

12. 盲人的听觉、嗅觉和触觉一般都特别灵敏,这说明人的身心发展具有________。

13. 人们常说的"聪明早慧""大器晚成"是指个体身心发展具有________,这一规律要求学校教育必须________。

【参考答案】

1. 遗传(遗传素质);孟子　2. 内发论(遗传决定论)　3. 荀子;洛克;华生　4. 外铄论(环境决定论)　5. 遗传;教育;个体主观能动性　6. 遗传(遗传素质)　7. 环境　8. 个体主观能动性　9. 顺序性　10. 阶段性　11. 关键期;不平衡性(不均衡性)　12. 互补性　13. 个别差异性;因材施教

考点　知识对人发展的价值

(1)知识的认识价值。学生掌握知识的广度和深度,制约着他对事物的视域和对世界认识的广度和深度。"秀才不出门,能知天下事",在很大程度上可能是就此而言的。

(2)知识的能力价值。学生学习知识的过程,要经历知识的展开过程和知识的发现过程,对知识进行心理操作和行为操作。这种操作方式的定型和积淀过程,也就是学生的认识能力和行为操作技能的形成过程。

(3)知识的陶冶价值。主要是指知识陶冶人生智慧的价值。知识蕴含着科学精神和人文精神,而科学精神和人文精神正是构成人生智慧的基本要素。

(4)知识的实践价值。主要是指知识对社会实践的指导价值,对社会实践的有用性或有效性。

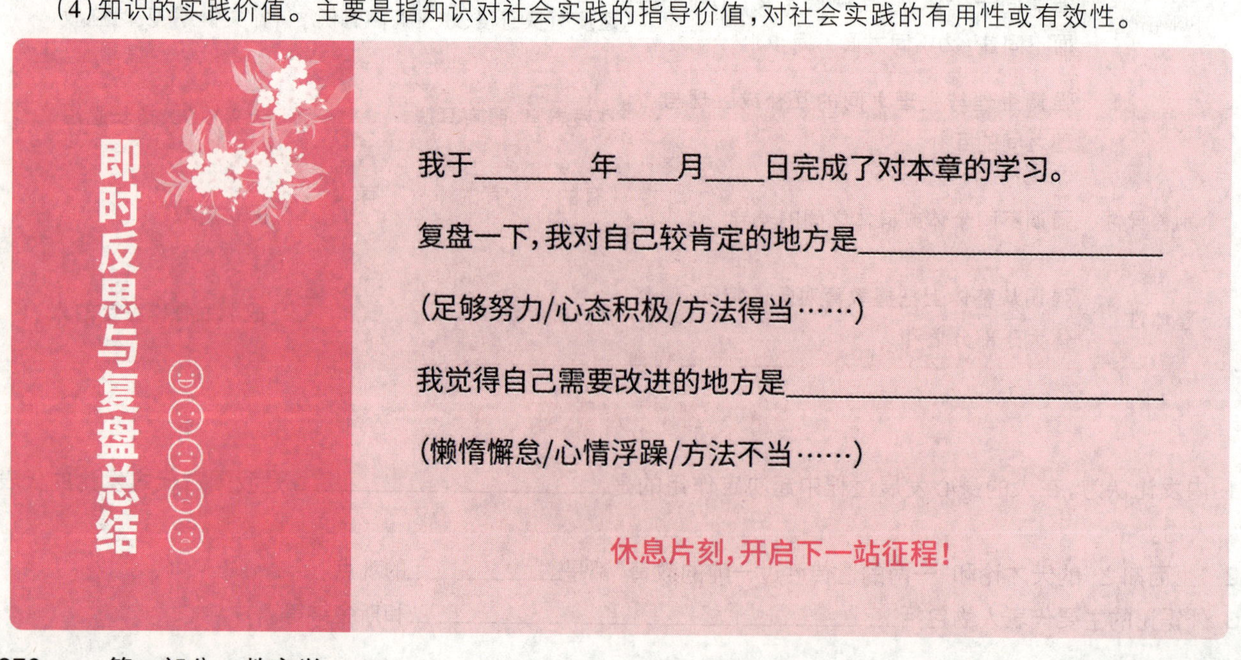

第三章 教育目的与教育制度

思维导图

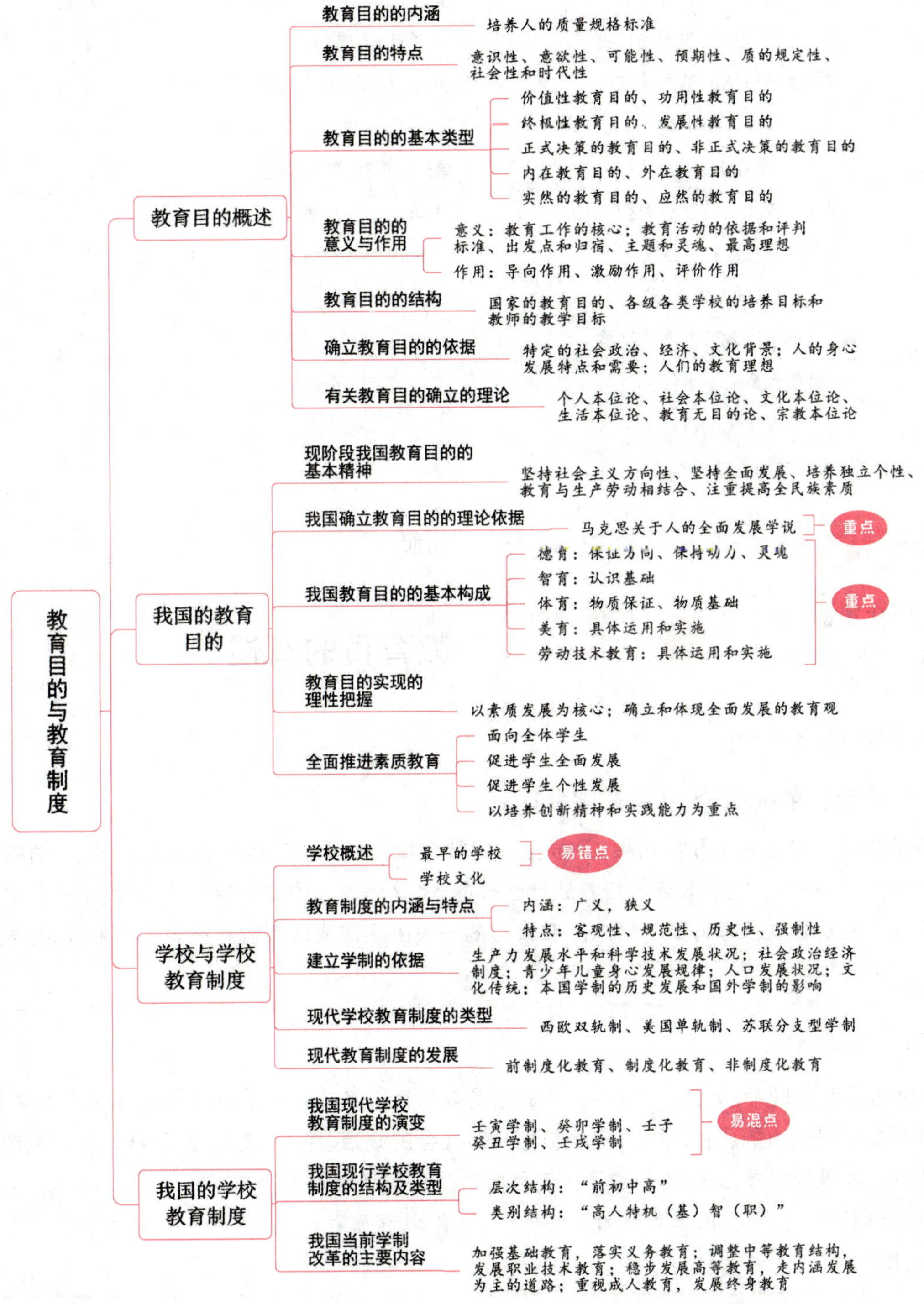

河南考向

本章属于教育学的重点章节，考点较分散，多为基础知识的识记。现对本章河南考向分析如下：

考点类型	考点名称	常考题型	能力层级	考查热度
高频考点	教育目的的意义、层次结构	单选、多选、判断、填空	识记	★★
	教育目的的作用	单选、多选、判断	识记	★★★
	有关教育目的确立的理论	单选、多选、不定项、判断、简答	理解	★★
	现阶段我国教育目的的基本精神	单选、多选、判断、简答	识记	★★
	我国确立教育目的的理论依据	单选、多选、判断	识记	★★★
	我国教育目的的基本构成	单选、多选、判断、辨析、简答、论述、案例分析	运用	★★★
	素质教育的内涵	单选、多选、判断、简答、论述	理解	★★
	学校文化	单选、多选、判断、填空	识记	★★
	现代学校教育制度的类型	单选、判断、填空	识记	★★
	教育制度在形式上的发展	单选、判断、填空	识记	★★
	旧中国的学制沿革	单选、多选、不定项、判断	识记	★★★
	我国现行学校教育制度的结构	单选、多选、判断	识记	★★
新增考点	素质教育的基本任务	单选、多选	识记	★★
	学校文化的特点	单选	识记	★★
	壬戌学制的特点和意义	单选	识记	★★

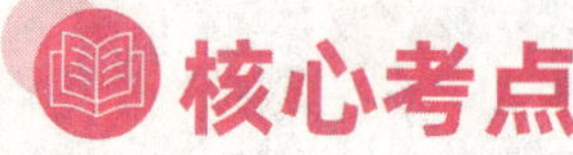

第一节 教育目的概述

一、教育目的的内涵

考点1 教育目的的概念 【单选、判断】★

教育目的指教育要达到的预期结果，是根据一定社会发展和受教育者自身发展需要及规律，对受教育者提出的总的要求，规定了把受教育者培养成什么样的人，是培养人的质量规格标准，同时也反映了教育在人的努力方向和社会倾向性等方面的要求。教育目的一般由国家或国家教育行政部门制定，指导一定时期各级各类的教育工作。

真题面对面

[2022 南阳四区联考，单，0.7分]（　　）是把受教育者培养成为一定社会所需要的人的总要求，是学校教育所要培养的人的质量、规格，它是根据一定社会的政治、经济、文化、科学技术发展的要求和受教育者的身心发展规律提出来的，反映了一定社会对受教育者的要求。

A. 教育评价　　B. 教育目的　　C. 教育原则　　D. 教育要求

答案：B

考点2 教育目的与教育方针

1. 教育方针的内涵

(1)教育方针的概念

教育方针是最高国家权力机关根据政治、经济要求,明令颁布实行的一定历史阶段教育工作的总的指导方针或总方向。它反映了一个国家教育的根本性质、总的指导思想和教育工作的总方向等要素,是教育目的的政策性表达,具有政策的规定性,在一定时期内具有必须贯彻的强制性。

(2)教育方针的特性

①全局性。教育方针具有全局性的指导意义。

②变动性。教育的战略和政策变动,教育方针也就有所不同。

③现实性。教育方针指明了教育目的的实现途径,具有更明确的现实意义。

④阶段性。不同的历史时期有不同的教育方针;相同的历史时期因需要强调某个方面,教育方针的表述也会有所不同。

2. 教育目的与教育方针的关系 【单选、判断】 ★

教育目的与教育方针既有联系又有区别。

从二者的联系来看,它们在对教育社会性质的规定上具有内在的一致性,都含有"为谁(哪个阶级、哪个社会)培养人"的规定性,都是一定社会(国家或地区)各级各类教育在其性质和方向上不得违背的根本指导原则。

从二者的区别来看,一方面教育方针所含的内容比教育目的更多些。教育目的一般只包括"为谁培养人""培养什么样的人"的问题;而教育方针除此之外,还含有"怎样培养人"的问题和教育事业发展的基本原则。另一方面教育目的在对人培养的质量规格方面要求较为明确,而教育方针则在"办什么样的教育""怎样办教育"方面更为突出。

真题面对面

[2022南阳宛城,判断,0.9分]教育目的既包含为谁培养人、培养什么样的人,也包含怎么培养人的问题,以及教育事业发展的基本原则。( )

答案:×

3. 我国教育方针的内容

我国新时期的教育方针的内容一般包括以下三个组成部分:

(1)**教育的性质和服务方向**,即"教育必须为社会主义现代化建设服务、为人民服务";

(2)**教育目的**,即"培养德智体美劳全面发展的社会主义建设者和接班人";

(3)实现教育目的的根本途径,即"教育必须与生产劳动和社会实践相结合"。

其中,教育目的是教育方针中核心和基本的内容。

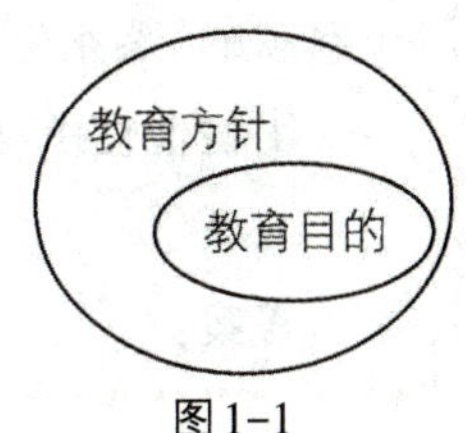

图1-1

二、教育目的的特点 【不定项】

同人类社会生活和活动的目的一样,教育目的也带有意识性、意欲性、可能性和预期性的特点。除此之外,教育目的还有两个较为明显的特点:

(1)教育目的对教育活动具有质的规定性。即教育目的对教育活动的社会倾向和人的培养具有质的规定性。教育目的作为培养人的总体要求,总是内在地决定着教育的社会性质和教育对象发展的素质。

(2)教育目的具有社会性和时代性。教育是培养人的社会活动,无不受到社会及各个时代的制约,这也就使得教育目的在历史的发展中常常带有社会不同时代的特点,体现不同时代的要求。

三、教育目的的基本类型 【单选】★

表1-11 教育目的的基本类型

分类依据	类型	含义
按作用特点	价值性教育目的	教育在人的价值倾向性发展上意欲达到的目的,内含对人的价值观、生活观、道义观、审美观、社会观、世界观等方面发展的指向和要求
	功用性教育目的	教育在发展人从事或作用于各种事物的活动性能方面所预期的结果,内含对人的功用性发展的指向和要求,在教育实践中以能力、技能技巧等方面的具体要求呈现出来
按所含要求的特点	终极性教育目的(理想的教育目的)	各种教育及其活动在人的培养上最终要实现的结果,内含对人发展的理想性要求
	发展性教育目的(现实的教育目的)	教育及其活动在不同阶段所要连续实现的各种结果,表明对人培养的不同时期、不同阶段前后具有衔接性的各种要求
按被实际所重视的程度	正式决策的教育目的	由社会一定权力机构确定并要求所属各级各类教育都必须遵循的教育目的
	非正式决策的教育目的	蕴涵在教育思想、教育理论中的教育目的
按体现的范围	内在教育目的	具体教育过程(或某门课程建设)要实现的直接目的
	外在教育目的	教育目的领域位次较高的教育目的
按存在的方式	实然的教育目的	教育过程的当事人在理论层面进行理解、贯彻、执行的教育目的
	应然的教育目的	教育目的的制定主体以成文的、合乎规范的形式所规定并表述的教育目的

真题面对面

[2022平顶山舞钢,单,1分]某老师在教案中写道:“通过《落花生》的学习,让学生对朴实无华、甘于奉献的‘落花生’精神有所体悟。”这种教学目标所体现的教育目的属于( )

①价值性的教育目的 ②功能性的教育目的 ③内在教育目的 ④外在教育目的

A. ①③ B. ①④ C. ②③ D. ②④

答案:A

四、教育目的的意义与作用 必背

教育目的是对教育活动所要培养的人的个体素质的总的预期与设想,是对社会历史活动的主体的个体素质的规定。它体现一定社会对受教育者质量规格的界定和要求,也体现人自身发展所应该达到的水准和高度。

考点1 教育目的的意义 【单选、判断、填空】★★

教育目的是整个教育工作的核心,是教育活动的依据和评判标准、出发点和归宿,在教育活动中居于主导地位。同时它也是全部教育活动的主题和灵魂,是教育的最高理想。它贯穿教育活动的全过程,对一切教育活动都有指导意义,也是确定教育内容、选择教育方法和评价教育效果的根本依据。

真题面对面

1. [2022 郑州中原，判断，0.5 分]教育目的在教育活动中居于主导地位，对整个教育活动起指导性作用。(　　)

2. [2022 濮阳范县，判断，0.4 分]教学原则是一切教育活动的出发点和归宿。(　　)

答案：1. √　2. ×

考点 2　教育目的的作用(功能)　【单选、多选、判断】★★★

1. 教育目的对教育工作具有导向作用

教育目的不仅为受教育者指明方向，预定发展结果，也为教育工作者指明工作方向和奋斗目标。因此，教育目的无论是对受教育者还是教育者都具有目标导向作用。

2. 教育目的对贯彻教育方针具有激励作用

教育目的是对受教育者未来发展结果的一种设想，具有理想性的特点，这就决定了它具有激励教育行为的作用。教育者因为有了目标的存在，可以根据目标合理地设计活动的计划、组织、过程、方法等，多快好省地实现目标。受教育者因为有了目标，可以树立信心，坚强地排除各种困难，争取实现目标。

3. 教育目的是对教育效果进行评价的重要标准

教育目的是衡量、评价教育实施效果的根本依据和标准。评价学校的办学方向、办学水平、办学效益，检查教育教学工作的质量，评价教师的教学质量和工作效果，检查学生的学习质量和发展程度等，都必须以教育目的为依据和标准来进行。

知识再拔高

教育目的的作用(功能)的其他说法

教育目的的作用(功能)的说法比较多，但内涵相似，以下仅列举其他两种较为常见的说法，考生在作答时可根据题干及选项表述辨别具体考查哪种说法，再做出判断。

说法一：(1)定向功能。教育目的及其所具有的层次性，不仅内含对整体教育活动努力方向的指向性和结果要求，而且还含有对具体教育活动的具体规定性。具体体现为：①对教育社会性质的定向作用，对教育“为谁培养人”具有明确的规定；②对人的培养的定向作用；③对课程选择及其建设的定向作用；④对教师教学的定向作用。(2)调控功能。主要有以下两种方式：①通过价值的方式来进行调控；②通过标准的方式来进行调控。(3)评价功能。①对价值变异情况的判断与评价；②对教育效果的评价。

说法二：(1)定向作用。教育目的规定了学校教育和学生发展的根本方向，是学校办学的根本指导思想，也是学生发展的总方向，是学校教育工作的起点和归宿，并制约其全过程。(2)调控作用。教育目的规定了学校教育培养人才的基本质量规格，对学校教育的内容和活动方式起选择、协作、调节和控制作用。(3)评价作用。衡量学校的办学质量以及学生的发展质量的根本标准是教育目的。

真题面对面

1. [2022 郑州高新，单，0.7 分]学校办学质量和学生发展质量如何，可以用很多标准来衡量，但根本标准仍是教育目的。这体现了教育目的的(　　)

A. 调控作用　　B. 定向作用

C. 评价作用　　D. 指导作用

2. [2022南阳宛城,多,2.1分]教育目的的评价功能主要表现在(　　)

A. 评价学校的办学方向、办学水平和办学效益

B. 检查教育教学工作的质量

C. 评价教师的教学质量和工作效果

D. 检查学生的学习质量和发展程度

答案:1. C　2. ABCD

五、教育目的的结构

考点1　教育目的的层次结构　【单选、多选、判断】必背 ★★

教育目的的层次结构

教育目的是各级各类学校遵循的工作总方针,但各级各类学校还有各自的具体工作方针,这便决定了教育目的的层次性。教育目的包括三个层次:国家的教育目的、各级各类学校的培养目标和教师的教学目标。也有学者认为,教育目的分为四个层次:教育目的、培养目标、课程目标和教学目标(课程目标的相关内容参见本部分第五章第二节)。

1. 国家的教育目的

国家的教育目的居于第一个层次,它是由国家提出来的,其决策要经过一定的组织程序,一般体现在国家的教育文本和教育法令中。

2. 各级各类学校的培养目标

各级各类学校的培养目标居于第二个层次,它是根据国家的教育目的制定的某一级或某一类学校、某一专业对人才培养的具体要求,是国家教育目的在不同教育阶段、不同级别的学校、不同专业方向的具体化。在培养目标上,各级各类学校的培养目标既有共同要求,又有一定差异。因此,各级各类学校的培养目标必须同中有异、重点突出、特点鲜明。教育目的与培养目标是**普遍**与**特殊**的关系。

3. 教师的教学目标

教师的教学目标居于第三个层次,教学目标是指教学活动结束后学生所能达到的预期标准。也即教育者在教育教学过程中,在完成某一阶段的工作时,希望受教育者达到的要求或产生的变化结果。教学目标是教育目的和培养目标在教学活动中的进一步具体化。

教学目标与教育目的、培养目标之间的关系是具体与抽象的关系。

真题面对面

[2021安阳殷都,单,0.86分]教育目的是各级各类学校遵循的总要求,但各级各类学校应有各自的具体工作方针和培养目标,这就决定了教育目的具有层次性,其中(　　)居于第二个层次。

A. 国家的教育目的

B. 各级各类学校的培养目标

C. 学校的课程目标

D. 教师的教学目标

答案:B

考点2　教育目的的内容结构　【单选、多选】 ★

教育目的的内容结构是指教育目的由哪几个部分构成及其相互之间的关系。教育目的一般由两部分组成:一是就教育所要培养的人的**身心素质**做出规定,二是就教育所要培养的人的**社会价值**做出规定。其中,关于身心素质的规定是教育目的的内容结构的**核心**部分,因为教育的专门职能在于培养人,只有对受教育者身心发展的方向、内容和所要达到的水平等做出切实的素质规定,才能有效地指导教育活动,形成受教育者合理的素质结构,提高受教育者自身的价值。没有人的身心素质的发展与提高,社会价值的实现就落空了。

知识再拔高

教育目的的内容结构的其他说法

教育目的有两个基本组成部分：第一个组成部分是对培养何种社会成员（角色）的规定。这方面曾有过多种提法，如培养“劳动者”“建设者”“接班人”“公民”等。这是教育目的的核心部分。第二个组成部分是对教育对象形成何种素质结构的规定。这也就是对受教育者思想、道德、心理、知识、能力、体质等方面素质的教育要求和规定。

关于教育目的的内容结构，以上两种说法在本质上是一致的，但在教育目的的内容结构的核心部分的观点上却是对立的。该考点在考试中一般以单选题的形式进行考查，考生在作答时需要认真辨别具体考查的是哪一种说法。

六、确立教育目的的依据【单选、多选、判断、填空】★

确立教育目的的基本依据包括主观和客观两个方面，具体如下：

1. 特定的社会政治、经济、文化背景

这是确立教育目的的**客观依据**，主要表现为：

(1)教育目的的确定受社会生产力和科学技术发展水平的制约。教育目的是对社会生产力和科学技术发展特点的反映，体现着这一发展的时代特征。

(2)教育目的的确定受一定社会经济和政治制度的制约。教育目的的制定会体现一定社会经济、政治的要求，在阶级社会中具有鲜明的阶级性，不同的社会制度有着不同的教育目的。

(3)教育目的的确定必须考虑历史发展的进程。在不同的社会发展阶段里，有不同的教育目的。

(4)不同国家的文化背景也使教育培养的人各具特色。

教育目的是社会需求的集中反映，是教育性质的集中体现。它反映了社会政治和社会生产的需求，体现了教育的历史性、阶级性和生产力的性质。

2. 人的身心发展特点和需要

教育目的的确定还要受到受教育者身心发展的规律这一**客观依据**的影响。

3. 人们的教育理想

从根本上说，教育目的是存在于人的头脑中的一种观念，它反映的是教育者在观念上预先建立起来的关于未来新人的主观形象。因此，教育目的是一种理想。

人们在考虑教育目的时往往会受其哲学观念、人性假设和理想人格等观念和价值取向这些**主观依据**的影响。在社会主义国家，马克思主义经典作家关于全面发展的人格理想是教育目的确定的重要依据。

七、有关教育目的确立的理论【单选、多选、不定项、判断、简答】必背 ★★

表1-12 有关教育目的确立的理论

代表理论	代表人物	基本观点
个人本位论	孟子、卢梭、裴斯泰洛齐、福禄贝尔、马利坦、赫钦斯、奈勒、马斯洛、萨特等	(1)确立教育目的的根据是人的本性。倡导个性解放，尊重人的价值。 (2)教育的目的是培养健全发展的人，发展人的本性，挖掘人的潜能，增进受教育者的个人价值。 (3)个人价值高于社会价值，而不是为某个社会集团或阶级服务。 简言之，教育的根本目的是人的本性和本能的高度发展

续表

代表理论	代表人物	基本观点
社会本位论	荀子、柏拉图、赫尔巴特、涂尔干、纳托普、凯兴斯泰纳、孔德、巴格莱等	(1)确立教育目的的根据是社会的要求,个人的发展必须服从社会需要,因为个人生活在社会中,受制于社会环境。 (2)教育的目的是为社会培养合格的成员和公民,使受教育者社会化。 (3)社会价值高于个人价值,教育质量和效果可以用社会发展的各种指标来评价。 简言之,教育以社会的稳定和发展为最高宗旨
文化本位论	狄尔泰、斯普兰格	教育目的应围绕文化这一范畴来进行,用"文化"来统筹教育、社会、人三者之间的关系,其最终目的在于:唤醒人们的意识,使其具有自动追求理想价值的意志,并使文化有所创造,形成与发展新的文化
生活本位论	**斯宾塞**	教育要为完满的生活做准备,注重的是使受教育者怎样生活
教育无目的论	杜威	将教育目的与教育活动本身联系起来,反映了教育活动主体的自觉。"教育无目的论"并非主张真正教育无目的,而是认为无教育过程之外的"外在"目的
宗教本位论 (神学的教育目的论)	奥古斯丁、托马斯·阿奎那、夸美纽斯	人有肉体也有灵魂,但灵魂才是人的本质。因此,教育对人的肉体和精神都要关心,但主要关心的应当是灵魂。教育应当建立在精神本质占优势的基础之上。教育的最高目标是培养青年对于上帝的虔诚信仰

知识再拔高

个人本位与社会本位的历史的、具体的统一

个人价值与社会价值并没有一个孰重孰轻的问题,个人本位论与社会本位论也没有一个谁正确谁错误的问题。从理论上讲,二者具有同等的合理性与同等的局限性。教育目的中个人价值与社会价值的权衡与选择,要受具体的社会历史条件的制约,是随社会历史条件的变化而有所变化与侧重的。社会需要与个人发展是辩证统一的,教育目的必须体现这种辩证统一的关系。我国的教育目的就较好地体现了个人本位和社会本位的历史的、具体的统一。

真题面对面

1. [2023郑州郑东新区,单,1.5分]教育家凯兴斯坦纳指出,"国家的一切教育制度只有一个目标,便是造就公民"。这种教育目的的取向是( )

A. 社会本位　　B. 文化本位　　C. 政治本位　　D. 个人本位

2. [2022信阳淮滨,单,0.7分]荀况认为"人之性恶",因此,教育要从"礼"这一需要出发,须以"礼义"加以教化。这体现的教育目的的价值取向是( )

A. 社会本位论　　B. 个人本位论　　C. 教育无目的论　　D. 生活本位论

3. [2022安阳文峰(高新),不定项,1.2分]有教育者提出:"社会是人们赖以生存发展的基础,教育是培养人的社会活动,教育培养的效果只能以其社会功能的好坏来加以衡量,离开社会需要,教育就不能满足社会的需求。"下列教育家的主张与上述观点一致的是( )

A. 孔德　　B. 凯兴斯泰纳　　C. 纳托普　　D. 裴斯泰洛齐

答案:1. A　2. A　3. ABC

★★ 考点大默写 ★★

1. ____________一般仅包含“为谁培养人”和“培养什么样的人”的问题。
2. 从教育目的作用的特点来看，教育目的可划分为____________教育目的和____________教育目的。
3. 教育活动的主题和灵魂是____________，它也是教育的最高理想。
4. 受教育者因为有了目标，可以树立信心，坚强地排除各种困难，争取实现目标。这体现了教育目的的____________作用。
5. 教育目的可分为三个层次：国家的____________、各级各类学校的____________和教师的____________，其中最为具体化的是________________。
6. 在教育目的的价值取向上，卢梭是____________的代表人物。
7. 教育要培养“自由的人”，这种教育目的观属于____________。
8. 社会本位论主张从____________的发展需要出发办教育，注重培养合格的公民。
9. 某老师认为，教育的目的在于使青年社会化。这种教育目的观属于____________。
10. 提出“教育的目的是为完满的生活做准备，注重受教育者怎样生活”观点的教育家是____________。

【参考答案】

1. 教育目的　2. 价值性；功用性　3. 教育目的　4. 激励　5. 教育目的；培养目标；教学目标；教师的教学目标　6. 个人本位论　7. 个人本位论　8. 社会　9. 社会本位论　10. 斯宾塞

第二节　我国的教育目的

一、现阶段我国教育目的的基本精神 【单选、多选、判断、简答】★★

新中国成立以来，党和国家制定的各种文件中有关教育方针及其规定的教育目的，提法虽然不尽相同，但**基本内涵**或**基本精神**是一致的，包含一个总的精神，就是培养学生成为未来国家、社会发展的主人。其**基本点**主要表现在：(1)坚持社会主义方向性。要求培养的人是社会主义事业的建设者和接班人，因此要坚持政治思想道德素质与科学文化知识能力的统一。(2)坚持全面发展。要求学生在德、智、体、美、劳等方面全面发展，要求坚持脑力与体力两方面的和谐发展。(3)培养独立个性。适应时代要求，强调学生个性的发展，重点是培养学生的创新精神和实践能力。(4)教育与生产劳动相结合，是实现我国教育目的的根本途径。(5)注重提高全民族素质。

总的来说，其体现的精神实质是：第一，培养劳动者(为经济建设和社会的全面发展进步培养各级各类人才)是社会主义教育目的的总要求；第二，要求德、智、体、美、劳等方面全面发展是社会主义的教育质量标准；第三，坚持社会主义方向，是我国教育目的的根本性质和特点；第四，坚持教育与生产劳动相结合的**根本途径**。同时，这也体现了我国教育目的的**基本特征**，即：第一，以马克思主义关于人的全面发展学说为指导思想；第二，具有鲜明的政治方向；第三，坚持全面发展与个性发展的统一。

知识再拔高

联合国教科文组织提出的“学会学习”的教育目的

1996年，国际21世纪教育委员会向联合国教科文组织提交了《教育——财富蕴藏其中》的报告，其中最核心的思想是教育应使受教育者学会学习，即教育要使学习者“学会认知”“学会做事(即培养学习者在一定环境中工作的能力，培养学习者的实践能力)”“学会共同生活(学会合作)”和“学会生存”。这一思想很快被全球各国所认可，并被称为教育的**四大支柱**。“学会学习”的最终目标指向人的全面发展。

真题面对面

[2022洛阳四区联考,判断,0.59分]社会主义是我国教育性质的根本所在。(　　)

答案:√

二、我国确立教育目的的理论依据 【单选、多选、判断】 必背 ★★★

马克思阐述了关于人的全面发展学说,这一学说是我国确立教育目的的理论依据和基础。这一学说的基本思想主要有:

(1)人的发展是与社会发展相一致的。

(2)人的全面发展是与人的片面发展相对而言的,全面发展的人是精神和身体、个体性和社会性得到普遍、充分而自由发展的人。

(3)从历史发展的进程来看,人的发展受到社会分工的制约。旧式劳动分工造成人的片面发展,机器大工业生产要求人的全面发展,并为人的全面发展提供了物质基础和可能性。

(4)人朝什么方向发展,怎样发展,发展到什么程度取决于社会条件。

(5)马克思预言,人类的全面发展只有在共产主义社会才能得以实现。

(6)教育与生产劳动相结合是实现人的全面发展的唯一方法。但是,教育与生产劳动相结合,并不必然促进人的全面发展。促进人的全面发展的教育与生产劳动相结合,是有条件的,不仅对劳动有一定的要求,对教育也有一定的要求。

真题面对面

1. [2021郑州经开,单,0.5分]我国制定教育目的的理论基础是(　　)

A. 教育与生产劳动相结合理论　　B. 素质教育理论

C. 马克思关于人的全面发展的理论　　D. 教育优先发展理论

2. [2021信阳平桥,判断,0.8分]教育与生产劳动相结合是实现人全面发展的唯一途径。(　　)

答案:1. C　2. √

三、我国教育目的的基本构成 必背

要培养全面发展的人,就必须建构全面发展的教育。一般认为,我国现在中小学的全面发展教育主要包括德育、智育、体育、美育、劳动技术教育。☞学校教育教人行善、求真、健体、审美,并最终使人成为社会事务的承担者。德育重在教人求善,智育重在教人求真,体育重在教人健体,美育重在教人审美,而劳动技术教育则重在通过使个体掌握劳动工具的使用,创造能够满足人的需要的生产和生活的物品。新增

真题面对面

[2023事业单位,单,0.8分]下列有关教育的表述中,正确的是(　　)

A. 德育重在教人求真　　B. 智育重在教人求真

C. 美育重在教人求真　　D. 劳动教育重在教人求真

答案:B

考点1 全面发展教育的组成部分 【单选、多选、判断、辨析、简答、论述、案例分析】★★★

1. 德育

德育是培养学生正确的世界观、人生观、价值观，使学生具有良好的道德品质和正确的政治观念，形成正确的思想方法的教育。德育的基本任务包括：

(1)培养学生良好的道德品质；

(2)培养学生正确的政治方向；

(3)培养学生正确的价值观；

(4)培养学生良好、健康的心理品质；

(5)培养学生良好的思想品德能力等。

在实际的中小学教学中发展德育的原因在于：(1)加强德育是学校教育的重要任务；(2)加强德育是社会主义现代化建设的必然要求；(3)加强德育是年青一代身心发展的需要。

真题面对面

[2021安阳殷都，简答，3分]简述德育的基本任务。

答案：详见内文

2. 智育

智育是传授给学生系统的科学文化知识、技能，发展他们的智力和与学习有关的非认知因素的教育。智育的主要内容和任务包括传授知识、发展技能、培养自主性和创造性。具体任务有：

(1)向学生系统传授科学文化知识，为学生各方面发展奠定良好的知识基础；

(2)培养训练学生，使其形成基本技能；

(3)培养和发展学生的智力才能，增强学生各方面能力；

(4)培养学生良好的学习品质和热爱科学的精神。

智育的**根本任务**是培育和发展学生的智慧，尤其是智力。发展学生智力最核心的内容是培养学生的思维能力。

3. 体育

体育是授予学生关于健康的知识、技能，发展他们的体力，增强他们的自我保健意识和体质，培养他们参加体育活动的需要和习惯，增强其意志力的教育。体育的基本任务包括：

(1)指导学生锻炼身体，促进身体正常发育和技能的发展，增强学生体质，提高健康水平；

(2)使学生掌握运动锻炼的科学知识和基本技能，掌握运动锻炼的方法，增强运动能力；

(3)使学生掌握身心卫生保健知识，养成良好的身心卫生保健习惯；

(4)发展学生良好品德，养成学生文明习惯。

其中，增强学生体质是学校体育的根本任务，这是学校体育与学校其他活动最根本的区别。

学校体育的基本组织形式是体育课。

真题面对面

[2022濮阳华龙，判断，0.58分]体育课是学校体育的主要形式。(　　)

答案：√

4. 美育

美育又称审美教育，是培养学生健康的审美观，发展他们感受美、鉴赏美、创造美的能力，培养他们高尚的情操与文明素养的教育。

(1)美育的主要任务

①培养学生正确的审美观点，使他们具有感受美、理解美和鉴赏美的知识与技能；②培养学生进行艺术活动的技能，发展他们体现美和创造美的能力；③培养学生心灵美和行为美，使他们在生活中实现内在美和外在美的统一。其中，形成创造美的能力是美育的最高层次的任务。

(2)美育的内容

美育的基本形态是艺术美和现实美。现实美又包括自然美、社会美、教育美等。

①艺术美育。艺术美以现实美为基础，但是又经过艺术加工，因而高于现实美。艺术美育是指以艺术美为内容的美育活动，它应当成为学校美育的核心内容。

②自然美育。自然美是指事物本身所呈现出来的美的形态。

③社会美育。社会美也叫生活美，是社会生活中存在的美的形态。它包括人格美、劳动与生活过程的美、产品以及环境美等。

④教育美育。所谓教育美育，是说要使全部教育活动成为美育事业的组成部分，教育活动本身要做到审美化。科学美育是教育过程中广泛存在的美的形式之一，不同的学科蕴藏着丰富的科学美的成分，科学美可以使学生体会人类的智慧之美及其表现的伟大的人类主体的本质力量，发掘展示科学美不仅是美育的需要，而且对各科教学本身具有巨大的促进作用。

也有学者认为，学校美育的内容包括形式教育、理想教育和艺术教育。

(3)美育的特征

①**情感激励性**。审美教育区别于其他教育的本质特征，在于美感教育。美的情感出于对美好事物的愉悦和陶醉。这种超越于功利、超越于迷信、超越于逻辑法则的美好情感，有极大的感染力和激励作用。

②**认知形象性**。美育以生动鲜明的形象为手段对学生的认知与情感产生影响，美育的这一特点与美本身的特点密切相关。美，不论是现实美，还是艺术美，都表现为具体可感的形象。一首诗、一幅画、一支歌、一座雕塑，都是我们可以用五官去感知、去体会的。

③**意志自由性**。美育是受教育者处在愉快、自由的状态中受到的教育，所谓"随风潜入夜，润物细无声"。无论人们在欣赏美，还是在创造美，都表现出个体的意志自由性。任何强迫的、枯燥乏味的艺术教育都无法跨入审美殿堂。

知识再拔高

美育的特征的其他说法

(1)从施教手段来看，美育是一种形象教育，也就是说，美育总是通过一定的媒介来施行的，而作为这种媒介，必定是审美对象。

(2)从受教育者的受教方式来看，美育是一种情感教育，也就是说，美育是要激发起受教育者情感的活动，并通过情感的体验作用于他们的心灵。

(3)从受教育者的受教效果来看，美育是一种快乐的教育，也就是说，美育是令受教育者感到愉快的、寓教于乐的教育。

(4)美育的作用

人们对美育功能的认识成果有三：一是对美育的直接功能(即"育美")的认识；二是对美育的间接功能(或附带功能、潜在功能，具体说就是美育的育德、促智、健体功能等)的认识；三是对美育的超美育功能(即美育的超越性功能)的探究。

美育对学生智、德、体、劳各方面的发展的促进作用表现在：

①美育可以扩大学生的知识视野，发展学生的智力和创造精神；

②美育具有净化心灵、陶冶情操、完善品德的教育功能；

③美育可以促进学生身体健美发展，具有提高形体美的健康性和艺术性的价值；

④美育有助于学生劳动观点的树立、技能的形成，具有技术美学的价值。

总之，美育具有不可取代的特殊教育功能，它与其他各育互为条件，相辅相成，共同促进学生的全面发展。培养个性和才能全面和谐发展的完美的人，是美育的目的。

(5)美育的实施

①美育的原则

美育的原则是引导学生进行美育，发展审美意识和审美能力必须遵循的基本要求和准则。根据我国中小学实施美育的经验和人的审美意识发展的规律，实施美育主要应遵循以下原则：

第一，**形象性原则**。美育是感性形象的教育，应当运用现实的或艺术的美的形象，使学生直接感知到美的清秀、艳丽、和谐、匀称、奇特、雄伟等形式，受到美的熏陶，养成高尚的情操。这一原则是由美的特点与规律决定的。美不是抽象空无的，它总是以生动可感的形象出现。学生欣赏艺术，必须直接感知和鉴别艺术中的美丑形象，才能形成高尚的审美观念。这是审美教育的基本要求。

第二，**情感性原则**。对学生进行美育要引导他们深入到现实的和艺术的美的意境中去，激起情感上的共鸣，达到入迷、陶醉状态，使美融化于心灵。情感性是审美心理的重要特征。引导学生感知美的事物，并不是要形成科学概念，而是要求他们能够融入自己的感情，形成审美感受，做出审美判断。

第三，**活动性原则**。对学生进行美育应该通过审美活动，让学生在活动中去感受美、鉴赏美、创造美，受到美的熏陶。这是审美教育区别于其他教育的主要标志。因为美育本质上就是一种有组织的教育活动。

第四，**差异性原则**。对学生进行美育应当根据学生的年龄特征、个性差异及审美情趣的不同，选择不同的内容和方式进行，使他们的审美兴趣、爱好与创造才能得到自由的发展。美育的差异性决定于美感的个人特性和儿童年龄阶段审美心理的差异性。

第五，**创造性原则**。对学生进行美育不是让学生消极、被动、静观地接受美的形式，而是应当引导他们积极主动地、富有想象力和创造性地感知、理解和创造美。自由创造是美育的灵魂，学校美育的目的在于使学生的个性得到充分自由发展，成为具有创造精神的一代新人。

②美育的途径

第一，通过课堂教学和课外文化艺术活动进行美育；第二，通过大自然进行美育；第三，在日常生活中进行美育。

真题面对面

1. [2023事业单位，单，0.8分]通过观看或探究比赛、婚娶等日常生活情境，对学生进行的美育是(　　)

A. 艺术美育　　B. 自然美育　　C. 科学美育　　D. 社会美育

2. [2022郑州市直，单，0.8分]学校美育最高层次的任务是(　　)

A. 形成学生创造美的能力　　B. 培养学生评价美的能力

C. 提高学生感受美的能力　　D. 培养学生欣赏美的能力

3. [2022安阳文峰(高新)，单，0.9分]美术课上，周老师给大家布置任务，让同学们按照自己的理解和想象，画出心目中能够展现夏天形象的图画。周老师的教学符合美育的(　　)

A. 形象性原则　　B. 创造性原则　　C. 差异性原则　　D. 情感性原则

答案：1. D　2. A　3. B

5. 劳动技术教育

劳动技术教育是引导学生掌握劳动技术知识和技能，形成劳动观点和习惯的教育。劳动技术教育包括劳动教育和技术教育两个方面，前者主要是培养学生的劳动观点和劳动习惯，后者则是使学生掌握基本劳动技术知识和技能。劳动技术教育把这两个方面的内容统一起来，并在同一教育过程中实施。

劳动技术教育的任务包括：

(1)培养学生的劳动观点、劳动习惯和学习生产技术的兴趣；

(2)使学生初步掌握现代生产技术的基础知识和基本技能，学会使用一般的生产工具；

(3)掌握组织生产和管理生产的初步知识和技能。

从我国中小学劳动技术教育课程来看，所涉及的内容主要包括劳动实践、技能练习、工艺制作、简易设计、技术试验、职业体验等。根据劳动技术教育的任务，结合我国中小学劳动技术教育课程，我国劳动技术教育的内容可概括为生产劳动与技术、家政与家务劳动、公益性劳动三个方面。

考点2　全面发展教育各组成部分之间的关系　【单选、多选、判断】★★

(1)"五育"在全面发展中的地位存在不平衡性。全面发展不能理解为要求学生"样样都好"的平均发展，也不能理解为人人都要发展成为一样的人。全面发展的教育同"因材施教""发挥学生的个性特长"并不是对立的、矛盾的。人的发展应是全面、和谐、具有鲜明个性的。在实际生活中，青少年德、智、体、美、劳诸方面的发展往往是不平衡的，有时需要针对某个带有倾向性的问题强调某一方面。学校教育也常会因某一时期任务的不同，在某一方面有所侧重。

(2)"五育"各有其相对独立性。"五育"中的每一组成部分都有其相对独立性，有其特定的任务、内容和功能，对其他各育起着影响、促进的作用，各育不能相互代替。各育都具有特定的内涵、特定的任务，其各自的社会价值、教育价值、满足人发展的价值都是通过各自不同的作用体现出来的。德育对其他各育起着保证方向和保持动力的作用，它体现了社会主义教育的方向，是"五育"的灵魂，是实施各育的思想基础；智育为其他各育的实施提供了认识基础；体育是实施各育的物质保证和物质基础；美育和劳动技术教育是德育、智育、体育的具体运用和实施。因此，"五育"各有其相对独立性。

(3)"五育"之间具有内在联系。德育、智育、体育、美育、劳动技术教育紧密相连，它们互为条件，互相促进，相辅相成，构成一个统一的整体。它们的关系具有在活动中相互渗透的特征。

真题面对面

[2022新乡市直，判断，0.68分]我国全面发展教育中起保证方向和保持动力作用的是体育。(　　)

答案：×

四、教育目的实现的理性把握　【单选、多选、判断】★

1. 要以素质发展为核心

教育目的的实现不能忽略对人的素质的培养。这主要是因为：素质既蕴含活动的潜能和底蕴，也表现为在现实应对中适当把握、灵活驾驭事物和处理问题的实际水平。如果说我国教育目的在于使人德智体美劳全面发展是一种内容上的强调，那么素质教育就是对人发展质量上的一种关注，是对人发展实际水平和程度的一种实质性的强调。

2. 要确立和体现全面发展的教育观

(1)确立全面发展教育观的必要性

缺乏全面发展的观念，甚至忽视全面发展，都不能培养和造就出适应现代和未来社会发展需要的全面发展的人才。

(2)正确理解和把握全面发展

①不能把西方传统上的人的"全面发展"与我国现在所讲的人的"全面发展"等同起来。二者的区别在于:一是他们所说的人的"全面发展"基本上局限于人的精神生活或文化生活,而忽视人在物质生活领域,特别是在生产劳动领域中能力的全面发展。二是人的"全面发展"在西方一些思想家的话语中主要是"精神贵族"的自我发展。而我们今天所讲的人的全面发展,既包括人在物质生活领域,特别是在生产劳动领域的全面发展,又包括人在精神生活和文化生活领域的全面发展,并强调前者是后者的基础;同时,我们所涉及的不仅仅是极少数人的发展,更多涉及的是大多数人的全面发展。

②全面发展不是人的各方面平均发展。把全面发展看成是平均发展,这种认识是非常机械的。实质上,全面发展是指人的各方面素质的和谐发展。

③全面发展不是忽视人的个性发展。不能以为全面发展与个性发展是矛盾的、对立的,是不要个性的发展。实际上,人的全面发展与个性发展是辩证统一的,人的个性发展总是和全面发展联系在一起。

④要坚持人的发展的全面性。

(3)正确认识和处理各育的关系

在全面发展教育中,各育不可分割,又不能相互代替。具体内容参见前文"全面发展教育各组成部分之间的关系"。

(4)要防止教育目的的实践性缺失

全面发展是我国教育目的蕴含的总体要求,实现这样的要求,需要依据教育目的来把握好教育实践,即要以教育目的的要求来时刻校准教育实践活动的方向,把它作为衡量、评价教育实践的根本标准。

真题面对面

[2021濮阳清丰,判断,1分]促进全面发展并不是指德、智、体、美、劳各方面得到平均的发展。(　　)

答案:√

五、全面推进素质教育

考点1　素质教育的概念　【单选、判断】★

1999年的《中共中央 国务院关于深化教育改革全面推进素质教育的决定》,将素质教育确定为我国教育改革和发展的长远方针,素质教育随之成为我国各级各类教育追求的共同理想。

素质教育是依据人的发展和社会发展的实际需要,以全面提高全体学生的基本素质为根本目的,以尊重学生主体性和主动精神,注重开发人的智慧潜能,形成人的健全个性为根本特征的教育。所谓全面,有两个含义:一是所有学生的素质都要得到提高,达到某一教育阶段所提出的素质标准与要求;二是各种素质都要有所提高,不能重此轻彼,或重彼轻此。只有这两个"全面"都付诸实施,才能全面地提高学生的素质。

考点2　素质教育的基本任务　新增　【单选、多选】★★

(1)培养学生的身体素质。身体素质是素质整体结构的**基础层**,身体素质不好,其他各种素质也不会好,即使别的素质好,也很难发挥出其应有的作用。

(2)培养学生的心理素质。心理素质是素质整体结构的**核心层**。每一个学生都是通过自己的心理活动接受各种素质教育的,心理活动积极,就会主动地去接受教育,从而收到好的教育效果,否则反之。

(3)培养学生的社会素质。社会素质是以身体素质为基础、以心理素质为中介而获得并形成的,它居于素质整体结构的**最高层**,对身体素质、心理素质的形成有重大的影响。

真题面对面

[2023事业单位,单,0.8分]素质教育的发展任务中,处于素质整体结构中的核心层的是(　　)

A. 身体素质　　B. 心理素质

C. 社会素质　　D. 文化素质

答案:B

考点3　素质教育的特点　【单选】★

素质教育的特点有:全体性、全面性、基础性、主体性、发展性、合作性和未来性。其中,全体性是素质教育最本质的规定、最根本的要求。所谓“全体性”,广义地说,是指素质教育必须面向全体人民,任何一名社会成员,均必须通过正规或非正规的途径接受一定时限、一定程度的基础教育。狭义地看,素质教育的“全体性”,是指为全体适龄儿童开放接受正规基础教育的大门。

也有学者认为,素质教育的特点有:方向性、发展性、全体性、全面性、整体性、层次性、开放性、多样性、时代性、超前性和主体性等。其中,发展性是教育的基本功能和本质特征,也是素质教育的本质特性。

考点4　素质教育的内涵　【单选、多选、判断、简答、论述】必背 ★★

1. 素质教育是面向全体学生的教育

素质教育倡导人人有受教育的权利,强调在教育中每个人都得到发展,而不是只注重一部分人,更不是只注重少数人的发展。每一位学生都能得到发展,是每一位学生的基本权利。我们应该尊重这种权利,保护这种权利,创造条件实现这种权利。因此,素质教育不同于应试教育,因为应试教育搞选拔性、淘汰性,只能照顾到一部分人,甚至是很少一部分人的发展。

2. 素质教育是促进学生全面发展的教育

素质教育倡导的是在教育中使每个学生都得到充分的、全面的发展。个体本身蕴含了多方面发展的潜能,全面发展是人发展自身的要求;社会生活的丰富多样性也要求人的全面发展,社会发展的程度越高,对人的全面发展的要求也就越高。素质教育的提法与全面发展教育并不矛盾,从本质上讲,二者是一致的。全面发展教育思想是素质教育的理论基础,素质教育是全面发展教育在社会主义建设时期的具体落实和深化。实施素质教育必须坚持“五育”并举,促进学生生动活泼地发展。

3. 素质教育是促进学生个性发展的教育

素质教育是全面发展的教育,是从教育对所有学生的共同要求的角度来看的。但每一个学生都有其个别性,如有不同的认知特征、不同的欲望需求、不同的兴趣爱好、不同的创造潜能,这些不同点铸造了一个个千差万别的、个性独特的学生。因此,教育还要尊重并充分发展学生的个性。

4. 素质教育是以培养创新精神和实践能力为重点的教育

创新能力是一个民族进步的灵魂,是国家兴旺发达的不竭动力。一个没有创新能力的民族,难以屹立于世界前列。作为国力竞争基础工程的教育,必须培养具有创新精神和实践能力的新一代人才,这是素质教育的时代特征。

对教育来说,培养创新精神和实践能力不是一般性的要求,更不是可有可无的事,而应成为教育活动的根本追求,成为素质教育的核心。应试教育不仅加重了学生的学习负担,牺牲了多数学生的发展,更重要的是忽视甚至是扼杀了学生的创新精神和实践能力。因此,能不能培养学生的创新精神和实践能力是应试教育和素质教育的本质区别。

真题面对面

[2022新乡市直,多,1.65分]下列表述内容符合素质教育内涵的是(　　)

A. 倡导开创精神,鼓励独立思考、提问　　B. 面向素质天赋型的学生发展

C. 重视学生个性发展　　D. 促进学生全面发展

答案:ACD

考点5　创新教育及其在素质教育中的地位　【单选、多选、不定项、判断】★

创新教育是素质教育的核心,它是教育对知识经济向人才培养提出挑战的回应。它是旨在激发学生的创新意识,培养学生创新能力的教育。

(1)创新能力不仅是一种智力特征,更是一种人格特征,是一种精神状态。创新能力离不开智力活动,离不开大量具体的知识,但创新能力绝不仅仅是智力活动,它不仅表现为对知识的摄取、改组和运用,表现为新技术、新思想的发明,而且是一种追求创新的意识,是一种发现问题、积极探求的心理倾向,是一种善于把握机会的敏锐性,是一种积极改变自己并改变环境的应变能力。

(2)创新能力的培养是素质教育的核心,是素质教育区别于应试教育的根本所在。面对多样的、多变的世界,任何一个人、一种职业、一个社会都缺少不了创新能力。

(3)重视创新能力的培养也是现代教育与传统教育的根本区别之所在。传统教育把掌握知识本身作为教学目的,把教学过程理解为知识积累的过程。在这样的教学过程中,创新能力的培养不可能受到重视。在现代社会,知识创造、更新速度的急剧加快,改变着以知识的学习、积累为目的的教育活动。知识的学习成为手段,成为认识科学本质、训练思维能力、掌握学习方法的手段。在教学过程中,强调的是"发现"知识的过程,而不是简单地获得结果,强调的是创造性地解决问题的方法和探究精神的形成。在这样的教学过程中,学生的应变能力、创新能力也就得到了培养和发展。

鉴于各地命题的参考资料不同,对"素质教育的核心"的界定也有一定的区别。有些地区的真题点明"素质教育的核心是创新教育",也有些地区的真题点明"素质教育的核心是创新精神",还有些地区的真题点明"素质教育的核心是创新精神和实践能力",等等。不管哪种表述,都点明了"创新"二字。考生在复习备考过程中,只需抓住"创新"这个关键词,在此基础上灵活应对即可。

知识再拔高

教育创新与创新教育

教育创新不同于创新教育。教育创新是围绕着人的发展,对教育观念、教育模式和教育制度等进行全面的变革和创新。创新教育是关于创新素质的培养,尤其指人的创新意识、创新精神、创新能力和创新人格的培养。教育创新和创新教育的目的是一致的,都指向人的培养,但创新教育只指向人的创新素质的培养,教育创新则指向人的全面发展。创新教育是培养创新素质的教育,核心在"教育";教育创新是围绕人的全面发展进行的教育观念创新、教育模式创新、教育制度创新,核心在"创新"。

教育需要改革创新,改革创新是教育发展的强大动力。教育创新,应该源自教育内在变革的创新,来自教育自身发展的迫切需要。教育创新涉及观念、模式、制度等诸多层面的整体性变革:(1)教育观

念创新。教育是一种有目的的、人为的活动，就在于它以观念为先导。不同教育观念，决定了不同的教育模式、教育方法。因此，观念的创新是教育创新的先导。(2)教育模式创新。观念是先导，人才观念和教育观念的创新，必然要通过教育模式转化为教育行为和教育实践。因此，教育模式是教育创新的抓手和落脚点。(3)教育制度创新。教育观念和模式的创新，需要制度的创新作保证。创新模式使创新观念落地生根，创新制度为创新模式保驾护航。

真题面对面

1. [2021濮阳市直(新乡市直)，多，1.5分]下列表述中正确描述教育创新与创新教育的选项有(　　)

A. 教育创新不等同于创新教育　　B. 教育创新等同于创新教育

C. 创新教育指向人的创新素质的培养　　D. 教育创新指向人的全面发展

2. [2023事业单位，不定项，2分]关于教育创新的描述，下列选项正确的有(　　)

A. 教育创新要以文化的传承、选择和交流为前提

B. 教育创新应该源自教育内在变革的创新

C. 教育模式是教育创新的抓手和落脚点

D. 观念的创新是教育创新的先导

答案：1. ACD　2. BCD

考点6　实施素质教育的措施　【论述】★

(1)改变教育观念。提高民族素质，实施素质教育，关键是要转变教育观念。(2)转变学生观。(3)加大教育改革的力度。(4)建立素质教育的保障机制。(5)建立素质教育的运行机制。(6)营造良好的校园文化氛围。

考点7　要避免在实施素质教育中出现以下误区　【单选、判断】★

误区一：素质教育就是不要“尖子生”。

这是对素质教育面向全体学生的误解。素质教育坚持面向全体学生，意味着素质教育要使每个学生都得到与其潜能相一致的发展。

误区二：素质教育就是要学生什么都学、什么都学好。

这是对素质教育使学生全面发展的误解。素质教育强调为学生的发展奠定基础，同时又要发展学生的个性，因此素质教育对学生的要求是合格加特长。

误区三：素质教育就是不要学生刻苦学习，“减负”就是不给或少给学生留课后作业。

这是对素质教育使学生生动、主动和愉快发展的误解。学生真正的愉快来自通过刻苦的努力而获得成功之后的快乐，学生真正的负担是不情愿的学习任务。

误区四：素质教育就是要使教师成为学生的合作者、帮助者和服务者。

这是对素质教育所倡导的“学生的主动发展”和“民主平等的师生关系”的误解。

误区五：素质教育就是多开展课外活动，多上文体课。

这是对素质教育形式化的误解。教育培养人的基本途径是教学，学生的基本任务是在接受人类文化精华的过程中获得发展。这就决定了素质教育的主渠道是教学，主阵地是课堂。

误区六：素质教育就是不要考试，特别是不要百分制考试。

这是对考试的误解。考试包括百分制考试本身没有错，要说错的话，就是应试教育中使用者将其看作学习的目的。考试作为评价的手段，是衡量学生发展的尺度之一，也是激励学生发展的手段之一。

误区七：素质教育会影响升学率。

这是对素质教育内涵的误解。首先，素质教育的目的是促进学生的全面发展，素质教育旨在提高国民素质，升学率只是衡量教育质量的标准之一。其次，真正的素质教育不会影响升学率，因为素质教育强调科学地学习、刻苦地学习、有针对性地学习，这样有助于升学率的提高。

表 1-13　素质教育与应试教育的比较

维度	素质教育	应试教育
教育对象	面向所有学生	面向少数学生，忽视大多数学生
教育目的	追求学生素质即德智体美劳的全面发展	应付考试，片面追求升学率
能力培养	重视各种能力的发展	只重视技能训练，忽视能力培养
教学方法	启发式、探究式教学，使学生生动、活泼、主动地学习，减轻学生课业负担	以死记硬背和机械重复训练为主，使学生课业负担过重
教学内容	重视德育、智育、体育、美育、劳动技术教育的"全面开花"	只重视智育，片面强调学生对知识的掌握，忽视了教学生学习如何做人
教育着眼点	注重发展性，终身教育、终身学习	局限于学校
学生评价	发展性评价，评价方式多样化，评价主体多元化	选拔性评价，以考试成绩作为评价学生的主要标准甚至唯一标准
教育结果	不求个个升学，但愿人人成功，或者每个学生"及格+特长"模式	只有少数人升学，获得成功，而大多数学生的才能被忽略，以失败者的心态走向社会

★★　考点大默写　★★

1. 我国教育目的的根本性质是坚持__________，要求培养社会主义事业的________和________。
2. 我国确立教育目的的理论依据是马克思主义关于__________，这一学说指出，教育与________相结合是造就全面发展的人的唯一方法。
3. 我国全面发展教育的组成部分包括________、________、________、________和__________。其中，对其他各育起着保证方向和保持动力作用的是________，为其他各育提供认识基础的是________，为其他各育提供物质保证的是________。
4. 现代教育与传统教育的根本区别在于重视________的培养。
5. 学校美育的内容主要包括形式教育、理想教育和________。
6. 五育中，__________是学校体育的根本任务，形成________的能力是美育的最高层次的任务。
7. 素质教育必须面向全体人民，任何一名社会成员，均必须通过正规或非正规的途径接受一定时限、一定程度的基础教育。这体现了素质教育的________特点，它是素质教育最本质的规定、最根本的要求。
8. 现阶段我国教育目的的重点是培养学生的________和________。

【参考答案】

1. 社会主义方向；建设者；接班人　2. 人的全面发展学说；生产劳动　3. 德育；智育；体育；美育；劳动技术教育；德育；智育；体育　4. 创新能力　5. 艺术教育　6. 增强学生体质；创造美　7. 全体性　8. 创新精神；实践能力

第三节 学校与学校教育制度

一、学校概述

学校是一种古老的、广泛存在的社会组织。它始于人类知识及其传播的专门化要求，是有计划、有组织、有系统地进行教育教学活动的重要场所，是现代社会中最常见、最普遍的组织形式。学校的产生标志着教育从生产劳动中第一次分离。

考点1 学校的产生【单选】★

1. 学校产生的条件

通过对为数不多的人类最早的学校的分析，一般认为学校的产生应该具备以下几个条件：

(1)生产力的发展以及社会生产水平的提高，为学校的产生提供了物质基础；

(2)脑力劳动和体力劳动相分离，为学校的产生提供了专门从事教育活动的知识分子；

(3)文字的创造与知识的积累，为学校教育活动的开展提供了有效的教育手段与充分的教育内容；

(4)国家机器的产生需要专门的机构来培养官吏和知识分子来为统治阶级服务。

也有学者认为，学校产生的条件有：(1)社会生产力的发展；(2)社会生活中间接经验的积累；(3)记载和传承文化工具的出现。

2. 最早的学校

公元前3000年左右，在世界上最早出现文字的地方，先后出现了学校的萌芽，并相继出现了最早的学校。

20世纪30年代，考古学家在幼发拉底河岸发掘了公元前3500年的马里城，发现了两间类似校舍的房子。但是美国学者克雷默认为世界上最早的学校是产生于公元前2500年的苏美尔学校。

一般认为，在夏朝的时候，我国就出现了学校。但是，我们并没有从考古发掘中找到可靠的实物来证实。而有文字记载同时又有考古出土的实物证实的学校出现在商朝。

关于我国最早的学校出现的时期，在选择题中，如果选项同时出现了夏和商，而题干中又没有严格的条件限制说明，一般认为我国最早的学校出现在夏朝。

考点2 学校的职能 【单选】★

学校的职能是指学校所应履行的职责和应发挥的作用。现代社会赋予学校多重职能，其中基本职能包括：

(1)提高受教育者素质。这是现代学校最基本的职能。

(2)培养现代社会的劳动者和各级各类专门人才。现代学校的发展，在一定程度上适应了现代生产的需要。现代学校负有培养现代劳动者和各级各类专门人才的职能。

(3)文化的传承与创新。学校是传授文化知识的场所，传承文化是学校固有的职能与使命。现代学校不仅需要传承和创新道德文化，还需要传承和创新科学文化。

(4)开展科学研究。开展科学研究不仅是现代大学的应有职能，而且应是所有现代学校的职能。现代学校的科学研究需要与教学紧密结合。

(5)提供社会服务。现代学校具有**开放性**的特点，这也是现代学校与古代学校的重要区别之一。现代学校的开放是面向社会的开放，现代学校需要着眼于社会的需要，为社会的发展与进步提供各种可能的服务。

考点3 学校文化 【单选、多选、判断、填空】★★

1. 学校文化的概念

最早提出“学校文化”这一概念的是美国学者华勒。学校文化是一所学校在长期的教育实践过程中积淀、演化和创造出来的，并为其成员所认同和遵循的价值观念体系、行为规范准则和物化环境风貌的一种整合和结晶。

2. 学校文化的特点 新增

（1）学校文化是以有形的物质为载体的无形文化；（2）学校文化是一种软约束性的文化；（3）学校文化是一种具有相对稳定性和连续性的文化；（4）学校文化是一种有个性的文化。

3. 学校文化的构成 必背

学校文化由观念文化、规范文化和物质文化构成。

（1）观念文化又叫精神文化，包括办学指导思想、教育观、道德观、思维方式、校风、行为习惯等。观念文化是学校文化的内核和灵魂，是学校组织发展的精神动力。观念文化可分解为四种成分：

①**认知成分**，即学校这个群体和构成它的个体对教育目的、过程、规律的认识，属于学校文化的理性因素；

②**情感成分**，即学校这个文化体内的成员对教育、学校、班级、同事、同学、老师特有的依恋、认同、参与、热爱的感情，这种感情通常包含着很深的责任感、归属感、优越感和献身精神；

③**价值成分**，即学校所独有的价值取向系统；

④**理想成分**，即学校及其成员对各种教育活动和学生的发展水平所表达的希望和追求。

（2）规范文化又叫制度文化，是一种确立组织机构、明确成员角色和职责、规范成员行为的文化。规范文化有三种表达方式，即组织形态、规章制度、角色规范。规范文化发挥着育人职能的制度保证作用。

（3）物质文化是学校文化的空间物态形式，是学校精神文化的**物质载体**。物质文化包括环境文化和设施文化，它是学校教育教学及其管理活动的物质基础。

真题面对面

1. [2022 漯河，单，1 分]学校文化的核心是（　　）

A. 学校精神或观念文化　　B. 学校的物质文化

C. 学校的制度文化　　D. 学校的组织文化

2. [2022 安阳文峰（高新），判断，0.5 分]学生对学校、班级、老师所特有的依恋、认同和热爱，属于学校精神文化中的价值成分。（　　）

答案：1. A　2. ×

4. 学校文化的缩影——校园文化 必背

所谓校园文化，就是学校全体成员在学习、工作和生活的过程中所共同拥有的价值观、信仰、态度、作风和行为准则。

（1）校园文化的内容

校园文化包括校园物质文化、校园精神文化和校园组织与制度文化。

①校园物质文化，是看得见、摸得着的东西，如校园设施等。

②校园精神文化是校园文化的核心内容，也是校园文化的最高层次，主要包括校风、学风、教风、班风和学校人际关系等。其中，校风是学校中物质文化、制度文化、精神文化的统一体，是经过长期实践形成的。校风一旦形成往往代代相传，具有不易消散的特点，因为它已经成为学校所有成员特别是教师的自觉行为。良好的校风能对师生起到潜移默化的影响。

③校园组织与制度文化作为校园文化的内在机制，包括学校的传统、仪式、规章制度等。

（2）校园文化的特征

①互动性。校园文化是学校教师与学生共同创造的。

②渗透性。校园文化存在于校园的各个角落，渗透在教职工、学生的观念、言行、举止之中，渗透在他们的教学、科研、读书、做事的态度和情感中。

③传承性。校风、教风、学风、学术传统、思维方式的形成，不是一代人，而是几代人或数代人自觉不自觉地缔造的，而且代代相传，相沿成习。

5. 学校文化的功能

(1)导向功能。学校的办学目标和办学理想是学校文化的集中体现。学校管理者通过各种文化活动，把师生的积极性引导到实现学校目标所确定的方向上来，使之在确定的目标下从事教育、教学和管理活动。当师生接受和认同学校的办学目标和办学理想时，就会焕发出极大的工作热情和学习积极性，就会在潜移默化的氛围中形成共同的价值观念，产生一股信念和力量，向着既定的目标努力。

(2)凝聚功能。它表现为学校文化是联系和协调一所学校所有成员行为的纽带。当学校观念被教职工认同后，它就会以一种"润物细无声"的方式来沟通人们的思想，产生对学校目标的认同感，从而形成一股强大的凝聚力量，使学校管理产生巨大的整体效应。

(3)规范功能。学校文化中蕴含着道德因素，能调节人际关系，使之心理相容、和谐有序，即学校文化对其成员的规范约束作用。

知识再拔高

学生文化

学生文化是学生群体的价值取向、集体气氛、人际关系、行为特点的总体特征。

学生文化的成因包括：(1)学生个人的身心特征；(2)同伴群体的影响；(3)师生的交互作用；(4)家庭的社会经济地位；(5)社区的影响。

学生文化的基本特征包括过渡性、非正式性、多样性、互补性等。

二、教育制度的内涵与特点

考点1 教育制度的内涵 【单选、多选、判断】★

教育制度是指一个国家或地区各级各类教育机构与组织的体系及其各项规定的总称。

广义的教育制度指国民教育制度，是一个国家为实现其国民教育目的，从组织系统上建立起来的一切教育设施和有关规章制度的总和。

狭义的教育制度指学校教育制度，简称学制，是一个国家各级各类学校的总体系，具体规定各级各类学校的性质、任务、要求、入学条件、修业年限及它们之间的相互关系。学校教育制度是国民教育制度的**核心**与主体，体现了一个国家国民教育制度的**实质**。一般来说，它是由三个基本要素构成的，即学校的类型、学校的级别、学校的结构。

真题面对面

1. [2022郑州郑东新区，判断，0.5分]教育制度是指国家各级各类教育机构与组织的体系及其管理规则。( )

2. [2022洛阳四区联考，判断，0.59分]学校教育制度处于国民教育制度的核心和主体地位，体现了一个国家国民教育制度的实质。( )

答案：1. √ 2. √

考点2 教育制度的特点 【单选】★

(1)客观性。教育制度的制定虽然反映着人们的一些主观愿望和特殊的价值需要，但是，人们并不是也不可能随心所欲地制定或废止教育制度，某种教育制度的制定或废止，有它的客观基础和发展的规律性。

（2）规范性。任何教育制度都具有一定的规范性，这种规范性主要表现在入学条件（即受教育权的限定）和各级各类学校培养目标的确定上。

（3）历史性。教育制度是随着时代和文化背景的变化而不断创新的。

（4）强制性。教育制度独立于个体之外，对个体的行为具有一定的强制作用。例如，学校的考试制度规定任何学生和教师在考试过程中不能有舞弊行为，否则一经查实，就要给予相应的处分。

真题面对面

[2021郑州航空港，单，0.9分]学校的考试制度规定在考试中任何学生和老师不得有舞弊行为，否则一经发现，就要给予处分。这说明了我国教育制度的（　　）

A. 规范性　　B. 客观性　　C. 权威性　　D. 强制性

答案：D

三、建立学制的依据【单选、多选】★

（1）生产力发展水平和科学技术发展状况。（2）社会政治经济制度。（3）青少年儿童身心发展规律。正是由于学制受青少年儿童身心发展规律的制约，所以不同国家在学制的很多方面是一致的，如入学年龄，大、中、小学阶段的划分等。（4）人口发展状况。（5）文化传统。（6）本国学制的历史发展和国外学制的影响。

真题面对面

[2022信阳淮滨，单，0.7分]学制在大、中、小学阶段的入学年龄划分方面，很多国家基本上是一致的。这是因为学制的建立主要受（　　）因素的影响。

A. 政治经济制度　　B. 生产力和科技水平

C. 文化传统　　D. 人的身心发展规律

答案：D

四、现代学校教育制度的类型【单选、判断、填空】必背 ★★

现代学校教育制度的类型

现代学制主要有三种类型：一是双轨学制，二是单轨学制，三是分支型学制。

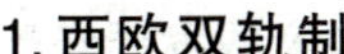

1. 西欧双轨制

现代学制最早出现在欧洲。西欧双轨制以英国的双轨制为典型代表，法国、联邦德国等欧洲国家的学制都属这种学制。

这种学制是古代等级特权在学制发展过程中遗留的结果。它的学校系统分为两轨：一轨是学术教育，为特权阶层子女所占有，学术性很强，学生可升到大学以上；另一轨是职业教育，为劳动人民的子弟所开设，属生产性的一轨。两轨之间互不相通，互不衔接。这种学制不利于教育的普及。

2. 美国单轨制

美国的现代学制最初也是双轨制，但是美国在历史上没有特权阶层，学术性的一轨没有充分的发展，而群众性的新学校迅速发展起来，从而开创了从小学直至大学、形式上任何儿童都可以入学的单轨制。

这种学制有利于教育的逐级普及，但教育参差不齐、效益低下、发展失衡，同级学校之间教学质量相差较大。

3. 苏联分支型学制

沙皇俄国时代的学制属欧洲双轨学制。“十月革命”后，苏联也制定了单轨学制，但与美国的单轨制不同，这种学制既有上下级学校间的相互衔接，又有职业技术学校横向的相互联系，形成了立体式的学制。所以，它是介于双轨学制和单轨学制之间的分支型学制，也被称为中间型学制或"Y"型学制。

这种学制融会单轨制与双轨制之长，兼顾公平与效益，既有利于教育的普及，又使学术性保持较高水平。但由于课时多、课程复杂，教学计划、大纲和教科书必须统一而使教学不够灵活，特别是地域性较强的课程得不到很好的发展。

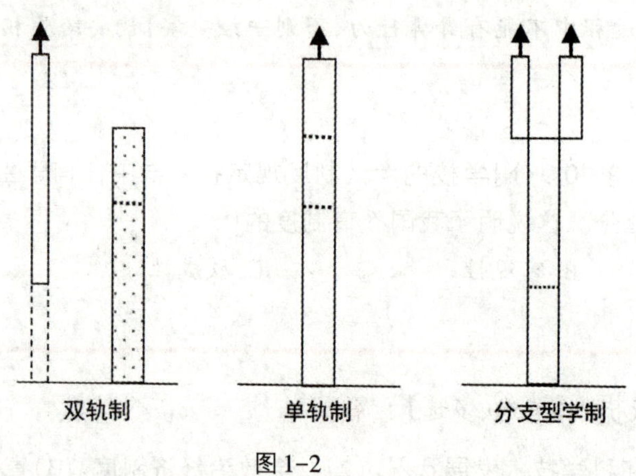

图1-2

真题面对面

1. [2022濮阳范县，单，0.6分]现代学制有三种类型，最早出现在欧洲的现代学制是（　　）

A. 单轨学制　　B. 分支型学制　　C. 双轨学制　　D. 五三三学制

2. [2022安阳文峰（高新），判断，0.5分]与单轨学制相比，双轨学制更利于教育的逐级普及。（　　）

3. [2021平顶山湛河，判断，0.6分]现代学制最早出现在欧洲。（　　）

答案：1. C　2. ×　3. √

五、现代教育制度的发展

考点1　教育制度在形式上的发展（教育制度的发展历史）【单选、判断、填空】必背 ★★

历史上曾经有过从非正式教育、正式而非正规教育再到正规教育的演变。正规教育的主要标志是近代以学校系统为核心的教育制度，又称制度化教育。以制度化教育为参照，之前的非正式、非正规教育都可归为前制度化教育，而之后的非正式、非正规化教育则都归为非制度化教育。因此，教育制度的发展经历了从前制度化教育到制度化教育再到非制度化教育的过程。

1. 前制度化教育

前制度化教育是人类教育史上一个重要的发展阶段。一般认为，在奴隶社会初期出现的定型的教育组织形式即实体化教育——学校是其重要的标志。定型的教育组织形式包括古代的前学校与前社会教育机构、近代的学校与社会教育机构。学校的出现标志着教育活动从无固定规则的原始形态发展成有固定规则的制度化的形态，意味着教育活动的专门化，教育形态趋于定型。

教育实体的形成具有以下特点：(1)教育主体确定；(2)教育的对象相对稳定；(3)形成系列的文化传播活动；(4)有相对稳定的活动场所和设施等；(5)由以上因素结合而成的独立的社会活动形态。

2. 制度化教育

近代学校系统的出现，开启了制度化教育的新阶段。大致说来，严格意义上的学校教育系统在19世纪下半期已经基本形成。制度化的教育指向形成系统的各级各类学校。学校教育系统的形成，即意味着制度化教育的形成。制度化教育主要指的是正规教育，也就是具有层次结构的、按年龄分级的教育制度。

我国近代制度化教育兴起的标志是清朝末年的“**废科举，兴学校**”，以及颁布了全国统一的教育宗旨和近代学制。

3. 非制度化教育

非制度化教育是相对于制度化教育而言的。它指出了制度化教育的弊端，但又不是对制度化教育的全盘否定。非制度化教育所推崇的理想是：“教育不应再限于学校的围墙之内。”一般认为，库姆斯等人的“非正规教育”概念、伊里奇的“非学校化”主张都是非制度化教育的核心思想。提出构建学习化社会的理想是非制度化教育的重要体现。

知识再拔高

正规教育、非正规教育与非正式教育

正规教育是有目的、有组织、有计划、由专职人员和专门机构承担的，以影响入学者的身心发展为直接目标的全面系统的训练和培养活动。

非正规教育是在正规教育制度以外所进行的，为成人和儿童有选择地提供学习形式的有组织、有系统的活动，包括各种岗位培训、校外教育、继续教育等。

非正式教育是指每个人从日常生活经验和生活环境（家庭、工作单位、社会）中学习和积累知识技能，形成态度和见识的无组织、无系统的学习过程。

真题面对面

1. [2022信阳淮滨，单，0.7分]教育学上把以近代学校系统为核心的教育制度称为（　　）

A. 非正式教育　　B. 前制度化教育

C. 制度化教育　　D. 后制度化教育

2. [2022开封祥符，单，2分]中国近代制度化教育兴起的标志是（　　）

A. 学校制度的建立　　B. 各级各类学校的出现

C. 中国近代完备的学制系统的出现　　D. 中国进入近代社会

3. [2022濮阳市直，判断，0.43分]制度化教育所推崇的理想是教育不应再限于学校的围墙之内。（　　）

答案：1. C　2. C　3. ×

考点2　现代教育制度的发展趋势　【单选、多选、判断】★

（1）加强学前教育并重视与小学教育的衔接。

（2）强化普及义务教育，延长义务教育年限。

（3）中等教育中普通教育与职业教育朝着相互渗透的方向发展。普通教育主要是以基础科学知识为主要教学内容，以升学为目标的学校教育。职业教育是以从事某种职业或生产劳动所需要的知识和技能为主要教学内容，以就业为目标的学校教育。

（4）高等教育的大众化。国际上通常认为，高等教育的毛入学率低于15%的属精英教育阶段，大于15%小于50%的为大众化阶段，大于50%的为普及化阶段。

（5）终身教育体系的建构。“终身教育”这一术语由保罗·朗格朗正式提出，终身教育是全球性的教育运动，其主要特点包括：①**终身性**。这是终身教育最大的特征。②**全民性**。无论男女老幼、贫富差别、种族差别，所有人都能平等获得受教育的机会，都要学会生存，而要学会生存就离不开终身教育。③广泛性。④灵活性和实用性。

(6)教育社会化与社会教育化。

(7)教育的国际交流加强。

(8)学历教育与非学历教育的界限逐渐淡化。

真题面对面

[2022周口中心城区，单，0.5分]2008年，我国高等教育的毛入学率为23.3%。根据美国学者马丁·特罗的观点，当时我国高等教育处于(　　)

A. 精英化阶段　　B. 大众化阶段　　C. 普及化阶段　　D. 全民化阶段

答案：B

考点大默写

1. 学校文化由观念文化、规范文化和物质文化构成。其中________是学校文化的灵魂。
2. 学校观念文化可分解为认知成分、________、________和________四种基本成分。学校的学生对本校有着强烈的责任感和归属感，非常重视“人校一体”，积极投身到学校的建设中。这属于学校观念文化中的________成分。
3. ________是校园文化的最高层次，它由校风、学风、教风、班风和学校人际关系等组成，其中________是学校中物质文化、制度文化和精神文化的统一体。
4. 广义的教育制度是指________，狭义的教育制度是指________，它是广义教育制度的核心与主体。
5. 现代学制主要有三种类型，英国的学制属于________，美国的学制属于________，苏联的学制属于________。
6. 近代________的出现，开启了制度化教育的新阶段。
7. ________教育所推崇的理想是：“教育不应再限于学校的围墙之内。”
8. 清朝末年的“废科举，兴学校”及近代学制的颁布标志着我国近代________教育的兴起。

【参考答案】

1. 观念文化　2. 情感成分；价值成分；理想成分；情感　3. 校园精神文化；校风　4. 国民教育制度；学校教育制度(学制)　5. 双轨制；单轨制；分支型学制　6. 学校系统　7. 非制度化　8. 制度化

第四节　我国的学校教育制度

一、我国现代学校教育制度的演变

我国古代的学校分为官学、私学和书院，与之相对应，我国古代的学校教育制度主要由官学教育系统、私学教育系统和书院教育系统构成。西周时期，我国初步形成了学制系统的雏形，分为国学和乡学两大系统。我国现代学制的建立是从清末“废科举，兴学校”开始的。

考点1　旧中国的学制沿革　【单选、多选、不定项、判断】 必背 ★★★

1. 1902年的“壬寅学制”(未实行)

中国近代教育史上最先制定的系统的学校教育制度，是1902年的《钦定学堂章程》，亦称“壬寅学制”。

"壬寅学制"以日本的学制为蓝本，由当时的管学大臣张百熙起草，是中国近代教育史上最早由国家正式颁布的学制系统，虽然正式公布，但并未实行。

壬寅学制规定儿童从6岁起入蒙学堂，其宗旨在"培养儿童使有浅近之知识，并调护其身体"。蒙学堂毕业后方可升入小学堂学习，小学堂宗旨在"授以道德知识及一切有益身体之事"。蒙学堂和寻常小学堂共7年，规划为义务教育性质，"无论何色人等皆应受此七年教育"。

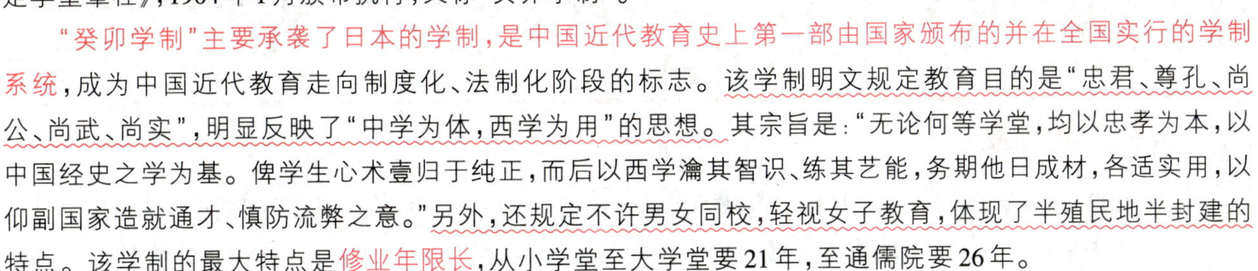

2. 1904年的"癸卯学制"(实行新学制的开端)

1903年，清政府任命张之洞、荣庆、张百熙三人重新修订拟定了《奏定学堂章程》，1904年1月颁布执行，又称"癸卯学制"。

"癸卯学制"主要承袭了日本的学制，是中国近代教育史上第一部由国家颁布的并在全国实行的学制系统，成为中国近代教育走向制度化、法制化阶段的标志。该学制明文规定教育目的是"忠君、尊孔、尚公、尚武、尚实"，明显反映了"中学为体，西学为用"的思想。其宗旨是："无论何等学堂，均以忠孝为本，以中国经史之学为基。俾学生心术壹归于纯正，而后以西学瀹其智识、练其艺能，务期他日成材，各适实用，以仰副国家造就通才、慎防流弊之意。"另外，还规定不许男女同校，轻视女子教育，体现了半殖民地半封建的特点。该学制的最大特点是修业年限长，从小学堂至大学堂要21年，至通儒院要26年。

3. 1912～1913年的"壬子癸丑学制"

1912年1月，中华民国成立中央教育部，蔡元培被任命为民国第一任教育总长。教育部成立的重要工作之一就是草拟学制。1912年9月初，教育部颁布了《学校系统令》，称为"壬子学制"。1913年，教育部又陆续颁布了各级各类学校法令，使壬子学制得以充实和具体化，这些学制综合起来，形成了一个全面完整的学制系统，称为"壬子癸丑学制"，又称"1912～1913年学制"。

壬子癸丑学制的指导思想是养成健全人格，发展创造精神。它的主系列划分为三段四级。初等教育段分初等小学校和高等小学校两级共7年，不分设男校女校。其中初等小学校4年，为义务教育，法定入学年龄为6周岁(这是我国政府法令中第一次明确规定实施义务教育)；高等小学校3年。小学教育以留意儿童身心之发育，培养国民道德之基础，并授以生活所必需之知识技能为宗旨。中等教育段设中学校4年，不分级，但专为女子设立女子中学校。中学教育以完足普通教育、造成健全国民为宗旨。高等教育段不分级，设立大学。

该学制明显反映了资产阶级在学制方面的要求，明令废除在受教育权方面的性别和职业限制，在法律上体现了教育机会均等。第一次规定了男女同校，废除读经，充实了自然科学的内容，将学堂改为学校。"壬子癸丑学制"是我国教育史上第一个具有资本主义性质的学制。

4. 1922年的"壬戌学制"

1922年，在北洋军阀统治下，留美派主持的全国教育会联合会以**美国学制**为蓝本，颁布了"壬戌学制"。由于采用美国式的六三三分段法，即小学六年、初中三年、高中三年，因此"壬戌学制"又称"**新学制**"或"六三三学制"。它受美国实用主义教育的影响，强调适应社会进化需要，发扬平民教育精神，谋求个性发展，注重生活教育，使教育易于普及，给各个地方留有伸缩余地。

☞壬戌学制的特点有：(1)根据儿童的身心发展规律划分教育阶段。这种划分在中国近代学制发展史上是第一次。(2)初等教育阶段趋于合理，更加务实。将幼稚园纳入初等教育阶段，使幼儿教育与小学教育得以衔接，确立了幼儿教育在中国教育史上的地位。(3)中等教育阶段是改制的核心，是新学制中的精粹。①延长了中学年限，改4年为6年，提高了中学教育的程度，克服了旧学制中中学只有4年而造成基础知识浅的缺点，改善了中学与大学的衔接关系；②中学分成初、高中两级，不仅增加了地方办学的伸缩余地，而且也增加了学生选择的余地；③在中学开始实行选科制和分科制，力求使学生有较大发展余地，适应不同发展水平学生的需要。(4)新学制增强了职业教育,其最明显的特点就是兼顾了升学与就业。(5)在师范教育方面,种类得以增多,程度相应提高,而且设置灵活。(6)在高等教育阶段,缩短了高等教育年限,取消了大学预科,使大学不再担任普通教育的任务,有利于大学进行专业教育和科学研究。

壬戌学制的颁布和实施,标志着中国资产阶级新教育制度的确立,标志着中国近代以来的学制体系建设的基本完成。此后,国民党政府于1928年就该学制做了些修改,但基本上继承了"壬戌学制"。该学制一直沿用到全国解放初期,是中国近代史上实施时间最长、影响最大的学制。新增

记忆有妙招

关于旧中国的学制沿革,考生可用以下口诀进行记忆:人(壬)颁布,鬼(癸)实施,壬子癸丑最小资,嘘(壬戌)美国,六三三。

真题面对面

1. [2023事业单位,单,0.8分]我国中等教育阶段分设初中和高中,其修业年限各三年的规定来自(　　)

A. 癸卯学制　　B. 壬寅学制　　C. 壬戌学制　　D. 壬子癸丑学制

2. [2022南阳宛城,单,0.7分](　　)标志着中国资产阶级新教育制度的确立,标志着中国近代以来的学制体系的基本完成。

A. 壬戌学制　　B. 癸卯学制

C. 壬子癸丑学制　　D. 壬寅学制

3. [2022南阳卧龙,判断,0.9分]癸卯学制是我国颁布的第一个现代学制,虽然正式公布,但并未实行。(　　)

答案:1. C　2. A　3. ×

考点2　新中国的学制沿革　【单选、多选】★

表1-14　新中国的学制沿革

时间	文件	主要内容
1951年	《关于改革学制的决定》	规定我国学制包括幼儿教育、初等教育、中等教育和高等教育(标志着我国学制发展到了一个新阶段)
1958年	《关于教育工作的指示》	提出了"两条腿走路"的办学方针和"三个结合""六个并举"的具体办学原则。其中,"三个结合"指统一性与多样性相结合、普及与提高相结合、全面规划与地方分权相结合
1985年	《中共中央关于教育体制改革的决定》	(1)教育体制改革的根本目的是提高民族素质,多出人才、出好人才;(2)地方承担九年义务教育的责任,有计划、有步骤地普及九年制义务教育;(3)调整中等教育结构,大力发展职业技术教育
1993年	《中国教育改革和发展纲要》	确定20世纪末教育发展的总目标:"两基"(基本普及九年义务教育和基本扫除青壮年文盲);"两全"(全面贯彻党的教育方针,全面提高教育质量);"两重"(建设好一批重点学校和一批重点学科)

续表

时间	文件	主要内容
1999年	《中共中央 国务院关于深化教育改革全面推进素质教育的决定》	提出形成社会化、开放式的教育网络，逐步完善**终身学习体系**，而且还要求在减轻学生课业负担、课程设置、教学内容、考试等方面进行改革
2001年	《国务院关于基础教育改革与发展的决定》	要求在基础教育阶段深化教育教学改革，扎实推进素质教育，进一步明确加快构建符合素质教育要求的新的基础教育课程体系的任务
2004年	《2003～2007年教育振兴行动计划》	(1)努力提高普及九年义务教育的水平和质量，为2010年全面普及九年义务教育和全面提高义务教育质量打好基础；(2)以全面推进素质教育为目标，加快考试评价制度改革；(3)积极推进普通高中、学前教育和特殊教育的改革与发展；(4)健全教育督导与评估体系，保障教育发展与改革目标的实现

二、我国现行学校教育制度的结构及类型

考点1 我国现行学校教育制度的结构 【单选、多选、判断】 必背 ★★

学校教育结构是指学校教育的总体中各个部分的比例关系和组合方式，通常可以从层次结构和类别结构两个方面来分析。

从层次结构上来看，我国现行学校教育包括学前教育、初等教育、中等教育和高等教育四个层次。

从**类别结构**上来看，我国现行学校教育可划分为基础教育、职业技术教育、高等教育、成人教育和特殊教育五个大类。其中，基础教育是实施普通文化科学知识的教育，是提高民族素质的奠基工程，在整个国民教育体系中处于基础性、先导性和全局性的地位，它的基本目标在于提高整个中华民族的素质，它的对象和着眼点是全体人民，而不是一部分人，更不是少数人。普通中小学教育的性质属于基础教育，它的任务是培养全体学生的基本素质，为他们学习做人和进一步接受专业(职业)教育打好基础，为提高民族素质打好基础。我国的基础教育通常包括学前教育、初等教育与中等教育(包括初中阶段和高中阶段)。

记忆有妙招

为方便考生记忆，我们将我国现行学校教育制度的层次结构和类别结构总结为如下口诀：(1)层次结构：**前初中高**。(2)类别结构：**高人特机(基)智(职)**。

真题面对面

[2022濮阳范县，判断，0.4分]普通中小学教育的性质是基础教育。(　　)

答案：√

考点2 我国现行学校教育制度的类型 【单选、判断】 ★

从类型上看，我国现行学制是从单轨学制发展而来的分支型学制。我国学制改革和发展的基本方向就是重建和完善分支型学制。

三、我国当前学制改革的主要内容

(1)加强基础教育，落实义务教育；(2)调整中等教育结构，发展职业技术教育；(3)稳步发展高等教育，

走内涵发展为主的道路;(4)重视成人教育,发展终身教育。

★★ 考点大默写 ★★

1. 我国近代最早颁布的学制是____________,首次颁布并实施的学制是____________,它们都是以____________学制为蓝本的。
2. ____________学制是由蔡元培主持颁布的,它是我国教育史上第一个具有资本主义性质的学制。
3. 1922年的____________学制以____________学制为蓝本,采用六三三分段法,又被称为“六三三学制”。
4. 明确规定“初等小学,可以男女同校”的学制是____________学制。
5. “癸卯学制”明文规定教育目的是____________、____________、____________、____________、____________,它具有鲜明的“__________________”特征。
6. 20世纪末我国教育发展总目标中,“两全”指的是全面贯彻党的教育方针和____________。
7. 以美国学制为蓝本,一直沿用到全国解放初期的现代学制是____________。
8. 我国现行学校教育从层次上可划分为学前教育、____________、____________和____________四个层次,从类别上可划分为基础教育、____________、____________、____________和____________五大类。
9. 普通中小学教育的性质是____________。

【参考答案】

1. 壬寅学制;癸卯学制;日本 2. 壬子癸丑 3. 壬戌;美国 4. 壬子癸丑 5. 忠君;尊孔;尚公;尚武;尚实;中学为体,西学为用 6. 全面提高教育质量 7. 壬戌学制 8. 初等教育;中等教育;高等教育;职业技术教育;高等教育;成人教育;特殊教育 9. 基础教育

即时反思与复盘总结

我于________年____月____日完成了对本章的学习。

复盘一下,我对自己较肯定的地方是____________________

(足够努力/心态积极/方法得当……)

我觉得自己需要改进的地方是____________________

(懒惰懈怠/心情浮躁/方法不当……)

休息片刻,开启下一站征程!

第四章 教师与学生

思维导图

- 教师与学生
  - 教师及其职业素养
    - 教师的概念及作用
      - 根本任务：教书育人
    - 教师职业的性质、作用、地位及形象
      - 性质：专门职业，促进个体社会化的职业
      - 形象：道德形象、文化形象、人格形象
    - 教师职业的发展历史
      - 非职业化阶段、职业化阶段、专门化阶段、专业化阶段
    - 教师职业角色（重点）
      - “传道者”
      - “授业、解惑者”
      - 示范者
      - “教育教学活动的设计者、组织者和管理者”
      - “家长代理人、父母”“朋友、知己”
      - “研究者”“学习者”“学者”
      - 教育共同体的协调员
    - 教师劳动的特点（易混点）
      - 复杂性和创造性；连续性和广延性
      - 长期性和间接性；主体性和示范性
    - 教师劳动的价值
      - 社会价值、个人价值
    - 教师的职业素养（重点）
      - 职业道德素养、知识素养
      - 能力素养、职业心理健康
    - 教师专业发展
      - 内容、阶段、取向、途径
  - 学生
    - 学生的特点
      - 教育的对象；自我教育和发展的主体；发展中的人
    - 中小学生发展的时代特点
      - 身体发育水平持续提高，身体素质持续下降；学习目的多元化、实用化；价值观念多元化，具有较高的职业理想和务实的人生；自我意识增强，具有一定的社会交往能力；心理问题和行为问题增多；网络生活成为大部分中小学生生活的重要组成部分
    - 现代学生观（重点）
      - 学生是发展中的人
      - 学生是独特的人
      - 学生是具有独立意义的人
    - 学生的社会地位
      - 基本原则：儿童利益最佳、尊重儿童尊严、尊重儿童观点与意见和无歧视原则
  - 师生关系
    - 师生关系概述
      - 地位：最基本、最重要
      - 表现形式：社会关系、教育关系、心理关系、伦理关系
      - 观点：教师中心论、儿童中心论
    - 师生关系的内容
      - 教育内容的教学上：授受关系
      - 人格上：平等关系
      - 社会道德上：互相促进关系
    - 师生关系的基本类型
      - 专制型、放任型、民主型
    - 影响师生关系的因素（重点）
      - 教师方面、学生方面、环境方面
    - 良好师生关系建立的途径与方法（重点）
      - 教师方面、学生方面、环境方面
    - 我国新型师生关系的特点
      - 尊师爱生、民主平等、教学相长、心理相容

河南考向

本章属于教育学的重点章节，需要识记和运用的知识较多。现对本章河南考向分析如下：

考点类型	考点名称	常考题型	能力层级	考查热度
高频考点	教师职业角色	单选、多选、判断	识记	★★★
	教师劳动的特点	单选、多选、判断、填空、简答、案例分析	运用	★★★
	教师的职业素养	单选、多选、不定项、判断、简答、案例分析	运用	★★★
	学生的特点	单选、多选、判断	识记	★★
	现代学生观	单选、多选、判断、简答、论述、案例分析	运用	★★★
	良好师生关系建立的途径与方法	单选、多选、不定项、简答、案例分析	运用	★★★
	我国新型师生关系的特点	单选、多选、简答	识记	★★
新增考点	现代意义上与古代意义上的“教师”的本质区别	单选	识记	★★
	教师的教育共同体的协调员角色	单选	识记	★★
	教师了解和研究学生的具体内容	单选	识记	★★

第一节　教师及其职业素养

一、教师的概念及作用

考点1　教师的概念　【单选】★

教师是传递和传播人类文明的专职人员，是学校教育职能的主要实施者。从广义上讲，凡是把知识、技能和技巧传授给别人的人，都可称之为教师。从狭义上讲，教师指经过专门训练、在学校从事教育教学工作的专门人员。教师是学校教育工作的主要实施者，根本任务是教书育人。

考点2　教师的作用　【单选、判断】★★

(1)教师是人类文化的传播者，在社会的发展和人类的延续中起桥梁与纽带作用。

(2)教师是人类灵魂的工程师，在塑造年青一代的品格中起着关键性作用。加里宁称教师是“人类灵魂的工程师”。

(3)教师是人的潜能的开发者，对个体发展起促进作用。

(4)教师是教育工作的组织者、领导者，在教育过程中起主导作用。

☞当代教育已成为社会持续发展的动力，教师的作用也在增强和扩大。现代意义上的“教师”与古代意义上的“教师”有着本质区别：(1)多功能性；(2)专门性，作为教师，必须经过培养和培训，取得合格证书；(3)高素质性，现代教师的内涵更丰富，是“经师”与“人师”的统一；(4)发展性，现代教师必须终身学习，不断更新

自己的知识结构、能力结构，使自己成为会学习的人。新增

真题面对面

1.［2022南阳宛城，单，0.7分］“培养社会主义建设者和接班人，迫切需要我们的教师既要精通专业知识，做好‘经师’，又要涵养德行、成为‘人师’，努力做好‘精于传道授业解惑’的‘经师’和‘人师’的统一者。”2022年5月五四青年节即将到来之际，习近平总书记到中国人民大学考察调研，并特别看望了老教授，对广大教师提出殷切期望。这就要求教师具有（　　）

A. 多功能性　　B. 专门性　　C. 高素质性　　D. 发展性

2.［2022濮阳范县，判断，0.4分］马卡连柯把教师称为“人类灵魂的工程师”。（　　）

答案：1. C　2. ×

二、教师职业的性质、作用、地位及形象

考点1　教师职业的性质　【单选、判断、填空】★

《中华人民共和国教师法》第一章第三条对教师概念进行了全面的、科学的界定：教师是履行教育教学职责的专业人员，承担教书育人，培养社会主义事业建设者和接班人、提高民族素质的使命。**夸美纽斯**认为，教师是太阳底下最崇高、最优越的职业。

1. 教师职业是一种专门职业，教师是专业人员

教师职业属于专门职业，教师是从事教育教学工作的专业人员。1994年实施的《中华人民共和国教师法》第一次从法律角度确认了教师的专业地位。

2. 教师是教育者，教师职业是促进个体社会化的职业

学生从自然人发展成社会人，是在学习、接受人类经验，消化、吸收人类文化的社会化过程中逐步实现的。教师根据一定的社会要求，向年青一代传授人类长期积累的知识经验，规范他们的行为、品格，塑造他们的价值观念，引导他们把外在的社会要求内化为个体的素质，从而实现个体的社会化。

知识再拔高

教师职业的基本特征

（1）教师职业是一种专业性职业。

（2）教师职业是以教书育人为职责的创造性职业。

（3）教师职业是需要持续专业化的职业。由于人类知识激增对课程内容的持久冲击，由于信息化社会对学生广泛而深入的影响，作为以知识传播、生产为主要任务的教师，必须不断学习，及时更新自己的知识结构；必须善于研究，积累自己的教育智慧，才能适应学生发展的时代要求。培养研究型教师是现代师范教育的一个重要任务，培养教师的终身学习能力和研究能力是现代教师成长的重要条件。

真题面对面

［2021平顶山湛河，判断，0.6分］裴斯泰洛齐和赞科夫说，教师是太阳底下最光辉的职业。（　　）

答案：×

考点2 教师职业的作用 【不定项】

1. 教师职业的社会作用

教师职业的社会作用是指教师职业对一定社会的发展所产生的实质性影响，它是教师社会地位的客观基础。一般来说，职业社会作用的大小与其地位高低呈正相关。教师职业对社会发展的作用是巨大的。首先，教师是人类文化的传递者，在人类社会发展中起着承上启下的作用；其次，教师是社会物质财富和精神财富的创造者，通过理论建构、知识创新、品德示范、宣传咨询等直接参与社会物质文明和精神文明建设，起着"先导"作用；再次，教师是人才生产的主要承担者，担负着培养一代新人的重任，在学生发展中起着引导作用。

2. 教师职业的个体作用

教师职业的个体作用是教师职业的内在价值的体现。教师职业是个人生命价值与教师职业生命价值的统一体，对教师个体具有生存、发展、创造和享受的价值。

考点3 教师职业的地位 【单选、判断】

教师职业的社会地位是通过教师职业在整个社会中所发挥的作用和所占有的地位资源来体现的，主要包括政治地位、经济地位、法律地位和专业地位。

(1)政治地位。表现为教师的政治身份的获得，教师自治组织的建立，教师的政治参与度、政治影响力等。随着社会的发展、教育地位的提升，教师政治地位的提高成为提高教师职业社会地位的前提。

(2)经济地位。指将教师职业与其他职业相比较，其劳动报酬的差异状况及经济生活状态。它是教师社会地位的**最直接体现**。

(3)法律地位。指法律赋予教师职业的权利、责任。

(4)专业地位。是教师职业社会地位的内在标准，它主要通过其从业标准体现，有没有从业标准和有什么样的从业标准是教师职业专业地位高低的指示器。

也有说法认为，教师职业的社会地位由专业地位、经济地位、政治地位及职业声望四个方面构成。

考点4 教师的职业形象 【多选、判断】★

教师的职业形象是教师群体或个体在其职业生活中的形象，是其精神风貌和生存状态与行为方式的整体反映。教师职业形象至少包括三个方面：

(1)道德形象。道德形象被视为教师的最基本形象。

(2)文化形象。文化形象是教师形象的核心。"才高八斗""学富五车"皆是教师的典型文化特征。

(3)人格形象。人格形象是学生亲近或疏远教师的首要因素。

真题面对面

1. [2022鹤壁淇县，多，1.53分]教师的职业形象是教师职业或个体在其职业生活中的形象，是其精神风貌和生存状态与行为方式的整体反映，是(　　)三者统一的整体。

A. 道德形象　　B. 文化形象

C. 价值形象　　D. 人格形象

2. [2022濮阳范县，判断，0.4分]教师最基本的形象是人格形象。(　　)

答案：1. ABD　2. ×

三、教师职业的发展历史 【单选】

表1-15 教师职业的发展历史

阶段	主要内容
非职业化阶段	(1)我国奴隶社会:"学在官府""以吏为师",教师由官吏兼任,官师一体; (2)西方社会:教师大多由僧侣兼任
职业化阶段	(1)独立的教师行业伴随着私学的出现而出现,教师开始回归到专业教育工作者的角色上来; (2)教师职业基本上还不具备专门化水平
专门化阶段	(1)以专门培养教师的教育机构的出现为标志; (2)**世界上最早**的师范教育机构诞生于**法国**,**1681**年,由"基督教兄弟会"神甫拉萨儿在兰斯创立,是世界上独立的师范教育的开始; (3)**我国最早**的师范教育产生于**清末**,盛宣怀在上海开办的南洋公学师范院即中国最早的师范教育机构; (4)师范教育的产生,使教师的培养走上**专门化**的道路
专业化阶段	(1)学校对教师的需求开始从"量"的急需向"质"的提高方面转变,独立设置的师范院校逐渐并入文理学院,教师的培养改由综合大学的教育学院或师范学院承担,这被称为"教师教育大学化",教师职业开始走上专业化的发展道路; (2)1966年10月,国际劳工组织和联合国教科文组织在巴黎会议上通过的《关于教师地位的建议》中提出:教师工作应被视为一种专业; (3)在中国,教师的专业技术人员身份在《中华人民共和国教师法》中得到确认,该法规定:教师是履行教育教学职责的专业人员

此外,也有学者将教师职业发展阶段做了如下划分:(1)教师职业的非专门化阶段;(2)教师职业专门化的初级阶段;(3)教师职业专门化的深入发展阶段。

四、教师职业角色 【单选、多选、判断】 必背 ★★★

教师职业的最大特点在于职业角色的多样化。一般来说,教师的职业角色主要有以下六个方面:

1. "传道者"角色(人类灵魂的工程师)

教师负有传递社会道德传统、价值观念的使命,"道之所存,师之所存也"。除了社会一般道德、价值观外,教师对学生的"做人之道""为业之道""治学之道"等也有引导和示范的责任。因此在教学过程中,教师不单单传递知识,更重要的是在教育教学过程中通过与学生的接触塑造学生的人格和价值观。

传道者

2. "授业、解惑者"角色(知识传授者、人类文化的传递者)

教师是社会各行各业建设人才的培养者,他们在掌握了人类经过长期的社会实践活动所获得的知识经验、技能的基础上,对其精心加工整理,然后以特定的方式传授给年青一代,并帮助他们解除学习中的困惑。

知识再拔高

韩愈提出的教师的三项任务

韩愈总结了以往教师工作的经验，提出："师者，所以传道受业解惑也。"他规定教师工作的三项任务都有特定的时代内容。所谓"传道"，是儒家的仁义之道，以达到治国平天下的目的。所谓"受业"，是儒学的"六艺经传"与古文。所谓"解惑"，是解决学"道"与"业"过程中的疑问。

3. 示范者角色（榜样）

（1）教师的言行是学生学习和模仿的榜样。夸美纽斯曾说过，教师的职务是以自己为榜样教育学生。学生具有可塑性和向师性的特点，教师的言谈举止、行为方式、为人处世的态度等都会对学生产生耳濡目染、潜移默化的影响，因此，教师是学生学习的最直接榜样。

（2）优秀教师是其他教师学习的模范，是社会各界学习的模范，这就构成师表维度的四个不同层次：规范、垂范、模范、世范。

示范者

4. "教育教学活动的设计者、组织者和管理者"角色

（1）教师是教育教学活动的设计者。好的教学设计可以使教学有序进行，给教学提供良好的环境，使学生养成循序渐进的习惯，全面地完成教学任务。精心地进行教学设计，需要教师全面把握教学的任务、教材的特点、学生的特点等要素。

（2）教师是教育教学活动的组织者，即教师在教学资源分配（包括时间分配、内容安排、学生分组）和教学活动展开等方面是具体的实施者。

（3）教师是教育教学活动的管理者。教师需要肩负起教育教学管理的职责，包括确定目标、建立班集体、制定和贯彻规章制度、维持班级纪律、组织班级活动、协调人际关系等，并对教育教学活动进行控制、检查和评价。

不同的教师进行教学管理的方式不同，这取决于教师的能力素质结构、权威结构、兴趣结构、性格气质结构、年龄结构等因素，显示了教师的不同个性，决定着教学管理活动的水平和质量。主要存在四种教师管理类型：强硬专断型、仁慈专断型、放任自流型以及民主管理型。

表 1-16　教师的管理类型

类型	教师的行为特点	学生的典型反应
强硬专断型	对学生严加监视，要求即刻无条件接受一切命令，很少表扬学生；认为没有教师的监督，学生不可能自觉学习	屈服，不信服、厌恶这种领导；推卸责任；易激怒，不愿合作，可能会在背后伤人；教师一旦离开教室，学习明显松垮
仁慈专断型	不认为自己专断独行；表扬、关心学生；口头禅：我喜欢这样做/你能给我这样做吗；以"我"为班级一切的工作标准	依赖教师，没有多大的创造性；屈从，缺乏个人的发展
放任自流型	认为学生爱怎样就怎样；很难做出决定，对学生管理没有明确目标；不鼓励学生，也不反对学生；不参加学生的活动，也不提供帮助或方法	道德差，学习也差；有许多"推卸责任""寻找替罪羊""容易激怒"的行为；没有合作，谁也不知道该做些什么

续表

类型	教师的行为特点	学生的典型反应
民主管理型	善于和集体共同制订计划和做出决定,在不损害集体的情况下,很乐意给个别学生以帮助、指导,尽可能鼓励集体的活动,给予客观的表扬和批评	喜欢学习,喜欢和别人尤其是教师一道工作;学习的质和量都很高,相互鼓励,且独自承担某些责任;不论教师在不在课堂,要改正的问题很少

5.“家长代理人、父母”和“朋友、知己”的角色

教师是儿童继父母之后所遇到的另一个社会权威,是家长的代理人。低年级的学生倾向于把教师看作父母的化身,对教师的态度类似于对父母的态度。而高年级的学生则往往愿意把教师当作他们的朋友,也期望教师能把他们当作朋友,希望在学习、生活等多方面得到教师的指导,希望教师能与他们一起分担痛苦与忧伤、分享欢乐与幸福。

6.“研究者”角色和“学习者”“学者”角色

(1)教师工作的对象是充满生命力和个性特点的青少年,传授的是不断变化的科学知识和人文知识。所以,教师不能千篇一律地、机械地进行教育,而是要不断反思、研究自己的工作,灵活机智、创造性地开展教书育人工作。教师应该积极地参与教学研究、教学实验与改革,不断地提高自身的教育理论水平和教育质量。

(2)教师的研究,不仅是对科学知识的研究,更有对教育对象即学生的研究,对教师和学生交往的研究,等等,这都需要教师终身学习,更新自己的知识结构,以便使教育教学建立在更宽广的知识背景之上,适应学生的个性发展、自己的专业发展和教育教学改革的需要。

(3)教师还被认为是智者的化身,必须拥有渊博的知识。

7.教育共同体的协调员角色

所谓协调员,是指教师应在家庭、社会、学校教育系统中发挥协调和主导的作用,使各种因素形成合力,有助于学生的健康发展。

由于信息的多样化,教育活动也不再只是局限于学校范围内,教育是家庭、学校、社区、其他社会机构共同的事业,是一个系统工程。在多样化的教育中,教师由于是教育专业人员,受过专门训练,因此,教师应该成为各种教育的中心人物,成为教育共同体的协调员,发挥主导作用。

知识再拔高

教师角色的其他说法

说法一:(1)担当“学生的楷模”的角色。(2)担当学生“家长的代理人”的角色。(3)担当“知识的传授者”的角色。“知识的传授者”这一角色是教师职业最显著的标志。(4)担当“教育教学的研究者”的角色。(5)担当学生“严格的管理者”的角色。(6)担当学生“心理调节者”的角色。(7)担当“社会主义事业的开拓者、发展者”的角色。

说法二:(1)学习者和研究者。(2)知识的传授者。(3)学生心灵的培育者。教育的目的是使学生变得更聪明、更高尚、更成熟。只传授知识的教师是“经师”,只有那些使学生能生动活泼地、主动地得到较好发展的教师,才是最好的教师。(4)教学活动的设计者、组织者和管理者。(5)学生学习的榜样。(6)学生的朋友。(7)学校的管理者。

说法三:(1)学生发展的引导者。(2)知识体系的组织者。(3)共生关系的对话者。教师在学生发展中扮演民主管理者的角色,以平等对话者的身份,促进教师与学生、学生与学生之间的交往互动。(4)教育教学的研究者。(5)不断发展的学习者。教师要不断发展,通过学习持续不断地更新和充实自己,树立终身学习观念,完善知识结构,磨砺思想品格,积淀人文底蕴,提升整体素质,以满足社会发展和自身发展的需要。

真题面对面

1. [2023郑州郑东新区,单,1.5分]习近平总书记指出,教师要努力做到"三个牢固树立",即"牢固树立中国特色社会主义理想信念,牢固树立终身学习理念,牢固树立改革创新意识"。关于怎样才能成为好老师,习近平总书记提出了四条要求,即"有理想信念、有道德情操、有扎实学识、有仁爱之心"。这要求教师在教育过程中应扮演的角色是( )

A. 不断发展的学习者　　B. 教育教学的研究者

C. 共生关系的对话者　　D. 学生发展的引导者

2. [2021濮阳清丰,单,1分]《师说》里的"道之所存,师之所存也"体现了( )的教师职业角色。

A. 传道者　　B. 授业解惑者　　C. 研究者　　D. 示范者

3. [2021焦作山阳,单,0.6分]夸美纽斯说:"教师的职务是以自己为榜样教育学生。"这表明了教师承担的角色是( )

A. 传道者角色　　B. 授业、解惑者角色

C. 示范者角色　　D. 朋友的角色

答案:1. A　2. A　3. C

五、教师劳动的特点 【单选、多选、判断、填空、简答、案例分析】 必背 ★★★

考点1 教师劳动的复杂性和创造性

1. 教师劳动的复杂性

教师劳动的复杂性

教师劳动的复杂性是由其工作性质、任务及过程的特殊性所决定的。教师劳动的复杂性主要表现在以下五个方面:

(1)教师劳动性质的复杂性。教师的劳动属于专业行为,是一种高度复杂的心智劳动。

(2)教师劳动对象的复杂性。教师的劳动对象是千差万别的人。教师不仅要经常在同一个时空条件下,面对全体学生,实施统一的课程计划、课程标准,还要根据每个学生的实际情况施教。

(3)教师劳动任务的复杂性。教师不仅要传授科学文化知识和训练学生的技能,发展学生的智力,培养学生的能力,还要培养学生一定的思想品德,促进学生的身心健康发展。教育目的就是使每个学生得到全面、和谐而独特的发展。

(4)教师劳动过程的复杂性。要使学生形成一种良好的思想品德,需要经过知识的传授、情感的体验、意志的锻炼、信念的建立以及行为习惯的培养这样一个长期的过程。

(5)教师劳动手段的复杂性。教育要有效地促进学生的全面发展,必须保持教育影响的一致性,优化组合各种影响,使之发挥最佳的合力。然而,把这些复杂的影响有效地组织到教育过程中,使来自各方面的影响协调一致,这是一种复杂的工作。

也有学者将教师劳动的复杂性的表现总结为:(1)教育目的的全面性;(2)教育任务的多样性;(3)劳动对象的差异性。

2. 教师劳动的创造性

教师劳动的创造性主要是由劳动对象的特点决定的。这种创造性体现在创造性地运用教育教学规律，在复杂多变的教育情境中塑造发展中的人。教师劳动的创造性主要表现在以下三个方面：

(1)因材施教。教师劳动的创造性首先表现在因材施教上。教师要针对每个学生的不同特点，采取不同的教育措施，使他们都得到充分发展，这就是人们常说的**“一把钥匙开一把锁”**。

(2)教学方法上的不断更新。“教学有法，教无定法”是对教师劳动创造性的最好注脚。

(3)教师需要“教育机智”。教育机智是教师在教育教学过程中的一种特殊定向能力，是指教师能根据学生新的特别是意外的情况，迅速而正确地做出判断，随机应变地采取及时、恰当而有效的教育措施解决问题的能力。教育机智包括：洞察力、思维力、反应力、判断力、应变力。教育机智是教师良好的综合素质和修养的外在表现，是教师娴熟运用综合教育手段的能力。教育机智可以用四个词语概括：因势利导、随机应变、掌握分寸、对症下药。

真题面对面

1. [2021郑州金水，单，0.58分]“教育有法可依，但无定法可抄”说明教师劳动具有(　　)

A. 情境性　　B. 创造性　　C. 示范性　　D. 个别性

2. [2021安阳滑县，多，1.2分]教师劳动的创造性主要表现在(　　)

A. 因材施教　　B. 教学方法上的不断更新

C. 教师的教育机智　　D. 学生成绩的提升

答案：1. B　2. ABC

考点2　教师劳动的连续性和广延性

1. 教师劳动的连续性

连续性是指时间的连续性。教师的劳动没有严格的交接班时间界限，这个特点是由教师劳动对象的相对稳定性决定的。教师要不断了解学生的过去与现状，预测学生的发展与未来，检验教育教学效果，获取教育教学反馈信息，准备新一轮的教育教学活动。

2. 教师劳动的广延性

广延性是指空间的广延性。教师没有严格界定的劳动场所，课堂内外、学校内外都可能成为教师劳动的空间，这个特点是由影响学生发展因素的多样性决定的。学生的成长不仅受学校的影响，还受社会和家庭的影响。教师不能只在课内、校内发挥影响力，还要走出校门，协调学校、社会、家庭的教育影响，以便形成教育合力。

考点3　教师劳动的长期性和间接性

1. 教师劳动的长期性

长期性指人才培养的周期比较长，教育的影响具有迟效性。教师劳动的成效并不是一时就可以检验出来的，而是需要教师付出长期的大量的劳动才能看到结果、得到验证，教师的某些影响对学生终身都会发生作用。因此，教师的劳动具有长期性。

(1)教师的劳动成果是人才，而人才培养的周期比较长。把一个人培养成为能够独立生活、能够服务社会、能够为人类做出贡献的合

教师劳动的连续性和长期性都是从时间上来说的，但连续性指的是教师工作时间上的连续性，长期性指的是人才的培养周期长，教育影响具有迟效性。考生要注意区分两者。

格人才，不是一朝一夕之功。"十年树木，百年树人"就是对这个道理的最佳阐释。

(2)教师对学生所施加的影响，往往要经过很长的时间才能见效果。中小学教育处于打基础的阶段，教师的教育影响通常要反映在学生对高一级学校学习的适应中，甚至反映在学生走上工作岗位后的成就上。

真题面对面

[2022新乡原阳，单，0.6分]十年树木、百年树人，体现了教师劳动的(　　)特点。

A. 长期性　　B. 复杂性　　C. 示范性　　D. 创造性

答案：A

2. 教师劳动的间接性

间接性指教师的劳动不直接创造物质财富，而是以学生为中介实现教师劳动的价值。教师的劳动并没有直接服务于社会，或直接贡献于人类的物质产品和精神产品。教师劳动的结晶是学生，是学生的品德、学识和才能，待学生走上社会，由他们来为社会创造财富。

考点4　教师劳动的主体性和示范性

1. 教师劳动的主体性

主体性指教师自身可以成为活生生的教育因素和具有影响力的榜样。对于教师来说，首先，教育教学过程就是教师直接用自身的知识、智慧、品德影响学生的过程。再者，教师劳动工具的主体化也是教师劳动主体性的表现。教师所使用的教具、教材，也必须为教师自己所掌握，成为教师自己的东西，才能向学生传授。

2. 教师劳动的示范性

示范性指教师的言行举止，如人品、才能、治学态度等都会成为学生学习的对象。教师劳动的这一特点是由两个方面的因素决定的：(1)学生的向师性和模仿性；(2)教师劳动手段所具有的示范性特征。知识信息的转换与传递是教师劳动的重要手段，而这种手段具有显著的示范性特征。同时，教师劳动的主体性也要求教师的劳动具有示范性特点。德国著名教育家第斯多惠指出："教师本人是学校里最重要的师表，是最直观的、最有教益的模范，是学生最活生生的榜样。"任何一个教师，不管他是否意识到这一点，不管他是自觉还是不自觉，他都在对学生进行示范。因此，教师必须以身作则、为人师表。

也有学者认为，现代教师职业具有价值性、伦理性、复杂性、教育性和创造性等特点。

真题面对面

1. [2021郑州经开，单，0.5分]"学为人师，行为世范"体现了教师工作的(　　)

A. 复杂性　创造性　　B. 连续性　广延性

C. 长期性　间接性　　D. 主体性　示范性

2. [2022郑州市直，多，1.2分]现代教师职业的特点有(　　)

A. 复杂性　　B. 创造性

C. 教育性　　D. 伦理性

E. 价值性

答案：1. D　2. ABCDE

六、教师劳动的价值 【判断】

教师劳动的价值是社会价值与个人价值的统一。

(1)社会价值。指教师在教育教学过程中耗费劳动而产生的满足社会需要的意义和作用。它是教师劳动价值的主要属性,也是体现教师社会地位和教师个人价值的主要标志。

(2)个人价值。指作为客体的教师劳动对于教师主体需要的肯定或否定的某种状态,是满足教师自身物质和精神需要的程度。

七、教师的职业素养 【单选、多选、不定项、判断、简答、案例分析】 必背 ★★★

教师的职业素养是教师做好教育工作的前提,也是衡量教师能否胜任本职工作的基本条件。

考点1 教师的职业道德素养

教师职业道德是指教师在其职业生活中所应遵守的基本行为规范或准则,以及在此基础上所表现出来的观念意识和行为品质。这是教师素质的重要组成部分和立身立业的根本,也是调节教师与他人、教师与集体及社会相互关系的行为准则,是一定社会对教师行为的基本要求。

1. 对待事业:忠于人民的教育事业

热爱教育事业是教师做好教育工作的**前提**,是教师职业道德的**基础**,也是教师劳动积极性和创造性的**源泉**。忠于人民的教育事业要求教师做到:(1)依法执教,严谨治教;(2)爱岗敬业,廉洁从教。

2. 对待学生:热爱学生

热爱教育事业具体体现在热爱学生上。热爱学生是教师职业道德的核心,是教师高尚道德品质的表现。

(1)热爱学生的原因(教师为什么要热爱学生)

①教师热爱学生有助于学生良好思想品德的培养;②教师热爱学生有利于增强学生从事各种学习的动力;③教师热爱学生有利于创造积极、愉快的学习氛围,使学生保持良好的学习状态;④教师热爱学生还有利于赢得学生的信任与敬重。

(2)热爱学生的要求(教师如何热爱学生)

①把对学生的爱与严格要求相结合;②把爱与尊重、信任相结合;③要全面关怀学生;④要关爱全体学生;⑤理解和宽容学生;⑥解放学生;⑦对学生要保持积极、稳定的情绪。

3. 对待集体:团结协作

人的培养靠单个教师是不行的,因为人的成长要受到多方面因素的影响。人才的全面成长,是多方教育者集体劳动的结晶。这就要求教师必须与各方面协同合作,以便形成教育合力,共同完成培养人的工作。为此,要求教师做到:(1)相互支持、相互配合;(2)严于律己,宽以待人;(3)弘扬正气,摒弃陋习。

4. 对待自己:为人师表(良好的道德修养)

教师的言行举止、品德才能、治学态度等方面都会对学生产生潜移默化的影响,成为学生学习的对象。这是由教师劳动的"主体性和示范性"特点以及学生的"向师性、模仿性和可塑性"特点所决定的。因此,教师只有自己具备了良好的道德修养,才能有力地说服学生、感染学生、教育学生。

有位教育家曾说过:"如果儿童的怀疑涉及教师的道德方面,则教师的地位更为不幸了。"为此,教师必须做到:(1)高度自觉,自我监控。教师以高标准严格要求自己,才能使自己在学生面前成为活生生的教材,成为学生做人的榜样。(2)身教重于言教。要做到身教,最基本的要求是:凡是要求学生去做的,教师一定要身体力行,做到言行一致,发挥表率作用。

真题面对面

1. [2021驻马店,单,1.12分](　　)是教师做好教育工作的前提,是教师职业道德的基础,也是教师劳动积极性和创造性的源泉。

A. 热爱学生　　B. 以身作则

C. 团结协作　　D. 热爱教育事业

2. [2022信阳淮滨,多,1分]教师热爱学生有利于(　　)

A. 学生良好思想品德的培养

B. 创造积极愉快的学习氛围,使学生保持良好的学习状态

C. 增强学生从事各种学习的动力

D. 赢得学生的信任与敬重

答案:1. D　2. ABCD

考点2　教师的知识素养

1. 政治理论修养

马列主义、毛泽东思想和中国特色社会主义理论体系。

2. 精深的学科专业知识(本体性知识)

这是教师知识结构的核心,也是教师向学生传授知识的必备基础。主要包括:(1)掌握该学科的基本知识和基本技能;(2)掌握该学科的基本理论和学科体系;(3)了解该学科的发展脉络;(4)了解学科领域的思维方式和方法论。

3. 广博的科学文化知识

教师的知识不仅要"专",而且要"博",教师的专业知识应建立在广博的科学文化知识的基础之上。因为:(1)这是科学知识日益融合和渗透的要求;(2)这是青少年多方面发展的要求;(3)教师的任务是教书育人。

本体性知识,即特定学科及相关知识,是教师知识结构的核心,也是教师向学生传授知识的必备基础。

条件性知识,即认识教育对象、开展教育活动和研究所需的教育科学知识和技能。

考生可这样理解:缺乏本体性知识的教师不能称为教师,缺乏条件性知识的教师不能称为好的教师。

4. 必备的教育科学知识(条件性知识)

人们通过数千年的教育实践,积累了丰富的教育教学实践经验。在总结这些经验的基础上,人们揭示了教育教学的规律,提出了教育教学的原则、方法体系,形成了系统的教育理论。教师要加强教育工作的科学性和有效性,就必须掌握这些理论。

教师的教育科学知识主要包括三个方面:(1)学生身心发展知识;(2)教与学的知识;(3)学生成绩评价的知识。教育学、心理学及学科教学法是教师需要掌握的最为基本的教育科学知识。此外,教师还要掌握教育管理方面的知识。

5. 丰富的实践知识

教师的实践性知识是基于教师个人的经验积累,在对待和处理教育问题时体现出的个人特质和教育智慧。就其构成而言,教师的实践性知识包括教师的教育信念、自我知识、人际知识、情境知识、策略性知识、批评反思知识等。

真题面对面

1. [2023周口市直,单,1分]语文教师阅读文学名著,研习教学理论。这反映了教师专业知识中的(　　)

A. 本体性知识、通识性知识　　B. 本体性知识、条件性知识

C. 条件性知识、一般性知识　　D. 一般性知识、实践性知识

2. [2021洛阳伊川,单,1分]教师的教育学、心理学知识范畴属于(　　)性知识。

A. 本体　　B. 条件　　C. 实践　　D. 一般

3. [2022信阳淮滨,判断,0.5分]教师的知识结构的核心是教育理论知识。(　　)

答案:1. B　2. B　3. ×

考点3　教师的能力素养

1. 语言表达能力

语言,特别是口头语言,是教师向学生传递教育信息的重要工具,因此要求教师具有较强的语言表达能力。对教师的语言表达要求如下:

(1)准确、简练,具有科学性;(2)清晰、流畅,具有逻辑性;(3)生动、形象,具有启发性;(4)口头语言和肢体语言的巧妙结合。

2. 组织管理能力

教师要进行教育活动,必须具备一定的组织管理能力。具体来说包括两个方面:

(1)教师要有确定合理目标和计划的能力。教师要组织管理班级,能根据班级的具体情况,提出近期、中期和长期目标和计划,将班级培养成有共同奋斗目标、良好的班级作风、强大的凝聚力的班集体。

(2)教师要有引导学生的能力。学生是教育活动的主体,教师要调动学生的积极性,使学生积极主动地参加教育活动,而不是消极被动地接受。

3. 组织教育和教学的能力

教师是教育教学过程的组织者、领导者,因此要求教师具有驾驭教育和教学的能力。具体包括:

(1)教师要善于制订教育教学工作计划、编写教案、组织教材,以加强教学工作的预见性、有序性;

(2)教师要善于组织课堂教学,以保证教学过程的顺利进行和教学任务的完成;

(3)教师要善于组织学校、家庭及社会各方面的教育力量,使各方面相互配合,进行教育资源的整合。

4. 自我调控和自我反思能力(较高的教育机智)

教育活动要根据实际情况来进行,这就要求老师要能适应各种变化,能够进行自我调控,遇到意想不到的情况时,要求教师运用教育机智来解决问题。同时也要求教师有自学能力,不断提高自己的修养。教师的自我调控和反思能力主要表现在:

(1)对自身的教育教学表现进行自我监督、自我反馈、自我反思、自我改进的能力;

(2)根据新情况、新问题调整自己的预定计划以适应变化的能力。

考点4　职业心理健康

教师心理健康的构成是指一个优秀教师所应有的心理素质,也就是教师对内外环境及人际关系有着良好适应的条件。这些条件包括高尚的职业道德、愉悦的情绪情感、良好的人际关系、健康的人格特征等。

1. 高尚的师德

对广大教师来说,师德是履行教育工作的社会职能所应遵循的道德原则和规范,是调整教师工作职权与职责关系的思想武器,是为人师表的行为准则。高尚的师德应包括热爱学生、教书育人、为人师表和团结

协作等内容。

2. 愉悦的情感

情感作为一种内心体验是人感受客观需要的心理活动。对教师来说，情感是塑造青少年灵魂的强大精神力量，丰富的情感具有强烈的感染力，它使广大学生在潜移默化中，在期待和激励下，自觉热情地学习。

3. 良好的人际关系

良好的人际关系是教师完善人格的一个重要标志，也是教师心理健康的重要内容。从对象上看，教师的人际交往包括与学生保持良好的人际关系、与同事和学校领导建立良好的人际关系。从形式上看，教师的人际关系包括认知、情感和行为三个方面。

4. 健康的人格

教师的健康人格是在培养人、教育人的过程中表现出来的成熟的、积极的心理素质。

知识再拔高

关于教师应具备的专业素养的其他说法

1. 教师应具备的专业素养(说法一)

一名教师是否真正具备从事教师职业的条件，能否正确履行教师角色，根本上还在于教师的专业素养。

(1)教师的学科专业素养。也即教师的学科知识素养。这是教师胜任教学工作的基础性要求。

(2)教师的教育专业素养。教师的教育专业素养包括以下几个方面：

①具有先进的**教育理念**。教育理念是指教师在对教育工作本质理解的基础上形成的关于教育的观念和理性信念。叶澜认为，根据教育发展的需要，教师应具有以下现代教育理念：

A. 新的教育观。符合时代特征的教育观要求教师对教育功能有全面的认识，要求教师全面理解素质教育。

B. 新的学生观。符合时代特征的学生观要求教师全面理解学生的发展，理解学生的全面发展与个性发展、全体发展与个体发展、现实发展与未来发展的关系。

C. 新的教育活动观。教育活动是学校教育的实践方式，是师生学校活动的核心。新的教育活动观强调教育活动的“双边共时性”“灵活结构性”“动态生成性”和“综合渗透性”。

②具有良好的**教育能力**。教师的教育能力是教师职业的特殊要求，具体内容参见前文“教师的能力素养”部分。

③具有一定的**研究能力**。“纸上得来终觉浅，绝知此事要躬行”，重视科研的教师，才能不停留于照本宣科，在教学过程中倾注自己的思想感情，激励学生的探索精神。

(3)教师的人格特征。优秀教师的**人格特征**表现在：①从事教育工作的使命感；②稳定而持久的职业动力；③对工作的事业心与上进心；④获取成就的动机与欲望；⑤求知的欲望与兴趣；⑥良好的性格特质；⑦对教育教学具有高度的自我调节和完善能力。

(4)教师良好的职业道德素质。具体参见前文“教师的职业道德素养”的相关内容。

2. 教师应具备的专业素质(说法二)

(1)高尚的师德。主要表现为：热爱教育事业，富有献身精神和人文精神；热爱学生，诲人不倦；热爱集体，团结协作；严于律己，为人师表。

(2)宽厚的文化素养。

(3)专门的教育素养。主要包括：①教育理论素养。②教育能力素养，指保证教师顺利完成教育、教学任务的基本操作能力。具体而言，它主要包括课程开发的能力、良好的语言表达能力、组织与引导教学的能力、机智地应变与创新的能力。③教育研究素养。

(4)健康的心理素质。主要是指教师要有轻松愉快的心境,昂扬振奋的精神,乐观幽默的情绪以及坚韧不拔的毅力等。

真题面对面

[2022郑州高新,不定项,1.1分]教师的教育能力素养包括(　　)

A. 健康的心理素质　　B. 组织与引导教学的能力

C. 良好的语言表达能力　　D. 课程开发能力

答案:BCD

八、教师专业发展

考点1　教师专业发展的概念　【判断、填空】

教师专业发展,又称教师专业成长,是指教师在整个专业生涯中,依托专业组织、专门的培养制度和管理制度,通过持续的专业教育,习得教育教学专业技能,形成专业理想、专业道德和专业能力,从而实现专业自主的过程,它包括教师群体的专业发展和教师个体的专业发展。

教师群体的专业发展是指教师职业不断成熟、逐渐达到专业标准,并获得相应的专业地位的过程。它既是教师个体专业化的条件和保障,同时也最终代表着教师职业的专业化。

教师个体的专业发展是教师作为专业人员,从专业思想到专业知识、专业能力、专业心理品质等方面由不成熟到比较成熟的发展过程,即由一个专业新手发展成为专家型教师或教育家型教师的过程。

从历史发展的总趋势来看,教师专业发展的核心以及最终体现就在于教师个体的专业发展。

考点2　教师专业发展的内容　【单选、多选】★

(1)**专业理想的建立**。教师的专业理想是教师对成为一个成熟的教育专业工作者的向往与追求,它为教师提供了奋斗的目标,是推动教师发展的巨大动力。

(2)**专业态度和动机的完善**。教师专业态度和动机是教师专业活动的动力基础。教师在这个方面的发展主要表现为教师的专业理想、对职业的态度、工作积极性高低以及职业满意度等。

(3)**专业知识的拓展与深化**。教师作为一个专业人员,必须具备从事专业工作所需要的基本知识。因此,教师的专业知识是教师专业发展中的一项重要内容,教师专业知识(合理的知识结构)主要包括本体性知识、条件性知识、实践性知识和一般文化知识。

(4)**专业能力的提高**。教师的专业能力就是教师的教育教学能力,是教师在教育教学活动中所形成的顺利完成某项任务的能量和本领。它是教师综合素质最突出的**外在表现**,也是评价教师专业性的**核心因素**。

(5)**教师的专业人格**。教师的专业人格是教师在教育教学工作中所必须具有的道德品质方面的自我修养,诚实正直、善良宽容、公正严格是教师专业人格的重要内容。

(6)**专业自我的形成**。专业自我包括自我意象、自我尊重、工作动机、工作满意感、任务知觉和未来前景。对教学工作来说,教师的专业自我是教师个体对自我从事教学工作的感受、接纳和肯定的心理倾向,这种倾向将显著地影响到教师的教学成效。

考点3　教师专业发展的阶段　【单选、多选】★

1. 国内学者的划分

叶澜等人从"自我更新"取向角度对教师专业发展阶段及其特征进行了深入研究,把它按照先后顺序分为五个阶段："非关注"阶段、"虚拟关注"阶段、"生存关注"阶段、"任务关注"阶段、"自我更新关注"阶段。

表1-17 "自我更新"取向的教师专业发展阶段及其特征

阶段	主要特征
"非关注"阶段	正式教师教育之前； 无意识中以非教师职业定向的形式形成了较稳固的教育信念，具备了一些"直觉式"的"前科学"知识以及与教师专业能力密切相关的一般能力
"虚拟关注"阶段	师范学习阶段（包括实习期）； 对合格教师的要求开始思考，在虚拟的教学环境中获得某些经验，对教育理论及教师技能进行学习和训练，有了对自我专业发展反思的萌芽
"生存关注"阶段	新任教师阶段；教师专业发展的关键阶段，突出特点是"骤变与适应"； 在"现实的冲击"下，产生了强烈的自我专业发展的忧患意识，特别关注专业活动中的"生存"技能，专业发展集中在专业态度和动机方面； 不仅面临着由教育专业的学生向正式教师角色的转换，也存在所学理论知识和具体教学实践的"磨合期"
"任务关注"阶段	随着教学基本"生存"知识、技能的掌握，自信心日益增强，由关注自我的生存转到更多地关注教学，由关注"我能行吗"转到关注"我怎样才能行"
"自我更新关注"阶段	不再受外部评价或职业升迁的牵制，自觉依照教师发展的一般路线和自己目前的发展条件，有意识地自我规划，以谋求最大程度的自我发展；更加关注课堂内部的活动及其实效，关注学生是否真的在学习，关注教学内容是否真的适合学生，关注学生的差异

有研究者指出，"自我更新"取向的教师专业发展与其他教师专业发展相比较，有自身的特点：

（1）将自己的专业发展作为反思的对象。

（2）强调教师不仅是专业发展的对象，更是自身专业发展的主人。

（3）目标直接指向教师专业发展。即"以个人的专业结构为本，把教学工作看作一种专业，教师作为专业人员应追求个人专业结构的不断改进"。

真题面对面

[2023郑州郑东新区，单，1.5分]我国教育家叶澜从自我更新取向的角度，把教师专业化分成五个发展阶段，下列阶段按先后顺序排列正确的是（ ）

A. 生存关注阶段 任务关注阶段 自我更新关注阶段

B. 生存关注阶段 虚拟关注阶段 自我更新关注阶段

C. 自我更新关注阶段 虚拟关注阶段 生存关注阶段

D. 生存关注阶段 虚拟关注阶段 非关注阶段

答案：A

2. 国外学者的划分

美国学者凯兹根据前人的观念概括并提出了教师专业发展的四个阶段：（1）**求生期**，在工作的第一年，努力适应以求得生存；（2）**强化期**，工作一年后，对一般学生的情况有了基本的了解，开始把注意力放在有问题的学生身上；（3）**求新期**，在工作的第三和第四年时，教师开始寻求新的教育教学方法；（4）**成熟期**，教师花费三年、五年或更多的时间,成为一个专业工作人员,能够对教育问题做出反省性思考。

考点4 教师专业发展的取向 【单选】★

一般认为,教师专业发展有三种取向:理智取向(理性取向)、实践—反思取向、文化生态取向。

理智取向认为,教师的专业发展就是教师接受充足的学科知识与教育知识。有效教学的影响因素就在于教师自己拥有的学科知识和将这些知识、技能传递给学生的教育知识。因而这种取向的教师专业发展,主要就是向专家学习某一学科的学科知识和教育知识。

实践—反思取向主张教师通过实践反思,发现教育教学意义,获得实践智慧,其主要方法有写日志、传记、构想、文献分析、教育叙事、教师访谈、参与性观察等。

文化生态取向认为教师专业发展不仅仅依靠个人努力,更大程度上依赖于“教学文化”或“教师文化”为其工作提供意义、支持和身份认同,其主要方式是通过学习团队建设进行协同教学、合作教研,实现共同发展。

考点5 教师专业发展的途径 【单选、多选、判断、简答】★

1. 师范教育

职前师范教育阶段是师范生进行专业准备与学习,初步形成教师职业所需要的知识与能力的关键时期,是教师专业化发展的起始和奠基阶段。师范教育的质量直接决定了新教师的质量,并影响着教师今后的发展。

2. 入职培训

新教师都会面临一个角色适应问题。为了让新教师尽快进入角色,新教师的任职学校应当采取及时有效的支持性措施。在我国,各级师范院校承担了短期的系统培训工作,目的是向新教师提供系统而持续的帮助,使之尽快转变角色、适应环境。

3. 在职培训

在职培训是为了适应教育改革与发展的需要,为在职教师提供的继续教育,主要采取“理论学习、尝试实践、反省探究”三结合的方式,培养教师研究教育对象、教育问题的意识和能力。教师在职培训活动很广,可以是业余进修,也可以是校本培训(如集体观摩、相互评课、相互研讨等)。

知识再拔高

校本培训的概念和特点

校本培训是指以教师任职的学校为组织单位,以提高教师专业素质为主要目标,通过教育教学实践和教育科研活动等形式,对全体教师进行的全员性在职培训。其主要特点有:(1)以学校为培训基地,关注教师的实际需要,按需培训;(2)重视在教学实践中培训教师,教学、科研与培训一体化,强调岗位练兵;(3)重视教师在培训中的主体地位,注重激发教师专业成长的内部动机。

4. 自我教育

教师的自我教育就是专业化的自我建构,它是教师个体专业化发展最直接、最普遍的途径。教师自我教育的方式主要有经常性的系统的自我反思、主动收集教改信息、研究教育教学中的各种关键事件、自学现代教育教学理论、积极感受教学的成功与失败等。教师自我教育是专业理想确立、专业情感积淀、专业技能提高、专业风格形成的关键。

此外,跨校合作(如教师专业发展学校),专家指导(如讲座、报告),政府教育部门和教研机构组织的各类专业培训和交流活动等也是教师专业发展的途径。

真题面对面

1. [2021信阳市直,单,1.2分](　　)是教师个体专业化发展最直接、最普遍的途径。

A. 进修培训　　B. 观摩学习　　C. 自我教育　　D. 师范教育

2. [2022郑州新郑,多,1.1分]从历史发展的总趋势来看,教师专业发展的核心和最终体现是教师个体的专业发展。教师专业发展的途径包括(　　)

A. 师范教育　　B. 新教师的入职培训

C. 教师的在职培训　　D. 教师的自我教育

答案:1. C　2. ABCD

考点6　教师专业化的实现

教师专业化的实现,从客观上来看,需要国家和政府的法律、政策和资金支持;从主观上来看,需要教师的个人努力。

1. 国家和政府对教师专业化的促进与保障

(1)加强教师教育。①建立一体化和开放式的教师教育体系;②要改革教师教育课程。(2)制定法律法规。我国于1993年颁布了《中华人民共和国教师法》,首次以法律形式规定国家实行教师资格制度。1995年国家颁布了《教师资格条例》。(3)提供经济保障。

2. 教师个人为实现专业化应做的主观努力

(1)善于学习;(2)恒于研究;(3)勤于反思;(4)勇于实践。

考点大默写

1. 教师的职业形象包括三个方面:道德形象、__________、__________。其中,__________是教师最基本的形象,__________是教师形象的核心。
2. 教师职业的最大特点在于职业角色的__________。"师者,人之楷模也"说的是教师的__________角色。
3. 教师既要发展学生的智力、培养学生的能力,还要培养学生的思想品德,这是教师劳动__________的复杂性的体现。
4. 教师针对班上学生的具体情况,灵活地选择教学方法进行授课。这反映了教师劳动的__________特点。
5. 教育机智是教师劳动__________特点的体现,它可以用四个词语概括:因势利导、__________、__________和__________。
6. 我们常说"十年树木,百年树人",人才培养并非一朝一夕之功。这表明教师劳动具有__________特点。
7. 教师的劳动成果是学生的品德、知识和能力,而非显性的物质财富。这说明教师的劳动具有__________特点。
8. "其身正,不令而行;其身不正,虽令不从"反映了教师劳动的__________特点。
9. 教师的职业素养是教师做好教育工作的前提,它主要包括__________、__________、__________和职业心理健康四个方面的内容。
10. 教师的职业道德素养中,__________是教师职业道德的基础,__________是教师职业道德的核心。
11. __________是教师知识结构的核心,也是教师向学生传授知识的必备基础。
12. 在教师的知识结构中,教育原理、心理学、教学论、班级管理和现代教育技术等知识属于__________。

13. 教师专业发展的途径中，__________阶段是教师专业化发展的奠基阶段，__________是教师个体专业化发展最直接、最普遍的途径。

【参考答案】

1. 文化形象；人格形象；道德形象；文化形象 2. 多样化；示范者 3. 任务 4. 创造性 5. 创造性；随机应变；掌握分寸；对症下药 6. 长期性 7. 间接性 8. 示范性 9. 职业道德素养；知识素养；能力素养 10. 热爱教育事业；热爱学生 11. 学科专业知识（本体性知识） 12. 教育科学知识（条件性知识） 13. 师范教育；自我教育

第二节 学 生

一、学生的特点 【单选、多选、判断】 必背 ★★

学生既是教育的对象，又是教育的主体，了解和研究学生的特点是教育工作的出发点和归宿。

考点1 学生是教育的对象（客体）

1. 依据

从教师方面看，教师是教育过程的组织者、领导者，学生是教师教育实践活动的作用对象，是被教育者、被组织者和被领导者。

从学生自身特点看，学生具有可塑性、依赖性和向师性。

（1）学生具有**可塑性**。学生处于长知识、长身体的时期，也是他们的品德、人格正在形成的时期，各方面尚未成熟，具有很大的发展潜力，而且尚未定型，极容易受外部环境因素的影响，具有“染于苍则苍，染于黄则黄”的特点。正因为儿童的发展具有可塑性，人们才有可能通过教育来培养和改造人。

（2）学生具有**依赖性**。学生多属未成年人，还不具备完全独立生活的能力。在家里，他们要依赖父母，入学后他们将对父母的依赖心理转为对教师的依赖心理。

（3）学生具有**向师性**。学生入学后，会自然地亲近、信赖、尊敬甚至崇拜教师，把教师作为获取知识的智囊、解决问题的顾问、行为举止的楷模。

2. 表现

（1）学生明确自己的主要任务是学习，具有愿意接受教育的心理倾向。

（2）学生服从教师的指导，接受教师的帮助，期待从教师那里汲取营养，促进自身的身心发展。

（3）学生所参加的是一种规范化的学习，学生的学习是有目的、有计划、有组织地进行的，它是由一定的教育制度以及学校的各项规章制度所规定了的。

考点2 学生是自我教育和发展的主体

学生作为教师教育活动的对象或客体是相对的、暂时的，而作为自身生活、学习和发展的主体却是绝对的、长期的。

1. 依据

（1）学生是具有主观能动性的人。学生是有意识、有情感、有个性的社会人，他们不是盲目、机械、被动地接受作用于他们的影响，而是具有主观能动性的人。

（2）学生在接受教育的过程中，也具有一定的素质，可以进行自我教育。

2. 表现

（1）**自觉性**，也称主动性，这是学生主观能动性**最基本**的表现。它表现在学生能根据一定的目标或要求，或在某种情境的激发下，自行采取相应的态度或行动。例如，学生在课堂上主动回答问题、参与活动，课下主动完成作业、主动帮助同学，等等。

(2)独立性，也称自主性，这是自觉性进一步发展的表现。它表现在学生不仅具有自觉性，而且能自行确定或选择符合自身需要、特点和条件的目标和行动方式，并能在实现目标的行动中自我监督和调控。

(3)创造性，这是学生主观能动性的最高表现。它表现在学生不仅具有自觉性和独立性，而且有超越意识，如超越书本、超越教师、超越自己和群体等。在教学过程中，表现为不满足于书上的现成结论，不满足于教师提供的解题方法，倾向于提出新颖的或与众不同的见解或解决问题的方法。

3. 学生主体性的培养

对于学生主体性的培养，一般学者认为主要从三个方面着手：

(1)建立民主而和谐的师生关系，重视学生自学能力的培养；

(2)重视培养学生主体参与课堂，让学生获得主体参与的体验，尤其让学生体验成功；

(3)尊重学生的个性差异，对学生进行具有针对性的教育。

主体性教育要求在班级管理中，突出学生自主管理，让每一位学生都有机会参与到班级管理中来；在课程上，重视研究性学习和探究性学习；在教学组织形式上，采取集体教学、小组教学和个别教学相结合的形式，尤其强调小组教学的作用。

真题面对面

1. [2021洛阳伊川，单，1分]学生主观能动性的最高表现是(　　)

A. 自觉性　　B. 独立性

C. 创造性　　D. 可塑性

2. [2022信阳淮滨，多，1分]发展学生的主体性应该(　　)

A. 建立民主和谐的师生关系，培养学生的自学能力

B. 培养学生主体参与课堂，获得体验

C. 尊重学生的个性差异，进行针对性教学

D. 教学目标要考虑社会发展需要

答案：1. C　2. ABC

考点3　学生是发展中的人

学生不是成人，他们正处于身心发展最迅速的时期，生理和心理两方面都不太成熟，具有很大的发展可能性与可塑性。学生是发展中的人，包括四层含义：(1)学生具有和成人不同的身心发展特点；(2)学生具有发展的巨大潜在可能性；(3)学生具有发展的需要；(4)学生具有获得成人教育关怀的需要。

知识再拔高

学生的属性

学生既有人共同的属性，也具有其独特的属性，具体表现在：(1)学生是人。①学生是完整的生命体；②学生是具有主体性的人；③学生是社会权利的主体。(2)学生是发展中的人。(3)学生是以学习为主要任务的人。

二、中小学生发展的时代特点 【单选、多选】 ★

(1)身体发育水平持续提高,身体素质持续下降;(2)学习目的多元化、实用化;(3)价值观念多元化,具有较高的职业理想和务实的人生观;(4)自我意识增强,具有一定的社会交往能力;(5)心理问题和行为问题增多;(6)网络生活成为大部分中小学生生活的重要组成部分。

真题面对面

[2021安阳,单,0.8分]下列选项属于中小学生发展的时代特点的是( )

A. 稳定性和可变性　　B. 定向性与顺序性

C. 心理问题与行为问题减少　　D. 价值观念多元化

答案:D

三、现代学生观 【单选、多选、判断、简答、论述、案例分析】 必背 ★★★

现代学生观

学生观就是教师对学生的基本看法,它影响教师对学生的认识及其态度与行为,进而影响学生的发展。我国传统的学生观将学生看作是被动的受体、教师塑造与控制的对象,学生在教育中处于边缘位置,对学生的教育是规范、预设的。新课程提倡的学生观主要观点如下:

考点1 学生是发展中的人,要用发展的观点认识学生

(1)学生的身心发展是有规律的。教师应依据学生身心发展的规律和特点来开展教育活动。

(2)学生具有巨大的发展潜能。在实际工作中,许多人往往从学生的现实表现推断学生没有出息,没有潜力。其实,学生具有巨大的发展潜能,智力水平可以明显提高,这已为科学研究所证实。

(3)学生是处于发展过程中的人。作为发展中的人,意味着学生还是不成熟的人,是一个正在成长的人。把学生作为发展中的人来对待,就要理解学生身上存在的不足,就要允许学生犯错误。当然,更重要的是要帮助学生解决问题,改正错误,从而不断促进学生的进步和发展。

(4)学生的发展是全面的发展。现代学生观强调,教师在教育教学实践中,不仅要重视"知识与技能"的传授,更要看到"过程与方法""情感态度与价值观"等的重要性,把学生培养成全面发展的人。

考点2 学生是独特的人

(1)学生是完整的人。学生并不是单纯的、抽象的学习者,而是有着丰富个性的完整的人。学习过程并不是单纯的知识接受或技能训练,而是伴随着交往、创造、追求、选择、意志努力、喜怒哀乐等的综合过程,是学生整个内心世界的全面参与。

(2)每个学生都有自身的独特性。独特性是个性的本质特征,珍视学生的独特性和培养具有独特个性的人,应成为我们对待学生的基本态度。独特性也意味着差异性,差异不仅是教育的基础,也是学生发展的前提,应视之为一种财富而珍惜开发,使每个学生在原有基础上都得到完全、自由的发展。

(3)学生与成人之间存在着巨大的差异。学生和成人之间是存在很大差别的,学生的观察、思考、选择和体验,都和成人有明显不同。"应当把成人看作成人,把孩子看作孩子。"

考点3 学生是具有独立意义的人

(1)每个学生都是独立于教师的头脑之外,不以教师的意志为转移的客观存在。教师不可以对学生随意支配,或任意捏塑,不可以随意强加给学生一些外在的知识,因为这样并没有尊重学生的主观能动性,只

会挫伤学生的积极性，扼杀他们的学习兴趣，窒息他们的思想，引起他们自觉或不自觉的抵制或抗拒。

(2)学生是学习的主体。教师对学生客体的教育与改造，只是学生发展的外部条件和外因，学生的主体活动才是学生获得发展的**内在机制和内因**。这表现在：①学生是具有一定主体性的人；②学生是学习活动的主体；③教学过程在于建构学生主体。

(3)学生是责权主体。从法律角度看，在现代社会，学生在社会系统中享受各项基本权利，有些甚至是特定的。但同时，学生也要承担一定的责任和义务。把学生作为责权主体来对待，是现代教育区别于古代教育的重要特征，是教育民主的重要标志。

知识再拔高

马克思主义学生观

(1)学生是自我发展的主体。一方面，人的发展受一定外界客观条件的制约；另一方面，人是发展的主体，具有主观能动性。

(2)学生是发展着的个体。马克思反对用静止的观点看待人，认为："整个历史也无非人类本性的不断改变而已。"人的本质是"一切社会关系的总和"，人既然是由社会关系决定的，社会关系又是历史的、变化的，那么由社会关系决定的人的本质，也就自然是历史的、变化的。学生作为教育的对象，处在不断发展的过程中，教师应该用发展的观点认识和对待学生，相信每一个学生都具有巨大的潜能，看到学生的未完成性，给学生创造发展的环境和机会。

(3)学生应当获得全面的发展。根据马克思主义的人的全面发展学说，人的全面发展是指个人的智力和体力尽可能多方面充分、自由、统一的发展。

(4)学生发展应当具有个性化。马克思主义的个性观强调在人的全面发展的基础上发展人的个性，人的全面发展的真谛就是使每个人的个性都获得丰富全面的发展。

真题面对面

1. [2023事业单位，单，0.8分]"整个历史也无非人类本性的不断改变而已。"据此推理，学生是(   )

A. 发展着的个体　　B. 自我发展的主体

C. 全面发展的人　　D. 发展具有个性化

2. [2022濮阳华龙，单，1.12分]班主任周老师为学生建立"成长档案"，记录学生成长的足迹，并给予学生成长正反馈。这表明周老师具备新课程倡导的哪一学生观(   )

A. 学生是独特的人　　B. 学生是发展中的人

C. 学生是学习的主体　　D. 学生是责权主体

3. [2022平顶山市直，判断，0.5分]教师不能把自己的知识强加给学生，否则会挫伤学生学习的积极主动性，扼杀学生的学习兴趣，禁锢学生的思想，引起学生的抗拒。(   )

答案：1. A　2. B　3. √

四、学生的社会地位 【多选】 ★

学生和其他社会成员一样，具有人的本质属性，是生活在一定的社会关系中具有特定的**社会属性**的人。学生的社会地位是指他们作为社会成员应具有的主体地位。青少年儿童是未来社会的主人，有着独立的社会地位，并依法享受各项社会权利。

1989年11月20日联合国大会通过的《儿童权利公约》的核心精神，正是维护青少年儿童的社会权利主体地位。这一精神的基本原则有儿童利益最佳原则、尊重儿童尊严原则、尊重儿童观点与意见原则和无歧视原则。我国是《儿童权利公约》的缔约国之一，在履行《儿童权利公约》的同时，还在《中华人民共和国宪法》《中华人民共和国教育法》《中华人民共和国未成年人保护法》等一系列有关法律、法规和政策中对青少年享有的权利做了规定，概括起来讲，主要有：(1)生存的权利；(2)受教育的权利；(3)受尊重的权利；(4)安全的权利。

★★ 考点大默写 ★★

1. "染于苍则苍，染于黄则黄"，这说明学生作为教育的对象，具有__________的特点。
2. 学生既是教育的对象，又是教育过程中发展的主体，学生主体性的最基本表现是__________，最高表现是__________。
3. 当代中小学生的自我意识增强，具有一定的社会交往能力，心理问题和行为问题__________。
4. 现代学生观倡导学生是发展中的人，要用__________的观点认识学生。
5. 学生是__________的人，应当把成人看作成人，把孩子看作孩子。
6. 学生是具有独立意义的人，是学习的__________。
7. 联合国大会通过的《儿童权利公约》，其核心精神是维护青少年儿童的______________地位。

【参考答案】

1. 可塑性　2. 自觉性(主动性)；创造性　3. 增多　4. 发展　5. 独特　6. 主体　7. 社会权利主体

第三节　师生关系

一、师生关系概述

考点1　师生关系的内涵　【单选、多选、判断、填空】★

师生关系是指教师和学生在教育教学活动中为完成一定的教育任务，以"教"和"学"为中介而形成的一种特殊的社会关系，包括彼此所处的地位、作用和态度等。师生关系是教育活动过程中人与人关系中最基本、最重要的关系。

师生之间的现实关系是不断变化和丰富多样的，可以从不同的层面进行划分，主要表现为社会关系、教育关系、心理关系和伦理关系。

1. 社会关系(以年青一代成长为目标的社会关系)

它是人与人的各种社会关系在教育教学中的反映。主要表现为师生之间存在的代际关系、政治关系、文化的授受关系、道德关系以及法律关系。

(1)师生之间存在代际关系，即反映人类的经验及其发展与个体经验及其发展的关系。

(2)师生之间存在政治关系，是国家、集体与个人关系在教育中的反映，权威与服从关系是师生政治关系的外部表征。

(3)师生之间存在文化的授受关系，即人类文化历史与文化现实关系的直接反映。教师和学生构成传授和接受的关系。

(4)师生之间存在道德关系，即人类现实利益关系在教育教学中的反映。教育教学过程中师生的活动必然受到社会道德规范的约束，如公平、正义、秩序等，教师和学生都必须共同遵守。

(5)师生之间存在法律关系，即现代社会人们之间的责权关系的具体体现。

2. 教育关系(以直接促进学生发展为目标的教育关系)

师生之间的教育关系是指教师与学生在教育教学活动中为完成一定的教育任务,以"教"和"学"为中介,以促进学生的整体发展和自主发展为目标而建立的一种工作关系。教育关系是基本关系,其他师生关系皆服务于这一关系。

3. 心理关系

师生心理关系的实质是师生个体之间的情感是否融洽、个性是否冲突、人际关系是否和谐。现实中,师生人际偏见、情感冲突、个性对立干扰了正常的教育教学秩序,引发了学生厌学、教师厌教的现象。因此,教师与学生的心理关系的好坏关系到其教育关系的存在和发展,优秀的教师不仅是会教知识的教师,而且是吸引学生的教师。

4. 伦理关系

师生之间的伦理关系是指在教育教学活动中,教师与学生构成一个特殊的道德共同体,各自承担一定的伦理责任,履行一定的伦理义务。这种关系是师生关系体系中最高层次的关系形式,对其他关系形式具有约束和规范作用。

真题面对面

1. [2022平顶山舞钢,单,1分]学校中最基本的人际关系是(　　)的关系。

A. 教与学　　B. 教师与学生　　C. 教师与同事　　D. 教师与领导

2. [2022郑州惠济,单,0.5分]在师生关系体系中处于最高层次,对其他关系形式具有约束和规范作用的是(　　)

A. 心理关系　　B. 社会关系　　C. 教育关系　　D. 伦理关系

答案:1. B　2. D

考点2　师生关系的作用　【单选、不定项、判断】

1. 良好的师生关系是教育教学活动顺利进行的重要条件

良好的师生关系是调动师生双方积极性、主动性和创造性的前提。师生关系与学生学习成绩显著相关。

2. 师生关系是衡量教师和学生学校生活质量的重要指标

在良好的师生关系条件下,学生能够充分显示其独立性、自主性,有益于学生个性的发展;教师则能在工作中积极地感受到生命的可敬,体验到工作的价值。

3. 师生关系是一种重要的课程资源和校园文化

师生关系是教育教学实践中形成的一种课程资源,具有重要的德育功能、心理功能和认知价值。同时,师生关系作为学校中最基本、最重要的人际关系,是一所学校的精神风貌、校风、教风、学风的整体反映和最直观反映。师生关系状况投射出学校价值取向、人际关系状况、管理水平等。师生关系作为校园文化的组成部分,对学校精神文化的建设、对学生在校的发展和今后的成长都起着重要的作用。

知识再拔高

师生关系的作用的其他说法

(1)良好的师生关系是教育教学活动顺利进行的保障;(2)良好的师生关系是构建和谐校园的基础;(3)良好的师生关系是实现教学相长的催化剂;(4)良好的师生关系能够满足学生的多种需要。

真题面对面

[2021郑州航空港,判断,0.6分]师生关系作为学校中最基本、最重要的人际关系,也是一所学校的精神风貌、校风、教风、学风的整体反映和最直观反映。(　　)

答案:√

考点3　两种对立的观点　【单选、多选、判断】★

关于师生关系,有两种对立的观点,即教师中心论和儿童中心论。

1. 教师中心论

教师中心论的典型代表是**赫尔巴特**,他认为教师在教育教学过程中起主宰作用,强调教师的权威作用。

2. 儿童中心论(学生中心论)

儿童中心论则认为教育的目的在于促进儿童的成长,因此教育要从学生的兴趣和需要出发,整个教育过程要围绕儿童进行,其代表人物有法国的**卢梭**和美国的**杜威**。

教师中心论仅看到了教师的主导作用,忽视了学生的主观能动性,在教育实践中使教育活动脱离学生的实际,难以达到预期的效果。学生中心论则过分夸大了学生的主观能动性,忽视了学生是教育对象这一基本事实,结果导致教育质量下降。教师和学生的关系是辩证统一的,既要重视教师的主导作用,又要重视学生的主观能动性。

二、师生关系的内容　【单选、多选、判断】★

(1)师生在教育内容的教学上结成授受关系。①从教师与学生的社会角色规定的意义上看,教师是传授者,学生是受授者;②学生在教学中主体性的实现,既是教育的目的,也是教育成功的条件;③对学生的指导、引导的目的是促进学生的自主发展。

(2)师生在人格上是平等的关系。①学生作为一个独立的社会个体,在人格上与教师是平等的;②教师和学生是一种朋友式的友好帮助关系。

(3)师生在社会道德上是互相促进的关系。①师生关系在**本质**上是一种人—人关系;②教师对学生的影响不仅仅是知识上、智力上的影响,更是思想上、人格上的影响。

三、师生关系的基本类型　【单选】★

表1-18　师生关系的基本类型

类型	表现		
	教师	学生	师生交往
专制型	教学责任心强,不讲求方式方法,不注意听取学生意愿和与学生协作	唯命是从,不能发挥独立性、创造性,学习被动	缺乏情感因素,教师的专断粗暴、简单随意会引起学生的反感、憎恶甚至对抗,造成师生关系紧张
放任型	缺乏责任心和爱心,对学生的学习和发展任其自然	对教师的教学能力怀疑、失望;对教师的人格议论、轻视	师生关系冷漠,班级秩序失控,教学效果较差
民主型	能力强、威信高,善于同学生交流,不断调整教学进程和方法	学习积极性高,兴趣广泛、独立思考,和教师配合默契	理想的师生关系类型

四、影响师生关系的因素 【单选、判断】 ★

良好师生关系的建立是学生健康、和谐发展的重要保证，是实施素质教育、提高教育质量的重要条件。影响师生关系的因素归纳起来主要有以下几个方面：

1. 教师方面

(1)教师对学生的态度。学生受教师的评价影响很大。教师对学生的评价往往通过语言暗示、表情等反映。教师偏爱优生、忽视中等生、厌恶“差生”，就会使学生与教师产生不同的距离。

(2)教师的领导方式。教师的领导方式有专制型、民主型、放任型三种。大量教育实践表明，民主型领导方式下的师生关系比较融洽，最能发挥学生的主观能动性。

(3)教师的智慧。学识渊博是学生亲近教师的重要因素之一。

(4)教师的人格因素。教师的性格、气质、兴趣等是影响师生关系的重要因素。性格开朗、气质优雅、兴趣广泛的教师最受学生欢迎。

2. 学生方面

学生对师生关系的影响主要产生于学生对教师的认识。许多调查表明，学生与教师关系好，就喜欢上这位教师的课，就会主动亲近教师；自认为教师瞧不起自己的，就会主动疏远教师。

3. 环境方面

影响师生关系的环境主要是学校的人际关系环境和课堂的组织环境。学校领导与教师的关系、教师之间的关系、教师与家长的关系，必然影响师生关系。课堂的组织环境主要包括教室的布置、座位的排列、学生的人数等。

我国中小学课桌的摆放多呈“秧田式”，教师讲台置于块状空间的正前方，这种格局阻隔了师生之间的交往及生生之间的交往，强化了教师的权威地位，弱化了学生的主体地位，同时还造成了学生参与课堂活动的机会不均等。目前，许多国家都在探讨圆桌式、马蹄形、半圆形、蜂巢式等便于师生交往和交流的座位排列方式。

真题面对面

[2022南阳四区联考，单，0.7分]影响师生关系的因素分为教师方面、学生方面和环境方面。其中，影响师生关系的环境主要是学校的人际关系环境和课堂组织环境。课堂组织环境不包括(　　)

A. 教室的布置　　B. 教师的态度

C. 学生的人数　　D. 座位的排列

答案：B

五、良好师生关系建立的途径与方法 【单选、多选、不定项、简答、案例分析】 必背 ★★★

1. 教师方面

教师是教育过程的组织者，在全部教育活动中起主导作用。从根本上说，良好的师生关系首先取决于教师。为此，教师要从以下几个方面努力：

(1)了解和研究学生。教师要与学生取得共同语言，使教育影响深入学生的内心世界，就必须了解和研究学生。主要包括三个方面：①了解和研究学生个人。内容包括：思想品德状况、集体观念、劳动态度、人际关系、日常行为习惯；学习态度、学习成绩、学习方法、思维特点、智力水平；体质健康状况、个人卫生习惯；课外与校外活动情况;兴趣、爱好、性格等。②了解和研究学生的群体关系。内容包括:班级风气、舆论倾向、不同层次学生的结构、同学之间的关系、学生干部的情况等。③了解和研究学生的学习和生活环境。内容包括:学生的家庭类型、家庭物质生活与精神生活条件、家长的职业及思想品德和文化修养、学生在家庭中的地位、家长对学生的态度等。

(2)树立正确的学生观。现代学生观在前面已经提到,教师既要把学生当作教育的对象,又要把学生看作学习的主人;既要耐心细致地做好各项指导工作,又要充分调动学生的积极主动性。

(3)提高教师自身的素质。教师的素质是影响师生关系的核心因素。教师的师德修养、知识能力、教育态度、个性心理品质无不对学生产生深刻的影响。为此,教师必须做到:①加强学习和研究,使自己更加智慧;②经常进行自我反思,正确评价自己,克服个人的偏见和定势;③培养自己多方面的兴趣和积极向上的人生观;④学会自我控制,培养耐心、豁达、宽容、理解等个性品质。

(4)热爱、尊重学生,公平对待学生。热爱学生包括热爱所有学生,对学生充满爱心,经常走到学生之中,忌挖苦讽刺学生、粗暴对待学生。尊重学生特别要尊重学生的人格,保护学生的自尊心,维护学生的合法权益,避免师生对立。教师处理问题必须公正无私,使学生心悦诚服。

(5)发扬教育民主。民主平等是现代师生伦理关系的核心要求。教师要以平等的态度对待学生,而不能以“权威”自居。教育教学中,要尊重学生的看法,鼓励学生质疑、发表不同的意见,以讨论、协商的方式解决争端。要营造一个民主的氛围,保护学生的积极性,保证学生具有安全感。

(6)主动与学生沟通,善于与学生交往。在师生交往的初期,往往会出现不和谐因素,如因为不了解而不敢交往或因误解而造成冲突等,这就要求教师掌握沟通与交往的主动性,经常与学生保持接触、交流;同时,教师还要掌握与学生交往的策略与技巧,如寻找共同的兴趣或话题、一起参加活动、邀请学生到家做客、通信联系等。

(7)正确处理师生矛盾。教育教学过程中,师生之间发生矛盾是难免的。教师要善于驾驭自己的情绪,冷静全面地分析矛盾,正视自身的问题,敢于做自我批评,对学生的错误进行耐心的说服教育或必要的等待、解释等。要能与学生心理互换,设身处地地为学生着想,理解学生,帮助学生,满足学生的正当要求,启发学生自省改错。

(8)提高法制意识,保护学生的合法权利。教师要提高法制意识,明确师生之间的权利与义务,切实依法保护学生的合法权利。

(9)加强师德建设,纯化师生关系。教师应加强自身修养,提高抵御不良社会风气的积极性和能力。同时,也要更新管理观念,树立以人为本的管理思想,为师生关系的纯化创造有利的教育环境。

2. 学生方面

(1)正确认识自己。学生如果能够正确认识自己的优缺点以及应该努力的目标,站在客观的角度思考和看待自己,那么他们就能更加认真地倾听和思考教师的指导,这对于形成良好师生关系有很大的促进作用。

(2)正确认识教师。每位教师都有其自身的特征、缺点和优点,当学生发现教师不能满足他们某些方面的期待或不喜欢某位教师时,应该摒弃对教师的固有成见,学会客观地认识和理解教师的付出,积极主动地和教师沟通,这样互相理解的师生双方才是良好师生关系形成的基础。

3. 环境方面

(1)加强校园文化建设,确保校园文化的相对独立性、完整性和纯洁性;(2)加强学风教育,促进良好学风养成,使学生在一个良好的氛围中健康地学习。

真题面对面

[2022新乡原阳,简答,4分]简述良好师生关系建立的途径和方法。

答案:详见内文

六、我国新型师生关系(理想师生关系)的特点 【单选、多选、简答】 必背 ★★

1. 人际关系:尊师爱生

尊师与爱生是相互促进的两个方面:教师通过对学生的尊重和关爱换取学生发自内心的尊敬和信赖,而这种尊敬和信赖又能激发教师更加努力地工作,为学生营造良好的心理气氛和学习条件。爱生是尊师的重要前提,尊师是爱生的必然结果。

2. 社会关系:民主平等

民主平等不仅是现代社会民主化趋势的需要,也是教学生活的人文性的直接要求和现代人格的具体体现。它要求教师理解学生,发挥非权力性影响,并一视同仁地与所有学生交往,善于倾听不同意见,同时也要求学生正确表达自己的思想和行为,学会合作和共同学习。

在教学过程中,师生的位置是会转化的,学生可以是教师,教师也可以是学生,师生之间要建立民主平等的师生关系。

3. 教育关系:教学相长

在教育过程中,教师的教促进学生的学,学生的学促进教师的教,教与学是相互促进的,"学然后知不足,教然后知困"。教师在教的过程中,促使自己不断学习、不断进步。同时,在教育过程中,虚心的教师也会从学生那里学到不少东西,从而不断充实自己。

教学相长包括三层含义:(1)教师的教可以促进学生的学;(2)教师可以向学生学习;(3)学生可以超越教师。

4. 心理关系:心理相容

心理相容指的是教师与学生之间在心理上协调一致,在教学实施过程中表现为师生关系密切、情感融洽、平等合作。在教学过程中,师生的心理情感总是伴随着认识、态度、情绪、言行等的相互体验而形成亲密或排斥的心理状态。

教学中会出现师生心理障碍,要消除这种心理障碍,增强师生之间的心理相容性,提高教学效果,应该着重在三个方面努力:(1)多接触学生,研究学生,了解学生的心理状态;(2)遵循教育规律,多采取讨论、启发等教学方法;(3)为人师表,以人格力量感化学生。

知识再拔高

理想师生关系特点的其他说法

理想的师生关系是师生主体间关系的优化,从其发生、发展的过程及其结果来看,具有三个基本特征:(1)尊师爱生,相互配合;(2)民主平等,和谐亲密;(3)共享共创,教学相长。其中,共享共创体现了师生关系的动态性和创造性,是师生关系的最高层次。

真题面对面

1. [2023事业单位,单,0.8分]荀子说:“青,取之于蓝,而青于蓝;冰,水为之,而寒于水。”这句话主要说明了(　　)

A. 老师的重要性　　B. 尊师重教的关系

C. 学生的重要性　　D. 教学相长的关系

2. [2022新乡市直,单,0.99分]下列关于和谐的师生关系,说法不正确的是(　　)

A. 教育关系:教学相长　　B. 人际关系:尊师爱生

C. 社会关系:民主平等　　D. 心理关系:服从教师

答案:1. D　2. D

考点大默写

1. 师生关系的表现形式中,________是最高层次的关系形式,________是基本关系。
2. 在师生关系上,赫尔巴特倡导________,杜威倡导________。
3. 师生在教育内容的教学上结成________关系,在人格上是________的关系,在社会道德上是________的关系。
4. 师生关系的基本类型有三种,即________、________和________,其中________是理想的师生关系类型。
5. 影响师生关系的环境因素主要包括学校的________和课堂的________。
6. 从根本上说,良好的师生关系首先取决于________。
7. 要建立良好的师生关系,学生要正确认识________和________。
8. 理想师生关系的特点有四个,即尊师爱生、________、________和________。
9. “青出于蓝而胜于蓝”反映出理想师生关系应具备的特点是________。

【参考答案】

1. 伦理关系;教育关系　2. 教师中心论;儿童中心论(学生中心论)　3. 授受;平等;互相促进　4. 专制型;放任型;民主型;民主型　5. 人际关系环境;组织环境　6. 教师　7. 自己;教师　8. 民主平等;教学相长;心理相容　9. 教学相长

考点1　师生相互作用模式

弗兰德斯分析了师生互动行为中的语言,认为它包括教师语言(其中有直接影响语言,如讲解、指令;间接影响语言,如接受赞赏)和学生语言(其中有反应性语言、自发性语言和无实质性内容的不分类语言),教师的直接影响语言容易增加学生的依赖性,降低学业成绩。因此,他总结出三条规律:

(1)在师生相互作用的较前阶段(即提出问题、了解问题的主要因素和分析各因素之间的关系),如果限制学生参与的自由,会增加学生的依赖性,降低学业成绩;

(2)在相互作用的较后阶段(开始活动、评价或测量进步情况、应用新知识于新情境之中),如果限制学生参与的自由,不会增加学生的依赖性,能提高学业成绩;

(3)在相互作用的较前阶段，如果扩大学生参与的自由，将减少学生的依赖性，提高学业成绩。

考点2　不良师生关系的表现

(1)疏远与冷漠。主要表现在师生之间实际交往时间很少，情感和思想交流的渠道不畅，缺乏相互了解，彼此漠不关心。

(2)实用与功利。学校是传播知识的场所、培养人才的基地，维系师生关系的纽带主要是知识、思想和情感，然而，由于诸多原因，师生之间交往的实用主义的功利性和庸俗的商业化色彩越来越明显。另外，由于物质利益的驱动和实用功利主义的影响，正常的师生关系严重变形和扭曲，教师因此无法公平、公正对待每一位学生。

(3)对立与冲突。师生关系的对立和冲突表现形式很多，归纳起来有两大类：一是公开的对立和冲突，表现为师生因认识、情感、思想等方面的严重分歧和矛盾激化，采取直接的语言和行为上的对抗或攻击等；另一类是隐性的对立与冲突，表现为师生双方在对待分歧和矛盾上，采用间接的心理和思想上的对抗。这两种分类是相对的，可随时发生转化。

考点3　师生间的人际关系

在师生之间的人际关系中，教师始终处于主导地位，教师与学生交往应注意三个问题：

(1)交往的导向性。教师既要时刻注意把与学生的交往作为思想教育的重要手段，用正确的思想引导学生，又要以自己高尚的人格去影响学生，真正做到“言传身教”。

(2)交往的民主性。在新时期，学生的民主平等意识日趋强烈，所以，教师与学生的交往要尽量在民主的气氛中进行，遇事多与学生商量，在讨论中以理服人，解决思想问题，切忌以势压人。

(3)交往的示范性。教师与学生的交往同时也是给学生做人际交往的“示范”，因此教师与学生的交往方式要正确规范，切忌做“吃喝拿要”等违规、庸俗化的事情。

即时反思与复盘总结

我于________年____月____日完成了对本章的学习。

复盘一下，我对自己较肯定的地方是________________________

(足够努力/心态积极/方法得当……)

我觉得自己需要改进的地方是________________________

(懒惰懈怠/心情浮躁/方法不当……)

休息片刻，开启下一站征程！

第五章 课 程

思维导图

- 课程
  - 课程概述
    - 课程的内涵：学校学生所应学习的学科总和及其进程与安排；学校教育的核心
    - 课程类型（重点）
      - 学科课程与活动课程
      - 分科课程与综合课程
      - 必修课程与选修课程
      - 国家课程、地方课程与校本课程
      - 基础型课程、拓展型课程与研究型课程
      - 显性课程与隐性课程
    - 制约课程的因素：社会、知识、儿童
    - 主要课程理论流派（重点）
      - 学生中心课程理论、学科中心课程理论
      - 社会中心课程理论、存在主义课程理论
      - 后现代主义课程理论
  - 课程目标
    - 课程目标的内涵
      - 特征：整体性、阶段性、持续性、层次性、递进性、时间性
      - 体系：结果性目标、体验性目标、表现性目标
    - 课程目标与教育目的、培养目标、教学目标的关系：紧密联系的统一体
    - 确定课程目标的依据：学习者的需要、当代社会生活的需求、学科知识及其发展
    - 确定课程目标的方法：筛选法、参照法
    - 课程目标取向的分类：普遍性目标取向、行为目标取向、生成性目标取向、表现性目标取向
    - 三维课程目标：知识与技能、过程与方法、情感态度与价值观
  - 课程内容
    - 课程内容的三种表现形式：课程计划、课程标准、教材（重点）
    - 课程内容的选择：基础性、贴近社会生活、与学生和学校教育的特点相适应
    - 课程内容的组织
      - 原则：连续性、顺序性、整合性
      - 形式：直线式与螺旋式、纵向组织与横向组织、逻辑顺序与心理顺序
  - 课程结构
    - 课程结构的概念：课程内容有机联系在一起的组织方式
    - 新课程结构的内容
      - 小学：以综合课程为主
      - 初中：分科与综合课程相结合
      - 高中：以分科课程为主
  - 课程管理
    - 新课程的管理政策：国家、地方和学校三级课程管理体制
    - 三级课程管理：国家课程、地方课程、学校课程
    - 校本课程的开发与实践：以学生为本，以教师为开发主体，全员参与
  - 课程设计与实施
    - 课程设计：层次：宏观、中观、微观
    - 课程实施：取向：忠实取向、相互调适取向、创生取向

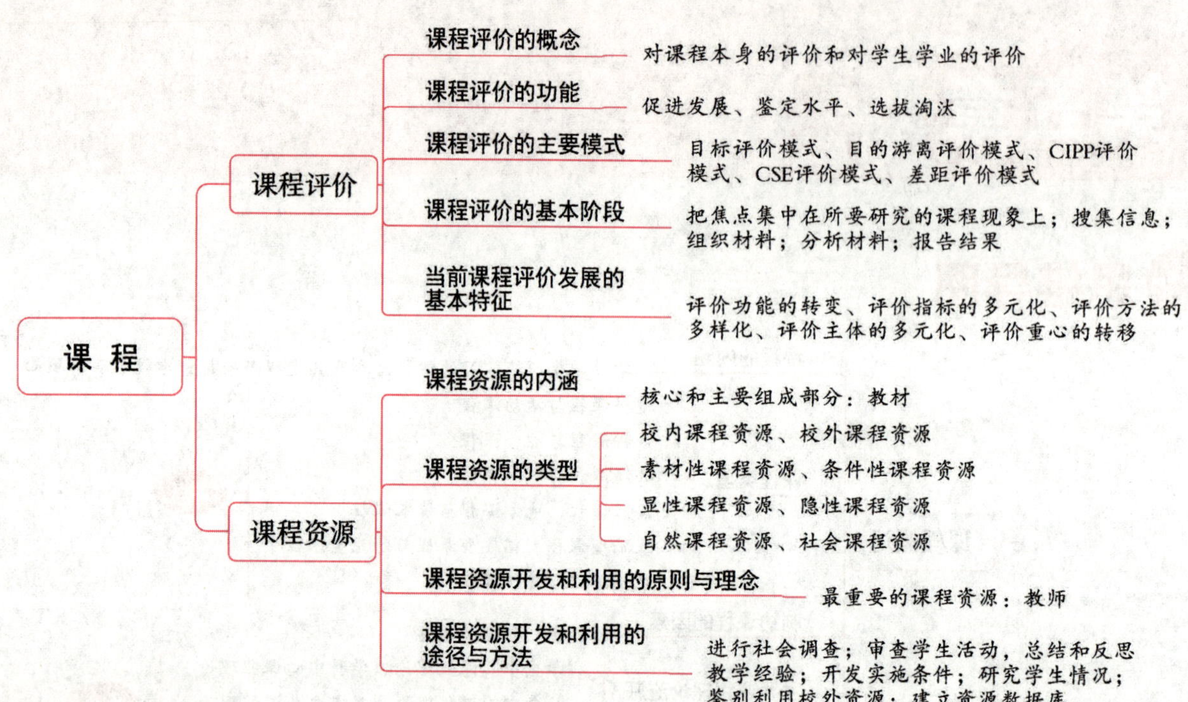

河南考向

本章系统介绍了课程的相关内容，属于教育学的重点章节，需要理解和识记的知识较多。现对本章河南考向分析如下：

考点类型	考点名称	常考题型	能力层级	考查热度
高频考点	课程类型	单选、多选、判断、填空	理解	★★★
	主要课程理论流派	单选、多选、不定项、判断、填空	理解	★★★
	课程目标取向的分类	单选	理解	★★
	三维课程目标	单选、多选、判断、简答	理解	★★
	课程内容的三种表现形式	单选、多选、判断、填空	识记	★★★
	课程内容的组织	单选、判断、简答	理解	★★
	新课程结构的内容	单选、多选、判断	识记	★★
	三级课程管理	单选、多选、不定项、判断	识记	★★
	课程评价的主要模式	单选、判断、填空	识记	★★
新增考点	新型活动课程同实用主义活动课程的质的区别	单选	识记	★★
	综合课程的优点	单选	识记	★★
	课程标准的意义	多选	识记	★★
	国家、学校对课程管理的体现	不定项	识记	★★
	课程设计的层次	单选	识记	★★

核心考点

第一节　课程概述

一、课程的内涵

考点1　课程的词源　【单选、判断】

“课程”一词在我国**始见于唐宋期间**。唐朝孔颖达在《五经正义》里为《诗经·小雅·巧言》中“奕奕寝庙，君子作之”一句注疏：“维护课程，必君子监之，乃得依法制也。”这是“课程”一词在汉语文献中的最早显露。

宋朝朱熹在《朱子全书·论学》中多次提及课程，如“宽着期限，紧着课程”，这里的课程已含有学习范围、进程、计划的程序之义，与我们现在许多人对课程的理解有相似之处。

在西方，“课程”一词**最早**出现在英国教育家**斯宾塞**的《什么知识最有价值》一文中。它由拉丁语派生而来，意为“跑道”。根据这个词源，最常见的课程定义是“学习的进程”，简称学程。

一般认为，美国学者**博比特**在1918年出版的**《课程》**一书，标志着课程作为专门研究领域的诞生，这也是教育史上**第一本**课程理论专著。他提出了课程研究的“活动分析法”，即通过对人类社会活动的分析，发现社会所需要的知识、技能、能力和态度等，以此作为课程的基础。

课程是指学校学生所应学习的学科总和及其进程与安排。广义的课程是指学校为实现培养目标而选择的教育内容及其进程的总和，它包括学校所教的各门学科和有目的、有计划的教育活动。狭义的课程是指某一门学科。

课程涉及教师教什么和学生学什么的问题，它是学校教育的核心，是学校培养未来人才的蓝图。

考点2　课程内涵的几种观点　【单选、判断】★

1. 课程即知识

可以说，在世界范围内，近代的课程体系主要是在这种观点影响下建立起来的。目前在国内，这种课程观仍然最具**代表性**和**广泛性**。在我国中小学普遍实行的学科课程及相应的理论，就是这种观点的表现。

这种观点的基本思想是：学校开设的每门课程是从相应学科中精心选择的，并且按照学习者的认识水平加以编排。作为知识的课程特别强调课程计划（教学计划）、课程标准（教学大纲）、教科书等所谓看得见、摸得着的客观存在物。

当课程被认为是知识并付诸实践时，一般特点在于：课程体系是以科学逻辑组织的，课程是社会选择和社会意志的体现，课程是既定的、先验的、静态的，课程是外在于学习者的，并且是凌驾于学习者之上的——学习者服从课程，在课程面前是接受者的角色。

2. 课程即教学科目

把课程等同于所教的科目，在历史上由来已久。我国古代的课程有礼、乐、射、御、书、数，简称“六艺”；欧洲中世纪的课程有文法、修辞、辩证法、算术、几何、音乐、天文，简称“七艺”。事实上，西方最早采用“课程”一词的斯宾塞，也是从指导人类活动方面的诸学科角度来探讨知识价值和训练价值的。这种定义的实质，是强调学校向学生传授学科的知识体系，是一种典型的“教程”。然而，关注教学科目，往往容易忽视学生的心智发展、情感陶冶、创造性表现、个性培养以及师生互动等对学生成长的影响。

3. 课程即学习经验

美国实用主义教育家**杜威**认为手段与目的是同一过程不可分割的部分。所谓课程，即学生的学习经验。学生被视为有很大潜力的、独特的学习者，因此学生的经验是最为重要的。虽说经验要通过活动来获得，但活动本身并不是关键之所在。学生的学习取决于他自己做了什么，而不是教师做了什么。也就是说，唯有学习经验才是学生实际意识到的课程。

4. 课程即活动

这种观点认为其他关于课程本质的看法都有局限，如，将课程理解为学科教材，教师容易把握，但也容易导致'见物不见人'的倾向；把课程理解为学习经验，有利于解决'**教育中无儿童**'的问题，但教师又感到迷茫，不知如何操作。走出这种两难困境的唯一办法是：改变传统的非此即彼——要么是主观学习经验，要么是客观学科教材的思维方式，将视角转向二者的交合处——**活动**，从活动的角度看待和解释课程。

5. 课程即预期的学习结果

一些学者认为，课程不应该指向活动，而应该直接关注预期的学习结果或目标，即要把重点从手段指向目的。这要求课程事先制定一套有结构、有序列的学习目标，所有教学活动都是为达到这些目标服务的。在西方课程理论中相当盛行的课程行为目标，便是一个典型的例子。

6. 课程即社会改造

一些激进的教育家认为，课程不是要使学生适应或顺从于社会文化，而是要帮助学生摆脱社会制度的束缚。他们建议课程把重点放在当代社会的主要问题和主要弊端、学生关心的社会现象以及改造社会和规划社会活动等方面；课程应有助于学生在社会方面得到发展，帮助学生学会如何参与制定社会规划，培养学生的批判意识。在这方面，最有影响力的代表人物是巴西的**弗雷尔**。

真题面对面

1. [2022 南阳四区联考，单，0.7 分]我国古代的课程有礼、乐、射、御、书、数，简称"六艺"，欧洲中世纪课程有文法、修辞、辩证法、算术、几何、天文、音乐，简称"七艺"。这意味着课程被定义为（　　）

A. 教学科目　　B. 学习经验　　C. 文化再生产　　D. 社会改造过程

2. [2022 洛阳四区联考，判断，0.59 分]在我国最具代表性、最广泛的课程观是课程即知识。（　　）

答案：1. A　2. √

考点 3　古德莱德关于课程的定义 【单选、多选】★

在古德莱德看来，人们在谈论课程时，往往谈的是不同意义上的课程。他认为，存在着五种不同的课程：

（1）理想的课程，即由一些研究机构、学术团体和课程专家提出的应该开设的课程。

（2）正式的课程，即由教育行政部门规定的课程计划、课程标准和教材，也就是列入学校课程表中的课程。

（3）领悟的课程，即任课教师所领会的课程。

（4）运作的课程，即在课堂上实际实施的课程。

（5）经验的课程，即学生实际体验到的东西，称作"生定课程"。

真题面对面

[2021 安阳殷都，单，0.86 分]在古德莱德的五种课程分类中，（　　）指由一些研究机构、学术团体和课程专家提出的应该开设的课程。

A. 理想的课程　　B. 经验的课程

C. 实行的课程　　D. 正式的课程

答案：A

二、课程类型 【单选、多选、判断、填空】 必背 ★★★

考点1 学科课程与活动课程

从课程内容的固有属性或课程的主体来划分，课程可分为学科课程与活动课程。

1. 学科课程

学科课程是指以文化知识（科学、道德、艺术）为基础，按照一定的价值标准，从不同的知识领域或学术领域选择一定的内容，根据知识的逻辑体系，将所选出的知识组织为学科的课程类型。它是最古老、使用范围最广泛的课程类型。其主导价值在于传承人类文明，强调使学生掌握、传递和发展人类积累下来的文化遗产。我国古代的“六艺”和古希腊的“七艺”都是学科课程。

学科课程的基本特点包括：(1)分科设置；(2)课程内容按学科知识的逻辑结构来选择和安排，重视学科内容的内在联系；(3)强调教师的系统讲授。

学科课程的优点是：(1)从社会发展角度讲，有助于文化遗产的系统传承；(2)从学生角度讲，有助于学生全面、准确地了解该领域的发展状况，实现智力的充分发展；(3)从教学角度讲，学科课程的教学活动容易组织，也容易评价，便于提高教学效率；(4)从国家角度讲，在保证尖端人才的培养和促进国家科学技术的发展方面具有不可替代的基础作用。

学科课程的缺点是：(1)从学生发展角度讲，过多考虑知识的逻辑和体系，不能完全照顾学生的需要和兴趣；(2)从课程本身角度讲，与现实生活存在较远距离，缺乏活力，造成学习内容的凝固化；(3)从教师教学角度讲，容易导致偏重知识授受的倾向，不利于学生全面和富有个性的发展。

2. 活动课程

活动课程亦称经验课程，是指围绕着学生的需要和兴趣、以活动为组织方式的课程形态，即以学生的主体性活动的经验为中心组织的课程。杜威是活动课程的主要代表人物。活动课程的主要特点就在于动手“做”，在于手脑并用，在于脱离书本而亲身体验生活的现实，以获得直接经验。

活动课程以开发与培育主体内在的、内发的价值为目标，旨在培养具有丰富个性的主体。学生的兴趣、动机、经验是活动课程的基本内容。其主导价值在于使学生获得关于现实世界的直接经验和真切体验。

活动课程的局限性：

(1)活动课程以学习者的经验为中心来组织，容易导致学科知识的支离破碎，学生难以掌握完整系统的学科知识体系；

(2)活动课程以学习者的活动为中心，但学习者的活动具有多种性质，并非所有的活动都有教育价值，也并非所有的活动都能带来同样的教育价值，因此在实施中容易导致“活动主义”，为活动而活动，如果把握不当，会极大地影响教学效率和教育质量；

(3)活动课程在课程实施中对教师的教学组织能力以及相关教学设施提出了较高要求，它要求教师具有相当高的专业素养和教育艺术素养，在师资条件不具备的情况下，活动课程的实施具有一定的风险性。

知识再拔高

新型活动课程同实用主义活动课程的质的区别 新增

(1)以辩证唯物主义认识论和课程结构的优化原理为理论基础，而不是以主观主义经验论为理论基础。

(2)坚持社会主义的教育方向，即在社会主义教育方针指引下，按照社会要求与学生需要相结合的准则，全面确定活动课程的目标、内容与活动方式，促进学生的基本素质充分而有特色地发展。新型活动课程的设计虽充分重视学生的需要与兴趣，但并非只按照学生的兴趣爱好来确定活动项目与活动内容。

(3)在中小学课程设置中处于辅助地位。

(4)既有结构性,又有一定弹性。

(5)既有灵活性,又有一定计划性。

这五点也是新型活动课程的本质特征。

真题面对面

1. [2021信阳平桥,多,1分]按照课程内容的固有属性来划分,课程可分为( )

A. 分科课程　　B. 综合课程

C. 学科课程　　D. 活动课程

2. [2022驻马店驿城,判断,0.55分]我国古代的六艺和古希腊的七艺都属于学科课程。( )

答案:1. CD　2. √

考点2　分科课程与综合课程

从课程内容的组织方式来划分,课程可分为分科课程与综合课程。

1. 分科课程

分科课程是根据学校的教育目标、教学规律和一定年龄阶段的学生发展水平,分别从各门学科中选择部分内容,组成各种不同的学科,彼此分立地安排它们的教学顺序、教学时数和期限。其主导价值在于使学生获得逻辑严密和条理清晰的文化知识,但是容易带来科目过多、分科过细的问题。

2. 综合课程

综合课程是指采用各种有机整合的形式,使学校教学系统中分化的各种要素及各成分之间形成有机联系的课程形态。简单来说,就是指打破传统的分科课程的知识领域,组合两门或两门以上学科领域而构成的一门学科。其主导价值在于通过相关学科的集合,促使学生认识的整体发展并形成把握和解决问题的全面视野与方法。

☞综合课程的优点有:增强学科间的横向联系,避免完整的知识被人为地割裂;符合学生认识世界的特点,有利于学生整体把握客观世界;有利于学生综合地、整体地发现问题、分析问题和解决问题,从而形成正确的世界观和价值观;有利于解决有限的学习时间与人类科学技术飞速发展的矛盾。通过综合课程,能够在一定程度上压缩课时,使学校能够在较短的时间里安排学生学习更多的知识。新增

综合课程的缺点主要有:(1)教科书的编写较为困难,只专不博的教师很难胜任综合课程的教学,教学具有一定的难度;(2)难以向学生提供系统完整的专业理论知识,不利于高级专业化人才的培养。

综合课程主要有三种形式:

一是把有内在联系的学科的内容融合在一起而形成一门新的学科,叫作融合课程。例如,把动物学、植物学、微生物学、生理学、解剖学、遗传学融合为生物学。

二是合并数门相邻学科的内容形成的综合课程,叫作广域课程。例如,社会研究课综合了历史、地理、经济学、社会学、政治学、法学和人类学等有关学科内容。

三是以问题为核心,将几门学科结合起来的课程,叫作核心课程。例如,以人类生存、环境保护、交通运输、社会组织与管理、娱乐和审美活动等人类的基本活动为主题设计的课程。

此外,也有学者认为综合课程分为四种形式:相关课程、融合课程、广域课程和核心课程。其中,相关课程是指在保留原来学科的独立性基础上,寻找两个或多个学科之间的共同点,使这些学科的教学顺序能够相互照应、相互联系、穿插进行。

真题面对面

[2021 郑州经开,多,1 分]下列课程属于综合课程的有(　　)

A. 核心课程　　B. 融合课程　　C. 潜在课程　　D. 活动课程

E. 广域课程

答案:ABE

考点3　必修课程与选修课程

从对学生学习要求的角度或学生选课的自主性来划分,课程可分为必修课程与选修课程。

1. 必修课程

必修课程是根据人的发展和社会发展需要制定的,所有学生都必须学习的科目。它是个体社会化的基础,主导价值在于培养和发展学生的共性。就我国现阶段基础教育课程现状而言,必修课程一般包括国家课程和地方课程。

2. 选修课程

选修课程是针对必修课程的不足之处提出来的,是为发展学生的兴趣、爱好和个性特长而开设的课程。

必修课程与选修课程是相辅相成、相互作用的有机统一体。选修课程是致力于"个性发展"的课程,所以选修课程的设立应突出基础性、新颖性、实用性和独创性的结合。选修课程与必修课程具有等价性,即二者拥有同等的价值,不存在主次关系,选修课程不是必修课程的附庸或陪衬。选修课程也有标准的要求。选修课程不是随意的、散漫的、浅尝辄止的学习,而是由共同标准的评估保证的有效的学习。

真题面对面

[2022 洛阳四区联考,单,0.95 分]从对学生的学习要求来划分,(　　)的主导价值在于培养和发展学生的共性,体现了对学生的基本要求。

A. 分科课程　　B. 综合课程　　C. 必修课程　　D. 选修课程

答案:C

考点4　国家课程、地方课程与校本课程

从课程设计、开发、管理主体或管理层次(或制定者)来看,可将课程分为国家课程、地方课程与校本课程。

国家课程的主导价值在于通过课程体现国家的教育意志,它侧重于学生发展的基本要求与共同素质,强调课程内容的一致性、共同性和发展性,在实施上具有强制性。

地方课程的主导价值在于通过课程满足地方社会发展的现实需要,它是一种为突出地方特色与地方文化,满足地方发展需要而设置的课程,具有区域性、本土性的特点。

校本课程的主导价值在于通过课程展示学校的办学宗旨和特色,提升学校的办学水平,促进学生的个性发展。

考点5　基础型课程、拓展型课程与研究型课程

根据课程任务,可将课程分为基础型课程、拓展型课程与研究型课程。

1. 基础型课程

基础型课程注重培养学生的基础学力,注重学生对科学文化基础知识和基本技能的掌握,同时获得智力的发展和能力的培养,即培养学生作为一个公民所必需的以"三基"(读、写、算)为中心的基础教养,是中小学课程的主要组成部分。

基础型课程的内容是基础的，以基础知识和基本技能为主，不仅注重知识、技能的传授，也注重思维力、判断力等能力的发展和学习动机、学习态度的培养。基础型课程是必修的、共同的课程。

2. 拓展型课程

拓展型课程注重拓展学生的知识和能力，开阔学生的知识视野，发展学生各种不同的特殊能力，并迁移到其他方面的学习。拓展型课程常常以**选修课**的形式出现，与基础型课程相比有较大的灵活性。

3. 研究型课程

研究型课程注重培养学生的探究态度和能力。这类课程从问题的提出、方案的设计到实施以及结论的得出，完全由学生自己来做，重研究过程甚于注重结论。

真题面对面

[2021 安阳殷都，单，0.86 分]下列课程中，(　　)常常以选修课的形式出现，有较大的灵活性。

A. 研究型课程　　B. 拓展型课程　　C. 基础型课程　　D. 以上均错

答案：B

考点 6　显性课程与隐性课程

从课程的表现形式或者说影响学生的方式来划分，课程可分为显性课程与隐性课程。

1. 显性课程

显性课程亦称公开课程，是指在学校情境中以直接的、明显的方式呈现的课程。具体也可理解为：为实现一定的教育目标而正式列入学校教学计划的各门学科，以及有目的、有组织的课外活动。显性课程的特点是：(1)它是有目的、有计划、有组织的学习活动。计划性是显性课程的主要特征，也是区分它与隐性课程的主要标志。(2)学生参与这类课程是有意识的。

2. 隐性课程

隐性课程亦称潜在课程、自发课程，是学校情境中以间接的、内隐的方式呈现的课程。它不在课程计划中反映，不通过正式的教学进行，对学生的知识、情感、意志、行为和价值观等方面起潜移默化的作用，促进或干扰教育目标的实现。

(1)隐性课程研究的渊源

早在20世纪初，杜威就曾深刻指出，学生学习的不只是正规课程，还学到了与正规课程不同的东西。杜威写道："有一种意见认为，一个人所学习的仅是他当时正在学习的特定的东西，这也许是所有教育学中最大的错误了。"杜威因而提出"附带学习"的概念。所谓"附带学习"，就是伴随具体内容的学习而形成的对所学习的内容以及学习过程本身的情感、态度，如忍耐的态度、喜欢或不喜欢的情感等。杜威认为这种"附带学习"可能是更为重要的，因为所形成的情感、态度对于未来的价值是更为根本的。

克伯屈进一步发展了杜威的思想。克伯屈认为，整体性学习应包括三个部分："主学习"(即直接学习)、"副学习"(即相关学习)和"附学习"(即间接学习)。"主学习"是指对事物的直接学习，直接获得知识与技能。"副学习"是指由"主学习"而联想到的有关知识与技能。"附学习"则指比较概括的理想、态度及道德习惯，它是逐步为学生获得的，一经获得，就将持久地保持下去，影响人的一生。克伯屈的"附学习"实际上已经涉及隐性课程问题。

"隐性课程"一词是由**杰克逊**在**1968**年出版的《**班级生活**》一书中**首先**提出来的。

(2)隐性课程的表现形式

①观念性隐性课程。包括隐藏于显性课程之中的意识形态，学校的校风、学风，有关领导与教师的教育理念、价值观、知识观、教学风格、教学指导思想等。

②物质性隐性课程。包括学校建筑、教室的设置、校园环境等。

③制度性隐性课程。包括学校管理体制、学校组织机构、班级管理方式、班级运行方式。

④心理性隐性课程。主要包括学校人际关系状况，师生特有的心态、行为方式等。

(3)隐性课程的特点

①隐性课程的影响具有弥散性、普遍性和持久性；②隐性课程的影响既可能是积极的，也可能是消极的；③隐性课程的影响是学术性与非学术性的统一；④隐性课程对学生的影响是有意识性与无意识性的辩证统一；⑤隐性课程是非预期性与可预期性的统一；⑥隐性课程存在于学校、家庭和社会教育中。

真题面对面

1. [2023周口市直，单，1分]某学校楼道中设置了由学生自主设计和创作的文化墙。这种文化墙属于(　　)

A. 物质性隐性课程　　B. 观念性隐性课程

C. 制度性隐性课程　　D. 心理性隐性课程

2. [2022郑州市直，单，0.8分]从课程论的角度来说，教室里的图画、标语、黑板报属于(　　)

A. 活动课程　　B. 显性课程　　C. 隐性课程　　D. 学科课程

答案：1. A　2. C

三、制约课程的因素 【单选、多选】 ★

总的来说，社会、知识、儿童是制约学校课程的三大因素，也是影响课程发展的基本外部因素，它们之间的协调作用，决定着课程的性质、内容和框架结构。

(1)一定历史时期社会发展的要求及提供的可能(社会需求)；

(2)一定时代人类文化及科学技术发展水平(学科知识水平)；

(3)学生的年龄特征、知识与技能的基础及其可接受性(学习者身心发展的需求)。

课程发展还受到课程系统内部众多因素的影响，其中，学制、课程传统、课程理论和课程规律都是直接制约着课程变革和发展的重要力量。

四、主要课程理论流派 【单选、多选、不定项、判断、填空】 必背 ★★★

考点1　学生中心课程理论

学生中心课程理论也称儿童中心课程理论、活动课程理论、经验主义课程论。以杜威为代表的经验主义课程论流派认为，以学科为中心的传统课程是不足取的，应代之以儿童的活动为中心的课程。杜威认为，课程必须与儿童的生活相沟通，应该以儿童为出发点、为中心、为目的。理想的课程应该促进儿童的生长和发展，这也是衡量课程价值的标准。课程的内容不能超出儿童经验和生活的范围，而且课程要考虑到儿童的需要和兴趣，否则不能引起儿童学习的动机，也就不能有自发的活动。此外，课程的组织应心理学化。

1. 基本主张

(1)经验论。教育就是经验的改造或改组。这种改造或改组，既能增加经验的意义，又能提高指导后来经验进程的能力。课程即那种对学生经验增长有教育价值的经验。

(2)以儿童为中心的活动论。活动课程论认为，教育应以儿童实际经验为起点，从做中学。一切学习都要通过“做”，由“做”而得到的知识才是真正的知识。

(3)主动作业论。所谓主动作业是着眼于儿童经验的发展而对社会生活中的典型职业进行分析、归纳而获得的各种活动方式，如商业、烹饪、缝纫、纺织、木工等。杜威认为主动作业是代表儿童活动的一种形式，是创设获得经验的实际情境的主要手段，是儿童的兴趣所在，是儿童获得知识的最自然的方法，在课程中占首要地位。

(4)课程组织的心理顺序论。杜威并不否认课程的组织要考虑教材的逻辑顺序,但他更重视课程的组织要考虑儿童的心理顺序。他主张课程的组织应从儿童的经验出发,将教材心理学化,在教学过程中将儿童的个体经验逐渐提升到教材的逻辑水平。

2. 特点

(1)重视儿童的兴趣和需要;(2)重视教材的心理组织;(3)认为教育即生活,而不是生活的准备。

3. 评价

(1)优点:①重视学生学习活动的心理准备,在课程设计与安排上满足了儿童的兴趣,有很大的灵活性,调动了学生学习的主动性和积极性;②强调实践活动,重视学生通过亲自体验获得直接经验,主动去探索,有利于培养学生解决实际问题的能力;③强调围绕现实社会生活各个领域精心设计和组织课程,有利于学生获得对世界的完整认识。

(2)局限性:过分夸大儿童个人经验的重要性,存在很大的片面性,忽视了知识本身的内在逻辑联系与顺序,从而使课程设置有很大的偶然性和随机性,因此不能保证课程教学的连续性和系统性,只能使学生获得一些零碎片段的知识,不能掌握系统的文化知识,降低了学生的知识水平,教育质量很难保证。因此,表面上看它旨在发挥学生的主体性,但实质上却限制了学生主体的发展。另外,以儿童为中心,容易轻视教育的社会任务。

真题面对面

[2022平顶山舞钢,单,1分]以杜威为代表的经验主义课程理论流派,主张课程的主体是( )

A. 教师经验　　B. 教材内容　　C. 学科知识　　D. 儿童经验

答案:D

考点2　学科中心课程理论

1. 基本主张及特点

学科中心课程理论认为知识是课程的核心,主张课程要分科设置,分别从有关学科中选取一定的材料,组成不同学科,分科进行教学。每门学科的教材要根据科学的系统性、连贯性进行编制。这一理论的特点是:(1)重视成人生活的分析与准备;(2)重视教材的逻辑组织;(3)强调训练的价值。

2. 主要流派

(1)结构主义课程理论

结构主义课程理论是一种以结构主义心理学为基础的课程理论。它是当代西方出现的一个重要的课程理论,其代表人物是该课程理论的创始人**布鲁纳**。布鲁纳在《教育过程》中写道:"无论我们选教何种学科,都务必使学生理解该学科的基本结构。"结构主义课程理论以**学科结构**为课程中心,认为人的学习是认知结构不断改进与完善的过程,因此,学科基本结构的学习对学习者的认知结构发展最有价值。结构主义课程理论强调学科基本结构的学习要与学生的认识发展水平相一致,因此在编制学科课程时,要依据学习者的思维发展水平,采用螺旋上升的方式编制课程。在课程实施上,结构主义课程理论倡导发现式学习法,重视培养学习者的直觉思维和独立思考能力。

(2)要素主义课程理论

要素主义是20世纪30年代美国出现的与进步主义教育相对立的教育思想流派,又称传统主义教育、保守主义教育,其代表人物是**巴格莱**。要素主义课程理论的产生源于对杜威实用主义"儿童中心"课程的反思,认为儿童中心的课程难以保证学生获得基本的知识技能,而教育和课程应当将人类文化要素传授给下一代。

要素主义课程理论的主要观点包括:①课程的内容应该是人类文化的"共同要素",首先要考虑的是国家和民族的利益;②学校的课程应该给学生提供分化的、有组织的经验,即知识,学科课程是向学生提供经验的最佳方法;③重视系统知识的传授,以学科课程为中心。

(3)永恒主义课程理论

永恒主义课程理论的主要代表人物是**赫钦斯**。这一理论流派认为课程涉及的第一个根本问题就是:为了实现教育目的,什么知识最有价值或如何选择学科。永恒主义对此的回答是:具有理智训练价值的传统的"永恒学科"的价值高于实用学科的价值。"永恒学科"是课程的核心。永恒学科首先是那些经历了许多世纪而达到古典著作水平的书籍。

3. 评价

(1)优点:①按学科中心课程理论编制课程,有利于传授系统的科学知识,继承人类文化遗产;②重视学生对知识的系统学习,便于学生对知识的掌握与运用;③受到悠久传统的支持,大多数教师对此习惯;④课程的构成比较简单,易于评价。

(2)局限性:①以学科为中心编制课程,容易把各门知识割裂开来,不能在整体中、联系中进行学习;②编制的课程完全从成人的生活需要出发,不重视甚至忽视儿童的兴趣和需要,不利于因材施教,容易导致理论与实践脱节,不能学以致用;③各学科容易出现不必要的重复,增加学生的学习负担。

真题面对面

1. [2022 信阳淮滨,单,0.7 分]强调知识的内在逻辑和系统性,主张分科教学的是(　　)

A. 经验主义课程论　　B. 学科中心课程论

C. 存在主义课程论　　D. 后现代主义课程论

2. [2021 郑州中原,填空,1 分]结构主义课程论的创立者是________。

答案:1. B　2. 布鲁纳

考点 3　社会中心课程理论

社会中心课程理论亦称**社会改造主义课程理论**,是以适应社会需要为中心编制的理论,以**布拉梅尔德**为代表。

1. 基本主张

社会中心课程理论认为应该把课程重点放在当代社会的问题、社会的主要功能、学生关心的社会现象以及社会改造与社会活动计划等方面。这种理论认为设计课程要通过对社会问题的分析来确定教育目标,主张打破传统的学科课程界限,但不按学生的活动来组织课程;要兼顾儿童的年龄特征,但不主张以学生的兴趣和动机作为编制课程的基本出发点,而以社会现实问题作为课程设计的核心。其核心观点是:课程不应该帮助学生去适应社会,而是要建立一种新的社会秩序和社会文化。

因此,该理论主张学生尽可能多地参与到社会中去,课程应以广泛的社会问题为中心。

2. 评价

(1)优点:①重视教育与社会、课程与社会的联系,以社会需要来设计课程,有利于为社会需要服务;②重视各门学科的综合学习,有利于学生掌握解决问题的方法。

(2)局限性:①片面强调社会需要,忽视制约课程的其他因素,如学生本身的需要;②忽视各门学科的系统性,不利于学生掌握各门学科的系统知识;③夸大教育的作用,许多社会问题是由社会造成的,单靠教育是不可能解决的。

考点 4　存在主义课程理论

存在主义认为,在确定课程的时候,一个重要的前提就是要承认学生本人为他自己的存在负责。换言之,课程最终要由学生的需要来决定。

存在主义课程理论的主要代表人物是美国学者奈勒。他认为，不能把教材看作为学生谋求职业做准备的手段，也不能把它们看作对学生进行心智训练的材料，而应当把它们看作用于自我发展和自我实现的手段；不能使学生受教材的支配，而应该使学生成为教材的主宰。存在主义认为，知识离不开人的主观性，它仅仅是作为人的意识和情感才存在的。如果知识不能引起学习者的情感，那么对于他来说，就不可能是明确的知识。

存在主义课程论重视发掘学生的人生价值，注重学生的情感反应，在反对学科中心主义课程设置的唯智、唯学方面，带来了新鲜空气。它注重以学生为中心，培养学生的自我责任意识，鼓励教师与学生进行精神交流，有利于建立和谐的师生关系。其弊端在于：这种课程论指导下的课程缺乏系统知识的传授，课程结构破碎且难成体系。

真题面对面

[2021洛阳洛龙，单，0.9分]下列各项中，符合存在主义课程论主张的是(　　)

A. 课程内容不能超出儿童经验和生活的范围，而且课程要考虑儿童的需要和兴趣

B. 课程不应该帮助学生去适应社会，而是要建立一种新的社会秩序和社会文化

C. 如果知识不能引起学习者的感情，就不可能是明确的知识

D. 学校的课程应该给学生提供分化的、有组织的经验，学科课程是最有效的途径

答案：C

考点5　后现代主义课程理论

一些学者从后现代主义理论出发，借助后现代主义提出的新视角和新方法等来考察一系列的课程问题。在这方面最为著名的是美国学者多尔。

多尔在分析和批判泰勒模式的基础上，把他设想的后现代课程标准概括为“4R”，即丰富性(richness)、循环性(recursion)、关联性(relation)和严密性(rigor)。其中，严密性是“4R”中最重要的。

真题面对面

[2021安阳殷都，多，1.35分]多尔在分析和批判泰勒模式的基础上，把课程标准的特点概括为4R，即(　　)

A. 丰富性　　B. 针对性　　C. 循环性　　D. 严密性

答案：ACD

★★ 考点大默写 ★★

1. 按照美国学者古德莱德的课程分类，学生在课堂学习中实实在在体验到的课程属于________。
2. 世界上最古老、使用范围最广泛的课程类型是________，我国古代的“六艺”和古希腊的“七艺”都属于这种课程类型。杜威是________课程的主要代表人物。
3. 从课程内容的组织方式来看，课程可分为________与________；从学生选课的自主性来看，课程可分为________与________；从课程设计、开发、管理主体或管理层次来分，可将课程划分为________、________与________。
4. 基础型课程主要培养学生作为一个公民所必需的以“三基”为中心的基础教养，“三基”即________、________、________；________课程注重拓展学生的知识与能力，开阔学生的知识视野，发展学生各种不同的特殊能力；________课程注重培养学生的探究态度和能力，这类课程从问题的提出、方案的设

计到实施以及结论的得出都由学生自己来做。

5. 从课程的表现形式或对学生的影响方式来看，课程可分为＿＿＿＿＿与＿＿＿＿＿。区分这两种课程的主要标志在于是否具有＿＿＿＿＿。

6. 隐性课程主要有四种表现形式，校风、班风、学风属于＿＿＿＿＿隐性课程，师生人际关系状况属于＿＿＿＿＿隐性课程。

7. 制约学校课程的三大因素分别是＿＿＿＿＿、＿＿＿＿＿和儿童。

8. 结构主义课程理论的创始人是＿＿＿＿＿，他也是该课程理论的主要代表人物。

9. 永恒主义课程理论的主要代表人物是＿＿＿＿＿。该理论认为，"＿＿＿＿＿"是课程的核心。

【参考答案】

1. 经验的课程(生定课程)　2. 学科课程；活动(经验)　3. 分科课程；综合课程；必修课程；选修课程；国家课程；地方课程；校本课程　4. 读；写；算；拓展型；研究型　5. 显性课程；隐性课程；计划性　6. 观念性；心理性　7. 社会；知识　8. 布鲁纳　9. 赫钦斯；永恒学科

第二节　课程目标

一、课程目标的内涵

考点1　课程目标的概念

课程目标是根据教育宗旨和教育规律而提出的具体价值和任务指标，是课程本身要实现的具体目标和意图。它规定了某一教育阶段的学生通过课程学习后，在发展品德、智力、体质等方面期望实现的程度。它是确定课程内容、教学目标和教学方法的基础，是整个课程编制过程中**最为关键**的准则。它直接受教育目的、培养目标的影响，是培养目标的分解，是师生行动的依据。

考点2　课程目标的特征　【单选、判断】★

(1)**整体性**：各级各类的课程目标是相互关联的，而不是彼此孤立的。

(2)**阶段性**：课程目标是一个多层次和全方位的系统，如小学课程目标、初中课程目标、高中课程目标。

(3)**持续性**：高年级课程目标是低年级课程目标的延续和深化。

(4)**层次性**：课程目标可以逐步分解为总目标和从属目标。

(5)**递进性**：低年级课程目标是高年级课程目标的基础，没有低年级课程目标的实现，就难以达到高年级的课程目标。

(6)**时间性**：随着时间的推移，课程目标会有相应的调整。

考点3　课程目标体系的构成　【单选、判断】★

(1)结果性目标，即明确告诉人们学生的学习结果是什么，主要应用于"知识"领域；

(2)体验性目标，即描述学生自己的心理感受、情绪体验应达成的目标，主要应用于各种"过程"领域；

(3)表现性目标，即明确安排学生各种各样的个性化的发展机会和发展程度，主要适用于各种"制作"领域。

真题面对面

[2022南阳宛城，判断，0.9分]明确安排学生各种各样的个性化发展机会和发展程度，主要适用于各种制作领域的是体验性课程目标。(　　)

答案：×

二、课程目标与教育目的、培养目标、教学目标的关系

教育目的是总体性的、高度概括性的，而不是具体的；课程目标旨在详细描述学生身心发展的预期结果，明确学生所要达到的发展水平，是具体的，可以付诸实现，不是一般性的规划，与教育目的不同。

培养目标的实现，主要是通过学校所设置的课程而达成的，但培养目标通常不涉及具体的学习领域。因此，为了使课程编制工作切实有效，我们还必须使培养目标具体化，即要确定课程目标。课程目标是培养目标的下位概念。

教学目标是课程目标的进一步具体化，是指导、实施和评价教学的基本依据，是师生在学科教学活动中预期达到的教学结果、标准。教学目标是课程目标的下位概念。课程目标的制定关系到某一科类或某一学科的全局，而教学目标为教师的教和学生的学提供依据，它主要是对局部的教与学产生导向作用。

从教育目的到培养目标到课程目标再到教学目标，它们是一个紧密联系的统一体，上一层次目标制约着下一层次目标，而下一层次目标是上一层次目标的落实与具体化。

三、确定课程目标的依据【单选、多选】★

1. 学习者的需要(对学生的研究)

课程的价值在于促进学习者的身心发展，因此，学习者的需要是确定课程目标的基本依据。对学生的研究，就是要找出教育者期望在学生身上所要达到的预期结果。

2. 当代社会生活的需求(对社会的研究)

学校课程要反映社会政治、经济、文化发展的需求。当代社会生活的需求是课程目标的基本来源之一。20世纪以来课程理论的研究表明，从当代社会生活的研究中确定课程目标，至少需要坚持三条原则。

(1)公平与民主的原则。在将社会生活的需求确定为课程目标的时候，需要考虑各阶层的需要，不能仅仅考虑社会优势阶层的需求，忽略社会不利阶层的需求。尤其在人人追求自由与解放的“大众主义”时代，作为课程目标的社会需求应体现社会公平和社会民主的原则。

(2)共性与个性统整的原则。课程目标的确定要在本社区、本民族、本国家的需求与发展，乃至整个人类社会的需求与发展之中寻求平衡与统一，必须具有国际意识与国际视野。

(3)适切与超越的原则。当今觉醒的教育不再只是社会的附庸，被动地适应着社会的需要，不再只是维持和复制现有的社会状态，而是蕴涵着对现存社会的批判和改造，正在为一个尚未存在的即将到来的社会培养新人，预示着某些新的社会状态。

因此，从当代社会生活的研究中确定课程目标，不仅仅只是反映当下社会的需求与特点，更主要的是反映社会的未来发展趋势。

3. 学科知识及其发展(对学科的研究)

课程内容来源于一些主要学科的知识，因而课程目标的实现必须要以学科为依托，即在确定课程目标的过程中首先要考虑学科本身的功能。学科知识及其发展是课程目标的基本来源之一。

由于不同的学科专家熟悉各自领域的基本要领、逻辑结构、探究方式、发展趋势，以及该学科的一般功能及其与相关学科的联系，所以，学科专家的建议是课程目标的最主要的依据之一。

真题面对面

[2022郑州惠济，单，0.5分]当今教育不再只是被动地适应着社会的需要，不再只是维持和复制现有的社会状态，而是蕴涵着对现存社会的批判和改造，正在为一个尚未存在的即将到来的社会培养新人，预示着某些新的社会状态。这要求确定课程目标应坚持(　　)

A. 适切与超越原则　　B. 公平与民主原则

C. 预测与发展原则　　D. 共性与个性统整原则

答案：A

四、确定课程目标的方法 【单选】 ★

1. 筛选法

这是美国北加州大学课程开发中心研制的方法，其具体步骤如下：

(1)预定若干项课程目标，涉及课程的各个方面。

(2)书面征求有关人员对预定课程目标的意见，允许他们补充其他课程目标。

(3)把预定的课程目标和补充的其他课程目标汇总在一起。

(4)请有关人员根据汇总的课程目标，依次选出若干项最重要的课程目标。

(5)根据统计结果，确定名次靠前的若干项课程目标。

2. 参照法

参照法是指，在确定课程目标的过程中，参考过去的课程目标和其他国家的课程目标，并根据本国国情和教育状况，确定符合本国情况的课程目标。

五、课程目标取向的分类 【单选】 ★★

1. 普遍性目标取向

普遍性目标是将一般教育宗旨或原则直接运用于课程领域，成为课程领域一般性、规范性的课程目标。它是一种古老且长期存在的课程目标取向，可追溯到中国的先秦，西方的古希腊、古罗马时期，近现代教育史上普遍性目标也广泛存在。普遍性目标把可普遍运用于所有教育实践中的一般教育宗旨或原则等同于课程目标，是对课程全局的总体考虑和安排，具有普遍性、方向性、指令性特点。它所反映的是比较长期的教育价值取向，是任何门类的课程不可缺少的部分。

2. 行为目标取向

行为目标是以显性化、精确性、具体的、可操作的行为的形式加以陈述的课程目标。它指明了课程与教学过程结束后学生身上所发生的行为变化，具有**精确性、具体性、可操作性**。

3. 生成性目标取向

生成性目标是在教育情境之中随着教育过程的展开而自然生成的课程目标。它不是由外部事先规定学习者要达到的结果，它关注的是学习活动的过程。

4. 表现性目标取向

表现性目标是美国学者**艾斯纳**提出的一种目标取向，是指在教育情境的种种际遇中每一学生个性化的创造性表现。表现性目标实际上就是指人们在从事某种活动结束时有意或无意得到的结果。它强调学生的创造性表现，强调学生的主体性和个性化发展，尊重学生的个性差异，适合以学生活动为主的课程安排。艾斯纳给出了表现性目标的例证：解释《失乐园》的意义；审视与欣赏《老人与海》的重要意义；通过使用铁丝与木头发展三维形式；参观动物园并讨论那里有趣的事情。

真题面对面

[2022 郑州新密，单，0.8 分]课堂上，教师让各小组用自己的方式展示对“诚信”的理解，出现了故事讲述、角色扮演、自由辩论等多种形式。这一教学行为旨在达成(　　)

A. 行为性目标　　B. 普遍性目标　　C. 生成性目标　　D. 表现性目标

答案：D

六、三维课程目标 【单选、多选、判断、简答】 ★★

“知识与技能”目标强调基础知识和基本技能的获得，相当于传统的“双基教学”，这一维度的目标立足于让学生学会。

“过程与方法”目标突出的是让学生“学会学习”，使学生获得知识的过程同时成为获得学习方法和能力发展的过程，这一维度的目标立足于让学生会学。

“情感态度与价值观”目标强调教学过程中激发学生的情感共鸣，引起积极的态度体验，形成正确的价值观，这一维度的目标立足于让学生乐学。

考生需注意，三维课程目标是教育部于2001年颁布的《基础教育课程改革纲要（试行）》中提出的。2022年，教育部印发了新修订的义务教育课程方案和语文等16个课程标准。此次课标修订，力求使课程目标自觉体现本课程在培育学生核心素养方面的基本贡献，结合本课程的性质、理念及课程的基本内容，从核心素养视角对课程总目标及学段目标进行表述。

从三维课程目标到核心素养，更加凸显了课程的育人功能，体现了从学科本位到以人为本的转变。

考点大默写

1. 整个课程编制过程中最为关键的准则是__________。
2. 高年级课程目标是低年级课程目标的延续和深化。这体现了课程目标的__________特征。
3. 完整的课程目标体系中，__________目标主要适用于“制作”领域。
4. 教师关注学生的创造性表现，这种课程目标取向属于__________取向。
5. 从课程目标的取向来看，我国古代经典文献《大学》提出的“格物、致知、诚意、正心、修身、齐家、治国、平天下”的教育宗旨是典型的__________。

【参考答案】

1. 课程目标　2. 持续性　3. 表现性　4. 表现性目标　5. 普遍性目标

第三节　课程内容

一、课程内容的三种表现形式【单选、多选、判断、填空】必背 ★★★

课程内容是课程的核心要素，从总体上讲，课程内容是根据课程目标，有目的地选择的一系列直接经验和间接经验的总和，是从人类的经验体系中选择出来，并按照一定的逻辑序列组织编排而成的知识体系和经验体系。

目前，我国中小学课程主要由课程计划、课程标准、教材三部分组成。课程计划体现了国家对学校的统一要求，是编写各科课程标准和教材的主要依据；课程标准是课程计划的分学科展开，每门学科都有对应的学科课程标准；教材是课程标准的具体化，课程标准中规定的各门学科一般都有相应的教材。

1992年，原国家教委在制订九年义务教育的教学计划时，把“教学计划”更名为“课程计划”。指导我国这次课程改革的《基础教育课程改革纲要（试行）》仍用“课程计划”这一术语，把原来用的“教学大纲”改称为“课程标准”。

新课程改革中以“课程标准”代替“教学大纲”，至少应包含以下几方面的理解和考虑：（1）课程价值趋向从精英教育转向大众教育。（2）课程目标着眼于学生素质的全面提高。（3）从只关注教师教学转向关注课程实施过程。（4）课程管理从刚性转向弹性。教学大纲“刚”性太强，不利于教师创造性的发挥，没有给教材特色化和个性化发展留下足够的空间，不利于教材多样化的实现，无法适应全国不同地区的学校发展极不平衡的状况。

真题面对面

[2023 周口市直,多,1.5 分]我国课程的具体表现形式有( )

A. 教学评价　　B. 课程计划　　C. 课程标准　　D. 教学目标

E. 教材

答案:BCE

考点1　课程计划

1. 课程计划的概念

课程计划是根据一定的教育目的和培养目标,由教育行政部门制定的有关学校教育和教学工作的指导性文件。课程计划主要由课程计划的指导思想、培养目标、课程设置及其说明、课时安排、课程开设顺序和时间分配、考试考查制度和实施要求几部分构成。在基本内容上,课程计划主要是指教学科目的设置(课程设置)、学科顺序(课程开设顺序)、课时分配(教学时数)、学年编制和学周安排。其中,开设哪些科目(课程设置)是课程计划的中心和首要问题。义务教育阶段的课程计划具有**强制性**、**普遍性**、**基础性**的特点。

真题面对面

1. [2020 周口太康,单,0.91 分]课程计划的中心和首要问题是( )

A. 课程设置　　B. 课程开设顺序

C. 课时分配　　D. 学年编制及学周安排

2. [2021 平顶山湛河,判断,0.6 分]义务教育阶段的课程计划具有强制性、普遍性和基础性的特点。( )

答案:1. A　2. √

2. 课程计划编制的原则

(1)以教育目的与任务为前提,体现课程结构的完整性。既要促进学生德、智、体诸方面全面发展,又要保证各类学科之间的协调平衡。

(2)以科学的课程理论为依据,体现基础性与多样性。要处理好基础课与提高课、分科课与综合课、理论知识课与实践应用课、必修课与选修课等的基本关系。

(3)以学生的发展水平为基础,体现知识的衔接性和学生的可接受性。课程计划的制订要充分考虑学生已经掌握的知识与技能,已经形成的情感、态度和价值观,正确处理好现实与发展的关系。

(4)以课堂教学为主,全面安排各项活动。

考点2　课程标准

1. 课程标准的概念

课程标准是课程计划中每门学科以纲要的形式编写的、有关学科教学内容的指导性文件,是课程计划的分学科展开。它规定了学科的教学目标、任务,知识的范围、深度和结构,教学进度以及有关教学方法的基本要求,是编写教科书和教师进行教学的**直接依据**,也是衡量各科教学质量的**重要标准**。教师应将课程标准作为检查自己教学质量的依据。

完整的课程标准一般由说明(或前言)、课程目标、课程内容标

课程计划与课程标准的区别在于:课程计划一般是宏观上的指导,而课程标准是对某一具体学科的指导。此外,如果“教学大纲”“教学计划”与“课程标准”“课程计划”在单选题中同时出现且为应选项时,优先选后者。

准、课程实施建议、附录(无法概括到课程标准中的内容,如术语解释)五部分组成。其中,说明部分是统率课程标准的指导思想,课程目标、内容标准和实施建议是课程标准的主体。

注:2022年教育部印发了新修订的义务教育课程方案和语文等16个课程标准。新修订的课程标准由课程性质、课程理念、课程目标、课程内容、学业质量、课程实施和附录几部分组成。

2. 课程标准设计的原则

(1)课程标准关注的对象是学生,是对学生学习行为的要求;

(2)课程标准涉及的范围是学生综合的发展领域;

(3)课程标准的要求是所有学生基本要达到的要求,而非最高要求;

(4)课程标准的目的是促进学生更好地发展,而不是应付某一事件;

(5)课程标准隐含着教师不是教科书的执行者,而是教学方案(课程)的开发者,即教师是"用教科书教,而不是教教科书"。

3. 课程标准的意义 新增

(1)在国家层面上,它标志着公民素养有了明确的质量标准;(2)在学校教育层面上,它标志着素质教育的落实有了根本依托;(3)在教材层面上,它标志着教科书走向多元化有了可能;(4)在教学层面上,它标志着教学方式的革新有了标准;(5)在教师层面上,它标志着教师专业自主权的确立有了保障;(6)在学生层面上,它标志着减轻学生心理负担有了希望。

4. 课程标准的功能

国家课程标准是教材编写、教学、评估和考试命题的依据,是国家管理和评价课程的基础。应体现国家对不同阶段的学生在知识与技能、过程与方法、情感态度与价值观等方面的基本要求,规定各门课程的性质、目标、内容框架,提出教学建议和评价建议。

课程标准中规定的基本素质要求是教材、教学和评价的灵魂,也是整个基础教育课程的灵魂。

但是,这并不等于课程标准是对教材、教学和评价方方面面的具体规定。课程标准对教材编制、教学设计和评价过程中的具体问题(如教材编写体系、教学顺序安排及课时分配、评价的具体方法等),不做硬性的规定。

真题面对面

[2022郑州惠济,单,0.5分]体现国家对不同阶段的学生在知识与技能、过程与方法、情感态度与价值观等方面的基本要求,规定各门课程的性质、目标、内容框架,提出教学和评价建议的文件是(　　)

A. 教育规划纲要　　B. 课程计划　　C. 课程标准　　D. 课程改革纲要

答案:C

考点3　教材

1. 教材与教科书

教材是根据学科课程标准系统阐述学科内容的教学用书,它是知识授受活动的主要信息媒介,是课程标准的进一步展开和具体化。教材包括教科书、讲义、讲授提纲、参考书、活动指导书以及各种视听材料。教材可以是印刷品(包括教科书、教学指导用书、补充读物、图表等),也可以是**音像制品**(包括幻灯片、电影、录音带、录像带、磁盘、光盘等)。其中,教科书和讲义是教材的主体部分,故人们常把教科书与讲义简称为教材。

新课程强调教材是学生发展的"**文化中介**",是师生进行对话的"话题",师生进行教学活动的目的不是记住"话题"本身,而是通过以"话题"为中介进行交往,获得发展。新课程将教材视为"跳板"而非"圣经",倡导教师"用教材教",而不是简单地"教教材"。新的课程计划和课程标准为教学活动预留了充分的空间,视教材为案例，开放教材，鼓励教师充实并超越教材。教师应将教材视为教学活动的“跳板”，使之成为学生学习和创新的有力凭借。

2. 教科书的作用

教科书是依据课程标准编制的教学规范用书。教科书一般由目录、课文、习题、实验、图表、注释、附录等部分构成。课文是教科书的主体部分。

(1)教科书是学生在学校获得系统知识、进行学习的主要材料，它可以帮助学生掌握教师教授的内容，同时，也便于学生预习、复习和做作业。

(2)教科书也是教师进行教学的主要依据，它为教师的备课、上课、布置作业、学生学习成绩的检查评定提供了基本材料。熟练地掌握教科书内容是教师顺利完成教学任务的重要条件。

(3)根据教学计划对本学科的要求，分析本学科的教学目标、内容范围和教学任务。

(4)根据本学科在整个学校课程中的地位，研究本学科与其他学科的关系。

3. 教科书编写应遵循的基本原则与要求

(1)科学性与思想性统一;(2)强调内容的基础性与适用性(基础性是教科书不同于其他任何书籍的基本特点);(3)知识的内在逻辑与教学法要求的统一;(4)理论与实践统一;(5)教科书的编排形式要有利于学生的学习;(6)注意与其他学科的纵向和横向联系。

二、课程内容的选择 【单选】 ★

课程内容的选择简称“课程选择”，是根据特定的教育价值观及相应的课程目标，从学科知识、当代社会生活经验或学习者的经验中选择课程要素的过程。一般来说，选择课程内容时要注意以下几项基本准则。

1. 注意课程内容的基础性

中小学教育的基本任务是要使学生有效地掌握人类文化遗产中的精华，并充分发展学生的各方面能力，以适应未来社会发展的需要。因此，所选择的课程内容应该包括使学生成为社会中一名合格公民所必备的基础知识和基本技能，同时也要包括学生以后继续学习所必需的技能和能力。在选择课程内容时要注意到学科知识的广度与深度之间的平衡。

2. 课程内容应贴近社会生活

课程内容应该考虑到让学生了解社会、接触社会，掌握一些解决社会问题的基本技能。即使在选择学术性学科的内容时，也应该尽可能地联系社会的需要，以便学生所掌握的知识技能可以较好地发挥社会效用。同时，课程内容不仅要注意与现实社会的相关，而且还要注意与未来社会的相关。

3. 课程内容要与学生和学校教育的特点相适应

课程内容是为特定教育阶段的学生而选择的。因此，选择课程内容时要能够注意到学生的兴趣、需要和能力，并尽可能与之相适应，这不仅有助于学生更好地掌握科学文化知识，还有助于他们对学校学习形成良好的态度。换言之，不仅使他们“好学”，而且使他们“乐学”，从而达到提高教学质量的目的。

三、课程内容的组织 【单选、判断、简答】 ★★

考点1 课程内容的组织原则

关于如何组织与呈现课程内容的问题，泰勒提出的三个基本准则曾有过相当大的影响，至今仍常被一些课程专著所引述。它们是:连续性、顺序性和整合性。

1. 连续性

连续性是指课程组织的“广度”范围之内的水平组织，是指直线式地陈述主要的课程要素，即将选出的各种课程要素在不同学习阶段予以重复。课程组织的连续性，主要问题在于为学生提供适当的学习经验的连续机会，并根据学习任务的差异和难易程度建立长期的累积的学习效果。

2. 顺序性

课程组织的顺序性是指将课程内容、学习经验及学习材料组织成某种连接的“次序”。顺序性指课程的“深度”范围之内的垂直组织规则，是对同一课程要素做更深更广更复杂的处理。

3. 整合性

整合性是指在课程当中各种不同的课程内容之间建立适当的联系，以整合由于分割所造成的知识支离破碎的状态，达到最大的学习累积效果。整合性是指课程经验“横”的联系，一般而言，内容的整合应该有助于学生逐渐获得一种统一的观点，并把自己的行为与所学习的课程要素统一起来。例如，在数学课的学习中，固然要培养学生处理数量问题的技能，但更重要的是，要考虑到在社会学科、科学、生活中如何有效地运用这些技能。

真题面对面

[2022郑州惠济，判断，0.5分]关于教育经验的组织，泰勒认为应当遵循的准则是连续性、顺序性和整合性。(　　)

答案：√

考点2　课程内容的组织形式

课程内容采取何种形式组织与编写，直接影响课程内容结构的性质和形式，制约着课程实施中的学习活动方式和学生学习的成效。

1. 直线式与螺旋式

(1)直线式。直线式是指把课程内容按照由浅入深、由易到难的原则，在逻辑上前后联系，直线推进，不重复地进行排列。

(2)螺旋式。螺旋式是指在不同单元或阶段乃至不同课程门类中，使课程内容重复出现、螺旋上升、逐渐扩大知识面，加深知识难度，即同一课程内容前后重复出现，前面的内容是后面内容的基础，后面内容是对前面内容的不断扩展和加深，且层层递进。

(3)直线式与螺旋式的适应性。直线式与螺旋式是两种不同的课程组织形式，二者各有优缺点，彼此具有相对独立性。对不同性质的学科而言，这两种组织方式具有不同的适应性。对理论性较强、学生不易理解和掌握的内容，尤其对低年级的儿童来说，采用螺旋式来组编较适合；对一些理论性相对较低的学科知识、操作性较强的内容，采用直线式组编则较适合。

(4)直线式与螺旋式的关系。①联系。直线式与螺旋式课程组织方式存在内在联系，彼此间具有互补性。螺旋式课程由直线式课程发展而来。在课程组织过程中，这两种组织方式很难截然分开，常常交替存在。②区别。与直线式相比，螺旋式是一种更高级的课程组织形式。直线式课程主要是根据学科知识的逻辑体系展开的，它对学生认知发展的特点关注不够。螺旋式课程则不仅反映学科的逻辑体系，而且还将学科逻辑与学习者的心理逻辑有机地结合起来，这更适合学生学习的特点。

2. 纵向组织与横向组织

(1)纵向组织。纵向组织是指教材内容要按照学科知识的逻辑序列，从已知到未知、从简到繁、从具体到抽象等先后顺序来组织编写。这是从学习理论的角度提出的一种组织形式。

(2)横向组织。横向组织是指打破学科的知识界限和传统的知识体系，按照学生发展的阶段，以学生心理发展阶段需要探索的、社会最为关心的问题为依据来组织编写教材内容，构成一个一个相对独立的专题。横向组织是依据发展心理学从人的成长过程的角度提出的。

3. 逻辑顺序与心理顺序

(1)逻辑顺序,是指根据学科本身的体系和知识的内在联系来组织课程内容。

(2)心理顺序,是指按照学生心理发展的特点来组织课程内容。

真题面对面

1. [2022信阳淮滨,单,0.7分]在小学科学教材中先呈现动植物的基本知识,接着是与动植物有关的生态系统知识,再是与人类相关的生态系统知识。这种课程内容组织形式属于(　　)

A. 直线式　　B. 螺旋式

C. 并列式　　D. 循环式

2. [2021安阳滑县,判断,0.7分]对于理论性较强、学生不易理解和掌握的内容,尤其对低年级学生来说,最适合采用直线式教科书编写方式。(　　)

答案:1. B　2. ×

★★ 考点大默写 ★★

1. 我国中小学课程主要由＿＿＿＿＿＿、＿＿＿＿＿＿和教材三部分组成。
2. ＿＿＿＿＿＿是根据一定的教育目的和培养目标制定的有关学校教育与教学工作的指导性文件。
3. 义务教育阶段的课程计划具有强制性、＿＿＿＿＿＿和＿＿＿＿＿＿的特点。
4. 以纲要形式编写的、有关学科教学内容的指导性文件是＿＿＿＿＿＿,它是教师教学的直接依据。
5. ＿＿＿＿＿＿是教材编写、教学、评估和考试命题的依据,是国家管理和评价课程的基础。
6. 教材是知识授受活动的主要信息媒介,是＿＿＿＿＿＿的进一步展开和具体化。
7. ＿＿＿＿＿＿是学生获得系统知识的主要材料,也是教师进行教学的主要依据。
8. 泰勒提出的课程内容组织原则包括连续性、＿＿＿＿＿＿和＿＿＿＿＿＿。
9. 在不同单元或阶段乃至不同课程门类中,教师将课程内容重复出现,逐渐扩大知识面,加深知识难度。这种课程内容组织形式是＿＿＿＿＿＿。

【参考答案】

1. 课程计划;课程标准　2. 课程计划　3. 普遍性;基础性　4. 课程标准　5. 国家课程标准　6. 课程标准　7. 教科书　8. 顺序性;整合性　9. 螺旋式

第四节　课程结构

一、课程结构的概念

课程结构指课程各部分的组织和配合,即课程内容有机联系在一起的组织方式。课程结构是课程目标转化为教育成果的纽带,是课程活动顺利开展的依据。课程结构调整就其实质而言,就是重新认识和确立各种课程类型以及具体科目在学校课程体系中的价值、地位、作用和相互关系。

二、新课程结构的内容(新一轮基础教育课程体系的设计构想)【单选、多选、判断】

必背 ★★

1. 整体设置九年一贯的义务教育课程

小学阶段以综合课程为主。初中阶段设置分科与综合相结合的课程。

2. 高中以分科课程为主

为使学生在普遍达到基本要求的前提下实现有个性的发展，课程标准应有不同水平的要求，在开设必修课的同时，设置丰富多样的选修课程，开设技术类课程，积极试行学分制管理。

3. 从小学至高中设置综合实践活动课程并作为必修课程

强调学生通过实践，增强探究和创新意识，学习科学研究的方法，发展综合运用知识的能力。增进学校与社会的密切联系，培养学生的社会责任感。在课程的实施过程中，加强信息技术教育，培养学生利用信息技术的意识和能力，了解必要的通用技术和职业分工，形成初步的技术能力。

4. 农村中学课程要为当地社会经济发展服务

在达到国家课程基本要求的同时，可根据现代农业发展和农村产业结构的调整因地制宜地设置符合当地需要的课程，深化"农科教相结合"和"三教统筹"等项改革，试行通过"绿色证书"教育及其它技术培训获得"双证"的做法。城市普通中学也要逐步开设职业技术课程。

真题面对面

1. [2021 焦作山阳，单，0.6 分]在新的课程结构中，小学阶段以综合课程为主，初中阶段以分科和综合课程为主，高中阶段以分科课程为主，从小学至高中设置(　　)

A. 必修课程　　B. 选修课程　　C. 活动课程　　D. 综合实践活动课程

2. [2021 郑州航空港，判断，0.6 分]我国现阶段整体设置九年一贯的义务教育课程，小学阶段以综合课程为主。(　　)

答案：1. D　2. √

★★ 考点大默写 ★★

1. 在课程结构上，新课程整体设置________的义务教育课程，小学阶段以________为主；初中阶段设置________的课程；高中阶段则以________为主。

2. 根据新课程结构的内容，从小学至高中设置________课程并作为必修课程。

【参考答案】

1. 九年一贯；综合课程；分科与综合相结合；分科课程　2. 综合实践活动

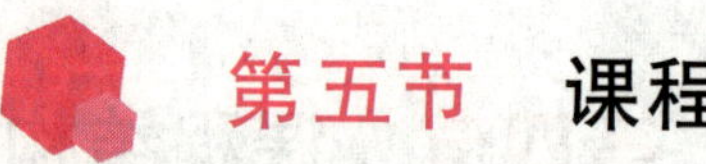

第五节　课程管理

一、新课程的管理政策 【单选、多选、判断】 ★

1985 年，《中共中央关于教育体制改革的决定》首次提出"实行基础教育由地方负责、分级管理的原则"。

1999 年，《中共中央国务院关于深化教育改革，全面推进素质教育的决定》进一步指出"试行国家课程、地方课程和学校课程"，标志着我国长期以来实行的中央集中管理的课程政策体系开始向中央—地方—学校分散管理的课程体制过渡。

2001 年颁布的《基础教育课程改革纲要(试行)》明确规定实行国家、地方和学校三级课程管理体制。这样做是为了改变我国原有课程管理过于集中的状况，通过确立地方和学校参与课程改革的权力主体地位，完善课程管理体系，进一步增强课程对地方、学校及学生的适应性。

至此，我国的课程管理体制逐步完善和成熟起来。

真题面对面

[2022郑州郑东新区,多,1分]为了改变课程管理过于集中的状况,新课改实行的三级课程包括(　　)

A. 国家课程　　B. 学校课程

C. 县域课程　　D. 地方课程

答案:ABD

二、三级课程管理 【单选、多选、不定项、判断】 必背 ★★

考点1 国家课程

国家课程是由中央教育行政机构编制和审定的课程,其管理权限属中央级教育机关。它的宗旨是保证国家实现普通教育的培养目标和提高普通教育的水平,规定学生应掌握的基础知识和基本能力,体现国家对教育的基本要求。

☞国家课程有广义和狭义之分。广义上指的是国家有关部门制定和颁布的各种课程政策,比如我国教育部制定、颁布的课程管理与开发政策、课程方案,各类课程的比例和范围,教材编写、审查和选用制度等;狭义上指的是国家委托有关部门或机构制定的基础教育的必修课程或称核心课程的课程标准或大纲。

国家对课程的管理体现在:(1)制定课程发展的总体规划;(2)确定国家课程的门类和课时;(3)制定国家课程的标准;(4)宏观指导课程实施。新增

真题面对面

[2022驻马店驿城,多,1.4分]新课程改革实行三级课程管理制度,其中国家对课程的管理包括(　　)

A. 制定课程发展的总体规划　　B. 制定课程实施计划

C. 宏观指导课程实施　　D. 加强课程资源的开发和管理

答案:AC

考点2 地方课程

地方课程是省级教育行政部门以国家课程为基础,依据当地的政治、经济、文化、民族等发展的需要而开发设计的课程。其宗旨是补充、丰富国家课程,满足地区差异。

地方对课程的管理体现在:(1)贯彻国家课程政策,制订课程实施计划;(2)组织课程的实施与评价;(3)加强课程资源的开发和管理。

考点3 学校课程

学校课程即**校本课程**,是学校在确保国家课程和地方课程有效实施的前提下,针对学生的兴趣和需要,结合学校的传统和优势以及办学理念,充分利用学校和社区的课程资源,自主开发或选用的课程。

☞学校对课程的管理体现在:(1)制定课程实施方案;(2)重建教学管理制度;(3)管理和开发课程资源;(4)改进课程评价。新增

三、校本课程的开发与实践

校本课程是我国三级课程管理体系的重要组成部分,可以为学生提供多样化的课程,在一定范围内弥补国家课程的不足。

校本课程开发有利于形成学校办学特色,满足学校"个性化"发展需求,有利于教师专业水平的提高,尤

其是科研能力的提高，有利于学生主体性的发展，真正满足学生生存与发展的需要。校本课程由学校自行决定，目的是满足学生和社区的发展需要，强调多样性与差异性，一般比较侧重学生兴趣类、学校特色类和乡土类课程。校本课程开发的主体是教师，通常以选修课的形式出现。

此外，校本课程开发也是教育民主化的必然趋势。

考点1 校本课程开发的理念 【单选、多选、不定项、判断】★

(1)“学生为本”的课程理念(校本课程开发要基于学生的实际发展要求)。校本课程开发更重视学生的学习需要(这是校本课程开发的源泉)，尤其重视学生个体的有差异的学习需要，同时兼顾社会的需要。

(2)“决策分享”的民主理念。学校呼唤自主的管理权限，教育的所有纳税人都希望参与教育的决策过程，而校本课程开发的理念回应了这种民主的呼声，顺应了反对权力集中、呼吁权力下放的民主思潮。

(3)校本课程开发的主体是教师而不是专家。三级课程管理政策赋予了学校教师开发校本课程的专业自主权，因而校本课程开发的主体必须是教师。学校教师之外的其他机构人员，可以参与和协助教师开发校本课程，但却不能取代教师的工作。

(4)“全员参与”的合作精神。在校本课程开发的过程中，以教师为主体，形成一个由校长、研究专家、学生及学生家长和社区人士共同开发课程的合作共同体。

(5)校本课程开发的基础：善于利用现场课程资源。校本课程开发强调充分利用和开发现有的学校和社区课程资源，根据已有的条件进行切实可行的资源重组，开发出适合自己学校的、具有特色的、学生喜欢的课程。

(6)个性化是校本课程开发的价值追求。

(7)校本课程开发的性质：国家课程的补充。一方面，基础教育课程计划为校本课程开发预留应有的时间和空间；另一方面，校本课程开发也要与国家课程和地方课程的实施协调和互补。

(8)校本课程开发的运作：同一目标的追求。校本课程开发追求所有的课程都朝一个目标努力，这个目标是学校的教育哲学(通俗地说是办学目标)。

考点2 校本课程的开发途径

(1)合作开发；(2)课题研究与实验；(3)规范原有的选修课、活动课和兴趣小组。

★★ 考点大默写 ★★

1. 我国的三级课程管理体制是指________、________和________三级课程管理。
2. 我国实行三级课程管理，是为了改变我国原有课程管理过于________的状况，进一步增强课程对地方、学校及学生的________。
3. 由中央教育行政机构负责编制、实施和评价的课程是________。
4. 某小学开设“小发明家”“小科学家”等课程，让学生在课外活动时间自由选择学习。这些课程属于________。
5. 校本课程开发要以________为本，以________为开发主体，这种课程通常以________课程的形式出现。
6. 作为重要课程形式的校本课程，是对国家课程的________。

【参考答案】

1. 国家；地方；学校 2. 集中；适应性 3. 国家课程 4. 学校课程(校本课程) 5. 学生；教师；选修 6. 补充

第六节　课程设计与实施

一、课程设计

考点1　课程设计的概念

课程设计是有目的、有计划地产生课程计划、课程标准以及教科书等的系统化活动。课程设计实质上是指人们根据一定的价值取向，按照一定的课程理念，以特定的方式组织安排课程中的各种要素和各种成分，从而形成课程结构的过程及其产物。课程设计是将课程理念转化为课程实践活动的“**桥梁**”。

考点2　课程设计的层次 新增【单选】★★

根据所承担的任务和产生的结果，可以将课程设计大致分为三个层次：

(1)**宏观层面的课程设计**。宏观层面的课程设计主要解决课程设计的基本理念问题，如课程设计的价值取向、主要任务、结果等。

(2)中观层面的课程设计。中观层面的课程设计的主要任务是将前一阶段课程设计的结果进一步具体化，即在学校宏观课程结构的基础上，针对具体的学科进行设计，目标在于制定关于具体学科的课程标准、教科书以及其他形式的文字资料等。

(3)微观层面的课程设计。微观层面的课程设计主要是指教师在实施已有的课程(课程标准、教科书)时，根据教学目标，学生的现有水平、特征，以及课程资源等实际情况，对已确定的课程材料进行重新组织设计，以服务于现实的教学。

考点3　课程设计的主要模式

1. 泰勒的目标模式【单选、多选、判断】★

目标模式是以目标为课程开发的基础和核心，围绕课程目标的确定、实现和评价等环节进行课程开发的模式。目标模式是伴随20世纪初的课程开发科学化运动而产生的，是课程开发的经典模式，其主要代表人物是**泰勒**。泰勒被誉为“当代教育评价之父”“现代课程理论之父”。他于1949年出版了《**课程与教学的基本原理**》(被认为是现代课程理论的圣经、奠基石)，提出了关于课程编制的四个问题：

(1)学校应当追求哪些目标?(学校应当追求的目标)

泰勒认为，确定教育目标是课程研制的出发点，课程研制的整个过程都取决于预定的教育目标，目标是课程的灵魂。他认为“目标即有意识地选择的目的，也就是学校教职员所向往的结果”，并认为这种目的和结果的确定需要三个来源：对学习者自身的研究、对校外当代生活的研究、学科专家的建议。

(2)怎样选择和形成学习经验?(选择和形成学习经验)

(3)怎样有效地组织学习经验?(有效地组织学习经验)

(4)如何确定这些目标正在得以实现?(课程评价/评价结果)

泰勒原理可概括为：目标、内容、方法、评价，即：确定课程目标、根据目标选择课程内容(经验)、根据目标组织课程内容(经验)、根据目标评价课程。他认为一个完整的课程编制过程都应包括这四项活动。泰勒原理的实质是以目标为中心的模式，因此又被称为“**目标模式**”。

目标模式的最大优点是注重目标的重要性，其整个课程开发过程都是围绕目标来进行的。目标模式提出了一个有章可循的实践模式，便于操作。

真题面对面

1. [2022平顶山市直，单，0.7分]下列不属于泰勒的课程目标来源的是(　　)

A. 对学习者自身的研究　　B. 教育部门的研究

C. 对当代社会生活的研究　　D. 课程专家的建议

2. [2021 南阳市直,判断,1 分]泰勒的课程编制原理主要强调了学生对课程的评价。(　　)

答案:1. B　2. ×

2. 斯腾豪斯的过程模式

针对目标模式过分强调预期行为结果即"目标"而忽视"过程"的缺陷,英国课程论专家**斯腾豪斯**提出了"过程模式"。所谓的过程模式是指,课程的开发不是为了生产出一套"计划",然后予以实施和评价的过程,而是一个连续不断的研究过程,并贯穿着对整个过程的评价和修正。而所有这些都集中在课堂实践中,教师是整个过程的核心人物。

二、课程实施

考点1　课程实施的概念　【单选、多选】★

课程实施即将已经编定好的课程付诸实践的过程,它是达到预期的课程目标的基本途径。一般来说,课程设计得越好,实施起来就越容易,效果也就越好。

课程实施作为一个动态的序列化的实践过程,具有一定的运行结构:(1)安排课程表;(2)分析教学任务;(3)研究学生的学习特点;(4)选择并确定教学模式;(5)规划教学单元和课;(6)组织教学活动;(7)评价教学活动的过程与结果。

其中,课程表的安排应遵循以下几条原则:

(1)**整体性原则**。在安排课程表的过程中,要从全局着眼,使每门课程都处在能发挥最佳效果的恰当位置。

(2)**迁移性原则**。在安排课程表时要充分考虑各学科之间相互影响的性质和特点,利用心理学的迁移规律促使各门课程之间产生正迁移,促进教学质量的提高。

(3)**生理适宜原则**。课程表的安排还要考虑到学生的生理特点,使学生的大脑功能和体能处于高度优化的状态。

真题面对面

[2021 信阳平桥,单,0.8 分]在安排课程表时,要从全局着眼,这体现的安排课程表应遵循的原则是(　　)

A. 迁移性原则　　B. 适应性原则

C. 顺序性原则　　D. 整体性原则

答案:D

考点2　课程实施的三种取向　【单选、判断】★

1. 忠实取向

这种课程实施取向认为,设计好的课程是不能改变的,课程实施的过程应该是忠实地执行课程计划的过程。

2. 相互调适取向

这种课程实施取向认为,设计好的课程计划是可以变动的,课程实施过程是课程计划与班级或学校实际情境在课程目标、内容、方法、组织模式诸方面相互调整、改变与适应的过程。

3. 创生取向

这种课程实施取向认为,设计好的课程并不是固定不变的,课程实施的过程也是课程的设计过程。课程实施的过程是在具体教育情境中由师生共同创生新的教育经验的过程,原来设计好的课程只是这个"经验"创生过程中可供选择的材料之一。为此,课程实施者应根据自己的兴趣和实际情况来修改课程计划,而无须考虑适应课程设计者的意图。

真题面对面

[2022周口中心城区,单,0.5分]张老师在教学过程中根据学生的实际情况灵活调整,使得课堂效果呈现最优化。这体现了课程实施取向中的( )

A. 创生取向　　B. 相互适应取向
C. 忠实取向　　D. 学生取向

答案:B

考点3 影响课程实施的因素 【单选、多选】★

(1)课程改革本身。课程实施过程中,与课程改革本身有关的因素主要包括:①地方、学校与教师对改革的需要。②实施者对改革的清晰程度。③改革本身的复杂性。④改革方案的质量和实用性。

(2)学区。学区对课程实施的影响主要表现为:学区从事课程改革的传统、学区对课程计划的采用过程、学区对课程改革的行政支持、课程变革人员的发展水平与对变革的参与程度、课程变革的时间表和评价体制、学区教育委员会与社区的特征等。

(3)学校。影响课程实施的学校因素具体包括:①校长的角色。②教师与教师之间的关系。③教师的特征与价值取向。教师自身的素质、教师教育观念的转变、教育方式的改革等都会直接影响课程实施进程。教师的"效能感"越强,教师参与课程变革的积极性和主动性越高,课程实施的程度就越大。

(4)外部环境。主要包括政府部门的重视、外部机构的支持,以及社区与家长的协助等。

考点大默写

1. 将课程理念转化为课程实践活动的"桥梁"是__________。
2. 被誉为"现代课程理论之父"的教育家是__________,他提出的课程开发模式是__________模式。
3. 泰勒认为一个完整的课程编制过程应包括:确定课程目标、根据目标选择课程内容、根据目标组织课程内容、________________。
4. 安排课程表应遵循整体性原则、__________原则和__________原则。将体育课和生产劳动课分开排遵循了课程表安排的__________原则。
5. 根据实现课程方案的程度低和高来评价课程,这体现了课程实施的__________取向。
6. 在课程实施过程中,师生在具体课堂情境中共同合作、创造新经验。这反映了课程实施的__________取向。

【参考答案】

1. 课程设计　2. 泰勒;目标　3. 根据目标评价课程　4. 迁移性;生理适宜;生理适宜　5. 忠实　6. 创生

第七节 课程评价

一、课程评价的概念 【单选、判断】★

课程评价是以一定的方法、途径对课程的目标、实施和结果等有关问题的价值和特点做出判断的过程。它包括对**课程本身**的评价和对**学生学业**的评价。课程评价在整个课程系统中占有十分重要的地位。因为它既是课程设计与实施的终点,又是课程设计与实施继续向前发展的起点。

二、课程评价的功能 【单选】★

课程评价具有多重功能，但从根本上来说，主要有促进发展、鉴定水平和选拔淘汰三大功能。

(1)促进发展的功能。这是当代课程评价非常强调的基本功能。这一功能具体来说主要体现在以下几个方面：①导向功能；②诊断功能；③调节功能；④激励功能；⑤反思功能；⑥记录功能。

(2)鉴定水平的功能。所谓鉴定水平功能是指课程评价可以对评价对象与评价指标的适应程度作出区分和认定。

(3)选拔淘汰的功能。所谓选拔淘汰功能是指课程评价可以为选拔优秀者、淘汰不合格者提供依据。

三、课程评价的主要模式 【单选、判断、填空】 必背 ★★

考点1 目标评价模式

目标评价模式是美国课程评价专家，也是有着**“课程评价之父”**美誉的**泰勒**，针对20世纪初形成并流行的常模参照测验的不足而提出的。这种模式以目标为中心展开。该评价原理可概括为七个步骤或阶段：

(1)确定教育计划的目标；(2)根据行为和内容来界定每一个目标；(3)确定使用目标的情境；(4)设计呈现情境的方式；(5)设计获取记录的方式；(6)确定评定时使用的计分单位；(7)设计获取代表性样本的手段。

其中，确定目标是最为关键的一步，因为其他所有步骤都是围绕目标展开的。目标评价模式强调要用明确的、具体的行为方式来陈述目标，并以预先规定和界说的目标为中心来设计、组织和实施评价，从而确定学生通过课程学习所取得的进步，亦即确定学生达到目标的程度，找出实际结果与课程目标之间的差距，并利用这种信息反馈作为修订课程计划或更新课程目标的依据。相对而言，这是一种较为客观并有效率的评价模式。

考点2 目的游离评价模式

目的游离评价模式是由美国学者**斯克里文**针对目标评价模式的弊病而提出来的。他主张把评价的重点从“课程计划预期的结果”转向“课程计划实际的结果”上来。评价者不应受预期的课程目标的影响，尽管这些目标在编制课程时可能是有用的，但不适宜作为评价的准则。

该评价模式认为，评价除了要关注预期的结果之外，还应关注非预期的结果。其倡导者提出，事先不应把课程的目的、目标告诉评价者，而应当让评价者全面地收集关于课程实际结果的各种信息，不管这些结果是预期的还是非预期的、积极的还是消极的，这样才能真正对课程做出正确的判断。

考点3 CIPP评价模式

CIPP模式是美国教育评价家斯塔弗尔比姆倡导的课程评价模式。他认为课程评价不应局限在评定目标达到的程度上，而应该是一种过程，旨在描述、取得及提供有用的资料，为判断各种课程计划、课程方案服务。该模式包括四个步骤：

(1)**背景评价**，即确定课程计划实施机构的背景，明确评价对象及其需要，明确满足需要的机会，等等。背景评价强调应根据评价对象的需要对课程目标本身做出判断，看两者是否一致。

(2)**输入评价**，主要是为了帮助决策者选择达到目标的最佳手段，而对各种可供选择的课程计划进行评价。

(3)**过程评价**，主要是通过描述实际过程来确定或预测课程计划本身或实施过程中存在的问题，从而为决策者提供如何修正课程计划的有效信息。

(4)**成果评价**，即要测量、解释和评判课程计划的成绩。

CIPP课程评价模式考虑到了影响课程计划的种种因素，可以弥补其他评价模式的不足，相对来说比较全面，但由于它的操作过程比较复杂，因此，难以被一般人所掌握。

记忆有妙招

为帮助考生快速识记，我们将CIPP评价模式的四个步骤总结为：**背书(输)过程(成)**。

真题面对面

1. [2021 商丘永城,单,0.95 分]CIPP 评价模式中,(　　)主要是为了帮助决策者选择达到目标的最佳手段,而对各种可供选择的课程计划进行评价。

A. 背景评价　　B. 输入评价　　C. 过程评价　　D. 成果评价

2. [2021 平顶山湛河,判断,0.6 分]CIPP 评价模式包含背景评价、输入评价、过程评价和成果评价四个步骤。(　　)

答案:1. B　2. √

考点 4　CSE 评价模式

CSE 评价模式是由美国加利福尼亚大学洛杉矶分校评价研究中心开发的一种评价模式。这种评价模式的目的是为课程计划改革服务,评价活动贯穿课程改革的全部过程,评价的形成性职能与总结性职能得到了较好的统一,因而在教育评价中得到了广泛的运用。该模式的实施步骤为:(1)需要评定;(2)方案计划;(3)形成性评价;(4)总结性评价。

考点 5　差距评价模式

差距评价模式是由普罗佛斯提出的。这种评价模式旨在揭示计划的标准与实际的表现之间的差距,以此作为改进课程计划的依据。差距评价模式包括五个阶段:(1)设计阶段;(2)装置阶段;(3)过程阶段(过程评价);(4)产出阶段(结果评价);(5)成本效益分析阶段(计划比较阶段)。

四、课程评价的基本阶段

在课程评价中,评价者通常要经历以下几个步骤:(1)把焦点集中在所要研究的课程现象上;(2)搜集信息;(3)组织材料;(4)分析材料;(5)报告结果。

五、当前课程评价发展的基本特征 【单选、多选、判断】 ★

1. 重视发展,淡化甄别与选拔,实现评价功能的转变

为配合课程功能的转变,评价的功能也发生着根本性转变,评价不只是检查学生知识、技能的掌握情况,更为关注学生掌握知识、技能的过程与方法,以及与之相伴随的情感态度与价值观的形成。评价不再是为了选拔和甄别,不是为了"选拔适合教育的儿童",而是为了如何发挥评价的激励作用,关注学生成长与进步的状况,并通过分析指导,提出改进计划来促进学生的发展。从这个意义上来讲,评价是帮助我们"创造适合儿童的教育"。

2. 重综合评价,关注个体差异,实现评价指标的多元化

即从过分关注学业成就逐步转向对综合素质的考查。

3. 强调质性评价,定性与定量相结合,实现评价方法的多样化

即从过分强调量化逐步转向关注质的分析与把握。将定性评价与定量评价相结合,应用多种评价方法,更清晰、更准确地描述学生、教师的发展状况。

4. 强调参与与互动、自评与他评相结合,实现评价主体的多元化

即被评价者从被动接受评价逐步转向主动参与评价。目前世界各国的教育评价逐步成为由教师、学生、家长、管理者,甚至包括专业研究人员共同参与的交互过程,这也是教育过程逐步民主化、人性化的体现。

5. 注重过程,终结性评价与形成性评价相结合,实现评价重心的转移

即从过分关注结果逐步转向对过程的关注。关注结果的终结性评价是面向"过去"的评价,关注过程的形成性评价则是面向"未来"、重在发展的评价。

注重过程，将终结性评价和形成性评价相结合，实现评价重心的转移，成为世界各国评价发展的又一大特点。

真题面对面

[2022信阳淮滨，多，1分]随着教学方法的改革，教学评价的理念也发生了深刻的变化。下列关于教学评价理念的说法正确的有(　　)

A. 重视综合评价，关注个体差异　　B. 全面进行评价的目的是更好地选拔优秀学生

C. 强调质性评价，定性与定量相结合　　D. 强调参与与互动、自评和他评相结合

答案：ACD

考点大默写

1. ________既是课程设计与实施的终点，又是课程设计与实施继续向前发展的起点。

2. 以预先规定的目标为中心来设计、组织和实施评价，从而确定学生通过课程学习所取得的进步的课程评价模式是________，它的代表人物是________。

3. ________评价模式认为评价除了要关注预期的结果之外，还应关注非预期结果。

4. CIPP评价模式包含________、________、________和成果评价四个步骤。

5. 当前课程评价注重过程评价，倡导终结性评价与形成性评价相结合，实现________的转移。

【参考答案】

1. 课程评价　2. 目标评价模式；泰勒　3. 目的游离　4. 背景评价；输入评价；过程评价　5. 评价重心

第八节　课程资源

一、课程资源的内涵

考点1　课程资源的概念　【判断】

课程资源是课程建设的基础，它包括教材以及学生家庭、学校和社会生活中一切有助于学生发展的各种资源。教材是课程资源的核心和主要组成部分。

课程资源有狭义和广义之分。狭义的课程资源仅指形成课程的直接要素来源。广义的课程资源指有利于实现课程目标的各种因素，包括形成课程的直接要素来源(素材性课程资源)和实施课程的必要而直接的条件(条件性课程资源)。

综合这两种观点，**课程资源**是指课程设计、实施和评价等整个课程教学过程中可以利用的一切人力、物力以及自然资源的总和，包括教材、教师、学生、家长以及学校、家庭和社区中所有有利于实现课程目标，促进教师专业成长和学生有个性的全面发展的各种资源。

考点2　课程资源的特点

(1)多样性；(2)潜在性；(3)多质性；(4)动态性。

二、课程资源的类型　【单选、多选、不定项、判断】★

表1-19　课程资源的类型

分类依据	类型	特点	举例
空间分布	校内课程资源	学校范围之内	教材、教师等
	校外课程资源	超出学校范围	校外图书馆、科技馆、博物馆、网络资源、乡土资源等

续表

分类依据	类型	特点	举例
功能特点	素材性课程资源	直接作用于课程成为课程的要素，并内化为学生身心发展的素质	知识、技能、经验、活动方式与方法、情感态度与价值观以及培养目标等
	条件性课程资源	作用于课程却并不是形成课程本身的直接来源，但在很大程度上决定着课程的实施范围和实施水平，间接制约课程的实际效果和人的现实发展水平	与课程实施有关的人力、物力和财力，以及时间、场地、媒体、设备、设施和环境等，还有对于课程本质的认识状况
存在方式	显性课程资源	看得见、摸得着，可以直接作用于教育教学	教材、计算机网络、自然和社会中的事物、活动等
	隐性课程资源	以潜在的方式对教育教学活动施加影响，作用方式具有间接性和隐蔽性	学校的风气，社会风气，家庭氛围，师生关系，教师或学生的经验、感受、困惑、意见等
性质	自然课程资源	突出“天然性”和“自发性”	用于生物课程的动植物、微生物；用于地理课程的地形、地貌和地势；等等
	社会课程资源	突出“人工性”和“自觉性”	保存和展示人类文明成果的公共设施，如图书馆、博物馆、展览馆等

此外，按资源的物理特性和呈现方式区分，有文字课程资源、实物课程资源、活动课程资源和信息化课程资源；按资源的载体形态区分，有内生性课程资源、物化形态课程资源和情景性课程资源。

真题面对面

[2021 洛阳洛龙，多，1.2 分] 下列课程资源中，属于隐性课程资源的有（　　）

A. 学校的校风　　B. 教师的教学风格

C. 计算机网络　　D. 良好的师生关系

答案：ABD

三、课程资源开发和利用的原则与理念

考点1　课程资源开发和利用的基本原则　【单选】

（1）共享性原则；（2）经济性原则；（3）实效性原则；（4）因地制宜原则。其中，实效性原则是指课程资源的开发与利用是为了课程目标的有效达成和促进学生的全面发展，学生需要学习的东西很多，远非学校教育所能包揽，因而必须在可能的课程资源范围内和在充分考虑成本的前提下突出重点，针对不同的课程目标，精选那些对学生终身发展具有决定意义的课程资源。

考点2　课程资源开发和利用的理念　【单选、判断、论述】★

1. 课程标准和教科书等是基本而特殊的课程资源

2. 教师是最重要的课程资源

教师不仅是课程资源的开发者，而且其本身也是重要的课程资源。教师不仅决定课程资源的鉴别、开发、积累和利用，也是素材性课程资源的重要载体，而且自身就是课程实施的首要的基本条件资源。

3. 学生既是课程资源的消费者，又是课程资源的开发者

在开放的时代，学生有着丰富的生活信息、个性化的生活体验、奇异多彩的想法，这些应该是课程资源

的重要来源。

4. 教学过程是师生运用课程资源共同建构知识和人生的过程

真题面对面

[2022信阳淮滨,单,0.7分]张老师上生物课时经常带学生在校园里观察不同的植物,为学生讲解每种植物的生长过程,并引导学生将有关植物分类知识编成册子。这体现了张老师是(　　)

A. 教育教学的研究者　　B. 行为规范的示范者

C. 专业发展的引领者　　D. 课程资源的开发者

答案:D

四、课程资源开发和利用的途径与方法 【多选】

(1)进行社会调查;(2)审查学生活动,总结和反思教学经验;(3)开发实施条件;(4)研究学生情况;(5)鉴别利用校外资源;(6)建立资源数据库。

考点大默写

1. 课程资源的核心和主要组成部分是＿＿＿＿＿＿。
2. 课程资源按其功能特点划分,可以分为＿＿＿＿＿＿课程资源和＿＿＿＿＿＿课程资源,按其存在方式可划分为＿＿＿＿＿＿课程资源和＿＿＿＿＿＿课程资源。
3. ＿＿＿＿＿＿课程资源的特点是直接作用于课程成为课程的要素,并内化为学生身心发展的素质。
4. 从存在方式角度对课程资源进行划分,师生关系状况属于＿＿＿＿＿＿课程资源。

【参考答案】

1. 教材　2. 素材性;条件性;显性;隐性　3. 素材性　4. 隐性

我于＿＿＿＿年＿＿月＿＿日完成了对本章的学习。

复盘一下,我对自己较肯定的地方是＿＿＿＿＿＿＿＿

(足够努力/心态积极/方法得当……)

我觉得自己需要改进的地方是＿＿＿＿＿＿＿＿

(懒惰懈怠/心情浮躁/方法不当……)

休息片刻,开启下一站征程!

第六章 教 学

思维导图

教 学
教学概述
教学的内涵
教师的教和学生的学共同组成的双边活动
教学与相关概念的关系
教学与教育、智育、上课、自学
教学工作的意义
贯彻教育方针、实施全面发展教育、实现教育目的的基本途径
学校教育的中心工作
教学的一般任务
首要任务：双基教学
教学过程
教学过程的内涵
基本要素：教师、学生、教学内容和教学手段
教学过程的本质
教学过程是一种特殊的认识过程
历史上对教学过程的各种理解
孔子："学—思—行"
思孟学派："博学之，审问之，慎思之，明辨之，笃行之"
赫尔巴特：明了、联合、系统、方法
杜威：从做中学
凯洛夫：感知、理解、巩固、运用
教学过程的基本功能
传承知识、培育能力、涵养品性、助长生命
教学过程的基本规律
间接经验与直接经验相结合
教师主导作用与学生主体作用相统一
掌握知识和发展智力相统一
传授知识与思想品德教育相统一
重点
教学过程的结构
中心环节：领会知识
教学原则与教学方法
教学原则
思想性和科学性相统一的原则、理论联系实际原则
直观性原则、启发性原则、循序渐进原则
巩固性原则、因材施教原则、量力性原则
重点
教学方法
以语言传递为主：讲授法、谈话法、讨论法、读书指导法
以直观感知为主：演示法、参观法
以实际训练为主：练习法、实验法、实习作业法、实践活动法
以引导探究为主：发现法
以情感陶冶为主：欣赏教学法、情境教学法
易混点
教学组织形式与教学工作的基本环节
教学组织形式
古代学校：个别教学制
现代教学：班级授课制
重点
教学工作的基本环节
备课、上课、作业的布置与反馈、课外辅导、学业成绩的检查与评定
重点
教学评价
教学评价的内涵
教师教学工作的评价，学生学业评价
教学评价的功能
诊断教学问题、提供反馈信息、调控教学方向、检验教学效果
教学评价的原则
客观性原则、发展性原则、整体性原则、指导性原则
教学评价的基本类型
诊断性评价、形成性评价、总结性评价
绝对性评价、相对性评价、个体内差异评价
内部评价、外部评价
易混点
现代教育评价
评价理念：发展性评价和激励性评价
教学模式
教学模式的概念
比较稳定的教学程序及其方法体系
教学模式的特点
整体性、简约性、针对性、操作性、发展性
教学模式的功能
构造功能、解释功能、启发功能、推断功能
常见的教学模式
国外：探究式教学、抛锚式教学、范例教学模式、暗示教学模式
我国：自学—指导式、目标—导控式、传递—接受式、问题—探究式、情境—陶冶式、示范—模仿式

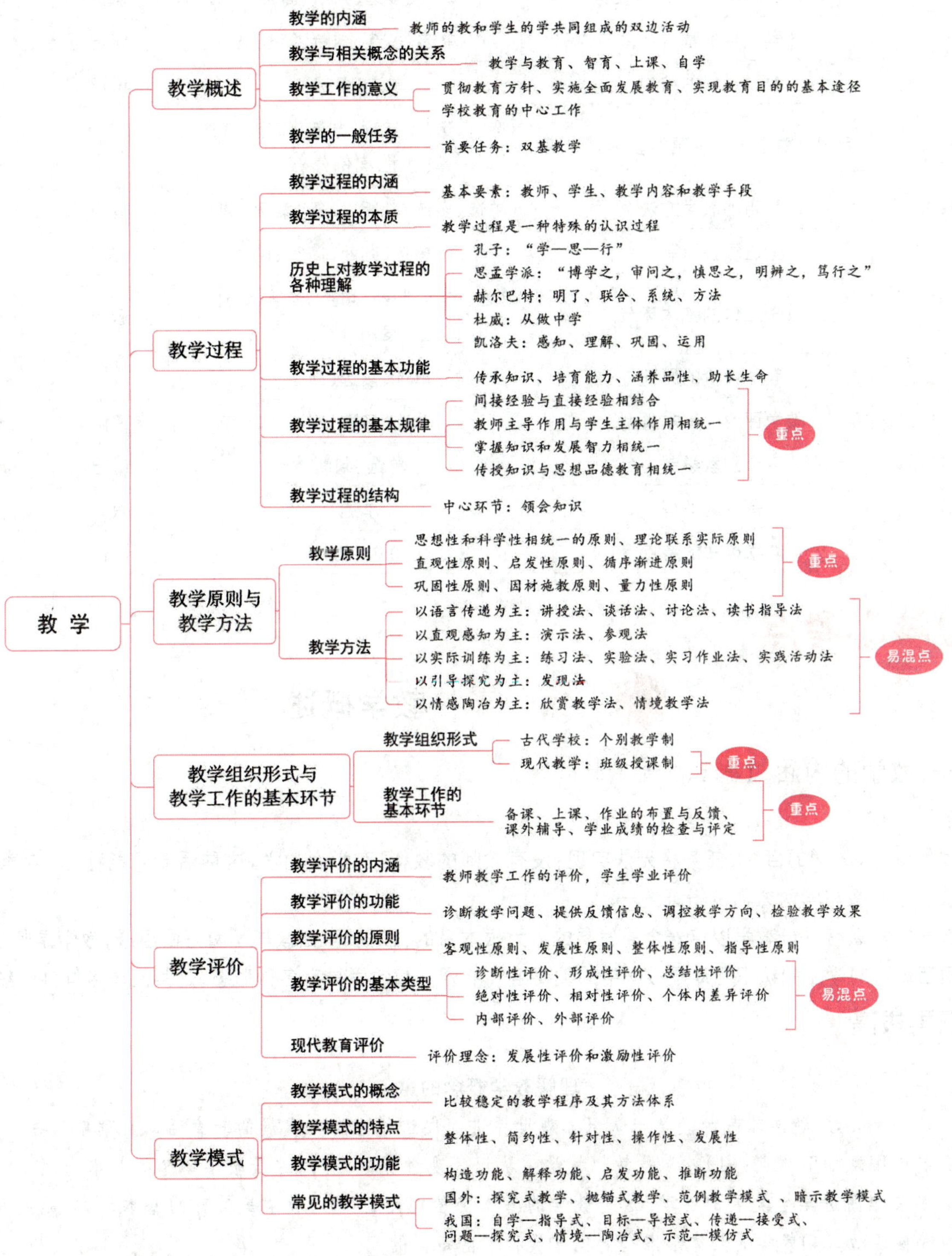

河南考向

本章属于教育学的重点章节，考查题型多样且难度较高，需要识记、理解和运用的知识较多。现对本章河南考向分析如下：

考点类型	考点名称	常考题型	能力层级	考查热度
高频考点	教学工作的意义、一般任务	单选、多选、判断、简答	识记	★★
	教学过程的基本规律	单选、多选、判断、简答	识记	★★★
	教学过程的结构	单选、多选	识记	★★
	我国目前中小学主要的教学原则	单选、多选、不定项、判断、填空、简答、论述、案例分析	运用	★★★
	常用的教学方法	单选、多选、判断、简答、案例分析	运用	★★★
	班级授课制	单选、多选、判断、简答、论述	理解	★★★
	教学工作的基本环节	单选、多选、判断、填空、简答、论述、案例分析	运用	★★★
	教学评价的原则	单选、多选、简答	识记	★★
	教学评价的基本类型	单选、多选、判断	理解	★★★
新增考点	个别教学制	单选、判断	识记	★★
	备课的类型	单选	识记	★★
	教学模式的特点	单选、判断	识记	★★

核心考点

第一节　教学概述

一、教学的内涵【单选、多选、判断】★

教学是在一定教育目的规范下，教师的教和学生的学共同组成的传递和掌握社会经验的双边活动。没有学生的参与，教学的目标、任务将无法实现；没有教师的教，只有学生的学，这种活动只能称作“自学”而非教学。教学是教与学两方面的辩证统一。

教学的特点有：(1)教学以培养全面发展的人为根本目的；(2)教学由教与学两方面组成，教学是师生双方的共同活动；(3)学生的认识活动是教学中的重要组成部分；(4)教学具有多种形态，是共性与多样性的统一。

知识再拔高

理解教学概念的重点

有学者认为，教学即教师教学生认识客观世界进而促进学生身心发展的教育活动。理解这一概念，需要重点注意如下几点：(1)教学是教师教学生认识客观世界的活动，这是教学概念的基本内涵。(2)教学是追求和促进学生发展的活动，这是教学的基本价值规定性。(3)教学是教育的基本形式，是一种特殊的教育活动。(4)教学的具体形态是变化发展和丰富多样的。

真题面对面

[2022郑州惠济,判断,0.5分]教学是追求和促进学生发展的活动,这是教学概念的基本内涵。(　　)

答案:×

二、教学与相关概念的关系 【单选、多选、判断】

考点1　教学与教育

教学与教育是一种部分与整体的关系。教育包括教学,教学只是学校进行教育的一个基本途径。除教学外,学校还通过课外活动、生产劳动、社会活动等途径向学生进行教育。

考点2　教学与智育

教学与智育两者既有联系又有区别。作为教育的一个组成部分的智育,即向学生传授系统的科学文化知识和发展学生的智力,主要是通过教学进行的,但不能把两者等同。教学是智育的主要途径,但不是唯一途径,智育也需要通过课外活动等途径才能全面实现。教学要完成智育任务,但智育却不是教学的唯一任务,教学也要完成德育、体育、美育等的任务。将教学等同于智育,容易导致对智育的途径和教学的功能产生狭隘化甚至唯一化的片面认识,在实际工作中,这种认识所产生的危害是有目共睹的。

考点3　教学与上课

上课是实施教学的一种方式。就当前我国的情况来看,班级上课是教学的基本组织形式。教学工作以上课为中心环节。

考点4　教学与自学

教学与自学这两个概念的关系比较复杂,因为学生的自学有两种,必须加以区分。一种是在教学过程中、在教师指导下的自学。它包括配合教学进行的预习、复习、自习和作业,是教学的组成部分。另一种是在教学过程以外,学生自主进行的自学,其内容广泛,教学不包括这种学生自主进行的自学。

三、教学工作的意义 【单选、多选、判断】 必背 ★★

教学是贯彻教育方针、实施全面发展教育、实现教育目的的基本途径。具体如下:

(1)教学是传播系统知识、促进学生发展的最有效的形式,是社会经验的再生产、适应并促进社会发展的有力手段。

(2)教学是进行全面发展教育、实现培养目标的基本途径,为个人全面发展提供科学的基础和实践,是培养学生个性全面发展的重要环节。

(3)教学是学校教育的中心工作,学校教育工作必须坚持以教学为主(教学的地位)。

学校是专门培养人的机构,要使学生在德、智、体等方面都得到发展,就需要通过教学、课外校外活动、生产劳动等途径来实现。教学在学校教育工作中所占时间最多,涉及面最广,对学生的发展影响最全面深刻,对学校教育质量的影响也最大。所以,学校工作必须以教学为主。

学校工作以教学为主,既是由教学本身的性质决定的,也是多年来教育工作经验的总结。但这并不意味着可以轻视甚至忽略其他工作,应当坚持"教学为主,全面安排"的原则。

真题面对面

[2022安阳滑县,判断,0.6分]贯彻国家教育方针,实现教育目的的最基本、最核心的途径是教学活动。(　　)

答案:√

四、教学的一般任务 【单选、多选、判断、简答】 必背 ★★

（1）引导学生掌握科学文化基础知识和基本技能。教学的首要任务是使学生掌握系统的科学文化基础知识，形成基本技能、技巧，其他任务的实现都是在完成这一任务的过程中和基础上进行的。

（2）发展学生智能，特别是培养学生的创新精神和实践能力。

（3）发展学生体能，提高学生身心健康水平。

（4）培养学生高尚的审美情趣，养成良好的思想品德，奠定学生的科学世界观基础。

（5）关注学生个性的发展。

上述五项基本任务是相互联系、相互促进的，其中，使学生掌握基础知识、形成基本技能是基础，发展智能是核心，发展体能是保证，培养思想品德是方向，个性的全面和谐发展是理想目标。

真题面对面

[2022洛阳四区联考，判断，0.59分]教学的首要任务是培养社会主义品德和学生的审美情趣，为学生形成正确的世界观奠定基础。（　　）

答案：×

★★ 考点大默写 ★★

1. ________是教师的教和学生的学共同组成的传递和掌握社会经验的双边活动。
2. 教学具有多种形态，是________与________的统一。
3. 教学与教育是________与________的关系。
4. ________是贯彻教育方针、实现教育目的的基本途径。
5. 学校教育的中心工作是________，学校教育工作必须坚持以________为主。
6. 我国现阶段教学的首要任务是使学生掌握系统的科学文化基础知识，形成________。

【参考答案】

1. 教学　2. 共性；多样性　3. 部分；整体　4. 教学　5. 教学；教学　6. 基本技能、技巧

第二节　教学过程

一、教学过程的内涵

考点1　教学过程的概念

教学过程是教师根据一定社会的要求和学生身心发展的特点，通过有目的、有计划地指导学生掌握系统的科学文化知识和基本技能，发展学生的智力和体力，培养学生的良好品德和健康个性，使其形成科学世界观的过程。

考点2　教学过程的构成要素 【单选、填空】★

构成教学过程的要素有许多方面，人们从不同的立场和视角进行分析，形成了不同的观点。例如，三要素说（教师、学生、教学内容）、四要素说（教师、学生、教学内容、教学手段）、五要素说（教师、学生、教学内容、教学手段、教学环境）、六要素说（教师、学生、内容、方法、媒体、目的）、七要素说（学生、目的、内容、方法、环境、反馈和教师）。

一般认为，教师、学生、教学内容和教学手段是构成教学过程的基本要素。教师是构成教学过程不可缺

少的、起主导作用的要素，学生是教学过程的基本要素之一，教学内容与教学手段是教和学双边活动的中介，只有通过教学内容和教学手段，才能使教和学双方发生相互作用，否则就不可能有教学过程。教学是由这些要素相互作用、相互制约、相互影响而形成的对立统一的整体，于是便形成了教师与学生的矛盾、教师与教学内容的矛盾、教师与教学手段的矛盾、学生与教学内容的矛盾、学生与教学手段的矛盾、教学内容与教学手段的矛盾。

二、教学过程的本质 【单选、多选、判断】 ★

教学活动，是教师教、学生学的统一活动。活动是在过程中实现的，而过程则是通过活动得以展开的。因此，教学活动与教学过程在本质上的含义是相同的。教学活动就其本质而言，是一种特殊的认识活动。

1. 教学过程主要是一种认识过程

这里的认识不等于“认知”，是一个层次高于心理学中的认识的哲学概念，即人脑对于客观世界积极的反映，涵盖了心理学上的认识、情感、意志以及个性心理品质形成等全部活动和过程。

教学过程中有两类不同性质的活动(教和学)，但教学过程的**主要矛盾**是学生与其所学知识之间的矛盾(教师提出的教学任务同学生完成这些任务的需要、实际水平之间的矛盾)，实际上也就是学生认识过程的矛盾，是认识主体与其客体之间的矛盾，因此，学生的认识活动是教学中最主要的活动，教学过程是一种认识过程，它遵循的是感性认识和理性认识相统一、认识和实践相统一的普遍性规律。

2. 教学过程是一种特殊的认识过程 必背

教学过程作为一种特殊的认识过程，其特殊性表现在：

(1)认识对象的**间接性**与**概括性**。即学习的内容是已知的、他人的，也是经过提炼的认识成果。

(2)认识方式的**简捷性**与**高效性**。通过间接知识认识世界，可以减少探索的实践，避免探索的弯路，尽快地掌握人类的文化精华，因而是高效的。

(3)教师的**引导性**、**指导性**与**传授性**(有领导的认识)。学生具有不成熟性，学生的认识始终是在教师的传授、指导下进行以达到认识目的的。

(4)认识的**交往性**与**实践性**。教学活动是发生在师生之间及学生之间的一种特殊的交往活动，这种交往活动同时具有实践的性质。

(5)认识的**教育性**与**发展性**。即教学中学生认识的形成既是目的，也是发展的手段，认识中追求并实现着学生的知、情、意、行等方面的发展与完全人格的养成。

3. 教学过程以认识活动为基础，是促进学生身心发展的过程

教学过程不等于发展过程，它是实现发展的**途径和手段**。教学的目的在于使学生理解与掌握知识、形成技能技巧、培养学生的能力。但学生的情感、意志等因素也同时参与学生的认识过程，并与学生的认识过程交织在一起。因此，学生在掌握知识的教学过程中，也在实现着其身心的全面发展。

知识再拔高

关于教学过程本质的其他观点

1. 认识—发展说

这种观点认为，教学过程是教师有目的、有计划地引导学生掌握科学文化基础知识和基本技能，逐步形成辩证唯物主义世界观和共产主义道德品质的过程。认识—发展说强调了学生的主观能动性，但是削弱了教师的主导作用，在教学活动中，离开了教师的主导作用，学生的发展水平是难以得到保证的。

2. 认识—实践说

这种观点认为，教学过程作为人类社会的一种特殊的认识过程，是认识和实践相统一的活动过程，是学生在教师指导下，对人类已有的知识经验的认识活动和改造主观世界、形成和谐发展个性的实践活动的统一过程。认识—实践说从教师的角度概括教学的实践本质，容易导致重教轻学，从学生的角度则容易重学轻教。

3. 交往说

这种观点认为，教学是教师教与学生学的统一，这种统一的实质是交往，教师与学生是"交互主体"的关系。因此，教学过程是教师与学生以课堂为主渠道的交往过程。

真题面对面

[2021信阳平桥，多，1分]教学过程是一种特殊的认识过程，具体表现在(　　)

A. 间接性　　B. 引导性　　C. 复杂性　　D. 简捷性

答案：ABD

三、历史上对教学过程的各种理解【单选、判断】★

教学过程的理论是教学的基本理论，历代中外教育家曾以不同观点从不同角度对教学过程做过种种探索，提出各自的见解：

(1)公元前6世纪，孔子把学习过程概括为"学—思—行"("学—思—习—行")的统一过程；

(2)儒家思孟学派进一步提出"博学之，审问之，慎思之，明辨之，笃行之"(《礼记·中庸》)的学习过程；

(3)17世纪捷克教育家夸美纽斯主张把教学建立在感觉活动的基础之上；

(4)19世纪德国教育家赫尔巴特试图用心理学"统觉理论"来解释教学过程，他提出教学过程由"明了、联合、系统、方法"四阶段构成(后来发展为五个阶段)，这一理论标志着教学过程理论的形成；

(5)19世纪末，美国实用主义教育家杜威认为，教学过程是学生直接经验的不断改造和增加的过程，是"从做中学"的过程；

(6)20世纪40年代，凯洛夫在总结国外历史经验的基础上，把教学过程认定为特殊认识过程("认识说")，强调教学过程要发挥教师的主导作用，应以知识、技能和熟练技巧的体系去武装学生。在此基础上，他提出了感知、理解、巩固、运用四个教学阶段。

(7)20世纪50年代以来，学者们以强调师生交往、认知结构的构建、信息加工等不同观点来对教学过程进行解释。

当代国外教学过程理论主要有：加涅的信息加工理论，布鲁纳的结构教学理论，赞科夫的教学与发展理论，巴班斯基的教学过程最优化理论，斯金纳的程序教学论。其中，教学过程最优化理论是指教师有目的地选择一套教学过程的最佳方案，保证在规定时间内完成教养和教育学生的任务，并取得最大效果。巴班斯基认为，应该把教学看作一个系统，从系统的整体与部分之间、部分与部分之间，以及系统与环境之间的相互联系、相互作用之中考察教学，以便最优化处理教育问题。

知识再拔高

接受式和活动式教学理论体系的比较

课堂教学理论主要有两条发展道路：一条是以赫尔巴特、凯洛夫等人为代表的"接受式教学"理论体系，另一条是以杜威、布鲁纳等人为代表的"活动式教学"理论体系。两者的对比如下表所示：

要素	接受式教学理论体系	活动式教学理论体系
知识	强调积累知识;重视掌握知识的量	强调通过自我发现去掌握知识;重视掌握知识的质
学习方式	重视学习的结果;重视思维的结果	重视学习的过程;重视思维的过程;强调掌握知识的方法
动机形式	强调外在动机	强调内在动机;重视对知识本身的兴趣与热爱
教师角色	重视教师的讲授;教师是讲授者	重视教师的引导;教师是顾问、咨询者
学生角色	学生是主动的或被动的学习者	学生是主动的分析者、探究者

四、教学过程的基本功能 【单选、多选、不定项、填空】 必背 ★

1. 传承知识

教学从其产生的那一天起,就是通过对知识、经验的传习和延续而完成其基本使命的。知识传承既是学校教育的起点,也是学校教育的基本形式和途径。

2. 培育能力

教学过程的另外一个基本功能是培育能力。能力与活动不可分割,能力的培养应该而且也只能在活动中进行。对于学习者来说,最基本的能力是认知能力、感受能力、表达能力、交往能力、自我意识能力。

3. 涵养品性

作为人的精神发育的品质和特性,品性指人的智能之外的其他精神能量的特点和倾向性,主要包括思想意识、品德修养、情感态度、理想信念、价值观念、人格特点等,其中最重要的是自尊、爱、理解与宽容、价值感、责任感。教学过程对人的品性的影响是必然存在的。知识的掌握、技能的形成、能力的提高,都伴随着个体对事物及其过程的内在体验。

4. 助长生命

教学的过程是基于对物质生命的了解和理解,面向物质生命的自然展开、文化赋予与意义形成,实现社会环境中物质生命与精神生命的一体化生成、绽放,走向文化生命的合理、独特与崇高的过程。这样的一个过程,可以从四个方面去理解和把握:(1)感知生命;(2)感受生长;(3)体验生活;(4)感悟生存。

真题面对面

[2021 郑州中原,填空,1 分]作为教学基本职能的一般表征,教学的基本功能表现为传承知识、________、涵养品性、助长生命。

答案:培育能力

五、教学过程的基本规律(基本特点) 【单选、多选、判断、简答】 必背 ★★★

教学过程是教师引导下的学生的特殊认识过程。在教学过程中,教师要高质量地完成教学任务,实现培养人的使命,必须处理好的关系包括:间接经验与直接经验的关系、教师主导作用与学生主体作用的关系、知识与能力的关系、知识教育与思想道德教育的关系、智力因素与非智力因素的关系。

考点1 间接经验与直接经验相结合(间接性规律)

人们认识客观事物主要有两条途径:一是获取直接经验,即通过亲自探索、实践所获得的经验;二是获取间接经验,即他人的认识成果,主要是指人类在长期认识过程中积累并整理而成的书本知识。教学活动是学生认识客观世界的过程,要以间接经验为主、直接经验为辅,将二者有机结合起来。间接经验与直接经验相结合规律,反映了教学中传授系统的科学文化知识与丰富学生感性知识的关系、理论与实践的关系、知与行的关系。

1. 以间接经验为主是教学活动的主要特点

学习间接经验是学生认识客观世界的基本途径。原因如下:

(1)借助间接经验认识世界,是认识上的捷径。这也是教学过程中认识方式的简捷性与高效性的体现。

(2)学习间接经验也是由学生特殊的认识任务决定的。这是教学过程中认识对象的间接性与概括性,教师的引导性、指导性与传授性的体现。

2. 学生学习间接经验要以直接经验为基础

书本知识,一般表现为概念、定理、原理等,这对学生来说是间接经验。学生要把这些知识转化为自己的知识,必须以个人以往积累的或现时获得的感性经验为基础,教师要根据教学需要充分利用和丰富学生的直接经验。

3. 贯彻直接经验与间接经验相统一的规律,要防止两种倾向

在教学中,要正确处理间接经验与直接经验的关系,必须防止两种倾向:(1)过分强调书本知识的传授和学习,忽视引导学生通过实践活动、亲身参与、独立探索去积累经验、获取知识;(2)只强调学生通过自己探索去发现、积累知识,忽视书本知识的学习和教师的系统讲授。

遵循直接经验与间接经验相结合的规律,要求教师在教学中坚持理论联系实际:(1)加强基本理论知识的教学;(2)增强教学的实践性,培养学生运用知识的能力;(3)培养学生理论联系实际的学风。

真题面对面

[2022濮阳市直,单,0.81分]反映教学中传授系统的科学文化知识与丰富学生感性知识的关系的基本规律是(　　)

A. 掌握知识与发展智力相统一的规律

B. 间接经验与直接经验相结合的规律

C. 传授知识与思想品德教育相统一的规律

D. 教师主导作用与学生能动性相结合的规律

答案:B

考点2　教师主导作用与学生主体作用相统一(双边性规律)

在教学中,教师的教依赖于学生的学,学生的学离不开教师的教,教与学是辩证统一的。

1. 充分发挥教师的主导作用

在教学过程中,充分发挥教师的主导作用,这是卓有成效的教学的普遍规律。教师是教学活动的领导者、组织者,是学生学习的指导者和学习质量的检查者,他能够引导学生沿着社会所期望的方向发展,使学生成为社会所需要的人才。

教师主导作用主要体现在三个方面:(1)教师决定着学生学习的方向、内容、进程、结果和质量,并起着引导、规范、评价和纠正的作用;(2)对学生的学习方式以及学习态度发挥作用;(3)影响学生的个性以及人生观、世界观的形成。

教师主导作用的发挥是有条件的:一方面,教师主导作用的实现有赖于教师自身的条件,即具备应有的知识和能力素质、品德及人格;另一方面,教师主导作用的发挥还必须具备各种客观条件,如教师在教育过程中的地位是否得到应有的肯定、教师工作的条件是否得到基本的保证。

教师主导作用是针对能否引导学生积极学习与上进而言的。学生的主体性调动得怎样,学习的效果怎样，是衡量教师主导作用发挥得好坏的主要标志。

2. 充分发挥学生主体参与教学的能动性

教学中，学生是学习的主人，具有主观能动性，学生学习的主观能动性主要体现在两个方面：

（1）学生对外部信息具有选择的能动性、自觉性，学生对信息的选择与否直接受学生本人的学习动机、兴趣、需要以及所接受的外部要求左右；

（2）学生对外部信息进行内部加工时体现出独立性、创造性，因为学生对信息进行内部加工的过程受到个体原有的知识经验、思维方式、情感意志、价值观念等的制约。这些都直接影响学习的效果，因此，在教学中必须发挥学生的主体作用。

要发挥学生的主体作用，仅仅解决师生之间的认知关系是不够的，还要解决师生之间的人际关系。所以，要建立合作、友爱、平等、民主的师生关系。

3. 教师的主导作用和学生主体作用之间的辩证统一关系

（1）教师和学生的作用是不可分割的。发挥教师的主导作用并不意味着制约学生的主动性。相反，发挥教师的主导作用，就是要更好地发挥学生的主动精神。同样，发挥学生的主动性又离不开教师的主导作用。

（2）教师的主导作用和学生的主体作用是相互促进的。教师的主导作用要依赖于学生主体作用的发挥。学生学习的主动性、积极性越高，说明教师的主导作用发挥得越好。反过来，学生主体作用要依赖于教师的主导作用来实现。只有教师、学生两方面互相配合，才能达到最佳的教学效果。

4. 贯彻教师主导作用与学生主体作用相统一的规律，要防止两种倾向

在教学过程中，不能只重视教师的作用，忽略学生学习的主动性和创造性，也不能只强调学生的作用，使学生陷入盲目探索状态，学不到系统的知识，要把二者有机地结合起来。

历史上，以赫尔巴特为代表主张的“教师中心”倾向和以杜威为代表主张的“学生中心”倾向，或者忽视学生主体作用，或者忽视教师主导作用，都是片面的、不正确的、行不通的。

真题面对面

1. [2021 郑州惠济，单，0.7 分]学生的主动性、创造性是否得到良好发挥，是否取得良好的学习效果，是衡量教师主导作用发挥得好坏的根本标志。这要求教师在教学过程中要处理好的关系是（　　）

A. 智力活动与非智力活动的关系　　B. 传授知识与思想品德教育的关系

C. 掌握知识与发展智力的关系　　D. 教师的主导作用与学生主动性的关系

2. [2022 郑州市直，判断，0.5 分]强调学生的主体地位，就是否定教师的主导作用。（　　）

答案：1. D　2. ×

考点 3　掌握知识和发展智力相统一（发展性规律）

1. 知识和智力是两个不同的概念（区别）

知识是人们对客观世界的认识，智力是人们认识客观事物的基本能力。知识不等于智力，传授了知识不等于训练了智力。一个学生知识的多少并不一定能标志他的智力发展水平的高低。智力并不完全是随着知识的掌握而自然发展起来的。

2. 掌握知识与发展智力二者是相互统一和相互促进的（联系）

掌握知识和发展智力相互依存、相互促进，二者统一在教学活动中。现代教学观认为，教学过程既是向学生传授知识的过程，又是发展学生智力的过程。

（1）掌握知识与发展智力这两个教学任务统一在同一个教学活动之中，统一在同一个认识主体的认识活动之中；(2)掌握知识是发展智力的基础；(3)发展智力又是掌握知识的重要条件。

3. 要使知识的掌握真正促进智力的发展是有条件的

(1)从传授知识的内容上看，传授给学生的知识应是规律性的知识；

(2)从传授知识的量来看，一定时间范围内所授知识的量要适当，不能过多；

(3)采用启发式教学；

(4)培养学生良好的个性，重视学生的个别差异，注重因材施教。

4. 贯彻掌握知识和发展智力相统一的规律，要防止两种倾向

在整个教学过程中，我们要防止形式教育论和实质教育论两种倾向。在教学中，只有把掌握知识和发展智力有机地结合起来，才能提高教学质量。

表1-20 形式教育论与实质教育论

	形式教育论	实质教育论
代表人物	洛克、裴斯泰洛齐	斯宾塞、赫尔巴特
主要观点	教学的主要任务在于通过开设希腊文、拉丁文、逻辑、文法和数学等学科发展学生的智力，至于学科内容的实用意义则是无关紧要的	教学的主要任务在于传授给学生有用的知识，至于学生的智力则无需进行特别的培养和训练
评价	只强调训练学生的思维形式，忽视知识的传授	只向学生传授对实际生活有用的知识，忽视了对学生认识能力的训练

真题面对面

[2022信阳淮滨，判断，0.5分]掌握的知识越多，智力越高。(　　)

答案：×

考点4 传授知识与思想品德教育相统一(教育性规律)

在教学过程中，学生掌握科学文化知识和提高思想品德修养水平是相辅相成的，具体体现在以下三点：

1. 知识是思想品德形成的基础

学生思想品德修养水平的提高有赖于其对科学文化知识的掌握。

(1)科学的世界观和先进的思想都要有一定的科学文化知识作为基础；

(2)知识学习本身是艰苦的劳动，这个学习过程可以培养学生优秀的道德品质。

正如赫尔巴特说的“我不承认有任何无教育的教学”，教学永远具有教育性。在教学过程中，学生的知、情、意同时介入，相互作用。

2. 思想品德修养水平的提高为学生积极地学习知识提供动力

学习活动是一项十分艰苦的脑力劳动，在学习过程中必然会遇到各种各样的困难，这就需要学习者必须有明确的学习目的、强烈的学习欲望和较高的思想觉悟。在教学中，教师要不断培养、提高学生的思想品德水平，引导他们将个人的学习与社会发展、祖国前途联系起来，充分调动他们学习的主动性、积极性，这是学生获取知识的重要保证。

3. 贯彻传授知识与思想品德教育相统一的规律时，必须注意的问题

(1)脱离知识进行思想品德教育。这会使思想品德教育成为无源之水、无本之木，不仅不利于学生品德修养水平的提高，而且还影响系统知识的教学。

（2）只强调传授知识，忽视思想品德教育。不能认为学生学习了知识以后，思想品德水平自然会随之提高。因为教学的教育性必须经过教师给学生施加积极影响，必须通过启发、激励，使学生对所学知识产生积极的态度时，教学的教育性才能得以实现。

在教学过程中要注意把二者有机结合起来。

记忆有妙招

为帮助考生记忆，我们将教学过程的四条基本规律总结为：**教师间接教育学生发展**。（1）**教师、学生**：双边性规律；（2）**间接**：间接性规律；（3）**教育**：教育性规律；（4）**发展**：发展性规律。

真题面对面

1.［2021 商丘永城，单，0.95 分］教学过程中的教育性规律认为，在教学过程中教师在传授知识的同时应注重（　　）

A. 充分发挥教师主导作用　　B. 学生能力的发展

C. 对学生进行思想品德教育　　D. 调动学生学习的积极性

2.［2021 驻马店驿城，简答，5 分］请简述教学过程中的教育性规律。

答案：1. C　2. 详见内文

六、教学过程的结构【单选、多选】 必背 ★★

教学过程的结构指教学过程的**基本阶段**。学科性质不同、教学目的任务不同和学生的年龄阶段不同，教学过程的展开、行进和发展的程序是不完全一样的。教学过程大致分为以下五个阶段：

1. 激发学习动机

学习动机是推动学生学习的一种内部动力，它往往与学习兴趣、求知欲和责任感联系在一起。教师要使学生明确学习目的，激发学生学习的责任感和积极性。

2. 领会知识

领会知识是教学过程的中心环节。领会知识包括使学生感知和理解教材。感知教材主要是使学生获得关于所学内容的一个整体的表象，是所有教学活动的必经阶段。理解的目的在于形成概念、原理，真正认识事物的本质和规律。

3. 巩固知识

巩固所学的知识是教学过程的一个必要环节。巩固知识的意义在于避免或减少对先前所学知识的遗忘，并为顺利学习新知识、新材料奠定基础。

4. 运用知识

在教学中，运用知识、形成技能技巧主要是通过教学实践来实现的，如完成各种书面或口头作业、实验等。此外，运用知识不只局限于技能和技巧的掌握，还包括“知识迁移”的能力和创造能力的发挥等。

5. 检查知识

检查知识是指教师通过作业、提问、测验等方式对学生的学习效果进行考查的过程。检查知识的目的在于使教师及时获得关于教学效果的反馈信息，以调整教学进程与要求，并帮助学生了解自己掌握知识技能的情况，以便及时改进。

近现代教育史上,学生掌握知识阶段的学说主要有两种模式:一种是以师生授受知识为特征的传授/接受教学;另一种是以学生主动探取知识为特征的问题/探究教学。上文所述与传授/接受教学中学生掌握知识的基本阶段相一致。在这一基本阶段中,关于教学过程的中心环节,有说是领会知识,有说是理解教材。这两种说法在本质上是一致的。领会知识包括感知教材和理解教材,一般来说,学生在教学中的认知往往是从感知教材入手的,它是理解教材的基础,"感觉只解决现象问题,理论才解决本质问题",理解教材需要引导学生在学习上爬坡,在认识上飞跃,从感性上升到理性。因此,也可以说理解教材是教学过程的中心环节。在考试中,考生可结合这两种说法灵活选择,有"领会知识"时选择"领会知识",同时存在"感知教材"和"理解教材"时,选择"理解教材"。

知识再拔高

问题/探究教学中学生获取知识的基本阶段

问题/探究教学是指在教师引导下,学生主要通过积极参与对问题的分析、探索,主动发现或建构新知识,掌握其方法与程序,养成他们的科研能力、科学态度和品行的教学。简言之,它是一种引导学生通过探究获得真知与个性发展的教学。亦称探究学习、发现学习。

探究教学是一种极具创造性的教学,并无固定不变的模式,但学生获取知识一般仍要经历下述基本阶段:(1)明确问题。探究学习从引导学生参与提出和明确所要探究的问题开始,这是探究学习的起始阶段。(2)深入探究。问题明确后,教学便进入探究阶段。探究是一个不断深入分析问题、解决问题的过程,旨在弄清事物的特性、规律、因果关系及其价值,直到全部疑难得到化解,真知得到阐明与验证为止。这是探究学习的主要活动和中心一环。(3)做出结论。当探究的问题,经过猜想、假说与检验而得到解决时,做出结论十分重要。

真题面对面

[2022信阳淮滨,单,0.7分]教学过程的中心环节是(　　)

A. 感知教材,形成表象　　B. 理解教材,形成概念

C. 巩固保持知识　　D. 运用知识,形成技能

答案:B

考点大默写

1. 教学过程在本质上是一种特殊的__________过程。
2. 教学过程的特殊性具体表现在认识对象的__________与概括性,认识方式的__________与高效性,教师的__________、指导性与传授性,认识的交往性与实践性以及认识的教育性与发展性。
3. __________把学习过程概括为"学—思—行"的统一过程。
4. 把学习过程概括为"博学之、审问之、慎思之、明辨之、笃行之"的著作是__________。
5. 教学过程的基本功能包括__________、培育能力、涵养品性和__________。

6. 教学过程的基本规律包括间接经验与直接经验相结合、________________、掌握知识和发展智力相统一、传授知识与思想品德教育相统一。

7. 教学活动是学生认识客观世界的过程，要以________经验为主、________经验为辅，将二者有机结合起来。

8. “教师中心论”和“儿童中心论”的观点都违背了________和________相统一的教学规律。

9. 形式教育论重视发展学生的________，认为学科内容的实用意义是无关紧要的。

10. 教学的教育性主要体现了教学过程基本规律中的________________。

11. 教学过程包括激发学习动机、________、巩固知识、________、检查知识五个阶段。其中，中心环节是________，它包括使学生感知教材和________。

【参考答案】

1. 认识 2. 间接性；简捷性；引导性 3. 孔子 4.《礼记·中庸》 5. 传承知识；助长生命 6. 教师主导作用与学生主体作用相统一 7. 间接；直接 8. 教师主导作用；学生主体作用 9. 智力 10. 传授知识与思想品德教育相统一 11. 领会知识；运用知识；领会知识；理解教材

第三节 教学原则与教学方法

一、教学原则

考点1 教学原则的概念 【单选、判断】★

教学原则是根据一定的教学目的和教学过程规律而制定的指导教学工作的基本准则。它是有效进行教学必须遵循的基本要求和原理。

教学原则贯穿教学过程的各方面和全过程。它的正确和灵活运用，是提高教学质量的重要保证。

考点2 确立教学原则的依据

（1）教学原则的确立依据人们对教学规律的认识；（2）教学原则产生于丰富的教学经验的积累；（3）教学原则的提出受教育目的的制约；（4）教学原则的确立依据受教育者身心发展的规律；（5）教学原则的确立要适应社会的发展。

考点3 我国目前中小学主要的教学原则 【单选、多选、不定项、判断、填空、简答、论述、案例分析】 必背 ★★★

1. 思想性（教育性）和科学性相统一的原则

（1）基本含义

该原则是指教学要以马克思主义为指导，授予学生科学知识，并结合知识教学对学生进行社会主义品德和科学世界观、正确人生观教育。这是培养德智体美劳全面发展的人的要求，是建设社会主义物质文明和精神文明的要求，体现了我国教育的**根本方向**。同时这也是知识的思想性、教学的教育性规律的反映。这一原则的实质是要求在教学活动中把教书和育人有机地结合起来。教学的教育性与科学性是相辅相成、相互促进的。

（2）贯彻此原则的要求

①教师要保证教学的科学性；②教师要结合教学内容的特点进行思想品德教育；③教师要通过教学活动的各个环节对学生进行思想品德教育；④教师要不断提高自己的业务能力和思想水平。

2. 理论联系实际原则

（1）基本含义

该原则是指教师在教学中，应使学生通过理论与实际的结合来理解和掌握知识，并引导他们运用新获得的知识去解决各种实际问题，培养他们分析问题和解决问题的能力。这一原则是直接经验与间接经验相统一的教学规律在教学中的体现。

（2）贯彻此原则的要求

①重视书本知识的教学，在传授知识的过程中注重联系实际；②重视引导和培养学生运用知识的能力；③加强教学的实践性环节，逐步培养与形成学生综合运用知识的能力，进行"第三次学习"；④正确处理知识教学与能力训练的关系；⑤补充必要的乡土教材。

真题面对面

1.［2022 安阳文峰（高新），判断，0.5 分］"知之不若行之，学至于行之而止矣。行之，明也。"这一思想强调的教学原则是理论联系实际原则。（　）

2.［2022 驻马店驿城，简答，5 分］简述理论联系实际原则的贯彻要求。

答案：1. √　2. 详见内文

3. 直观性原则

（1）基本含义

直观性原则

该原则是指在教学活动中，教师应尽量利用学生的多种感官和已有的经验，通过各种形式的感知，使学生获得生动的表象，从而比较全面、深刻地掌握知识。这一原则是根据人类的认识规律、直接经验和间接经验相统一的教学规律提出来的，也是由中小学学生的年龄特征所决定的。

对教学中的直观性原则，古今中外的教育家都进行了非常精辟的阐述。中国古代教育家荀子说过，"不闻不若闻之，闻之不若见之""闻之而不见，虽博必谬"，提出了在学习中不仅要"闻之"更要"见之"，才能"博而不谬"。中世纪捷克杰出的教育家夸美纽斯率先提出了教学中的直观性原则，他在著作《大教学论》中指出，应该尽可能地把事物本身或代替它的图像放在面前，让学生去看看、摸摸、听听、闻闻等。乌申斯基也指出了直观性原则的重要性。直观性原则的意义就在于，通过提供给学生直接经验或利用学生已有的经验，帮助他们掌握原本生疏难解的理论知识，陶行知先生所说的"接知如接枝"正是这个道理。

（2）直观手段的种类

直观手段种类繁多，一般分为三大类：**实物直观**、**模像直观**和**言语直观**。这部分具体可参见教育心理学部分第四章第四节中的"知识的获得"的相关内容。

（3）贯彻此原则的要求

①正确选择直观教具和教学手段；②将直观教具的演示与语言讲解结合起来；③重视运用言语直观。

真题面对面

［2021 郑州高新，单，0.8 分］学习《捞铁牛》这篇课文时，老师为了让小学生理解得更透彻，提前准备了船的模型、水盆和沙子，学生通过自己动手做实验对捞铁牛的原理理解得更透彻了。李老师遵循了（　）

A. 循序渐进原则　B. 直观性原则　C. 启发性原则　D. 因材施教原则

答案：B

4. 启发性原则

(1)基本含义

启发性原则

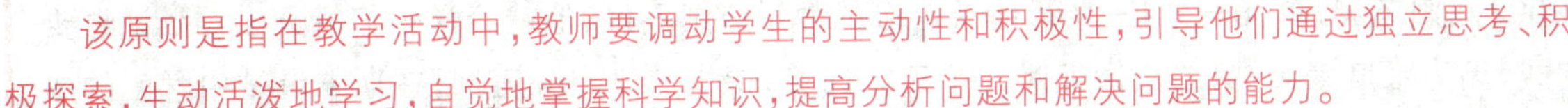

该原则是指在教学活动中，教师要调动学生的主动性和积极性，引导他们通过独立思考、积极探索，生动活泼地学习，自觉地掌握科学知识，提高分析问题和解决问题的能力。

启发性原则是在吸取中外教育遗产的基础上提出的，是教师主导作用与学生主体作用相统一的规律在教学中的反映，同时又是由我国教育目的所决定的。苏格拉底的“产婆术”、孔子提出的“不愤不启，不悱不发”的教学要求以及《学记》中“道而弗牵，强而弗抑，开而弗达”的教学思想，都是这一教学原则的体现。第斯多惠也曾说：“一个坏的教师奉送真理，一个好的教师则教人发现真理。”

(2)贯彻此原则的要求

①加强学习的目的性教育，调动学生学习的主动性（这是贯彻启发性原则的**首要问题**）；②设置问题情境，启发学生独立思考，培养学生良好的思维方法和思维能力；③让学生动手，培养学生独立解决问题的能力，鼓励学生将知识创造性地运用于实际；④发扬教学民主，它包括：建立民主平等的师生关系和生生关系，创造民主和谐的教学气氛，鼓励学生发表不同见解，允许学生向教师质疑，等等。

也有学者认为，在教学活动中贯彻启发性原则，对于教师有以下基本要求：①激发学生的积极思维；②确立学生的主体地位；③建立民主平等的师生关系。这两种说法在本质上是一致的，只是表述不同而已。

真题面对面

1.［2022信阳淮滨，多，1分］教师在教学活动中，贯彻启发性原则应遵循的基本要求有（　　）

A. 激发学生积极思维　　B. 确立学生主体地位

C. 建立民主平等的师生关系　　D. 根据具体情况进行调整

2.［2022濮阳范县，判断，0.4分］《学记》中提到“道而弗牵，强而弗抑，开而弗达”，这句话体现了教师在教学中应贯彻启发性原则。（　　）

答案：1. ABC　2. √

5. 循序渐进原则

(1)基本含义

该原则在西方常称为**系统性原则**，是指教师要严格按照科学知识的内在逻辑和学生的认知发展规律进行教学，使学生掌握系统的科学文化知识，能力得到充分的发展。

《学记》要求“学不躐等”“不陵节而施”，提出“杂施而不孙，则坏乱而不修”，意思是：如果教学不按一定的顺序，杂乱无章地进行，学生就会陷入紊乱而没有收获。朱熹进一步提出“循序而渐进，熟读而精思”，明确提出了循序渐进的教育要求。在国外，夸美纽斯指出了循序渐进的重要性，乌申斯基和布鲁纳也很强调系统知识的学习。

(2)贯彻此原则的要求

①教师的教学要有系统性。②抓主要矛盾，解决好重点与难点。要求区分主次、分清难易、有详有略地教学。例如，教师在备课时，要根据课程标准的要求，分别罗列出重点知识、必需知识、一般知识。③教师要引导学生将知识体系化、系统化。④按照学生的认识顺序，由浅入深、由易到难、由简到繁地进行教学。

真题面对面

1. [2022濮阳范县,单,0.6分]王老师所带班级的数学成绩不好,他就给学生们每天出一张试卷要求回家完成,因为难度太大,第二天讲评时几乎无人回答,课堂气氛十分压抑,在期末考试中学生的成绩也没有太大的提升。王老师的做法主要违背了(　　)

A. 巩固性原则　　B. 直观性原则

C. 循序渐进原则　　D. 启发性原则

2. [2022安阳文峰(高新),不定项,1.2分]我国古代教育思想中"不陵节而施""学不躐等""不积跬步,无以至千里;不积小流,无以成江海"所蕴含的教学原则是(　　)

A. 循序渐进原则　　B. 教学相长原则

C. 直观性原则　　D. 启发性原则

答案:1. C　2. A

6. 巩固性原则

(1)基本含义

该原则是指教师在教学中要引导学生在理解的基础上牢固地掌握基本知识和基本技能,而且在需要的时候,能够准确无误地呈现出来,以利于知识技能的利用。

历代教育家都很重视知识的巩固问题,孔子要求"学而时习之""温故而知新"。夸美纽斯明确提出了"教与学的巩固性原则"。乌申斯基认为"复习是学习之母"。

(2)贯彻此原则的要求

①要在教学的全过程中加强知识的巩固;②组织好学生的复习工作,教会学生记忆的方法;③通过扩充、改组和运用知识的过程来巩固知识。

7. 因材施教原则

(1)基本含义

该原则是指教师在教学中,要从课程计划、学科课程标准的统一要求出发,面向全体学生,同时又要根据学生的个别差异,有的放矢地进行有差别的教学,使每个学生都能扬长避短,获得最佳的发展。因材施教的教学原则既为学生身心发展的客观规律所决定,也受我国的教育目的制约。

我国古代的孔子善于根据学生的不同特点,有针对性地进行教育,以发挥他们各自的专长。宋代朱熹把孔子这一经验概括为"孔子施教,各因其材",这是"因材施教"的来源。美国心理学家加德纳提出并阐明的"多元智力理论"也有力地说明了应当针对学生的个性特征因材施教。

(2)贯彻此原则的要求

①要坚持课程计划和学科课程标准的统一要求;②教师要了解学生,从实际出发进行教学;③教师要善于发现每个学生的兴趣、爱好,并创造条件,尽可能使每个学生的不同特长都得以发挥。

真题面对面

[2023周口市直,单,1分]课上教师有意让成绩差的同学回答容易的问题,这体现的教学原则是(　　)

A. 启发性原则　　B. 直观性原则

C. 循序渐进原则　　D. 因材施教原则

答案:D

8. 量力性原则

(1)基本含义

量力性原则,也称**可接受性原则**,是指教学的内容、方法、分量和进度要适合学生的身心发展,使他们能够接受,但又要有一定的难度,需要他们经过努力才能掌握,以促进学生的身心发展。这一原则是为了防止发生教学难度低于或高于学生实际程度而提出的。

我国古代的墨子很重视学习上的量力而为。他提出:"夫智者必量其力所能至而从事焉。"经验证明,教学中传授的知识只有符合学生的接受能力才能被理解,顺利地转化为他们的精神财富,罗素、布鲁纳、赞科夫都持这种观点。

为了应对社会发展的挑战,现代教学注重促进儿童的发展,因而改称**发展性原则**更能反映其实质。

(2)贯彻此原则的基本要求

①了解学生的发展水平,从实际出发进行教学;②考虑学生认识发展的时代特点。

此外,也有学者认为,用于指导教学的教学原则主要有方向性原则、循序渐进原则、因材施教原则和伦理性原则。其中方向性原则是指教学要以马克思主义为指导,以马克思主义的立场、观点和方法来选择、分析和理解教学内容,结合科学知识教学对学生进行社会主义核心价值观、正确人生观、科学世界观的教育。伦理性原则是指教师在教学过程中处理师生关系时,要遵循当代社会的伦理规范,要尊重、爱护学生,并通过以身垂范赢得学生的尊重。

真题面对面

[**2023 郑州郑东新区,单,1.5 分**]在教学中,教师尊重学生的基本自由和权利,正确对待学生的个性差异,爱护学生,并通过以身垂范的言行赢得学生的尊重。这体现的教学原则是(　　)

A. 伦理性原则　　　　B. 思想性与科学性相统一原则

C. 启发性原则　　　　D. 因材施教原则

答案:A

二、教学方法

考点1　教学方法的概念　【单选、判断】★

教学方法是指教师和学生为了完成教学任务、实现教学目标而采取的共同活动方式,是教师引导学生掌握知识技能、获得身心发展而共同活动的方法。它包括**教师教**的方法和**学生学**的方法。

考点2　教学方法与教学方式的概念辨析　【单选、判断】

教学方式是构成教学方法的细节,是教师和学生在教学活动中所进行的个别操作活动。每一种教学方法都可以采取不同的教学方式,教学方法能独立完成某种教学任务;而教学方式只能被运用于教学方法,使教学方法在运用中具有多种可能,它本身不能独立地完成某种教学任务。

考点3　两种对立的教学方法思想　【单选、判断、填空】

依据指导思想不同,各种教学方法可归并为两大类:注入式和启发式,这是两种根本对立的教学方法指导思想。提倡启发式,反对注入式,是当代运用教学方法的指导思想。

注入式是一种"填鸭式"的教学方法,是指教师从主观出发,把学生看成单纯接受知识的容器,向学生灌注知识,无视学生在学习上的主观能动性。在这种思想的指导下,教师在教学中仅仅起了一个现成信息的载负者和传递者的作用,而学生则仅仅起着记忆器的作用。

启发式则是指教师从学生实际出发，采取各种有效的形式去调动学生学习的积极性，指导他们自己去学习的方法。

在我国传统教学中，教师多使用灌输的方式进行教学，在此过程中运用最多的又是讲授法，因此，有人将讲授法等同于注入式教学，这是错误的。衡量一种教学方法是否具有启发性，关键是看教师能否促进学生积极主动地去学习，而不是单从形式上去加以判断。

考点4 常用的教学方法 【单选、多选、判断、简答、案例分析】 必背 ★★★

根据教学活动中学生认识方式的不同，可将我国中小学常用的教学方法分为五大类：

1. 以语言传递为主的教学方法

这一类教学方法运用极为广泛，主要包括讲授法、谈话法、讨论法、读书指导法四种。

(1)讲授法

①讲授法的概念

讲授法是教师运用口头语言系统连贯地向学生传授知识、技能，发展学生智力的教学方法。讲授是教学的一种主要方法，运用其他方法，都需要配合适当的讲授。

在传统教学中，一般认为，教师讲解的质量决定着学生学习的质量，往往重视教师讲授与分析的一面，忽视学生思考与领悟的一面。其实，教师讲授的效果，主要决定于学生的理解、领悟和认同。

②讲授法的形式

讲授法可分为讲读、讲述、讲解和讲演四种。

讲读是指教师把讲解和阅读材料内容有机结合起来的一种讲授方式，主要用于语文和外语教学，也可用于其他课程教材中重点句段的教学。

讲述是指教师运用生动形象的语言，叙述、描绘所要讲的知识内容的一种讲授方式。其侧重点在于讲事而不是说理，其目的在于帮助学生形成鲜明的表象，并从情绪上受到感染。

讲解是指教师对所要讲的知识内容进行解释、说明、分析、论证的一种讲授方式。与讲述相比，讲解侧重于讲理而不是说事，其目的在于帮助学生发展理论思维能力。讲解在中小学各科教学中普遍采用，尤其是数、理、化等学科运用较多。

讲演又叫讲座，是指对某一事件或事物作深入广泛的叙述和论证，并得出科学结论的一种讲授方式。讲演目前主要用于高年级和高等学校的教学。

此外，劳凯声将讲授法分为三种形式：讲述、讲读、讲解。韩延明等人认为讲授法包括讲述、讲解、讲读、讲演、讲评五种形式。

③讲授法的优缺点

优点：A. 利于教师充分发挥主导作用；B. 教师可以由易到难、由浅入深地传递信息，利于学生接受；C. 易于教师控制所传递的内容，单位时间的效率较高；D. 在短时间内传递大量具有系统性的信息。

局限性：A. 教师要具有较强的语言表达能力和组织听讲的能力；B. 不易发挥学生的主动性、独立性、创造性；C. 学生要具有较高的自觉性和听讲能力；D. 局限于教材系统性强的学科，局限于中学或较高年级的课堂。

④运用讲授法的基本要求

讲授内容要有科学性、系统性和思想性，要认真组织；讲授要讲究策略和方式，要系统完整，层次分明，重点突出，符合知识的系统性要求，教师讲授要有启发性，讲的内容要清楚，但不要“一览无余”，要给学生留下思维的空间；教师要努力提高语言表达水平，讲究语言艺术；要组织学生听讲；要与其他教学方法配合使用。其中，讲授内容要有科学性和思想性是确保讲授质量的首要条件。

知识再拔高

讲授策略

1. 讲授的表现形式

讲授的表现形式有多种划分。其中，从讲授所用时间和简繁程度看，主要有正式讲授和非正式讲授两种。正式讲授要占一节课的大部分或全部时间，适用于中学高年级或大学；非正式讲授一般持续5～10分钟，适用于小学和中学低年级。

2. 讲授的时机

把握好讲授的时机，是有效讲授的一个重要方面。讲授的时机包括：(1)为学生定向时，必须讲；(2)学生分析理解难以到位时，必须讲；(3)学生出现误读时，必须讲。

3. 讲授策略的误用

讲授策略误用的表现有：(1)过短的时间内呈现了过多的新知识；(2)讲授时间太长，超出学生有意注意的时限；(3)讲授内容缺乏组织性、逻辑性；(4)讲授不顾及学生原有的知识基础，或对学生知识准备做想当然假设；(5)讲授时没有激发起学生有意义地理解知识的心理倾向。

真题面对面

1. [2021濮阳清丰，单，1分]老师在教学“种子的萌芽”时，运用生动、简洁、富有感染力的语言，对种子的萌芽过程进行了描述和概括。这里老师运用了哪种教学方法（　　）

A. 谈话法　　B. 读书指导法　　C. 讲授法　　D. 讨论法

2. [2022信阳淮滨，多，1分]有效讲授的一个重要方面是要把握好讲授的时机。讲授的时机包括哪些（　　）

A. 为学生定向时　　B. 组织教学时

C. 学生出现误读时　　D. 学生分析理解难以到位时

答案：1. C　2. ACD

(2)谈话法

①谈话法的概念

谈话法也叫问答法，它是教师按一定的教学要求提出问题让学生回答，通过问答、对话的形式来引导学生思考、探究，获取或巩固知识，促进学生智能发展的方法。

②谈话法的方式

谈话法(问答法)可分为三种方式：第一种是**启发性问答**，是指通过向学生提出连贯性的问题，引导学生运用已有知识对当前事物、现象进行观察，探求新知识，这种方式主要用于传授新知识。第二种是**复习检查性问答**，是指根据学生已学内容提出问题，达到复习和检查的目的，这种方式主要用于巩固旧知识。第三种是**指导总结性问答**，多在参观、

谈话法

实习、实验前后进行，使学生明确活动目的、内容，回答学生疑问，并进行活动总结。

③运用谈话法的基本要求

要做好计划，教师要对谈话的中心、提问的内容做充分准备，并拟定谈话提纲；要善问，提出的问题要明确、具体、难易适宜，符合学生已有的知识程度、经验，还要有启发性，形式要多样化；要善于启发诱导，谈话时，教师要面向全体学生，给学生留有思考的余地，因势利导，让学生一步步地去获得新知；谈话结束后，应结合学生回答的情况进行归纳和小结，给出问题的正确答案，指出谈话过程中的优缺点。

(3)讨论法

①讨论法的概念

讨论法是全班或小组成员在教师的指导下，围绕某一中心问题发表自己的看法和见解，从而进行相互学习的一种方法。运用讨论法需要学生具备一定的基础知识、一定的理解能力和独立思考能力，因此，讨论法在**高年级**运用得比较多。

讨论法

②讨论法的优缺点

优点：年龄和发展水平相近的学生共同讨论，很容易激发兴趣、活跃思维，有助于他们听取、比较、思考不同意见，在此基础上进行独立思考，因此能够促进思维能力的发展。此外，讨论法能够普遍而充分地给予每个学生表达自己观点和意见的机会，调动所有学生的学习积极性，并且有效地促进学生口头语言能力的发展。

缺点：受到学生知识、经验和能力发展水平的限制，比较容易出现讨论流于形式或者脱离主题的情况。

③运用讨论法的基本要求

讨论前，教师应提出有吸引力的讨论题目，并明确讨论的具体要求，指导学生收集有关资料；讨论时，教师要善于引导学生围绕中心，联系实际，自由发表意见，并让每个学生都有发言机会；讨论结束后，教师要进行小结，并提出需要进一步思考的问题。

真题面对面

[2022郑州高新，单，0.7分]某次班会中，学生们在班主任的指导下围绕如何预防火灾及发生火灾如何自救等问题发表和交换意见，通过相互之间的启发、讨论、商量获取知识。这种教学方法是(　　)

A. 演示法　　B. 练习法

C. 实验法　　D. 讨论法

答案：D

(4)读书指导法

①读书指导法的概念

读书指导法是指教师指导学生通过阅读教科书和其他参考书，以获得知识、巩固知识、培养学生自学能力的一种方法。指导学生读书，包括指导学生阅读教科书和阅读课外书籍两个方面。

②运用读书指导法的基本要求

教师要提出明确的目的、要求和思考题；教会学生使用工具书；帮助学生逐步学会阅读的方法；用多种方式指导学生阅读。

2. 以直观感知为主的教学方法

这类教学方法具有形象性、具体性、直接性和真实性的特点，主要有演示法和参观法。

（1）演示法

①演示法的概念

演示法是指教师通过展示实物、教具和示范性的实验来说明、印证某一事物和现象，使学生掌握新知识的一种教学方法。

演示法

演示所使用的工具可分为四大类：实物、标本、模型、图片的演示；图表、示意图、地图的演示；实验演示；幻灯片、电影、录像的演示。演示法体现了直观性、理论联系实际的教学原则。

②运用演示法的基本要求

明确演示目的，做好演示准备；演示必须精确可靠、操作规范；演示时要引导学生集中注意力，运用多种感官去感知，以发展学生的思考力和观察力；演示结束后，教师要引导学生分析观察结果以及各种变化之间的关系，通过分析、对比、归纳、综合得出正确结论。

（2）参观法

①参观法的概念

参观法又称现场教学，是教师根据教学目的和要求，组织学生进行实地考察、研究，使学生获取新知识，巩固、验证旧知识的一种教学方法。

参观教学法可以分为准备性参观、并行性参观和总结性参观。

准备性参观，是在学习某课题前，使学生为将要学习的新课题积累必要的感性经验，从而顺利获得新知识而进行的参观。

并行性参观，是在学习某课题的过程中，为使学生把所学理论知识与实际紧密结合而进行的参观。

总结性参观，是在完成某一课题之后，帮助学生验证、加深理解、巩固强化所学知识而进行的参观。

②运用参观法的基本要求

参观前，教师要根据教学目的和要求，做好准备工作；参观时，教师要引导学生收集资料，做好必要记录，也可以请有关人员进行讲解或指导；参观结束后，教师要组织学生及时进行小结。

真题面对面

1.［2023周口市直，单，1分］通过雪景视频帮助学生理解“忽如一夜春风来，千树万树梨花开”的意境。这种教学方法是（　　）

A. 讲授法　　B. 参观法　　C. 演示法　　D. 练习法

2.［2022郑州市直，多，1.2分］科学课老师给学生介绍了昆虫的概念后，呈现相关的标本和图片让学生分组观察，了解昆虫的生活习性，并在全班交流学习成果。该老师运用的教学方法有（　　）

A. 参观法　　B. 演示法

C. 问答法　　D. 讨论法

E. 讲授法

答案：1. C　2. BDE

3. 以实际训练为主的教学方法

以实际训练为主的教学方法是指以形成技能技巧、培养行为习惯和发展学生能力为主的教学方法。其特点是使学生通过实践活动动脑、动口、动手，提高学生分析问题和解决问题的能力，并养成良好的行为习惯。主要有练习法、实验法、实习作业法、实践活动法四种。

(1)练习法

①练习法的内涵

练习法是指学生在教师的指导下巩固知识，培养各种技能和技巧的基本教学方法。练习法是中小学各科教学普遍采用的教学方法之一。练习法的种类有说话的练习，解答问题的练习，绘画、制图的练习，作文和创作的练习，运动与文娱技能、技巧的练习。

②运用练习法的基本要求

教师要使学生明确练习目的和要求；练习的题目要注意学生基础知识的积累、巩固以及基本技能的提高；教师要教给学生正确的练习方法，并对学生的练习进行及时的检查和反馈；在练习过程中要注意培养学生自我检查的能力和习惯；练习方式要多样化。

(2)实验法

①实验法的概念

实验法是指教师引导学生使用一定的仪器和设备，进行独立操作，引起某些事物和现象产生变化，从而使学生获得直接经验，培养学生技能和技巧的教学方法。实验法常用于物理、化学、生物等自然学科的教学。

②运用实验法的基本要求

认真编写实验计划，加强实验指导，做好实验总结。

小香课堂

演示法中的实验演示与实验法是考生容易混淆的知识点，两者的区别在于操作主体的不同：实验演示——教师做实验，学生看；实验法——学生做实验，教师指导。

(3)实习作业法

①实习作业法的概念

实习作业法是指教师根据学科课程标准要求，指导学生运用所学知识在课上或课外进行实际操作，将知识运用于实践的教学方法。这种方法在自然学科的教学中占有重要的地位，**如数学课的测量练习、生物课的植物栽培和动物饲养等**。

②运用实习作业法的基本要求

实习作业法要在教师的指导下有目的、有计划、有组织地进行；实习中，教师要加强指导；实习结束后，教师要指导学生写出实习报告或体会，并进行评阅和评定。

(4)实践活动法

实践活动法是指让学生参加社会实践活动，培养学生解决实际问题的能力和多方面实践能力的教学方法。在实践活动法中，学生是中心，教师是学生的参谋或顾问，教师必须保证学生的主动参与，决不能越俎代庖。

4. 以引导探究为主的教学方法

以引导探究为主的教学方法，是指教师组织和引导学生通过独立的探究和研究活动而获得知识的方法，主要是**发现法**。

(1)发现法的内涵

发现法又称**探索法**、**研究法**，是指学生在教师指导下，对所提出的课题和所提供的材料进行分析、综合、抽象和概括，自行发现并掌握相应的原理和结论的一种教学方法。发现法的最大缺点在于太耗费时间，会减缓教学速度。

(2)发现法的特点

①学生通过对问题的探究获得经验和知识，提高创新意识和进取精神；

②学生在教师的引导下探究和解决问题，在教学中处于主要地位；

③教学方法以学生独立探究和作业为主，教师的讲授、指导以及学生的阅读、练习服务于独立探究。

(3)发现法的一般步骤

①创设问题的情境，使学生在这种情境中产生矛盾，提出要求解决或必须解决的问题；

②促使学生利用教师所提供的某些材料和所提出的问题，提出解答的假设；

③从理论上和实践上检验自己的假设；

④根据实验获得的一定材料或结果，在仔细评价的基础上引出结论。

5. 以情感陶冶(体验)为主的教学方法

以情感陶冶为主的教学方法是指教师根据一定的教学要求，有计划地使学生处于一种类似真实的活动情境之中，利用其中的教育因素综合地对学生施加影响的一种教学方法。以情感陶冶为主的教学方法更多的是作为辅助性的教学方法来使用，主要包括欣赏教学法和情境教学法。

(1)欣赏教学法

欣赏教学法是指在教学过程中指导学生体验客观事物的真善美的一种教学方法。欣赏教学法一般包括对自然的欣赏、人生的欣赏和艺术的欣赏等。

(2)情境教学法

情境教学法是指在教学过程中，教师有目的地引入或创设具有一定情绪色彩的生动具体的场景，以引起学生一定的情感体验，从而帮助学生理解教材，并使学生的心理机能得到发展的教学方法。

情境教学法提出的依据是情感和认知活动相互作用、有意识心理活动与无意识心理活动相互统一、智力因素与非智力因素(或理智活动与情意活动)相互统一等原理。

情境教学法的**核心**在于激发学生的情感。教师创设的情境一般包括生活展现的情境、图画再现的情境、实物演示的情境、音乐渲染的情境、言语描述的情境等。

知识再拔高

教学方法的其他分类方式

依据	类别	内容
活动的主体	以教师的讲授活动为主	讲授法、谈话法、演示法
	以学生的学习活动为主	读书指导法、讨论法、实验法、实习作业法、研究法
学生信息获得的来源	通过语言	讲授法、谈话法、读书指导法、讨论法
	通过直观	演示法、观察法
	通过实际操作	练习法、实验法、实习作业法、研究法

考点5 国内外教学方法的改革与发展 【单选、判断】★

1. 国内具有代表性的教学方法

(1)上海特级教师**倪谷音**首倡的**愉快教学法**。这种教学方法借助于建立民主和谐的师生关系，着力于儿童的全面发展。它要变"厌学"为"好学"，变"苦学"为"乐学"，变"要我学"为"我要学"。

(2)江苏省特级教师**李吉林**首创的**情境教学法**。这种教学方法具有"形真""情切""意远""理蕴其中"四个基本特征。

(3)江苏省常州特级教师**邱学华**首创的**尝试教学法**。尝试教学法是给学生创造一定的条件，让学生主动探索、独立思考、发现问题、分析问题和解决问题，以培养学生的探索精神和自学能力为主要目标的教学方法。它的特点是变先讲后练为先练后讲，学生在教师指导下先尝试练习，然后教师有针对性地讲解。

(4)以上海闸北八中校长刘京海为首的一批教改研究者首先提出的成功教学法。成功教学法的基本要素有三个：积极的期望、成功的机会和鼓励性评价。

2. 国外具有代表性的教学方法

(1)美国心理学家布鲁纳倡导的发现法。

(2)依据美国教育学家布卢姆的“教育目标分类”和“掌握学习策略”所形成的目标教学法。

(3)美国著名教育心理学家斯金纳倡导的程序教学法。

(4)苏联教育家沙塔洛夫创造的“纲要信号图表”教学法。

(5)德国学者瓦·根舍因首创的范例教学法。

(6)保加利亚医学和心理学博士洛扎诺夫首创的暗示教学法。

(7)美国人本主义心理学家罗杰斯提出的非指导性教学法。

真题面对面

[2022濮阳范县,单,0.6分]情境教学法由江苏省特级教师(　　)首创。

A. 邱学华　　B. 李吉林　　C. 朱永新　　D. 倪谷音

答案:B

考点6　教学方法的选择和运用　【多选、判断、简答】

1. 选择教学方法的基本依据

任何一种教学方法都是为促进学生学习和提高学生学习满意度服务的,其本身无所谓优劣、好坏,只有对特定教学目标、教学内容、教育对象以及教育情境适宜程度之别。选择教学方法的基本依据包括:(1)教学目的和任务的要求;(2)课程性质和特点;(3)每节课的重点、难点;(4)学生年龄特征;(5)教学时间、设备、条件;(6)教师业务水平、实际经验及个性特点。此外,教学方法的选择与运用还受教学手段、教学环境等因素的制约,这就要求我们要全面、具体、综合地考虑各种相关因素,进行权衡取舍。

2. 教学方法运用的原则

(1)要发挥教学的整体功能;(2)必须坚持以启发式为指导思想;(3)要注意综合性和灵活性。

考点　讲解的类型

(1)归纳式讲解,是指引导学生通过对个别具体物质及其变化等事实材料分析、比较、归纳,概括出共同性质或一般规律、原理的讲解。归纳式讲解要注意引导学生首先对具体事物进行比较,然后从具体到抽象,从特殊到一般地归纳。

(2)演绎式讲解,是指引导学生通过运用一般原理、公式去推论个别事物,最后得出结论,达到认识具体事物的目的的讲解。演绎式讲解要善于引导学生从抽象到具体,从一般到特殊进行思考。

(3)描述性讲解,是在叙述讲解的基础上增加许多修饰的成分,增强语言的感染力,唤起学生的情感和想象,使他们更好地感知教学内容。

(4)叙述性讲解,是指教师有条理地向学生叙述科学事实或事件的过程,可用于中学阶段的各科教学。

★★ 考点大默写 ★★

1. 老师在生物课上讲授杂交水稻内容时,向学生介绍了袁隆平献身科学的感人事迹,同学们深受教育。这体现了__________与__________相统一的教学原则。

2. “读万卷书,行万里路。”这句话体现了教学的__________原则。

3. “一般来说，儿童是依靠形式、颜色、声音和感觉来进行思维的。”这要求我们在教学中重视运用________原则。

4. “不愤不启，不悱不发”体现的教学原则是________。

5. 第斯多惠说：“一个坏的教师奉送真理，一个好的教师则教人发现真理。”这句话体现了教学的________原则。

6. “盈科而后进”所蕴含的教学原则是________原则。

7. “学而时习之”“温故而知新”体现了教学的________原则。

8. 孔子曰：“求也退，故进之；由也兼人，故退之。”这体现了教学的________原则。

9. 教育学生时“深其深，浅其浅，益其益，尊其尊”，这体现了________教学原则。

10. 以语言传递为主的教学方法有讲授法、________、________和读书指导法。

11. 在教师的指导下，学生以全班或小组为单位，围绕某一中心问题，各抒己见，从而获得知识或巩固知识的教学方法是________。

12. 教师在课堂上通过展示各种实物或进行示范性实验，让学生通过观察获得感性认识的教学方法属于________。

13. 科学课上，教师指导学生通过显微镜观察植物的内部结构，获得有关植物的知识。这种方法属于________。

14. 布鲁纳所倡导的“发现学习”是一种以________为主的教学方法。

15. 以情感陶冶为主的教学方法包括欣赏教学法和________。

【参考答案】

1. 思想性(教育性)；科学性 2. 理论联系实际 3. 直观性 4. 启发性原则 5. 启发性 6. 循序渐进 7. 巩固性 8. 因材施教 9. 量力性 10. 谈话法；讨论法 11. 讨论法 12. 演示法 13. 实验法 14. 引导探究 15. 情境教学法

第四节 教学组织形式与教学工作的基本环节

一、教学组织形式

考点1 教学组织形式的概念 【单选】

学校教学工作是通过一定的组织形式进行的。**教学组织形式**是指教学活动中教师与学生为实现教学目标所采用的社会结合方式。教学组织形式的主要内涵如下：(1)特殊的师生互动；(2)特殊的时空安排；(3)教学因素的特殊组合。教学组织形式不是固定不变的，它随着社会政治经济和科学文化的发展对所培养人才要求的提高，也会不断改进。

在教学史上先后出现的影响较大的教学组织形式有个别教学制、班级授课制、分组教学和道尔顿制等。

考点2 古代学校的教学组织形式——个别教学制 新增 【单选、判断】★★

个别教学制是学生在教师指导下，按自己能力和学习程度进行学习的一种教学组织形式。它是历史上最早出现的教学组织形式，在奴隶社会和封建社会，个别教学一直是教学的主要形式。中国古代的私塾和欧洲中世纪前的教学采用的就是这种教学组织形式。

个别教学最显著的优点在于教师能根据学生的特点因材施教，使教学内容、进度适合于每一个学生的接受能力。但是这种教学形式下，教师只同个别学生产生联系，难以形成学生集体。

真题面对面

[2022郑州新郑,单,0.66分]我国古代私塾的教学组织形式属于(　　)

A. 个别教学制　　B. 班级授课制　　C. 道尔顿制　　D. 分组教学制

答案:A

考点3　现代教学的基本组织形式——班级授课制　【单选、多选、判断、简答、论述】 必背 ★★★

1. 班级授课制的概念

课堂教学的主要形式是班级授课制。它是把学生按年龄和文化程度分成固定人数的班级,教师根据课程计划和规定的时间表进行教学的一种组织形式。在班级授课制中,同一个班的每个学生的学习内容与进度必须一致。

2. 班级授课制的产生与发展

1632年,捷克教育家夸美纽斯出版的《大教学论》最早从理论上对班级授课制做了阐述,为班级授课制奠定了理论基础。后来,以赫尔巴特为代表的教育家提出教学过程的形式阶段论(即明了、联想/联合、系统、方法),班级授课制得以进一步完善而基本定型。最后,以苏联教育学家凯洛夫为代表,提出课的类型和结构的概念,使班级授课制形成一个完整的体系。

在我国,最早采用班级授课制的是清政府于1862年设于北京的京师同文馆,并在癸卯学制中以法令形式确定下来,随之在全国范围内推广。

班级授课制是与现代化大生产相适应的集体教学形式。

真题面对面

[2022濮阳范县,单,0.6分]1632年捷克教育家(　　)在《大教学论》中最早阐述了班级授课制。

A. 贝尔　　B. 夸美纽斯　　C. 克伯屈　　D. 杜威

答案:B

3. 班级授课制的基本特点

(1)以班为单位集体授课,学生人数固定。

(2)按课教学。"课"是教学活动的基本单元,一般分为单一课和综合课。

(3)按时授课。把每一"课"规定在固定的单位时间内进行,这个单位时间称为"课时",课与课之间有一定的间歇和休息。

4. 班级授课制的优点与不足

(1)班级授课制的优点

①有利于经济有效地大面积培养人才,提高教学效率;

②它以"课"为教学活动单元,能保证学习活动循序渐进,有利于学生获得系统的科学知识;

③有利于发挥教师的主导作用;

④有利于发挥学生集体的教育作用;

⑤有利于学生德、智、体多方面的发展;

⑥有利于进行教学管理和教学检查。

(2)班级授课制的不足

①不利于学生主体性的发挥。学生的独立性、自主性受到限制,不利于培养学生的志趣、特长。

②不利于培养学生的探索精神、创造能力和实际操作能力。过于强调书本知识的学习，容易造成理论和实践的脱节。

③不能很好地适应教学内容和教学方法的多样化。班级授课制中，无论用什么教学方法，都只能适应部分学生。

④不利于因材施教，难以满足学生个性化的学习需要。

⑤不利于学生之间真正的交流和启发。在班级授课制中，课堂成为学生生活的基本空间，课堂教学成为学生最主要的生活方式，学生的交往受到限制。

⑥以“课”为基本的教学活动单位，某些情况下会割裂内容的整体性。

真题面对面

[2021安阳殷都，简答，3分]简述班级授课制的优缺点。

答案：详见内文

考点4 现代教学的辅助形式——个别教学与现场教学

1. 个别教学

个别教学是教师针对不同学生的情况进行个别辅导的教学组织形式。它是班级授课制的一种**辅助形式**。个别教学的要求有：

(1)发挥每个学生的潜力和积极因素，培养学生各自的优势，克服各自的缺点；

(2)既要针对个体，又要使个体不脱离于群体；

(3)要制定详细的个案分析，综合运用各种教学组织形式，灵活运用各种教学方法，做好各项工作。

2. 现场教学

现场教学是指教师把学生带到事物发生、发展的现场进行教学活动的组织形式。它可以以班级为单位，也可以以小组或个人为单位，通常需要有关现场人员的参加。

现场教学的要求：(1)目的明确；(2)准备充分；(3)现场指导；(4)及时总结。

考点5 现代教学的特殊组织形式——复式教学 【单选、判断】★

1. 复式教学的概念

复式教学是把两个或两个以上不同年级的学生编在一个教室里，由一位教师分别用不同的教材，在一节课里对不同年级的学生进行教学的一种特殊组织形式。复式教学的特点是：直接教学和学生自学或做作业交替进行。它适用于学生少、教师少、校舍和教学设备较差的农村以及偏远地区。

2. 复式教学的意义

复式教学保持了班级授课制的一切本质特征，与班级授课制不同的是教师要在一节课的时间内巧妙地同时安排几个年级学生的活动。复式教学组织得好，学生的基本训练和自学能力往往更强。复式教学便于儿童就近入学，可以最大限度地节约师资、教室和教学设备等，充分利用教育资源，有利于教育的普及。

3. 组织复式教学的要求

(1)合理编班，要根据学生人数、教室大小、师资质量等情况全面考虑，灵活掌握；(2)编制复式班课表；(3)培养小助手；(4)建立良好的课堂常规。

真题面对面

1. [2021安阳，单，0.8分]把两个及两个以上年级的儿童编在一个班级，直接教学与布置、完成作

业轮流交替进行，在一节课内由一位教师对不同年级学生进行教学的组织形式是（　　）

A. 复式教学　　B. 分组教学　　C. 分班教学　　D. 小组学习

2.［2021洛阳市直，判断，0.75分］复式教学在一定条件下对普及教育有积极意义，是班级教学的一种特殊组织形式。（　　）

答案：1. A　2. √

考点6　其他教学组织形式　【单选、多选、判断】★

1. 分组教学

（1）分组教学的概念

分组教学是指在按年龄编班或取消按年龄编班的基础上，根据学生能力、成绩分组进行编班的教学组织形式。

（2）分组教学的类型

分组教学有外部分组和内部分组、能力分组和作业分组等。

外部分组，即取消按年龄编班，按学生的能力或某些测验成绩编班；

内部分组，即在按年龄编班的班级内，再根据学生的成绩将他们分成若干个不同的小组。

能力分组，是根据学生的能力发展水平来进行分组教学的，各组课程相同，学习年限则不同；

作业分组，是根据学生的特点和意愿来分组教学的，各组学习年限相同，课程则不同。

（3）分组教学的优点和局限

①分组教学的优点

分组教学比班级上课更适应学生个人的水平和特点，便于因材施教，有利于人才的培养；便于学生的交流合作；有助于学生组织能力、管理能力、表达能力以及问题解决能力的培养；有利于学生在与小组成员的竞争与合作中，强化自己的学习动机。

②分组教学的局限

分组教学较难科学鉴别学生的能力和水平；在对待分组教学上，学生家长和教师的意愿常常与学校要求相矛盾；分组后有可能产生一定的副作用，使快班学生产生骄傲情绪，慢班、普通班学生的学习积极性降低。

2. 道尔顿制

最早提出对班级教学进行改造的是“道尔顿制”，它是由美国教育家**柏克赫斯特**创建的一种典型的自学辅导式教学组织形式。运用这种方法时，教师不再讲授，只为学生指定自学参考书、布置作业，由学生自学和独立完成作业后，向老师汇报学习情况和接受考查。道尔顿制的特点是：

（1）废除教师面向全体学生的课堂讲授，废除课程表和年级制，代之以教师辅导学生按“公约”个别自学。学生以公约的形式明确自己应完成的各项学习任务，自己按兴趣自由支配学习时间。

（2）将教室改为各科作业室或实验室，按学科的性质陈列参考用书和实验仪器，供学生自学使用。

（3）设置成绩记录表，由教师和学生分别记录学习进度。

道尔顿制的两个重要原则是自由与合作。道尔顿制的优点是：有利于调动学生学习的主动性，培养他们的学习能力和创造才能，缺点是：不利于系统知识的掌握，对教学设施和条件要求较高。

1922年10月，中国第一个道尔顿制实验班设立在上海的中国公学。

3. 特朗普制

特朗普制又称“灵活的课程表”“综合教学制”，是美国教育家**劳伊德·特朗普**于20世纪50年代提出的一种教学组织形式。这种教学组织形式把大班教学、小班研究和个别教学三种教学形式结合起来。大班是所有学生一起上课；小班是把大班的学生分为20人左右的小组，研究和讨论大班授课材料；个别教学是由学生独立完成作业。

特朗普制具有班级授课制的优点，也有个别教学的长处，但管理起来比较麻烦。

真题面对面

[2022平顶山湛河，单，1.09分]（　　）称为灵活的课程表。

A. 道尔顿制　　B. 特朗普制　　C. 文纳特卡制　　D. 贝尔—兰卡斯特制

答案：B

4. 设计教学法

1918年，美国教育家克伯屈发表了论文《设计教学法》，系统地归纳和阐述了设计教学法的理念，赢得了很大声誉，他也被称为“设计教学法之父”。设计教学法主张废除班级授课制和教科书，打破传统的学科界限，教师不直接向学生传授知识和技能，而是指导学生根据自己已有的知识和兴趣，自行组成以生活问题为中心的综合性学习单元。学生在自己设计、自己负责的单元活动中获得有关的知识和能力。

设计教学法的重点是以活动课程代替学科课程，使学生在活动中获得对知识的整体认知。其主要缺陷是忽视系统知识，影响教学质量，而且在教学实施过程中困难很多，难以落实。

5. 贝尔—兰喀斯特制

贝尔—兰喀斯特制，也称为导生制，是由英国人贝尔和兰喀斯特于18世纪末19世纪初创建的，这种教学组织形式仍以班级为基础，但教师不直接面向班级全体学生，教师先把教学内容教给年龄较大的学生，而后由他们中间的佼佼者——导生去教年幼的或成绩较差的其他学生。

这种组织形式是在英国工场手工业向机器大工业生产过渡的过程中，在需要大规模培养学生且师资比较缺乏的情况下出现的。导生“现买现卖”，很难保证基本的教学质量。

考点7　当前教学组织形式改革的重点　【单选、多选、判断】★

（1）适当缩小班级规模，使教学单位趋向合理化。

（2）改进班级授课制，实现多种教学组织形式的综合运用。

（3）多样化的座位排列，加强课堂教学的交往互动。传统的课堂座位排列形式是秧田形。目前，这种封闭的排列方式得到了改进。不超过25名学生，可以采用马蹄形、圆形；25名以上学生可采取双矩形、同心圆形和双马蹄形；小组活动或个别学习的座位安排，可采取模块形。

（4）探索个别化教学。

表1-21　常见座位编排的比较

座位类型	结构特征	主要功能	局限	适用范围
秧田形	学生纵横直排而坐，全部面向教师	便于全体学生集中听课和教师授课；有利于大班教学	学生活动空间小；除同桌学生以外，彼此不易互动	教师集中讲授、学生接受
马蹄形	学生环绕教师而坐，大部分学生能相互面对	教师能方便地走近每一个学生；两边的学生能彼此有视觉接触和非言语交流；公共活动空间大	不利于大班教学（若采用双马蹄形，则可容纳更多的学生）	便于教师组织全班性的讨论、动作示范；有利于多个学生的活动表演
圆形	学生环绕教师而坐，既可面向教师，也能彼此相对	全体学生彼此之间都能有视觉接触和非言语交流；学生之间互动方便；教师容易走近每个学生；公共活动空间大	不利于大班教学（若采用双环形，则可容纳更多的学生）	便于教师组织全班性的讨论、动作示范；有利于多个学生的活动表演

续表

座位类型	结构特征	主要功能	局限	适用范围
模块形	同桌学生之间环形而坐，不同桌学生相对独立	同桌学生之间互动方便、深入	不同桌学生之间难以互动	便于学生分组学习（小组讨论或合作学习）

二、教学工作的基本环节 【单选、多选、判断、填空、简答、论述、案例分析】 必背 ★★★

教师教学工作包括五个基本环节（即基本程序）：备课、上课、作业的布置与反馈、课外辅导和学业成绩的检查与评定。

考点1 备课

备课

备课就是教师根据学科课程标准的要求和本门课程的特点，结合学生的具体情况，选择最合适的表达方法和顺序，以保证学生有效地学习。备课是教师将课程标准的要求转化为学生的实际能力的**关键步骤**，备课的全过程建立在教师对课程的理解之上。

1. 备课的意义

备课是教师教学的起始环节，是上好课的先决条件，备好课是教好课的前提。对教师而言，备好课可以加强教学的计划性，有利于教师充分发挥主导作用。教师要在平时的学习、生活中有意识地收集教学资料，为上课做准备。

2. 备课的类型 新增

（1）根据备课主体，可将备课分为个人备课和集体备课。①个人备课是教师自己钻研学科课程标准和教材的活动。②集体备课是由相同学科和相同年级的教师共同钻研教材，解决教材的重点、难点和教学方法等问题的活动。

（2）根据备课涉及内容的范围，可将备课分为学期备课、单元备课和课时备课。①学期备课指教师与教师群体（如教研组）对所教学科整个学期的全部教学内容与教学活动做出的通盘考虑、规划与设计，属于战略层面的备课。②单元备课指教师或教研组在学期备课的基础上，在每个单元进行之前，针对一个单元而进行的教学准备工作。③课时备课是教师备课最经常性的工作，具体落实到教案即课时教学方案的编写上。

（3）根据备课形式，可将备课分为显性备课和隐性备课。①显性备课就是平时强调的教师外化的备课行为，包括查阅资料、书写教案、制作教具等。②隐性备课强调教师将备课行为内在化、系统化、连续化，真正将自己平时的学习、科研等活动和教学结合起来，包括上课之前的思考、课后的审视与反思等。

3. 教师应如何备课（备课的要求）

（1）做好三方面的工作，即钻研教材、了解学生、设计教法，也即备教材、备学生、备教法

①**钻研教材**：钻研教材有助于教师掌握教材的逻辑体系，有助于教师科学设计教学内容，有助于全面贯彻和落实课程标准。钻研教材包括学习学科课程标准、钻研教科书和阅读有关参考资料。

首先，钻研学科课程标准就是指教师要弄清楚本学科的教学目的，教材的体系、结构、基本内容和教学法上的基本要求。

其次，教师必须钻研教科书，掌握学科主要内容、重点、难点所在，同时也要考虑如何利用它来促进学生态度、情感、价值观的转变，知识的拓展及各种能力的提高。

此外，各种参考资料是教科书的重要补充，教师应广泛阅读有关参考书来获得有价值的信息，以满足教学需求。

教师掌握教材有一个深化的过程，一般要经过懂、透、化三个阶段。懂，就是对教材的基本思想、基本概

念、每句话、每个字都要弄清楚,弄懂;透,即要透彻了解教材的结构、重点与难点,掌握知识的逻辑,能运用自如,知道应补充哪些资料,怎样才能教好;化,就是教师的思想感情和教材的思想性、科学性融合在一起了。达到化的境界,就完善地掌握了教材。

②**了解学生**:了解学生应当是全面的。首先要考虑学生总体的年龄特征,熟悉他们身心发展的特点;其次要了解学生个体的能力水平、学习态度和兴趣特点。此外,还要了解班级的一般状况,如班纪班风等。

③**设计教法**:教师要在钻研教材、了解学生的基础上,考虑用什么方法使学生有效地掌握知识并促进他们能力、品德等方面的发展。教师应根据教学目的、内容、学生的特点等来选择最佳的教学方法。此外,还要相应地考虑学生的学法,包括预习、学生在课堂中的学习活动与课外作业等。

(2)写好三种计划,即学年(或学期)教学计划、课题(或单元)计划、课时计划(教案)

①**学年(或学期)教学计划**:该计划包括学生情况的简要分析、本学期或学年的教学总要求、教科书的章节或课题、各课题的教学时数和时间的具体安排、各课题所需要运用的教学手段等。

②**课题(或单元)计划**:在制订好学年教学计划的基础上,教师还要制订出课题计划。课题计划一般包括:课题名称、课题教学目的、课时划分、各课时课的类型、主要教学方法、必要的教具。此外,教师还要考虑课题之间的联系,做好协调工作。

③**课时计划**:即教案,它通常是指教师为某一节课而拟定的上课计划,一般包括班级、学科名称、授课时间、课题、教学目的、课的类型、教学进程等。其中教学进程是教案的**主要部分**,教师要详细设计和安排教学内容的展开、教学方法的运用和时间的分配等。

真题面对面

1. [2021濮阳清丰,多,1.5分]备好课是上好课的前提,以下属于教师备课范围的是(　　)

A. 备教材　　B. 备教法

C. 备学生　　D. 写好教学计划

2. [2022洛阳四区联考,判断,0.59分]学生学业成绩的检查与评价是教学工作的起始环节,是教学能否取得成功的先决条件。(　　)

答案:1. ABCD　2. ×

考点2　上课

1. 上课的意义

上课是整个教学工作的中心环节,是教师教和学生学的最直接的体现,是提高教学质量的关键。教学质量的高低,直接取决于教师上课的水平。

2. 课的类型

(1)根据教学的任务,可分为传授新知识课(新授课)、巩固新知识课(巩固课)、培养技能技巧课(技能课)和检查知识课(检查课)。

(2)根据一节课所完成任务的类型数划分,可分为单一课和综合课。单一课一节课只完成一个任务,可细分为以传授新知识为目的的**新授课**,以巩固复习已学知识为目的的**复习课**,以培养技能、技巧为目的的**练习课、实验课**,以检查学生知识、技能、技巧为目的的**检查课**等。综合课一节课则需完成多项任务。

(3)根据使用的主要教学方法,可分为讲授课、演示课(演示实验或放幻灯片、录像)、练习课、实验课和复习课。

3. 课的结构

课的结构是指课的基本组成部分及各组成部分进行的顺序、时限和相互关系，不同类型的课有不同的结构。了解课的结构有助于掌握每一种课的性能与操作过程，以便发挥各种课在教学中的作用。

一般来说，构成课的基本组成部分有组织教学、检查复习、讲授新教材、巩固新教材、布置课外作业等。其中，讲授新教材是教学过程中**最主要**、**最基本**的部分，是一节课的**核心环节**，组织教学并不只在上课开始时进行，而是贯穿在教学过程的各个环节中，直到下课。

4. 一节好课的标准

(1)要使学生的注意力集中；(2)要使学生的思维活跃；(3)要使学生积极参与到课堂中来；(4)要使个别学生得到照顾。

5. 上好课的基本要求

(1)教学目标明确；(2)教学内容准确；(3)教学结构合理；(4)教学方法适当；(5)讲究教学艺术；(6)板书有序；(7)充分发挥学生的主体性，这是上好课**最根本**的要求。

知识再拔高

关于"上好课"的基本要求的其他说法

说法一：(1)明确教学目的。这是上好一堂课的前提。课堂教学是否有正确的目的，是否自觉贯彻和实现了预定的目的，是衡量一节课成功或失败的一个主要依据。(2)保证教学的科学性与思想性。这是上好一堂课的基本质量要求。(3)调动学生的学习积极性。这是上好一堂课的内在动力。(4)注重解惑纠错。这是上好一堂课的关键。(5)组织好教学活动。这是上好一堂课的保障。(6)布置好课外作业。

说法二：(1)明确教学目标；(2)用教科书教而不是教教科书；(3)建立民主、平等的师生关系；(4)注重教学过程的生成性。

说法三：(1)目标明确；(2)重点突出；(3)内容正确；(4)方法得当；(5)表达清晰；(6)组织严密；(7)气氛热烈。课应该自始至终在教师的指导下充分发挥学生学习的积极性。教师注意因材施教，使每个学生都能积极地动脑、动口、动手，课堂内充满民主的气氛，形成生动活泼的教学局面。

真题面对面

1. [2022 濮阳市直，单，0.81 分]课应该自始至终在教师的指导下充分发挥学生学习的积极性，这是上好课的哪项具体要求(　　)

A. 内容正确　　B. 方法得当　　C. 组织严密　　D. 气氛热烈

2. [2021 濮阳清丰，单，1 分]评价一节课好坏的最主要标准是(　　)

A. 教学目标是否明确　　B. 教学内容是否准确

C. 教学方法是否得当　　D. 学生主体性是否充分发挥

3. [2022 平顶山舞钢，判断，0.8 分]一节课既有检查学习，又有对新知识的讲授，还有练习巩固，从课的类型上分，这是一节综合课。(　　)

答案：1. D　2. D　3. √

考点 3　作业的布置与反馈

1. 作业的意义

作业是学生利用所学知识进行实践的主要形式，是培养学生思维能力、分析能力、计算能力、独立解决问题能力的重要途径，也是教学反馈的主要渠道，是整个教学工作中不可缺少的一部分，是课堂教学的延伸。无论是课内作业还是课外作业，作用都在于加深和加强学生对教材的理解和巩固，帮助学生掌握相关的技能、技巧。通过作业的布置、检查和批改，教师可以及时发现学生在知识或技能方面的缺陷并加以纠正，同时对学生的作业完成情况做出评价并提出进一步学习的建议。布置课外作业要在下课前进行，时间控制在3分钟左右。

2. 作业的形式

(1)阅读作业，如复习、预习教科书，阅读人文和科学读物；

(2)口头作业，如口头回答、朗读、复述、背诵；

(3)书面作业，如演算习题、作文、绘图；

(4)实践作业，如观察、实验、测量、社会调查等。

3. 布置作业的要求

(1)布置作业要有目的、有重点，作业内容符合课程标准的要求；

(2)考虑不同学生的能力需求；

(3)分量适宜、难易适度；

(4)作业形式与内容要多样化，具有多选性，难度要逐步提高；

(5)要求明确，规定作业完成时间；

(6)作业反馈清晰、及时；

(7)作业要具有典型意义和举一反三的作用；

(8)作业应有助于启发学生的思维，含有鼓励学生独立探索并进行创造性思维的因素；

(9)尽量同现代生产和社会生活中的实际问题结合起来，力求理论联系实际。

4. 批改作业的方式

批改作业是教师了解学生情况、检查教学效果、发现教学中存在问题的主要手段。教师批改作业的方式有：全批全改、重点批改、轮流批改、当面批改、师生共同批改等。有时也可采用由学生相互批改、教师检查的方式，以培养学生发现问题和解决问题的能力。

知识再拔高

新课程倡导的作业观

(1)作业的功能应强调形成性和发展性；(2)作业的内容应突出开放性和探究性；(3)作业的形式应体现新颖性和多样性；(4)作业的容量应考虑量力性和差异性；(5)作业的评判应重视过程性和激励性。

考点4 课外辅导

1. 课外辅导的意义

课外辅导是上课的必要补充，是适应学生个别差异、贯彻因材施教的重要措施。

2. 课外辅导的内容

(1)帮学生解答疑难问题，指导学生做好作业；

(2)为基础差和因事、因病缺课的学生补课；

(3)为成绩特别优异的学生做个别辅导；

(4)对学生进行学习方法上的辅导；

(5)对学生进行学习目的和学习态度的教育。

真题面对面

[2022信阳淮滨,判断,0.5分]课外辅导是课堂教学的必要补充,是适应学生个别差异、贯彻因材施教原则的重要措施。( )

答案:√

考点5 学业成绩的检查与评定

1. 学业成绩检查与评定的意义

学业成绩的检查与评定是教学工作的一个重要环节,它对教学工作的顺利进行和教学质量的提高具有十分重要的意义:

(1)教师可以从中发现教学得失,进一步研究改进教学;

(2)学校领导可以及时了解教学的情况,加强管理,采取相应的改进措施;

(3)学生可以从中获得矫正性信息,调整自己的学习;

(4)学生家长也可以了解子女的学习情况,配合学校指导和监督学生的学习。

2. 学业成绩检查的方式

检查学生学业成绩的方法是多种多样的。常用的检查方式有两大类:**平时考查和考试**。

平时考查的方式主要有口头提问、检查书面作业和单元测验等。考试是对学生知识、技能等进行总结性检查时所采用的一种方式。它通常在学习告一段落后,为了系统地检查和衡量所学知识、技能等方面的情况,在期中、期末和毕业时进行。

考点大默写

1. 古代社会中采用最多的教学组织形式是________。
2. 最早从理论上对班级授课制加以阐述的著作是夸美纽斯的________。
3. 有利于高效率、大面积培养学生的教学组织形式是________。
4. ________是农村中小学课堂教学的一种特殊组织形式。
5. 在按年龄编班的前提下,根据学生的学习能力或学习成绩的发展变化进行分组教学,这种分组属于________。
6. 把大班教学、小班研究和个别教学结合在一起的教学组织形式是________。
7. 教学工作的基本环节包括________、________、____________、课外辅导和学业成绩的检查与评定。
8. 教师备课要求做好的三方面工作包括钻研教材、________和________。
9. ________是教学工作的中心环节,是提高教学质量的关键。
10. 一节课既有检查复习,又有新知识的讲授,还有练习巩固,从课的类型上分,这是一节________。
11. ____________是上好课最根本的要求。
12. ________是课堂教学的必要补充,是适应学生个别差异、贯彻因材施教原则的重要措施。

【参考答案】

1. 个别教学制 2.《大教学论》 3. 班级授课制 4. 复式教学 5. 内部分组 6. 特朗普制 7. 备课;上课;作业的布置与反馈 8. 了解学生;设计教法 9. 上课 10. 综合课 11. 充分发挥学生的主体性 12. 课外辅导

第五节 教学评价

一、教学评价的内涵

考点1 教学评价的概念 【单选】★

教学评价是指以教学目标为依据，通过一定的标准和手段，对教学活动及其结果给予价值上的判断，即对教学活动及其结果进行测量、分析和评定的过程。具体而言，教学评价是一种系统化的持续过程，包括确定评估目标、收集有关的资料、描述并分析资料、形成价值判断以及做出决定等步骤。它以参与教学活动的教师、学生、教学目标、内容、方法、教学设备、场地和时间等因素的有机组合的过程和结果为评价对象，是对教学工作的整体功能所做的评价。其目的是对课程、教学方法以及学生培养方案**做出决策**。

考点2 教学评价的内容【单选、多选、不定项、判断】★

教学评价主要包括对学生学习结果的评价和对教师教学工作的评价，也可以划分为学生学业评价、课堂教学评价和教师评价。下面重点介绍教师教学工作的评价和学生学业评价。

1. 教师教学工作的评价

教师教学工作的评价，亦称"评教"，是对教师教学的质量分析和评价。它对教学工作具有重要意义。

(1)教学的几种水平

根据现代教学理论的研究，教学可分为三种水平：记忆水平、理解水平和探索水平。

①记忆水平(低水平)：教师照本宣科、一味灌输，不会引导启发，学生则停滞在机械掌握、一知半解上，不能保证教学质量。

②理解水平(基本要求)：教师能系统、明确地联系实际讲解教学内容及其运用、操作，学生通过观察、思考与练习，能较好地掌握所学知识、技能。这种水平的教学，重教而不重学，重教师主导作用而不重发挥学生主动性，不能够充分培养学生独立思考与探索能力。

③探索水平(较高境界)：教师注重启发、诱导、激励，善于提出发人深思、能挑战学生智慧的问题；学生能主动质疑、辨析、独立思考、发表个人见解，进行探究与论争；师生协力，集思广益，推动探取真知的教学活动不断深入；师生双方的主动性都得到发挥，对教学都感到有收获、有乐趣、很眷恋。

(2)评教的要求

①要重视分析教师的教学质量，而不是评价他的专业水平；②根据学生的成绩来评价教师的教学质量；③注意教学的系统性与完整性。

2. 学生学业评价

学生学业评价是指以国家的教育教学目标为依据，运用恰当的、有效的工具和途径，系统地搜集学生在各学科教学和自学的影响下认知行为上的变化信息和证据，并对学生的知识和能力水平进行价值判断的过程。

(1)试题编制

要比较准确地测评学生的学业成绩，必须编制好试题，即命题。命题的一般要求是：①命题应同教学目标或所期望的学生个体素质的发展相适应，要依据各科课程标准选编试题，试题的分布范围应较广，知识覆盖面应较大；②试题类型要多样化；③试题间不应有任何重复或相关，避免相互提供答案或启示；④试题应有不同的难度；⑤试题的文字表述要准确、简明、易懂，标点符号使用正确，以免产生歧义。

(2)常用的记分法

①百分制。在编制试卷时，要根据各试题的难易程度分配分数，规定每题的分数、记分或扣分办法。阅

卷时逐题评分，最后归纳出总分。

②等级制。可分为上、中、下三级，优、良、中、劣四级，5、4、3、2、1五级，或及格、不及格两级。

二、教学评价的功能 【单选、多选、判断、简答】 ★

教学评价是教学工作不可缺少的一个基本环节，从整体上调节、控制着教学活动的进行，保证着教学活动向预定的目标前进并最终达到该目标。教学评价最重要的作用在于运用它来探明、改善和提高教学活动本身的功能。具体来说，教学评价的功能主要表现在以下几个方面：

1.诊断教学问题

通过教学评价，教师可以了解自己的教学目标是否合理，教学方法、教学手段的运用是否得当，教学的重点、难点是否讲清，也可以了解学生在知识、技能和能力等方面已经达到的水平和存在的问题，分析造成学生学习困难的原因，从而调整教学策略、改进教学措施，有针对性地解决教学中存在的各种问题。

2.提供反馈信息

对于教师而言，教学评价提供的反馈信息，可以帮助他们及时发现自己工作中的薄弱环节，并在此基础上修正、调整和改进教学工作。

对于学生而言，肯定的评价可以进一步激发学生学习的积极性，提高学习兴趣，否定的评价则可以帮助学生发现错误及其“症结”之所在，以便在教师的指导下“对症下药”，及时纠正。

3.调控教学方向

在教学过程中，教学评价的内容和标准往往会成为学生学习的内容和标准，从而左右学生学习的方向、学习的重点以及学习时间的分配；教师的教学方向、教学目标、教学重点的确定，教学策略和教学方法的选择，也要受到评价内容和评价标准的制约。

4.检验教学效果

在教学活动中，教师的教学水平和教学效果如何，学生是否掌握了必备的基础知识和基本技能，预定的教学目标是否实现，都必须通过教学评价加以检查和验证。

对于学生学习结果的评价，尤其是某一课程或某一段教程结束之后进行的终结性评价，可以作为证明学生知识掌握程度、能力发展水平的证据，也可以作为教育行政部门评价教师教学工作质量的重要依据。

知识再拔高

教学评价的功能的其他说法

说法一：(1)诊断功能。(2)激励功能。通过评价反映出教师的教学效果和学生的学习成绩，对教师和学生是一种促进和强化。(3)调控功能。评价结果是一种反馈信息，正是这种信息对教学过程有监控作用。它可以使教师和学生都及时知道自己的教与学的情况与效果，为他们调整教与学的行为提供客观依据。教学评价有利于使教学过程成为一个随时得到反馈调节的可控系统，使教学效果越来越接近预期的目标。(4)教学功能。评价本身也是一种使学生知识、技能获得长进甚至产生飞跃，使教师领悟到更多教的经验的教学活动。

说法二：(1)导向功能。教学评价、各种考试如同指挥棒一样指引着教育教学工作的方向和侧重点。(2)诊断功能。(3)反馈功能。(4)管理功能。教学评价可以为教育行政部门客观地进行学校教学监督和管理提供依据，也可以为学校课程管理提供参考。

三、教学评价的原则 【单选、多选、简答】 ★★

1. 客观性原则

(1)评价标准客观,不带随意性;(2)评价方法客观,不带偶然性;(3)评价态度客观,不带主观性。

2. 发展性原则

教学评价是鼓励师生、促进教学的手段,所以教学评价应着眼于学生的学习进步和动态发展,着眼于教师的教学改进和能力提高,以调动师生的积极性,提高教学质量。

3. 整体性原则

(1)评价标准全面,尽可能包括教学目标和任务的各项内容,防止突出一点、不及其余;(2)把握主次,区分轻重;(3)把分数评价、等级评价和语言评价结合起来,以求全面、准确地接近客观实际。

4. 指导性原则

(1)明确教学评价的指导思想在于帮助师生改进学习和教学,提高教学质量;(2)及时反馈信息;(3)重视形成性评价的作用以便及时矫正;(4)对学生或教师的分析指导要切合实际,注意发扬优势,克服不足。

知识再拔高

教学评价原则的其他说法

说法一:客观性原则、发展性原则、指导性原则、计划性原则。

说法二:(1)客观性原则;(2)科学性与可行性相统一原则;(3)主体性原则;(4)一致性与灵活性相结合原则;(5)定期性评价与经常性评价相结合原则;(6)定量评价与定性评价相结合原则。其中,主体性原则是指进行教学评价时,承认评价对象在评价中的主体地位,充分发挥他们的主观能动性,使他们自觉积极地参与评价活动。在教学评价过程中,评价对象既是评价的客体,又是评价的主体,他们既要被他人评价,同时又要对自己的工作进行价值判断。

真题面对面

[2022洛阳四区联考,单,0.95分]将教学评价作为鼓励师生不断进步、促进教学的手段,遵循了教学评价的(　　)

A. 客观性原则　　B. 发展性原则　　C. 整体性原则　　D. 指导性原则

答案:B

四、教学评价的基本类型 【单选、多选、判断】 必背 ★★★

考点1　诊断性评价、形成性评价和总结性评价

根据教学评价的作用(功能),可以分为诊断性评价、形成性评价和总结性评价。

1. 诊断性评价

(1)诊断性评价的概念

诊断性评价是在学期开始或一个单元教学开始时,为了了解学生的学习准备状况及影响学习的因素而进行的评价。它包括各种通常所称的摸底考试。

(2)诊断性评价的主要形式

①查阅被评价者在此之前的有关成绩记录;②摸底测验;③必要的学习要素调查表。

(3)诊断性评价的主要功能

①检查学生的学习准备程度;②决定对学生的适当安置;③辨别造成学生学习困难的原因。

2. 形成性评价

(1)形成性评价的概念

形成性评价是在教学过程中为改进和完善教学活动而进行的对学生学习过程及结果的评价。它包括在一节课或一个课题的教学中对学生的口头提问和书面测验。形成性评价的目的不是注重成绩的评定,而是使师与生都能及时获得反馈信息,更好地改进教与学,以促进教师和学生的发展、提高。

(2)形成性评价的主要功能

①改进学生的学习;②为学生的学习定步;③强化学生的学习;④给教师提供反馈。

3. 总结性评价

(1)总结性评价的概念

总结性评价也称为终结性评价,是在一个大的学习阶段、一个学期或一门课程结束时对学生学习结果的评价。总结性评价注重考查学生掌握某门学科的整体程度,概括水平较高,测验内容范围较广,常在学期中或学期末进行。终结性评价最关注的问题是测验的准确性和可靠性,即试卷的效度和信度。

(2)总结性评价的主要功能

①评定学生的学习成绩;②证明学生掌握知识、技能的程度和能力水平以及达到教学目标的程度;③确定学生在后继教学活动中的学习起点;④预言学生在后继教学活动中成功的可能性;⑤为制定新的教学目标提供依据。

真题面对面

1. [2021洛阳洛龙,单,0.9分]为了更好地了解学生的知识水平,更好地开展教学,某小学各班在新学期开始时都进行了摸底考试。这种评价方式属于(　　)

A. 诊断性评价　　B. 形成性评价

C. 总结性评价　　D. 过程性评价

2. [2022信阳淮滨,单,0.7分]在课堂教学中,教师就新内容编制了一些练习题让学生做,以判断学生的掌握程度。教师所运用的评价方法是(　　)

A. 形成性评价　　B. 总结性评价

C. 配置性评价　　D. 甄别性评价

答案:1. A　2. A

考点2　绝对性评价、相对性评价和个体内差异评价

根据评价采用的标准,可以分为绝对性评价、相对性评价和个体内差异评价。

1. 绝对性评价

(1)绝对性评价的概念

绝对性评价又称为目标参照性评价(标准参照评价),是运用目标参照性测验对学生的学习成绩进行的评价。它主要依据教学目标和教材编制试题来测量学生的学业成绩,判断学生是否达到了教学目标的要求,而不以评定学生之间的差异为目的。进行评价时,每个人的成绩分数只与统一的、固定的客观标准进行比较,即这种评价并不照顾评价对象的整体水平状况而提高或降低评价标准。

(2)绝对性评价的优缺点

绝对性评价可以**衡量学生的实际水平**，了解学生对知识、技能的掌握情况，宜用于**升级考试**、**毕业考试**和**合格考试**。它的缺点是不适用于甄选人才。

2. 相对性评价

(1)相对性评价的概念

相对性评价又称为**常模参照性评价**，是运用常模参照性测验对学生的学习成绩进行的评价，它主要依据学生个人的学习成绩在该班学生成绩序列或常模中所处的位置来评价和决定他的成绩的优劣，而不考虑是否达到教学目标的要求。

(2)相对性评价的优缺点

相对性评价具有**甄选性强**的特点，因而可以作为选拔人才、分类排队的依据，也可以用来了解学生的总体表现和学生之间的差异，或比较不同群体间学习成绩的优劣。它的缺点是不能明确表示学生的真正水平，不能表明他在学业上是否达到了特定的标准，对于个人的努力状况和进步的程度也不够重视。

小香课堂

考生在理解绝对性评价、相对性评价和个体内差异评价这三个概念时，可把绝对性评价理解为"看标准"，把相对性评价理解为"看位置"，把个体内差异评价理解为"看自己"。

3. 个体内差异评价

(1)个体内差异评价的概念

个体内差异评价是对被评价者的过去和现在进行比较，或将评价对象的不同方面进行比较。

(2)个体内差异评价的优缺点

个体内差异评价的最大优点是充分体现了尊重个体差异的因材施教原则，适当减轻了评价对象的压力。但是，由于评价本身缺乏客观标准，因此不易给评价对象提供明确目标，难以发挥评价的应有功能。

考点3 内部评价和外部评价

按照评价主体，可以分为内部评价和外部评价。

内部评价也就是自我评价，指由课程设计者或使用者自己实施的评价。这种评价易于开展，可以经常进行。

外部评价是被评价者之外的专业人员对评价对象进行明显的(看得见的、众所周知的)统计分析或文字描述。

真题面对面

1. [2022濮阳范县，单，0.6分]新课程理念下的评价方式多种多样，我们常说的"瘸子里面挑将军"属于(   )评价。

A. 相对性　　B. 绝对性　　C. 终结性　　D. 形成性

2. [2021濮阳清丰，单，1分]老师经常鼓励我们不要总和别人比，就和自己比，只要你努力了，今天比昨天进步一点就是进步。这是(   )评价。

A. 绝对性　　B. 相对性　　C. 个体内差异性　　D. 形成性

答案：1. A　2. C

五、现代教育评价

考点1 现代教育评价的理念 【单选、多选、不定项、判断】★

现代教育评价的理念是**发展性评价**与**激励性评价**，以被评价者的发展为本，重视被评价者的起点和发展过程中的各种问题。评价的**根本目的**是促进评价对象的发展，它基于评价对象的过去，重视评价对象的现在，更着眼于评价对象的未来。下面重点讲解发展性评价。

1. 发展性评价的基本内涵

(1)评价目的。评价的根本目的在于促进发展。淡化原有的甄别与选拔功能,关注学生、教师、学校和课程发展中的需要,突出评价的激励与调控功能,激发学生、教师、学校和课程的内在发展动力,促进其不断进步,实现自身价值。

(2)评价功能。与课程功能的转变相适应,发展性评价体现基础教育课程改革的精神,有利于基础教育课程改革的顺利实施。

(3)评价观念。发展性评价体现最新的教育观念和课程评价发展的趋势。关注人的发展,强调评价的民主性和人性化的发展,重视被评价者的主体性与评价对个体发展的建构作用。

(4)评价内容。评价内容综合化,重视知识以外的综合素质的发展,尤其是创新、探究、合作与实践等能力的发展,以适应人才发展多样化的要求;评价标准分层化,关注被评价者之间的差异性和发展的不同需求,以促进其在原有水平上的提高。

(5)评价方式。评价方式多样化,将量化评价方法与质性评价方法相结合,适应综合评价的需要,丰富评价与考试的方法,如成长记录袋、学习日记、情境测验、行为观察和开放性考试等,追求评价的科学性、实效性和可操作性。

(6)评价主体。评价主体多元化,从单方转为多方,增强评价主体间的互动,强调被评价者成为评价主体中的一员,建立学生、教师、家长、管理者、社区和专家等共同参与、交互作用的评价制度,以多渠道的反馈信息促进被评价者的发展。

(7)评价过程。关注评价过程,将形成性评价与终结性评价有机地结合起来,使学生、教师、学校和课程的发展成为评价的组成部分,而终结性的评价结果随着改进计划的确定亦成为下一次评价的起点,进入被评价者发展的进程之中。

真题面对面

[2022安阳文峰(高新),不定项,1.2分]刘老师在进行操行评价时,采取了教师评价、学生自评、学生互评、家长参评的评价方式,针对学生学校表现、生生关系、家庭乃至社会的表现,对其进行全方位评价,以发现学生每一处细微的进步。刘老师的这一做法有利于实现(　　)

A. 评价主体多元化　　B. 评价手段多元化

C. 评价内容多样化　　D. 评价内容差异化

答案:AC

2. 发展性评价的特征 新增

(1)以被评价者的素质全面发展为目标;(2)对被评价者的发展特征描述和发展水平的认定甚至到进行必要的选拔,都是为了更有利于被评价者的后继发展;(3)注重过程评价;(4)关注个体差异;(5)强调评价主体多元化。

考点2　新课程教学评价倡导的基本理念【单选、多选、判断】★

1. 关注学生发展

新课程的课堂教学评价,要体现促进学生发展这一基本理念。这一理念首先体现在教学目标上,即要按照课程标准、教学内容的科学体系进行有序教学,完成知识、技能等基础性目标,同时还要注意学生发展性目标的形成。其次,体现在教学过程中,教师要认真研究课堂教学策略,激发学生学习热情,体现学生主体,鼓励学生探究,高效实现目标。

2. 强调教师成长

依据新课程评价目标的要求，课堂教学评价要沿着促进教师成长的方向发展。其重点不在于鉴定教师的课堂教学结果，而是诊断教师课堂教学的问题，制定教师的个人发展目标，满足教师的个人发展需求。

3. 重视以学论教

新课程课堂教学要真正体现以学生为主体、以学生发展为本，就必须对传统的课堂教学评价进行改革，体现以学生的"学"来评价教师"教"的"以学论教"的评价思想，强调以学生在课堂教学中呈现的状态为参照来评价课堂教学质量。提倡"以学论教"，主要从以下六个方面进行评价：

(1)情绪状态：学生是否具有浓厚的兴趣，对学习具有好奇心与求知欲；能否长时间保持兴趣，能否自我调节和控制学习情绪；学习过程是否愉悦，学习愿望是否不断得以增强。

(2)注意状态：学生是否始终关注讨论的主要问题，并能保持较长的注意力；学生的目光是否始终追随发言者(教师或学生)的一举一动；学生的倾听是否全神贯注，回答是否具有针对性。

(3)参与状态：学生是否全员参与学习活动；是否积极主动地投入思考并踊跃发言，是否兴致勃勃地参与讨论和发言，是否自觉地进行练习。

(4)交往状态：整个课堂气氛是否民主、和谐、活跃；学生在学习过程中是否友好分工与合作；能否虚心听取他人的意见，尊重他人的发言；遇到困难时学生能否主动与他人交流、合作，共同解决问题。

(5)思维状态：学生是否围绕讨论的问题积极思考、踊跃发言，学生回答问题的语言是否流畅、有条理，是否善于用自己的语言阐述自己的观点；学生是否敢于质疑，提出有价值的问题并展开争论；学生的回答或见解是否有自己的思考或创意。

(6)生成状态：学生是否掌握应学的知识，是否全面完成了学习目标，学生的学习能力、实践能力和创新能力是否得到增强，是否有满足、成功和喜悦等积极的心理体验，是否对未来的学习充满了信心。

真题面对面

[**2022安阳滑县，单，0.7分**]新课程强调，课堂教学评价要注重学生是否始终关注讨论的主要问题，学生的倾听是否全神贯注，回答是否具有针对性。这强调的是评价学生的(　　)

A. 情绪状态　　B. 注意状态

C. 参与状态　　D. 思维状态

答案：B

考点大默写

1. 教学评价的目的是对课程、教学方法以及学生培养方案做出__________。
2. 在教学评价中，评价对象既是评价的客体，又是评价的主体，他们既要被他人评价，同时又要对自己的工作进行价值判断。这体现了教学评价的__________原则。
3. 中小学开学初的摸底考试属于__________评价。
4. 英语老师想了解学生的学习情况，在课堂上就刚讲过的单词进行提问。这种评价属于__________评价。
5. 如果将在教学过程中实施测验的解释视为形成性评价，那么对期末考试结果的解释就是__________评价。
6. 根据评价的标准，教学评价可分为绝对性评价、__________和个体内差异评价。
7. "水涨船高"属于__________评价。
8. 在课堂教学评价时，如果我们关注的重点是学生是否达到了教学目标的要求，应尽量采用__________评价。

9. 某学生认为自己的作文水平跟前一段时间相比有明显提高，这种评价类型是________。

10. 新课程教学评价倡导的三大基本理念是关注学生发展、________和________。

【参考答案】

1. 决策 2. 主体性 3. 诊断性 4. 形成性 5. 总结性（终结性） 6. 相对性评价（常模参照性评价） 7. 相对性（常模参照性） 8. 绝对性（目标参照或标准参照） 9. 个体内差异评价 10. 强调教师成长；重视以学论教

第六节 教学模式

一、教学模式的概念 【单选、判断】★

教学模式是指比较稳定的教学程序及其方法体系，它具有特定的教学理论指导，具有特定的教学目标定位，对教学因素及其组合结构具有特定的要求，对教学活动及其流程具有特定的规定。

把教学模式等同于教学程序或教学方法是不恰当的。教学程序和教学方法是教学模式的重要组成要素，但教学模式不是单纯的教学程序或教学方法，它是由多种教学要素所构成的一个综合体。

二、教学模式的特点 新增 【单选、判断】★★

虽然教学模式千差万别、类型各异，但是它们有一些共同的特点，集中表现为如下几点：

（1）整体性。教学模式是由理论基础、教学目标、操作程序、实现条件和教学评价等要素构成的有机整体，反映了一个较为完整的教学过程，大多具有相对完整的教学结构，因此必须从整体上把握其理论原理，同时又要注意其操作方法。

（2）简约性。教学模式是一种简化了的教学结构和操作体系模型，一般用比较精炼的语言、象征性的图示、明确的符号把某种教学理论或活动方式中最核心的内容反映出来，形成了一个具体的、简明的框架结构。

（3）针对性。任何一种教学模式都有自己特定的目标、应用条件和适用范围，都是针对解决某个或某类教学问题而创设的，因而在选择和运用教学模式时必须注意不同教学模式的特点和功能，不存在对任何具体的教学过程都普遍有效的模式。

（4）操作性。教学模式是教学理论或思想向教学实践转化的中介，是一种具体化、操作化了的教学理论或思想，具有一套比较明确的操作要求和操作程序，便于人们理解、把握和运用。

（5）发展性。随着教学理论和教学实践的发展，教学模式在实际应用中也需要不断地加以修正、充实和完善，以使其针对性、操作性和实用性更强。

真题面对面

［2022平顶山市直，单，0.7分］教学模式是一种简化了的教学结构和操作体系模型，一般用精练的语言、象征性的图示把某种教学理论中最核心的内容反映出来。这表明教学模式具有（　　）

A. 整体性　　B. 针对性　　C. 简约性　　D. 操作性

答案：C

三、教学模式的功能 【单选】

（1）构造功能。教学模式是以简化的形式表达一种教学思想或理论，具有高度的概括性。它把教学实践中某些有效的教学活动方式经过优选、概括、加工，为某一教学思想或理论提供了一种相对稳定的模型结构，并指明了该模式所对应的教学系统中各因素之间的秩序和关系。

(2)**解释功能**。教学模式是某种教学理论的简化表现形式，它可以通过简要的解释或象征性符号来反映所依据的教学理论的基本特征，简洁、明了地说明复杂的教学现象，将抽象的理论变为生动、有形的框架，便于广大教师理解和把握。

(3)**启发功能**。教学模式揭示了教学活动中师生之间的关系，提供了为达到教学目标而采取的条件、程序和策略，这便可以指导和启发教师适时有效地利用和改进各种条件和策略，以达到好的教学效果。

(4)**推断功能**。由于教学模式以实践中的案例给教师提供了在设计和组织教学活动方式方面的参考，所以，教学模式可以帮助教师预测教学效果。

四、常见的教学模式

考点1 当代国外主要的教学模式 【单选、多选、判断】★

1. 探究式教学

探究式教学依据**皮亚杰**和**布鲁纳**的建构主义理论，以问题解决为中心，注重学生独立活动的开展，注重学生的前认知，注重体验式教学，有利于培养学生的探究和思维能力。

探究式教学的基本程序：问题—假设—推理—验证—总结提高，即首先创设一定的问题情境，提出问题，然后组织学生对问题进行猜想和做假设性的解释，再设计实验进行验证，最后总结规律。

2. 抛锚式教学

抛锚式教学是以布兰斯福德为首的旺达比尔特认知技术小组提出来的，该课题组根据这种模式设计了一种录像教材，被称作贾斯珀问题解决系列，它以跟科学、历史、社会研究以及文学相关的数学问题的解答为主，是以情境性教学为目的精心设计的一系列历险故事。抛锚式教学要求建立在有感染力的真实事件或真实问题的基础上，所以有时也被称为“实例式教学”或“基于问题的教学”或“情境性教学”。抛锚式教学的理论基础是建构主义。

抛锚式教学的基本程序：创设情境—确定问题—自主学习—协作学习—效果评价。

真题面对面

[2022濮阳市直，单，0.81分]抛锚式教学有时也称“实例式教学”或“基于问题的教学”，其进行的首要步骤是(　　)

A. 确定问题　　B. 创设情境

C. 协作学习　　D. 独立探索

答案：B

3. 范例教学模式

(1)范例教学模式的概念

范例教学模式是由德国教育心理学家**瓦·根舍因**提出来的。它是通过典型的内容和方式，使学生从个别到一般，掌握带规律性的知识和方法，发展独立学习、独立解决问题能力的一种教学模式。所谓范例，是指好的、特别清楚的、典型的例子，范例教学就是用这种例子去教学。

(2)范例教学模式的特点

①体现**基本性**，教学重视基本知识的学习；

②体现**基础性**，教学重视学生实际和可接受性，难度适宜；

③体现**范例性**，在学科知识中精选起示范作用的内容，便于学生学习时进行正向迁移；

④体现四个统一,即知识教学与德育的统一、问题教学与系统学习的统一、掌握知识与发展能力的统一、主体与客体的统一。

(3)范例教学的基本程序

范例性地阐明"个"案—范例性地阐明"类"案—范例性地掌握规律原理—掌握规律原理的方法论意义—规律原理的运用训练。在教学过程中,教师应注意选取不同的带有典型性的范例,从个别入手,归纳成类,再从类入手,提炼本质特征,最后上升到规律与原理。范例教学模式比较适合社会科学中的一些原理和规律教学,有助于培养学生的分析能力,有助于学生理解规律和原理。

4. 暗示教学模式

暗示教学模式是指运用暗示手段激发个人心理潜力,提高学习效率的一种教学模式。它由保加利亚心理治疗医生洛扎诺夫提出。

(1)指导思想。一是暗示学理论;二是现代心理学关于人脑功能的研究。暗示学理论认为,利用暗示手段可以使人的有意识心理活动和无意识心理活动达到高度协调,从而使人的潜能得到最大限度的发挥。

(2)教学目标。充分调动学生的无意识心理活动,不断促进学生潜能的发展。

(3)教学程序。创设情境—参与各类活动—总结转化。

(4)教学原则。贯穿暗示教学模式的三个原则是:愉快而不紧张的原则、有意识和无意识相统一的原则、暗示手段相互作用的原则。

(5)优缺点。优点:①利用情境因素组织教学,能使学生在轻松愉快的环境中接受知识;②能有效地激发学生的学习动机;③有利于非智力因素在教学中发挥积极作用,促进学生的发展。不足之处突出表现为诱发学生学习潜力的外部环境设置难度大。

考点2 当代我国主要的教学模式 【单选、多选、判断】★

1. 自学—指导式

教师是学生自学的"指导者""引导者"。教师一般要设计出要求明确的自学提纲,提供必要的参考书、学习辅助工具(如词典、字典)。该模式主要用于具备一定阅读能力的学生。

2. 目标—导控式

学习是按由低到高的不同水平逐步递进的。每一较高水平的学习植根于较低水平的学习上。因而要设计出由低到高的一个紧接一个的程序化目标,通过评价学生对学习目标所达到的水平,以调节教师给学生提供的学习条件和时间,发挥每个学生都能学好的潜能。

3. 传递—接受式

传递—接受式教学模式以传授系统知识、培养基本技能为目标,其着眼点在于充分挖掘人的记忆力、推理能力以及间接经验在掌握知识方面的作用,使学生能够快速有效地掌握更多的信息量。该模式强调教师的指导作用,认为知识是从教师到学生的一种单向传递,非常注重教师的权威性。

基本程序:复习旧课—激发学习动机—讲授新课—巩固练习—检查评价—间隔性复习。

优点:有利于充分发挥教师的主导作用;能够按照学科知识的逻辑系统循序渐进地进行教学;学生能够在较短的时间内简捷有效地掌握系统的知识和技能,在一定程度上体现了教学过程是一种简约的认识过程的特性。缺点:不利于充分发挥学生的积极性和主动性;以书本知识为主,容易脱离学生的实际生活,注重面向集体而忽视个别指导;缺少进行创造性思维的空间,容易导致注入式教学和学生的死记硬背。

4. 问题—探究式(引导—发现式)

这是一种以解决问题为中心,注重学生独立活动,着眼于创造性思维能力和意志力培养的教学模式。

操作程序:第一步,提出问题。第二步,建立假说。针对问题,提出解决问题的可能性设想。第三步,拟

定计划。第四步,**验证假说**。资料式的验证主要是通过学生收集、整理有关假说的材料,经分析、概括得出结论。实验式的验证主要是通过动手做实验、分析实验、总结实验结果,看假说是否成立、有效。第五步,**根据验证的结果,交流提高**。

优点:使学生学会如何学习,如何发现问题,怎样加工信息,对提出的假设如何推理、论证等,因而有利于培养学生科学的学习态度和探索能力。不足:一般适用于数理学科,需要学生有一定的经验储备,才能从强烈的问题意识中找到解决问题的线索。

5. 情境—陶冶式

这种教学模式是从"人的认识是有意识心理活动和无意识心理活动的统一、理智活动和情感活动的统一"的观点出发,通过创设一种情感和认识相互促进的教学环境,引导学生在轻松愉快的教学氛围中有效地获取知识、陶冶情感的教学模式。

理论依据:吸取了洛扎诺夫的暗示教学理论,并参照我国教学实际工作者积累的有效经验加以概括而形成,如情境教学、愉快教学、成功教学等。

真题面对面

[**2022南阳四区联考,判断,0.5分**]在教学活动中,创设一种情感和认知相互促进的教学环境,让学生在愉快的教学气氛中有效地获得知识、丰富情感。这种教学模式称为情境—陶冶模式。(　　)

答案:√

6. 示范—模仿式

示范—模仿式教学模式是教师有目的地把示范技能作为有效的刺激,以引起学生相应的行动,使他们通过模仿,有效地掌握必要的技能的一种教学模式。它是历史上最古老的模式之一,也是教学中最基本的教学模式之一,多用于以训练技能为目的的教学。

基本步骤:定向(明确所学目的)—参与性练习—自主练习—迁移(熟练掌握)。

真题面对面

[**2021驻马店驿城,判断,1分**]示范—模仿式是最古老的模式之一,也是教学中最基本的模式之一。(　　)

答案:√

考点大默写

1. __________是指比较稳定的教学程序及其方法体系,它具有特定的教学理论指导,具有特定的教学目标定位,对教学因素及其组合结构具有特定的要求,对教学活动及其流程具有特定的规定。
2. 抛锚式教学的首要步骤是__________。
3. __________教学模式是由德国教育心理学家瓦·根舍因提出来的。
4. __________教学模式强调教师的指导作用,认为知识是从教师到学生的单向传递。
5. 示范—模仿式是教学中最基本的教学模式之一,多用于以__________为目的的教学。

【参考答案】

1. 教学模式　2. 创设情境　3. 范例　4. 传递—接受式　5. 训练技能

考点　其他新兴的教学模式

1. 翻转课堂

所谓翻转课堂，就是在信息化环境中，课程教师提供以教学视频为主要形式的学习资源，学生在上课前完成对教学视频等学习资源的观看和学习，师生在课堂上一起完成作业答疑、协作探究和互动交流等活动的一种新型的教学模式。翻转课堂通过对教学结构的颠倒安排，实现教学的个性化。它是一种先学后教的教学模式，是自主性、互动式、个性化的教学模式，有利于提升教学质量和学习质量。

2. 慕课

所谓"慕课（MOOC）"，即 Massive Open Online Course 的英文首字母缩写的中文音译，意为大规模开放在线课程。只有当课程是开放的，才可以称之为"慕课"，只有这些课程是大型的或者大规模的，它才是典型的"慕课"。慕课主要有以下特点：(1)大规模；(2)开放性；(3)非结构性；(4)自主性；(5)网络性；(6)交互性。

3. 微课

"微课"是指按照新课程标准及教学实践要求，以视频为主要载体，记录教师在课堂内外教育教学过程中围绕某个知识点（重点、难点）或教学环节而开展的精彩的教与学活动的全过程。"微课"的核心组成内容是课堂教学视频（课例片段）。

微课的特点包括：(1)主题鲜明，内容具体；(2)反馈及时，针对性强；(3)成果简化，多样传播；(4)资源构成情境化；(5)资源容量小；(6)教学内容少；(7)教学时间短。

4. 云课堂

云课堂是基于云计算技术的一种远程教学形式，具有高效、便捷等特点。使用者通过互联网可以快速、高效地与他人分享语音、视频和数据资料。课堂使用中的相关数据是由云课堂服务商提供的。

即时反思与复盘总结

我于________年____月____日完成了对本章的学习。

复盘一下，我对自己较肯定的地方是________________________

(足够努力/心态积极/方法得当……)

我觉得自己需要改进的地方是________________________

(懒惰懈怠/心情浮躁/方法不当……)

休息片刻，开启下一站征程！

第七章 德 育

思维导图

- 德育
  - 德育概述
    - 德育的内涵
      - 广义：社会德育、社区德育、学校德育和家庭德育
      - 狭义：学校德育
    - 德育的功能
      - 社会性功能、个体性功能、教育性功能
    - 德育目标
      - 德育工作的出发点
    - 德育内容
      - 政治教育、思想教育、道德教育、心理健康教育
    - 现代德育观的几种界说
      - 认知派、行为派、情感派
    - 新时期德育发展的新主题
      - 生命教育、生存教育、生活教育、安全教育、升学和就业指导教育
  - 德育过程
    - 德育过程的内涵
      - 本质：个体社会化与社会规范个体化的统一过程
      - 结构：教育者、受教育者、德育内容和德育方法
    - 德育过程的基本矛盾
      - 教育者提出的德育要求与受教育者已有品德水平之间的矛盾
    - 德育过程的基本规律
      - 对学生知、情、意、行的培养与提高过程
      - 促进学生思想内部矛盾斗争的发展过程，教育与自我教育相结合的过程
      - 组织学生的活动和交往，统一多方面教育影响的过程
      - 长期的、反复的、逐步提高的过程
  - 德育原则
    - 德育原则的概念
      - 指导德育工作的基本要求
    - 我国中小学主要的德育原则（重点）
      - 导向性原则、疏导原则
      - 因材施教原则、知行统一原则
      - 集体教育和个别教育相结合原则
      - 尊重信任学生与严格要求学生相结合的原则
      - 正面教育与纪律约束相结合的原则
      - 依靠积极因素、克服消极因素的原则
      - 教育影响的一致性与连贯性原则
  - 德育的途径与方法
    - 德育的途径
      - 思想品德课与其他学科教学（基本途径）
      - 社会实践活动
      - 课外、校外活动
      - 共青团、少先队组织的活动
      - 校会、班会、周会、晨会、时事政策的学习
      - 班主任工作（重要而又特殊的途径）
    - 德育方法的选择与运用（重点）
      - 说服教育法、榜样示范法、陶冶教育法
      - 实际锻炼法、自我修养指导法、品德评价法
  - 德育模式
    - 认知模式
      - 重知
    - 体谅模式
      - 重情
    - 社会模仿模式
      - 重行
    - 价值澄清模式
      - 重价值观

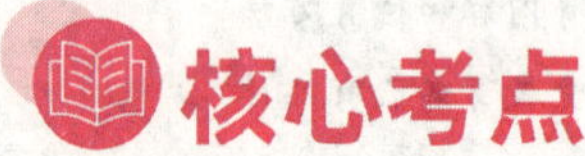

河南考向

本章属于教育学的重点章节，考查内容较集中，难度相对较低。现对本章河南考向分析如下：

考点类型	考点名称	常考题型	能力层级	考查热度
高频考点	我国学校德育内容	单选、多选、判断、填空	识记	★★
	德育过程的基本规律	单选、多选、判断、填空、简答	理解	★★
	我国中小学主要的德育原则	单选、多选、判断、辨析、简答、案例分析	运用	★★★
	德育的途径	单选、多选、不定项、判断、论述	理解	★★
	常用的德育方法	单选、多选、不定项、判断、简答、论述、案例分析	运用	★★★
	体谅模式	单选、多选、论述	理解	★★
新增考点	德育的意义	判断	识记	★★

核心考点

第一节　德育概述

一、德育的内涵

考点1　德育的概念　【判断】★

广义的德育泛指所有有目的、有计划地对社会成员在政治、思想与道德等方面施加影响的活动，包括社会德育、社区德育、学校德育和家庭德育等方面。

狭义的德育则专指学校德育，是指教育者按照一定社会或阶级的要求和受教育者品德形成发展的规律与需要，有目的、有计划、有系统地对受教育者施加思想、政治和道德等方面的影响，并通过受教育者积极的认识、体验与践行，以使其形成一定社会与阶级所需要的品德的教育活动，即教育者有目的地培养受教育者品德的活动。

真题面对面

［2022平顶山湛河，判断，0.66分］广义的德育，包括社会德育、社区德育、学校德育、家庭德育等方面。(　　)

答案：√

考点2　德育的性质

德育的性质是由特定的社会经济基础决定的。

(1)德育具有社会性，是各个社会共有的社会、教育现象，与人类社会共始终。

(2)德育具有历史性，随社会发展变化而变化。

(3)阶级和民族存在的社会,德育具有**阶级性**和**民族性**。

(4)德育具有**继承性**,在其历史发展过程中,其原理、原则、内容和方法等存在一定的共同性。

考点3 德育的意义 (新增) 【判断】★★

(1)德育是社会主义现代化建设的重要条件和保证。我国现阶段的根本任务是进行社会主义现代化建设,德育是精神文明建设的重要组成部分,同时又贯穿于物质文明和民主政治建设之中。社会主义学校是培养社会主义建设者和接班人的必要场所,是进行社会主义精神文明建设的重要阵地。

(2)德育是青少年、儿童健康成长的条件和保证。

(3)德育是实现我国教育目的的基础和保障。

真题面对面

[2022平顶山市直,判断,0.5分]我国现阶段的根本任务是进行社会主义现代化建设,德育是精神文明建设的重要组成部分,同时又贯穿于物质文明和民主政治建设中。( )

答案:√

二、德育的功能 【单选、多选、判断】 ★

学校德育的功能可以概括地表述为德育的社会性功能、个体性功能和教育性功能。

考点1 德育的社会性功能

德育的社会性功能指的是学校德育能够在何种程度上对社会发挥何种性质的作用。具体来说,主要指学校德育对社会政治、经济、文化等发生影响的政治功能、经济功能、文化功能等。在理解德育的社会性功能时,要充分注意德育社会性功能实现的间接性。

考点2 德育的个体性功能

德育的个体性功能是指德育对受教育者个体发展能够产生的实际影响。德育的个体性功能可以描述为德育对个体生存、发展、享用产生影响的三个方面。其中,**享用性功能**是德育个体性功能的**最高境界**。所谓德育的享用功能,就是指可使每一个个体实现某种需要、愿望(主要是精神方面的),从中体验满足、快乐、幸福,获得一种精神上的享受。

考点3 德育的教育性功能

德育的教育性功能是指德育具有"教育性",它有两大含义:一是指德育的"教育"或价值属性,二是指德育作为教育子系统对平行系统的作用。德育对智、体、美诸育的促进功能,就其共性来看主要有三点:(1)动机作用;(2)方向作用;(3)习惯和方法上的支持。

真题面对面

[2022濮阳市直,多,1.52分]下列哪些属于德育的社会性功能( )

A. 政治功能　　B. 生存功能　　C. 经济功能　　D. 文化功能

答案:ACD

三、德育目标

考点1 德育目标的概念 【单选】

德育目标是教育目标在受教育者思想品德方面要达到的总体规格要求,亦即德育活动所要达到的预期目的或结果的质量标准。德育目标是德育工作的出发点，它不仅决定了德育的内容、形式和方法，而且制约着德育工作的基本过程。

考点2 确立德育目标的依据

(1)青少年思想品德形成、发展的规律及心理特征；(2)国家的教育方针和教育目的；(3)民族文化及道德传统；(4)时代与社会发展需要。

四、德育内容

考点1 德育内容的概念

学校德育内容是教育者依据学校德育目标所选择的，形成受教育者品德的社会思想政治准则和道德规范的总和。德育目标确定了培养人的总体规格和要求，但必须落实到德育内容上，才能进行有效的德育活动，达到预期目标。

考点2 德育内容的选择依据 【多选】★

德育内容总是随着时代的发展而变化，因不同国家社会性质、发展水平和文化传统而各具特色。一般情况下，德育内容的选择依据有：

(1)德育目标，它决定德育内容；

(2)**受教育者的身心发展特征**，它决定德育内容的深度和广度；

(3)德育所面对的**时代特征**和**学生思想实际**，它决定德育工作的针对性和有效性。

此外，选择德育内容还应考虑文化传统的作用。

考点3 我国学校德育内容 【单选、多选、判断、填空】 必背 ★★

根据1988年、1994年和1996年中共中央颁布的有关决定，我国学校德育内容主要有政治教育、思想教育、道德教育和心理健康教育。其中，思想教育是有关世界观、人生观以及相应思想观念方面的教育，包括辩证唯物主义和历史唯物主义世界观和人生观教育、革命理想和革命传统教育、劳动教育、自觉纪律教育。政治教育主要是按照特定国家的政治观和社会对公民的一般要求，对公民进行系统的政治理论教育和法制教育以及社会行为规范教育。我国的政治教育主要包括马克思主义基本理论教育、阶级教育、世界观教育和社会科学教育。心理健康教育主要有三方面的内容，即**学习辅导**、**生活辅导**和**择业指导**。

也有学者认为，我国学校德育内容主要有政治教育、思想教育、道德教育、法纪教育和心理健康教育。这里的法纪教育是指法制教育和纪律教育，是学校德育基本内容的较高层次。对于中小学生来说，主要是遵纪守法意识的培养。

政治教育、思想教育和道德教育所包含的具体内容主要有：(1)爱国主义教育。爱国主义教育是德育的永恒主题，在社会发展的不同历史时期具有不同的内容，建设有中国特色的社会主义是新时期爱国主义的崭新含义。(2)理想教育。(3)集体主义教育。(4)劳动教育。(5)人道主义与社会公德教育。(6)自觉纪律教育。(7)民主与法制观念的教育。(8)科学世界观和人生观教育。

知识再拔高

我国德育的历史发展

在中国古代，关注人与人的关系和人与自然的关系及人生意义的探讨，把教育当作社会政治的一个手段，学校教育主要是道德教育，目的与职责在于道德教化。《学记》说："建国君民，教学为先。"而当时的教学主要是侧重于德育，有所谓"如欲化民成俗，其必由学乎"。我国最早的教育纲领"大学之道，在明明德，在亲民，在止于至善"，实则是一个道德教育的纲领。君子人格是学校教育的培养目标，教材主要是具有伦理教化价值的"四书""五经"。

真题面对面

[2022濮阳范县,单,0.6分]2018年9月10日,习近平同志首次提出:"培养德智体美劳全面发展的社会主义建设者和接班人。"五育并举,德育为先,德育的永恒主题是(　　)

A. 爱国主义教育　　B. 理想教育　　C. 纪律教育　　D. 社会公德教育

答案:A

考点4　我国中小学德育的重点　【单选】

1. 基本道德和行为规范的教育

(1)基本道德是个体生活的基础性道德要求。德育的基础是要教学生学会做人。所以,诸如公平、正直、诚实、勇敢、仁爱、热爱劳动、艰苦朴素等应当成为中小学德育的奠基性内容。

(2)对学生进行文明行为教育,培养学生文明行为习惯,也是学校德育经常性的重要内容之一。"学生守则"以及"学生日常行为规范"等是学生必须遵守的行为准则。小学阶段是学生行为习惯养成的关键期,小学生具有很强的可塑性。因此,小学德育的重点是培养学生良好的道德行为习惯。

2. 公民道德与政治品质的教育

公民道德与政治品质的教育包括集体主义、爱国主义、民主与法制观念和其他政治常识的教育等。

3. 世界观、人生观和理想的基础教育

世界观、人生观、理想是人的精神内核。对世界观、人生观和理想的培育是德育的**最高目标**,也是德育的基础性工作。

五、现代德育观的几种界说　【单选、多选】★

考点1　认知派

认知派认为,人的品德取决于道德知识的掌握和信念、智慧以及动机等因素的形成。大部分的罪行和不道德的举动,都是由于愚昧无知、缺乏对各种事物的健全的概念造成的。他们主张,在道德教育中必须给予伦理谈话和系统知识的讲解。认知派的德育思想可以追溯到古希腊的苏格拉底。苏格拉底认为"美德即知识",在他看来,任何行为只有受到知识的指导,才可能是善的。

考点2　行为派

行为派认为,人的品德说到底是我们所有的道德行为方式的总和和各种行为习惯的最终产物。道德认知未必能导致道德行为,只有养成良好的道德行为习惯,才能指望出现良好的品德。因此,行为派主张重视行为方式的训练和行为习惯的培养。

考点3　情感派

情感派认为,情感是德育的构成性要素,而且在德育中起着本源的作用。情感就像酵母发酵一样,渗透于我们的整个生存之中。舍弃情感,仅靠理性推理而来的道德是毫无意义的。法国哲学家居友强调德育的根本不在于认知,而在情感。指导人们行为的是习惯、本能和情感,德育应"服从最强烈的人性冲动"。

现代人本主义认为,良好的德育氛围是德育有效进行的关键。他们要求学校建立良好的德育氛围,主要是指师生之间的关系应当是坦诚真实的,教师对学生的人格要充分地尊重和无条件地关怀。

上述几种德育观的界说都有其合理的地方。认知派启示我们德育不能背离受教育者的道德认知规律。行为派启示我们德育应重视良好行为习惯的训练,特别要重视充分发挥榜样的力量,教育者本人要以身作则,为人师表。情感派启示我们在德育过程中,培养良好的情感至关重要。

真题面对面

[2022 濮阳市直,单,0.81分]苏格拉底认为"美德即知识",在他看来,任何行为只有受到知识的指导,才可能是善的。苏格拉底的想法符合现代德育观中的(　　)理念。

A. 认知派　　B. 行为派　　C. 情感派　　D. 赏罚派

答案:A

六、新时期德育发展的新主题 【单选、多选】★

(1)生命教育。即进行生命意识的培养、生命常识及体验生命活动的教育。

(2)生存教育。主要包括生存意识、生存知识、生存能力、生存价值等方面的教育。

(3)生活教育。基本内容包括生活行为教育、生活规范教育和生活情感教育三个部分。

(4)安全教育。即教育学生确立自主维护生命安全、财产安全的意识;远离毒品,严防危及生命安全的犯罪。

(5)升学和就业指导教育。即教师根据社会的需要指导学生树立正确的职业观,帮助他们了解社会职业,进而引导他们按照社会需要和自己的特点为升学选择专业、为就业选择职业,在思想上、学习上和心理上做好准备。

其中,前三种又被称为"三生教育"。

★★ 考点大默写 ★★

1. 学校德育对政治、经济、文化等发生影响的功能即德育的________功能。
2. 德育个体性功能的最高境界是________功能。
3. "教学如果没有进行道德教育,只是一种没有目的的手段。"赫尔巴特这一观点说明德育具有________功能。
4. 德育有广义和狭义之分,广义的德育包括社会德育、社区德育、________和________四个方面,狭义的德育专指________。
5. 我国学校德育内容主要有政治教育、________、道德教育和________。
6. 心理健康教育的内容包括________、生活辅导、择业辅导。
7. 德育的永恒主题是________。

【参考答案】

1. 社会性　2. 享用性　3. 教育性　4. 学校德育;家庭德育;学校德育　5. 思想教育;心理健康教育　6. 学习辅导　7. 爱国主义教育

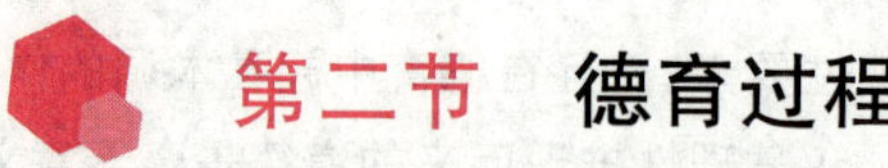

第二节　德育过程

一、德育过程的内涵

考点1　德育过程的概念与本质 【单选】

德育过程是教育者按照一定的道德规范和受教育者思想品德形成的规律,对受教育者有目的、有计划地施加影响,以形成教育者所期望的思想品德的过程,是促使受教育者道德认识、道德情感、道德意志和道德行为发展的过程。德育过程从本质上说是个体社会化与社会规范个体化的统一过程。

考点2　德育过程与品德形成过程的关系　【多选、判断】★

1. 德育过程与品德形成过程的联系

德育过程与思想品德形成过程是教育与发展的关系。德育过程的最终目标是使受教育者形成一定的思想品德。品德形成属于人的发展过程，德育过程是对品德的形成与发展过程的调节与控制。德育只有遵循人的品德形成发展规律，才能有效地促进人的品德形成与发展。

2. 德育过程与品德形成过程的区别

(1)从活动方式来看，德育过程主要是教育者与受教育者双边活动的过程，而品德形成过程是学生个体品德自我发展的过程；

(2)从影响因素看，德育过程中学生主要接受有目的、有计划、有组织的教育影响，而品德形成过程中，学生受各种因素影响，有自觉的因素，也有自发的因素；

(3)从形成的结果看，德育过程的结果是有意识地培养学生形成符合社会要求的思想品德，而品德形成过程的结果可能与社会要求相一致，也可能不一致。

考点3　德育过程的结构　【单选、判断、填空】★

德育过程通常由教育者、受教育者、德育内容和德育方法四个相互制约的要素构成。

(1)**教育者**是德育过程的组织者、领导者，在德育过程中起主导作用。

(2)**受教育者**包括受教育者个体和群体，他们都是德育的对象。在德育过程中，受教育者既是德育的客体，又是德育的主体。

(3)**德育内容**是用以形成受教育者品德的社会思想政治准则和法纪道德规范，是教育者进行德育工作的重要依据，是受教育者学习、修养和内在化的客体，是教育者与受教育者双边活动的中介。

(4)**德育方法**是教育者施教传道和受教育者受教修养的相互作用的活动方式的总和。

二、德育过程的基本矛盾　【单选、判断】　★

德育过程中存在多种矛盾，这些矛盾至少有三个层次：第一层次是德育过程与外部环境的矛盾，第二层次是德育过程内部的矛盾，第三层次是德育过程中主体(教育者、受教育者)自身的矛盾。其中，规定德育过程性质的应当是德育过程内部的矛盾，它包括教育者与受教育者的矛盾，教育者与德育内容、方法的矛盾，受教育者与德育内容、方法的矛盾，等等。

德育过程的基本矛盾是教育者提出的德育要求(社会所要求的道德规范)与受教育者已有品德水平之间的矛盾。

真题面对面

[2021郑州金水，单，0.58分]德育过程中的基本矛盾是(　　)

A. 教育者和受教育者之间的矛盾

B. 教育者和德育内容之间的矛盾

C. 受教育者和德育内容之间的矛盾

D. 教育者提出的教育要求和受教育者自身已有的品德水平之间的矛盾

答案：D

三、德育过程的基本规律【单选、多选、判断、填空、简答】 必背 ★★

考点1　德育过程是对学生知、情、意、行的培养与提高过程

1. 知、情、意、行是构成思想品德的四个基本要素

学生的思想品德由知、情、意、行四个心理因素构成。学生思想品德的形成与发展，即这四个心理因素

的形成与发展的过程,学校德育过程也就是对这四个心理因素的培养过程。

知即品德认识,是人们对是非善恶的认识和评价,以及在此基础上形成的品德观念,包括品德知识和品德判断两个方面。品德认识是学生品德形成的**基础**。

情即品德情感,是人们对客观事物做出是非、善恶判断时引起的内心体验,表现为人们对客观事物的爱憎、好恶的态度。品德情感是学生产生品德行为的内部动力,是实现转化的催化剂。

意即品德意志,是人们为实现一定的品德行为目的所做出的努力的过程。品德意志是调节学生品德行为的精神力量。

行即品德行为,它是通过实践或练习形成的,是实现品德认识、情感以及由品德需要产生的品德动机的行为定向及外部表现。品德行为是学生思想品德形成与否的关键,也是衡量品德水平的**重要标志**。

2. 知、情、意、行之间的关系及其发展

德育过程的一般顺序可以概括为:提高品德认识、陶冶品德情感、锻炼品德意志和培养品德行为习惯。德育过程一般以知为开端,以行为终结。但由于社会生活的复杂性、德育影响的多样性等因素,在德育具体实施过程中,又具有多种开端,可根据学生品德发展的具体情况,或从导之以行开始,或从动之以情开始,或从锻炼品德意志开始,最后达到使学生品德在知、情、意、行几方面和谐发展的目的。

真题面对面

1. [2021焦作山阳,单,0.6分]德育过程的一般顺序可以概括为(　　)

A. 提高品德认识、陶冶品德情感、锻炼品德意志、培养品德行为习惯

B. 提高品德认识、锻炼品德意志、陶冶品德情感、培养品德行为习惯

C. 陶冶品德情感、提高品德认识、锻炼品德意志、培养品德行为习惯

D. 提高品德认识、锻炼品德意志、培养品德行为习惯、陶冶品德情感

2. [2022濮阳市直,判断,0.43分]品德情感是学生产生品德行为的外部动力,是实现转化的催化剂。(　　)

答案:1. A　2. ×

考点2　德育过程是一个促进学生思想内部矛盾斗争的发展过程,是教育与自我教育相结合的过程

(1)学生思想品德的任何变化,都依赖于学生个体的心理活动。任何外界的教育和影响,都必须通过学生思想状态的变化,经过学生思想内部的矛盾斗争,才能发生作用,促使学生品德的真正形成。

(2)在德育过程中,学生思想内部的矛盾斗争,实质上是对外界教育因素的分析、综合过程,斗争的过程也就是学生品德不断发展的过程。

(3)学生的自我教育过程,实际上也是他们思想内部矛盾斗争的过程。根据这一规律,要求教育者在重视对学生进行思想品德教育的同时,高度重视培养学生的自我教育能力,发挥学生在德育过程中的主观能动性。

学生的自我教育能力是学生品德赖以形成的内部因素,也是学生品德发展程度的一个主要标志。自我教育能力主要由自我期望、自我评价和自我调控能力构成(也有说法认为,自我教育能力主要由自我评价、自我激励和自我调控能力构成)。自我教育能力的形成与发展,会帮助学生更加积极地吸收外在的教育因素,促进自身的品德发展。

考点3　德育过程是组织学生的活动和交往,统一多方面教育影响的过程

(1)活动和交往是学生思想品德形成和发展的基础和源泉。个体的思想品德是在活动和交往的过程

中，接受外界教育影响，逐渐形成和发展，并通过活动和交往的过程表现出来的。有目的地根据德育目标和思想品德的形成规律设计实施活动，能加快个体品德发展的速度，对学生品德发展方向起规范和保证作用。教育者要精心设计和组织教育活动和交往。

(2)学生在活动中，必定受到多方面的影响，其中既有校内的正式影响，又有校外的非正式影响；既有积极正面的影响，也有消极负面的影响。学校德育应在多方面影响中发挥主导作用，将多方面教育影响统一到教育目的上来，形成学校与家庭、社会教育的合力，促使学生良好品德的形成和发展。

(3)德育过程中活动和交往的主要特点表现为：①具有引导性、目的性和组织性；②不脱离学生学习这一主导活动，主要交往对象是教师和学生；③具有科学性和有效性，是按照学生品德形成发展规律和教育学、心理学原理组织的，因而能更加有效地影响学生品德的形成。

真题面对面

[2021郑州高新，判断，0.5分]学生思想品德形成的源泉和基础是活动与交往。(　　)

答案：√

考点4　德育过程是一个长期的、反复的、逐步提高的过程

(1)德育过程的长期性是由人类认识规律决定的。构成思想品德的因素比较复杂，知、情、意、行各因素本身和各因素之间要通过不断斗争，才能得到发展和统一。

(2)青少年正处于成长时期，可塑性比较强，思想不成熟，其发展也具有双向性，某一阶段出现某些倒退是正常的。这使得德育过程是一个反复的持续的过程。

(3)德育过程中，学生除了接受学校的有目的、有计划、有组织的正规教育影响外，还受到来自社会的、家庭的多种影响，这些影响中难免会有负面的，因而一个人思想品德提高过程中出现反复是正常的。

(4)当前意识形态领域中斗争的复杂性，也使得对学生社会主义品德的培养是长期的、反复的过程。

(5)据此规律，教育者必须树立“抓反复，反复抓”的德育思想。

★★　考点大默写　★★

1. 德育过程与思想品德形成过程是__________与__________的关系。
2. 德育过程的基本构成要素包括教育者、__________、德育内容、__________。
3. 在德育过程的构成要素中，起主导作用的是__________；__________既是德育的主体，又是德育的客体。
4. 德育过程的基本矛盾是教育者提出的德育要求(社会所要求的道德规范)与____________________之间的矛盾。
5. 在知、情、意、行四个基本要素中，__________是基础，__________是实现转化的催化剂，__________是衡量品德水平的重要标志。
6. 学生思想品德形成和发展的基础和源泉是__________和__________。
7. 德育过程不是一蹴而就的，而是一个__________、反复的、逐步提高的过程。

【参考答案】

1. 教育；发展　2. 受教育者；德育方法　3. 教育者；受教育者　4. 受教育者已有品德水平　5. 知；情；行　6. 活动；交往　7. 长期的

第三节 德育原则

一、德育原则的概念 【判断】

德育原则是根据教育目的、德育目标和德育过程规律而提出的指导德育工作的基本要求。德育原则对制定德育大纲、确定德育内容、选择德育方法、运用德育组织形式等具有指导作用。

二、我国中小学主要的德育原则 【单选、多选、判断、辨析、简答、案例分析】  ★★★

考点1 导向性原则

1. 基本含义

导向性原则是指进行德育时要有一定的理想性和方向性，以指导学生向正确的方向发展。在我国，德育工作要把无产阶级的政治方向放在首位，对学生的德育要求要同共产主义目标相联系。

2. 贯彻要求

(1)坚持正确的政治方向；(2)德育目标必须符合新时期的方针政策和总任务的要求；(3)要把德育的理想性和现实性结合起来。

考点2 疏导原则

1. 基本含义

疏导原则

疏导原则是指进行德育时要循循善诱、以理服人，从提高学生认识入手，调动学生的主动性，使他们积极向上。疏导原则也就是**循循善诱原则**。我国古代教育家孔子很善于诱导他的学生，其弟子颜回这样称赞道："夫子循循然善诱人，博我以文，约我以礼，欲罢不能。"

2. 贯彻要求

(1)讲明道理，疏通思想；(2)因势利导，循循善诱；(3)以表扬、激励为主，坚持正面教育。

真题面对面

1. [2022郑州高新，单，0.7分]"一个水管，如果强行关闭，它会慢慢爆裂或者倒流，而如果在合适的地方打开缺口，把水疏导出来，则会相安无事。"这句话暗含的德育原则是(　　)

A. 长善救失原则　　B. 导向性原则　　C. 知行统一原则　　D. 疏导原则

2. [2022南阳卧龙，判断，0.9分]"夫子循循然善诱人，博我以文，约我以礼，欲罢不能"体现了德育的连贯性原则。(　　)

答案：1. D　2. ×

考点3 因材施教原则(从学生实际出发原则)

1. 基本含义

因材施教原则是指教育者在德育过程中，应根据学生的年龄特征、个性差异以及品德发展现状，采取不同的方法和措施，加强德育的针对性和实效性。孔子很早就提出了"视其所以，观其所由，察其所安"的了解学生的有效方法，并根据学生的特点进行有区别的教育。这一原则是对我国优良教育传统的继承和发扬，也符合青少年学生身心的发展规律。

2. 贯彻要求

(1)以发展的眼光客观、全面、深入地了解学生，正确认识和评价当代青少年学生的思想特点；(2)根据不同年龄阶段学生的特点，选择不同的内容和方法进行教育，防止一般化、成人化、模式化；(3)注意学生的个别差异，因材施教。

考点4 知行统一原则

1. 基本含义

知行统一原则是指教育者在进行德育时，既要重视对学生进行系统的思想道德的理论教育，又要重视组织学生参加实践锻炼，把提高认识和行为养成结合起来，使学生做到言行一致。

2. 贯彻要求

(1)加强理论教育，提高学生的思想道德认识；(2)组织和引导学生参加社会实践，通过实践活动加深认识，增强情感体验，养成良好的行为习惯；(3)对学生的评价和要求要坚持知行统一的原则；(4)教育者要以身作则，严于律己，言行一致。

真题面对面

[2023郑州郑东新区，单，1.5分]某学校组织校内手工社团的学生到博物馆参与优秀传统文化教育活动，并体验中国传统工艺品——团扇的创作。这体现的德育原则是(　　)

A. 严慈相济原则　　B. 正面教育原则

C. 知行统一原则　　D. 长善救失原则

答案：C

考点5 集体教育和个别教育相结合原则

1. 基本含义

在德育过程中，教育者要善于组织和教育学生热爱集体，并依靠集体教育每个学生，同时通过对个别学生的教育，来促进集体的形成和发展，从而把集体教育和个别教育有机地结合起来。

马卡连柯

这一原则是苏联教育家马卡连柯成功教育经验的总结。**马卡连柯**指出：教师要影响个别学生，首先要去影响这个学生所在的集体，然后通过集体和教师一道去影响这个学生，便会产生良好的教育效果。这就是著名的“**平行教育原则**”。

2. 贯彻要求

(1)建立健全的学生集体；(2)开展丰富多彩的集体活动，充分发挥学生集体的教育作用；(3)加强个别教育，并通过个别教育影响集体，增强集体的生机和活力。

知识再拔高

马卡连柯的教育思想

集体主义教育是马卡连柯教育思想的核心。马卡连柯在自己的教育实践中，一直把主要精力放在集体主义教育问题上。

1. 平行教育影响

马卡连柯认为：正确的教育方式应该是设法不与个别人发生关系，而只与集体发生关系，使每个学生都不得不参加共同的活动。这种教育形式就是“平行教育影响”。“平行教育影响”以集体为教育对象，通过集体来教育个人。在这种教育形式下，教育者对集体和集体中每一个成员的教育影响是同时的、平行的。

2. 前景教育原则

前景教育原则要求教师在教育过程中经常给学生指出美好的前景，即给学生提出一个或好几个需要经过一定努力才能完成的新任务，“建立新的前途，运用已有的前途，逐渐代之以更有价值的前途”，吸引学生集体和集体中的每一成员，为完成新的任务，实现新的前景，由近及远、由易到难地开展活动，由简单的原始满足发展到最高的责任感，从而使整个集体朝气蓬勃，永葆青春。

真题面对面

[2022南阳宛城，单，0.7分]张老师是班主任，他发现班里很多学生迷上了电子游戏，无心学习。于是他在班里开展丰富多彩的集体活动，并找到个别同学谈话，鼓励他们积极参与到集体活动中去。这一做法贯彻了(　　)

A. 导向性原则　　B. 长善救失原则

C. 集体教育和个别教育相结合原则　　D. 因材施教原则

答案：C

考点6　尊重信任学生与严格要求学生相结合的原则

1. 基本含义

在德育过程中，教育者既要尊重信任学生，又要对学生提出严格的要求，把严和爱有机地结合起来，使教育者的合理要求转化为学生的自觉行动。

这一原则是教育者正确对待受教育者的基本情感和态度。学生受到教师的尊重，内心会产生满意感和光荣感，这是促进学生积极向上的内在力量。我国明代教育家王阳明指出：“大抵童子之情，乐嬉游而惮拘检，如草木之始萌芽，舒畅之则条达，摧挠之则衰萎。今教童子，必使其趋向鼓舞，中心喜悦，则其进自不能已。”教师尊重学生并不意味着放松对学生的要求，更不代表教师可以放任学生。尊重学生，是对学生的信任，相信学生的能力，相信他们未来的发展。严格要求是指教师按照教育目的的要求，教育、培养学生。在德育工作中尊重信任与严格要求是辩证统一的，是制约德育效果的两个相辅相成的必要条件。尊重和信任是严格要求的前提，正如苏联教育家马卡连柯所说：“要尽量多地要求一个人，也要尽可能地尊重一个人。”爱是严的基础，严是爱的体现，只有把两者紧密结合在一起，才能取得最佳教育效果。

2. 贯彻要求

(1)教育者要有强烈的事业心、责任感以及尊重热爱学生的态度；(2)教育者应根据教育目的和德育目标，对学生严格要求，认真管理；(3)教育者要从学生的年龄特征和品德发展状况出发，提出适度的要求，并坚定不渝地贯彻到底。

考点7　正面教育与纪律约束相结合的原则

1. 基本含义

德育工作既要正面引导，说服教育，启发自觉，调动学生接受教育的内在动力，又要辅之以必要的纪律约束，并使两者有机结合起来。青少年学生缺乏一定的行为自控能力，这就决定了在正面引导的同时，必须加以必要的纪律约束。

2. 贯彻要求

(1)坚持正面教育原则，以客观的事实、先进的榜样和表扬鼓励为主的方法教育和引导学生；(2)坚持摆事实，讲道理，以理服人，启发自觉；(3)建立健全学校规章制度和集体组织的公约、守则等，并且严格管理，认真执行。

考点8 依靠积极因素、克服消极因素的原则(长善救失原则)

1. 基本含义

在德育工作中,教育者要善于依靠、发扬学生自身的积极因素,调动学生自我教育的积极性,克服消极因素,以达到长善救失的目的。

依靠积极因素、克服消极因素的原则是对立统一规律在德育中的反映,其理论依据有两个方面:(1)反映了我国社会主义德育性质的要求;(2)反映了我国古代德育思想中的精华。

2. 贯彻要求

(1)教育者要用一分为二的观点,全面分析,客观地评价学生的优点和不足;(2)教育者要有意识地创造条件,将学生思想中的消极因素转化为积极因素;(3)教育者要提高学生自我认识、自我评价的能力,启发他们自觉思考,克服缺点,发扬优点。

真题面对面

[2022平顶山湛河,单,1.09分]小明性格腼腆,和其他人没交流,但学习好。班主任让他与别人组成学习小组,在学习上帮助他人。该教师运用了(　　)的德育原则。

A. 教学相长　　B. 疏导性　　C. 启发性　　D. 长善救失

答案:D

考点9 教育影响的一致性与连贯性原则

1. 基本含义

在德育工作中,教育者应主动协调多方面教育力量,统一认识和步调,有计划、有系统、前后连贯地教育学生,发挥教育的整体功能,培养学生正确的思想品德。

2. 贯彻要求

(1)充分发挥教师集体的作用,统一学校内部的多种教育力量,使之成为一个分工合作的优化群体;(2)争取家长和社会的配合,主动协调好与家庭、社会教育的关系,逐步形成以学校为中心的“三位一体”的德育网络;(3)保持德育工作的经常性和制度化,处理好衔接工作,保证对学生影响的连续性、系统性,使学生的思想品德得以循序渐进的持续发展。

记忆有妙招

为帮助考生记忆,我们将我国中小学主要的德育原则总结为如下口诀:**两导两因一知行,尊重集体要正面,另外还有一教育。两导**:导向性原则、疏导原则;**两因**:因材施教原则,依靠积极因素、克服消极因素的原则;**一知行**:知行统一原则;**尊重**:尊重信任学生与严格要求学生相结合的原则;**集体**:集体教育和个别教育相结合原则;**要正面**:正面教育与纪律约束相结合的原则;**一教育**:教育影响的一致性和连贯性原则。

考点大默写

1. 进行德育时要有一定的理想性和方向性,以指导学生向正确的方向发展。这体现了德育的__________原则。
2. 教师在进行德育时要循循善诱,因势利导,以理服人,从提高学生认识入手,调动学生的主动性,使他们积极向上。这体现了德育的__________原则。
3. “夫子循循然善诱人,博我以文,约我以礼,欲罢不能。”这句话体现了德育的__________原则。

4.“一把钥匙开一把锁”体现的德育原则是________。

5. 孔子提出的“力行近乎仁”的观点，所反映的德育原则是________。

6. 苏联教育家马卡连柯所倡导的“平行教育”的德育原则是指________原则。

7.“要尽量多地要求一个人，也要尽可能地尊重一个人”所体现的德育原则是________。

8. 教师在德育过程中应遵循________原则，一分为二地看待学生，客观地评价学生的优点与不足。

9. 在德育工作中，要统一学校、家庭和社会各方面的教育力量，建立“三结合”的教育网络。这主要遵循的德育原则是________原则。

【参考答案】

1. 导向性 2. 疏导(循循善诱) 3. 疏导(循循善诱) 4. 因材施教原则(从学生实际出发原则) 5. 知行统一原则 6. 集体教育和个别教育相结合 7. 尊重信任学生与严格要求学生相结合的原则 8. 依靠积极因素、克服消极因素(长善救失) 9. 教育影响的一致性与连贯性

第四节 德育的途径与方法

一、德育的途径【单选、多选、不定项、判断、论述】必背 ★★

德育途径是指学校教育者对学生实施德育时可供选择和利用的渠道，又称为德育组织形式。我国学校的德育途径是广泛多样的，具体如下：

(1)思想品德课(思想政治课)与其他学科教学。思想品德课(思想政治课)与其他学科教学是学校有目的、有计划、系统地对学生进行德育的基本途径。学校以教学为主，因此，思想品德课之外的其他各科教学是德育**最经常**、**最基本**的途径。

(2)社会实践活动。学生的思想品德是在活动和交往中形成，并通过活动和交往表现出来的。社会实践活动是学校德育不可缺少的重要途径。

(3)课外、校外活动。课外、校外活动是整个教育体系中必不可少的组成部分，它不受教学计划的限制，是对学生进行德育的重要途径。

(4)共青团、少先队组织的活动。

(5)校会、班会、周会、晨会、时事政策的学习。

(6)班主任工作。班主任工作是学校对学生进行德育的一个重要而又特殊的途径。

知识再拔高

班主任进行德育工作的四种意识

(1)责任意识。班主任要为青少年良好思想品德的形成与发展负责，就应当承担这个不可推卸的责任，为其一生发展和幸福打下良好的基础，为祖国培养大批的“优质人才”。

(2)示范意识。“教育工作者的全部工作是为人师表”，教书育人、管理育人、服务育人是教育工作者的神圣职责。班主任在培养学生良好习惯时，既要言传更要身教。

(3)训练意识。培养学生良好习惯应当以《中(小)学生日常行为规范》为依据，认真加以落实。要把落实《中(小)学生日常行为规范》作为培养学生良好习惯的出发点和归宿。与此同时，在训练内容和方法上也应当科学规范。

(4)激励意识。良好习惯的形成有一个渐进的过程，在学生出现良好行为时要及时肯定，以便加以巩固，形成习惯；在他们出现不良行为时要及时矫正，必要的时候给予批评甚至惩罚，告诉他们正确的做法及其原因，从而制止学生的不良行为，促使其养成良好的习惯。

真题面对面

[2021 濮阳清丰，单，1 分]学校实施德育的基本途径是(　　)

A. 社会实践活动　　　　B. 思想品德课和其他学科教学

C. 班主任工作　　　　D. 校会、班会、周会、晨会、时事政策学习

答案：B

二、德育方法的选择与运用

考点 1　德育方法的概念

德育方法是为达到德育目的，在德育过程中采用的教育者和受教育者相互作用的活动方式的总和。它包括教育者的教学方式和受教育者的学习方式。德育方法受德育内容、任务制约，以德育规律、德育原则为依据。

考点 2　常用的德育方法　【单选、多选、不定项、判断、简答、论述、案例分析】 必背 ★★★

说服教育法与榜样示范法

1. 说服教育法

(1)说服教育法的概念

说服教育法又叫说理教育法，是通过语言说理，使学生明晓道理，分清是非，提高品德认识的德育方法。这是一种坚持正面理论教育和正面思想引导、增强辨别是非能力、促进道德发展的重要方法。它是学校对学生进行思想品德教育的**基本方法**。

说服教育法的方式：第一类是运用语言文字进行说服教育的方式，如讲解、报告、谈话、讨论、辩论、读书指导等；第二类是运用事实进行说理教育的方式，主要包括参观、访问和调查。

(2)运用说服教育法的要求

①明确目的性和针对性；②富有知识性、趣味性；③注意时机；④以诚待人。

2. 榜样示范法

(1)榜样示范法的概念

榜样示范法是用榜样人物的优秀品德来影响学生的思想、情感和行为的德育方法。由于榜样能把社会真实的思想、政治和法纪、道德关系表现得更直接、更亲切、更典型，因而能给人以极大的影响、感染和激励，教育、带动和鼓舞人们前进。运用榜样示范法符合青少年学生爱好学习、善于模仿、崇拜英雄、追求上进的年龄特点，也符合人的认识由生动直观到抽象的发展规律。榜样包括伟人的典范、教育者的示范、学生中的好榜样等。

(2)运用榜样示范法的要求

①选好学习的榜样；②激起学生对榜样的敬慕之情；③狠抓落实，引导学生用榜样来调节行为，提高修养。

3. 陶冶教育法

(1)陶冶教育法的概念

陶冶教育法(有时也称情感陶冶法)，是教师利用环境和自身的教育因素，对学生进行潜移默化的熏陶和感染，使其在耳濡目染中受到感化的德育方法。陶冶的方式主要包括环境陶冶、人格陶冶和艺术陶冶等。

①环境陶冶是指通过学生所生活的环境对他的思想品德进行陶冶。我国古代就已重视环境对人的陶冶作用，“孟母三迁”的故事至今传为佳话。

②人格陶冶是教育者以自身的品德和情感为情境对学生进行的陶冶，即教师通过对教育工作的爱、对学生的爱等人格魅力对学生产生影响和作用。

③艺术陶冶是指用艺术陶冶学生的思想感情。如文学作品、电影、电视、音乐、舞蹈等。我国古代教育注意用音乐与诗歌陶冶学生，孟子曾说过：“仁言不如仁声之入人深也。”

(2)运用陶冶教育法的要求

①创设良好的情境;②与启发、说服相结合;③引导学生参与情境的创设。

4. 实际锻炼法

(1)实际锻炼法的概念

实际锻炼法是有目的地组织学生参加各种实际活动,使其在活动中锻炼思想,增长才干,培养优良的思想和行为习惯的德育方法。锻炼的方式主要是学习活动、社会活动、生产劳动和课外文体科技活动。

(2)运用实际锻炼法的要求

①目的明确,计划周密,加强指导,坚持严格要求;②生动活泼,灵活多样,调动学生的主动性;③注意检查和持之以恒,随时总结。

5. 自我修养指导法

(1)自我修养指导法的内涵

自我修养指导法是学生在教育者的帮助下,主动地进行自我学习、自我反思、自我锻炼、自我监控等来提升自己修养的一种德育方法。

自我修养的方式有"**自知**""**自反**""**内省**""**躬行**""**慎独**"等。"自知"与"自反"是学生进行自我修养的基础,能唤起学生自我修养意识,是学生自我修养过程中的自动力和催化剂。"内省"是学生自反自省。"躬行"要求学生在实践中锻炼品质。"慎独"即加强道德自律,培养自我监控的能力。

(2)运用自我修养指导法的要求

①扶志养气。要把扶志和养气结合起来,强调道德修养中理智与情感的统一。

②锻炼意志。锻炼意志必须有决心、信心、恒心,经历内心冲突,排除各种阻难。

③改过迁善。人一生不犯过错是不可能的,关键在于改过迁善。培养知耻、改过、迁善的态度对学生自我修养的提高极为重要。

6. 品德评价法

(1)品德评价法的概念

品德评价法是通过对学生品德进行肯定或否定的评价而予以激励或抑制,促使其品德健康形成和发展的德育方法。它包括奖励、惩罚、评比和操行评定、成长记录袋等。其中,操行评定法是中小学**使用最广泛**的一种品德评价法。它是根据一定的标准,通过平时对被评价者的观察和了解,用书面语言的形式对学生的品德发展状况所作的比较全面的评价方法。

(2)运用品德评价法的要求

①公平、正确、合情合理;②发扬民主,获得群众支持;③注重宣传与教育;④奖励为主,抑中带扬。

此外,常用的德育方法还有角色扮演法、合作学习法等。

真题面对面

1. [2022洛阳洛龙,单,1.1分]某学校组织学生围绕"我和我的祖国""新时代、新作为"等主题展开演讲、辩论等活动,帮助引导学生深化对习近平新时代中国特色社会主义思想的认知理解,实现内化于心、外化于行。该学校运用的德育方法是( )

A. 榜样示范法　　B. 说服教育法　　C. 品德评价法　　D. 修养指导法

2. [2022郑州高新,不定项,1.1分]陶冶法是在潜移默化中对学生进行熏陶和感染,使学生在耳濡目染中心灵受到感化,进而促进学生身心发展的方法。在运用陶冶法时要注意( )

A. 创设良好的情境　　B. 引导学生参与情境的创设

C. 选择学生感兴趣的榜样范例　　D. 与启发说服相结合

答案:1. B　2. ABD

★★ 考点大默写 ★★

1. 学校实施德育的基本途径是________与________。
2. 学校对学生进行德育的重要而又特殊的途径是________。
3. 通过摆事实、讲道理使学生明辨是非的德育方法是________。
4. 某班在"每月一星"的活动中，将表现好、进步大的学生的照片贴在"明星墙"上以示奖励，这样的德育方法是________。
5. "其身正，不令而行；其身不正，虽令不从"体现的德育方法是________。
6. "让学校的每一面墙壁都开口说话"运用的德育方法是________。
7. 孟子说的"天将降大任于斯人也，必先苦其心志，劳其筋骨，饿其体肤，空乏其身"体现的德育方法是________。
8. 组织学生进行军训，体现的德育方法是________。
9. 孔子提倡君子要注重"内自省"，曾子强调"吾日三省吾身"，这体现的德育方法是________。

【参考答案】

1. 思想品德课(思想政治课)；其他学科教学 2. 班主任工作 3. 说服教育法(说理教育法) 4. 品德评价法 5. 榜样示范法 6. 陶冶教育法(情感陶冶法) 7. 实际锻炼法 8. 实际锻炼法 9. 自我修养指导法

第五节 德育模式

德育模式实际上是在德育实施过程中德育理念、德育内容、德育手段、德育方法、德育途径等的有机组合方式。当代影响较大的德育模式有认知模式、体谅模式、社会模仿模式和价值澄清模式等。大体上说，认知模式重知，体谅模式重情，社会模仿模式重行。

一、认知模式 【单选、多选、判断】★

考点1 认知模式的主要观点

道德教育的认知模式是当代德育理论中流行**最为广泛、占据主导地位**的德育学说，它是由瑞士学者**皮亚杰**提出，而后由美国学者**科尔伯格**进一步深化的。该模式假定人的道德判断力按照一定的阶段和顺序从低到高不断发展，道德教育的**目的**就在于促进儿童道德判断力的发展及其行为的发生。

这一学说的特征是：(1)人的本质是理性的；(2)必须注重个体认知发展与社会客体的相互作用；(3)注重研究个体道德认知能力的发展过程。

考点2 认知模式的理论要点和实施策略 新增

科尔伯格的道德发展理论，确切地说是道德判断发展理论，其要点在于：(1)道德判断形式反映个体道德判断水平。道德判断有内容与形式之别。所谓道德判断内容就是对道德问题所作的"该"或"不该"、"对"或"错"的回答；所谓道德判断形式指的是判断的理由以及说明理由过程中所包含的推理方式。(2)个体的道德判断处于不断发展之中。个体的道德判断发展经历性质不同但相互关联的三种水平和六个阶段，这三种水平、六个阶段按照不变的顺序由低到高逐步展开。更高层次和阶段的道德推理方式能兼容更低层次和阶段的道理推理方式；反之，则不能。(3)冲突的交往和生活情境最适合于促进个体道德判断力的发展。(4)实施德育的方法和策略。道德教育奉行发展性原则。根据发展性原则，道德认知发展模式实施德育的方法和策略包括：①了解学生当前的道德判断发展水平；②运用道德难题引起学生的意见分歧和认知失衡；③向学生揭示比他们高一阶段的道德推理方式；④引导学生在比较中自动接受比自己原有的道德推理方式更为合理的推理方式；⑤鼓励学生把自己的道德判断付诸行动。

知识再拔高

道德两难

科尔伯格采用道德两难故事法研究儿童的道德发展。所谓道德两难，指的是同时涉及两种道德规范、两者不可兼得的情境或者问题。它除了可以用于测量儿童的道德判断的发展水平，还具有非常特别的教育意义：

(1)可用于促进儿童的道德判断力的发展；

(2)可用于提高学生的道德敏感性；

(3)可用于提高学生在道德问题上的行动抉择能力；

(4)可用于深化学生的道德理解，提高道德认识。

考点3 认知模式的特色

(1)提出以公正观发展为主线的德育发展阶段理论；(2)建构了较为科学的道德发展观，提出了智力与道德判断力关系的一般观点；(3)通过实验建立了崭新的学校德育模式。

真题面对面

[2021许昌市直，单，2分]德育的认知模式中，设置两难问题是为了(　　)

A. 测量道德发展的外在形式　　B. 测量道德判断的发展水平

C. 测量道德发展的认同水平　　D. 测量道德发展的结构体系

答案：B

二、体谅模式【单选、多选、论述】必背 ★★

考点1 体谅模式的主要观点

体谅或学会关心的道德教育模式形成于20世纪70年代，为英国学校德育学家**彼得·麦克费尔**和他的同事所创。与认知性道德发展模式强调道德认知发展不同，体谅模式把道德情感的培养置于中心地位。

体谅模式的基本假设包括：(1)与人友好相处是人类的基本需要，帮助学生满足这种需要是教育的首要职责；(2)道德教育旨在提高学生的人际意识和社会意识，引导学生学会关心、学会体谅；(3)鼓励处于社会试验期的青少年试验各种不同的角色和身份；(4)教育即学会关心。

该理论的特征是：(1)坚持性善论；(2)坚持人具有一种天赋的自我实现趋向；(3)把培养健全人格作为德育目标；(4)大力倡导民主的德育观。

考点2 体谅模式的特色

(1)有助于教师较全面地认识学生在解决特定的人际—社会问题时的各种可能反应；(2)有助于教师较全面地认识学生在解决特定的人际—社会问题时可能遭到的种种困难，以便更好地帮助学生学会关心；(3)它提供了一系列可能的反应，教师能够根据它们指导学生围绕大家提出的行动方针进行讲座或角色扮演的主题活动。

真题面对面

1. [2021郑州中原，单，0.7分]赵老师在班风建设主题班会上向学生发问，如果有的学生对同学不尊重、不礼貌，对我们班的班风将会产生哪些影响？学生分成小组，围绕这一问题自由讨论发言，并探讨出关于关心同学、形成互助友爱的班集体的做法。这一德育模式是(　　)

A. 体谅模式　　B. 价值澄清模式

C. 社会学习模式　　　　D. 道德认知发展模式

2. [2021安阳滑县,单,0.7分]为避免灌输与说教而大量使用道德问题情境激发学生角色认取和主动思考的德育模式,除道德认知模式外,还有体谅模式。体谅模式与其他德育模式的区别在于( )

A. 把道德认知发展放在中心地位

B. 把道德价值观念的获得放在中心地位

C. 把道德行为学习放在中心地位

D. 把道德情感的培养放在中心地位

答案:1. A　2. D

考点3　体谅模式对我国学校德育发展改革的启示

(1)如果把"学会关心"视为学校德育的一个重要方面,那么,这个总的教育目的应当分解成层层推进的目标体系,从培养学生对他人需要、目的、利益的敏感性,到培养较为丰富的人际意识,直到培养比人际意识更为复杂的社会意识;(2)目标体系应当通过一套精心设计、内容逼真且包含人际—社会问题情境的教材体现出来;(3)应当与各学科的教学结合起来使用,大量使用有助于提高学生人际意识和社会意识的教学方法。

三、社会模仿模式 【单选】

考点1　社会模仿模式的主要观点

社会模仿模式主要由美国的班杜拉创立,该模式认为人与环境是一个互动体,人既能对刺激做出反应,也能主动地解释并作用于情境。

考点2　社会模仿模式的特色

(1)在吸收其他学派的基础上,发展了行为主义,使之对人的道德行为做出更合理的阐释,对德育工作有很大意义;

(2)在文化环境与人的道德发展相互作用方面有重要的成果,系统论述了示范榜样对道德发展的内在作用机制以及影响道德行为的各种形式和途径;

(3)自我评价和自我效能的理论给学校德育研究开辟了新的领域,具体阐述培养学生自我评价能力,建立认知调节机制的基本过程,把环境的示范和个体的发展与认知调节机制的互动表达出来,从中可以看到学生是如何内化外部作用,从而逐渐发展成自我评价能力的;

(4)注重理论与实践相结合。

四、价值澄清模式 【单选】

价值澄清模式的代表人物是美国的拉斯、哈明、西蒙等人。这种模式着眼于价值观教育,试图帮助人们减少价值混乱并通过评价过程促进统一的价值观的形成。其目的是通过选择、赞扬和实践过程来增进富于理智的价值选择。

考点1　价值澄清模式的理论观点

价值澄清的目标之一就是使人们获得一种价值观念,这种价值观念使他们能以一种令人满意与明智的方式适应他们所处的不断变化的世界。因此,价值观并不是一种固定的观点或永恒不变的真理,而是建立在个体亲身经历的社会经验基础上的一种指南。

考点2　价值澄清模式的评价过程

要了解自己的价值观,必须经过选择、评价和按这些价值观行动的过程。全部的价值澄清过程实际上包括三个阶段和七个步骤:

表 1-22　价值澄清模式的阶段和步骤

阶段		步骤	
一	选择	1	自由地选择
		2	从各种可供选择的项目中进行选择
		3	在仔细考虑后果之后进行选择
二	评价	4	赞同与珍视所做的选择
		5	确认自己的选择
三	行动	6	依据选择行动
		7	重复

考点大默写

1. 一般来说，认知模式重知，体谅模式重＿＿＿＿＿＿，社会模仿模式重＿＿＿＿＿。
2. 当代德育理论中流行最广泛、占据主导地位的德育模式是＿＿＿＿＿＿。
3. 德育的“认知模式”中，设置两难问题是为了测量＿＿＿＿＿＿＿＿＿＿＿＿。
4. 体谅模式把＿＿＿＿＿＿的培养置于中心地位。
5. 把培养健全人格作为德育目标，大力倡导民主的德育观，是＿＿＿＿＿＿模式的特征。
6. 认为人与环境是一个互动体，人既能对刺激做出反应，也能主动地解释并作用于情境的德育模式是＿＿＿＿＿＿＿＿＿。

【参考答案】

1. 情；行　2. 认知模式　3. 道德判断的发展水平　4. 道德情感　5. 体谅　6. 社会模仿模式

即时反思与复盘总结

我于＿＿＿＿年＿＿月＿＿日完成了对本章的学习。

复盘一下，我对自己较肯定的地方是＿＿＿＿＿＿＿＿＿＿＿＿

（足够努力/心态积极/方法得当……）

我觉得自己需要改进的地方是＿＿＿＿＿＿＿＿＿＿＿＿＿＿

（懒惰懈怠/心情浮躁/方法不当……）

休息片刻，开启下一站征程！

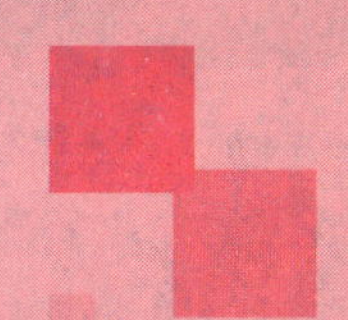

第八章 班级管理与班主任工作

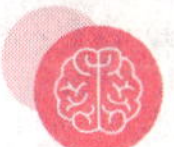

思维导图

班级管理与班主任工作

- 班级与班级管理
  - 班级
    - 概念：最基层的行政组织
    - 形成：个人属性之间的矛盾阶段、团体要求与个人属性之间的矛盾阶段、团体要求架构内的矛盾阶段
    - 功能：社会化功能、个体化功能
  - 班级管理
    - 功能："主要抓教学、基本是秩序、重要在学生"
    - 内容：班级组织建设、班级制度管理、班级教学管理、班级活动管理
    - 模式：常规管理、平行管理、民主管理、目标管理
    - 具体方法：调查研究法、目标管理法、情境感染法、规范制约法、舆论影响法、心理疏导法、行为训练法
- 良好班集体的培养
  - 班集体的概念：以共同学习活动和直接性人际交往为特征的社会心理共同体
  - 班集体的特征
    - 明确的共同目标
    - 一定的组织结构，有力的领导集体
    - 共同生活的准则，健全的规章制度
    - 正确的集体舆论以及团结、和谐、向上的人际关系
  - 班集体的教育作用：群体意识；社会交往能力与适应能力；自我教育能力
  - 班集体的发展阶段：组建阶段、核心初步形成阶段、集体自主活动阶段
  - 班集体的形成与培养："定目标、建核心、建秩序、搞活动、树班风" 重点
- 班主任工作
  - 班主任的概念：班集体的组织者和领导者，骨干力量，人生导师
  - 班主任在班级管理中的地位和作用：班级建设的设计者、班级组织的领导者、协调班级人际关系的主导者
  - 班主任的素质及自我教育：素质结构：身体素质、心理素质、社会文化素质
  - 班主任建设和管理班级组织的策略
    - 创造性地规划班级发展目标
    - 合理地确定学生在班级中的角色位置
    - 协调好班级内外各种关系
    - 建构"开放、多维、有序"的班级活动体系
    - 营造健康向上、丰富活跃的班级文化环境
  - 班主任的领导方式：权威型、民主型、放任型
  - 班主任工作的任务
    - 基本任务：带好班级、教好学生
    - 首要任务：组织建立良好的班集体
    - 中心任务：促进班集体全体成员的全面发展
  - 班主任工作的原则：学生主体原则、因材施教原则、集体教育原则、民主公正原则、严慈相济原则、以身作则原则
  - 班主任工作的内容与方法："了解组织多协调，指导课外建档案，操行评定需总结，个别班会偶处理" 重点

河南考向

本章属于教育学的基础章节，考点较分散，多为基础知识的识记。现对本章河南考向分析如下：

考点类型	考点名称	常考题型	能力层级	考查热度
高频考点	班级管理的功能、内容、模式	单选、多选、不定项、判断、简答	识记	★★
	班集体的特征、教育作用	单选、多选、不定项、判断、简答	识记	★★
	班集体的发展阶段	单选、判断	识记	★★
	班集体的形成与培养	单选、多选、不定项、判断、简答	识记	★★★
	班主任建设和管理班级组织的策略	单选、多选、不定项、判断	识记	★★
	班主任的领导方式	单选、多选、判断	识记	★★
	班主任工作的任务	单选	识记	★★
	班主任工作的内容与方法	单选、多选、判断、填空、简答、案例分析	运用	★★★
新增考点	班级管理的具体方法	单选	识记	★★
	班级组织水平的衡量标准	多选	识记	★★
	班主任的自我教育	多选	识记	★★

核心考点

第一节　班级与班级管理

一、班级

考点1　班级的概念　【单选、判断】★

班级是学校为实现一定的教育目的，将年龄和知识程度相近的学生编班分级而形成的、有固定人数的基本教育单位。班级是学校行政体系中最基层的行政组织，是学校对学生进行日常管理、思想道德教育和组织教学活动的基本单位。

文艺复兴时期的著名教育家埃拉斯莫斯（又译伊拉斯谟）最先提出“班级”一词。

真题面对面

[2021 新乡卫滨（高新），单，0.6分]（　　）是学校对学生进行日常管理、思想道德教育和组织教学活动的基本单位。

A. 团队　　B. 年级　　C. 班级　　D. 班集体

答案：C

考点2　班级组织的历史发展　【单选】

班级组织是历史发展的产物。16世纪，随着资本主义工商业的发展和科学技术的进步，教育对象范围的扩大和教学内容的增加，一种新的适应大工业生产的教学组织形式——班级授课制应运而生。班级的概念基本上是随着班级教学或班级授课制概念的提出而出现的。

17世纪捷克伟大的教育家夸美纽斯为班级授课制的确立奠定了理论和实践的基础。他提出了“一个教师同时教很多学生是可能的”的假设,进而对课堂教学的课程、时空模式、班级组织等进行了界定。但是,对班级教学的实施产生重要推动作用的当数“导生制”。到了19世纪,德国教育家赫尔巴特提出的教学形式日趋规范。后来,苏联教育家凯洛夫又集夸美纽斯、赫尔巴特之大成,提出了分科课程论,教师主导论和课堂教学的原则、环节等,构筑了班级授课制的教学论模式。

随着学校教育的不断发展,班级逐渐成为学校教育的基本单位,并对学生的发展产生越来越大的影响。

考点3 班级组织的形成 【单选、多选】★

1. 个人属性之间的矛盾阶段

在班级建立之初,学生的注意力主要集中于了解班主任和任课教师,建立与同学的稳定关系。因此,学生还不能公然地反对班主任和任课教师,班级中的主要问题是同学之间的矛盾。

这个阶段可分为两个时期:第一个时期是谨慎试探期。此时班级刚刚形成,同学们对新的环境都或多或少地存有疑虑。第二个时期是小团体形成期。学生在班级中忐忑不安地度过第一个时期后,就获得了某种程度的安心,其注意力开始转向建立稳定的新的伙伴关系,以满足自己的需求。渐渐地,在同学关系中出现了“地盘”,形成了基于需求、兴趣、游戏倾向等类似因素结合起来的小团体。在稳定之前,会产生决定“胜负”的小纠纷和同学之间的拉拢。因此,小团体形成期也是班级中个人之间及友好小组之间的序列同时得以形成的时期。

2. 团体要求与个人属性之间的矛盾阶段

在小团体稳定下来之后,学生们就想在班级中积极采取行动以满足各种需求。他们的各种需求往往与团体的要求发生冲突。这个阶段可分为三个时期:第一个时期是师生矛盾时期。在这一时期,班级的学生容易分为顺应团体要求和对抗团体要求的对立小团体。第二个时期是班主任、教师、学生与学生之间的矛盾。在这一时期,学生在活动中依赖班主任、教师和班干部的倾向还较明显,所有学生的主体性、自立性的形成还不充分。第三个时期是学生团体之间的矛盾。在这个时期组成了以班干部为中心的群体,他们一方面接受班主任或教师的指导,另一方面自主地带领全班同学开展多种活动,班主任、教师与学生的矛盾减少了,而“干部群与支持干部的学生”和“反对干部群领导作用的学生”之间的矛盾却增加了。

3. 团体要求架构内的矛盾阶段

当班级中大多数学生都能接受团体要求时,班级内部的主要矛盾就不是团体要求与个人属性间的矛盾,而是团体要求架构内个人属性间的矛盾。这一阶段可根据矛盾的性质分为两个时期:

第一个时期是学生团体与学生团体的矛盾期。这一时期替代现有干部、争夺统帅力的竞争会频繁进行。值得注意的是,这种竞争并不是情感上的对立,而是所有学生之间亲和的、无所顾忌的必要关系的反映。

第二个时期是个性矛盾期。这一时期班级中的对立不再是情感上的对立,而是针对逻辑原则的贯彻。认识深浅的不同、价值观和体验的不同、个性的不同等,造成了逻辑上和个性上的对立。活泼的学生不再具有影响力,只有视野广、洞察力敏锐的学生才具有号召力来引导班级团体。

知识再拔高

班级组织的发展过程的其他说法

根据班级组织的人际关系特征、主要矛盾冲突、结构化程度或集体性以及发展水平,可将班级组织的发展过程划分为三个阶段:

1."孤立探索"阶段(松散型群体)

(1)班级成员彼此缺乏充分交往,人际关系是情绪性、随机性的。

(2)班级还没有形成大家认同并愿意遵守的行为规范,每个人只是从自己的角度去理解并参与共同活动。

(3)班级的心理气氛由直接的相互接触决定,群体意识和聚合力较弱。

(4)班级对班主任有很大的依赖性。

(5)学生还不能公然反对班主任和教师,甚至还不能提出任何意见或建议,班级中的主要问题是学生个体属性之间的矛盾。

2."群体分化"阶段(合作型班级群体)

(1)学生群体开始发生分化,在新的教育情境中发展成为新的学生群体。

(2)班级意识及荣誉感增强,班级活动不仅具有个人意义,而且具有本班级的共同意义。

(3)班级目标与行为规范已部分地被大家接受,班级自我管理结构和水平进一步提高。

(4)人际关系不仅仅是情绪好恶关系,而且产生了一定的群体责任依从关系,班级成员的角色和地位取决于参与班级活动的程度、贡献及其所获得的评价。

(5)班级学生的注意力集中在得到班主任、教师和同学的承认上,并以此来满足自尊和成就感的需求。

3."组织整合"阶段(自我更新的民主集体)

(1)班级成员和谐共处,有了很强的集体意识,学生小群体的界限、优势与服从关系日趋淡化。

(2)班级学生的主体性、自主能力进一步提高,班级组织已达到自我管理水平,并能不断自我超越、自我更新。

(3)各种角色权威或制度权威的影响力减弱,班主任或教师更多的是充当学生的倾诉对象或"成人朋友"、顾问或参谋,成为民主平等的师生关系中的"首席"。

(4)每个学生的主动发展意识、能力逐步形成与提高,班级成员的价值取向渐趋一致,自我个性的充分实现已成共识。

(5)班级群体已摆脱本位主义的思维框架,能够根据逻辑原则和全局利益来思考问题解决的方法。

(6)班级中的对立和冲突主要是由于学生认识方式、价值观念的不同造成的逻辑和个性上的矛盾。

真题面对面

[2022安阳文峰(高新),单,0.9分]在班级建立之初,学生的注意力主要集中于了解班主任和任课教师,建立与同学的稳定关系。这一阶段的班级组织处于(　　)

A.个人属性之间的矛盾阶段　　B.团体要求与个人属性之间的矛盾阶段

C.团体要求架构内的矛盾阶段　　D.班级组织建立后的矛盾阶段

答案:A

考点4　班级组织的特点　【不定项、判断】★

(1)班级组织的目标是使所有学生获得发展;(2)班级组织中师生之间是一种直接的、面对面的互动;(3)情感是班级组织中师生之间、生生之间的纽带;(4)班级组织中的师与生交往是全面的和多层次的;(5)班主任和教师的人格力量使班级活动得以有效开展。

考点5　班级组织的功能　【单选、多选】★

班级组织的功能是由其结构和特点决定的。班级不仅是一种社会组织,而且是由不同个体组成的群体，这就决定了班级组织既具有社会化功能，又具有个体化功能。

其社会化功能主要表现在：(1)传递社会价值观，指导生活目标；(2)传授科学文化知识，形成社会生活的基本技能；(3)教导社会生活规范、训练社会行为方式；(4)提供角色学习条件，培养社会角色。

其个体化功能主要表现在：(1)诊断功能；(2)矫正功能；(3)满足需求的功能；(4)促进发展的功能。

二、班级管理

考点1 班级管理的概念 【单选、判断】★

班级管理是一种有目的的活动，这一活动的根本目的是实现教育目标，使学生得到充分的、全面的发展。班级管理的对象是班级中的各种管理资源，而主要对象是学生，班级管理主要是对学生的管理；班级管理的主要手段有计划、组织、协调和控制；班级管理是一种组织活动的过程，它体现了教师与学生之间的双向活动，是一种互动的关系。

总之，班级管理是一个动态的过程，它是班主任和教师根据一定的目的和要求，采用一定的手段和措施，带领全班学生对班级中的各种资源进行计划、组织、协调、控制，以实现教育目标的组织活动过程。

考点2 班级管理的功能 【单选、多选、不定项、判断】 必背 ★★

(1)有助于实现教学目标，提高学习效率——**主要功能**；

(2)有助于维持班级秩序，形成良好的班风——**基本功能**；

(3)有助于锻炼学生能力，学会自治自理——**重要功能**。

记忆有妙招

为方便考生记忆，我们将班级管理的功能总结为：**主要抓教学、基本是秩序、重要在学生。**

考点3 班级管理的目标 【单选】★

班级管理目标既是班级管理的起点，又是评价班级管理绩效的依据和标准。班级管理目标制定的原则有三点，即确定目标要切合实际、规定目标达成的时间要合理、评价目标达成的标准要科学。具体如下：

(1)发展性原则。班级管理目标应体现促进学生发展的要求。

(2)针对性原则。班级管理目标应符合班级管理对象的实际。

(3)层次性原则。班级管理目标应具有层次性。

考点4 班级管理的内容 【单选、多选、不定项、判断、简答】 必背 ★★

1. 班级组织建设

(1)班级组织的结构

班级组织机构是班级组织结构形成的基础与前提。班级组织机构的微观建制的形式有三种：①直线式；②职能式；③直线职能式。班级组织的结构包括：班级的正式组织和非正式组织、班级组织的角色结构、班级组织的信息沟通结构、班级组织的规模。(也有学者认为，班级组织的结构包括职权结构、角色结构、师生关系结构和生生关系结构)

我国中小学班级的正式组织一般分为三个层次：**第一层**是对全班工作负责的角色，即班干部；**第二层**是对小组工作负责的角色，即小组长；**第三层**是只对自身的任务负责的角色，即小组一般成员。

非正式组织源于班级组织的个人属性层面的人际关系，是学生在共同的学习与活动中基于成员间的需求、能力、特点的不同，从个人的好感出发而自然形成的。学生的非正式组织有四种类型：①积极型；②娱乐型；③消极型；④破坏型。

(2)班级组织建设的内容

班级组织建设要做的主要工作有两个方面：①建立良好的班集体；②指导班级建设。

(3)班级组织建构的原则

①有利于教育的原则。有利于教育的原则是班级组织建立的一条**首要的原则**。当其他原则与其发生冲突的时候，其他原则都必须无条件地服从这一原则。

②目标一致的原则。组建班级的建构很重要的一点，就是被组建的人群在基本目标上应该是一致的。

③有利于身心发展的原则。

(4)班级组织水平的衡量标准 新增

①群体目标导向的积极性与成员对目标的内化水平；②健康舆论对集体的整合性与对成员的参照水平；③人际关系的民主平等性与成员的归属感水平；④共同活动的动机、目的、价值的中介性与成员对活动的积极性水平；⑤管理与自我管理机构的完善性与成员的自主、自觉性水平，是班级形成教育主体、教育力量的保证；⑥班级成员的个性与能力得到充分发展。

2. 班级制度管理

班级制度的管理是班级管理的基础和前提，也是维持正常教育教学活动的保证。制度是调节人与人之间关系的行为规范，按制度的形成可分为成文制度和非成文制度。

(1)成文的制度

成文的制度是学校教育教学工作的基本规范要求，即常规管理制度。成文的制度管理既是学校的规章制度，也是班级的规章制度，它是学校中每一个班级都必须遵守的、具有普遍性的舆论，在班级建设中发挥着引导、评价、调节和指标作用，对班级建设起着重要的规范作用，属于定型性的管理。每一个班级都应遵守和服从规章制度，这是衡量和评价班级工作的基本标准。每个学生在群体中生活也必须有基本的规范，表现为角色意识、公众意识、责任感和义务感。

(2)非成文的制度

非成文的制度是指班级的传统、舆论、风气、习惯等，即不成文的、约定俗成的非常规管理制度。学生在学校里生活的质量取决于班级生活质量的高低，而班级的生活质量不仅仅是课程计划中规定的东西，更是由班级群体所创造出来的一种班级生活决定的。它是隐性的，学生生活于其中就能逐渐形成班级共有的一种生活方式，在这种生活方式中，群体和个体都能得到发展与成长。非成文的制度管理是班级组织在形成过程中班级本身建立的规范，常常是班级个性的体现，属于不定型性的管理。

3. 班级教学管理

对一个“教学班”的教学管理，是班主任最重要的管理职能之一。教学是学校的中心工作，教学质量管理是班级教学管理的核心。班级教学管理的内容包括：(1)明确教学管理的目标和任务。(2)建立行之有效的班级教学秩序。(3)建立班级管理指挥系统。①以班主任为核心的班级任课教师群体；②以班长或学习委员、课代表为骨干的教学沟通系统；③以学习小组长为中心的执行系统。(4)指导学生学会学习。

4. 班级活动管理

班级活动是班级在班主任指导下，根据学校整体安排或班级学生发展需要而进行的全员性活动的总称，它既可以是弥补课程教学不足的教学活动，也可以是开发智力或发展能力的课外、校外活动，它是学校教育活动的有机组成部分。

真题面对面

[2022郑州郑东新区,简答,4分]班级管理指挥系统包括哪些方面?

答案:详见内文

考点5 班级管理的模式 【单选、多选、判断】 必背 ★★

1. 班级常规管理

(1)班级常规管理的内涵

班级常规管理是指通过制定和执行规章制度来管理班级的经常性活动。班级常规管理是建立良好班集体的**基本要素**。遵守班级规章制度是对每个学生的基本要求,也是每个学生必须履行的基本义务和职责。

(2)班级常规管理的内容

开展以班级规章制度为核心的常规管理,是班主任工作的重要内容之一。一般来说,班级的规章制度主要由三部分组成:

①教育行政部门统一规定的有关班集体与学生管理的制度,如学生守则、日常行为规范等;

②学校根据教育目标、上级有关指示制定的学校常规制度,如考勤制度、奖惩制度、作业要求等;

③班集体根据学校要求和班级实际情况讨论制定的班级规范,如班规、值日生制度、考勤制度等。

(3)班级常规管理的作用

①班级常规管理是建立良好班集体的基本要素;

②有利于建立一个健康、活泼、积极、有效的班集体;

③有利于营造良好的学习环境。

知识再拔高

班级日常管理的关键期

班级情况在正常化以后还是会出现异常,因此班主任对日常管理要常抓不懈,要抓住几个关键时期。称日常管理的关键期,是因为在某些时期,学生的心理及行为容易产生新的动向和苗头或者出现波动,表现出异常。抓住关键期加强教育和管理,把工作做到点子上,成效更佳。这里所说的关键期,主要是如下一些时期:新班组建期、开学初、期中和期末、大型活动期。

2. 班级平行管理

(1)班级平行管理的内涵

班级平行管理是指班主任既通过对集体的管理去间接影响个人,又通过对个人的直接管理去影响集体,从而把对集体和个人的管理结合起来的管理方式。

班级平行管理的理论源于**马卡连柯**的“**平行影响**”的教育思想。马卡连柯认为,教师要影响个别学生,首先要影响学生所在的班级,然后通过学生集体与教师一起去影响这个学生,这样就会产生巨大的教育力量。

(2)实行班级平行管理的要求

班主任实施班级平行管理时,要实施对班集体与个别学生双管齐下、互相渗透的管理,既要充分发挥班集体的教育功能,使其真正成为教育的力量,又要通过转化个别学生来促进班集体的管理与发展。

3. 班级民主管理

(1)班级民主管理的内涵

班级民主管理是指班级成员在服从班集体的正确决定和承担责任的前提下参与班级全程管理的一种管理方式。班级民主管理的实质是在班级管理的全过程中,调动学生自我教育的力量,发挥每一个学生的主人翁精神,使人人都积极主动地参与班级事务,让每个学生都成为班级的主人。

(2)实行班级民主管理的要求

①组织全体学生参与班级全程管理,即在班级管理的计划、实行、检查、总结的各个阶段,都让学生参与进来;②建立班级民主管理制度,如干部轮换制度、定期评议制度、值日生制度、值周生制度、民主教育活动制度等。班干部的轮换和班级岗位的设立,有利于学生公民意识的形成和综合素质的提升,对班级的发展也能起到积极的促进作用。

4. 班级目标管理

(1)班级目标管理的内涵

班级目标管理是指班主任与学生共同确定班级总体目标,然后转化为小组目标和个人目标,使其与班级总体目标融为一体,形成目标体系,以此推动班级管理活动,实现班级目标的管理方法。目标管理是由美国管理学家德鲁克提出来的。

(2)实行班级目标管理的要求

在班级中实施目标管理,就是要围绕全体成员共同确立的班级奋斗目标,将学生的个体发展与班级进步紧密地联系在一起,并在目标的引导下,实施学生的自我管理。

真题面对面

1. [2022濮阳市直,单,0.81分]班主任组织全体学生参与班级管理,建立班干部轮换制度、值日生制度等属于班级(　　)的要求。

A. 常规管理　　B. 平行管理　　C. 民主管理　　D. 目标管理

2. [2021许昌市直,单,2分]班主任与学生共同确定班级总体目标,并转化为小组目标及个人目标,使其与班级总体目标融为一体,以此实现班级目标的管理方式,称为班级(　　)

A. 目标管理　　B. 民主管理　　C. 平行管理　　D. 松散管理

答案:1. C　2. A

考点6　班级管理的原则　【单选、不定项】★

(1)方向性原则。指班级管理工作必须坚持正确的方向,用正确的思想引导学生。

(2)教管结合原则。指把对班级的教育工作和对班级的管理工作辩证统一起来。

(3)全员激励原则。指激励全班每个学生,充分发挥他们的智力、体力等各方面的潜能,实现个体目标和班级总目标。

(4)全面管理原则。学生管理必须面向全体,从整体着眼。班级管理过程中要始终坚持使学生全面发展,并且要把所有学生作为管理对象,一视同仁,兼顾全局。这里的全面发展,不仅不排斥个性发展,而且是以每个人的自由发展为条件的。

(5)自主参与原则。指班级成员参与管理,发挥其主体作用。班级的各种组织机构的干部成员都应该由学生民主选举产生,并授予他们进行管理的权力,不能随便干预。当他们遇到困难时,要帮助解决,但不要代替。这也就是我们通常所说的“班干部能做的班主任不做，学生能做的班干部不做”。

(6)平行管理原则。指管理者既通过对集体的管理去间接影响个人，又通过对个人的直接管理去影响集体，从而把对集体和个人的管理结合起来，以收到更好的管理效果。

知识再拔高

班级管理的原则的其他说法

(1)符合学生身心发展特点。班级是中小学生学校生活的基本场域，班集体的建设目标、内容、规范与措施都要符合学生的年龄特征。

(2)规范性要求与尊重个性相统一。班级管理一方面要能够体现教育目标对学生发展的要求，另一方面班级管理要能够充分地体现学生的个性特征，避免因规范性而扼杀学生的创造性。

(3)引导学生的自主管理。班主任要善于运用民主型管理方式，注重加强引导，同时给学生充分的自主管理的权利与责任，让学生充分参与班集体建设。

(4)服务教学与学生的全面发展。班级管理在发挥维护教学秩序作用的同时，也要促进学生的全面发展，充分地发挥教育性的功能。

真题面对面

1. [2021 信阳浉河，单，0.82 分]“班干部能做的班主任不做，学生能做的班干部不做”所体现的班级管理的原则是(　　)

A. 全面管理原则　　B. 自主参与原则

C. 教管结合原则　　D. 全员激励原则

2. [2023 郑州郑东新区，不定项，2 分]班级管理是一个动态的过程，在班级管理过程中应遵循的原则有(　　)

A. 符合学生身心发展特点　　B. 规范性要求与尊重个性相统一

C. 引导学生的自主管理　　D. 服务教学与学生的全面发展

答案：1. B　2. ABCD

考点 7　班级管理的具体方法 新增 【单选】★★

(1)调查研究法，是班级管理者了解班级学生和班级集体情况，把握班级特点，解决班级管理问题的一种方法。

(2)目标管理法，是班级管理者和班级学生根据社会发展要求、学校任务和班级实际情况，共同规划班级或个体在一定时间内要达到的目标，并将目标分解成一定的层次，逐级落实，通过采取一定的措施，努力使目标实现的一种班级管理方法。

(3)情境感染法，是指班级管理者有意创设生动、形象的各种教育场景，以境育情，引发学生积极的情感体验，从而达到良好管理效果的一种方法。

(4)规范制约法，是指运用班级规范和班级制度约束学生的行为，促使学生逐步形成良好的行为习惯的一种管理方法。

(5)舆论影响法，是指班级管理者通过健康向上的集体舆论的营造，形成积极浓厚的班级学习、生活的环境氛围，从而对身处其中的每一个学生产生潜移默化的影响的一种管理方法。

(6)心理疏导法，是指班级管理者运用心理学原理和方法，对学生给予辅导、疏导或进行沟通交流，解决学生的心理问题和心理障碍，使学生保持心理平衡，促进其心理健康发展的一种方法。

(7)行为训练法，是指学生在班级管理者有目的、有计划、有组织的指导下，通过模仿和反复练习，养成良好行为习惯的一种方法。

真题面对面

[2022郑州新郑，单，0.66分]班级教育管理者和班级学生根据社会发展要求、学校任务和班级实际情况，共同规划班级或个体在一定时间内要达到的目标，并将目标分解成一定的层次，逐级落实，通过采取一定的措施，努力使目标实现的一种管理方法是(　　)

A. 调查研究法　　B. 目标管理法　　C. 行为训练法　　D. 规范制约法

答案：B

考点8　当前我国学校班级管理中存在的问题及解决策略

1. 当前班级管理中存在的问题

(1)班主任的班级管理方式偏重于专断型；

(2)班级管理制度缺乏活力，学生参与班级管理的程度较低。

2. 建立以学生为本的班级管理机制　【单选、多选、判断】★

(1)以满足学生的发展为目的

学生的发展是班级管理的核心。班级管理的实质就是让学生的潜能得到尽可能的开发。在现代学校教育中，班级活动完全是一种培养人的实践活动，满足学生发展的需要既是班级活动的出发点，又是班级活动的最终归宿。

(2)确立学生在班级中的主体地位

发展学生的主体性是学校管理的宗旨。在传统的班级管理模式下，学生在某种程度上是教师的“附属物”，学生的主体地位根本无法保障。现代班级管理强调以学生为核心，建立一套能够持久地激发学生主动性、积极性的管理机制，确保学生的持久发展。

(3)有目的地训练学生自我管理班级的能力

以训练学生自我管理能力为主的班级管理制度改革的重点是：适当增加“小干部”岗位，实行“小干部”轮换制度；按照民主程序选举干部；使“小干部”从“教师的助手”变成“**学生的代表**”；把学生的注意力从当干部引向当“**合格的班级小主人**”；注重实践教育、体验教育、养成教育，引导学生自觉实践、自主参与、养成良好习惯，把以教师为中心的班级教育活动转变为学生的自我教育活动，把班集体作为学生自我教育的主体。

★★　考点大默写　★★

1. 学校行政体系中最基层的行政组织是____________。
2. 最早提出“班级”一词的是____________。
3. 班级管理的核心是____________的发展。
4. 班级组织的个体化功能主要表现在：诊断功能，____________，满足需求的功能，____________。
5. 班级管理的功能中，实现教学目标、提高学习效率是班级管理的____________功能，锻炼学生能力、学会自治自理是班级管理的__________功能，维持班级秩序、形成良好的班风是班级管理的__________功能。

6. 班级组织建构的原则包括__________的原则（首要原则）、目标一致的原则和有利于身心发展的原则。
7. 通过制定和执行规章制度来管理班级的经常性活动属于班级__________管理模式。
8. 班主任既通过对集体的管理去间接影响个人，又通过对个人的直接管理去影响集体，从而把对集体和个人的管理相结合的管理方式是_______________。
9. 学生在服从班集体的正确决定和承担责任的前提下参与班级管理的方式属于_______________。
10. 目标管理是__________最早提出来的。
11. “班干部能做的班主任不做，学生能做的班干部不做”所体现的班级管理的原则是__________。

【参考答案】

1. 班级　2. 埃拉斯莫斯（伊拉斯谟）　3. 学生　4. 矫正功能；促进发展的功能　5. 主要；重要；基本　6. 有利于教育　7. 常规　8. 班级平行管理　9. 班级民主管理　10. 德鲁克　11. 自主参与原则

第二节　良好班集体的培养

一、班集体的概念 【单选】 ★

班集体是按照班级授课制的培养目标和教育规范组织起来的，以共同学习活动和直接性人际交往为特征的社会心理共同体。

在本质上，班集体的内涵有多个层次：（1）班集体是一个以学生亚文化为特征的社会群体，它传导和积淀着班级制度的社会文化基因（教育目标、规范和组织模式）；（2）班集体是一个以教学为中介的共同活动体系，它以课堂教学为中介，整合学校、社会、家庭的教育影响，社会化的共同学习活动是班集体形成和发展的主要整合因素；（3）班集体还是一个以直接交往为特征的人际关系系统，正是交往和人际关系，动态地反映了集体与个体、个体与个体、集体与环境的相互作用，标志着集体形成的过程；（4）班集体是一个以集体主义价值为导向的社会心理共同体，集体心理的统一性和社会成熟度综合反映了集体主体性的水平。

二、班集体的特征 【单选、多选、判断、简答】 必背 ★★

班级是学校中开展各类活动的最基本的组织形式，是按照一定的教育目的、教学计划和教育要求组织起来的学生群体。但一个班的学生群体还不能称为班集体，学生群体和班集体之间有着本质差别。班集体不是学生的简单集合，是不会自发形成的。班集体是班级群体的高级形式，班集体的形成需要全班学生和班主任以及各学科教师的共同努力。班集体必须具备以下四个基本特征：

（1）明确的共同目标。这是班集体形成的基础。

（2）一定的组织结构，有力的领导集体。

（3）共同生活的准则，健全的规章制度。

（4）正确的集体舆论以及团结、和谐、向上的人际关系。

三、班集体的教育作用 【单选、多选、不定项】 必背 ★★

（1）有利于形成学生的群体意识。

（2）有利于培养学生的社会交往能力与适应能力。

（3）有利于训练学生的自我教育能力。班集体是训练班级成员自己管理自己、自己教育自己、自主开展活动的最好载体。

知识再拔高

班集体的教育功能(作用)的其他说法

(1)班集体不仅是教育的对象,而且是教育的巨大力量;(2)班集体是促进学生个性发展的一个重要因素;(3)班集体还特别能培养学生的自我教育能力。

真题面对面

[2022郑州高新,不定项,1.1分]在学校教育中,良好的班集体对学生的健康成长的作用,具体表现在( )

A. 有利于形成学生的集体意识　　B. 有利于形成正确的舆论和班风

C. 有利于训练学生的自我教育能力　　D. 有利于培养学生的社会交往与适应能力

答案:ACD

四、班集体的发展阶段【单选、判断】★★

一个班的几十个学生,从刚组建的群体发展为坚强的集体,一般要经过如下阶段:

1. 组建阶段

这一阶段是班集体的雏形期,班集体的基本特征已经出现。不过班级的核心和动力是班集体的组织者——班主任。他必须对学生提出明确的目的和应当遵守的制度与要求,并引导学生积极开展活动,促进班集体的发展。这时班集体对班主任有较大的依赖性,不能离开他的监督独立地执行他的要求。如果班主任不注意严格要求,班级就可能变得松弛、涣散。

2. 核心初步形成阶段

这一阶段的特点是,师生之间、同学之间有了一定的了解,产生了一定的友谊与信赖,学生积极分子不断涌现并团结在班主任周围,班的组织与功能较健全,班的核心初步形成,班主任与集体机构一道履行集体的领导与教育职能。这时,班集体能够在班主任的指导下积极组织和开展班的工作与活动,班主任开始从直接领导、指挥班的活动,逐步过渡到向他们提出建议,由班干部来组织开展集体的工作与活动。

3. 集体自主活动阶段

这一阶段的特点是,积极分子队伍壮大,学生普遍关心、热爱班集体,能积极承担集体工作,参加集体的活动,维护集体的荣誉,形成正确的舆论与良好的班风。这时,班集体已形成,并成为教育的主体,能主动地根据学校和班主任的要求以及班上的情况,自觉地向集体成员提出任务与要求,自主地开展集体活动。

知识再拔高

班集体发展阶段的其他说法

关于班集体的发展阶段,不同学者有不同的说法,以下总结了另外两种较为常见的说法,考生可进行对比记忆,在考试时,根据试题所采用的说法,灵活应对。

说法一	初建期的松散群体阶段	对班主任依赖性较强,班集体工作主要靠教师指挥,这一时期是班主任工作最繁忙的时期,也是班主任工作能力经受考验的关键期
	形成期的合作群体阶段	班中开始涌现出热心为大家服务的同学,班干部也开始发挥核心作用,班级的凝聚力开始显现。班主任在班级活动的组织上主要起一个指导的作用。形成期是班主任培养班级骨干的重要时期

续表

说法一	成熟期的集体阶段	班级已有明确的、共同认可的奋斗目标，班集体形成了良好的舆论氛围和民主团结的风气
说法二	组建阶段	班主任是班级的核心和动力，班集体对班主任有较大的依赖性
	形核阶段	同学之间开始相互了解，在班主任的引导培养下，涌现出一批积极分子开始协助班主任开展各项工作
	发展阶段	多数学生能够互相严格要求，教育要求已转化为集体成员的自觉需要，学生已能自己管理和教育自己
	成熟阶段	集体开始成为真正的教育手段。班集体成为教育的主体，自觉地向集体成员提出任务与要求，自主地开展集体活动

真题面对面

[2022驻马店驿城，单，1.2分]班集体的目的、任务都来自班主任个体自身要求，这是班集体发展过程中哪一阶段的特征（　　）

A. 组建阶段　　B. 形成阶段　　C. 发展阶段　　D. 成熟阶段

答案：A

五、班集体的形成与培养【单选、多选、不定项、判断、简答】必背 ★★★

1. 确定班集体的发展目标

目标是集体发展的方向和动力，一个班集体只有具有共同的目标，才能使班级成员在认识上和行动上保持统一，才能推动班集体的发展。班集体的奋斗目标是班集体形成的条件和发展的动力，与学生一起制定班级目标是班主任创建班集体的首要工作。班集体的发展目标一般可分为近期、中期、远期三种，目标的提出应由易到难、由近到远、逐步提高。

在实现班集体目标的过程中，教师要充分调动班级成员的积极性，使实现目标的过程成为教育与自我教育的过程。

2. 建立得力的班集体核心

一个得力的班集体核心非常重要，它是维护和推动班级工作的有力助手，是带动全班同学实现集体发展目标的核心。因此，建立一支核心队伍是培养班集体的一项重要工作。班委会是班主任做好各项工作的得力助手。班主任在建立班委会时，应遵循四个原则：

（1）民主性原则。班主任应广泛听取学生意见，充分发扬民主，真正由大多数信赖的学生组成班委会。

（2）用其所长原则。根据学生的兴趣爱好和优势潜能差异，充分利用学生所长来为班级服务。

（3）教育与锻炼相兼原则。班主任应以班委组建为契机，强化学生的服务意识和学习锻炼意识。

（4）关心爱护与严格要求相结合的原则。学生干部在学习之外要承担一定的社会工作，负担较一般同学重，班主任应给予关心和支持。对待学生干部，班主任要帮助他们处理学习与工作的关系，要树立学生干部的威信，但对他们的缺点、错误，既不迁就也不简单指责评判，要注意工作方法指导，让他们摆正自己与同学之间的关系，戒骄戒躁，以自己的模范行动去取得全班同学的信任。班干部一般约占班级人数的1/4。

3. 建立班集体的正常秩序

班集体的正常秩序是维持和控制学生在校生活的基本条件，是教师开展工作的重要保证。班集体的正常秩序包括必要的规章制度、共同的生活准则以及一定的生活规律。教师在班集体的组建阶段，就应着手正常秩序的建立工作，特别是当接到一个教育基础较差的班级时，首先就要做好这项工作。

4. 组织形式多样的教育活动

班集体是在全班同学参加各种教育活动的过程中逐步成长起来的，而各种教育活动又可以使每个人都有机会为集体出力并展示自己的才能。班级教育活动主要由日常性的教育活动与阶段性的教育活动两大部分组成，就内容而言，有学习活动、班会活动、校内外实践活动等；就形式而言，可以是学习交流、思想讨论，也可以是游艺娱乐、郊游远足……开展形式多样、丰富多彩的活动，是建设良好班集体的有效方法。

教师在组织各种教育活动时，要有明确的目的和要求，精心设计活动内容，注意形式的适龄化，力争把活动的开展过程变成教育过程。

5. 培养正确的舆论和良好的班风

班集体舆论是班集体生活与成员意愿的反映。正确的班集体舆论是一种巨大的教育力量，对班集体每个成员都有约束、感染、同化、激励的作用，是形成、巩固班集体和教育集体成员的重要手段。良好的班风是班集体大多数成员精神状态的共同倾向与表现。只有在集体中形成了正确的舆论与良好的班风，才能使集体明辨是非、善恶、美丑，扶正祛邪，发扬优点，抵制不良思想习气的侵蚀，才能使集体具有自我教育的能力，成为教育的主体。正确的舆论和良好的班风是班集体形成的重要标志。

真题面对面

1. [2022 濮阳市直，多，1.52 分] 班集体的正常秩序包括（　　）

A. 必要的规章制度　　B. 共同的生活准则

C. 一支好的核心队伍　　D. 一定的生活规律

2. [2021 濮阳清丰，简答，5 分] 如果你是新生班主任，如何组织和培养班集体？

答案：1. ABD　2. 详见内文

考点大默写

1. 班集体的基本特征包括：＿＿＿＿＿＿＿；一定的组织结构，有力的领导集体；＿＿＿＿＿＿＿，＿＿＿＿＿＿＿；正确的集体舆论以及团结、和谐、向上的人际关系。其中，＿＿＿＿＿＿＿是班集体形成的基础。
2. 在班集体发展的组建阶段，班集体对＿＿＿＿＿的依赖性较强。
3. 训练班级成员自己管理自己、自己教育自己、自主开展活动的最好载体是＿＿＿＿＿。
4. 班主任组织和培养班集体的措施包括：＿＿＿＿＿＿＿，建立得力的班集体核心，＿＿＿＿＿＿＿，组织形式多样的教育活动，培养正确的舆论和良好的班风。
5. 班主任创建班集体的首要工作是制定＿＿＿＿＿。
6. 当班主任接到一个教育基础较差的班级时，首先要做好的工作是＿＿＿＿＿＿＿。
7. ＿＿＿＿＿和良好的班风是班集体形成的重要标志。

【参考答案】

1. 明确的共同目标；共同生活的准则；健全的规章制度；明确的共同目标　2. 班主任　3. 班集体　4. 确定班集体的发展目标；建立班集体的正常秩序　5. 班级目标　6. 建立班集体的正常秩序　7. 正确的舆论

第三节　班主任工作

一、班主任的概念【单选】★

班主任是班集体的组织者和领导者，是学校贯彻国家教育方针，促进学生健康成长的骨干力量。教育部印发的《中小学班主任工作规定》指出："班主任是中小学日常思想道德教育和学生管理工作的主要实施者，是中小学生健康成长的引领者，班主任要努力成为中小学生的人生导师。"

二、班主任在班级管理中的地位和作用【单选、多选、不定项、判断】★

班主任肩负着全面管理班级的职责，是学校教育的中坚力量。他在学校教育计划和其他各项管理的实施中，在协调本班任课教师的教育工作及沟通学校与家庭、社会教育之间联系的过程中起着重要作用。

1. 班主任是班级建设的设计者

班级建设的设计是指班主任根据学校的整体办学思想，在主客观条件许可的范围内所提出的相对理想的班级模式，包括班级建设的目标，实现目标的途径、具体方法和工作程序。其中，以班级建设目标的制定最为重要。班级目标的设计，主要依据两方面因素：(1)国家的教育方针、政策和学校的培养目标；(2)班级群体的现实发展水平。

2. 班主任是班级组织的领导者

班主任在班级管理中的影响力主要表现在两个方面：

(1)班主任的权威、权力和地位，这些构成班主任的**职权影响力**。

(2)班主任的个性特征与人格魅力，这些构成班主任的**个性影响力**。班主任的个性影响力取决于三个方面：①班主任自身对教育工作的情感体验；②对学生产生积极影响的能力；③高度发展的控制自己的能力。

3. 班主任是协调班级人际关系的主导者(艺术家)

交往是班级人际关系形成和发展的重要手段。班主任应悉心研究班级的人际关系，指导学生的交往活动。这是班主任的重要使命之一。

知识再拔高

班主任的威信的主要表现

(1)品德影响力。品德指人的品行、道德、人格、作风等。一个有高尚品德的班主任，他的思想和行为不但具有明显的表率作用，而且具有巨大的号召力、动员力和说服力，能使学生产生敬重感、信服感。

(2)知识影响力。班主任的教学活动，实际上就是传授知识与开发智力的过程。知识渊博的班主任，对学生有巨大的吸引力，学生自然会对他产生信赖感，乐意听他的课，服他的管，为能够有知识渊博的老师担任自己的班主任而感到荣幸，班主任的威信很容易建立起来。

(3)才能影响力。班主任的才能主要表现为敏锐的观察力，善于进行思想政治教育的能力，以及较好的组织管理能力、因材施教能力、启发学生思维能力等。

(4)情感影响力。班主任经常与学生接触，对学生的学习和生活接触多。班主任长期做学生工作，会产生爱的效应和近体效应。班主任热爱学生，关心学生的学习和生活，就能激起学生对他亲近、感激和尊敬的情感，使师生在心理上更加融洽，产生感情共鸣。这样的班主任就能得到学生的信赖和拥护，具有很大的影响学生的能力，享有较高的威信。

三、班主任的素质及自我教育

考点1 班主任素质的结构 【多选】★

班主任素质大体包括：身体素质、心理素质、社会文化素质，这三个方面构成了班主任的整体素质系统。

(1)身体素质，即“体质”，指班主任具有发展的自然或生理前提的素质，这是最基础的素质；

(2)心理素质，即“品质”，它指导着班主任的自我教育、自我发展和完善；

(3)社会文化素质，即“素养”，指班主任的思想、政治、职业道德、文化修养、能力结构等，它包括思想道德素养、文化科学素养、能力素养、审美素养。

考点2 班主任的自我教育 新增 【多选】★★

班主任作为教育因素，对班级组织和学生的影响表现为两个方面：一是以自身修养为基础，通过自己的价值观念、人品、学识、态度、行为习惯等潜移默化地感染学生；二是通过做好班级管理工作，使学生受到更多更好的教育。班主任工作是一项发展性的专业工作，既要促进学生的发展，又要与时俱进，不断发展和完善自身；同时，班主任的自我发展意识也是影响其做好班级工作的重要因素。因此，一个有事业心的班主任应该认真学习教育管理理论，潜心研究班级管理工作，及时更新教育管理理念，不断调整班级管理策略。此外，班主任还要不断加强自身修养，以自身的高素质树立榜样，以实际行动来教育学生。

真题面对面

[2022郑州惠济，多，1分]班主任作为教育因素，对班级组织和学生的影响主要表现在(　　)

A. 班主任通过良好的自我发展意识促进学生的自我管理与发展

B. 通过做好班级管理工作，使学生受到更多更好的教育

C. 以自身修养为基础，通过自己的价值观念、人品、习惯等潜移默化地影响学生

D. 班主任与学生共同制定班级制度规范，营造良好的班级氛围

答案：BC

四、班主任建设和管理班级组织的策略 【单选、多选、不定项、判断】 必背 ★★

1. 创造性地规划班级发展目标

(1)以提高素质、发展个性为导向，制定适合班级组织实际水平的发展目标；(2)在班级组织的目标管理中，既要注重提高班级的整体发展水平，又要为班级中的每个成员精心规划其个性发展目标，并创造达成合理的个人发展目标的机会和条件，使班级中的每个成员在集体目标下树立自尊、自信、自强的自我形象。

2. 合理地确定学生在班级中的角色位置

(1)科学地诊断班级人际关系的现状；(2)实行班干部轮换制；(3)丰富班级管理角色；(4)正确对待班级中的非正式群体。

3. 协调好班级内外各种关系

(1)协调班级内的各组织和成员的关系；(2)协调与各任课教师及学校其他部门、其他班级的关系；(3)协调班级与社会、家庭的关系；(4)协调好班级内的各种活动和事务。

4. 建构“开放、多维、有序”的班级活动体系

班级建设必须建构一个由自主性的课堂教学活动、选择性的课外活动、创造性的社会实践活动有机组合的开放、多维、有序的共同活动体系，从而为每一个成员提供发现、尝试、锻炼和表现自己天赋和才能的自

由时间和空间。

5. 营造健康向上、丰富活跃的班级文化环境

(1)班级文化的内涵

所谓班级文化，是班级中教师和学生共同创造出来的联合的生活方式。它包括三种状态：最为显性的班级环境布置，最为隐性的班级人际关系和班风，以及处于中间状态的班级制度与规范等。

(2)班级文化的特点

①教育性。教育性是班级文化的首要特点，也是区别于其他组织文化的主要特征。②凝聚性。③制约性。④自主性。

(3)班级文化的类型

①班级物质文化。包含教室内的环境布置(包括教室墙壁布置、桌椅的摆放、环境卫生的打扫与保持等)及师生的仪表等。

②班级行为文化。主要指班级开展的各种文化活动。它是班级文化中最活跃的因素，反映了班级的精神面貌、教学作风和管理水平，是班级精神和群体意识的动态反映。

③班级制度文化。指班级文化中的制度部分，是班级全体成员共同认可并自觉遵循的行为准则。

④班级精神文化。指班级长期形成的一种班级理念、哲学以及价值观，它是一种以意识为形态的班级核心文化。班风是班级精神文化的主体。树立良好的班风建设策略包括：A. 把握时机，早抓早管。B. 全员参与，形成共识。C. 发挥榜样力量。D. 充分利用舆论阵地。班级的墙报、黑板报、班级标语、班会、少先队活动或团队活动等是班级舆论形成的重要阵地。其中，黑板报和墙报是教室布置的主要内容，既属于班级物质文化建设，又属于班级精神文化建设。

(4)创建班级文化的方法

①营造文化性物质环境；②营造社会化环境；③营造良好的人际环境；④营造正确的舆论和班风；⑤营造健康的心理环境。

真题面对面

[**2021 郑州惠济，不定项，0.9 分**]班级文化是校园文化的重要组成部分，也是形成班集体凝聚力和良好班风的载体。班级文化主要包括(　　)

A. 班级制度与规范　　B. 班级环境布置

C. 班级人际关系　　D. 班歌、班风

答案：ABCD

五、班主任的领导方式【单选、多选、判断】★★

考点1　班主任的领导方式

班主任的领导方式一般可以分为三种类型：权威型、民主型、放任型。

采用权威型领导方式的班主任侧重于在领导与服从的关系上实施影响。

采用民主型领导方式的班主任比较善于倾听学生的意见，不是以直接的方式管理班级，而是以间接的方式引导学生。

采用放任型领导方式的班主任主张对班级管理不做过多干预，以容忍的态度对待班级生活的冲突，不主动组织班级活动。

真题面对面

[2022濮阳市直,判断,0.43分]善于倾听学生意见的班主任,属于权威型班主任。(　　)

答案:×

考点2　班主任在具体操作过程中的两种领导方式

上述三种领导方式是班主任常用的比较典型的领导方式,但在当前班级管理实践中,班主任在具体操作过程中有两种领导方式运用得比较多,即"**教学中心**"和"**集体中心**"的领导方式。

(1)"教学中心"是目前用得较多的领导方式,这与现行的班主任工作评价机制不无关系,它最大的弊端是忽视人的因素,班级工作只见教学不见学生,只看学生分数不看学生发展。

(2)"集体中心"的领导方式主张信赖而不是怀疑集体,用集体领导的手段管理班级,将班级作为教育的对象。尽管如此,班集体是由每一个具有不同个性的学生个体组成的,所以在实施"集体中心"的领导方式时,既要重视发挥班集体的教育功能,又要重视教育转化个别学生,促进班级的管理和发展。

六、班主任工作的任务 【单选】 必背 ★★

(1)班主任工作的**基本任务**是带好班级、教好学生。对学生进行思想品德教育,这是班主任的**工作重点和经常性的工作**。

(2)班主任工作的首要任务是组织建立良好的班集体。班集体不仅是学校进行教育教学活动的基本单位,而且是学生成长的摇篮、活动的基地、自我教育的课堂。因此,每个班主任在接手一个班级后,都把组织建立班集体作为自己工作的首要任务。

(3)班主任工作的中心任务是促进班集体全体成员的全面发展。协调各方面力量,促进全班学生全面健康发展是班主任工作的**最终目的**,也是其工作的**中心任务**。

真题面对面

[2021濮阳清丰,单,1分]班主任工作的首要任务是(　　)

A. 提高学生的学业成绩　　B. 促进后进生转化

C. 协调授课教师做好教学工作　　D. 组织建立良好的班集体

答案:D

七、班主任工作的原则 【单选、多选、简答】 ★

(1)**学生主体原则**。班主任在班级工作中,应该把学生当作教育过程的主体和重心,充分尊重并发挥学生的主体作用。☞贯彻学生主体性原则要求做到:①深入了解学生的需要,调动学生的积极性;②引导学生分析和评价自己,培养学生的自我教育能力。新增

(2)**因材施教原则**。班主任要全面、深入、客观地了解学生的个性特点和内心世界,根据学生的年龄特征和个性特点确定合适的教育对策。

(3)**集体教育原则**。班主任在工作中要注意依靠学生集体,即将学生集体看作教育的对象,也将其视为教育的主体,充分发挥集体在教育中的作用。

(4)**民主公正原则**。班主任要保护学生的人格和尊严,尊重学生的个性和差异,尊重学生的意愿和利益,实施民主管理,一视同仁地对待学生,准确、客观地评价学生。

(5)**严慈相济原则**。班主任在工作中，要把热爱学生与严格要求学生有机结合起来，让学生不断获得和产生成长与进步的内在动力。

(6)**以身作则原则**。班主任在工作中要严格要求自己，自正其身，率先垂范，为学生树立良好的榜样，用“身教”来影响和感染学生。

八、班主任工作的内容与方法 【单选、多选、判断、填空、简答、案例分析】 必背 ★★★

考点1 了解和研究学生

1. 了解和研究学生的意义

了解和研究学生是班主任工作的前提和基础，是做好班级工作的先决条件，也是班级教育过程中有效开展各项工作必不可少的基本环节。对学生的研究通常包括三个方面：(1)了解学生身心发展的现状；(2)了解学生的兴趣和差异；(3)了解学生个体的需要。

真题面对面

[2022驻马店驿城，判断，0.55分]了解和研究学生是班主任工作的前提和基础。(　　)

答案：√

2. 了解和研究学生的主要内容

(1)了解和研究班级群体的主要内容

①班级成员的基本构成，如生源状况、年龄层次、性别比例等；

②班级群体的学业状况，包括不同学生学业程度的具体情况和不同学科学业程度的具体情况；

③班级群体的发展状况，如班级组织、班级规范、人际关系、班级舆论、班风、班级传统等；

④班级日常行为表现，如学习习惯、课堂内外的纪律等。

对于一个新组建的班级，主要是侧重于对第一项内容的把握。

(2)了解和研究班级个体的主要内容

①学生的基本情况，如性别、年龄、身体状况、兴趣爱好、个性倾向等；

②学生的社会关系，如家长职业、家庭经济状况、家庭结构、家庭关系、家庭所在的社区环境等；

③学生的学业和品德状况，如学习态度、学习习惯、学习性向、智能发展水平等；

④学生的品德形成与社会性发展状况，如行为习惯、人际关系、人际交往方式、思想道德面貌等。

3. 班主任了解学生的方法

班主任了解和研究学生的要求是全面、经常和及时。其具体方法如下：

(1)观察法，即在自然条件下，充分运用自己的感官或者借助各种观察仪器，有目的、有计划地对学生的各种行为表现进行观察。这是班主任了解、研究学生的最基本方法。

(2)谈话法，指班主任通过与学生面对面谈话来深入了解学生情况的方法，具有灵活、方便、容易了解事情细节、有利于感情沟通等特点。

按谈话的手段，谈话法的形式可分为：商讨式谈话、点拨式谈话、触动式谈话、谈心式谈话、突击式谈话、渐进式谈话。其中，触动式谈话是指以严肃的态度、激烈的语调、尖锐的语言给学生以较大的心灵触动，促使其深入思考和改变。这种谈话方式适用于具有惰性心理、依赖心理和试探心理的学生。但运用这种方式一定要适度，火药味不宜太浓，不能给学生造成伤害。

(3)调查法，即通过对学生本人或知情者的调查访问，从侧面间接地了解学生，包括问卷、座谈等。通过这种方法可获得大量第一手材料，反映的问题比较深刻全面。

（4）书面材料分析法，即借助学生的成绩表、作业、日记等书面材料对学生进行了解的方法。这是了解学生基本情况的最简易的方法。

真题面对面

1.［2023事业单位，单，0.8分］班主任通过远程监控设备了解学生上课时的自然状态，该了解学生的方法是（　　）

A. 访问法　　B. 调查法　　C. 比较法　　D. 观察法

2.［2021商丘永城，单，0.95分］班主任通过学生的成绩单了解学生的学习情况，这种研究方法属于（　　）

A. 观察法　　B. 调查法

C. 书面材料分析法　　D. 平面剖析法

答案：1. D　2. C

考点2　有效地组织和培养优秀班集体

组织和培养班集体是班主任工作的中心环节。班主任应有计划、有组织地在短时间内有效地组建班集体，具体内容参见本章第二节中的“班集体的形成与培养”。

真题面对面

［2022南阳四区联考，单，0.7分］班主任工作内容主要包括常规工作和个别教育工作两大方面，其中，在常规工作中，（　　）是班主任工作的中心环节。

A. 了解和研究学生　　B. 组织和培养班集体

C. 建立学生成长档案　　D. 组织班会和课外活动

答案：B

考点3　协调校内外各种教育力量

班主任要对班级实施有效的教育与管理，必须要争取校内外各种教育力量的配合，调动各种积极因素。具体内容如下：

（1）协调本班各任课教师的工作，充分发挥本班任课教师的作用。

（2）协助和指导班级团队活动。

（3）争取运用家庭和社会教育力量。班主任要与学生家庭和社会有关方面取得联系，加强学生的思想政治工作。具体包括：①借助社会力量到学校来影响学生；②把学生有组织、有目的地放到社会上去接受积极影响；③学校与社会合作，形成有组织的来往，使其成为班级活动的一部分。

考点4　学习指导、学习活动管理和生活指导、生活管理

（1）学习指导、学习活动管理。学习指导包括：①指导学生掌握科学的学习方法；②指导学生养成良好的学习习惯；③指导学生制订学习计划。学习活动管理包括上课、课外作业、考试、学生的集体自修等。

（2）生活指导、生活管理。生活指导包括：①对学生进行礼仪常规教育；②指导学生的日常交往；③指导学生搞好生理卫生；④指导学生遵纪守法；⑤对学生进行劳动教育。生活管理包括考勤、日常作息安排、维

持各种活动纪律、清洁卫生、执行守则、维持学校正常秩序等。

考点5 组织课外、校外活动和指导课余生活

学校的课外活动和课余生活一般都以班为单位来组织与安排，所以，组织与指导这些活动也是班主任的一项经常性的重要工作。班主任还应经常关心和了解学生的课余生活，并给予必要的指导。

考点6 建立学生档案

班主任在全面了解学生的基础上，对掌握的材料进行分析处理，并将整理结果分类存放起来，即建立学生的档案。建立学生档案一般分四个环节：收集—整理—鉴定—保管。

考点7 操行评定

1. 操行评定的概念

操行评定是以教育目的为指导思想，以“学生守则”为基本依据，对学生一个学期内的学习、劳动、生活、品行等方面进行的小结与评价。操行评定的主要内容有道德品行、学习、身心健康三个方面。

真题面对面

[2021郑州郑东新区，判断，0.5分]班主任在学期末对学生的品行、学习、生活等方面做出的评价是操行评定。(　　)

答案：√

2. 操行评定的一般步骤

(1)学生自评；(2)小组评议；(3)班主任评价；(4)信息反馈。

3. 学生操行评语的基本写法

(1)谈心式。例如：“工作上，你踏实肯干；墙报，你是主编；节目，你是主演。多少次，天黑了你还在校园忙碌；多少次，天一亮你就到教室打扫卫生……”

(2)描述性。例如：“你的歌唱得真棒，大家都在为你喝彩！”

(3)过程性。评语反映学生的成长过程，既看过去和现在，还要预示未来。例如：“本学期你积极参加数学兴趣小组活动，成绩明显提高，下学期你的数学学习一定会有更大的进步。”

(4)情感性。评语要“有情”，言辞恳切，体现对学生的“尊重”。例如：“自然课上你的发言那么有新意，老师欣赏你！”

4. 班主任做好操行评定应注意的几个方面

(1)要实事求是，抓主要问题，评定要准确反映学生思想品德的全面表现和发展趋向；

(2)要充分肯定学生的进步，并适当指出他们的不足；

(3)评语要简明、具体、贴切，严防用词不当伤害学生的情感。

考点8 班主任工作计划与总结

班主任工作计划一般分为学期计划、月或周计划以及具体的活动计划(也有学者认为，班主任工作计划一般可分为学期计划和具体的活动计划)。其中，学期计划比较完整，一般包括三大部分：(1)基本情况。(2)班级工作的内容、要求和措施。这部分是整个计划的中心、主干，包括：明确班级的各项内容；明确规定采取什么样的措施、方法完成这些内容。(3)本学期的主要活动与工作安排，这部分是把计划中的工作和活动按月、周加以落实，有序地完成工作计划。

班主任工作总结是对班主任整个工作过程、状况和结局做出全面的、恰如其分的评估，进行质的评议和量的估计。班主任工作总结一般分为两类：**全面总结和专题总结**。一般在学期学年末进行。做好总结应注意两点：(1)平时注意对班主任工作资料的积累；(2)注意做阶段小结。

考点9 个别教育工作

班主任必须根据学生的个别差异，做好学生的个别教育工作。只有使每个学生都得到发展，班集体才能健康地发展。个别教育的形式一般包括个别谈话、个别帮助、个别指导、个别辅导等。班主任做好个别教育工作，包括做好先进生的教育工作、中等生的教育工作和后进生的教育工作。

做好个别教育工作的一般要求包括：(1)摸清情况，分析原因，区别对待；(2)热爱和尊重学生，促其转化；(3)发现“闪光点”，及时表扬，逐步提高；(4)自我剖析，制定措施，接受监督；(5)常抓不懈，持之以恒。

1. 先进生工作

先进生的心理特征：(1)自尊心强，充满自信；(2)强烈的荣誉感；(3)较强的超群愿望与竞争意识。

对于先进生的教育，班主任要注意：(1)严格要求，防止自满；(2)不断激励，弥补挫折；(3)消除嫉妒，公平竞争；(4)发挥优势，全班进步。

2. 中等生工作

中等生，也叫“一般生”或“中间生”，是指那些在班级中各方面都表现平平的学生。中等生一般具有如下特点：(1)信心不足；(2)表现欲不强。

对于中等生的教育，班主任应注意：(1)要重视中等生的教育，既要抓两头，也要抓中间，努力使中间因素向积极的方面转化，实现班级工作的良性循环；(2)根据中等生的不同特点有的放矢地进行个别教育。

3. 后进生工作

后进生通常指那些学习积极性不高、学习成绩暂时落后、不太守纪律的学生。后进生是一个相对概念，运用时应谨慎。

后进生的心理特征一般表现为：(1)不适度的自尊心；(2)学习动机不强；(3)意志力薄弱。

对于后进生的教育，班主任应注意：(1)关心爱护后进生，尊重他们的人格；(2)培养和激发学习动机。

真题面对面

[2022濮阳市直，多，1.52分]班主任进行后进生教育工作时，下列做法中恰当的有(　　)

A. 对后进生进行挫折教育　　B. 尊重后进生的人格

C. 激发后进生的学习动机　　D. 激发后进生的嫉妒心

答案：BC

考点10 班会活动的组织

1. 班会的概念

班会是以班级为单位，在班主任的指导下，一般由学生干部主持进行的全班性会务活动。班会的特征是**集体性、自主性和针对性**。班会一般有三类，即常规班会、生活班会和主题班会。

2. 主题班会

主题班会是班主任依据教育目标，指导学生围绕一定主题，由学生自己主持、组织进行的班会活动。主题班会是班级活动的主要形式。

(1)主题班会的意义 新增

主题班会是学校德育的重要途径之一，是班主任组织、管理、教育学生的有效形式，是引导学生进行自我管理、自我教育的良好途径。

(2)主题班会的形式

①主题报告会;②主题汇报会;③主题讨论会;④科技小制作成果展评会;⑤主题竞赛;⑥主题晚会。

(3)组织主题班会的阶段

①确定主题;②精心准备;③具体实施;④总结深化。

(4)组织主题班会应注意的问题

①主题不能过杂;②要有的放矢;③班主任要做好"导演"而不是"演员"。

考点11 偶发事件的处理

偶发事件是指在教育的过程中发生的事先难以预料、出现频率较低,但必须迅速做出反应、加以特殊处理的事件。

1. 偶发事件的特点

突发性、紧迫性、冲击性和多样性。

2. 偶发事件处理的原则

(1)**教育性原则**。班主任在处理突发事件时要以让学生受教育、促进每个学生的成长为目的。

(2)**客观性原则**。班主任在处理问题时,要充分调查、了解事实的真相,公平公正地分析和处理问题,客观地对待每一个学生。

(3)**有效性原则**。班主任处理偶发事件时一定要考虑所用方法和措施的效果。

(4)**可接受性原则**。班主任对偶发事件的处理要能使当事双方心悦诚服地接受处理意见或结果,要让学生从内心深处接受,认识到自己的错误,进而积极加以改正。

(5)**冷处理原则**。对于有些偶发事件,班主任不应急于表态、急于下结论,而应冷静地观察,待把问题的来龙去脉弄清楚再去处理。

3. 偶发事件处理的办法

(1)沉着冷静面对;(2)机智果断应对;(3)公平民主处理;(4)善于总结引导。

记忆有妙招

为帮助考生记忆,我们把班主任工作的内容总结为如下口诀:**了解组织多协调,指导课外建档案,操行评定需总结,个别班会偶处理。**

考点大默写

1. 以教育目的为指导思想,以"学生守则"为基本依据,对学生一个学期内的学习、劳动、生活、品行等方面进行的小结与评价是__________。
2. 班主任在班级管理中的影响力,主要有职权影响力和__________。
3. 班主任工作的中心环节是__________。
4. 班级文化中最活跃的因素是__________。
5. 善于倾听学生的意见,以间接的方式引导班级组织的班主任领导方式属于__________。
6. 班主任工作的首要任务是__________,中心任务是__________。
7. 偶发事件处理的原则包括__________、客观性原则、有效性原则、__________、冷处理原则。
8. 班主任工作的前提和基础是__________。

9. 班主任了解和研究学生最基本的方法是＿＿＿＿＿＿。

【参考答案】

1. 操行评定　2. 个性影响力　3. 组织和培养班集体　4. 班级行为文化　5. 民主型　6. 组织建立良好的班集体;促进班集体全体成员的全面发展　7. 教育性原则;可接受性原则　8. 了解和研究学生　9. 观察法

考点　班队劳动的组织与指导

从形式上看,班队劳动主要有生产性劳动、社会公益性劳动、自我服务性劳动。适合小学生的班队劳动主要有社会公益性劳动和自我服务性劳动。

社会公益劳动也称义务劳动,包括生产性公益劳动和服务性公益劳动,如植树造林,整顿校容、市容,搞清洁卫生,维护社会秩序,帮助烈属孤老,参加工厂和农村劳动等。

自我服务劳动,是指照料自己的生活,保持环境整洁的劳动。日常生活中自我服务劳动是儿童最早参加的劳动。学校的自我服务劳动包括:值日,保持教室、校园的卫生;布置教室,绿化校园和为集体服务;等等。

即时反思与复盘总结

我于＿＿＿＿年＿＿月＿＿日完成了对本章的学习。

复盘一下,我对自己较肯定的地方是＿＿＿＿＿＿＿＿

(足够努力/心态积极/方法得当……)

我觉得自己需要改进的地方是＿＿＿＿＿＿＿＿

(懒惰懈怠/心情浮躁/方法不当……)

休息片刻,开启下一站征程!

第九章 课外、校外教育与三结合教育

思维导图

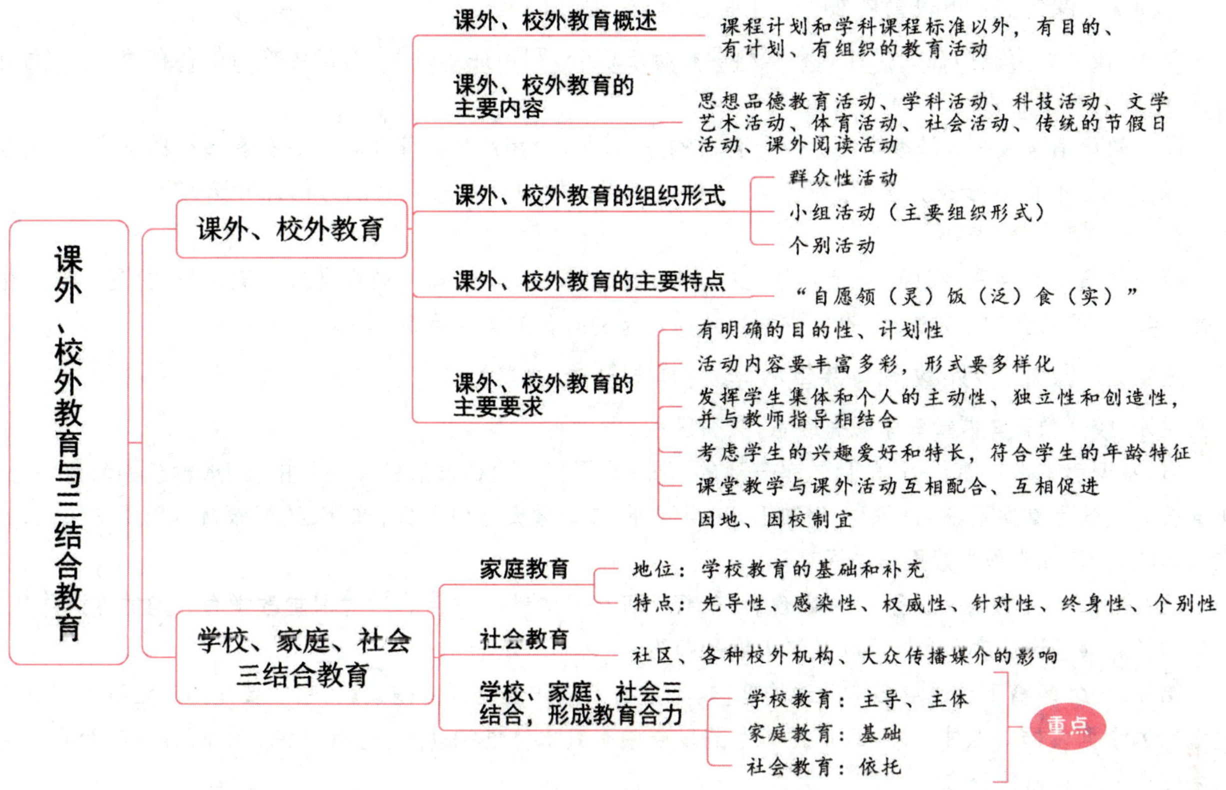

河南考向

本章属于教育学的基础章节，知识点较琐碎。现对本章河南考向分析如下：

考点名称	常考题型	能力层级	考查热度
课外、校外教育的意义	单选、多选、判断	识记	★★
课外、校外教育的主要特点	单选、多选、不定项、判断	理解	★★
家庭教育	单选、多选、判断	识记	★★
学校、家庭、社会三结合，形成教育合力	单选、多选、判断、案例分析	运用	★★

核心考点

第一节 课外、校外教育

一、课外、校外教育概述

考点1 课外、校外教育的概念 【单选、多选、判断】★

课外、校外教育是指在课程计划和学科课程标准以外，利用课余时间，对学生施行的各种有目的、有计划、有组织的教育活动。

课外教育指学校在课堂教学任务以外有目的、有计划、有组织地对学生进行的多种多样的教育活动，是学生课余生活的良好形式。这里的课堂教学包括课程计划中计入总课时的必修课和选修课。因此，选修课、自习课不属于课外教育。

校外教育是利用课余时间和社会力量对学生进行的灵活多样、富有教育意义的教育形式，是引导学生接触社会、了解社会的重要途径，是促进学生全面发展的必要的教育组织形式。

考点2 课外、校外教育与课堂教学 【单选、多选、判断】★

课外、校外教育与课堂教学既有联系，又有区别。

(1)从两者的联系看，它们的目的是一致的，都是为了实现全面发展的教育目的，完成学校的教育任务；课堂教学使学生掌握系统的科学文化知识，又为课外、校外教育提供条件；课外、校外教育运用所学知识，锻炼活动能力，使课堂教学效果得到提高。

(2)课外、校外教育又区别于课堂教学，有着不可替代的教育作用。它对课堂教学有一定的促进作用，但又不仅局限于课堂教学的内容和教学大纲的范围。

课外、校外教育不是课堂教学活动的延伸，不是为完成作业而开辟的领域，它主要是通过活动的形式促进学生的全面发展。课外、校外教育在学生的发展中有其本体性的功能，也就是说，课外、校外教育在学生的发展中有其独特的价值。

考点3 课外、校外教育的意义 【单选、多选、判断】 必背 ★★

(1)课外、校外教育有利于学生开阔眼界，获得知识；

(2)课外、校外教育有利于发展学生智力，培养学生的各种能力；

(3)课外、校外教育是进行德育的重要途径；

(4)课外、校外教育是因材施教、发展学生个性特长的广阔天地。

真题面对面

[2021安阳滑县，多，1.2分]课外、校外教育是指在课程计划和学科课程标准以外，利用课余时间对学生实施的各种有目的的、有计划的、有组织的教学活动。课外、校外教育具有的重要意义包括(　　)

A. 是进行德育的重要途径

B. 有利于学生开阔眼界，获得新知

C. 有利于学生发展智力，培养能力

D. 是因材施教、发展学生个性特长的广阔天地

答案：ABCD

二、课外、校外教育的主要内容【单选、多选、判断】★

(1)思想品德教育活动。课堂教学中严谨的思想品德教育更多地给学生以理性的认识，而课外鲜活的现实活动则能给学生切实的感受，更能震撼学生心灵。

(2)学科活动。它是以学习和研讨某一学科的知识或培养某一方面的能力为主要目的的活动。这类活动是学校课外活动的主体部分，学校应高度重视，分科组织落实。

(3)科技活动。这是以让学生学习和了解科技知识为目的的课外活动。例如：举办科技讲座，参观游览，成立无线电小组、航模小组、园艺小组等，开展小发明、小创造、小制作、小实验、小论文等“五小活动”。科技活动的宗旨在于使学生掌握一定的科学知识，获取科技信息，掌握一定的技能技巧，培养学生的科学态度和创造精神以及初步的科学研究能力，形成爱科学、学科学、用科学的良好风气。

(4)文学艺术活动。这类活动主要是培养学生对文艺的爱好和发展学生文艺方面的才能。

(5)体育活动。这类活动的主要目的是发展学生的体能，增强他们的体质，训练他们的运动技能，培养他们吃苦耐劳的精神和对体育运动的兴趣，并尽可能满足体育爱好者的需要，及早发现和培养体育专业人才。

(6)社会活动。社会活动是让学生走出学校，接触社会，了解科学技术的发展，了解社会生活、经济建设实际状况的教育活动。它包括社会调查、参观、考察、访问以及各种无偿的社会服务和公益劳动。

(7)传统的节假日活动。中小学的课外活动要充分利用传统节假日适时对学生进行教育，让学生更好地了解这些节假日所承载的文化内涵，形成民族意识，养成优良品行。

(8)课外阅读活动。课外阅读活动的目的在于使学生及时接触和吸收新知识，扩大学生的知识视野，培养他们的自学能力和思维能力。

真题面对面

[2022郑州市直，单，0.8分]在课外活动中，学生摄影小组举办的摄影作品大赛属于(　　)

A. 学科活动　　B. 科技活动

C. 艺术活动　　D. 游戏活动

答案：C

三、课外、校外教育的组织形式【单选、多选】★

课外活动的组织形式和方法是多种多样的，按活动人数和规模，可分为群众性活动、小组活动和个别活动三类。

1. 群众性活动

群众性活动是一种面向多数或全体学生的带有普及性质的活动。群众性活动的具体活动方式有：(1)集会活动；(2)竞赛活动；(3)参观、访问、游览和调查；(4)文体活动；(5)墙报和黑板报；(6)社会公益劳动；(7)主题系列活动。

2. 小组活动

小组活动是课外、校外教育活动的主要组织形式。小组活动以自愿组合为主，根据学生的兴趣爱好和学校的具体条件，进行有目的、有计划的经常性活动。小组活动的特点是自愿组合、小型分散、灵活机动。

3. 个别活动

个别活动(也称个人活动)是指学生在教师指导下，在课外、校外单独进行的活动。个别活动是课外活动的基础，充分体现了因材施教的特点。它往往与小组或群众性活动相结合，由小组或集体分配任务，根据个人的兴趣和才能单独进行。个别活动能充分发展学生自己的兴趣爱好，丰富和充实学生的精神生活，培养学生独立完成作业的能力。

四、课外、校外教育的主要特点【单选、多选、不定项、判断】必背 ★★

1. 自愿性

课外、校外教育活动是在课堂教学计划之外，学生自由选择、自愿参加的一种活动，强调学生可以按照自己的兴趣爱好和特长自愿选择。他们可以根据自己的条件、能力和状态，选择、控制、调节活动内容和方式等。这就能够比较充分地照顾到每个学生的兴趣和爱好，有利于发展学生的特殊才能。教师可以向学生介绍各种课外活动，诱发学生的动机，给予指导，但参加与否，决定权在学生，不具有强制性。

2. 自主性

课外、校外教育可以由学生自己组织、设计和动手。可以说，课外、校外教育活动是学生自己的活动，学生是课外活动的主体。同时，这也突出了学生的独立性。教师是课外活动的指导者、辅导者，对学生活动的组织起辅助作用。

3. 灵活性

课外、校外教育活动，无论是活动的内容，还是活动的形式都体现了灵活性。活动的具体内容是根据课外活动的目的，从现有设备条件，辅导教师的特点、能力以及学生的不同需要出发确定的。活动的组织形式也是多种多样的，它包括小组活动、群众性的调查参观、竞赛演讲、个人活动等，要根据实际情况，灵活安排。

4. 实践性

课外、校外教育活动注重学生的实践环节。在活动中，学生的知识和技能主要通过自己设计、动手获得；那些经由教师辅导获得的知识和技能，学生可运用到实践当中来验证它的科学性，这样也就培养了学生的实践能力。

5. 广泛性

课外、校外教育活动的内容不受课程计划、课程标准的限制，可以根据参加活动者的愿望和要求，以及学校、校外教育机构的具体条件而确定。只要围绕学校的教育目的，课外、校外教育活动的内容可非常广泛，涉及科技活动、文学艺术活动、体育活动、生产劳动以及各种社会实践活动等。不仅如此，课外、校外教育活动的内容还富有伸缩性，内容可深可浅、可宽可窄、可多可少。课外、校外教育活动内容的广泛性，能拓宽学生的学习空间，丰富学生的生活，充实学生的精神世界，满足学生发展多方面才能的需要。

记忆有妙招

为帮助考生识记，我们将课外、校外教育的主要特点总结为如下口诀：**自愿领饭食**。**自**：自主性；**愿**：自愿性；**领(灵)**：灵活性；**饭(泛)**：广泛性；**食(实)**：实践性。

知识再拔高

课外教育的特点的其他说法

(1)组织上的自愿性。指中小学组织的课外教育活动，学生是自由选择、自愿参加的。

(2)内容的广泛性。指课外教育不受课堂教学内容的局限，凡是符合学校培养目标、学校具备开展活动条件的，皆可作为课外教育的内容。

(3)活动的自主性。指课外教育活动要充分发挥学生的主体作用，使学生在积极、主动、自觉的活动状态下受到良好的教育。课外教育活动的自主性，决定了学生是活动的主人，实践中教师要防止包办代替。

(4)形式的多样性。指课外教育活动的形式与方法是灵活多样的。

真题面对面

[2021平顶山湛河，多，1.5分]关于课外活动，下列正确的是(　　)

A. 禁止校内进行　　B. 学生自愿参加

C. 个人活动是课外活动的基础　　D. 课外活动不需老师的参与指导

答案：BC

五、课外、校外教育的主要要求 【多选】 ★

(1)要有明确的目的性、计划性；(2)活动内容要丰富多彩，形式要多样化，要富有吸引力；(3)注意发挥学生集体和个人的主动性、独立性和创造性，并与教师指导相结合；(4)要考虑学生的兴趣爱好和特长，符合学生的年龄特征；(5)课堂教学与课外活动互相配合、互相促进；(6)因地、因校制宜。

★★ 考点大默写 ★★

1. 课外、校外教育与课堂教学的共同之处在于它们都是有目的、________、________的。
2. 某中学组织的"英语角"活动、化学实验专题小组活动等属于课外、校外教育活动内容中的________。
3. 开展小发明、小创造、小制作、小实验、小论文等"五小活动"属于课外、校外教育活动内容中的________。
4. 课外、校外教育活动的组织形式有________、小组活动和个别活动。其中，________是主要组织形式。
5. 学生可以根据自身兴趣、特长和实际需要参加课外活动，说明课外活动具有________。
6. 课外、校外教育可以由学生自己组织、设计和动手，体现了课外、校外教育活动的________。

【参考答案】

1. 有计划；有组织　2. 学科活动　3. 科技活动　4. 群众性活动；小组活动　5. 自愿性　6. 自主性

第二节　学校、家庭、社会三结合教育

一、家庭教育 【单选、多选、判断】 ★★

家庭是人们生活和消费的最基本单位，承担着生养和教育子女的基本社会职能。家庭对儿童和青少年的发育、知识的获得、能力的培养、品德的陶冶、个性的形成都是至关重要的。

家庭教育是指在家庭生活中，由父母或其他年长者对其子女与年幼者实施的教育和影响。这是狭义的家庭教育。广义的家庭教育应当是家庭成员之间的一种影响。我们一般所说的家庭教育，是狭义的家庭教育。家庭教育是学校教育的基础和补充，有不可替代的教育作用。

考点1　家庭教育的特点

(1)先导性。家长的政治态度、对问题的看法，甚至思想作风、爱好特长，都直接或间接地影响着学生。家庭这种先入为主的教育对他们以后德、智、体等方面的发展影响极大。

(2)感染性。所谓感染性，就是人的喜、怒、哀、乐等情感能够引起别人产生同样的或与之相联系的情感。它对人起着感动和感化的作用，是一种潜移默化的力量。

(3)权威性。家庭教育与其他教育相比，具有更大的权威性。家长的权威是家庭教育成功的保障和前提。

(4)针对性。所谓针对性，是指教育工作能从实际出发，有的放矢，而不是想当然，不是一般化的说教。

相对来说，家庭教育的针对性更强。人们常说："知子莫如父，知女莫若母。"子女自幼随父母生活，长期相处，父母能够全面细致地了解、熟知子女。

(5)终身性。父母永远是子女的"老师"，在人的一生中，享受最长的教育就是家庭教育，终身性是其显著特点。

(6)个别性。与学校教育中教师要面对几十名学生相比，学生在家庭中有可能得到更多的个别教育。

知识再拔高

家庭教育的特点的其他说法

1. 生活化(教育内容的生活化)

家庭教育不需要专门的时间和场所，也没有专门的课程和专门的教师。

2. 情感化(教育方式的情感化)

与学校教师相比，父母在教育子女时必然自觉或不自觉地流露出强烈的感情色彩，使得自己的教育行为富于亲昵力与感染力，而子女出于对父母的依赖和信任，对来自他们的教育也往往在感情作用下不知不觉地接受下来。这可以说是家庭教育的得天独厚之处，与相对严肃、规范的学校教育形成鲜明的对比。

3. 多样化(教育方法的多样化)

家庭教育既不像学校教育那样必须依靠严格的制度运行，又不像社会教育那样难以控制。它以家庭为单位进行，由最了解和热爱子女的家长施教，是十分个别化的，因此也最有条件做到有的放矢，因材施教。家庭教育没有也不必遵循任何固定的模式。

真题面对面

[2020郑州金水，单，0.8分]"知子莫如父，知女莫若母"这句话体现了家庭教育比学校教育更具有(　　)

A. 先导性　　B. 感染性

C. 权威性　　D. 针对性

答案：D

考点2　家庭教育的基本要求

(1)环境和谐——创造和谐的家庭环境；(2)方法科学——家长教育子女需要科学的态度和方法；(3)以身作则——树立良好的榜样；(4)爱严相济——家长要把对孩子的关心爱护与严格要求紧密结合；(5)要求一致——家长对孩子的要求应统一，前后一贯；(6)全面关心——要对孩子的物质生活与精神生活、身体健康与心理健康、智力开发与非智力因素培养等多方面给予全面关心，把孩子培养成全面发展的合格公民。

考点3　目前中国家庭教育存在的问题

(1)家长不能把孩子摆在恰当的位置。(2)家长对子女的期望过高。(3)不能全面关心独生子女的成长。主要体现在：①重视孩子的营养，忽视孩子的身体锻炼；②重视孩子的物质生活，忽视孩子的精神生活；③重视孩子的智力开发、文化学习，忽视孩子的思想品德、个性心理品质的培养；④过分照顾孩子，忽视培养孩子的自立意识、自立能力，特别是抗挫折的心理承受能力。

二、社会教育

社会教育主要是指学校、家庭环境以外的社区、文化团体和组织等给予儿童和青少年的影响。它主要通过以下途径和形式来影响儿童和青少年的身心发展：

考点1　社区对学生的影响

社区环境对儿童和青少年的价值观念和生活习惯的养成有着直接的影响。(1)要鼓励和支持他们走出家门,同更多的同龄人交往,参加群体的活动,以使他们更快地认识自己,了解社会,并注意克服自己的不良行为;(2)要帮助他们选择交往的伙伴。

考点2　各种校外机构的影响

各种校外教育机构主要是指少年宫、少年科技站、各种业余学校等。这些机构在一定程度上弥补了学校教育的不足,在培养儿童和青少年不同兴趣爱好和特长方面发挥着重要的作用。

考点3　报刊、广播、电影、电视、戏剧等大众传播媒介的影响

由于报刊、广播、电影等大众传播媒介具有灵活性、生动形象、趣味性强等特点,因此,深受儿童和青少年的喜爱,并对他们产生了巨大吸引力和影响力。教师和家长在指导青少年儿童接受宣传教育时要注意培养他们的辨别能力和批判能力,自觉抵制不良影响。

三、学校、家庭、社会三结合,形成教育合力【单选、多选、判断、案例分析】必背 ★★

教育合力是指学校、家庭、社会三种教育力量相互联系、相互协调、相互沟通,统一教育方向,形成以学校教育为主体,以家庭教育为基础,以社会教育为依托的共同育人的力量,使学校、家庭、社会教育一体化,以提高教育活动实效。

真题面对面

[2022新乡原阳,单,1.5分]教育活动中要注意“三结合”,发挥教育合力,这三结合指的是(　　)三种教育。

A. 家庭教育　　B. 社会教育　　C. 班级教育　　D. 学校教育

答案:ABD

考点1　学校教育占主导地位

学校作为专职教育机构,有着明确的目的、周密的计划、科学的组织,有经验丰富、掌握青少年学生身心发展规律的专门教育工作者。同时,学校具有青少年学生集中、学习环境好、规章制度健全、育人周期长等明显教育优势,并在社会上具有广泛的凝聚力、号召力,容易得到包括党政机关在内的社会各界的支持协助。

考点2　家庭、社会和学校三者协调一致,互相配合

三者协调一致有利于保证整个教育在方向上的高度一致,实现各种教育间的互补作用,从而加强整体教育效果。

考点3　加强学校与家庭之间的相互联系

学校可以通过与家庭相互访问、建立通讯联系、定时举行家长会、组织家长委员会、举办家长学校等途径加强与家庭之间的联系。

其中,实现有效家访的途径包括:(1)确定家访对象,明确家访目标。(2)做好访前准备。家访事先要有计划、有准备,要了解什么,要阐述什么,需要家长协作解决什么,自己心里要有底。(3)切实把握家访时机。(4)家访时的谈话要讲究艺术性。教师家访谈话要有方向、有目的,要讲究艺术,切不可漫无边际地闲聊。(5)做好家访记录,及时反馈。每次家访后,教师要及时地写出详尽的家访记录,把家访过程、家访达成的共识、家访中受到的启发及家访中发现的问题一一记录下来,并根据学生在校内的学习、行为表现,结合家访中了解掌握的资料,及时总结归纳,对学生重新分析评估,从而制定新的教育方案和措施,不失时机地对学生进行深化教育。

考点4 加强学校与社会教育机构之间的相互联系

1. 建立学校、家庭和社会三结合的校外教育组织

校外教育组织的任务是：

(1)相互交换情况，研究学生在学校、家庭和社会上的各种表现；

(2)宣传好人好事；

(3)制订转变后进生的计划和具体措施；

(4)共同协商一些主要问题，如学生勤工俭学，校外文体活动所需要的器材、指导教师和场地等问题。

2. 学校与校外教育机构建立经常性的联系

学校应与宣传部门、社会公共文化机构及专门性的社会教育机构建立联系，通过开展各种活动丰富学生的课余生活，提高学生对社会的关注度及实践能力。

3. 采取走出去、请进来的方法与社会各界保持密切联系

社会各界指有关工矿、企业和部队等单位。学校可以请这些部门的优秀同志到学校作报告或聘请他们为校外辅导员，也可以组织学生到这些单位参观、访问和劳动。

在我国，家庭、学校和社会的根本利益是一致的。为了使受教育者身心得以健康的发展，学校应成为这三者相互联系、相互配合的最积极的倡导者和组织者，而家庭和社会应大力支持学校工作。

★★ 考点大默写 ★★

1. ＿＿＿＿＿＿是学校教育的基础和补充，有着不可替代的教育作用。
2. "知子莫如父，知女莫若母"这句话体现了家庭教育的＿＿＿＿＿＿特点。
3. 三结合的教育一般是指＿＿＿＿＿＿、家庭教育、社会教育三结合。
4. 在三结合教育中，占主导地位的是＿＿＿＿＿＿。
5. 学校与家庭之间联系的形式包括相互访问、建立通讯联系、＿＿＿＿＿＿＿＿＿、组织家长委员会和＿＿＿＿＿＿＿＿＿等。

【参考答案】

1. 家庭教育 2. 针对性 3. 学校教育 4. 学校教育 5. 定时举行家长会；举办家长学校

即时反思与复盘总结

我于＿＿＿＿年＿＿月＿＿日完成了对本章的学习。

复盘一下，我对自己较肯定的地方是＿＿＿＿＿＿＿＿＿＿

(足够努力/心态积极/方法得当……)

我觉得自己需要改进的地方是＿＿＿＿＿＿＿＿＿＿

(懒惰懈怠/心情浮躁/方法不当……)

休息片刻，开启下一站征程！

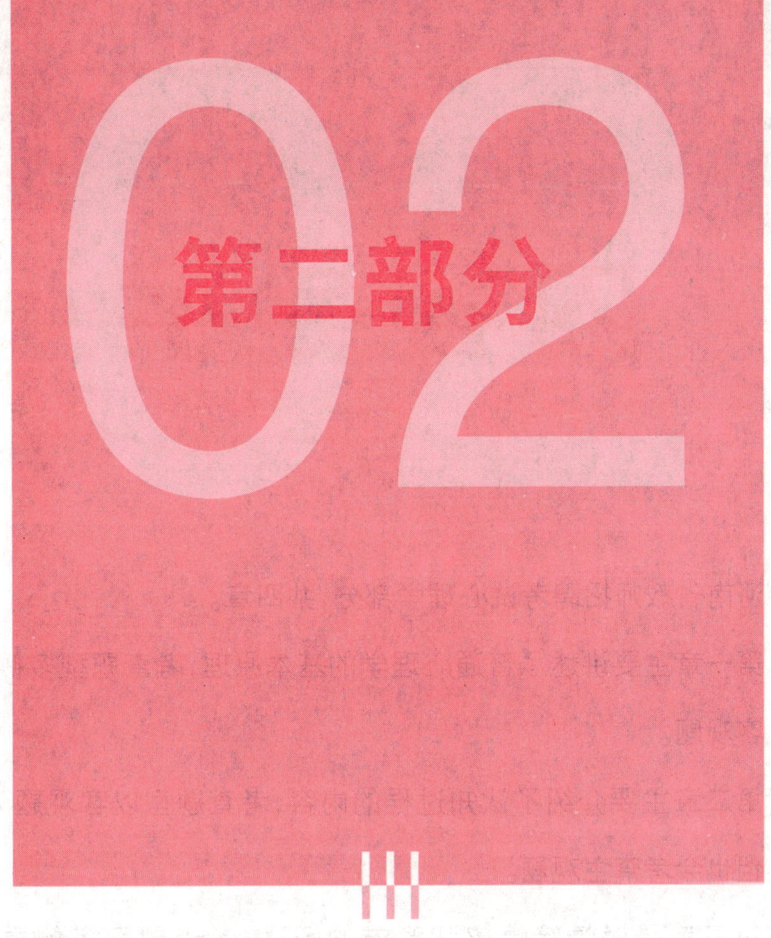

第二部分

心理学

SHAN XIANG

内容导学

- 河南省教师招聘考试心理学部分，共四章。
- 第一章主要讲述了普通心理学的基本原理，考查题型多侧重于客观题。
- 第二章主要介绍了认知过程的内容，考查题型以客观题为主，但也会考查主观题。
- 第三章是对情绪情感和意志的阐述，考查题型多侧重于客观题。
- 第四章主要讲述了个性心理特征和个性心理倾向性的内容，考查题型主、客观均会涉及。
- 考生要重点掌握第二章、第三章和第四章的内容，并结合历年真题和每章的栏目有针对性地进行复习。本部分知识点多以客观题进行考查，考生应以识记和理解为主；对于会以主观题形式考查的知识点，考生要能灵活运用。

第一章 心理学概述

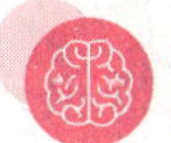

思维导图

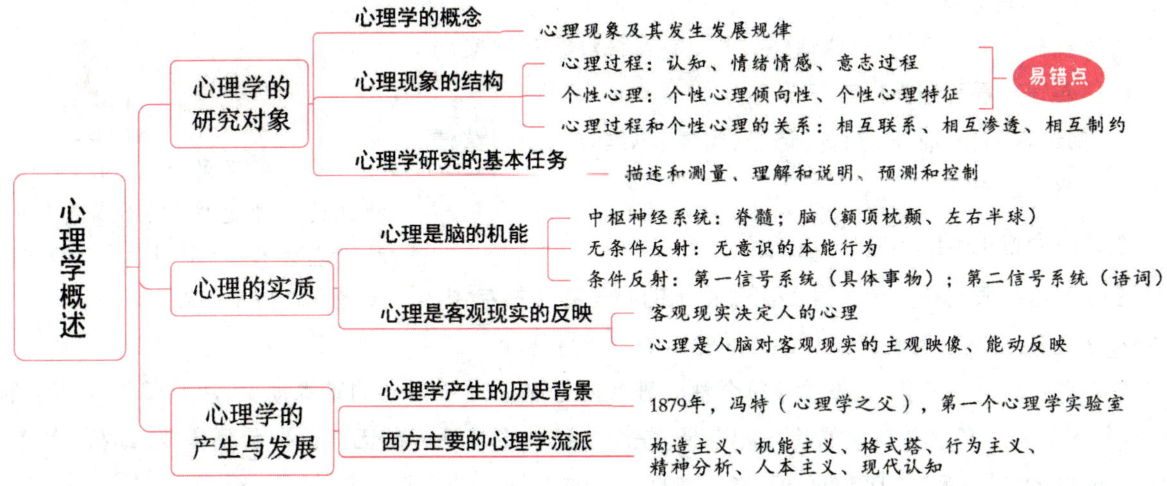

河南考向

本章属于心理学部分的基础章节，内容较为基础且知识点琐碎，需要识记的知识较多。现对本章河南考向分析如下：

考点名称	常考题型	能力层级	考查热度
心理现象的结构	单选、多选、判断	识记	★★
反射与反射弧	单选、判断	理解	★★
西方主要的心理学流派	单选、多选、判断	识记	★★

核心考点

第一节 心理学的研究对象

一、心理学的概念

心理学是研究心理现象及其发生发展规律的科学，心理现象又称心理活动。心理学既研究动物的心理，也研究人的心理，而以人的心理现象为主要研究对象。心理学兼有自然科学和社会科学的性质，是一门中间（边缘）科学。

二、心理现象的结构 【单选、多选、判断】 ★★

心理现象非常复杂，但从形式上可以归纳为**心理过程**和**个性心理**两个方面。

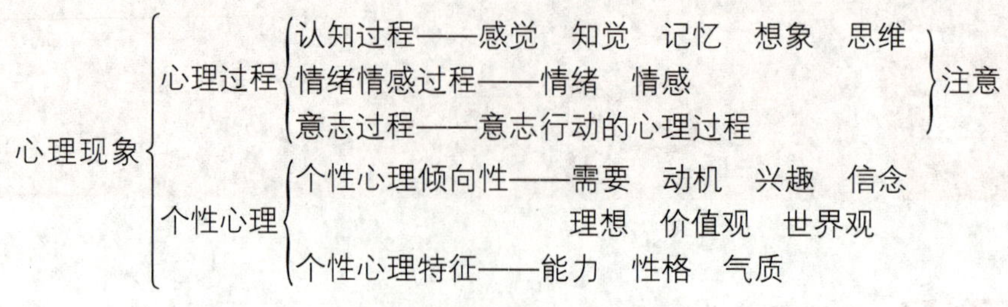

图 2-1 心理现象结构图

考点 1 心理过程

心理过程是心理活动的一种动态过程，是人脑对客观现实的反映过程。心理过程可分为以下三个方面：

(1)认知过程，包括感觉、知觉、记忆、想象、思维等。(2)情绪情感过程。(3)意志过程。

小香课堂

考生应牢记：注意不是一种独立的心理过程，也不属于某一种心理过程，而是伴随各种心理过程存在的特殊心理状态。

考点 2 个性心理

个性心理是指表现在一个人身上比较稳定的心理特性的综合，是一个人总的精神面貌，反映了人与人之间稳定的差异特征。

个性心理可分为以下两个方面：(1)**个性心理倾向性**是人进行活动的基本动力，决定着人对现实的态度，决定着人对认识和活动对象的趋向和选择，是个性结构中最活跃的因素。它包括需要、动机、兴趣、爱好、信念、理想、世界观等。(2)**个性心理特征**，包括个体的气质、性格、能力等。

真题面对面

[2021 驻马店驿城，判断，1 分]注意是一个独立的心理过程，它总伴随着其他心理过程而发生。( )

答案：×

考点 3 心理过程和个性心理的关系

心理过程和个性心理是心理学研究的两大方面，二者相互联系、相互渗透、相互制约。

(1)个性心理是在心理过程中形成的，如果没有对主观和客观世界的认识，没有情绪情感的体验，没有积极地与困难做斗争的意志活动，心理的个性差异就无从形成和表现；

(2)已经形成的个性心理倾向性和个性心理特征又制约着心理过程的进行。

三、心理学研究的基本任务

人类认识世界和改造世界的一切实践活动都是在人的心理活动的参与下进行的，也都是在人的心理调节指导下完成的。为此，心理学的基本任务主要有：

(1)描述和测量人的心理；(2)理解和说明人的心理；(3)预测和控制人的心理。

★★ 考点大默写 ★★

1. 心理学是研究心理现象及其________________的科学。

2. 心理现象从形式上可以归纳为__________和__________两个方面。

3. 心理过程是心理活动的一种动态过程，是人脑对客观现实的反映过程。心理过程可分为__________、__________、__________三个方面。

4. 个性心理是指表现在一个人身上比较稳定的心理特性的综合，可分为________、________两个方面。其中，需要、动机、兴趣等属于________；能力、气质、性格等属于________。

【参考答案】

1. 发生发展规律　2. 心理过程；个性心理　3. 认知过程；情绪情感过程；意志过程　4. 个性心理倾向性；个性心理特征；个性心理倾向性；个性心理特征

第二节　心理的实质

一、心理是脑的机能

心理是脑的机能，脑是心理的器官。

考点1　神经系统

1. 神经元

神经元（又称神经细胞）是神经系统结构和机能的单位，具有接受刺激、传递信息和整合信息的功能。神经元一般分为细胞体（或称胞体）、树突和轴突三部分。通过生化反应，细胞体为神经活动提供能量。树突接受其他神经元传来的信息并传至细胞体；轴突将神经冲动由细胞体传给另一个神经元、肌肉或腺体。

2. 神经系统的结构　【单选、不定项】　★

神经系统是心理活动的主要物质基础，由中枢神经系统和周围神经系统组成。

（1）中枢神经系统

中枢神经系统有低级中枢和高级中枢之分。

低级中枢包括脊髓、脑干、间脑和小脑四部分。其中，脊髓是中枢神经系统的最低级部位，同时也是脑和周围神经系统的桥梁，可以完成一些简单的反射活动，如膝跳反射等。

高级中枢是指大脑两半球，它是中枢神经系统的最高部位，是整个神经系统的**最高司令部**。其中，大脑的结构和主要功能分区如下表所示。

表2-1　大脑的结构和功能分区

结构	大脑左半球	负责身体的右边，是抽象逻辑思维和言语中枢的优势半球，它主要负责言语、阅读、书写、运算和推理等
	大脑右半球	负责身体的左边，是形象思维和高度空间知觉的优势半球，它主要负责知觉物体的空间关系、情绪情感、欣赏音乐和艺术等
功能分区	额叶	在组织有目的、有方向的活动中，有使活动服从于坚定意图和动机的作用
	顶叶	主要是调节机体的触压觉、温度觉、痛觉和内脏感觉等
	枕叶	视觉中枢
	颞叶	主要对听觉刺激进行加工

记忆有妙招

为方便考生记忆，我们将大脑的功能分区总结为如下口诀：**额顶枕颞，动感视听**。

(2)周围神经系统

周围神经系统由12对脑神经和31对脊神经组成，其功能是把各感觉器官的神经冲动(信息)传给中枢，再把中枢的神经冲动(信息)传给有关的器官。如果说中枢神经系统是人体的“司令部”，那么周围神经系统就是人体的“通讯网络”。

考点2 神经系统的活动方式

1. 反射与反射弧 【单选、判断】 ★★

脑的反射活动是人的心理活动的基础，人的行为是由反射组成的。反射是神经系统活动的基本形式，是有机体通过神经系统对体内外刺激产生的有规律的应答活动。例如，手碰到强烈刺激就立即缩回。实现反射活动的生理结构是反射弧，它由感受器、传入神经、神经中枢、传出神经、效应器五个部分组成。

反射分为**无条件反射**和**条件反射**，具体内容如下表所示。

表2-2 反射的分类

分类		概念	典例
无条件反射(与生俱来)		无意识的本能行为	吮吸反射、觅食反射
条件反射(后天学习)	第一信号系统(人和动物共有)	用具体事物作为条件刺激而建立的条件反射系统	望梅生津
	第二信号系统(人类特有)	用语词作为条件刺激而建立的条件反射系统	谈虎色变

无条件反射

第一信号系统

第二信号系统

知识再拔高

条件反射抑制

动物和人不仅能形成各种复杂的条件反射，还能形成各种条件反射抑制。条件反射抑制可分为无条件性抑制和条件性抑制。

无条件性抑制是指有机体先天具有的抑制，包括外抑制和超限抑制。**外抑制**是指额外刺激的出现对正在进行中的条件反射的抑制，例如，突然出现的强烈刺激(强光、强声)会使正在进行的活动停止。**超限抑制**是指刺激过强、过多或作用时间过长而引起的抑制，这时大脑皮层的神经细胞的兴奋性降低进入抑制状态，从而保护脑细胞免受损害。因此，超限抑制又称为保护性抑制。例如，人过度疲倦时的睡眠、精神过度紧张时的昏厥等。

条件性抑制又称内抑制，是在后天一定条件下逐渐形成的抑制，包括消退抑制和分化抑制两种。**消退抑制**是指由于没有得到强化而发生的抑制；**分化抑制**是指对条件刺激物加以强化，而对其他类似的刺激物不强化，使类似的刺激物引起的反应受到抑制。

真题面对面

1. [2021驻马店遂平，单，1.12分]巴甫洛夫在研究狗的进食行为时，发现狗吃到食物时会分泌唾液，这是自然的生理反应，不需要学习，这种反应称为(　　)

A. 条件反射　　B. 无条件反射

C. 第一信号系统　　D. 第二信号系统

2. [2021信阳平桥，判断，0.8分]小红看到老师留给自己的评语后沾沾自喜，这属于第一信号系统的条件反射。(　　)

答案：1. B　2. ×

2. 神经活动的基本过程与规律 【判断】 ★

(1)神经活动的基本过程

神经活动主要是指大脑皮层活动。它的基本过程是兴奋和抑制，前者是指神经细胞的活动状态；后者是指神经细胞处于暂时性的减弱或停止活动的状态。例如，学习时大脑神经细胞就处于兴奋状态，而睡眠时大脑神经细胞则处于抑制状态。机体的活动是神经系统兴奋和抑制互相对立、互相转化的结果。

(2)神经活动的基本规律

①兴奋和抑制的扩散与集中

扩散是兴奋或抑制从原发点向四周扩散开来，集中是兴奋或抑制从四周向原发点集中(集合)过来。

②兴奋和抑制的相互诱导

相互诱导在效果上可分为负诱导和正诱导。由兴奋过程引起或加强邻近区域的抑制过程称为负诱导。例如，当个体专注阅读书本时，对周围环境中的人或事往往“视而不见，听而不闻”，这是负诱导现象。由抑制过程引起或加强邻近区域的兴奋过程称为正诱导。例如，孩子临睡前的“闹觉”，这是正诱导现象。

相互诱导可能是同时性的，也可能是继时性的。中枢神经过程同时在大脑皮层区域之间发生的相互诱导是同时性诱导。例如，我们专心致志地学习，大脑皮层某些神经元的兴奋加强了对相邻脑区的抑制，产生了良好的学习效果，这是同时性负诱导。中枢神经过程相继在大脑皮层区域之间发生的相互诱导是继时性诱导。例如：由睡眠到醒来，就是大脑皮层上先抑制而后诱导为兴奋，这是继时性正诱导；由于晚上“开夜车”学习，大脑皮层上的兴奋导致第二天无精打采、昏昏欲睡的大脑抑制，是继时性负诱导。

人的生活和工作，都是在大脑神经的兴奋和抑制的扩散与集中、相互诱导的规律中进行的。

真题面对面

[2022开封祥符，判断，1分]同学们在聚精会神地学习，往往对周围有人走动或出现的其他情况“视而不见，听而不闻”。这是负诱导现象。(　　)

答案：√

二、心理是客观现实的反映 【判断】 ★

1. 客观现实决定人的心理

人的心理活动，就其产生方式来说，是客观事物引起人脑反射的活动；就其内容来说，是作用于人脑的客观现实的反映。物质是第一性的，心理是第二性的，人的心理是客观现实的反映，客观现实是心理产生的源泉。

2. 心理是人脑对客观现实的主观映像

人的心理反映的内容是客观的，但它的表现形式却是主观的。由于人的知识经验、需要、愿望以及个性特征的不同，因而对客观现实的反映也不同，如"仁者见仁，智者见智"。所以，人的心理是客观现实的主观映像。

3. 心理是人脑对客观现实的能动的反映

人的心理不是消极被动地、录像式地对客观现实进行反映，而是能动地去反映客观世界。人们不仅反映客观事物具体的表面现象，而且还会通过脑的分析综合，把握客观事物的本质和规律，预测客观事物发展变化的过程，从而有效地认识和改造客观世界。这些都是在实践过程中通过主客观的相互作用而实现的。

★★ 考点大默写 ★★

1. 反射可分为＿＿＿＿＿反射和＿＿＿＿＿反射。其中，无意识的本能行为是指＿＿＿＿＿反射。
2. 第一信号系统是用＿＿＿＿＿作为条件刺激而建立的条件反射系统；第二信号系统是用＿＿＿＿＿作为条件刺激而建立的条件反射系统。
3. 从兴奋和抑制相互诱导的效果来看，当个体专注阅读书本时，对周围环境的人或事往往"视而不见，听而不闻"，这是＿＿＿＿＿现象；而孩子临睡前的"闹觉"是＿＿＿＿＿现象。
4. "仁者见仁，智者见智"说明了心理是人脑对客观现实的＿＿＿＿＿。

【参考答案】

1. 无条件；条件；无条件　2. 具体事物；语词　3. 负诱导；正诱导　4. 主观映像

第三节 心理学的产生与发展

一、心理学产生的历史背景 【单选、判断】 ★

心理学是一门古老而又年轻的科学。在欧洲，心理学的历史可以追溯到古希腊柏拉图、亚里士多德的时代。亚里士多德的《论灵魂》是历史上第一部论述各种心理现象的著作。

1879年，德国著名心理学家冯特在德国莱比锡大学创建了世界上第一个心理学实验室，开始对心理现象进行系统的实验研究。在心理学史上，人们把这一事件看作心理学脱离哲学，走上独立发展道路的标志，也意味着科学心理学的诞生，冯特因此被称为"心理学之父"和"科学心理学诞生的旗手"。他的代表作有《生理心理学原理》《民族心理学》《心理学大纲》等。他在心理科学实践上的历史贡献还在于用莱比锡实验室培养了一大批学生，为心理科学的开创及发展造就了一代新人。因此，冯特的历史功绩是与心理学历史上出现的心理科学的独立、实验心理学的创立和心理学专业队伍的建立这三件大事分不开的。

冯　特

二、西方主要的心理学流派【单选、多选、判断】★★

表2-3　西方主要的心理学流派

心理学流派	代表人物	主要观点
构造主义心理学	冯特、铁钦纳	(1)主张研究人们的直接经验即意识，并把人的经验分为感觉、意象和激情状态三种元素； (2)主张采用实验内省法
机能主义心理学	詹姆士、杜威和安吉尔	(1)主张研究意识，但是他们不把意识看成是个别心理元素的集合，而是看成一种持续不断、川流不息的过程，提出了“意识流”； (2)强调对意识作用与功能的研究，不赞成构造主义对心理结构进行分析； (3)主张心理学的研究对象是具有适应性的心理活动，强调意识活动在人类的需要与环境之间起重要的中介作用
格式塔心理学（完形心理学）	韦特海默、苛勒和考夫卡	反对把意识分析为元素，而强调心理作为一个整体、一个组织的意义，认为： (1)整体不能还原为各个部分、各种元素的总和； (2)部分相加不等于整体； (3)整体先于部分而存在，并且制约着部分的性质和意义； (4)整体大于部分之和
行为主义心理学（西方心理学的“第一势力”）	华生	(1)反对研究意识，主张研究行为； (2)反对内省，主张采用实验方法
精神分析心理学（西方心理学的“第二势力”）	弗洛伊德	(1)研究异常行为和无意识； (2)行为根源于欲望
人本主义心理学（西方心理学的“第三势力”）	罗杰斯、马斯洛	着重于人格方面的研究，认为： (1)人的本质是善良的； (2)人有自由意志，有自我实现的需要
现代认知心理学（信息加工心理学）	奈塞尔	(1)诞生标志：1967年，奈塞尔出版了《认知心理学》； (2)把心理活动看作信息加工系统，由感官收集信息，经过分析、存储、转换，然后加以利用

记忆有妙招

为方便考生记忆，我们将西方主要的心理学流派的代表人物及观点总结成如下口诀：

铁粉内省造元素；危机适应意识流；华生行为双第一；完形整体为科考。

(1)**铁粉内省造元素。铁**：铁钦纳。**粉**：冯特。**内省**：实验内省法。**造**：构造主义。**元素**：把人的经验分为感觉、意象和激情状态三种元素。

(2)**危机适应意识流。危**：杜威。**机**：安吉尔。**适**：詹姆士。**意识流**：把意识看成一种持续不断、川流不息的过程，提出了“意识流”。

(3)华生行为双第一。行为:行为主义。双第一:华生是行为主义第一人、行为主义是西方心理学的“第一势力”。

(4)完形整体为科考。完形:完形心理学。整体:强调心理作为一个整体、一个组织的意义。为:韦特海默。科:苛勒。考:考夫卡。

★★ 考点大默写 ★★

1. 1879年,德国著名心理学家__________创建了世界上第一个心理学实验室,开始对心理现象进行系统的实验研究,标志着心理学走上独立发展道路的标志,也意味着科学心理学的诞生。
2. 构造主义心理学主张心理学研究人们的__________,并把人的经验分为感觉、__________和__________三种元素。
3. __________心理学主张研究意识,但是他们不把意识看成是个别心理元素的集合,而是看成一种持续不断、川流不息的过程。
4. 韦特海默、苛勒和考夫卡是__________心理学的代表人物。
5. 行为主义心理学反对研究意识,主张研究__________;反对内省,主张采用__________方法。
6. __________心理学被称为西方心理学的“第三势力”。

【参考答案】

1. 冯特 2. 直接经验(意识);意象;激情状态 3. 机能主义 4. 格式塔(完形) 5. 行为;实验 6. 人本主义

我于________年____月____日完成了对本章的学习。

复盘一下,我对自己较肯定的地方是____________________

(足够努力/心态积极/方法得当……)

我觉得自己需要改进的地方是____________________

(懒惰懈怠/心情浮躁/方法不当……)

休息片刻,开启下一站征程!

第二章 认知过程

思维导图

- 认知过程
  - 感觉与知觉
    - 感知觉概述
      - 感觉（个别属性）；知觉（整体属性）
      - 知觉的种类：物体知觉；社会知觉（社会知觉偏差）
    - 感知觉的一般规律【易混点】
      - 感觉的规律：感受性与感觉阈限、相互作用规律
      - 知觉的规律：选择性、整体性、理解性、恒常性
    - 感知觉规律在教学中的应用
      - 遵循感知规律，开展直观教学：感知四律
      - 培养与发展学生的观察力
  - 记忆
    - 记忆概述
      - 记忆的概念、品质（“准备劫持”）
      - 记忆的分类：瞬时、短时、长时记忆；形象、情景、语义、情绪、动作记忆；陈述性、程序性记忆
    - 记忆过程及其规律【重点】
      - 识记：无意、有意识记；机械、意义识记
      - 保持与遗忘：艾宾浩斯遗忘规律
      - 再认或回忆
    - 记忆规律在教学中的应用【重点】
      - 依据记忆规律合理安排和组织教学
      - 依据记忆规律有效地组织复习：“十次方知味”
    - 学生记忆的发展
      - 小学生：机械记忆→意义记忆；具体形象记忆→抽象逻辑记忆
      - 中学生：抽象记忆占主导地位
  - 表象与想象
    - 表象概述
      - 特征：直观性；概括性；可操作性（心理旋转实验）
    - 想象概述
      - 加工方式：黏合、夸张、拟人化、典型化
      - 功能：预见、补充、替代、调节功能
    - 想象的分类
      - 无意想象：无预定目的、不由自主
      - 有意想象：再造想象；创造想象（幻想）
    - 中小学生想象的特点
      - 小学生：有意性迅速发展、创造性成分增多
      - 中学生：初中生（有意想象占主导）；高中生（现实性增强）
    - 学生想象力的培养
      - 发展再造想象、培养创造想象
  - 言语与思维
    - 言语概述
      - 种类、言语的感知和理解
    - 思维及其品质
      - 特点：概括性、间接性【难点】
      - 品质：广阔性与深刻性、独立性与批判性、灵活性与敏捷性、逻辑性和严谨性【易混点】
    - 思维的种类
      - 直观动作思维、具体形象思维、抽象逻辑思维【易错点】
      - 聚合思维、发散思维
      - 再造性思维、创造性思维
    - 思维的基本形式
      - 概念的种类：合取概念、析取概念、关系概念
      - 错误概念的转变：认知冲突
    - 思维的一般过程
      - 分析与综合、比较与分类、抽象与概括、系统化与具体化
    - 创造性思维
      - 创造性思维能力的培养（发散思维训练、头脑风暴法）
    - 学生思维的发展
      - 小学生：具体形象思维→抽象逻辑思维
      - 中学生：抽象逻辑思维逐渐占据主导地位
  - 注意
    - 注意概述
      - 特点：指向性、集中性【易混点】
      - 功能：选择、保持、调节和监督功能
      - 分类：无意注意、有意注意、有意后注意
      - 认知资源理论、双加工理论
    - 注意的规律
      - 引起无意注意的条件：客观（“强行壁咚”）；主观
      - 品质：稳定性、广度、分配、转移
    - 注意规律在教学中的应用
      - 运用注意规律组织教学
      - 在教学过程中培养学生良好的注意品质
    - 学生注意的发展
      - 小学生：无意注意→有意注意
      - 中学生：有意注意占主导地位

河南考向

本章属于心理学部分的重点章节，内容系统且知识点繁杂，需要重点识记的知识较多。现对本章河南考向分析如下：

考点类型	考点名称	常考题型	能力层级	考查热度
高频考点	知觉的种类	单选、多选、判断	理解	★★
	感知觉的一般规律	单选、多选、不定项、判断	理解	★★★
	记忆的分类	单选、多选、不定项、判断	识记	★★
	记忆过程及其规律	单选、多选、判断、填空、论述	运用	★★★
	依据记忆规律有效地组织复习	单选、多选、判断、简答	识记	★★★
	想象的分类	单选、多选、判断	理解	★★
	思维的种类	单选、多选、不定项、判断	识记	★★
	创造性思维能力的培养	单选、多选、简答	识记	★★
	注意的分类、品质	单选、多选、判断	识记	★★
	运用注意规律组织教学	多选、简答	识记	★★
新增考点	想象与表象的区别	单选	识记	★★
	中小学生想象的特点	多选	识记	★★
	上升性思维、求解性思维和决策性思维	不定项	理解	★★
	概念的种类	单选	理解	★★
	注意与意识	单选、多选、不定项	理解	★★

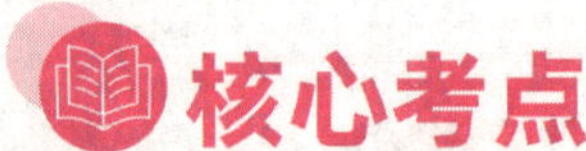

核心考点

第一节　感觉与知觉

一、感知觉概述

考点1　感知觉的概念　【单选、判断】★

1. 感觉

感觉是人脑对直接作用于感觉器官的客观事物的**个别属性**的反映。感觉是一种最简单的心理现象，是认识的起点。可以说感觉是一切知识和经验的基础，是人正常心理活动的必要条件。

2. 知觉

知觉是在感觉的基础上产生的，它是人脑对直接作用于感觉器官的客观事物的**整体属性**的反映。例如，看到一张桌子、听到一首乐曲、闻到一种菜肴的芳香、微风拂面感到丝丝凉意等，知道这些东西的意义就都是知觉现象。

真题面对面

[2022信阳淮滨,单,0.7分]人脑对直接作用于感觉器官的客观事物的整体属性的反映是(　　)

A. 感觉　　B. 反应　　C. 知觉　　D. 阈限

答案:C

考点2　感觉的种类　【单选】

比较常见的感觉分类,是从感觉器官的角度来划分的,即外部感觉和内部感觉。

外部感觉是指感受外部刺激,反映外部事物个别属性的感觉,主要分为视觉、听觉、嗅觉、味觉和肤觉(包括触压觉、温度觉和痛觉)五大类,其中视觉在人的各种感觉中起主导作用。

内部感觉是指感受内部刺激,反映机体内部变化的感觉,主要分为机体觉、平衡觉和运动觉。(1)机体觉(内脏感觉)是反映我们身体内部状况及各器官活动变化状态的感觉。(2)**平衡觉**(静觉或姿势感觉)能够发出关于运动与头部位置的信号,反映运动速度的变化,**如加速或减速**。(3)运动觉,就是关节肌肉的感觉。它传递人们对四肢位置、运动状态及肌肉收缩程度的信号。

考点3　知觉的种类　【单选、多选、判断】★★

根据知觉过程中起主导作用的分析器不同,可以把知觉分为视知觉、听知觉、嗅知觉、触知觉等;根据人脑反映的对象的不同,可以把知觉分为物体知觉和社会知觉;根据知觉对象是否符合客观实际和反映现实的精确程度,可以把知觉分为精细知觉、模糊知觉、错觉和幻觉。接下来主要讲一下物体知觉、社会知觉和错觉。

1. 物体知觉

物体知觉可分为空间知觉、时间知觉、运动知觉等。

(1)空间知觉

空间知觉是指物体的空间特性在人脑中的反映,包括形状知觉、大小知觉、深度知觉、方位知觉等。

(2)时间知觉

时间知觉是对客观事物时间关系(即事物运动的速度、延续性和顺序性)的反映。在时间知觉中,听、视、触等感官都参加,并起不同的作用。影响人们时间知觉的因素有:①感觉通道的性质。②一定时间内事件发生的数量和性质。在判断时间的精确性方面,听觉最好,触觉其次,视觉较差。在一定时间内,若事件发生的数量多、性质复杂,人们倾向于把时间估计得较短;若事件发生的数量少、性质简单,人们反而倾向于把时间估计得较长。**例如,一节课,一个报告,如果内容丰富,颇有趣味,听课人会觉得时间过得很快;相反,报告的内容贫乏、枯燥,听众就会把时间估计得较长**。回忆往事时,情况相反:同样一段时间,经历越丰富,就会觉得时间长;经历越简单,就会觉得时间短。③人的兴趣和情绪。人们在从事自己感兴趣的活动过程中,会觉得时间过得快,对厌恶的、无所谓的事情,会觉得时间过得慢;在期待某种事物时,会觉得时间过得很慢,对不愿出现的事物,会觉得时间过得快。

(3)运动知觉

运动知觉是对物体在空间位置移动的知觉。运动知觉直接依赖于对象运动的速度。物体运动的速度太慢,或单位时间内物体位移的距离太小,都不能使人产生运动知觉。运动知觉分为真正运动的知觉和似动知觉。

①真正运动的知觉,是指物体按特定速度或加速度,从一处向另一处做连续位移而引发的知觉。

②**似动知觉**,是指在一定的时间和空间条件下,人们在静止的物体间看到了运动,或者在没有连续位移的地方看到了连续的运动。似动知觉的主要形式有:

表2-4　似动知觉的主要形式

形式	概念	典例
动景运动	当两个刺激(如光点、直线、图形等)按一定空间间隔和时距相继呈现时,我们就会看到从一个刺激物向另一个刺激物的连续运动	电影、卡通片等的制作原理;手翻书等
诱导运动(诱发运动)	由于一个物体的运动使其相邻的静止的物体产生运动的现象	由于浮云的运动,使相对静止的月亮看起来在运动
自主运动(游动效应)	人在黑暗背景中注视一个微弱的、静止的光点,片刻后感觉到光点在运动的现象	在没有月光的夜晚注视夜空中的星星,觉得星星在闪动
运动后效	在注视向一个方向运动的物体之后,如果将注视点转向静止的物体,那么会看到静止的物体似乎向相反的方向运动	当我们注视瀑布一会儿后,看向旁边的悬崖,悬崖看起来像是在往上运动

真题面对面

1. [2021平顶山湛河,单,0.8分]在一个圆盘分成的各个扇形平面上,依次画上各不相同但又相互联系着的舞姿,当圆盘旋转时,即可看到连续运动的舞蹈动作,这体现了(　　)原理。

A. 动景运动　　B. 运动后效　　C. 自主运动　　D. 诱发运动

2. [2023事业单位,多,1.5分]影响时间知觉的因素有很多,一定时间内事件发生的数量和性质就是其中一种。关于后者对前者的影响,下列叙述正确的有(　　)

A. 一节课,如果内容贫乏枯燥,听众就会觉得时间较长

B. 一定时间内,事件发生的数量越多,性质越复杂,人们就会把事件估计得较长

C. 一定时间内,事件发生的数量越少,性质越简单,人们就会把时间估计得较短

D. 回忆往事时,同样一段时间,经历越丰富,就觉得时间长;经历越简单,就觉得时间短

答案:1. A　2. AD

2. 社会知觉

社会知觉是个体在生活实践中,对别人、对群体以及对自己的知觉,也叫社会认知。常见的社会知觉偏差有:

社会刻板效应和晕轮效应

表2-5　常见的社会知觉偏差

类别	概念	典例
社会刻板效应	对一群人的特征或动机加以概括,把概括得出的群体的特征归属于团体中的每一个人,认为他们每个人都具有这种特征,而无视团体成员中的个体差异	山东人性格豪爽,江南人性格细腻;胖人心胸开阔,瘦人多愁善感
晕轮效应(光环效应)	当我们认为某人具有某种特征时,就会对他的其他特征做相似判断	学生认为外表有魅力的老师教学能力强;以偏概全
首因效应(最初效应)	在总体印象形成上,最初获得的信息比后来获得的信息影响更大的现象	人们交往时很注重第一印象

续表

类别	概念	典例
近因效应（最近效应）	在总体印象形成上，新近获得的信息比原来获得的信息影响更大的现象	多年不见的朋友，在自己脑海中最深的印象就是临别时的情景
投射效应	由于个体具有某种特性，因而推断他人也有与自己相同特性的心理现象	“以小人之心，度君子之腹”
标签作用（定势效应）	在认知某个人或群体前，他人提供的信息对认知发生的影响	新班主任对学生的看法受到原班主任看法的影响

真题面对面

[2022南阳卧龙，单，1.3分]因个体具有某种特性而推断他人也具有与自己相同特性的社会心理现象是(　　)

A. 近因效应　　B. 首因效应　　C. 投射效应　　D. 晕轮效应

答案：C

3. 错觉

错觉是指在特定条件下对事物必然会产生的某种固有倾向的歪曲知觉，是对客观事物不正确的知觉，是知觉的一种特殊情况。错觉的种类有大小错觉、形状和方向错觉、时间错觉、倾斜错觉等。

产生错觉的原因是多种多样的：既有客观的原因，也有主观的原因；既有生理的原因，也有心理的原因。研究错觉的成因有助于揭示人们正常知觉客观世界的规律。

二、感知觉的一般规律 【单选、多选、不定项、判断】 必背 ★★★

考点1　感觉的规律

1. 感受性与感觉阈限的关系（感觉强度与刺激强度的依从性）

(1)感受性与感觉阈限

感受性是指感觉器官对适宜刺激的感觉能力。人的感受性不是固定不变的，其发展依赖于人们的生活条件与实践活动，如有经验的汽车司机根据发动机的声音能精确地断定故障发生部位；熟练的面粉工人凭借触觉能正确地评定面粉的品质等。**感觉阈限**是指刚刚能引起感觉或差别感觉的刺激量。

根据感受性和感觉阈限的定义可知，感受性属于一种能力，感觉阈限属于一种数值或范围。考生在区分二者时应抓住关键点。

感受性的高低是用感觉阈限的大小来度量的。感受性与感觉阈限在数值上成反比关系，感受性高，则感觉阈限低；感受性低，则感觉阈限高。

(2)绝对感受性与绝对感觉阈限

并不是任何强度的刺激都能引起我们的感觉，过弱的刺激（如落在皮肤上的尘埃）我们是觉察不到的。刚刚能引起感觉的最小刺激强度叫**绝对感觉阈限**；而人的感官觉察这一最小刺激强度的能力叫**绝对感受性**。

(3)差别感受性与差别感觉阈限

刚刚能引起差别感觉的刺激物间的最小差异量叫**差别感觉阈限**，又称最小可觉差；能够感受刺激物之间这一最小差异量的能力叫**差别感受性**。

2. 感觉的相互作用规律

(1)同一感觉的相互作用

①感觉适应,是指刺激对感受器的持续作用而使感受性发生变化的现象。适应现象表现在所有感觉中,但是,在各种感觉中的表现是不同的。

视觉适应。视觉适应主要包括明适应和暗适应。**暗适应**是指照明停止或由亮处转入暗处时视觉感受性提高的过程;**明适应**是指照明开始或由暗处转入亮处时视觉感受性下降的过程。

听觉适应。例如,去参加一个舞会,刚到舞会现场时会觉得音乐声很强,过了一会儿后,会觉得音乐声没有刚开始听起来那么大。

嗅觉适应。例如,"入芝兰之室,久而不闻其香;入鲍鱼之肆,久而不闻其臭"。

痛觉适应。痛觉的适应很难发生,因此,痛觉才成为伤害性刺激的信号而具有生物学意义。

②感觉对比,是同一感受器接受不同的刺激,而使感受性发生变化的现象。感觉对比可分为同时对比和继时对比。

几个刺激物同时作用于同一感受器会产生**同时对比现象**。例如,把一个灰色的小方块放在白色的背景上,小方块看起来就显得暗些;把相同的灰色小方块放在黑色的背景上,小方块看起来就显得亮些。

刺激物先后作用于同一感受器会产生**继时对比现象**。例如,吃过糖之后吃橘子,会觉得橘子特别酸;手放进热水之后,再放到温水中,会觉得温水很凉。

③感觉后效(感觉后像),是指在刺激作用停止后感觉暂时保留的现象。

在各种感觉中,视觉的后效很显著,又称视觉后像。视觉后像可分为两种:注视发光的灯泡几秒钟,再闭上眼睛,就会感到眼前有一个同灯泡差不多的光源出现在黑暗的背景里,这时出现的就是**正后像**。正后像出现以后,如果我们把视线转向白色的背景,就会感到在明亮的背景上有黑色的斑点,此时出现的是**负后像**。颜色视觉也有后像,一般为负后像。如果用眼睛注视一朵绿花约一分钟,然后将视线转向身边的白墙,那么在白墙上将看到一朵红花;如果先注视一朵黄花,那么后像将是蓝色的。

(2)不同感觉的相互作用

①不同感觉的相互影响。任何一种感受器的感受性,都会因同时或继时发生作用的其他感受器的影响而有所变化。对某一感受器的微弱刺激能提高其他感受器的感受性,而强烈刺激则会降低其他感受器的感受性。例如,断续的闪光能使声音感觉的响度发生起伏变化;食物的颜色、温度会影响味觉等。

②不同感觉的相互补偿。感觉的补偿是指某种感觉系统的机能丧失后,由其他感觉系统的机能来弥补。例如,盲人的听觉、触觉、嗅觉特别发达,以此来补偿丧失了的视觉功能。

③联觉。一种感觉兼有另一种感觉的心理现象叫联觉。如红色给人以热烈的感觉、紫色给人以高贵的感觉、蓝色给人以安静的感觉、黑色给人以沉重的感觉等。不同的声音也会产生不同的联觉,如欢快的歌曲、沉重的乐曲等。

真题面对面

1. [2023 周口市直,单,1分]王僧孺的"谁知心眼乱,看朱忽成碧"体现的心理现象是( )

A. 视觉后像 B. 感觉对比 C. 感觉适应 D. 联觉现象

2. [2021 濮阳市直,单,0.8分]人挑100斤重量的东西时增加一斤没感觉到差别,但是如果手提两斤重量的东西,再减一斤,差别就明显了,这种刚刚能引起差别感觉的刺激物之间的最小差异量叫做( )

A. 绝对感受性 B. 绝对感觉阈限 C. 差别感受性 D. 差别感觉阈限

答案:1. A 2. D

考点2 知觉的规律(知觉的特征或基本特性)

1. 知觉的选择性

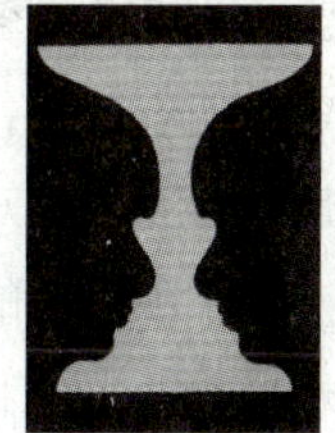

图2-2 花瓶与人脸侧影

知觉的选择性是指当面对众多的客体时,知觉系统会自动将刺激分为对象和背景,并把知觉对象优先地从背景中区分出来。被清晰反映的刺激物叫知觉的对象,被模糊反映的刺激物叫知觉的背景。例如:学生听教师讲课,教师的语言就成为学生知觉的对象,听得很清楚;而其余事物,如室外的声音、室内同学的私语,就成为背景,听不清楚。知觉的对象与背景是相对的,可以互相转换。在一种情况下,某一事物是对象,其余事物是背景;在另一种情况下,原背景中的事物转换成对象,而原来是对象的事物则转换成背景。对象和背景的转换是有条件的(如图2-2)。知觉的选择性受主客观两方面因素的影响。

(1)客观方面:①刺激物的强度。阈限范围内越强烈的刺激,越容易被选择知觉。②对象和背景的差别性,也即差异律。差别越人,越容易被优先选择。例如:教师批改作业,用红笔最明显;出板报时,重点部分用彩色粉笔书写,最易被优先选择。相反,军事上的伪装、昆虫的保护色,使对象和背景的差别变小,则不易被人发现。③对象的活动性,也即活动律。夜空中的流星、霓虹灯广告等都容易被人们知觉。④刺激物的新颖性、奇特性,也容易引起人们的优先知觉。此外,还有组合律,即知觉对图形的组织原则。

(2)主观方面:①知觉有无目的和任务;②个体已有知识经验的丰富程度;③个人的需要、动机、兴趣、爱好、定势与情绪状态等。

2. 知觉的整体性

知觉的整体性是指人根据自己的知识经验把直接作用于感官的客观事物的多种属性整合为统一整体的过程。知觉是在知识经验的基础上对感觉信息的整合过程,知觉的整体性就是人把事物各部分属性综合起来,从而能够整体地把握该事物。知觉的整体性既有助于人的知觉能力与速度的提高,也可能妨碍和干扰对部分与细节特征的反映。

知觉的理解性和知觉的整体性

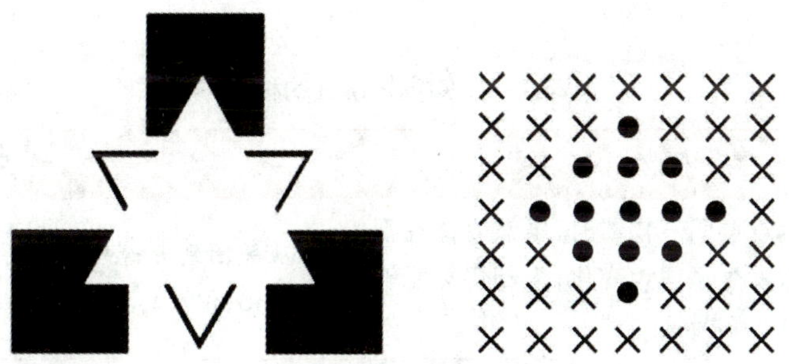

图2-3 主观轮廓

知觉的整体性往往取决于下面四种因素:

(1)知觉对象的特点,如接近、相似、闭合、连续等因素。

(2)知觉对象各组成部分之间的强度关系。

(3)知觉对象各部分之间的结构关系也影响知觉的整体性。同样一些部分,处于不同的结构关系中就会成为不同的知觉整体。例如:把相同的音符置于不同的排列顺序、不同的节拍和旋律之中就构成不同的曲调;而如果曲调的各成分关系不变,只是个别刺激成分发生变化,或用不同的乐器演奏或不同人来演唱,就不会改变我们对歌曲整体性的知觉。

(4)知觉的整体性主要依赖于知觉者本身的主观状态,其中最主要的是知识与经验。

3. 知觉的理解性

知觉的理解性是指人以知识经验为基础对感知的事物加工处理,并用语词加以概括、赋予说明的加工过程。例如:一张新产品的设计图纸,专业人员既能知觉到图纸的每一个细节,又能理解整张图纸的内容和意义;而没有这方面专业知识的人,则只能说出图纸的构成部分,不能理解图纸的内容和意义。因此,知觉与记忆和经验有深刻的联系。

在知觉时,对事物的理解是通过知觉过程中的思维活动达到的,而思维与语言有密切关系,因此语言的指导能使人对知觉对象的理解更迅速、更完整。

人在知觉的过程中,不是被动地把知觉对象的特点登记下来,而是以过去的知识经验为依据,力求对知觉对象做出某种解释,使它具有一定的意义。因此,知觉的理解性与人已有的知识经验有密切关系。知识经验越丰富,理解就越深刻,知觉也就越完整、精确。

理解对于知觉的作用表现在:

(1)理解有助于人们把知觉对象从背景中分离出来。例如,在图2-2中,如果我们事先知道它是一个花瓶,那么图形的白色部分就容易成为知觉的对象,并且使我们对它的知觉保持相对的稳定性。

(2)理解有助于知觉的整体性。人们对自己理解和熟悉的东西,容易当成一个整体来感知。相反,在不理解的情况下,知觉的整体性会受到破坏。在观看某些不完整的图形时,正是理解帮助人们把缺少的部分补充起来。

(3)理解还能产生知觉期待和预测。例如,熟悉英语词汇知识的人,在读到字母"WOR..."后,会预期出现D、K、M、N等字母,因为他们知道,只有这些字母才能与"WOR"组成一个英文单词。在这里,人们已有的知识结构在当前的感知中起着重要的作用。当前环境激活的知识结构不同,产生的知觉期待也不一样。

4. 知觉的恒常性

知觉的恒常性是指客观事物本身不变,但知觉条件在一定范围内发生变化时,人的知觉映像仍相对不变。例如:无论是清晨、中午、傍晚,人们都会把中国国旗看作鲜红色的;在强烈阳光下或黄昏时刻知觉白粉笔时,尽管在这两种情况下白粉笔所反射的光量不同,但人们仍把粉笔知觉为白色的。知觉的恒常性包括以下几种形式:

表2-6 知觉恒常性的种类

种类	概念	典例
形状恒常性	当从不同角度观察同一物体时,虽然物体在视网膜上的投影发生了很大变化,人却仍然能够把它知觉成同一形状	一个从关闭到开着的门,虽然它在视网膜上的投影发生了很大变化,但人总把它知觉成长方形的
大小恒常性	人对物体大小的知觉并不随着距离的变化而变化	看一个人个子的大小,当远近距离不同时,投射在视网膜上的视像大小相差很大,但人仍能按实际大小来知觉
明度恒常性	当照明条件改变时,人对物体相对明度或视亮度的知觉保持相对不变	白纸在日光下与在月光下反射的光亮相差80万倍,但人们总把它知觉成同种明度的白色
颜色恒常性	一个物体在色光照明下,它的表面颜色保持相对不变	用红光照射白色物体的表面,看到的不是红色,而是红光照射下的白色

知觉的恒常性受各种因素的影响,其中视觉线索有重要的作用。所谓视觉线索是指环境中的各种参照物给人们提供的物体距离、方位和照明条件的信息。人们在实际生活中,建立了大小和距离、形状与观察角度、明度与物体表面反射系数的联系。当客观条件改变时,人们利用生活中已经建立的这种联系,能够保持对客观世界较稳定的知觉。

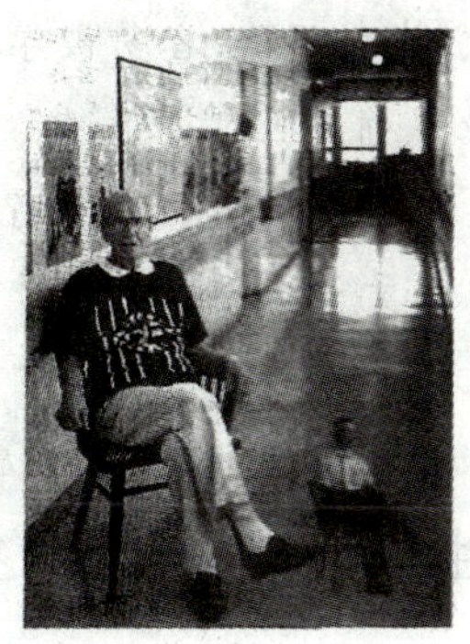

图 2-4 视觉线索的作用

知识再拔高

知觉学习与知觉适应

1. 知觉学习

知觉学习是指由训练引起的知觉成绩的改变或知觉阈限的变化。心理学关于成人的研究发现，知觉学习发生在所有感觉通道中，如嗅觉、味觉、听觉和视觉等。在视觉领域，学习和训练引起的行为改进出现在多种任务中，如运动知觉、朝向知觉、空间频率分辨、纹理知觉及运动性形状知觉等。

2. 知觉适应

当刺激输入发生变化时，人的知觉系统能够适应这种变化，使之恢复到正常状态，这种现象叫知觉适应。如日常生活中，我们有过这样的经验，一个戴过眼镜的人，在新换了一副眼镜之后，开始时会觉得不舒服，半天或一天后，这种不舒服的感觉就消失了。

真题面对面

1. [2022 郑州市直，单，0.8 分]为了帮助学生区分“爆”“躁”二字，教师把偏旁部分标成红色，这符合(　　)

A. 知觉的选择性　　B. 知觉的恒常性

C. 知觉的理解性　　D. 知觉的整体性

2. [2021 洛阳市直，单，0.85 分]熟悉英文词汇的人在读到字母“REA…”时，会联想到 L、D、R 等字母，这体现的是(　　)

A. 理解有助于知觉固化　　B. 理解有助于知觉的整体性

C. 知识对象的整体性与部分的关系　　D. 理解能产生知觉期待和预测

答案：1. A　2. D

三、感知觉规律在教学中的应用

考点 1　遵循感知规律，开展直观教学

(1)强度律，指作为知识的物质载体的直观对象(实物、模像或言语)必须达到一定强度，才能被学习者清晰地感知。因此，在直观过程中，教师应突出那些强度低但较重要的要素，使它们充分地展示在学生面前。

(2)差异律，指对象和背景的差异越大，对象从背景中区分开来就越容易。例如：凡是题目、标题、重要

定律、结论等，应用粗体字，使它特别醒目，容易被学生感知；教师应该用红笔批改学生的作业，使学生能够迅速、清楚地感知到自己的作业正确与否。

(3)活动律，指活动的对象较之静止的对象容易感知。为此，应注意在活动中进行直观，在变化中呈现对象，要善于利用现代科学技术作为知识的物质载体，使知识以活动的形象呈现在学生面前。

(4)组合律，指空间上接近、时间上连续、形状上相同、颜色上一致的事物，易于构成一个被人们清晰地感知的整体。因此，教材编排应分段分节，教师讲课应有间隔和停顿。

考点2　培养与发展学生的观察力【单选、多选、不定项】★

1. 观察及其品质

观察是人的一种有目的、有计划、持久的知觉活动，是知觉的高级形式。观察力是指人迅速、敏锐地发现事物细节和特征等方面的知觉能力。

良好的观察品质主要表现为：

(1)观察的**目的性**。观察的目的性表现为个体在观察前能否清楚地意识到观察的目的与任务，在观察过程中能否排除干扰、有始有终地完成观察任务。

(2)观察的**精确性**。观察精确性强的人能细致全面地观察客体，发现事物间的细微差别。观察精确性弱的人则观察粗疏、笼统，容易遗漏对象的特征，对有细微差别的事物常做出泛化的反应。

(3)观察的**全面性**。观察是否全面取决于观察是否有序以及是否动用了多种感官。

(4)观察的**深刻性**。观察肤浅的人往往只注意到事物外在的联系和表面特征。观察深刻的人却能透过现象看本质，发现事物内在的联系。

2. 学生观察力的发展

(1)小学生观察力的发展特点

①观察的目的性较差。②观察缺乏精确性。例如，小学生在刚学写字时常常是多一点、少一横，对“已”“巳”和“析”“折”等字形相近的字经常混淆不清。③观察缺乏顺序性。④观察缺乏深刻性。

(2)中学生观察力的发展特点

①具有明确的目的性；②持久性明显发展；③精确性提高；④概括性增强。

3. 学生观察力的培养

在学校教育教学中，培养学生的观察力可以从以下几方面入手：

(1)引导学生明确观察的目的与任务，是良好观察的重要条件。

(2)充分的准备、周密的计划、提出观察的具体方法，是引导学生完成观察的重要条件。

(3)在实际观察中应加强对学生的个别指导，有针对性地培养学生良好的观察习惯。①加强观察方向的引导；②充分利用多种感官，提高学生观察的全面性、精确性；③勤于思考，观察时要细致耐心，学会运用比较；④指导学生观察时要尽可能地运用言语。

(4)引导学生学会记录整理观察结果，在分析研究的基础上，写出观察报告、日记或作文。

(5)引导学生开展讨论、交流并汇报观察成果，不断提高学生的观察能力，培养良好的观察品质。

此外，教师还应努力培养学生的观察兴趣与优良的性格特征，如学习的坚韧性、独立性等。

★★　考点大默写　★★

1. 感觉是人脑对直接作用于感觉器官的客观事物的__________的反映；知觉是人脑对直接作用于感觉器官的客观事物的__________的反映。
2. 从似动知觉的主要形式来看，由于浮云的运动，使相对静止的月亮看起来在运动的现象属于__________。

3. 根据常见的社会知觉偏差，大多数人认为胖人心胸开阔，瘦人多愁善感，这属于________；学生认为外表有魅力的老师教学能力强，这属于________。

4. 人的感官觉察刚刚能引起感觉的最小刺激强度的能力叫________；刚刚能引起差别感觉的刺激物间的最小差异量叫________。

5. 在感觉对比现象中，吃过糖之后吃橘子，会觉得橘子特别酸，这属于________对比现象。

6. 在不同感觉的相互作用中，红色给人以热烈的感觉、紫色给人以高贵的感觉、蓝色给人以安静的感觉，这属于________现象。

7. 从知觉的特征来看，教师用红笔批改作业的做法是利用了知觉的________；白纸在日光下与在月光下反射的光亮相差80万倍，但人们总把它知觉成同种明度的白色，这体现了知觉的________。

8. 良好的观察品质主要表现为：观察的________、________、________、________。

【参考答案】

1. 个别属性；整体属性　2. 诱导运动（诱发运动）　3. 社会刻板效应；晕轮效应（光环效应）　4. 绝对感受性；差别感觉阈限（最小可觉差）　5. 继时　6. 联觉　7. 选择性；恒常性　8. 目的性；精确性；全面性；深刻性

第二节　记　忆

一、记忆概述

考点1　记忆及其品质　【单选、多选】★

1. 记忆的概念

记忆是人脑对过去经验的保持和再现。它是比感知觉更为复杂的心理现象。人脑感知过的事物、思考过的问题和理论、体验过的情感和情绪、练习过的动作等，都可以成为记忆的内容。

记忆是人的心理过程在时间上的持续。因为记忆的存在，人的心理活动的过去和现在才得以联结，人的心理活动才可能成为一个延续的、发展的、统一的整体。

真题面对面

［2022 信阳淮滨，单，0.7分］人的心理状态能在时间上连续是（　　）的作用。

A. 思维　　B. 表象　　C. 记忆　　D. 想象

答案：C

2. 记忆的品质

表2-7　记忆的品质

品质	含义/特征	具体表现
敏捷性	记忆的速度和效率特征	能够在较短的时间内记住较多的东西
持久性	记忆的保持特征	能够把知识经验长时间地保留在头脑中，甚至终生不忘
准确性	记忆的正确和精确特征	对于所识记的材料，在再认和回忆时，没有歪曲、遗漏、增补和臆测
准备性	记忆的提取和应用特征	能及时、迅速、灵活地从记忆信息的储存库中提取所需要的知识经验，以解决当前的实际问题，如出口成章、对答如流、一挥而就等

记忆有妙招

为方便考生记忆，我们将记忆的品质总结为如下口诀：**准备劫持**。**准**：准确性。**备**：准备性。**劫**：敏捷性。**持**：持久性。

考点2 记忆的分类 【单选、多选、不定项、判断】★★

1. 瞬时记忆、短时记忆和长时记忆

根据信息从输入到提取所经过的时间、信息编码方式和记忆阶段的不同，可将记忆分为瞬时记忆、短时记忆和长时记忆。

（1）**瞬时记忆**（感觉记忆），是指客观刺激停止作用后，感觉信息会在一个极短的时间内保存下来的记忆，是记忆系统的开始阶段。

（2）**短时记忆**（工作记忆），是指人脑中的信息在1分钟之内加工与编码的记忆，是信息从感觉记忆到长时记忆的过渡阶段。

（3）**长时记忆**，是指信息经过充分加工，在头脑中长久保持的记忆。

2. 形象记忆、情景记忆、语义记忆、情绪记忆和动作记忆

根据记忆的内容和经验的对象的不同，可将记忆分为形象记忆、情景记忆、语义记忆、情绪记忆和动作记忆。

表2-8 形象记忆、情景记忆、语义记忆、情绪记忆、动作记忆

类别	内涵	典例
形象记忆	个体以感知过的事物形象为内容的记忆。这种记忆在头脑中保留的是事物的具体形象，它以表象的形式在头脑中储存过去的经验，一般以视觉记忆和听觉记忆为主	人们游览过“万里长城”后在头脑中留下了生动的形象等
情景记忆	个体以亲身经历的、发生在一定时间和地点的事件（情景）为内容的记忆。它以个人的经历为参照，是人类**最高级**、**成熟最晚**的记忆系统，也是**受老化影响最大**的记忆系统，其记忆能力呈现出随年龄增加而下降的趋势	想起自己参加过的一个会议或曾经去过的地方等
语义记忆（语词逻辑记忆）	个体对以各种有组织的知识为内容的记忆，是以语词所概括的事物的关系以及事物本身的意义和性质为内容的记忆。它为人类所特有，在实践活动中随着个体的抽象思维能力的发展而不断提高	概念、定理、公式和规则等
情绪记忆	个体以曾经体验过的情绪或情感为内容的记忆。它是个体将过去经历过的情绪情感体验保存在记忆中，并且在一定条件下，这种情绪情感被重新体验到的过程	对过去的一些美好事情的记忆，对过去曾经受过的一次惊吓的记忆等
动作记忆（运动记忆）	个体以做过的运动或动作为内容的记忆。它以过去的动作或操作动作所形成的动作表象为基础，其中的信息进行保持和提取都较容易，也不易遗忘	在头脑中保留的体操动作、舞蹈动作等

3. 陈述性记忆和程序性记忆

根据信息加工与存储的内容不同或记忆内容的性质不同，可将记忆分为陈述性记忆和程序性记忆。

（1）陈述性记忆是指对有关事实和事件的记忆。它可以通过语言传授一次性获得，它的提取往往需要意识的参与。例如，我们在课堂上学习的各种课本知识和日常生活常识都属于这类记忆。

（2）程序性记忆是指如何做事情的记忆，包括对知觉技能、认知技能和运动技能的记忆。这类记忆往往

需要通过多次尝试才能逐渐获得;这类记忆往往不需要意识的参与。例如,在学习游泳之前,我们可能读过一些有关的书籍,记住了某些动作要领,这种记忆就是陈述性记忆;以后我们经过不断练习,把知识变成游泳技能,真正学会了游泳,这时的记忆就是程序性记忆。

真题面对面

[2022信阳淮滨,单,0.7分]对语法规则、公式符号、法律条文的记忆属于(　　)

A. 语义记忆　　B. 运动记忆　　C. 形象记忆　　D. 情景记忆

答案:A

二、记忆过程及其规律 【单选、多选、判断、填空、论述】 必背 ★★★

记忆过程包括识记、保持、再现(再认或回忆)三个环节。从信息加工的角度来看,记忆过程是对输入信息的编码、储存和提取(检索)的过程。(1)信息的输入编码是识记过程,指个体在加工信息时,将外在刺激的物理性特征(如声音、形状、颜色等)转换成另一种抽象的形式,以便在记忆中储存并供以后使用的心理表征。(2)信息的储存相当于保持过程,指将已经编码的信息留存在记忆中,以备后用。(3)信息的提取是再认或回忆过程,指在必要时将储存在记忆中的信息取出应用的心理过程。

记忆过程中的三个基本环节是相互依存,密切联系的。没有识记就谈不上经验的保持,没有识记和保持,就不可能对经历过的事物进行回忆或再认。因此,识记和保持是再认或回忆的前提,再认和回忆是识记和保持的结果,并能进一步巩固和加强识记和保持的内容。

考点1 识记

1. 识记及其分类

识记是记忆过程的第一个基本环节,是个体获得知识经验的过程。它可分为:

(1)无意识记和有意识记

根据识记有无目的性,可将识记分为无意识记和有意识记。

无意识记是事先没有预定目的,也不需要运用任何有助于识记的方法和意志努力,自然而然地识记。人们通过无意识记可以获得大量信息,但由于无意识记缺乏目的性,故其识记内容往往带有偶然性和片断性,缺乏系统性。无意识记带有极大的选择性。一般来讲,进入无意识记的内容有两个特点:一是作用于人们感觉器官的刺激具有重大意义或引人注意;二是符合人的需要、兴趣以及能产生较深刻的情绪体验。

有意识记是有明确的识记目的,并运用一定方法,在识记过程中还需要一定的意志努力的识记。有意识记的态度积极主动,识记的对象明确,内容系统,识记的效果牢固持久。有意识记需要有高度的注意力、意志力和积极的思维活动的配合,因而,在其他条件相同的情况下,有意识记的效果优于无意识记。它是人们获取并积累系统知识、掌握科学技术的主要途径。学生的学习活动主要依靠有意识记。

(2)机械识记和意义识记

根据识记材料的性质和识记方法的不同,可将识记分为机械识记和意义识记。

机械识记是根据材料的外在联系,采取多次重复的方式所进行的识记,即平时所说的死记硬背。机械识记具有被动性,也存在一定的必要性,因为它能够防止对记忆材料的歪曲。可能进行机械识记的情况有两种:一是识记者面对的就是本身没有意义或者没有内在联系的材料,如对无意义音节、地名、人名、历史年代等的识记。二是面对的材料虽然有可能有意义,而识记者对其缺乏应有的理解,只能先机械识记,随着知识经验的积累再逐步加以理解。如幼儿学习古诗,一、二年级的学生背诵乘法口诀等。

意义识记是在理解的基础上,依据材料的内在联系,并运用已有的知识经验而进行的识记,有人也称之为理解记忆或逻辑记忆。大量实验研究和日常生活实践证明，意义识记的效果不论是在全面性、准确性、巩固性或速度方面都优于机械识记，其主要原因是意义识记依靠了人在过去经验中已形成的暂时的联系系统。

2. 识记的规律（影响识记效果的因素）

（1）识记的目的与任务；（2）识记的态度和情绪状态；（3）活动任务的性质；（4）材料的数量和性质；（5）识记的方法。

知识再拔高

关于影响识记效果的因素的其他说法

（1）材料的数量与性质；（2）识记的目的性与主动性；（3）对材料意义的理解度；（4）对材料加工的精细度；（5）对所学材料进行合理组织；（6）尽可能地运用多重编码；（7）觉醒状态。

考点2　保持与遗忘

1. 保持及其规律

保持是指已获得的知识经验在人脑中巩固的过程，是记忆过程的第二个环节。保持并不是原封不动地保存头脑中识记过的材料的静态过程，而是一个富于变化的动态过程。这种变化表现在量和质两个方面：

（1）保持在数量上的变化，一般表现为识记的内容随着时间的进程呈减少的趋势，最后甚至遗忘。还可表现为记忆恢复。记忆恢复（记忆回涨）是指识记某种材料，经过一段时间后测得的保持量大于识记后即时测得的保持量。记忆恢复现象常常在下列情况中出现：儿童比成人更普遍；学习难度大的材料比学习容易的材料更容易出现；学习得不够熟练的材料比熟练的材料更易发生。

（2）保持在质量上的变化。一方面，记忆内容中不重要的细节部分趋于消失，而主要内容及显著特征能较好地保持，从而使记忆内容简略、概括和合理。另一方面，记忆内容中的某些特点和线索有选择地被保留下来，同时增添某些特征，使记忆内容成为较易理解的"事物"。

2. 遗忘及其规律

（1）遗忘的概念

遗忘是与保持相反的心理过程，是指对识记过的材料不能回忆或再认，或者表现为错误的回忆或再认。遗忘并不是所记忆的信息完全丧失，而是所保持的信息不能在使用时顺利地提取出来。按照信息加工的观点，遗忘是信息提取不出或提取错误。

（2）遗忘的种类

①暂时性遗忘（假性遗忘）与永久性遗忘（真性遗忘）

根据遗忘的时间，可将遗忘分为暂时性遗忘（假性遗忘）与永久性遗忘（真性遗忘）。

暂时性遗忘是指已经转入长时记忆的内容暂时不能被提取，但在适宜的条件下还可能恢复。这是因干扰等造成的提取信息障碍。

永久性遗忘是指发生在瞬时记忆与短时记忆阶段的记忆材料未经复习而消失产生的遗忘。这是一种因衰退引起的"存储性障碍"。

②主动性遗忘与被动性遗忘

主动性遗忘是指人们为了减轻心理不安，有意识地逼迫自己不去回忆那些引起特别痛苦的体验与感受的事件，或者以某种方式有意地歪曲它们，使其不再出现，也称有意遗忘。

被动性遗忘是指人们因为消退、干扰、腐蚀衰减等引起的遗忘。

(3)艾宾浩斯遗忘规律

最早对遗忘进行实验研究的是德国心理学家**艾宾浩斯**，他于1879年至1884年对遗忘进行研究，以无意义音节为材料，用节省法计算保持和遗忘的数量，依据保持效果，提出了著名的“**遗忘曲线**”。

这条曲线表明，遗忘在学习之后立即开始，而且在最初的时间里遗忘速度很快，随着时间的推移，遗忘的速度逐渐缓慢下来，过了相当长的时间后，几乎不再发生遗忘。由此可以看出，遗忘是有规律的，即遗忘的进程是不均衡的，其趋势是先快后慢、先多后少，呈负加速，且到一定的程度几乎就不再遗忘了。

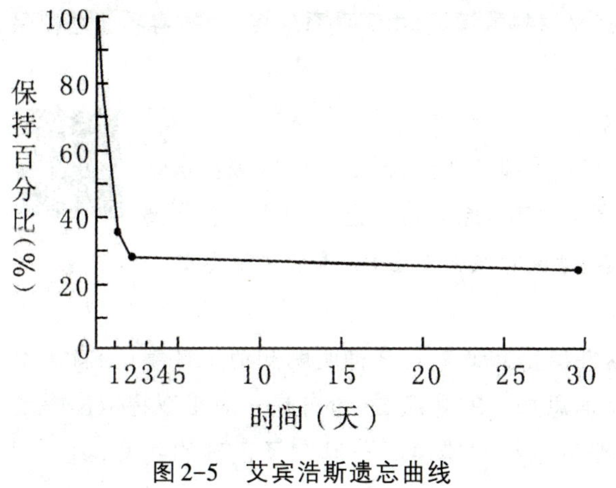

图2-5 艾宾浩斯遗忘曲线

表2-9 不同时间间隔后的记忆成绩

时间间隔	记忆成绩(%)
20分钟	58.2
1小时	44.2
8~9小时	35.8
1天	33.7
2天	27.8
6天	25.4
31天	21.1

继艾宾浩斯之后的许多研究进一步揭示了有关遗忘过程的规律。例如：①有意义材料比无意义材料遗忘得慢；②数量多的材料遗忘较快；③两种相似的材料，前后间隔时间短，则容易相互干扰而造成遗忘；④学习程度不够的材料容易遗忘等。

知识再拔高

人类联想学习研究的基本范型

在艾宾浩斯之后，心理学家进行了大量的联想学习和记忆研究。在这些研究中，基本上可以把人类联想学习的研究概括为以下三种基本范型：

(1)系列学习，又称序列学习。在实验时，呈现的刺激材料的顺序不变，要求被试将学习材料根据原来的顺序依次回忆出来。学习材料可以是一张词表，一系列数字、字母或无意义音节。艾宾浩斯开创了用无意义音节进行系列学习与记忆研究的先河。

(2)配对联想学习。在学习实验中，学习材料成对呈现；在回忆时，提供每对项目中的一项，被试要回忆出与之配对的另一项。外语单词学习符合这一范型，例如呈现“book—书”“dog—狗”等配对词。学习时要对每一对词建立联想，测验时给出“书”要回答“book”，或给出“book”，要回答“书”。

(3)自由回忆学习。在实验中给被试呈现许多独立的项目，在学习和回忆时，不限顺序。例如，给出中国各个省、市、自治区的名称，要求被试记住。被试在学习和回忆时不限顺序，能回忆出某个省、市或自治区的名称，就算这个项目学习成功。

(4)遗忘的原因

关于遗忘的原因，主要有以下几种理论学说：

①消退说

消退说，又叫痕迹衰退说，是一种对遗忘原因的最古老解释。按照这种理论，遗忘是由记忆痕迹衰退引起的，衰退随时间的推移自动发生。它起源于亚里士多德，由桑代克和巴甫洛夫学派进一步发展。它适用于解释感觉记忆和短时记忆,但很难用实验证实,因为识记后一段时间内保持量的下降,既可能是记忆痕迹衰退的结果,也可能是受到其他材料的干扰。

②干扰说

干扰说认为,遗忘是因为在学习和回忆之间受到其他刺激的干扰。一旦干扰被排除,记忆就能恢复,而记忆痕迹并未消退。干扰说可用前摄抑制和倒摄抑制来说明。前摄抑制是先学习的材料对识记和回忆后学习材料的干扰作用;倒摄抑制是后学习的材料对保持和回忆先学习材料的干扰作用。在对无意义材料的识记中,前摄抑制是造成大量遗忘的重要原因之一。对有意义材料的识记,由于联系较多,比较容易建立和保持分化,受前摄抑制的影响可能较少。

③压抑说(动机说)

压抑(动机)说和提取失败说

压抑说认为,遗忘是由情绪或动机的压抑作用引起的,如果压抑被解除,记忆就能恢复。该理论是弗洛伊德在给病人催眠时发现的。他认为个体之所以无法回忆,原因是该记忆使病人感到痛苦而被人为地压抑到潜意识中。由于情绪紧张而引起的遗忘(考试时经常发生)就属于这种类型。

④提取失败说

我们都有这样的经验:不能回忆起某件事,但又知道这件事是知道的。这种明明知道某件事,但就是不能回忆出来的现象称为"舌尖现象"或"话到嘴边现象"。从信息加工的观点看,遗忘是一时难以提取出需要的信息,遗忘之所以发生是因为编码不准确,失去了检索线索或线索错误。一旦有了正确的线索,经过搜寻,所需要的信息就能提取出来,这就是遗忘的提取失败理论。

⑤同化说(认知结构说)

奥苏贝尔认为,遗忘是知识的组织和认知结构简化的过程。当人们学到了更高级的概念与规律之后,就可以以此来代替低级的观念,使低级观念简化,从而减轻记忆负担,这是一种积极的遗忘。当然,在有意义学习中,或者由于原有知识结构不巩固,或者由于新旧知识辨析不清楚,也有可能以原有的观念来代替表面相同而实质不同的新观念,从而出现记忆错误。这是一种消极的遗忘,在教学中必须努力避免。

真题面对面

1.[2021郑州中原,单,0.7分]先学习汉语拼音再学习英语后,会出现练习英语发音时经常与汉语拼音混淆的现象,出现这一干扰的原因是(　　)

A. 消退抑制　　B. 超限抑制　　C. 前摄抑制　　D. 后摄抑制

2.[2021平顶山湛河,单,0.8分]小丁在考试中由于情绪高度紧张,忘记知识,这属于(　　)

A. 消退说　　B. 干扰说　　C. 压抑说　　D. 同化说

答案:1. C　2. C

(5)影响遗忘进程的因素

①学习材料的性质。学习材料的性质指材料的种类、长度、难度以及意义性。有意义的材料比无意义的材料遗忘得慢;形象、直观的材料比抽象的材料遗忘得慢;比较长的、难度较大的材料的遗忘进程更符合艾宾浩斯遗忘曲线,长度、难度适中的材料保持效果最好;凡是能引起主体兴趣,符合主体需要、动机,激起主体强烈情绪体验,在主体的工作、学习、生活上具有重要意义的材料,一般不容易遗忘。

②系列位置效应。所谓系列位置,是指在系列学习中,学习材料处于系列记忆的不同位置。位置不同,回忆效果也不同。系列位置效应就是指接近开头和末尾的记忆材料的记忆效果好于中间部分的记忆效果的趋势。开头部分和结尾部分的记忆效果较好,分别称为首因效应和近因效应,而效果较差的中间部分被称为渐近部分。例如,学习一篇课文,一般总是开头和结尾部分容易记住,而中间部分则容易忘记。其原因

是:课文的开始部分只受倒摄抑制的影响,不受前摄抑制的影响;结尾部分只受前摄抑制的影响,不受倒摄抑制的影响;中间部分则受两种抑制的影响,因而最容易遗忘。

③识记材料的数量和学习程度。一般来说,材料过多、学习程度太小或太大,都不利于对知识的记忆。过度学习是指学习达到恰能背诵之后再继续学习。实验证明:过度学习达到50%,即学习的熟练程度达到150%时,学习的效果最好;超过150%时,效果并不递增,很可能引起厌倦、疲劳而成为无效劳动。过度学习在教学实践中的应用也不是无限的,它对那些必须能长期地准确回忆而且又没什么意义的信息最为有用。最典型的例子就是背诵乘法口诀表,学生必须能够准确无误、不假思索地回忆。

④记忆任务的长久性与重要性。一般来说,长久的识记任务有利于材料在头脑中保持时间的延长,不重要和未经复习的内容则容易遗忘。

⑤识记的方法。研究表明,以理解为基础的意义识记比机械识记的效果好得多。

⑥时间因素。根据遗忘规律,记忆的最初阶段遗忘的速度快,随后逐渐变慢。学习内容的保存量随着时间的变化而减少。

⑦情绪和动机。学习者的情绪和动机等也影响遗忘进程。

真题面对面

[2023事业单位,单,0.8分]关于识记材料的顺序对记忆效果的影响,下列叙述中正确的是(　　)

A. 最先呈现的材料正确率最低

B. 中间部分的材料准确率最低

C. 最后呈现的材料正确率最低

D. 以上说法都不对

答案:B

考点3　再认或回忆

1. 再认

再认是指人们对感知过、思考过或体验过的事物,当它再度呈现时,仍能认识的心理过程。例如:好友重逢,一眼就认出了对方;旧地重游,处处有熟悉之感。再认是记忆的初级表现形式,是比回忆较为容易和简单的一种恢复经验的形式。

2. 回忆(重现)

回忆是过去经历过的事物不在面前,人们在头脑中把它重新呈现出来的过程。回忆是记忆的最高表现,是比再认更为复杂的一种恢复经验的形式。再认与回忆二者之间没有本质的区别,只有保持程度上的不同。回忆的分类如下表所示:

表2-10　回忆的分类

分类依据	类别	概念	典例
是否有预定的目的、任务和意志努力的程度	无意回忆	没有预定目的,也不需要任何意志努力的回忆	触景生情或偶然想起了一件往事;自由联想
	有意回忆	有回忆任务、并做出一定的意志努力、自觉追忆以往经验的回忆	在复习考试时的回忆;课堂上学生回答老师的提问等
回忆时的条件和方式的不同	直接回忆	由当前事物直接唤起旧经验的重现	对熟记的外语单词的回忆
	间接回忆	通过一系列中间环节或中介性的联想才能达到要回忆的旧经验	根据一些提示和推断回想起钥匙所遗落的地方

在有意回忆特别是间接回忆遇到困难时，就必须做出一定的努力，克服一定的困难，才有可能回忆起旧经验。这种需要一定努力、克服一定困难的有意回忆称为追忆。

试卷的是非题、选择题等是再认的检查形式；问答题、填空题等是重现的检查形式。由于再认和重现的水平不同，人的再认记忆优于重现记忆。在一般情况下，能重现就一定能再认，而能再认不一定能重现，因此再认不能作为检查记忆牢固程度的可靠指标。

三、记忆规律在教学中的应用

考点1 依据记忆规律合理安排和组织教学

(1)合理安排教学。①学校在排课时应尽可能地避免把性质相近的课程排在一起，这样能减少材料相似性引起的前摄抑制、倒摄抑制对记忆的干扰。②教师要保证学生的课间休息。③教师应控制每堂课的信息投入量。

(2)教师应根据不同的教学内容，向学生提出明确的识记任务。

(3)使学生处于良好的情绪和注意状态。

(4)充分利用无意识记的规律组织教学。

(5)使学生理解所学内容并把它系统化。

(6)培养学生良好的记忆品质，提高其记忆能力。

考点2 依据记忆规律有效地组织复习 【单选、多选、判断、简答】 必背 ★★★

多次的识记称为**复习**。学过的知识，如果不经过复习，是不可能长久、完全地保持在记忆中的。复习的作用是给信息加工提供机会，对所学材料不断地进行再编码，不断提高编码的适宜性。所谓编码，就是拿已贮存的信息，对新输入的信息不断地加以处理，使其愈来愈与个人贮存在长时记忆中的心理格局合模，从而妥帖地加入到个人的经验体系中去。因此，多复习一次就是多一次加工，就多一次重新考虑或寻找材料之间关系的机会，从而增进加工深度，记得更好。

根据艾宾浩斯的遗忘曲线可知，与遗忘进行斗争的首要条件是组织识记后的复习。有效组织复习的方法有：

1. 复习时机要得当

(1)及时复习

遗忘发展的规律表明，识记后遗忘很快就会发生。因此，对于新学习的材料，为了防止遗忘，必须"趁热打铁"及时进行复习。所谓及时复习就是在初期大量遗忘开始之前就进行复习。

(2)合理安排复习时间

要制订复习计划，合理安排复习内容和时间，提高复习效率。每天复习的内容要适当，不要过于紧张和疲劳，以免产生干扰。有效的复习时间最好做如下安排：第一次复习，学习结束后的5～10分钟；第二次复习，学习当天的晚些时候或学习结束后的第二天；第三次复习，一星期后；第四次复习，一个月后；第五次复习，半年后。

(3)间隔复习

由于遗忘存在着"先快后慢"的趋势，因此，在教学上还必须遵守"间隔复习"的原则。一般来说，刚学过的新知识应该多复习，每次复习所用的时间应长些，而间隔的时间要短些；随着记忆巩固程度的提高，每次复习的时间可以短些，而间隔的时间可以长些。

(4)循环复习

教学上应该遵守"循环复习"的原则，对于所学的材料应经常进行复习，做到"温故而知新"。

2. 复习方法要合理

(1)分散复习与集中复习相结合

根据复习在时间分配上的不同，复习方式有两种：①**集中复习**，把复习的材料集中在一段时间内进行复习;②分散复习,即把复习的材料分配到几段相隔的时间内进行复习。复习难度小的材料可适当集中,难度大的材料可采取分散复习的方式,做到分散复习与集中复习相结合。相对于大多数学习而言,分散复习的效果优于集中复习,因为分散复习可以降低疲劳感,可以减少前摄抑制和倒摄抑制的影响。

(2)复习方法多样化

单调的复习方法容易使人产生疲劳和厌倦情绪,会降低复习效果。因此,教师在组织学生复习时,方法要灵活多样。例如,在数学课中,对所学的计算方法、公式、定理等内容的复习,就可采用解题、作业评讲、相互订正、自编应用题等方式进行复习。

(3)运用多种感官参与复习

多种感官参与复习可以更好地提高记忆效果。因此,在复习时应尽量运用多种感官参与,要眼看、耳听、口读、手写相互配合,在头脑中构成它们之间的神经联系,形成记忆痕迹,以后遇到其中的一种刺激信息,就可以激活多种相关的记忆痕迹,提高记忆效果。有心理学家证明,人的学习83%通过视觉,11%通过听觉,3.5%通过嗅觉,1.5%通过触觉,1%通过味觉。

(4)尝试回忆与反复阅读相结合

尝试回忆与反复阅读相结合的方法,能使学习者及时了解到识记的成绩,从而提高学习的兴趣,激起进一步学习的动机。同时,在每次回忆后,学习者可以及时检查记忆效果,在重新阅读时就会有针对性地集中精力攻克难点,纠正错误,不至于平均用力。

3. 复习次数要适宜

要掌握复习的量。(1)复习内容的数量要适当,就是说一次复习内容的数量不宜过多,因为,学习内容的数量与复习的次数及所用的时间是成正比增长的;(2)提倡适当的过度学习,即熟练程度达到150%的学习(适当过度学习的材料能避免遗忘),从而提高记忆效果。

4. 重视对记忆品质的培养

(1)提高记忆的敏捷性,要明确识记的目的,集中注意力;(2)加强记忆的持久性,要善于把识记的材料纳入已有的知识体系中,进行及时和经常性的复习;(3)培养记忆的准确性,必须进行认真的识记,在大脑皮层上建立精确的暂时神经联系,在复习时要把相似的材料经常加以比较,防止混淆,要把正确识记的事物同仿佛记住的东西区别开,把所见所闻的真实材料与主观的增补、臆测区别开;(4)培养记忆的准备性,关键要使掌握的知识系统化,这样才能做到有条不紊地从记忆仓库中随时迅速地提取所需要的材料。

5. 注意用脑卫生

脑的健康状况是影响记忆好坏的重要生理条件,它与学习和记忆有密切的关系。因此,在学习过程中,要特别重视脑的营养与适当的休息。严重营养不良,缺乏蛋白质,以及吸毒、酒精中毒、脑外伤等都会给记忆带来不良影响,使记忆力下降。

记忆有妙招

为帮助考生记忆,我们将有效组织复习的方法总结为如下口诀:**十次方知味**。**十**:时机。**次**:次数。**方**:方法。**知**:记忆品质。**味**:用脑卫生。

真题面对面

[2022郑州二七,多,1.6分]组织识记后的复习是与遗忘斗争的首要条件。复习时应注意(　　)

A. 阅读与重现交替进行

B. 加强对系列位置效应中间部分的复习

C. 及时复习

D. 正确分配复习时间,集中复习优于分散复习

答案:ABC

四、学生记忆的发展

考点1 小学生记忆的发展

(1)从无意记忆为主转变为有意记忆为主。从小学三年级开始,小学生的有意记忆逐渐取代无意记忆并占主导地位,有意记忆明显增强。

(2)从机械记忆为主向意义记忆为主过渡。到了三、四年级,从机械记忆占主导地位向意义记忆占主导地位发展,意义记忆迅速发展。

(3)从具体形象记忆向抽象逻辑记忆的方向发展,抽象逻辑记忆水平逐步提高。但小学生在记忆抽象的材料时,主要还是以事物的具体形象为基础,即形象记忆仍起着重要作用。

考点2 中学生记忆的发展

(1)中学生记忆发展的总体趋势是随着年龄的增长记忆力不断提高,到16岁趋于成熟。

(2)同一年龄的中学生,受所记材料性质的影响,记忆效果不一样。

(3)中学生短时记忆广度随着年级的增长而不断增大。

(4)随着年龄的增长,中学生的有意记忆和无意记忆效果都不断提高,但有意记忆逐渐占主导地位。

(5)中学生以理解记忆为主要记忆手段。

(6)抽象记忆在中学阶段占据主导地位。

考点大默写

1. 从记忆的品质来看,能够在较短的时间内记住较多的东西是记忆的________良好的表现;对于所识记的材料,在再认和回忆时,没有歪曲、遗漏、增补和臆测,是记忆的________良好的表现;能及时、迅速、灵活地从记忆信息的储存库中提取所需要的知识经验,以解决当前的实际问题,是记忆的________良好的表现。
2. 从记忆的内容和经验的对象来看,人们游览过“万里长城”后在头脑中留下了生动的形象,这是________记忆;人们想起自己参加过的一个会议或曾经去过的地方,这是________记忆。
3. 根据信息加工与存储的内容不同或记忆内容的性质不同,可将记忆分为________记忆和________记忆。
4. 记忆过程包括识记、________、________三个环节。
5. 从信息加工的角度来看,记忆过程是对输入信息的________、________和________的过程。
6. ________是与保持相反的心理过程,是指对识记过的材料不能回忆或再认,或者表现为错误的回忆或再认。
7. 遗忘是有规律的,即遗忘的进程是不均衡的,其趋势是________、________,呈负加速,且到一定的程度几乎就不再遗忘了。
8. 学习一篇课文,一般总是开头和结尾部分容易记住,而中间部分则容易忘记。其原因是:课文的开始部分只受________的影响,不受________的影响;结尾部分只受________的影响,不受________的影响;中间部分则受两种抑制的影响,因而最容易遗忘。
9. 读一篇外语课文,学习30分钟就刚好能背诵并正确回忆,为了巩固记忆,又增加了________分钟的学习时间,此时过度学习的效果最佳。
10. 遗忘的________理论可以解释明明知道某件事,但就是不能回忆出来的“舌尖现象”或“话到嘴边现象”。

11. ________是记忆的初级表现形式，是比回忆较为容易和简单的一种恢复经验的形式。

12. 从复习在时间上的分配来看，相对于大多数学习而言，________复习的效果优于________复习。

【参考答案】

1. 敏捷性；准确性；准备性 2. 形象；情景 3. 陈述性；程序性 4. 保持；再现（再认或回忆） 5. 编码；储存；提取（检索） 6. 遗忘 7. 先快后慢；先多后少 8. 倒摄抑制；前摄抑制；前摄抑制；倒摄抑制 9. 15 10. 提取失败 11. 再认 12. 分散；集中

第三节 表象与想象

一、表象概述 【单选】 ★

考点1 表象及其特征

表象是事物不在面前时，人们在头脑中出现的关于事物的形象。表象的特征表现为：

（1）直观性。表象是以生动具体的形象在头脑中出现的。人头脑中产生某种事物的表象，就好像直接看到或者听到这种事物的某些特征一样。

（2）概括性。表象是人们多次知觉的结果，它不表征事物的个别特征，而是表征事物的大体轮廓和主要特征，因此，表象具有概括性。

（3）可操作性。人们可以在头脑中对表象进行操作，这种操作就像人们通过外部动作控制和操作客观事物一样。这说明，人们在完成某种作业时可以借助于表象进行形象思维。心理学家通过“心理旋转实验”证明了表象的可操作性。

考点2 表象的作用

（1）表象是知识的重要表征形式。大千世界中的万事万物都有形象，这些形象以表象的方式储存在人的头脑中。

（2）表象为概念形成提供了感性基础。表象具有直观性，和知觉相似；又具有概括性，与思维相似。因此，表象是介于知觉和思维之间的中间环节，是感性认识到理性认识的过渡阶段。

（3）表象促进问题解决。小学低年级学生在进行加、减法运算时，需要表象的帮助，因而在教学中常用“1个苹果加2个苹果等于几个苹果”的形式进行教学；中学生在解决几何问题时，亦需要表象的支持。在教学中借助表象训练可以提高教学质量，发展学生的思维能力。

（4）表象促进语言理解。研究证明，表象对句子理解以及成语理解都具有促进和易化作用。

真题面对面

[2021郑州中原，单，0.7分]人在思维过程中，经常伴有表象的出现。例如，小学低年级学生在解决数的运算时，在很大程度上要有表象的参与；中学生在解决几何问题时，要依赖表象的支持。这表明（　　）

A. 表象为概念的形成提供感性基础

B. 表象促进问题的解决

C. 表象是在头脑中形成的关于事物的形象

D. 表象是形象思维的支柱

答案：B

考点3 表象的分类

1. 视觉表象、听觉表象和运动表象

从表象产生的主要感觉通道来划分，表象可以分为视觉表象（如想起母亲的笑脸）、听觉表象（如想起吉他的声音）和运动表象（如想起舞蹈动作）等。

2. 记忆表象和想象表象

根据表象创造程度的不同，表象可分为记忆表象和想象表象。

记忆表象是过去感知过的事物形象在人脑中的重现，保留了客观事物的主要形象特点。

想象表象是人脑在已有表象的基础上进行加工改造和整合而形成的新形象。

3. 个别表象和一般表象

根据表象的感知范围，可以把表象划分为个别表象和一般表象。

个别表象是指对某一特定对象多次感知后产生的表象。它反映了个别事物的特征。例如，对某一件物品感知后在头脑中留下的具体形象。

一般表象是指对某一类事物多次感知后产生的表象，它去掉了感知对象的个别特点，集中了一类事物共有的特征。例如，对类似事物多次感知后，在头脑中形成的与各类事物对应的典型的事物形象。

4. 遗觉表象

遗觉表象又称为遗觉象，是指看到的事物从视域中移开后仍能保持鲜明、生动逼真和清晰具体的形象。遗觉表象是记忆表象的特殊形式，它几乎与直接感知事物时具有鲜明和生动的形象一样，看似与感知觉一样，但它不是感知觉。

真题面对面

［2022郑州金水，单，0.96分］“飞流直下三千尺，疑是银河落九天。”学生根据诗句中的描述而在头脑中出现的形象属于（　　）

A. 记忆表象　　B. 遗觉表象　　C. 想象表象　　D. 感觉表象

答案：C

二、想象概述【单选、多选】★

考点1 想象及其加工方式

想象是人脑对已储存的表象进行加工改造，形成新形象的心理过程。想象的加工方式如下表所示：

表2-11　想象的加工方式

种类	概念	典例
黏合	把两种或两种以上客观事物的属性、元素、特征或部分结合在一起而形成新形象的过程	“孙悟空”的形象
夸张	改变客观事物的正常特点，对某些特点加以夸大和强调，使其增大、缩小、数量加多、色彩加浓等	“千手观音”的形象
拟人化	把人类的特性、特点加在外界事物上，使之人格化的过程	“雷公”“电母”等形象
典型化	根据一类事物共同的、典型的特征创造新形象的过程	鲁迅小说中的人物模特儿，往往嘴在浙江，脸在北京，衣服在山西，是一个拼凑起来的角色

考点2　想象与表象的区别 新增 【单选】★★

想象是以表象为内容的特殊形式的高级认知活动。想象不同于表象。**表象**是过去感知过的事物的形象在头脑中的再现，它并没有创造出新的形象，故其属于**记忆**的范畴；**想象**是新形象的创造，属于**思维**的范畴。

真题面对面

[2022平顶山市直，单，0.7分]表象是指客观事物不在个体面前呈现时，人们大脑中依旧能出现关于该事物的形象。想象是人们对已储存的表象进行加工，形成新形象的心理过程。下列关于表象与想象区别的阐述不正确的是(　　)

A. 表象是过去感知过的事物形象在头脑中再现

B. 表象创造出新的形象

C. 表象属于记忆的范畴

D. 想象是对表象的加工改造，创造出新的形象

答案：B

考点3　想象的功能

(1)**预见功能**。想象的预见功能是指它能预见活动的结果，指导活动进行的方向。

(2)**补充功能**。借助想象可以弥补人们认识活动的时空局限，超越个体狭隘的经验范围，获得更多的知识。

(3)**替代功能**。在现实生活中，当人们的某种需要不能得到满足时，可以借助想象从心理上得到一定的补偿和满足。例如，儿童想当一名飞行员，但由于他的能力所限而不能实现，于是就手拿一架玩具飞机在空中舞起来，在游戏中满足了自己当飞行员的愿望。

(4)**调节功能**。想象对机体的生理活动过程有调节作用，它能改变人体外周部分的机能活动过程。

真题面对面

1. [2023周口市直，单，1分]儿童手拿玩具飞机在空中飞舞，满足自己当飞行员的愿望，属于想象的(　　)

A. 替代功能　　B. 预见功能

C. 补充功能　　D. 调节功能

2. [2022信阳淮滨，多，1分]想象是对大脑中已有的表象进行加工改造而形成新形象的过程，其功能有(　　)

A. 预见功能　　B. 协同功能

C. 替代功能　　D. 补充功能

答案：1. A　2. ACD

三、想象的分类 【单选、多选、判断】★★

根据想象的目的和计划性，可将想象分为无意想象和有意想象。

考点1　无意想象

无意想象又称不随意想象，是没有预定目的，不由自主产生的想象。例如，学生常常出现的"白日梦"现象，就是无意想象的表现。梦是无意想象的极端表现。

考点2 有意想象

有意想象又称随意想象，是指有预定目的、自觉进行的想象，是意识活动的一种形式。这种想象活动具有一定的预见性、方向性，人们在想象过程中一直控制着想象的方向和内容。

根据创造程度的不同，有意想象又可以分为**再造想象**和**创造想象**。幻想是创造想象的一种特殊形式。

1. 再造想象

再造想象是依据词语或符号的描述、示意在头脑中形成与之相应的新形象的过程。人在阅读文艺作品、历史文献，工人看建筑或机械图纸，学生听教师对课文生动形象的描述时，头脑中出现的有关事物的形象，都属于再造想象。

再造想象产生的条件包括：(1)必须具有丰富的表象储备。(2)为再造想象提供的词语及实物标志要准确、鲜明、生动、形象。(3)正确理解词语与实物标志的意义。

2. 创造想象

创造想象是按照一定目的、任务，使用自己以往积累的表象，在头脑中独立地创造出新形象的过程。例如，科学家对于科学研究的设计和研究成果的预见，革新家对生产工具和产品的改革与发明等，都是创造想象的过程。

创造想象产生的条件包括：(1)强烈的创造愿望。(2)丰富的表象储备。(3)积累必要的知识经验。(4)原型启发。(5)积极的思维活动。(6)灵感的作用。在创造想象的过程中，新形象的产生往往带有突然性，这种突然出现新形象的状态，称为**灵感**。此外，创造性思维能力、高水平的表象改造能力、丰富的情绪生活、正确的理想和世界观也是创造想象产生的条件。

3. 幻想

幻想是一种与生活愿望相结合并指向于未来的想象。幻想与一般的创造想象相比具有以下两个特征：(1)幻想体现了个人的愿望，是个人向往的形象；(2)幻想常是创造性活动的准备阶段。

幻想可分为以下三种形式：

(1)**科学幻想**是科学预见的一种形式，是创造想象的准备阶段和发展的推动力，是具有进步意义和有实现可能的积极幻想。例如，一个多世纪前人们做出的到天空和海洋遨游等科学幻想在今天已经变成了现实。

(2)**理想**是符合事物发展规律、有实现可能的积极幻想，如想成为科学家、艺术家，为国家的繁荣富强做贡献，就是许多当代青年的理想。

(3)**空想**是与客观现实相违背的消极幻想，根本不可能实现。空想往往使人脱离现实，长期陷入空想的人往往碌碌无为，一事无成。

真题面对面

[2021平顶山卫东，单，0.8分]我们阅读《红楼梦》时，根据文字描述在头脑中想象出王熙凤的形象，这种想象属于(　　)

A. 创造想象　　B. 幻想

C. 无意想象　　D. 有意想象

答案：D

四、中小学生想象的特点 新增 【多选】 ★★

1. 小学生想象的特点

(1)想象的有意性迅速发展。(2)想象中的创造性成分日益增多。(3)想象的内容逐渐富于现实性。

2. 中学生想象的特点

(1)初中生想象的发展

①有意想象逐步占主导地位。初中生想象的有意性明显增长。其中,初中二年级和初中三年级(八年级和九年级)是空间想象力发展的加速期或关键期。②初中生想象的现实性(理性成分)在不断发展。初中生的幻想具有现实性、兴趣性,有时也带有虚构的特点。③初中生想象的创造性成分在不断增加。

(2)高中生想象的发展

①高中生有意想象迅速发展。②高中生想象的创造性水平逐步提高,创造性想象日益占优势。③想象的现实性增强。

真题面对面

[2022 南阳宛城,多,2.1 分]下列选项中关于小学生想象的特点的说法,正确的是(　　)

A. 无意想象迅速发展

B. 想象中的创造性成分日益增多

C. 想象的内容逐渐接近现实

D. 想象中的幻想和理想交叉进行

答案:BC

五、学生想象力的培养(想象规律在教学中的应用)

1. 在教学中发展学生的再造想象

(1)要扩大学生头脑中的表象储备。

(2)教师要帮助学生真正弄懂描述中关键性词句和实物标志的含义。

(3)教师要唤起学生对教材的想象,以加深对知识的理解和巩固。

2. 在教学中培养学生的创造想象

(1)引导学生学会观察,丰富学生的表象储备。

(2)引导学生积极思考,有利于打开想象力的大门。

(3)引导学生努力学习科学文化知识,扩大学生的知识经验以发展学生的空间想象能力。

(4)注意发展学生的语言能力。

(5)结合学科教学,有目的地训练学生的想象力。

(6)引导学生进行积极的幻想。

记忆有妙招

为方便考生记忆,我们将培养学生创造想象的措施总结为:四引导、一注意、一结合。

考点大默写

1. 心理学家通过"心理旋转实验"证明了表象的__________。

2. 根据想象加工方式的不同,创造出"孙悟空"的形象属于__________;创造出"千手观音"的形象属于__________;创造出"雷公""电母"的形象属于__________。

3. __________是过去感知过的事物的形象在头脑中的再现,它并没有创造出新的形象,故其属于记忆的范畴;__________是新形象的创造,属于思维的范畴。

4. 无意想象又称不随意想象,是没有__________,不由自主产生的想象;__________是无意想象的极端表现。

5. 根据创造程度的不同，有意想象可以分为__________和__________。其中，学生听教师对课文生动形象的描述时，头脑中出现的有关事物的形象，属于__________；革新家对生产工具和产品的改革与发明属于__________。

【参考答案】

1. 可操作性 2. 黏合；夸张；拟人化 3. 表象；想象 4. 预定目的；梦 5. 再造想象；创造想象；再造想象；创造想象

第四节 言语与思维

一、言语概述

考点1 言语及其种类 【判断】★

言语是指人们用语言进行交际的活动过程。言语具有目的性、开放性、规则性、离散性、社会性和个体性。言语的种类如下表所示：

表2-12 言语的种类

种类			概念	特点	典例
外部言语	口头言语	对话言语	两个人或几个人直接交际时的言语活动	情境性、反应性和简略性	聊天、座谈
		独白言语	个人独自进行的，与叙述思想、情感相联系的，较长而连贯的言语	计划性、逻辑性、独立性	报告、讲演
	书面言语		一个人借助文字来表达自己的思想或借助阅读来接受别人言语的影响	随意性、展开性和计划性	写文章
内部言语			一种自问自答或不出声的言语活动	隐蔽性和简略性	默读

真题面对面

[2022驻马店驿城，判断，0.55分]书面语言属于内部语言。(　　)

答案：×

考点2 言语的感知和理解

1. 言语的感知

(1)口头言语的感知。口头言语的感知涉及语言的清晰度与可懂度。清晰度与可懂度是指听者了解讲话者说话的百分率，或指听者听对的百分率。

(2)书面言语的感知。人们通过视觉系统接受文字材料提供的信息，对字词做出正确判断与分辨，这就是书面言语的感知。书面言语的感知包括单词再认和阅读。

2. 言语的理解

言语的理解是指人们借助于听觉或视觉的语言材料，在头脑中建构意义的一种主动、积极的过程。可分为以下三级水平：(1)词汇理解或词汇识别是言语理解的第一级水平；(2)句子的理解是言语理解的第二级水平；(3)课文或话语的理解是言语理解的第三级水平。

二、思维及其品质

考点1 思维的概念和特点 【单选、判断】★

思维是人脑对客观事物的本质属性与内在联系的概括的、间接的反映。根据思维的概念可知，思维具有概括性和间接性两个特点。

1. 概括性

所谓概括性，包含两层意思：

（1）把同一类事物的共同特征和本质特征抽取出来加以概括。例如，人们把形状、大小各不相同而能结出枣的树木称为"枣树"，把枣树、苹果树、梨树等依据其根、茎、叶、果的共性称为"果树"等。

（2）将多次感知到的事物之间的联系和关系加以概括，得出有关事物之间的内在联系的结论。例如，每次看到"月晕"就要"刮风"，"础石潮湿"就要"下雨"，就能得出"月晕而风，础润而雨"的结论。

考生在区分思维的间接性和概括性时，需要把握题目中的关键词。间接性："根据""推断"；概括性："对……的认识""得出……结论"。题目强调"间接地推测事物"，选间接性；题目强调人们通过自身多年劳动经验，总结归纳出一套生活的规律，选概括性。

2. 间接性

所谓间接性，是指思维能对感官所不能直接把握的或不在眼前的事物，借助于某些媒介物与头脑加工来进行反映。例如：内科医生不能直接看到病人内脏的病变，却能以听诊、化验、切脉、体温检测、量血压、B超、CT等检验手段为中介，经过思维加工间接判断出病人的病情；地震工作者可以根据动物的反常现象或其他仪表的数据来分析与预报震情；等等。

真题面对面

[2021濮阳清丰，单，1分]看见"月晕"就刮风，看见"石墩"受潮后就下雨，随即得出"月晕而风，础润而雨"的结论，这属于思维的（　　）特征。

A. 间接性　　B. 抽象性

C. 概括性　　D. 历史性

答案：C

考点2 思维的品质 【单选、判断】★

1. 思维的广阔性与深刻性

思维的广阔性是指思路开阔，能从各个角度、多个方面揭露事物的联系，全面地思考问题。

思维的深刻性是指能深入地思考问题，善于透过事物的表面现象，抓住事物的实质，揭露事物之间的内在联系。如苹果落地是司空见惯的事，牛顿却在此基础上提出了万有引力定律。

2. 思维的独立性（独创性）与批判性

思维的独立性（独创性）是指既能不受他人暗示，不人云亦云，不盲从别人的见解，不依赖现成的方法和结论，又能不武断、不一意孤行、不固执己见、不唯我是从，充分地发挥个人的主观能动性，独立地发现、思考、处理和解决问题。思维的独创性是智力的高级表现。思维的灵活性是思维独创性的条件和基础。

思维的批判性是指既善于批判地评价他人的思想和成果，吸取别人的长处、优点和思想的精华，摒弃别人的短处、缺点和思想的糟粕，又善于严格而精细地思考问题，冷静而客观地评价和自觉地控制自己的思维活动，不易受自己的情绪和偏爱的影响。

3. 思维的灵活性与敏捷性

思维的灵活性是指能灵活地思考问题。它表现为能从不同角度、运用不同方法思考问题，在条件发生变化时，能随机应变，及时地改变原有计划、方案，寻找新的解决问题的途径。

思维的敏捷性是指思维活动迅速正确，能当机立断。思维的敏捷性与轻率迥然不同，它不仅要求思维速度快，而且要求思维的正确性高。

小香课堂

考生易混淆思维的灵活性与敏捷性的特征，区分二者时需要注意：灵活性强调从不同角度，运用不同方法；敏捷性强调迅速正确，当机立断。

4. 思维的逻辑性和严谨性

思维的逻辑性和严谨性是指考虑和解决问题时思路鲜明，条理清楚，严格遵循逻辑规律。即：提问明确，推理严密，主次分明，论证充分，有的放矢，有说服力，结论证据确凿。思维的逻辑性和严谨性是思维品质的中心环节，是所有思维品质的集中体现。

记忆有妙招

为方便考生记忆，我们将思维的品质总结为如下口诀：**横向广，纵向深；于人独，对己批；灵则变，敏则快；逻辑严谨是中心。广**：广阔性。**深**：深刻性。**独**：独立性。**批**：批判性。**灵**：灵活性。**敏**：敏捷性。**逻辑**：逻辑性。**严谨**：严谨性。

真题面对面

[2022 信阳淮滨，判断，0.5 分]从事物的各个方面、各个角度去看待问题是思维的广阔性。(　　)

答案：√

考点 3　良好思维品质的培养

教师在教育教学过程中培养学生良好的思维品质可以从以下几个方面着手：(1)加强科学思维方法的训练；(2)运用启发式方法调动学生思维的积极性、主动性；(3)加强言语交流训练；(4)发挥定势的积极作用；(5)培养学生解决实际问题的思维品质。

三、思维的种类 【单选、多选、不定项、判断】★★

考点 1　直观动作思维、具体形象思维和抽象逻辑思维

根据思维的内容凭借物、任务的性质、发展水平以及解决问题的方式，可将思维分为直观动作思维、具体形象思维和抽象逻辑思维。

直观动作思维是以实际动作为支柱的思维过程。直观动作思维往往是人们在边做边想时发生的，具有直观实践性的特点。离开了感知活动或动作，思维就不能进行。例如，幼儿在学习简单计数和加减法时，常常用手指点着具体物件来数的办法，实际活动一停止，他们的思维便立即停下来。此外，技术工人在对一台机器进行维修时，一边检查一边思考故障的原因，直至发现问题排除故障为止，在这一过程中具体动作思维占据主要地位。

具体形象思维是以直观形象和表象为支柱的思维过程。表象是思维的材料，思维过程往往表现为对表象的概括、加工和操作。具体形象思维具有形象性、整体性、可操作性等特点。例如，雕塑家创作雕塑作品时总是会在头脑中先思考所要创作的作品形象是怎样的，然后根据头脑中的这一形象再完成作品。

抽象逻辑思维是以词为中介来反映现实的思维过程，也叫词的思维或逻辑思维。抽象逻辑思维是人类

思维的典型形式，是人类思维区别于动物思维的最本质特征。例如，学生证明某一命题、定理时，要运用数字符号和概念来进行推导和求证。

直观动作思维

具体形象思维

抽象逻辑思维

考生易将直观动作思维与幼儿的思维联系在一起。需要注意：成人同样具有直观动作思维，但成人的直观动作思维是以丰富的知识经验为基础，并在第二信号系统的调节下实现的；而幼儿由于没有完全掌握语言，只能在动作中思考。

考点2 经验思维和理论思维

根据思维过程中是以日常经验还是以理论为指导，可将思维分为经验思维和理论思维。

经验思维是以日常经验为依据，判断生产、生活中的问题的思维。例如，学前儿童根据自己的经验，认为"鸟是会飞的动物"，这就属于经验思维。由于知识经验的不足，这种思维容易产生片面性，甚至得出曲解或错误的结论。

理论思维是以科学的原理、定理、定律等理论为依据，对问题进行分析、判断的思维。例如，人们说"心理是客观现实在人脑中的主观映像"，就是理论思维的结果。这种思维往往能抓住事物的本质，使问题得到正确的解决。教师利用理论思维传授科学理论，学生运用理论思维学习理性知识。

考点3 分析思维和直觉思维

根据结论是否有明确的思考步骤和思维过程中意识的清晰程度和逻辑性，可将思维分为分析思维和直觉思维。

分析思维是遵循严密的逻辑程序和规律，逐步推导，然后得出合乎逻辑的正确答案或做出合理结论的思维。分析思维是以概念、判断、推理的形式来反映客观世界的思维。例如，学生在解数学题时，通过多步的推理和论证得出答案的过程。分析思维具有程序性的特点。

直觉思维是未经逐步分析就迅速对问题答案做出合理的猜测、设想或突然领悟的思维。直觉思维是一种对问题进行内隐式的感知为特征的思维形式，是非逻辑性的、跳跃式的、没有具体步骤的。直觉思维具有敏捷性、直接性、简缩性、突然性（突发性）、猜测性的特点。例如，足球运动员在一瞬间把握球场上对方球员的布局漏洞，不失时机地把球踢进球门，就是直觉思维的表现。一般来说，知识经验越丰富，直觉思维的水平越高。没有知识经验作基础的直觉只能是胡乱猜测、主观臆断。

考点4 聚合思维和发散思维

根据思维的指向性,可将思维分为聚合思维和发散思维。

聚合思维,也叫求同思维、集中思维、辐合思维、会聚思维,是指人们根据已知的信息和利用熟悉的规则,产生逻辑的结论从而解决问题。这是一种有方向、有条理、有范围的思维方式。

发散思维,也叫求异思维、分散思维、辐射思维,是指人们解决问题时,思路朝着各种可能的方向扩散,从而求得多种答案。发散思维的过程是从给予的信息中产生多种信息的过程。

考点5 再造性思维和创造性思维

根据思维的创造程度,可将思维分为再造性思维和创造性思维。

再造性思维也称**常规性思维**或**习惯性思维**,是指人们运用已获得的知识经验,按现成的方案和程序,用惯常的方法、固定的模式来解决问题的思维方式。**例如,学生运用已学会的公式解决同一类型的问题。**这种思维创造性水平较低。

创造性思维是指以新颖、独特的方式来解决问题的思维方式。**例如,新的大型工具软件的开发、新的科学理论的提出都需要创造性思维。**

考点6 上升性思维、求解性思维和决策性思维 新增

根据思维的目的维度,可将思维分为上升性思维、求解性思维和决策性思维。

上升性思维是指从个别事物的经验中,通过分析、综合、比较、归纳,概括出一般特征和普遍规律性的思维。

求解性思维是指围绕问题展开思维,依靠已有的知识去寻找原有知识与当前现状之间的中间环节,从而使问题获得解决。

决策性思维是指对未来事件发生的可能性予以估计并从中选择最理想解决方案的思维。

真题面对面

1. [2022郑州惠济,不定项,1分]学生解答数学题时,先分析已知条件,再看问题,最后再找由条件到问题之间的桥梁,这种思维属于( )

A. 上升性思维　　B. 求解性思维　　C. 构建性思维　　D. 决断性思维

2. [2021郑州二七,单,0.7分]教师提问学生,要求学生列举砖头的各种用途。学生给出的可能答案是:建房子用的材料、打人的武器、用于垫高、用于固定东西。这种寻求多种答案的思维方式是( )

A. 抽象思维　　B. 形象思维　　C. 直觉思维　　D. 发散思维

答案:1. B　2. D

四、思维的基本形式

思维的基本形式有:概念、判断、推理。

其中,判断是指认识概念与概念之间的联系。它是事物之间的联系和关系在人脑中的反映。判断大都是借助语言、词汇并用句子形式来实现的。判断有肯定判断和否定判断之分。推理是由一个或几个相互联系的已知判断推出合乎逻辑的新判断的思维形式,是根据已有的知识推出新的结论的思维活动。推理可分为归纳推理和演绎推理两种。归纳推理是由具体事物归纳出一般规律的推理过程,即从特殊到一般的推理过程。演绎推理是从一般到特殊或具体的推理过程。演绎推理是严格的逻辑推理,一般表现为大前提、小前提、结论的三段论模式:即从两个反映客观世界对象的联系和关系的判断中得出新的判断的推理形式。

这里我们将深入地探讨概念的相关内容。

考点1 概念的含义及其种类【单选】★★

1. 概念的含义

概念是人脑对客观事物本质特征的认识。事物的本质特征是决定事物的性质，并使该事物区别于其他事物的特征，非本质特征则是对事物不具有决定意义的特征。

每一个概念都包括内涵和外延两个方面。概念的内涵和外延各有差异。其中，内涵代表概念能够反映的事物的本质特征。例如，鸟这个概念的内涵就是“有羽毛、有喙”，鸟的内涵使得鸟可以区分于其他物种。外延代表的是概念所能囊括的所有个体或样例。例如，在鸟这个内涵下所能包括的一切有羽毛且有喙的动物，包括金丝雀、麻雀、布谷鸟、鸵鸟等。所以，内涵和外延是相互关联的。一个概念的内涵越丰富，信息量越大，反而所能包含的外延就越少。反之，一个概念的内涵越抽象越概括，其所拥有的外延也就越丰富。

2. 概念的种类 新增

根据概念反映事物属性的数量及其相互关系，可将概念分为合取概念、析取概念和关系概念。

(1)合取概念是根据一类事物中单个或多个相同属性形成的概念，它们在概念中必须同时存在，缺一不可。例如，“毛笔”这个概念必须同时具有两个属性，即“用毛制作的”和“写字的工具”。合取概念是最普遍的概念。如鸟类、水果、动物等都属于这种概念。

(2)析取概念是根据不同的标准，结合单个或多个属性所形成的概念。例如，“好学生”这个概念可以结合各种属性，如“学习努力、成绩好”“热爱集体、关心他人、有礼貌”等。一个学生同时具有这些属性固然是好学生，如果只有其中两三种属性也是好学生，所以“好学生”是一个析取概念。

(3)关系概念是指根据事物之间的相互关系形成的概念。例如，高低、上下、左右、大小等。

真题面对面

[2023事业单位，单，0.8分]“好人”这个概念可以结合各种属性，如“乐于助人、大公无私、遵纪守法、关心他人、有礼貌、善良”等。一个人如果同时具有这些属性固然是好人，如果只有其中的三种属性也是好人。根据概念反映事物属性的数量及其相互关系的分类来看，“好人”是个(　　)

A. 析取概念　　B. 关系概念　　C. 合取概念　　D. 具体概念

答案：A

考点2 概念学习的过程【单选】★

概念学习的过程包括概念的获得和概念的运用两个环节。

1. 概念的获得

(1)概念形成

概念形成是指个体通过反复接触大量同一类事物或现象的共同特征或共同属性，并通过肯定的例子(正例)或否定的例子(反例)加以证实的过程。概念形成的标志是把握概念的本质特征，并能在实际中运用。发现学习是概念形成的主要方式。概念形成一般经历三个阶段：

①抽象化。概念形成首先是要了解客观事物的属性或特征，因此，必须对具体事物的各种特征与属性进行抽象。

②类化。概念的形成，除了要在具体事物中抽取共同属性或特征，还需将类似的属性或特征加以归类。在进行类化时，必须归纳客观事物某些属性或特征的相似性或共同性，而忽略事物之间非本质特征或属性的差异性。

③辨别。对客观事物进行分辨是概念形成的重要一步。辨别渗透于概念形成的全过程，从发觉客观事物的属性或特征（抽象化），到对这些属性或特征的认同（类化），然后过渡到对客观事物的属性或特征之间差异的认识（辨别）。

（2）概念同化

所谓概念同化，就是利用学习者认知结构中原有的概念，以定义的方式直接给学习者提示概念的关键特征，从而使学习者获得概念的方式。学生获得概念的主要形式是概念同化，而接受学习是概念同化的典型方式。

2. 概念的运用

概念一旦获得之后，就能在认知活动中发挥作用，从而对认知活动产生影响，这就是概念的运用。它一般反映在两个水平上：(1)在知觉水平上的运用。这是指运用已经获得的概念，帮助识别具体的同类事物并将其归入这一类型。(2)在思维水平上的运用。这是指运用概念对事物进行判断、推理或将概念进行重新改组，以满足解决问题的需要。

考点3　错误概念的转变

概念转变是新旧经验相互作用的体现，是新经验对已有经验的改造。影响概念转变的因素有：(1)先前知识经验背景；(2)学生的动机与态度；(3)学生的形式推理能力；(4)课堂情境；(5)新概念的特征。

概念转变的过程就是认知冲突的引发和解决的过程。所谓认知冲突，是指人在原有经验和新经验之间出现对立性矛盾时，感受到的疑惑、紧张和不适的状态。人们往往基于原有的知识经验，对行为的结果做出预期，而行为的实际结果与人的预期却并不会完全一致，面对出乎意料的情境，人就会产生认知冲突感。认知冲突可以做如下分类：(1)直接经验中的认知冲突与间接经验中的认知冲突；(2)现实概念的冲突与潜在概念的冲突；(3)针锋相对的认知冲突与可兼容的认知冲突等。

为了促进错误概念的转变，教学一般要包括三个环节：(1)揭示、洞察学生原有的概念；(2)引发认知冲突；(3)通过讨论分析，使学生调整原来的看法或形成新概念。具体实施措施为：(1)创设开放的、相互接纳的课堂气氛；(2)倾听、洞察学生的经验世界；(3)引发认知冲突；(4)鼓励学生交流讨论。

考点4　科学概念的掌握　【多选】★

概念的掌握是指个人借助词语，在人脑中把人类现有的概念转化为个体的概念的过程。能否正确应用概念是衡量学生是否真正掌握概念的最可靠的标志。

学生掌握科学概念受多种因素的影响，具体有以下几个方面：(1)过去经验，即日常概念和日常经验的影响。(2)变式的提供。(3)词语的运用，借助于词的说明或语言描述来帮助学生正确掌握概念。(4)定义的准确。

教学是引导学生获得科学概念的主要途径。教师在教学过程中帮助学生掌握概念时应注意以下几个方面：(1)以感性材料作为概念掌握的基础；(2)合理利用过去的知识经验；(3)提供概念范例，配合运用正例和反例，适当运用比较；(4)突出有关特征，控制好无关特征的数量和强度，正确而充分地利用“变式”；(5)正确运用语言表达，明确提示概念的本质特征；(6)形成正确的概念体系，并运用于实践中。

五、思维的一般过程　【单选、多选】★

思维的一般过程

思维的一般过程包括分析与综合、比较与分类、抽象与概括、系统化与具体化。其中，分析与综合是思维的基本过程，其他过程都是由此派生出来的。

1. 分析与综合

分析是指在人脑中把事物或对象分解成各个部分或各个属性。例如，把一棵树分解为根、茎、叶、花等。

综合是在人脑中把事物或对象的个别部分或属性联合为一体。例如:把一个人过去与现在的经历联系起来编成一个短剧;儿童把几个积木块搭成一个小房子等。

分析和综合在认识过程中是**相互联系**的。没有分析就不可能有综合;通过对事物的分析,人的认识才能深入。离开了分析,对事物的整体认识就是肤浅、空洞的。同样,只有分析,没有综合,分析的材料将是彼此孤立、互不联系的,因而也就不可能形成对事物完整、全面的认识。

2. 比较与分类

比较是指在人脑中把各种事物或现象加以对比,来确定它们之间的异同点和关系的思维过程。没有比较就没有鉴别,只有通过比较,人们才能区分事物间的异同点,鉴别事物的优劣,才能识别事物,把它归到一定的类别中去。

分类是在人脑中按照事物的异同,把它们区分为不同种类的思维过程。比较是分类的基础。根据事物的共同点可以把事物归并为较大的类;根据差异可以把事物划分为较小的类。通过分类可使学生掌握的知识更加系统化,教师在教学中应努力提高学生的分类水平。

3. 抽象与概括

抽象是在人脑中提炼各种事物或现象的共同的、本质的特征,舍弃其个别的、非本质的特征的过程。例如:总结鸽子、老鹰、鸡、鸭等共同的、本质的特征,即"有羽毛""是动物";舍弃那些"会不会飞""颜色""大小"等非本质特征,这就是抽象的过程。

概括是人脑把事物间共同的、本质的特征抽象出来加以综合的过程。例如,人们把那些"有羽毛的动物"统称为鸟类,就是概括的过程。概括可以分为经验概括和科学概括两种不同水平,前者也称初级水平的概括,缺乏科学性,不准确,如幼儿认为只有可吃的果子才叫果实;后者又称高级水平的概括,在学校学习中可以获得。

4. 系统化与具体化

系统化是指人脑把具有相同本质特征的事物归纳到一定类别系统中去的思维过程,如学生掌握了数的概念,在掌握整数、分数、小数等知识之后,可以概括归纳为有理数。

具体化是指人脑把经过抽象概括后的一般特征和规律推广到同类的具体事物中去的过程,如用某数学公式解一道具体应用题的过程。

真题面对面

[2021安阳滑县,单,0.7分]在头脑中把事物的整体分解为各个部分或者个别特征的思维过程是(　　)

A. 比较　　B. 抽象　　C. 概括　　D. 分析

答案:D

六、创造性思维

考点1　创造性思维的特征　【单选、多选、判断】★

1. 新颖独特性

创造性思维不同于一般的思维活动,它要求打破惯常的解决问题的方法,将已有的知识经验进行改组或重建,创造出个体前所未知的或社会前所未有的思维成果。因此,新颖独特性是创造性思维最本质的特征。

2. 创造性思维是多种思维的结晶(创造性思维的结构)

创造性思维既是发散思维和聚合思维的统一,也是具体形象思维和抽象逻辑思维的统一,但更多地表现在发散思维上。创造性思维以发散思维为核心。

3. 创造性想象的积极参与

创造性想象的积极参与是创造性思维的重要环节。因为创造性想象提供的是事物的新形象，并使创造性思维成果具体化。所以文艺作品中新形象的创造、科学研究中新假说的提出、新机器的发明等都离不开创造性想象。

4. 灵感状态

灵感状态是创造性思维活动的又一典型特征。所谓灵感，是指人在创造性思维过程中，某种新形象、新概念和新思想突然产生的心理状态。它是人在以全部精力集中去解决思考中的问题时，由于偶然因素的触发而突然出现的顿悟现象。任何创造性思维，都离不开灵感。

考点2 创造性思维能力的培养 【单选、多选、简答】★★

1. 运用启发式教学，保护学生的好奇心，激发学生的求知欲，培养创造性动机，调动学生学习的积极性和主动性

好奇心是人对新异事物产生好奇并进行探究的一种心理倾向。求知欲又称认识兴趣，它是好奇心的升华，是人渴望获得知识的一种心理状态。好奇心和求知欲是学生主动观察事物、进行创造性思维的内部动因。一些研究认为，儿童的好奇心、求知欲如果得不到支持与扶植，就会泯灭。因此，儿童的好奇心、求知欲以及由此引起的各种探索活动，应得到鼓励和保护。教师在教学过程中要创造条件，积极促进学生的好奇心、求知欲的发展。学习动机等非智力因素对创造性思维能力的培养起着重要作用。发展学生的创造性思维首先要调动学生的积极性和主动性。

2. 培养学生的发散思维，并将发散思维和集中思维相结合

创造性活动的全过程要经过从发散思维到集中思维，从集中思维到发散思维再到集中思维，多次循环才能完成。

3. 发展学生的创造性想象能力

思维的基础是表象和想象。想象与创造性思维有着密切的联系，它是人类创造活动所不可缺少的心理因素。具有丰富的创造性想象能力是产生创造性成果的必要条件。因此，教师要注意发展学生的想象力。培养学生想象力的方法具体参见本章第三节中“学生想象力的培养”。

4. 组织创造性活动，正确评价学生的创造性

5. 开设具体的创造性课程，教授学生创造性思维策略和创造技法

(1)常见的创造性课程

①创造发明课。②自我设计课，包括一般设计和重要设计。③**推测课**，即通过对某件事物某些方面的推测，来发展学生的想象力和对事物的敏感性。④**假设课**，即创设一种设身处地的问题情境，然后提出解决问题的办法。⑤**发散思维训练课**，这是训练创造性思维最常见的方式。

表2-13 发散思维的训练方法

方法	含义	举例
用途扩散	让学生以某件物品的用途为扩散点，尽可能多地设想它的用途	尽可能多地说出别针的用途
结构扩散	以某种事物的结构为扩散点，设想出利用该结构的各种可能性	尽可能多地画出包含杠杆结构的东西，并写出或说出它们的名字
方法扩散	以解决某一问题或制造某种事物的方法为扩散点，设想出利用该种方法的各种可能性	尽可能多地列举出用“吹”的方法可以完成的事情
形态扩散	以事物的形态(如颜色、味道、形状等)为扩散点，设想出利用某种形态的各种可能性	利用红色可以做什么，办什么事

(2)促进创造性思维发展的创造技法

促进创造性思维发展的创造技法有**头脑风暴法**、分合法、系统探求法、联想类比法、组合创新法、对立思考法、转换思考法、检查单法等。接下来主要讲一下头脑风暴法和分合法。

头脑风暴法(脑力激励法、脑力激荡法、大脑暴风骤雨方案)由心理学家**奥斯本**提出。他认为,为产生更多新颖、独创的问题解决方案,可使用头脑风暴法,即在集体之中群策群力,互相启发,尽可能多地提出解决问题的方法。头脑风暴法通常以集体讨论的方式进行,鼓励参加者尽可能快地提出各种各样异想天开的设想或观点,相互启迪,激发灵感,从而引发创造性思维的连锁反应,形成解决问题的新思路。具体应用此方法时,应遵循四条基本原则:①让参与者畅所欲言,对提出的所有方案禁止批评,延迟评价。即评价必须在所有的想法出来之后再进行。②鼓励标新立异、与众不同的观点,提倡自由奔放的思考,充分发表自己的看法。③以获得方案的数量而非质量为目的,即鼓励多种想法,多多益善。④鼓励提出改进意见或补充意见,提倡对他人的设想进行组合和重建以求改善。

分合法是心理学家戈登提出的一套团体问题解决的方法,其核心思想是"把原本不相同、不相关的元素加以整合",即"使熟悉的事物新奇化"或"新奇的事物熟悉化"。分合法要求我们丢弃原有的认识,用新颖而富有创意的观点去重新诠释、理解旧的问题、事物、观点;对于新的事物或观点,我们可以从熟悉的概念入手,通过分析或类比等方法,尽快熟悉新事物。

6. 结合各学科特点进行创造性思维训练

虽然各种直接的、专门的创造性训练是有效、可行的,但不应取代或脱离课堂教学。许多研究证明,结合各个学科特点进行创造性思维训练,既可以发挥教师的创造性,也可以有效地提高学生的创造力。排斥或脱离学科而孤立地训练创造力,实际上是舍本逐末的做法,也不可能真正提高学生的创造力。

真题面对面

1. [2023郑州郑东新区,单,1.5分]为锻炼学生的创造性思维,教师引导学生把原本不相同、不相关的元素加以整合,鼓励学生思考如何使熟悉的事物变得新奇,使新奇的事物变得熟悉。比如以人体比拟交通运输系统,这种思维训练方式属于(　　)

A. 头脑风暴法　　B. 分合法　　C. 自由联想技术　　D. 德尔菲法

2. [2021特岗,单,2分]教师让学生尽可能多地写出曲别针的用途来训练学生的创造力。这种方法属于(　　)

A. 头脑风暴训练　　B. 发散思维训练

C. 推测与假设训练　　D. 自我设计训练

答案:1. B　2. B

七、学生思维的发展

考点1　小学生思维的发展　【单选】★

小学生思维发展的基本特征——从以具体形象思维为主逐步向以抽象逻辑思维为主过渡。主要表现在:

(1)小学生的抽象逻辑思维逐步发展,但仍带有较大的具体性。

(2)小学生的抽象逻辑思维的自觉性开始发展,但仍带有很大的不自觉性。

(3)在从具体形象性向抽象逻辑性的过渡中,存在着不平衡性(不平衡性既表现为个体发展的差异,也表现为思维对象的差异,如不同学科或不同教材)。

(4)在从具体形象思维为主逐渐向抽象逻辑思维为主的过渡中出现“**飞跃**”或“**质变**”。一般认为，这个关键年龄出现在小学四年级(约10～11岁)。如果有良好的教育措施，这个关键年龄可以提前到三年级。

考点2 中学生思维的发展

1. 抽象逻辑思维逐渐占据主导地位，并随着年龄的增长日益成熟

初中阶段，由于生理心理的发展，初中生认知结构发生新的变化，使得他们在解决问题时能逐渐熟练地运用假设、抽象概念、逻辑法则以及逻辑推理等手段来解决问题。但在一定程度上，初中生的抽象逻辑思维还需要具体形象的支持。

从初中二年级开始，进入中学生思维发展的关键期。学生的抽象逻辑思维开始由经验型水平向理论型水平转化，到高中二年级，这种转化初步完成，他们的抽象逻辑思维趋向成熟。

经过中学阶段的发展，高中生的抽象逻辑思维已具有充分的假设性、预计性及内省性。抽象逻辑思维的各种思维成分基本趋于稳定，开始达到理论型抽象逻辑思维的水平；个体在思维品质和思维类型上的差异已趋于定型，与成人期的思维水平基本保持一致。

2. 形式逻辑思维逐渐发展，在高中阶段处于优势

整个中学阶段，形式逻辑思维已获得了相当完善的发展，在中学生的思维活动中占据主导地位，主要表现在以下几个方面：

(1)经过整个中学阶段的发展，中学生已经逐步掌握了系统的、完整的概念体系。

(2)中学生的推理能力基本达到成熟。

(3)中学生能够较好地运用逻辑法则。

3. 辩证逻辑思维迅速发展

中学生的辩证逻辑思维的发展趋势是：

(1)初中一年级学生已经开始掌握辩证逻辑思维的各种形式，但水平较低；

(2)初中三年级学生的辩证思维则处于迅速发展阶段，处于重要的转折时期；

(3)高中学生的辩证逻辑思维已趋于优势的地位，他们已经能多层次地看待问题，理解一切事物都处于互相制约、互相联系或者是对立统一的关系之中。

★★ 考点大默写 ★★

1. 思维是人脑对客观事物的本质属性与内在联系的__________、__________反映。
2. 从思维的特点来看，每次看到“月晕”就要“刮风”，“础石潮湿”就要“下雨”，就能得出“月晕而风，础润而雨”的结论，这体现了思维的__________；地震工作者可以根据动物的反常现象或其他仪表的数据来分析与预报震情，这体现了思维的__________。
3. 在思维的品质中，思维的__________表现为能从不同角度、运用不同方法思考问题；思维的__________是指思维活动迅速正确，能当机立断。
4. 具体形象思维是以直观形象和__________为支柱的思维过程；抽象逻辑思维是以__________为中介来反映现实的思维过程。
5. 未经逐步分析就迅速对问题答案做出合理的猜测、设想或突然领悟的思维属于__________思维。
6. 根据思维的指向性分类，“一题多解”是为了培养学生的__________思维。
7. 从概念的获得来看，发现学习是概念__________的主要方式，而接受学习是概念__________的典型方式。
8. 在思维的一般过程中，__________是思维的基本过程，其他过程都是由此派生出来的。

9. 在思维的一般过程中，__________是指在人脑中把事物或对象分解成各个部分或各个属性；__________是在人脑中按照事物的异同，把它们区分为不同种类的思维过程。

10. 创造性思维以__________为核心，__________和__________是学生主动观察事物、进行创造性思维的内部动因。

11. 小学生思维发展的基本特征是从以__________思维为主逐步向以__________思维为主过渡。

【参考答案】

1. 概括的；间接的　2. 概括性；间接性　3. 灵活性；敏捷性　4. 表象；词　5. 直觉　6. 发散(求异、分散、辐射)　7. 形成；同化　8. 分析与综合　9. 分析；分类　10. 发散思维；好奇心；求知欲　11. 具体形象；抽象逻辑

第五节　注　意

一、注意概述

考点1　注意的概念、特点及功能　【单选、多选】★

1. 注意的概念

注意是心理活动或意识对一定对象的指向和集中，是心理过程的动力特征之一。它与认知过程、情绪情感过程、意志过程难以分开，是一切心理活动的共同特征。

注意的指向性是注意在方向上的表现，集中性是注意在强度上的表现。考生在答题时注意辨别题干侧重于考查注意的方向还是强度。

2. 注意的特点

(1)指向性

注意的**指向性**是指心理活动有选择地反映一定的对象，而离开其余的对象。注意的指向性表现为人的心理活动具有选择性。例如，学生在听课时，心理活动不是指向教室里的一切事物，而是把教师的讲述从许多事物中挑选出来，并且比较长久地把心理活动保持在教师的讲述上。

(2)集中性

注意的**集中性**是指心理活动停留在被选择的对象上的强度或紧张度，它使心理活动离开一切无关的事物，并且抑制多余的活动，以保证注意的对象能得到比较鲜明和清晰的反映。人在注意力高度集中时，对目标物之外的其他事物就会“视而不见，听而不闻”了。

3. 注意的功能

(1)选择功能，即选择有意义的、符合需要的和与当前活动相一致的刺激，避开与之无关的、干扰当前活动的各种刺激并抑制对它们的反应。

(2)保持功能(维持功能)，即使注意对象的映像或内容保持在意识中，从而得到清晰、准确的反映。注意的维持功能体现在时间的延续上，对于复杂活动的顺利进行有重要意义。

(3)调节和监督功能，即控制心理活动向着一定的方向或目标进行。

考点2　注意与意识　新增【单选、多选、不定项】★★

1. 意识的定义

对意识下定义是一件困难的事情，迄今为止，对意识还没有找到一个让人满意的定义。作为心理活动的一种高级水平，我们可以将意识定义为一个人对于内部和外部刺激的知觉。这个定义可以从以下方面理解：

(1)意识是一种觉知。觉知性是意识的最基本的特征。人对于自身、周围事物以及自身与周围事物的关

系是可以觉知到的。例如，觉察到自己正在说话，觉得头痛，知觉到教师的声音、手势等。

(2)意识的内容可以包括对外部事物、内部刺激及自身状态的觉知。

(3)意识是一种高级的心理官能。意识对个体的身心系统起着统合、管理和调节的作用。意识不只是对刺激的被动觉察和感知，同时它还具有能动性和调节作用。从这个意义上说，意识是人类所独有的心理现象。

2. 注意与意识的关系

注意和意识既有区别又有联系，主要表现在以下两个方面：

(1)注意不等同于意识。注意是一种**心理活动或"心理动作"**，而意识主要是一种**心理内容或体验**。注意提供了一种机制，决定什么东西可以成为意识的内容。只有被注意到的内外刺激，才能被个体所觉察，进而产生意识。与意识相比，注意更具有主动性和易控性。

(2)注意又和意识密不可分。人的意识状态主要有四种。①可控制的意识状态是指意识处于最清晰、注意力最集中的状态。在可控制的意识状态下，人的注意集中在当前有意义的内容上，得到比较清晰和深刻的认识。②自动化的意识状态是指人在从事自己熟练掌握的活动或习惯化行为时，不需要投入更多注意资源就能顺利完成的状态。自动化的意识状态要求很少的注意，意识的参与成分也相对较少。③白日梦的意识状态是指介于清醒状态与睡眠状态之间高度自我卷入的幻想活动。在白日梦的意识状态，人的意识内容不断地变化，实际在这些内容上所分配到的注意极少。④睡眠状态，人们处于一种无意识状态下，注意基本停止了活动。

真题面对面

1. [2022郑州惠济，单，0.5分]在生活或学习中，学生看到老师的新发型、听到从校园广播里传出来的优美音乐，这些外部事物的存在说明学生意识到了它们。从这个意义上来说，意识是一种(　　)

A. 心理状态　　B. 高级心理功能

C. 统觉　　D. 觉知

2. [2022濮阳范县，单，0.7分]意识的第二种状态是(　　)，这种状态是指人在从事自己熟练掌握的活动或习惯化行为时，不需要投入更多的注意资源，就能顺利完成的状态。

A. 可控制的意识状态　　B. 自动化的意识状态

C. 目的性的意识状态　　D. 非盲目的意识状态

3. [2022郑州惠济，不定项，1分]注意不等同于意识，注意是一种心理活动或"心理动作"，而意识主要是一种心理内容或体验，与意识相比，注意更具有(　　)

A. 客观性和必然性　　B. 主动性和易控性

C. 无意性和刺激性　　D. 主体性和有序性

答案：1. D　2. B.　3. B

考点3　注意的分类　【单选、判断】★★

根据有无目的和意志努力，注意可以分为**无意注意、有意注意和有意后注意**三种。

1. 无意注意

无意注意也称不随意注意，是没有预定目的、无需意志努力、不由自主地对一定事物所发生的注意。无意注意更多地被认为是由外部刺激物引起的一种消极被动的注意，是注意的初级形式。人和动物都存在无意注意。虽然无意注意缺乏目的性，但因为不需要意志努力，所以，个体在注意过程中不易产生疲劳。

2. 有意注意

有意注意也称随意注意，是有预定目的、必要时需要意志努力、主动地对一定事物所发生的注意。有意注意是一种积极主动、服从于当前活动任务需要的注意，属于注意的高级形式。它受人的意识的调节和控制，是人类所特有的一种注意。有意注意虽然目的性明确，但在实现过程中需要有持久的意志努力，这容易使个体产生疲劳。

3. 有意后注意

有意后注意也叫随意后注意，是指有预定目的，但不需要意志努力的注意。它是在有意注意的基础上，经过学习、训练或培养个人对事物的直接兴趣达到的。在有意注意阶段，主体从事一项活动需要意志努力，但随着活动的深入，个体由于兴趣的提高或操作的熟练，不用意志努力就能够在这项活动上保持注意。例如：一个学习外语的人在初学阶段去阅读外文报纸，这时还处于有意注意阶段，很容易会感到疲倦；随着学习的深入、外语水平的不断提高，当他消除了许多单词和语法障碍，能够毫不费力地阅读外文报刊时，可以说达到了有意后注意的状态。

有意后注意是一种更高级的注意，在活动进行中不容易感到疲倦，这对完成长期性和连续性的工作有重要意义，但有意后注意的形成需要付出一定的时间和精力。培养学生的有意后注意关键在于发展其对活动的兴趣。

有意后注意形成的条件包括以下两个方面：(1)对活动浓厚的兴趣；(2)活动的自动化。

真题面对面

1. [2023事业单位，单，0.8分]教室中老师正在认真上课，学生正在认真听讲。突然门"嘎吱"响了一声，学生不由自主地将头转向门口。学生这一行为属于(　　)

A. 随意后注意　　B. 随意注意

C. 不随意注意　　D. 有意注意

2. [2023周口市直，判断，0.5分]学生较长时间的有意注意容易引起疲劳，导致学习效果降低。(　　)

答案：1. C　2. √

考点4　注意的认知理论　【单选、多选】★

1. 注意的选择功能

表2-14　关于注意的选择功能的理论

理论	观点
过滤器理论	神经系统在加工信息的容量方面是有限度的，不可能对所有的感觉刺激进行加工。当信息通过各种感觉通道进入神经系统时，要先经过一个过滤机制。只有一部分信息可以通过这个机制，接受进一步的加工；而其他的信息就被阻断在它的外面，完全丧失了
衰减理论	当信息通过过滤装置时，不被注意或非追随的信息只是在强度上减弱了，而不是完全消失
后期选择理论	所有输入的信息在进入过滤或衰减装置之前已受到充分的分析，然后才进入过滤或衰减的装置，因而对信息的选择发生在加工后期的反应阶段
多阶段选择理论	选择过程在不同的加工阶段上都可能发生

2. 注意与认知资源分配

(1)认知资源理论

不同的认知活动对注意提出的要求是不同的。例如,对一个熟练司机来说,开车是一件很容易的事,他可以毫无困难地一边开车一边和别人交谈。但是当交通非常拥挤时,他必须小心翼翼地开车,这时他和别人的谈话可能不得不停下来。

认知资源理论从不同的认知任务或认知活动如何协调的角度来理解注意。它将注意视为一组对刺激进行归类和识别的认知资源或认知能力。认知资源是有限的,对刺激的识别需要占用认知资源,当刺激越复杂或加工任务越复杂时,占用的认知资源就越多,当认知资源完全被占用时,新的刺激将得不到加工(未被注意)。认知资源理论还假设,输入刺激本身并不能自动地占用资源,而是在认知系统内有一个机制负责资源的分配。这一机制是灵活的,可以受我们的控制,这样我们可以把认知资源分配到重要的刺激上。

(2)双加工理论

在注意的认知资源理论的基础上,谢夫林等人进一步提出了双加工理论。该理论认为,人类的认知加工有两类:自动化加工和受意识控制的加工。其中自动化加工不受认知资源的限制,不需要注意,是自动进行的。这些加工过程由适当的刺激引发,发生比较快,也不影响其他的加工过程。在习得或形成之后,其加工过程比较难改变。而意识控制的加工受认知资源的限制,需要注意的参与,可以随环境的变化而不断进行调整。

双加工理论可以解释很多注意的现象。我们通常能够同时做几件事,如可以一边骑自行车一边欣赏路边的风景,或是一边看电视一边织毛衣等。在同时进行的几种活动中,其中一项或多项已变成自动化的过程(如维持自行车平衡和织毛衣),不需要个体再消耗认知资源,因此个体可以将注意集中在其他的认知过程上。

考点5 注意的神经机制【单选】★

注意和其他心理现象一样,是由神经系统不同层次、不同脑区的协同活动来完成的。从19世纪中叶以来,生理学家和心理学家们进行过多方面的研究,试图揭示注意活动的复杂的神经机制。

1. 朝向反射

朝向反射是由新异刺激物引起的,它是注意最初级的生理机制。刺激物一旦失去新异性,或者说人习惯了这种刺激,朝向反射也就不会发生了。

2. 脑干网状结构

脑干网状结构是指从脊髓上端到丘脑之间的一种弥散性的神经网络。网状结构不传递环境中的特定信息,但它对维持大脑的一般性活动水平,保证大脑有效地加工特定的信号具有重要意义。

3. 边缘系统和大脑皮层的功能

注意的选择性是和脑的更高级的部分——边缘系统和大脑皮层的功能相联系的。

真题面对面

[2021平顶山湛河,单,0.8分]在教学时,教师应当提供必要的新异场景,激发学生的好奇心,最开始的注意引起阶段是通过(　　)的机制激活的。

A. 大脑皮层　　B. 反射性需要

C. 经典性条件反射　　D. 朝向反射

答案:D

二、注意的规律

考点1 注意的外部表现

人在注意某个对象时，常常伴随着特定的生理变化和表情动作。注意时最显著的外部表现有下列几种：

1. 适应性运动

人在注意状态下，感觉器官一般是朝向注意对象的。例如：人在观察某个物体时，把视线集中在该物体上，即所谓"**举目凝视**"；注意听一个声音时，把耳朵转向声音的方向，即所谓"**侧耳倾听**"；当沉浸于思考或想象时，眼睛常常是"**呆视着**"，好像看着远方一样，对周围对象的感知就变得模糊起来。

2. 无关运动的停止

人在高度集中注意时，无关运动会暂时停止。例如，当儿童听精彩故事时，会一动不动地看着老师。

3. 呼吸运动的变化

人在集中注意时，呼吸会变得轻微而缓慢，呼与吸之间的时间比例也会发生变化，一般是吸短呼长；当注意力高度集中时，甚至会出现呼吸暂时停止的状态，即所谓"**屏息**"现象。

此外，注意紧张时还会出现心跳加速、牙关紧闭、握紧拳头等现象，所以可以根据一个人的外部表现来推断他的注意情况。但是，有时注意的外部表现和注意的真实情况不相符合。例如，貌似注意一件事，实际上心理活动却指向和集中在另一件事上。

考点2 注意产生和维持的条件

1. 引起无意注意的条件

(1)客观条件

客观条件，即刺激物本身的特点。主要包括：

①刺激物的强度。强烈的刺激容易引起人的无意注意。例如，浓烈的味道、巨大的声响、鲜艳的颜色、强烈的光线等。

②刺激物之间显著的对比关系。对比强烈的刺激物容易引起人的无意注意。刺激物之间在强度、形状、大小、颜色或持续时间等方面的差异越显著，越容易引起人的无意注意。例如，"万绿丛中一点红""鹤立鸡群"、批改作业中的红字等。

③刺激物的活动和变化。刺激物的活动或变化容易引起人的无意注意。例如，活动变化的霓虹灯、演讲者抑扬顿挫的声调等。此外，任何突然变化的刺激也会引起人的无意注意。例如，教师在课堂上讲课，碰到少数学生在窃窃私语，这时教师突然停止讲课，或突然放慢讲话的速度，就会引起学生的注意。

④刺激物的新异性。新异的刺激容易成为注意的对象。例如，走廊中新张贴的广告等。

(2)主观条件

主观条件，即人本身的状态。主要包括：①当时的需要，如食物易引起饥饿者的注意；②当时的特殊情绪状态；③当时的直接兴趣；④个体的知识经验等。

记忆有妙招

为方便考生记忆，我们将引起无意注意的客观条件总结为如下口诀：**强行壁咚**。**强**：强度。**行**：新异性。**壁**：对比关系。**咚**：活动和变化。

真题面对面

[2022郑州市直,单,0.8分]教室里一片喧哗声,教师突然放低声音或停止说话以引起幼儿的注意,这是利用了(　　)

A. 刺激物的新异性　　B. 刺激物的变化

C. 刺激物的运动　　D. 刺激物的对比

答案:B

2. 维持有意注意的条件

(1)加深对目的任务的理解。有意注意是一种有预定目的的注意,目的越明确、越具体,有意注意就越容易保持。

(2)合理组织活动。活动组织得是否合理关系到有意注意的保持,如一个人有良好的工作、生活习惯,他就可以在规定时间内全神贯注地完成任务。

(3)对兴趣的依从性。间接兴趣是一种对活动结果的兴趣。间接兴趣,特别是稳定的间接兴趣,是引起和保持有意注意的重要条件。间接兴趣越稳定,就越能对活动的对象保持有意注意。例如,人们开始学习外语时,常常觉得记单词、学语法很单调、很枯燥,但一旦认识到掌握外语的重要意义后,就能够克服困难,刻苦攻读,专心致志地学习外语。

(4)排除内外因素的干扰,提高意志力水平。外界的刺激物、机体的某些状态(如疾病、疲劳等)、无关的思想和情绪等都可能干扰正在进行的活动,因此要采取措施,排除干扰。个体的意志力水平同抗干扰能力有密切关系。只有提高意志力,才能克服不良的注意习惯,抵御各种干扰,全身心地投入到学习和工作中去。

考点3　注意的基本特征(品质)【单选、多选、判断】必背 ★★

1. 注意的稳定性

(1)注意的稳定性的概念

注意的稳定性也称**持续性注意**,是指注意保持在某一对象或某一活动上的时间长短特性。持续时间愈长,注意就愈稳定。注意的稳定性可区分为狭义的注意稳定性和广义的注意稳定性。

狭义的注意稳定性是指注意保持在同一对象上的时间。

广义的注意稳定性是指注意保持在同一活动上的时间。广义的注意稳定性并不意味着注意总是指向同一对象,而是指当注意的对象和行动有所变化,但注意的总方向和总任务不变。例如,上课时学生既要听教师讲课,又要记笔记,还要看实验演示或幻灯片等。但所有这些行为都服从于听课这一总任务,因此,他们的注意是稳定的。

(2)注意的起伏和分散

①注意的起伏

短时间内注意周期性地不随意跳跃现象称为**注意的起伏**(或注意的动摇),它是由于人的感受性不能长时间地保持固定的状态,而是间歇性地加强和减弱造成的。

注意的起伏周期一般为2、3秒至12秒。这种现象在复杂的认知活动中是经常发生的,但只要我们的注意没有离开当前的对象,注意的起伏就不会产生消极的作用。

②注意的分散

注意不稳定表现为注意的分散,也叫分心。注意的分散是指注意离开了当前应当完成的任务而被无关的事物所吸引。它使我们不能清晰地认识事物,所以我们必须和它做斗争。

(3)影响注意稳定性的条件

①注意对象的特点。一般来说,个体对内容丰富、特征复杂、活动变化的对象容易保持稳定的注意。②有无坚定目的。③个人的主观状态。

2. 注意的广度

(1)注意的广度的概念

注意的广度也称注意的范围,是指在同一时间内,人们能够清楚地知觉出的对象的数目。"一目十行"指的就是注意的范围。

注意的紧张度与注意的范围有着密切的联系:注意的紧张度越高,注意的范围越小;注意的范围越大,要保持高紧张度的注意就越困难。已有研究表明,在简单的任务下,注意的广度大约是7±2个组块,即5~9个项目;而对互不关联的外文字母的注意的广度则约为4~6个。

(2)影响注意的广度的条件

①知觉对象的特点;②当时的知觉任务;③已有的知识经验和水平。

3. 注意的分配

(1)注意的分配的概念

注意的分配是指人在进行两种或多种活动时能把注意指向不同对象的现象。如司机需要一边驾车,一边观察路况。事实证明,注意的分配是可行的,人们在生活中可以做到"一心二用",甚至"一心多用"。

(2)影响注意的分配的条件

注意的分配是有条件的,主要包括以下三种情况:①在同时进行的两种活动中,必须有一种活动是已经熟练的;②同时进行的几种活动都已熟练;③几种不同的活动已成为一套统一的组织。

注意分配的能力因人而异。有人能够毫不紊乱地同时进行几种活动,有人则感到很困难,其关键在于是否通过反复练习形成大脑皮层上各种各样牢固的暂时性神经联系。

4. 注意的转移

(1)注意的转移的概念

注意的转移是根据新的任务,主动地把注意从一个对象转移到另一个对象或由一种活动转移到另一种活动的现象。"万事开头难"的原因之一就是已经开始一件新工作了,但注意还没有转移。

(2)影响注意的转移的条件

注意的转移是主动进行的,转移的快慢和难易程度取决于以下几个条件:

①原有注意的紧张度;②新的注意对象的特点;③大脑皮层神经兴奋过程和抑制过程相互转换的灵活性;④各项活动的目的性或第二信号系统的调节作用。注意转移的速度和质量取决于前后两种活动的性质和个体对这两种活动的态度,同时也受个性特点的影响。

真题面对面

1. [2021 商丘永城,单,0.95分]小杜很喜欢打篮球,在上课时经常被操场上突然传来的打球声所吸引。这是(　　)

A. 注意转移　　B. 注意分散

C. 注意分配　　D. 注意广度

2. [2022 濮阳范县,判断,0.4分]小明一边跑步,一边听音乐,这体现了注意的稳定性。(　　)

答案:1. B　2. ×

三、注意规律在教学中的应用

考点1 运用注意规律组织教学 【多选、简答】★★

1. 根据注意的外部表现了解学生的听课状态

在课堂教学中，学生如果是认真听讲，注意教师的教学活动，也会有相应的外部表现。教师通过观察学生的外部表现，既能够判断学生是否在专心听讲，又能够了解自己的教学效果，从而保证课堂教学的最优化。

课堂上，学生表现出积极的神情和适应性的动作，说明他在全身心地关注教学，教师可以利用这种积极的学习状态深化知识教学，启发思考，培养创造性。相反，学生若是做小动作，或漫不经心，或心浮气躁，就说明学生的注意力有所分散，教师应该及时提醒，同时也要灵活地组织教学，帮助学生把注意力集中到课堂教学中来。

2. 运用无意注意的规律组织教学

无意注意可以由刺激物本身的特点引起，刺激物本身的特点既可以成为顺利完成教学任务的因素，又可以成为造成学生学习分心的因素。因此，在教学过程中，教师要善于利用有关刺激物的特点组织学生的注意。

(1)创造良好的教学环境

为了使学生在学习过程中不受外部无关刺激的干扰，应该创造一个安静、整洁的教学环境。

①教师应该注意教室外环境对课堂的干扰。例如：冬天风雪大的时候应关紧门窗；夏天日晒的时候要拉上窗帘；如果有噪声、视觉干扰或不良气体侵入，应该尽快排除。

②教师还应注意教室内的环境，如地面是否干净；桌椅排列是否整齐；教室的布置和装饰是否简洁朴素等。过于华丽、繁杂的室内布置，有时会成为课堂教学的"污染源"，使学生注意力分散。

(2)注重讲演、板书技巧和教具的使用

①在讲课过程中，教师应该音量适中，语音、语调做到抑扬顿挫，遇到重点、难点时还要加强语气，并伴以适当的手势和表情。声音太大、语调平淡，容易使学生产生疲劳；声音过小，学生听不到或听不清，就很容易分心。

②在板书时，应该做到运用有度、重点突出、清晰醒目，必要时还要用彩色粉笔和图画、表格加以强调。

③使用的教具应该新颖直观，能够很好地说明问题。教师在使用教具时还要给予言语讲解，引导学生正确观察，避免学生只关注表面现象，忽略实际问题。

(3)注重教学内容的组织和教学形式的多样化

①个体的知识经验是影响无意注意产生的因素，学生更愿意关注与自己知识经验有联系的事物。这就需要教师找出教学内容与学生知识结构的结合点，提供具体的实例，引起学生的直接兴趣，维持学生的注意。

②教师应该运用多种教学方法和灵活、多样的教学手段，调动学生饱满的情绪状态和学习积极性，如教师在讲解和板书之外，还应穿插使用教具演示、个别提问、角色扮演、集体讨论以及动手操作等教学形式。

3. 运用有意注意的规律组织教学

学习是经验获得和行为改变的过程，是一种复杂的活动。学习过程中会遇到很多困难和干扰，如果学生只凭借无意注意是难以完成学习任务的，因此必须唤起学生的有意注意，提高学习的自觉性。具体措施有：(1)明确学习的目的和任务。(2)培养间接兴趣。(3)合理组织课堂教学，防止学生分心。避免学生分心的措施有：①预先控制；②信号控制；③提问控制；④表扬控制。(4)运用多种教学手段。

4. 运用两种注意相互转换的规律组织教学

在教学过程中如果过分地要求学生使用有意注意，则容易引起疲劳；而如果只让学生凭借无意注意来学习，则不利于他们克服学习过程中的困难。所以，无论是在一堂课上，还是在整个教学活动过程中，教师都应充分利用两种注意转换的规律来组织教学。例如，在讲授新的教学内容时，要求学生对教学内容产生无意注意，但当讲到重点、难点时，则必须设法让学生保持有意注意，以充分理解和思考问题。此外，教师还应有意识地培养学生的有意后注意，如培养学生边听课边记笔记的习惯等，这对提高学习效率有很大帮助。

考点2　在教学过程中培养学生良好的注意品质

（1）要增强注意的稳定性，就要防止注意的分散。①要保证整洁、安静的教学环境，防止外部无关刺激的干扰。②要注重学生良好学习习惯的形成和意志力的锻炼，克服内部干扰。此外，加强学习目的性教育，端正学习态度，组织内容丰富、形式多样的教学活动，也是提高注意稳定性的重要手段。

（2）要扩大注意的广度，需要学生积累相应的知识经验和具备一定的素养。

（3）注意的分配在教学中有实践意义。为了提高课堂效率，教师需要学生边听课边记笔记，有时需要学生一边动手操作，一边观察教师的演示。根据注意分配的条件，需要增强学生的听讲、书写、表达等基本学习能力的训练，当它们达到高度熟练的程度时，就可以在课堂上做到“一心二用”。另外，对于一些特殊技能的分配，需要特别的训练，增强技能间的协调性。

（4）注意的转移同人的先天的神经活动类型有关，但也可以通过对外在因素的控制和后天训练加以改善和提高。

四、学生注意的发展

考点1　小学生注意的发展

小学生无意注意的发展先于有意注意，从无意注意向有意注意过渡。主要表现在：

（1）小学低年级学生的无意注意占主导地位。但随着年龄的增长及大脑的成熟，有意注意也逐步形成和发展起来。

（2）注意的有意性由被动到主动。

考点2　中学生注意的发展

（1）有意注意发展明显，最终取代无意注意的主导地位。在注意的整个发展过程中，小学阶段是有意注意发展的重要阶段，而有意注意最终取代无意注意的主导地位是在初中阶段。

（2）不论何种注意，都在逐步深化。在小学二年级以前无意注意就已出现，到初中二年级达到发展巅峰，而后发展速度又缓慢下降。无意注意虽然在中学时期逐渐居于次要地位，但无意注意却有了进一步的深化，并达到成人的水平。在无意注意得到深化的同时，有意注意也在逐渐发展并得到深化。

（3）注意特征存在个体差异。中学生注意的发展明显地存在着几种不同的类型：以无意注意占优势的情绪型；以有意注意占优势的意志型；以有意后注意占优势的自觉意志型，即智力型。

★★ 考点大默写 ★★

1. 从注意的特点来看，学生在听课时，心理活动不是指向教室里的一切事物，而是把教师的讲述从许多事物中挑选出来，这体现了注意的____________；“视而不见，听而不闻”体现了注意的____________。
2. 从注意有无目的和意志努力来看，一个学习外语的人在初学阶段去阅读外文报纸，这时他处于____________阶段，很容易会感到疲倦；随着他学习的深入、外语水平的不断提高，当他能够毫不费力地阅读外文报刊时，可以说达到了__________的阶段。

3. 从注意有无目的和意志努力来看，教师在课堂上讲课，碰到少数学生在窃窃私语，这时教师突然停止讲课，或突然放慢讲话的速度，就会引起学生的__________。

4. 注意的__________也称持续性注意，是指注意保持在某一对象或某一活动上的时间长短特性。

5. 短时间内注意周期性地不随意跳跃现象称为注意的__________。

6. 从注意的品质来看，百米竞赛的预备信号与起跑信号间隔两秒比较合适，相隔太长时间发信号会影响运动员的成绩，其原因是注意的__________的影响。

7. 根据注意的品质划分，“上课走神”体现了注意的__________；“一目十行”指的是注意的__________；“一心二用”指的是注意的__________。

8. 从注意的品质来看，上课铃声响起，同学们从热闹的操场进入安静的教室进行学习，这体现了注意的__________。

【参考答案】

1. 指向性；集中性　2. 有意注意（随意注意）；有意后注意（随意后注意）　3. 无意注意（不随意注意）　4. 稳定性　5. 起伏（动摇）　6. 起伏（动摇）　7. 分散；广度（范围）；分配　8. 转移

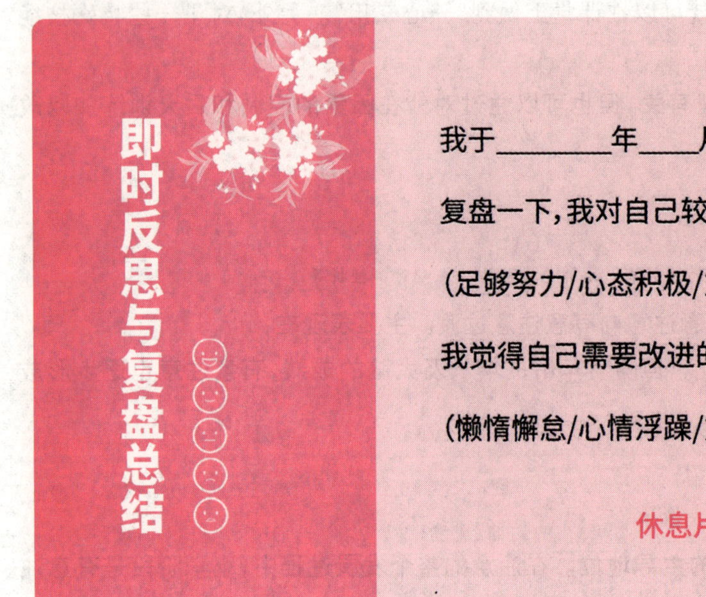

我于________年____月____日完成了对本章的学习。

复盘一下，我对自己较肯定的地方是________________

（足够努力/心态积极/方法得当……）

我觉得自己需要改进的地方是________________

（懒惰懈怠/心情浮躁/方法不当……）

休息片刻，开启下一站征程！

第三章 情绪情感、意志过程

思维导图

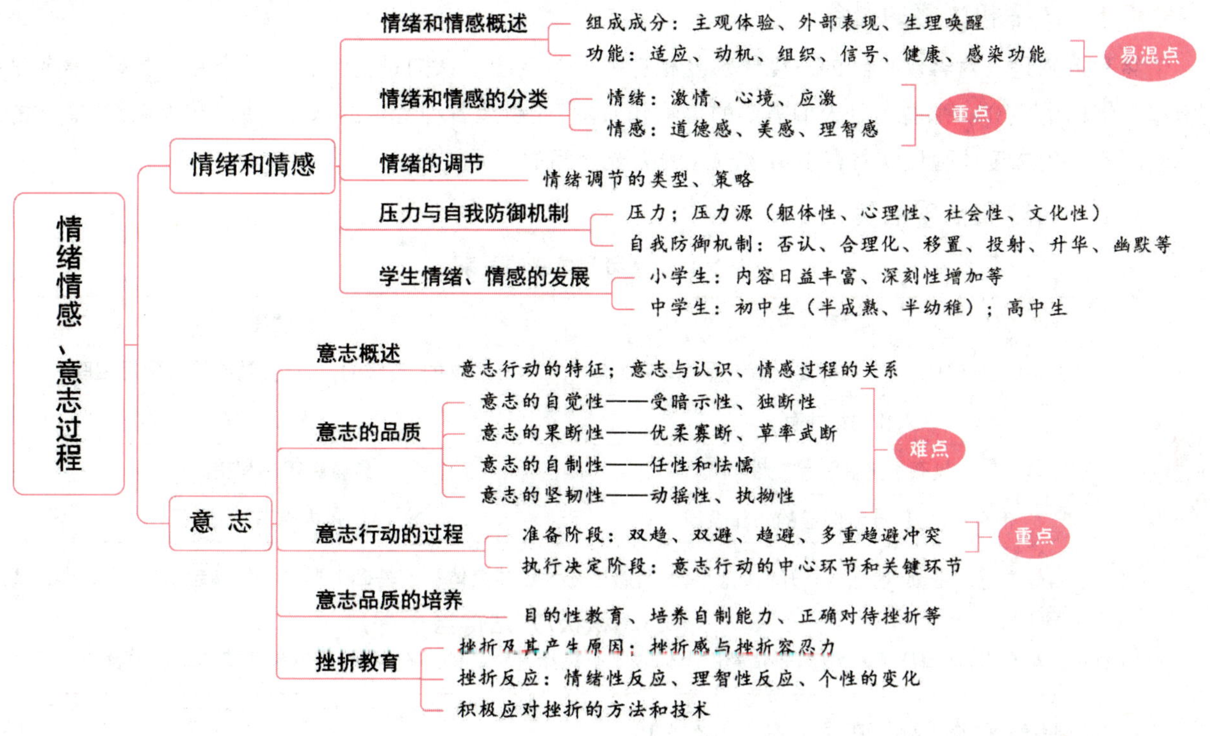

河南考向

本章属于心理学部分的基础章节，内容较为广泛，包含的理解性知识较多。现对本章河南考向分析如下：

考点名称	常考题型	能力层级	考查热度
情绪和情感的分类	单选、多选、判断	理解	★★
自我防御机制	单选、判断	理解	★★
意志的品质	单选、多选、不定项	识记	★★
动机斗争	单选、判断	理解	★★

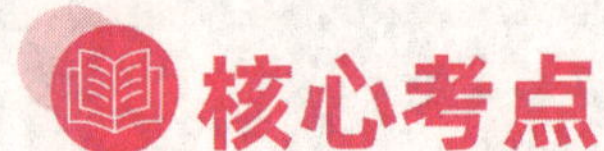

核心考点

第一节 情绪和情感

一、情绪和情感概述

考点1 情绪和情感的概念

情绪和情感是人对客观事物的态度体验及相应的行为反应。认知是情绪和情感产生的基础，需要是引发情绪和情感的中介。那些满足人们需要的事物和对象，能引起各种肯定的态度，使人产生满意、愉快的情绪体验。不同的态度体验反映着客观事物与人的需要之间的不同关系。

考点2 情绪和情感的关系

表2-15 情绪和情感的关系

		情绪	情感
区别		原始的、低级的，与生理需要是否满足相联系	后继的、高级的，与社会需要是否满足相联系
		人和动物共有	人类特有
		具有情境性和易变性	具有稳定性和持久性
		带有冲动性，伴随明显的外部表现	比较内隐，较为深沉
联系	(1)情绪是情感的基础，情感离不开情绪。人的情感是在大量情绪体验的基础上形成和发展起来的，也是通过情绪表达出来的。 (2)对人类而言，情绪离不开情感，是情感的具体表现。情绪是情感的外在表现，情感是情绪的本质内容		

考点3 情绪和情感的组成成分 【单选】★

情绪和情感是由独特的主观体验、外部表现和生理唤醒三种成分组成的。

1. 主观体验

主观体验是指个体对不同情绪和情感状态的自我感受。每种情绪和情感都有不同的主观体验。例如：在考试前，人会感到焦虑不安；在成功时，人会感到兴奋愉悦。

情绪和情感的主观性，包含两个层面的含义：一方面，个人所发生的情绪和情感，只有当事人内心才能真正感受到或意识到。另一方面，由于人对客观事物的态度不同，所以不同的人对同一事物可以有不同的体验。正如黑格尔曾经说过：一句格言，从一个七岁小孩口中说出和从一个饱经风霜的老人口中说出有不同的含义，后者包含了他一生的辛苦经历。总之，主观体验是情绪和情感的重要成分。

2. 外部表现

情绪和情感的外部表现，通常称为表情。它是情绪和情感状态发生时身体各部分的动作量化形式，包括面部表情、姿态表情和语调表情，其中面部表情是鉴别情绪的主要标志。

3. 生理唤醒

生理唤醒是指情绪和情感状态产生时的生理反应。一定的情绪和情感状态总伴有内脏器官、内分泌腺或神经系统的生理变化。不同的情绪、情感的生理唤醒模式不同，如满意、愉快时心跳节律正常；恐惧或暴怒时心跳加速、血压升高等。

真题面对面

[2023郑州郑东新区,单,1.5分]宋代欧阳修的词作中"人生自是有情痴,此恨不关风与月",表明人的情绪具有(　　)

A. 不稳定性　　B. 外露性　　C. 感染性　　D. 主观性

答案:D

考点4　情绪和情感的功能　【单选】★

1. 适应功能

情绪和情感是有机体适应生存和发展的一种重要方式。如动物遇到危险时产生怕的呼救,就是动物求生的一种手段。

情绪是人类早期赖以生存的手段。婴儿出生时,还不具备独立的生存能力和言语交际能力,这时主要依赖情绪来传递信息,与成人进行交流,得到成人的抚养,如饿了、渴了就哭,吃饱了、舒服了就会笑。成人正是通过婴儿的情绪反应,及时为婴儿提供各种生活条件。在成人的生活中,情绪直接地反映人们生存的状况,是人们心理活动的晴雨计,如通过愉快表示处境良好;通过痛苦表示处境困难。人们还通过情绪进行社会适应,如用微笑表示友好;通过移情维护人际关系;通过察言观色了解对方的情绪状况,以便采取适当的、相应的措施或对策等。人们通过各种情绪了解自身或他人的处境与状况,适应社会的需要,求得更好的生存和发展。

2. 动机功能

情绪和情感是动机的源泉之一,是动机系统的一个基本成分。它能够激励人的活动,提高人的活动效率。适度的情绪兴奋,可以使身心处于活动的最佳状态,推动人们有效地完成任务。研究表明,适度的紧张和焦虑能促使人积极地思考和解决问题。同时,情绪对于生理内驱力也具有放大信号的作用,成为驱使人们行为的强大动力。

考生易混淆情绪情感的组织功能和动机功能。组织功能针对现有的情绪状态,是指良好的情绪起推动作用,不良的情绪起阻碍作用。动机功能可以从无到有引发人们的行动,强调引发、驱动作用,其作用符合"耶克斯—多德森定律"。

3. 组织功能

情绪和情感这种特殊的心理活动,对其他心理过程而言是一种监测系统,是心理活动的组织者。积极的情绪和情感具有调节和组织作用;消极的情绪和情感则具有干扰、破坏作用。情绪和情感的组织作用表现在促成知觉选择、监视信息的移动、影响工作记忆、影响思维活动和人的行为表现等方面。

4. 信号功能

情绪和情感在人际间具有传递信息、沟通思想的功能。情绪的信号功能体现在个体将自己的愿望、要求、观点、态度通过一定的情感表达方式传递给别人并加以影响。这种功能是通过表情实现的。它是非言语沟通的重要组成部分,在人与人之间的信息交流中具有信号意义。例如:点头微笑表示赞赏;摇头皱眉表示否定。这些信号常常起激励或抑制作用,使人们对事物的认识或态度更加鲜明、生动、外显,更容易被感知和接受。在社会交往方面,情感的这种功能也常常得到应用和体现。

5. 健康功能

健康功能也称保健功能。人对社会的适应是通过调节情绪来进行的,情绪调控的好坏会直接影响到身心健康。情绪和情感的健康功能表现为积极的情绪有助于身心健康，消极的情绪会引起人的各种疾病。积极而正常的情绪体验是保持心理平衡与身体健康的条件。曾有人说过："一个小丑进城胜过一打医生。"这就非常形象地说明了情绪对人身体健康的影响。

6. 感染功能

人类的情绪和情感可以互相传递和感受，具有感染性。人们之间的感情沟通正是通过情绪和情感的易感性功能才得以实现的。这种易感性，具体体现为"共鸣"和"移情"作用。共鸣是指某人已经发生的情绪和情感引起他人相同或相似的情绪和情感，是指情绪和情感的互通现象，如所谓"掬一把同情泪"。移情是个人将自己的内心感受赋予他人或物，如"爱屋及乌"。个体对各种信息意义的鉴别与认定，通常通过共鸣和移情来进行。

艺术作品的教育价值，正是通过情绪和情感的感染功能来实现的。情节内容越生动感人的作品，教育价值越大。在教师的教育和教学工作中，也要注意运用情绪和情感的感染功能，去帮助和教育学生。

此外，情绪和情感还具有强化功能、迁移功能、疏导功能和协调功能。

真题面对面

[2022郑州惠济，单，0.5分]人们常用微笑表示友好，通过移情维护人际关系，通过察言观色来了解对方的情绪状况，进而采取相应的措施或对策。这体现的情绪功能是(　　)

A. 组织功能　　B. 交际功能　　C. 社会功能　　D. 适应功能

答案：D

二、情绪和情感的分类【单选、多选、判断】必背 ★★

考点1　情绪的分类

情绪的分类：心境、激情、应激

根据主体与客体之间关系的不同，心理学家把人的基本情绪分为快乐、悲哀、愤怒、恐惧四种类型；依据情绪发生的强度、持续性和紧张度的不同，可以把情绪状态划分为激情、心境、应激三种。接下来主要讲一下激情、心境和应激。

1. 激情

激情是一种爆发式的、猛烈而时间短暂的情绪状态。例如，狂喜、暴怒、恐惧、绝望等，都是激情的表现。它往往带有特定的指向性和较明显的外部行为表现，如暴跳如雷、浑身战栗、手舞足蹈等。

激情状态下往往会出现"意识狭窄"现象，即认识活动的范围缩小，意识对行为的控制作用明显降低，理解力降低，判断力减弱，易感情用事，不考虑后果。有人用激情爆发来原谅自己的错误，认为"激情时完全失去理智，自己无法控制"，这种说法是不对的，人能够意识到自己的激情状态，也能够有意识地调节和控制它。

2. 心境

心境是一种微弱的、持续时间较长的，带有弥漫性的情绪状态。心境一经产生就不只表现在某一特定对象上，而是在相当长的一段时间内，使人的整个心理活动都染上某种情绪色彩，影响人的整个行为表现，成为情绪生活的背景。"忧者见之则忧，喜者见之则喜"说的就是心境。心境有积极和消极之分。积极的心境使人振奋乐观、朝气蓬勃，消极的心境使人颓丧悲观。

3. 应激

应激是出乎意料的紧迫情况所引起的急速而高度紧张的情绪状态。当人们遇到突然出现的事件或意外发生危险时，为了应付瞬息万变的紧急情况，就得果断地采取决定，迅速地做出反应。应激正是在这种情境中产生的内心体验。

应激状态既有积极的作用，也有消极的作用。一般的应激状态是一种行为保护机制，能使机体具有特殊防御、排险机能，使人更加机智勇敢，集中全身精力以应付危急的局面，急中生智，摆脱困境。应激状态持续的时间也不可过长，否则，会有害健康。

激情

心境

应激

真题面对面

[2022信阳淮滨，单，0.7分]意外危险、高度紧张的情绪状态属于（　　）

A. 心境　　B. 激情　　C. 应激　　D. 理智感

答案：C

考点2　情感的分类

情感是同人的社会性需要相联系的态度体验，是人类所特有的心理活动，具有一定的社会历史性。从情感的社会内容角度来看，人类的情感有道德感、美感和理智感三种形式。

1. 道德感

道德感是根据一定的道德标准评价人的思想、意图和言行时所产生的主观体验。它表现在对待国家、集体、工作、事业、学习以及人与人之间的关系等各个方面，如爱国主义情感、集体主义情感、责任感、事业心、荣誉感、自尊心等。道德感属于社会历史范畴，不同民族、不同时代、不同阶级有着不同的道德评价标准。

2. 美感

美感是人们根据一定的审美标准对自然或社会现象及其在艺术上的表现予以评价时所产生的情感体验。美感能使人产生愉悦的体验，增加人的生活情趣，帮助人们以美丑的标准去赞扬美好的事物与心灵，蔑视与鞭挞丑陋、粗野的言语和行为，从而促进人类文明的发展。同道德感一样，美感也具有社会历史制约性。

3. 理智感

理智感是人认识事物和探求真理的需要是否得到满足而产生的主观体验。例如，人们在探求未知的事物时所表现出的求知欲、兴趣和好奇心，发现问题的惊奇感，问题解决的喜悦感，为真理献身的自豪感，问题不解的苦闷感，对偏见、迷信、谬误的憎恨等。理智感对人们学习知识、认识事物、发现规律和探求真理的活动都有积极的推动作用。

真题面对面

[2023周口市直，判断，0.5分]学生解出一道困惑自己许久的难题时，无比兴奋、激动的情感体验是理智感。（　　）

答案：√

三、情绪的调节

考点1 情绪调节的概念

情绪调节是个体管理和改变自己或他人情绪的过程，在这个过程中，通过一定的策略和机制，使情绪在生理活动、主观体验、表情行为等方面发生一定的变化。

考点2 情绪调节的类型

(1)根据情绪调节过程的来源，可以分为内部调节和外部调节。

(2)根据情绪的不同特点，可分为修正调节、维持调节和增强调节。

考点3 情绪调节的策略 【简答】★

日常生活中情绪调节主要有以下策略：(1)回避和接近策略；(2)控制和修正策略；(3)注意转换策略；(4)认知重评策略；(5)表达抑制策略；(6)合理表达策略。

考点4 对学生情绪调节的指导

(1)教会学生形成适宜的情绪状态。(2)丰富学生的情绪体验。(3)引导学生正确看待问题(调整认知)。(4)教会学生情绪调节的方法，如认知调节法、合理宣泄法、意志调节法、转移注意法、幽默法等。(5)通过实际锻炼提高学生的情绪调节能力。

四、压力与自我防御机制

考点1 压力与压力源 【判断】★

1. 压力的概念

心理学中目前对压力的比较普遍的看法是：个体面对具有威胁性的刺激情境时，伴有躯体机能以及心理活动改变的一种身心紧张状态，也称应激状态。

在压力状态下，个体会出现一系列生理反应，如心率加快、血压增高、呼吸急促、激素分泌增加、消化道蠕动等。

2. 压力源的种类

压力产生于压力源，我们生活中所遇到的压力源可能存在于自身，也可能存在于环境中。心理学家在研究中通过分析造成压力的各种生活事件，提出了四种类型的压力源：

(1)躯体性压力源，是指通过对人的躯体直接发生刺激作用而造成身心紧张状态的刺激物，包括物理的、化学的、生物的刺激物，如过高或过低的温度、微生物、变质食物、酸碱刺激等。这一类刺激是引起生理压力和压力的生理反应的主要原因。

(2)心理性压力源，是指来自人们头脑中的紧张性信息。如心理冲突与挫折、不切实际的期望、不祥预感以及与工作责任有关的压力与紧张等。

(3)社会性压力源，是指造成个人生活方式上的变化并要求人们对其做出调整和适应的情境与事件，它小到个人生活的变化，大到社会生活中的重要事件。

(4)文化性压力源，是指要求人们适应和应付的文化变化问题。

真题面对面

[2021平顶山湛河，判断，0.6分]心理性压力源是指来自人们头脑中的紧张性信息。(　　)

答案：√

考点2 自我防御机制 【单选、判断】★★

自我防御机制为**弗洛伊德**创立的精神分析学派中的专业用语，它是指个人在精神受干扰时用以避开干扰、保持心理平衡的心理机制。自我防御机制常在无意识状态下使用，常见的自我防御机制有：

1. 否认

否认是指对某种痛苦的现实无意识地加以否定，因为不承认似乎就不会痛苦。这一过程可使一个人逐渐地接受现实而不致猛然承受不了坏消息或痛苦，是一种保护性质的、正常的防御。只有在干扰了正常行为时才能算是病态的。

2. 合理化

合理化又称文饰作用，指通过无意识地用一种似乎有理的解释或实际上站不住脚的理由来为其难以接受的情感、行为或动机辩护以使其可以接受。例如，对儿童的躯体虐待可说成是“玉不琢，不成器；树不伐，不成材”“打是亲，骂是爱”。

合理化有两种表现：(1)**酸葡萄心理**，即把得不到的东西说成是不好的；(2)**甜柠檬心理**，即当得不到葡萄而只有柠檬时，就说柠檬是甜的。两者均是在掩盖个人的错误或失败，以保持内心的安宁。

3. 移置

移置是无意识地将指向某一对象的情绪、意图或幻想转移到另一个对象或替代的象征物上，以减轻精神负担取得心理安宁。例如，一个孩子被妈妈打后，满腔愤怒，难以回敬，转而踢倒身边的板凳，把对妈妈的怒气转移到身边的物体上。这时虽然客体变了，但其冲动的性质及其目的仍然未改变。

4. 投射

投射是指自我将不能接受的冲动、欲望或观念归因(投射)于客观或别人。

5. 升华

升华是一种最积极的富有建设性的防御机制。因为它可以把社会不能接受的性欲或攻击性冲动伴有的力比多能量转向更高级的、社会能接受的目标或渠道，进行各种创造性的活动。文学家的一些著名创作，如歌德的《少年维特之烦恼》，均可见到升华机制的作用。这是把本能(主要是性能量)转移到一个有社会价值的对象或目标上去。

6. 幽默

幽默是指对于困境以幽默的方式处理。它没有个人的不适及没有不快地影响别人情感的公开显露。它与诙谐、说笑话还不完全一样。幽默仍然允许一个人承担及集中注意于困窘的境遇上，而诙谐、打趣的话却引起分心或使其从情感的问题上移开。

7. 认同

认同是指无意识中取他人(一般是自己敬爱和尊崇的人)之长归为己有，作为自己行为的一部分去表达，借以排解焦虑与适应的一种防御手段。

8. 过度代偿

过度代偿又称过度补偿，是指一个真正的或幻想的躯体或心理缺陷可通过代偿而得到超乎寻常的纠正。这是一个意识的或无意识的过程。例如：有些残疾人可通过惊人的努力而变成世界著名的运动员；有些口吃者可以成功地变成一位说话流利的演说家。

9. 抵消

抵消是将一个不能接受的行为象征性地而且反复地用相反的行为加以显示，以图解除焦虑。例如：

说了不吉利的话就吐口水或用说句吉利话来抵消晦气或不吉祥的感觉；除夕打碎了碗，习俗上说句“岁岁平安”。

10. 补偿

补偿是指通过新的满足来弥补原有欲望达不到的痛苦。例如，学习成绩平平，但体育成绩突出，或因有其他特长，而使自己能够得到满足。

11. 退行

退行是退回到前面的发展阶段，是指一个人遇到困难的时候放弃已学到的比较成熟的应对技巧和方式，而使用原先比较幼稚的方式去应付困难和满足自己的欲望。

12. 压抑

压抑是指将不能被意识接受的想法、感受和冲动从意识中排除出去的过程。弗洛伊德认为，压抑总是无法彻底实现，被压抑的想法、感受和冲动仍然会跑出来，并在梦、口误、笔误等活动中表现出来。

真题面对面

1. [2023周口市直，单，1分]个体在追求的目标失败时，以“失败乃成功之母”来达到心理平衡的心理效应是(　　)

A. 酸葡萄效应　　B. 蝴蝶效应　　C. 甜柠檬效应　　D. 马太效应

2. [2022安阳文峰(高新)，单，0.9分]掩耳盗铃，自欺欺人，讳疾忌医等体现的心理防御机制是(　　)

A. 否认　　B. 转移　　C. 投射　　D. 代偿

答案：1. C　2. A

考点3　自我防御机制的作用

自我防御机制的作用具有两重性。积极的自我防御机制有助于适应挫折，化解困境；消极的自我防御机制只能起到暂时平衡心理的作用，并不能解决问题，有时还会使当事人在一种自我欺骗中与现实环境脱节，降低积极适应能力，埋下心理病变的种子。

心理健康的人能在积极意义上使用自我防御机制，而心理不健康的人总是依赖于自我防御机制，导致自身适应能力日趋削弱，人格和心理发展受到严重影响，可以说，某些心理不健康的人是消极的自我防御机制使用过度的结果。

五、学生情绪、情感的发展　【单选、多选、简答】★

考点1　小学生情绪、情感的发展

(1)情感体验的内容日益丰富，社会性成分不断增加。(2)情感表现的深刻性逐步增加。(3)友谊感逐渐发展。(4)情感的动力特征明显。(5)高级情感得到进一步发展。直到入学以后，儿童的各种高级情感才真正发展起来，逐渐形成比较稳定而深刻的道德感、理智感和美感。这是小学生情感发展最重要的特征。(6)情绪、情感的稳定性明显增强。小学生的情绪、情感逐步从冲动性、易变性向平衡性、稳定性的方向发展。一般来讲，小学三年级是这种转变的转折点。(7)情绪、情感的自控力不断增强。

考点2　中学生情绪、情感的发展

1. 中学生情绪的发展

(1)初中生情绪的发展

在初中生的情绪表现中，充分体现出半成熟、半幼稚的矛盾性特点。随着初中生心理能力的发展和生活经验的扩大，其情绪的感受和表现形式不再像以往那么单一，但还远不如成人的情绪体验那么稳定，表现出明确的两面性。主要表现在以下三个方面：①强烈、狂暴性与温和、细腻性共存；②可变性和固执性共存；③内向性和表现性共存。

(2)高中生情绪的发展

由于高中生认知能力、意识水平的提高，其情绪体验呈现如下特点：①情绪体验的时限延长(延续性)；②情绪体验的内容较为丰富(丰富性)；③情绪体验存在个人独特的差异(特异性)；④情绪体验更加深刻(深刻性)；⑤情绪体验更加细腻(细腻性)。

真题面对面

[2021 濮阳清丰，简答，5分]简述中学生情绪发展的主要特点。

答案：详见内文

2. 中学生情感的发展

中学生情感发展的特点如下：(1)情感丰富多彩、富有朝气。(2)情感两极性明显。(3)情感不断深刻。(4)情感逐渐稳定。中学生的情感尽管两极性明显，但还是逐渐趋于稳定，主要表现在三个方面：①对情感的自我调节和控制能力逐渐提高；②逐步带有文饰性、内隐性、曲折性的性质；③情感的倾向性正在定型化。(5)情感的外露和表达已趋于理性化。

★★ 考点大默写 ★★

1. __________是情绪和情感产生的基础，__________是引发情绪和情感的中介。
2. 情绪和情感是由独特的__________、__________和__________三种成分组成的。
3. 积极的情绪和情感具有调节和组织作用；消极的情绪和情感则具有干扰、破坏作用。这体现了情绪的__________功能。
4. 依据情绪发生的__________、__________和__________的不同，可以把情绪状态划分为激情、心境、应激三种。
5. __________是一种爆发式的、猛烈而时间短暂的情绪状态；__________是一种微弱的、持续时间较长的，带有弥漫性的情绪状态；__________是出乎意料的紧迫情况所引起的急速而高度紧张的情绪状态。
6. 从情感的社会内容角度来看，人类的情感有__________、__________和__________三种形式。
7. 合理化的两种表现中，__________心理即把得不到的东西说成是不好的；__________心理即把已得到的不好的东西说成好的。
8. 一个孩子被妈妈打后，满腔愤怒，难以回敬，转而踢倒身边的板凳，把对妈妈的怒气转移到身边的物体上，这属于自我防御机制中的__________。
9. __________是指一个人遇到困难的时候放弃已学到的比较成熟的应对技巧和方式，而使用原先比较幼稚的方式去应付困难和满足自己的欲望。

【参考答案】

1. 认知；需要　2. 主观体验；外部表现；生理唤醒　3. 组织　4. 强度；持续性；紧张度　5. 激情；心境；应激　6. 道德感；美感；理智感　7. 酸葡萄；甜柠檬　8. 移置　9. 退行

第二节 意 志

一、意志概述

考点1 意志及其行动特征 【单选、多选、判断】★

意志是指人自觉地确定目的,有意识地根据目的、动机调节支配行动,努力克服困难,实现目标的心理过程。由意志支配的行动称为意志行动。意志是意识的能动作用,只有人才有意志活动。

意志行动的特征表现为:(1)意志行动是人特有的自觉确定目的的行动。(2)意志对活动有调节支配作用,使人的行动能按设定好的目的去改造世界。(3)克服内部和外部的困难是意志行动最重要的特征。(4)意志行动以随意动作为基础。

真题面对面

[2022郑州市直,多,1.2分]下列选项中,不属于意志行动的有( )

A. 膝跳反射　　B. 背课文　　C. 口头禅　　D. 计算数学题

E. 吹口哨

答案:ACE

考点2 意志与认识、情感过程的关系

1. 意志与认识过程的关系

认识过程是意志形成的前提和基础。只有当人们认识了客观世界的规律性,认识到自身的需要和客观规律之间的关系时,才能提出正确的目的和实现目的的适当的方式和方法。意志对认识过程具有反作用。人们在认识客观世界的过程中,总会遇到一定的困难,需要及时做出种种意志努力去克服它,以达到认知的目的。

2. 意志与情感过程的关系

情感既可以成为意志行动的动力,也可以成为意志行动的阻力。当某种情感对人的活动起推动和支持作用时,这种积极的情感就会成为人行动的动力;当某种情感对人的活动起阻碍和削弱作用时,这种消极的情感就会成为意志行动的阻力。意志可以调节、控制人的情感。“胜不骄,败不馁”就是情感服从于意志的表现。

总之,意志过程与认识、情感过程是人在实践活动中对客观现实反映的不同方面,它们之间密切联系,相互渗透。

二、意志的品质 【单选、多选、不定项】 必背 ★★

表2-16 意志的品质

品质	概念	与之相反的意志品质
自觉性(独立性)	一个人清晰地意识到自己行动的目的和意义,并且能够主动地支配自己的行动,使之符合既定目的的意志品质	受暗示性(盲从)和独断性
果断性	一种善于辨明是非、抓住时机、迅速而合理地采取决定并执行决定的意志品质	优柔寡断和草率武断

续表

品质	概念	与之相反的意志品质
自制性	一个人善于控制和支配自己的情绪，约束自己言行的品质	任性和怯懦
坚韧性（坚持性）	一个人在行动中坚持决定，百折不挠地克服重重困难去达到行动目的的品质	动摇性和执拗性：具有动摇性的人或缺乏坚定的行动目的，对既定目的持怀疑态度，或对实现目的缺乏信心和决心；具有执拗性的人不能根据形势的变化灵活调整自己的思想行为

考生在判断不同意志品质时，可抓住以下关键点：

(1)自觉性指对自己行动的动机和目的非常明确，能主动支配自己的行动，即无人看管、自觉自发。

(2)果断性是善于审时度势，对问题情境做出正确的分析和判断，既快又好。

(3)自制性是善于控制、约束自己的言行，即抵制诱惑、约束言行。

(4)坚韧性则强调坚持决定、百折不挠。

真题面对面

[2023周口市直，单，1分]学生做事虎头蛇尾，教师应该培养学生意志的（　　）

A. 自觉性　　B. 坚持性　　C. 自制性　　D. 果断性

答案：B

三、意志行动的过程

考点1　准备阶段（采取决定阶段/确定决定阶段）

准备阶段包括动机斗争、确定目标、选择行动方法和制订行动计划等环节。

1. 动机斗争　【单选、判断】★★

人的行动是由一定的动机引起的，并指向一定的对象。人的行为动机往往以愿望的形式表现出来，由于人的需要多种多样并且是不断发展的，所以在同一时间内往往存在多种动机。几种动机相互矛盾，就形成了动机斗争。从形式上看，可将动机斗争分为四类：

表2-17　动机斗争的分类

分类	概念	典例
双趋冲突	从自己同时都很喜爱的两个事物中仅择其一的心理状态	鱼与熊掌不可兼得
双避冲突	从希望回避的两种事物中必取其一的心理状态	进退维谷
趋避冲突	对同一目的兼具好恶的矛盾心理	既想当班干部又怕耽误时间影响学习
多重趋避冲突	对含有吸引与排斥两种力量的多种目标予以选择时所发生的冲突	大学毕业生就业中的选择困难

双趋冲突

双避冲突

趋避冲突

多重趋避冲突

动机斗争(冲突)常结合实例进行考查,通常可以根据题意,运用以下关键词组进行理解。

双趋冲突:表述中含有“既想……又想……(不可兼得)”的含义;

双避冲突:表述中含有“既怕……又怕……”的含义;

趋避冲突:表述中含有“既想……又怕……”的含义;

多重趋避冲突:表述中的冲突因素为两个以上。

真题面对面

[2021郑州管城,单,0.9分]小菲想要通过努力学习获得好成绩,但是又不想让别人知道她在努力迎头赶上,这时小菲的动机冲突是(　　)

A. 双趋冲突　　B. 双避冲突

C. 趋避冲突　　D. 多重趋避冲突

答案:C

2. 确定目标

目标的确定与动机的取舍是相随而行的。目标越明确,人的行动越自觉;目标越远大,它对行动的动力作用越大;目标越深刻,由此目标所唤起的意志力也越大。

3. 选择行动方法和制订行动计划

目标确定之后,必须考虑如何实现目标。为了实现目标,必须选择适宜的行动方法和制订合理的行动计划。

考点2　执行决定阶段

行动计划制订后,执行计划,采取有效的行动,是达到目的的关键步骤。执行决定阶段是意志行动的中心环节和关键环节,是意志努力的集中表现。在执行决定的过程中,必然会碰到许多困难。因此,执行决定,克服困难与障碍,需要更大的意志努力。克服困难必须依赖于以下几个心理条件:

(1)坚定的信念和崇高的世界观是动机的基础,是克服困难最基本的条件。

(2)行动目的的性质对克服困难也有重要意义。

(3)对行动胜利的美好前景的憧憬,对行动失败可能招致严重后果的认识也会激励人们去战胜困难。

(4)执行计划的坚定性。

四、意志品质的培养 【多选、论述】★

1. 加强生活目的性教育,树立科学的世界观、远大的理想和信念,培养学生行为的目的性,减少其行动的盲目性

树立远大的理想和信念,是培养学生形成良好意志品质的首要条件。教师可以通过组织学生参观红色景区、听战斗英雄故事,特别是听一些和他们年龄相仿的学生顽强斗争的英雄事迹,还可以将学生的学习、活动的具体目的与国家的长远目的结合起来进行教育。在教育过程中,还应该注意不要空洞说教,要根据学生的心理特点,生动形象地进行教育。

用科学的世界观武装学生,是培养他们良好意志品质的基本条件。只有树立起科学的世界观,才能使学生确立正确的行动目的;只有树立科学的世界观,才能使学生具有高度的责任感,明确生活的目的,追求崇高的理想。

教师要逐步提高学生的自觉性,培养学生按照行为目的来自觉调节行动的能力。在教学过程中每一项任务、每一个要求都要对学生讲清目的和重要性,帮助学生制订切实可行的行动计划,指导学生按照预定的目的和计划,采取适当的措施以完成任务。

2. 加强养成教育,培养学生的自制能力

养成教育就是通过培养学生自觉遵守纪律和生活制度的常规训练,使学生形成自动控制的良好的行为习惯。有经验的教师通常采取以下做法:(1)从生活小事上进行训练;(2)耐心指导,反复训练;(3)教师注意以身作则。

3. 组织实践活动,在困难环境中锻炼学生的意志,让学生取得意志锻炼的直接经验

坚强的意志是在克服困难的实践活动中形成和发展起来的。教师除了结合教学内容或通过主题班会等向学生讲述意志锻炼的意义,更要让学生在各种活动中,通过克服困难来磨炼意志。

4. 教育学生正确地对待挫折

教师要帮助学生正确地对待挫折。通常的一些做法是:

(1)帮助学生分析产生挫折的原因,找出避免挫折的方法;

(2)面对挫折,鼓励学生充满信心地战胜挫折,有时候也可以用限制、批评、惩罚的方法来制止那些不良的表现;

(3)在教育教学中,注意培养学生调节和控制自己心理活动的能力,提高学生的挫折耐受力。

5. 根据学生意志品质上的差异,采取不同的锻炼措施

根据学生意志品质上的差异,注意采取不同的锻炼措施,做到因人、因不同发展时期锻炼。例如:对于容易盲从、轻率行事的学生,应多多启发他们的自觉性,培养他们对社会、集体和劳动的责任感和义务感;对于怯懦的学生,则应多多鼓励他们增强克服困难的信心和勇气;对于任性和固执的学生,则应该从目的性和原则性方面着手,使他们理解固执与顽强的区别。

6. 发挥教师、班集体和榜样的模范作用,给予必要的纪律约束

在学生意志品质的形成过程中,离不开周围的人和环境的影响。特别是在学校教育中,教师发挥着不可忽视的作用。除了父母之外,学生对在学校生活中与自己朝夕相处的教师有一种特别的信任和尊重,并不自觉地去模仿其言行。

学生所在的班集体是其成长的重要环境。因此，教师应当努力使自己的班级形成良好班风，充分发挥集体的作用，帮助学生养成良好的意志品质。

在培养学生良好意志品质的过程中，榜样的作用始终占据着特殊重要的地位。教师除了用科学家、发明家、劳动模范、革命先烈以及文艺作品中的优秀人物来陶冶学生的意志外，还要善于从学生周围的生活中，从学生熟悉的人中，特别是从他们的同龄人中选取典型，为他们树立坚强意志的榜样。在这样的榜样面前，可能因为心理距离小，学生感到很亲切，因而容易接受。

7. 加强自我锻炼，从点滴小事做起

在培养良好意志品质的过程中，周围人的影响、集体的委派任务、榜样的教育等都必须通过学生的自我锻炼才能真正起作用。在学习自觉性、坚韧性方面的自我锻炼可以采用下列方法：

(1)经常用榜样、名言、格言对照自己、检查自己、督促自己；

(2)经常与周围学习好的同学做比较，找出自己的差距，奋力追赶，直到赶上或超过为止；

(3)坚持制订学习计划，包括学期、月、周的计划及每天的安排等，严格执行计划，无论遇到什么情况都坚持去完成；

(4)每天坚持写日记，检查自己当天的活动，发现缺点立即改正等。

五、挫折教育

考点1　挫折概述　【判断】★

1. 挫折及其产生原因

挫折是个体在从事有目的活动的过程中，遇到障碍或干扰，致使个人动机不能实现、需要不能满足时的情绪状态。产生挫折的原因有：(1)客观原因，包括：①自然因素；②社会因素。(2)主观原因，包括：①生理因素；②心理因素。在心理因素中，与挫折密切相关的主要有三点：个性完善程度、动机冲突和挫折容忍力。

2. 挫折感与挫折容忍力 新增

挫折感指人对挫折的感觉能力。挫折感的强弱与每个人的动机水平的强弱以及挫折承受力的大小有关。

挫折容忍力(挫折承受力)是指人在遭受挫折时，控制自己、使自己免于行为失常的能力。挫折容忍力的高低受以下因素的影响：

(1)生理条件。在其他主客观条件相同的情况下，身体健康的人比疾病缠身或者有生理缺陷的人具有更强的挫折容忍力。

(2)过去的经验。挫折容忍力可以通过以往的经验获得。以往生活历经磨难的人，比生活一帆风顺的人具有更强的挫折容忍力。

(3)对挫折的知觉和判断。每个人对世界的感知和认识都是不同的，挫折作为一种情感或行为反应，直接受到认知因素的影响。个体会依据自己的知识、经验以及收集到的信息去判断挫折对自己产生的不良影响或后果。个体主观判断为严重挫折的话，就会引起强烈的心理和行为反应；相反，如果个体判断为轻度或中度挫折，那么心理和行为反应就比较轻。

(4)个性特征。一个人的理想、信念、世界观、价值观以及性格特征都会影响个体的挫折容忍力。远大的理想、坚定的信念、正确积极的人生观和价值观都能大大增强个体的挫折容忍力。一个积极乐观的人会比消极悲观的人拥有更强的挫折容忍力。

考点2 挫折反应

个体在遭受挫折后会产生各种各样的反应，根据挫折产生的不同情形和个体对挫折做出的反应，挫折反应可以分为以下三个方面：

1. 情绪性反应

受挫折后伴随着强烈的情绪性活动所产生的反应，称为情绪性反应，即指个体在遭受挫折时伴随着强烈的紧张、愤怒、焦虑等情绪所做出的反应，情绪性反应的表现形式很多，大多为消极性反应，常见的有攻击、焦虑、退行、冷漠等。

2. 理智性反应

在理智的控制下所做出的反应，称为理智性反应。理智性反应是对挫折的积极反应，主要有两种表现形式。

(1)坚持目标，继续努力。当个体遭受挫折后，经过分析发现自己追求的目标是可以实现的，即使暂时遭遇了挫折也会克服各种困难，毫不动摇地朝既定目标迈进，最终实现预定的目标。

(2)调整目标，循序渐进。如果个体在实现目标的过程中，经过多次努力仍以失败告终，就应当冷静下来，认真、客观地分析导致失败的真正原因，并根据实际情况对自己的奋斗目标进行适当调整，如降低目标、分解目标、改换目标，或者调整实现目标的方法。

3. 个性的变化

个性的变化是由于受到挫折的长久影响或特别严重的影响，而导致个体的个性在某方面发生重大变化。一般来讲，挫折对个体的影响都是暂时的。但如果一个人连续遭受挫折，或者遭受特别重大的挫折，则可能使挫折反应逐渐固定下来，使其个性特点发生改变。这种改变既可能是消极的，如孩子长期受到父母过于专横的压制，形成了拘谨、胆小或偏执、倔强等个性；也可能是积极的，如长期身处逆境的人，养成坚强、刚毅、百折不挠的个性。

考点3 积极适应挫折的方法和技术 【单选、论述】★

通过训练和有意识的辅导，帮助学生掌握积极适应挫折的方法和技术，使他们学会如何对挫折做出积极主动的适应是挫折教育不可忽视的内容。常见的积极适应挫折的方法有：

(1)理智的压抑，这是一种成熟的适应方式，指当一个人的欲望、冲动或本能因不符合社会规范或要求而无法达到、满足或表现时，有意识地去压抑、控制、想办法延缓其满足需要。

(2)升华，泛指心理欲望从社会不可接受的方向转向社会可接受的方向的过程。当一个人意识到自己的某种欲望无法被自己接受，且与社会规范、伦理道德相悖时，为求得心理平衡，将其净化、提高，成为一种高尚的追求。

(3)补偿，指个人所追求的目标、理想受到挫折，或由于本身的某种缺陷而达不到既定目标时，用另一种目标来代替或通过另一种活动来弥补，从而减轻心理上的不适感。

(4)幽默，指个体遇到挫折、处境困难或尴尬时，用一种机智、双关、讽喻、诙谐、自嘲等语言、动作的良性刺激，来化解困难，以摆脱内心的失衡状态。

(5)合理宣泄，指通过创设一种情境，使受挫者能自由抒发受压抑的情绪。

(6)认知重组，主体对挫折情境的认识评价如何，直接影响到挫折感的产生。比如高考落榜是考生产生挫折的情境，如果考生改变对高考落榜严重性的认识，看到上大学并非唯一的成才之路，或通过自修下一年再考也不迟，这样就可以减轻挫折感。这种对挫折情境的重新认识与评价，称为认知重组。

真题面对面

[2021 濮阳清丰，单，1 分]“失之东隅，收之桑榆”属于积极适应挫折的方法和技术中的(　　)

A. 升华　　B. 幽默　　C. 补偿　　D. 合理宣泄

答案：C

考点大默写

1. ________是指人自觉地确定目的，有意识地根据目的、动机调节支配行动，努力克服困难，实现目标的心理过程。
2. ________过程是意志形成的前提和基础；________既可以成为意志行动的动力，也可以成为意志行动的阻力。
3. 学生在没人督促的情况下，能够独立完成课后作业，这反映其具有的意志品质是________。
4. “三天打鱼，两天晒网”描述的是个体意志品质缺乏________的表现。
5. 在动机斗争中，“前有堵截，后有追兵”指的是________冲突；“食之无味，弃之可惜”指的是________冲突。

【参考答案】

1. 意志　2. 认识；情感　3. 自觉性(独立性)　4. 坚韧性(坚持性)　5. 双避；趋避

我于________年____月____日完成了对本章的学习。

复盘一下，我对自己较肯定的地方是________________

(足够努力/心态积极/方法得当……)

我觉得自己需要改进的地方是________________

(懒惰懈怠/心情浮躁/方法不当……)

休息片刻，开启下一站征程！

第四章 个性心理

思维导图

- 个性心理
  - 需要、动机与兴趣
    - 需要概述
      - 需要层次理论：“李安蜀中求美食”（重点）
    - 动机概述
      - 种类：生理性、社会性动机；有意识、无意识动机
      - 功能：激活、指向、维持和调节功能（易混点）
    - 兴趣概述
      - 种类：直接、间接兴趣；中心、广阔兴趣；个体、情境兴趣
      - 品质：广度、中心、稳定性、效能
      - 学习兴趣的培养和激发
  - 能力
    - 能力及其类型
      - 分类：一般、特殊能力；模仿、创造能力；认知、操作、社交能力
      - 能力与知识、技能的关系
    - 能力的结构（重点）
      - 斯皮尔曼的二因素论：G因素、S因素
      - 卡特尔的智力形态论：流体智力、晶体智力
      - 加德纳的多元智力理论：“语数自音体美，还有一堂是社会”
      - 斯腾伯格的智力理论：智力成分、经验、情境亚理论
    - 能力的测量
      - 智力测验：比纳—西蒙（1905年、最早、智龄）
        斯坦福—比纳（比率智商）
        韦克斯勒（离差智商）
      - 智力测验标准：信度、效度、标准化
    - 影响能力形成与发展的因素
      - 遗传与营养、早期经验、教育与教学、社会实践、主观努力
    - 学生能力的培养
      - 早期能力、因材施教、元认知能力与创造能力等
  - 气质与性格
    - 气质概述（重点）
      - 体液说：胆汁质、多血质、黏液质、抑郁质
      - 神经活动类型说：强度、平衡性、灵活性
      - 针对学生的气质差异因材施教
    - 性格概述
      - 结构：态度特征、意志特征、情绪特征、理智特征
      - 性格与气质的关系
      - 性格评定的方法：自陈法、投射法

河南考向

本章属于心理学部分的重点章节，内容系统且知识点琐碎，需要识记的知识较多。现对本章河南考向分析如下：

考点名称	常考题型	能力层级	考查热度
马斯洛的需要层次理论	单选、多选、判断	运用	★★★
动机的功能	单选、多选	理解	★★
智力结构理论	单选、多选、不定项、判断、填空、简答	理解	★★★
智力测验的标准	单选、多选、判断	理解	★★
气质的类型及其教育	单选、多选、不定项、判断、案例分析	理解	★★★

核心考点

第一节 需要、动机与兴趣

一、需要概述

考点1 需要及其特征 【多选】★

需要是有机体感到某种缺乏或不平衡状态而力求获得满足的心理倾向，是有机体自身和外部生活条件的要求在头脑中的反映。人的需要具有以下几方面的特征：

(1)对象性。需要总是指向某种事物的。例如，人饿了就产生进食的需要，其对象就是食物；人感到寂寞时就产生与人交谈的需要，其对象可能是同学或朋友。所以需要总是和满足需要的对象联系在一起，因此，需要具有对象性。

(2)紧张性。需要是个体在生活中感到有某种欠缺而形成的某种心理状态。当某种需要产生后，总会形成一种紧张感与不适感，甚至出现烦躁感。如学生因渴求在竞赛场上获得成功而感到焦虑不安、心烦等都是紧张性的表现。

(3)层次性。人的需要是有层次的，先是满足最基本的生活需要，而后是满足社会和精神需要，人们的需要是不断地由低级向高级发展的。

考点2 需要的种类

表2-18 需要的种类

分类依据	类别	概念	典例
需要的起源	生理性需要（原发性需要）	与保持个体的生命安全和种族延续相联系的一些需要	对饮食、睡眠、性、运动、排泄的需要
	社会性需要	在生理性需要的基础上，在社会实践和教育的影响下发展起来的需要	对劳动、交往、成就、友谊、尊严、求知、审美、道德等的需要
需要的对象	物质需要	对生存和发展所必需的物质生活的需要	对与衣、食、住、行有关物品的需要，以及对劳动工具、生产资料、文化用品、科研用品等的需要
	精神需要	对社会精神生活及其产品的需要	对知识、文化艺术的需要

考点3 马斯洛的需要层次理论 【单选、多选、判断】必背 ★★★

马斯洛是美国当代人本主义心理学家。他的需要层次理论是最富有影响力的需要理论。早期，他根据需要出现的先后及强弱顺序，把需要分成了五个层次，即生理需要、安全需要、归属与爱的需要、尊重需要和自我实现的需要。后来他又补充了求知需要和审美需要，即需要由五个层次扩充为七个层次。

1. 生理需要

生理需要是人对食物、水分、空气、睡眠、性等的需要。它是人的所有需要中最基本、最原始，也是最强有力的需要，是其他一切需要产生的基础。当一个人被生理需要所控制时，其他一切需要均退居次要地位。

2. 安全需要

安全需要是指希求受到保护与免遭威胁从而获得安全感的需要。人在生理需要相对满足的情况下，就会出现安全需要。婴幼儿由于无力应付环境中不安全因素的威胁，他们的安全需要就显得尤为强烈。在成人中，人们希望得到较安全的职位，愿意参加各种保险，都表现了他们的安全需要。

3. 归属与爱的需要

归属与爱的需要，也称社交需要，是指每个人都有被他人或群体接纳、爱护、关注、鼓励及支持的需要。它是生理需要和安全需要得到满足之后的更高一级的需要，包括被人爱与爱他人、希望交友融洽、保持友谊、具有和谐的人际关系、被团体接纳、成为团体一员、具有归属感等。

4. 尊重需要

尊重需要是在生理、安全、归属与爱的需要得到基本满足后产生的对自己社会价值追求的需要，包括自尊和受到别人的尊重（他尊）两个方面。自尊是指个人渴求力量、成就、自强、自信和自主等。他尊是指个人希望别人尊重自己，希望自己的工作和才能得到别人的承认、赏识、重视和高度评价，也即希望获得威信、实力、地位等。

5. 求知需要

求知需要，又称认知与理解的需要，是指个人对自身和周围世界的探索、理解及解决疑难问题的需要。马斯洛将其看成克服障碍的工具，当认知需要受挫时，其他需要的满足也会受到威胁。

6. 审美需要

审美需要是指对对称、秩序、完整结构以及对行为完美的需要。审美需要是与其他需要相互关联，不可截然分开的，如对秩序的需要既是审美需要，也是安全需要、求知需要（如数学、数量方面）。

7. 自我实现的需要

自我实现的需要是最高层次的需要，是在上述几种需要得到满足后产生的。所谓“自我实现”，即追求自我理想的实现，是充分发挥个人潜能、才能的心理需要，也是一种创造和自我价值得到体现的需要。

马斯洛对以上七种需要进行了进一步的区分（如图2-6）：位于需要层次底部的四种需要被称为**缺失需要**，它们是个体生存所必需的，必须得到一定程度的满足。但是，这些需要一旦满足，由此产生的动机就会趋于消失。后三种需要是**成长需要**，它虽不是我们生存所必需的，但对于我们适应社会来说却有重要的积极意义。也就是说，缺失需要使我们得以生存，成长需要使我们能够更好地生活。

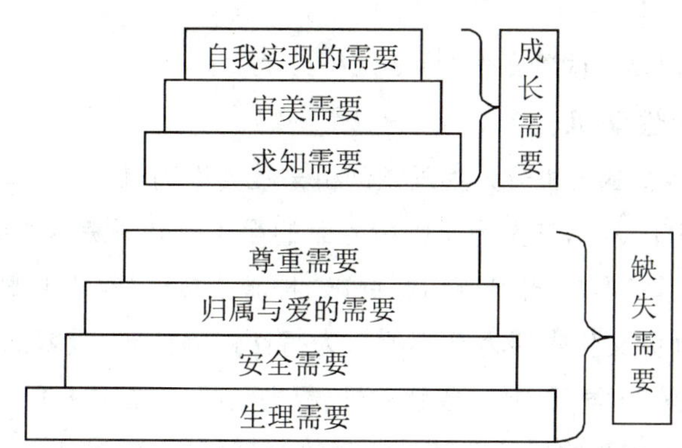

图2-6　需要层次理论

较低级的需要至少必须部分满足之后才会出现对较高级需要的追求。例如，在一个非常饥饿的孩子面前同时摆上一堆书和一堆食物，让其选择其一，孩子肯定先选食物，吃饱以后再去选书读。与缺失需要相反，成长需要是永远得不到完全满足的需要，因为无论是求知，还是审美，都是永无止境的。

记忆有妙招

为帮助考生记忆，我们将七个层次的需要总结为如下口诀：**李安蜀中求美食**。**李**：生理需要。**安**：安全需要。**蜀**：归属与爱的需要。**中**：尊重需要。**求**：求知需要。**美**：审美需要。**食**：自我实现的需要。

真题面对面

[2021 平顶山湛河，单，0.8 分] 乐乐平时不太受老师的重视，他便经常在上课时讲话、做小动作，老师朝他发脾气，他反倒做鬼脸，引得同学们哈哈大笑。根据马斯洛的需要层次理论，乐乐是为了满足哪一层次的需要(　　)

A. 尊重的需要　　B. 自我实现的需要

C. 安全的需要　　D. 归属与爱的需要

答案：D

二、动机概述

考点 1　动机的概念　【单选】★

动机是激发和维持有机体的行动，并使该行动朝向一定目标的心理倾向或内部驱力。动机是在需要的基础上产生的，它可以激起或抑制人行动的愿望和意图，是推动人行为的内在原因；需要是引起动机的**内在条件**，各种需要会使个体处于一种身心失衡的状态，而当需要在强度上达到一定的水平，并且有满足需要的对象存在时，就会引起动机。

真题面对面

[2021 洛阳洛龙，单，0.9 分] 引起和维持个体活动并使该活动朝向某一目标的内部驱动力是(　　)

A. 需要　　B. 动机　　C. 兴趣　　D. 诱因

答案：B

考点 2　动机的种类　【单选】★

人的动机复杂多样，可以从不同的角度、标准进行分类。

1. 生理性动机和社会性动机

根据动机的性质，可将人类的动机分为生理性动机与社会性动机。

生理性动机也可称为基本动机，它是为了维持生命的需要所必需满足的动机，以有机体自身的生物学需要为基础。例如饥饿、渴、缺氧、疼痛、母性、性欲、睡眠、排泄等动机，都是生理性动机。

社会性动机是以人的社会文化需要为基础的。人有认识的需要、成就的需要、权力的需要、社会交往的需要等，因而产生了相应的兴趣、学习动机、成就动机、权力动机、交往动机等。

(1) 兴趣是指人们探究某种事物或从事某种活动的心理倾向，它以认识或探索外界的需要为基础，是推动人们认识事物、探求真理的重要动机。

(2) 成就动机是人们希望从事对他有重要意义的、有一定困难的、具有挑战性的活动，在活动中能取得完满的优异结果和成绩，并能超过他人的动机。成就动机对个体的活动有重要的作用。许多研究发现，在两个人的智商大体相同的情况下，一般来说，成就动机高的人比成就动机低的人在活动中成功的可能性要高一些。成就动机的高低还影响到人们对职业的选择。麦克兰德发现成就动机低的人，愿意选择风险较小、独立决策较少的职业；而成就动机高的人爱毛遂自荐，喜欢承担富有开创性的工作，并在工作中敢于独立做出决策。

(3)**权力动机**是指人们具有的某种支配和影响他人以及周围环境的内在驱力。在权力动机的支配下，人们表现出积极主动的参与精神，并有成为某一群体的领导者的愿望。

(4)**交往动机**是在交往需要的基础上发展起来的一种重要的社会性动机。交往需要表现为每个人都愿意归属于某个团体，喜欢与人来往，希望得到别人的关心、友谊、支持、合作与赞赏。

2. 有意识的动机和无意识的动机

根据动机的意识水平，可将动机分为有意识的动机和无意识的动机。

有意识的动机，是指行为者能觉察到的、并对其内容明确的动机。例如，人对某事物、现象或活动所表现出来的兴趣；以道德感、义务感和社会责任感为内容的理想和信念等。

无意识的动机，是指一种在不知不觉中出现的、决定人的活动倾向的动机。例如，一位教师对某个学生的印象比较好，认为他聪明、勤奋、成绩优秀，因而在评分时不自觉地降低了评分的标准，并有可能忽略了其试卷中存在的某些错误；反之，对印象差的学生，由于教师不相信他在考试中会获得优秀的成绩，所以在评分时不自觉地提高了要求，对其试卷中的问题也比较敏感。

考点3 动机的功能 【单选、多选】★★

1. 激活功能

动机是个体能动性的一个主要方面，它具有发动行为的作用，能推动个体产生某种活动，使个体由静止状态转向活动状态。例如，饥饿者对食物有关的刺激反应特别敏感，易激起寻觅活动。

2. 指向功能(定向功能)

动机不仅能激发行为，而且能将行为指向一定的对象或目标。例如，在学习动机的支配下，学生的活动指向的是书本；而在娱乐动机的支配下，其活动则指向娱乐设施。

考生易混淆动机的指向和激活功能，二者在促进个体做出行动方面存在着区别：激活功能强调一个人的行为从无到有；指向功能强调面对很多对象时，只择其一。

3. 维持和调节功能(强化功能)

动机具有维持功能，它表现为行为的坚持性。动机激发个体的某种活动后，这种活动能否坚持下去，同样要受动机的调节和支配。

真题面对面

[2022安阳文峰(高新)，单，0.9分]为了获得优秀的成绩而努力，为了取得他人的赞扬而勤奋工作，为了摆脱孤独而结交朋友。这体现了动机的(　　)

A. 激活功能　　B. 指向功能

C. 维持功能　　D. 调节功能

答案：A

三、兴趣概述 【单选、判断】★

兴趣是人对事物的一种认识倾向，伴随着积极的情绪体验，对个体活动，特别是对个体的认知活动有巨大的推动作用。兴趣具有定向和动力功能。

考点1 兴趣的种类

1. 直接兴趣和间接兴趣

直接兴趣是由认识事物本身的需要引起的,如对看电视、小说的兴趣。

间接兴趣是由认识事物的目的和结果引起的,如科学家可能对繁杂的数据处理没有兴趣,只对研究结果有兴趣,这种兴趣就是间接兴趣。

2. 中心兴趣和广阔兴趣

从兴趣的广度来看,兴趣可以分为中心兴趣和广阔兴趣两种。

中心兴趣是对某一方面的事物或活动有极浓厚而稳定的兴趣。

广阔兴趣是对多方面的事物或活动表现出兴趣。

3. 个体兴趣和情境兴趣

个体兴趣是指个体长期指向一定客体、活动和知识领域的一种相对稳定的兴趣,如美术是某人一生的爱好。

情境兴趣是指由环境中的某一事物突然激发的兴趣,持续时间较短,是一种唤醒状态的兴趣,如某人最近突然对游泳感兴趣。

考点2 兴趣的品质

(1)兴趣的广度,是指兴趣的范围大小,即兴趣广泛与否。

(2)兴趣的中心(兴趣的倾向性或兴趣的针对性),是指个体对什么发生兴趣。人们在兴趣的倾向性方面差异很大。例如,有人喜欢文学,有人喜欢艺术,有人喜欢体育。

(3)兴趣的稳定性,指对事物具有持续、稳定的兴趣。

(4)兴趣的效能,指兴趣能积极推动人的活动,提高活动的效能,即兴趣对认知的推动作用。

真题面对面

[2023周口市直,判断,0.5分]学生能歌善舞,琴棋书画,无所不通,说明其兴趣具有倾向性。( )

答案:×

考点3 学习兴趣的培养和激发

1. 通过各种活动发展学生的兴趣

(1)在课堂教学中,要调动一切手段,让学生充分参与活动,开动脑筋,使他们能生动、活泼、主动地学习;

(2)要充分利用学校课外活动,组织各种有趣的比赛、游戏、参观、义务劳动、游览等活动,把校内与校外活动结合起来,为学生开辟广阔的活动天地,在活动中发展学生的兴趣。

2. 通过提高教学水平,引发学生兴趣

(1)教师教学的水平,是学生学科兴趣形成的最重要的条件。在教学中以丰富有趣、逻辑性与系统性强的学习内容以及生动的教学方法来吸引学生,使学生通过学习得到精神上的满足,就可以进一步激发学习兴趣。

(2)教师的教学应使学生感到"有趣、有味、有奇、有惑",诱发学生的学习兴趣。

3. 引导学生将广阔兴趣与中心兴趣结合起来

(1)教师应鼓励学生有多方面的兴趣,因为通过广阔的兴趣,才能多方面地获取知识,给自己打下扎实的知识基础。但教师要善于在学生广阔兴趣的基础上,引导和培养他们有一个中心兴趣,即要求对某一方面进行更为深入的钻研,并使其他各种兴趣都能直接或间接地为它服务。只有把广阔兴趣与深刻的中心兴趣相结合,兴趣才能更好地发挥其应有的作用。

(2)教师要注意防止学生的广阔兴趣中可能存在的消极的、不利于身心健康的兴趣。一旦发现,教师要及时、正确地引导并晓以利害,以积极、有效的兴趣代替无益的兴趣。

4. 要根据学生的年龄特征来提高学生的学习兴趣

不同年龄阶段的学生在学习兴趣的形成和表现上有很大的差异。

(1)小学生方面:小学生的学习兴趣还不稳定,比较笼统、模糊,容易对学习的形式感兴趣并从中获得满足,任何新颖的、形象的、具体的事物都会引起他们极大的兴趣。因此,小学课堂教学应更注意教学方式灵活多样、教学内容生动活泼以及教具的新颖具体。

(2)中学生方面:①中学生的学习兴趣开始明显分化并趋于稳定,其学习兴趣的范围也不断扩大,表现为对课外阅读和课外活动的兴趣增强,开始注重学习内容;②教师还应对严重偏爱某一学科的学生给予正确引导。

5. 根据学生的知识基础培养学生的学习兴趣

教师培养学生的学习兴趣时,必须区别对待,因材施教。

(1)一般来说,成绩优秀、基础好的学生都有着较浓厚的学习兴趣。但他们往往容易骄傲,满足于现状。因此,教师要使他们了解知识海洋的浩瀚无边和自己知识面的狭窄,帮助他们克服自满情绪。另外,要为他们提供较难的学习材料,启发他们自学和独立思考,使他们对学习始终保持浓厚的学习兴趣。

(2)对于知识基础薄弱的学生,教师应给予特别的关心,深入调查他们学习不积极的原因,有针对性地给予帮助和指导。

6. 通过积极的评价使学生的兴趣得以强化

积极的评价是指当学生取得成功或有了进步时,教师要及时给予鼓励与表扬,使学生体验到成功的喜悦。但积极的评价也要恰当,表扬、鼓励既不要过头,也不可不足,而且要做到及时。若对不同性格特点的学生采取不同的表扬与鼓励的方式,所达到的强化效果会更好。

7. 充分利用原有兴趣的迁移

兴趣是可以迁移的。兴趣的迁移是指将学生已有的兴趣延伸到相关的事物上,使其对该事物也发生兴趣。但兴趣的迁移要满足以下条件:

(1)教师要善于发现学生感兴趣的事物或活动;

(2)教师应寻找到使学生感兴趣的新事物或活动与学生原有兴趣的相同点;

(3)教师要通过各种方法使学生产生对新事物与活动的认识需要,并把这种需要转化成强烈的动机。

满足了这三个条件,就可以将学生对某一事物或活动的兴趣转化为对学习的兴趣。因此,教师要善于运用迁移的方法,以培养学生对学习的兴趣。

考点大默写

1. 马斯洛将七种需要分为________和成长需要;在七种需要中,________是最高层次的需要。
2. ________,也称社交需要,是指每个人都有被他人或群体接纳、爱护、关注、鼓励及支持的需要。
3. 一个没有受到父母关怀的青少年,为了让自己融入社交圈,加入了社会帮派,甚至吸烟、打架等。根据马斯洛的需要层次理论,这属于________的缺失。
4. 动机的功能包括激活功能、________、________。其中,激活功能是指动机能推动个体产生某种活动,使个体由________状态转向________状态;在动机的作用下,人的行为将指向某一目标,这是动机的________功能。
5. ________是人对事物的一种认识倾向,伴随着积极的情绪体验,对个体活动,特别是对个体的认知活动有巨大的推动作用。

【参考答案】

1. 缺失需要;自我实现的需要 2. 归属与爱的需要 3. 归属与爱的需要(社交需要) 4. 指向功能(定向功能);维持和调节功能(强化功能);静止;活动;指向(定向) 5. 兴趣

第二节 能 力

一、能力及其类型

考点1 能力的概念

能力是直接影响人的活动效率,促使活动顺利完成的个性心理特征。它是人顺利完成某项活动的必要的心理条件和直接有效的可能性心理特征,但不是全部心理条件。

能力包含两方面的内容:(1)在某项任务或活动上现有的成就水平,即人们已经学会的知识和技能;(2)个体具有的潜力和可能性。

考点2 能力的分类 【单选、多选、判断】★

表2-19 能力的分类

分类依据	类别	概念	典例
能力适应活动范围的大小	一般能力	从事各种活动所必须具备的基本能力	观察力、记忆力、注意力、想象力和思维力等
	特殊能力	从事某项专业活动所必备的能力	音乐能力、绘画能力、数学能力等
从事活动时创造性程度的高低	模仿能力	通过观察别人的行为和活动,以相同的方式做出反应的能力	观察学习
	创造能力	按照预先设定的目标,利用一切已有的信息,创造出新颖、独特、具有个人或社会价值的产品的能力	发明、创造
能力功能的不同	认知能力	人脑存储、加工和提取信息的能力	观察力、记忆力、想象力等
	操作能力	人们操纵自己的肢体去完成各项活动的能力	劳动能力、艺术表演能力、体育运动能力、实验操作能力等
	社交能力	人们在社会交往活动中所表现出来的能力	组织管理能力、言语感染力、判断决策能力、调解纠纷能力、处理意外事故能力等

真题面对面

[2022濮阳范县,多,1.4分]社交能力是在人们的社会交往活动中表现出来的( )

A. 言语感染力 B. 判断决策能力 C. 组织管理能力 D. 调解纠纷能力

答案:ABCD

考点3 能力与知识、技能的关系 【多选、判断】★

1. 能力与知识、技能的联系

(1)能力是掌握知识与技能的前提。能力的高低会影响到知识掌握的深浅、难易和技能水平的高低。

(2)能力是在掌握知识和技能的过程中形成和发展起来的,掌握系统的知识和技能有利于能力的增长和发挥。

(3)从一个人掌握知识、技能的速度与质量上,可以看出其能力的大小。

2. 能力与知识、技能的区别

(1)能力与知识、技能具有不同的概括水平。知识是人类社会历史经验的概括和总结,技能是对一系列活动方式的概括,能力是人在从事某种活动时表现出来的多种心理品质的概括。

(2)在一个人身上,知识和技能的发展是无止境的,它随着学习进程的不断增多而不断丰富;而能力的发展则有一定的限度。

(3)知识、技能的掌握和能力的发展是不同步的。知识多了,能力并不一定就高。教师在教学中不仅要向学生传授知识,更要注重培养和发展学生的能力。

真题面对面

[2021平顶山湛河,判断,0.6分]知识与能力不是同步发展的,知识掌握的多少并不一定与发展能力成正比。(　　)

答案:√

二、能力的结构(智力结构理论)【单选、多选、不定项、判断、填空、简答】必背 ★★★

目前大家一致认可的智力定义是:智力也即智能,是使人能顺利完成某种活动所必需的各种认知能力的有机结合,它包括观察力、记忆力、注意力、想象力和思维力等成分,并以思维力为核心。

非智力因素则包含了除智力以外的所有的其他心理因素,如兴趣、情感、意志和性格等。非智力因素能够弥补智力和能力的某些方面的缺陷或不足,例如"笨鸟先飞早入林""勤能补拙"说的就是性格对能力的补偿作用。

智力结构是指智力包含的因素以及各因素之间是怎样结合起来的。研究智力结构,有利于我们认清和把握能力的实质,合理设计能力测量工具,科学地拟订培养学生能力的具体措施。关于智力结构问题,心理学家提出了各自不同的理论观点。

真题面对面

[2021许昌市直,填空,1分]智力包括注意力、想象力、思维力等,其中以________为核心。

答案:思维力

考点1 斯皮尔曼的二因素论

英国心理学家**斯皮尔曼**首先提出了智力的二因素论。他认为,智力包括两种因素:**一般因素**(即G因素)和**特殊因素**(即S因素)。

G因素代表一个人普遍而概括化的能力,参与所有的智力活动。一个人智力水平的高低取决于G因素的数量。G因素数量高的人被视为聪明,否则为愚笨。一般智力测验所测量的只是普通能力(G因素)。

S因素代表一个人的特殊能力，只在某些特殊方面(如绘画、唱歌等)表现出来。S因素参与不同的智力活动，但每种智力活动中主要有一种特定的S因素存在。人在从事任何一项智力活动时都需要有G因素和S因素的共同参与。

考点2 吉尔福特的智力三维结构论

美国心理学家**吉尔福特**提出了智力的三维结构论。他认为，智力是一个由不同方式对不同信息进行加工的各种能力的综合系统，是一个包括内容、操作和产品(成果)的三维结构。

内容是指思维的对象，包括视觉、听觉、符号、语义和行为五种。操作是指智力活动的反应方式，包括认知、记忆、发散思维、辐合思维和评价五种。成果是指智力活动的产物，包括单元、类别、关系、系统、转换、寓意六种。每个维度中的任何一项，都可以与其他两个维度中的一项结合构成一种智力因素。因此，形成的智力因素总共有150种(5×5×6)，其中每一种智力因素都是一种特殊的能力。到1984年为止，人们已发现了其中的105种。

在该理论中，操作代表智力的高低。个人针对引起思考的情境，在行为上表现出思考结果之前，所经过的内在操作历程，即代表个人的智力。操作中的发散思维和辐合思维这两个概念已引起了心理学家们广泛的注意。

考点3 卡特尔的智力形态论

美国心理学家**卡特尔**根据因素分析的结果，按心智能力功能上的差异，将人的智力分为流体智力和晶体智力两种不同的形态。

表2-20 流体智力与晶体智力

对比角度	流体智力	晶体智力
内涵	以生理为基础，是人的基本能力，如知觉速度、机械记忆、识别图形关系等	以习得的经验为基础的认知能力，如人类学会的技能、语言文字能力、判断力、联想力等
影响因素	受先天遗传因素的影响较大	受后天经验的影响较大
主要表现	(1)主要表现为对新奇事物的快速辨认、记忆、理解等； (2)需要较少的专业知识，包括理解复杂关系和解决问题的能力	主要表现为运用已有知识和技能去吸收新知识和解决新问题的能力
与年龄的关系	与年龄有密切的关系：一般人在20岁以后，流体智力的发展达到顶峰，30岁以后随着年龄的增长而降低	与年龄没有密切的关系，但个别人可能会因知识经验的累积，晶体智力随着年龄的增长而升高
与教育文化的关系	受教育文化的影响较少，可用于文化公平测验	与教育、文化有关

真题面对面

[2021平顶山湛河，单，0.8分]( )智力在20岁以后发展达到顶峰，30岁以后随着年龄的增长而降低。

A. 流体智力　　B. 晶体智力

C. 一般智力　　D. 特殊智力

答案：A

考点4 加德纳的多元智力理论

1. 多元智力理论的主要内容

多元智力理论是由美国心理学家加德纳提出来的。这一新兴的智力理论，在理论取向上，既不采取因素分析法以决定智力的构成因素，也不采用智力测验来鉴别智力的高低。按他的解释，智力是在某种文化环境的价值标准之下，个体用以解决问题与生产创造所需的能力。

加德纳认为，人的智力结构中存在着七种相对独立的智力，这七种智力在每个人身上的组合方式是多种多样的，每个人在不同领域的智力发展水平是不同步的。有人可能在某一两个方面是天才，而在其余方面却是蠢材；有人可能每种智力都很一般，但如果他所拥有的各种智力被巧妙地结合在一起，则可能在解决某些问题时会显得很出色。加德纳所提出的七种智力是：

表2-21 加德纳的多元智力理论

智力维度	界定	典型人群
言语智力	说话、阅读、书写的能力	作家、演说家、新闻播报员
逻辑—数学智力	数字运算与逻辑思考的能力以及科学分析的能力	数学家
视觉—空间智力	认识环境、辨别方向的能力	画家、雕塑家、建筑师
音乐智力	对声音的辨识与韵律表达的能力	作曲家、歌手
运动智力	支配肢体以完成精密作业的能力	舞蹈家、运动员、外科医生、演员
人际智力（社交智力）	与人交往并和睦相处的能力	教师、政治家、社会工作者
自知智力（内省智力）	认识自己并选择自己生活方向的能力	神学家、哲学家和心理学家

记忆有妙招

为方便考生记忆，我们将加德纳提出的七种智力类型总结成如下口诀：**语数自音体美，还有一堂是社会**。**语**：言语智力。**数**：逻辑—数学智力。**自**：自知智力。**音**：音乐智力。**体**：运动智力。**美**：视觉—空间智力。**社会**：社交智力。

知识再拔高

多元智力理论的新发展

经过研究，加德纳又提出了第八种智力，即认识自然智力（自然观察智力），它是认识自然，并对我们周围环境中的各种事物进行分类的能力。后来，他又提出了第九种智力，即存在智力，指陈述、思考有关生与死、身体与心理等问题的倾向性，如人为何到地球上来，在人类出现之前地球是怎样的，别的星球有无生命，以及动物之间能否相互理解等。

2. 多元智力理论与新课程改革

加德纳的多元智力理论对传统的智力观念提出了新的诠释，为我国新课程改革"建立促进学生全面发展的评价体系"提供了有力的理论依据与支持。多元智力理论对我国当前教学改革的启示如下：

（1）积极乐观的学生观。多元智力理论提示我们应对所有的学生都抱有热切的成长希望，充分尊重每一个学生的智力特点，使教学真正成为愉快教学、成功教学，而不是把学生区分为三六九等。

（2）科学的智力观。长期以来，学校教育偏重于培养学生的言语智力和逻辑—数学智力，而多元智力理论把培养学生的多种能力放在同等重要的地位。

（3）因材施教的教学观。多元智力理论所倡导的教学观是一种“对症下药”的因材施教观。

（4）多样化的人才观和成才观。根据多元智力理论，每个学生都有自己的智力优势，只要这一优势智力得到了合理的发展，都有可能成为优秀人才，成才的道路也应该是多样化的。

真题面对面

［2021 驻马店遂平，判断，0.88 分］加德纳的多元智力理论认为，每个人在不同领域的智力发展水平是同步的。（　　）

答案：×

考点 5　斯腾伯格的智力理论

美国耶鲁大学的心理学家斯腾伯格提出了智力的三元理论。他把智力看作一套相互依存的加工过程，认为智力有三个相互关联的方面：分析能力、创造能力和实践能力。每个方面都对应不同的亚理论，分别是**智力成分亚理论、智力经验亚理论和智力情境亚理论**。

智力成分亚理论认为，智力包括三种成分及相应的三种过程，即元成分、操作成分和知识获得成分。元成分是用于计划、控制和决策的高级执行过程，如确定问题的性质、选择解题步骤、调整解题思路、分配心理资源等；操作成分表现在任务的执行过程，即接收刺激，将信息保持在短时记忆中，并进行比较，它负责执行元成分的决策；知识获得成分是指获取和保存新信息的过程，负责接收新刺激，做出判断与反应，以及对新信息的编码与存储。在智力成分中，元成分起着核心作用，它决定人们解决问题时所使用的策略。

智力经验亚理论认为，智力包括两种能力：一种是处理新任务和新环境时所要求的能力；另一种是信息加工过程中自动化的能力。

智力情境亚理论认为，智力是指获得与情境拟合的心理活动。在日常生活中，智力表现为有目的地适应环境、塑造环境和选择新环境的能力，这些能力统称为情境智力。如个体到达一个环境中，努力地适应环境，并对环境进行塑造以提高自己与环境的和谐程度。当个体感到自己无法适应某个环境时，会选择另外一种环境。

继提出上述理论之后，斯腾伯格又提出了成功智力理论。他认为成功智力是为了达到个人、群体的文化目标而去适应、选择和塑造环境的能力，包括分析性智力、创造性智力和实践性智力三个方面。

三、能力的测量

考点 1　常见的智力测验　【单选、判断】★

智力测验即一般能力测验（或认知测验）。智力测验目前在世界上较为普遍，它能比较系统地测量人的智力水平。

表 2-22　常见的智力测验

量表名称	编制者	相关概念	计算公式
比纳—西蒙智力量表（最早：1905 年）	比纳、西蒙（法国）	智龄是以被试能通过哪一年龄组的测验项目来计算的，即通过测验确定儿童的实际智力达到的年龄水平	用智力年龄来表示智力水平

续表

量表名称	编制者	相关概念	计算公式
斯坦福—比纳量表（最著名）	推孟（美国）	用智龄和实际年龄的比率代表的智商，称作**比率智商**；1960年修订时，改用离差智商	智商（IQ）=智龄（MA）÷实龄（CA）×100
韦克斯勒智力量表	韦克斯勒（美国）	离差智商是指代表一个人的智力水平偏离本年龄组平均水平的方向和程度	IQ=100+15Z，Z=（X−$\overline{X}$）/SD Z代表个体的标准分，X表示个体测验的得分（原始分数），$\overline{X}$代表相应年龄群体的平均分，SD是群体得分的标准差

真题面对面

［2021濮阳市直，单，0.8分］根据斯坦福—比纳量表关于智商的计算方法，对一个五岁儿童进行智力测试，测量结果显示其智力年龄是八岁，那么其智商（IQ）为（　　）

A. 140　　B. 150

C. 160　　D. 170

答案：C

考点2　智力测验的标准　【单选、多选、判断】★★

智力测验是标准化的测验，智力测验量表是标准化的测验工具。评定测验质量优劣的主要技术指标如下：

1. 信度

信度是指一个测验量表的可靠程度（或可信程度）。它以反复测验时能否提供相同的结果来说明。如果在不同的条件下对学生进行多次测验，且所获得的结果大体一样，即成绩好的学生和成绩差的学生都是相对稳定的人群，那么我们就认为这一测验的信度较高。信度用信度系数表示，智力测验的信度一般为0.90。影响信度的因素主要有被试的样本、测验的长度、测验的难度等。

2. 效度

效度是指一个测验工具希望测到某种行为特征的有效性与准确程度。如果一种测验能够预测后来的行为，这种测验的效度就高。值得注意的是，一个测验只能在其特定的范围内才是有效的，其效度始终是针对一定的测验目的进行的，否则无效度可言。**如小学低年级的数学测验，学生常因文字理解能力的欠缺而影响其正确解题，那么它就无法正确测量学生数学学习的状况，此时这一数学测验就是低效度的。**就一个高质量的测验而言，效度的重要性大于信度。因为一个低效度的测验，即使具有很好的信度，也不能获得有用的资料。

3. 标准化

标准化是心理测验最基本的要求。标准化的要求表现在多个方面，但主要有四个方面的含义：（1）按照测验的性质选择具有代表性的测验题目。选择题目时需要考虑项目的难度和区分度。难度指题目的难易程度，区分度是指该项题目对不同水平的答题者反应的区分程度和鉴别能力。难度适中，区分度较高。（2）选择具有代表性的被试，确定标准化样本。（3）施测程序标准化。（4）统计结果，建立常模。

在区分信度、效度、难度和区分度时，考生应抓住以下关键点。信度：一致性；效度：有效性；难度：难易程度；区分度：鉴别力。

知识再拔高

信度与效度的关系

信度是效度的必要条件，但不是充分条件。一个测量工具要有效度必须有信度，没有信度就没有效度；但是有了信度不一定有效度。信度低，效度不可能高；信度高，效度未必高。例如，如果我们准确地测量出某人的经济收入，也未必能够说明他的消费水平。效度低，信度很可能高。例如，即使一项研究未能说明人口流动的原因，但它很有可能很精确很可靠地调查了各个时期各种类型的人口流动数量。效度高，信度也必然高。

真题面对面

1. [2021郑州经开，单，0.5分]如果高水平学生在测验项目上能得高分，而低水平学生只能得低分，那就说明该测验项目(　　)

A. 有信度　　B. 有效度

C. 有区分度　　D. 有难度

2. [2022平顶山舞钢，判断，0.8分]课堂测验难度越大，越能准确考查学生学习成效。(　　)

答案：1. C　2. ×

四、影响能力形成与发展的因素

1. 遗传与营养

遗传素质是智力发展的生物前提、基础和自然条件。有研究发现：遗传关系越密切，个体之间的智力越相似。但是，遗传只为智力发展提供了可能性，要使智力发展的可能性变成现实性，还需要社会、家庭与学校教育许多方面的共同作用。

胎儿及婴幼儿的营养状况也会影响智力的发展，这已被许多研究证实。所以，加强孕期及婴儿期营养供给是智力开发不可忽略的因素之一。

2. 早期经验

人的智力发展的速度是不均衡的。研究表明，早期阶段获得的经验越多，智力发展就越迅速，不少人把学龄前期称为智力发展的一个关键期。美国学者布卢姆提出了一个重要假设，把5岁前视为智力发展最迅速的时期，如果17岁的智力水平为100%，那么从出生到4岁就获得了50%的智力，其余30%是4~7岁获得的，另外20%是8~17岁获得的。

3. 教育与教学

智力不是天生的，教育和教学对智力的发展起着主导作用。教育和教学不仅使儿童获得前人的知识经验，而且促进儿童心理能力的发展。

4. 社会实践

人的智力是人在认识和改造客观世界的实践中逐渐发展起来的。社会实践不仅是学习知识的重要途径，也是智力发展的重要基础。

5. 主观努力

环境和教育的决定作用，只能机械、被动地影响智力的发展。如果没有主观努力和个人的勤奋，要想获得事业的成功和智力的发展是根本不可能的。

五、学生能力的培养 【单选】 ★

1. 注重对学生早期能力的培养

要培养能力就要抓紧早期教育。如果没有早期教育，即使有最优的先天素质也无济于事。推孟和其他心理学家的研究都表明，早期能力的发展与儿童以后能力的发展和事业的成就有较大的关系。

2. 在教学中要加强学生知识与技能的学习与训练

(1)在教学中教师必须注重基础知识的教学。(2)要注意开阔学生的视野，拓宽知识面。(3)在教学中重视对学生智力技能的训练，这对学生学习能力的提高也是必不可少的。

3. 在教学中要针对学生的能力差异因材施教

教师可以通过观察、测验等方法了解并掌握学生能力的差异，从而对学生采取不同的教育教学措施、方法，进行个别指导。

(1)在教学中可以根据学生不同的特点，分别提出不同的要求：①对能力发展水平较高、学习成绩优良的学生，应提供较难的学习任务，鼓励他们独立思考，创造各种条件发挥他们的才智；②对智力发展较差的学生，要给他们更多的帮助，对作业进行具体的指导，使他们树立起信心；③对那些智力水平不差，但学习成绩差的学生，要针对他们各自的特点，主要从端正学习态度和培养良好的学习习惯入手，不断完善其良好的个性品质。

(2)教师不应歧视在某些能力方面有缺陷的学生，教师要树立一种观念，即任何儿童都有可能发展某种活动所需要的能力，要鼓励他们树立信心，扬长避短。因此，在能力的培养上，教师既要一视同仁，又不能平均对待，应采取适当的方法长其善而救其失，使每一位学生都能在原有基础上得到应有的发展。

(3)教师要善于发现和培养有特殊兴趣和才能的学生，对于有某方面特长的学生，应给予其机会，通过组织各种课外活动来促进他们的特长发展。

4. 在教学中要积极培养学生的元认知能力和创造能力

培养学生的元认知能力，主要就是教会学生如何去学习和如何正确评价自己的学习能力，使学生由被动学习变为主动学习。

在人们的各种活动中，元认知都发挥着十分重要的监控、调节功能，其实质就是人们对认识活动的自我意识、自我监控和自我调节。有研究表明，元认知在儿童的学习、记忆、理解、问题解决等方面的活动中起着重要的作用，元认知的训练可以提高儿童的智力发展水平，其训练的方法主要有以下三种：

(1)自我提问法，即通过提供一系列关于学生自我观察、自我监控、自我评价的问题，不断地促进学生自我反省，从而提高问题解决的能力。

(2)相互提问法，即将学生每两人分为一组，给每个学生一份类似于上述自我提问的问题表，要求学生在解决问题的同时根据问题表相互提问并做出回答。研究表明，相互提问法能有效地促进学生思考与竞争，发展元认知能力。

(3)知识传授法，主要是通过传授学习理论的有关知识，特别是关于元认知的知识，使学生通过学习，认识到元认知在学习中的重要性，自觉地将元认知运用到学习中，形成适当的学习策略，提高学习效果。

以上几种元认知训练的方法，都能一定程度地提高学生的元认知水平，特别是对复杂、困难的问题，元认知的训练就更为有效。

创造能力是一种综合的心理品质，与创造者的思维、情感、意志、个性特征乃至社会环境都有密切的关系。每个学生都有创造的潜能，学校的教育教学应为学生营造良好的创造性学习的环境，使其创造性潜能得以发挥。创造能力的核心是创造性思维,因此,通过教学培养学生的创造性思维能力是提高创造能力的重要途径。

5. 社会实践活动是培养学生能力的基本途径

只有参与实践活动才能发展能力,它是能力的表现方式。生活中长期从事某一专业劳动能促使人的能力向高度专业化发展,音乐工作者的音乐听觉能力就是实践活动的结果。教师组织和引导学生参与各种活动,像文艺、体育、社团、科学考察、发现发明等,都能使学生在读书、听讲之余,实际运用书本知识,亲身体验有关理论,并在成功和失败中积累经验,从而发展成为知而多能的人。如果总是懒于或者害怕参与实践活动,那么永远都不会成为能力强的人。

6. 要注意培养学生的非智力因素

在实际教学中,培养非智力因素可按三个阶段进行:

(1)采用个别教育的方法,分别培养每个学生的兴趣、意志、情感等。

(2)采用整体教育的方法,使整个班级甚至全校都形成良好的学习风气,让学生在其中受到熏陶,逐步培养自己良好的个性品质。教师在此阶段要为学生树立身边的、良好的学习榜样,使学生从榜样身上汲取力量。

(3)教师要采取个别化教育的方法,有针对性地、逐个纠正学生自身的一些不良习惯,使之在原有的水平上得到不同程度的提高和进步。

总之,对学生非智力因素的培养,其目的就是调动学生学习的积极性。具体来讲,就是使学生形成正确的学习需要,激发他们的学习兴趣和热情,培养他们坚强的学习意志和良好的学习习惯,形成良好的性格特征。

★★ 考点大默写 ★★

1. ________是使人能顺利完成某种活动所必需的各种认知能力的有机结合,它包括观察力、记忆力、注意力、想象力和思维力等成分,并以________为核心。
2. 卡特尔根据因素分析的结果,按心智能力功能上的差异,将人的智力分为________和________两种不同的形态。以学得的经验为基础的智力是________;30岁以后随着年龄的增长而降低的智力是________。
3. 根据心智能力功能上的差异划分,知觉速度、机械记忆、识别图形关系等属于________;人类学会的技能、语言文字能力、判断力、联想力等属于________。
4. 根据加德纳的多元智力理论,认识环境、辨别方向的能力属于________智力;认识自己并选择自己生活方向的能力属于________智力。
5. 美国心理学家斯腾伯格提出了智力的三元理论,该理论包括________、________和________。
6. 智力成分亚理论认为,智力包括三种成分及相应的三种过程,即________、________和________。
7. ________智力量表是最早采用智力年龄来表示智力水平的智力量表;用智龄和实际年龄的比率代表的智商称作________。
8. ________是指一个测验量表的可靠程度(或可信程度);________是指一个测验工具希望测到某种行为特征的有效性与准确程度。

【参考答案】

1. 智力(智能);思维力 2. 流体智力;晶体智力;晶体智力;流体智力 3. 流体智力;晶体智力 4. 视觉—空间;自知(内省) 5. 智力成分亚理论;智力情境亚理论;智力经验亚理论 6. 元成分;操作成分;知识获得成分 7. 比纳—西蒙;比率智商 8. 信度;效度

第三节 气质与性格

一、气质概述

考点1 气质及其类型 【单选、多选、不定项、判断、案例分析】 必背 ★★★

1. 气质的概念

气质是依赖于人的生理素质或身体特点的人格特征。气质是表现在心理活动的强度、速度、灵活性与指向性等方面的一种稳定的心理特征,即我们平时所说的脾气、禀性。现代心理学一般认为,气质是不以活动目的和内容为转移的典型的、稳定的心理活动的动力特点。

2. 气质的类型

气质类型是指在一类人身上共有或相似的心理活动特征的有规律的结合。

气质的体液说

(1)气质的体液说

古希腊著名医生**希波克拉底**提出,人体内有四种性质不同的体液:血液、黄胆汁、黑胆汁和黏液。他认为,正是这四种体液"形成了人的性质"。罗马医生**盖伦**从希波克拉底的体液说出发,加进了人的道德品行,组成了13种气质类型,后来简化为4种气质类型,即多血质、胆汁质、黏液质和抑郁质。每一种气质类型的特点都是某种体液占优势的结果,并有特定的心理表现。

表2-23 气质类型及其特征

气质类型	特征	代表人物
胆汁质	精力旺盛、粗枝大叶、表里如一、刚强、易感情用事	张飞、李逵
多血质	反应迅速、有朝气、活泼好动、动作敏捷、情绪不稳定	王熙凤
黏液质	稳重,但灵活性不足;踏实,但有些死板;沉着冷静,但缺乏生气	沙僧、林冲
抑郁质	敏锐、稳重、体验深刻、外表温柔、怯懦、孤独、行动缓慢	林黛玉

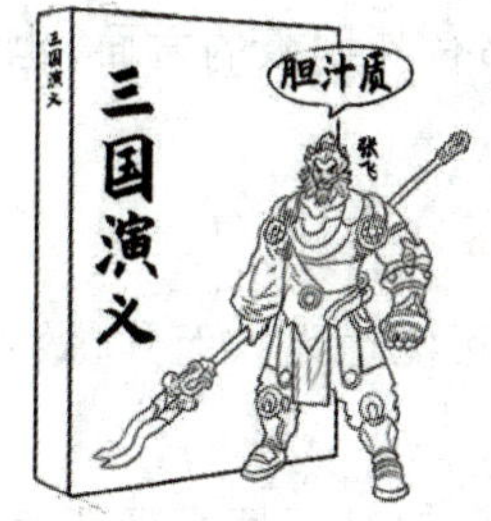

真题面对面

1. [2023事业单位,单,0.8分]小岳情感丰富、外露但不稳定,思维敏捷,活泼好动,热情大方,善交际,适应能力强,缺点是缺乏耐心和毅力。小岳的气质类型更符合( )

A. 胆汁质 B. 多血质 C. 黏液质 D. 抑郁质

2. [2022漯河,不定项,2分]按照气质类型学说,下列属于胆汁质类型的有(　　)

A. 多愁善感　　B. 表里如一

C. 精力旺盛　　D. 易感情用事

答案:1. B　2. BCD

(2)气质的神经活动类型说

巴甫洛夫在研究高等动物的条件反射时发现,动物高级神经系统活动的兴奋和抑制有强度、平衡性、灵活性三种特性。根据这三种特性的结合,巴甫洛夫将动物的高级神经活动分为四种类型:强、不平衡(不可遏制型);强、平衡、灵活(活泼型);强、平衡、不灵活(安静型);弱(弱型)。

表2-24　高级神经活动类型与气质类型对照表

高级神经活动类型	高级神经活动过程	气质类型
不可遏制型(兴奋型)	强、不平衡	胆汁质
活泼型(灵活型)	强、平衡、灵活	多血质
安静型(不灵活型)	强、平衡、不灵活	黏液质
弱型(抑制型)	弱	抑郁质

巴甫洛夫用高级神经活动类型学说解释气质的生理基础,但是从现代生理学的发展来看,这四种气质类型的生理根据是不科学的。

真题面对面

[2021安阳滑县,单,0.7分]高级神经活动过程中的"强、平衡、不灵活"与下列气质类型相对应的是(　　)

A. 胆汁质　　B. 多血质　　C. 黏液质　　D. 抑郁质

答案:C

考点2　气质与教育

在教育教学中,根据学生的不同气质类型,可以从以下几方面做好教育工作:

1. 对待学生应克服气质偏见

气质仅使人的行为带有某种动力特征,无所谓好坏;同时,每一种气质类型都有其积极的方面,也都有其消极的方面,无法比较好坏。

2. 针对学生的气质差异因材施教 【单选、多选、案例分析】 必背 ★★★

针对学生的气质差异,在教育过程中对不同气质类型的学生采取的方法应尽可能地因人而异,做到"一把钥匙开一把锁"。

(1)对胆汁质的学生,教师应采取**直截了当**的方式,但这些学生不宜轻易激怒,对其严厉批评要有说服力,培养其自制力、坚持到底的精神,豪放、勇于进取的人格品质。

(2)对多血质的学生,可以采取**多种教育方式**,但要定期提醒,对其缺点严厉批评。教师应鼓励他们勇于克服困难,培养扎实专一的精神,防止其见异思迁;创造条件,多给他们活动的机会,培养他们朝气蓬勃、足智多谋的优点。

(3)对黏液质的学生,教师要采取**耐心教育**的方式,让他们有考虑和做出反应的足够时间,培养其生气勃勃的精神、热情开朗的个性和以诚待人、工作踏实、顽强的优点。

(4)对**抑郁质**的学生，则应采取**委婉暗示**的方式，对其多关心、爱护，不宜在公开场合下指责，不宜过于严厉的批评，培养他们亲切、友好、善于交往、富有自信的精神，培养其敏感、机智、认真、细致、高自尊的优点。

3. 帮助学生进行气质的自我分析、自我教育，培养良好的气质品质

4. 特别重视胆汁质和抑郁质学生

胆汁质和抑郁质的学生由于兴奋性太强或太弱而容易影响其心理健康。因此，在教育中，对这两种极端类型的学生应该给予特别的照顾，采取一些特殊的措施，尽量避免强烈的刺激和大起大落的情绪变化。

5. 组建学生干部队伍时，应考虑学生的气质类型

在任命班干部时应考虑学生的气质类型，使班干部的气质类型与每种职务的工作要求相符合，充分发挥学生干部的潜力和优势。

二、性格概述

考点1　性格及其结构类型　【单选、判断】★

1. 性格的概念

性格是指人的较稳定的态度与习惯化了的行为方式相结合而形成的人格特征。它是一个人的心理面貌本质属性的独特结合，是人与人相互区别的主要方面，是人格的核心。从发展的角度来看，性格有两次快速发展，第一次是小学六年级前后，第二次是高中一年级前后。

性格的概念可以从以下几个方面去理解：

(1)性格是人对现实的态度和行为方式概括化与定型化的结果。人们对现实的态度和与之相适应的行为方式共同构成了人的性格。行为方式与性格特征的相应关系不是线性的，而是非线性的。表现在：①在不同的人身上，同一性格特征可以有不同的行为方式；②在不同的人身上，不同的性格特征可以有相同的行为方式；③在同一个人身上，同一性格特征在不同的时间、地点和条件下，可以以不完全相同的行为方式表现出来。

(2)性格是指一个人独特的、稳定的个性心理。性格的稳定性不是绝对的，性格有可塑的一面，除了重大事件的影响外，性格的改变一般都要经过较长时间的环境影响和主体实践。

(3)性格是个性特征中最具核心意义的心理特征。表现在：①在所有的个性心理特征中，唯有人的性格与个体的需要、动机、信念和世界观联系最为密切；②性格对其他个性心理特征具有重要的影响，性格的发展规定了能力和气质的发展，影响着能力和气质的表现。

2. 性格的结构

(1)性格的态度特征。它是指个体对自己、他人、集体、社会以及对工作、劳动、学习的态度特征。例如，谦虚或自负、利他或利己、粗心或细心、创造或墨守成规等。性格的态度特征在性格结构中具有核心意义。

(2)性格的意志特征。它是指个体自觉地确定目标，调节支配行为，从而达到目标的性格特征。例如，顽强拼搏、当机立断。

(3)性格的情绪特征。它是指个体稳定而独特的情绪活动方式。例如，情绪活动的强度、稳定性、持久性和主导心境等方面的特征。

(4)性格的理智特征(认知特征)。它是指个体在感知、记忆、想象、思维等认知过程中表现出来的认知特点和风格。例如，主动感知或被动感知；习惯于看到细节还是看到轮廓等。我们从参观展览会的人的行为就可发现其性格理智特征的不同:有的人事先就确定了参观的计划,盘算了时间是否充裕、重点看些什么等,进入展厅后就有条不紊、详略有别地观看;而有的人则喜欢抱着“到了那里再说,反正有东西可看”的态度,进展厅后哪里人多就往哪里挤,认为人多处定有精彩的东西,或是在某一处看得高兴而全然不管其他。

真题面对面

[2022南阳四区联考,单,0.7分]有的人事先就确定了参观计划,计划时间是否充裕,重点看哪些内容,进入展厅后就有条不紊、详略有别地观看,而有的人则喜欢到了再说,进入展厅后,哪里人多往哪挤,认为人多处定有精彩的东西,在某一处看得高兴,而全然不管其他。这体现了性格的(　　)特征。

A. 理智　　B. 意志

C. 情绪　　D. 态度

答案:A

3. 性格的类型

性格的类型是指在某一类人身上所共有的性格特征的独特结合。下面介绍几种常见的性格分类:

(1)理智型、情绪型和意志型

根据理智、情绪、意志三者各自在性格结构中所占优势的不同,性格可分为理智型、情绪型和意志型。

理智型的人通常用理智衡量一切,并支配自己的行动。他们观察事物认真仔细,思维活动占优势,很少受情绪波动的影响。

情绪型的人内心体验深刻,外部表露明显,情绪不稳定。言行举止受情绪的影响,缺乏理智感,处理问题常感情用事。

意志型的人行动目标明确,积极主动,勇敢、坚定、果断,自制力强,不容易受外界因素干扰,但有的人会表现出固执、任性或轻率、鲁莽。

除了上述三种典型的类型外,还有中间类型,如理智—意志型、情绪—意志型等。

(2)外向型和内向型

按照心理活动的指向,性格可分为外向型和内向型。

外向型的人心理活动指向于外部世界,表现为活泼开朗,热情大方,不拘小节,情绪外露,善于交际,反应迅速,容易适应环境的变化。

内向型的人心理活动指向于内部世界,感情比较深沉,办事小心,谨慎多思,不善交往,适应环境的能力较差,很注重别人对自己的评价。

内外向的概念是由**荣格**提出来的,他认为,多数人并非典型的内向型或外向型性格,而是介于两者之间的中间型。

(3)独立型和顺从型

按照个体活动的独立性程度,性格可分为独立型和顺从型。

独立型的人具有坚定的个人信念,善于独立思考,能够独立地发现、分析和解决问题;自信心强,不容易受他人的暗示和其他因素的干扰;在遇到紧急情况和困难时,显得沉着冷静。

顺从型的人做事缺乏主见,容易受他人意见的干扰,常常不加分析地接受别人的观点或屈从于他人的权势;在突发事件面前,常表现为束手无策或惊慌失措。

考点2 性格与气质的关系 【单选、多选、判断】★

1. 联系

(1)性格与气质都属于稳定的人格特征。

(2)性格与气质相互渗透,彼此制约,二者相互影响。这表现在:①气质影响到一个人对事物的态度和行为方式,因而使性格带上某种气质的色彩和具有某种特殊的形式;②气质影响性格的形成和发展,以及形成的速度;③性格可以掩蔽和改造气质,指导气质的发展,使它服从于生活实践的要求。

2. 区别

(1)气质受生理影响大,性格受社会影响大。气质是由人的神经系统的某些生物学特点,特别是脑的特点决定的。性格是人对现实的态度及其行为方式所表现出来的个性心理特征。在不同的社会生活条件下,人们的性格有明显的区别。

(2)气质的稳定性强,性格的可塑性强。由于气质较多地受生物因素的制约,因此,气质变化较难、较慢。性格是后天形成的,由生活实践决定,它虽然也具有一定的稳定性,但在社会生活条件的影响下,比气质的变化要快得多,它的可塑性更强。

(3)气质特征表现较早,性格特征表现较晚。人的气质差异是先天形成的,受神经系统活动过程的特性所制约,因此,气质形成得早,表现在先。性格是后天形成的,受社会影响大,因此,性格特征出现的比较晚。

(4)气质无所谓好坏,性格有优劣之分。气质是人的天性,无好坏之分,但是由于它影响到儿童的全部心理活动和行为,如果不加以正确对待,将会成为不良个性的因素。气质不能决定人的社会价值与成就的高低,也不直接具有社会道德评价含义,但气质对人在不同性质的活动中的适应性,甚至活动的效率却有一定的影响。也就是说,气质特征是职业选择的依据之一。气质与职业活动的关系表现在两个方面:①要使个人的气质特征适应于职业活动的客观要求;②在选拔人才和安排工作时应考虑个人的气质特点。性格表现了一个人的品德,受人的世界观、人生观、价值观的影响,具有道德评价含义。性格是在后天社会环境中逐渐形成的,有好坏、优劣之分,能最直接地反映出一个人的道德风貌。

考点3 影响性格形成与发展的因素

(1)家庭;(2)学校教育;(3)同伴群体;(4)社会实践;(5)自我教育;(6)社会文化因素。

考点4 性格评定的方法(人格评定的方法)

性格评定是指对一个人的性格进行描述和测量。它主要有:行为评定法(主要包括观察法、谈话法、作品分析法、个案法等)、自然实验法和测验法。下面主要介绍测验法:

1. 自陈法

自陈法也称问卷法,一般是让被试按一定的标准化程序和要求一次性回答问卷中的大量问题,然后根据测验分数和常模来推知被试属于哪种性格类型。

常见的性格问卷有三种:(1)明尼苏达多相人格测验(MMPI);(2)爱德华个人兴趣量表(EPPS);(3)卡特尔16种人格因素测验(16PF)。

2. 投射法

投射法是利用某些材料(一般是意义模糊的刺激),要求被试对刺激材料进行解释,让他们在不知不觉中将自己的思想、态度、愿望和情感泄露出来,从而确定其性格特征。

常见的投射测验有:(1)罗夏克墨渍测验(RIBT);(2)主题统觉测验(TAT);(3)句子完成测验(SCT)。

考点5　学生优良性格的培养

（1）加强人生观、世界观和价值观的教育；（2）及时强化学生的积极行为；（3）充分利用榜样人物的示范作用；（4）利用集体的教育力量；（5）提供实际锻炼的机会；（6）及时进行个别指导；（7）提高学生的自我教育能力。

记忆有妙招

为方便考生记忆，我们将培养学生优良性格的措施总结成如下口诀：**强三观，强良行，利用榜样和集体，自我教育要提高，个别指导要及时，实际锻炼少不了。三观：**人生观、世界观和价值观。**强良行：**强化积极行为。

★★ 考点大默写 ★★

1. ________是表现在心理活动的强度、速度、灵活性与指向性等方面的一种稳定的心理特征，即我们平时所说的脾气、禀性。
2. 在教育教学中，教师要根据学生的不同气质类型做好教育工作，要特别注意对________和________的气质类型的学生的重视，尽量避免强烈的刺激和大起大落的情绪变化。
3. 被喻为“夏天里的一把火，一点就着”“一场雷阵雨，来去匆匆”的气质类型是________。
4. 高级神经活动过程特点为强、平衡、灵活的气质类型是________。
5. ________是指人的较稳定的态度与习惯化了的行为方式相结合而形成的人格特征。
6. 在性格的结构中，谦虚、利他、粗心等属于性格的________特征；顽强拼搏、当机立断属于性格的________特征。

【参考答案】

1. 气质　2. 胆汁质；抑郁质　3. 胆汁质　4. 多血质　5. 性格　6. 态度；意志

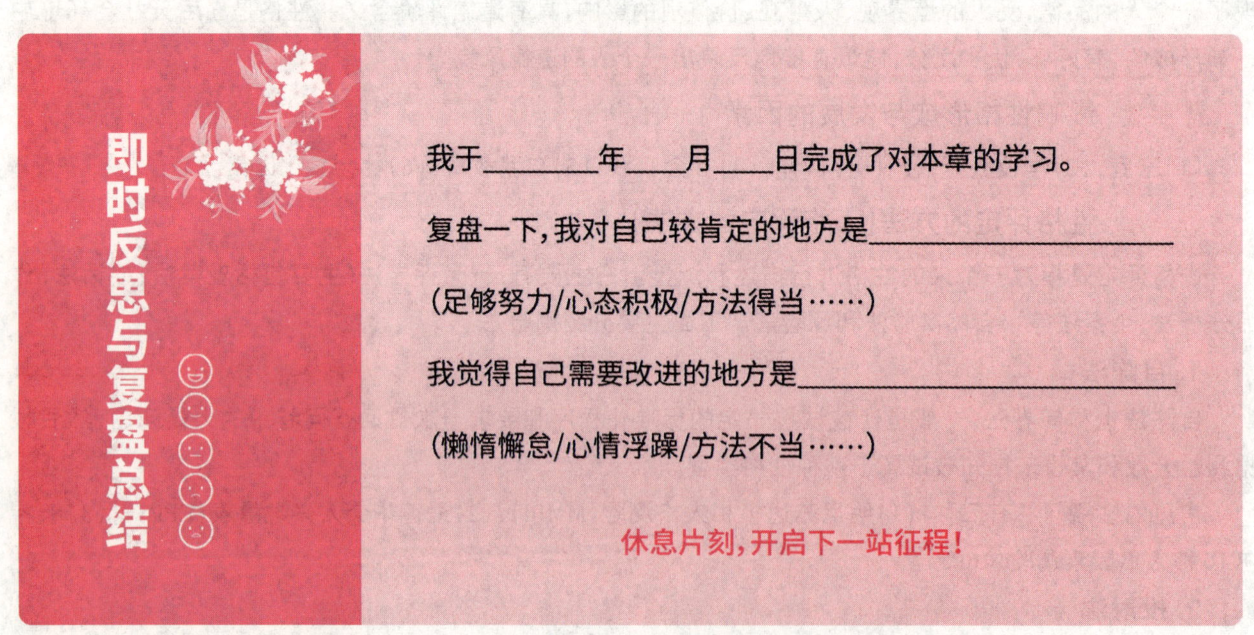

第三部分

教育心理学

SHAN XIANG

内容导学

- 河南省教师招聘考试教育心理学部分，共六章。
- 第一章主要讲述了教育心理学的基本知识，考查题型多侧重于客观题。
- 第二章主要介绍了学生心理发展的相关内容，考查题型以客观题为主。
- 第三章是对不同学派的学习理论观点的阐述，考查题型多侧重于客观题。
- 第四章是对学习心理的阐述，客观题和主观题都有考查。
- 第五章至第六章主要讲述了教学心理、心理健康与教师职业心理的内容，考查题型以客观题为主。
- 考生要重点掌握第二章至第四章的内容，并结合历年真题和每章的栏目有针对性地进行复习。对于以客观题为主要考查形式的知识点，考生应以识记和理解为主；对于会以主观题形式考查的知识点，考生要能灵活运用。

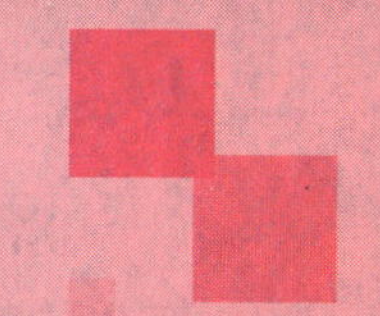

第一章 教育心理学概述

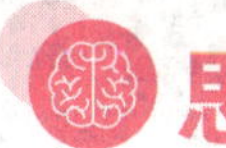

思维导图

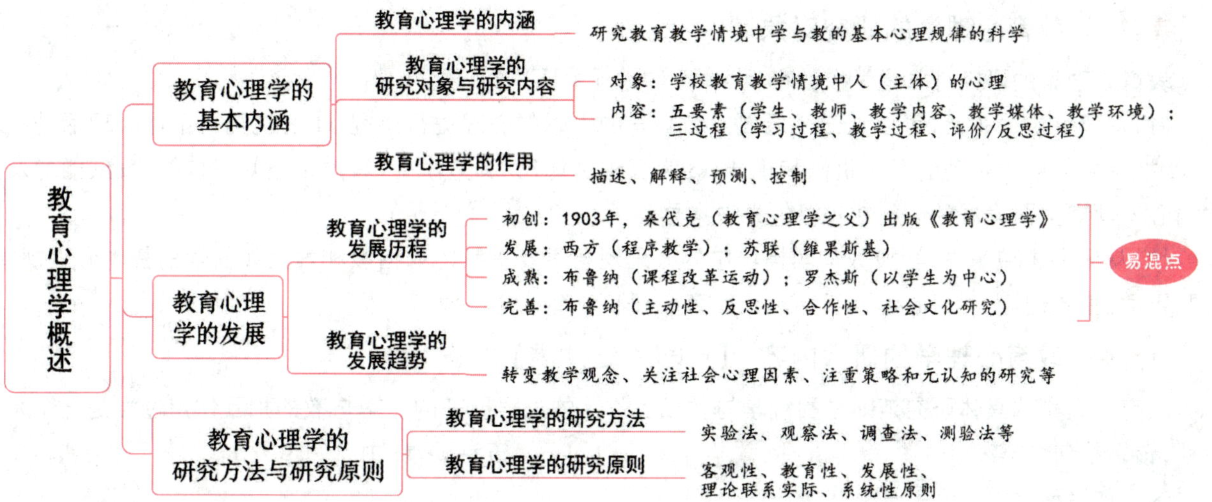

河南考向

本章属于教育心理学部分的基础章节，知识点较为琐碎，多为需要识记的知识。现对本章河南考向分析如下：

考点名称	常考题型	能力层级	考查热度
教育心理学的研究内容	单选、多选、判断	识记	★★
教育心理学的发展历程	单选、多选、判断	识记	★★
教育心理学的研究方法	单选、多选、判断	理解	★★

核心考点

第一节 教育心理学的基本内涵

一、教育心理学的内涵

教育心理学是一门研究教育教学情境中学与教的基本心理规律的科学。教育心理学是心理学与教育学的交叉学科，介于自然科学和社会科学之间，是一门基础研究和应用研究并重的学科。教育心理学不是一般心理学原理在教育中的应用，而是拥有自身独特的研究课题，那就是如何学、如何教以及学与教之间的相互作用。

教育心理学旨在理解学生的学习心理，如学习的实质、动机、过程与条件等，以及根据这些理解来创设有效的教学情境，如学习资源的利用、学习活动的安排、师生互动过程的设计与学习过程的管理等，从而促进学生的学习。

教育心理学可以从广义与狭义两个方面进行理解：

(1)广义的教育心理学是指研究教育实践中各种心理与行为规律的科学。它既包括学校教育心理学，也包括家庭和社会教育心理学。

(2)狭义的教育心理学专指学校教育心理学。

二、教育心理学的研究对象与研究内容

考点1　教育心理学的研究对象

教育心理学的研究对象是学校教育教学情境中人(主体)的心理。

(1)从研究层面来看，可以从三个层面对教与学的主体的心理进行研究：①客观描述主体心理活动的现象；②揭示主体心理活动的运行机制和规律；③为促进主体(尤其是学生)有效掌握知识技能、发展能力及主体的心理健康全面发展创造条件和提供方法指导。

(2)从研究领域来看，学校教与学情境中的心理现象主要指教师如何教和学生如何学的基本心理规律，主要包括：基本理论、学习心理、教学心理、德育心理和教育社会心理。

考点2　教育心理学的研究内容　【单选、多选、判断】★★

教育心理学的具体研究范畴是围绕学与教相互作用的过程展开的。学与教的相互作用过程是一个系统过程，该系统包含学生、教师、教学内容、教学媒体和教学环境五种要素，由学习过程、教学过程和评价/反思过程这三种活动过程交织在一起组成。

1. 学习与教学的因素

表3-1　学习与教学的因素

五要素	要点
学生	学生是学习的主体要素，这一要素主要从两方面影响学与教的过程： (1)群体差异，包括年龄、性别和社会文化差异等； (2)个体差异，包括先前知识基础、学习方式、智力水平、兴趣和需要等差异
教师	主要涉及敬业精神、专业知识、专业技能以及教学风格等基本的心理特性
教学内容	是学与教的过程中有意传递的主要信息部分，是教学中的客体
教学媒体	是教学内容的载体和表现形式，是师生之间传递信息的工具
教学环境	(1)物质环境，包括课堂自然条件(如温度和照明)、教学设施(如桌椅、黑板和投影仪)以及空间布置(如座位的排列)等； (2)社会环境，包括课堂纪律、课堂气氛、师生关系、同学关系、校风以及社会文化背景等

2. 学习与教学的过程

(1)学习过程

学习过程指学生在教学情境中通过与教师、同学以及教学信息的相互作用获得知识、技能和态度的过程。学习过程是教育心理学研究的核心内容，如学习的实质、条件、动机、迁移以及不同种类学习的特点等。

(2)教学过程

教学过程指教师把知识技能以有效的方法传授给学生并引导学生建构自己的知识的过程。学与教实际上是对同一过程的不同理解，要

教育心理学的研究内容多以单选或者多选的形式考查五个要素和三个过程的名称。

知道教师该如何教，首先就要理解学生该怎样学，故学习心理是教育心理学研究的核心。

(3)评价/反思过程

评价/反思是教师以学生和自身的活动为思考对象，对学生和自己做出的行为、决策及由此所产生的结果进行审视和分析的过程，是一种通过提高参与者的自我决策水平来促进能力发展的途径。

教育心理学关于“教”方面的研究就是要从心理学的角度出发，对教师的教学行为进行研究。例如：教师应当如何激发和维持学生的学习动机，用什么媒体向学生呈现教材更有效等等。另外，在教育心理学看来，教学环境不仅是课堂管理研究的主要范畴，也是学习过程研究和教学设计研究所不能忽视的重要内容。

三、教育心理学的作用 【多选】 ★

教育心理学对教育实践具有描述、解释、预测和控制的作用。具体来说包括以下几个方面：

(1)帮助教师准确地了解问题；(2)为实际教学提供科学的理论指导；(3)帮助教师预测并干预学生；(4)帮助教师结合实际教学进行教育研究。

★★ 考点大默写 ★★

1. 教育心理学是一门研究教育教学情境中学与教的________的科学。
2. 学与教的相互作用过程是一个系统过程，该系统包含______、______、教学内容、教学媒体和______五种要素。
3. 学与教的相互作用过程由______、教学过程和评价/反思过程这三种活动过程交织在一起组成。
4. 学生是学习的主体要素，主要从两方面影响学与教的过程：(1)______差异；(2)______差异。
5. 教育心理学对教育实践具有______、______、______和______的作用。
6. 温度、照明、桌椅、黑板、投影仪等属于教学环境中的______环境；课堂气氛、师生关系、校风等属于教学环境中的______环境。

【参考答案】

1. 基本心理规律　2. 学生；教师；教学环境　3. 学习过程　4. 群体；个体　5. 描述；解释；预测；控制　6. 物质；社会

第二节　教育心理学的发展

一、教育心理学的发展历程 【单选、多选、判断】 ★★

考点1　初创时期(20世纪20年代以前)

瑞士教育家**裴斯泰洛齐**第一次提出“教育教学的心理学化”的思想。

德国教育家与心理学家赫尔巴特首次提出把教学理论的研究建立在心理学这个科学基础之上。

1868年，俄国教育家**乌申斯基**出版了《人是教育的对象》一书，对当时的心理学发展成果进行了总结，他因此被誉为“俄罗斯教育心理学的奠基人”。

1877年，俄国教育家和心理学家卡普捷列夫发表了《教育心理学》一书，这是最早正式以“教育心理学”命名的著作。

桑代克

1903年，美国心理学家桑代克出版了《教育心理学》，这是西方第一本以“教育心理学”命名的著作。1913～1914年，该书又扩充为三卷本的《教育心理大纲》。桑代克将教育心理学分为三部分：第一部分讲人类的本性；第二部分讲学习心理；第三部分讲个别差异及其原因。这一著作奠定了教育心理学发展的基础，西方教育心理学的名称和体系由此确立，桑代克也因此被称为“教育心理学之父”。桑代克认为教育心理学因教育需要而产生，其研究是以了解人性及改变人性从而实现教育目的为取向的。他提出的学习三大定律及个别差异理论，成为20世纪20年代前后教育心理学研究的重要课题。必背

记忆有妙招

为方便考生记忆，我们将教育心理学初创时期的人物及事件总结成如下口诀：**裴赫首提出，乌申俄奠基；西方第一桑代克，世界第一卡普捷。裴**：裴斯泰洛齐。**赫**：赫尔巴特。**乌申**：乌申斯基。**俄**：俄国。**卡普捷**：卡普捷列夫。

考点2 发展时期（20世纪20年代至50年代末）

1. 西方教育心理学的发展

20世纪20年代至30年代，西方教育心理学吸取了儿童心理学和心理测验方面的成果，并把学科心理学作为自己的组成部分，大大扩充了自身的内容。

20世纪40年代，弗洛伊德的理论广为流传，有关儿童的个性和社会适应以及生理卫生问题也进入了教育心理学的研究领域。

20世纪50年代，程序教学和教学机器的兴起，也相应影响和改变了教育心理学的内容。

学习理论一直是这一时期的主要研究领域。20世纪20年代以后，行为主义占主导地位，它强调心理学的客观性，重视实验研究，在动物与人的学习的研究上取得了重要的成果，并形成了许多派别。这些理论与派别之争也反映在教育心理学之中。这时的教育心理学尚未成为一门具有独立理论体系的学科。

2. 苏联教育心理学的发展

20世纪30年代，苏联教育心理学的发展主要是在理论观点的探索方面。在这方面有较大贡献的主要是维果斯基、布隆斯基和鲁宾斯坦。

维果斯基对苏联教育心理学的特殊贡献主要有以下几点：(1)他继承了十月革命前俄罗斯心理学家的一些正确观点，强调必须把教育心理学作为一门独立的学科分支来研究，反对把普通心理学的现成篇章移入教育心理学；(2)他从“文化发展论”与“内化论”出发，从理论上探讨了教育过程中个体心理发展的实质，从而有助于把社会经验的掌握及迁移作为教育心理学研究的主要内容；(3)他首先提出了教学条件下科学概念掌握的特殊性问题，为学生学习的特殊性问题的研究打开了大门；(4)他提出了教育与发展的区别与联系，指出了教育引导发展的条件，为学习与发展的关系问题奠定了理论基础。

布隆斯基的重要贡献在于强调儿童个性的统一性以及探索对儿童心理进行整体的综合研究的途径。鲁宾斯坦在这一时期的特殊贡献在于确立了心理与活动相统一的原理。

从40年代到50年代末，苏联教育心理学重视结合教学与教育实际进行综合性的研究，学科心理学获得了大量成果。这一时期苏联教育心理学家们以马列主义哲学作为指导教育心理学研究的理论基础，反对机械地把动物学习的研究搬到人类情境中，取得了一定的成就；然而，他们生搬硬套某些教条，对西方教育心理学和学习心理学进行全面否定，包括对心理测验作全盘否定，这是失之偏颇的。

知识再拔高

我国教育心理学的发展

我国出版的第一本教育心理学著作是1908年房东岳翻译日本小原又一著的《教育实用心理学》。1924年，廖世承编写了我国第一本《教育心理学》教科书。到50年代，我国的教育心理学家开始学习和介绍苏联的教育心理学理论和研究，做了一些有关教学改革和儿童入学年龄的实验研究，这些都对我国教育心理学和教育事业的发展起到了一定作用。

考点3 成熟时期(20世纪60年代至70年代末)

20世纪60年代初,教育心理学的研究由行为主义转向认知范畴。布鲁纳发起的课程改革运动促使美国教育心理学转向对教育过程、学生心理、教材、教法和教学手段改进的探讨。同时,美国教育心理学开始重视研究教学中的社会心理因素。

20世纪60年代还掀起了一股人本主义思潮,**罗杰斯**提出了“**以学生为中心**”的主张,认为教师只是一个“方便学习的人”。不少教育心理学家开始把学校和课堂看作社会情境。

20世纪70年代,**奥苏贝尔**以认知心理学的观点系统阐述了有意义学习的条件,而**加涅**则对人类的学习进行了系统分类,这两种学习理论为教育心理学的成熟奠定了基础。

随着计算机的普及,计算机辅助教学(CAI)也越来越受到人们的重视。

在成熟时期,西方教育心理学的内容和体系出现了一些变化。教育心理学的内容日趋集中,教育心理学学科体系基本形成。行为、认知和人本主义学派的分歧日趋缩小,学科研究越来越注重对学校教育实践的指导。

考点4 完善时期(20世纪80年代以后)

20世纪80年代以后,教育心理学越来越注重与教学实践相结合,各个理论派别相互吸收,体系愈加完善。1994年,美国心理学家**布鲁纳**总结了教育心理学20世纪80年代以来的成果:

(1)**主动性研究**,即研究如何使学生主动参与教与学的过程,并对自身的心理活动做出控制;

(2)**反思性研究**,即研究如何促使学生从内部理解所学内容的意义,并对学习进行自我调节;

(3)**合作性研究**,即研究如何使学生共享教与学的过程中所涉及的人类资源,如何在一定背景下将学生组织起来一起学习;

(4)**社会文化研究**,即研究社会文化背景如何影响学习的过程和结果。

考生在区分不同时期教育心理学学科体系的发展特点时,需要注意:初创时期——名称和体系确立;发展时期——尚未独立;成熟时期——基本形成;完善时期——愈加完善。

此外,信息技术的飞速发展,使得信息技术教育应用的研究达到了一个新的水平。

知识再拔高

教育心理学内容体系的发展阶段

时间	阶段名称	特点
20世纪初叶	传统内容体系的初步确立	以桑代克的《教育心理学》为代表
20世纪20年代到50年代	教育心理学内容的扩充	多学派并存,内容庞杂
20世纪60年代到90年代	认知观教育心理学内容体系的确立	注重与教学实践相结合,认知理论占主导
20世纪90年代以后	教育心理学内容体系的综合化趋向	从学派对立向学派融合转化

二、教育心理学的发展趋势

教育心理学经过近百年的发展,目前正处于快速发展时期,除学习心理等传统领域受到重视外,还呈现出如下新的发展趋势:

(1)转变教学观念,关注教与学两方面的心理问题,教学心理学兴起。教育心理学研究从S-R范式向认知范式的转化,特别是建构主义学习理论的兴起,引起了教学观念的转变。学习与学习者不再是被动地接纳知识,学习是一种认知加工过程,是学生对知识的一种主动构建过程,学习不是记录信息而是理解信息。而教学的重心也从课程转向学生的认知,帮助学生发展适合于各种学科的学习和思考策略。

(2)关注影响教育的社会心理因素。教育心理学对学生学习的关注,也使教育心理学研究者认识到,学生的学习并不仅仅是一个认知过程，在学生的学习过程中，受到很多因素的影响。研究发现，学习动机及教育情境中的社会心理因素对学习和教学具有重大影响，这方面已有的研究成果已开始反映到教育心理学中，如韦纳的归因理论、班杜拉的社会学习理论等。

（3）注重实际教学中各种策略和元认知的研究。教育心理学研究从实验室转向教学实际，更加关注教与学的有效性，学生学习中的各种策略与元认知问题成了教育心理学研究的另一个热点方向。

（4）年龄特点、个别差异测量以及个别化教学研究继续受到重视。

★★ 考点大默写 ★★

1. 瑞士教育家__________第一次提出"教育教学的心理学化"的思想。
2. 美国心理学家__________出版了__________，这是西方第一本以"教育心理学"命名的著作。
3. 布鲁纳在教育心理学发展的__________时期发起课程改革运动。
4. 1924年，__________编写了我国第一本《教育心理学》教科书。
5. 布鲁纳总结了教育心理学20世纪80年代以来的成果，包括：（1）主动性研究；（2）__________；（3）__________；（4）社会文化研究。

【参考答案】

1. 裴斯泰洛齐　2. 桑代克；《教育心理学》　3. 成熟　4. 廖世承　5. 反思性研究；合作性研究

第三节　教育心理学的研究方法与研究原则

一、教育心理学的研究方法 【单选、多选、判断】 ★★

考点1　实验法

实验法是指根据研究目的，改变或控制某些条件，以引起被试某种心理活动的变化，从而揭示特定条件与这种心理活动之间关系的方法。实验研究可以通过对变量的操纵、控制来深入揭示变量间的因果关系，这是实验法的突出优势。实验法是心理学研究中应用最广、成就最大的一种方法，它主要包括实验室实验和现场实验。

实验室实验是在实验室内借助于各种专门仪器设备进行教育心理实验的方法。

现场实验又叫**自然实验**，是在自然情境下，由实验者创设或改变一些条件，以引起学生某些心理活动的变化从而进行研究的方法。从现场实验的基本设计形式来看，可分为单组实验设计、等组实验设计和循环实验设计。现场实验的不足之处是实验情境不易控制，因而难以得到精密的实验结果。

考点2　观察法

观察法是指在教育过程中，研究者通过感官或借助于一定的科学仪器，有目的、有计划地考察和描述个体某种心理活动的表现或行为变化，从而收集相关的研究资料的方法。观察法是教育心理学研究中采用的最基本、最普遍的方法，它包括自然观察和实验观察两种。

在研究中，研究者一般是在自然条件下对对象的行为进行观察、记录，不作任何控制和干预，这叫作**自然观察**；有时，研究者会在有意控制和干预的情境下对对象的表现进行观察，这叫作**实验观察**。

观察法的主要优点是保持了人的心理活动的自然性和客观性，获得的资料比较真实。不足之处就是观察法得到的结果有时可能只是一种表面现象，不能据此很好地确定心理活动产生和变化的原因。但它仍是掌握原始资料的必要方法，通过观察发现问题，可以为进一步的研究开路，因此，有人把观察法比喻为"科学研究的前门"。

考点3 调查法

调查法是通过各种途径间接了解被试心理活动的一种研究方法。调查法总体上易于进行,但在调查的过程中往往会因为被调查者记忆不够准确等原因使调查结果的可靠性受到影响。

在教育心理学研究中,常用的调查方法有问卷法、访谈法、个案调查和文献分析法等。其中,问卷法是采用书面问答的方式,要求被试回答研究者提出的问题,以获得被试心理和行为表现资料的方法。访谈法是通过与研究对象或与研究对象有关的人进行口头交谈的方式来收集研究资料的一种方法。访谈法的特点有:(1)灵活而易于控制;(2)适用范围广;(3)访谈的效果取决于双方的合作。

考点4 个案法

个案法是指要求对某个人进行深入而详尽的观察与研究,收集相关资料,分析其心理特征,以便发现影响其某种行为和心理的原因。收集的个案资料通常包括个人的背景资料、生活史、家庭关系、生活环境、人际关系以及心理特征等。个案法能够加深对特定个体的了解,但所收集的资料往往缺乏可靠性。

考点5 测验法

测验法是指用一套预先经过标准化的问卷(量表)来测量某种心理品质的方法。心理测验按内容可分为智力测验、成就测验、态度测验和人格测验;按形式可分为文字测验和非文字测验;按测验规模可分为个别测验和团体测验等。

考点6 教育经验总结法

教育经验总结法是教育心理学的一个重要研究方法,它是依据教育实践所提供的事实,按照科学研究的程序,分析和概括教育现象,揭示其内在联系和规律,使之上升为教育理论的一种教育科研方法。教育经验总结促进了教育实践者的自我反思,为教育事业的发展提供了经验教训,有利于提高教师的思想素质、业务素质和教育科研水平。

考点7 产品分析法

产品分析法也是教育心理学的研究方法之一,又称活动产品分析或作品分析法,是指通过分析学生的活动产品,以了解学生的能力、倾向、技能、熟练程度、情感状态和知识范围。

真题面对面

1. [2023事业单位,单,0.8分]为探究竞争机制对学生学习成绩的影响,研究者对五年级两个小组的学生进行为期十天的加法练习,每天练习十分钟,竞赛组学生的成绩每天公布在墙上,进步者和优胜者都贴上红星,无竞赛组只做练习,无任何诱因。这种研究方法是( )

A. 实验法　　B. 观察法　　C. 测量法　　D. 个案法

2. [2021平顶山湛河,多,1.5分]关于教育心理学研究采用的基本方法,下列表述正确的有( )

A. 研究者在有意控制和干预的情境下对对象的表现进行观察,这属于自然观察法

B. 实验研究可以揭示变量间的因果关系,这是实验法的突出优势

C. 教育经验总结法有利于教育实践者的自我反思

D. 文献分析法是一种常见的调查方法

答案:1. A　2.BCD

二、教育心理学的研究原则 ★

1. 客观性原则

客观性原则是指教育心理学研究要贯彻实事求是的精神,即采取实事求是的态度,根据教育心理现象

的本来面貌来研究其本质、规律与机制。遵循客观性原则是进行科学研究的前提条件。

2. 教育性原则(道德性原则)

教育性原则是指在教育心理学的研究过程中,所采用的研究手段与方法应能促进被试心理的良性发展,这是所有关于人的心理学研究中都应遵从的一个基本伦理道德原则。

3. 发展性原则

发展性原则是指教育心理学研究要求研究者牢记被试的心理是不断发展变化的,应该采用动态的、变化的指标进行衡量。它还要求研究者在发挥其主导作用的同时,充分考虑被试已有的知识经验和态度对其心理发展的影响。

4. 理论联系实际原则

理论联系实际原则是由教育心理学的应用科学性质决定的。这一原则要求教育心理学的研究应从教育情境,尤其是主体的实际需要出发,解决教育教学中的实际心理问题。

5. 系统性原则

系统性原则要求在教育心理学的研究中,坚持以全面的、发展的和整体的观点去观察、分析和解决问题。

考点大默写

1. 根据研究目的,改变或控制某些条件,以引起被试某种心理活动的变化,从而揭示特定条件与这种心理活动之间关系的研究方法是__________。
2. __________是教育心理学研究中采用的最基本、最普遍的方法。
3. 观察法是指在教育过程中,研究者通过感官或借助于一定的科学仪器,有目的、__________地考察和描述个体某种心理活动的表现或行为变化,从而收集相关的研究资料的方法。
4. 根据教育心理学的研究方法分类,问卷法、访谈法、个案调查和文献分析法等属于__________。
5. 测验法是指用一套预先经过__________的问卷(量表)来测量某种心理品质的方法。
6. 所有关于人的心理学研究中都应遵从的一个基本伦理道德原则是__________;__________是指教育心理学研究要求研究者牢记被试的心理是不断发展变化的,应该采用动态的、变化的指标进行衡量。

【参考答案】

1. 实验法 2. 观察法 3. 有计划 4. 调查法 5. 标准化 6. 教育性原则(道德性原则);发展性原则

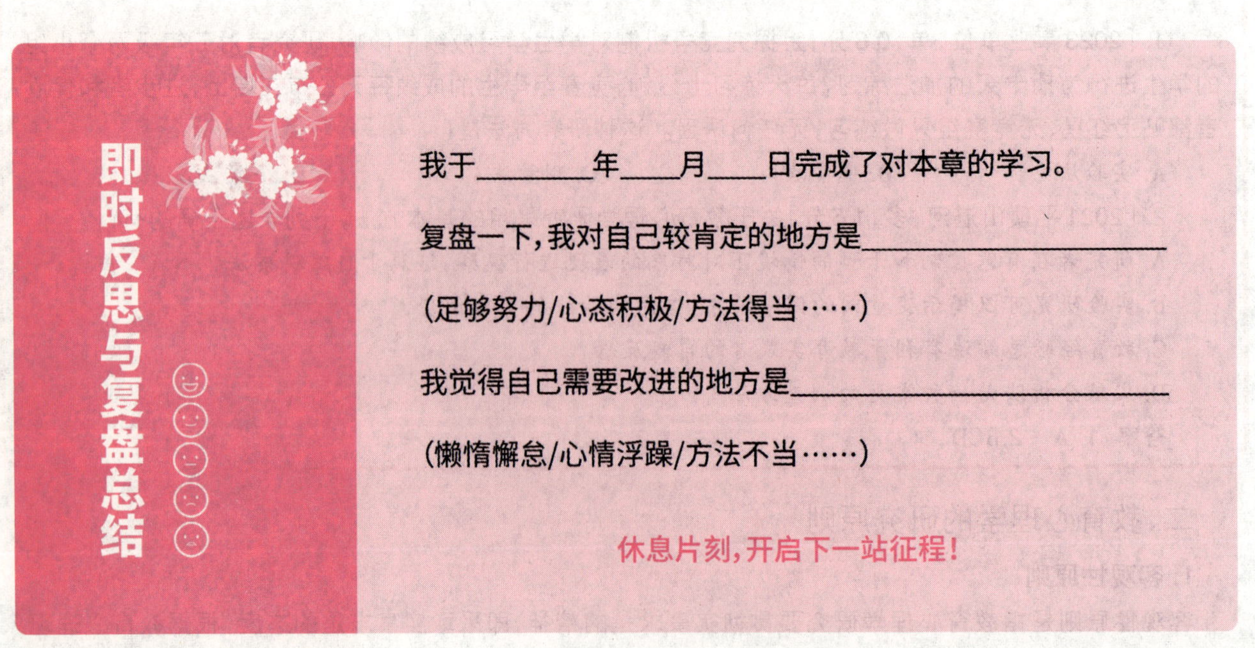

第二章 心理发展及个别差异

思维导图

- 心理发展及个别差异
  - 心理发展概述
    - 个体的心理发展
      - 八阶段：乳婴幼童少青成老
    - 个体心理发展的一般规律
      - 连续性与阶段性、定向性与顺序性、不平衡性、差异性
    - 影响个体心理发展的因素
      - 遗传、环境、教育、主观能动性
    - 中小学生心理发展的阶段特征
      - 童年期、少年期（心理断乳期）、青年初期
    - 中小学生心理发展的教育意义
      - 以心理发展特点为依据（个体差异、准备状态、关键期）；教育对心理发展起主导作用
  - 认知发展与教育
    - 皮亚杰的认知发展观（重点）
      - 发生认识论（核心）
      - 图式、同化、顺应、平衡
      - 认知发展阶段：感知运动、前运算、具体运算、形式运算
    - 维果斯基的最近发展区理论（重点）
      - 内化说（核心）
      - 最近发展区：现有水平、可能达到的发展水平
      - 教学应走在发展的前面
      - 支架式教学
    - 塞尔曼的角色采择能力发展理论
      - 自我中心、社会信息、自我反省、相互、社会和传统体系的观点采择
  - 中小学生人格、社会化发展与教育
    - 人格概述
      - 特征：独特性、稳定性、整合性、功能性、社会性、复杂性
    - 影响人格形成与发展的因素
      - 生物遗传、社会、个人主观因素
    - 人格理论
      - 弗洛伊德的人格发展理论：三成分、五阶段
      - 埃里克森的人格发展阶段理论：八阶段
      - 艾森克的人格维度理论：四类型
    - 自我意识的发展
      - 成分：自我认识、自我体验、自我控制
      - 阶段：生理自我、社会自我、心理自我
      - 小学生、初中生、高中生自我意识的发展
  - 学生的个别差异
    - 学生的认知差异及其教育意义
      - 认知能力差异：智力个体差异（类型、发展水平、早晚）；智力群体差异（性别、年龄、种族）
      - 认知方式差异：场依存与场独立、冲动与沉思、辐合与发散等（易混点）
    - 学生的性格差异及其教育意义
      - 奥尔波特：共同特质、个人特质
      - 卡特尔：表面特质、根源特质

河南考向

本章属于教育心理学部分的重点章节，内容较为广泛、理论性知识点较多。现对本章河南考向分析如下：

考点类型	考点名称	常考题型	能力层级	考查热度
高频考点	个体心理发展的一般规律	单选、多选、不定项、判断	理解	★★
	少年期的心理发展阶段特征	单选、多选、判断	识记	★★
	皮亚杰的认知发展观	单选、多选、不定项、判断	理解	★★★
	维果斯基的最近发展区理论	单选、多选、判断、简答、案例分析	运用	★★★

续表

考点类型	考点名称	常考题型	能力层级	考查热度
高频考点	埃里克森的人格发展阶段理论	单选、多选、判断	识记	★★
	学生的认知方式差异	单选、多选、判断、案例分析	运用	★★★
新增考点	人格的结构	不定项	识记	★★
	A-B型人格理论	单选	识记	★★
	具体型和抽象型认知方式	单选	识记	★★

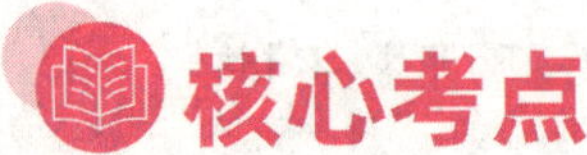

核心考点

第一节　心理发展概述

一、个体的心理发展

心理发展就是指个体从出生、成熟、衰老直至死亡的整个生命进程中所发生的一系列心理变化。

在人的一生中，个体心理的发展既是一个连续的过程，也可以分为不同的阶段。个体发展到一定的年龄阶段，应该表现出与个体年龄相符合的行为特征，这种社会期待的行为标准，称为发展任务。心理学家将个体的心理发展划分为以下八个阶段：

乳儿期（0～1岁）、婴儿期（1～3岁）、幼儿期或学龄前期（3～6、7岁）、童年期或学龄初期（6、7～11、12岁）、少年期或学龄中期（11、12～14、15岁）、青年期（14、15～25岁）、成年期（25～65岁）、老年期（65岁以后）。

二、个体心理发展的一般规律（基本特征）【单选、多选、不定项、判断】★★

考点1　连续性与阶段性

在心理发展过程中，当某些代表新特征的量累积到一定程度时，就会取代旧特征而处于主导地位，表现为阶段性的间断现象。但后一阶段的发展总是在前一阶段的基础上发生的，而且又萌发着下一阶段的新特征，表现出心理发展的连续性。

考点2　定向性与顺序性

在正常条件下，心理的发展总是具有一定的方向性和先后顺序。尽管发展的速度有个别差异，会加速或延缓，但发展是不可逆的，也不可逾越。例如，在各种心理机能中，感知觉的发展最早，然后是运动机能、情绪、动机和社会交往能力的发展，而抽象思维的出现和发展最迟。

> **真题面对面**
>
> ［2021洛阳市直，判断，0.75分］心理的发展是具有一定的方向性和顺序性的，比如思维的发展，总是由动作思维到形象思维，再到抽象思维。（　　）
>
> 答案：√

考点3　不平衡性（不均衡性）

心理的发展可以因进行的速度、到达的时间和最终达到的高度而表现出多样化的发展模式。一方面表现出个体不同系统在发展的速度上、发展的起止时间与到达成熟时期上的不同进程；另一方面也表现出同一机能特性在发展的不同时期有不同的发展速率。

考点4 差异性

任何一个正常学生的心理发展总要经历一些共同的基本阶段，但发展的速度、最终达到的水平，以及发展的优势领域等方面往往又千差万别。学生心理发展的个别差异是教师要面对的一个重要问题，只有了解学生的个体差异，才能通过因材施教满足具有不同智力结构和学习风格的学生的不同需求，促使每个学生得到全面的和个性的发展。

三、影响个体心理发展的因素 【单选】 ★

个体心理发展的过程中受哪些因素的影响，学者们一直争论不休，但主要有以下几种观点：(1)否定教育和环境的“遗传决定论”，其代表人物有高尔顿和霍尔。(2)片面强调环境和教育的“环境决定论”，其代表人物是华生。(3)主张遗传和环境两种因素共同决定儿童心理发展的折中观点，其代表人物是吴伟士(武德沃斯)。(4)主张遗传和环境相互作用影响个体的心理发展的相互作用论，其代表人物是皮亚杰和瓦龙。

综合分析各派观点可知，影响个体心理发展的因素主要有遗传、环境、教育以及个体的主观能动性。

(1)遗传。遗传素质在个体心理发展中的作用是不可忽视的，它是个体心理发展的生物前提和物质基础，没有这一前提条件就谈不上心理的发生与发展。

(2)环境。环境对个体的心理发展有着十分巨大的影响。人所处的环境和一般动物有着本质的区别，离开了社会环境与社会实践，人的心理就不可能向人的方向发展。

(3)教育。教育制约着学生心理发展的过程、方向、趋势、速度和程度。因此，教育在儿童心理发展上比一般的环境影响起着更为主要的作用。但是，这种作用只有当教育工作符合儿童心理发展的规律时才能发生。

(4)主观能动性。个体的主观能动性，是指人的主观意识和活动对于客观世界的积极作用，包括能动地认识客观世界和能动地改造客观世界，并统一于人们的社会实践活动中。个体的主观能动性是个体心理发展的内在动力。

四、中小学生心理发展的阶段特征

1. 童年期 【单选】 ★

童年期又称学龄初期，是个体一生发展的基础时期，也是生长发育最旺盛、变化最快、可塑性最强、接受教育最佳的时期。这是为一生的学习活动奠定知识基础和学习能力的时期，是心理发展的一个重要阶段。

学习开始成为儿童的主导活动，通过识字、阅读和写作，小学生的口头言语逐步过渡到书面言语。四年级(10～11岁)儿童的思维开始从以具体形象思维为主过渡到以抽象逻辑思维为主，但其抽象逻辑思维仍需以具体形象为支柱。儿童的自我意识增强，对自我有了一定的评价。道德概念也已从直观具体的、比较肤浅的认识逐步过渡到比较抽象的、本质的认识，并开始从动机与效果的统一来评价道德行为。小学生与父母在总体上仍保持着亲密关系，小学低年级学生对教师绝对崇拜和服从，高年级学生的独立性和评价能力不断增长，开始对老师做出评价。

2. 少年期 【单选、多选、判断】 ★★

少年期又称学龄中期，大致相当于初中阶段，是个体从童年期向青年期过渡的时期，具有半成熟、半幼稚的特点。在这一时期，学生处于生理发育的第二个高峰期。整个少年期充满独立性和依赖性、自觉性和幼稚性错综的矛盾。这一时期也被称为“心理断乳期”或“危险期”。必背在这一时期，学生的抽象思维已占主导地位，并出现反省思维，但抽象思维在一定程度上仍要以具体形象为支柱。思维的独立性和批判性也有所发展，但仍带有不少片面性和主观性。心理活动的随意性显著增长，可长时间集中精力学习，能随意调节自己的行动。学生也开始关心自己和别人的内心世界，同龄人间的交往和认同大大增强，社会高级情感迅速发展。道德行为更加自觉，能通过具体的事实概括出一般伦理性原则，并以此来指导自己的行动，但因自我控制力不强，常出现前后矛盾的行为。

进入少年期，学生个性结构的主要变化在于自我意识有了质的飞跃。这个时期突出地表现为一种强烈的独立倾向，他们极力想争得在社会生活中独立自主的地位。青少年男女身体的迅速发育与成熟所引起的自我感觉及社会对他们的评价，使他们感到自己是个大人了，与儿时的"我"不同了，产生了"**成人感**"，并努力以"成人式"的义务感与责任心去学习知识技能，去与别人交往，因而出现了前所未有的**独立性**。但他们对自己往往估计过高，事事想自己做主，把自己的见解看成是评价客观事物的标准，对周围成人的话都不会轻易相信。

身体状态的剧变、内心世界的发现、自我意识的觉醒、独立精神的加强是少年期表现出的总体性的阶段特征。

3. 青年初期

青年初期又称**学龄晚期**，相当于高中时期，是个体在生理上、心理上和社会性上向成人接近的时期。这一时期的青年，智力接近成熟，抽象逻辑思维由"经验型"向"理论型"转化，与人生观相联系的情感占主要地位，道德感、理智感和美感有了深刻的发展。他们不仅能比较客观地看待自我，而且能明确地表达自我，敏感地防卫自我并珍重自我，形成了理智的自我意识。然而，理想自我与现实自我仍面临分裂的危机，自我肯定与自我否定常发生冲突。他们对未来充满理想，意志的坚强性与行动的自觉性有了较大发展，但有时也会出现与生活相脱节的幻想。

经过青年初期自我的觉醒以及对自我的重新认知之后，进入成年初期的青年开始摆脱那种肤浅的、表面的对外界及对自我的认识，从而促进了自我意识的形成。

五、中小学生心理发展的教育意义

考点1　教育必须以一定的心理发展特点为依据

1. 结合学生的心理发展特点，注意学生心理发展的个体差异

教育要结合学生的心理发展特点进行，不能脱离学生的发展实际。另外，虽然学生在心理发展上有共同的特点，但学生与学生之间也存在着诸如认知、个性等方面的差异。因此，教师在教育中除了以心理发展的共性为依据外，还要考虑学生的个体差异，因材施教。

2. 注意学生的学习准备状态

学习准备，又可称为学习的"准备状态"或学习的"准备性"，指的是学习者在从事新的学习时，其身心发展水平对新的学习的适应性，即学生在学习新知识时，那些促进或妨碍学习的个人生理、心理发展的水平和特点。学习准备不仅会影响新学习的成功，而且会影响学习的效率。

为此，要遵循学习的准备性原则（又称为"量力性原则"或"可接受性原则"），指要根据学生原有的准备状态进行新的教学。具体措施包括：(1)应了解学生学习准备的具体程度；(2)根据实际情况选择教学内容和方法，让学校也适应学生的具体实际水平，不应只强调学生要适应学校。

3. 抓住关键期

奥地利生态学家劳伦兹在发现幼禽的印刻现象时提出"关键期"的概念。关键期的内涵具体参见教育学部分第二章第二节中"个体身心发展的规律"。

已有研究指出,2岁是口头言语发展的关键期;2～3岁是计数能力(口头数数、按物点数、按数点物、说出总数)发展的关键期;2.5～3.5岁是教育孩子遵守行为规范的关键期;3岁左右是培养儿童独立生活能力的关键期;4岁是形状知觉形成的关键期;4～5岁是学习书面言语的关键期。

当然,关键期也并非是绝对的,错过关键期之后,有的能力经过补偿性学习仍有可能得到发展,只是难度要大些。所以,抓住关键期的有利时机,进行及时、适当的教育,能取得事半功倍的效果。

考点2 教育对心理发展起主导作用

有研究者指出,教育对发展具有主导作用,具体表现在:(1)学生心理的发展依赖于教育提出的要求和方向;(2)教育能够促进学生的心理发展;(3)教育可以加速或延缓学生心理发展的进程;(4)教育能够使心理发展的可能性转化为现实性。

★★ 考点大默写 ★★

1. 个体心理发展的一般规律包括连续性与__________、定向性与__________、不平衡性、差异性。
2. 个体心理发展的一般规律中,不平衡性一方面表现出个体__________在发展的速度上、发展的起止时间与到达成熟时期上的不同进程;另一方面也表现出__________特性在发展的不同时期有不同的发展速率。
3. 少年期(学龄中期)也被称为"心理断乳期"或"__________",处于该时期的个体具有半成熟、__________的特点。
4. __________的剧变、内心世界的发现、__________的觉醒、__________的加强是少年期表现出的总体性的阶段特征。
5. 在影响个体心理发展的因素中,__________是个体心理发展的生物前提和物质基础;个体的__________是个体心理发展的内在动力。
6. 奥地利生态学家劳伦兹在发现幼禽的印刻现象时提出"__________"的概念。

【参考答案】

1. 阶段性;顺序性 2. 不同系统;同一机能 3. 危险期;半幼稚 4. 身体状态;自我意识;独立精神 5. 遗传素质(遗传);主观能动性 6. 关键期

第二节 认知发展与教育

一、皮亚杰的认知发展观 【单选、多选、不定项、判断】 ★★★

考点1 建构主义的发展观

1. 心理发展的实质

皮亚杰的理论核心是"发生认识论"。皮亚杰认为,所有生物包括人都有适应和建构的倾向,这也是认知发展的两种机能。

皮亚杰

皮亚杰认为,人的知识来源于动作,动作是感知的源泉和思维的基础。儿童心理发展的实质和原因就是主体通过动作完成对客体的适应。适应的本质在于取得机体与环境的平衡。适应分为两种不同的类型:同化和顺应。

儿童对环境做出的适应性变化并不是消极被动的过程,而是一种内部结构的积极建构过程，即儿童的认知是在已有图式的基础上，通过同化、顺应和平衡，不断从低级向高级发展。

真题面对面

[2021南阳市直，判断，1分]班杜拉认为发展的实质是主体对客体的适应，适应的本质在于取得机体与环境的平衡。(　　)

答案：×

2. 图式、同化、顺应与平衡

(1)图式。图式是指人在认识周围世界的过程中，形成自己独特的**认知结构**。从发展的角度来看，儿童最初的图式是遗传所带来的一些本能反射行为，如吸吮反射、定向反射等。

(2)同化。同化是指有机体在面对一个新的刺激情境时，把刺激整合到已有的图式或认知结构中。通过这一过程，主体才能对新刺激做出反应，动作也得以加强和丰富(量变)。

(3)顺应。顺应是指当有机体不能利用原有图式接受和解释新刺激时，其认知结构发生改变来适应刺激的影响(质变)。

(4)平衡。平衡是指同化和顺应之间的"均衡"。

皮亚杰认为，同化和顺应过程对于认知能力的发展变化是非常重要的。儿童通过同化和顺应达到机体与环境的平衡，如果失去平衡，就需要改变行为以重建平衡。但平衡是相对的，不是绝对的。儿童在平衡与不平衡的交替中不断建构和完善认知结构，实现认知发展。

考生在区分同化和顺应时应注意理解两个词：整合、改变。"整合"在同化时发生，即补充、完善认知结构(认知结构量变)。"改变"在顺应时发生，即改变认知结构(认知结构质变)。

① 小孩天生有吸吮的图式。

② 原有的图式"吸吮"接纳新的刺激"奶瓶"，认知结构没有发生根本变化，这是同化。

③ 小孩改变原有的图式"吸吮"，学会用"咀嚼"的动作来接纳新的刺激，比如米饭、菜等，认知结构发生了根本变化，这是顺应。

④ 我们时而需要同化，时而需要顺应，以达到身体与环境的平衡，这就是平衡。

考点2　影响认知发展的因素

皮亚杰提出，影响认知发展的因素主要有以下四个：

(1)成熟。成熟是指机体的成长，特别是大脑神经系统和内分泌系统的成熟。借助于成熟，个体才能获得发展的可能性，但要使这种可能性变为现实，还必须通过机能的练习与习得经验。并且，随着儿童年龄的增长，自然和社会环境影响的重要性也将随之增加。

(2)练习与习得经验(又称练习与经验、物理环境)。练习与习得经验是认知发展的必要条件。经验包括两类：第一类是物理经验，指个体通过与物体打交道而获得的有关物体特性的经验，是从物体特性中直接引出来的信息，如物体的大小和重量等。第二类是逻辑数理经验，它不是基于物体的物理特性，而是基于施加在物体上的动作，是从动作及相互关系中抽象出来的经验。

(3)社会经验(又称社会性经验、社会环境)。社会经验包括社会生活、文化教育和语言在内的各种因素，指社会的相互作用和社会信息相互交换的过程。社会经验也是认知发展的一个必需而重要的因素，但不是决定性因素。社会经验依赖个体与社会的相互作用。

(4)**平衡化**。平衡化是心理发展的决定因素。平衡化具有自我调节的作用，通过调节同化和顺应的关系，使个体的认知不断发展。

考点3 皮亚杰的认知发展阶段理论 必背

皮亚杰认为，认知发展是一个建构的过程，是个体在与环境的相互作用中实现的。他提出了认知发展的阶段理论，认为思维或智慧的发展是整个心理发展的核心，其发展阶段最主要的特点是：阶段出现的先后顺序固定不变，每一阶段都有其独特的图式或认知结构，图式或认知结构的发展是一个连续建构的过程。该理论将个体的认知发展分为以下四个阶段：

1. 感知运动阶段(0～2岁)

感知运动阶段的婴儿主要有以下几个方面的特征：

(1)感觉和动作的分化。儿童只能依靠自己的肌肉动作和感觉应对环境中的刺激。

(2)“**客体永久性**”(即知道某人或某物虽然现在看不见但仍然是存在的)的形成。在感知运动阶段的后期，完整清晰的客体永久性已经形成。此时，尽管儿童并没有看见这些物体放在某个特定的地方，但也能积极地寻找他们认为被藏起来的东西。

(3)问题解决能力开始得到发展。

(4)延迟模仿的产生。皮亚杰研究发现，12～18个月的婴儿能够比较精确地进行模仿，到18个月左右就出现了**延迟模仿**，即榜样已经离开了现场，婴儿也能够表现出榜样的行为。

2. 前运算阶段(2～7岁)

这一阶段，儿童的思维特征主要表现在以下八个方面：

(1)**早期的信号功能**。儿童能将各种感知信息以心理符号的形式储存下来，积累了表象素材，促进了表象性思维的发展。随着年龄的增长，儿童越来越多地使用符号来表示外部世界，如用“牛”“羊”来代表真正的牛和羊等。

(2)自我中心性(中心化)。所谓**自我中心**就是指儿童往往只注意主观的观点，不能从客观事物的角度出发，只能考虑自己的观点，无法接受别人的观点，也不能将自己的观点与别人的观点协调。儿童还不能设想他人所处的情境，常以自己的经验为中心，从自己的角度出发来观察和理解世界。自我中心主义在儿童的语言中也存在。即使没有一个人听，年龄小的儿童也高兴地描述着他正在做什么。这种情况可能发生在儿童独处的时候，甚至更多地发生在儿童群体中：每个儿童都热情地说着，但彼此之间没有任何实质的相互作用或者交谈，皮亚杰称之为**集体的独白**。

(3)不可逆运算。前运算阶段的儿童还没有“守恒”能力或没有形成“守恒”的概念，思维缺乏观念的传递性。儿童观察事物时往往只能注意表面的、显著的特征，倾向于注意事物的静止状态。思维活动表现的关系单一，不能进行可逆运算。例如，问一名4岁儿童：“你有兄弟吗?”他回答：“有。”“兄弟叫什么名字?”他回答：“吉姆。”但反过来问：“吉姆有兄弟吗?”他回答：“没有。”

(4)不能够推断事实。前运算阶段的儿童往往是根据知觉到的表面现象做出反应的，不能够推断事实。例如，给3岁的幼儿一辆红色的玩具小汽车，当着他的面盖上一块罩子，小汽车看起来是黑色的，问他小汽车是什么颜色的，他会说是黑色的。

(5)泛灵论。前运算阶段儿童的思维具有泛灵论的特点，即将人类的特征赋予无生命的物体。前运算阶段的儿童会认为任何物体都是有生命的。例如，让处于前运算阶段的儿童把洋娃娃扔到地上去，他会说不能扔到地上，会摔疼洋娃娃的。

(6)不合逻辑的推理。

(7)不能理顺整体和部分的关系。皮亚杰称之为缺乏层级类概念(类包含关系)。

(8)认知活动具有具体性,还不能进行抽象的思维运算。

心理学实验

三山实验

皮亚杰曾设计了著名的"三山实验"来测验儿童"自我中心"的思维特征。在"三山实验"中,实验材料是一个包括三座高低、大小和颜色不同的假山模型(如下图所示)。实验首先要求儿童从模型的四个角度观察"这三座山",然后要求儿童面对模型而坐,并且放一个玩具娃娃在山的另一边。实验任务是要求儿童从四张图片中指出哪一张是玩具娃娃看到的"山"。结果发现幼童无法完成这个任务,他们只能从自己的角度来描述"三山"的形状。皮亚杰以此证明幼童无法想象他人的观点,他们的思维具有"自我中心"的特点。

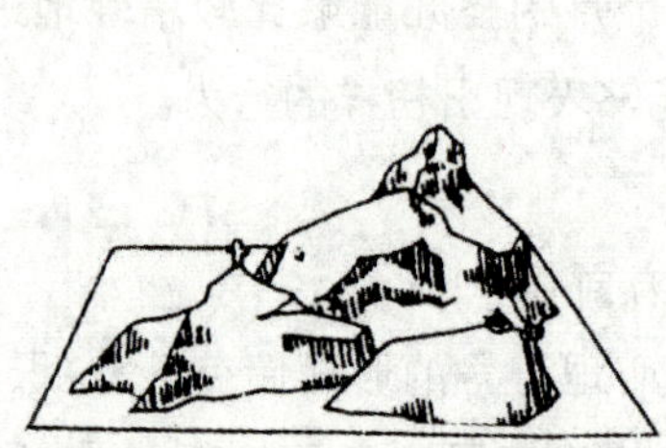

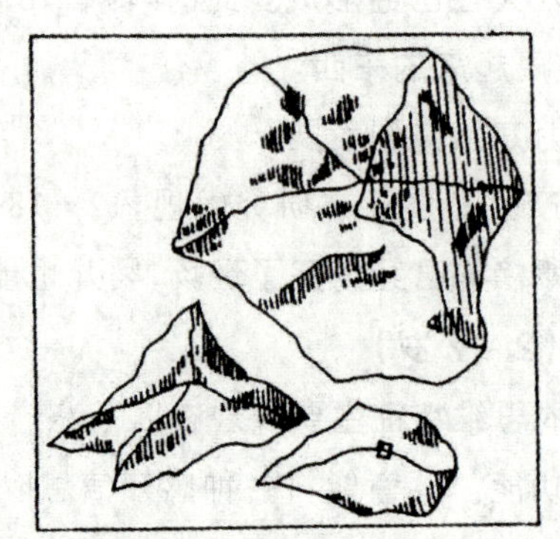

3. 具体运算阶段(7~11岁)

具体运算是一种与真实、具体的物体相关的可逆的心理活动。与前运算阶段相比,具体运算阶段的儿童能够运用逻辑思维解决具体问题,但必须依赖于实物和直观形象才能进行逻辑推理和运用逻辑思维解决问题,不能够进行纯符号运算。这一阶段儿童的思维具有以下特征:

(1)去自我中心性(去中心化、去集中化)。具体运算阶段的儿童不能想象独立于他们直接经验之外的事物,但能够考虑多个感知特征,即去自我中心,得出具体问题的解决方法。在皮亚杰和英海尔德的"三山实验"任务中,7~9岁的儿童就能够注意到一种情境的多个方面,从他人的角度理解问题。在这一时期,儿童区别现实与想象的能力得到提高。去集中化是具体运算阶段儿童思维成熟的最大特征。

(2)可逆性。皮亚杰提出,在儿童思维发展的所有特征中最重要的是可逆性。一个具体运算阶段的儿童能理解先前曾是一团泥土的飞机模型能够再变成一团泥土;他同样明白8个珠子加6个珠子等于14个珠子,而从14个珠子中拿走6个珠子还剩8个珠子。

(3)守恒(即儿童认识到客体在外形上发生了变化,但特有的属性不变)。在发展中处于具体运算阶段的儿童能够去中心化并能逆向运算,因此守恒能力迅速发展。6岁左右的儿童可以解决数字守恒问题,7或8岁的儿童则能解决面积或容积守恒问题,9或10岁的儿童能够解决重量守恒问题,到11或12岁时儿童能解决体积守恒问题等。另外,儿童开始进行一些运用符号的逻辑思考活动,可以形成一系列的行动心理表象。比如,8岁左右的儿童去过几次小朋友的家,就能够画出具体的路线图来,而5或6岁的儿童则无法做到。

(4)**分类**。具体运算阶段的儿童，他们在对物体进行分类时，不再像前运算阶段的儿童，只能进行单维度的分类，而是能根据物体的多个维度进行分类。例如，前运算阶段的儿童，常根据物体的颜色或形状分类，不能根据主题(即事物的逻辑关系)进行分类。而具体运算阶段的儿童，既能按颜色、形状分类，又能按主题进行分类。

(5)**序列化**。序列化是指能够根据大小、体积、重量或其他的一些特性对一系列要素进行心理上的排序。排序的能力在4岁或更小的儿童中就已经出现，但他们的排序比较粗糙，并且要经过尝试错误。具体运算阶段的儿童能够顺利完成排列大小的任务。例如，给他们长短不等的小木棒，他们能够按照从长到短或从短到长的顺序进行排序。

4. 形式运算阶段(11岁～成人)

形式运算阶段，是儿童思维发展趋于成熟的阶段。与具体运算阶段相比，此阶段的儿童可以在头脑中把事物的形式和内容分开，可以离开具体事物，根据假设来进行逻辑推演，能运用形式运算来解决问题。本阶段儿童思维的特征如下：

(1)**命题之间的关系**。本阶段儿童的思维是以命题形式进行的。他们不仅能考虑命题与经验之间的真实性关系，而且能看到命题与现实之间的关系，并能推论两个或多个命题之间的逻辑关系。

(2)**假设—演绎推理**。本阶段的儿童不仅能够运用经验—归纳的方式进行逻辑推理，而且能够运用假设—演绎推理的方式来解决问题。

(3)**类比推理**。形式运算阶段的儿童能够很好地进行类比推理，能够理解类比关系。例如，“皮毛对狗就像羽毛对鸟一样”，这个类比的核心是“狗—皮毛”与“鸟—羽毛”之间的关系。只有通过反省性思维，而不是观察，才可能理解这种关系。

(4)**抽象逻辑思维**。本阶段的儿童能理解符号的意义、隐喻和直喻，能对事物做一定的概括，其思维发展水平已接近成人的水平。

(5)**可逆与补偿**。本阶段的儿童不仅具备了逆向性的可逆思维，而且具备了补偿性的可逆思维。例如：对于“在天平的一边加一点东西，天平就失去平衡，怎样使天平重新平衡”的问题，他们不仅能考虑把所加的重量拿走(逆向性)，而且能考虑移动天平加重一方的盘子使它靠近支点，也就是使力臂缩短(补偿性)。

(6)**反思能力**。形式运算阶段的儿童具备了反思能力，即系统地检验假设的能力，能够系统地概括出解决某一问题的所有可能的方法或能进行组合推理。

(7)**思维的灵活性**。本阶段的儿童不再刻板地恪守规则，反而常常由于规则与事实的不符而违反规则。对这一年龄阶段的儿童，教师和家长不宜采用过多的命令和强制性的教育，而应鼓励和指导他们自己做决定，同时对他们考虑不全面的地方提出建议和改进的办法。

(8)形式运算思维的逐渐发展。形式运算思维是逐渐出现的，而不是一次全部出现的。

表3-2 皮亚杰的认知发展阶段理论

阶段	年龄	思维特征
感知运动阶段	0～2岁	(1)感觉和动作的分化；(2)“客体永久性”的形成；(3)问题解决能力开始得到发展；(4)延迟模仿的产生
前运算阶段	2～7岁	(1)早期的信号功能；(2)自我中心性(中心化)；(3)不可逆运算；(4)不能够推断事实；(5)泛灵论；(6)不合逻辑的推理；(7)不能理顺整体和部分的关系；(8)认知活动具有具体性，还不能进行抽象的思维运算

续表

阶段	年龄	思维特征
具体运算阶段	7～11岁	(1)去自我中心性(去中心化、去集中化);(2)可逆性;(3)守恒;(4)分类;(5)序列化
形式运算阶段	11岁～成人	(1)命题之间的关系;(2)假设—演绎推理;(3)类比推理;(4)抽象逻辑思维;(5)可逆与补偿;(6)反思能力;(7)思维的灵活性;(8)形式运算思维的逐渐发展

真题面对面

1. [2023郑州郑东新区,单,1.5分]小东能理解"水果、苹果、果树"之间的关系,根据皮亚杰的认知发展阶段理论,小东处于(　　)

A. 感知运动阶段　　B. 前运算阶段

C. 具体运算阶段　　D. 形式运算阶段

2. [2021洛阳市直,单,0.85分]在儿童群体中,每个儿童都热情地说着,但彼此之间没有任何真实的相互作用或者交谈,皮亚杰称之为(　　)

A. 角色扮演　　B. 积极的自我展现

C. 泛灵论　　D. 集体的独白

答案:1. D　2. D

二、维果斯基的最近发展区理论 【单选、多选、判断、简答、案例分析】 ★★★

考点1 "文化—历史"发展理论的基本观点

维果斯基强调社会文化在认知发展中的作用。为此,维果斯基创立了"文化—历史"发展理论。维果斯基根据恩格斯关于劳动在人类适应自然和在生产过程中借助于工具改造自然的思想,详细地阐述了高级心理机能的社会起源的观点。

1. 两种工具的理论

维果斯基认为,人有两种工具。

(1)物质工具,如原始人所使用的石刀、石斧,现代人所使用的机器等。

(2)精神工具,主要指人类所特有的语言、符号等。人因使用精神工具,从而使人类的心理发生质的变化,上升到高级阶段。

2. 两种心理机能

(1)作为动物进化结果的低级心理机能,如简单的感觉和无意注意等。

(2)作为历史发展结果的高级心理机能,即以符号系统为中介的心理机能,如抽象逻辑思维。高级心理机能是人类所特有的,它使得人类心理在本质上区别于动物。

维果斯基指出,儿童在与成人交往的过程中,通过掌握高级心理机能的工具——语言符号这一中介环节,使其在低级的心理机能基础上形成了各种新的心理机能。

考点2 心理发展的实质与"内化说"

维果斯基强调环境和社会因素在儿童发展中的重要作用。他提出心理发展的实质是在环境和教育的影响下,个体在低级心理机能的基础上逐渐向高级心理机能转化的过程。他认为,发展大部分得益于由外向内,即个体通过内化,从情境中汲取知识,获得发展。儿童的许多学习发生在与环境的相互作用中,这个环境决定了大部分儿童内化的内容。在儿童环境中的父母和其他人，可以通过他们与儿童的相互作用来扩大儿童的知识视野，促进儿童的学习。内化说是维果斯基心理发展观的核心思想。

近年来，教学研究中提出的反思体验的理论依据就是内化说。反思体验是在学生自主探索和练习的基础上，教师引导学生对整节课的学习过程进行反思。外在的知识、技能等都必须通过学生的反思体验这一环节才能内化为学生自身的东西。

考点3　最近发展区的概念 必背

大量的研究表明，通过适当的教育训练来加快各个认知发展阶段转化的速度是可能的。只要教学内容和方法得当，系统的学校教学就可以起到加速认知发展的作用。维果斯基的认知发展理论运用最近发展区的概念，阐明了这种可能性。

维果斯基认为，儿童有两种发展水平：一是儿童的现有水平，即由一定的已经完成的发展系统所形成的儿童心理机能的发展水平；二是可能（即将）达到的发展水平。这两种水平之间的差异，就是**最近发展区**。也就是说，最近发展区是儿童在有指导的情况下，借助成人的帮助所能达到的解决问题的水平与独自解决问题所达到的水平之间的差异，实际上是两个邻近发展阶段间的过渡状态。对儿童而言，最近发展区会因其所处的社会、文化背景和所拥有经验的不同而不同。因为最近发展区作为一种可能性，不是唯一的，亦不是统一的，不同儿童之间的最近发展区会有所不同，同一儿童在不同的情境中也可能有不同的最近发展区。

维果斯基的最近发展区理论强调了教学在儿童发展中的主导性和决定性作用，揭示了教学的本质特征不在于“训练”“强化”已形成的内部心理机能，而在于激发、形成目前还不存在的心理机能。

考点4　“教学应走在发展的前面”包含的两层含义 必背

在维果斯基看来，教学的可能性由学生的最近发展区决定，“教学应该走在发展的前面”。这里有两层含义：(1)教学在发展中起主导作用。它决定着儿童的发展，决定着发展的内容、水平、速度及智力活动的特点。(2)教学创造着最近发展区。教学应适应学生的现有水平，但更重要的是要发挥教学对发展的主导作用。

它的提出说明了儿童发展的可能性，其意义在于：指导教育者不应只看到儿童今天已达到的发展水平，还应看到仍处于形成的状态，正在发展的过程。所以，维果斯基强调教学不能只适应发展的现有水平，还应适应“最近发展区”，从而走在发展的前面，最终跨越“最近发展区”而达到新的发展水平。因此，教学的最佳效果产生于“最近发展区”。

真题面对面

[2021洛阳市直，判断，0.75分]维果斯基提出的“教学应走在发展的前面”的含义是提前讲授下一阶段才能掌握的内容。(　　)

答案：×

考点5　适时辅导学生是教学的必由之路——教学支架的应用

为促进教学发展，维果斯基认为教师可采用教学支架，进行支架式教学，即在学生试图解决超出当前知识水平的问题时给予支持和指导，帮助其顺利通过最近发展区，使之最终能够独立完成任务。

支架式教学可采用的方式有：(1)把学生要学习的内容分割成许多便于掌握的片段；(2)向学生示范要掌握的技能；(3)提供有提示的练习等。需要注意的是，教师提供的支持和帮助要合适。帮助过多，学生独立解决问题的能力就不能充分发展；帮助不够，学生亦可能因失败而泄气，久而久之，可能会形成习得性无助感。

三、塞尔曼的角色采择能力发展理论 【单选、判断】 ★

角色采择,也称观点采择,是指儿童采取他人的观点来理解他人的思想与情感的一种认知能力。

塞尔曼认为,儿童的角色采择能力的发展表现为以下五个阶段。

阶段0:自我中心的观点采择(3～6岁),在这个阶段,儿童不能区分自己对事件的解释和他们认为是真实的或正确的事情。

阶段1:社会信息的观点采择(6～8岁),儿童开始意识到别人有不同的理解和观点。

阶段2:自我反省的观点采择(8～10岁),这时儿童意识到,每个人都知道别人有自己的思想和情感,不仅知道别人有不同的观点,而且能够意识到别人的观点。

阶段3:相互的观点采择(10～12岁),儿童能从第三者、旁观者、父母或共同的朋友的角度来看待两个人的相互作用。

阶段4:社会和传统体系的观点采择(12～15岁以上),儿童认识到存在着一种综合的观点网络,如某一地区的或者某一宗教的观点,个体了解到为了顺利地同他人交往和理解他人,每个人都要考虑社会体系的共同观点。

真题面对面

[2021郑州中原,单,0.7分]根据塞尔曼对儿童观点采择能力的研究,儿童能够意识到,每个人不仅知道别人有不同的观点,而且能够意识到别人的观点,这属于(　　)

A. 社会和传统体系的观点采择　　B. 自我反省的观点采择

C. 社会信息的观点采择　　D. 相互的观点采择

答案:B

★★ 考点大默写 ★★

1. 皮亚杰的理论核心是“________”。

2. 图式是指人在认识周围世界的过程中,形成自己独特的________。

3. 同化是指有机体在面对一个新的刺激情境时,把刺激________到已有的图式或认知结构中。顺应是指当有机体不能利用原有图式接受和解释新刺激时,其认知结构发生________来适应刺激的影响。

4. 根据皮亚杰的认知发展阶段理论,“客体永久性”的形成是在________阶段;________阶段儿童的思维具有自我中心性、不可逆运算等特征。

5. 根据皮亚杰的认知发展阶段理论,处于具体运算阶段的儿童思维具有以下特征:去自我中心性、________、________、分类、序列化等。

6. 根据皮亚杰的认知发展阶段理论,若个体能够运用假设—演绎推理的方式来解决问题,这说明其处于________阶段。

7. 维果斯基认为,儿童有两种发展水平:一是儿童的________;二是________的发展水平。

8. 在维果斯基看来,教学的可能性由学生的最近发展区决定,教学应该走在发展的________;在学生试图解决超出当前知识水平的问题时给予支持和指导,帮助其顺利通过最近发展区,使之最终能够独立完成任务的教学方式为________教学。

【参考答案】

1. 发生认识论　2. 认知结构　3. 整合;改变　4. 感知运动;前运算　5. 可逆性;守恒　6. 形式运算　7. 现有水平;可能达到(即将达到)　8. 前面;支架式

第三节　中小学生人格、社会化发展与教育

一、人格概述

考点1　人格的概念　【单选、多选】★

人格是构成一个人思想、情感及行为的特有模式,这个独特模式包含了一个人区别于他人的、稳定而统一的心理品质,即人格是决定个体的外显行为和内隐行为,并使其与他人行为有稳定区别的综合心理特征。

考点2　人格的结构　新增　【不定项】★★

人格是一个复杂的结构系统,它包括许多成分,主要包括气质、性格、自我调控系统等方面。其中,自我调控系统是以自我意识为核心的人格调控系统,它的主要作用是调控人格的各个成分,保证人格的完整、统一、和谐。自我调控系统属于人格中的内控系统或自控系统。

真题面对面

[2022郑州惠济,不定项,1分]人格是一个复杂的结构系统,包括多种成分,其中最主要的有(　　)

A. 性格　　B. 态度　　C. 自我调控系统　　D. 气质

答案:ACD

考点3　人格的特征　【单选、判断】★

1. 独特性

一个人的人格是在遗传、成熟和环境、教育等先天与后天因素的交互作用下形成的。不同的遗传、生存及教育环境塑造了形形色色的心理特点。人与人之间没有完全一样的人格特点。例如,“固执”在不同的环境下有不同的含义,在不同的人身上也有不同的含义。在娇生惯养、过度溺爱的环境中,“固执”带有“撒娇”的意思;而在冷淡疏离、艰难困苦的环境中,“固执”又带有“反抗”的意思。所谓“人心不同,各如其面”,正说明了人格是千差万别、千姿百态的,这就是人格的独特性。

2. 稳定性

俗话说:“江山易改,禀性难移。”这里的“禀性”就是针对人格而言的。一个人的某种人格特征一旦形成,就相对稳定下来了,要想改变它是比较困难的事情。这种稳定性还表现在人格特征在不同时空下表现出一致性的特征。

3. 整合性

人格是由多种成分构成的有机体,具有内在的一致性,受自我意识的调控。当人格结构的各方面彼此和谐一致时,就会呈现出健康的人格特征,否则,就会产生心理冲突,出现适应困难,甚至出现“分裂人格”。

4. 功能性

人格是一个人生活成败、喜怒哀乐的根源。人格决定一个人的生活方式,有时甚至会决定一个人的命运。当面对挫折与失败时,坚强者能发奋拼搏,懦弱者会一蹶不振,这就是人格功能性的表现。

5. 社会性

人格的社会性是指社会化把人这样的动物变成社会的成员。人格是社会的人所特有的。人格是在个体的遗传和生物基础上形成的,受个体生物特性的制约。社会性是人的本质属性。其实,即使是人的生物性需要和本能,也是受人的社会性制约的。例如,人满足食物需要的内容和方式是受具体的社会历史条件制约的。

6. 复杂性

人格的复杂性是指几种人格特征表现在活动中的具体结合方式因人而异;同一人格特征在不同场合下也有不同的表现方式。鲁迅曾说:"横眉冷对千夫指,俯首甘为孺子牛。"这句话说明了人的复杂,人的行为表现出多元化、多层面的特征。人格表现绝非静水一潭,各种人格结构的组合千变万化,而使人格的表现千姿百态。每个人的人格世界,并非是由各种特征简单堆积起来的,而是如同宇宙世界一样,依照一定的内容、秩序、规则有机结合起来的一个运动系统。

真题面对面

[2021郑州郑东新区,判断,0.5分]"横眉冷对千夫指,俯首甘为孺子牛"说明了人格具有复杂性。( )

答案:√

二、影响人格形成与发展的因素

人格是在遗传与环境的交互作用下逐渐形成与发展的。遗传决定了人格发展的可能性,环境决定了人格发展的现实性。

考点1 生物遗传因素

总结以往研究,遗传对人格的作用主要体现在这几个方面:(1)遗传是人格不可缺少的影响因素;(2)遗传因素对人格的作用程度因人格特征的不同而异;(3)人格发展过程是遗传与环境交互作用的结果,遗传因素影响人格的发展方向及改变。

考点2 社会因素 【单选】★

人格的发展是个体社会化的结果。不管什么社会,影响个体人格发展的社会因素基本上都是家庭、学校、同伴以及电视、电影、文艺作品等社会宣传媒体。

1. 家庭教养方式

鲍姆宁曾根据控制、成熟的要求、父母与儿童的交往、父母的教养水平等四个指标,将父母的教养行为分成专制型、放纵型和民主型三种方式。

表3-3 家庭教养方式

类型	父母表现	孩子表现
专制型	对孩子过于支配,孩子的一切都由父母来控制	容易消极、被动、懦弱、依赖和服从,做事缺乏主动性,甚至会形成不诚实的性格特征
放纵型	对孩子过于溺爱,任孩子随心所欲,父母对孩子的教育有时处于失控状态	最不成熟,多表现为任性、幼稚、自私、无礼、独立性差、蛮横无理、胡闹等
民主型	与孩子在家里处于一种平等和谐的氛围,父母尊重孩子,给孩子一定的自主权和积极正确的指导	最成熟,多形成一些积极的性格,如活泼、自立、彬彬有礼、善于交往、富于合作精神、思想活跃等

2. 学校教育

学校教育按一定社会的教育目标，有计划、有步骤地对学生施加影响，因而直接制约着学生人格发展的方向和基本质量。学校教育在学生社会化中的作用主要是通过教师与学生的相互影响来实现的。教师对学生人格的发展具有指导定向的作用。教师的品德修养、知识经验、教育和教学技巧、对学生的态度等，对学生社会化与人格的发展都有举足轻重的意义。

勒温等人研究了不同管理风格的教师对学生人格的影响。结果表明，在专制型、放任型和民主型的管理风格下，学生表现出不同的人格特点。在专制型管理风格下，学生作业效率高，依赖性强，缺乏自主行动，常有不满情绪；放任型管理风格中的学生作业效率低，任性，经常遭遇失败和挫折；民主型管理风格中的学生完成作业的目标是一贯的，行动积极主动，很少表现出不满情绪。

3. 同伴群体

同与父母的关系相比，中学生与同龄伙伴的交往更加自由和平等。与同伴群体的交往使儿童能够进行人际关系和交流的探索，并发展人际敏感性，奠定儿童今后社会交往的基础，促进儿童的社会化和人格的发展。一方面，同伴群体是儿童学习社会行为的强化物。另一方面，同伴群体又为儿童的社会化和人格发展提供社会模式或榜样。随着年龄的增长，同伴的影响越来越强，在某种程度上甚至超过父母的影响。但应该注意的是，不良同伴群体对中学生人格发展的影响极坏。教师要让学生远离这种不良同伴群体，防止它对学生的成长带来危害，同时，对于已存在的不良群体，应采取某种教育手段，对其成员进行分化和引导。

考点3 个人主观因素

社会中的各种影响因素，首先要被个人接受和理解，才能转化为个体的需要、动机和兴趣，才能推动他去思考与行动。另外，个体已有的心理发展水平对人格特征形成的作用会随着年龄的增加而日益增强。

三、人格理论

考点1 弗洛伊德的人格发展理论 【单选】★

1. 人格的三种成分

早期，弗洛伊德提出心理地形学，主张人的心理由潜意识（深层）、前意识（中层）、意识（表层）三个层次构成。

晚期，弗洛伊德提出了三部人格结构说。他认为，人格是由本我、自我和超我三部分构成的。

(1)本我。本我位于人格结构的最底层，指最原始的与生俱来的潜意识的结构部分。它是由先天的本能、欲望组成的能量系统，包括各种生理需要。本我是无意识、非理性、非社会化和混乱无序的。它遵循**快乐原则**。

(2)自我。自我是从本我中逐渐分化出来的，位于人格结构的中间层。其作用主要是调节本我与超我之间的矛盾，它一方面调节着本我，另一方面又受制于超我。它遵循**现实原则**，以合理的方式来满足本我的要求。

(3)超我。超我位于人格结构的最高层，是道德化了的自我，由社会规范、伦理道德、价值观念内化而来，其形成是社会化的结果。超我遵循**道德原则**。充分发展的超我有良心和自我理想两部分。良心是儿童受惩罚而内化了的经验，它负责对违反道德的行为做惩罚（内疚）；自我理想是儿童获得奖赏而内化了的经验，它规定着道德的标准。

本我是生物本能我，自我是心理社会我，超我是道德理想我。当三者处于协调状态时，人格表现出一种健康状况；当三者互不相让，产生敌对关系时，就会产生心理疾病。

真题面对面

[2021郑州金水,单,0.58分]弗洛伊德将人格结构分为三个层次,即本我、自我和超我,其中本我所遵循的原则是( )

A. 快乐原则　　B. 现实原则　　C. 完美原则　　D. 理想原则

答案:A

2. 心理性欲发展的五阶段

弗洛伊德认为,人格发展的基本动力是人的本能,尤其是性本能。性本能表现为一种力量,这种力量被称为"力比多"。力比多集中的某些身体部位就是个体获得快感的重要区域,弗洛伊德称之为"性感区"。在儿童时期,三个重要的性感区是口腔、肛门和生殖器。这三个区域以特有的阶段次序成为儿童的兴奋中心,也形成了相应的五个人格发展阶段。

(1)口唇期(0~1岁)。在这一阶段,嘴和唇是性感区,婴儿的吸吮活动显示了最初的性欲冲动。如果婴儿口唇活动没有受到限制,成年后性格倾向于乐观、慷慨、开放和活跃等积极的人格特征;如果婴儿的口唇活动受到了限制,成年后性格倾向于依赖、悲观、被动、猜疑和退缩等消极的人格特征,甚至在行为上表现出咬指甲、烟瘾、酗酒、贪吃等。

(2)肛门期(1~3岁)。在这一阶段,肛门成为性感区,儿童通过排泄消除紧张而获得快感。在这一时期,儿童会受到排便训练,这是儿童与外部纪律、权威的第一次接触,代表了本能冲动与外部社会规范之间的冲突。所以,排便训练的好坏会对儿童的心理发展产生重大影响。如果排便训练过于严格,可能使儿童形成各种过度控制的人格特征与行为习惯,如洁癖、吝啬、强迫性、渴求秩序等。但是,如果对排便训练不加限制,则个体在成年后容易形成邋遢、浪费、无条理、无秩序等心理行为特征。

(3)性器期(3~6岁)。在这一阶段,性器官成为性感区。儿童在这一时期能够认识到两性之间在解剖学上的差异和自己的性别,性器官成为儿童获得性满足的重要刺激,表现为喜欢抚摸和显露生殖器以及产生性幻想。这时的儿童以异性父母作为性欲对象,男孩产生恋母情结(俄狄浦斯情结),女孩产生恋父情结(厄勒克特拉情结)。

(4)潜伏期(6~12岁)。在这一阶段,力比多处于休眠状态。儿童将性器期以异性父母为对象的性冲动转移到环境中的其他事情上去,如学习、游戏、体育、歌舞、艺术等。

(5)生殖期(12~20岁)。随着性器官的成熟,性快感或力比多投射的主要区域是生殖器。这一时期是个体走向社会化的时期,个体开始摆脱对父母的依赖,成为社会中的一个独立成员。

真题面对面

[2021平顶山湛河,单,0.8分]学生小凯有洁癖,为人吝啬,做事有准确的时间表。根据弗洛伊德的人格发展阶段理论,这属于在哪个阶段形成的人格特征和行为习惯( )

A. 口唇期　　B. 肛门期　　C. 潜伏期　　D. 性器期

答案:B

考点2 "大五"人格模型理论

塔佩斯等人运用词汇学的方法对卡特尔的特质变量进行了再分析,发现了五个相对稳定的因素。之后许多学者进一步验证了"五种特质"的模型,众多研究者在人格究竟有多少个特质上逐渐达成了比较一致的认识，从而形成了著名的五因素模型，又称“大五”模型。高德伯格将其称为人格心理学中的“一场静悄悄的革命”。这五个因素是：

(1)**外倾性**，表现出热情、社交、果断、活跃、冒险、乐观等特质；

(2)**宜人性**，具有信任、直率、利他、依从、谦虚、移情等特质；

(3)**责任心**，显示了胜任、公正、条理、尽职、成就、自律、谨慎、克制等特质；

(4)**神经质或情绪稳定性**，具有焦虑、敌对、压抑、自我意识、冲动、脆弱等特质；

(5)**开放性**，具有想象、审美、情感丰富、求异、创造、智力等特质。

考点3 埃里克森的人格(心理社会)发展阶段理论 【单选、多选、判断】必背 ★★

美国精神分析学家**埃里克森**认为，人格发展是一个逐渐形成的过程，必须经历八个顺序不变的阶段，其中前五个阶段属于儿童成长和接受教育的时期。每一个阶段都有一个由生物学的成熟与社会文化环境、社会期望之间的冲突和矛盾所决定的发展危机。成功而合理地解决每个阶段的危机或冲突将使个体形成积极的人格特征和健全的人格。

1. 基本的信任感对基本的不信任感(0～1.5岁)

本阶段的发展任务是发展对周围世界，尤其是对社会环境的基本态度，培养**信任感**。如果父母或照料者给予婴儿适当的、稳定的与不间断的关切、照顾、哺育和抚摸，婴儿就会对父母或照料者产生一种信任感，认为这个世界是安全而可信赖的地方。这种对人、对环境的基本信任感是形成健康个性品质的基础，是以后各个时期发展的基础，尤其是青年时期发展起来的同一性的基础。

2. 自主感对羞耻感(1.5～3岁)

本阶段的发展任务是培养**自主性**。儿童初步尝试独立处理事情，如果父母允许幼儿去做他们力所能及的事，鼓励幼儿独立探索的欲望，幼儿就会逐渐认识到自己的能力，养成主动、自主的性格；反之，如果父母过分溺爱和保护或过分批评指责，就可能使儿童怀疑自己对自我和环境的控制能力，产生羞耻感。

这一阶段发展任务的解决，对于个体今后对社会组织和社会理想的态度将产生重要的影响，使其对未来的秩序和法制生活做好准备。

3. 主动感对内疚感(3～6岁)

本阶段的发展任务是培养**主动性**。由于身体活动能力和语言的发展，儿童有可能把活动范围扩展到家庭之外。儿童喜欢尝试探索环境，承担并学习掌握新的任务。此时，如果父母或教师对儿童的建议给予适当鼓励或妥善处理，则儿童不仅发展了主动性，还能培养明辨是非的道德感，*如母亲正在做饭时，儿童主动帮忙递了一个厨具，母亲的肯定和表扬便让他们觉得自己做了一件很有意义的事情；反之，如果父母对儿童的问题感到不耐烦或嘲笑儿童的活动，儿童就会产生内疚感*。

本阶段也称为**游戏期**，游戏执行着自我的功能，在解决各种矛盾中体现出自我治疗和自我教育的作用。

4. 勤奋感对自卑感(6～12岁)

本阶段的发展任务是培养勤奋感。在这个时期，多数儿童已进入学校，第一次接受社会赋予他们并期望他们完成的任务。他们追求任务完成时获得的成就感及由此带来的长辈的认可和赞许。如果儿童在学习、游戏等活动中不断取得成就并受到成人的奖励，儿童将以成功、嘉奖为荣，养成乐观、进取和勤奋的性格；反之，如果由于学习方法不当或努力不够而多次遭受挫折或其成就受到漠视，儿童容易形成自卑感。本阶段影响儿童活动的主要因素已由父母转向同伴、学校和其他社会机构，教师在培养儿童的勤奋感方面具有特殊作用。敏感、耐心、富于指导经验的教师有可能使具有自卑感的学生重新获得勤奋感。

5. 自我同一性对角色混乱(12～18岁)

本阶段的发展任务是培养自我同一性。自我同一性是指个体组织自己的动机、能力、信仰及活动经验而形成的有关自我的一致性形象;也是一种关于自己是谁,在社会中占什么样的地位,将来准备成为什么样的人,以及怎样努力成为理想中的人的一系列感觉。自我同一性的形成要求谨慎的选择和决策,尤其体现在职业定向、性别角色分化等方面。如果青少年不能整合这些方面和各种选择,或者根本无法在其中进行选择,就会导致角色混乱。在确立自我同一性之前需要的一段时间叫"**合法延缓期**",根据埃里克森的理论,青年继儿童期后,自认为没有能力持久地承担义务,便会在做出最后决断前进入一种"暂停"的时期,用以延缓承担义务和责任,以避免同一性提前完成。

其他三个阶段分别为:亲密感对孤独感(成年早期)、繁殖感对停滞感(成年中期)、自我整合对绝望感(成年晚期)。

表3-4　埃里克森的人格发展阶段论

阶段	年龄	任务	人格品质
基本的信任感对基本的不信任感	0～1.5岁	培养信任感	希望
自主感对羞耻感	1.5～3岁	培养自主性	意志
主动感对内疚感	3～6岁	培养主动性	目标
勤奋感对自卑感	6～12岁	培养勤奋感	能力
自我同一性对角色混乱	12～18岁	培养自我同一性	诚实
亲密感对孤独感	成年早期	培养亲密感	爱
繁殖感对停滞感	成年中期	培养繁殖感	关心
自我整合对绝望感	成年晚期	培养自我整合	智慧

知识再拔高

马西娅对同一性状态的划分

马西娅根据探索和承诺的程度高低划分出四种同一性状态,以此描述四种同一性结果。四种同一性状态的行为描述如下:

同一性状态	探索和承诺程度	行为
同一性获得	高探索和高承诺	这类个体已经经历了各种探索,仔细考虑过各种选择,做出了确定的选择,并对特定的目标、信仰和价值观做出了坚定、积极的承诺
同一性延缓	高探索和低承诺	这类个体正处于探索的过程中,收集信息、尝试各种活动,希望发现引导他们生活的目标和价值,他们积极地探索各种选择,但还没有对特定的目标、价值观和意识形态等做出有意识的投入
同一性早闭	低探索和高承诺	处于这种状态的个体对同一性的探索提前结束,他们没有对有关自我发展的重大问题进行过思考,其自我投入的目标、价值、信仰反映了父母或其他权威人物的希望
同一性扩散	低探索和低承诺	这类个体没有仔细思考或探索过各种同一性问题,从来不去探索各种选择,也不去尝试做出努力,缺乏对自己的了解,没有方向感,没有确定自己的目标和价值观,也未对特定目标价值或社会角色做出清晰的承诺

真题面对面

1. [2023事业单位,单,0.8分]个体思考自己是一个什么样的人,有什么优缺点,将来想成为什么样的人,以及怎样努力成为理想中的人等一系列问题。根据埃里克森心理社会发展理论,该个体所处阶段是(　　)

A. 勤奋对自卑　　B. 同一性对角色混乱

C. 亲密对孤独　　D. 主动对内疚

2. [2021平顶山湛河,单,0.8分]高考结束之后,当有同学问起小刘想报考哪所学校时,小刘说他的父母早就替他规划好了一切,听父母的就好了。根据同一性理论,小刘的情况属于(　　)

A. 同一性获得　　B. 同一性混乱

C. 同一性延缓　　D. 同一性早闭

3. [2021濮阳清丰,判断,1分]埃里克森认为,小学生的主要任务是培养勤奋感、克服自卑感。(　　)

答案:1. B　2. D　3. √

考点4　艾森克的人格维度理论

英国心理学家艾森克认为,可以借助维度的概念来描述人格的个体差异,对人格的类型加以划分。他根据内倾与外倾(外倾性)、情绪的稳定与不稳定(神经质)这两个维度,将人格分成四种类型。

(1)稳定内倾型。稳定内倾型表现为温和、镇定、安宁、善于克制自己,相当于黏液质。

(2)稳定外倾型。稳定外倾型表现为活泼、悠闲、开朗、富于反应,相当于多血质。

(3)不稳定内倾型。不稳定内倾型表现为严峻、慈爱、文静、易焦虑,相当于抑郁质。

(4)不稳定外倾型。不稳定外倾型表现为冲动、好斗、易激动等,相当于胆汁质。

另外,为了解释心理异常者的人格,艾森克又在内外向性和情绪稳定性两个维度之外,增加了第三个维度——精神质。

考点5　A-B型人格理论 新增 【单选】★★

福利曼和罗斯曼提出了A-B型人格理论。

A型人格的主要特点是:性情急躁,缺乏耐性。他们的成就欲高、上进心强、有苦干精神、工作投入、做事认真负责、时间紧迫感强、富有竞争意识、外向、动作敏捷、说话快、生活常处于紧张状态,但办事匆忙、社会适应性差,属于不安定型人格。

B型人格的特点是:性情不温不火,举止稳当,对工作和生活的满足感强,喜欢慢步调的生活节奏。在需要耐心和谨慎思考的工作中,B型人格往往比A型人格表现得更好。

真题面对面

[2022郑州惠济,单,0.5分]青青性格外向,在学习或做事中认真负责、上进心强、富有竞争意识,动作敏捷,但是性情急躁、缺乏耐性。根据福利曼和罗斯曼对人格的研究,青青属于(　　)

A. C型人格　　B. B型人格

C. D型人格　　D. A型人格

答案:D

四、自我意识的发展【单选、多选、判断】★

考点1 自我意识概述

1. 自我意识的概念及成分

自我意识是个体对自己以及自己与周围事物的关系的意识。自我意识是人格的重要组成部分，也是使人格各部分整合和统一起来的核心力量。同时，一切社会环境因素对人产生的影响，都必须通过自我意识的中介而发挥作用，因而自我意识在人格的形成和发展中起着不可缺少的作用。

一般认为，自我意识包括三种成分：

(1)**自我认识**是对自己的洞察和理解，包括自我观察和自我评价，其中自我评价是自我调节的重要条件。自我观察是指对自己的感知、思维和意向等方面的觉察；自我评价是指对自己的想法、期望、行为及人格特征的判断与评估。

(2)**自我体验**是自我意识在情感上的表现，是伴随自我认识而产生的内心体验。自尊心、自信心是自我体验的具体内容。

自尊心是指个体在社会比较过程中所获得的有关自我价值的积极的评价与体验。自信心是对自己的能力是否适合所承担的任务而产生的自我体验。自信心与自尊心都是和自我评价紧密联系在一起的。例如，当一个人对自己做正向的评价时就会产生自尊感，做负向评价时就会产生自卑感。

教育心理学家古柏史密斯在其所著《自尊心的养成》一书中，提出培养学生自尊心的三个先决条件：①**重要感**指个人觉得他的存在是重要的和有意义的。学生的重要感主要来自与人交往的社会关系，在家庭中得到父母的关爱和在学校受到教师及同学的接纳，就会使他们产生重要感。②**成就感**指个人能在具有挑战性的工作中表现出成就，而且能达到自己的预期目标，这时会产生一种完美感受。学生在学业上的成就感，自然就是形成正确自我观念的关键。③**力量感**指个人感觉到自己有处理事务和适应困境的能力。对学生来说，在智能和经验上能接受学校考试的压力，能每天不需要别人督导协助就能独立完成课后作业，就会产生力量感。

(3)**自我控制**是自我意识在行为上的表现，是实现自我意识调节的最终环节。当个体认识到某种社会要求后，会力求使自己的行为符合社会准则，从而激发自我控制的动机，并付诸行动。

2. 自我意识的发展阶段

个体自我意识的发展经历了从生理自我到社会自我，再到心理自我的过程。

(1)生理自我(自我中心期)

生理自我是自我意识最原始的形态。通常儿童1周岁末开始将自己的动作和动作的对象区分开来，把自己和自己的动作区分开来，并在与成人的交往中，按照自己的姓名、身体特征、行动和活动能力来看待自己，并做出一定的评价。生理自我在3岁左右基本成熟。

(2)社会自我(客观化时期)

儿童在3岁以后，自我意识的发展进入社会自我阶段。他们从轻信成人的评价逐渐过渡到自我独立评价。这时，自我评价的独立性、原则性、批判性正在迅速发展，儿童对道德行为的判断能力，也逐渐达到了前所未有的水平，从对具体行为的评价到有一定概括程度的评价。但他们的自我评价通常不涉及个人的内心世界和人格特征，自我的调节控制能力也较差，常出现言行不一的现象。社会自我到少年期基本成熟。

(3)心理自我(主观自我时期)

心理自我是在青春期开始发展和形成的。这时，青年开始形成自觉地按照一定的行动目标和社会准则来评价自己的心理品质和能力。他们的自我评价越来越客观、公正和全面，且具有社会道德性，并在此基础上形成自我理想，追求最有意义和最有价值的目标。

记忆有妙招

为方便考生记忆，我们将自我意识的发展阶段总结成如下口诀：**3岁重胜利，少年进社会，青春在心理。胜利**：生理。

考点2 学生自我意识的发展

1. 小学生自我意识的发展

(1)自我意识发展的趋势

小学阶段，儿童的自我意识处于客观化时期，是获得社会自我的时期。小学生的自我意识随着年龄的增长从低水平向高水平发展，但发展不是匀速的，而是既有快速上升期，又有平衡发展的时期。具体表现为：小学一、二年级是主要发展期；小学三年级至五年级期间，自我意识发展相对平稳；小学五年级至六年级是自我意识发展的第二个上升期。

(2)自我意识发展的特点

从自我意识的各成分来看，发展并不同步。①在自我概念方面。小学生能够形成自我概念，但其自我概念仍然带有很大的具体性和绝对性。而且研究还发现，小学高年级学生自我概念的发展趋势存在性别差异。②在自我评价方面。自我评价能力是自我意识发展的主要成分和主要标志。小学生的自我评价能力进一步发展起来。③在自我体验和自我调控方面。小学生的自我体验逐步加深，自我调控能力还不高。

2. 初中生自我意识的发展

(1)自我意识发展的趋势

从初中开始，学生已经能够比较自觉地认识和评价自己的心理品质，独立地支配、调节自己的行动。青少年时期是自我意识发展的第二个飞跃期。其总的发展趋势是：从小学六年级开始到初中三年级，学生的自我意识发展总体上处于平稳期；从初三到高一年级为显著上升时期。

(2)自我意识发展的特点

①初中生的自我体验随着年龄的增长而不断发展。主要表现在：

第一，**出现成人感**。

第二，**自尊感增强**。

第三，**出现自卑感**。所谓自卑感是指一种轻视自己、不相信自己、对自己持否定态度的自我体验。自卑的人热衷于与人比较，他们对自己有很高的期待，但无法接受追求成功过程中的失败，因为他们对自己缺乏客观、清醒的认识，无法悦纳自己。一旦失败受挫，就容易产生自我怀疑和自我否定，引发一系列的心理困扰。

②自我开始分化，开始分成“主我”和“客我”或“理想的自我”和“现实的自我”。

③能够更自觉地评价别人的和自己的个性品质，但评价别人和自己的个性品质的能力与高中生相比，水平还不高，而且不稳定。

3. 高中生自我意识的发展

(1)自我意识发展的趋势

高中生的自我意识从总的发展情况来看，处于显著上升期之后的平稳期。这一平稳期中在某些成分的发展上又有缓慢上升的趋势，呈现“稳中有升”的特点。①高中生的自我评价水平随着年级的升高而不断提高。②自我体验在高一、高二比较平稳之后，又呈现缓慢上升的趋势。③自我控制方面，从高二开始，出现了缓慢上升的趋势。不难看出，高中二年级是学生自我意识各成分普遍提高的发展阶段。

(2)自我意识发展的特点

高中生自我意识发展的特点有这几个方面：①自我意识中独立意向的发展；②自我意识的组成成分分化；③强烈地关心着自己的个性成长；④自我形象受到了空前的关注；⑤自我评价逐渐成熟；⑥自尊心强。高中生在自我观察、自我评价、自我体验、自我监督、自我控制等自我意识的诸成分上都获得了高度的发展，并趋于成熟。

考点大默写

1. “人心不同，各如其面”体现了人格的__________特征；“江山易改，禀性难移”体现了人格的__________特征。
2. 依据鲍姆宁的家庭教养方式分类，对孩子过于支配，孩子的一切都由父母来控制属于__________家庭教养方式；对孩子过于溺爱，任孩子随心所欲，父母对孩子的教育有时处于失控状态属于__________家庭教养方式；__________家庭教养方式是最成熟的家庭教养方式。
3. 弗洛伊德提出的三部人格结构说认为人格是由__________、自我和超我三部分构成的。其中，自我遵循__________原则；超我遵循__________原则。
4. 根据埃里克森的人格发展阶段理论，6～12岁个体的发展任务是培养__________；12～18岁个体的发展任务是培养__________。
5. __________是指个体组织自己的动机、能力、信仰及活动经验而形成的有关自我的一致性形象；也是一种关于自己是谁，在社会中占什么样的地位，将来准备成为什么样的人，以及怎样努力成为理想中的人的一系列感觉。
6. 个体自我意识的发展经历了从生理自我到__________，再到__________的过程。
7. 根据A-B型人格理论，性情不温不火，举止稳当，对工作和生活的满足感强，喜欢慢步调的生活节奏的个体属于__________人格。

【参考答案】

1. 独特性；稳定性　2. 专制型；放纵型；民主型　3. 本我；现实；道德　4. 勤奋感；自我同一性　5. 自我同一性　6. 社会自我；心理自我　7. B型

第四节　学生的个别差异

学生的个别差异，从心理角度来看，包括认知差异与性格差异。其中认知差异包括认知能力差异和认知方式差异。

一、学生的认知差异及其教育意义

考点1　学生的认知能力差异　【单选、多选】★

人类各种能力的发展趋势是不同的，其中受到广泛关注和研究的是一般能力，即智力。智力发展的差异包括个体差异与群体差异两个方面。

1. 智力的个体差异

(1)智力类型差异

智力类型差异是指构成智力的各种因素存在质的差异,主要表现在知觉、记忆、想象、思维的类型和品质方面。例如,有的人长于想象,有的人长于记忆,有的人长于思维等。

智力类型差异一般不代表智力水平的高低,只影响人们学习的过程和获取知识经验的方式。

(2)智力发展水平的差异

智力发展水平的差异(即一般能力的差异),指的是个体之间或个体内部智力水平高低的不同程度。它表明人的智力发展有高有低。研究表明,人们的智力水平呈正态分布,又称常态分布,表现为中间高两头低,大多数人的智力属于中等水平。

心理学家根据智力发展水平把儿童分成三个等级,即超常儿童、常态儿童、低常儿童。超常儿童是指智力发展或某种才能显著超过同龄儿童平均水平的儿童。一般认为,IQ超过140的人属于天才,他们在人口中大约占1.3%;IQ超过130为智力超常,他们在人口中大约占4.4%。低常儿童是指智力发展明显低于同龄儿童平均水平并有适应性行为障碍的儿童,又称智力落后儿童。IQ低于70为智力落后,他们在人口中大约占2.7%。根据智力水平分类,智力落后可分为轻度智力落后(智商为50~70)、中度智力落后(智商为35~50)及重度和极重度智力落后(智商为35以下)三类。

另外,根据推孟对智力百分比的统计,IQ在110~119的人为优秀(中上或聪明)智商,IQ在90~109的人为中等智商,IQ在80~89的人为中下(迟钝)智商。

(3)智力表现早晚的差异

各种智力不仅在质或量的方面表现出明显的差异,而且智力表现的早晚也存在着明显的差异。有的人在儿童时期就显露出非凡的智力或特殊能力,这叫"**早慧**"或"**早熟**"。例如,我国唐初的诗人王勃6岁善文辞,10岁能赋,少年时写了《滕王阁序》。在人的智力发展中,也有不少人的能力表现较晚,这叫"**大器晚成**"。例如,我国著名画家齐白石,近30岁开始学画,40岁才表现出卓越的绘画才能。

2. 智力的群体差异

智力的群体差异是指不同群体之间的智力差异,包括智力的性别差异、年龄差异、种族差异等。

其中,智力的性别差异表现在:(1)男女智力的总体水平大致相等,但男性智力分布的离散程度比女性大;(2)男女的智力结构存在差异,各自具有自己的优势领域。男女在一般智力因素上没有显著差异,其性别差异主要反映在特殊智力因素中,主要包括数学能力、言语能力和空间能力。

智力是影响学习的一个重要因素。在传统教学条件下,智力是学习成绩的一个可靠的预测指标。然而,智力并不影响学习能否发生,它主要影响学习的速度、数量、巩固程度和学习迁移。

真题面对面

[2021郑州中原,单,0.7分]按照儿童的智力水平分类,智力落后可分为轻度智力落后、中度智力落后及重度和极重度智力落后三类。其中,中度智力落后者的智商为(　　)

A. 15~35　　B. 35~50　　C. 50~65　　D. 65~80

答案:B

考点2　学生的认知方式差异　【单选、多选、判断、案例分析】必背 ★★★

认知方式,也称**认知风格**,是指人们在认知活动中所偏爱的信息加工方式。它是一种比较稳定的心理特征，存在着很大的个体差异。认知方式没有优劣、好坏之分，只是表现为学生对信息加工方式的某种偏爱，主要影响学生的学习方式。

1. 场依存型与场独立型

心理学家把外界环境描述为一个场。美国心理学家**赫尔曼·威特金**将认知方式分为两种：场依存型与场独立型。

场依存型的学生对客观事物的判断常以外部线索为依据，其态度和自我认知易受周围环境或背景（尤其是权威人士）的影响，往往不易独立地对事物做出判断，而是人云亦云，从他人处获得标准；行为常以社会为定向，社会敏感性强，爱好社交活动。

场独立型的学生对客观事物的判断常以自己的内部线索（经验、价值观）为依据，不易受到周围环境因素的影响和干扰，倾向于对事物的独立判断；行为常是非社会定向的，社会敏感性差，不善于社交，关心抽象的概念和理论，喜欢独处。喜欢学习一般原理，不喜欢一些具体知识，他们达到的概括化程度比场依存型的学生高，但两者在获得的知识量上没有差异。

场依存型者与场独立型者在学习上的不同特点见表3-5。

表3-5　场依存型者与场独立型者的学习特点

学习特点	场依存型者	场独立型者
学习兴趣偏好	人文、社会科学	理科、自然科学
学习成绩倾向	理科、自然科学成绩差，人文、社会科学成绩好	理科、自然科学成绩好，人文、社会科学成绩差
学习策略特点	喜欢与同伴一起讨论或进行协作学习；由外在动机支配	不太喜欢受外界的影响；由内在动机支配
教学方式偏好	喜欢结构严密的教学方式；善于学习系统化、条理化的材料	喜欢结构不严密、相对自由宽松的教学方式；喜欢学习无结构的材料
知觉方式偏好	善于把握整体，喜欢笼统的、整体的知觉方式	善于从整体中分析出各个元素，喜欢分析的知觉方式

2. 冲动型与沉思型

冲动型（又称**冲动型认知方式**）的学生在解决认知任务时，总是急于给出问题的答案，而不习惯对解决问题的各种可能性进行全面思考，有时问题还未弄清楚就开始解答。这种类型的学生认知问题的速度虽然很快，但错误率高，在运用低层次事实性信息的问题解决中占优势；解决具有许多维度的问题时速度快。他们更多的是使用整体加工方式。

沉思型（又称**反省型认知方式**）的学生在解决认知任务时，总是谨慎、全面地检查各种假设，在确认没有问题的情况下才会给出答案。这种类型的学生解答认知问题的速度虽然慢，但错误率很低，在解决高层次问题时占优势；解决具有较少维度的问题时速度快。他们多采用细节性加工方式。冲动与沉思的标准是反应时间和精确性。

3. 辐合型与发散型

辐合型认知方式是指在解决问题的过程中常表现出辐合思维的特征，表现为收集或综合信息与知识，运用逻辑规律缩小解答范围，直到找到最适当的、唯一正确的答案。

发散型认知方式则是指在解决问题的过程中常表现出发散思维的特征，表现为个人的思维沿着许多不同的方向发展，使观念发散到各个有关的方面，最终产生多种可能的答案而不是唯一正确的答案，因而容易产生有创见性的新颖观念。

4. 同时型和继时型

继时型认知风格的特点是：在解决问题时，能一步一步地分析问题，每一个步骤只考虑一种假设或一种属性，提出的假设在时间上有明显的前后顺序。

同时型认知风格的特点是：在解决问题时，采取宽视野的方式，同时考虑多种假设，并兼顾到解决问题的各种可能。

5. 深层加工和表层加工

学生对信息加工的深度存在两种方式，一种是深层加工，另一种是表层加工。

深层加工指深刻理解所学内容，将所学内容与更大的概念框架联结起来，以获取内容的深层意义。表层加工指记忆学习内容的表面信息，不将它们与更大的概念框架联结起来。例如，当学生在学习“中心”这一概念时，是否注意到它是皮亚杰理论的内容，并将其与其他诸如“自我中心”“守恒”“前运算思维”等概念联系起来？是否会将它与成人常常表现出的自我中心的事实联系起来，尽管它属于幼儿思维方式的内容？如果是这样，那他就是在使用深层加工方式。相反，如果他只是记住其定义或确认一到两个中心主义的例子，那他就是在使用表层加工方式。深层加工有利于侧重理解的考试，表层加工有利于侧重事实学习和记忆的考试。

6. 具体型和抽象型 新增

具体型和抽象型是美国心理学家哈维及其同事提出的，他们是根据儿童在进行信息加工时所采用概念水平的高低来划分的。

具体型儿童在进行信息加工时，善于比较深入地分析某一具体观点或情境，但必须向他们提供尽可能多的有关信息，否则很容易造成他们对问题的偏见。研究表明，这类儿童在结构化教学方法（如演绎法和讲解法）之下，成绩会更好。

抽象型儿童在对事物进行认知时，能够看到某个问题或论点的众多方面，可以避免刻板印象（对人与事物认知的先入为主性），能够容忍情境的模糊性并能进行抽象程度较高的思考。研究表明，这类儿童在非结构教学方法（如归纳法或发现法）下表现得更好。

知识再拔高

学习风格

1. 学习风格的概念

学习风格是学习者个体在长期的学习过程中受多种因素影响逐步形成的相对稳定的学习方式偏爱。它的形成与个体的人格特质、教育背景、生长环境有关。学习风格与认知风格常常混在一起使用，目前研究者一般认为学习风格是一个更广泛的概念，它包含认知风格、情感风格和生理风格。

2. 学习风格差异——感觉通道的差异

感觉通道的差异是指学习者对于视觉、听觉和动觉刺激的偏好程度。学习者在感觉通道偏好上存在三种典型类型。

（1）视觉型学习者。这类学习者对于视觉刺激较为敏感，习惯于通过视觉接受学习材料，如景色、相貌、书籍、图片等。他们适合于通过自己看书和做笔记进行学习，而不适合于教师的讲授和灌输。

（2）听觉型学习者。这类学习者较为偏重听觉刺激，他们对于语言、声响和音乐的接受力和理解力较强，甚至喜欢一边学习，一边戴着耳机听音乐。当学习外语时，他们喜欢多听多说，而不太关心具体单词的拼写或者句型结构。

(3)动觉型学习者。这类学习者喜欢接触和操作物体，对于自己能够动手参与的认知活动更感兴趣。因此，教师用手轻拍他们的头表示赞赏要比口头表扬产生的效果更好。

真题面对面

1.［2022平顶山市直，单，0.7分］认知风格是指个体在认知过程中所表现出的习惯化行为模式，不同认知风格类型的个体知觉，注意资源分配，注意警觉性，注意选择记忆、思维等基本认知过程中均表现出差异，对学生认知风格差异阐述不对的是(　　)

A. 抽象型认知风格的学生在对事物进行认知时，能够看到某个问题或论点的众多方面，可以避免刻板印象

B. 具体型认知风格的学生在结构化教学方法之下，学习成绩会更好

C. 发散型认知风格的学生在解决问题时，同时考虑多种假设并兼顾解决问题的多种可能性

D. 抽象型认知风格的学生在非结构化教学方法下，学习成绩会更好

2.［2022郑州市直，单，0.8分］小轩在老师上课提问时，经常没有弄清题意便抢先回答，他的认知风格属于(　　)

A. 沉思型　　B. 场独立型　　C. 场依存型　　D. 冲动型

3.［2021平顶山湛河，多，1.5分］关于学生的认知风格，表述正确的有(　　)

A. 威特金把受环境因素影响大的称为场依存型，把不受或很少受环境因素影响的称为场独立型

B. 冲动型学生在解决问题的能力方面比反省型差

C. 学生对信息加工的深度存在深层加工和表层加工两种方式

D. 区分辐合型和发散型的标准是反应时间

答案：1. C　2. D　3. AC

考点3　学生认知差异的教育意义

我们必须根据学生认知差异的特点，不断改革教学，因材施教。这要求我们做到：

(1)创设适应学生认知差异的教学组织形式。为了适应学生的智力差异，我们常常采用的教学组织形式包括：分校、分班、班内分组(同质分组)、复式教学、升留级、跳级、开设特长班和课外兴趣班等。

(2)采用适应认知差异的教学方式，努力使教学方式个别化。掌握学习、个别指导教学法和个人化教学系统是其中的三种教学方式。

(3)运用适应认知差异的教学手段。当前直接应用于教学的现代技术设备主要有计算机辅助教学、多媒体计算机辅助教学(电视及录像设备、电声设备、光学投影设备、教学机器)等。

二、学生的性格差异及其教育意义

考点1　学生的性格差异【判断】★

1. 性格的特征差异

(1)奥尔波特的性格特征分类

奥尔波特将性格特征分为共同特质和个人特质。特质是决定个体行为的基本特性，是人格的有效组成元

素，也是测评人格常用的基本单位。

共同特质是在同一文化形态下的群体所共同具有的特质，它是在共同的生活方式下形成的。

个人特质是个人所独有的、代表个人行为倾向的特质，它包括首要特质、中心特质和次要特质。**首要特质**是一个人最典型、最具有概括性的特质，它影响一个人的各方面的行为，如多愁善感是林黛玉的首要特质。中心特质是构成个体独特性的几个重要特质，在每个人身上大约有5～10个，如清高、率直、聪慧、孤僻都属于林黛玉的中心特质。次要特质也是人格的组成因素，是个体的一些不太重要的特质，往往只有在特殊的情况下才会表现出来。

考生在区分个人特质的类型时，可从以下方面入手："最典型、最具有概括性"对应首要特质；"几个、重要"对应中心特质；"不太重要、特殊情况"对应次要特质。

真题面对面

[2022郑州市直，单，0.8分]人们常说的"军人严格自律"所体现的人格特质属于(　　)

A. 首要特质　　B. 共同特质　　C. 中心特质　　D. 次要特质

答案：B

(2)卡特尔的性格特征分类

卡特尔将性格特征分为表面特质和根源特质。

表面特质是从外部行为能直接观察到的特质。表面上看起来相似的特征或行为，却可能有大相径庭的原因。比如，一个学生表现出勤奋好学，原因可能是求知欲强烈，也可能是对学习意义的深刻认识，还可能仅仅是为了获得家长的奖励。

根源特质是决定外显行为的潜在变量，是人格的本质。卡特尔用因素分析的方法，找出了16种相互独立的根源特质。

2. 性格的类型差异

性格类型是指在一类人身上所共有的性格特征的独特结合。常见的分类学说有向性说和独立顺从说。依据个人心理活动的倾向性，可把人的性格分为外向型与内向型；依据一个人独立或顺从的程度，可把人的性格分为独立型和顺从型。

考点2　学生性格差异的教育意义

(1)性格虽然不会决定学习是否发生，但它却会影响学生的学习方式。性格也可作为动力因素影响学习的速度和质量。性格的个别差异又会影响学生对学习内容的选择，而且还会影响学生的社会性学习和个体社会化。

(2)为了促进学生的全面发展，学校教育应更重视性格因素的作用，使教育内容的选择和组织更好地适应学生的性格差异。

考点大默写

1. 智力的个体差异主要分为智力________差异、智力________的差异和智力表现早晚的差异。
2. 根据智力水平分类，智力落后可分为________智力落后、________智力落后及重度和极重度智力落后三类。其中，________智力落后者的智商为50～70。
3. 在场依存型与场独立型两种认知方式中，对客观事物的判断常以外部线索为依据的学生的认知方式为________；理科、自然科学成绩好，人文、社会科学成绩差的学生的认知方式通常为________。
4. 场依存型者喜欢结构________的教学方式。

5. 认知方式为__________的学生在解决认知任务时，总是急于给出问题的答案，而不习惯对解决问题的各种可能性进行全面思考，有时问题还未弄清楚就开始解答；认知方式为__________的学生在解决认知任务时，总是谨慎、全面地检查各种假设，在确认没有问题的情况下才会给出答案。

6. 在解决问题的过程中表现为收集或综合信息与知识，运用逻辑规律缩小解答范围，直到找到最适当的、唯一正确的答案的认知方式为__________。

7. 根据学习风格差异中的感觉通道的差异，对于语言、声响和音乐的接受力和理解力较强，甚至喜欢一边学习，一边戴着耳机听音乐的学习者属于__________学习者。

8. 根据奥尔波特的性格特征分类，个人特质中的__________是一个人最典型、最具有概括性的特质；__________是构成个体独特性的几个重要特质。

【参考答案】

1. 类型；发展水平　2. 轻度；中度；轻度　3. 场依存型；场独立型　4. 严密　5. 冲动型；沉思型(反省型)　6. 辐合型　7. 听觉型　8. 首要特质；中心特质

考点　小学儿童同伴团体的发展过程

(1)孤立期(一年级上半学期)。处于该时期的小学生还没有形成一定的团体，各自正在探索与谁交朋友。

(2)水平分化期(一至二年级)。处于该时期的小学生，因空间的接近，如同桌、同路等因素而建立起一定的联系。

(3)垂直分化期(二至三年级)。处于该时期的小学生，因学习水平和身体能力的高低，分化出属于支配地位的和被支配地位的学生。

(4)部分团体形成期(三至五年级)。处于该时期的小学生，开始分化并形成了若干个小集团，出现了统帅小集团的领袖人物，团体成员的团体意识加强，出现了制约团体成员的行为规范。

(5)集体合并期(五年级以后)。各个小集团之间出现了联合，形成了大团体，并出现了统帅全年级的领袖人物。

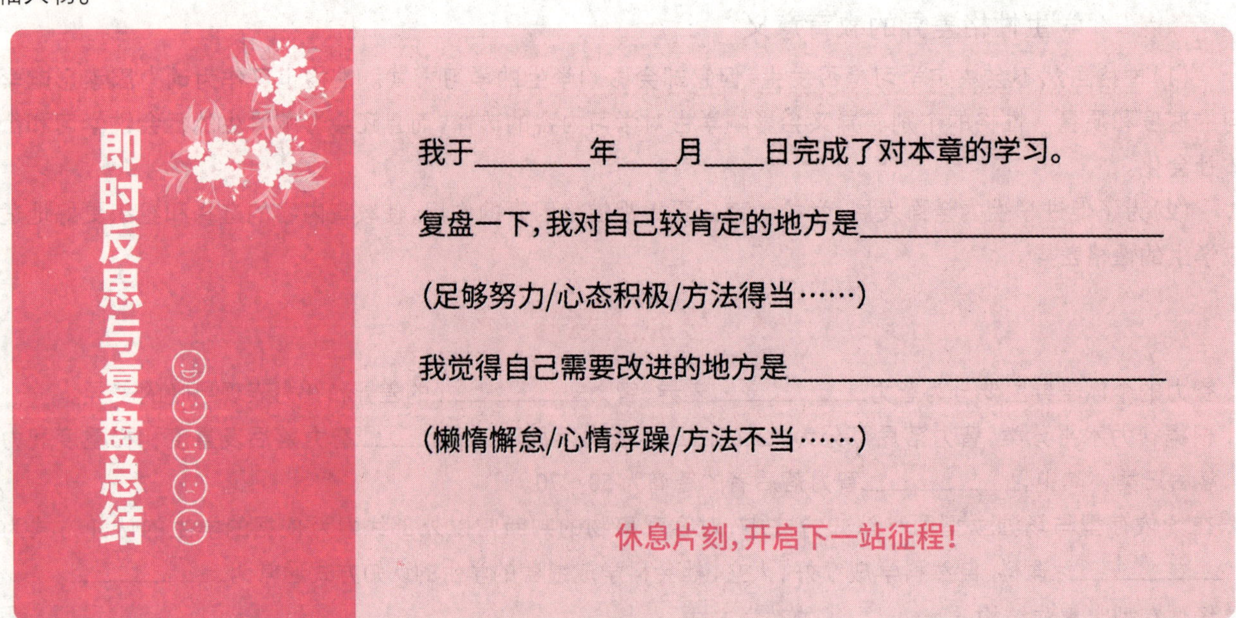

第三章 学习理论

思维导图

- 学习理论
  - 学习概述
    - 学习及其作用
      - 由于练习或反复经验而产生的行为或行为潜能的相对持久变化
      - 要素：学习者、刺激情境与刺激、记忆、反应
      - 作用：取得平衡、影响成熟、激发潜力
    - 学习的分类
      - 学习水平（加涅）："信刺反锁，言别概念，原理解决"
      - 学习结果（加涅）："言语智慧有策略，情态动作皆结果"
      - 学生学习方式（奥苏贝尔）：接受学习、发现学习
      - 学习内容与认知结构（奥苏贝尔）：有意义学习、机械学习
    - 学生学习
      - 内容：知识的掌握和技能的形成、智能的开发与非智力因素的发展、行为规范的学习与道德品质的培养
      - 特点：接受学习、主动构建、间接经验等
  - 行为主义学习理论
    - 巴甫洛夫的经典性条件作用理论：获得、泛化与分化、消退、恢复（易混点）
    - 华生的刺激—反应说：学习的实质在于形成习惯
    - 桑代克的联结—试误学习理论：准备律、练习律、效果律
    - 斯金纳的操作性条件作用理论：惩罚、强化、逃避条件作用与回避条件作用、消退（重点）
    - 班杜拉的社会学习理论（重点）
      - 观察学习过程：注意、保持、复现、动机
      - 直接强化、替代强化、自我强化
  - 认知派学习理论
    - 格式塔学派的完形—顿悟学习理论：学习的过程：顿悟
    - 托尔曼的符号学习理论：位置学习、潜伏学习
    - 布鲁纳的认知—发现学习理论（重点）
      - 学习过程："得花甲"
      - 教学原则："冻结城墙"
      - 发现学习
    - 奥苏贝尔的有意义接受学习理论
      - 有意义学习：非人为的、实质性联系
      - 先行组织者：引导性学习材料
    - 加涅的信息加工学习理论：学习过程："东街活宝会盖作坊"
  - 人本主义学习理论
    - 有意义的自由学习观：无意义学习、有意义学习
    - 学生中心的教学观
      - 心理气氛：真实或真诚；尊重、关注和接纳；移情性理解
      - 非指导性教学模式
  - 建构主义学习理论
    - 建构主义学习理论的主要内容：知识观、学习观、教学观、学生观、教师观（重点）
    - 建构主义学习理论对当前教育实践的启示：知识观、教学、学习者
    - 基于建构主义的课堂教学模式：支架式教学、抛锚式教学、随机进入教学、认知学徒制、自上而下的教学

河南考向

本章属于教育心理学部分的重难点章节，理论体系庞大，需要考生重点理解掌握的知识点较多。现对本章河南考向分析如下：

考点类型	考点名称	常考题型	能力层级	考查热度
高频考点	学习的内涵	单选、多选	理解	★★
	学习的分类	单选、多选、判断	理解	★★
	经典性条件作用理论的主要规律	单选、判断、案例分析	运用	★★
	联结—试误学习理论	单选、多选、判断	理解	★★
	操作性条件作用的基本规律	单选、多选、判断	运用	★★★
	社会学习理论	单选、判断	运用	★★★
	认知—发现学习理论	单选、多选、判断、简答	理解	★★★
	有意义接受学习理论	单选、多选、判断、简答	理解	★★
	建构主义学习理论的主要内容	单选、多选、判断、论述	识记	★★
新增考点	学习的要素	判断	识记	★★

第一节 学习概述

学习的内涵

一、学习及其作用

考点1 学习的内涵 【单选、多选】 必背 ★★

学习是个体在特定情境下由于练习或反复经验而产生的行为或行为潜能的相对持久的变化。

学习的内涵可以从以下几个方面去理解：(1)学习实质上是一种适应活动。(2)学习是人和动物共有的普遍现象。(3)学习是由反复经验引起的；也有观点直接强调学习的发生是由于经验引起的。(4)学习是有机体后天习得经验的过程。(5)学习的过程可以是有意的，也可以是无意的。(6)学习引起的是相对持久的行为或行为潜能的变化。但值得注意的是，并非所有的行为变化都是由学习产生的，如生理成熟、疲劳、药物等因素亦可引起行为的变化。

考生在判断一项活动是否为学习时，可以从以下两个方面出发：(1)学习的定义；(2)学习的“五非原则”，即非本能、非成熟、非疲劳、非药物、非病。

真题面对面

[2021平顶山湛河，多，1.5分]下列关于学习的表述不恰当的是(　　)

A. 学习的发生是由于经验引起的　　B. 行为的变化等同于学习的存在

C. 飞蛾扑火是一种学习行为　　D. 学习可以影响成熟

答案：BC

考点 2　学习的要素 新增 【判断】★★

加涅等人认为，学习的要素主要有四个：(1)学习者。生活中所讲的学习一般是指人类的学习。(2)刺激情境与刺激。刺激学习者感官的所有事件被统称为刺激情境；可以区分的单一的事件被称为刺激。(3)记忆。对学习者来说，一个重要的输入是学习者从记忆中提取的内容。(4)反应。由于感觉输入及其后继的各种转换而引发的行动称之为反应。

真题面对面

[2022 郑州惠济，判断，0.5 分]反应是学习的要素之一，是由于感觉输入及其后继的各种转换而引发的行动。(　　)

答案：√

考点 3　学习的作用

学习的作用表现在：(1)学习是个体和环境取得平衡的条件；(2)学习可以影响成熟；(3)学习能激发人脑智力的潜力，从而促进个体心理的发展。

二、学习的分类 【单选、多选、判断】★★

考点 1　加涅关于学习的划分 必背

1. 学习水平分类

根据学习情境由简单到复杂、学习水平由低到高的顺序，加涅把学习分为八类，建构了一个完整的学习层级结构。

(1)**信号学习**。信号学习是指学习对某种信号做出某种反应，其过程为：刺激—强化—反应，**如巴甫洛夫的经典性条件反射**。

(2)**刺激—反应学习**。刺激—反应学习是指学会对某一情境中的刺激做出某种反应，以获得某种结果。**例如，桑代克和斯金纳的操作性条件反射**，与经典性条件反射不同，其过程是：情境—反应—强化。即先有情境，做出反应动作，然后得到强化。

(3)**连锁学习**。连锁学习是指学习联合两个或两个以上的刺激—反应动作，以形成一系列刺激—反应动作的联结。

(4)**言语联结学习**。言语联结学习是指形成一系列的言语单位的联结，即言语连锁化。

(5)**辨别学习**。辨别学习是指学会识别多种刺激的异同并对之做出不同的反应。辨别学习实质上是一种知觉学习，即做出知觉的分化。辨别包括简单辨别(**如对物体的形状、大小和颜色等分别做出反应**)和多重辨别(**如把容易混淆的单词放在一起让学生辨认**)。

(6)**概念学习**。概念学习是指对刺激进行分类时，学会对一类刺激做出同样的反应，也就是对事物的抽象特征的反应。

(7)**原理学习(规则学习)**。原理学习是指学习两个或两个以上概念之间的关系。**例—规法与规—例法是原理学习的两种基本方式**。①例—规法指在教学中先呈现一系列例证，让学生从例证中概括出原理。②规—例法指先呈现要学习的规则，然后用例证来说明规则。

(8)**解决问题的学习(高级规则的学习)**。解决问题的学习是指在各种情况下，使用所学原理或规则去解决问题。

1971 年，加涅对学习水平分类做了修正，把前四类学习合并为一类，把概念学习扩展为具体概念学习和定义概念学习两类，即分类成为：(1)连锁学习；(2)辨别学习；(3)具体概念学习；(4)定义概念学习；(5)规则学习；(6)解决问题的学习。

记忆有妙招

为方便考生记忆，我们将加涅关于学习水平的划分总结成口诀供考生参考：**信刺反锁，言别概念，原理解决。信**：信号学习。**刺反**：刺激—反应学习。**锁**：连锁学习。**言**：言语联结学习。**别**：辨别学习。

2. 学习结果分类

加涅根据学习结果，将学习分为以下五种类型。

表3-6 学习结果分类

领域	学习结果	概念	典例
认知领域	智慧技能	运用符号或概念与环境交互作用的能力	把分数转换为小数
	认知策略	调控自己的注意、学习、记忆和思维等内部心理过程的技能	画出组织结构图
	言语信息	有关事物的名称、时间、地点、定义以及特征等方面的事实性信息	北京是中国的首都
动作技能领域	动作技能	通过身体动作的质量的不断改善而形成的整体动作模式	进行“8”字形溜冰
情感领域	态度	影响个人对人、事、物采取行动的内部状态	做出听古典音乐的行为选择

注：智慧技能对学生能力的要求主要是理解、运用概念和规则的能力，进行逻辑推理的能力；言语信息对学生的能力的要求主要是记忆。

加涅认为，上述五类学习不存在等级关系，其顺序是随意排列的，它们是范畴各不相同的学习。这种分类是对学习层次分类的一种简缩，它集中于学习的更高水平，充分体现了人类学习的特点，尤其符合学校学习的性质。

记忆有妙招

为方便考生记忆，我们将加涅关于学习结果的划分总结成口诀供考生参考：**认知领域有三宝，言语智慧有策略，情态动作皆结果。**

知识再拔高

智慧技能的类型

按照复杂程度的不同，可将智慧技能分为以下五个层次。后一级学习必须以前一级学习为先决条件。

(1)辨别。能区分刺激物的特征，发现事物之间的差异，如区分“大”和“小”、“人”与“入”等。

(2)具体概念。能列举事物的名称，如能识别各类轿车的共同属性，并赋予其类别术语。

(3)定义概念。能理解以命题或公式表达的事物的本质属性，如能理解哺乳动物的本质特征。

(4)规则。能按规则进行操作，做出正确的反应，如造句、解化学方程式。

(5)高级规则。能用简单规则解决较复杂的问题，如运用公式 $U=IR$ 来对串联、并联电路的 U、I 或 R 求解。

真题面对面

[2021 安阳滑县,单,0.7 分]根据加涅的学习水平分类观点,儿童学习游泳主要属于(　　)

A. 解决问题的学习　　B. 规则学习

C. 连锁学习　　D. 信号学习

答案:C

考点2　奥苏贝尔关于学习的划分

奥苏贝尔从两个维度对学习做了区分:从学生学习的方式上(学习主体所得经验的来源不同),将学习分为接受学习与发现学习;从学习内容与学习者认知结构的关系上(学习材料和学习者原有知识经验的关系的不同),又将学习分为有意义学习和机械学习。其中,机械学习有两种情况:一是机械材料(如圆周率的近似值)的机械学习,二是有意义材料(如乘法口诀)的机械学习。机械学习的结果是形成联结。这两个维度互不依赖,彼此独立,并且每一个维度都存在许多过渡形式,其具体组合可见图 3-1。

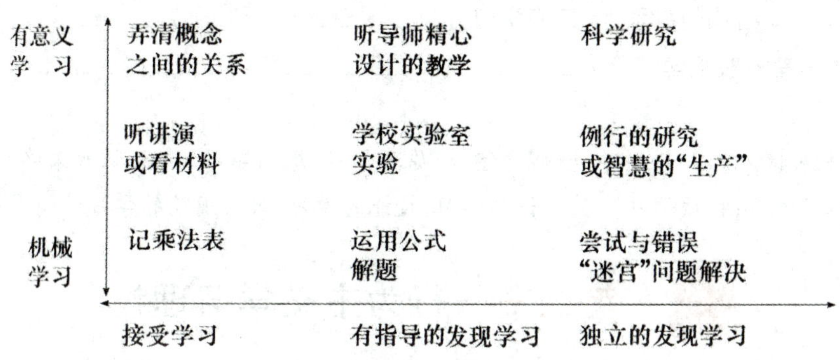

图 3-1　奥苏贝尔的学习分类

考点3　其他关于学习的分类

(1)从学习主体来说,学习可分为动物学习、人类学习和机器学习。人类学习与动物学习具有本质区别,表现在以下三个方面:①人类学习的社会性;②以语言为中介;③积极主动性。

(2)按学习时的意识水平,美国心理学家阿瑟·S·雷伯将学习分为内隐学习和外显学习。

(3)按学习内容,我国学者一般把学习分为知识的学习、技能的学习和行为规范的学习。

(4)苏联心理学家彼得罗夫斯基主张把学习分为两大类:一类是反射学习,指的是掌握一定刺激和一定反应的学习,这类学习是动物和人类所共有的。另一类是认知学习,指的是掌握一定的知识、技能和行为举止的学习,是人类所特有的。

三、学生学习

考点1　学生学习的内容

狭义的学习专指学生的学习,是指在教师的指导下,有目的、有计划、有组织、有系统地进行,在较短的时间内接受前人所积累的科学文化知识,并以此充实自己的过程。其内容大致分为:(1)知识的掌握和技能的形成;(2)智能的开发与非智力因素的发展;(3)行为规范的学习与道德品质的培养。

考点2　学生学习的特点

(1)接受学习是学习的主要形式,具有目的性、计划性和组织性。(2)学习过程是主动构建过程,具有自主性、策略性和风格性，是师生互动的过程。(3)学习内容以系统学习人类的间接知识经验为主，具有间接性。(4)学习目标具有全面性、多重目的性。(5)学生的学习具有一定程度的被动性。他们的学习不是为了适应当前的环境，而是为了适应将来的环境要求。

★★ 考点大默写 ★★

1. 学习是个体在特定情境下由于__________或__________而产生的行为或行为潜能的__________的变化。
2. 根据加涅的学习水平分类，学会识别多种刺激的异同并对之做出不同的反应属于__________；对刺激进行分类时，学会对一类刺激做出同样的反应属于__________；学习两个或两个以上概念之间的关系属于__________。
3. 根据加涅的学习结果分类，__________是调控自己的注意、学习、记忆和思维等内部心理过程的技能；__________是有关事物的名称、时间、地点、定义以及特征等方面的事实性信息。
4. 奥苏贝尔从两个维度对学习做了区分：从学生学习的方式上，将学习分为__________与__________；从学习内容与学习者认知结构的关系上，又将学习分为__________和__________。
5. 按学习内容，我国学者一般把学习分为__________、__________和__________。

【参考答案】

1. 练习；反复经验；相对持久 2. 辨别学习；概念学习；原理学习(规则学习) 3. 认知策略；言语信息 4. 接受学习；发现学习；有意义学习；机械学习 5. 知识的学习；技能的学习；行为规范的学习

第二节 行为主义学习理论

行为主义学习理论的核心观点认为，学习过程是有机体在一定条件下形成刺激与反应的联系，从而获得新经验的过程。由于行为主义强调刺激—反应的联结，因此，也属于联结派学习理论。行为主义学习理论应用在学校教育实践上，就是要求教师掌握塑造和矫正学生行为的方法，为学生创设一种环境，尽可能在最大程度上强化学生的合适行为，消除不合适行为。

一、巴甫洛夫的经典性条件作用理论

考点1 巴甫洛夫的经典性条件作用

巴甫洛夫是俄国著名的生理学家、心理学家，高级神经活动学说的创始人，高级神经活动生理学的奠基人，条件反射理论的建构者。

心理学实验

经典性条件作用实验

巴甫洛夫在研究狗的进食行为时发现：当狗吃到食物时，会分泌唾液。这是自然的生理反应，不需要学习，这种反应叫无条件反射，引起这种反应的刺激是食物，称为无条件刺激。如果在狗每次进食时发出铃声，一段时间后，狗只要听到铃声就会分泌唾液，这时作为中性刺激的铃声由于与无条件刺激联结而成了条件刺激，由此引起的唾液分泌就是条件反射，这种单独呈现条件刺激即能引起的唾液分泌反应叫作条件反应，后人称为“经典性条件作用”。

考点2 巴甫洛夫的经典性条件作用理论的主要规律 【单选、判断、案例分析】★★

1. 获得

条件作用的获得过程是通过条件刺激反复与无条件刺激相匹配,从而使个体学会对条件刺激做出条件反应的过程。在条件作用的获得过程中,条件刺激与无条件刺激之间的时间间隔十分重要。一方面,条件刺激和无条件刺激必须同时或近于同时呈现,间隔太久则难以建立联系;另一方面,条件刺激作为无条件刺激出现的信号,必须先于无条件刺激呈现,否则也将难以建立联系。

2. 泛化与分化

机体对与条件刺激相似的刺激做出条件反应,属于刺激的泛化。如果只对条件刺激做出条件反应,而对其他相似刺激不做反应,则出现了**刺激的分化**。

小香课堂

刺激泛化和刺激分化是互补的过程。区分二者时需要注意:泛化强调对事物相似性的反应(分不清);分化强调对事物差异性的反应(分得清)。

3. 消退

条件反射形成以后,如果得不到强化,条件反应会逐渐减弱,直至消失,这称为**消退现象**。

4. 恢复

消退现象发生后,如果个体得到一段时间的休息,条件刺激再度出现,这时条件反射可能又会自动恢复。这种未经强化而条件反射自动重现的现象被称为**恢复**。

真题面对面

[2023事业单位,单,0.8分]因为上课没认真听讲被英语老师点名批评,小王很伤心,连续几次后,他开始不喜欢英语老师,慢慢地不喜欢英语,再到后来不喜欢上学。这表明小王产生了( )

A. 泛化　　B. 消退

C. 习得　　D. 练习

答案:A

二、华生的刺激—反应说 【单选】★

学习的刺激—反应说的代表人物是华生,他是行为主义心理学的创始人。华生非常推崇巴甫洛夫的条件反射。他认为,习惯的养成和刺激与反应的条件化,两者没有什么不同,并主张用条件反射来解释习惯养成的问题。

考点1 学习的实质在于形成习惯

在华生看来，学习的过程乃是形成习惯的过程，即刺激与反应之间形成牢固联结的过程。华生也像巴甫洛夫那样，把刺激和反应分为无条件的和条件的两类。他把学习过程看成是习惯的形成过程，也就是把条件刺激与条件反应"组织"起来，形成一定的联结的过程。

考点2 习惯形成所遵循的规律

在学习的规律方面，华生主张频因律和近因律。**频因律**是指在其他条件相等的情况下，某种行为练习得越多，习惯形成得就越迅速，练习的次数在习惯形成中起着重要作用；**近因律**是指当反应频繁发生时，最新近的反应比较早的反应更容易得到加强，也就是说有效的反应总是最后一个反应。因此，他把反应离成功的远近作为解释一些反应被保留、另一些反应被淘汰的原则。

三、桑代克的联结—试误学习理论 【单选、多选、判断】 必背 ★★

桑代克是美国著名心理学家，西方教育心理学奠基人之一，联结主义学习理论的创始人。桑代克的联结说是教育心理学史上第一个较为完整的学习理论。它系统地回答了有关学习的一些最基本的问题，这为教育心理学成为一门独立的学科起到了奠基作用。

考点1 学习的实质

学习的实质在于形成情境与反应之间的联结，联结公式是S-R。他认为刺激与反应之间的联结是直接的，并不需要中介作用。学习的过程就是形成刺激与反应之间的联结的过程，而联结是通过尝试错误的过程建立的。情境感觉和动作冲动反应之间形成的联结是学习的基础，也是心理行为的基本单位。

心理学实验

饿猫出笼实验

在该实验中，将饿猫放在一个迷笼里，将小鱼放在笼外猫能看得见的地方。猫只有用前爪踏到开门的机关，才能出笼获食。在经过一系列盲目尝试之后，猫终于踏到机关，逃了出来。把猫多次放回笼中，猫几经尝试，逃出笼子的速度越来越快，犯错次数越来越少。经过反复尝试，猫学会了做出成功的反应，而抛弃不成功的反应，自动形成了迷笼刺激情境与踏动机关反应之间的联结。

考点2 学习的过程

学习的过程是一种渐进的、盲目的、尝试错误的过程。在此过程中随着错误反应的逐渐减少和正确反应的逐渐增加，而最终在刺激与反应之间形成牢固的联结。这种理论又被称为尝试—错误论，简称试误论。

考点3 学习的原则

（1）**准备律**是指联结的加强或削弱取决于学习者的心理准备和心理调节状态。准备不是指学习前的知识准备或成熟方面的准备，而是指学习者在学习开始时的预备定势。学习者有准备而给以活动就感到满意，有准备而不给以活动则感到烦恼，学习者无准备而强制给以活动也感到烦恼。

（2）**练习律**是指刺激与反应之间的联结会由于重复或练习而加强，不重复或练习，联结的力量就会减弱。练习律又分为应用律和失用律两个次律。

（3）效果律是指刺激和反应之间的联结可因满意的结果而加强，也可因烦恼的结果而减弱。即如果一个动作跟随情境中一个满意的变化，在类似的情境中这个动作重复的可能性将增加；但是，如果跟随的是一个不满意的变化，这个行为重复的可能性将减少。这样我们就能看到一个人当前行为的后果对决定他未来的行为起着关键的作用。也即哪一种行为会被“记住”，会与刺激建立起联系，取决于这种行为产生的效果。效果律是最重要的学习定律。

学习的副律有五条：多重反应原则、倾向和态度原则、选择性原则、同化或类化的原则和联想交替原则。

真题面对面

1.［2023事业单位，单，0.8分］桑代克的联结理论是根据“饿猫开迷箱”的实验结果提出来的，在该实验中猫总处于饥饿状态，说明其学习遵循了(　　)

A. 试误律　　B. 练习律　　C. 效果律　　D. 准备律

2.［2022郑州市直，单，0.8分］阳阳的数学成绩比语文成绩好，她学习数学的积极性更高，这符合桑代克学习理论的(　　)

A. 练习律　　B. 准备律　　C. 强化律　　D. 效果律

答案：1. D　2. D

考点4　联结—试误说的教育意义

桑代克的联结—试误理论虽然是从动物实验中推导出来的，但对于人类学习和学生学习仍有很大的借鉴意义。根据学生的学习特点，这一理论特别强调“从做中学”，即在实际的操作过程中学习有关的概念、原理、技能和策略等。具体而言，对教育有以下指导意义：

(1)在学习过程中，教师应该允许学生犯错误，并鼓励学生多尝试，从错误中学习，这样获得的知识才会更牢固。

(2)任何学习都应该在学生有准备的状态下进行，不能经常搞“突然袭击”。(准备律)

(3)在学习过程中，应加强合理的练习，并注意学习结束后不时地进行练习。(练习律)

(4)在实际教育过程中，教师应努力使学生的学习能得到自我满足的积极结果，防止一无所获或得到消极的后果。(效果律)

四、斯金纳的操作性条件作用理论

桑代克为操作性条件作用理论奠定了基础，**斯金纳**则系统地发展了这一理论，并使之对教育实践产生巨大作用。

斯金纳把人和动物的行为分为两类：应答性行为和操作性行为。**应答性行为**是由特定刺激引起的，是不随意的反射性反应；而**操作性行为**则不与任何特定刺激相联系，是有机体自发做出的随意反应。在日常生活中，人的大部分行为都是操作性行为。经典性条件作用理论可以解释应答性行为的产生，而操作性条件作用理论可以解释操作性行为的产生。

心理学实验

斯金纳箱

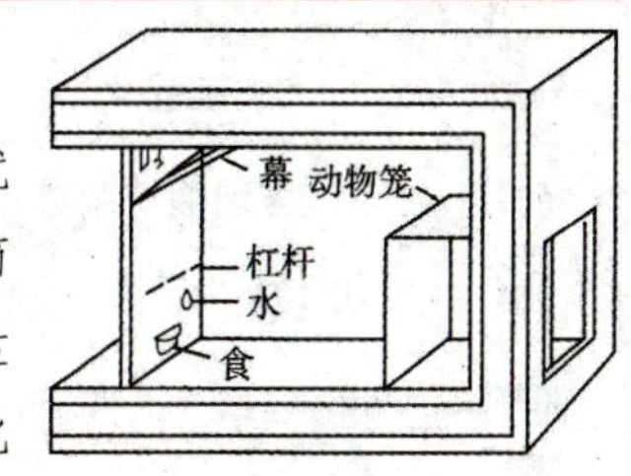

箱内有一个伸出的杠杆，下面有一个食物盘，只要箱内的动物按压杠杆，就会有一粒食丸滚到食物盘内，动物即可得到食物。斯金纳将饥饿的白鼠关在箱内，白鼠便在箱内不安地乱跑，活动中偶然压到了杠杆，则一粒食丸滚到食物盘内，白鼠便吃到了食丸。之后白鼠再次按压杠杆，又可得到食物。由于食物强化了白鼠按压杠杆的行为，因此白鼠后来按压杠杆的频率迅速上升。

考点1 巴甫洛夫的经典性条件反射与斯金纳的操作性条件反射的比较

操作性条件反射和经典性条件反射的形成规律是相同的，即都要在一定条件下建立起条件反射，共同点是需要强化。强化是个体学习的基础，但两种条件反射仍存在差别。在操作性条件反射中，个体是通过自己主动的操作活动而得到强化。在经典性条件反射中，个体则是被动地接受条件刺激而得到强化。应该指出，这种主动操作和被动操作而形成的条件反射只具有相对意义。操作性条件反射和经典性条件反射的具体差异见表3-7。

表3-7 两种条件作用的比较

比较范畴	经典性条件作用	操作性条件作用
主要代表人物	巴甫洛夫	斯金纳
行为	无意的、情绪的、生理的	有意的
顺序	行为发生在刺激之后	行为发生在刺激之前
学习的发生	中性刺激与无条件刺激的匹配	行为后果影响随后的行为
典例	学生将课堂（开始是中性的）与教师的热情联结在一起，课堂引发出积极情绪	学生回答问题后受到表扬，学生回答问题的次数增加

考点2 操作性条件作用的基本规律 【单选、多选、判断】 必背 ★★★

强化与惩罚

操作性条件作用的基本规律有：惩罚、强化、逃避条件作用与回避条件作用、消退。

1. 惩罚

惩罚是指当有机体做出某种反应以后，呈现一个厌恶刺激或失去一个愉快刺激，以消除或抑制此反应的过程。惩罚可分为呈现性惩罚（正惩罚）和移除性惩罚（负惩罚）。

2. 强化

（1）强化的分类

强化是采用适当的强化物而使机体的反应频率、强度和速度增加的过程。斯金纳认为，强化是塑造行为的有效而重要的条件，塑造行为的过程就是学习的过程。强化既能影响行为的习得速度与反应速度，也能影响行为的消退速度。

强化有正强化和负强化之分。**正强化**也称积极强化，是通过呈现想要的愉快刺激来提高反应频率；**负强化**也称消极强化，是通过消除或中止厌恶、不愉快刺激来提高反应频率。

（2）强化与惩罚的区别

表3-8 强化和惩罚的区别

区别	强化		惩罚	
分类	正强化	负强化	呈现性惩罚（正惩罚）	移除性惩罚（负惩罚）
特点	呈现愉快刺激	取消厌恶刺激	呈现厌恶刺激	取消愉快刺激
目的	提高反应频率		降低反应频率	
典例	给予表扬	免受惩罚	关禁闭	不写完作业不能出去玩

(3)强化程序

所谓强化程序(又称强化程式),是按合乎要求的反应次数以及各次强化之间的时距的适当组合而做出的各种强化安排。强化程序有多种变化,其中最重要的有两类方式:

①立即强化与延迟强化。立即强化是指有机体表现出正确反应后立即提供强化物,而延迟强化是指在有机体表现出正确反应后过一段时间才提供强化物。实验结果表明,立即强化效果优于延迟强化。

②连续强化和间隔强化。间隔强化根据时间和比率、固定和可变两个维度组合出以下四种强化程序。

表 3-9　间隔强化的四种强化程序

程序	概念	特点	典例
定比强化	做出一定数量的所期望行为后都会给予一次强化	可预期	计件工资;每举三次手给予一次发言的机会
定时强化	一定间隔的时间后都会给予一次强化	可预期	计时工资;每个学期的期末考试
变比强化	做出不定数量的所期望行为后给予一次强化	不可预期	钓鱼;买彩票
变时强化	不定间隔的时间后给予一次强化	不可预期	随时测验

强化的安排可以有很多种,不同的强化安排可以起到不同的强化效果。一般来说,间隔强化的效果比连续强化的效果好;变化时间和变化比例强化的效果好于固定时间和固定比例强化的效果。

(4)强化物

凡是能增强行为频率的刺激或事件叫作**强化物**。斯金纳区分了强化的两个来源:一级强化物和二级强化物。

一级强化物包括所有在没有任何学习发生的情况下也起强化作用的刺激,如食物和水等满足生理基本需要的东西。二级强化物包括那些在开始时不起强化作用,但后来作为与一级强化物或其他强化物配对的结果而起强化作用的刺激,如斯金纳箱里的灯光。斯金纳认为,对于人类来说,二级强化物包括对人类行为起强化作用的许多刺激(诸如特权、社会地位、权力、财富、名声等),这些大多是由社会文化决定的,它们构成了决定人类行为的极有力的二级强化物。二级强化也称为条件强化、习得强化。教师有时可以用一级强化物(如糖果等),强化学生的正确行为,但是教师更多地应该使用二级强化物强化学生的正确行为(如好的分数、赞赏、鼓励、表扬等)。

在选择强化物时,可以遵循**普雷马克原理**,又称为"**祖母法则**",即用高频活动作为低频活动的有效强化物。简单地说,每个人都有一个强化等级,在强化等级中,处于较高一级的强化物比处于较低一级的强化物更容易引发操作行为,所以,处于较高一级的活动可以强化较低一级的活动。但在运用此原理时需注意:①行为和强化的关系不能颠倒,必须先有行为,再有强化;②要让学生明确感觉到这种行为和强化的依随关系;③不能过度使用强化物,否则,可能使强化物失去原有的效力。

真题面对面

[2021 平顶山湛河,判断,0.6 分]学校在每学期的结束安排学生进行期末考试是一种变时强化。(　　)

答案:×

3. 逃避条件作用与回避条件作用

逃避条件作用是指当厌恶刺激出现时,有机体做出某种反应,从而逃避了厌恶刺激,则该反应在以后的类似情境中发生的概率便增加的一类条件作用。在日常生活中,逃避条件作用不乏其例,如看见路上的垃圾后绕道走开;感觉屋内人声嘈杂时暂时离屋等。

回避条件作用是指当预示厌恶刺激即将出现的刺激信号呈现时，有机体也可以自发地做出某种反应，从而避免了厌恶刺激的出现，则该反应在以后的类似情境中发生的概率便增加的一类条件作用。它是在逃避条件作用的基础上建立的，是个体在经历过厌恶刺激的痛苦之后，学会了对预示厌恶刺激的信号做出反应，从而免受痛苦等。

逃避条件作用

回避条件作用

逃避条件作用和回避条件作用的区分是易错点。二者都属于负强化，但在逃避条件作用中，厌恶刺激已经出现，个体已经遭受痛苦；而在回避条件作用中，个体并未实际遭受厌恶刺激的袭击，因事先做出反应而得以避免。

4. 消退

消退是指条件反射形成以后，如果得不到强化，条件反应会逐渐减弱，直至消失的现象。

考点3　强化理论对学习的意义　【案例分析】★

1. 强化的应用

在学习过程中，强化物有很多种类，如表扬、奖励、自我强化等。表扬或奖励可以根据具体的情况采用不同的形式，如关注、特权、拥抱、活动、实物和金钱等。没有一种强化形式适合于所有的人，当采用的表扬或奖励方式对学生无效时，并不是强化无效，而是没有选择正确的强化方式。

在对学生的行为进行奖励时，应注意避免外部奖励对内部兴趣的破坏。在很多情况下，维持行为的强化物是活动本身带来的快乐，这时再给予外部的奖励，就会使学生活动的目的逐渐变为获得外部奖励。因此，当学生已经自行从事某种活动时，教师应谨慎考虑奖励是否必要，避免给予不必要的奖励。奖励虽然是塑造行为的有效手段，但是奖励的运用必须得当，否则便会强化不良行为。例如，小孩的许多无理取闹的行为实际上是学习的结果，因为他们通过哭闹能得到诸如玩具、冷饮等强化物。

2. 消退的应用

消退是一种无强化的过程，其作用在于降低某种反应在将来发生的概率，以达到消除某种行为的目的。例如，学生上课扮鬼脸是为了得到老师或同学的关注（强化），老师与同学可以不予理睬，不给予其希望得到的强化，那么此类行为就会逐渐减少。因此，消退是减少不良行为、消除坏习惯的有效方法。

3. 惩罚的应用

（1）惩罚并不能使行为发生永久性的改变，它只能暂时抑制行为，而不能根除行为。

（2）惩罚的运用必须慎重，惩罚一种不良行为应与强化一种良好行为结合起来，方能取得预期的效果。即指出正确的行为方式，在孩子做出正确的行为后给予强化。

(3)惩罚只有符合负强化的意义才会产生最大的教育价值。假如学生因犯错而受到惩罚,事后不但不再犯错,而且在同样情境下学到以适当行为替代不当行为,则这种惩罚在性质上就有负强化的意义。例如,学生写错字后,老师罚学生重写,结果学生不但不再将此字写错,而且将此字写得既正确又美观,这种"重写"(惩罚)在性质上就有负强化的意义。

(4)一般来说,要尽可能地少用惩罚,在必要的时候才使用。一个经常惩罚孩子的家长或教师,本身就给孩子树立了一个不好的榜样。惩罚的目的可能没有达到,反而使孩子学会了粗暴的不顾别人自尊的处事方式。

(5)惩罚的运用应该及时,即在学生做出某种行为之后,立即给予惩罚。惩罚紧紧跟在错误行为之后,与错误的行为之间建立联结。

强化、消退、惩罚对课堂管理、学生行为的塑造与矫正作用很大,教师应对上述原理灵活掌握并应用。

考点4 操作性条件作用理论在教育上的应用 【单选、多选】★

斯金纳的操作性条件作用理论在教育上的应用主要体现在两个方面:(1)改进教学方式;(2)促进学生行为的塑造和矫正。

1. 程序教学

(1)程序教学的内涵及基本原理

斯金纳将操作性条件反射原理应用到教学活动上,提出了程序教学论及其教学模式。**程序教学**是一种个别化的教学形式,斯金纳将要学习的大问题分解为一系列小问题,并将其按一定的程序编排和呈现给学生,要求学生学习并回答问题,学生回答问题后及时得到反馈信息。

程序教学的基本原理是采用**连续接近法**,通过设计好的程序不断强化,使学生形成教育者希望的行为模式。在教学中,应该首先将各学科知识分解为有内在逻辑联系的小的知识项目,其次使知识项目排列为前后衔接、逐渐加深的序列,然后让学生按顺序进行学习,学习过程中给予反馈和强化,最终使学生掌握知识。

(2)程序教学的原则

①**小步子原则**。学生所用的教材或程序教学机器要将学习的内容分为许多小单元,小单元之间相互联系,层层深入,相邻小单元之间的难度差距小,学习者容易成功。

②**积极反应原则**。保证学生在学习过程中一直处于积极的状态,学生产生学习行为,就要及时给予强化,以保证学习活动的持续进行。

③**自定步调原则**。学生可以按照自己的接受程度选择最适宜的学习进度,这样学生容易成功,学习动机强。

④**及时反馈原则**。及时反馈,也就是说让学生立刻知道自己的答案是否正确,正确的回答可以让学生树立信心,保持学习行为,进行下一阶段的学习。

⑤**低错误率原则**。保证学习者在学习中将错误率减小到最低,以达到强化效果。

记忆有妙招

为方便考生记忆,我们将程序教学的原则总结成如下口诀:**小鸡自己滴**。**小**:小步子原则。**鸡**:积极反应原则。**自**:自定步调原则。**己**:及时反馈原则。**滴**:低错误率原则。

(3)程序教学的方法

斯金纳认为,对有机体与其环境相互作用的一种适当的陈述,始终必须具体说明三件事:反应发生的场合、反应本身、强化结果。这三者之间的相互关系,便是"强化相倚关系"。根据强化相倚关系,斯金纳设计了两种促使有机体行为变化所采用的技术：塑造和渐退。

塑造是指通过安排特定的强化相倚关系使有机体做出他们行为库中原先不曾有过的复杂动作；渐退是指通过有差别的强化，缓慢地减少两种（或两种以上）刺激的特征，从而使有机体最终能对两种只有很小差异的刺激做出有辨别的反应。

2. 行为塑造

所谓塑造，就是通过小步强化帮助学生达到目标。斯金纳认为“教育就是塑造行为”，他采用连续接近的方法，对趋向于所要塑造的反应的方向不断地给予强化，直到引出所需要的新行为。例如，训练鸽子或老鼠的头抬到一定的高度，只有当其头朝着实验所需的方向抬起来时才强化，下一次要求再多一点，直到完全达到所需的方向和高度。这时，新的行为就塑造成了。

在课堂教学中，塑造是一个重要的工具。在塑造行为时要注意这样一条原则：学生必须在他们力所能及的行为范围内得到强化，同时这些行为又必须能向新的技能延伸。例如，学生能在15分钟之内解出10道数学题，如果能在12分钟之内解出就应给予强化，但不要要求必须在8分钟之内解出才予以强化。而一个能做20道题的学生必须做20道题后才给予强化，不能在少于20道题时就予以强化。

五、班杜拉的社会学习理论 【单选、判断】 ★★★

考点1 学习的实质——观察学习

班杜拉以儿童的社会行为习得为研究对象，形成了其关于学习的基本思路，即观察学习是人的学习最重要的形式。观察学习，也叫榜样学习，是社会学习理论的核心。班杜拉认为，学习是个体通过对他人的行为及其强化结果的观察，从而获得某些新的行为反应或已有的行为反应得到修正的过程。

班杜拉

观察学习有其明显的特点：（1）观察学习并不依赖于直接强化；（2）观察学习不一定具有外显的行为反应，人们可以通过观察他人的示范行为，在自己尚未表现行为时就已经学到了如何去做，这样就可以避免许多不必要的错误和危险的结果；（3）观察学习具有认知性。

真题面对面

［2021洛阳市直，判断，0.75分］一名儿童在上课时吃零食被惩罚，另一名正准备吃的儿童看到后就把零食收了起来，这是一种广泛的学习现象，被心理学家班杜拉称为观察学习。（　　）

答案：√

考点2 观察学习的对象

班杜拉认为凡是能够成为学习者观察学习对象的，就可以称之为榜样、示范者或范型。他将榜样或范型分为三类。

（1）活的榜样，也叫真实的榜样，是指具体的活生生的人。真实的榜样生动有趣，容易引起并持续吸引观察者的注意。真实的榜样本身可以依靠时间变化，或使行为简化，或重复示范来体现重要部分。

（2）符号性榜样，即通过语言和影视图像等传播媒介而呈现的榜样。传播媒介有图片、幻灯片、录音、录像、电影、文字说明等。

（3）诫例性榜样，即以语言描绘或形象化方式呈现某个带有典型特点的榜样，以告诫儿童学习或借鉴某个榜样的行为方式，如我们平常所说的雷锋、王进喜等正面榜样，也包括一些反派人物（反面榜样）。

考点3 观察学习的过程

班杜拉把观察学习的过程分为注意、保持、复现（复制）和动机四个子过程。

（1）在注意过程中，观察者注意并知觉榜样情境的各个方面。

（2）在保持过程中，观察者记住从榜样情境中了解的行为，以表象和言语的形式将它们在记忆中进行表征、编码以及存储。即先将榜样行为转换成记忆表象，然后记忆表象再转换为言语编码，表象和言语编码同时贮存在头脑中，对学习者以后的行为起指导作用。

（3）在复现过程中，观察者将头脑中有关榜样情境的表象和符号概念转为外显的行为。

（4）在动机过程中，观察者因表现出所观察到的行为而受到激励。

班杜拉还认为习得的行为不一定都表现出来，学习者是否会表现出已习得的行为，会受强化的影响。

考点4 对强化的重新解释 必背

（1）直接强化。**直接强化**是指观察者因表现出观察行为而受到强化。

（2）替代强化。替代强化是指观察者因看到榜样的行为被强化而受到强化。

（3）自我强化。**自我强化**是指对自己表现出的符合或超出标准的行为进行自我奖励。

真题面对面

[2022南阳四区联考，单，0.7分]圆圆的绘画作品得奖后被印在宣传册上，不少同学观看后称赞他画得好，于是小林也想学好绘画，希望其作品也能被印在宣传册上。这属于（　　）

A. 负强化　　B. 替代强化　　C. 直接强化　　D. 自我强化

答案：B

考点5 观察学习的效应

1. 习得效应（观察学习效应）

习得效应，是指通过观察习得新的技能和行为模式。例如，儿童的语言在很大程度上就是一种通过模仿习得的技能。父母使用文明语言，其子女习得文明语言；父母使用不文明语言，其子女经常出现不文明语言。观察学习的习得效应可以解释大部分与态度和品德有关的新行为方式的学习。

2. 抑制效应与去抑制效应

抑制效应指观察者看到他人的不良（或良好）行为受到社会谴责，观察者会暂时抑制受到谴责的不良（或良好）行为。**去抑制效应**指观察者看到他人的不良行为未受到应有的惩处，其原本受到抑制的不良行为重新发作。例如，一名有不良行为习惯的学生进入一个班风很好、纪律严明的班集体，在周围同学良好表现的耳濡目染之下，该生的不良行为方式很可能暂时受到抑制。由于他的恶习一时难以完全消除，他一离开班集体，进入他自己原先的小圈子，不良习气又重新发作。这就是不良行为的抑制与去抑制现象。相反，一名表现很好的敢于批评不良习气的学生进入一个班风不好，纪律很差的班级，其原先的良好行为方式也可能暂时被抑制。久而久之，由于受到不良行为的耳濡目染，好的行为习惯消退，继而习得不良行为方式。观察学习的抑制与去抑制效应可以解释不良态度与品德转变的部分心理机制。

3. 反应促进效应

反应促进效应，是指通过观察促进新的学习或加强原先习得的行为。例如，在体育课上有些学生胆小，不敢做一些危险性的动作。这时教师让某个胆大的学生先做示范。胆小的学生看到该动作他人能做，胆子也大起来，认为自己也能做，从而促进新的行为的学习。反应促进也指原先习得行为的加强。例如，“见人打招呼”原本是某儿童已习得的行为，但有时却不能表现出来。若看到其他儿童和成人表现出这样的行为并受到赞扬，该儿童见人打招呼的礼貌行为方式会得到加强并重新表现出来。

4. 刺激指向效应（环境加强效应）

刺激指向效应，指通过观察榜样行为，观察者将自己的注意指向特定的刺激。在班杜拉的实验中，看到榜样用木槌击打布娃娃的儿童同未看到这种行为的儿童相比，他们不但模仿这种攻击行为，而且更多地将木槌用到其他情境。

5. 情绪唤醒效应

情绪唤醒效应，指看到榜样表达的情感，在观察者身上容易唤起类似的情感。例如，在语文课上教师通过表情朗读表达对英雄人物的崇敬情感，在学生身上可以唤起类似的情感；又如，人们在观看电影、电视剧或舞台戏剧时，看到剧情中人物的命运，自己常常情不自禁地表现出与剧中人物相同的喜、怒、哀、乐的情感。所以，观察学习是情感教育的最重要手段。

真题面对面

[2022郑州新密，单，0.8分]一名有不良行为习惯的学生进入班风纯正、纪律严明的班集体，在周围同学良好表现的耳濡目染之下，很少表现出违纪行为了。这体现出观察学习的（　　）

A. 抑制效应　　B. 习得效应

C. 反应促进效应　　D. 情绪唤起效应

答案：A

★★ 考点大默写 ★★

1. 机体对与条件刺激相似的刺激做出条件反应，属于刺激的__________；如果只对条件刺激做出条件反应，而对其他相似刺激不做反应，则出现了刺激的__________。
2. 消退是指条件反射形成以后，如果得不到强化，条件反应会逐渐__________，直至__________。
3. 根据桑代克的联结—试误学习理论，学习的实质在于形成情境与反应之间的__________；学习的过程是一种渐进的、盲目的、__________的过程。
4. 刺激与反应之间的联结会由于重复或练习而加强是指学习的原则中的__________；刺激和反应之间的联结可因满意的结果而加强是指学习的原则中的__________。
5. __________也称积极强化，是通过呈现想要的愉快刺激来提高反应频率；__________也称消极强化，是通过消除或中止厌恶、不愉快刺激来提高反应频率。
6. __________，又称为“祖母法则”，即用__________作为低频活动的有效强化物。
7. 看见路上的垃圾后绕道走开属于__________条件作用。
8. 班杜拉把观察学习的过程分为__________、__________、复现和__________四个子过程。
9. 班杜拉认为，学习是个体通过对他人的行为及其强化结果的__________，从而获得某些新的行为反应或已有的行为反应得到修正的过程。
10. __________指观察者因看到榜样的行为被强化而受到强化；__________指对自己表现出的符合或超出标准的行为进行自我奖励。

【参考答案】

1. 泛化；分化　2. 减弱；消失　3. 联结；尝试错误　4. 练习律；效果律　5. 正强化；负强化　6. 普雷马克原理；高频活动　7. 逃避　8. 注意；保持；动机　9. 观察　10. 替代强化；自我强化

第三节　认知派学习理论

认知派学习理论认为，有机体获得经验的过程是通过积极主动的内部信息加工活动形成新的认知结构的过程。即学习不是在外部环境的支配下被动地形成S-R联结，而是主动地在头脑内部建构认知的结构。

一、格式塔学派的完形—顿悟学习理论　【单选】★

苛勒等人通过著名的**黑猩猩实验**，对学习的实质及原因做出了解释。

心理学实验

黑猩猩取香蕉实验

苛勒把黑猩猩置于放有箱子的笼内，笼顶悬挂香蕉。简单的问题情境只需要黑猩猩运用一个箱子便可够到香蕉，复杂的问题情境则需要黑猩猩将几个箱子叠起方可够到香蕉。

在复杂问题情境的实验中，有两个可利用的箱子。当黑猩猩1看到笼顶上的香蕉时，它最初的反应是用手去够，但够不着，只得坐在箱子1上休息，但毫无利用箱子的意思；后来，当黑猩猩2从原来躺卧的箱子2上走开时，黑猩猩1看到了这只箱子，并把这只箱子移到香蕉底下，站在箱子上伸手去取香蕉，但由于不够高，仍够不着，它只得又坐在箱子2上休息；突然间，黑猩猩1跃起，搬起自己曾坐过的箱子1，并将它叠放在箱子2上，然后迅速地登箱取得了香蕉。三天后，苛勒稍微改变了实验情境，但黑猩猩仍能用旧经验解决新问题。

考点1　学习的实质

从学习的结果来看，学习并不是形成刺激—反应的联结，而是形成了新的格式塔(完形)。

考点2　学习的过程

从学习的过程来看，学习是通过顿悟过程实现的。因此，学习不是一种盲目的尝试，而是由于对情境的顿悟而获得的成功。所谓顿悟，就是领会到自己的动作和情境，特别是和目的物之间的关系。

考点3　桑代克的联结—试误学习理论与完形—顿悟学习理论

格式塔学派对学习理论的发展做出了重要贡献，肯定了主体的能动作用，把学习视为主动构造完形的过程，强调观察、顿悟和理解等认知功能在学习中的作用，同时也批判了桑代克的联结—试误学习理论。

但是，苛勒的完形—顿悟学习与桑代克的联结—试误学习也并不是互相排斥和绝对对立的。联结—试误往往是顿悟的前奏，顿悟则是练习到某种程度时出现的结果。联结—试误和顿悟在人类学习中均极为常见，它们是两种不同方式、不同阶段或不同水平的学习类型。一般来说，简单的、主体已有经验可循的问题解决，往往不需要进行反复的“尝试-错误”；而对于复杂的、创造性的问题解决，大多需要经过联结—试误的过程，方能产生顿悟。

二、托尔曼的符号学习理论　【单选、判断】★

考点1　基本观点

托尔曼是一位受格式塔学派影响的行为主义者，他提出的认知学习理论和内部强化理论对现代认知学习理论的发展有一定的贡献。他关于学习的主要观点包括：

(1)学习是有目的的,是期望的获得。学习的目的性是人类学习区别于动物学习的主要标志。期望是个体依据已有经验建立的一种内部准备状态,是通过学习而形成的关于目标的认识和期待。期望是托尔曼学习理论的核心概念。

(2)学习是对完形的认知,是形成认知地图的过程。托尔曼主张将行为主义S–R公式改为S–O–R公式,O代表机体的内部变化。

托尔曼的上述观点得到了他和他的同事们所做实验的支持,其中,最有说服力的动物学习实验有位置学习实验和潜伏学习实验等。

考点2 位置学习

为了探索动物在学习过程中的认知变化,托尔曼设计了白鼠位置学习的实验。托尔曼认为认知地图是关于某一局部环境的综合表象,它不仅包括事件的简单顺序,而且包括方向、距离甚至时间关系等。而位置学习就是根据对情境的认知,在当前情境与达到目的的手段、途径间建立起一个完整的符号系统。

考点3 潜伏学习

托尔曼通过**老鼠走迷宫实验**发现,老鼠未经强化也学会了走迷宫,他将这种学习称为**潜伏学习**。即在没有强化的条件下学习也会发生,只不过结果不太明显,是"潜伏"的。一旦受到强化,具备了操作的动机,这种结果才通过操作而明显地表现出来。

三、布鲁纳的认知—发现学习理论 【单选、多选、判断、简答】 ★★★

布鲁纳

布鲁纳是美国著名的认知教育心理学家,他主张学习的目的在于以发现学习的方式,使学科的基本结构转变为学生头脑中的认知结构。因此,他的理论常被称为认知—结构教学论或认知—发现学习说。

考点1 学习观 必背

1. 学习的实质在于主动形成认知结构

认知结构是指一种反映事物之间稳定联系或关系的内部认识系统,或者说,是某一学习者的观念的全部内容与组织。

布鲁纳认为,人不是一个知识的被动接受者。个人的学习都是通过把新得到的信息和原有的认知结构联系起来,去积极地建构新的认知结构。

2. 学习包括获得、转化和评价三个过程

布鲁纳认为学习包括三种几乎同时发生的过程,这三种过程是:新知识的获得、知识的转化和知识的评价。这三个过程实际上就是学习者主动地建构新认知结构的过程。

新知识可能是以前知识的精炼,也可能与原有知识相违背。知识的转化就是超越给定的信息,运用各种方法将它们变成另外的形式,以适应新任务,并获得更多的知识。知识的评价是对知识转化的一种检查,通常包含对知识的合理性进行判断。

记忆有妙招

为方便考生记忆,我们将布鲁纳关于学习的三个过程总结成如下口诀:**布鲁纳得花甲。得:获得。花:转化。甲:评价。**

考点2 教学观 必背

1. 教学的目的在于理解学科的基本结构

由于布鲁纳强调学习的主动性和认知结构的重要性,所以他主张教学的最终目标是促进学生对学科结构的一般理解。所谓学科的基本结构，是指学科的基本概念、基本原理及其基本态度和方法。

2. 掌握学科的基本结构的教学原则

(1)**动机原则**。所有学生都具有内在的学习愿望，内在动机是维持学习的基本动力。学生具有三种最基本的内在动机，即**好奇内驱力**(即求知欲)、**胜任内驱力**(即成功的欲望)和**互惠内驱力**(即人与人之间和睦相处的需要)。布鲁纳认为内在动机的效应比外在动机持久而强有力，教师要善于激发学生的内在动机。

(2)**结构原则**。任何知识结构都可以用动作、图像和符号三种表征形式来呈现。**动作表征**是借助动作进行学习，无需语言的帮助；**图像表征**是借助表象进行学习，以感知材料为基础；**符号表征**是借助语言进行学习，经验一旦转化为语言，逻辑推导便能进行。教师应把教学内容转化为学生易于理解和学习的形式，使其掌握学科知识的基本结构。至于究竟选用哪一种呈现方法为好，则视学生的知识背景和课题性质而定。

(3)**程序原则**。教学就是引导学习者通过一系列有条不紊地陈述一个问题或大量知识的结构，以提高他们对所学知识的掌握、转化和迁移的能力。通常每门学科都存在着各种不同的程序，它们对学习者来说，有难有易，不存在对所有的学习者都适用的唯一的程序。

(4)**强化原则**。教学规定适合的强化时间和步调是学习成功的重要一环。知道结果应恰好在学生评估自己作业的那个时刻。知道结果过早，易使学生慌乱，从而阻挠其探究活动的进行；知道结果太晚，易使学生失去受帮助的机会，甚至有可能接受不了正确的信息。

记忆有妙招

为方便考生记忆，我们将掌握学科的基本结构的教学原则总结成如下口诀：**冻结城墙**。**冻**：动机原则。**结**：结构原则。**城**：程序原则。**墙**：强化原则。

考点3 发现学习

布鲁纳认为，发现是教育儿童的主要手段，学生掌握学科的基本结构的最好方法是发现学习。发现学习是指给学生提供有关的学习材料，让学生通过探索、操作和思考，自行发现知识、理解概念和原理的教学方法。

发现学习的基本特征包括：(1)注重学习过程的探究性；(2)注重直觉思维；(3)注重内部动机；(4)注重信息的灵活提取。

研究发现，发现学习具有四个方面的作用：(1)能提高智慧的潜力；(2)有助于外在动机向内在动机的转化；(3)有利于学生学会发现探索的方法；(4)有利于所学材料的保持。但它也受到学生的先前知识、学生的智力水平、学习材料的性质、教师的指导及教学时间等因素的制约。

考点4 对认知—发现学习理论的评价

1. 优点

(1)布鲁纳的学习理论，强调学生学习的主动性，强调学生已有的认知结构和学生的独立思考，强调内在动机和思维能力的培养等方面的重要作用，较之建立在动物心理研究基础上的一些学习理论，更能说明人的学习的某些特点和规律。

(2)布鲁纳将认知学习理论付诸教学实际，为教育改革提供了理论基础，引起了教育工作者在教学过程、教材编写等方面观念上的变革，影响较大。

(3)布鲁纳所倡导的发现学习，不仅成为一种学习方式，而且作为一种教学方法得到广泛的研究和应用。

2. 局限性

(1)布鲁纳的学习理论忽视了学生学习的特殊性，过分强调发现学习，过分强调学生的主观能动性，没有充分考虑到学校教育的特点，教师的主导作用被削弱。

(2)发现教学法在实际教学中的运用范围非常有限，仅适用于部分科目和小学及中学低年级学生。

(3)在论述儿童的认知发展时，与皮亚杰相似，布鲁纳也忽视了社会因素对个体认知发展的作用。

四、奥苏贝尔的有意义接受学习理论【单选、多选、判断、简答】★★

考点1 奥苏贝尔对接受学习的理解

奥苏贝尔

1. 接受学习与发现学习

奥苏贝尔认为，学生的学习主要是接受学习。接受学习不同于发现学习，主要表现在：(1)发现学习的过程比接受学习的过程多一个发现即解决问题的阶段，因此，前者比后者复杂。(2)接受学习和发现学习在智力发展和认知功能中的作用也不同。大量的材料是通过接受学习获得的，而各种问题则是通过发现学习解决的。但在儿童的发展中，接受学习比发现学习出现稍晚。接受学习的出现意味着儿童达到了较高水平的认知成熟程度。

2. 消除对接受学习的误解 必背

奥苏贝尔认为，必须把接受学习与被动学习区分开来。被动学习是与主动学习相对的。接受学习可能是主动的，也可能是被动的，它与被动学习、主动学习都没有必然联系。有不少人将接受学习与被动学习相等同，这是错误的。同时，接受学习未必都是机械学习，它可以而且也应该是有意义的学习。同样，发现学习未必都是有意义的学习，它也可能是机械学习。

知识再拔高

接受学习与发现学习的区别

接受学习与发现学习的区别主要有四个方面：

(1)侧重点不同。接受学习强调现成知识的掌握；发现学习则强调探究过程。

(2)呈现学习材料的方式不同。在接受学习中，教师把学习内容直接呈现给学生；在发现学习中，教师只呈现一些提示性的线索，而不直接呈现学习内容。

(3)学习的心理过程不同。在接受学习中，学生只需直接把现成的知识加以内化，纳入到认知结构中；在发现学习中，学生必须首先通过自己的探究活动，从事实中归纳结论，然后再把结论归纳到认知结构之中。

(4)教师所起的作用不同。在接受学习中，教师起主导、控制的作用；在发现学习中，教师只起指导作用，而不控制具体的学习过程。

考点2 有意义学习(有意义言语学习) 必背

奥苏贝尔的有意义学习理论主要说明学生在课堂中的学习。奥苏贝尔认为学生在学校学习语言符号所代表的系统知识，主要是有意义学习而不是机械学习。学生在学校中的有意义学习应该是有意义的接受学习和有意义的发现学习，但他更强调有意义的接受学习，因为有意义的接受学习可以在短时期内使学生获得大量的系统知识。

有意义学习的本质就是以符号为代表的新观念与学习者认知结构中原有的适当观念建立起非人为的和实质性的联系的过程，是原有观念对新观念加以同化的过程。所谓**非人为的联系**，是指有内在联系而不是任意的联想或联系，指新知识与原有认知结构中有关的观念建立在某种合理的逻辑基础上的联系。所谓**实质性的联系**，是指表达的语词虽然不同，但却是等值的，也就是说这种联系是非字面的联系。

考点3　有意义学习的条件

(1)客观条件,是指受学习材料本身性质的影响。有意义学习的材料本身必须合乎这种非人为的和实质性的标准,即具有逻辑意义。教材一般符合此要求。

(2)主观条件,是指受学习者自身因素的影响。主要表现在:①学习者必须具有有意义学习的心向。有意义学习的心向是指学习者必须具有积极主动地把符号所代表的新知识与学习者认知结构中原有的适当知识加以联系的倾向性。②学习者认知结构中必须具有能够同化新知识的适当的认知结构。③学习者必须积极主动地使这种具有潜在意义的新知识与认知结构中有关的旧知识发生相互作用,使旧知识得到改造,新知识获得实际意义,即心理意义。

真题面对面

[2021鹤壁淇滨,多,1分]奥苏贝尔根据学习内容与学习者认知结构的关系,将学习分为机械学习和有意义学习,下列属于有意义学习必须具备的条件的是(　　)

A. 学习者必须具有积极主动地将新知识与认知结构中的原有的适当知识加以联系的倾向性

B. 学生的认知结构中具备与新知识相联系的知识储备

C. 学习材料要高于学习者的能力范围

D. 材料本身具有逻辑意义

答案:ABD

考点4　组织学习的原则与策略

1. 逐渐分化原则

逐渐分化原则即首先应该传授最一般、包容性最广的观念,然后根据具体细节对它们逐渐加以分化,这样可以为每个知识单元的教学都提供理想的固定点(即对新知识起固定作用的先前知识)。

2. 整合协调原则

整合协调原则,是指如何对学生认知结构中的现有要素重新加以组合。

3. 组织学习的策略——先行组织者

(1)先行组织者的概念

奥苏贝尔提出"先行组织者"概念,即先于某个学习任务本身呈现的引导性学习材料。先行组织者的抽象、概括和综合水平高于学习任务,并与认知结构中的原有观念及新的学习任务相关联。

先行组织者的主要功能是在学生能够有意义地接受学习新内容之前,在新旧知识之间架设起桥梁,使新旧知识清晰地联系起来,为学习新知识提供认知框架或固着点。

先行组织者可以分为两类:一类是**陈述性组织者**(说明性组织者),它的作用是与新的学习产生一种上位关系,为新的学习提供最适当的类属者,以促进知识在内容上的组织;第二类是**比较性组织者**,帮助学生认识认知结构中原有的观念与新的学习任务之间的相同点、不同点,尤其是当已有的观念与新的学习既相似又有矛盾时,设计比较性组织者能较好地增强新旧知识之间的可辨别性。

(2)先行组织者的作用

奥苏贝尔认为,先行组织者不仅能够帮助学习者学习新知识,而且可以帮助其保持知识。具体表现在以下几个方面:①能够将学生的注意力集中在将要学习的新知识中的重点部分;②突出强调新知识与已有知识的关系,为新知识提供一种框架;③能够帮助学生回忆起与新知识相关的已有知识,以便更好地建立联系。

五、加涅的信息加工学习理论 【单选、简答】 ★

加涅认为，学习是一个有始有终的过程，这一过程可分成若干个阶段，每一个阶段需进行不同的信息加工。与此相应，教学过程既要根据学生的内部加工过程，又要影响这一过程。因而教学过程阶段与学习阶段是完全对应的。教学就是教师安排和控制这些外部条件构成的；而教学的艺术，就在于学习阶段与教学阶段是否完全吻合。

考点1 学习结构模式

加涅将学习过程看作是信息加工流程。1974年，他描绘出一个典型的学习结构模式图：

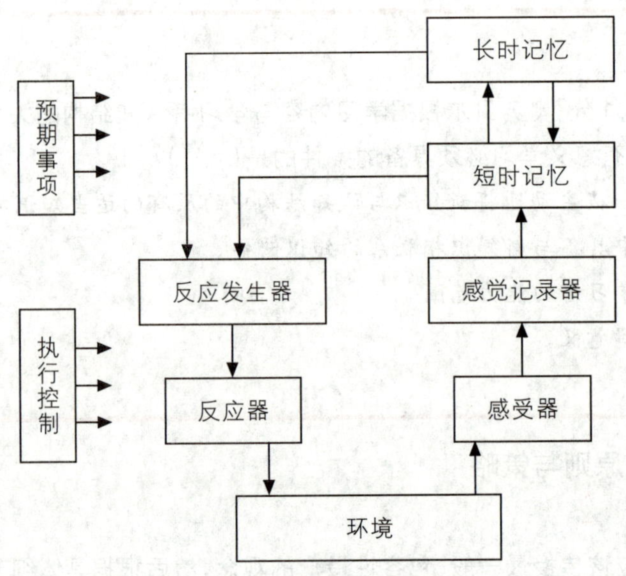

图3-2 学习的结构模式图

这一模式分两个部分：第一部分是右边的结构叫**操作记忆**，它是一个信息流。第二部分是左边的结构，包括**预期事项（期望）**和**执行控制**两个环节。

考点2 学习过程

加涅认为学习的外部条件和内部条件应加以区别，发生在学习者头脑里（中枢神经系统）的内部活动是学习过程，它是在外界影响下发生的。教学是有目的、有计划地发动、激发、维持和提高学习者学习的一整套外部条件。在此基础上，加涅提出了他的学习过程的八个阶段和相应心理过程的假设：

（1）动机阶段——激发学习者的学习动机。加涅把动机分成三类，即诱因动机、操作动机和成就动机，它们引导学生向着教师、学校和社会所期望的方向发展。

（2）了解（领会）阶段——注意和选择性知觉。

（3）获得阶段——所学的信息进入短时记忆，并编码和储存。

（4）保持阶段——已编码的信息进入长时记忆储存。

（5）回忆阶段——进行信息的检索。

（6）概括阶段——实现学习的迁移。

（7）操作阶段——反应发生阶段。学生通过作业表现其操作活动。

（8）反馈阶段——证实预期，获得强化。此阶段，通过操作活动，学习者认识到自己的学习是否达到了预定的目标。

为方便考生记忆，我们将加涅提出的学习过程的八个阶段总结成如下口诀：东街活宝会盖作坊。东：动机。街：了解。活：获得。宝：保持。会：回忆。盖：概括。作：操作。坊：反馈。

考点大默写

1. 布鲁纳认为，学习的实质在于主动形成__________；学习包括__________、__________和__________三个过程。
2. 根据布鲁纳的认知—发现学习理论，教学的目的在于理解学科的__________。
3. 布鲁纳的教学观认为，掌握学科的基本结构的教学原则有__________、__________、__________、__________。
4. 奥苏贝尔认为，有意义学习的本质就是以符号为代表的新观念与学习者认知结构中原有的适当观念建立起__________和__________联系的过程。
5. __________指先于某个学习任务本身呈现的引导性学习材料。

【参考答案】

1. 认知结构；获得；转化；评价　2. 基本结构　3. 动机原则；结构原则；程序原则；强化原则　4. 非人为的；实质性的　5. 先行组织者

第四节　人本主义学习理论

人本主义心理学是20世纪60年代在美国兴起的一个心理学流派。它一方面反对行为主义把人看作是动物或机器；另一方面也批评认知心理学虽然重视人类的认知结构，但却忽视人类情感、态度、价值观等对学习的影响，认为心理学应该探讨完整的人，强调人的价值，强调人有发展的潜能，而且有发挥潜能的内在倾向，即自我实现倾向。人本主义重视的是教学的过程而不是教学的内容，重视的是教学的方法而不是教学的结果。人本主义的学习理论以人本主义心理学的基本理论框架为基础，其代表人物罗杰斯对学习问题进行了专门的论述。

一、有意义的自由学习观　【单选、多选】★

根据学习对学习者的个人意义，人本主义将学习分为无意义学习和有意义学习两类。

（1）**无意义学习**，是指学习没有个人意义的材料，类似于心理学上的无意义音节，不涉及感情或个人意义，仅仅涉及经验累积与知识增长，与完整的人（具有情感和理智的人）无关，学得吃力，而且容易遗忘。

（2）**有意义学习**，是指一种涉及学习者是完整的人，使个体的行为、态度、个性以及在未来选择行动方针时发生重大变化的学习，是一种与学习者各种经验融合在一起的、使个体全身心地投入其中的学习。例如，让一个学生取一杯冰水，他就可以学到“冷”这个词的意义，并知道冰加热能融化，而在夏天，装冰水的杯子外面会有水滴等。

有意义学习包含四个要素：①学习是学习者自我参与的过程，整个人都要参与到学习之中，既包括认知参与，也包括情感参与；②学习是学习者自我发起的，内在动力在学习中起主要作用；③学习是渗透性的，它会使学生的行为、态度以及个性等都发生变化；④学习的结果由学习者自我评价，他们知道自己想学什么和学到了什么。

人本主义者倡导有意义的自由学习观，有意义学习关注学习内容与个人之间的关系。它不仅是理解记忆的学习，而且是学习者所做出的一种自主、自觉的学习，要求学习者能够在相当大的范围内自行选择学习材料，自己安排适合于自己的学习情境。

二、学生中心的教学观【单选、判断】★

考点1 教学观点

罗杰斯提出了"学生中心"的教学观，他主张废除"教师"这一角色，代之以"学习的促进者"。罗杰斯反对行为主义者和精神分析主义者把学生看成是动物或机器，或"较大的白鼠""较慢的计算机"，更反对把学生看成是自私、反社会的动物。他强调要把学生当人来看待，相信学生自己的潜能。教育与教学过程就是要促进学生的个性发展，发挥学生的潜能，培养学生学习的积极性与主动性。而学习是人固有能量的自我实现过程，强调人的尊严和价值，强调无条件积极关注在个体成长过程中的重要作用。教育的目标、学习的结果应该是使学生成为具有高度适应性和内在自由性的人。教师的任务是要为学生提供学习的手段和条件，促进个体自由地成长。

罗杰斯认为，促进学生学习的关键不在于教师的教学技巧、专业知识、课程计划、视听辅导材料、演示和讲解、丰富的书籍等(虽然这中间的每一个因素有时候均可作为重要的教学资料)，而在于特定的心理气氛因素，这些因素存在于"促进者"与"学习者"的人际关系之中。这些心理气氛因素包括：(1)真实或真诚；(2)尊重、关注和接纳；(3)移情性理解。

人本主义理论提倡自我激励、自我调节的学习、情感教育、真实性评定、合作学习以及开放课堂和开放学校。

考点2 教学模式

1. 非指导性教学模式的概念

非指导性教学模式又称为学生中心模式。它指教师创造一种有利于学生学习的气氛，教师充分信任、尊重学生，使学生在整个学习过程中都感到安全与自信，从而充分发挥自己的潜能，实现自我。

在非指导性教学模式中，罗杰斯强调：(1)以学生为本；(2)让学生自发地学习；(3)排除对学习者自身的威胁；(4)给学生安全感。

2. 非指导性教学模式的阶段

非指导性教学过程包括五个阶段：(1)确定帮助的情境，即教师要鼓励学生自由地表达自己的情感；(2)探索问题，即鼓励学生自己来界定问题，教师要接受学生的感情，必要时加以澄清；(3)形成见识，即让学生讨论问题，自由地发表看法，教师给学生提供帮助；(4)计划和抉择，即由学生计划初步的决定，教师帮助学生澄清这些决定；(5)整合，即学生获得较深刻的见识，并做出较为积极的行动，教师对此要予以支持。

3. 非指导性教学模式的实施策略

罗杰斯倡导过程哲学观，反对任何固定、僵化、一成不变的东西，他从未明确和系统地描述过非指导性教学的系统方法，但我们从其基本理论假设中还是可以发现"非指导性教学"的实施策略：

(1)教师应对自己坚信不疑，对学生的独立思考及自学能力充满信任。

(2)教师应同其他人共同担负起教学活动责任，课程计划、教学管理、经费预算、政策的制定等都应是小组的共同责任。

(3)教师应为学生提供学习资料。

(4)学生探索自己感兴趣的问题，在探索的过程中，每个人就自己的学习方法做出选择，并对这些选择所产生的结果负责，据此形成他们自己的学习计划。

(5)提供一种有利于学习的氛围，这是一种充满真诚、关心和理解的氛围。

(6)学生的重心集中于自己在学习过程中的体验,学习内容虽然重要,但却是第二位的。

(7)强调自我训练,学生将训练看成他们的责任。

(8)重视自我评价,小组成员或教师的反馈信息也会影响学生的自我评价。

最后,在这种促进成长的气氛中,学习活动得到有效开展。

此外,人本主义的教学模式还包括:(1)以题目为中心的课堂讨论模式;(2)开放课堂模式;(3)自由学习的教学模式。

★★ 考点大默写 ★★

1. 人本主义将学习分为无意义学习和有意义学习两类,其中涉及学习者是完整的人,使个体的行为、态度、个性以及在未来选择行动方针时发生重大变化的学习属于________学习。
2. 罗杰斯认为,促进学生学习的关键在于特定的心理气氛因素,具体包括:________;尊重、关注和接纳;________。
3. 在非指导性教学模式中,罗杰斯强调:以________为本。

【参考答案】

1. 有意义 2. 真实或真诚;移情性理解 3. 学生

第五节 建构主义学习理论

建构主义是认知学习理论的新发展,对当前的教学改革产生了深远的影响。它不是一个特定的学习理论,而是许多理论观点的统称。教育中的建构主义受到了几个重要人物的影响。建构主义的奠基人当属皮亚杰,他对建构主义进行了系统而经典的阐述。而杜威的经验性学习理论和维果斯基的文化历史论也对当代建构主义产生了重要影响。

一、建构主义学习理论的主要内容【单选、多选、判断、论述】 必背 ★★

考点1 建构主义知识观

建构主义在一定程度上质疑知识的客观性和确定性,强调知识的动态性。(1)建构主义认为知识并不是问题的最终答案,而是随着人类进步而不断改正并随之出现的新的假设和解释;(2)知识并不能精确地概括世界的法则,而是需要针对具体情境进行再创造。此外,知识不可能以实体的形式存在于具体个体之外,尽管我们通过语言符号赋予了知识一定的外在形式,但学习者仍然会基于自己的经验背景进行理解并建构属于自己的知识。

考点2 建构主义学习观

建构主义在学习观上强调学习的主动建构性、社会互动性和情境性三方面,认为"情境""协作""会话""意义建构"是学习环境中的四大要素或四大属性。

(1)学习的**主动建构性**是指学生能够主动地对已有知识经验进行综合、重组和改造,从而用以解释新信息,并最终建构属于个人意义的知识内容。

(2)学习的**社会互动性**主要表现为:学习是通过对某种社会文化的参与而内化相关的知识和技能、掌握有关工具的过程,这一过程常常需要通过一个学习共同体的合作互动来完成。建构主义者认为,学习不是每个学生单独在头脑中进行的活动,学习者也不是一个孤独的探索者,而是一个社会的人。学习总是学习者在一定社会文化环境下进行的,即使在表现上学习者是一个人在进行学习,但是他在学习中采用的学习材料、学习用具以及学习环境等都是属于社会的,是集体经验的累积。

(3)学习的**情境性**主要指学习、知识和智慧的情境性,建构主义者认为知识是不可能脱离活动情境而孤立存在的。只有通过实际应用活动,知识才能真正被理解。因此,人的学习应该与情境化的社会实践活动相联系,通过对某种社会实践的参与而逐渐掌握有关的社会规则并形成相应的知识。情境认知的观点对教学有很大的启发。情境学习的观点表明,知识不是孤立地囿于书本之上而是嵌于实践之中,因此在教学活动中,我们应关注与书本知识相关联的问题情境与生活情境。教学中关注将知识置于真实情境中呈现,以激发学生的认知需要。德国一位学者有一个精准的比喻说明上述观点:将15克盐放在你的面前,无论如何你都难以下咽。但是,如果将15克盐放入一碗美味可口的汤中,你就会在享用佳肴的同时,将15克盐全部吸收。情境之于知识,犹如汤之于盐。盐需要溶入汤中才能被吸收;知识需要融入情境之中,才能显示出活力和美感。

真题面对面

1. [2021商丘永城,单,0.95分]学习者综合、重组、转换、改造头脑中已有的知识经验,来解释新信息、新事物、新现象,或者解决新问题,最终生成个人的意义。根据建构主义学习理论,这属于( )

A. 主动建构性　　B. 社会互动性　　C. 情境性　　D. 认知性

2. [2023事业单位,多,1.5分]建构主义学习观认为,学习不是知识由教师向学生传递的过程,而是学生建构自己知识的过程。下列属于知识建构过程重要特征的有( )

A. 社会互动性　　B. 情境性　　C. 主动建构性　　D. 理解性

答案:1. A　2. ABC

考点3　建构主义教学观

在教学上,建构主义者提出要尊重学生的观点和经验,并重视与学生相关的问题,而且这些问题应当是学生所关注的,可引起他们的兴趣。针对学生的观点进行教学,主张教师在教学中应坚持"少而精"的原则。所谓"少"是指主要讲授基本的科学概念、规则、理论、模式,但和认知心理学的不同之处在于不是重在学习抽象的、理论化的、脱离情境的知识。"精"则指要求学得深入、细致,理解科学的本质,进而使得学生终身受益。在课程内容的呈现上,传统课堂对于课程内容的传递是从部分到整体的,强调基本技能的掌握;建构主义课堂对于课堂内容的呈现是从整体到部分的,强调核心概念的掌握。

考点4　建构主义学生观

建构主义非常强调学习者本身已有的经验结构,认为学习者在学习新信息、解决新问题时往往可以基于相关的经验,依靠其认知能力形成对问题的解释。通过对儿童早期认知发展的研究也发现,即使是年龄非常小的孩子也已经形成了远比我们所想象的要丰富得多的知识经验。因此,教学不能无视学生的已有经验,而是要把儿童现有的知识经验作为新知识的生长点,引导儿童从原有的知识经验中发展出新的知识经验。

考点5　建构主义教师观

信息加工的认知主义更多地把教师看成是学生学习的**指导者**、**设计者**,而建构主义更愿意把教师看成是学生学习的**帮助者**、**合作者**。建构主义认为教学不是由教师到学生的简单的转移和传递,而是在师生的共同活动中,教师通过提供帮助和支持,引导学生从原有的知识经验中"生长"出新的知识经验。

教师要成为学生建构意义的帮助者,就要求教师在教学中从以下三个方面发挥主导作用:

(1)激发学生的学习兴趣,帮助学生形成学习动机。

(2)通过创设符合教学内容要求的情境和提示新旧知识之间联系的线索,帮助学生建构当前所学知识的意义。

(3)为了使意义建构更有效，教师应在可能的条件下组织合作学习(开展讨论与交流)，并对合作学习过程进行引导使之朝有利于意义建构的方向发展。引导的方法包括：提出适当的问题以引起学生的思考和讨论；在讨论中设法把问题一步步引向深入以加深学生对所学内容的理解；要启发、诱导学生自己去发现规律、自己去纠正错误的认识和补充片面的认识，切忌直接对学生进行灌输。

二、建构主义学习理论对当前教育实践的启示 【论述】 ★

作为新课程改革背景下的教师，在课堂教学中要尊重学生已有的知识与经验，不断强化学生的能动意识，使学生认识到，学习的过程不是消极的“等、靠、听、记”，不单是信息的累积过程，而是一个新旧经验之间双向的相互作用的过程，是主动进步与发展的过程。

(1)从建构主义的知识观出发，建构主义强调知识是个体对于现实的理解和假设，其受到特定经验和文化等的影响，因此每个人对知识所建构的理解都是不同的。教师在教育教学过程中应当要更加重视学生的个性化特点，因材施教，并不是要对所有的学生传授完全相同的原理知识，而是要让每个学生能够按照他的知识经验建构出新的知识内容。

(2)从教学的角度来看，建构主义认为学习就是主体对客体的主动探索、不断变革，从而建构对客体意义理解的过程。因此，在教学中应当注意学生的有意义建构，通过适当的教学策略启发学生能够自主建构认知结构。*例如，合作学习就是一种良好的教学策略*。学生可以在教师的引导和协助下形成小组并对学习内容进行讨论交流。通过在小组群体中共同分析各种理论、观点和假说，并进行辩论，最终获得大家认可的一致结论。这种合作学习有助于激发学生的参与热情，了解自己和他人的想法，从而促进对知识建构的深层次理解，建立更加完整的知识表征，同时还有利于培养学生的合作精神。

(3)从学习者的角度出发，建构主义认为学生是意义的主动建构者，而不是外部刺激的被动接受者和被灌输的对象。因此，在教学过程中除了传统知识的传授，还应当充分发挥学生的主体地位，强调学生的自主性和能动性，使其在学习过程中能够主动发现、分析、解决问题。学生由被动的知识接受者变为主动的信息搜集者，教师由知识的灌输者变为引导学生建构知识意义的领路人，教师在学生心目中的地位也不再是不可亵渎的权威，而是学生学习的辅助者，师生之间成为共同的学习伙伴和合作者。

三、基于建构主义的课堂教学模式 【单选】 ★

(1)**支架式教学**，它应当为学习者建构对知识的理解提供一种概念框架，其教学模式是：教师引导着教学的进行，使学生掌握、建构和内化所学知识和技能，从而使他们进行更高水平的认知活动；通过支架(教师的帮助)把管理学习的任务逐渐由教师转移给学生自己，最后撤去支架。支架式教学具体由以下几个环节组成：①搭脚手架；②进入情境；③独立探索；④协作学习；⑤效果评价。

(2)**抛锚式教学**，是指以问题为中心，将知识抛锚在一定的问题情境中，以激发学生的好奇心和创造力的教学模式。这里所谓的“锚”指的是支撑课程与教学实施的支撑物，它通常是一个故事、一段历险或者是学生感兴趣的一系列问题情境。

(3)**随机进入教学(随机通达教学)**，是指学习者可以随机通过不同途径、不同方式进入同样教学内容的学习，从而获得对同一事物或同一问题的多方面认识和理解。随机进入教学具体由以下几个环节组成：①呈现情境；②随机进入学习；③思维发散训练；④协作学习；⑤效果评价。

(4)**认知学徒制**，是指通过允许学生获取、开发和利用真实领域中的活动工具的方法，来支持学生在某一领域学习的模式。该模式强调经验活动在学习中的重要性，强调要把学习和实践联系起来。

(5)**自上而下的教学**，即在教学过程中，首先选择一些与儿童生活经验有关的整体性任务并呈现有关问题，让学生尝试进行解决，然后让学生单个或在小组中通过探索，自己发现要完成整体任务需首先完成的子任务，以及完成各级子任务所需的基本知识技能，在掌握这些知识技能的基础上，最终使问题得以解决。

真题面对面

[2021 信阳浉河，单，0.82 分]语文老师在教授一篇比较难的文言文时，起初，他会给学生提供大量的注释，然后让学生根据这些注释去理解文中的关键句子。一段时间后，老师给学生提供的生词解释慢慢减少，而学生也逐渐能独立完成文言文的阅读了。语文老师运用的教学策略是(　　)

A. 支架式教学　　B. 程序教学　　C. 随机进入式教学　　D. 专题教学

答案：A

考点大默写

1. 建构主义学习理论认为“______”“______”“______”“______”是学习环境中的四大要素。
2. 学习的______是指学生能够主动地对已有知识经验进行综合、重组和改造，从而用以解释新信息，并最终建构属于个人意义的知识内容；知识不可能脱离活动情境而孤立存在体现了学习的______。
3. 建构主义把教师看成是学生学习的______、______。
4. 建构主义认为教学是在师生的共同活动中，教师通过提供帮助和支持，引导学生从原有的知识经验中“______”出新的知识经验。

【参考答案】

1. 情境；协作；会话；意义建构　2. 主动建构性；情境性　3. 帮助者；合作者　4. 生长

我于______年____月____日完成了对本章的学习。

复盘一下，我对自己较肯定的地方是______

(足够努力/心态积极/方法得当……)

我觉得自己需要改进的地方是______

(懒惰懈怠/心情浮躁/方法不当……)

休息片刻，开启下一站征程！

第四章 学习心理

思维导图

- 学习心理
  - 学习动机
    - 学习动机概述（重点）
      - 分类：内部、外部动机；直接的近景性、间接的远景性动机；认知、自我提高、附属内驱力等
      - 耶克斯—多德森定律：倒“U”形曲线、中等强度最佳
    - 学习动机理论（重点）
      - 成就动机理论（阿特金森）：力求成功、避免失败
      - 成败归因理论（韦纳）：六因素、三维度
      - 自我效能感理论（班杜拉）：影响因素（直接经验、替代经验、言语劝说、情绪唤醒）
      - 成就目标理论（德维克）：能力实体观、能力增长观
      - 自我价值理论（科温顿）：高驱低避、低驱高避、高驱高避、低驱低避
    - 学习动机的激发与培养
      - 激发：问题情境、目标、难度、期望、反馈、奖励与惩罚、表扬、竞争
      - 培养：了解需要、立志教育、自我效能感、归因、培养兴趣、迁移
  - 学习策略
    - 学习策略的概念及特征
      - 特征：主动性、有效性、过程性、程序性
    - 学习策略的种类
      - 认知：复述、精加工、组织策略（易混点）
      - 元认知：计划、监控、调节策略
      - 资源管理：时间管理、环境管理、努力管理、学业求助策略
    - 学习策略的训练与教学
      - 训练原则：“煮花生特有效”
  - 学习迁移
    - 学习迁移的概念、种类及作用
      - 种类：正、负、零迁移；顺向、逆向迁移；水平、垂直迁移；一般、具体迁移；同化性、顺应性、重组性迁移等
    - 学习迁移理论（重点）
      - 早期：形式训练说、相同要素说、概括化理论、关系理论
      - 当代：情境性理论、认知结构迁移理论
    - 迁移与教学
      - 影响因素：“知情心，策智能；学点教导”
  - 知识的学习
    - 知识概述
      - 分类：陈述性、程序性知识；策略性知识；感性、理性知识；显性、隐性知识
      - 表征：陈述性（命题、命题网络）；程序性（产生式、产生式系统）
    - 知识学习的类型（易混点）
      - 符号、概念、命题学习
      - 下位、上位、并列结合学习
    - 知识学习的过程
      - 知识的获得：知识直观、知识概括
      - 知识的保持：记忆系统
  - 技能的形成
    - 技能及其种类
      - 特点：学习形成、活动方式、合乎法则
      - 种类：操作技能、心智技能
    - 操作技能的形成
      - 形成阶段（菲茨与波斯纳三阶段、冯忠良四阶段）；培训要求
    - 心智技能的形成
      - 形成阶段（加里培林五阶段、冯忠良三阶段、安德森三阶段）；培养要求
  - 问题解决与创造性
    - 问题解决概述
      - 过程：发现问题、理解问题、提出假设、检验假设
      - 策略：算法；启发法（手段—目的分析法、爬山法、逆推法）（易混点）
      - 影响因素：问题情境与知识表征方式、定势与功能固着、原型启发、已有知识经验、情绪与动机
    - 创造性及其培养
      - 特征：流畅性、灵活性（变通性）、独创性（独特性）
      - 培养：创造性认知能力、创造性个性塑造、创设有利环境、培养教师队伍

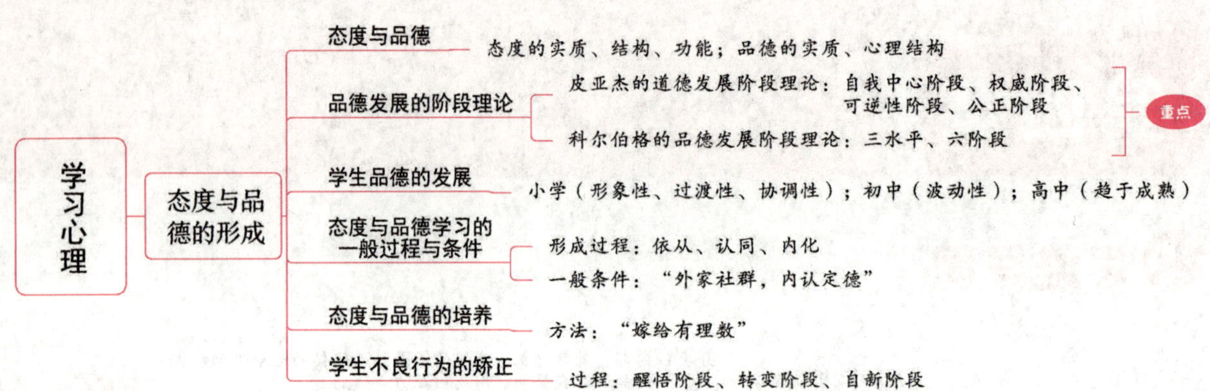

河南考向

本章属于教育心理学部分的重难点章节，知识系统，需要理解并识记的知识较多，现对本章河南考向分析如下：

考点类型	考点名称	常考题型	能力层级	考查热度
高频考点	学习动机的分类	单选、多选、不定项、判断、案例分析	运用	★★★
	耶克斯—多德森定律	单选、多选、判断、辨析	理解	★★★
	学习动机理论	单选、多选、不定项、判断、案例分析	运用	★★★
	学习动机的激发与培养	单选、多选、判断、简答	识记	★★
	学习策略的种类	单选、多选、判断、案例分析	运用	★★★
	学习迁移的种类、理论	单选、多选、不定项、判断、填空	理解	★★
	迁移与教学	单选、多选、不定项、判断、简答	识记	★★
	知识的分类	单选、多选、不定项、判断	识记	★★
	知识学习的类型、过程	单选、多选、判断、简答	理解	★★
	技能的种类	单选、多选、判断、简答	识记	★★
	操作技能、心智技能的形成	单选、多选、判断、简答	理解	★★
	影响问题解决的因素	单选、多选、简答、论述	运用	★★★
	创造性的特征与培养	单选、多选、判断、简答、案例分析	识记	★★
	品德发展的阶段理论	单选、多选、判断、简答	理解	★★★
	态度与品德学习的一般过程与条件	单选、多选、不定项、判断、论述	识记	★★
	态度与品德的培养方式	单选、多选、简答	识记	★★
	学生不良行为的矫正	单选、多选、案例分析	运用	★★
新增考点	反馈的种类	单选	识记	★★
	建构主义迁移观	单选	识记	★★
	技能的特点	单选	识记	★★
	创造性与问题解决的关系	单选	识记	★★
	我国中小学生道德情感的发展	判断	识记	★★

核心考点

第一节 学习动机

一、学习动机概述

考点1 学习动机及其成分 【单选、多选】★

1. 学习动机的概念

学习动机是指激发个体进行学习活动，维持已引起的学习活动，并使行为朝向一定学习目标的一种心理倾向或内部动力。学习动机是直接推动学生进行学习的内部动力。一个学生是否想要学习，学习的努力程度、积极性、主动性等都与学习动机有关。

2. 学习动机的成分

学习动机的两个基本成分是学习需要与学习期待，两者相互作用形成学习的动机系统。关于学习需要和学习期待可以从以下几个方面来理解：

(1)学习需要与内驱力

学习需要是指个体在学习活动中感到有某种欠缺而力求获得满足的心理状态，它包括学习的兴趣、爱好和学习的信念等。学习兴趣是学习动机中最活跃的成分。

内驱力也是一种需要，但它是动态的。从需要的作用来看，学习需要即学习的内驱力(学习驱力)。

(2)学习期待与诱因

学习期待是个体对学习活动所要达到目标的主观估计。学习期待所指向的目标可以是成绩，也可以是奖品、教师的赞扬、名誉、地位等。学习期待不等于学习目标。学习期待是学习目标在个体头脑中的反映。

诱因是指能够激起有机体的定向行为，并能满足某种需要的外部条件或刺激物。诱因可以是简单的物体，也可以是复杂的事物。凡是能使个体产生积极的行为，即趋向或接近某一目标的刺激物称为积极的诱因。相反，消极的诱因可以产生负性行为，即离开或回避某一目标。学习期待是静态的，诱因是动态的。学习期待就其作用来说就是学习的诱因。

考点2 学习动机的分类 【单选、多选、不定项、判断、案例分析】★★★

1. 内部学习动机和外部学习动机 必背

按学习动机产生的诱因来源，可将学习动机分为内部学习动机和外部学习动机。

内部学习动机是指诱因来自学习者本身的内在因素，即学生因对活动本身发生兴趣而产生的动机。具有内部动机的学生，活动本身就能使其得到满足，无需外力的作用也能产生荣誉感。

外部学习动机是指诱因来自学习者外部的某种因素，即在学习活动以外由外部的诱因激发出来的学习动机。

由于学习动机是推动人从事学习活动的内部心理动力，因此任何外界的要求、外在的力量都必须转化为个体内在的需要，才能成为学习的推动力。在外部学习动机发生作用的时候，人的学习活动较多地依赖于责任感、义务感或希望得到奖赏或避免受到惩罚的意念。因此，我们在教育过程中强调内部学习动机，但也不忽视外部学习动机的作用。教师一方面应逐渐使外部动机转化为内部动机,另一方面又应利用外部动机使学生已经形成的内部动机处于持续的激起状态。

2. 高尚的学习动机和低级的学习动机

按学习动机的社会意义,可将学习动机分为高尚的学习动机和低级的学习动机。

判断学习动机高尚与低级的标准是看它是否有利于社会和集体。如果把学习看成是对社会做贡献和尽义务,则是高尚的学习动机;而把学习看成是猎取个人名利的手段,则是低级的学习动机。

3. 直接的近景性学习动机和间接的远景性学习动机

按学习动机起作用时间的长短,可将学习动机分为直接的近景性学习动机和间接的远景性学习动机。

直接的近景性学习动机是指由活动的直接结果引起的对某种活动的动机,它是与学习活动直接相连的,来源于对学习内容或学习结果的兴趣。例如,学生的求知欲、成功的愿望、对某门学科的浓厚兴趣,以及教师生动形象的讲解、教学内容的新颖性等都直接影响到学生的学习动机。这种动机很具体,作用的效果很明显,但不够稳定,容易随着环境的变化而变化。

间接的远景性学习动机是指由于了解活动的社会意义、活动结果的社会价值而引起的对某种活动的动机,它是与学习的社会意义和个人的前途相连的。例如,大学生意识到自己的历史使命,为不辜负父母的期望,为争取自己在班集体中的地位和荣誉等而学习都属于间接性的动机。那些高尚的、正确的间接性动机的作用较为稳定和持久,能激励学生努力学习并取得好成绩。而那些为了父母、教师的期望或是自己的名声、地位的动机作用的稳定性和持久性相对比较差,容易受到情境因素的冲击。

4. 主导性学习动机和辅助性学习动机

按学习动机在活动中所起作用的大小,可将学习动机分为主导性学习动机和辅助性学习动机。

主导性学习动机,是指在一定时期或某个特定活动上起支配作用,发挥主导作用的动机。一般来说,在同一时间内,主导性学习动机只有一个,它对人的活动起主导作用。

辅助性学习动机,是指在一定时期或某个活动上处于从属地位,发挥辅助作用的动机。在同一时间内辅助性学习动机可能有几个,它们各自的强度与稳定性是不一样的。

5. 认知内驱力、自我提高内驱力和附属内驱力 必背

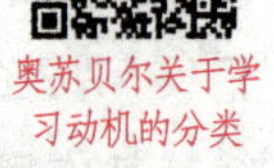
奥苏贝尔关于学习动机的分类

根据学校情境中的学业成就动机的不同,奥苏贝尔等人把动机分为认知内驱力、自我提高内驱力和附属内驱力三个方面。

认知内驱力是指要求了解、理解和掌握知识以及解决问题的需要。一般来说,这种内驱力大多是从好奇倾向中派生出来的。但个体的这些好奇倾向或心理素质最初只是潜在的而非真实的动机,还没有特定的内容和方向,只有通过个体在实践中不断取得成功才能真正表现出来,并获得特定的方向。因此,学生对某一学科的认知内驱力或兴趣并非天生的,主要是后天获得的,且依赖于特定的学习经验。在有意义学习中,认知内驱力是最重要而且稳定的动机。这种动机指向学习任务本身(为了获得知识),满足这种动机的奖励(知识的实际获得)是由学习本身提供的,属于**内部动机**。

自我提高内驱力是指个体因自己的胜任或工作能力而赢得相应地位的需要。自我提高内驱力并非直接指向学习任务本身,而是把成就看作赢得地位与自尊心的根源,属于**外部动机**。

附属内驱力是指个体为了获得长者(如家长、教师)的赞许或认可而把工作、学习做好的一种需要。它既不直接指向学习任务本身,也不把学业成就看作赢得地位的手段,而是为了从长者那里获得赞许或认可。附属内驱力是一种间接的学习需要,属于**外部动机**。

认知内驱力、自我提高内驱力和附属内驱力在动机结构中所占的比重不是一成不变的,通常是随着年龄、性别、个性特征、社会地位和文化背景等因素的变化而变化。在儿童早期,附属内驱力最为突出,他们努力获得学业成就,主要是为了实现家长的期待,并得到家长的赞许。到了儿童后期和少年期,附属内驱力的强度有所减弱,来自同伴、集体的赞许和认可逐渐替代了对长者的依附。在这期间,赢得同伴的赞许就成为一个强有力的动机因素。而到了青年期,认知内驱力和自我提高内驱力成为学生学习的主要动机,学生学习的目的在于满足自己的求知需要,并从中获得相应的地位和威望。

真题面对面

1. [2023 郑州郑东新区,不定项,2 分]小丽最近对植物叶子为什么会变黄、脱落的过程很感兴趣,因此她在科学探究课上听讲十分认真,并受到老师的表扬。小丽对科学探究的积极性更高了。根据奥苏贝尔提出的学习动机分类,小丽的学习动机体现为( )

A. 内部动机　　B. 附属内驱力

C. 自我提高内驱力　　D. 认知内驱力

2. [2021 驻马店驿城,判断,1 分]学生强强努力学习是为了获得老师的表扬,驱使强强学习的动机是自我提高内驱力。( )

答案:1. D　2. ×

考点 3　学习动机对学习的作用　【单选、多选、判断、辨析】★★★

学习动机是学习活动顺利进行的支持性条件。学习动机对学习的作用可表现在两个方面:影响学习过程、影响学习效果。

1. 学习动机对学习过程的影响

学习动机对学习过程的影响主要表现在:学习动机对学习行为有启动、维持和监控作用。当学生有了某些需要时,就可能引发其学习的内驱力,唤起内部状态,激起一定的学习行为。且这种学习行为被激起以后,学习动机的水平还可使学习活动稳定和维持在既定的学习任务上,并对学习过程进行监控,以促使学习目标的最终实现。

2. 学习动机对学习效果的影响

学习动机对学习效果的影响可分为两个方面:一方面是总体上整个动机水平对整个学习活动的影响;另一方面是具体的学习活动中学习动机对学习效果的影响。

(1)总体而言,在一般情况下,学习动机与学习效果的关系是一致的。学习动机越强,有机体对学习活动的积极性就越高,学习效果就越佳,表现为学习动机可以促进学习,提高成绩。

但是，学习动机对学习效果的促进作用并不是直接的，而是通过一些中介机制间接地起增强与促进学习的效果。同时，学习动机还必须通过学习者的学习行为这一中间环节才能作用于学习效果。而学习效果又不单纯只受学习动机的影响，它还受一系列主客观因素，如学习基础、教师指导、学习方法、学习习惯、智力水平、个性特点、健康状况等的制约。因此，学习动机与学习效果之间的关系并不是完全成正比的，学习动机是影响学习行为、提高学习效果的一个重要因素，但不是决定学习活动的唯一条件。

（2）对一项具体的学习活动而言，学习动机与学习效果的关系并不是那么简单。只有当学习动机的强度处于最佳水平时，才能产生最好的学习效果。

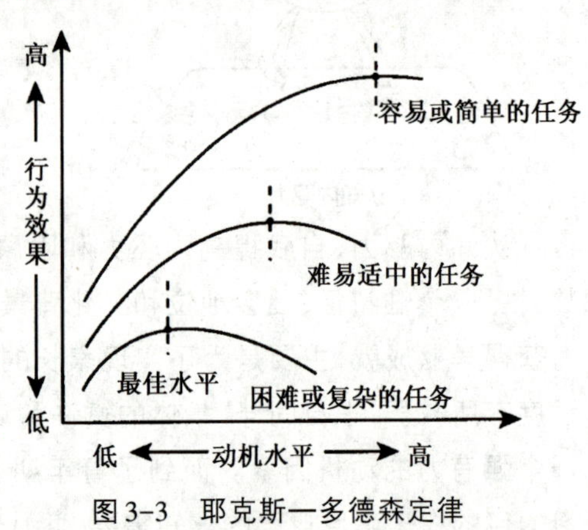

图 3-3 耶克斯—多德森定律

"耶克斯—多德森定律"表明，动机不足或过分强烈都会影响学习效果。具体表现在：

①动机的最佳水平随着任务性质的不同而不同。在比较容易的任务中，行为效果（工作效率）随着动机的提高而上升；随着任务难度的增加，动机的最佳水平有逐渐下降的趋势。②一般来讲，最佳水平为中等强度的动机。③动机水平与行为效果呈倒"U"形曲线。必背

"耶克斯—多德森定律"为高频考点，考生应注意理解。在困难或复杂的任务中，最佳动机水平较低；在难易适中的任务中，最佳动机水平中等；在容易或简单的任务中，最佳动机水平较高。

知识再拔高

学习效果对学习动机的影响

学习效果反作用于学习动机。所学知识的增多、学习成就的取得可以进一步激发学生的好奇心、求知欲，进一步提高学生的自信心等，从而增强学生进一步学习的动机。教师在强调动机对学习的重要作用的同时，也应该看到所学的知识反过来又可以增强学习的动机。对于那些尚无学习动机或者学习动机不高的学生，尤其是年龄较小的学生，教师没有必要推迟学习活动。教学的最好办法是把重点放在学习的认知方面而不是动机方面，致力有效地教他们掌握有关知识，让他们获得成功的体验。学生尝到了学习的乐趣，就有可能产生或者增强其学习的动机。

真题面对面

1. [2023事业单位，单，0.8分]小明最不擅长数学，偏偏这次数学的试题难度又大，根据耶克斯—多德森定律，小明如果想在这次数学考试中表现好，则应该保持的动机水平是（　　）

A. 较高　　B. 中等

C. 较低　　D. 特别低

2. [2022信阳淮滨，判断，0.5分]学习效果和学习动机成正比关系。（　　）

答案：1. C　2. ×

考点4 影响学习动机形成的因素

1. 主观因素

（1）需要与目标结构。每个学生认知需要的强度不同，反映在学习动机上也有强度差异。此外，学生的学习目标可分为两类：即掌握目标和表现目标。

（2）成熟与年龄特点。年幼儿童的动机主要是生理性动机，随着年龄的增长，社会性动机及其作用也日益增长。在不同的年龄阶段，学习的主导性动机会发生变化和转移。

（3）性格特征与个别差异。学生的兴趣、好奇心、意志品质等都影响着学习动机的形成。

（4）志向水平与价值观。学生的志向水平与价值观影响其学习动机和目标结构的形成。

（5）焦虑程度。焦虑指学生担心不能完成任务时产生的不舒适、紧张和担忧的感觉。焦虑程度会影响学习动机和学业成绩。研究表明，焦虑水平与学习效率之间呈倒“U”形关系，即中等水平的焦虑有利于学习效率的提高，而过低或过高的焦虑均对学习不利。从学习难度上来说，难度大的学习，焦虑水平低较好；难度小的学习，焦虑水平高较好。

2. 客观因素

（1）家庭环境与社会环境。学习动机是社会要求在学生头脑中的反映，个体学习动机的形成和结构受社会生活条件的制约和影响。社会要求首先通过家庭对学生产生影响，年级越低的学生，其学习动机受家庭的影响越大。与家庭的影响相比，随着学生年龄增长和逐渐成熟，社会影响越来越大。

（2）学校教育。学校教育对学生学习动机的形成和发展起主导作用，它可以强化学生在家庭、社会影响下初步形成的正确学习动机，也可以纠正学生在家庭、社会影响下形成的错误学习动机。学校教育对学生学习动机的影响主要是通过教师的作用实现的。

二、学习动机理论【单选、多选、不定项、判断、案例分析】★★★

考点1 强化理论

学习动机的强化理论是由联结主义心理学家提出来的，他们不仅用强化来解释学习的发生，而且用它来解释动机的产生。在他们看来，人的某种学习行为倾向完全取决于先前的这种学习行为与刺激因强化而建立起来的稳固联系，而不断强化则可以使这种联系得到加强和巩固。按照这种观点，任何学习行为都是为了获得某种报偿。因此，在学习活动中，采取各种外部手段如奖赏、赞扬、评分、竞赛等，可以激发学生的学习动机，引起其相应的学习行为。

一般来说，正强化和负强化都起着增强学习动机的作用，*如适当的表扬与奖励、获得优秀成绩、取消讨厌的考试等便是正强化或负强化的手段*。惩罚则一般起着削弱学习动机的作用，但有时也可使一个人在失败中重新振作起来，*如频繁的惩罚、考试不及格等便是惩罚的手段*。在学习中如能合理地增强正强化，利用负强化，减少惩罚，将有助于提高学生的学习动机水平，改善他们的学习行为及其结果。

当然，强化理论就其主要倾向来说，是联结派的学习动机理论。由于联结派的强化理论过分强调引起学习行为的外部力量（外部强化），忽视甚至否定了人的学习行为的自觉性与主动性（自我强化），因而这一学习动机理论有较大的局限性。

考点2 需要层次理论

人本主义心理学家**马斯洛**认为，要揭示动机的本质，必须关注人的需要。他把需要区分为一些基本的层次，对这些需要层次进行研究，从整体上把握动机的实质。

虽然马斯洛的需要层次理论本身没有直接的教育意义，马斯洛也并未直接研究学习动机问题，但是需要层次理论却对教育、教学、学习等产生了间接的影响。需要层次理论说明，在某种程度上学生缺乏学习动机可能是由于某种缺失性需要没有得到充分满足。一般来说，在目前条件下，学生在学校中最重要，也最容易缺失的是爱和尊重的需要。

考点3　成就动机理论

1. 基本观点

成就动机理论

成就动机是由心理学家默里提出的概念，它是指个体努力克服障碍，施展才能，力求又快又好地解决某一问题的愿望或趋势。之后阿特金森接受默里的思想，提出了具有广泛影响的成就动机理论。

阿特金森把个体的成就动机分为两类：力求成功的动机和避免失败的动机。**力求成功者**的目的是获取成就，即通过各种活动努力提高自尊心和获得心理上的满足，成功概率为50%的任务是他们最有可能选择的。**避免失败者**则往往通过各种活动防止自尊心受伤害和产生心理烦恼，倾向于选择非常容易或非常困难的任务。如果成功的概率大约是50%时，他们会回避这项任务。

2. 成就动机理论的教育启示

(1)对力求成功者，应通过给予新颖且有一定难度的任务，安排竞争的情境，严格评定分数等方式来激发其学习动机；

(2)对于避免失败者，则要安排少竞争或竞争性不强的情境，如果取得成功则要及时表扬并给予强化，评定分数时要求稍稍放宽些，并尽量避免在公共场合下指责其错误；

(3)由于力求成功的动机比避免失败的动机具有更大的主动性，因此，对学生还应增加他们力求成功的成分，使他们不以避免失败为满足，而以获取成功为快乐，这样才能真正调动一个人的积极性。

真题面对面

[2021驻马店驿城，单，1分]小李是典型的力求成功者，根据成就动机理论，最有可能选择的是成功概率为(　　)的工作。

A. 25%　　B. 50%　　C. 75%　　D. 100%

答案：B

考点4　成败归因理论

1. 基本观点 必背

归因就是对他人或自己行为的原因给予解释的心理过程。归因理论认为一个人的学习动机会受到归因的影响，或者说对自己行为结果的归因会影响今后同类行为的动机。

最早提出归因理论的是海德。**罗特**对归因理论进行了发展，提出了控制点的概念，并依据控制点把个体分为"**内控型**"和"**外控型**"。内控型的人认为自己可以控制周围的环境，无论成功还是失败，都是由自己的能力或努力等内部因素造成的，他们乐于对自己的行为负责；外控型的人则感到自己无法控制周围的环境，无论成败都归因为他人的影响或运气等外在因素，他们往往对自己的行为不愿承担责任。

在海德和罗特研究的基础上，**韦纳**对行为结果的归因进行了系统探讨，发现人们倾向于将活动成败的原因归结为六项因素，即能力、努力程度、工作难度、运气、身心状况、外界环境，又把上述六项因素按各自的性质，分别归入三个维度：内部归因和外部归因、稳定性归因和不稳定性归因、可控制归因和不可控制归因。

表 3-10 韦纳成败归因理论中的六因素与三维度

因素 \ 维度	成败归因维度					
	稳定性		因素来源(控制点)		可控制性	
	稳定	不稳定	内在	外在	可控制	不可控制
能力	√		√			√
努力程度		√	√		√	
工作难度	√			√		√
运气		√		√		√
身心状况		√	√			√
外界环境		√		√		√

记忆有妙招

为方便考生记忆,我们将成败归因理论中六种归因方式总结成口诀供考生参考:**浑身力气不稳,内在两力与身心,只有努力是可控。浑**:环境。**身**:身心。**力**:努力。**气**:运气。**内在两力**:能力和努力。

通过对归因理论的研究,得出了一些关于归因的结论:

(1)成败归因的内外源(控制点)维度影响个体对成败的情绪体验。个人将成功归因于能力和努力等内部因素时,他会感到骄傲、满意、信心十足,而将成功归因于任务容易和运气好等外部因素时,产生的满意感则较少。相反,如果一个人将失败归因于缺少能力或努力,则会产生羞愧和内疚,而将失败归因于任务太难或运气不好时,产生的羞愧感则较少。而归因于努力相对归因于能力,无论成功或失败都会产生更强烈的情绪体验。努力而成功,体验到愉快;不努力而失败,体验到羞愧;努力而失败,也应受到鼓励。

(2)成败归因的稳定性维度影响个体对未来成败的预期。个人如果将失败的结果归因于能力差或任务太难等稳定性因素时,那对未来成功的期望就比较低,而归因于努力不够或运气不好等不稳定性因素时,对未来成功的期望明显比较高。同样,如果将成功归因于能力强或任务容易等稳定性因素时,对未来成功的期望就比较高,而归因于付出很大努力或运气好等不稳定因素时,对未来成功的期望明显比较低。

(3)成败归因的可控性维度影响个体今后努力学习的行为,可控性维度既与情绪体验有关,又与对未来成败的预期有关。

(4)一个总是失败并把失败归因于内部的、稳定的和不可控的因素(即能力低)的学生会形成一种习得性无助的自我感觉。

知识再拔高

习得性无力(助)感理论

美国心理学家塞利格曼提出了习得性无力感理论。习得性无力感简称无力感,指由于连续的失败体验而导致个体产生的对行为结果感到无力控制、无能为力的心理状态。

根据他的理论,无力感的产生过程可以分为四个阶段:(1)获得体验。(2)在体验的基础上进行认知。(3)形成"将来结果也不可控"的期待。(4)表现出动机、认知和情绪上的损害,影响后来的学习。

在学校教育中,针对学生的无力感现象,我们可以采取以下措施防治或消除学生的无力感:(1)消除学校中的"不可控状况";(2)防止学生产生"结果不可控"的认知;(3)培养意志,增强免疫力。

真题面对面

[2022郑州市直,判断,0.5分]学生把考试失败归因为能力因素,易产生习得性无助感,使其自暴自弃、放弃努力。(　　)

答案:√

2. 帮助学生正确归因以提高学生的学习成绩

(1)教师根据学生的自我归因可预测其此后的学习动机。学生的自我归因虽未必正确,但却是重要的。因为归因促使学生在从了解自己到认识别人的过程中,建立起明确的自我概念,促进自身的成长。而如果学生有不正确的归因,则更表明他们需要教师的辅导与帮助。

(2)长期消极的归因不利于学生的人格成长,这就需要教师利用反馈的作用,并在反馈中给予鼓励和支持,帮助学生正确归因,重塑自信。韦纳发现,在师生交互作用的教学过程中,学生对自己成败的归因,并非完全以其考试分数的高低为基础,而是受到教师对他的成绩表现所做反馈的影响。

(3)通过归因训练改变学生消极的自我认识,提高学习动机。归因训练的具体方法参见本节中"内部学习动机的激发与培养"。

考点5　自我效能感理论

1. 自我效能感的内涵

自我效能感由班杜拉首次提出,是指人对自己能否成功从事某一成就行为的主观判断。班杜拉指出,人的行为受行为的结果因素与先行因素的影响。行为的结果因素是人们通常所说的强化。行为的先行因素就是人在认识到行为与强化之间的依随关系之后产生的对下一步强化的期待。

期待包括结果期待和效能期待。**结果期待**是指人对自己的某一行为会导致某一结果的推测。**效能期待**是指人对自己能够进行某一行为的能力的推测或判断,它意味着人是否确信自己能够成功地进行带来某一结果的行为。当个体确信自己有能力进行某一活动时,他就会产生高度的"自我效能感",并努力实施该活动。

2. 自我效能感的作用

(1)决定人们对活动的选择,以及对活动的坚持性。自我效能水平高者倾向于选择富有挑战性的任务,在困难面前能坚持自己的行为,而自我效能水平低者则相反。(2)影响人们在困难面前的态度。(3)不仅影响新行为的习得,而且影响已习得行为的表现。(4)影响活动时的情绪。

3. 自我效能感的影响因素 必背

自我效能感的影响因素

(1)个人自身行为的成败经验(直接经验)。这一效能信息源对自我效能感的影响最大。一般来说,成功经验会提高效能期望,反复的失败会降低效能感。当然,成败经验对效能期待的影响还要取决于个体对成败的归因方式。如果把成功归于外部、不可控的因素就不会增强自我效能感;把失败归于外部、不可控的因素也不一定就降低自我效能感。因此个体的归因方式直接影响自我效能感的形成。

(2)替代经验。个体的许多效能期望是来源于对他人的观察,如果看到一个与自己一样或不如自己的人成功,自己的效能感就会提高。

(3)言语劝说(言语暗示)。依靠言语劝说形成的自我效能感不易持久,一旦面临令人困惑或难以处理的情境时,会迅速消失。一些研究结果表明,缺乏体验基础的言语劝说,在形成自我效能感方面的效果是脆弱的,人们对说服者的意见是否接受,往往要依说服者的身份和可信度而定。

(4)情绪唤醒。班杜拉发现,高水平的情绪唤醒使成绩降低而影响自我效能感。

值得指出的是,上述四种因素对效能期望的作用依赖于个体的认知和评价,人要对与能力有关的因素和非能力因素对成败的作用加以权衡。

真题面对面

[2022 信阳淮滨,多,1 分]自我效能感指个人对自己是否有能力完成某一行为所进行的推测与判断,班杜拉认为个人自我效能感的影响因素有(　　)

A. 言语劝说　　B. 情绪唤醒

C. 替代经验　　D. 个人直接经验

答案:ABCD

4. 增强自我效能感的方式

(1)让学生更多地体验到成功。行为的成败经验,对效能感的影响是最大的。不断成功会使人建立起稳定的自我效能感,这种效能感会泛化到类似情境中去,而且不会因一时的挫折而降低。因此,教师在学校中要让学生产生更多的成功体验,要善于给学生提供**难度适中**的学习任务和要求。学生对行为成败的归因方式,也会影响自我效能感。教师应注意引导学生进行积极的归因,即把成功与努力和能力相联系,将失败与努力不足相联系,从而增强学生的自我效能感。

(2)为学生提供适当的榜样。学生通过观察榜样示范的行为获得的间接经验会影响自我效能感。教师在提供榜样时,一是要给学生提供信息,二是要给学生提供比较标准。因此,教师要注意给学生提供不同层次的榜样,使不同层次的学生都能找到适合自己的榜样,增强自我效能感。

(3)恰当地运用外部强化。不论是直接强化还是间接强化,恰当地使用都能够促进学生对自身能力的认知,增强自我效能感。教师要对学生提出适当的目标,推动学生向难度适中的学习任务挑战,努力学习并掌握新的知识和技能,取得成功,从而产生自我效能感。

(4)使学生学会自我强化。当人达到了自己的标准时会感到自己有能力,产生或增强自我效能感。

考点 6　自我决定理论

20 世纪 80 年代,美国心理学家德西和瑞安等人提出了自我决定理论。自我决定是一种关于经验选择的潜能,是在充分认识个人需要和环境信息的基础上,个体对行动所做出的自由选择。这种潜能引导人们从事感兴趣的、有益于能力发展的行为以及形成与社会环境的灵活适应。

自我决定理论将动机划分为内在动机、内化动机和外在动机三种，强调学习动机激发的重点在于外在动机的内化。同时，自我决定理论认为外在动机使用不当会导致内在动机的抵消。德西的一项研究充分证明了这一点，即在进行一项对于被试而言感兴趣、自发性的活动时，如果同时提供外部的物质奖励，反而会减少这项活动对参与者的吸引力。

考点7 成就目标理论

1. 基本观点

20世纪80年代初，德维克等在社会认知框架的最新研究成果基础上，综合以前成就动机的研究成果，提出了较为完善的成就目标理论。

德维克认为，人们对能力持有不同的内隐观念。一种为**能力实体观**，持这种观点的人认为能力是稳定的，是不可改变的特质。另一种是**能力增长观**，这种观点认为能力是不稳定的，是可以控制的，是可以随着知识的学习、技能的培养而加强的。

表3-11 能力实体观与能力增长观

能力观	目标取向	特征/表现
能力实体观	表现目标	持表现目标取向的学生被称为自我卷入的学习者，具有以下特征： (1)避免被别人看不起，选择适宜(不需花费太多精力而且成功可能性很大)的工作； (2)关心的是能否向其他人证明自己的能力
能力增长观	掌握目标	持掌握目标取向的学生被称为任务卷入的学习者，具有以下特征： (1)学习是为了个人的成长，寻求那些能真正锻炼自己的能力、提高自己的技能的任务，选择中等难度的任务； (2)关心的是自己是否能掌握任务，而不是和他人相比

2. 掌握目标和表现目标对认知、情感和行为的影响 新增

(1)不同成就目标定向的个体在**认知方面**有区别。①持不同目标者对能力的认知不同。掌握目标定向的个体认为智力是可变的，智力与努力之间存在一种共变关系，即通过努力可以使人的智力得到提高。而表现目标定向的个体认为智力是一种不可变的、稳定的个性特征。②不同目标定向者对成败的**归因方式**不同。由于掌握目标定向的个体认为智力可以通过努力而变化，所以他们看重的是技能的发展和知识的掌握，将任务的结果看作评价努力是否充足、掌握是否理想的主要指标。成功被视为能力的增长和自身的进步，失败则先被归因于努力，在努力充足的情况下被归因于方法和策略使用不当，有待于通过今后的努力而改进。而对于认为智力不可变的表现目标定向者来讲，他们更关注自己能力的展示，对成败进行能力归因，认为失败意味着能力不足，只有通过小的努力而取得的成功才能表现出能力超群，而对付出大的努力取得的成功，同失败一样会被归因为能力的不足。

(2)不同的成就目标定向的个体在**情感方面**有差别。对掌握目标定向的个体来说，失败并不代表能力低，而是意味着努力不足或方法不当，失败为进一步行动提供了线索和方向，提供了新的挑战和学习机会，所以他们能够以积极乐观的情绪对待失败。而对表现目标定向的个体来讲，失败就意味着能力不足，从而导致羞愧、焦虑、忧郁等消极情绪。在面临失败时，他们往往采用自我防御的方式，如贬低任务的价值，表现出对成就活动的厌倦情绪，以此来维护自尊。

(3)不同成就目标定向的个体在**行为方面**也有差别。①不同目标定向者在任务的选择上有差别。掌握目标定向的个体倾向于选择具有挑战性的任务。而表现目标定向的个体对任务的选择受到能力自我认知的

影响，低能力自我认知的个体倾向于选择容易的任务，高能力自我认知的个体虽然选择具有挑战性的任务，但当具有失败的危险时，他们就会逃避挑战。②不同目标定向者在困难面前的坚持性不一样。掌握目标定向的个体受努力归因的影响会表现出较高的坚持性，而且他们在失败时的积极情感反应也会成为继续努力的动力。表现目标定向的个体受能力归因的影响，在面临困难时会泄气或防御性地放弃任务，而且其羞愧、焦虑等消极情感反应也会妨碍任务的顺利进行。

真题面对面

[2021平顶山湛河，单，0.8分]小明倾向于确立掌握目标，希望通过学习来提高自己的能力。小可倾向于确立表现目标，希望在学习过程中证明自己的能力。根据德维克的理论，小明和小可分别持有(　　)

A. 能力变化观、能力增长观

B. 能力增长观、能力实体观

C. 能力实体观、能力变化观

D. 能力增长观、能力可控观

答案：B

考点8　自我价值理论

自我价值理论关注人们如何评估自身价值。科温顿的自我价值理论的基本假设是当自己的自我价值受到威胁时，人类将竭力维护。自我价值理论认为人类将自我接受作为最优先的追求。这种保护和防御以建立一个正面自我形象的倾向就是自我价值动机。在学校，学生的价值通常来自他们在竞争中取得成功的能力。换句话说，学校中的成功应被理解为：保持积极的、有关能力的自我形象，尤其是在遭遇竞争失败时。

自我价值理论采用四象限模型将动机类型划分为四种，亦将学生分为四类。

(1)高驱低避型。这类学生拥有无穷的好奇心，对学习有极高的自我卷入水平。他们自信、机智，又被称作“成功定向者”，或者“掌握定向者”。他们的学习超越了对能力状况和失败状况的考虑，他们学习仅仅因为学习是他们快乐的手段，是他们生命的存在方式。

(2)低驱高避型。这类学生又被称为“逃避失败者”，这类学生更看重逃避失败而非期望成功。他们怀疑自己的能力，害怕被指责为没有能力的人，感受着高度的焦虑和紧张。所以这类学生花费许多不必要的时间寻求焦虑的解脱。他们不喜欢学习，虽然他们不一定存在学习问题或学习困难，他们只是对课程提不起兴趣。

(3)高驱高避型。具有这种动机形式的人同时受到成功的诱惑和失败的恐惧。对任务又爱又恨，既追求又排斥让他们常常处于一种冲突状态。他们兼具了成功定向者和逃避失败者的特点。这类人被称作“**过度努力者**”。为了成功的同时又要掩饰自己的努力，他们中就出现了一种“隐讳努力”的现象。他们在同学中尽量表现得贪玩、不在乎考试，但私下里却偷偷努力，拼命学习。这样，成功时，他们的成绩更有价值，更能说明他们的能力过人；即使失败，也可以为自己的失利找到很好的理由，不会被认为无能。

(4)低驱低避型。这种类型的人又被称作“失败接受者”。他们不奢望成功，对失败也不感到丝毫恐惧或者羞愧。他们内心如同一潭死水，鲜有冲突。他们对成就表现得漠不关心，不接受任何有关能力的挑战。

真题面对面

[2023事业单位，多，1.5分]根据科温顿的动机四象限模型，下列描述与低驱低避型相符的有(　　)

A. 不奢望成功，对失败也不感到丝毫恐惧或羞愧

B. 对成就表现得漠不关心，不接受任何有关能力的挑战

C. 在同学中表现得贪玩，不在乎考试，但私下却偷偷努力

D. 怀疑自己能力，害怕被指责为没能力的人，感受着高度的紧张和焦虑

答案：AB

三、学习动机的激发与培养 【单选、多选、判断、简答】★★

考点1 学习动机的激发 必背

1. 创设问题情境，激发兴趣，维持好奇心

兴趣和好奇心是内部动机最为核心的成分，是培养和激发学生内部学习动机的基础。

创设问题情境是指提供能使学生产生疑问、渴望从事活动、探究问题的情境，经过一定的努力能成功地解决问题的学习材料、条件和实践。成功的教学应不断创设问题情境，以激发学生的好奇心、求知欲，激发学生的内部学习动机。

创设问题情境首先要求教师熟悉教材，掌握教材的结构，了解新旧知识之间的内在联系；此外还要求教师充分了解学生已有的认知结构状态，使新的学习内容与学生已有水平构成一个适当的跨度。

创设问题情境的方法是灵活多样的，表现在：它既可用教师提问的方式，也可用布置作业的方式；既可从新旧知识的联系入手，也可从学生的日常经验入手。同时，问题情境的创设既可以在教学的开始阶段，也可以在教学过程中和教学结束时进行。

创设问题情境的原则有：(1)问题要小而精；(2)与学生实际生活经验相关；(3)要有适当的难度；(4)要富有启发性。

2. 设置合适的目标

当目标是由个体自己设定，而不是由他人设定时，个体通常会付出更多的努力。在设定一个目标时，教师可以与学生讨论过去设定的目标实现的情况，哪些成功了，哪些失败了，原因何在，并以此作为设置新目标的参考。教师要帮助学生设定一个既具有挑战性，但是又现实的目标，并表扬学生对目标的设定及实现。

3. 控制作业难度，恰当控制动机水平

根据"耶克斯—多德森定律"，教师在教学时，要根据学习任务的不同难度，恰当控制学生学习动机的激起程度。所谓"平时如战时，战时如平时"，就是要求在学习较容易、较简单的课题时，应尽量使学生集中注意力，使学生尽量紧张一点，动机激起水平达到中等偏高的最佳状态；而在学习较复杂、较困难的课题时，则应尽量创造轻松自由的课堂气氛，让动机激起水平处于中等稍低的最佳状态；在学生遇到困难或出现问题时，要尽量心平气和地慢慢引导，以免学生过度紧张和焦虑。从这个角度来看，平日在学生中流传的"大考大耍，小考小耍，不考不耍"的俏皮话，在一定程度上是有积极意义的。

4. 表达明确的期望

学生需要清楚地了解自己应该做什么，如何被评价，以及成功之后会有什么收获，教师把期望明确地传达给学生就显得十分重要。

5. 提供明确的、及时的、经常性的反馈

通过反馈，使学生及时了解学习的结果，包括运用所学知识解决问题的成效、作业的正误、考试成绩的优劣等，这会产生相当大的激励作用。需要注意的是，反馈必须明确、具体，并紧随学生的学习结果。

(1)反馈必须明确、具体，特别是对年幼的学生，从而帮助学生形成有动机效应的努力归因；(2)反馈必须及时，紧随个体的学习结果，以免学生延续类似的错误；(3)反馈必须是经常性的，使学生能够付出最大的努力。频繁给予小的奖励比偶尔地给予大的奖励更能够促进学生的学习。

知识再拔高

反馈的种类

教师对学习成绩的反馈包括社会性反馈、象征性反馈、客观性反馈和标准性反馈。

(1)社会性反馈,是指他人对其行为活动的结果所做的言语形式的评价,如表扬与批评。

(2)象征性反馈,是指他人对其行为活动的结果所做的符号形式的评价,如分数、微笑的面孔和小红花等。

(3)客观性反馈,是指他人对其行为活动结果的正确性所做的评价,如哪些地方对,哪些地方错,哪些地方不太全面或不太合理等。

(4)标准性反馈,是指个体通过了解他人在同一活动上的成绩来评价自己的活动成绩的反馈形式,如名次等。

真题面对面

[2022年周口中心城区,单,0.5分]明明老师喜欢在优秀作文的右上角画个笑脸,这属于(　　)

A.标准性反馈　　B.客观性反馈　　C.社会性反馈　　D.象征性反馈

答案:D

6. 正确运用奖励与惩罚

正确运用奖励与惩罚是激发学生学习动机的重要手段之一。在运用奖励和惩罚时应该注意:

(1)要使学生树立正确的奖惩观。教师应注意教育学生对奖惩有正确的态度,把奖励与惩罚看成是增强学习积极性的手段,而不是目的。否则,会出现为追求奖励、逃避惩罚而学习的现象,从而降低学习的内部动机。

(2)奖励与惩罚一定要公平、适当。经验证明,教师的奖惩若掺杂了主观印象,不能做到公平合理,往往会使奖惩产生消极的结果。

(3)奖惩应注意学生的年龄特点、个性特点和性别差异。教师在对学生实施奖惩时,必须充分考虑学生的个别差异,从而有的放矢,对症下药。

7. 有效地运用表扬

表扬在课堂教学中的作用主要是通过鼓励学生表现出期望行为并对其适当的行为进行强化。教师对学生的肯定性评价具有积极的强化作用,能鼓励学生产生再接再厉、积极向上的心态。

在运用表扬时应注意:(1)表扬的方式比表扬的次数更重要。当表扬是针对某一行为结果,并且具体可行时,表扬就是一种有效的激励因素。(2)表扬应该是针对优于常规水平的行为,也就是说,如果学生平常就做得比较好,那么就不宜对他达到常规水平的行为进行表扬。而对那些平时表现不佳,但是有所进步的学生,教师就应该给予表扬。

表扬与奖励比批评与指责更能有效地激发学生的学习动机。表扬的有效性取决于它的具体性、可靠性以及行为结果的依随性,教师在运用表扬与批评时,要根据学生的年龄特征与个别差异,做到客观、公正、全面、恰到好处,既要赏罚分明,又要以理服人,这样才能收到预期的教学效果。虽然,表扬和奖励对学习具有推动作用,但使用过多或者使用不当,也会产生消极影响。所以,在教学中要根据学生的具体情况进行适当奖励,当然,对于某些学生而言,适度而善意的批评有时也能促进学习。

8. 对学生进行竞争教育，适当开展学习竞争

竞争是激发学习动机的重要手段。因为竞争可以极大地激发学生的好胜心和求成需要，增强学生的学习兴趣和克服困难的毅力，所以多数人在竞争情况下学习和工作的效率会有很大的提高。而且，通过竞争还可获得对自己能力比较实际的估计，较好地发现自己的不足和尚未显示出来的潜力，这也可以起到促进动机、提高成绩的作用。然而，竞争也有消极作用。过多的竞争不仅会失去激励作用，还会造成紧张气氛，加重学生负担，有损学生身心健康。有些人在竞争情况下反而学得更差，这或是因为他们被过分刺激而超出承受力，或是因为失败而丧失信心和兴趣。

教师在运用竞争时需要注意以下几点：(1)教师要教育学生认识竞争的利弊，教给学生公平竞争的手段；(2)按学生的能力等级进行竞争；(3)进行多指标竞争，让每个人都获得成就感；(4)提倡团体竞争；(5)鼓励个人的自我竞争。

考点2　学习动机的培养

1. 了解和满足学生的需要，促进学习动机的产生

学生的学习动机产生于需要，需要是学生学习积极性的源泉。教师应该通过多种方法了解学生的学习需要，通过采取一些强化和训练手段使学习的要求内化为学生自己的学习需要。教育心理学的研究表明，新的学习需要可以通过两条途径来形成：(1)直接发生途径，即因原有学习需要不断得到满足而直接产生新的更稳定、更分化的学习需要；(2)间接转化途径，即新的学习需要由原来满足某种需要的手段或工具转化而来。

2. 重视立志教育，对学生进行成就动机训练

通过立志教育可以增强学生的责任感与使命感，启发学生自觉、勤奋地学习。成就动机训练由国外的教育学家首次开展，研究证明对学生的学习动机有极大的促进作用。

3. 帮助学生确立正确的自我概念，获得自我效能感

自我效能感是一种主观判断，它与个体的自我概念有密切的关系。要培养学生的自我效能感应该从培养正确的自我概念入手，方法包括：(1)创造条件使学生获得成功的体验；(2)为学生树立成功的榜样。

4. 培养学生努力导致成功的归因观

相信成功与努力之间有必然联系，人就不容易表现出消极行为，不容易产生无力感，这有助于培养学生的学习动机。教师训练学生的步骤如下：(1)了解学生的归因倾向；(2)让学生进行某种活动，并取得成功体验；(3)让学生对自己的成败进行归因；(4)引导学生进行积极归因。

5. 培养对学习的兴趣

学习兴趣的发展经历了有趣、乐趣和志趣的逐步深化过程。培养学生学习兴趣的措施具体参见心理学部分第四章第一节中“学习兴趣的培养和激发”。

6. 利用原有动机的迁移，使学生产生学习的需要

有的学生对学习持冷漠态度，甚至有厌学情绪。但他们很多在体育运动、课外兴趣小组、文娱表演等活动中具有相当高的积极性和浓厚兴趣，引导学生把这些积极因素与学习联系起来，转化为学习需要和学习兴趣，这是培养学习动机的有效手段。

考点3　内部学习动机的激发与培养

内部学习动机的激发与培养的方法主要有以下四种：(1)激发兴趣，维持好奇心；(2)设置合适的目标；(3)培养恰当的自我效能感；(4)训练归因。前两种方法与学习动机的激发这一部分中的前两种方法相同，在此不再赘述。下面我们重点讲述第三种和第四种方法。

1. 培养恰当的自我效能感

教师可以通过以下措施培养学生的自我效能感：

(1)教师可以通过为他们选择难易适当的任务，让他们不断地获得成功体验，进而提高自我效能感水平；

(2)让他们观看和想象那些与自己差不多的学生的成功操作，通过获得替代性经验和强化来提高他们的自我效能感，使他们确信自己也有能力完成相应的学习行为，从而推动学习的进行；

(3)教师还可以通过归因训练改变学生对自己学习能力的错误判断，形成正确的自我效能感判断。

2. 训练归因

归因训练的基本假设是，只要学生相信努力将带来成功，他们就会坚持不懈地努力学习。因此，归因训练的关键在于使学生反复体验学习的成败，同时引导他们学会并养成将成败的原因归结于努力与否的归因倾向。

改变学生不正确的归因，提高学习动机可以从以下两方面入手：

(1)"努力归因"，无论成功或失败都归因于努力与否的结果。因为学生将自己的成败归因于努力与否会提高学生学习的积极性，当学习困难或成绩不佳时，一般不会因一时的失败而降低将来会取得成功的期望。

(2)"现实归因"，针对一些具体问题引导学生进行现实归因，以帮助学生分析除努力这个因素外，影响学习成绩的因素还有哪些，是智力、学习方法，还是家庭环境、教师等因素。这些因素在多大程度上影响其学习成绩，并尽力指出解决这些问题的方法，以提高学生克服困难的勇气，增强自信心。这种归因训练的好处在于，在学生做"努力归因"时联系现实，在做"现实归因"时又强调努力。

★★ 考点大默写 ★★

1. 按学习动机产生的诱因来源，学生因对活动本身发生兴趣而产生的动机属于________学习动机；在学习活动以外由外部的诱因激发出来的学习动机属于________学习动机。
2. 根据奥苏贝尔对学习动机的划分，____________是指要求了解、理解和掌握知识以及解决问题的需要。____________是指个体因自己的胜任或工作能力而赢得相应地位的需要。____________是指个体为了获得长者的赞许或认可而表现出把工作、学习做好的一种需要。
3. "耶克斯—多德森定律"表明，动机________或过于________，都会导致学习效率降低。
4. 根据"耶克斯—多德森定律"可知，在比较容易的任务中，行为效果随着动机的提高而________；随着任务难度的增加，动机的最佳水平有逐渐________的趋势。一般来讲，最佳水平为________强度的动机。动机水平与行为效果呈________曲线。
5. 根据成就动机理论，力求成功者最有可能选择成功概率为________的任务。
6. 韦纳发现人们倾向于将活动成败的原因归结为六项因素，即________、________、________、________、身心状况和外界环境。
7. 根据成败归因理论，稳定、内在、不可控的因素是________；不稳定、内在、可控的因素是________。
8. 一个总是失败并把失败归因于内部的、稳定的和不可控的因素的学生会形成一种________的自我感觉。
9. 自我效能感由________首次提出，是指人对自己能否成功从事某一成就行为的________。
10. 自我效能感的影响因素包括____________、____________、言语暗示和情绪唤醒。
11. 根据成就目标理论，持能力________观的人认为能力是稳定的，是不可改变的特质，其目标取向为________；持能力________观的人认为学习是为了个人的成长，寻求那些能真正锻炼自己的能力、提高自己的技能的任务。

12. 根据自我价值理论，在＿＿＿＿＿＿型学生中会出现“隐讳努力”的现象。

【参考答案】

1. 内部；外部　2. 认知内驱力；自我提高内驱力；附属内驱力　3. 不足；强烈　4. 上升；下降；中等；倒“U”形　5. 50%　6. 能力；努力程度；工作难度；运气　7. 能力；努力程度　8. 习得性无助　9. 班杜拉；主观判断　10. 个人自身行为的成败经验（直接经验）；替代经验　11. 实体；表现目标；增长　12. 高驱高避

第二节　学习策略

一、学习策略的概念及特征　【单选、判断】★

考点1　学习策略的概念

学习策略是指学习者为了提高学习的效果和效率，有目的、有意识地制定有关学习过程的复杂的方案。学习方法是学习策略的知识和技能基础，是学习策略的一个重要组成部分，而不是学习策略的全部。因此，不能把二者完全等同。

考点2　学习策略的特征

1. 主动性

一般学习者采用学习策略都是有意识的心理过程。学习时，学习者先要分析学习任务和自己的特点，然后，根据这些条件制订适当的学习计划。对于较新的学习任务，学习者总是在有意识、有目的地思考着学习过程的计划。只有对于反复使用的策略才能达到自动化的水平。

2. 有效性

所谓策略，实际上是相对效果和效率而言的。一个人在做某件事时，使用最原始的方法，最终也可能达到目的，但效果不会好，效率也不会高。比如，记忆一组英语单词，如果一遍又一遍地朗读，只要有足够的时间，最终也能记住，但是，保持的时间不会太长，记忆也不会很牢靠；如果采用分散复习或尝试背诵的方法，记忆的效果和效率一下子会得到很大的提高。

3. 过程性

学习策略是有关学习过程的策略。它规定学习时做什么不做什么、先做什么后做什么、用什么方式做、做到什么程度等诸方面的问题。

4. 程序性

学习策略是学习者制订的学习计划，由规则和技能构成。每一次学习都有相应的计划，每一次学习的学习策略也不同。但是，相对而言，对于同一种类型的学习，存在着基本相同的计划，这些基本相同的计划就是我们常见的一些学习策略，如PQ4R阅读法。

理解学习策略的特征时，可重点抓住以下关键词：主动性强调“学习者有意识、有目的”；有效性强调“记忆的效果和效率”；过程性强调“关于学习过程的策略”；程序性强调“规则和技能”。

二、学习策略的种类　【单选、多选、判断、案例分析】必背 ★★★

迈克卡等人将学习策略区分为三种，并对它们之间的层次关系进行了分析。他们认为，学习策略可分为认知策略、元认知策略和资源管理策略三种。认知策略是信息加工的策略；元认知策略是对信息加工过程进行调控的策略；资源管理策略是辅助学生管理可用的环境和资源的策略。

学习策略
- 认知策略
  - 复述策略（如及时复习、分散复习、过度学习、运用有意识记和无意识记、排除相互干扰、运用多种感官协同记忆、整体识记与部分识记相结合、复习形式多样化、画线等）
  - 精加工策略（如记忆术、做笔记、提问、生成性学习等）
  - 组织策略（如归类策略、纲要策略等）
- 元认知策略
  - 计划策略（如设置目标、浏览材料、预测重点难点、分析如何完成学习任务等）
  - 监控策略（如阅读时对注意加以跟踪、对材料进行自我提问、考试时监视速度和时间等）
  - 调节策略（如调整阅读速度、重新阅读、测验时跳过某个难题等）
- 资源管理策略
  - 时间管理策略（如统筹安排学习时间、高效利用最佳时间、灵活利用零碎时间）
  - 环境管理策略（如调节自然条件、设计好学习的空间）
  - 努力管理策略（如激发内在的动机、树立正确的学习信念、选择有挑战性的任务、调节成败的标准、正确归因、自我奖励等）
  - 学业求助策略（如学习工具的利用、社会性人力资源的利用）

图3-4　学习策略的分类

知识再拔高

关于学习策略的其他分类

(1)促进选择性注意的策略，如自我提问、做读书笔记、记听课笔记等；

(2)促进短时记忆的策略，如复述、记笔记、将输入的信息形成组块等；

(3)促进新信息内在联系的策略，如分析学习材料的内在逻辑结构和组织结构，多问几个为什么等；

(4)促进新旧知识联系的策略，如列表比较新旧知识的异同，把新知识应用于解释新的例子等；

(5)促进新知识长期保存的策略，如记忆术、双重编码、提高加工水平等。

考点1　认知策略

认知策略是学习者在学习过程中对信息进行加工的方法和技术。认知策略的基本功能有两个方面：一是对信息进行有效的加工与整理；二是对信息进行分门别类的系统储存。

认知策略学习的条件有以下两个方面：(1)内部条件。①学生的原有知识基础，根据信息加工过程理论，认知策略对整个信息加工过程起调控作用，使用策略的目的就是提高信息加工的效率。这就使得策略的应用与它所加工的信息有着十分密切的关系。②学生的动机水平。③学生的元认知发展水平。④学生所持有的认识论信念。(2)外部条件。外部条件涉及教师处理好如下问题：①若干例子同时呈现；②指导规则的发现及其运用条件；③提供变式练习的机会；④长期系统的练习。

1. 复述策略

复述策略是指在工作记忆中为了保持信息，运用内部语言在大脑中重现学习材料或刺激，以便将注意力维持在学习材料上的方法。它是短时记忆的信息进入长时记忆的关键。常用的复述策略有：

(1)在复述的时间上，采用及时复习、分散复习。

(2)在复述的次数上，强调过度学习。

(3)在复述的方法上，包括运用有意识记和无意识记、排除相互干扰、运用多种感官协同记忆、整体识记与部分识记相结合、复习形式多样化、画线等。

在复述时，也要注意保持积极的心向、态度和兴趣。如果我们对某事感兴趣，或者对它持积极态度，就会记得牢固；反之，则容易遗忘。

知识再拔高

复述策略的不同划分

复述策略可以分为识记过程中的复述策略和保持过程中的复述策略。

(1)识记过程中的复述策略。具体包括:①利用无意识记和有意识记;②排除相互干扰;③多种感官参与;④整体识记和分段识记;⑤反复阅读与尝试背诵相结合;⑥过度学习。

(2)保持过程中的复述策略。具体包括:①及时复习;②分散复习和集中复习;③复习形式多样化;④画线。

2. 精加工策略

精加工策略是指把新信息与头脑中的旧信息联系起来从而增加新信息意义的深层加工策略。它常被描述成一种理解记忆的策略,其要旨在于建立信息间的联系。联系越多,能回忆出信息原貌的途径就越多,即提取的线索就越多。精加工越深入、细致,回忆就越容易。对于比较复杂的课文学习,精加工策略有说出大意、总结、建立类比、用自己的话做笔记、解释、提问以及回答问题等。

(1)记忆术

记忆术

记忆术即通过把那些枯燥无味但又必须记住的信息"牵强附会"地赋予意义,使记忆过程变得生动有趣,从而提高学习记忆效果的方法。常用的记忆术主要有:

①形象联想法。这种方法是通过人为联想,使无意义的、难记的材料和头脑中鲜明奇特的形象相结合,从而提高记忆效果。想象的形象越鲜明、具体越好,形象越夸张、奇特越好,形象之间的逻辑联系越紧密越好。教师在教小学生记忆生字时可采用此方法。例如,将"灭"字解释为:"用板子在火上一盖,火就被扑灭了。"记"明"字时,教师说:"太阳和月亮放在一起多么明亮呀!"学生就容易记牢。

②谐音联想法。这种方法是通过谐音线索,运用视觉表象,假借意义进行人为联想。例如,把圆周率"3.1415926535……"编成顺口溜"山巅一寺一壶酒,尔乐苦煞吾……"等。

③首字连词法。这种方法是利用每个词语的第一个字形成缩写,或者用一系列词描述某个过程的每个步骤,然后将这一系列词提取首字作为记忆的支撑点。

④位置记忆法。这是一种传统的记忆术,最早被古希腊演讲家使用。它是通过与熟悉的地点顺序相联系来记忆一些名称或者客体顺序的方法。位置记忆法对记忆有顺序的系列项目特别有用。使用位置记忆法,就是学习者在头脑中创建一幅熟悉的场景,在这个场景中确定一条明确的路线,在这条路线上确定一些特定的点,然后将所要记的项目全都视觉化,并按顺序把这条路线上的各个点联系起来,回忆时,按这条路线上的各个点提取所记的项目。

⑤缩简和编歌诀。缩简就是将识记材料的每条内容简化成一个关键性的字,然后变成自己所熟悉的事物,从而将材料与过去经验联系起来。编歌诀法就是利用编制歌谣口诀的方式来帮助记忆的方法。例如,教师为了让学生能够区分"烧、浇、晓、绕、翘、饶",可以用这样的顺口溜:"用火烧,用水浇,东方日出是拂晓,左边绞丝弯弯绕,右边加羽尾巴翘,丰衣足食才富饶。"

⑥关键词法。关键词法就是将新词或概念与相似的声音线索词,通过视觉表象联系起来。例如,英文单词"gas"(煤气),可以用汉语"该死"作关键词。两者读音相似,可以产生"人因煤气中毒而死"的联想,这样"gas"一词就很容易记住了。

(2)做笔记

做笔记策略是使用较为普遍的精加工策略。俗话说,好记性不如烂笔头。对于复杂的知识,教师可以指导学生做笔记。做笔记不仅可以有效地控制自己的认知加工过程，还有助于概括新的知识和建立新旧知识之间的联系。做笔记有利于保持学习者的注意和兴趣，以及有效地组织材料。

(3)提问

无论是阅读还是听讲，学生要经常评估自己的理解状态，思考这样一些问题：这些新信息意味着什么，与课文中的其他信息以及以前所学的信息有什么联系。如果教师在给学生上阅读课时，向学生提一些“谁”“什么”“哪儿”和“如何”的问题并要求学生回答，他们可能对阅读的内容领会得更好。

(4)生成性学习

生成性学习就是要训练学生对所阅读的东西产生一个类比或表象，如图形、图像、表格和图解等，以加强其深层理解。这种方法最重要的一点，就是需要积极的加工，不是简单的记录和记忆信息，也不是从书中寻章摘句或稍加改动，而是要改变对这些信息的知觉。

(5)运用背景知识，联系客观实际

对于意义性较强的学习材料则可以通过新知识与旧知识之间的联结，用头脑中已有的图式使新信息合理化。要充分利用背景知识，应注意在对新材料理解的基础上进行学习，而不是机械记忆式地学习，适时建立类比。也可以利用先行组织者策略，在新材料学习之前，温习与新材料有关的已有的背景知识，以理解和记忆新知识。

3. 组织策略

组织策略是指将经过精加工提炼出来的知识点加以构造，形成更高水平的知识结构的信息加工策略，即根据知识经验之间的内在关系，对学习材料进行系统、有序的分类、整理和概括，使之结构合理化。该策略侧重于对学习材料的内在联系的建构，更适用于那些需要深入理解与思考才能把握内在深层意义的学习材料。组织策略主要有两种：一种是归类策略，用于概念、语词、规则等知识的归类整理；另一种是纲要策略，主要用于对学习材料结构的把握。

(1)归类策略。也即组块，组块的方法有很多，有相似归类、对比归类、从属归类、递进归类等。归类，也叫群集，是把材料分成小单元，再把这些单元归到适当的类别里。归类策略的应用能使人理清头绪，各知识点与概念之间不致混淆，方便知识的理解、记忆以及提取。

(2)纲要策略。纲要策略也称提纲挈领，是掌握学习材料纲目的方法。纲要可以是用语词或句子表达的主题纲要，如以写小标题的形式概括重点，也可以是用符号、图等形式表达的符号纲要。

①主题纲要法。主题通常是学习材料的各级标题，有时也需要自己进行提炼。列提纲时要先对材料进行系统分析、归纳和总结，然后按材料的逻辑关系，以简要的词语写下主要与次要的观点，也就是以金字塔的形式呈现教材的要点，每一具体的细节都包含在高一级的类别中。

②符号纲要法。符号纲要法是采用图解的方式体现知识的结构，即作关系图。它比主题纲要法更直观形象，但要求学习者对符号相当熟悉。在作关系图时，应先识别主要知识点，然后识别这些知识点之间的关系，再用适当的图解来标明这些知识点之间的内在联系。符号纲要法主要包括系统结构图、流程图、模式或模型图和网络关系图。

考点2 元认知策略

1. 元认知(反省认知)

元认知策略

美国心理学家**弗拉维尔**于1976年在《认知发展》一书中首次提出了元认知的概念。他认为，**元认知**就是对认知的认知，具体地说，是个人关于自己认知过程的知识和调节这些过程的能力。

董奇认为，元认知由元认知知识、元认知体验和元认知监控三部分构成。**元认知知识**是个体关于自己或他人的认识活动、过程、结果以及与之有关的知识，即知道做什么。它包括三个方面的内容：关于人的知识、关于任务的知识和关于策略的知识。**元认知体验**是个体伴随认知活动而产生的认知体验或情感体验。**元认知监控**是指个体在认知活动中，对自己的认知活动进行积极监控和相应的调节，以达到预定目标，即知道何时做、如何做。

2. 元认知策略的类型

学习的元认知策略是指个体为实现最佳的认知效果而对自己的认知活动所进行的调节和控制。它大致可分为以下三种：

(1)计划策略

计划策略是指根据认知活动的特定目标，在认知活动开始之前计划完成任务所涉及的各种活动、预计结果、选择策略，设想解决问题的方法，并预估其有效性等。元认知计划策略包括*设置学习目标、安排时间、浏览阅读材料、预测重点难点、产生待回答的问题以及分析如何完成学习任务等*。给学习做计划就好比是足球教练在比赛前针对对方球队的特点与出场情况提出对策。不论是完成作业还是为了应付测验，学生在每节课都应当有一个一般的"对策"。成功的学生并不只是听课、做笔记和等待教师布置作业，他们会预测完成作业需要多长时间，在写作前获取相关信息，在考试前复习笔记，在必要时组织学习小组，以及使用其他各种方法。换句话说，成功的学生是一个积极的而不是被动的学习者。

(2)监控策略

监控策略是指在认知过程中，根据认知目标及时检测认知过程，寻找两者之间的差异，并对学习过程及时进行调整，以期顺利实现有效学习的策略。监控策略包括*阅读时对注意加以跟踪和对材料进行自我提问、考试时监视自己的速度和时间等*。

它具体包括领会监控、策略监控和注意监控。

①领会监控。领会监控一般在阅读中使用，主要是指调控学习过程的元认知策略，包括警觉自己在理解方面的问题、监视自己的速度与时间、审视目标是否达到、对材料进行自我提问等。

②策略监控。策略监控主要是指调控自己对策略的使用的元认知策略，包括审视所使用的策略的有效性等。

③注意监控。注意监控主要是指调控自己的注意过程的元认知策略，包括对学习过程注意力的自我管理、有选择地对主要信息加以注意、有意识地抑制分心等。

(3)调节策略

调节策略是指在学习过程中根据对认知活动监视的结果，找出认知偏差，及时调整策略或修正目标；在学习活动结束时，评价认知结果，采取相应的补救措施，修正错误，总结经验教训等。元认知调节策略与监控策略有关。*例如：当学习者意识到他不理解课文的某一部分时，他就会退回去读困难的段落；在阅读困难或不熟的材料时放慢速度；复习不懂的课程材料；测验时跳过某个难题先做简单的题目等*。调节策略能帮助学生矫正自己的学习行为，补救理解上的不足。

考点3 资源管理策略

资源管理策略是辅助学习者管理可用环境和资源的策略。资源管理策略有利于学习者适应环境并调节环境以适应自己的需要，包括以下四种策略。

1. 时间管理策略

(1)统筹安排学习时间。教师应指导每个学生根据自己的总体目标，对时间做出总体安排，并通过阶段性的时间表来落实。对每一天的活动，都要列出一张活动优先表来。在制订学习计划时，要注意将学习计划落实在学习成果上。在执行学习计划时，要有效防止拖拉作风。

(2)高效利用最佳时间。首先，要根据自己的生物钟安排学习活动。其次，要根据一周内学习效率的变化安排学习活动。再次，要根据一天内学习效率的变化安排学习活动。最后，要根据自己的工作曲线安排学习活动。因为随着学习的进行，人的精神状态和注意力会发生变化。一般来说，存在三种变化模式：先高后低；中间高两头低；先低后高。因此，每个人要根据自己的模式，安排学习内容，确保状态最佳时学习最重要的内容。

(3)灵活利用零碎时间。首先，可以利用零碎时间处理学习上的杂事。其次，读短篇或看报纸杂志，拓宽自己的知识面，或者背诵诗词和外文单词。此外，可以进行讨论和通讯。利用零碎时间的技巧很多，例如，让学生准备一个可随身携带的小本子，记上要背的知识点，在排队、等车或其他零碎时间里拿出来读一读；在起床、洗脸、刷牙、就餐等活动场所的墙上，贴上一个与视线等高的小夹子，夹上记着单词、公式的卡片等。

2. 环境管理策略

(1)注意调节自然条件，如流通的空气、适宜的温度、明亮的光线以及和谐的色彩等；(2)要设计好学习的空间，如空间范围、室内布置、用具摆放等。良好的学习环境对于学生保持良好的心态具有重要作用。

3. 努力管理策略

为了使学生维持自己的意志努力，需要不断鼓励学生进行自我激励。这包括：(1)激发内在的动机；(2)树立正确的学习信念；(3)选择有挑战性的任务；(4)调节成败的标准；(5)正确归因；(6)自我奖励等。

4. 学业求助策略

学业求助策略指当学生在学习上遇到困难时，向他人请求帮助的行为。学业求助不是自身能力缺乏的标志，而是获取知识、增长能力的一种途径，是一种重要的学习策略。学业求助包括两个方面：(1)学习工具的利用，如善于利用参考资料、工具书、图书馆、电脑等；(2)社会性人力资源的利用，如善于利用老师的帮助以及同学间的合作与讨论来加深对学习内容的理解。

知识再拔高

奈尔森-黎高对学业求助策略的分类

奈尔森-黎高按照求助者的目的将学业求助划分为以下两类：

(1)执行性求助，它是指学习者面临自己不能解决的学习困难时，请求他人“替”自己解决困难。这种求助类型的学生只想要答案或者希望尽快完成任务，自己不做任何尝试就放弃了获得成就的努力，选择了依赖而非独立掌握。

(2)工具性求助，也称为适应性求助，它是学习者遇到学习困难时，借助他人的力量达到自己解决问题或者实现目标的目的。使用工具性求助策略的学生，在自己能够解决问题的时候会拒绝他人的帮助；在需要帮助时，又能够主动寻求他人的帮助。

除了这两种求助类型的学生，也有一些学生在遇到无法独立解决的困难时选择了回避求助，因为他们担心别人会认为他们很笨。

真题面对面

1. [2023郑州郑东新区，单，1.5分]善于学习的学生并不只是听课、做笔记和等待老师布置作业，还会预测完成作业需要多长时间，在写作业前获取相关知识信息，在测评前复习功课与笔记，在必要时

组织学习小组进行讨论，以及使用其他多种方法。这体现的学习策略是(　　)

A. 组织策略　　B. 精细加工策略

C. 资源管理策略　　D. 元认知策略

2. [2022信阳淮滨，单，0.7分]为方便学生理解和记忆，教师将英语单词改成小故事，这体现了(　　)

A. 精加工策略　　B. 组织策略

C. 复述策略　　D. 元认知策略

3. [2021驻马店遂平，判断，0.88分]对学习环境的管理属于元认知策略。(　　)

答案：1. D　2. A　3. ×

三、学习策略的训练与教学

考点1　学习策略的训练原则　【多选】★

学习策略是一种教会学生应该如何学习的程序性知识，它不是一般意义上的“教”就能教会的。因此，要想使学生真正地学会如何学习，使学生能在不同学习情境、学习任务中灵活、恰当地使用各种方法、策略，教师在学习策略教学中要遵循以下六个原则：

1. 主体性原则

主体性原则是指在学习策略教学中应该发挥和促进学生的主体作用。它既是学习策略训练的目的，又是必要的方法和途径，任何学习策略的使用都依赖于学生主动性和能动性的充分发挥。

2. 内化性原则

内化性原则是指在学习策略的学习过程中，学生能够不断实践各种学习策略，逐步将其内化成自己的学习能力，熟练掌握并达到自动化的水平，从而能够在新的情境中灵活应用。

3. 特定性原则

特定性原则是指学习策略一定要适合于学习目标和学生的类型。同样的策略，不同的学生使用起来的效果是不一样的。教师要针对学生的年龄、已有的知识水平以及学习动机类型，帮助学生选择学习策略或改善对其学习不利的学习策略。

4. 生成性原则

生成性原则是指在学习过程中要利用学习策略对学习的材料重新进行加工，产生某种新的东西。也就是说，学习者不是简单地利用别人已有的知识和经验。

5. 有效监控原则

有效监控原则是指学生应该把注意力集中在学习结果和学习过程之间的关系上，监控自己使用每种学习策略所导致的学习结果，以便确定所选策略是否有效。经过这样的监控实践，学生就能够灵活把握何时、何地以及如何使用某种策略，甚至在这些策略运作时能将它描述出来。

6. 个人效能感原则

个人效能感原则是指学生在执行某一任务时对自己胜任能力的判断和自信程度，它是影响学习策略选择的一个重要动机因素。

记忆有妙招

为方便考生记忆，我们将学习策略的训练原则总结成口诀供考生参考：**煮花生特有效**。**煮**：主体性。**花**：内化性。**生**：生成性。**特**：特定性。**有**：有效监控。**效**：个人效能感。

考点2 训练学习策略的教学模式 【单选】★

1. 指导教学模式

指导教学模式的基本思想是学生在教师的引领下学习有关的学习策略，由激发、讲演、练习、反馈和迁移等环节构成。在教学中，教师先向学生解释所选定学习策略的具体步骤和条件。在具体应用中不断给予提示，让其口头叙述和明确解释所操作的每一个步骤以及报告自己应用学习策略时的思维。同时，教师在教学中依据每种策略来选择许多恰当的事例来说明其应用的多种可能性。提供的事例应从学生的认知水平出发，由简到繁。

2. 程序化训练模式

根据加涅的学习层次理论，程序化训练就是将活动的基本技能分解成若干有条理的小步骤，在其适宜的范围内作为固定程序。学习者要按程序进行活动，经过反复练习使之达到自动化程度。

3. 完形训练模式

完形训练就是在直接讲解策略之后，提供不同程度的完整性材料促使学生练习策略的某一个成分或步骤，然后逐步降低完整性程度，直至完全由学生自己完成所有成分或步骤。

4. 交互式教学模式

交互式教学模式主要是为了把擅长阅读的人的心智模型，通过策略外化成不擅长阅读的学生能操作的程序，以帮助成绩差的学生阅读领会。此外，交互式学习还是一种很好的改善人际关系的学习方式，学生在互帮互学的过程中增加交往活动。

交互式教学模式常常是由教师和一小组学生(6人左右)一起进行，旨在教会学生学会阅读。一开始，教师做一个示范，朗读一段课文，并就其核心内容进行提问，直到最后概括出本段课文的中心大意。提问是为了引起讨论，概述大意则有助于小组成员为阅读下一段课文做准备。然后，教师指定一个学生扮演“教师”角色，互相进行提问。在这里，教师先树立一些榜样性行为，然后改变自己的角色，在学生不会使用策略时给以必要的帮助，起到一个促进者和组织者的作用。

5. 合作学习模式

在合作学习活动中，两个学生一组，一节一节地彼此轮流向对方总结材料，当一个学生主讲时，另一个学生听着，纠正错误和遗漏。然后，两个学生彼此变换角色，直到学完所学材料为止。合作性讲解的两个参与者都能从这种学习活动中受益，而主讲者比听者获益更大。

真题面对面

[2022安阳文峰(高新)，单，0.9分]在语文阅读的教学中，教师给学生示范如何根据学习内容提出问题，如何恰当回答，然后由学生充当老师向其他同学提出问题。这种教学方式是(　　)

A. 支架式教学　　　　B. 交互式教学

C. 情境性教学　　　　D. 探究式教学

答案：B

★★ 考点大默写 ★★

1. 迈克卡等人认为，学习策略可分为________、________和________三种。
2. 复述策略是指在工作记忆中为了保持信息，运用内部语言在大脑中________学习材料或刺激，以便将注意力维持在学习材料上的方法。

3. 画线属于认知策略中的__________策略。
4. __________是指把新信息与头脑中的旧信息联系起来从而增加新信息意义的深层加工策略。
5. 常用的精加工策略有:__________、__________、提问、生成性学习和运用背景知识联系客观实际。
6. 谐音联想法、首字连词法、编歌诀等属于精加工策略中的__________。
7. 纲要策略属于认知策略中的__________。
8. 学习的元认知策略是指个体为实现最佳的认知效果而对自己的认知活动所进行的调节和控制。它大致可分为__________、__________和__________三种。
9. 学业求助策略指当学生在学习上遇到困难时,向他人请求帮助的行为。学业求助包括__________的利用和__________的利用两个方面。
10. 学习策略的训练原则包括__________原则、__________原则、__________原则、__________原则、有效监控原则、个人效能感原则。

【参考答案】

1. 认知策略;元认知策略;资源管理策略 2. 重现 3. 复述 4. 精加工策略 5. 记忆术;做笔记 6. 记忆术 7. 组织策略 8. 计划策略;监控策略;调节策略 9. 学习工具;社会性人力资源 10. 主体性;内化性;特定性;生成性

第三节 学习迁移

一、学习迁移的概念、种类及作用【单选、多选、不定项、判断、填空】★★

考点1 学习迁移的概念

学习迁移也称训练迁移,是指一种学习对另一种学习的影响,或习得的经验对完成其他活动的影响。迁移是学习的一种普遍现象,广泛存在于各种知识、技能、行为规范与态度的学习中,平时所说的"举一反三""触类旁通"等即典型的迁移形式。通过迁移,各种经验得以沟通,经验结构得以整合。

考点2 学习迁移的种类

1. 正迁移、负迁移和零迁移 必背

根据迁移的性质和结果,即迁移的影响效果,迁移可分为正迁移、负迁移和零迁移。

正迁移也叫"助长性迁移",是指一种学习对另一种学习的促进作用。例如:学习数学有利于学习物理;学习珠算有利于学习心算;懂得英语的人很容易掌握法语等。

负迁移也叫"抑制性迁移",是指一种学习对另一种学习产生阻碍作用。例如,在掌握了汉语语法的情况下,在初学英语语法时,总是出现用汉语语法去套英语语法的情况,从而影响了英语语法的掌握。

一般说来,当新旧刺激物相同或相似,又要求学生做出相同的反应时,则迁移的效果往往是正的;反之,当新旧刺激物十分相似,而又要求学生做出不同反应时,则迁移的效果往往是负的。

两种学习也可能不发生影响,这种状态称为**零迁移**,它是迁移的一种特殊形式。

2. 顺向迁移和逆向迁移 必背

根据迁移发生的方向,迁移可分为顺向迁移和逆向迁移。

顺向迁移是指先前学习对后继学习产生的影响。在物理中学习了"平衡"的概念,就会对以后学习化学平衡、生态平衡、经济平衡等概念产生影响。通常所说的"举一反三"就是顺向迁移的例子。

逆向迁移是指后面的学习影响着前面学习所形成的经验结构,使原有的经验结构发生一定的变化,使

之得到充实、修正、重组或重构等。例如，学习了微生物后对先前学习的动物、植物概念的理解会产生影响。

3. 水平迁移和垂直迁移

根据迁移内容的抽象和概括水平不同，迁移可分为水平迁移和垂直迁移。

水平迁移也叫**横向迁移**，是指先行学习内容与后继学习内容在难度、复杂程度和概括层次上属于同一水平的学习活动之间产生的影响。

垂直迁移也称纵向迁移，是指先行学习内容与后续学习内容是不同水平的学习活动之间产生的影响。垂直迁移表现在两个方面：(1)自下而上的迁移，即下位的较低层次的经验影响上位的较高层次的经验的学习。例如，学会了数字运算，再学习字母运算时就容易。(2)自上而下的迁移，即上位的较高层次的经验影响下位的较低层次的经验的学习。例如，掌握了定理、公式之后有助于各个例题的学习。

4. 一般迁移和具体迁移

根据迁移内容的不同，迁移可分为一般迁移和具体迁移。

一般迁移也称非特殊迁移、普遍迁移，是指一种学习中所习得的一般原理、原则和态度对另一种具体内容学习的影响，即原理、原则和态度的具体应用。例如，获得基本的运算技能、阅读技能后运用到各种具体的学科学习中。

具体迁移也称**特殊迁移**，是指学习迁移发生时，学习者原有的经验组成要素及其结构没有变化，只是将一种学习中习得的经验要素重新组合并移用到另一种学习之中。例如：学习了“日”“月”对学习“明”的影响；掌握了加减法对做四则运算题的影响等。

5. 自迁移、近迁移和远迁移

根据迁移的程度，迁移可分为自迁移、近迁移和远迁移。

如果个体所学的经验影响着相同情境中任务的操作，则属于自迁移。

近迁移主要指已习得的知识或技能在与原先学习情境相似的情境中加以运用。例如，学生在考试中解某道题时，如果以前进行过相关的题型训练，那么即使这道题变换了数字和结构，学生解答起来依然会相当顺手。

远迁移是指已习得的知识或技能在新的不相似情境中的运用。例如，学生在数学中学习到的逻辑推理规则运用到物理或化学中来解决问题。远迁移从形成过程和心理机制上比近迁移要复杂得多。

6. 同化性迁移、顺应性迁移和重组性迁移

根据迁移过程中所需的内在心理机制的不同，迁移可分为同化性迁移、顺应性迁移和重组性迁移。

同化性迁移是指不改变原有的认知结构，直接将原有的认知经验应用到本质特征相同的一类事物中去。原有认知结构在迁移过程中不发生实质性的改变，只是得到某种充实。

顺应性迁移是指将原有认知经验应用于新情境中时，需调整原有的经验或对新旧经验加以概括，形成一种能包容新旧经验的更高一级的认知结构，以适应外界的变化。

重组性迁移是指重新组合原有认知系统中某些构成要素或成分，调整各成分间的关系或建立新的联系，从而应用于新情境。在重组过程中，基本经验成分不变，但各成分间的结合关系发生了变化，即进行了调整或重新组合。

7. 低路迁移和高路迁移

根据迁移的路径，迁移可分为低路迁移和高路迁移。

低路迁移(低通路迁移)是指以一种自发的或自动的方式所形成的技能的迁移。这种迁移是通过在各种情境中的练习获得的，其发生几乎不需要或很少需要意识、思维的参与。如驾驶不同类型的汽车。

高路迁移(高通路迁移)则是有意识地将某种情境中学到的抽象知识应用于另一种情境中的迁移。学生在一种学习情境中抽取出了一种规则、原理、范例、图式,然后运用于新的情境,这便是高路迁移。如利用做笔记策略来阅读文章。

真题面对面

1. [2023郑州郑东新区,单,1.5分]小丽把记语文笔记的方法迁移到记化学笔记中,小丽运用的迁移方式是(　　)

A. 具体迁移　　B. 一般迁移

C. 垂直迁移　　D. 近迁移

2. [2021平顶山湛河,多,1.5分]下列属于正迁移的有(　　)

A. 小欢在语文课上了解了一些古诗文的创作背景后,学习其相关历史会更轻松

B. 小夏学习自行车后,短时间内掌握了骑电动车

C. 小静学珠算后,计算能力有了一定提升

D. 小强学拼音后再学英语,把A读成a(啊)

答案:1. B　2. ABC

考点3　学习迁移的作用

(1)迁移对于提高解决问题的能力具有直接的促进作用。学习的最终目的并不是将知识经验储存于头脑中,也不是仅用于解决书本上的问题,而是要应用于各种不同的实际情境中,解决现实中的各种问题。(2)迁移是习得的经验得以概括化、系统化的有效途径,是能力与品德形成的关键环节。只有通过广泛的迁移,原有的经验才得以改造,才能够概括化、系统化,原有的经验结构才更为完善、充实,从而建立起能稳定地调节个体活动的心理结构,即能力与品德的心理结构。(3)迁移规律对于学习者、教育工作者以及有关的培训人员具有重要的指导作用。应用有效的迁移规律,可以使学习者在有限的时间内学得更快、更好,并在适当的情境中主动、准确地应用原有的经验,防止原有经验的惰性化。

真题面对面

[2021平顶山卫东,判断,0.6分]迁移对于提高解决问题的能力具有间接的促进作用。(　　)

答案:×

二、学习迁移理论【单选、多选、判断】★★

考点1　早期(经典)的迁移理论 必背

1. 形式训练说

形式训练说是最早的关于迁移的理论,以官能心理学为基础,代表人物主要是德国的沃尔夫。形式训练说认为心理官能只有通过训练才能得以发展,迁移就是心理官能得到训练而发展的结果,迁移是无条件的、自发的。形式训练说还认为,训练和改进心理官能是教学的重要目标,教育的任务就是要改善学生的各种官能,而改善以后的官能就能够自动地迁移到其他学习中去,一种官能的改进也能增强其他的官能。形式训练说重视能力的培养和学习的迁移,强调对有效的记忆方法、工作和学习的习惯以及一般的有效工作技术加以特殊训练,这些都是有积极意义的。但它缺乏科学的依据,因此,也引起了一些研究者的怀疑和反对。

2. 相同要素说

桑代克等人认为，迁移是非常具体的、有条件的，需要有共同的要素。只有当两个机能的因素中有相同要素时，一个机能的变化才会改变另一个机能的习得。两种情境中的刺激相似、反应也相似时，迁移才会发生。两种情境中相同要素越多，迁移的量也就越大。在桑代克看来，如果由于一种学习活动而使另一种学习活动较容易些，那仅仅是因为这两种活动有某种重叠。学习始终是具体的，而非一般的；倘若看上去好像是一般的，那是由于新的情境包括了原来学习情境中的许多要素。这表明，只存在特殊的迁移，不存在一般的迁移。

几乎与此同时，另一位心理学家武德沃斯通过研究也得出了与桑代克相同的结论，他把相同要素说改为共同要素说。根据共同要素说，如果两种学习活动含有共同成分，无论学习者是否意识到这种成分的共同性，都会有迁移现象的产生。这些理论对学习迁移的研究和实际教学产生了积极的影响，但这些理论只看到学习情境的作用，完全忽略了主体因素对学习迁移的影响，只从一个维度讨论学习间的影响问题，忽略了一种学习也可能会对另一种学习产生干扰作用。

3. 概括化理论

概括化理论也称**经验类化说**，由美国心理学家**贾德**提出，其主要观点是，一个人只要对自己的经验进行了概括，就可以完成从一个情境到另一个情境的迁移。他认为概括等于迁移，概括是学与教的结果，所以教学方法在迁移中的作用很大，并且先前的学习之所以能迁移到后来的学习中，是因为在先前学习中获得了一般原理，这种一般原理可以部分或全部地运用于后续的学习中。对原理了解、概括得越好，迁移效果也越好。贾德在1908年所做的“水下击靶”实验，是概括化理论的经典实验。

注意概括化理论和相同要素说的迁移条件：概括化理论强调原理、经验的概括；相同要素说强调相同或相似要素的数量。

4. 关系理论

格式塔心理学家提出关系转换说，认为迁移是学习者突然发现两个学习经验之间关系的结果，是对情境中各种关系的理解和顿悟，而非由于具有共同成分或原理自动产生。学习迁移的重点不在于掌握原理，而在于觉察到手段与目的之间的关系。他们认为学生“顿悟”情境中原理、原则之间的关系，特别是手段—目的之间的关系，是实现迁移的根本条件。苛勒所做的“小鸡觅食”实验是支持关系转换说的经典实验。

心理学实验

小鸡觅食实验

苛勒让小鸡在深、浅不同的两种灰色的纸下面寻找食物。通过条件反射学习，小鸡学会了只有从深灰色纸下才能获得食物奖赏。然后，变换实验情境，保留原来的深灰色纸，用黑色纸取代浅灰色纸。

问题是：如果小鸡仍然到深灰色纸下面寻找食物，那就证明迁移是由于相同要素的作用；如果小鸡是到两张纸中颜色更深的那张（即黑色纸）下面寻找食物，那就证明迁移是对关系做出的反应。

实验表明：小鸡对新刺激（黑色纸）的反应为70%，对原来的刺激（深灰色纸）的反应是30%；而幼儿在做同样的实验时始终对黑色纸的刺激做出反应。

苛勒认为实验结果证明是情境中的关系对迁移起了作用，而不是其中的相同要素，被试选择的不是刺激的绝对性质而是比较其相对关系（把在前一种情境中学会的关系即“食物总是在颜色较深的纸下面”迁移到后一种情境中，从而做出了正确的反应）。

小鸡觅食实验

真题面对面

[2021 濮阳清丰，多，1.5 分]下列属于迁移理论的是（　　）

A. 形式训练说　　B. 概括化理论

C. 多元智力理论　　D. 相同要素说

答案：ABD

考点2　当代的迁移理论

1. 情境性理论

格林诺等人提出了迁移的情境性理论。他们认为迁移问题主要是说明在一种情境中学习去参与某种活动，将如何影响在不同情境中参与另一种活动的能力。学习是个体与环境中的事件的相互作用，是对情境中所具有的特征的一种适应。通过相互作用而形成的是动作图式，该图式是活动的组织原则，而不是符号性的认知表征。迁移就在于如何以不变的活动结构或动作图式来适应不同的情境。这种活动结构的建立既取决于最初的学习情境，又取决于后来的迁移情境。

2. 认知结构迁移理论

奥苏贝尔在有意义接受学习理论的基础上提出了认知结构迁移理论，认为一切有意义的学习都是在原有认知结构的基础上产生的，不受原有认知结构影响的有意义学习是不存在的。一切有意义的学习必然包括迁移，迁移是以认知结构为中介进行的，先前学习所获得的经验，通过影响原有认知结构的有关特征影响新学习。

奥苏贝尔提出了影响新的学习的三个认知结构变量，通过操纵与改变这三个认知结构变量可以促进新的学习与迁移：(1)原有知识的**可利用性**，指在学习新的任务前，学习者原有认识结构中是否具有可以用来同化新知识的适当观念。(2)原有的、起固定作用观念的**稳定性**和**清晰性**。(3)新旧知识的**可辨别性**，指在学习新任务前学习者的原有知识与要学习的新知识之间的异同是否能清晰分辨。

知识再拔高

建构主义迁移观

20 世纪 80 年代末 90 年代初兴起的建构主义心理学及其学习论，在强调知识的主观性、情境性等特点的同时，对迁移问题也形成了一些新的看法。有些人认为所有的知识都只是对完成任务的特定情境才有用，因此一般的知识是不能迁移到现实世界的情境中的。人面对现实问题时，不可能仅靠提取已有的知识就能解决好问题，而是需要针对具体情境中的具体问题对已有的知识进行改组、重组，甚至创造，才能更好地解决问题。例如，某家庭主妇对超级市场的畅销品的价格可以算得非常好，但是解决学校里用纸笔计算的数学问题时就差得多。反之，在学校里算得很好的学生却不能在实际购物时做出正确的计算。

真题面对面

[2022郑州金水，单，0.96分]某学生在数学课堂的计算测验中表现良好，日常购物时却常常计算错误。适合解释这一现象的是(　　)

A. 结构匹配迁移理论　　B. 关系转换迁移理论

C. 建构主义迁移理论　　D. 产生式迁移理论

答案：C

三、迁移与教学 【单选、多选、不定项、判断、简答】 ★★

考点1 影响学习迁移的因素(条件) 必背

1. 学习材料的特点

学习材料作为学生学习的对象和知识的主要来源，对学习迁移有着重要影响。很多迁移理论都在其理论假说中提及材料对迁移的重要作用，如桑代克的相同要素说。例如，英语和法语在字形、读音和语法结构上有相同或相似的地方，学习这两门外语，在听、说、读、写能力以及记忆、思维等心理过程方面有共同要求，所以学习时就容易产生正迁移。又如，平面几何、立体几何之间共同因素比较多，学习时也有正迁移。相反，学习对象没有或缺少共同因素，或虽有共同因素，但要求学习者做出不同的反应时，则可能在学习时产生负迁移。共同因素是学习迁移产生的客观必要条件，但不是唯一的条件。

2. 原有的认知结构

奥苏贝尔的认知结构迁移理论认为原有认知结构的特征直接决定了迁移的可能性及迁移的程度。原有认知结构对迁移的影响表现在以下三个方面：

(1)学习者是否拥有相应的背景知识，这是迁移产生的基本前提条件。

(2)原有的认知结构的概括水平对迁移起到至关重要的作用。一般而言，经验的概括水平越高，迁移的可能性越大，效果越好；经验的概括水平越低，迁移的范围越小，效果也越差。

(3)学习者是否具有相应的认知技能或策略以及对认知活动进行调节、控制的元认知策略对迁移的产生有重要影响。

3. 对学习情境的理解

从学习迁移角度讲，知识经验获得的情境与知识应用的情境在许多方面都密切相关，如情境中事物之间的关系、问题呈现的方式与空间位置、两种情境的类似情况等。在促进迁移的过程中应该重视以下方面：注意对情境中各种关系的理解，创设对知识应用有利的情境，引导学生运用所学的知识原理去解决各式各样的问题等。

4. 学习的心理准备状态(心向)

心理准备状态是在过去学习或活动过程中形成的，又对未来的学习或活动会产生影响，这种影响有时候是积极的，有时候也有可能是消极的。学习定势在迁移研究中是较多讨论的一种心理准备状态。

所谓定势就是指由先前影响所形成的往往不被意识到的心理准备状态，它将支配人以同样的方式去对待同类后继活动。定势是在连续活动中发生的，前面的活动经验为后面的活动形成一种准备状态。它使人倾向于在认识方面或外显行为方面以一种特定的方式进行反应。定势实际上是关于活动方向选择方面的一种倾向性。这种倾向性本身是一种活动经验。它往往为分析问题、解决问题提供思路或线索，因此定势会影响学习迁移。定势的作用有两重性：一是积极的促进作用；二是消极的阻碍作用。定势既可以成为积极的正迁移的心理背景，也可以成为负迁移的心理背景，或者成为阻碍迁移产生的潜在的心理背景。

5. 学习策略的水平

学习策略和方法对学习迁移效果的影响范围非常广泛，主要表现在认知策略与元认知策略对迁移的影响。不同时期的学生的学习策略在不断发展，各个时期均有不同特点。因此，不同时期学生学习策略发展的水平不可避免地会影响知识学习、问题解决和迁移。

6. 智力与能力

个体智力的高低对学习迁移的质量有一定的影响，智力较高的人能较容易地发现学习情境之间的相同要素和关联，能更好地概括总结出一般原理原则，能较好地将习得的学习策略与方法应用于新的学习情境之中。

7. 教师的指导

教师有意识的指导能令学习者发生正迁移。教师要启发学生注意对学习材料进行必要的概括总结，还可以直接教给学生一般性的原则，有效地指导学生的实践。“授人以鱼，不如授人以渔。”教师还应该关注学习方法和策略的传授，让学生学会学习。

记忆有妙招

为方便考生记忆，我们将影响学习迁移的因素总结成口诀供考生参考：**知情心，策智能；学点教导。** **知**：原有的认知结构。**情**：对学习情境的理解。**心**：心向。**策**：学习策略的水平。**智能**：智力与能力。**学点**：学习材料的特点。**教导**：教师的指导。

关于影响学习迁移的因素的说法有很多，但内涵相似，在此不再具体列举。该知识点客观题、主观题都有考查，考生应灵活把握，在做题时需要做到具体问题具体分析。

考点2 促进学生有效的迁移

1. 改革教材内容，促进迁移

（1）精选教材，提高对概念和原理的理解水平。根据学习迁移规律的要求，应把各门学科中具有广泛迁移价值的科学成果作为教材的主要内容。所谓具有广泛迁移价值的材料，就是学科的基本概念、基本原理、基本法则、基本方法、基本态度等。

（2）合理编排教学内容，突出知识的组织特点。教材内容还要保持结构化、一体化与网络化的统一，才能更好地促进迁移的发生。

2. 合理编排教学方式,促进迁移

优良的教材只有通过合理的教学进行呈现和传达,才能充分发挥其迁移的效能,否则迁移效果并不显著,甚至会阻碍迁移的产生。教师在组织教学时,一方面要抓住教材内容的核心;另一方面要合理安排教学程序,使得学生顺利地将所学习的内容融会贯通,提高迁移的效果。

(1)在教学过程中应当按照从一般到个别、从整体到细节的顺序,渐进分化。

(2)应当注意将各个内容综合贯通,促进知识的横向联系。

(3)依据学生学习的特点,教学过程应由浅入深、由易到难、由已知到未知。

(4)在具体操作上,可以将知识分成若干单元,每个单元还可分成若干小步子,让后一步的学习建立在前一步的基础之上,前一步的学习为后一步提供固定点。教师在制订教学计划时必须安排好教学内容的顺序,使教学内容的联结达到最佳化。

3. 教授学习策略,提高学生的迁移意识

"授人以鱼供一饭之需,授人以渔则终生受用无穷。"这句话给予教育者的启示是,学习不只是要让学生掌握一门或几门学科的具体知识与技能,而且还要让学生学会如何去学习,即掌握学习方法的知识与技能。实际上学生只有掌握了良好的学习方法,才能把所学的知识技能顺利地进行应用,促进更广泛更一般的迁移,也就是说学会了如何学习就可以实现最普遍的迁移。

教师在教学中要重视引导学生对各种问题进行深入分析、综合、比较、抽象、概括,帮助学生认识问题之间的关系,寻找新旧知识或课题的共同特点,归纳知识经验的原理、法则、定理、规律的一般方法。发展学生分析问题和概括问题的能力,必须重视对学习方法的学习,以促进更有效的迁移。

4. 改进对学生的评价

教学条件下的评价作为教学活动的组成部分,同样具有教育性,有效运用评价手段对学生形成积极的学习态度,对学习迁移都具有积极的作用。

★★ 考点大默写 ★★

1. ________是指一种学习对另一种学习的影响,或习得的经验对完成其他活动的影响。
2. 根据迁移的性质和结果分类,学习数学有利于学习物理的现象属于________,已经掌握的汉语语法阻碍英语语法学习的现象属于________。
3. 顺向迁移是指________学习对________学习产生的影响。
4. 根据迁移内容的不同,获得基本的运算技能、阅读技能后运用到各种具体的学科学习中属于________;学习了"日""月"对学习"明"的影响属于________。
5. ________认为迁移就是心理官能得到训练而发展的结果。相同要素说认为迁移是非常具体的、有条件的,需要有________;两种情境中相同要素________,迁移的量也就越大。
6. 概括化理论认为一个人只要对自己的经验进行了________,就可以完成从一个情境到另一个情境的迁移。
7. ________认为迁移是学习者突然发现两个学习经验之间关系的结果。
8. 贾德所做的________实验,是概括化理论的经典实验;苛勒所做的________实验是支持关系转换说的经典实验。
9. 由先前影响所形成的往往不被意识到的心理准备状态是________。

【参考答案】

1. 学习迁移 2. 正迁移(助长性迁移);负迁移(抑制性迁移) 3. 先前;后继 4. 一般迁移(非特殊迁移/普遍

迁移);具体迁移(特殊迁移) 5. 形式训练说;共同的要素;越多 6. 概括 7. 关系转换说(关系理论) 8. 水下击靶;小鸡觅食 9. 定势

第四节 知识的学习

一、知识概述

考点1 知识的概念

知识是指主体通过与环境相互作用而获得的信息及其组织。其实质是人脑对客观事物的特征与联系的反映,是客观事物的主观表征。

考点2 知识的分类 【单选、多选、不定项、判断】★★

1. 陈述性知识和程序性知识

安德森根据知识的不同表征形式,将知识分为陈述性知识和程序性知识。

(1)陈述性知识

陈述性知识也叫**描述性知识**,是个人能用言语进行直接陈述的知识,主要用于区别和辨别事物。

当代认知心理学认为,陈述性知识学习的过程包括获得、保持和提取三个阶段。知识获得阶段,新信息进入短时记忆,与长时记忆中的相关信息联系,出现新的意义构建;知识保持阶段,新构建的意义储存于长时记忆中,如果没有复习或新的学习,这些意义将随着时间的延长而遗忘;知识提取阶段,个体运用所获得的知识回答"是什么"和"为什么"的问题,并应用这些知识解决实际问题,使所学知识产生广泛迁移。本节随后介绍的内容均是针对陈述性知识的学习。

(2)程序性知识

程序性知识即**操作性知识**,是一种经过学习后自动化了的关于行为步骤的知识,表现为在信息转换活动中进行具体操作。

程序性知识学习的一般过程是从陈述性知识转化为自动化的技能的过程,它主要由陈述性阶段、程序化阶段、自动化阶段三个阶段构成。程序性知识学习包括两种类型:模式识别学习和动作步骤学习。学生的学习常常从陈述性知识的获得开始,而后进一步加工消化,成为可以灵活、熟练应用的程序性知识。

(3)陈述性知识与程序性知识的主要区别

表3-12 陈述性知识与程序性知识的主要区别

比较范畴	陈述性知识	程序性知识
内涵	关于"是什么"的知识	关于"怎样做"的知识
知识性质	是一种静态的知识,它的激活是输入信息的再现	是一种动态的知识,它的激活是信息的变形和操作
激活速度	激活的速度比较慢,是一个有意的过程,需要学习者对有关事实进行再认或再现	激活的速度很快,是一种自动化了的信息变形的活动

2. 策略性知识

美国心理学家**梅耶**提出了一种策略性知识,它是与程序性知识相似但又存在区别的知识。**策略性知识**是关于如何学习和如何思维的知识,即个体运用陈述性知识和程序性知识去学习、记忆、解决问题的一般方法和技巧。策略性知识是回答"怎么办"的知识,它与程序性知识的主要区别在于,它所处理的对象是个人自身的认知活动和个体调控自己认知活动的知识。

真题面对面

1. [2022驻马店驿城,单,1.2分]学生在学校中学了"刀是锋利的工具;盂是盛液体的器皿"。这些知识属于(　　)

A. 程序性知识　　B. 陈述性知识　　C. 条件性知识　　D. 策略性知识

2. [2021信阳浉河,判断,1分]程序性知识激活的速度比较慢,需要学习者对有关事实进行再认或再现。(　　)

答案:1. B　2. ×

3. 感性知识和理性知识

由于反映活动的深度不同,知识可分为感性知识和理性知识。

所谓感性知识,是对活动的外表特征和外部联系的反映,可分为感知和表象两种水平。感知是人脑对当前所从事的活动的对象的反映;表象是人脑对从前感知过但当时不在眼前的活动的反映。

所谓理性知识,反映的是活动的本质特征与内在联系,包括概念和命题两种形式。概念反映的是活动的本质属性及其各属性之间的本质联系。命题也就是通常所说的规则、原理、原则,它表示的是概念之间的关系,反映的是不同对象之间的本质联系和内在规律。

4. 显性知识和隐性知识

显性知识(明确知识)指能言传的,即通常所说的用文字等来表述的知识,又称为"言明的知识"。

隐性知识(缄默知识)指不能言传的,即不能系统表述的知识,是"尚未言明的知识"。

缄默知识远远多于明确知识,且有不同于明确知识的显著特征:(1)不能通过语言、文字或符号进行逻辑说明;(2)不能以正规形式加以传递;(3)不能加以批判性反思。

考点3　知识的表征　【多选、不定项、判断】★

知识的表征是指信息在人脑中的存储和呈现方式,它是个体知识学习的关键。人们在学习过程中,都是根据自己对知识的不同表征而选择相应的学习方法和应用方式。不同的知识类型在头脑中具有不同的表征方式。

陈述性知识主要以**命题**和**命题网络**的形式进行表征,**概念**、**表象**、**线性序列**和**图式**也是其重要表征形式;程序性知识则主要以**产生式**和**产生式系统**进行表征。一个大的知识单元中既有陈述性知识,也有程序性知识,二者相互交织在一起,许多心理学家用图式描述这种大块知识的表征。

不管是命题网络、产生式系统还是图式,它们都强调知识间的联系,强调知识的组织结构。人的知识不是零乱地"堆积"在人的头脑中,而是按照一定的逻辑联系"集成"在头脑中,形成一定的认知结构。

二、知识学习的类型　【单选、多选、判断】★★

考点1　符号学习、概念学习和命题学习

根据知识本身的存在形式和复杂程度,知识学习可分为符号学习、概念学习和命题学习。

1. 符号学习

符号学习又称表征学习,是指学习单个符号或一组符号的意义。符号学习的心理机制是符号和它们所代表的事物或观念在学习者认知结构中建立相应的等值关系。符号学习主要包括:

(1)词汇学习,这是符号学习的主要内容。例如,汉字、英语单词的学习,就属于词汇学习。

(2)非语言符号(如实物、图像、图表、图形等)的学习。因此,对数学图表的认识、对瓜果树木的认识、对

各种机床的认识等，也属于符号学习。

(3)事实性知识的学习，即学习一组符号(语言或非语言)所表示的某一具体事实。例如，历史课中历史事件和历史人物的学习，地理课中地形地貌和地理位置的学习，均属于事实性知识的学习。

2. 概念学习

概念学习是指掌握概念的一般意义，其实质是掌握一类事物的共同的本质属性和关键特征。同类事物的关键特征既可由学习者从大量同类事物的不同例证中独立发现，也可由指导者用下定义的方式直接呈现给学习者，让其利用已掌握的概念来理解。概念学习以表征学习为前提，又为命题学习奠定基础，因此，它是意义学习的核心。

3. 命题学习

命题学习是指获得由几个概念构成的命题的复合意义，实际上是学习表示若干概念之间关系的判断。命题用句子表达，但命题不等于句子，命题只涉及句子表达的意义。人们在长时记忆中保持的不是句子本身，而是句子表达的意义。命题是知识的最小单元，是我们能够评价是非对错的最小的意义单元，它也被看成是陈述性知识掌握的高级形式。

命题学习必须以符号学习和概念学习为基础，它旨在反映事物之间的关系，是一种更加复杂的学习。命题学习在复杂程度上一般高于概念学习。如果对一个命题中的有关概念没有掌握，个体就不可能理解这一命题，命题学习必须以概念学习为前提。

小香课堂

考生易混淆概念学习和命题学习的运用，做题时应注意分析题干：如果题干强调事物共同的本质属性，就属于概念学习；如果强调两个或两个以上概念的关系，就属于命题学习。

考点2 下位学习、上位学习和并列结合学习

奥苏贝尔根据新知识与原有认知结构的关系，提出了以下三种同化模式。

上位学习与下位学习

1. 下位学习

下位学习又称类属学习，是一种把新的观念归属于认知结构中原有观念的某一部分，并使之相互联系的过程。原有观念在包容和概括水平上高于新学习的知识。下位学习包括派生类属学习和相关类属学习。

(1)派生类属学习是指新观念是认知结构中原有观念的特例或例证，新知识只是旧知识的派生物。例如，学生掌握了轴对称图形的概念后，再学习圆时，将"圆也是轴对称图形"这一命题纳入或类属于原有轴对称图形的概念中，新的命题很快就能获得意义。

(2)相关类属学习是指新知识扩展、修饰或限定学生已有的旧知识，并使其精确化。例如，过去已经知道"挂国旗是爱国行动"，现在学习一个新命题，即"保护能源是爱国行动"。新命题类属于原先的"爱国行动"中，结果新命题获得意义，原有的"爱国行动"被扩展或深化。

派生类属学习和相关类属学习的主要区别在于学习之后原有观念是否发生本质属性的改变。

2. 上位学习

上位学习又称总括学习，是在学生掌握一个比认知结构中原有概念的概括和包容程度更高的概念或命题时产生的。上位学习遵循从具体到一般的归纳概括过程。例如，为了让学生掌握"面积"的概念，教师以桌面、地面、墙面、操场为例证，并比较其大小，最后得出"面积就是平

考生易混淆上位学习和下位学习，可结合实例进行区分。下位学习：掌握了水果的概念后，学习苹果的概念。上位学习：知道了苹果的概念后，学习水果的概念。

面图形或物体表面的大小"的定义，这就属于上位学习。

3. 并列结合学习

并列结合学习又称组合学习，是在新命题与认知结构中原有的命题既非下位关系又非上位关系，而是一种并列的关系时产生的。例如，学习质量与能量、遗传与变异、需求与价格等概念之间的关系；学习数学教学中同一单元的不同章节之间以及同一单元的例题与习题之间、语文教学中的范文与习作之间的关系。一般而言，并列结合学习比较困难，必须认真比较新旧知识之间的联系与区别才能掌握。

真题面对面

1. [2023事业单位，单，0.8分]奥苏贝尔认为学生能否习得新知识，主要取决于他们认知结构中已有的有关观念。学生学习了三角形概念后再学习锐角三角形、钝角三角形和直角三角形的知识。该生的学习类型属于（　　）

A. 上位学习　　B. 组合学习

C. 下位学习　　D. 选择学习

2. [2021郑州金水，单，0.58分]学生学习长度和面积、质量和体积等概念之间的关系，这种学习属于（　　）

A. 下位学习　　B. 上位学习

C. 派生学习　　D. 并列结合学习

答案：1. C　2. D

三、知识学习的过程【单选、多选、判断、简答】★★

知识学习主要是学生对知识的内在加工过程。现代认知心理学认为，这一过程一般分为三个阶段：(1)知识的获得；(2)知识的保持；(3)知识的应用。知识的应用是指把学到的知识应用于作业和解决有关问题的过程，是抽象知识具体化的过程。它是知识掌握的最后一个环节，它与知识的获得、知识的保持紧密相连，共同构成知识学习过程。它既以前两者为前提，又是检验知识掌握与否以及掌握程度的手段。这里我们将深入地探讨知识的获得与保持的问题。

考点1　知识的获得

知识的获得是知识学习的第一个阶段，包括知识的感知与理解。

1. 知识的感知

(1)知识直观

直观是主体通过对直接感知到的教学材料的表层意义、表面特征进行加工，从而形成对有关事物具体的、特殊的、感性的认识加工过程。直观是理解科学知识的起点，是学生由不知到知的开端，是知识获得的首要环节。在实际的教学过程中，主要有三种直观方式，即实物直观、模像直观和言语直观。

①实物直观

实物直观指在感知实际事物的基础上提供感性材料的直观教学方式。例如，观察标本、演示实验、到工厂或农村进行实地参观访问等。

优点：由于通过实物直观获得的感性知识富于真实性，可以使教材内容同实际事物间发生最为直接、真切的联系，因而有利于提高学生对教材内容的正确理解，也有助于激发学生的学习兴趣。

局限：第一，它往往不易突出事物的本质因素；第二，由于受时间、空间的限制，它无法提供某些重要的感性材料，如动植物的生长过程、化学的反应过程、原子的结构等都难以通过实物直接观察。所以，实物直观不是教学中唯一的直观方式，还必须采用其他直观手段来弥补实物直观的不足。

②模像直观

模像直观指观察与教材相关的模型与图像（如图片、图表、幻灯片、电影、录像、电视等），形成感知表象。

模型、图像都是对客观事物的简化、抽象或夸张。它通过这些人为的手段消除或减弱实物直观的缺点，扩大直观的范围，提高直观的效果。首先，它可以人为地排除一些无关因素，突出本质要素；其次，根据观察需要，可以通过大小变化、动静结合、虚实互换、色彩对比等方式扩大直观范围。例如，用动画形式表现植物生长、原子与电子结构等。正因为模像直观具有这些独特的优点，因此它已成为现代化教学的重要手段，是现代教育技术学研究的重要内容。

但是，由于模像只是事物的模拟形象，而非实际事物本身，因此，模像与实际事物之间有一定距离。为了使通过模像直观而获得的知识在学生的生活实践中发挥更好的定向作用，一方面应注意将模像与学生熟悉的事物相比较；另一方面，在可能的情况下，应使模像直观与实物直观结合进行。

③言语直观

言语直观指在生动形象的言语作用下唤起学生头脑中的表象，以提供感性材料的直观方式。言语直观不受时间、空间和设备的限制，感性材料来源更丰富，是教学中大量采用的直观方式。此外，由于表象具有概括性，这就有利于向抽象概括过渡。它对培养学生的想象力也有独特的作用。一般情况下，由言语唤起的表象不如通过观察实物和模型所获得的映像完整、稳定、鲜明和准确。故应将三者结合使用。

（2）知识直观效果的提高

①灵活选用实物直观和模像直观。一般而言，模像直观的教学效果优于实物直观。但是，这一结论只限于知识的初级学习阶段。

②加强词和形象的配合。

③运用感知规律，突出直观对象的特点。具体内容参见心理学部分第二章第一节“遵循感知规律，开展直观教学”。

④培养学生的观察能力。

⑤让学生充分参与直观过程。

真题面对面

[2021信阳市直，多，1.6分]模像直观是直观教具的一种，下列属于模像直观的有（　　）

A. 模型　　B. 录像带

C. 幻灯片　　D. 标本

答案：ABC

2. 知识的理解

（1）思维过程与知识的理解

在教学条件下，学生对知识的理解是通过思维活动对感性知识进行复杂的加工而完成的。因此，知识的理解过程也就是思维过程。

(2)知识概括

概括是指主体通过对感性材料的分析、综合、比较、抽象、概括等深度加工改造,从而获得对一类事物的本质特征与内在联系的抽象的、一般的、理性的认识的活动过程。

按照学生对知识的概括抽象程度不同,将知识概括分为感性概括和理性概括。**感性概括**即**直觉概括**,它是在直观的基础上自发进行的一种低级的概括形式。**理性概括**是在前人认识的指导下,通过对感性知识经验进行自觉的加工改造,揭示事物的一般的、本质的特征与联系的过程。

从感性概括中,只能获得概括不充分的日常概念和命题;只有通过理性概括,才能获得揭示事物本质的科学概念和命题。因此,在教学条件下,我们关注的是如何有效地进行理性概括的问题。

(3)有效地进行知识概括

①配合运用正例和反例。概括的目的在于区分事物的本质和非本质要素,抽取事物的本质要素,抛弃事物的非本质要素。因此,教师在指导学生概括时,不仅要注意抽取本质的一面,也要注意抛弃非本质的一面。为此,必须配合使用概念或规则的正例和反例。**正例**又称**肯定例证**,指包含着概念或规则的本质特征和内在联系的例证;**反例**又称**否定例证**,指不包含或只包含了一小部分概念或规则的主要属性和关键特征的例证。一般而言,概念或规则的正例传递了最有利于概括的信息,可以防止学生出现概括不足的情况;反例则传递了最有利于辨别的信息,可以防止学生出现过度概括的情况。

②正确运用变式。理性概括是通过对感性知识的加工改造而完成的,感性知识的获得是把握事物本质的基础和前提。因此,在教学实际中,要提高概括的成效,必须给学生提供丰富而全面的感性知识,必须注意变式的正确运用。所谓变式,就是变换使用不同形式的直观材料或事例说明事物的属性,使本质属性保持不变而非本质属性或有或无,以便突出本质属性。简言之,变式就是指概念或规则的肯定例证在无关特征方面的变化。例如,在生物学中介绍“果实”的概念时,不要只选可食的果实(如苹果、西红柿、花生等),还要选择一些不可食的果实(如橡树籽、棉籽等),这样才有利于学生看到一切果实都有“种子”这一关键属性,而舍弃“可食性”等无关特征。变式的有效性并不在于运用变式的数量,而取决于材料呈现方式的典型性和代表性。例如,如果问大家:“鸡鸭是不是鸟?”很多人的答案都是否定的,那就是因为之前的生物课,老师呈现的正例的代表性不够,多提供会飞的例证,于是学生就把“会飞”这个无关特征作为本质特征来记忆。

③科学地进行比较。概括过程也就是在分析综合的基础上进行比较,在比较的基础上进行抽象概括。因而,区分对象的一般与特殊、本质与非本质特征的比较过程,对于知识的概括具有非常重要的意义。比较主要有两种方式:同类比较和异类比较。

④启发学生进行自觉概括。为了促进知识的获得,在实际的教学情境中,教师应该启发学生去进行自觉的概括,鼓励学生自己去总结原理、原则,尽量避免一开始就要求学生记忆或背诵。教师启发学生进行自觉概括,最常用的方法是鼓励学生主动参与问题的讨论。在概括过程中,教师应充分调动学生的思维,让学生自己去归纳和总结,从根本上改变“教师做总结,学生背总结”的被动方式。

考点2 知识的保持

1. 记忆系统及其特点

按照现代信息加工的观点,记忆是一个结构性的信息加工系统。记忆结构由三个不同的子系统构成:瞬时记忆、短时记忆和长时记忆。信息首先进入瞬时记忆,那些引起个体注意的感觉信息才会进入短时记忆,在短时记忆中存储的信息经过加工再存储入长时记忆中,而这些保存在长时记忆中的信息在需要时又会被提取到短时记忆中。

表3-13 记忆系统

种类	特点	编码	存储
瞬时记忆（感觉记忆）	(1)时间极短，大约为0.25～2秒。(2)容量较大。(3)形象鲜明。(4)信息原始，记忆痕迹容易衰退	有图像记忆和声像记忆两种。图像记忆是瞬时记忆的主要编码形式	只有能够引起个体注意并被及时识别的信息，才有机会被转入短时记忆
短时记忆（工作记忆）	(1)时间很短，不超过1分钟或5秒～2分钟。(2)容量有限，一般是7±2个组块。(3)意识清晰。(4)操作性强。(5)易受干扰	有听觉编码和视觉编码两种，主要是听觉编码	复述是短时记忆中的信息存储的有效方法
长时记忆（永久性记忆）	(1)容量无限。(2)信息保持时间长久，在1分钟以上，直至保持终生	以意义编码为主，它包括表象编码和语义编码，主要是语义编码	长时记忆中贮存的信息原则上是分类处理的

记忆有妙招

为方便考生记忆，我们将瞬时记忆、短时记忆和长时记忆的主要编码方式总结成口诀供考生参考：**瞬时看图像，短时听声音，长时说词语。**瞬时记忆的主要编码方式为图像记忆，短时记忆主要为听觉编码，长时记忆主要为语义编码。

2. 运用记忆规律，促进知识保持（运用记忆规律，提高记忆的效果）

(1)理解学习材料的意义。

(2)对材料进行精细加工，促进对知识的理解。

(3)运用组块化学习策略，合理组织学习材料。

(4)运用多重信息编码方式，提高信息加工处理的质量。

(5)有效运用记忆术。

(6)适当过度学习。

(7)重视复习方法，防止知识遗忘。

★★ 考点大默写 ★★

1. 陈述性知识是关于“是什么”的知识；程序性知识是关于“________”的知识。
2. 陈述性知识主要以________和________的形式进行表征；程序性知识则主要以________和产生式系统进行表征。
3. 符号学习是指学习单个符号或一组符号的意义，符号学习主要包括：________学习、________的学习和________的学习。
4. 根据知识本身的存在形式和复杂程度，________的实质是掌握一类事物的共同的本质属性和关键特征；________实际上是学习表示若干概念之间关系的判断。
5. 在下位学习中，原有观念在包容和概括水平上________新学习的知识，上位学习则相反。并列结合学习是在新命题与认知结构中原有的命题既非下位关系又非上位关系，而是一种__________的关系时产生的。

6. 观察标本、演示实验属于直观方式中的__________；观察与教材相关的模型与图像（如图片、图表、幻灯片、电影、录像、电视等）属于直观方式中的__________。

7. 变式就是变换使用不同形式的直观材料或事例说明事物的属性，使__________属性保持不变而__________属性或有或无，以便突出__________属性。

8. 短时记忆的容量一般为__________个组块；信息保持时间长久，在1分钟以上，直至保持终生的记忆为__________。

【参考答案】

1. 怎样做 2. 命题；命题网络；产生式 3. 词汇；非语言符号；事实性知识 4. 概念学习；命题学习 5. 高于；并列 6. 实物直观；模像直观 7. 本质；非本质；本质 8. 7±2；长时记忆（永久性记忆）

第五节 技能的形成

一、技能及其种类

考点1 技能的概念及特点

1. 技能的概念 【判断】 ★

在《心理学大辞典》中，技能被定义为个体运用已有的知识经验，通过练习而形成的智力动作方式和肢体动作方式的复杂系统。皮连生认为，技能是在练习的基础上形成的按某种规则或操作程序顺利完成某种智慧任务或身体协调任务的能力。概括起来，技能是指经过练习而获得的合乎法则的认知活动或身体活动的动作方式。

2. 技能的特点 新增 【单选】 ★★

（1）技能是学习而形成的，区别于本能行为；（2）技能是一种活动方式，区别于程序性知识；（3）技能是合乎法则的活动方式，区别于一般的随意运动。

考点2 技能的种类 【单选、多选、判断、简答】 ★★

技能按其本身的性质和特点，可分为操作技能和心智技能。

1. 操作技能

（1）操作技能的概念

操作技能又叫**运动技能、动作技能**，是通过学习而形成的合乎法则的操作活动方式。日常生活中的写字、打字、绘画，音乐方面的吹、拉、弹、唱，体育方面的田径、球类、体操，生产劳动方面的车、刨、磨等活动方式，都属于操作技能的范畴。

（2）操作技能（动作技能）与动作的关系

动作技能包含动作成分，但并不是说动作就是动作技能。动作是人体的一种空间造型以及驱动这种空间造型的内部冲动。只有当人们利用一组动作去完成一项具体任务或解决一个问题时，如利用一组身体动作去表现情感（舞蹈）或组装一个机器部件，人们的活动能力才被称为动作技能。

(3)操作技能的种类

表3-14　操作技能的种类

划分依据	类型	概念	举例
动作的精细程度与肌肉运动强度不同	细微型操作技能（精细技能）	靠小肌肉群的运动来实现	打字、弹钢琴、摆动耳朵等
	粗放型操作技能（粗大技能）	靠大肌肉群的运动来实现	体育运动中的举重、掷铁饼、扔标枪等活动
动作连贯与否	连续型操作技能	由一系列连续动作组成	开汽车、骑自行车、滑冰、跑步等活动
	断续型操作技能	由一系列不连续的动作组成	弹琴、打字等活动
动作对环境的依赖程度的不同	闭合型操作技能	对外界的帮助依赖程度较低，在大多数情况下靠内部反馈信息控制	自由体操、游泳、跳水等运动
	开放型操作技能	要求对外界变化的情况有处理能力，并对由此所发生的事情有预见能力	驾驶汽车以及球类运动中控制球的技能等
操作对象的不同	徒手型操作技能	靠操作自身的身体来实现	自由体操、跑步等活动
	器械型操作技能	靠操作一定的器械来实现	打字、玩单杠等活动

2. 心智技能

心智技能也称为**智力技能**、**认知技能**，是通过学习而形成的合乎法则的心智活动方式。阅读技能、写作技能、运算技能、解题技能等都是常见的心智技能。

表3-15　操作技能和心智技能的特点

比较范畴	操作技能	心智技能
动作的对象	物质性客体或肌肉，具有客观性	客观事物在人脑中的主观映像，具有观念性
动作的进行	通过外部显现的肌肉运动实现，具有外显性	对观念性对象进行的加工改造，具有内潜性
动作的结构	每个动作必须切实执行，不能合并、省略，具有展开性	不完全的、片断的，是高度省略和简化的，具有简缩性

3. 操作技能和心智技能的关系

操作技能与心智技能是构成技能的两个子系统，它们既有区别，又有联系。

(1)操作技能与心智技能的区别

①活动的对象不同。操作技能属于实际操作活动范畴，其对象是物质的、具体的(如开车、打字)，表现为外显的骨骼和肌肉的操作。心智技能的对象是头脑中的映像，具有主观性和抽象性，表现为从外部难以觉察的头脑中的思维过程，属于观念的范畴。

②活动的结构不同。操作技能是系列动作的连锁，其动作结构必须从实际出发，符合实际，不能省略。而心智技能则是借助于内部言语实现的，可以高度省略、高度简缩，甚至让人觉察不到它的进行。

③活动的要求不同。操作技能和心智技能的形成结果都是从不会做到知道如何做，再到熟能生巧的阶段。但操作技能要求学习者必须掌握一套刺激—反应的联结，而心智技能则要求学习者掌握正确的思维方法。

(2)操作技能与心智技能的联系

①操作技能通常是心智技能形成的最初依据，心智技能的形成是以外部操作技能为基础，然后逐步脱

离外部动作而借助内部言语实现的。例如，学生在学会解题之前，都是先从简单的数数开始的，他们会借助外在的工具，如手指、小棍子等，之后逐渐摆脱外部动作而借助内隐的思维活动。

②心智技能往往又是外部操作技能的支配者和调节者，复杂的操作技能往往包含认知成分，需要学习者的心智活动的参与。

真题面对面

1. [2022郑州中原区，单，0.7分]根据与动作相关的身体肌肉的数量多少，动作技能可分为粗大技能和精细技能。下列属于精细技能的是(　　)

A. 打球　　B. 跑步　　C. 摆动耳朵　　D. 游泳

2. [2021郑州二七，单，0.7分]教学技能属于(　　)

A. 操作技能　　B. 心智技能　　C. 言语技能　　D. 交际技能

答案：1. C　2. B

二、操作技能的形成【单选、多选、判断、简答】★★

考点1　操作技能的形成阶段

为了更好地理解动作的形成过程，研究者们提出了各种阶段模型，这里主要介绍两种较为流行的阶段模型。

1. 菲茨与波斯纳的三阶段模型

菲茨与波斯纳提出了经典的操作技能形成的三阶段模型，主要包括以下三个阶段：

(1)认知阶段

本阶段的主要特点是对所学的动作技能有了初步的认识，也就是使学习者对动作方式有所了解，在头脑中形成动作的映像，以便对所学的动作进行定向。

在本阶段，动作尚忙乱紧张，呆板而不协调，并出现多余动作，也难以觉察自己动作的全部情况，因此自己不易发现错误。

(2)联结阶段

本阶段的主要特点是经过反复练习使个别动作联系起来。由于练习，使有机体通过实际行动获得来自效应器官活动的反馈信息，原有的动作映像在本阶段进一步得到充实和完善，并有利于对动作的联系和调节。

这个阶段一旦个别动作联合成完整的动作体系，视觉控制作用便逐步减弱，而肌肉运动感觉的自控作用便逐步提高，并发挥其特殊功能。同时，在本阶段动作之间的相互干扰减少，紧张程度减弱，多余动作逐渐消失。由于技能接近形成，发现自己错误的能力也就逐步增强。

(3)自动化阶段

各个动作联合为一个有机体的一个系统，一旦巩固下来，各个动作之间相互协调，就能依照顺序以连锁反应的方式出现，并达到自动化。

在本阶段，意识的调节作用已大大降低，肌肉运动感觉作用占主导地位，视觉对动作的控制进一步减弱。同时，在本阶段动作已协调、完善，意识参与减少到最低限度，人们的紧张状态消失，注意范围大了，并能根据情境变化，适当地调整动作技能。

2. 冯忠良的四阶段模型　必背

(1)操作定向

操作技能表现为一系列的操作活动，在形成之初，学习者必须了解做什么、怎么做的有关信息与要求，形成对动作的初步认识。**操作定向就是了解操作活动的结构与要求，在头脑中建立起操作活动的定向映像的过程。**

(2)操作模仿

个体在定向阶段了解了一些基本的动作机制之后，就会尝试做出某种动作。模仿的实质是将头脑中形成的定向映像以外显的实际动作表现出来。模仿是在定向的基础上进行的，缺乏定向映像的模仿是机械的模仿。只有通过模仿，才能使这一映像得到检验、巩固与充实。操作模仿是掌握操作技能的开端，需要以认知为基础。

(3)操作整合

操作整合是把构成整体的各动作要素，依据其内在联系联结成整体，形成操作活动的序列，获得有关操作活动的完整的动觉映像的过程。即把模仿阶段习得的动作固定下来，并使各动作成分相互结合，成为定型的、一体化的动作。只有通过整合，各动作成分之间才能协调联系，动作结构才趋于合理，动作的初步概括化才得以实现。

(4)操作熟练

操作熟练是操作技能掌握的高级阶段。通过动作练习形成的活动方式对各种变化的条件具有高度的适应性，动作的执行达到高度的程序化、自动化和完善化。自动化并非无意识，而是指它的执行过程不需要意识的高度控制，可以将注意力分配给其他活动。

表3-16　操作模仿、操作整合和操作熟练阶段的特点

特点	操作模仿	操作整合	操作熟练
动作品质	动作的稳定性、准确性、灵活性较差	动作可以表现出一定的灵活性、稳定性和精确性，但当外界条件发生变化时，动作的这些特点都有所降低	动作具有高度的灵活性、稳定性和准确性，在各种变化的条件下都能顺利完成动作
动作结构	各个动作要素之间的协调性较差，互相干扰，常有多余动作产生	各个动作成分趋于分化、精确，整体动作趋于协调、连贯，各动作成分间的相互干扰减少，多余动作也有所减少	各个动作之间的干扰消失，衔接连贯、流畅，高度协调，多余动作消失
动作控制	主要靠视觉控制，动觉控制水平较低，不能主动发现错误与纠正错误	视觉控制不起主导作用，逐步让位于动觉控制，肌肉运动的感觉变得较清晰、准确，并成为动作执行的主要调节器	动觉控制增强，不需要视觉的专门控制和有意识的活动，视觉注意范围扩大，能准确地觉察到外界环境的变化并调整动作方式
动作效能	完成一个动作往往比标准速度要慢，个体经常感到疲劳、紧张	疲劳感、紧张感降低，心理能量不必要的消耗减少，但没有完全消除	心理消耗和体力消耗降至最低，表现为紧张感、疲劳感减少，动作具有轻快感

记忆有妙招

为了方便考生记忆，我们将三个操作技能形成阶段的动作控制特点总结成口诀供考生参考：**模仿靠视觉，整合让动觉，熟练主动觉。**

真题面对面

[2021郑州管城,单,0.9分]在学写生字"麟"时老师指导全班学生一起进行"书空"练习,再让学生各自用笔写字,这种"书空"练习属于(　　)

A. 操作模仿　　B. 操作定向　　C. 操作整合　　D. 操作熟练

答案:B

考点2　操作技能的培训要求

1. 准确的示范与讲解

示范、讲解在操作技能形成过程中是不可缺少的,准确的示范与讲解有利于学习者不断地调整头脑中的动作表象,形成准确的定向映像,进而在实际操作活动中可以调节动作的执行。因此,在学生对所学的运动技能进行练习之前或练习过程中,教师应通过自己的动作示范帮助他们在头脑中形成正确的动作映像。为此,教师要进行充分而准确的示范。教师的示范要做到:(1)动作示范与言语解释相结合;(2)整体示范与分解示范相结合;(3)示范动作要重复,动作速度要放慢;(4)指导学生观察,并纠正学生的错误理解。

言语讲解在技能形成过程中也起到重要的作用。进行讲解与指导时,要注意言语的简洁、概括与形象化,不仅要讲解动作的结构与具体要求,也要讲解动作所包含的基本原理;不仅要讲解动作的物理特性,也要指导学生注意体验执行动作时的肌肉运动知觉。

2. 必要而适当的练习

练习是形成各种操作技能所不可缺少的关键环节,通过应用不同形式的练习,可以使个体掌握某种技能。一般来说,随着练习次数的增多,动作的精确性、速度、协调性等会逐步提高。从练习曲线(图3-5)中可以看出技能随着练习量的增加而提高的一般趋势。

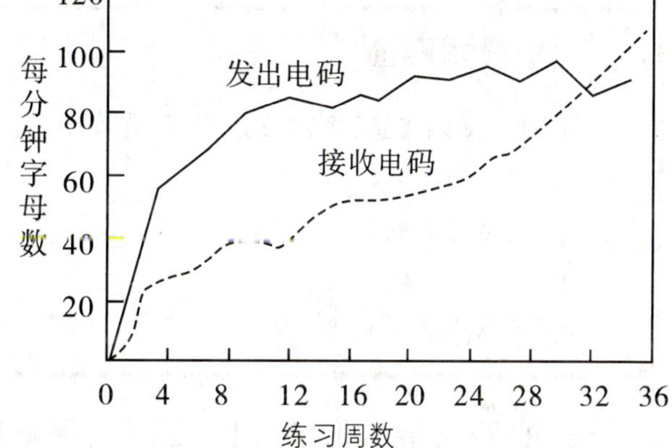

图3-5　常见的练习曲线(学习电码的练习曲线)

虽然不同的学习者的练习曲线存在差异,但也具有共同点,表现在:

(1)开始进步快。初期进步较快的原因主要有两点:①练习开始时,学生对技能中的某些动作成分,可以利用原有的经验;②有些技能可以分解成几个简单动作进行练习,比较容易掌握。

(2)中间有一个明显的、暂时的停顿期,即高原期。通常把学生在学习过程中出现一段时间的学习成绩和学习效率停滞不前,甚至学过的知识感觉模糊的现象,称为"高原现象"。产生的原因在于:①学习方法的固定化;②学习任务的复杂化;③学习动机减弱;④兴趣降低;⑤心理和生理上的疲劳;⑥意志不够顽强。要克服高原现象,关键是教师要帮助学生寻找原因,对症下药,要严格要求学生,改善练习方法和练习环境,利用他们对未来进步的憧憬,以增强其努力的信心和学习的兴趣。需要注意的是,并不是所有的人在学习过程中都必然存在高原现象。

(3)后期进步较慢。后期进步逐渐缓慢,但坚持练习还能持续有所提升。为了促进操作技能的形成,过度学习是非常必要的。但值得注意的是,并非过度学习的量越大越好,过分的过度学习若使个体疲劳、丧失兴趣,不仅不会取得进步甚至可能导致相反的结果。

(4)总趋势是进步的,但有时出现暂时的退步。整个练习过程中,成绩往往会有一些波动起伏现象。而且,多数情况下,练习曲线反映出来的技能的进步是先快后慢;也有少数情况可能出现先慢后快的趋势。

3. 充分而有效的反馈

反馈指在学习与练习过程中信息的返回传递。一般来讲，反馈来自两个方面：(1)内部反馈，即操作者自身的感觉系统提供的感觉反馈。这是个体通过自身的视觉、听觉、触觉、动觉等获取的反馈信息，尤其是动觉反馈信息最有代表性。(2)外部反馈，即操作者自身以外的人和事给予的反馈，有时也称结果知识。这是教师、教练、示范者、录像、计算机等外部信息源对学习者的操作结果及其操作过程的反馈。

反馈在操作技能学习过程中的作用是非常关键的，只有通过反馈，学习者才知道自己的动作是否合乎要求。其中**准确的结果反馈**可以引导学生矫正错误动作、强化正确动作，并鼓励学生努力改善其操作，作用尤为明显。

影响反馈效果的因素有：(1)反馈的内容；(2)反馈的频率；(3)反馈的方式。

4. 建立稳定清晰的动觉

动觉是复杂的内部运动知觉，它反映的主要是身体运动时各种肌肉活动的特性，如紧张、放松等，而不是外界事物的特性。这些有关肌肉活动的各种感知觉等与视觉、听觉有所不同，如果不经过训练，它们很难被个体明确地意识到，并经常受到外部因素的影响，处于被掩盖的地位。由于运动知觉的模糊性，经常会发生学习者对自己的错误动作不能意识到的现象，当然也就很难对动作进行有意识的调节或控制。这样就容易导致技术水平不稳定，难以找出动作失误的确切原因，致使操作技能的学习陷入盲目状态。因此，有必要进行专门的动觉训练，以提高其稳定性和清晰性，充分发挥动觉在技能学习中的作用。

真题面对面

[2022郑州市直，多，1.2分]下列选项中，属于操作技能培训要求的有（　　）

A. 适当的练习　　B. 完备的原型

C. 准确的示范　　D. 清晰的动觉

E. 有效的反馈

答案：ACDE

三、心智技能的形成 【单选、多选、判断】 ★★

考点1　心智技能的形成阶段

1. 加里培林的心智技能形成阶段理论

(1)动作定向的阶段，这是活动的准备阶段。定向，是使学生了解、熟悉活动对象，使他们知道做什么和怎样做，从而使学生在头脑中构成关于心智活动和活动结果的表象，以便对活动本身及其结果进行定向。

(2)物质与物质化阶段。物质活动是指运用实物进行活动；物质化活动是指运用实物的模型、图片、言语、示意图等进行活动。此阶段的作用在于使学生通过自己从事物质或物质化活动，理解活动的真实内容，为以后的智力活动打下基础。

(3)出声的外部言语动作阶段。这个阶段的特点是活动离开了它的物质或物质化的客体，以出声的外部言语形式来完成实在的活动。

(4)不出声的外部言语动作阶段。这个阶段是从出声言语向内部转化开始，到以内部不出声的言语自由叙述为止。它是以词的声音表象、动觉表象为支柱而进行智力活动的阶段。

(5)内部言语动作阶段，这是心智技能完成的最后阶段。本阶段的主要特点是智力活动压缩、自动化，很少发生错误。只有碰到困难问题时，智力活动才展开地进行。

2. 冯忠良的三阶段理论 必背

(1)原型定向

原型指那些被模拟的自然现象或过程。智力活动的原型是对一些最典型的智力活动样例的设想。原型定向就是了解原型的活动结构，从而使主体明确活动的方向，知道该做哪些动作和怎样去完成这些动作。在原型定向阶段，主体的主要学习任务可以归结为两点：首先要确定所学心智技能的实践模式(操作活动程序)，其次要使这种实践模式的动作结构在头脑中得到清晰的反映。这一阶段是主体掌握操作性知识的阶段，也是心智技能形成的准备阶段。这一阶段相当于加里培林的“**动作定向的阶段**”。

(2)原型操作

原型操作是依据智力技能的实践模式，把学生在头脑中已建立起来的活动程序计划以外显的操作方式付诸实施，获得完备的动觉映像的过程。这一阶段相当于加里培林的“**物质与物质化阶段**”。

(3)原型内化

原型内化，即智力活动的实践模式(原型)向头脑内部转化，由物质的、外显的、展开的形式变成观念的、内潜的、简缩的形式的过程。原型内化最后达到活动方式的定型化、简缩化和自动化。该阶段开始借助言语来对观念性对象进行加工，是原型在学习者头脑中转化为心理结构内容的过程，是心智技能的完成阶段。这一阶段相当于加里培林的以下三个阶段，即**出声的外部言语动作阶段**、**不出声的外部言语动作阶段**和**内部言语动作阶段**。

知识再拔高

言语在心智技能形成中的作用

心智技能是借助于内部言语实现的，因此言语在心智技能形成中具有十分重要的作用。言语在不同的阶段，其作用是不同的。言语在原型定向与原型操作阶段，其作用在于标志动作，并对活动的进行起组织作用。言语在原型内化阶段，其作用在于巩固形成中的动作表象，并使动作表象得以进一步概括，从而向概念性动作映像转化。

3. 安德森的心智技能形成理论

著名认知心理学家**安德森**认为，心智技能的形成需经过三个阶段，即认知阶段、联结阶段和自动化阶段。

认知阶段的任务是要了解问题的结构，即起始状态、要达到的目标状态、从起始状态到目标状态所需要的步骤。

在**联结阶段**，学习者应用具体的方法来解决问题，主要表现在把某一领域的描述性知识转化为程序性知识，这种转换即程序化的过程。在联结阶段，个体逐渐产生一些新的产生式法则，以解决具体的问题。

在**自动化阶段**，个体获得了大量的法则并完善这些法则，操作某一技能所需的认知投入较小，且不易受到干扰。

真题面对面

[2023周口市直，单，1分]数学课上，为了更好地形成智力技能，教师常在黑板上清楚细致地演算例题，帮学生掌握解题技巧，这是给学生提供(   )

A. 原型定向　　B. 原型模仿

C. 原型操作　　D. 原型内化

答案：A

考点2 心智技能的培养要求

1. 确立合理的智力活动原型

由于形成的心智技能一般存在于有着丰富经验的专家的头脑中，因此，模拟确立模型的过程实际上是把专家头脑中的观念的、内潜的、简缩的经验“外化”为物质的、展开的、外显的活动的模式的过程。

2. 有效进行分阶段练习

由于心智技能是按一定的阶段逐步形成的，因此，在培训方面只有分阶段进行练习，才能获得良好的教学效果。为提高分阶段练习的成效，在培养工作方面，必须充分依据心智技能的形成规律，采取有效的措施，具体包括：(1)激发学习的积极性和主动性。(2)注意原型的完备性、独立性和概括性。心智技能的培养，开始于主体所建立起来的原型定向映像。在原型建立阶段，一切教学措施都要考虑到有利于建立完备、独立而且具有概括性的定向映像。(3)适应培养的阶段特征，正确使用言语。学生过于注意言语而忽视动作，对心智技能的形成非但无益，反而会起阻碍作用。为此，一定要在学生熟悉动作的基础上再提出言语要求，以言语来标志所学动作，并组织动作的进行。(4)注意学生的个别差异。(5)科学地进行练习。教师在指导学生练习时，应该注意以下几点：①教师要做到精讲、使学生多练。②注意练习形式的多样化，举一反三。③练习要适量适度，循序渐进。

3. 知识影响技能的形成

了解学生的知识基础，并为学生提供相关知识。

4. 注重培养学生认真思考的习惯和独立思考的能力

要注意形成学生的概括性联想，培养学生的概括力和灵活的思维品质。

考点大默写

1. 技能按其本身的性质和特点，可分为________和________。阅读技能、写作技能、运算技能、解题技能属于________。
2. 操作技能的特点有客观性、外显性和________；心智技能的特点有观念性、内潜性和________。
3. 菲茨与波斯纳提出操作技能形成的三阶段模型，主要包括________阶段、________阶段、________阶段。
4. 在操作技能形成的四阶段模型中，________阶段是在头脑中建立起操作活动的定向映像的过程；________阶段是获得有关操作活动的完整的动觉映像的过程；在________阶段，动作的执行达到高度的程序化、自动化和完善化。
5. ________是形成各种操作技能所不可缺少的关键环节。
6. 通常把学生在学习过程中出现一段时间的学习成绩和学习效率停滞不前，甚至学过的知识感觉模糊的现象，称为“________”。
7. 在冯忠良关于心智技能形成的三阶段理论中，________阶段指了解原型的活动结构，从而使主体明确活动的方向，知道该做哪些动作和怎样去完成这些动作。
8. 在加里培林提出的心智技能形成阶段中，__________阶段的主要特点是智力活动压缩、自动化，很少发生错误。

【参考答案】

1. 操作技能(运动技能/动作技能)；心智技能(智力技能/认知技能)；心智技能(智力技能/认知技能) 2. 展开性；简缩性 3. 认知；联结；自动化 4. 操作定向；操作整合；操作熟练 5. 练习 6. 高原现象 7. 原型定向 8. 内部言语动作

第六节 问题解决与创造性

一、问题解决概述

考点1 问题与问题解决 【单选、多选】★

1. 问题的界定

问题就是给定信息与要实现的目标之间有某些障碍需要加以克服的情境。每一个问题都必然包含三种成分：(1)给定信息，指有关问题初始状态的一系列描述；(2)目标，指有关问题结果状态的描述；(3)障碍，指在解决问题的过程中会遇到的种种亟待解决的因素。

2. 问题的分类——结构良好的问题和结构不良的问题

按照问题的组织程度把问题分为结构良好问题(有结构问题)和结构不良问题(无结构问题)。

学习者在学科学习中遇到的绝大多数问题都是结构良好问题。例如，“求边长为2厘米的正方形的面积”，其初始状态和目标状态，以及问题解决的方法都是明确的。另外，诸如让学生进行加减乘除的运算，在考试中进行单项选择，或者是解决一个复杂的物理问题等，都是结构良好问题，因为学生可以根据给定信息和目标，选择明确的解决方案来达到问题解决的目的。

结构不良问题并不是指这个问题本身有什么错误或是不恰当，而是指它没有明确的结构或解决途径。例如，“修电脑”，其初始状态不明确，要先检查电脑的故障出在哪儿；“用Photoshop做一朵漂亮的玫瑰花”，其目标状态不明确，什么样的玫瑰花才算“漂亮”；让学生考察当地城市的污染状况并写出一篇论文，其初始状态、目标状态，甚至问题解决方案都不明确，是名副其实的结构不良问题。

真题面对面

[2021平顶山湛河，单，0.8分]问题根据(　　)可分为有结构的问题和无结构的问题。

A. 内容　　B. 组织程度

C. 探究深度　　D. 关注焦点

答案：B

3. 问题解决的界定

问题解决是指为了从问题的初始状态到达目标状态，而采取一系列具有目标指向性的认知操作的过程。创造性是解决问题的最高表现形式。

问题解决具有以下三个特征：

(1)目的性。问题解决总是要达到某个特定的目标状态，因而具有明确的目的性。没有明确目的指向的心理活动，如漫无目的的幻想等，则不能称为问题解决。

(2)认知性。问题解决活动是通过内在的心理加工实现的，整个活动的过程依赖于一系列认知操作的进行。自动化的操作(如走路等)基本上没有重要的认知成分参与，因而，不属于问题解决的范畴。

(3)序列性。问题解决包含一系列的心理活动，如分析、联想、比较、推论等，仅有一个心理操作不能称为问题解决。而且这些心理操作是有一定序列的，序列出错，问题也无法解决。简单的记忆操作不能称为问题解决，如回忆某人的名字等。

真题面对面

[2021郑州郑东新区,多,1.2分]问题解决的基本特点包括(　　)

A. 认知性　　B. 序列性　　C. 目的性　　D. 流畅性

E. 独特性

答案:ABC

考点2　问题解决的过程　【多选、判断】★

问题解决的过程一般可分为发现问题、理解问题、提出假设和检验假设四个阶段。

1. 发现问题

从完整的问题解决过程来看,发现问题是其首要环节。能否发现问题,与个体活动的积极性、已有知识经验等有关。

2. 理解问题

理解问题即明确问题,就是把握问题的性质和关键信息,摒弃无关因素,并在头脑中形成有关问题的初步印象,即形成问题的表征。表征既是个体在头脑中对所面临的事件或情境的表现和记载,也是个体解决问题时所加工的对象。对问题的表征既包括问题的表面特征,也包括其深层特征,后者是解决问题的关键。

3. 提出假设

提出假设就是提出解决问题的可能途径与方案,选择恰当的解决问题的操作步骤。能否有效地提出假设,受到个体思维的灵活性与已有知识经验的影响。提出假设是问题解决的关键阶段。

4. 检验假设

检验假设就是通过一定的方法来确定假设是否合乎实际、是否符合科学原理。检验假设的方法有两种:(1)直接检验,即通过实践来检验,通过问题解决的结果来检验;(2)间接检验,即通过推论来淘汰错误的假设,保留并选择合理的、最佳的假设。当然,间接检验的结果是否正确,最终还要由直接检验来证明。

知识再拔高

问题解决的过程的其他说法

美国著名心理学家吉尔福特将问题解决的过程分为三个阶段:

(1)初始信息分类阶段,以认知作用为基础,觉察到疑难问题,并收集有关资料,做好解决问题的准备。

(2)归类信息储存阶段,以记忆为基础,将视觉的、听觉的、符号的、语义的、行为的有关材料记住,以供解决问题时用。

(3)材料转换阶段,以操作作用和评价作用为基础,将认知和记忆的材料转换成新观念、形成问题解决的假设,借助思维进行评价,以检验认知、记忆材料的精确性,检验新观念和假设的可靠程度并加以证实。

考点3　问题解决的策略　【单选】★

虽然解决问题的方法多种多样,但是总结起来基本上可以归纳为以下几种策略与方法:

1. 算法

算法策略是将所有可能的针对问题解决的方法都一一列举出来并进行尝试,直到最终从根本上解决问题。很明显,算法策略需要在解决问题时进行大量的准备工作,需要花费较大的精力和较多的时间,但是优点就是能够确保找到问题解决的途径。例如，解锁密码箱时每一位密码都有“0～9”10个数字，那么把所有数字组合一个一个进行尝试，直到找到打开密码箱的正确密码，这一过程就是在使用算法策略。

2. 启发法

与算法的思维过程不同，启发法是基于一定的经验，根据现有问题状态与目标状态之间的内在联系，采用较少搜索而找到解决问题途径的一种策略。启发法不需要像算法策略那样费时费力，往往是一种比较快捷的方法，但并不能保证一定可以成功地解决问题。以下是几种常用的启发法策略：

（1）手段—目的分析法

所谓手段—目的分析法，就是将需要达到的问题的目标状态分成若干个子目标，通过实现一系列的子目标而最终达到总目标。它的基本步骤是：①比较初始状态和目标状态，提出第一个子目标；②找出完成第一个子目标的方法或操作，实现子目标；③提出新的子目标，如此循环往复，直至问题解决。

（2）爬山法

爬山法是采用一定的方法逐步降低初始状态和目标状态的距离，以达到问题解决的一种方法，与手段—目的分析法类似。两者不同之处在于，手段—目的分析法包括这样一种情况，即有时人们为了达到目的，不得不暂时扩大目标状态与初始状态的差距，以便最终达到目标。

（3）逆推法

逆推法就是从问题的目标状态开始搜索直至找到通往初始状态的方法。当问题的初始状态可以引发出许多途径，而其中只有很少一些途径能达到目标时，逆推法是有用的。

考点4　影响问题解决的因素　【单选、多选、简答、论述】　必背 ★★★

1. 问题情境与知识表征的方式

问题情境指呈现问题的客观情境（刺激模式）。问题情境对问题的解决的影响如下：

（1）情境中物体和事物的空间排列不同，会影响问题的解决。一般来说，解决某一问题所必需的物体比较靠近，都在人的视野之中，问题就容易解决，反之则困难。（2）问题情境中的刺激模式与个人的知识结构越接近，问题就越容易解决。（3）问题情境中所包含的物件或事实太少或太多都不利于问题的解决。太少可能遗漏事实，太多则会产生干扰。

所谓**表征方式**，就是在头脑中记载与呈现知识的方式。比较符合人们日常经验的表征方式会使问题解决速度增加，更利于问题解决。

2. 定势与功能固着

定势（即**心向**）是指重复先前的操作所引起的一种心理准备状态。在定势的影响下，人们会以某种习惯的方式对刺激情境做出反应。定势对解决问题有积极作用，也有消极作用。

定势与功能固着

人们把某种功能赋予某物体的倾向称为**功能固着**。在功能固着的影响下，人们不易摆脱事物用途的固有观念，从而直接影响问题解决的灵活性。功能固着的产生原因包括心理因素和行为习惯两个方面。功能固着对于我们创造性地解决问题有消极影响，因此应该采取各种方法消除负面影响。

知识再拔高

酝酿效应

当一个人长期致力于某一问题解决而又百思不得其解的时候，如果他暂时停下对这个问题的思考而去做别的事情，几小时、几天或几周之后，他可能会忽然想到解决的办法，这就是**酝酿效应**。酝酿效应实际上是产生了顿悟，使人们打破了以往不恰当的思路，从一个新的角度思考问题，从而使问题得以解决。

3. 原型启发

对问题解决起启发作用的事物叫**原型**。原型启发是指从其他事物上发现解决问题的途径和方法。任何一个人对某一项目的发明创造或革新，都不是凭空想象出来的，在开始时总要受到某种类似的事物或模型的启发。*例如，鲁班从丝茅草割破手得到启发，发明了锯。*原型启发在创造性解决问题时的作用十分明显。通过联想，人们可以从原型中找到解决问题的新方法。原型之所以有启发作用，是因为事物本身的特点与所创造的事物之间有相似之处。某事物能否起启发作用，不仅取决于该事物的特点，还取决于问题解决者的心理状态。在问题解决者的思维活动处于积极但又不过于紧张的状态时，才最容易产生原型启发。

原型启发

4. 已有知识经验

经验水平或实践知识影响问题解决。善于解决问题的专家与新手的区别，就在于前者具备有关问题的大量知识并善于实际应用这些知识来解决问题。有经验的专家在本专业领域内是解决问题的高手，但在其他领域并不一定特别聪明，有时还显得笨拙。这说明实践知识对于高效地解决问题是有一定条件的。

5. 情绪与动机

情绪对问题解决有一定影响，肯定、积极的情绪状态有利于问题的解决；否定、消极的情绪状态则会阻碍问题的解决。人们对活动的态度、责任感等都可以成为发现问题的动机，从而影响问题解决的效果。动机的强度不同，影响的大小也不一样。动机与问题解决的关系遵循“耶克斯—多德森定律”。

此外，个体的认知结构、个性特征、人际关系以及问题的特点等也会影响问题解决。

考点5　学生问题解决能力的培养

在学校情境中，大部分问题解决是通过解决各个学科中的具体问题来体现的，这就意味着结合具体的学科教学来培养解决问题的能力是必要的，也是可行的。具体可从以下几方面入手：

1. 培养学生主动质疑和解决问题的内在动机

学生在学习中面临的问题解决任务，常常是由教师和教材提出的，而且在绝大多数情况下，问题的已知条件、未知条件、目标状态，甚至其大致类型都已明确下来，学生完成对问题的理解是不难的。然而这样带来的问题也是明显的：

(1)减少了学生自己判断有关信息和无关信息的机会，不能训练学生的辨别能力。

(2)由于问题是由教师和教材规定的，学生(尤其是一部分成绩不良的学生)常常把它们看成是无可奈何的任务，增加了解决问题的心理阻力，不利于学生获得学习的乐趣和信心，学习变得被动。

(3)不利于锻炼学生独立地进行发现问题、提出问题、表述问题和明确问题等智慧活动的能力。实际上，无论是在学生的学习中，还是在社会实践中，发现和提出问题的价值丝毫不比解决问题的价值逊色。许多学习成绩不太好的学生的一个重要特点就是既不善于发现书本上的新问题，也不善于发现自己学习中的问题。

2. 问题的难度要适当

问题难度的设置应当有一个从较易到较难、从简单到综合的渐进的过程。刚学某个原理和所学不多时，难度太大会挫伤学生的解题积极性，但总是解决容易的问题也不利于问题解决能力的提高。

3. 帮助学生正确表征问题

经常训练学生从各个不同的角度、用不同的方式来表征问题是有好处的，学生可以从中获得对问题进行灵活的、有效的表征的经验。画草图、列表、写方程式等都是常用的表征问题的方式。

4. 帮助学生养成分析问题和对问题归类的习惯

分析问题的过程是一个不断进行知识的激活、模式识别、辨别与分化的过程。它既能促进对陈述性知识的精加工，又能促进对程序性知识的运用条件的熟练识别。在分析的基础上对不同的问题进行归类和组织，则有利于获得各种解决问题的图式。

帮助学生养成分析问题的习惯时，教师要注意两种倾向：(1)不能因让学生自己找出答案，就采取放松态度，让学生进行盲目的尝试错误练习；(2)不能过分热心，把结论在学生没有进行思考的情况下告诉学生，应使学生主动投入解题过程，鼓励学生提出多种解法，而不只是教学生如何解。在学生实在有困难时，教师应给学生提供适当的线索，或者补充必要的知识，以弥补其起点行为的不足。

5. 提高学生知识储备的数量和质量，指导学生善于从记忆中提取信息

(1)帮助学生牢固地记忆知识。知识记忆得越牢固，提取也就越快、越准确，成功地解决问题的可能性也就越大。教师应教给学生一些记忆和提取的方法，鼓励学生运用这些方法。

(2)提供多种变式，促进知识的概括。只有深刻领会和理解的知识才能被牢固地记忆和有效地应用，因此，教师要重视概括、抽象、归纳和总结，应用同质不同形的各种问题的变式来突出本质特征，加强学生对不同类型问题的区分和辨别，提高其对所学内容的理解水平。

(3)重视知识间的联系，建立网络化结构。问题解决通常是综合应用各种知识的过程，知识之间的有机联系是保证正确解决问题的基础。为此，教师要有意识地沟通课内外、不同学科、不同知识点之间的纵横交错的联系，完善学生的知识结构。

解决问题需要将已有的知识、原理、经验加以重新组织，因此要训练学生迅速地提取有关信息的能力；但也要防止学生养成总是重复过去的方法的做法，鼓励他们从不同的角度，用新的方法去解决同类的问题。

6. 训练学生陈述自己的假设及其步骤，鼓励自我评价和反思

学生能够清楚地意识到自己的解题过程，就能自觉地对自己的解题过程和方法加以指导，明白自己理解上的错误和偏差，也能理清自己的思路，有利于及时、正确地归纳和总结解题的经验和策略，进行自我指导和监察。这实际上是对认知策略的觉察和训练，要求学生反复推敲、分析各种假设与方法的优劣，对解决问题的整个过程进行监控和评价。在明确问题的基础上，教师可以鼓励学生从多角度、尽可能多地提出假设，且不对这些想法做过多评判，以免使学生的思路过早地局限于某一方案。

7. 教授与训练解决问题的方法和策略

(1)结合具体学科，教授思维方法。有效的思维方法可以引导学生正确地解决问题。教师既可以结合具体学科内容，教授一些审题技能、构思技能等，也可以根据已有的研究成果，开设专门的思维训练课。

(2)外化思路，进行显性教学。教师在教授思维方法时，应将头脑中的思维方法或思路提炼后外化出来，给学生示范，并要求模仿。学生通过这种学习，可以逐步掌握各种思维方法，将教师的经验内化成自己的经验，充实自己的认知结构。

8. 提供多种练习机会

应避免低水平的、简单的提问或重复的机械练习，防止学生埋没于题海之中，应考虑练习的质量，根据

不同的教学目的、教学内容、教学时段等来精选、设计例题与习题，充分考虑练什么、什么时候练、以什么方式练、练到什么程度、如何检验练的效果等。还要注意练习形式的多样化，以调动学生主动参与学习的积极性，提高学生知识应用的灵活性和广泛性。

9. 训练逻辑思维能力，提高思维水平

提高思维水平主要靠进行思维训练，训练学生的思维主要有两种形式：(1)直接上思维训练课；(2)在学科教学中穿插思维训练的内容。

二、创造性及其培养

考点1 创造性的概念及种类

在心理学上，创造性是一个复杂而颇有争议的概念。一般把创造性看成是根据一定目的，运用已知信息，产生出某种新颖、独特、有社会价值的产品的能力或特性，也称为创造力。创造性既是智力因素的品质，也是非智力因素的品质，只有当两者结合在一起，才会有真正的创造性。

创造性并不是少数人独有的，而是人类普遍存在的一种潜能，是每个人都有的一种心理品质。创造性和创造性思维的区别在于创造性具有更广泛的含义，而且其结果是新的产品，而创造性思维只是一种思维形式，其结果是在人的头脑中形成新产品的形象。

根据创造产品的价值意义不同，创造可以分为真创造和类创造。真创造指产生了具有人类历史首创性产品的活动。类创造是指创造产生的产品并非社会首创，只是对个体而言具有独创性。例如，曾经有位农民自己花费很长的时间发明创造了木制飞机。对于社会而言，飞机早已不再是什么新奇的事物，但是对于这位农民而言，却是他个人独创的。已有研究指出，不论是真创造还是类创造，它们的心理加工过程、所表现出来的思维或认知能力在本质上是相同的。

考点2 创造性的特征 【单选、多选、判断】★★

创造性的特征

尽管不同的研究及其相关测验强调创造性的不同特征，但目前比较公认的是以发散思维的基本特征来代表创造性的特征。

表3-17 创造性的特征

特征	概念	举例
流畅性	在限定时间内产生观念数量的多少	让被试“列举报纸的用途”，被试在限定时间内回答出较多用途
灵活性(变通性)	摒弃以往的习惯思维方法而开创不同方向的能力	让被试“列举报纸的用途”，被试回答“阅读”“包东西”“折玩具”等，用途范围比较广泛
独创性(独特性)	产生不同寻常的反应和不落常规的能力，以及重新定义或按新的方式对所见所闻加以组织的能力	在“曹冲称象”的故事中，曹冲把“石头”作为称象的工具就显得十分独特

真题面对面

[2021平顶山湛河，判断，0.6分]在规定时间内，要求学生写出所能想到的偏旁为“宀”的汉字，写出的汉字越多，表明学生思维的独创性越好。(　　)

答案：×

考点3 创造性与问题解决的关系 新增 【单选】★★

(1)问题解决和创造性是彼此相互联系，相互制约的，具体体现在：①创造性的水平高低必须通过问题解决来体现。不解决问题，就无法表现出一个人的创造性水平的高低。因此，问题越是复杂，解决起来越困难，越是能体现一个人创造性水平的高低。②创造性水平的高低对问题解决有直接的影响。一个人创造性水平越高，问题解决的速度越快。相反，一个人创造性水平越低，问题解决的速度越慢，而且不能完满地解决问题。③问题解决会促进创造性的发展。对于一个经常动脑筋解决各种问题的人，解决问题的过程有助于激发他的创造性。

(2)问题解决和创造性的区别：①问题解决和创造性的定义不同。②在问题解决时，既可以使用现成的方法，也可以不使用现成的方法。使用现成的程序来解决问题，叫做常规问题解决。不使用现成的程序来解决问题，而是独立地提出新的程序来解决问题叫做创造性的问题解决。因此，当问题解决一旦有创造性参与，该问题解决就属于创造性的问题解决。

考点4 创造活动的阶段 【单选、多选】★

人的创造性表现在相应的创造活动过程各阶段中，关于创造活动的阶段有不同观点，其中有代表性的观点当属沃拉斯(沃勒斯)提出的四阶段论。该观点认为创造性活动主要由准备、酝酿、明朗和验证四个阶段构成。

(1)准备阶段。在这一阶段，创造者收集、整理资料，即收集创造活动所必需的各种信息，组织已有的旧经验，掌握必要的技能。

(2)酝酿阶段。在准备阶段收集到的信息并未消极地存储在头脑中，而是按照一种我们目前尚不清楚的方式被加工和重新组织。在这个阶段，各种观点、想法和意见在潜意识中活动，各种主意和观点有可能产生不同寻常的组合。

(3)明朗阶段。这是指创造者经过长期酝酿，产生新假设或对考虑的问题豁然开朗，这种现象也叫灵感。明朗阶段是创造活动极为重要的阶段。

(4)验证阶段。在这个阶段，创造者要把头脑中产生的新假设或新观点通过实践加以检验。验证可以对新假设加以确定、修正、补充或完善。

考点5 影响创造性的因素 【单选、多选、判断、辨析】★

1. 环境

家庭与学校的教育环境以及社会文化是影响个体创造性的重要因素。

(1)父母的受教育程度、管教方式以及家庭气氛等都在不同程度上影响孩子的创造性。研究发现，父母受教育程度较高者、对子女的要求不过分严格者、对子女的教育采取适当辅导策略者以及家庭气氛比较民主者，都比较有利于孩子的创造性的培养。

(2)在学校教育方面，如果学校气氛较为民主，教师不以权威方式管理学生；教师鼓励学生的自主性，允许学生表达不同意见；学习活动有较多自由，教师允许学生在自行探索中去发现知识，这样的教育就有利于创造性的培养。

(3)社会文化也会影响学生创造性的发展。如果一个社会过分强调社会规范、因循守旧，不敢探索那些有可能失败的未知事物，个体创造性就会被限制；如果团体压力过大，不能容纳那些标新立异的人，那么个体就会有更多的从众行为。相反，如果人人对创造、发明表示羡慕和敬意，创造就会受到鼓励，就必定人人乐于冒险、推陈出新，个体的创造性就会得到张扬，创新人才也就会大量涌现。因此，创设具有一定开放性和自由空间的成长环境，尊重学生的独立性、尊重他们的差异，是创造性培养的另一个重要方面。

2. 智力

创造性的研究表明，创造性与智力并非成简单的线性关系，二者既有独立性，又在某种条件下具有相关性，在整体上呈正相关趋势。高智力是高创造性的必要条件，但不是充分条件。创设性与智力的关系表现为：(1)低智力不可能具有高创造性；(2)高智力可能有高创造性，也可能有低创造性；(3)低创造性者的智力水平可能高，也可能低；(4)高创造性者必须有高于一般水平的智力。

3. 个性

一般而言，创造性与个性之间具有互为因果的关系。综合有关研究，高创造性者一般具有以下个性特征：(1)具有幽默感；(2)有抱负和强烈的动机；(3)能够容忍模糊与错误；(4)喜欢幻想；(5)具有强烈的好奇心。

真题面对面

[2022特岗，判断，1分]创造力是一种特殊的智力品质，智力越高的人，创造力水平也越高。(　　)

答案：×

考点6　创造性的培养　【多选、简答、案例分析】　必背　★★

创造性是由人的认知能力、个性倾向和社会环境相互作用产生的行为结果。因此，可以从以下四个方面来探索创造性的培养途径：

1. 培养创造性认知能力

(1)培养创造性的知识基础。知识是提高创造性的基础。

(2)培养创造性思维。具体内容参见心理学部分第二章第四节中“创造性思维能力的培养”。

2. 注重创造性个性的塑造

由于创造性与个性之间具有互为因果的关系，因此，从个性入手来培养创造性，这也是促进创造性产生的一条有效途径。研究者提出的各种建议，可概括如下：

(1)保护好奇心。应接纳学生提出的任何奇特的问题，并赞许其好奇心，不应忽视或讥讽。

(2)解除个体对答错问题的恐惧心理。对学生所提出的问题，无论是否合理，均以肯定态度接纳。对出现的错误不应全盘否定，更不应指责，应鼓励学生正视并反思错误，引导学生尝试新的探索，而不循规蹈矩。

(3)鼓励独立性和创新精神。应重视学生与众不同的见解、观点，并尽量采取多种形式支持学生以不同的方式来理解事物。对平常的问题的处理能提出超常见解者，教师应给予鼓励。例如，在解决数学题目时鼓励学生想出不同的解决方法，在写作文时鼓励学生自己选题。

(4)重视非逻辑思维能力。非逻辑思维是创造性思维的重要成分，在各种创造活动中都起着重要作用，贯穿整个创造活动的始终。教师应鼓励学生大胆猜测，进行丰富的想象，不必拘泥于常规的答案。给学生机会进行猜测，并尽量让他们有猜测的成功体验。在丰富学生的想象力方面，可以应用多种教学手段和形式，使学生头脑中的表象更为鲜明、完整。

(5)给学生提供具有创造性的榜样。通过给学生介绍或引导阅读文学家、艺术家或科学家传记，或带领其参观各类创造性展览、与有创造性的人直接交流等，使学生领略到创造者对人类的贡献，受到创造者优良品质的潜移默化的影响，从而启发他们见贤思齐的心理需求。

记忆有妙招

为方便考生记忆，我们将创造性个性塑造的措施总结成口诀供考生参考：**独创非奇恐榜样**。**独**：独立性。**创**：创新精神。**非**：非逻辑思维能力。**奇**：好奇心。**恐**：恐惧心理。

3. 创设有利的社会环境

（1）创设宽松的心理环境。教师应给学生创造一个能支持或容忍标新立异者或偏离常规思维者的环境，让学生感受到“心理安全”和“心理自由”，即给学生创造较为宽松的学习的心理环境。

（2）给学生留有充分选择的余地。在可能的条件下，应给学生一定的权利和机会，让有创造性的学生有时间、有机会干自己想干的事，为创造性行为的产生提供机会。

（3）改革考试制度与考试内容。应使考试真正成为选拔有能力、有创造性人才的有效工具，在考试的形式、内容等方面都应考虑如何测评创造性的问题。例如，在学业测试中，可以增添部分无固定答案的问题，让学生有机会发挥其创造性。

4. 培养创造型的教师队伍

要培养学生的创造性，必须对教师进行有关创造性的相应培训和专门指导。具体表现在：

（1）要转变教师的教育教学观念，使教师形成理解并鼓励学生的创造，把培养创造性作为一种教学目标的现代教育理念；

（2）要教给教师必要的创造技法和思维策略，提高他们自身的创造意识和创造能力；

（3）要为教师提供比较明晰的具有实际应用价值的关于创造性的操作定义、相应的评价标准和程序、有效的教学策略和技能。

★★ 考点大默写 ★★

1. 按照问题的组织程度分类，“求边长为 2 厘米的正方形的面积”属于__________问题，“考察当地城市的污染状况并写出一篇论文”属于__________问题。
2. 问题解决具有__________、__________和__________三个方面的特征。
3. 问题解决的过程一般可分为__________、__________、__________、__________四个阶段。其中，__________是问题解决的首要环节；__________是问题解决的关键阶段。
4. __________策略是将所有可能的针对问题解决的方法都一一列举出来并进行尝试，直到最终从根本上解决问题。
5. 常用的启发法策略中，将需要达到的问题的目标状态分成若干个子目标，通过实现一系列的子目标而最终达到总目标的策略为__________。
6. 在影响问题解决的因素中，__________是指重复先前的操作所引起的一种心理准备状态；人们把某种功能赋予某物体的倾向称为__________；从其他事物上发现解决问题的途径和方法叫做__________。
7. 在限定时间内产生观念数量的多少属于创造性的__________特征。
8. 摒弃以往的习惯思维方法而开创不同方向的能力属于创造性的__________特征。
9. 产生不同寻常的反应和不落常规的能力属于创造性的__________特征。
10. 高智力是高创造性的__________条件，但不是__________条件。

【参考答案】

1. 结构良好(有结构);结构不良(无结构) 2. 目的性;认知性;序列性 3. 发现问题;理解问题(明确问题);提出假设;检验假设;发现问题;提出假设 4. 算法 5. 手段—目的分析法 6. 定势(心向);功能固着;原型启发 7. 流畅性 8. 灵活性(变通性) 9. 独创性(独特性) 10. 必要;充分

考点 专家和新手解决问题的差异

(1)专家不注意中间过程,可以很快地解决问题;新手需要很多中间过程,而且要有意识地加以注意。

(2)新手先明确目的,从尾到头地解决问题;专家或者立即推理,或者搜集信息,从头到尾地解决问题。

(3)专家更多地利用直觉,即根据生活经验的表征来解决问题;新手则更多地依赖正确的方程式来解决问题。专家解决问题所依据的经验中的基本关系是复杂方程式的基础。

第七节 态度与品德的形成

一、态度与品德【单选、多选、判断】★

考点1 态度的实质、结构与功能

1. 态度的实质

态度是通过学习而形成的影响个人行为选择的内部准备状态或反应的倾向性。对于该概念,可以从以下几个方面来理解:(1)态度是一种内部准备状态,而不是实际反应本身。(2)态度不同于能力,虽然二者都是内部倾向,但能力决定个体能否顺利完成任务;态度则决定个体是否愿意完成任务,即决定行为的选择。(3)态度是通过学习形成的,不是天生的。

2. 态度的结构

态度的结构包括认知成分、情感成分和行为成分。

态度的认知成分是指个体对态度对象所具有的带有评价意义的观念和信念。态度的情感成分是指伴随着态度的认知成分而产生的情绪或情感体验,是态度的核心成分。态度的行为成分是指准备对某对象做出某种反应的意向或意图。

在一般情况下,这三种成分是一致的,但也有不一致的情况,如知行脱节等。在实际活动中,态度的三种成分所占的比重也不同,当个体参与比较具体的社会环境时,态度的情感成分起很大的作用。在较高层次的活动中需要个体对极为复杂的社会情境进行分析和理解,在这种情况下,认知成分就占有更大的比重。

3. 态度的功能

(1)过滤功能。态度不但影响个体行为的方向性,也会影响个体对信息的选择。在一般情况下,人们总是接受与自己态度一致的信息,拒绝与自己态度不一致的信息。

(2)调节功能。人的某些态度具有直接满足情感需要的作用,如一个好学的学生得到教师的肯定性评价,一个乐于助人的学生得到社会的好评等。

(3)价值表现功能。学生的价值观往往取决于其需要、动机、理想、信念等个体倾向性。如果个体倾向性与价值观一致,就会产生积极的态度,反之则产生消极态度。所以,态度也是学生价值观的一种反映。

(4)适应功能。人的态度是在对外部环境的适应过程中逐渐形成的,反过来又起着适应外部环境的作用。如儿童在交往活动中学会了什么样的态度是会被同伴集体所接受的，那么反过来，这种态度又会让儿童去适应不同类型的集体的交往活动。

知识再拔高

关于态度的功能的其他说法

(1)适应功能。指人的态度都是在适应环境中形成的，形成后起着更好地适应环境的作用。

(2)自我防御功能。态度作为一种自卫机制，能让人在受到贬抑时用来保护自己。比如一个知识分子看到商人赚很多钱并在生活中拥有许多物质享受，为了恢复被损伤的自尊，他常会显示出自命清高和鄙视"为富不仁"者的态度，以保持心理平衡。

(3)价值表现功能。在很多情况下，特有的态度常表示一个人的主要价值观和自我概念。

(4)认识或理解功能。一种态度能给人提供一种作为建构世事手段的参照框架，因此它能引起意义感。

考点2　品德的实质与结构

1. 品德的实质

品德又称**道德品质**，是个体依据一定的社会道德准则规范自己行动时所表现出来的稳定的心理倾向和特征。它是社会道德准则在个人思想与行动中的体现，是个性中具有道德评价意义的核心部分。

在理解品德的定义时，应把握以下三点：(1)品德反映了人的社会特性，是将外在于个体的社会规范的要求转化为个体的内在需要的复杂过程。它不是个体的先天禀赋，是通过后天学习形成的。(2)品德具有相对的稳定性，若只是此一时、彼一时地偶然表现，则不能称之为品德，只有经常地表现出一贯的规范行为，才标志着品德的形成。(3)品德是在道德观念的控制下进行某种活动、参与某件事情或完成某个任务的自觉行为，也就是说，是认识与行为的统一。如果没有形成道德观念或道德认识，那么，即使个体的行为符合社会规范，也不能说是有品德的。

品德具有以下特征：(1)以某种道德意识或道德观念为基础；(2)与道德行为密切联系，离开了道德行为就无法表现和判断个人的道德；(3)具有稳定的倾向性和特征。

2. 品德的心理结构

品德的心理结构包括四种相辅相成的基本心理成分：道德认知、道德情感、道德意志和道德行为，简称知、情、意、行。

(1)道德认知

道德认知是指对于行为规范及其意义的认识，是人的认识过程在道德上的表现。道德认知是个体道德的基础，是道德情感、道德意志产生的依据，对道德行为具有定向的意义，是行为的调节机制。品德的核心是道德认知。

道德观念、道德信念的形成有赖于道德认知。当个体对某一道德准则有了系统的认识，感到确实是这样时，就形成有关的道德观念。当学生的道德观念不断得到加强，并相应的产生道德体验时，就会变为道德信念。道德信念是推动个人产生道德行动的强大动力，可以使人的道德行动表现出坚定性，因此它是道德品质形成中的关键因素。道德信念对行为具有稳定的调节与支配作用，只有道德观念而无道德信念时，就会经常发生诸如明知故犯之类的错误行为。

(2)道德情感

道德情感是人的道德需要是否得到实现而引起的一种内心体验，也就是人在心理上所产生的对某种道德义务的爱憎、喜恶等情感体验。道德情感是个体道德行为的内部动力之一，是激发道德动机和进行自我监督的内心力量，是从道德认知到道德行为的中间环节，它左右着行为的决策与发动。当道德认知(道德观念)和道德情感成为经常推动个人产生道德行为的内部动力时，它们就成为**道德动机**。道德动机是道德行为的直接动因。

道德情感从表现形式上看，主要包括三种：

①**直觉的道德情感**，即由于对某种具体的道德情境的直接感知而迅速发生的情感体验；

②**想象的道德情感**，即通过对某种道德形象的想象而发生的情感体验。学生阅读名人传记，从中获得许多上进的动力，其中就有对道德形象的想象而产生的激励作用。

③**伦理的道德情感**，即以清楚地意识到道德概念、原理和原则为中介的情感体验。伦理的道德情感具有清晰的意识性和明确的自觉性，具有较大的概括性和较强的伦理性，具有稳定性和深刻性。比如，爱国主义情感和集体主义情感属于伦理的道德情感。

知识再拔高

我国中小学生道德情感的发展

心理学家对我国中小学生道德情感的发展研究结果表明：

(1)我国儿童从小学二年级到初中二年级道德情感的发展呈上升的趋势，但这个上升不是等速的，而是不均衡的，其中小学四年级至六年级的发展速度最快；

(2)道德情感的不同范畴的发展不是同步的，义务感排在第一位，依次为良心、幸福感、荣誉感和爱国主义情感；

(3)城市和乡村的中小学生道德情感发展趋势是一致的，但城市学生的发展水平在各个范畴中均高于乡村学生；

(4)不同性别的中小学生道德情感发展趋势是一致的，但除爱国主义情感外，其他各范畴的道德情感均显示出女生高于男生的趋势；

(5)道德情感的发展在不同的方面相互影响、相互制约，有时甚至是相互矛盾的。例如，在一个人身上既有肯定的、高水平的道德情感，同时也有着否定的、低水平的道德情感。

(3)道德意志

道德意志是个体自觉地调节道德行为，克服困难，以实现预定道德目标的心理过程。道德意志实际上是道德观念的能动作用，是个体通过自己理智的权衡作用去解决道德生活中内心矛盾与支配行为的力量，这种力量表现为能够排除内部障碍和外部困难，坚决执行道德动机引起的行为决定。

(4)道德行为

道德行为是道德形成的最终环节，是指个体在一定的道德意识支配下表现出来的对他人和社会的有道德意义的活动。它是个体道德认知的外在表现，是实现道德动机的手段。道德行为是衡量道德品质的重要标志，也是判定一个人品德好坏、优劣、高低的根本标准。道德行为包括道德行为技能和道德行为习惯，它们与一般的技能和习惯并无区别，只是在用来完成一定的道德任务时，便具有了道德的性质。持续不断的、稳定的道德行为才是一个人的道德品质。

真题面对面

1. [2021 商丘永城，单，0.95 分](　　)是个体自觉地调节道德行为，克服困难，以实现道德目标的心理过程。

A. 道德认识　　B. 道德意志　　C. 道德态度　　D. 道德行为

2. [2022郑州中原,判断,0.5分]不同范畴的道德情感发展是不同步的,其中爱国主义排在第一位。(　　)

答案:1. B　2. ×

二、品德发展的阶段理论【单选、多选、判断、简答】必背 ★★★

考点1　皮亚杰的道德发展阶段理论

瑞士著名心理学家**皮亚杰**早在20世纪30年代就采用“**对偶故事法**”对儿童道德判断的发展进行了系统的研究。

1. 儿童道德认知的发展:从他律到自律

皮亚杰通过大量研究,发现并总结出了儿童道德认知发展的总规律,即儿童道德的发展经历从他律到自律的转化发展过程。他律是指早期儿童的道德判断只注意行为的客观效果,不关心主观动机,是受自身以外的价值标准所支配的道德判断,具有客体性;自律则是指儿童自己的主观价值、主观标准所支配的道德判断,具有主体性。他律水平和自律水平是儿童道德判断的两级水平。儿童只有达到自律的水平,才可能具有真正的道德品质。

在此基础上皮亚杰还提出了儿童道德发展的年龄阶段。他认为,10岁是儿童从他律道德向自律道德转化的分水岭,10岁前儿童对道德行为的思维判断主要依据他人设定的外在标准,也就是他律道德;10岁以后儿童对道德行为的思维判断大多依据自己的内在标准,也就是自律道德。在他看来,一个人道德的成熟,主要表现在尊重准则和社会公正感两方面。

2. 儿童道德认知的发展阶段

皮亚杰把儿童的品德发展划分为以下四个阶段:

(1)自我中心阶段(2~5岁)

自我中心阶段是从儿童能够接受外界的准则开始的。在这一阶段儿童还不能把自己同外在环境区别开来,而把外在环境看作是他自身的延伸。规则对于他来说,还不具有约束力。

(2)权威阶段(他律道德阶段或道德实在论阶段)(6~8岁)

该时期的儿童服从外部规则,接受权威指定的规范,把人们规定的准则看作是固定的、不可变更的,而且只根据行为后果来判断对错。例如,妈妈不在家,一个小孩为了帮助妈妈做事,打碎了一盘玻璃杯;另一个小孩为了偷柜上的糖果吃打碎了一个玻璃杯。让这时期的儿童作判断,他往往认为前者错误更大,因为他打碎了很多的玻璃杯,而不考虑两个小孩的动机。

(3)可逆性阶段(自律或合作道德阶段)(9~10岁)

这一阶段的儿童既不简单地服从权威,也不机械地遵守规则,他们已不把准则看成是不可改变的,而把它看作同伴间共同约定的。该阶段的特征是:儿童一般都形成了这样的概念,如果所有的人都同意的话,规则是可以改变的。儿童已经意识到一种同伴间的社会关系,即应相互尊重。准则对他们来说已具有一种保证他们相互行动、互惠的可逆特征,如某学生出现“你要我遵守,你也要遵守;你让我做好,你也得做好”的想法。同伴间的可逆关系的出现,标志着品德开始由他律进入自律阶段。儿童开始以动机作为道德判断的依据,认为公平的行为都是好的。关于惩罚,认为只有有回报的惩罚才是合理的;能把自己置于别人的位置,判断不再绝对化,看到可能存在的几种观点。

(4)公正阶段(11~12岁)

这一阶段的公正观念是从可逆的道德认知中脱胎而来的。他们开始倾向于主持公正、公平等。公正的奖惩不能是千篇一律的,应根据个人的具体情况进行。也就是说,儿童不再刻板地按固定的规则去判断,在依据规则判断时应该考虑到同伴的一些具体情况，从关心和同情出发去进行判断。

考点2　科尔伯格的品德发展阶段理论

美国心理学家科尔伯格系统地扩展了皮亚杰的理论和方法，经过多年研究，提出了人类道德发展的顺序原则并提出了他的品德发展阶段理论。

科尔伯格

科尔伯格采用“**道德两难故事法**”进行研究，最典型的就是用“**海因茨偷药**”的故事，让儿童对道德两难问题做出判断。研究发现，不同国家和地区，虽然种族、文化各有不同，社会道德标准各异，但道德判断能力的发展却相当一致。因此，他以道德判断的发展代表道德认知的发展，进而代表品德发展的水平。

心理学实验

道德两难故事——海因茨偷药

欧洲有一位妇女患了癌症，生命危在旦夕。医生告诉她的丈夫海因茨，只有本城一个药剂师最近发明的一种药可以救他的妻子。但该药价钱十分昂贵，要卖到成本价的十倍。海因茨四处求人，尽全力也只借到了购药所需钱数的一半。万般无奈之下，海因茨只得请求药剂师便宜一点儿卖给他，或允许他赊账。但药剂师坚决不答应他的请求，并说他发明这种药就是为了赚钱。海因茨在走投无路的情况下，为了挽救妻子的生命，在夜间闯入药店偷了药，治好了妻子的病。但海因茨因此被警察抓了起来。

科尔伯格围绕这个故事提出了一系列问题，让被试参加讨论，如：海因茨该不该偷药？为什么该？为什么不该？海因茨犯了法，从道义上看，这种行为好不好？为什么？

科尔伯格将道德判断分为三个水平，每一水平包含两个阶段，六个阶段依照由低到高的层次发展。

1. 前习俗水平

前习俗水平大约出现在幼儿园及小学中低年级。该时期的特征是：儿童道德观念的特点是纯外在的。他们为了免受惩罚或获得奖励而顺从权威人物规定的行为准则。根据行为的直接后果和自身的利害关系判断好坏是非。前习俗水平包括两个阶段：

(1)服从与惩罚的道德定向阶段

这一阶段儿童的道德价值来自对外力的屈从或对惩罚的逃避。他们衡量是非的标准是由成年人来决定的，对成人或准则采取服从的态度，缺乏是非善恶的观念，服从权威或规则只是为了避免惩罚，认为受赞扬的行为就是好的，受惩罚的行为就是坏的。**他们会认为，海因茨不能去偷药，因为如果被人抓住的话会坐牢的。**

(2)相对功利的道德定向阶段(朴素的利己主义的定向)

这一阶段儿童的道德价值来自对自己要求的满足，偶尔也来自对他人需要的满足。在进行道德评价时，他们开始从不同角度将行为与需要联系起来，但具有较强的自我中心性，认为符合自己需要的行为就是正确的。此阶段的儿童认为，行为的好坏按行为的后果所带来的赏罚来定，得赏者为是，受罚者为非，或是对自己有利就好，对自己不利就是不好，没有主观的是非标准。**他们会认为，海因茨应该去偷药，谁让那个药剂师那么坏，便宜一点就不行吗。**

2. 习俗水平

习俗水平

习俗水平是在小学中年级出现的，一直到青年、成年。这一阶段的特征是：个体着眼于社会的希望和要求，能够从社会成员的角度去思考道德问题；开始意识到人的行为必须符合群体或社

会的准则;能够了解、认识社会行为规范,并遵守、执行这些规范。这一水平包括以下两个阶段:

(1)好孩子的道德定向阶段(寻求认可取向阶段、社会习俗的定向、人际协调定向)

这一阶段个体的道德价值是以人际关系的和谐为导向,顺从传统的要求,符合大众的意见,谋求大家的称赞。在进行道德评价时,总是考虑到社会对一个"好孩子"的期望和要求,并总是按照这种要求去展开思维。他们会认为,海因茨应该去偷药,因为做一个好丈夫就应该照顾好自己的妻子。如果他不这样做,结果妻子死了,别人都会骂他见死不救,没有良心。

(2)维护权威或秩序的道德定向阶段(遵守法规取向阶段、秩序和法规定向)

这一阶段个体的道德价值是以服从权威为导向,包括服从社会规范,遵守公共秩序,尊重法律的权威,以法制观念判断是非、知法守法。儿童会认为,海因茨不应该去偷药,因为如果人人都违法去偷东西的话,社会就会变得很混乱。

3.后习俗水平

该时期的特点是:个体不只是自觉遵守某些行为规则,还认识到法律的人为性,并在考虑全人类的正义和个人尊严的基础上形成某些超越法律的普遍原则。这一水平包括以下两个阶段:

(1)社会契约的道德定向阶段(社会法制取向阶段、社会契约取向阶段)

这一阶段仍以法制观念为导向,有强烈的责任心和义务感,但不再把社会规则和法律看成是死板的、一成不变的条文,而认识到了它们的人为性和灵活性,他们尊重法制但不拘泥于法律条文,认为法律是人制定的,不合时宜的条文可以修改。也就是说,他们认识到法律或习俗的道德规范仅仅是一种社会契约,它由大家商定,可以改变,而不是固定僵死的。他们会认为,海因茨应该去偷药,因为一个人生命的价值远远大于药剂师对个人财产的所有权。

(2)普遍原则的道德定向阶段(原则或良心定向阶段、普遍伦理取向阶段)

这一阶段以价值观念为导向,有自己的人生哲学,对是非善恶的判断有独立的价值标准,思想超越了现实道德规范的约束,行为完全自律。由于认识到了社会秩序的重要性与维持这种共同秩序所带来的弊病,看到了社会准则与法律的界限性,所以在进行道德评价时,能超越以前的社会契约所规定的责任,而且是以正义、公平、平等、尊严等这些最高的原则为标准进行思考,以普遍的标准来判断人们的行为。他们认为,海因茨应该去偷药,因为和种种可考虑的事情相比,没有什么比人类的生命更有价值。

鉴于科尔伯格的品德发展阶段理论体系庞大、内容较多,现将其内容总结为以下表格帮助考生理解与记忆:

水平	阶段	特点
前习俗水平	服从与惩罚的道德定向	道德价值来自对外力的屈从或对惩罚的逃避
	相对功利的道德定向	道德价值来自对自己要求的满足,偶尔也来自对他人需要的满足
习俗水平	好孩子的道德定向	以人际关系的和谐为导向;"好孩子"
	维护权威或秩序的道德定向	以服从权威为导向;"好公民"
后习俗水平	社会契约的道德定向	不再把社会规则和法律看成是死板的、一成不变的条文
	普遍原则的道德定向	以正义、公平、平等、尊严等这些最高的原则为标准进行思考

真题面对面

1. [2023事业单位,单,0.8分]妈妈问小岳:"小罗为了保护好朋友小刘,打了小陈一拳,小罗做得对不对?"小岳的回答是:"对,好朋友之间就应该相互帮助,如果好朋友被欺负而置之不理,别人都会骂他没有良心。"根据科尔伯格道德认知发展理论,小岳的道德认知发展处于( )

A. 前习俗水平　　B. 后习俗水平

C. 习俗水平　　D. 以上均不正确

2. [2021郑州高新,单,0.8分]儿童认为好的行为就是受家长和老师赞许的行为,根据科尔伯格的理论,其道德发展处于( )

A. 寻求认可取向阶段　　B. 惩罚与服从取向阶段

C. 普遍伦理取向阶段　　D. 维护权威或秩序取向阶段

3. [2021平顶山湛河,判断,0.6分]处于前习俗水平的儿童,其道德观念的特点是纯外在的。( )

答案:1. C　2. A　3. √

三、学生品德的发展【单选、判断】★

考点1　小学生品德的发展

小学阶段是品德发展的奠基阶段,是良好行为习惯养成的最佳时期。小学生品德的发展具有明显的形象性、过渡性和协调性。

1. 良好行为习惯(自觉纪律)的养成在小学生品德的发展中占据显著地位

在小学生品德的发展中,形成良好的行为习惯,既是小学德育的重要目标,也是小学德育最有效的手段和方法,小学阶段是良好行为习惯养成的关键期。

2. 小学生品德发展的形象性

小学生的品德尽管在原则性、抽象概括性上有了一定程度的发展,但在很大程度上带有生活经验的特点,容易受到行为情境的制约,离不开直观的感性形象的支持,带有明显的形象性,处于由具体形象性到抽象逻辑性发展的过程中。

3. 小学生品德发展的过渡性

小学生品德发展的过渡性主要体现在:由简单、低级向复杂、高级过渡,由具体形象向抽象概括过渡,由生活适应性水平向伦理性水平过渡,由依附性向独立性过渡,由他律向自律过渡,由服从向习惯过渡。过渡性是小学生品德发展的基本特征之一,它表现在品德心理各要素的发展中。

小学阶段的品德过渡性特点是品德发展过程中的质变的具体表现,在这个过程中,存在着一个转折期,即儿童品德发展的"关键年龄"。研究结果认为这个关键期大致在小学三年级下学期前后,但是由于教育工作上的差异,前后有一定的出入。

4. 小学生品德发展的协调性

小学生品德发展的协调性表现为密切相关的两个方面:

(1)品德心理各种成分之间的协调。(2)主观愿望与外部要求、约束的协调。

考点2　中学生品德的发展

1. 逐渐从他律变成自律,伦理道德发展具有自律性,言行一致

(1)能独立、自觉地按道德准则来调节自身行为。

(2)道德信念、理想在道德动机中占据相当地位。中学时期是道德信念、理想形成，并用于指导自我行为的时期。道德信念的确定大约在15岁之后。中学阶段是道德信念形成的重要时期。

(3)道德情感发展，理性的道德情感占据主导地位，道德情感的社会性水平随着年龄的增长而日益提高。

(4)品德心理中自我意识明显化。

(5)中学生主导性道德动机明确，道德意志力有显著增长。

(6)道德行为习惯逐步巩固。

(7)品德发展与世界观形成的一致性。

(8)品德结构的组织形式完善化。

2. 品德发展由起伏向成熟过渡

(1)初中阶段品德发展具有波动性。这一时期既是人生观开始形成的时期，又是容易发生品德两极分化的时期。品德不良、违法犯罪多发生在这个时期。根据研究，初中二年级是品德发展的关键期。

(2)高中阶段品德发展趋向成熟。高中阶段或青年初期的品德发展进入以自律为主要形式、应用道德信念来调节道德行为的成熟时期，表现在能自觉地运用一定的道德观点、信念来调节行为，并初步形成人生观和世界观。

四、态度与品德学习的一般过程与条件 【单选、多选、不定项、判断、论述】 ★★

考点1 态度与品德的形成过程

态度与品德的形成是一个从外到内的转化过程，是社会规范的接受和内化过程，大致经历以下三个阶段：

1. 社会规范的依从

依从，即表面上接受规范，按照规范的要求来行动，但对规范的必要性或根据缺乏认识，甚至有抵触情绪。依从阶段是规范内化的初级阶段，是态度与品德建立的开端，包括从众和服从两种。依从阶段的行为具有盲目性、被动性、不稳定性，会随情境的变化而变化。

2. 社会规范的认同

认同是在思想、情感、态度和行为上主动接受他人的影响，把别人或某个群体的态度作为自己的态度，使自己的态度和行为与他人相接近。

3. 内化(社会规范的信奉)

内化，即在思想观点上与社会规范及其价值保持一致，将自己所认同的思想和自己原有的观点、信念融为一体，构成一个完整的价值体系。由于在内化过程中解决了各种价值的矛盾和冲突，当个体按自己内化了的价值行动时，会感到愉快和满意；而当出现与自己的价值标准相反的行动时，会感到内疚和不安。在内化阶段，个体的行为具有高度的自觉性和主动性，并具有坚定性，表现为“富贵不能淫，贫贱不能移，威武不能屈”。此时，稳定的态度和品德就形成了。

考生易混淆态度与品德形成的三个阶段，区分时应注意：依从阶段强调表面遵守，即阳奉阴违；认同阶段强调与他人保持一致；内化阶段强调价值体系已完善。

真题面对面

[2023周口市直，判断，0.5分]品德的形成过程依次经历了依从、内化和认同三个阶段。(　　)

答案：×

考点2 影响态度与品德学习的一般条件

1. 外部条件

(1)家庭教养方式。研究表明,学生的态度与品德特征和家庭的教养方式有密切关系。若家庭教养方式是民主、信任、容忍,则有助于儿童优良的态度与品德的形成与发展。若家长对待子女过分严格或放任,则孩子更容易产生不良的、敌对的行为。

(2)社会风气。社会风气由社会舆论、大众媒介传播的信息、各种榜样的作用等构成。社会上的良好与不良的风气都有可能影响其道德信念与道德价值观的形成,这也使得德育工作难度加大。

(3)同伴群体。学生的态度与道德行为在很大程度上受到他们所归属的同伴群体的行为准则和风气的影响。

2. 内部条件

(1)认知失调。勒温、皮亚杰、费斯廷格和海德等人的研究都表明,人类具有一种维持平衡和一致性的需要,即力求维持自己的观点、信念的一致,以保持心理平衡。当认知不平衡或不协调时,如新出现的事物与自己原有的经验不一致,或者自己的观点与他人的、社会的观点或风气不一致等,这时内心就会有不愉快或紧张的感受,个体就试图通过改变自己的观点或信念,以达到新的平衡。可以说,认知失调是态度改变的先决条件。

(2)态度定势。个体由于过去的经验,对所面临的人或事可能会具有某种肯定或否定、趋向或回避、喜好或厌恶等内心倾向性,这种事先的心理准备或态度定势常常支配着人对事物的预料与评价,进而影响着是否接受有关的信息和接受的量。假如学生对教师有消极的态度定势,则教师的教诲与要求可能会成为耳旁风,甚至引发冲突。帮助学生形成对教师、对集体的积极的态度定势或心理准备是使学生接受道德教育的前提。

(3)道德认知。态度与品德的形成与改变取决于个体头脑中已有的道德准则和规范的理解水平和掌握程度,取决于已有的道德判断水平。

此外,个体的智力水平、受教育程度、年龄等因素也对态度与品德的形成与改变有不同程度的影响。

记忆有妙招

为方便考生记忆,我们将影响态度与品德学习的一般条件总结成口诀供考生参考:**外家社群,内认定德。家**:家庭教养方式。**社**:社会风气。**群**:同伴群体。**认**:认知失调。**定**:态度定势。**德**:道德认知。

真题面对面

[2022郑州市直,多,1.2分]影响态度与品德形成的外部条件有(　　)

A. 态度定势　　B. 同伴群体

C. 社会风气　　D. 认知失调

E. 教养方式

答案:BCE

五、态度与品德的培养方式【单选、多选、简答】★★

1. 有效的说服

有效的说服是提高道德认知的途径。用言语说服学生需要一些技巧,主要有以下几种:

(1)有效地利用正反论据

对于理解能力有限的低年级学生，教师最好只提供正面论据，以免学生产生困惑、无所适从。对于理解能力较强的高年级学生，教师可以考虑提供正反两方面的论据，使学生产生客观、公正的感觉，从而相信教师所言，改变态度。

当学生没有相反的观点时，教师应只呈现正面观点，不宜提出反面观点，以免转移学生的注意，误导学生怀疑正面观点。当学生原本就有反面观点时，教师应主动呈现两方面观点，以增强学生对错误观点的免疫力。

当说服的任务是解决当务之急的问题时，应只提出正面观点，以免延误时间。当说服的任务是培养学生长期稳定的态度时，应提出正反两方面的材料。

(2)发挥情感的作用，不仅要以理服人更要以情动人

一般而言，说服开始时，富于情感色彩的说服内容容易引起学生的兴趣，然后再用充分的材料进行说理论证，比较容易产生稳定的、长期的说服效果。

(3)考虑原有态度的特点

若原有的态度与教师所希望达到的态度之间的差距较大，教师不要急于求成，不要提出过高的不切实际的要求，否则，将难以改变态度，而且还容易令学生产生对立情绪。教师应该以学生原有的态度为基础，逐步提高要求。

2. 树立良好的榜样

这是加强道德行为的途径。根据班杜拉的社会学习理论，榜样在观察学习过程中起着非常重要的作用，榜样的特点、示范的形式及榜样所示范的行为的性质和后果都会影响到观察学习的效果。

3. 利用群体约定

教师可以利用集体讨论后做出的集体约定，来改变学生的态度。

4. 价值辨析

价值辨析是指引导个体利用理性思维和情绪体验来检查自己的行为模式，努力去发现自身的价值观并指导自己的道德行为。价值辨析法的主要任务不是认同和传授“正确的”价值观，而是在于帮助学生辨析其自身的价值观，避免价值混乱，从而促进学生的价值选择。人的价值观刚开始不能被个体清醒地意识到，必须经过一步步的辨别和分析，才能形成清晰的价值观念并指导自己的道德行动。

5. 给予适当的奖励和惩罚

奖励和惩罚作为外部调控手段，不仅影响着认知、技能和策略的学习，而且对个体道德的形成也起到一定的作用。

(1)给予适当的奖励

奖励有物质的，也有精神的；有内部的，也有外部的。给予奖励时，应注意：

①要选择确定可以得到奖励的道德行为。一般来讲，应奖励诸如爱护公物、拾金不昧、尊老爱幼等一些具体的道德行为，而不是奖励一些概括性的行为。

②应选择恰当的奖励物。同一奖励物，其效用可能因人而异，应考虑个体的实际情况，选用最有效的奖励物。

③应强调内部奖励。外部的物质奖励只是权宜之计，不可过多使用，应引导学生进行自我强化，让学生亲身体验做出道德行为后的愉快感、自豪感、欣慰感，以此转化为产生道德行为的持久的内部动力。

(2)给予适当的惩罚

虽然对惩罚的教育效果有不同的看法，但从抑制不良行为的角度来看，惩罚还是有必要的，也是有助于

良好的道德形成的。

当不良行为出现时，可以用以下两种惩罚方式：①给予某种厌恶刺激，如批评、处分、舆论谴责等；②取消个体喜爱的刺激或剥夺某种特权等，如不许参加某种娱乐性活动。

在惩罚时应严格避免体罚或变相体罚，否则将损害学生的自尊，或导致更严重的不良行为，如攻击性行为。惩罚不是最终目的，给予惩罚时，教师应让学生认识到惩罚与错误行为的关系，使学生从心理上能接受，心服口服。同时，还要给学生指明改正的方向，或提供正确的、可替代的行为。

除上述所介绍的各种方法外，角色扮演、小组道德讨论等方法对于态度与品德的形成和改变都是非常有效的。

记忆有妙招

为方便考生记忆，我们将态度与品德的培养方式总结成口诀供考生参考：**嫁给有理数**。**嫁**：价值辨析。**给**：给予适当的奖励和惩罚。**有**：有效的说服。**理**：利用群体约定。**数**：树立良好的榜样。

六、学生不良行为的矫正 【单选、多选、案例分析】★★

考点1 过错行为与不良品德行为的概念

学生的不良行为可分为过错行为与不良品德行为两种。

学生的**过错行为**是指那些不符合道德要求的问题行为，如调皮捣蛋、恶作剧、起哄、无理取闹、作业和考试作弊等。

学生的**不良品德行为**则是指那些由错误道德意识支配的，经常违反道德准则，损害他人或集体利益的问题行为。

考点2 学生产生不良行为的原因

1. 客观方面

学生不良行为产生的原因来自家庭、学校和社会环境三个方面：(1)家庭教育失误；(2)学校教育不当；(3)社会文化的不良影响。

2. 主观方面

学生的不良行为主要受这些因素的影响：(1)不健康的个人需要；(2)缺乏正确的道德观念和道德信念；(3)消极的情绪体验；(4)道德意志薄弱；(5)受不良行为习惯的支配；(6)性格上的缺陷等。

考点3 学生不良行为矫正的基本过程

学生不良行为的矫正是一项复杂的工作，其效果取决于教育时机的选择和对众多教育因素的控制。分析和理解其矫正的心理过程，有利于选择矫正措施，提高矫正的效果。

一般认为，学生不良行为的矫正要经历**醒悟**、**转变**和**自新**三个阶段。

(1)醒悟阶段是指当事者开始认识到自己的错误，从而产生改过自新的意向。这种意向可能在两种情况下发生：一是教育工作者的真诚关怀和教育；二是当事者开始认识到坚持错误的危害性。

(2)转变阶段是指有了改变自新的意向之后，在行为上发生一定的转变。发生转变是一种可喜的变化，但这仅仅是开始，要想改过自新还需要走一段相当长的路程。有时候还可能产生反复，即重犯以前的过错。反复的情况也有两种：一种是前行中的暂时后退，另一种是教育失败出现的大倒退。

(3)自新阶段是指经过较长的转变时期后，不再出现反复，而进入到一个新的时期。

真题面对面

[2022濮阳市直,单,0.81分]学生不断在矛盾中斗争,有时还会重犯以前的过错,则该学生最有可能处于不良行为的转化与矫正过程中的哪一阶段(　　)

A. 醒悟　　B. 转变　　C. 自新　　D. 顿悟

答案:B

考点大默写

1. 态度的结构包括__________成分、__________成分、__________成分。
2. 品德的心理结构中,品德的核心是__________;个体自觉地调节道德行为,克服困难,以实现预定道德目标的心理过程是__________;__________是衡量道德品质的重要标志。
3. 皮亚杰总结出了儿童道德认知发展的总规律,即儿童道德的发展经历从__________到__________的转化发展过程。其中__________岁是转化的分水岭。
4. 根据皮亚杰的道德发展阶段理论,处于__________阶段的儿童既不简单地服从权威,也不机械地遵守规则,他们已不把准则看成是不可改变的,而把它看作同伴间共同约定的。
5. 科尔伯格将道德判断分为__________、__________和__________三个水平,每一水平包含两个阶段,六个阶段依照__________的层次发展。
6. 根据科尔伯格的道德发展阶段理论,处于__________的道德定向阶段的儿童,衡量是非的标准是由成年人来决定的,对成人或准则采取服从的态度。
7. 根据科尔伯格的道德发展阶段理论,处于__________的道德定向阶段的个体的道德价值是以人际关系的和谐为导向,顺从传统的要求,符合大众的意见,谋求大家的称赞。
8. 根据科尔伯格的道德发展阶段理论,一个服从社会规范、以法制观念判断是非、知法守法的个体的道德发展水平最有可能处于________________的道德定向阶段。
9. 态度与品德的形成过程中,表面上接受规范属于社会规范的__________;使自己的态度和行为与他人相接近属于社会规范的__________;__________指将自己所认同的思想和自己原有的观点、信念融为一体,构成一个完整的价值体系。
10. 影响态度与品德学习的内部条件包括__________、__________、__________。
11. 学生不良行为的矫正要经历__________、__________和__________三个阶段。

【参考答案】

1. 认知;情感;行为　2. 道德认知;道德意志;道德行为　3. 他律;自律;10　4. 可逆性(自律或合作道德)　5. 前习俗;习俗;后习俗;由低到高　6. 服从与惩罚　7. 好孩子　8. 维护权威或秩序　9. 依从;认同;内化　10. 认知失调;态度定势;道德认知　11. 醒悟;转变;自新

边缘考点

考点　逃学与离家出走

逃学与离家出走是一种因为儿童拒绝学校或家庭而造成的社会行为问题。

许多原因都可能造成儿童逃学或离家出走。从客观上来说,最明显的原因包括以下几方面:

(1)教师或父母对儿童的过失给予过分严厉的惩罚。如羞辱、责骂甚至体罚，造成儿童在自尊或情感上的挫伤而出走。

(2)同学或一些社会组织团伙中用极具有诱惑力和易使人成瘾的活动吸引儿童，如玩游戏机、赌博等。儿童会因为逐渐沉溺于这类活动而造成出走的局面。

(3)出走还和儿童个性心理有关。过于娇惯任性、敏感、易激怒且责任心差的儿童习惯于放任自流的生活方式，往往容易逃学或离家出走。某些在学校中始终受到老师重视的学生，缺少经历生活挫折的心理准备，也会因为偶然的失落而产生出走行为。

防止和对待儿童逃学或离家出走的措施有：

(1)父母不要过分娇宠是预防出走的重要前提。当然，同时也要注意不可走向另一极端，采用体罚、辱骂的方式对待孩子。

(2)成人要学会尊重和爱护儿童，但不姑息儿童的错误。

(3)教师对于好学生不可一味抬举，对于差生也不能总是贬斥，而是要论事不论人，公平地对待每个学生，使好学生不至于承受不了挫折，差学生也不至于消极逃避。

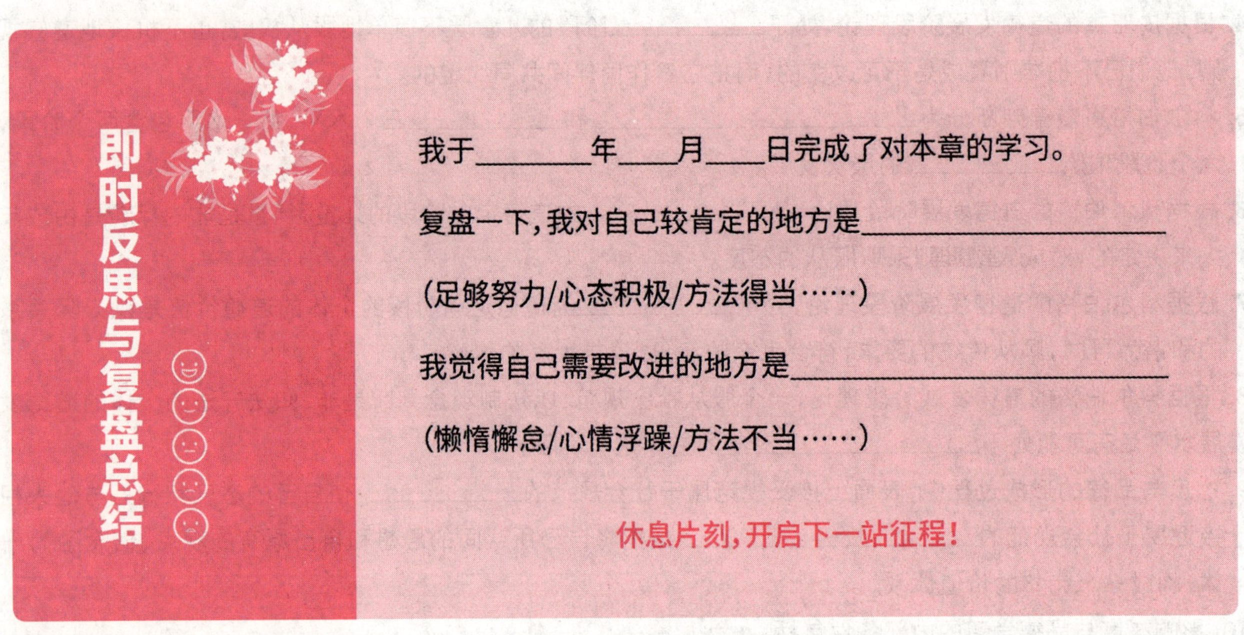

第五章 教学心理

思维导图

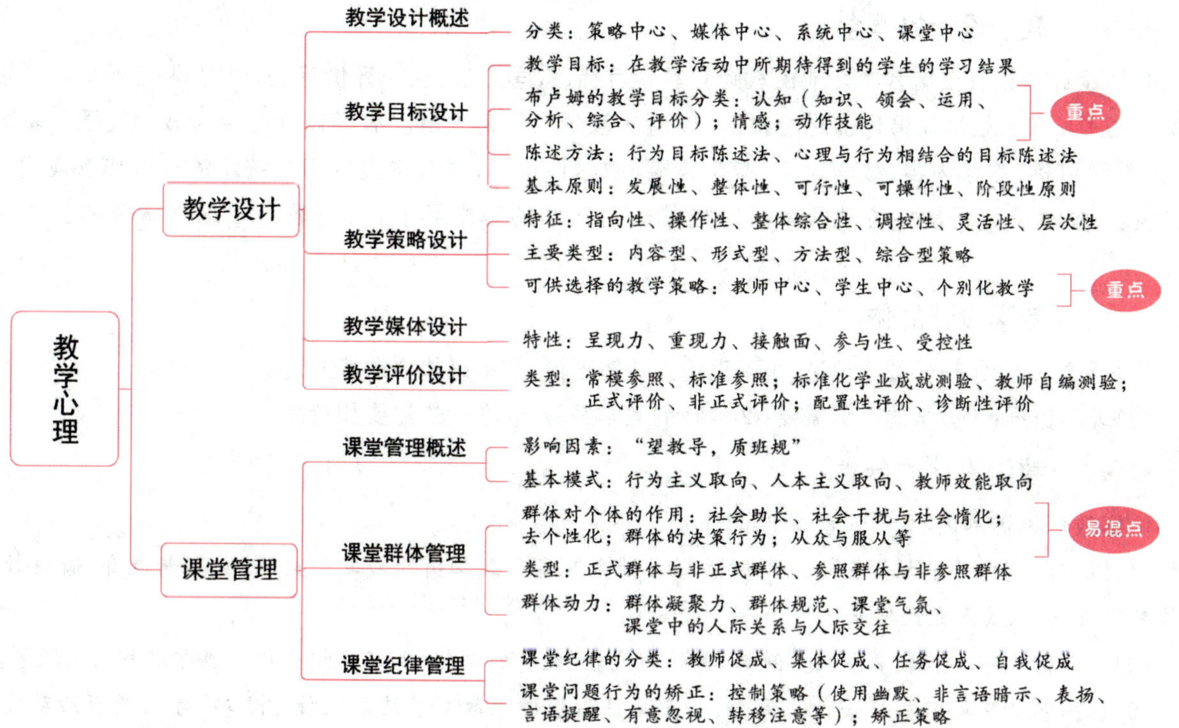

河南考向

本章属于教育心理学部分的基础章节，内容较为广泛且知识点琐碎，需要识记的知识较多，现对本章河南考向分析如下：

考点类型	考点名称	常考题型	能力层级	考查热度
高频考点	教学目标的分类	单选、多选、判断	理解	★★★
	可供选择的教学策略	单选、多选、简答	识记	★★
	教学评价的类型	单选、多选	理解	★★
	影响课堂管理的因素	单选、多选	识记	★★
	群体的概念及对个体的作用	单选、不定项、判断	识记	★★
	课堂气氛	单选、多选、判断、案例分析	运用	★★
	课堂问题行为及其应对	单选、不定项、判断、案例分析	运用	★★
新增考点	教学媒体的特性	单选	识记	★★
	课堂管理的基本模式	单选	理解	★★
	参照群体与非参照群体	单选	理解	★★
	维持团体的注意焦点	单选	识记	★★

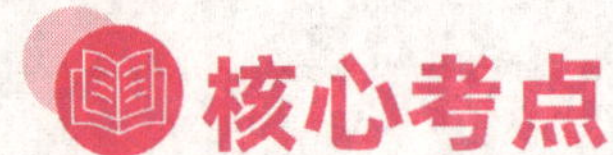

核心考点

第一节　教学设计

一、教学设计概述 【单选、多选、判断】 ★

考点1　教学设计的概念

教学设计是指在实施教学之前由教师对教学目标、教学方法、教学评价等进行规划和组织并形成设计方案的过程，它以教学效果最优化为目的，以解决教学问题为宗旨。教学设计综合了教学过程的基本要素，如教学目标、教学内容、教学对象、教学策略、教学评价等，对教学过程用系统论的观点加以模式化和程序化。教学设计既是每位教师都要完成的一项教学的基本环节，又是教育心理学研究的基本内容之一。

考点2　教学设计的依据

(1)理论依据：①现代教学理论、学习理论与传播理论；②系统的原理和方法。

(2)现实依据：①教学的实际需要；②教师的教学经验；③学生的需要和特点。

考点3　教学设计的分类

依据教学设计的内容，可将教学设计分为：

(1)以策略为中心的教学设计。这类教学设计主要指向教学策略或学习策略，如创新教育、愉快教育、合作教育、和谐教育等教改实验。

(2)以媒体为中心的教学设计。例如，课件的设计、教具的制作、多媒体组合优化教学过程的实验等。

(3)以系统为中心的教学设计。例如，一个地区心理健康教育系统的设计、中心小学的教研活动计划、一所新型学校或一门新专业的课程设置等。

(4)以课堂为中心的教学设计。例如，课时教学计划、单元教学计划等，大体相当于微观教学设计。

二、教学目标设计

考点1　教学目标的概念及作用

1. 教学目标的概念

教学目标是指在教学活动中所期待得到的学生的学习结果。教学活动以教学目标为导向，且始终围绕实现教学目标而进行。教学目标是整个教学设计中最重要的部分。它是对教学活动提出的具体要求，不仅规范着教师教的活动，而且规范着学生学的活动。教学目标具有导向、激励、评价和聚合功能。

2. 教学目标的作用

(1)教学目标规定着教学活动的方向、进程和预期结果，是选择教学方法的依据；(2)教学目标是评价教学效果的基本依据；(3)教学目标是学习者自我激励、自我评估、自我调控的重要手段，具有指引学生学习的作用。

考点2　教学目标的分类 【单选、多选、判断】 必背 ★★★

1. 布卢姆的教学目标分类

美国教育心理学家布卢姆将教学目标分为认知、情感和动作技能三个领域，每一领域的目标又从低级到高级分成若干层次。

认知领域的教学目标分为知识、领会(理解)、运用(应用)、分析、综合、评价六级。

情感领域的教学目标分为接受、反应、形成价值观念、组织价值观念系统、价值体系个性化五级。

动作技能目标包括知觉、模仿、操作、准确、连贯、习惯化六个层次。

表 3-18 认知领域的教学目标分类

水平	含义	举例
知识	记住所学的材料,包括对具体事实、方法、过程、概念和原理的回忆;可使用的描述动词:定义、叙述、背诵、排列、匹配等	(1)准确地背诵《念奴娇·赤壁怀古》; (2)匹配解放战争三大战役的名称和发起时间
领会(理解)	领悟所学材料的意义,但并不一定将其与其他事物相联系,代表最低水平的理解;可使用的描述动词:解释、辨别、概括等	(1)通过阅读,辨别现实主义与自然主义各自的特征; (2)概括出《老人与海》的故事情节
运用(应用)	将所学概念、规则、方法、规律和理论应用于新情境中的能力,代表较高水平的理解;可使用的描述动词:计算、操作、演示等	(1)演示能量守恒定律在生活中的应用; (2)让学生模拟到商店买东西,由此观察他们能否准确计算
分析	将整体材料分解成其构成成分并理解其组织结构,包括对要素的分析、关系的分析和组织原理的分析,代表了比运用更高的智能水平;可使用的描述动词:分解、说明、推理等	(1)让学生区分一篇报道中的事实和观点; (2)让学生将《荷塘月色》的结构分解出来; (3)划分文章段落大意及找出中心思想
综合	将所学的零碎知识整合为知识体系,强调的是创造能力,需要产生新的模式或结构;可使用的描述动词:创造、编写、设计等	(1)给定一些事实材料,学生能写出一篇报道; (2)让学生设计出科学实验的程序
评价	对材料(论点的陈述、小说、诗歌、研究报告等)做价值判断的能力,包括按材料内在的标准(如组织)或外在的标准(如材料对目标的适当性)进行判断;可使用的描述动词:评价、对比、证实等	(1)给学生两篇有关某一事件的报道,学生能评定哪一篇较为真实可信; (2)评价孔乙己的价值观

真题面对面

[2022 安阳文峰(高新),单,0.9 分]学生通过阅读不同的诗歌,能够认识诗歌中现实主义和浪漫主义的特点,根据布卢姆对认知领域目标的划分这属于(　　)

A. 认知水平　　B. 领会水平　　C. 综合水平　　D. 评价水平

答案:B

2. 加涅的分类

加涅将学生的学习结果或教学目标分为五类:言语信息、智慧技能、认知策略、动作技能和态度。加涅的教学目标分类被公认为具有处方性,因为这种分类不只是条目的说明,还进一步告诉教师怎样设置情境去达成预定的教学目标。加涅还特别强调了与实现学生的学习结果密切相关的学习的内在条件。

考点3 教学目标的陈述

教学目标设计的前提是教学目标的明确化。教学目标的明确化是陈述教学目标的基本要求，需要做到：(1)教学目标要用可观察的行为来表述，使教学目标具有可操作性；(2)教学目标的表述要反映学生行为的变化，陈述学生的学习结果。依据这两点，下面具体介绍教学目标的陈述方法。

1.行为目标陈述法

行为目标也称操作目标，是指用可观察和可测量的学生行为来陈述的目标。美国心理学家马杰提出教学目标应具备三个要素：可观察的行为、行为发生的条件和可接受的行为标准。后有学者在马杰三要素的基础上增加了一个要素，他们将教学目标的要素简称为ABCD模式，即行为主体、行为动词、情境或条件、表现水平或标准。

2.心理与行为相结合的目标陈述法

根据认知学习理论，教学活动中学生学习的实质是内在的心理变化。但内在的心理变化无法直接观察到。因此，有人提出了内部心理与外部行为相结合的目标陈述方法。行为目标强调行为结果而未注意内在的心理过程。为了弥补行为目标的不足，可用心理与行为相结合的方式来陈述教学目标，即先陈述内部心理过程的目标，然后列出表明这种内部心理变化的可观察的行为样例，使目标具体化。

考点4 教学目标设计的基本要求

1.一般目标和具体目标相结合

教学目标系统中的各项一般目标和具体目标应当呈现出互相联系、互相支持、互为因果的关系。没有具体目标，一般目标便失去了依托，从而成为空中楼阁；没有一般目标，具体目标就缺乏统一的指导，从而变成一盘散沙。

2.集体目标和个人目标相结合

集体目标是对特定学生集体(如班级)的共同要求，是全体学生都应当达到的最基本的目标。个人目标则是在集体目标的基础上，根据学生本人的原有基础、志趣、能力倾向和发展方向确定的适合学生个人特点的目标。无论个人目标偏重什么，都必须全面达到最基本的集体目标，否则就等于没有完成普通基础教育的任务。这也就是说集体目标和个人目标是统一的，不应该人为地加以割裂。

3.难度适中

无论是一般目标还是具体目标，集体目标还是个人目标，都要难度适中。既要使学生“跳一跳，摘桃子”，又要使他们“跳一跳”就能摘到“桃子”。

4.便于检测

教学目标必须是可检测的。如果教师提出的目标是含糊、笼统的，那就难以检测；如果教师提出的目标是明确的、具体的，那就便于检测。

考点5 教学目标设计的基本原则 【单选】★

1.发展性原则

发展性原则是指教学目标设计的最主要目的就是要促进学生的发展，并且要使教师在促进学生发展的同时也获得一定程度的成长。因此，教学目标的设计既要基于学生的实际，同时又要超越学生的现有水平，使教学目标指向学生更高层次的水平，这样，教学目标才具有引导作用。

2.整体性原则

整体性原则是指教学目标的制定不能够与教育总目标相悖，因此，在设计教学目标的时候要有整体的、全局的观念，使教学目标与教育总目标相符合。另外，整体性原则还指教学目标设计的具体内容要浑然一体，既要有知识与技能方面的，还要有过程与方法层面的，以及情感、态度和价值观层面的，并且三者要保持和谐一致。

3. 可行性原则

可行性原则是指教学目标的设计要考虑到其实现的各种可能性，要考虑制约教学目标实现的各种条件，这样才能保证教学目标的顺利实现。因此，教学目标的设计要适当，符合学生的现有发展水平，考虑到学生个体间的差异，从而保证普适性目标全体学生都能达到，发展性目标优生能“吃饱”。

4. 可操作性原则

可操作性原则是指教学目标对知识与技能的陈述不宜用含糊不清、缺乏质和量规定的“了解”“理解”“掌握”等词，必须用可观察和测量的行为动词来描述学生形成的具体行为，要符合学生的认知水平，陈述词要具体、细腻，这样才能保证教学目标具有一定的可操作性，从而发挥其强大的激励、指导与聚合的功能。

5. 阶段性原则

阶段性原则是指不同阶段的教学目标设计的侧重点是不同的，因此，教学目标的设计应该遵循阶段性原则，突出每个阶段的特点，并且使这些阶段具有一定的连贯性，从而保证教学目标的浑然一体。例如，小学低年级学段着重培养学生养成良好的学习习惯，激发学生对学习的兴趣，为进一步学习打好基础；中高年级学段则更侧重于培养学生的思维能力，发展学生思维的广阔性与创造性，使学生具有正确的学习态度，培养学生发现问题、解决问题的能力等。

三、教学策略设计

除了教学目标的制定，教学设计中最为重要的一个环节就是教学策略的选择，教师的教学设计通过这环节得以实现。这是一个真正把教师的教育教学理念落到实处的关键性环节。

考点1 教学策略的概念 【判断】★

教学策略指教师采取的有效达到教学目标的一切活动计划，包括教学事项的顺序安排、教学方法的选用、教学媒体的选择、教学环境的设置以及师生相互作用设计等。在教学中，由于教学目标、课题特点以及所持学习理论取向不同，教师将会以不同方式来组织教学的程序结构，并采取相应的教学方法、媒体以及环境来实现这一程序。

考点2 教学策略的特征 【单选、多选、不定项】★

1. 指向性

教学策略的产生是为了解决现实的教学问题，掌握特定的教学内容，达到预定的教学目标，收到预期的教学效果。任何教学策略都指向特定的问题情境、特定的教学内容、特定的教学目标，规定着师生的教学行为。

2. 操作性

任何教学策略都是针对教学目标的每个具体要求而制定的，具有与之相对应的方法、技术和实施程序，它要转化为教师与学生的具体行动。这就要求教学策略必须是可操作的。

3. 整体综合性

教学策略包括教学活动的元认知过程、教学活动的调控过程和教学方法的执行过程。这三个过程并不是彼此分割的，而是相互关联的一个整体，彼此之间相互作用，每一个过程依据其他两个过程而做出相应的规定和变化。

4. 调控性

由于教学活动元认知过程的参与，教学策略具有调控的特性。元认知实质上是人对自身认知活动的自觉意识和自觉调节。它表现为主体能够根据活动的要求，选择适当的解决问题的方法，监控认知活动的进程，不断取得和分析反馈信息，及时调控自己的认知过程，维持和修正解决问题的方法和手段。

5. 灵活性

教学策略不是“万金油”式的“教学处方”，不存在一个能包揽一切的大而全的教学策略。同一策略可以解决不同的问题，不同的策略也可以解决相同的问题。这就说明了教学策略具有灵活性。

6. 层次性

教学具有不同的层次，不同的教学层次就有不同的达到教学目的的手段和方法，也就有不同的教学策略。不同层次的教学策略具有不同的适用条件和范围，具有不同的功能，不能相互代替。

考点3 教学策略的主要类型

1. 内容型策略

在教学过程中如何有效地提供学习内容是教学策略的核心内容。具体来说，内容型策略有强调知识结构和追求知识发生过程两个类别，也就是说有两条途径：结构化策略和问题化策略。结构化策略强调知识结构，主张抓住知识的主干部分，削枝强干，构建简明的知识体系。而问题化策略强调未来的学习应着重于考虑、发掘问题，及时培养问题求解能力。近年来，美国、英国、日本有不少人提出了“以问题解决作为学校教育的中心”这一观点。

2. 形式型策略

形式型策略就是以教学组织形式为中心的策略。美国教学设计专家肯普提出了下列三种形式：集体教学的形式、个别学习的形式和小组教学的形式。英国教育技术学家波西瓦尔则提出两种基本策略：以教师/学校为中心的策略和以学生为中心的策略。

3. 方法型策略

方法型策略是以教学方法和技术为中心的策略，这是一个包含着各种各样的方法、技术、程序和模式的领域。

4. 综合型策略

综合型策略与上述三种策略不同，它不是以教学过程的某个构成因素为中心，而是直接从教学目标、任务出发，以教学经验为基础多方面综合展开的教学策略。

考点4 可供选择的教学策略 【单选、多选、简答】★★

1. 以教师为中心的教学策略

(1)直接教学(指导教学)

直接教学是以学习成绩为中心，在教师指导下使用结构化的有序材料的课堂教学策略。在直接教学中，教师向学生清楚地说明教学目标，在充足而连续的教学时间里给学生呈现教学内容，监控学生的表现，及时向学生提供学习方面的反馈。由于在这种教学策略中，由教师设置教学目标，选择教学材料，控制教学进度，设计师生之间的交互作用，所以这是一种以教师为中心的教学策略。直接教学尤其适用于教授那些学生必须掌握的、有良好结构的信息或技能。当教学的主要目标是深层次的概念转变、探究、发现，或者是开放的教学目标时，直接教学就不太适用了。

(2)接受学习

接受学习是奥苏贝尔倡导的、在他提出的认知结构同化理论的基础上提出来的，也是我们通常所提到的讲授式教学策略。

接受学习中最重要的概念是先行组织者，关于先行组织者的概念我们已经在学习理论中提到了。接受学习的教学过程主要有三个环节：①呈现先行组织者；②提供学习任务和学习材料；③增强认知结构。接受学习在讲授知识间的抽象关系时可能更有效，也为学生提供好方法帮助他们保持重要的信息。

2. 以学生为中心的教学策略

(1)发现学习

发现学习的首创者**布鲁纳**认为，教学不仅应当尽可能使学生牢固地掌握科学知识，还应当尽可能使学生成为自主、自动的思想家。这样的学生在结束正规的学校教育后，才能独立地向前迈进。

一般来说，发现学习的教学要经过四个阶段：①创设问题情境，使学生在这种情境中发现其中的矛盾，提出问题；②促使学生利用教师提供的某些材料，针对所提出的问题，提出要解答的假设；③从理论上或实践上检验自己的假设；④根据实验获得的一些材料或结果，在仔细评价的基础上引出结论。

布鲁纳对发现教学的教学设计提出了以下四项原则：①教师要将学习情境和教材性质向学生解释清楚。②要配合学生的经验，适当组织教材。教师要在研究教材和学生实际的基础上，根据教材内容设计一个一个的发现过程，教师要仔细设计要问的问题，排列好例子，确保参考材料和设备充足，以促进学生进行自我发现。③要根据学生心理发展水平，适当安排教材难度与逻辑顺序。*例如，教师根据儿童踩跷跷板的经验，设计了一个天平，让儿童调节砝码的数量和砝码离支点的距离，以此让儿童发现乘法的交换律，如3×6=6×3。教师先让儿童动手，然后使用想象，最后用数字来表示。*④确保材料的难度适中，以维持学生的内部学习动机。材料太容易，学生缺乏成就感；材料太难，学生容易产生失败感。

当学生具有成功所需的技能和动机时，发现学习技术最为有用。有人认为，发现教学在教授基本技能时并不如直接教学效率高。因此，发现教学可以不作为常规基础课的首选教学策略，但是在教授解决问题的技能、激发好奇心、鼓励自我指导的学习时它能作为一种补充的程序。

(2)情境教学

情境教学指在应用知识的具体情境中进行知识的教学的一种教学策略。在情境教学中，教学的环境是与现实情境相类似的问题情境；教学的目标是解决现实生活中遇到的问题；学习的材料是真实性的任务，这些任务未被做人为地简化处理，隐含于现实问题情境之中，并且，由于现实问题往往同时涉及多方面的原理和概念，因此，这些任务最好能体现学科交叉性；教学的过程要与实际的解决问题的过程相似，教师不是直接将事先准备好的概念和原理告诉学生，而是提出现实问题，然后引导学生进行与现实中专家解决问题的过程相类似的探索过程。

(3)合作学习

合作学习指学生们以主动合作学习的方式代替教师主导教学的一种教学策略。它是一种由能力各异的多名学生组成小组，一起互相帮助共同完成一定的学习任务的教学方法。合作学习的目的不仅是培养学生主动求知的能力，而且是发展学生合作过程中的人际交往能力。

合作学习的基本程序一般为：①分组。将班上的学生按成绩、性别、个性及学习习惯等条件分成几人小组。在分组时应遵循以下原则：组内异质，组间同质。小组成员人数以5人左右为宜，一般来说，最为有效的小组人数是4～6个成员。②分工。*例如，小组成员可以分别担任主持、监督、记录、协调、观察、综合、汇报等职位，在学习中各司其职。*③进行小组活动。*例如，发言、提问、解答、共学、帮助、辅导等。*在这一过程中，小组内应建立活动机制，组员根据具体情况，加强协调，自我完善。

合作学习在设计与实施上必须具备以下五个特征：①分工合作；②密切配合；③各自尽力；④社会互动；⑤团体过程。

3. 个别化教学

个别化教学指让学生以自己的水平和速度进行学习的一种教学模式。个别化教学大致包括这样几个环节:(1)诊断学生的初始学业水平或学习不足;(2)提供教师与学生或机器与学生之间的一一对应关系;(3)引入有序的和结构化的教学材料,随之加以操练和练习;(4)允许学生以自己的速度向前学。

下面简单介绍几种经典的个别化教学模式:

(1)程序教学

程序教学的思想来源于普莱西发明的教学机器,但程序教学的真正首创者应归功于美国行为主义心理学家斯金纳。**程序教学**是一种能让学生以自己的速度和水平自学,以特定顺序和小步子安排材料的个别化教学方法。程序教学以精心设计的顺序呈现主题,要求学习者通过填空、选择答案或解决问题,对问题或表述做出反应,在每一个反应之后出现及时反馈,学生能以自己的速度进行学习。学生对问题的回答相当于"反应",反馈信息相当于"强化"。程序学习的关键是编制出好的程序。

(2)掌握学习

掌握学习是由美国心理学家**布卢姆**提出来的一种适应学习者个别差异的教学方法。该方法将学习内容分成小的单元,学生每次学习一个小的单元并参加单元考试,直到学生以80%~100%的掌握水平通过考试,才能进入下一个单元的学习。它代表着一种非常乐观的教学方法,它假设只要给以足够的学习时间和相应的教学,大多数学生都能够学会学校里的科目。

当我们运用掌握学习方法进行教学时,也要考虑其适用范围:①掌握学习更适合基础知识和基本技能的教学;②掌握学习更适合学习能力较低的学生以及有各种特殊需要的学生。

(3)计算机辅助教学

计算机辅助教学会在教学媒体设计中具体介绍。

除了上述三种经典的个别化教学模式外,还有独立学习、适应性教学和个别辅导等教学方式。

四、教学媒体设计

考点1　教学媒体的概念及特性

1. 教学媒体的概念

教学媒体是指在教学过程中传递信息的物质工具。按感官来分主要包括听觉媒体、视觉媒体、视听型媒体和交互型媒体;按媒体的表达手段可分为口语媒体、印刷媒体和电子媒体。

2. 教学媒体的特性　新增　【单选】★★

教学媒体的特性包括呈现力、重现力、接触面、参与性、受控性五个方面。

(1)呈现力是指教学媒体表现客观事物空间、时间和运动特性的能力。(2)**重现力**是指媒体不受时间、空间的限制,把记录、存储的内容随时重新使用的能力。(3)**接触面**是指把信息同时传递到接受者的范围,可分为无限接触和有限接触。(4)参与性是指在媒体使用过程中,学生有共同参加活动的机会,可分为感情参与和行为参与。(5)受控性是指使用者对媒体操纵控制的难易程度。

真题面对面

[2022 驻马店驿城,单,1.2分]各种教学媒体的教学功能及特性不尽相同。(　　)指教学媒体表现事物的空间、时间和运动特征的能力。

A. 呈现力　　B. 重现力　　C. 接触面　　D. 受控性

答案:A

考点2 教学媒体的发展阶段

教学媒体的发展大致经历了以下四个阶段：(1)语言媒体阶段；(2)文字媒体阶段；(3)印刷媒体阶段；(4)电子传播媒体阶段。

考点3 教学媒体的选择

选择教学媒体时，教师要综合权衡教学情境、学生的学习特点、教学目标的性质以及教学媒体的特性等因素。使用教学媒体是为了使教学遵循这样一个顺序而进行：从经验的直接动作表征、经验的图像表征直到经验的符号表征。

考点4 教学多媒体的呈现

当信息呈现包括两种或两种以上的方式时，该信息就是多媒体信息。学生在处理多媒体信息时的记忆容量有限，所以，教师在呈现多媒体时要遵循以下原则：(1)文字以言语叙述的方式呈现；(2)课程以学生可控的片断呈现，在信息组块之间留出时间；(3)预先训练学生对内容的命名和特征；(4)清除有趣但无关的材料；(5)提供线索引导学生怎样处理材料以减少对无关材料的处理；(6)当文字以言语叙述的方式呈现后，避免以完全一致的书面文字重复呈现；(7)在播放动画的同时呈现相应的叙述，以便学生在记忆中保持表象。

考点5 信息技术与教学

1. 计算机辅助教学

计算机辅助教学，简称CAI，是指使计算机作为一个辅导者呈现信息，给学生提供练习机会，评价学生的成绩以及提供额外的教学。

随着多媒体技术、通讯网络技术的发展，人们把以计算机为核心的所有个别化教学技术都称为计算机辅助教学。与传统的教学相比，CAI具有这样几个优越性：(1)交互性，即人机对话；(2)即时反馈；(3)以生动形象的手段呈现信息；(4)自定步调等。计算机还能用于管理，如确定错误率，了解学生的进步情况，通过诊断布置学习任务等。

2. 专门的学习系统、多媒体网络学习环境

专门的学习系统通过一个中央服务器连成网络并统一提供课程、资源和进行其他核心控制，系统直接根据学生的需要面向学生提供内容演示、过程模拟，并支持学生的实验和探究。

多媒体网络学习环境则为学生营造一个虚拟的教学环境和平台，学生可以通过利用其中的问题情境、学习资源、学习工具、交流平台以及评价工具，进行有效的学习和交流。

五、教学评价设计

考点1 教学评价的类型 【单选、多选】★★

关于教学评价的分类，诊断性评价、形成性评价和总结性评价等在本书教育学部分已做具体论述，这里我们再介绍几种重要的评价类型。

1. 常模参照评价和标准参照评价

按对教学评价的处理方式不同，教学评价可分为常模参照评价（常模参照测验）与标准参照评价（标准参照测验）。

常模参照评价以学生团体测验的平均成绩（常模）为参照点，比较分析某一学生的学业成绩在团体中的相对位置。它采用相对的观点解释学生的学业成就，着重于学生之间的比较，主要用于选拔、编组等。

标准参照评价则以教学目标所确定的作业标准为依据，根据学生在试卷上答对题目的多少来评定学生的学业成就。学校教学评价一般都采用标准参照评价。

考生易混淆标准参照测验与常模参照测验，可通过以下表格进行对比学习：

特点	标准参照测验	常模参照测验
适用的范围	掌握性测验	调查性测验
侧重点	描述学生能够完成的任务	测查个体之间的成绩差异
结果的解释	将学生的成绩与明确、具体的成绩标准进行比较	与其他个体的结果相比较
内容覆盖面	一般集中在一些有限的学习任务上	一般包括较广泛的内容
题目设计的特性	经常使用详细的内容说明	经常使用细目表
选择题目的程序	需要有足够的题量来覆盖所测成就的全部方面。不需要为了增加测验的效度而改变题目的难度或者删去简单的题目	所选题目具有较大的区分度，能拉开学生分数的差距。简单的题目应从测验中删去
最终成绩的评定	由绝对标准决定	由特定团体的相对标准决定

2. 标准化学业成就测验和教师自编测验

按教学评价中使用测验的来源，教学评价可分为标准化学业成就测验和教师自编测验。

标准化学业成就测验是指由学科专家和测验编制专家按照一定标准和程序编制的测验，在国外得到普遍使用。

教师自编测验是教师根据教学需要自行设计与编制的，通常没有统一、具体的规定，内容及取样全部由任课教师决定，操作过程容易，适用于测量教师设定的特殊教学目标，作为班内比较的依据。它在学校教学评价中应用最多，也是教师最愿意用的测验。

3. 正式评价和非正式评价

按教学评价的严谨程度，教学评价可分为正式评价与非正式评价。

正式评价指学生在相同的情况下接受相同的评估，且采用的评价工具比较客观，如测验、问卷等。

非正式评价则是针对个别学生的评价，且评价的资料大多是采用非正式方式收集的，如观察、谈话等。有时教师可以采用非正式评价作为正式评价的补充。

4. 配置性评价和诊断性评价

按教学评价的功能，教学评价可分为配置性评价与诊断性评价。

配置性评价，也称准备性评价，一般在教学开始前进行，摸清学生的现有水平及个别差异，以便安排教学。通过配置性评价，教师可以了解学生对新学习任务的准备状况，确定学生当前的基本能力和起点行为。

诊断性评价，指了解学生的学习基础与个别差异，有时指对学习困难的学生所作的评价，多半是在形成性评价之后实施。

考点2 教学评价的方法与技术 【单选、多选、不定项】★

1. 量化教学评价的方法

学校教学评价中使用最多的是教师自编测验。传统的课堂测验通常采用纸笔考试的形式来测量学生对课程内容的掌握情况。典型的纸笔测验题包括选择题、匹配题、是非题、填空题、论文题和问题解决题等。

其中，选择题评分客观、可靠，但编写困难，难以排除学生猜测的成分，且不易测量学生的综合能力。论文题能评价学生对所学知识的组织、分析、综合等较高级的认知能力，但评分困难，且主观性强，涵盖的教学内容较少。

有效自编测验的特征有：信度、效度、区分度。

2. 质化教学评价的方法

（1）观察评价

观察评价是指教师在教学过程中对学生的学习表现和学习行为进行自然观察，并对所观察到的现象做客观、详细的记录，然后根据这些观察和记录对教学效果做出评价。观察评价设计常采用行为检查单、轶事记录和等级评价量表等方式进行。

（2）档案袋评价

档案袋评价，又称**文件夹评价**、**学生成长记录袋评价**、**档案评价**等，是为了取代传统的标准化考试、以体现学生实际发展水平而产生的评价方法。成长记录袋是显示学生学习成就信息的一连串表现、作品、评价结果以及其他相关记录和资料的汇集。它主要是学生自己选定的资料的汇编，基本成分是学生作品，同时包括学生对完成作品过程的描述或记录，以及学生本人、教师、同伴和家长对作品的评价。

档案袋评价法是教师依据教学目标与计划，请学生持续一段时间主动收集、组织与省思学习成果的档案，以评定其努力、进步、成长情形的一种评价方法。档案袋评价的实施过程分为组织计划、资料收集和成果展示三个阶段。

★★ 考点大默写 ★★

1. 布卢姆将教学目标分为__________领域、情感领域和__________领域。
2. 根据布卢姆认知领域的教学目标分类，概括出《老人与海》的故事情节属于__________目标；给定一些事实材料，写出一篇报道属于__________目标；评定两篇有关某一事件的报道，哪一篇较为真实可信属于__________目标。
3. 在以教师为中心的教学策略中，__________是以学习成绩为中心，在教师指导下使用结构化的有序材料的课堂教学策略。
4. 发现学习、情境教学和合作学习属于以__________为中心的教学策略。
5. __________是一种能让学生以自己的速度和水平自学，以特定顺序和小步子安排材料的个别化教学方法。__________是由布卢姆提出的一种教学方法，它假设只要给以足够的学习时间和相应的教学，大多数学生都能够学会学校里的科目。
6. 常模参照评价指以学生团体测验的平均成绩（常模）为参照点，比较分析某一学生的学业成绩在团体中的__________。
7. 成长记录袋的基本成分是__________。

【参考答案】

1. 认知；动作技能 2. 领会（理解）；综合；评价 3. 直接教学 4. 学生 5. 程序教学；掌握学习 6. 相对位置 7. 学生作品

考点 教学资源的种类

教学资源就是在教学过程中能够帮助教师提高教学效率和效能的一切可供使用的辅助工具。根据教学活动中认识的指向性指标，可将教学资源划分为主观性教学资源和客观性教学资源。

1. 主观性教学资源

主观性教学资源主要是指在教学过程中，影响教学活动的、依存于教学活动主体自身的特征。

(1)依存于教师身上的影响教学活动的主观因素。包括：教师的知识观、知识经验、智力水平、个性、教学观、学生观、教学能力、教学风格、教学态度、教学效能感、教学准备状态、期望等。

(2)依存于学生身上的影响教学活动的主观因素。包括：学生已有知识经验、学习兴趣、学习态度、学习方法、学习习惯、在班级中的地位、期望、个性、学习准备状态和班风等。

2. 客观性教学资源

客观性教学资源指在教学过程中，影响教学活动的、作为认识对象的教学材料、教学环境和支持系统。

(1)教学材料指符合一定教学目标和教学要求、经筛选可用于教学、促进学习的一切信息及其组织。

(2)教学环境是师生运用资源开展教学活动的具体情境，包括教学过程发生的地点，师生与教学材料、支持系统进行交流过程中所形成的氛围等。

(3)支持系统主要指支持教学活动的内外条件，包括教学设施、信息、人员等。

第二节 课堂管理

一、课堂管理概述

考点1 课堂管理及其功能 【单选、多选】★

课堂管理是指教师为有效利用时间、创造愉快的和富有建设性的学习环境以及减少问题行为，而采取的组织教学、设计学习环境、处理课堂行为等一系列活动与措施。课堂管理过程的实质就是师生在课堂中相互作用的过程。课堂教学效率的高低，取决于教师、学生和课堂情境三大要素的相互协调。

课堂管理的功能主要体现在：

1. 维持功能

所谓维持功能，是指课堂管理能够在课堂教学中，持久地维持良好的学习环境，有效地排除各种干扰因素，使学生充分地参与到学习活动中。维持功能是课堂管理的基本功能。

2. 促进功能

课堂管理的促进功能是指良好的课堂管理能够增强、提升课堂教学的效果，促进学生的学习。

3. 发展功能

课堂管理本身可以教给学生一些行为准则，促进学生从他律走向自律，帮助学生获得自我管理能力，使学生逐步走向成熟。

考点2 课堂管理的目标 ★

课堂管理的目的是建立一个积极的、有建设性的课堂环境，而不是让学生安静、驯服地遵守课堂纪律。科学有效的课堂管理，不仅能维持课堂秩序，而且能增进教学效果；不仅能提高课堂教学质量，而且能促进学生健康地发展。

一般来说，课堂管理具有三个重要目标：(1)为学生争取更多的学习时间；(2)增加学生参与学习活动的机会；(3)帮助学生形成自我管理的能力。

考点3 影响课堂管理的因素 【单选、多选】★★

1. 教师的领导风格

教师的领导风格对课堂管理有直接的影响。参与式领导注意创造课堂自由气氛，鼓励自由发表意见，不把自己的意见强加于人;而监督式领导则待人冷淡,只注重集体讨论的进程,经常监督学生的行为有无越轨。

2. 班级规模

班级的大小是影响课堂管理的一个重要因素。这主要基于以下几个原因:

(1)班级的大小会影响成员间的情感联系;

(2)班内的学生越多,学生间的个别差异就越大;

(3)班级的大小也会影响交往模式;

(4)班级越大,内部越容易形成各种非正式小群体。

3. 班级的性质

不同的班级往往有不同的群体规范和不同的凝聚力,教师不能用固定不变的课堂管理模式对待不同性质的班级,而应该在深入了解的基础上,掌握班集体的特点。

4. 对教师的期望

学生对教师的课堂行为会形成一定的期望,期望教师以某种方式进行教学和课堂管理,这种期望必然会影响教师的课堂管理。如果教师的实际行为与学生的期望不一致,学生就会不满。

记忆有妙招

为方便考生记忆,我们将影响课堂管理的因素总结成口诀供考生参考:**望教导,质班规**。**望**:对教师的期望。**教导**:教师的领导风格。**质**:班级的性质。**班规**:班级规模。

考点4 课堂管理的阶段 【多选】★

不同年龄阶段的学生需要不同的课堂管理方式,赢得幼儿园学生的合作绝不同于赢得高中生的合作。布罗菲和伊伏特逊划分了课堂管理的四个阶段。

1. 幼儿园和小学低年级阶段的管理

儿童正在学习如何上学,他们将要被社会化成一个新的角色。在这一阶段要直接教课堂规则和程序,只有儿童掌握了基本的规则和程序之后,才可能进行学习活动。

2. 小学中年级阶段的管理

这一阶段的儿童一般都已熟悉了学生这一角色,已经掌握了很多学校和课堂常规。但是,某个特别活动中的具体的、新的规则和程序还必须直接教一下。有时,活动规则发生了变化,学生就会抵抗:“去年那个老师不是这么做的。”因此,在这一阶段,教师要花较多的时间监控和维持管理系统,而不是直接教授规则和程序。

3. 小学高年级和初中阶段的管理

在这一阶段,友谊以及在伙伴团体中的地位对学生来说更重要,他们不再取悦老师而是取悦伙伴,有些学生甚至开始检验和否定权威。这一阶段管理的关键是如何建设性地处理这些混乱,如何激励那些不再关心教师观点的学生以及对社会生活更感兴趣的学生。

4. 高中阶段的管理

许多学生又重新开始关注学业。这一阶段的主要任务是管理课程、使学业材料适合学生的兴趣和能力、帮助学生较多地管理自己的学习。每一学期开始的几节课都要教学生一些特别的程序,如使用材料和设备、做记录、做作业等。

考点5 课堂管理的基本模式 新增 【单选】★★

课堂管理模式概括起来可以归为三种取向:行为主义取向、人本主义取向、教师效能取向。

1. 行为主义取向的课堂管理模式

行为主义取向的课堂管理模式强调对学生的外部控制,强调借助各种约束来抑制学生的不良行为。典型的行为主义取向的课堂管理模式有斯金纳模式和坎特模式。

(1)斯金纳模式

斯金纳模式又称行为矫正模式。斯金纳认为,人类的所有行为本质上都是对环境刺激做出的反应。行为能否得以维持,取决于其后果。

在课堂管理中,教师要想使学生在课堂中表现出适宜的行为,就必须奖励和强化适宜的行为,忽视学生的不良行为。为了维持良好的课堂环境,教师必须做好三个方面的工作:①清楚地讲明规则。②忽视不良行为。③对遵守规则的行为给予奖励。

(2)坎特模式

坎特模式被称为果断纪律模式。果断纪律模式希望借助有效制定和实施课堂秩序来进行课堂纪律的管理。坎特认为,仁慈的强力控制实际上是对学生负责任的行为,也是行之有效的。教师应该使用果断的纪律来管理课堂,维持良好的课堂纪律,促进学生的发展。

果断纪律包括:事先陈述和解释要求、期望;坚持自己的期望和要求,如“我要求你……”“我喜欢这种做法”,但是不要伤害学生的自尊;运用明确、冷静、坚定的口气和目光;用非言语性的姿势来支持言语要求;不要用威胁和斥责来影响学生的行为;时时重复自己的要求,不要升格为训斥。

2. 人本主义取向的课堂管理模式

人本主义取向的课堂管理模式强调对学生的尊重,强调采用引导的方式来帮助学生形成自律,克服行为问题。典型的人本主义取向的课堂管理模式有格拉塞模式和吉诺特模式。

(1)格拉塞模式

格拉塞模式被称为现实疗法或控制疗法。格拉塞认为,必须由学生自己承担任何消极的行为后果,教师不要接受学生的不良行为的借口。好的行为来自好的选择,教师应该帮助学生学习做出好的选择。格拉塞强调建立和强化课堂行为准则的重要性。他主张课堂规则和学生行为的处理应通过一种特殊的过程——班会来建立。

(2)吉诺特模式

吉诺特模式又称明智信息模式,这种课堂管理的核心理念是强调教师用明智的方式与学生进行和谐的沟通。吉诺特认为,在纪律形成过程中,教师应该以身作则,做到自我约束,向学生示范希望出现的适当行为。与学生进行交流时,教师所发出的信息要与学生对情境和对自己的感受相一致。

3. 教师效能取向的课堂管理模式

教师效能取向的课堂管理模式强调教师掌握一些有效的课堂管理技能,尽可能调控好课堂,避免问题行为的出现。典型的教师效能取向的课堂管理模式有戈登模式和库宁模式。

(1)戈登模式

戈登模式又称教师效能训练模式,这一模式深受人本主义哲学的影响,关注学习者的个体性和学生个人的权利,强调学生观点的重要作用。

(2)库宁模式

库宁提出了用来防止和应对不良行为的管理策略。库宁认为,课堂管理本质上是一种团体管理。对于学生的不良课堂行为,最好采取预防的办法。对一个教师而言,预防不良行为的发生比纠正错误行为更为重要。

真题面对面

[2022 郑州惠济,单,0.5 分]教师在课堂上事先陈述和解释要求、期望;坚持自己的期望和要求,如"我希望大家……""我喜欢这种做法"等提示学生,但是不伤害学生的自尊;运用明确、冷静、坚定的口气和目光;用非语言性的姿势来支持言语要求;不用威胁和斥责来影响学生的行为。这种课堂管理模式是(　　)

A. 坎特模式　　　　B. 奥苏伯尔模式

C. 斯金纳模式　　　　D. 赞科夫模式

答案:A

二、课堂群体管理

考点 1　群体的概念及对个体的作用　【单选、不定项、判断】★★

1. 群体的概念

群体是指人们为了实现共同的目标,以一定方式的共同活动为基础而结合起来的联合体(人群)。课堂里的每个学生都不是孤立存在的个体。他们通过相互交往,形成各种群体。学校可以说是个大群体,年级、班级则是不同层次上的群体。

群体有不同的发展水平。根据活动的目标、内容及成员之间关系的密切程度,可将群体划分为不同的发展水平,从低到高称为松散群体、联合体、合作集体(合作体)和集体。

2. 群体对个体的作用

群体是由个体组成的,但群体中的个体不是孤立存在的。群体会对其中的个体产生影响,而个体在群体情境下会出现心理和行为上的变化。表现为以下几个方面:

(1)社会助长、社会干扰与社会惰化

社会助长是指个体与别人在一起活动或有别人在场时,个体的行为效率提高的现象。

社会干扰(社会抑制)是指当他人在场或与他人一起从事某项工作时而使个体行为效率下降的现象。

社会惰化主要指当群体一起完成一件工作时,群体中的成员每人所付出的努力会比个体在单独情况下完成任务时偏少的现象。这种现象一般发生在多个个体为了一个共同的目标而合作,自己的工作成绩又不能单独计算的情况下。

社会助长

真题面对面

[2021信阳市直,单,1.2分]在同学们的助威下,小邱参加比赛时比平常练习时跑得更快,这体现了(　　)现象。

A. 社会助长　　B. 社会惰化　　C. 利他行为　　D. 责任集中

答案:A

(2)去个性化(个体意识消退)

去个性化是由**费斯廷格**等人提出来的。他们认为,在群体中,人们有时会感到自己被湮没在群体之中,于是个人意识和理解评价感丧失,个体的自我认同被群体的行动与目标认同所取代,个体难以意识到自己的价值与行为,自制力变得极低,结果导致人们加入重复的、冲动的、情绪化的,有时甚至是破坏性的行动中去,这种现象叫作**去个性化**。例如:球迷和追星族在狂热中的行为失态,往往事后他们自己也感到羞耻;在许多人"起哄"的时候,平时文雅的学生也会表现得粗鲁无礼。去个性化具有三个特征:①成员的匿名性;②责任分散;③相互感染。

(3)群体的决策行为

①群体极化

所谓**群体极化**,是指群体成员中原已存在的倾向性,通过群体的作用而得到加强,使一种观点或态度从原来的群体平均水平加强到具有支配性水平的现象。当群体成员最初的意见倾向于保守时,群体讨论的结果将导致意见更加保守;当最初的意见倾向于冒险时,群体讨论将导致意见更倾向于冒险。

②群体思维

高凝聚力的群体在进行决策时,成员的思维会高度倾向于一致,以至于使其他变通行动路线的现实性评估受到压抑。这种群体决策时的一致倾向性思维方式叫作**群体思维**。

③群体冒险性倾向

当个体表现出符合群体的规范行为时,群体就会给予赞许或鼓励,以支持其行为,从而进一步强化其行为。在学校中往往会看到这种现象,个人不敢单独表现的行为,在群体中就敢于表现;一个人不敢单独做的事,在群体中胆子就大了,就敢做了。

(4)从众与服从

①从众

从众是个体在群体的压力下,放弃自己的意见而采取与大多数人一致的行为的社会现象。

根据外显行为与内在的自我判断是否一致,可将从众行为分为以下三类:第一,真从众;第二,权宜从众;第三,不从众。

从众的影响因素主要有三个方面:第一,群体方面。群体的规模;群体凝聚力;群体意见的一致性;群体的权威性。第二,情境方面。刺激的模糊性;反应的匿名性;承诺感(责任感,约束力)。第三,个人方面。性别;年龄;地位。

从众现象的产生大致有两个原因:第一,人们往往相信大多数人的意见是正确的,觉得别人的看法和意见将有助于他。如果学生越相信集体的正确性,自信心越差,从众的可能性就越大。第二,一个人往往不愿意被群体视为越轨者或不合群者,为了避免他人的非议或排斥,避免受孤立,从而产生从众。

小香课堂

考生容易混淆从众和服从的概念。两者的区别在于:从众的原因是群体压力;服从的原因是权威命令、社会舆论或群体气氛的压力。考生可以这样记忆:"众"代表的是群体;"服"一般是对权威、舆论等的服从。

②服从

服从是指在权威命令、社会舆论或群体气氛的压力下，放弃自己的意见而采取与大多数人一致的行为。服从可能是出于自愿，也可能是被迫的。被迫的服从也叫**顺从**，即表面接受他人的意见或观点，在外显行为方面与他人相一致，而在认识与情感上与他人并不一致。

影响服从的因素有：第一，命令者的权威性。第二，服从者的道德水平和人格特征。第三，情境压力。

个体产生服从的原因：第一，命令者的合法权利；第二，责任转移。

(5)模仿与暗示

①模仿

模仿是指个体有意无意仿效他人的言行而引起的与之相类似的行为活动。在班集体教学中，模仿主要用于对榜样的学习上。引起模仿的方法可以通过号召、动员、示范等形式来实现，但要注意既要树立校外或社会的榜样，更要树立校内、班内榜样，**如学习校内或班内的好人好事**。在班集体教学中，教师本身的榜样作用有特殊意义。认同是模仿的深化结果。

②暗示

暗示是指用含蓄或间接的方法，使某种信息在他人的心理与行为方面产生影响，从而使他按照一定的方式行动或接受某种信念与意见。

(6)流行

群体中有相当数量的人在短时间内争相模仿、追求某种行为方式，从而使人们相互之间发生了**连锁性感染**，这就是**流行**。一般来说，流行只要不违反社会规范，可以允许人们自由去选择，但不良的流行必须予以禁止。**例如，中小学生抽烟、喝酒，应该在禁止之列**。此外，作为教育单位的学校，应该从有益学生身心健康出发，对社会上流行的事物有意识地加以选择与引导。

考点2　群体的类型

1. 正式群体与非正式群体　【单选、判断】　★

(1)正式群体

正式群体是指在学校行政部门、班主任或社会团体的领导下，按一定章程组成的学生群体。**班级、小组、少先队等都属于正式群体**。

(2)非正式群体

在同伴交往过程中，一些学生自由结合、自发形成的小群体，称为**非正式群体**。它是同伴关系的一种重要形式。

非正式群体对学生个体和正式群体既有积极影响，也有消极影响。非正式群体对个体的影响是积极的还是消极的，主要取决于非正式群体的性质以及与正式群体的目标一致的程度。

(3)正式群体与非正式群体的协调

课堂管理必须注意协调正式群体和非正式群体的关系，要注意：(1)要不断巩固和发展正式群体，使班内学生之间形成共同的目标和利益关系，产生共同遵守的群体规范，并以此协调大家的行动，满足成员的归属需要和彼此之间的相互认同，从而使班级成为团结的集体。(2)要正确对待非正式群体。对于积极型的非正式群体，应支持和保护；对于中间型的非正式群体，要持慎重态度，积极引导，联络感情，加强班级目标导向；对于消极型的非正式群体，要教育、争取、引导和改造，帮助他们树立正确的人生观和价值观；对于破坏型的非正式群体，则要在教育、改造的基础上，密切注视其活动，及时采取措施，防止他们继续恶化和变质，必要时依据校规和法律给予制裁。

2. 参照群体与非参照群体　新增　【单选】　★★

根据对群体的心理趋向，群体可分为参照群体和非参照群体。

在实现社会行为时，某个群体的规范、目标和定向不仅被个体所体现，而且会成为个人行动的动机，这种群体叫**参照群体**。有的个体虽然参加了某个群体，但对它的规范、目标不予认同，情感上、行为上与其格格不入，这个群体就是他的**非参照群体**。例如，一个学生在某个班级中，以高年级或共青团作为他的参照群体，不满足于已有的进步，还以共青团员的标准要求自己，这样能加速他的进步。相反，一些青少年以街头流氓团伙为参照群体，则容易走上犯罪的道路。

真题面对面

[2022郑州惠济，单，0.5分]小宇在刚满十四周岁时就向学校的共青团组织递交了入团申请书，希望自己早日成为一名光荣的共青团员。对目前的小宇而言，共青团是(　　)

A. 正式群体、非参照群体　　B. 正式群体、参照群体

C. 非正式群体、参照群体　　D. 非正式群体、非参照群体

答案：B

考点3　群体动力

不管是正式群体还是非正式群体，其中都有群体凝聚力、群体规范、群体气氛以及群体成员的人际关系。所有这些影响群体与个人行为发展变化的力量的总和就是群体动力。关于群体动力的研究，最早起源于德国心理学家**勒温**。

1. 群体凝聚力　【单选】★

群体凝聚力是指群体对成员的吸引力和成员之间的相互吸引力。它可以通过群体成员对群体的忠诚、责任感、荣誉感、成员间的友谊和志趣等来表明。关系融洽、凝聚力强的班级，会使学生产生强烈的自豪感和认同感，顺利完成课堂教学任务。所以，凝聚力常常成为衡量一个班集体成功与否的重要标志。

教师应采取措施提高课堂里群体的凝聚力：(1)要了解群体凝聚力的情况。(2)要帮助课堂里的所有学生对一些重大事件与原则问题保持共同的认识和评价，形成认同感。(3)引导所有学生在情感上加入群体，以作为群体的成员而感到自豪，形成归属感。(4)当学生表现出符合群体规范和群体期待的行为时，就给予赞许与鼓励，使其行为因强化而巩固，形成力量感。

2. 群体规范

群体规范是约束群体内成员的行为准则，包括成文的正式规范和不成文的非正式规范。正式规范是有目的、有计划的教育的结果。非正式规范的形成则是成员们约定俗成的结果，受模仿、暗示和顺从等心理因素的制约。群体规范会形成群体压力，对学生的心理和行为产生极大的影响，还可能导致从众现象的发生。群体规范使学生保持认知、情感和行为上的一致，并为学生的课堂行为划定方向和范围，成为引导学生行为的指南。

3. 课堂气氛　【单选、多选、判断、案例分析】★★

(1)课堂气氛的概念

课堂气氛是指在课堂上占优势地位的态度和情感的综合状态。它具有独特性，不同的课堂往往有不同的气氛，即使是同一课堂，也会形成不同教师的气氛区。一种课堂气氛形成后，往往能维持相当长的一段时间，而且不同的课堂活动也会被同样的课堂气氛笼罩。

(2)课堂气氛的类型及特征

根据师生相互作用的方式不同，可以将课堂气氛划分为：

①积极的课堂气氛。积极的课堂气氛的特征是：课堂纪律良好，师生关系融洽；学生精神饱满，注意力集中，专心听讲，积极思维，反应敏捷，发言踊跃；教师善于点拨和积极引导；课堂气氛热烈、活跃与祥和。

②**消极的课堂气氛**。消极的课堂气氛的特征是:课堂纪律问题较多,师生关系疏远;学生无精打采,注意力分散,反应迟钝;多数学生处于被动应付教师的状态;不少学生做小动作,情绪压抑等。

③**一般型课堂气氛**。教学中大量的课堂气氛属于一般型课堂气氛,它介于积极型和消极型之间,即课堂教学能正常进行,教学效果一般。

④**对抗的课堂气氛**。对抗的课堂气氛的特征是:课堂纪律问题严重,师生关系紧张;学生随心所欲,各行其是,注意力指向无关对象;教师无法正常上课,时常被学生打断或不得不停下来维持课堂纪律,基本上是一种失控的课堂状态。

考生易混淆消极的课堂气氛、对抗的课堂气氛。消极的课堂气氛:被动、消极;对抗的课堂气氛:主动破坏。

(3)影响课堂气氛的因素

课堂气氛是师生在课堂活动中相互作用而产生的,主要受教师、学生、课堂内物环境等三方面因素的影响。

①教师因素

教师是课堂教学中的主导者,教师的领导方式、教师的移情、教师对学生的期望、教师的情绪状态、教师的教学能力是影响课堂气氛的决定因素。

第一,教师的领导方式。教师的领导方式是教师用来行使权力与发挥领导作用的行为方式。勒温将教师的领导方式分为集权型、民主型和放任型三种类型。集权型的教师只注重教学的目标,仅仅关心学习的任务和学习的效率,他们对班级的学生不够关心,师生之间的社会心理距离比较大。民主型的教师注重对学生的学习加以鼓励和协助,关心并满足学生的需要,营造一种民主与平等的氛围,师生之间的社会心理距离比较近。放任型的教师对学生的需要都不重视、无要求、无评估,工作效率低,人际关系淡薄。这三种不同的领导方式会使学生产生不同的行为反应,从而形成不同的课堂气氛。研究发现,当教师采用民主式的领导方式时,学生在活动中会表现出极大的兴趣和主动精神,善于合作,活动效果很好。

第二,教师的移情。教师的移情是教师将自身的情绪或情感投射到学生身上,感受到学生的情感体验,并引起与学生相似的情绪性反应,由此产生和谐的心理互动。

第三,教师的期望。教师的期望是指教师对学生所要达到的心理、智力、知识、能力、行为状况或变化的预先设定。教师的这种内在主观倾向往往反映在其外在行为上,从而给学生造成某种特定的心理环境,影响学生的自我概念和学业成绩。

第四,教师的情绪状态。教师常常对教学能力和知识水平进行自我评估,并在评估的基础上产生情绪体验。如果对自己的评估过高,会使自己产生优越感,教学准备不足,课堂表现随意性大,即使课堂气氛活跃,也难以达到理想的教学效果。如果教师对自己评估过低,就会产生焦虑感,在课堂上忧心忡忡,唯恐教学失去控制,害怕自己的教学失误,处处小心谨慎,一旦学生发生问题行为,为了保全自己的面子,做出不适当的反应,造成不良的课堂气氛。只有当教师自我评估适中,才有利于教师能力和水平的充分发挥,才会激起教师的教育创造能力和教育机智,以努力改变课堂现状,有效而灵活地处理课堂问题,避免呆板或恐慌反应,从而推动教师不断努力以谋求最佳课堂气氛的出现。

第五,教师的教学能力。课堂气氛与教师的教学能力密切相关。例如,教师的言语表达能力在很大程度上影响教学效果,进而制约着课堂气氛。教师语言表达清晰、语速适度、语调抑扬顿挫,富有感染力,有利于形成积极的课堂气氛。

②学生因素

课堂气氛是师生共同营造的,学生是课堂活动的主体。因此,学生的一些特点也是影响课堂气氛的重要因素。

③课堂内物环境因素

课堂内物环境又称作教学的时空环境，主要指教学时间和空间因素构成的特定的教学环境，包括教学时间的安排、班级规模、教室内的设备、教具、乐音或噪音、光线充足与否、空气清新或浑浊、高温或低温、座位编排方式等。这些因素虽然不是决定课堂气氛的主要原因，但是它们的优劣会对课堂气氛的形成起着促进或阻碍作用。

(4)创设积极的课堂气氛的方法

①发挥教师的主导作用

教师在营造良好的课堂氛围的过程中起着主导作用。如果教师能精心组织课堂教学，巧妙把握语言艺术，善于用良好的情绪情感感染学生，并善于处理课堂问题，就更容易创造出良好的课堂氛围。

②尊重学生的主体地位

创造良好的课堂氛围，关键在于教师能否切实调动学生学习的主观能动性，使学生真正成为教学的主体，学习的主人。因此，教师必须调动学生参与的积极性和主动性，让学生保持最佳的学习心态。

③构建和谐的师生关系

课堂中的师生关系，直接影响课堂气氛，可以采取以下措施来使师生关系更加和谐：

第一，师生民主平等。第二，树立一定的教师威信。第三，教师要关心爱护学生。

4. 课堂中的人际关系与人际交往 【判断】 ★

(1)人际关系

①人际关系的概念

人际关系是指人与人在相互交往过程中所形成的社会心理关系或心理距离。它反映了个人或群体满足其社会需要的心理状态，其发展变化决定于交往双方社会需要满足的程度。奥尔特曼和泰勒认为，良好的人际关系的建立和发展，从交往由浅入深的角度来看，一般需要经过定向、情感探索、感情交流和稳定交往四个阶段。

②人际关系需要

美国心理学家舒茨提出了人际需要的理论，最基本的人际关系需要有三类：第一，包容需要。这种需要表现为希望与别人发生相互作用，建立联系并维持和谐关系的愿望。第二，控制(支配)需要。这种需要表现为在权力或权威基础上与别人建立和维持良好关系的愿望。第三，感情(情感)需要。这种需要表现为在情感上与他人建立和维持良好关系的愿望。

③学生人际关系发展的特点

中小学生主要的人际关系包括亲子关系、师生关系和同伴关系。

中学生人际关系发展的特点主要表现在：第一，友谊占据十分重要和特殊的地位。第二，小团体现象突出。第三，师生关系有所削弱。第四，易与父母产生隔阂。第五，网络虚拟人际关系的建立。

(2)人际交往

人际交往是指人与人之间传递信息、沟通思想和交流情感等方面的联系过程。在课堂里，师生之间、学生之间不断地进行人际交往，在此基础上形成师生之间和学生之间的各种人际关系。

课堂中的人际关系直接影响课堂气氛，教师应该善于处理师生关系及学生与学生之间的人际关系。课堂教学的有效性是以积极的课堂互动为前提。课堂管理应重视建立师生之间、学生之间良好的人际关系，为有效地开展教学创造条件。

①学生间的人际交往与人际关系

学生之间主要的人际交往与人际关系表现为吸引与排斥、合作与竞争。

第一，吸引与排斥

人际吸引，是指人与人之间在情感方面相互喜欢和亲和的现象，即一个人对他人所持的积极态度。它以认知协调、情感和谐及行为一致为特征。

人际排斥是指交往双方出现关系极不和谐、相互疏远的现象，以认知失调、情感冲突及行为对抗为特征。

现有的研究表明，距离的远近、交往的频率、态度的相似性、个性的互补以及外形等因素是影响人际吸引和人际排斥的主要因素。而通过人际吸引表现出的彼此间的喜欢便是人们“互择”行为的一种体现，这种“互择”现象的形成是有规律可循的。首先，人际吸引的邻近律；其次，人际吸引的一致律；再次，人际吸引的互补律；最后，人际吸引的对等律。

人际吸引和人际排斥使学生在课堂里处于不同的地位，出现人缘好的学生、被人嫌弃的学生和遭受孤立的学生。因此，课堂管理中必须重视课堂里被嫌弃者和被孤立者，教师应该帮助他们回归群体。

第二，合作与竞争

合作是指学生为了共同目的在一起学习、工作或者完成某项任务的过程。合作是实现课堂管理促进功能的必要条件。合作性学习方式的好处在于能促进集体的学习成功，增强群体凝聚力；有利于学习中的集思广益、优势互补，进而提高学生的学业成绩；有利于学生习得团体规范，发展形成社会交往技能；有助于学生个体减少失败体验，改善他们的自尊和学习的自我效能感，增强学习积极性。但是合作性学习方式也有不足之处，因为学生的个体发展水平存在差异，合作性学习可能会限制不同学生的学习进程。

在引导与帮助学生进行合作方面，教师有必要特别注意以下几点。首先，激发学生的合作动机；其次，指导学生学会合作技巧，养成社会交往的能力；最后，保证小组每个成员都积极参与集体学习。

竞争是指个体或群体充分实现自身的潜能，力争按优胜标准使自己的成绩超过对手的过程。良性竞争不但不会影响学生间的人际关系，而且还会提高学习和工作的效率。但是，竞争并不是对所有学生都有激励作用，频繁的竞争会使学生间产生对立，使班级出现不安、不团结等消极的气氛。竞争有可能使一部分学生过度紧张和焦虑，容易忽视活动的内在价值和创造性，使学生的注意力过多地集中在赢得他人的赞许方面，从而忽视学习活动本身所带来的认知乐趣。

不少心理学家提倡开展**群体间的竞争**。一般来说，群体间竞争的效果取决于群体内的合作。竞争与合作是对立统一的，它们都以是否满足各自的利益为转移。在课堂的人际交往中，有时可能同时发生合作与竞争，有时则交替地引起合作与竞争。有效的课堂管理应该协调合作与竞争的关系，使两者相辅相成，成为实现促进功能的有益手段。

②师生之间的人际交往与人际关系

师生之间的人际交往与人际关系有四种：第一，单向交往；第二，双向交往；第三，师生保持双向交往，但也允许学生之间交往；第四，教师为中心的师生之间的双向交往。

单向交往，教学效果差；双向交往比单向交往的教学效果好；师生保持双向交往，也允许学生之间的交往，教学效果很好；教师成为互相交往的中心，并且促使所有学生与教师形成双向交往，教学效果最佳。

三、课堂纪律管理

考点1　课堂纪律概述　【单选、多选】★

课堂纪律是指为保障或促进学生的学习而设置的行为标准及施加的控制。良好的课堂纪律是课堂教学得以顺利进行的重要保障条件，有助于维持课堂秩序，减少学习干扰，也有助于学生获得情绪上的安全感。

1. 课堂纪律的分类

(1)教师促成的纪律

教师促成的纪律即在教师的指导帮助下形成的班级行为规范。刚入学的儿童往往需要较多的监督和指导,其课堂纪律主要是由教师制定的。随着年龄的增长和自我意识的增强,学生开始反对教师的过多限制,对教师促成的纪律的要求降低,但它始终是课堂纪律中的一种重要类型。

(2)集体促成的纪律

集体促成的纪律即在集体舆论和集体压力的作用下形成的群体行为规范。从儿童入学开始,同辈人的集体在促进儿童社会化方面就开始发挥重要的作用。随着年龄的增长,学生受同伴群体的影响会越来越大,开始以同辈群体的集体要求和价值判断作为自己的行为准则,以“别人也都这么干”为理由而做某件事情。

(3)任务促成的纪律

任务促成的纪律即某一具体任务对学生行为提出的具体要求。在日常学习过程中,每项学习任务都有它特定的要求,或者说特定的纪律。例如,课堂讨论、野外观察、制作标本等。

(4)自我促成的纪律

自我促成的纪律简单说就是自律,即在个体自觉努力下由外部纪律内化而成的个体内部约束力。形成自我促成的纪律是课堂纪律管理的最终目标。

2. 课堂纪律的发展

课堂纪律的形成不是一蹴而就的,它往往要经历一个发展过程,国外学者参照科尔伯格道德发展的阶段理论,将不同年龄阶段儿童的纪律发展水平划分为如下几个阶段。

(1)反抗行为阶段

4~5岁之前的儿童,多处于这一阶段。这一阶段的儿童,他们的行为中经常表现出对抗性,拒绝遵循指示、要求,需要给予大量的注意;他们很少具有自己的规则,但是畏于斥责,可能遵循他人的要求。在学校教育阶段,也有一些学生处于这一水平。表现为当教师盯住他们时,他们会表现得中规中矩,但是稍微不注意,他们就会失去控制。

(2)自我服务行为阶段

5~7岁的儿童,多处于这一阶段。这一阶段的学生是以自我为中心的,但是在课堂上比较容易管理,因为他们所关心的是行为后果“对我意味着什么”,是奖励还是惩罚。从道德发展来讲,他们处于奖励和惩罚阶段。

处于这一阶段的学生很少具有自我纪律感。他们可能在这节课上表现很好,而在另一节课上失去自我控制。与处于反抗行为阶段的儿童一样,为了避免出现纪律问题,教师需要对他们进行不断的监督。

(3)人际纪律阶段

大多数中学生处于这一阶段。处于这一阶段的学生,其行为取向是要建立一种相互的人际关系,他们做出的行为往往与“我怎样才能取悦你”联系在一起,他们这样做是因为你要求他们这样做;他们关心自己在别人心目中的形象,希望别人喜欢自己。

(4)自我约束阶段

处于这一阶段的学生很少陷入什么麻烦,因为他们能够明辨是非,理解遵守纪律的意义,也能够做到自我约束。教师可以离开教室20~30分钟,回来后发现他们依然很安静地在学习。他们这样做,是因为他们知道这样做是对的,就应该这样做。尽管许多中学生能够达到这一水平,但是只有一部分学生能够稳定地保持在这一水平上。

考点2 课堂结构与课堂纪律

学生、学习过程和学习情境是课堂的三大要素,这三大要素相对稳定的组合模式就是课堂结构。课堂结构包括课堂情境结构和课堂教学结构。

1. 课堂情境结构

(1)班级规模的控制。班级过大容易限制师生交往和学生参加课堂活动的机会,阻碍课堂教学的个别化，有可能导致课堂出现较多的纪律问题。

（2）课堂常规的建立。课堂常规是每个学生必须遵守的最基本的日常课堂行为准则。它赋予学生的课堂行为一定的意义，使学生明白行为所依据的价值标准，具有约束和指导学生课堂行为的功能。教师的教学组织离不开课堂常规的建立，通过教师与学生共同参与制定的课堂常规，其主要目的在于约束学生的行为，培养学生自我管理和相互合作的精神，有助于将教师的外在控制转化为学生的自律，发展学生的自控能力。

（3）学生座位的分配。研究发现，分配学生座位时教师主要关心的是减少课堂混乱。其实，分配学生座位时，最值得教师关注的应该是对人际关系的影响。所以，学生座位的分配，要考虑：①课堂行为的有效控制，预防纪律问题的发生；②促进学生间的正常交往，形成和谐的师生关系，并有助于学生形成良好的人格特征。

知识再拔高

学生座位的安排对课堂教学和学习的影响

学生座位的安排会影响课堂教学和学习。研究表明，坐在教室前面几排以及中间几排的学生似乎是最积极的学习者，教师大多时间都站在这些座位的前面，师生之间的言语交流大多集中在教室的这一区域，其他位置尤其是后面座位的学生则难以参与，并且更容易走神。因此，教师要经常变换学生在课堂中的座位。

2. 课堂教学结构

（1）教学时间的合理利用。学生在课堂里的活动可以分为学业活动、非学业活动和非教学活动三种类型。在通常情况下，用于学业活动的时间越多，学业成绩越好。

（2）课程表的编制。课程表是使课堂教学有条不紊地进行的重要条件，它的编制首先应尽量将语文、数学和外语等核心课程安排在学生精力最充沛的上午第一、二、三节课，将音乐、美术、体育和习字等技能课安排在下午。其次，将文科与理科、形象性的学科与抽象性的学科交错安排，避免同类刺激长时间地作用于大脑皮层的同一部位而导致疲劳和厌烦。

（3）教学过程的规划。教学过程的合理规划是维持课堂纪律的又一个重要条件，不少纪律问题就是由教学过程的规划不合理造成的。

考点3　维持课堂纪律的策略　【简答】★

1. 建立有效的课堂规则

课堂规则是课堂成员应遵守的课堂基本行为规范和要求。积极、有效的课堂规则有以下特点：（1）课堂规则应明确、合理、必要和可行；（2）课堂规则应通过教师与学生的充分讨论，共同制定；（3）课堂规则应少而精，内容表述以正向引导为主；（4）课堂规则应及时制定与调整。

2. 合理组织课堂教学

教师应做到：（1）增加学生参与课堂的机会；（2）保持紧凑的教学节奏，合理布置学业任务；（3）处理好教学活动之间的过渡。

3. 做好课堂监控

教师应能及时预防或发现课堂中出现的一些纪律问题，并采取言语提示、目光接触等方式提醒学生注意自己的行为。

4. 培养学生的自律品质

促进学生形成和发展自律品质，是维持课堂纪律的最佳策略之一。教师应做到：（1）要对学生提出明确的要求，加强课堂纪律的目的性教育；(2)引导学生对学习纪律持有正确、积极的态度，产生积极的纪律情感体验，进行自我监控；(3)集体舆论和集体规范是促使学生自律品质形成和发展的有效手段，教师应对其加以有效利用。

知识再拔高

维持团体的注意焦点

科宁认为，维持团体注意焦点的两个基本成分是问责制和团体警觉。

(1)问责制是指在提问和回答期间，教师让学生对他们完成任务的情况进行说明和反映。例如，所有的学生都举着他们的作业让老师看，老师在学生中间循环走动看他们正在做什么，让其他学生注意某个学生的任务完成情况。在提问与回答时，被叫起来回答问题的人很少，因此，要确保所有学生的注意，教师不仅要把所有学生吸引到课堂活动中来，还要避免那些使大多数学生长时间做旁观者的活动。

(2)团体警觉是指在讲演和讨论期间，老师用来鼓励学生保持注意力的提问方法。比较下面两种做法：

方法一：给定△ABC，已知边AB和AC的长度和角A的大小，我们能知道这个三角形的其他什么……(停顿)，张××？

方法二：张××，给定△ABC，已知边AB和AC的长度和角A的大小，我们能知道这个三角形的其他什么？

第一种方法中，在点起张××之前，全班所有学生都在进行思考，而第二种方法中，只有张××保持警觉，这就有了截然不同的提问效果。因此，应面对全班而不是对一个学生提问，以集中全班的注意力。

此外，以随机顺序点名也能保持团体警觉，这能使学生知道，教师可能会问他们一些有关上一个回答者的问题。例如："张××刚才使用的先决条件是什么，李××？"

考点4 课堂问题行为及其应对 【单选、不定项、判断、案例分析】★★

1. 课堂问题行为的概念与性质

(1)课堂问题行为的概念

课堂问题行为指不能遵守公认的正常行为规范和道德标准，不能正常与人交往和参与学习的行为。这样的行为不仅影响学生的学习，而且常常引起课堂纪律问题，影响教学质量。

(2)课堂问题行为的性质

①课堂问题行为是一种普遍行为。课堂问题行为普遍存在，不管是优秀生还是学困生都有可能产生问题行为。②课堂问题行为是一种消极行为。课堂问题行为干扰教学的正常进行，影响教学效率，是一种负面的消极行为。③课堂问题行为是一个教育性概念。课堂问题行为是可以接受的，也是可以矫正的，属于教育中的常态问题。由此可见，课堂问题行为的基本特征为：消极性、普遍性、程度以轻度为主。

2. 课堂问题行为的产生原因

课堂问题行为具有普遍性，是教师经常遇到而又非常敏感的问题，如果处理不好，就会损害师生关系，破坏课堂气氛，影响教学效果。导致学生问题行为的原因概括起来有三点：(1)学生的人格特点、生理因素、挫折经历；(2)教师的教学技能、管理方式、威信；(3)校内外的环境，如大众传媒、家庭环境、课堂座位编排。

3. 课堂问题行为的矫正

(1)控制策略

运用行为控制策略，及时终止课堂问题行为。行为控制策略包括强化良好行为和终止已有问题行为两个方面。

①强化良好行为，以良好行为控制问题行为。通常可以采用社会强化、活动强化、行为协议和替代强化等方式。

②选择有效方法，及时终止问题行为。通常采用的方法包括：

使用幽默。变化课程内容、运用不同的材料和方法进行教学，教师显示出幽默和热情，以及让学生进行合作学习等也都能够减少学生因疲劳而引发问题行为的可能性。

非言语暗示。由于一般问题行为大都是一些暂时性的干扰，教师在处理这些行为时，通常只需要运用简单的非言语线索进行暗示，就可以得到既制止问题行为又不影响课堂教学进程的双重效果。例如，如果两个学生正在交头接耳，那么教师就可以用眼睛看着这两个学生或其中的一个，或走到他们身边轻轻敲一下课桌，或突然停下咳嗽一两声，这样通常都能引起他们的注意，从而终止其问题行为。

表扬。对许多学生来说，表扬是一种强有力的激励。减少一般课堂问题行为的一个重要策略就是表扬学生做出的与想要消除的问题行为相反的正确行为。也就是说，通过表扬正确行为来减少问题行为。假如某个学生上课经常不举手就发言，那么，当他举手发言时，教师就应当立即对他进行表扬。此外，表扬其他学生的良好行为也可以促使出现问题行为的学生表现出类似的良好行为，从而达到消除问题行为的目的。

言语提醒。当非言语线索不能制止学生的问题行为时，教师采用适当的言语提醒也有助于让学生回到学习活动中来。在使用言语提醒时，教师应注意不要去追究学生的问题行为，而是要告诉学生他应该怎么做。如果某学生故意不按教师的要求去做，或是与教师辩解、找各种借口，这时，教师可以采用反复提醒的策略，即无视学生的辩解或借口，反复向他陈述要求他去做的事情，直到他服从为止。

有意忽视。个别学生有时为了引起教师和其他同学的注意，会做出一些问题行为。这时，如果教师直接干预，正好迎合了学生的目的，从而对其问题行为起到强化作用。在这种情况下，教师采取有意忽视的态度，装作视而不见，是比较合适的处理方式。

转移注意。对于一些自尊心比较强的学生所表现出来的问题行为，如果教师当众直接制止，可能会产生适得其反的效果。这时，教师可以采用比喻、声东击西等方法加以暗示，并转移其注意力，从而终止其问题行为。

有时，对于个别学生来说，教师也可以采用暂时隔离的办法，即让出现问题行为的学生暂时离开座位，到教室的某一角落，远离其他同学；或是到教室外面的过道上；或是到校长办公室；甚至可以到另一位教师的班级去。由于这种方法很可能引起学生对教师的不满甚至对抗，教师在使用时应当特别慎重，不宜滥用。

总之，无论采取什么方法处理学生的问题行为，教师首先一定要认清真正的问题行为所在，找出行为发生的原因，然后针对症结做出有效处理。

(2)矫正策略

①熟悉课堂问题行为矫正的内容。通常包括：正确认识课堂问题行为、消退处理、积极塑造。

②遵循课堂问题行为矫正的原则。矫正过程中应遵循的原则有：多奖少惩原则、一致性原则、结合性原则。

③采用课堂问题行为矫正的有效程序。课堂问题行为矫正的程序包括六个基本环节：觉察、诊断、目标、改正、检评和追踪。

有一些课堂问题行为需要通过心理辅导来处理和矫正，教师应协助心理辅导教师对有问题行为的学生进行针对性帮助。

真题面对面

[2022安阳文峰(高新),单,0.9分]课堂上,两个学生交头接耳,崔老师边讲课边向两位学生走去,还故意提高了讲课的音量,这两名学生立刻端坐好继续听课。这属于处理课堂纪律问题的(　　)

A. 反复提示　　B. 应用后果

C. 惩戒不良行为　　D. 非言语线索

答案:D

考点大默写

1. 在影响课堂管理的因素中,________对课堂管理有直接的影响。
2. 个体与别人在一起活动或有别人在场时,个体的行为效率提高的现象称为________;当他人在场或与他人一起从事某项工作时,使个体行为效率下降的现象称作________。
3. 个体在群体的压力下,放弃自己的意见而采取与大多数人一致的行为的社会现象称为________;在权威命令、社会舆论或群体气氛的压力下,放弃自己的意见而采取与大多数人一致的行为称为________。
4. 群体对成员的吸引力和成员之间的相互吸引力是指________。
5. 根据师生相互作用的方式不同,可以将课堂气氛划分为积极的课堂气氛、________的课堂气氛、一般型课堂气氛和________的课堂气氛。
6. 课堂纪律一般可分为以下四类,即教师促成的纪律、________促成的纪律、________促成的纪律和自我促成的纪律。课堂纪律管理的最终目标是形成________促成的纪律。
7. 由于一般问题行为大都是一些暂时性的干扰,教师在处理这些行为时,通常只需要运用简单的________进行暗示,就可以得到既制止问题行为又不影响课堂教学进程的双重效果。

【参考答案】

1. 教师的领导风格　2. 社会助长;社会干扰(社会抑制)　3. 从众;服从　4. 群体凝聚力　5. 消极;对抗　6. 集体;任务;自我　7. 非言语线索

我于________年____月____日完成了对本章的学习。

复盘一下,我对自己较肯定的地方是________________

(足够努力/心态积极/方法得当……)

我觉得自己需要改进的地方是________________

(懒惰懈怠/心情浮躁/方法不当……)

休息片刻,开启下一站征程!

心理健康与教师职业心理

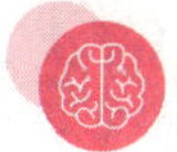

思维导图

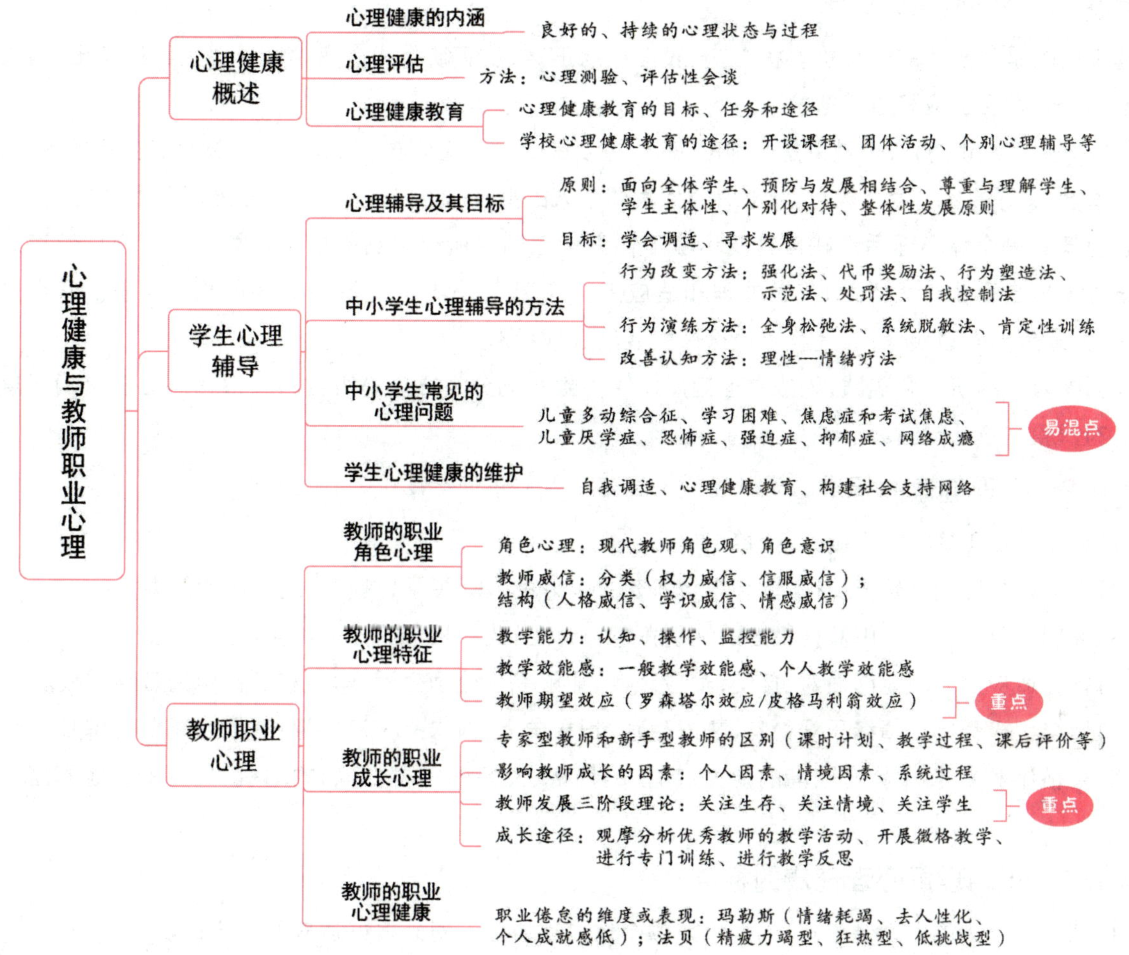

河南考向

本章属于教育心理学部分的基础章节，知识点琐碎，实用性强，考生可结合自身进行识记，现对本章河南考向分析如下：

考点类型	考点名称	常考题型	能力层级	考查热度
高频考点	中小学生心理辅导的方法	单选、多选、判断	识记	★★
	中小学生常见的心理问题	单选、多选、判断	识记	★★
	教师期望效应	单选、判断、案例分析	运用	★★
	教师成长的阶段和途径	单选、多选、判断、案例分析	运用	★★
新增考点	学校咨询与辅导	单选	识记	★★

核心考点

第一节　心理健康概述

一、心理健康的内涵【单选、多选、判断】★

考点1　心理健康的概念

健康指的是有机体的一种机能状态，一般指机能正常，没有缺陷和疾病。世界卫生组织指出，健康应包括生理、心理、社会适应和道德健康等。

世界卫生组织认为，**心理健康**是一种良好的、持续的心理状态与过程，表现为个体具有生命的活力，积极的内心体验，良好的社会适应能力，能够有效地发挥个人的身心潜力以及作为社会一员的积极的社会功能。

心理健康是个体心理活动在自身及环境条件许可范围内所能达到的最佳功能状态。心理健康的个体能够充分发挥自己的最大潜能，妥善处理和适应人与人之间、人与社会环境之间的相互关系。它至少包括两层含义：一是无心理疾病；二是有一种积极发展的心理状态。

根据国内外的研究和实践，人的心理健康水平大致可划分为三个等级：(1)一般常态心理；(2)轻度失调心理；(3)严重病态心理。

考点2　心理健康的标准

(1)自我意识正确。能正确评价、接纳自己。

(2)人际关系协调。乐于交往，能和多数人建立良好的人际关系，具有处理矛盾的能力。

(3)性别角色分化。能够获得相应的性别角色，行为方式和相应的性别角色规范一致。

(4)社会适应良好。能够面对、接受、适应现实，能够妥善处理生活、学习和工作中的各种挑战。

(5)情绪积极稳定。情绪乐观稳定，热爱生活，积极向上，对未来充满希望，有烦恼能自行解脱。

(6)人格结构完整。具有较高的能力、完善的性格、良好的气质、正确的动机、广泛的兴趣和坚定的信念等。

考点3　正确理解心理健康的标准

(1)判断一个人的心理健康状况时，应兼顾个体内部协调与对外良好适应两个方面。

(2)心理健康概念具有相对性，即心理健康有高低层次之分。高层次(积极)的心理健康不仅是没有心理疾病，而且是能充分发挥个人潜能，发展建设性人际关系，从事具有社会价值的活动，追求高层次需要的满足，追求生活的意义。而低层次的心理健康主要指没有心理疾病。

(3)心理不健康与有不健康的心理和行为不能等同。心理不健康是指一种持续的不良状态。偶尔出现一些不健康的心理和行为并不等于心理不健康，更不等于已患心理疾病。因此，不能仅从一时一事而简单地给自己或他人下心理不健康的结论。

(4)心理健康与不健康不是泾渭分明的对立面，而是一种连续状态。从良好的心理健康状态到严重的心理疾病之间有一个广阔的过渡带。在许多情况下，异常心理与正常心理、变态心理与常态心理之间没有绝对的界限，只是程度的差异。

(5)心理健康的状态不是固定不变的，而是动态变化的过程。随着人的成长、经验的积累、环境的改变，心理健康状况也会有所改变。

(6)心理健康标准是一种理想尺度，它不仅为我们提供了衡量是否健康的标准，而且为我们指明了提高心理健康水平的努力方向。每一个人在自己现在的基础上做不同程度的努力，都可以追求心理发展的更高层次，不断发挥自身的潜能。

(7)心理健康与否，在相当程度上可以说是一个社会评价问题。不同社会由于其主流文化、价值观念、社会规范不同，对于同一行为正常与否，往往会做出不同的判断。

二、心理评估

考点1 心理评估的概念 【单选】★

心理评估，指依据用心理学方法和技术搜集得来的资料，对学生的心理特征与行为表现进行评鉴，以确定其性质和水平并进行分类诊断的过程。心理评估是有针对性地进行心理健康教育的依据，是检验心理健康教育效果的手段，也是学生自我认识的途径。心理评估既可以采用标准化的方法，**如各种心理测验**；也可以采用非标准化的方法，**如评估性会谈、观察法、自述法等**。

考点2 心理评估的两种参考架构

现有的评估手段是在两种参考架构的基础上制定的，即疾病模式与健康模式。疾病模式的心理评估旨在对当事人心理疾病的有无以及心理疾病的类别进行诊断。健康模式的心理评估旨在了解个体健康状态下的心智能力及自我实现的倾向，关注的是人的潜能和价值实现的程度、心理素质改善的程度，这在学校心理健康教育中应受到高度重视。

考点3 主要的心理评估方法 【单选】★

1. 心理测验

心理测验是一种特殊的测量，是测量一个行为样本的系统的程序。测验通过测量人的行为，去推测受测者的智力、人格、态度等方面的特征与水平。按照所要测量的特征大体上可把心理测验分成认知测验和人格测验。

2. 评估性会谈

评估性会谈是心理咨询与辅导的基本方法。教师通过评估性会谈既可以了解学生的心理与行为，也可以对学生的认知、情绪、态度施加影响。这种会谈法的优点有：在会谈中可以当面澄清问题，以提高所获得资料的准确性；通过观察会谈过程中双方的关系及学生的非言语行为，可以获得许多重要的附加信息。为了使会谈富有成效，除了要注意建立良好的人际关系外，辅导教师还要运用一些专门的技术，**如倾听、鼓励、询问、反映、澄清、面质等**。

此外，观察法、自述法等也是心理评估常用的方法。其中自述法是指通过学生书面形式的自我描述来了解学生的生活经历及内心世界的一种方法。

三、心理健康教育

考点1 什么是心理健康教育

1. 心理素质培养与心理健康维护

从内容来看，心理健康教育包括心理素质培养与心理健康维护两项任务。

心理素质培养主要是教育与培养个体形成各种良好的心理素质，以助其学业、事业成功。

心理健康维护主要是使个体形成并维持正常的心理状态，从而能适应社会，正常地成长、发展。这项任务包括：(1)帮助学生形成自我调控能力，使之能维持正常的心理状态；(2)帮助进入了不良心理状态的学生及时摆脱这种状态，恢复正常状态；(3)帮助心理不健康的学生康复，使之恢复健康状态。

2. 发展性教育与补救性教育

从性质来看，心理健康教育则包括发展性教育与补救性教育两项任务。

发展性教育主要是有目的、有计划地对学生的心理素质与心理健康进行培养、促进，使学生的心理品质不断优化。

补救性教育则主要是对心理处于不良状态或心理出现问题的学生进行专门的帮助，使之恢复正常状态。

这两项任务也是不同的层次，发展性教育主要是面对正常发展的学生，是提高性的；补救性教育则主要是面对在心理方面出现不同程度问题的学生，是矫正性的。

考点2 心理健康教育的意义 【判断】★

(1)心理健康教育是预防精神疾病，保障学生心理健康的需要，而**学校**是学生心理健康教育的主要场所。

(2)心理健康教育是提高学生心理素质，促进其人格健全发展的需要。

(3)心理健康教育是学校日常教育教学工作的配合与补充。

考点3 心理健康教育的目标、任务和途径 【单选、多选、判断】★

1. 心理健康教育的目标

心理健康教育的总目标是：提高全体学生的心理素质，培养他们积极乐观、健康向上的心理品质，充分开发他们的心理潜能，促进学生身心和谐可持续发展，为他们健康成长和幸福生活奠定基础。

心理健康教育的具体目标是：(1)使学生学会学习和生活，正确认识自我，提高自主自助和自我教育能力，增强调控情绪、承受挫折、适应环境的能力，培养学生健全的人格和良好的个性心理品质；(2)对有心理困扰或心理问题的学生，进行科学有效的心理辅导，及时给予必要的危机干预，提高其心理健康水平。

2. 心理健康教育的任务

(1)针对大多数心理健康的学生而言，心理健康教育的任务是培养学生良好的心理素质，预防心理障碍的发生，促进学生心理机能、人格的发展与完善；

(2)针对有心理障碍的学生而言，心理健康教育的任务是排除学生的心理障碍，预防心理疾病的发生，提高学生的心理健康水平；

(3)针对少数有心理疾病的学生，进行心理咨询与治疗。

3. 心理健康教育的途径

(1)心理健康教育活动课；(2)学科渗透；(3)班主任工作；(4)学校心理咨询与心理辅导；(5)家庭教育；(6)环境教育；(7)社会磨砺；(8)其他途径(少先队、板报、校报、广播等)。

考点4 学校心理健康教育的途径 【单选】★

心理健康教育不能像知识教育那样主要通过教师的传授来完成。它需要渗透到学生日常生活的各个方面，通过多种方式进行。随着中小学生心理问题的日益严重，心理健康教育越发显得迫切而重要，学校心理辅导也日益成为学校实施心理健康教育的主要渠道。在学校开展心理健康教育有以下几种途径：

1. 开设心理健康教育的有关课程和心理辅导的活动课

心理健康教育与辅导有丰富的内容和独立的体系，需要专门设置一个科目，使它像其他课程一样有固定的时间来完成艰巨的任务。从目前国内各级各类学校开展心理辅导的情况来看，这种专门开设的心理健康课程一般有两种形式：(1)以讲授为主的有关课程；(2)开设心理辅导活动课。

2. 在学科教学中渗透心理健康教育的内容

学科教学是学校教育最主要、最基本的活动形式。学生获得知识、发展能力、形成品德、掌握方法主要是在学科教学过程中实现的。同样，在学科教学中渗透心理健康教育在时间和空间上的优势，使心理健康教育在学校里得以全方位地开展。

3. 结合班级、团体活动开展心理健康教育

结合班会活动、课外活动、团体活动来进行，是这一途径的特点。心理辅导同学校、班级活动的宗旨是并行不悖的，从某种意义上说，学校心理健康教育与辅导还拓宽和加深了学校、班级的活动领域，提高了活动的科学性和有效性。但要注意的是，心理辅导仍须有自身的目标和内容，不要让心理辅导被班级、团体的日常活动所代替而丧失自己的特色。

4. 个别心理辅导或咨询

个别辅导是辅导教师通过与学生一对一的沟通互动来实现的专业助人活动，是对个别存在心理问题或心理障碍的学生提供针对性的辅导或矫治，以缓解学生的心理困惑或压力，并促使学生学会自我调节，从而使个人的心理得到健康发展。

个别心理咨询是心理健康教育工作的一个最基本的形式。由于有些心理问题的解决需要有私密性，所以一对一的个别咨询是必要的；而且个别咨询能保证咨询的深度，对于有些比较难处理的个案效果比较好。这一形式的不足在于效率较低，由于现有的学校专业心理健康教育工作人员的资源缺乏，所以当寻求咨询的学生量较大时，少量的心理咨询员往往难以满足学生的个别咨询需求。

5. 小组辅导

小组辅导也称团体辅导，指一组学生在辅导教师的指导下，围绕他们面临的共同问题，通过讨论、训练等活动形式，使团体成员之间相互启发、诱导，达成共识与共同目标，进而改变团体成员的观念和行为。

知识再拔高

学校咨询与辅导

学校咨询与辅导一般可分为缺陷矫正、早期干预、问题预防和发展指导。

1. 干预与矫正

(1)缺陷矫正，对于极少数长期处于恶劣环境下并已经产生、积累了严重的心理和行为障碍的学生，需要进行系统的矫正。但对于一般的学校咨询工作者而言，在专业技术上的要求过高，而学生本人接受咨询帮助的动机往往又很弱，在过于困难的情况下，应当考虑将被矫正者转送更专门的治疗机构。

(2)早期干预，面向少数学生进行，他们可能已经出现某种程度的心理和行为问题，如果得不到及时的帮助，就可能发展成严重的障碍。早期干预就是指在问题出现初期给予学生帮助。

2. 问题预防与发展

(1)问题预防，对于部分学生群体来说，目前并没有出现明显的问题，但是某些学生心理素质比较薄弱，有可能在一定环境条件下出现问题。问题预防就是指在可能的问题发生之前，主动开展各种形式的工作，提高学生应付将来问题的能力。

(2)发展指导，面向全体学生进行。学生随着年龄的增长，生理和心理要经历一系列的发展阶段，社会对他们的要求与期望也逐渐增加，他们在成长过程中可能会出现一些普遍性的问题。在此之前，我们就应该主动开展必要的指导活动，帮助学生成功完成心理—社会发展任务。

真题面对面

［2022 郑州惠济，单，0.5 分］期中考试后，班主任发现，班级中有几名学生因为成绩退步而情绪低

落，上课时精神状态不佳，便和学校的心理健康教育老师讨论解决方案，对相关学生进行针对性辅导，使其尽快进入积极的学习状态。这体现的心理健康教育方式是(　　)

A. 问题预防　　B. 发展指导
C. 系统矫正　　D. 危机干预

答案：D

★★ 考点大默写 ★★

1. 心理健康表现为个体具有生命的活力，积极的________，良好的________能力。
2. 依据用心理学方法和技术搜集得来的资料，对学生的心理特征与行为表现进行评鉴，以确定其性质和水平并进行分类诊断的过程是指________。心理咨询与辅导的基本方法是________。
3. ________是学生心理健康教育的主要场所。
4. 心理健康教育的总目标是提高________的心理素质，培养他们积极乐观、健康向上的心理品质，充分开发他们的________，促进学生身心和谐可持续发展，为他们健康成长和幸福生活奠定基础。

【参考答案】

1. 内心体验；社会适应　2. 心理评估；评估性会谈　3. 学校　4. 全体学生；心理潜能

第二节　学生心理辅导

一、心理辅导及其目标

考点1　心理辅导的内涵

1. 心理辅导的概念

心理辅导是指学校教育者根据学生心理发展的特征与规律，在一种新型的、建设性的人际关系中，运用心理学等专业知识技能，设计与组织各种教育性活动，以帮助学生形成良好的心理素质，充分发挥个人潜能，进一步提高心理健康水平的过程。

理解心理辅导的概念，要特别注意以下几点：

(1)学校心理辅导强调面向全体学生；

(2)辅导以正常学生为主要对象，以发展辅导为主要内容；

(3)心理辅导是一种专业活动，是专业知识和技能的运用。

2. 心理辅导的原则　【单选】　★

要做好心理辅导工作，必须遵循的原则主要有：

(1)面向全体学生原则。面向全体学生原则要求教师在制订心理辅导计划时，要着眼于全体学生；确定心理辅导活动的内容时，要考虑大多数学生的共同需要与普遍存在的问题；组织团体辅导活动时，要创造条件，让尽可能多的学生参与，特别要给那些内向、沉静、腼腆、害羞、表达能力差、不大引人注目的学生提供参与和表现的机会。

(2)预防与发展相结合原则。贯彻这一原则时应注意：心理辅导工作应采取主动态势，宜未雨绸缪，注意防微杜渐。因此，建立学生的心理辅导档案是很有必要的。

(3)**尊重与理解学生原则**。贯彻这一原则应注意以下要点：①尊重学生个人的尊严，以平等的、民主的态度对待学生；②尊重学生的选择；③运用同感的态度和技术加深对受辅导学生的理解。

(4)**学生主体性原则**。贯彻学生主体性原则应考虑到以下几个方面：①开设心理辅导活动课要以学生需要为出发点；②尊重学生主体地位，鼓励学生"唱主角"。

(5)**个别化对待原则**。贯彻个别化对待原则应注意以下几点：①注重对学生个别差异的了解；②对不同学生区别对待；③认真做好个案研究。

(6)**整体性发展原则**。贯彻这一原则应考虑到：①树立学生全面发展的观念；②不宜把心理辅导课程变成单纯的知识传授课。

真题面对面

[2021平顶山湛河，单，0.8分]学校心理辅导工作应采取主动态势，宜未雨绸缪，注意防微杜渐，并建立学生的心理辅导档案。这体现了以下哪项心理辅导原则(　　)

A. 面向全体学生原则　　B. 预防与发展相结合原则

C. 尊重与理解学生原则　　D. 整体性发展原则

答案：B

考点2　心理辅导的目标　【单选、多选、判断】★

学校心理辅导的一般目标与学校教育目标是一致的。但心理辅导毕竟只是学校教育的一个方面，其目标应有自己的独特之处。学校心理辅导的一般目标可归纳为两个方面：学会调适和寻求发展。

学会调适是基本目标，以此为主要目标的心理辅导可称为调适性辅导；寻求发展是高级目标，以此为主要目标的心理辅导可称为发展性辅导。简言之，这两个目标分别是要引导学生达到基础层次的心理健康和高层次的心理健康。

二、中小学生心理辅导的方法　【单选、多选、判断】★★

考点1　行为改变的基本方法

1. 强化法

强化法用来培养新的适应行为。根据学习原理，一个行为发生后，如果紧跟着一个强化刺激，这个行为就会再一次发生。例如，一个学生不敢同老师说话，学习上遇到了疑难问题也没有勇气向老师求教，当他一旦敢于主动向老师请教，老师就给予表扬，并耐心解答问题时，这个学生就能学会主动向老师请教的行为方式。

2. 代币奖励法

代币是一种象征性强化物，筹码、小红星、盖章的卡片、特制的塑料币等都可作为代币。当学生做出教师期待的良好行为后，就发给他们数量相当的代币作为强化物。学生用代币可以兑换有实际价值的奖励物或活动。代币奖励的优点是可使奖励的数量与学生良好行为的数量、质量相适应，代币不会像原始强化物那样产生"饱"现象而使强化失效。

3. 行为塑造法

行为塑造是指通过不断强化逐渐趋近目标的反应，来形成某种较复杂的行为。有时候我们所期望的行为在某学生身上很少出现或很少完整地出现，此时，我们可以依次强化那些渐趋目标的行为，直到合意行为的出现。

4. 示范法

观察、模仿教师呈现的范例（榜样），是学生学习社会行为的重要方式。模仿学习的机制是替代强化。由于范例的不同，示范法有以下几种情况：(1)辅导教师的示范；(2)他人提供的示范；(3)电视、录像、有关读物提供的示范；(4)角色的示范。

5. 处罚法

处罚的作用是消除不良行为。处罚有两种：(1)在不良行为出现后，呈现一个厌恶刺激（如否定评价、给予处分）；(2)在不良行为出现后，撤销一个愉快刺激。

6. 自我控制法

自我控制法是让当事人自己运用学习原理，进行自我分析、自我监督、自我强化、自我惩罚，以改善自身行为。从理论指导来说，它是一种经过人本主义心理学改善过的行为改变技术，其好处是强调当事人（学生）的个人责任感，增加了改善行为的练习时间。

考点2　行为演练的基本方法

1. 全身松弛法

全身松弛法，或称**全身松弛训练**，是通过改变肌肉紧张，减轻肌肉紧张引起的酸痛，以应对情绪上的紧张、不安、焦虑和气愤。

训练有不同的操作方式，紧张、松弛对照训练是最常见的一种。全身训练法由**雅各布松**在20世纪20年代首创，经后人修改完成。其要点是训练者要学会接受自身生理状态的信息，辨认肌肉紧张、放松的感觉，对肌肉做“紧张—坚持—放松”的练习，从紧张与放松的感觉对比中学会放松。训练时，对全身多处肌肉按固定次序依次放松，每日练习，坚持不断。

2. 系统脱敏法

系统脱敏是指当某些人对某事物、某环境产生敏感反应（害怕、焦虑、不安）时，我们可以在当事人身上发展起一种不相容的反应，使其对本来可引起敏感反应的事物，不再发生敏感反应。例如：一个学生过分害怕猫，我们可以让他先看猫的照片，谈论猫；再让他远远观看关在笼中的猫，让他靠近笼中的猫；最后让他摸猫、抱起猫，消除对猫的惧怕反应。这就是“脱敏”。系统脱敏法由**沃尔帕**首创，它包括以下几个步骤：(1)进行全身放松训练；(2)建立焦虑刺激等级表；(3)焦虑刺激与松弛活动相配合。

3. 肯定性训练

肯定性训练，也叫**自信训练**、**果敢训练**，其目的是促进个人在人际关系中公开表达自己真实的情感和观点，维护自己的权益也尊重别人的权益，发展人的自我肯定行为。自我肯定行为主要表现在三个方面：(1)请求他人为自己做某事，以满足自己合理的需要；(2)拒绝他人的无理要求而又不伤害对方；(3)真实地表达自己的意见和情感。

实际生活中，许多学生表现出的是不肯定行为。例如：谈话时眼睛不敢看着对方；说话句子短；不敢提出合理要求；不敢拒绝别人的无理要求；不敢表达自己的不满情绪；与同学发生矛盾时不敢正面解决问题而是哭着找老师等。

肯定性训练是通过角色扮演以增强自信心，然后再将学得的应对方式应用到实际生活情境中。通过训练，当事人不仅降低了焦虑程度，而且发展了应对实际生活的能力。

真题面对面

[2021洛阳洛龙,单,0.9分]通过角色训练增强自信心,然后将所学得的应对方式应用到实际生活情境中的行为演练方式为(　　)

A. 自我控制训练　　B. 肯定性训练　　C. 自我强化训练　　D. 自我监督训练

答案:B

考点3　改善学生认知的方法

理性—情绪疗法(RET),又称**合理情绪疗法**,是20世纪50年代由**艾利斯**在美国创立的,它是认知疗法的一种,因其采用了行为治疗的一些方法,故又被称为**认知—行为疗法**。

"人不是被事情困扰着,而是被对这件事的看法困扰着。"艾利斯强调人的认知在情绪和行为中的主宰作用。他认为,人的情绪是由他的思想决定的,合理的观念导致健康的情绪,不合理的观念导致负向的、不稳定的情绪。人有许多非理性的观念,如我"必须"成功,并得到他人赞同;别人"必须"对我关怀和体贴;事情"应该"做得尽善尽美;课堂上回答问题有错误是很糟糕的事等。

人们持有的不合理信念总结起来有三个特征:(1)**绝对化要求**,是指个体以自己的意愿为出发点,以极端的要求衡量一切事物。例如,学生要求"我必须每次都考第一名""他们都应该对我好"等。(2)**概括化要求**,这是一种以偏概全的不合理的思维方式,它包括对自己和对他人的不合理评价。例如:一次考试成绩不理想便认为自己不行,从而导致自卑、指责、情绪消沉;别人一次约会迟到,就认为这人不守时,不值得信任,导致责备他人,甚至产生愤怒等情绪。(3)**糟糕至极**,表现为一旦遇到什么挫折,就产生一种非常糟糕,甚至是灾难性的预期的非理性信念,从而陷入悲观、抑郁的情绪中而不能自拔。

通过改变不合理信念调整自己的认知,是维护心理健康的重要途径。因此,艾利斯提出了解释人的行为的ABC理论。

A:个体遇到的主要事实、行为、事件。

B:个体对A的信念、观点。

C:事件造成的情绪结果。

我们的情绪反应C是由B(我们的信念)直接决定的,即B起着关键作用。可是许多人只注意A与C的关系,而忽略了C是由B造成的。B如果是一个非理性的观念,就会造成负向情绪。若要改善情绪状态,必须驳斥(D)非理性信念B,建立新观念并获得正向的情绪效果(E)。这就是艾利斯理性情绪治疗的ABCDE步骤。

真题面对面

[2021平顶山湛河,判断,0.6分]精神分析理论认为,人不是被事情困扰着,而是被对事物的看法困扰着。(　　)

答案:×

三、中小学生常见的心理问题【单选、多选、判断】★★

考点1　儿童多动综合征

1. 概念

儿童多动综合征(简称多动症)是小学生中最为常见的一种以注意力缺陷和活动过度为主要特征的行

为障碍综合征。高峰发病年龄为8～10岁。

2. 特征

(1)活动过多。这种儿童的多动与一般儿童的好动不同,他们的活动是杂乱无章的、缺乏组织性和目的性。(2)注意力不集中。注意力集中困难是该类儿童突出的、持久的临床特征。(3)冲动行为。多动症儿童的行动多先于思维,即他们经常未考虑就行动。

3. 原因

(1)先天体质上的原因。例如,产前、产中和产后缺血、缺氧引起的轻微脑损伤和遗传因素的作用。(2)社会因素。不安的环境可能引起他们的精神高度紧张,如父母的经常性批评等。

4. 治疗方法

(1)多动症可以在医生指导下采用药物治疗。(2)行为疗法。采用各种行为疗法的重点在于培养和发展其自制力、注意力,可用强化奖励法、代币法等。(3)自我指导训练的方法,即发展儿童的自我对话,加强内部言语对自身行为的引导和控制作用。

考点2 学习困难

1. 概念

学习困难,又称学习障碍,即学习技能缺乏,指在知识的获取、巩固和应用的过程中缺乏策略和技巧,也就是我们常说的没有掌握学习方法。学习上非常努力和勤奋,投入了大量的时间和精力,可是学习成绩不理想。由于学生在主观上搞好学习的良好愿望与客观上获得的学习效果之间存在着极大的反差,对他们心理的打击特别大,如果得不到正确的引导,很容易引发一系列的心理问题。

学习困难综合征是指某些智力正常或接近正常的儿童,因神经系统的某种或某些功能性失调,使其在听、读、写、算方面能力降低或发展较慢,以致陷入学习困难。学习困难综合征在小学生中比较多见。

2. 表现

(1)学困生在知识水平方面的差异主要表现在:①知识背景贫乏;②概念水平差;③基本知识技能的熟练程度差;④知识结构水平差。

(2)学困生在认知方面的差异主要表现在:①注意力差。②感知觉能力差。观察力差、感觉受损、感知觉统合困难。③记忆不良。逻辑记忆发展较差,偏向于动作记忆,学困生在记忆广度、记忆速度、记忆精准度、短时记忆、长时记忆等方面都低于学优生,短时记忆差是差生的一大特点。④阅读困难。朗读、默读困难,阅读理解水平低,阅读速度慢。⑤言语落后。⑥思维水平低。推理、概括、想象能力差,思维品质不良,思维缺乏监控。⑦学习策略与学习方式差。

小香课堂

患有儿童多动综合征的学生的学习困难主要是由好动、冲动、注意力缺陷和行为障碍造成的。而患有学习困难综合征的学生在个体发展上是健康的,不存在多动症儿童所表现的情绪和行为问题。

3. 应对策略

(1)多赞扬鼓励学生,培养学生的自信心理;(2)学法指导,即教会他们怎样找到自己所需要的信息,提高学生主动学习的热情;(3)注重培养学生的学习动机、学习兴趣、学习的情感、意志和态度。

考点3 焦虑症和考试焦虑

1. 概念

焦虑症是以与客观威胁不相适应的焦虑反应为特征的神经症。正常人在面临各种压力情境,特别是在个人自尊心受到威胁时,也会出现焦虑反应,但他们的焦虑与客观情境的威胁程度是相适应的。

2. 表现

(1)情绪方面：紧张不安，忧心忡忡。(2)注意和行为方面：注意力集中困难，极端敏感，对轻微刺激做过度反应，难以做出决定。(3)躯体症状方面：心跳加快，过度出汗等。

学生中常见的焦虑反应是考试焦虑。考试焦虑是一种复杂的情绪现象，是在一定的应试情境下，受个体认知评价能力、人格倾向与其他身心因素制约，以担忧为基本特征，以防御或逃避为行为方式，通过一定程度的情绪反应表现出来的心理状态。其表现是：随着考试临近，心情极度紧张；考试时注意力不集中，知觉范围变窄，思维刻板，表现慌乱，无法发挥正常水平。

3. 原因

(1)学校的统考和应试教育体制使学生缺乏内在自尊；(2)家长对子女期望过高；(3)学生的个性过于争强好胜，缺乏对失败的耐受力，知识准备不足，缺乏相应的应试技能等。

4. 治疗方法

(1)采用肌肉放松、系统脱敏等方法；(2)采用认知矫正程序，指导学生在考试中使用正向的自我对话，如“我能应付这个考试”；(3)锻炼学生的性格，提高挫折应对能力；(4)往最好处做，不要计较最后结果；(5)考前要注意调节情绪。

考点4　儿童厌学症

1. 概念

厌学症又称学习抑郁症，是由于人为因素造成的儿童厌恶学习的一系列症状。

2. 表现

儿童厌学症的主要表现是对学习不感兴趣，讨厌学习。厌学的儿童对学习有一种说不出的苦闷感，一提到学习就心烦意乱，焦躁不安。他们对教师或家长有抵触情绪，学习成绩不好，有的还兼有品德问题。儿童厌学情绪严重或受到一定的诱因影响时，往往会发生旷课、逃学或辍学现象。

3. 原因

(1)学校教育的失误，如填鸭式教育；(2)家庭教育的不当；(3)社会不良风气的影响，如一切向“钱”看、读书无用论。

4. 治疗方法

(1)教师通过灵活多样的课堂教学活动和丰富多彩的第二课堂活动来调动学生的学习积极性；(2)家长需要改变自己的教养态度，采用民主式教养方式，建立和谐的家庭气氛；(3)纠正一些不良的社会风气，尽量避免这些风气对儿童的不良影响；(4)作为学生自身来说，要调整好心态，要有自信心，以坚毅的性格、乐观的态度为人处世，坚信付出必有收获；(5)要彻底遏制“厌学”的根源，还必须从根本上改造目前的应试教育体制，必须将素质教育的推广落到实处，要让教育成为大众的、快乐的科学教育。

考点5　恐怖症

1. 概念

恐怖症(或称恐惧症)是对特定的无实际危害的事物与场景的非理性的惧怕。恐怖症可分为单纯恐怖、广场恐怖和社交恐怖。

2. 表现

学校恐怖症是指学生一进入学校就不由自主地产生一种严重的焦虑和恐惧感，在小学生中较为常见。学校恐怖症主要表现为儿童害怕上学，严重者还会害怕与学校有关的东西，如怕老师、害怕去教室等。也有些儿童会产生上学前身体不舒服等保护性行为。学校恐怖症会导致儿童不能正常学习，成绩落后。

学生中社交恐怖也较为常见，主要表现为：害怕在社交场合讲话，担心自己因双手发抖、脸红、声音颤抖、口吃而暴露自己的焦虑，觉得自己说话不自然，因而不敢抬头，不敢正视对方的眼睛。

3. 原因

恐怖症产生的原因有：(1)直接经验刺激；(2)观察学习；(3)对某些事物或情境的危险做出了不切实际的评估。

学校恐怖症产生的原因与儿童过分恋家、还没有适应学校生活、害怕学业失败、教师严厉的管教和处理问题不当以及家长过高的期望有关。

4. 治疗方法

(1)系统脱敏法是治疗恐怖症最常用的方法；(2)改善人际关系，营造宽松、自由的氛围，适当减轻当事人的压力。

真题面对面

[2021平顶山湛河，判断，0.6分]系统脱敏法是治疗恐惧症的常用方法。(　　)

答案：√

考点6　强迫症

1. 概念

强迫症是一种以强迫观念和强迫行为为特征的神经症，是指个体主观上感到有某种不可抗拒的、不能自行克制的观念、意向和行为的存在。个体虽能意识到这些观念、意向、行为是不必要的或毫无意义的，但就是难以将其排除。研究发现，2岁、7~8岁是正常儿童出现强迫现象的高峰年龄。

强迫症

2. 表现

强迫症包括强迫观念和强迫行为，强迫观念指当事人身不由己地思考他不想考虑的事情，强迫行为指当事人反复去做他不希望执行的动作，如果不这样想、不这样做，他就会感到极端焦虑。强迫洗手、强迫计数、反复检查(门是否上锁)、强迫性仪式动作是生活中常见的强迫症状。

3. 原因

(1)社会心理原因，包括学习过度紧张、家庭要求过于严格、学习困难、人际关系不良；(2)个人原因，如胆小怕事、优柔寡断、偏执刻板。

4. 治疗方法

(1)药物治疗。(2)行为治疗。例如，暴露与阻止反应，主要用于控制当事人的刻板行为。(3)建立支持性环境。(4)森田疗法。强调放弃对强迫行为做无用控制的意图，而采取“忍受痛苦，顺其自然”的态度。

真题面对面

[2023周口市直，单，1分]初中中考学生抑制不住地想自己考不上高中，影响了正常学习，这属于(　　)的心理问题。

A. 理想观念　　B. 强迫观念　　C. 恐惧效应　　D. 强迫效应

答案：B

考点7 抑郁症

1. 概念

抑郁症是以持久的心境低落为特征的神经症。个体有过度的抑郁反应，通常伴随有严重的焦虑感。

2. 表现

(1)情绪消极、悲观、颓废、淡漠、失去满足感和对生活的乐趣;(2)消极的认知倾向，低自尊、无能感，对未来没有期望;(3)动机缺乏、被动、缺乏热情;(4)肢体疲劳、失眠、食欲不振。

3. 原因

抑郁症是由心理原因造成的，对此有各种不同理论的解释。(1)行为主义者认为抑郁症是由多次不愉快的经历、生活中缺乏强化鼓励造成的;(2)精神分析学派认为抑郁源于各种丧失和失落(失去爱、失去地位);(3)认知学派认为抑郁源于个人自我贬低式的思维方式或者不适当的归因方式。

4. 治疗方法

(1)要给当事人以情感支持与鼓励;(2)采用合理情绪疗法，调整当事人消极的认知状态;(3)积极行动起来，从活动中体验成功与愉快;(4)服用抗抑郁药物。

考点8 网络成瘾

1. 概念

网络成瘾，又称**网络成瘾综合征**，临床上是指由于患者对互联网过度依赖而导致的一种心理异常症状以及伴随的一种生理性不适。

2. 原因

网络成瘾的原因很复杂，是成瘾个体、网络环境和外部环境多方面相互作用的结果。网络成瘾既取决于青少年自身成瘾的易感性特征，又取决于网络自身能够提供什么及网络对现实社会生活环境的影响。前者是成瘾的内部原因，后者是成瘾的外部原因。

3. 矫正方法

(1)当事人本身可采用行为疗法，通过控制上网时间和次数，形成良好的上网习惯;(2)教师对网络成瘾的学生可以采用认知疗法，针对网络成瘾问题本身及背后的问题，如学业不良、自卑心理、人际交往障碍等，与当事人进行谈话沟通，探讨如何正确使用互联网，以及网络成瘾的危害;(3)由于家庭功能失调造成的网络成瘾，还可以通过调整家庭成员间的关系，营造良好的家庭氛围，为矫正网络成瘾提供条件。

四、学生心理健康的维护

1. 学生个体进行积极的自我调适

自我调适的方法主要有放松训练、认知压力管理、时间管理、社交训练和态度改变、归因训练、加强身体锻炼等。这里主要谈以下三点:

(1)观念改变。学生要学会正确看待学习，培养乐观的人生态度，树立信心;正确认识自己，勇于接纳自己。

(2)积极的应对策略和归因方式。努力使自己成为更加内控的人，把原因归结为个体可以控制的因素;积极认知，理智、客观地看待压力对自身的影响，形成面对压力的良好心态。

(3)合理的饮食和锻炼，保持身体健康。

2. 学校通过多种方式进行心理健康教育，维护学生心理健康

(1)学校积极开展专门的心理健康教育课和心理卫生教育课，教给学生心理健康的知识和调适心理的方法;

(2)学校组织专门的心理老师对学生进行个别心理辅导;

(3)平时的课堂教学中注意穿插心理健康教育知识，培养学生积极的心理品质；

(4)改变传统应试教育的教学方式和教育理念，提高教师的素质，培养学生对学习的兴趣，杜绝教师伤害事件的发生。

3. 与家长合作构建社会支持网络

学生心理健康在于家长和学校以及社会的共同作用，主要表现在：

(1)学校积极与家长配合，通过班会等形式，共同关注学生的心理健康问题，并且针对问题进行积极交流；

(2)学校专门的心理健康教育机构应该为家长提供支持，对家庭教育中存在的问题及其解决方法提出建议；

(3)国家采取切实措施，重视优化学校周边环境，打击不良媒体对学生心理健康的侵蚀，创造有利于学生心理健康发展的社会环境。

★★ 考点大默写 ★★

1. 学校心理辅导的一般目标可归纳为两个方面：________和________。
2. 在行为改变的基本方法中，通过不断强化逐渐趋近目标的反应，来形成某种较复杂的行为的方法属于________。
3. 一个学生过分害怕猫，我们可以让他先看猫的照片，谈论猫；再让他远远观看关在笼中的猫，让他靠近笼中的猫；最后让他摸猫、抱起猫，消除对猫的惧怕反应，这属于行为演练的基本方法中的________。
4. ________疗法认为合理的观念导致健康的情绪，不合理的观念导致负向的、不稳定的情绪。
5. 小学生中最为常见的一种以注意力缺陷和活动过度为主要特征的行为障碍综合征为________，其高峰发病年龄为________岁。
6. 学生中常见的焦虑反应是________。
7. 对特定的无实际危害的事物与场景的非理性的惧怕指中小学生常见的心理问题中的________；治疗该心理问题最常用的方法是________。
8. 强迫症是一种以________和________为特征的神经症，是指个体主观上感到有某种不可抗拒的、不能自行克制的观念、意向和行为的存在。
9. 以持久的心境低落为特征的神经症为________。

【参考答案】

1. 学会调适；寻求发展　2. 行为塑造法　3. 系统脱敏法　4. 理性—情绪(合理情绪/认知—行为)　5. 儿童多动综合征(多动症)；8～10　6. 考试焦虑　7. 恐怖症(恐惧症)；系统脱敏法　8. 强迫观念；强迫行为　9. 抑郁症

第三节　教师职业心理

一、教师的职业角色心理

考点1　教师的角色心理

1. 教师角色的概念

教师角色是指由教师的社会地位决定的，并为社会所期望的行为模式。也即教师角色代表教师个体在社会团体中的地位和身份，同时包含着许多社会期望教师个体应表现的行为模式，包括社会对教师个人行为模式的期望和教师对自己应有行为的认识两方面。

2. 现代教师角色观

(1)学习的引导者和促进者;(2)行为规范的示范者;(3)班集体的管理者;(4)心理健康的维护者;(5)学生成长的合作者;(6)教学的研究者。

3. 教师的角色意识 【单选、判断】 ★

教师的角色意识,就是指教师对相应的社会角色规范的认知和体验。教师的角色意识是教师自我意识的一项重要内容,只有形成明确的角色意识,教师群体才能形成一个符合社会要求的职业行为规范,教师个体也才能不断地调节、完善自己的职业行为,以取得社会的全面认可。

(1)教师角色意识的心理结构

①**角色认知**。角色认知是指角色扮演者对角色的社会地位、作用及行为规范的实际认识和对与社会的其他角色的关系的认识。角色认知是角色扮演的先决条件,一个人能否成功地扮演某种角色,取决于他对这一角色的认知程度。

②**角色体验**。角色体验是指个体在扮演一定角色的过程中,由于受到各方面的评价与期待而产生的一种情绪体验。

③**角色期待**。社会对每一种社会角色所规定的行为规范和要求,称为角色期待。教师的角色期待是教师自己和他人对其行为的期望。在角色期待里一是自我形象,即个人对自己的行为期望;二是公共形象,指他人对某一特殊角色的期望。这两者是相互作用和相互影响的。教师只有对教师角色的社会期待不断地认同与内化才能尽快地把社会期望转化为自我期待,从而减少角色混淆与角色冲突。角色期望的水平越高,角色行为的水平也就越高。

(2)教师职业角色意识的形成过程

①**角色认知阶段**。教师对角色的认知表现为了解教师角色所承担的社会职责,能够将教师充当的角色与社会上其他职业角色区别开来。在一个人正式成为教师之前就可以达到这个阶段,如师范生就已对未来将要充当的教师角色有所认识,但这时还停留在理性认识上。

②**角色认同阶段**。教师角色认同是指通过亲身体验接受教师角色所承担的社会职责,并用来控制和衡量自己的行为。教师对角色的认同不仅是在认识上了解教师角色的行为规范,而且在情感上也有所体验。对教师角色的认同,是在一个人正式充当这一角色,有了教育实践后才真正开始具有的。

③**角色信念阶段**。教师角色中的社会期望与要求转化为个体的心理需要,这时教师坚信自己对教师职业的认识是正确的,并视其为自己行动的指南,形成了教师职业特有的自尊心和荣誉感。如一些优秀的教师坚信教师是社会上传道、授业、解惑的使者,教师职业是一种崇高而光荣的职业等。

知识再拔高

教师职业角色压力

教师职业特点和工作内容决定了教师在教育教学过程中扮演多种角色,这是教师职责和教师职业的价值所在。而教师角色的多重性和高要求必然产生教师的角色压力。研究发现,教师职业角色压力主要来源于角色冲突和角色超载。

(1)角色冲突。当教师不能同时满足对其有意义的多种角色期望,或对某一特定角色的期望不一致时所产生的矛盾或紧张心理,就是角色冲突。角色冲突有多种形式:①角色间冲突。这既可能是教师需要同时扮演几个角色,也可能是几个角色同时对教师提出相互矛盾的行为要求所引起的冲突。②角色内冲突。不同群体对同一角色持有相互矛盾的期待,使教师很难同时令二者都满意,或教师对角色行为的理解与他人的期待不一致,甚至看法相反,但又必须履行时,就会发生角色内冲突。

(2)角色超载。教师因缺少时间、精力或资源，无力实现角色的要求，这叫作角色超载。角色超载来源于两方面：①时代发展导致对教师的要求提高，使教师角色组合中的角色数量和各角色的工作内容增加；②班级人数膨胀、过多的测验等大大增加了教师的工作负荷，使教师感到自己几乎丧失了休息时间。

考点2 教师威信 【单选、多选、判断】★

1. 教师威信概述

(1)教师威信的概念

教师威信是指由教师的资历、声望、才能和品德等因素决定的教师个人或群体在学生或社会中的影响力。教师威信实质上反映了一种良好的师生关系，是教师成功地扮演教育者角色、顺利完成教育使命的重要条件。

知识再拔高

教育威信与教育威严的区别

人们常将教育威信与教育威严混为一谈，认为威严就是威信，或者认为有了威严才有威信。实际上，教育威信和教育威严是全然不同的。教育威信反映的是教师众所共仰的声望信誉，而教育威严却更多地体现了威势和严厉。前者是使学生感到尊严而信服的精神感召力量，后者则是使学生感到望而生畏的威慑力量。两者反映着师生双方不同的心态和意向，反映着不同性质的师生关系。

(2)教师威信的分类

教师的威信有两种：一种是权力威信，另一种是信服威信。

权力威信是教师根据教育法律法规、学校规章制度、教育传统以及社会心理优势而建立起来的威信。

信服威信是由于教师良好的思想品德、教学能力、教学态度与民主作风而使学生自愿接受、内心佩服而树立起来的威信。教师应该树立信服威信，而不应该追求权力威信。

(3)教师威信的结构

教师威信主要包括人格威信、学识威信和情感威信三个方面的内容。

2. 影响教师威信形成的因素

(1)教师威信形成的客观条件

影响教师威信形成的客观因素是多方面的，主要有：社会对教师职业的态度，教育行政机关及学校领导干部对教师的态度，学生家长对教师的态度，学生对教师工作的认识和态度等。其中，最重要的是社会对待教师职业的态度，这决定着教师职业的社会地位。

(2)教师威信形成的主观条件

①教师的专业素质——教师高尚的思想道德品质、渊博的知识和高超的教育教学艺术是教师获取威信的基本条件。

②教师的人格魅力——教师的仪表、作风和习惯，是教师获得威信的必要条件。

③师生关系——师生平等交往是教师获得威信的重要条件。

④教师的评价手段。教师的评价手段包括教师对学生评价的时机是否适当、评价的场合是否适宜、评价的强度是否适中、评价的方式是否合适等。

3. 教师威信的形成与发展

(1)教师威信形成的过程

教师威信形成的过程,一般来说是由"不自觉威信"向"自觉威信"发展。

(2)建立教师威信的途径

①培养自身良好的道德品质。良好的道德品质是教师获得威信的基本条件。

②培养良好的认知能力和性格特征。良好的认知能力和性格特征是教师获得威信所必需的心理品质。

③注重良好仪表、风度和行为习惯的养成。

④给学生以良好的第一印象。

⑤做学生的朋友与知己。

知识再拔高

建立教师威信的途径的其他说法

(1)具备良好的教育教学意识和心理结构是教师获得威信的基本条件;(2)保持与学生良好的交往和沟通是教师威信形成的有效途径;(3)加强教师的仪表、言语、表情、举止、生活作风和习惯的整饰对威信的获得有重要影响;(4)留下美好的第一印象是教师获得威信的又一捷径;(5)严格要求自己和勇于批评与自我批评是教师威信形成的精神动力。

(3)教师威信的维护

教师威信建立后,具有一定的稳定性,但不是一成不变的。因此,教师在建立威信后,维护和发展已形成的威信也是十分重要的。具体的维护措施有:①教师要有坦荡的胸怀、实事求是的态度。②教师要正确认识和合理运用自己的威信。③教师要有不断进取的敬业精神。④教师要言行一致,做学生的楷模。

二、教师的职业心理特征

考点1 教师的认知特征

教师是在知识含量高的教育领域从事职业活动的人,职业的成功有赖于教师良好的知识结构和教学能力。

1. 教师的知识结构

一般认为,教师的知识结构主要包括:(1)专业学科内容知识;(2)教育教学知识;(3)心理学的知识;(4)实践性知识。

2. 教师的教学能力 【单选】 ★

一般来说,教师的教学能力包括:(1)组织和运用教材的能力;(2)言语表达能力;(3)组织教学的能力;(4)对学生学习困难的诊治能力;(5)教学媒体的使用能力;(6)教育机智等。

申继亮等人采用内隐理论的研究范式,对教师的教学能力进行了系列研究,把教师的教学能力分成以下几个方面:

(1)教学认知能力

教学认知能力是指教师对所教学科的定理、法则和概念等的概括化程度,以及对所教学生的心理特点和自己所使用的教学策略的理解程度。教师的智力水平与教学效果的相关极低,教师的智力水平超过了某一个临界点以后,教学效果并不随着教师智力水平的提高而提高,因此,教师的智力对教学效果的影响只是作为一个有限的因素在起作用。

教师的认知特征主要包括以下三个方面:

①**观察力特征**。教师的观察力是了解学生个性特征、发挥教育机智、因材施教的前提，因此，善于观察学生是教师教学能力结构的基本要素。

②**思维特征**。教师从观察中获得的材料，必须经过思维的加工才能形成教育决策，因此，思维能力是教师职业素养的重要标志。

③**注意力特征**。注意力对于教师的教育教学活动具有增强清晰度和调控的功能，可以使教师在教育教学活动中进行细致的观察、提高感受性、准确记忆、思维敏锐，从而提高教育教学效果，教师注意力的特点集中表现在注意分配能力上。

(2)教学操作能力

教学操作能力是指教师在教学中使用策略的水平，其水平高低主要看他们是如何引导学生掌握知识、积极思考、运用多种策略解决问题的，它是教师课堂教学能力的集中体现。

(3)教学监控能力

教学监控能力是指教师为了保证教学达到预期的目的而在教学的全过程中，将教学活动本身作为意识对象，不断对其进行积极主动的计划、检查、评价、反馈、控制和调节的能力。这种能力可以分为三个方面：①教师对自己的教学活动的事先计划和安排；②教师对自己的实际教学活动进行有意识的监察、评价和反馈；③教师对自己的教学活动进行调节、校正和有意识的自我控制。

教师教学监控能力的发展趋势为：①从他控到自控；②从不自觉经过自觉达到自动化；③敏感性逐渐增强；④迁移性逐渐增强。其中，迁移性的增强是教师教学监控能力真正提高的重要标志。

在教学能力结构中，教学认知能力是基础，教学操作能力是教学能力的集中体现，而教学监控能力是关键。教学监控能力是教学能力诸成分中最高级的成分，它不仅是教学活动的控制执行者，而且是教学能力发展的内在机制。

真题面对面

[2022安阳文峰(高新)，单，0.9分]周老师根据教学过程的不同阶段，做好课前的计划与准备，课堂的反馈与调节，课后的反思与评价。这说明周老师具备较强的(　　)

A. 教学监控能力　　　　B. 教学认知能力

C. 教学操作能力　　　　D. 教学管理能力

答案：A

考点2　教师的人格特征　【单选】★

1. 职业信念

教师的职业信念是指教师对成为一个成熟的教育教学专业工作者的向往和追求，它为教师提供了奋斗的目标，是推动教师成长的巨大动力。有关职业信念的心理学研究主要集中在以下两个方面：

(1)教学效能感

①教学效能感的概念和种类

教学效能感一般指教师对自己影响学生行为和学习结果的能力的一种主观判断。这种判断会影响教师对学生的期待和指导，从而影响教师的工作效率。

教学效能感又分两个部分：一般教学效能感和个人教学效能感。前者指教师对教与学的关系、教育在学生身心发展中的作用等问题的一般看法和判断；后者指教师认为自己能够有效地影响学生，相信自己具有教好学生的能力。

②提高教师的教学效能感的方法

提高教师的教学效能感需要从教师自身和外部环境两方面入手。

从教师的自身方面来说：第一，要形成科学的教育观，这需要教师不断地学习和掌握教育学与心理学的知识，在教育实践中运用这些知识，通过自身的教育实践验证并发展这些知识；第二，向他人学习，如观摩优秀教师教学、学习其他教师的好的经验等，增强教师的自信心；第三，教师要注意对自己的教学进行总结和反思，不断改进自己的教学。

从教师所处的外部环境来说：第一，在社会上，必须树立尊师重教的良好风气；第二，在学校内，必须建立一套完整、合理的管理制度和规则并严格加以执行，以及努力创立进修、培训等有利于教师发展和实现其自身价值的条件。另外，良好的校风建设、提高福利待遇等措施也会对教师的教学效能感产生积极的影响。

（2）教学归因

教学归因是指教师对学生学习结果的原因的解释和推测，这种解释和推测所获得的观念必然会影响其自身的教学行为。例如，倾向于将原因归于外部因素的教师，往往会更多地将学生的学习结果归结于学生的能力、教学条件等因素，因而，在其面对挫折时，就比较倾向于采取职业逃避策略，做出听之任之或者怨天尤人的消极反应。

2. 职业性格

有研究认为，优秀教师的性格品质的基本内核是“促进”，即对别人的行为有所帮助，教师的“促进”主要表现在三个方面：（1）理解学生；（2）与学生相处；（3）了解自己。

知识再拔高

教师的人格特征与职业成就之间的关系

在教师的人格特征中，有两个重要特征对教学效果有显著影响：一是教师的热心和同情心；二是教师富于激励和想象的倾向性。研究表明，有激励作用、生动活泼、富于想象并热心于自己学科的教师，他们的教学工作较为成功。在教师的激励下，学生的行为更富有建设性。还有的研究发现，教师对学生思想的认可与学生成绩有正相关的趋势，尽管教师的表扬次数与学生的成绩之间未发现明确的关系，但教师的批评或不赞成与学生的成绩之间却存在着负相关。尤其是在那些个性、年龄不同的学生身上其差别表现更显著。

考点3　教师的行为特征

1. 教师的教学行为

教师的教学行为可以从以下六个方面来衡量：

（1）教师行为的明确性，即教师的教学行为是否正确；

（2）教学方法的多样性，即教师的教学方法是否灵活、多样，调动学生学习的积极性的手段是否有效；

（3）任务取向，即教师在课堂上的所有活动是否围绕教学任务而进行；

（4）富有启发性，即教师的课堂教学对学生能否启发得当；

（5）参与性，即在课堂教学过程中，班上的学生是否都积极地参与到教学活动中去；

（6）及时评估教学效果，即教师能否及时掌握学生的学习状况和课堂中出现的问题，并据此调整自己的教学节奏和教学行为。

如果一个教师在教学中能做到以上六个方面，那么其教学行为应是非常恰当的，教学效果也必然会好。

2. 教师的期望行为 【单选、判断、案例分析】 ★★

(1)教师期望效应

教师期望效应也叫罗森塔尔效应或皮格马利翁效应,即教师的期望或明或暗地传递给学生,会使学生按照教师所期望的方向来塑造自己的行为。教师期望效应的发生,既取决于教师自身的因素,也取决于学生的人格特征、原有认知水平、归因风格和自我意识等心理因素。必背

教师期望效应有两类:第一类为**自我应验效应**,即由原先错误的期望引起并把这个错误的期望变成现实的行为。例如,某同学的父亲是著名的文学家,那他的老师很自然地认为他具有成为出色作家的潜力,假设该学生文学天赋平平,但这个老师对其抱有满腔热情,表达对其能力的十足信心,鼓励他经常练习,常常对其作业进行额外的批改。结果这种对待使他果真成为优秀的小作家。但如果老师不特别对待这位学生,结果就不会是这样,这就可看作自我应验效应。第二类是**维持性期望效应**。在此,老师认为学生将维持以前的发展模式。其问题在于,如果老师认可这种模式,将很难注意和利用学生潜在能力的发展。例如,老师对差生和优等生的不同期望,使得他很难关注差生的进步,甚至对其进步持怀疑态度,认定他是在别人的帮助下甚至是通过作弊得到的。这种期望维持甚至增大了优等生和差生的差距。

(2)教师期望对学生的影响

多数心理学家认为,教师期待的自我实现预言效应确实是存在的。在日常教育中,经常可以发现,如果教师喜欢某些学生,对他们抱有较高期待,一段时间后,教师会将自己暗含期待的感情微妙地传递给学生,使这些学生更加自尊、自信、自爱、自强,诱发出一种积极向上的激情,这些学生常常像老师所期待的那样有所进步。相反,如果教师厌恶某些学生,对学生期待较低,一段时间后,学生也会感受到教师的"偏心",也常常像老师所期待的那样一天天变差。教师的这种期待产生了相互交流的反馈,出现了教师期待的效果。

真题面对面

[2023事业单位,单,0.8分]小王物理成绩特别好,而小李的物理成绩比较差,马上要期末考试了,物理老师对小王和小李的期望不同,对小王寄予厚望,而对小李只要及格就行。结果小王获得全班第一名,小李成绩进步了20名,但物理老师只看到了小王的名列前茅,却看不到小李的进步,甚至认为小李的成绩是在他人帮助下作弊得到的。物理教师对小王和小李的不同期望属于(　　)

A. 刻板印象现象　　B. 以偏概全代入式现象

C. 晕轮效应现象　　D. 维持性期望效应现象

答案:D

三、教师的职业成长心理

考点1　专家型教师和新手型教师的区别 【多选、不定项、判断、填空】 ★

研究者认为,教师的成长过程是一个由新手到熟手向专家型教师发展的过程。专家型教师是有教学专长的教师。专家型教师和新手型教师有如下差异:

1. 课时计划的差异

对教师课时计划的分析表明,与新手型教师相比,专家型教师的课时计划简洁、灵活、以学生为中心,并具有预见性。

表 3-19　专家型教师与新手型教师的课时计划差异

比较范畴	专家型教师	新手型教师
课时计划的内容	(1)只是突出了课程的主要步骤和教学内容,并未涉及一些细节;(2)修改与演练课时计划所需的大部分时间都是在正式计划的时间之外,自然地在一天中的某个时候发生	(1)把大量的时间用在课时计划的一些细节上;(2)在临上课之前针对课时计划做一下演练或利用课间来修改课时计划
教学的细节	由课堂教学活动中学生的行为决定,即从学生那里获得一些有关教学细节的问题	依赖于课程的目标,仅限于课堂中的一些活动或一些已知的课程知识,而不能够把课堂教学计划与课堂情境中学生的行为联系起来
制订课时计划	根据学生的先前知识来安排教学进度,具有很大的灵活性	仅仅按照课时计划去做,并想办法去完成它,却不会随着课堂情境的变化来修正他们的计划
备课	表现出一定的预见性。他们会在头脑中形成包括教学目标在内的课堂教学表象和心理表征,并且能预测执行计划时的情况	不能预测计划执行时的情况,因为他们往往更多地想到自己做什么,而不知道学生将要做些什么

2. 课堂教学过程的差异

表 3-20　专家型教师与新手型教师的课堂教学过程差异

比较范畴	专家型教师	新手型教师
课堂规则的制定与执行	制定的课堂规则明确,并能坚持执行	制定的课堂规则较为含糊,难以坚持执行
维持学生注意	有一套完善的维持学生注意的方法	相对缺乏完善的维持学生注意的方法
教材内容的呈现	注重回顾先前的知识,并能根据教学内容选择适当的教学方法	不能很好地呈现教材内容
课堂练习	将练习看作检查学生学习的手段	仅仅把练习当作必经的步骤
家庭作业的检查	具有一套检查学生家庭作业的规范化、自动化的常规程序	缺乏相应的检查学生家庭作业的规范
教学策略的运用	具有丰富的教学策略,并能灵活运用	缺乏或不会运用教学策略

3. 课后评价差异

在课后评价时,专家型教师和新手型教师关注的焦点不同。新手型教师的课后评价要比专家型教师更多地关注课堂中发生的细节;而专家型教师则更多地谈论学生对新教材的理解情况和课堂中值得注意的活动。

4. 其他差异

(1)在师生关系方面,专家型教师能热情、平等地对待学生,师生关系融洽,具有强烈的成就体验;

(2)在人格魅力方面,专家型教师具有注重实际和自信心强的人格特点,能更好地控制和调节情绪,理智地处理面临的教育教学问题,并在课后进行评估和反思;

(3)在职业道德方面,专家型教师对职业的情感投入程度高,职业义务感和责任感强。

(4)在工作动机方面,新手型教师在教师成长过程中处于关注生存阶段,工作动机在成就目标上是以成绩目标为主。由于其缺乏教学经验和专业技能训练,难以设身处地地理解和关心学生。他们更多地以自我为中心，关心能否向他人证明自己的能力，关注外界对其教学状况的评价。解决生存问题是其关注的焦点。

考点2 影响教师成长的因素 【单选】★

在从新手到专家水平的教师成长过程中，制约因素可以分为个人因素、情境因素、系统过程三类。

(1)个人因素。个人因素涉及教师自身的职业与能力等方面的特征，包括教师的自我评价、师德状况、人际关系、认知能力、职业发展和动机水平等。其中，认知能力是关键因素。

(2)情境因素。情境因素指教师学习或工作的环境，教师所处的情境分为五个层面，即社会与社区、学校体制、学校氛围、教学小组或部门与课堂。

(3)系统过程。系统过程即有目的地影响教师成长的特定方法和手段，具体有教研活动、反思训练等等。

考点3 教师成长的阶段和途径 【单选、多选、判断、案例分析】★★

福勒与布朗的教师发展三阶段理论

1. 教师发展三阶段理论 必背

福勒和布朗根据教师的需要和不同时期所关注的焦点问题，把教师的成长划分为关注生存、关注情境和关注学生三个阶段。

(1)关注生存阶段。处于关注生存阶段的一般是新教师，他们非常关注自己的生存适应性，最担心的问题是“学生喜欢我吗”“同事们如何看我”“领导是否觉得我干得不错”等。因而，他们可能会把大量的时间花在如何与学生搞好个人关系上，想方设法控制学生，而不是更多地考虑如何让学生获得学习上的进步。

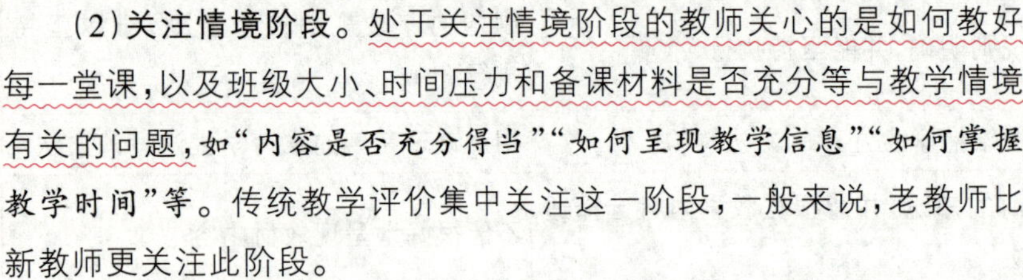

(2)关注情境阶段。处于关注情境阶段的教师关心的是如何教好每一堂课，以及班级大小、时间压力和备课材料是否充分等与教学情境有关的问题，如“内容是否充分得当”“如何呈现教学信息”“如何掌握教学时间”等。传统教学评价集中关注这一阶段，一般来说，老教师比新教师更关注此阶段。

(3)关注学生阶段。当教师顺利地适应了前两个阶段后，成长的下一个目标便是关注学生。教师将考虑学生的个别差异，认识到不同发展水平的学生有不同的需要，根据学生的差异采取适当的教学，促进学生发展。能否自觉关注学生是衡量一个教师是否成熟的重要标志之一。

对于教师成长的不同阶段，考生应重点掌握三个词：生存、情境和学生。在关注生存阶段，教师主要关注人际关系的相关问题；在关注情境阶段，教师主要关注教学情境的相关问题；在关注学生阶段，教师注重因材施教，关注学生的个体差异。

关注生存阶段

关注情境阶段

关注学生阶段

真题面对面

[2021濮阳清丰,单,1分]某位新教师非常关注领导和同事对自己的评价,关注自己是否被学生喜欢。这属于教师成长过程中的(　　)

A. 关注情境阶段　　B. 关注生存阶段　　C. 关注学生阶段　　D. 关注教学阶段

答案:B

2. 教师发展五阶段理论

伯利纳提出了教师成长与发展的五阶段理论,即新手教师、熟练新手教师、胜任型教师、业务精干型教师和专家型教师五个阶段。

(1)**新手教师**。新手教师是经过系统的教师教育与专业学习,刚刚走上教学工作岗位的教师。他们主要表现出以下特征:①新手教师通常是理性化的,在分析和思考的基础上处理问题;②新手教师处理问题缺乏灵活性;③新手教师处理问题时,刻板地依赖特定的原则、规范和计划。新手阶段是教师获取教学所需知识和技能的阶段。

(2)**熟练新手教师**。随着知识和经验的积累,新手教师经过2~3年逐渐发展成为熟练新手教师。熟练新手教师的特征主要表现在以下四个方面:①实践经验与书本知识逐渐整合,开始逐步掌握教学过程的内在联系;②教学方法和策略方面的知识与经验有所提高,处理问题表现出一定的灵活性;③经验对教学行为的指导作用提高,但还不能够很好地区分教学情境中的重要信息和无关信息;④对自己的教学行为还缺乏一定的责任感。

(3)**胜任型教师**。大部分熟练新手教师经过教学实践和职业培训,经过3~4年就能够成为胜任型教师。处于胜任阶段的教师,能按个人想法处理与解决教学事件,也能依据自己的计划对教学情境做出反应,并对事情承担更多的责任。胜任型教师是教师发展的基本目标,它有以下四个特征:①他们的教学行为有明确的目的性;②能够区分出教学情境中的重要信息,并选择有效的方法或手段达到教学目标;③他们对自己的行为结果表现出更多的责任心,对于成功和失败表现出强烈的情绪情感反应;④胜任阶段教师的教学行为还没有达到快捷性、流畅性、灵活性的程度。

(4)**业务精干型教师**。再经过五年左右的知识和经验的积累,有相当部分的胜任型教师会成为业务精干型教师。该阶段教师的最突出特征表现在以下三个方面:①具有较强的直觉判断能力;②教学技能接近了认知自动化的水平;③他们的教学行为已经达到了快捷、流畅和灵活的程度。

(5)**专家型教师**。部分业务精干型教师在以后的职业发展中成为专家型教师。专家型教师的特征主要表现在三个方面:①处理问题的非理性倾向;②对教学情境的观察与判断的直觉性;③教学技能达到了完全自动化水平。

3. 教师成长的途径

(1)观摩和分析优秀教师的教学活动

课堂教学观摩可分为组织化观摩和非组织化观摩。组织化观摩是有计划、有目的的观摩,非组织化观摩则没有这些特征。一般来说,为培养新教师与教学经验欠缺的年轻教师宜进行组织化观摩,可以是现场观摩,如组织听课,也可以观看优秀教师的教学录像。非组织化观摩要求观摩者有相当完备的知识和洞察力,否则,难以达到观摩学习的目的。

(2)开展微格教学

微格教学又称微型教学,是20世纪60年代由美国斯坦福大学的阿伦和他的同事伊芙首先开发的,是一种运用现代教育技术来培养师范生教学技能，训练和提高在职教师专业水平的方法。它以少数的学生为对象，在较短的时间内（5~20分钟），尝试做小型的课堂教学，并把这种教学过程摄制成录像，课后再进行分析。这是训练新教师、提高其教学水平的一条重要途径。微格教学有许多特点，但最能体现其特点的是训练单元小。

(3)进行专门训练

教师的成长与发展也可以通过专门的教学能力训练来实现，如训练新教师掌握教学过程中有效的教学策略等。研究表明，专家型教师所具有的教学技能和教学策略是可以教给新教师的，新教师在掌握这些知识后，会在一定程度上促进其教学。但同时也要明白，仅仅通过学习专家型教师的经验是远远不够的，新教师还应注重对自身教学经验的反思，使两者有效结合，才能真正提高自己的教学水平。

(4)进行教学反思

教学反思是指教师以自己的教学活动为意识对象，对自己的教育理念、教学行为、决策以及由此所产生的结果进行认真的自我审视、评价、反馈、控制、调节、分析的过程。美国教育心理学家波斯纳提出了教师成长公式：经验+反思=成长。

教学反思的成分有：①认知成分；②批判成分；③教师的陈述。

布鲁巴奇等人认为教学反思的方法主要有：①反思日记，指在一天教学工作结束后，要求教师写下自己的经验，并以其指导教师对教学工作进行分析。②详细描述，指教师相互观摩彼此的教学，详细描述他们所看到的情景，并对此进行讨论分析。③交流讨论，指来自不同学校的教师聚集在一起，首先提出课堂上产生的问题，然后共同讨论解决的办法，最后得到的方案为所有教师及其他学校所共享。④行动研究，指弄明白课堂上遇到的问题的实质后，教师探索制定用以改进教学的行动方案，以此为根据进行调查和实验研究。另外，教学反思的方法还有教学案例和教师成长档案袋。

教学反思对教师成长具有极其重要的作用，主要表现在以下几个方面：①教学反思有利于教师对教学从感性认识提升到理性认识，由“一般型”教师成长为“骨干型”教师；②教学反思有利于教师深入开展教学研究，由“经验型”教师成长为“研究型”教师；③教学反思有利于形成自己的教学风格与特色，由“教书型”教师成长为“专家型”教师；④教学反思有利于教师提升理论水平和拓展知识层面，由“学科型”教师成长为“学者型”教师。

真题面对面

[2021洛阳洛龙，单，0.9分]下列选项中对教学反思的描述，不正确的是（　　）

A. 有利于教师从感性认识递升到理性认识

B. 有利于教师开展教学研究

C. 有利于教师更好地掌握学生情况

D. 有利于教师形成自己的教学风格和特色

答案：C

四、教师的职业心理健康

考点1　教师心理健康的标准　【单选】★

(1)能积极地悦纳自我。(2)有良好的教育认知水平。(3)热爱教师职业，积极地爱学生。(4)具有稳定而积极的教育心境。(5)能控制各种情绪与情感。(6)和谐的教育人际关系。(7)能适应和改造教育环境。(8)具有教育独创性。

考点2 教师心理健康问题产生的原因

1. 社会因素

(1)社会对教师的要求和期望不断提高的影响;(2)传统观念的不良影响;(3)社会提供给教师的资源有限;(4)社会现实问题及不良风气的冲击;(5)教育改革力度不断加大的压力。

2. 学校因素

(1)教师的角色冲突与困惑;(2)学校管理方式不当;(3)学校环境与条件不良;(4)学校人际关系紧张;(5)教师的工作任务繁重。

3. 家庭因素

(1)家庭牵累较多,缺少闲暇消遣时间。(2)教师子女的升学与就业压力较大,教师为其子女的前途操心较多。(3)教师及其家庭在住房、工资收入、医疗等方面都不如意,因此其家庭生活相对贫困和艰难,整体生活质量不高。

4. 个人因素

教师的自我期望、能力素质、感受力、人格状况以及个体自身的特点等,都是影响教师心理健康的内在因素。

考点3 教师职业倦怠 【单选、多选、判断、简答】★

1. 职业倦怠的概念

职业倦怠是个体在长期的职业压力下,缺乏应对资源和应对能力而产生的身心耗竭状态。教师的职业倦怠是在长期工作压力和自身心理素质的互动下形成的,并带来生理、情绪、认知和行为等方面的问题,导致教师出现严重的身心疾病。

2. 职业倦怠的维度或表现

玛勒斯等人提出了职业倦怠的三维度模型,这三个维度是:

(1)**情绪耗竭**,指个体情绪情感处于极度的疲劳状态,工作热情完全丧失;

(2)**去人性化**,即刻意在自身和工作对象间保持距离,对工作对象和环境采取冷漠和忽视的态度;

(3)**个人成就感低**,表现为消极地评价自己,贬低工作的意义和价值。

美国心理学家**法贝**认为,虽然教师职业倦怠可以按照玛勒斯等人的观点那样从情绪耗竭、去人性化和个人成就感低三个维度进行描述,但职业倦怠的行为在不同的个体身上表现是不同的。具体而言,主要有以下三种表现形式:

(1)**精疲力竭型**。这类教师在高压力下的表现是放弃努力,以减少对工作的投入来求得心理平衡。这类教师的职业倦怠一旦出现,要想恢复就很困难,因为这些症状会得到自我强化。

(2)**狂热型**。这类教师有着极强的成功信念,能狂热地投入工作,但理想与现实之间的巨大反差,使他们的这种热情通常坚持不了太长时间,整个信念系统突然塌陷,最终屈服于精力耗竭。

(3)**低挑战型**。对于这类教师而言,工作本身缺乏刺激,他们觉得以自己的能力来做当前的工作是大材小用,因而厌倦工作。他们在工作一段时间后,就开始对工作敷衍塞责,并考虑更换其他工作。

3. 职业倦怠的原因

教师职业倦怠产生的心理紧张源有:

(1)社会因素,即教师职业的声望压力;

(2)职业因素,即教师担当的多种角色所产生的角色职责压力、角色冲突、学生问题、升学考试压力等;

(3)工作环境，即教师与学生、家长、领导、同事之间的人际关系压力，学校的考评、聘任制度所带来的压力；

(4)个人因素，即教师个人的认知方式和应对紧张的策略等。

4. 职业倦怠的干预

合理地预防、积极地应对以减少和消除职业倦怠的方法主要有以下三点：

(1)个体的自我干预。个体干预的目的是通过改变个体自身的某些特点来增强其适应工作环境的能力。个体干预的主要方法有放松训练、时间管理、社交训练、压力管理和态度改变等。

(2)组织的有效干预。组织干预的思路是通过削减过度的工作时间、降低工作负荷、明确工作任务、积极沟通与反馈、建立有效的社会支持系统来防止和缓解职业倦怠。学校对教学的评价机制是影响教师工作的积极性和创造性的重要因素，改善学校领导方式是缓解教师职业压力的有效途径。

(3)构建社会支持网络。减少和消除职业倦怠，需要建立一个和谐的社会支持网络。首先，对教师的角色期待进行合理的定位；其次，国家应切实采取措施提高教师的经济待遇和社会地位，维护教师的合法权利，使教师切实感受到社会的尊重；最后，教育部门应探索出有效的教师教育培训体系，将职前与职后培训有机结合起来，提高教师智力与非智力能力，重视教师承受压力和自我缓解压力的训练。

考点4 教师心理健康水平的提高 【多选】★

提高教师心理健康水平有内在和外在两种方法。

(1)外在方法：①营造良好的社会支持环境；②学校内部要营造良好的心理环境；③构建幸福和谐的家庭。

(2)内在方法：①树立正确的自我概念；②强化自我维护意识，掌握自我调节策略；③加强身体锻炼，促进健康体魄。

★★ 考点大默写 ★★

1. 由教师的资历、声望、才能和品德等因素决定的，教师个人或群体在学生或社会中的影响力被称为__________。
2. 教师的威信有两种：一种是__________威信，另一种是__________威信。教师应该树立__________威信。
3. 教师为了保证教学达到预期的目的而在教学的全过程中，将教学活动本身作为意识对象，不断对其进行积极主动的计划、检查、评价、反馈、控制和调节的能力为__________能力。
4. 教学效能感一般指教师对自己影响学生行为和学习结果的能力的一种__________。
5. __________效应是指教师的期望或明或暗地传递给学生，会使学生按照教师所期望的方向来塑造自己的行为。
6. 新手型教师的课后评价要比专家型教师更多地关注课堂中发生的__________；而专家型教师则更多地谈论学生对新教材的理解情况和课堂中值得注意的活动。
7. 根据福勒和布朗提出的教师发展三阶段，处于__________阶段的教师关注自己的生存适应性，最担心的问题是“学生喜欢我吗”“同事们如何看我”等；处于__________阶段的教师将考虑学生的个别差异，认识到不同发展水平的学生有不同的需要，根据学生的差异采取适当的教学，促进学生发展。
8. 玛勒斯等人认为职业倦怠主要表现为__________、__________、__________三个维度。
9. 以少数的学生为对象，在较短的时间内，尝试做小型的课堂教学，并把这种教学过程摄制成录像，课后再进行分析的方法是__________。

10. 波斯纳提出的教师成长公式为：＿＿＿＿＿＿＋＿＿＿＿＿＿=成长。

【参考答案】

1. 教师威信 2. 权力；信服；信服 3. 教学监控 4. 主观判断 5. 教师期望（罗森塔尔/皮格马利翁） 6. 细节 7. 关注生存；关注学生 8. 情绪耗竭；去人性化；个人成就感低 9. 微格教学（微型教学） 10. 经验；反思

考点 教育中的心理效应

1. 涟漪效应

涟漪效应是指教师公开纠正一个学生的错误或者惩罚其不当行为时，不仅能影响犯错学生本人，而且还会影响其他学生。尽管这种称作涟漪效应的影响在某些情况下可能有助于建立班级的基本规则，但是有些时候它也可能对整个课堂气氛起到破坏作用。

2. 得寸进尺效应

得寸进尺效应，又称登门槛效应，在教育领域中指教师在进行学生管理时常常将教育目标进行分解，通过一系列细小目标的实现，最后达到较大的教育目标。例如，有经验的德育教师在做学生工作时，总是先让学生承诺完成一件比较容易的任务，待到任务完成后，他再接着提出更大的要求。

3. 滚雪球效应

滚雪球效应是指一旦获得了起始的优势，雪球就会越滚越大，优势会越来越明显。这样就可以积少成多，就能使优势逐渐扩大。教师是一个非强制的知识资源，因此，在学生提问时应提供有价值的帮助，并鼓励学生也把个人的知识和经验纳入这种资源中，形成“滚雪球效应”。

4. 南风效应

南风效应，也叫做“南风法则”或“温暖法则”，“南风”之所以能达到目的，就是因为它顺应了人的内在需要，使人的行为变得自觉。南风效应是以启发自我反省、满足自我需要而产生的心理反应，它运用于教育，特别是在如何对待那些在成长的道路上偶尔犯错的孩子身上，更有着神奇的力量。例如，著名教育学家陶行知先生的“四块糖”的故事。

5. 德西效应

德西效应是指当一个人进行一项愉快的活动时，给他提供奖励反而会减少这项活动对他的内在吸引力。当外在报酬和内感报酬兼得时，不但不会使工作的动机力量倍增、积极性更高，反而会降低其效果。

在新课程改革的形势下，广大教师对“兴趣是最好的老师”有了更深刻的意义认识，对“学习过程是学生积极主动、自主构建的过程”等新的课程思想有了认同。于是，在课堂教学中，教师为了调动学生兴趣采用了丰富多彩的教学形式和教学手段，确实收到了较好的学习效果。其中也有一些教师喜欢采取物质奖励的形式。这种物质的投入也确实换来了课堂上学生的兴高采烈、兴趣盎然。但当我们冷静之后，透视这精彩的背后，就不难发现物质奖励的种种弊端，如兴趣不持久、思想不集中、心里不平衡等等。

6. 蝴蝶效应

细小的因素与看似完全不相关的巨大复杂的变化之间存在紧密的因果联系，这就是蝴蝶效应。“莫以善小而不为，莫以恶小而为之”就是教育领域中的“蝴蝶效应”。因此教师一定要对学校中的每一次偶然事件保持敏感，找到教育事件中的支点善加利用，清除教育事件中可能存在的“蚁穴”。

7. 花盆效应

在教育生态学上，“教育的孤岛”现象也被称为“花盆效应”。“教育的孤岛”现象是把学校生活理想化，认为学校生活的一切都是健全的、合理的，进而排斥其他社会生活对儿童的影响，把儿童封闭于校园之内，学校成了“教育的孤岛”。但是经过这样长期的学校生活后的学生一旦踏上社会，往往会因感到强烈的反差而产生眩晕，难以适应社会，进而在复杂的社会竞争面前失去了生存能力。

8. 马太效应

《圣经·马太福音》中有一句名言：“凡有的，还要加给他，叫他有余；没有的，连他所有的也要夺过来。”后来，美国科学史研究者罗伯特·莫顿根据这句话概括出一种社会心理现象：任何个体、群体或地区，一旦在某一个方面（如金钱、名誉、地位等）获得成功和进步，就会产生一种积累优势，就会有更多的机会取得更大的成功和进步，即“好的愈好，坏的愈坏，多的愈多，少的愈少”的现象。

真题面对面

[2021 郑州中原，单，0.7 分]学生小姜经常与班级同学发生冲突，大家都不愿意与其亲近。为此班主任为其制订了一个月好习惯养成目标：第一周“不随意发脾气”，第二周“倾听别人说话”，第三周“学会换位思考”，第四周“主动关心帮助他人”。小姜在一点点的改变中逐渐被大家接受和认可。该班主任利用的心理学效应是(　　)

A. 涟漪效应　　B. 得寸进尺效应

C. 折扣效应　　D. 滚雪球效应

答案：B

即时反思与复盘总结

我于________年____月____日完成了对本章的学习。

复盘一下，我对自己较肯定的地方是________________

（足够努力/心态积极/方法得当……）

我觉得自己需要改进的地方是________________

（懒惰懈怠/心情浮躁/方法不当……）

休息片刻，开启下一站征程！

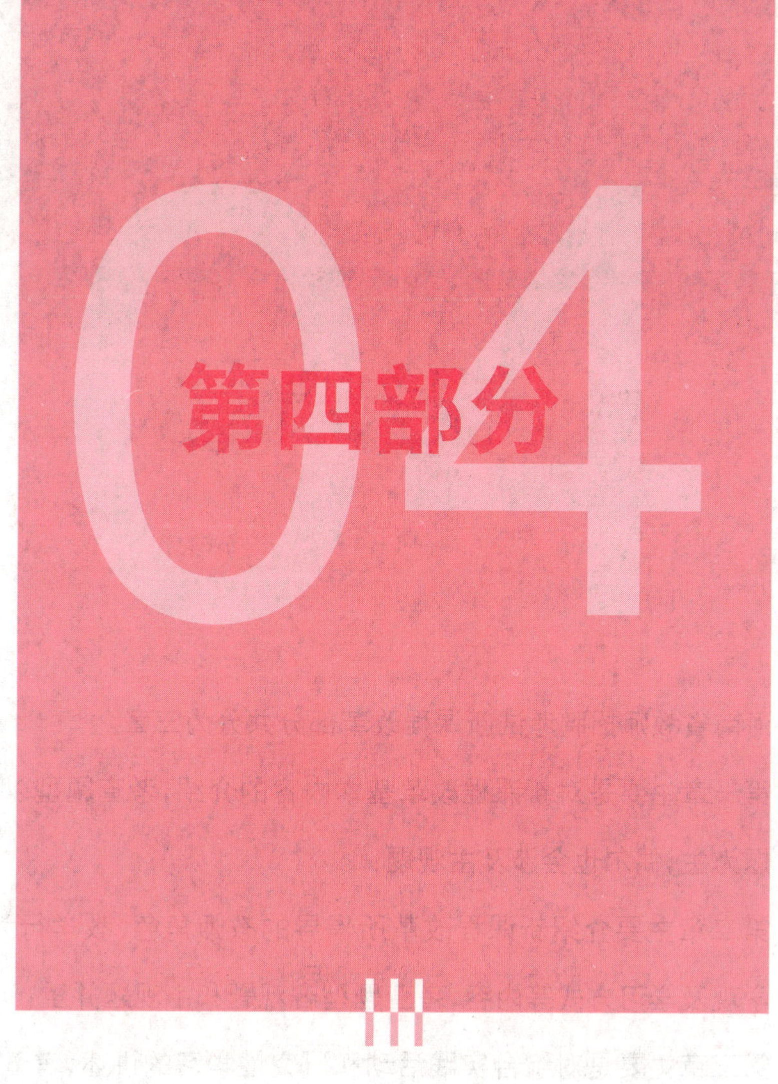

第四部分

新课程改革

SHAN XIANG

内容导学

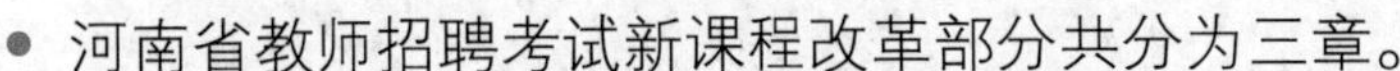

- 河南省教师招聘考试新课程改革部分共分为三章。
- 第一章主要是对新课程改革基本内容的介绍,考查题型以客观题为主,偶尔也会涉及主观题;
- 第二章主要介绍新课程改革所倡导的教师角色、教学行为、教学观及学习方式等内容,考查题型客观题和主观题并重;
- 第三章主要是对综合实践活动和研究性学习的讲述,考查题型多侧重于客观题。
- 考生要重点掌握第一章第二节、第二章的内容,并结合历年真题有针对性地进行学习。

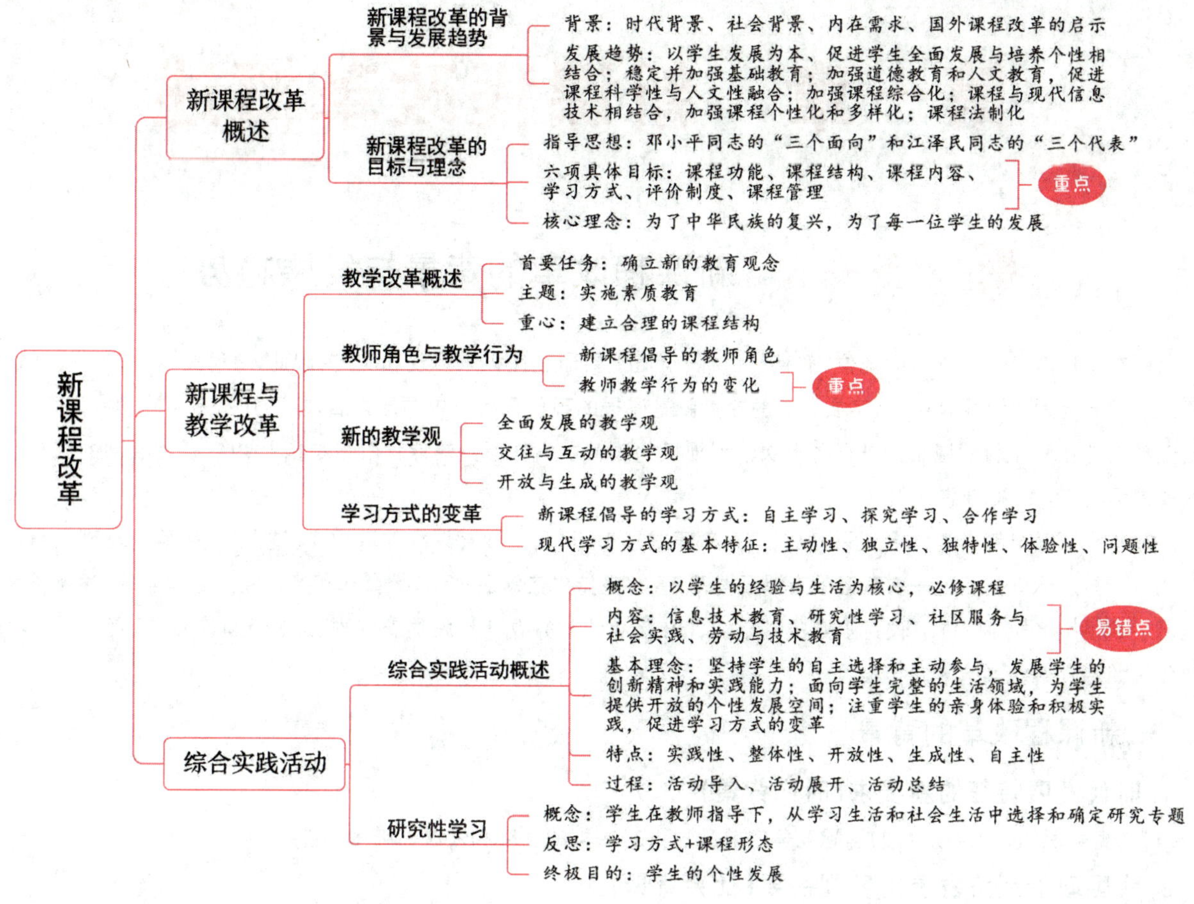

河南考向

本部分内容较为琐碎，以识记性知识为主。现对本部分河南考向分析如下：

考点类型	考点名称	常考题型	能力层级	考查热度
高频考点	新课程改革的指导思想与根本任务	单选、多选、判断	识记	★★
	新课程改革的六项具体目标	单选、多选、不定项、判断、简答、论述	识记	★★★
	基础教育课程改革的核心理念	单选、不定项、判断、填空	识记	★★
	新课程倡导的教师角色	单选、多选、判断、简答	识记	★★
	教师教学行为的变化	单选、多选、判断、案例分析	运用	★★★
	新课程倡导的学习方式	单选、多选、判断	识记	★★
	综合实践活动的内容	单选、多选、判断、简答	识记	★★
新增考点	反思性教学	单选、多选	识记	★★

第一章　新课程改革概述

第一节　新课程改革的背景与发展趋势

课程在学校教育中处于核心地位，教育的目标、价值主要通过课程来体现和实施，因此，课程改革是教育改革的核心内容。世界范围的课程改革，其实质和总的趋势就是课程的现代化。新中国成立后，除了几次重大的学制调整之外，在基础教育课程和教材领域至少进行了七次较大规模的改革。本次新一轮课程改革是指1999年开始启动的第八次基础教育课程改革，简称"新课改"。

2001年全国基础教育工作会议召开后，教育部正式颁布了《基础教育课程改革纲要（试行）》，明确了基础教育课程改革的目标与总体框架。这一次基础教育课程改革工作，坚持先实验后推广，教育部和各地共同组织实验，逐步扩大实验范围，努力为全面推广打下较为坚实的基础。2001年9月义务教育阶段的新课程在38个国家级实验区开始实验，2002年开始启动省级实验区课程实验。

一、新课程改革的背景

1. 时代发展特征的新要求（时代背景）

（1）初见端倪的知识经济；（2）国际竞争空前激烈；（3）人类的生存和发展面临困境。

2. 我国政治经济发展的客观需要（社会背景）

我国能否很好地把握知识经济时代生产方式变革这一历史机遇，能否充分开发和利用我国的人力资源，取决于多方面的因素。而教育则是其中至关重要的一个因素。历史经验证明，教育在把握人类自身命运、促进社会发展方面能发挥巨大作用。知识经济时代的科学技术已经成为第一生产力。在国与国之间综合国力竞争的时代，由于教育起着奠基作用，综合国力竞争必将聚焦到教育上来。基于对教育功能准确而深刻的认识，党中央、国务院适时提出了"科教兴国"战略，党的十四大报告首次提出"我们必须把教育摆在优先发展的战略地位"。

3. 我国基础教育发展的内在需求

我国基础教育课程体系已经到了非改不可的地步，原因在于：（1）固有的知识本位、学科本位问题没有得到根本转变，所产生的危害影响至深，这与时代对人的要求形成了极大反差。（2）传统的应试教育势力强大，素质教育不能真正得到落实。

4. 国外课程改革的启示

（1）政府参与并领导课程改革；（2）课程改革的焦点是协调国家和学生发展需要之间的关系；（3）课程改革具有整体性。

二、新课程改革的发展趋势【单选、多选】★

我国基础教育课程改革的发展趋势主要表现为：（1）以学生发展为本、促进学生全面发展与培养个性相结合。以学生发展为本的课程是把学生的发展作为课程开发的着眼点和目标，强调学生是能动实践的主体；（2）稳定并加强基础教育（课程的社会化、生活化和能力化，加强实践性，由"双基（即基础知识、基本技能）"到"四基"（即基础知识、基本技能、基本思想、基本活动经验）；（3）加强道德教育和人文教育，促进课程科学性与人文性融合；（4）加强课程综合化；（5）课程与现代信息技术相结合，加强课程个性化和多样化；(6)课程法制化。

当代世界各国的课程改革，存在着一些共同的发展趋势：(1)重视课程内容的现代化、综合化；(2)重视基础学科和知识的结构化；(3)重视能力的培养；(4)重视个别差异。

真题面对面

[2020新乡获嘉，多，1.2分]以下说法中，反映当代世界各国课程改革中存在的一些共同发展趋势的是( )

A. 重视个别差异
B. 重视课程内容的现代化、综合化
C. 重视基础学科和知识的结构化
D. 重视能力的培养

答案：ABCD

第二节 新课程改革的目标与理念

一、新课程改革的指导思想与根本任务 【单选、多选、判断】 ★★

基础教育课程改革要以邓小平同志关于“教育要面向现代化，面向世界，面向未来”和江泽民同志“三个代表”重要思想为指导，全面贯彻党的教育方针，全面推进素质教育。

基础教育课程改革的根本任务是：全面贯彻党的教育方针，调整和改革基础教育的课程体系、结构、内容，构建符合素质教育要求的新的基础教育课程体系。

真题面对面

[2021洛阳洛龙，单，0.9分]新课改的根本任务是全面贯彻党的教育方针，调整和改革基础教育的课程体系、结构、内容，构建( )的新的基础教育课程体系。

A. 符合人才培养规律
B. 符合以人为本思想
C. 符合素质教育要求
D. 符合经济发展需要

答案：C

二、新课程改革的六项具体目标 【单选、多选、不定项、判断、简答、论述】 必背 ★★★

考点1 实现课程功能的转变

新课程改革在《基础教育课程改革纲要(试行)》中首先确立了课程改革的核心目标即课程功能的转变：改变课程过于注重知识传授的倾向，强调形成积极主动的学习态度，使获得基础知识与基本技能的过程同时成为学生学会学习和形成正确价值观的过程。

考点2 体现课程结构的均衡性、综合性和选择性

改变课程结构过于强调学科本位、科目过多和缺乏整合的现状，整体设置九年一贯的课程门类和课时比例，并设置综合课程，以适应不同地区和学生发展的需求，体现课程结构的均衡性、综合性和选择性。

1. 确保均衡性，促进学生全面和谐的发展

新课程在结构上所倡导和实现的均衡性试图改变以往学生动手实践能力低下、知识体系相互隔离、所学知识远离现实生活的状况，引导学生在掌握课程内容的同时，关注生活，关注社会发展和科技进步，能够积极开展探究活动，能够主动地参与社会生活，实现素质的均衡发展。从学生角度来说，均衡性绝不是指学生各学科或各领域平均发展，而是指个性的和谐发展。

2. 强调综合性，克服学科门类过多、相互独立的倾向

新课程结构的综合性是针对过分强调学科本位、科目过多和缺乏整合的现状而提出的。它体现在以下三个方面：

(1)加强学科的综合性

就一门学科而言，注重联系儿童经验和生活实际；就不同学科而言，提倡和追求彼此之间相互关联，相互补充。新课程结构重视了学科知识、社会生活和学生经验的整合，加强了学科之间的相互渗透，从而改变了现行课程过分强调学科本位的现象。

(2)设置综合课程

设置综合课程是课程结构综合性的集中体现。本次课程改革不仅开设了与分科课程相对应的综合课程，而且规定小学阶段以综合课程为主，初中阶段设置分科与综合相结合的课程，高中以分科课程为主。这也就是说，综合课程与分科课程在学校课程结构中所占的比重是随着学校教育层次的变化而变化的。综合课程的开设将会有力地改变现行课程科目过多以及缺乏整合的现状。从实践层面讲，实施综合课程一定要以综合的观念为指导，真正发挥综合课程的价值和作用。

(3)增设综合实践活动课程

综合实践活动课程是一门高度综合的课程，是本次课程改革的一个亮点。从本质上讲，综合实践活动课程是一门非学科领域的课程，是基于生活实践领域的课程。它的起点是学生而不是教师，学生从自身经验中形成问题，从经验中去获得解决问题的途径与方法。

3. 加强选择性，以适应地方、学校、学生发展的多样化需求

新课程结构的选择性是针对地方、学校与学生的差异而提出的，它要求学校课程要以充分的灵活性适应于地方社会发展的现实需要，以显著的特色性适应于学校的办学宗旨和方向，以选择性适应于学生的个性发展。(1)选择性集中体现在新课程适当减少了国家课程在学校课程体系中所占的比重。在义务教育阶段，将10%~12%的课时量给予了地方课程和校本课程，从而形成了国家课程、地方课程和学校课程三级课程并行的层次结构。(2)教育面对的是一个个具有独特个性的学生，教育应促进每一位学生的个性发展，为此，课程结构的选择性最终必须落实到每个学生的个性差异上，这就要求地方和学校必须加强选修课程的建设。新的课程计划倡导适当减少必修课程的比重，增加选修课程的比重。

真题面对面

1. [2021洛阳市直，多，2分]课程改革要改变原有课程结构过于强调学科本位、科目过多和缺乏整合的现状，整体设置九年一贯的课程门类和课时比例，并设置综合课程，以适应不同地区和学生发展的需求。这体现了课程结构的(　　)

A. 多样性　　B. 综合性　　C. 选择性　　D. 均衡性

2. [2022洛阳四区联考，判断，0.59分]均衡性、综合性、选择性既是新课程结构调整的三大原则，又是新课程结构区别于传统课程结构的三大基本特征。(　　)

答案：1. BCD　2. √

考点3　密切课程内容与生活和时代的联系

改变课程内容"繁、难、偏、旧"和过于注重书本知识的现状，加强课程内容与学生生活以及现代社会和科技发展的联系，关注学生的学习兴趣和经验，精选终身学习必备的基础知识和技能。

考点4　改善学生的学习方式

改变课程实施过于强调接受学习、死记硬背、机械训练的现状，倡导学生主动参与、乐于探究、勤于动手，培养学生收集和处理信息的能力、获取新知识的能力、分析和解决问题的能力以及交流与合作的能力。

真题面对面

[2022新乡原阳,单,1.5分]新课程改革改变课程实施过于强调接受学习、死记硬背、机械训练的现状,培养学生(　　)

A. 收集和处理信息的能力　　B. 获取新知识的能力

C. 分析和解决问题的能力　　D. 交流与合作的能力

答案:ABCD

考点5　建立与素质教育理念相一致的评价与考试制度

改变课程评价过分强调甄别与选拔的功能,发挥评价促进学生发展、教师提高和改进教学实践的功能。新课程倡导"立足过程,促进发展"的课程评价,这不仅仅是评价体系的变革,更重要的是评价理念、评价方法与手段以及评价实施过程的转变。

要建立一种发展性的评价体系,一是要建立促进学生全面发展的评价体系,使评价不仅关注学生在语言和数理逻辑方面的发展,而且要发现和发展学生多方面的潜能。

二是要建立促进教师不断提高的评价体系,以强调教师对自己教学行为的分析与反思,建立以教师自评为主,校长、教师、学生、家长共同参与的评价制度,使教师从多种渠道获得信息,不断提高教学水平。

三是要将评价看作是一个系统,从形成多元的评价目标、制定多样的评价工具,到广泛地收集各种资料,形成建设性的改进意见和建议,每一个环节都是通过评价促进发展的不可或缺的部分。评价目标多元、评价方法多样,重视学生发展和教师成长记录是今后一段时间内评价与考试改革的主要方向。

真题面对面

[2021濮阳清丰,单,1分]新课程改革倡导(　　)的课程评价。

A. 强调学生学会学习　　B. 立足过程,促进发展

C. 强调新的学习方式　　D. 突出甄别和选拔功能

答案:B

考点6　实行三级课程管理制度

改变课程管理过于集中的状况,实行国家、地方、学校三级课程管理,增强课程对地方、学校及学生的适应性。

新课程改革从我国的国情出发,妥善处理课程统一性与多样性的关系,建立国家、地方、学校三级课程管理体制,实现了集权与放权的结合。三级课程管理制度的确立有助于教材的多样化,有利于满足地方经济、文化发展的需要和学生发展的需要。

三、新课程改革的理念

影响基础教育改革的理论、理念非常庞杂,有些理论主要影响着基础教育的宏观改革,如人力资本理论、终身教育思潮、全民教育思潮等,而有些理论却对基础教育改革的微观领域影响较大,如人本主义教育理念、建构主义教育理念、多元智力理论等。

考点1　基础教育课程改革的核心理念　【单选、不定项、判断、填空】★★

贯穿于第八次课程改革的核心理念是:为了中华民族的复兴,为了每一位学生的发展。这一基本的价值取向预示着我国基础教育课程体系的价值转型。

知识再拔高

新课程的价值追求

(1)教育公平。这意味着课程必须谋求所有适龄儿童平等享受高质量的基础教育。

(2)国际理解。这意味着我国的课程体系必须追求国际性与民族性的内在统一。

(3)回归生活世界。回归生活世界的课程在目标上意味着要培养在生活世界中会生存的人,即会做事、会与他人共同生活的人。

(4)关爱自然。这意味着课程必须把关爱自然、追求人与自然的可持续发展作为重要的价值追求。

(5)个性发展。这意味着课程必须尊重每一位学生个性发展的完整性、独立性、具体性、特殊性。

上述五种理念是"为了中华民族的复兴,为了每一个学生的发展"这一核心理念的具体化,是第八次课程改革的基本价值追求。

真题面对面

1.[2023事业单位,不定项,2分]有的教师教学把"婴儿奶粉中的蛋白质含量"有关知识加入到化学课程的相关内容,有的教师教学时把"礼貌用语"有关知识加入到《小壁虎借尾巴》语文课程的相关内容。类似这些教师的做法体现了课程改革价值追求中的(　　)

A.回归生活世界　　B.关爱自然　　C.个性发展　　D.国际理解

2.[2021平顶山卫东,单,0.8分]新课改的核心理念是(　　)

A.关注学生　　B.倡导个性化

C.关注学生情感　　D.为了每一位学生的发展

答案:1.A　2.D

考点2　基础教育课程改革的基本理念　【单选、判断】

基础教育课程改革的基本理念是:走出知识传授的目标取向,确立培养"整体的人"的课程目标;破除书本知识的桎梏,构筑具有生活意义的课程内容;摆脱被知识奴役的处境,恢复个体在知识生成中的合法身份;改变学校个性缺失的现实,创建富有个性的学校文化。具体如下:

1.促进课程的适应性和管理的民主化,创建富有个性的学校文化

为了保障新课程能够适应各地区、学校的差异,新课程体系确立了国家、地方和学校三级课程管理的体制,这是促进课程适应性的重大举措。同时,也推进了课程的适应性和课程管理民主化的进程。

学校文化是教师和学生在学校和班级的特定场所内,由于拥有独特的社会结构、地理环境、人文景观而形成的学校独有的一系列传统习惯、价值规范、思维方式和行为模式的综合。课程改革不仅仅意味着内容的更新、完善与平衡,更为重要的是理想的学校文化的创造。学校文化的变革是课程与教学改革最深层次的改革,创建富有个性的学校文化正是课程改革的核心课题。学校文化的重建是课程改革的**直接诉求**和**终极目标**。在重建学校文化的过程中,我们应当特别关注建立民主的管理文化、建设合作的教师文化和营造丰富的环境文化。

2.重建课程结构和倡导和谐发展的教育

新课程在重建课程结构时,强调综合性,加强选择性,并确保均衡性,倡导一种和谐发展的教育。

3.提升学生的主体性和注重学生经验

课程改革既要满足社会发展的需要,又要满足儿童发展的需要。"为了每一位学生的发展"的基本含义如下:

(1)关注学生作为"整体的人"的发展

"整体的人"包括两层含义:人的完整性和生活的完整性。人的完整性意味着人是一个智力和人格和谐发展的有机

整体，生活的完整性意味着学生的生活是学习生活和日常生活有机交融的整体世界。人的完整性植根于生活的完整性，并丰富和改善生活的完整性。因此，国家、地方和学校要为学生提供谋求其整体发展的课程。

(2)统整学生的生活世界和科学世界

生活世界是建立在日常交往基础上，由主体与主体之间所结成的丰富生动的“日常生活世界”。“**科学世界**”是指建立在数理、逻辑结构的基础上，由概念原理和规律原则构成的世界。

对学生的整体发展而言，生活世界至关重要。因此，除了对科学世界的学习外，对生活世界的探究和意义建构同样重要。为了统整学生的生活世界和科学世界，当前的课程改革提出了“增强课程的生活化、凸显课程的综合化”的理念。

(3)寻求学生主体对知识的建构

①基础教育课程确立了新的知识观，视知识为一种探索的行动或创造的过程，从而使人摆脱传统知识观的钳制，走向对知识的理解和建构。

②基础教育课程强调个性化的知识生成方式。

③基础教育课程构建发展性的评价模式。

知识再拔高

基础教育课程改革的基本理念的其他说法

(1)课程目标：全人发展；(2)课程内容：统整学生的生活世界和科学世界；(3)学习方式：从被动灌输到主动建构；(4)课程结构：从分科到综合；(5)课程评价：以评价促发展；(6)课程管理：从集权到民主。

★★ 考点大默写 ★★

1. 课程改革的实质是课程的__________。
2. 新课程改革强调从单纯注重传授知识转变为引导学生学会学习、学会合作、学会生存、学会做人。这是实现__________的转变。
3. 我国新课改强调课程结构应体现__________、__________和__________。
4. 新课程结构的综合性体现在加强学科的综合性、设置__________和增设__________。
5. 新课程改变课程实施过于强调接受学习、死记硬背、机械训练的现状，倡导学生主动参与、乐于探究、勤于动手，培养学生收集和处理信息的能力、__________的能力、__________的能力以及__________的能力。
6. 新课程改革倡导“__________”的课程评价，建立促进学生全面发展和教师不断提高的评价体系。
7. 当代世界各国的课程改革的共同发展趋势包括：重视课程内容的现代化、综合化；重视基础学科和知识的结构化；重视__________；重视__________。
8. 新课程改革的核心理念是为了中华民族的复兴，为了__________。

【参考答案】

1. 现代化　2. 课程功能　3. 均衡性；综合性；选择性　4. 综合课程；综合实践活动课程　5. 获取新知识；分析和解决问题；交流与合作　6. 立足过程，促进发展　7. 能力的培养；个别差异　8. 每一位学生的发展

第二章 新课程与教学改革

第一节 教学改革概述

一、本次教学改革的主要任务 【单选、多选】

1. 要改革旧的教育观念，真正确立起与新课程相适应的、体现素质教育精神的教育观念

确立新的教育观念，是教学改革的首要任务。我们一定要在本次课程改革中，组织学习与培训，开展反思与讨论，提高认识，强化责任，来一次教育观念的"启蒙运动"，把教师的教育思想观念统一到素质教育的要求上来，统一到新课程的方向上来。

2. 要坚定不移地推进教学方式和学习方式的转变

教学改革既要重视观念改革的先导作用，又要重视方式改革的载体作用。本次教学改革不仅要改变教师的教育观念，还要改变他们每天在进行着的习以为常的教学方式、教学行为。就教与学关系而言，教师教育观念、教学方式的转变最终都要落实到学生学习方式的转变上。学生学习方式的转变具有极其重要的意义，这是因为学习方式的转变将会牵引出思维方式、生活方式甚至生存方式的转变。学生的自主性、独立性、能动性和创造性将因此得到真正的张扬和提升。学生不仅将成为学习和教育的主人，而且还将成为生活的主人，成为独立的、积极参与社会的、有责任感的人。

3. 要致力于教学管理制度的重建

教育思想观念的更新、教学与学习方式的转变需要相应的教学管理制度为其保驾护航。就学校教育内部而言，观念更新、方式转变的最大阻力来自于落后的教学管理和评价制度。教学管理制度的重建具有核心性的意义，它将从根本上解决教育观念和行为问题。当然，教学管理制度的重建不可能是一蹴而就的，它本身需要在改革过程中不断完善起来，也可以说，它与观念更新、行为转变是互动的过程，二者相辅相成，互相推进。

二、我国当前教学改革的主要观点 【单选】

纵观各个改革方针及主流言论，可将当前教学改革的发展趋势综合为：

(1)实施素质教育——我国当前教学改革的主题；

(2)坚持整体教学改革和实验——我国当前改革的基本策略；

(3)建立合理的课程结构——我国当前教学改革的重心；

(4)实施科学的教学评价。

第二节 教师角色与教学行为

一、新课程倡导的教师角色【单选、多选、判断、简答】必背 ★★

考点1 从教师与学生的关系看，教师是学生学习的促进者

这是教师最明显、最直接、最富时代性的角色特征，是教师角色中的核心特征。其内涵主要包括两个方面：

(1)教师是学生学习能力的培养者。教师不仅传授知识，而且重在检查学生对知识的掌握程度。教师应成为学生学习的激发者，各种能力和积极个性的培养者。

(2)教师是学生人生的引路人。这要求教师不仅仅向学生传播知识，更要引导学生沿着正确的道路前进，并不断在他们成长的道路上设置不同的路标，成为学生健康心理和健康品德形成的促进者、催化剂，引导学生学会自我调适、自我选择，向更高的目标前进。

考点2 从教学与研究的关系看，教师是教育教学的研究者

在中小学教师的职业生涯中，传统的教学活动和研究活动是彼此分离的。教师的任务只是教学，研究被认为是专家们的"专利"。教学与研究的脱节，对教师和教学的发展是极其不利的。

教师即研究者，意味着教师在教学过程中要以研究者的心态置身于教学情境之中，以研究者的眼光审视和分析教学理论与教学实践中的各种问题，对自身的行为进行反思，对出现的问题进行探究，对积累的经验进行总结，最终形成规律性的认识。这实际上也就是国外多年来所一直倡导的"行动研究"。"行动研究"把教学与研究有机地融为一体，它是教师由"教书匠"转变为"教育家"的前提条件，是教师持续进步的基础，是提高教学水平的关键，是创造性地实施新课程的保证。

研究性教学的特点表现为：(1)研究性教学是开放性的，没有标准答案的。(2)研究性教学常常需要综合运用知识。(3)研究性教学常常与生活密切联系，鼓励协作性学习。研究性教学是有计划的，但却不是唯计划的。研究性教学的问题经常自发地产生于学生中间，经常是生活化、社会化的。

考点3 从教学与课程的关系看，教师是课程的开发者和建设者

在传统的教学中，教学与课程是彼此分离的。教师被排斥于课程之外，教师的任务只是教学，课程游离于教学。教学内容和教学进度由国家的教学大纲和教学计划规定，教学参考资料和考试试卷由专家或教研部门编写、提供，教师成了教育行政部门各项规定的机械执行者，成为各种教学参考资料的简单照搬者。

新课程倡导民主、开放、科学的课程理念，同时确立了国家、地方、学校三级课程管理政策，这就要求课程与教学相互整合，教师必须在课程改革中发挥主体作用。教师不仅是课程实施的执行者，更应成为课程的开发者和建设者。

考点4 从学校与社区的关系看，教师是社区型开放的教师

随着社会发展，学校越来越广泛地同社区发生各种各样的内在联系。学校教育与社区生活正在走向终身教育要求的"一体化"，即学校教育社区化，社区生活教育化。新课程特别强调学校与社区的互动，重视挖掘社区的教育资源。在这种情况下，教师的角色也要求变革。教师不仅仅是学校的一员，还是社区的一员，是整个社区教育、科学、文化事业的共建者。因此，教师角色是开放的，是"社区型"教师。

知识再拔高

教师角色转变的原因

(1)终身教育的要求;(2)网络时代教师权威的消解;(3)知识观的变迁;(4)我国新课程改革的需要。

真题面对面

1. [2022安阳文峰(高新),单,0.9分]随着信息社会的飞速发展,学生获得知识的途径多元化,教师不再是学生唯一的知识源。这就要求教师不能简单地把知识传授作为自己的主要任务和目的,而应成为学生学习的(　　)

A. 指导者和促进者　　B. 组织者和管理者

C. 平等中的首席　　D. 反思者与研究者

2. [2022濮阳华龙,简答,4分]简述教师是学生学习的促进者。

答案:1. A　2. 详见内文

二、教师教学行为的变化 【单选、多选、判断、案例分析】 必背 ★★★

考点1 在对待师生关系上,新课程强调尊重、赞赏

"为了每一位学生的发展"是新课程的核心理念。为了实现这一理念,教师必须尊重每一位学生做人的尊严和价值,尤其要尊重这六种学生:智力发育迟缓的学生、学业成绩不良的学生、被孤立和拒绝的学生、有过错的学生、有严重缺点的学生以及和自己意见不一致的学生。

尊重学生同时意味着不伤害学生的自尊心。教师应努力做到:(1)不体罚学生;(2)不辱骂学生;(3)不大声训斥学生;(4)不冷落学生;(5)不羞辱、嘲笑学生;(6)不随意当众批评学生。

教师不仅要尊重每一位学生,还要学会发现学生的闪光点,学会赞赏每一位学生:(1)赞赏学生的独特性、兴趣、爱好、专长;(2)赞赏学生所取得的哪怕是极其微小的成绩;(3)赞赏学生所付出的努力和所表现出来的善意;(4)赞赏学生对教科书的质疑和对自身的超越。

考点2 在对待教学关系上,新课程强调帮助、引导

教如何促进学?"教"的职责在于帮助:帮助学生检视和反思自我,明了自己想要学习什么和获得什么,确立能够达成的目标;帮助学生寻找、搜集和利用学习资源;帮助学生设计恰当的学习活动并形成有效的学习方式;帮助学生发现所学东西的个人意义和社会价值;帮助学生营造和维持学习过程中积极的心理氛围;帮助学生对学习过程和结果进行评价,并促进评价的内化;帮助学生发现自己的潜能和性向。

教的本质在于引导。引导的特点是含而不露、指而不明、开而不达、引而不发;引导的内容不仅包括方法和思维,同时也包括价值和做人。在这里,引导表现为教师对学生的启迪与激励。

考点3 在对待自我上,新课程强调反思

新课程非常强调教师的教学反思,依据教学进程,教学反思分为教学前、教学中、教学后三个阶段。其中,教学前反思具有前瞻性,能有效提高教师的教学预测和分析能力,教师备课是对教学内容及学生在学习中可能遇到的实际问题的估计,教学前反思是实现教学目标的第一步。教学反思有助于教师形成自我反思的意识和自我监控的能力。

考点4 在对待与其他教育者的关系上,新课程强调合作

在教育教学过程中,教师除了面对学生外,还要与周围其他教师发生联系,要与学生家长进行沟通与配合。课程的

综合化趋势特别需要教师之间的合作，不同年级、不同学科的教师要相互配合，齐心协力地培养学生。每个教师不仅要教好自己的学科，还要主动关心和积极配合其他教师的教学，从而使各学科、各年级的教学有机融合、相互促进。教师之间一定要相互尊重、相互学习、团结互助，这不仅具有教学的意义，而且还具有教育的功能。

知识再拔高

反思性教学 新增

熊川武认为，反思性教学既是一种教学理论，也是教学主体借助行动研究不断探索与解决自身和教学目的以及教学工具等方面问题，将"学会教学"和"学会学习"统一起来，努力提升教学实践合理性，使自己成为学者型教师的过程。

反思，原为唯心主义哲学概念，指对思想本身进行反复思索，后来泛指对某些事物或过程的重新回顾和认识。人之反思，古今皆有之，它是一种文明程度和个体成熟与理智的标志，古有"扪心自问""吾日三省吾身"之言，今有"反省""检讨"和"人贵有自知之明"之说。反思，首先是思想界和知识界关于元科学研究的一种理念与方法，后来移植于教育教学，便产生了反思性教学。反思，从回顾总结入手，从遗憾中产生。因为教育不会没有缺陷和遗憾，所以教育永远是"一门遗憾的艺术"。反思性教学既能让教学永远充满改革与创新色彩，也让教学永远处于一种科学合理的理智状态之中，所以它便成为教师"学会教学"、学生"学会学习"的重要方法之一。

真题面对面

1. [2022郑州二七，单，1分]教学主体借助行动研究，不断探究与解决自身和教学目的以及教学工具等方面的问题，将"学会教学"与"学会学习"结合起来，努力提升教学实践合理性，使自己成为学者型教师的过程。这是熊川武对(　　)所下的定义。

A. 探究性教学　　B. 启发式教学　　C. 多元智能教学　　D. 反思性教学

2. [2020郑州中原，单，1.1分]新课程要求教师提高素质、更新观念、转变角色，必然要求教师的教学行为产生相应的变化。在对待教学关系上，新课程强调(　　)

A. 尊重、赞赏　　B. 合作、开发

C. 反思、总结　　D. 帮助、引导

答案：1. D　2. D

第三节　新的教学观

一、全面发展的教学观 ★

考点1　教学重结论更要重过程

教学的目的之一就是使学生理解和掌握正确的结论。但是，如果不经过学生一系列的质疑、判断与比较，以及相应的分析、综合等认识活动，结论就难以获得，也难以真正理解和巩固。更重要的是，没有以多样性、丰富性为前提的教学过程，学生的创新精神和创新思维就不可能培养起来。所以，教学不仅要重结论，更要重过程。

为此，教师要做到：(1)让学生经历过程；(2)要创设生活情境，生活情境要具有含而不露、显而不僵、生动形象且符合实际的特点；(3)要善于引导。

考点2 教学关注学科更要关注人 【单选、多选】

传统的学校教育以学科为本，重认知轻情感，重教书轻育人。新课程强调以人为本，关注人是新课程的核心理念——“为了每一位学生的发展”在教学中的具体体现。它意味着：

(1)关注每一位学生。每一位学生都是生动活泼的人、发展的人、有尊严的人，在教师的课堂教学理念中，包括每一位学生在内的全体学生都是自己应该关注的对象。关注的实质是尊重、关心、牵挂，关注本身就是最好的教育。

(2)关注学生的情绪生活和情感体验。孔子说过：“知之者不如好之者，好之者不如乐之者。”教学过程应该成为学生的一种愉悦的情绪生活和积极的情感体验。

(3)关注学生的道德生活和人格养成。教师要充分挖掘和展示课堂教学潜藏的道德因素，同时要积极关注和引导学生在教学活动中的各种道德表现和道德发展，从而使教学过程成为学生一种高尚的道德生活和丰富的人生体验。这样，学生的学科知识增长的过程同时也是人格的健全和发展过程。

知识再拔高

育人为本的教育理念

育人为本是教育发展的核心命题和基本价值取向。树立育人为本的教育发展观，推动教育事业科学发展，就是要把教育的重点转向人本身，在教育过程中把人的全面发展放在中心地位，坚持育人为本。

真题面对面

[2021洛阳洛龙，单，0.9分]“知之者不如好之者，好之者不如乐之者。”这句话体现的课程理念是(　　)

A. 关注学生的情绪生活和情感体验　　B. 关注学生的道德生活和人格养成

C. 关注学生对知识的收获　　D. 关注学生的健康成长

答案：A

二、交往与互动的教学观——教学不只是教师教学生学的过程，更是师生交往、积极互动、共同发展的过程 【单选、多选、判断】 ★

教与学的关系问题是教学过程的本质问题，同时也是教学论中的重大理论问题。教学是教师教与学生学的统一，这种统一的实质是交往、互动。基于此，新课程把教学过程看成是师生交往、积极互动、共同发展的过程。

在这个过程中，教师与学生分享彼此的思考、经验和知识，交流彼此的情感、体验与观念，丰富教学内容，求得新的发现，从而达成共识、共享、共进，实现教学相长和共同发展，彼此形成一个真正的“学习共同体”。在这个共同体当中，“学生的教师和教师的学生不复存在，代之而起的是新的术语：教师式学生和学生式教师。教师不再仅仅去教，而且也通过对话被教，学生在被教的同时，也在教。他们共同对整个成长负责。”对教学而言，交往意味着人人参与、平等对话、合作性意义建构，它不仅是一种认识活动过程，更是一种人与人之间平等的精神交流。对学生而言，交往意味着主体性的凸显、个性的表现、创造性的解放。对教师而言，交往意味着上课不仅是传授知识，而且是一起分享理解，促进学习；上课不是单向的付出，而是生命活动、专业成长和自我实现的过程。交往还意味着教师角色定位的转换：教师由教学中的主角转向“平等中的首席”，由传统的知识传授者转向现代学生发展的促进者。可以说，创建基于师生交往的互动、互惠的教学关系，是本次教学改革的一项重要内容。

新课程提倡的师生关系是合作伙伴关系。为此，要处理好师生之间的伙伴关系：(1)要尊重学生，尊重每一位学生的尊严和价值;(2)要民主,民主是师生关系的融化剂,是师生平等对话的前提。

三、开放与生成的教学观——教学不只是课程传递和执行的过程,更是课程创生与开发的过程 【单选、多选、判断】 ★

传统课程所倡导的教学观认为,教师只是既定课程的阐述者和传递者,学生只是既定课程的接受者和吸收者。课程是"专制"的一方,课程成为一种指令、规定,教材成为圣经,而教学则成为被控制、被支配的一方,课程与教学走向对立,二者机械地、单向地、线性地发生关系。

当课程由"专制"走向民主、由封闭走向开放、由专家研制走向教师开发、由学科内容走向学生经验的时候,课程就不只是"文本课程"(教学计划、教学大纲、教科书等文件),更是"体验课程"(被教师与学生实实在在地体验到、感受到、领悟到、思考到的课程)。教师和学生不是外在于课程的,而是课程的有机构成部分,是课程的创造者和主体,他们共同参与课程开发的过程。这样,教学就不只是课程传递和执行的过程,更是课程创生与开发的过程。这是新课程所倡导的教学观。教学过程因此成为课程内容持续生成与转化、课程意义不断建构与提升的过程。这样,教学与课程相互转化,相互促进,彼此有机融为一体。

全面发展的教学观是从教学目的的角度提出来的,交往与互动的教学观是从师生关系的角度提出来的,开放与生成的教学观是从教学过程与教学结果的角度提出来的,这三种教学观虽是从不同角度提出来的,彼此间却是相互联系、相辅相成的,我们必须从整体的高度把握每一种观念的精神实质,唯其如此,才能正确引领新课程的教学改革。

知识再拔高

生成性教学与新课程带来的教学观的变革

1. 生成性教学

生成性教学是当前新课改所提倡的一种教学理念。生成性教学主张教师要应用灵活的教学方法,在课堂教学中要随时关注有教育价值的事件,及时调整教学计划,以满足学生的需要。

生成性教学是指在弹性预设的前提下,在教学展开过程中,由教师和学生根据不同的教学情境,自主建构教学活动的过程。教学是一个开放性的系统,因此在生成性教学观下,课堂教学具有非线性、创造性和开放性的特质。(1)增强师生的幸福感是其价值追求;(2)动态性和创造性是其本质特点。

2. 新课程带来的教学观的变革

我国新课程带来的教学观的变革有:(1)教学从以"教育者为中心"转向"学习者为中心";(2)教学从"教会学生知识"转向"教会学生学习";(3)教学从"重结论轻过程"转向"重结论的同时更重课程";(4)教学从"关注学科"转向"关注人"。

真题面对面

1. [2021 信阳平桥,多,1分]下列哪些属于新课程所倡导的教学观(　　)

A. 教学最主要的就是课程传递和执行的过程

B. 教学是师生交往、积极互动、共同发展的过程

C. 教学重过程甚于重结论

D. 教学更为关注人而不只是学科

2. [2021新乡卫滨(高新),判断,0.4分]生成性教学是在弹性预设的前提下,在教学的展开过程中由教师和学生根据不同的教学情景自主建构的过程。(　　)

答案:1. BCD　2. √

第四节　学习方式的变革

一、新课程倡导的学习方式【单选、多选、判断】必背 ★★

学习方式转变被看成是新课程改革的**显著特征和核心任务**。转变学习方式,要以培养创新精神和实践能力为主要目的。换句话说,要构建旨在培养创新精神和实践能力的学习方式及其对应的教学方式。新型学习方式强调学生的自主、合作、探究,教师由原来课堂教学的主导者转变为学生学习活动的组织者、探究发现的引导者、与学生共同学习的合作者。

考点1　自主学习

1. 自主学习的概念

自主学习关注学习者的主体性和能动性,是学生自主而不受他人支配的学习方式。

2. 自主学习的特点

(1)自主学习是一种主动学习,是相对于"被动学习""他主学习"而言的。主动性是自主学习的基本品质,它在学生学习活动中表现为"我要学"。"我要学"一方面表现为学习兴趣,另一方面表现为学习责任。只有学生自觉地担负起学习的责任时,学习才是一种真正的自主学习。

(2)自主学习是一种独立学习。"独立学习"是自主学习的核心,表现为"我能学"。新课程改革要求教师要充分尊重学生的独立性,积极鼓励并创造各种机会,让学生独立学习,培养其独立学习的能力。

(3)自主学习也是一种元认知监控的学习。自主学习要求学生对为什么学习、能否学习、学习什么、如何学习等问题有自觉的意识和反应,它突出表现在学生对学习的自我计划、自我调整、自我指导和自我强化上。培养学生对学习的自我意识和自我监控并使之养成习惯,是促进学生自主学习的重要因素。

考点2　探究学习

1. 探究学习的概念

探究学习是一种以问题为依托的学习,是学生通过主动探究解决问题的过程。探究学习是相对于"接受学习"而言的。学习过程除了被动接受知识外,还存在大量的发现与探究等认识活动。新课程要求的学习方式的转变就是要学生转变单一的被动接受式的学习,把学习过程之中的发现、探究等认识活动凸显出来,使学习过程更多地成为学生发现问题、分析并解决问题的过程。探究学习或发现学习是体现学习的真正价值、实现有意义学习的一种重要的学习方式。

2. 探究学习的特点

探究学习的特点表现为:(1)自主性;(2)开放性;(3)过程性;(4)实践性。也有说法认为,探究学习的基本特点有:(1)问题性;(2)过程性;(3)开放性。

3. 探究学习的过程

探究学习的过程:问题阶段—计划阶段—研究阶段—解释阶段—反思阶段。

值得注意的是,提倡探究学习并不是完全抛弃接受学习。只是因为传统的学习方式过分突出和强调接受和掌握,冷落和贬低发现和探究,从而在实践中导致了对学生认识过程的极端处理,使学生学习书本知识变成仅仅是接受书本知识，学生学习成了纯粹被动地接受、记忆的过程。我们批判的是教师没有正确引导学生运用传统学习方式，而不是学习方式本身。

考点3 合作学习

1. 合作学习的概念

合作学习是指学生以小组为单位进行学习的方式。合作学习是相对于“个体学习”而言的。合作学习往往是在自学基础上进行的小组合作学习和小组内讨论。小组合作学习首先要制定一个小组学习目标，然后通过合作活动达到目标并对小组总体表现进行评价。此外，还可以在小组合作学习的基础上进行全班交流或全校交流。

2. 合作学习的特点

成功的合作学习情境具有如下特征：异质性小组、明确的目标、小组成员的相互依赖、教师充当监控者和学习资源、个体责任、奖赏小组的成功、自我评价、变化合作时间。合作学习的特点具体表现在互助性、互补性、自主性和互动性。

3. 合作学习的意义

合作学习对学生的学习和认知有积极意义。(1)合作学习能够激发创造性，有助于培养学生的合作意识和合作技能；(2)合作学习有利于学生之间的交流沟通，有利于培养团队精神，凝聚人心，增进认识与理解；(3)合作学习能够促使学生不断反省，不断提高。

真题面对面

[2021南阳市直，单，1分]新课程改革所提倡的学习方式是(　　)

A. 反思性、生成性、探究性　　B. 参与性、合作性、活动性

C. 讲授性、练习性、探究性　　D. 自主性、合作性、探究性

答案：D

二、现代学习方式的基本特征【单选、多选、简答】★

(1)主动性。主动性是现代学习方式的首要特征，它对应于传统学习方式的被动性。

(2)独立性。独立性是现代学习方式的核心特征，它对应于传统学习方式的依赖性。

(3)独特性。每个人的学习方式是不同的，要尊重每个学生的独特个性和具体生活，为每个学生富有个性的发展创造空间。

(4)体验性。体验性是现代学习方式的突出特征，在实际的学习活动中，它表现为强调身体性参与、重视直接经验等。

(5)问题性。现代学习方式特别强调问题在学习活动中的重要性，问题意识是学生进行学习特别是发现学习、研究性学习的重要心理因素。

知识再拔高

教学方式、学习方式转变的基本精神

高度概括地说，教学方式、学习方式转变的基本精神就是自主、合作、创新。

所谓自主，就是尊重学生学习过程中的自主性、独立性，在学习的内容上、时间上、进度上，更多地给予学生自主支配的机会，给学生自主判断、自主选择和自主承担的机会。

所谓合作，就是学生之间和师生之间的互动合作，平等交流。

所谓创新，就意味着不固步自封、不因循守旧、不墨守成规，总是尝试着改变，创新、探究和发展是健康人格的重要组成部分。

真题面对面

1. [2021 平顶山卫东，单，0.8 分]教学方式、学习方式转变的基本精神为(　　)

A. 自主、合作、创新　　B. 提高、发展、创新

C. 主动、合作、改革　　D. 自主、合作、探究

2. [2021 平顶山卫东，判断，0.6 分]体验性是新课程背景下学习方式的核心特征。(　　)

答案：1. A　2. ×

考点大默写

1. 教学改革的首要任务是要确立新的________。

2. ________角色是教师最明显、最直接、最富时代性的角色特征，也是教师角色中的核心特征。

3. 从教学与研究的关系看，新课程倡导教师是________。

4. 有些教师认为，课程内容改革的主体是教育专家，与中小学教师无关。这种认识忽视了教师是课程的________和________。

5. 在对待师生关系上，新课程强调教师的主要作用在于________；在对待教学关系上，新课程强调教师的主要作用在于________。

6. 孔子说："知之者不如好之者，好之者不如乐之者。"这句话体现的课程理念是关注学生的________和________。

7. 新课程把教学过程看成是师生交往、________、________的过程。

8. 新课程所倡导的教学观认为，教学不只是课程传递和执行的过程，更是________的过程。

9. 新课改倡导的学习方式有________、________和________。

10. 探究学习的实施过程是问题阶段、计划阶段、________、________和________。

11. 现代学习方式的基本特征包括________、________、________、体验性、问题性，其中，首要特征是________，核心特征是________。

【参考答案】

1. 教育观念　2. 学生学习的促进者　3. 教育教学的研究者　4. 开发者；建设者　5. 尊重、赞赏；帮助、引导　6. 情绪生活；情感体验　7. 积极互动；共同发展　8. 课程创生与开发　9. 自主学习；探究学习；合作学习　10. 研究阶段；解释阶段；反思阶段　11. 主动性；独立性；独特性；主动性；独立性

第三章　综合实践活动

第一节　综合实践活动概述

一、综合实践活动的概念 【单选、判断】

综合实践活动是教师引导下学生自主进行的综合性学习活动，是基于学生的直接经验，密切联系学生生活和社会实际，体现学生对知识的综合运用的课程形态。这是一门以学生的经验与生活为核心的实践性课程。

教育部于2017年印发的《中小学综合实践活动课程指导纲要》指出：综合实践活动是国家义务教育和普通高中课程方案规定的必修课程，与学科课程并列设置，是基础教育课程体系的重要组成部分。该课程由地方统筹管理和指导，具体内容以学校开发为主，自小学一年级至高中三年级全面实施。

二、综合实践活动的内容 【单选、多选、判断、简答】 ★★

《基础教育课程改革纲要（试行）》规定，综合实践活动的内容主要包括：信息技术教育、研究性学习、社区服务与社会实践、劳动与技术教育。要注意，这四个领域并非综合实践活动内容的全部，而是国家为了帮助学校更好地落实综合实践活动而特别指定的几个领域；它们之间在逻辑上不是并列的关系，更不是相互割裂的关系。“研究性学习”作为综合实践活动的基础，倡导探究的学习方式，这一方式渗透于综合实践活动的全部内容之中。“社区服务与社会实践”“信息技术教育”“劳动与技术教育”则是“研究性学习”探究的重要内容。

除上述指定领域以外，综合实践活动还包括大量非指定领域，如班团队活动、学校传统活动（科技节、体育节、艺术节）、社团活动、学生的心理健康活动等，可以与综合实践活动的指定领域相结合，也可以单独开设。

小香课堂

根据《义务教育课程方案（2022年版）》，劳动、信息科技从综合实践活动课程中独立出来。所以考生在遇到考查综合实践活动内容的试题时，要根据题干语境来选择。如果题干表述未点明新课标，那么选项中出现的劳动教育、信息技术教育都要选。

三、综合实践活动的基本理念 【论述】 ★

（1）坚持学生的自主选择和主动参与，发展学生的创新精神和实践能力。综合实践活动的开发与实施要以学生的直接经验或体验为基础，将学生的需要、动机和兴趣置于核心地位，充分发挥学生的主动性和积极性，鼓励学生自主选择活动主题，积极开展活动，在活动中发展创新精神和实践能力。

（2）面向学生完整的生活领域，为学生提供开放的个性发展空间。综合实践活动的开发与实施要克服当前基础教育课程脱离学生自身生活和社会生活的倾向，面向学生完整的生活领域，引领学生走向现实的社会生活，促进学生与生活的联系，为学生的个性发展提供开放的空间。

（3）注重学生的亲身体验和积极实践，促进学习方式的变革。综合实践活动的开发与实施强调学生乐于探究、勤于动手和勇于实践，注重学生在实践性学习活动过程中的感受和体验，要求学生超越单一的接受学习，亲身经历实践过程，体验实践活动，实现学习方式的变革。

真题面对面

［2021 安阳殷都，论述，8分］综合实践活动作为一种基本的课程形态，试述其理念。

答案：详见内文

四、综合实践活动的性质

(1)相对于学科课程而言,综合实践活动是一门经验性课程,不存在内在的知识逻辑和知识体系,是按主题的形式来展开设计的;(2)相对于分科课程而言,综合实践活动是一门综合性课程,包括内容综合、学习方式综合和活动时空综合三个方面;(3)综合实践活动还是一门实践性课程,强调对学生实践能力的培养;(4)综合实践活动是三级管理的课程。

五、综合实践活动的特点 【单选】★

1. 实践性

综合实践活动是以社会生活和学生的实践活动为基础来开发、设计与利用课程资源的,并非在学科知识的逻辑序列中构建课程和实施课程,实践性是其首要的基本特性。

2. 整体性(综合性)

综合性是综合实践活动的又一个重要特性,是由综合实践活动中学生所面对的完整的生活世界决定的。可见,综合性源于它的实践性,因为学生的生活与社会实践活动就是由个人、社会、自然等方面的多种要素综合构成的彼此交融的整体。在社会生活实践中,学生与自然、学生与他人、学生与社会、学生与自我的关系是生活世界中最普遍的关系。学生处理这些关系的过程,就是学生个性全面发展的过程。

3. 开放性

综合实践活动是一种面向社会生活和实践活动的课程,具有开放性,需要紧密保持同学生生活的密切联系,面向每个学生的个性发展,满足他们融入社会生活和发展综合实践能力的需要。

综合实践活动的课程内容面向学生的生活世界,并随着学生生活的发展变化而变化,具有开放性。只要是与学生的现实生活相关联的,只要是学生自主地提出或自主选择的活动主题,都可以作为学生进行综合实践活动的内容。这种在内容上的开放性特点,是其他任何课程的内容所不具备的。

综合实践活动的过程与结果均具有开放性,表现在学习活动方式和活动过程上,学生可以根据现有的课程资源、自身已有的经验,采取不同的学习方式和活动过程。

4. 生成性

综合实践活动注重学生的积极参与和亲身经历,让学生在活动过程中不断地形成自身良好的思想意识、情感、态度、价值观和品行,不断地发展动手能力、综合实践能力和创造性,所以,综合实践活动具有生成性,富有生成性的教育价值。

5. 自主性

综合实践活动充分尊重学生的兴趣、爱好,为学生的自主性的充分发挥开辟了广阔的空间。综合实践活动的主题、活动方式、活动过程,都是学生在教师的指导下,从他们的现实生活情境中自主确定和设计的,具有鲜明的自主性。它注重学生自己选择学习的目标、内容和方式及指导教师,自己决定活动方案和活动结果呈现的形式,指导教师只对其进行必要的指导,不包揽、不替代学生的工作。综合实践活动开放性的活动领域、活动内容,开放的活动方式、活动过程,为发挥学生学习的自主性创造了条件。

真题面对面

[2021 濮阳清丰,单,1分]学生在开展以“保护绿水青山”为主题的综合实践活动过程中,自己选择指导老师,自己查阅资料、确定活动方案,自己呈现活动结果。这体现了综合实践活动的(　　)

A. 综合性　　B. 开放性　　C. 自主性　　D. 实践性

答案:C

六、综合实践活动的过程 【单选】★

教学结构显示出综合实践活动课程实施需要思考的教学要素，它并不代表综合实践活动课程的实施过程。从“过程”角度讲，综合实践活动课程实施大致包括活动导入、活动展开、活动总结三个阶段。

七、实施综合实践活动须遵循的原则

(1)正确处理学生的自主选择、主动实践与教师的有效指导的关系；

(2)恰当处理学校对综合实践活动的统筹规划与活动具体展开过程中的生成性目标、生成性主题的关系；

(3)课时集中使用与分散使用相结合；

(4)整合校内课程与校外课程；

(5)以融合的方式设计和实施四大指定领域；

(6)把信息技术与综合实践活动的内容和实施过程有机整合起来。

第二节 研究性学习

一、研究性学习的概念

研究性学习是指学生在教师指导下，从学习生活和社会生活中选择和确定研究专题，主动获得知识、应用知识、解决问题的学习活动。

二、对“研究性学习”几种现实价值取向的反思

1.“研究性学习”应该防止成人专家化倾向

与“研究性学习”成人专家化取向相伴随的，必然是参与“研究性学习”的学生“精英化”。这与当代我国基础教育的普及化和大众化趋势是不相吻合的。

2.“研究性学习”应该防止功能上的过分窄化倾向

研究性学习不仅仅是获取知识的方式和渠道，更重要的是在知识探寻中孕育一种问题意识，亲自寻找并实践解决问题的途径，引发整个学习方式的变革。

3.“研究性学习”应该防止学科化倾向 【判断】

“研究性学习”既是一种学习方式，也是一种课程形态。学科化倾向最终可能导致的是忽视学生学习的过程，以及在过程中所产生的丰富多彩的、活生生的研究性体验，大大加重学生的学习负担，这在根本上是背离研究性学习的价值追求的。研究性学习的教学过程成为师生双方共同构建课程领域的过程，而“研究性学习”作为课程领域则成为师生共同探索新知的发展过程。

当然，强调研究性学习的生成取向并不是不要预设。此外，“研究性学习”的开展，要有“课程成本”的观念。我们必须防止不顾学校经费实际情况的浮夸做法，而应该本着量力而行的原则，因地制宜地加以实施。

三、作为学习方式的“研究性学习”与作为课程的“研究性学习”的关系 【单选、判断】

作为一种学习方式，“研究性学习”是指教师不把现成结论告诉学生，而是学生自己在教师指导下自主地发现问题、探究问题、获得结论的过程。作为一种学习方式，“研究性学习”是渗透于学生的所有学科、所有活动之中的。

作为一种课程形态，“研究性学习”课程是为“研究性学习”方式的充分展开所提供的相对独立的、有计划的学习机会。具体来说，是在课程计划中规定一定的课时数，以更有利于学生从事“在教师指导下，从学习生活中和社会生活中选择和确定研究专题，主动地获取知识、应用知识、解决问题的学习活动”。

为使“研究性学习”方式尽快深入人心，有必要设置专门的“研究性学习”课程。再者，即使各门学科有效渗透了“研

究性学习”方式，也有必要设置“研究性学习”课程。这是因为：

（1）学科中的研究性学习具有学科性，往往局限于一门学科的狭隘视野，研究性学习课程则属于经验课程的范畴，它基于学生的直接经验，面向学生自身的生活和火热的社会生活实践，强调操作与体验，强调综合运用学生的所有知识。

（2）学科中的研究性学习具有手段的、辅助的性质，往往服从于学生掌握系统学科知识的需要；而研究性学习课程则把研究性学习本身视为直接的目的，它强调学生需要的优先性，强调对学生独特经验的尊重，强调学生从自己的立场与世界交互作用出发，建构自己的意义。

当然，学科中的研究性学习与研究性学习课程也有内在联系：二者都强调研究性学习这种学习方式；二者的终极目的都指向学生的个性发展，尽管直接目的有别。研究性学习课程是学科中的研究性学习的归纳、整合、开拓、提升；学科中的研究性学习则可从学科领域细化、深化生活中的主题。

真题面对面

［2020 平顶山市直，判断，0.5 分］研究性学习是一种学习方式，是教师或其他人不把现成结论告诉学生，而是学生自己在教师指导下自主地发现问题、探索问题、获得结论的过程。（　　）

答案：√

考点大默写

1. 综合实践活动是一门以学生的__________为核心的实践性课程，它是新的基础教育课程体系中设置的__________课程，自小学至高中开始设置。
2. 综合实践活动具有整体性、实践性、开放性、__________和自主性的基本特征。
3. 综合实践活动课程实施过程包括活动导入、__________、__________三个阶段。
4. __________是指学生基于自身兴趣，在教师指导下，从学习生活和社会生活中选择和确定研究专题，主动地获取知识、应用知识、解决问题的学习活动。
5. “研究性学习”既是一种学习方式，也是一种__________。

【参考答案】

1. 经验与生活；必修　2. 生成性　3. 活动展开；活动总结　4. 研究性学习　5. 课程形态

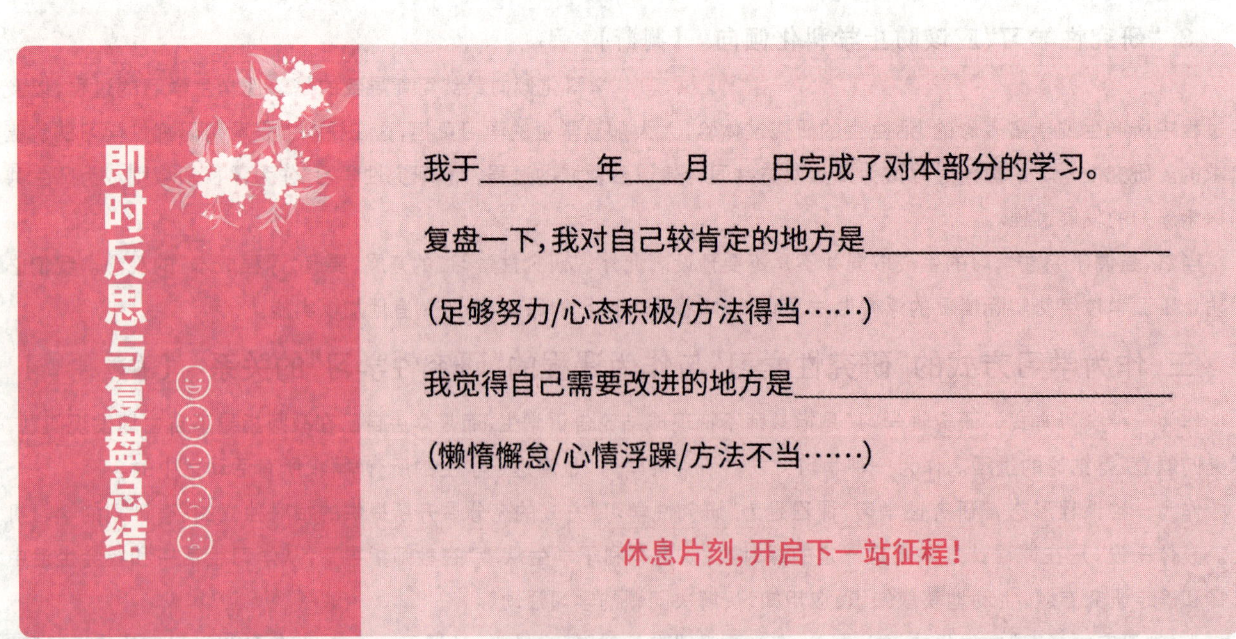

教师职业道德

SHAN XIANG

内容导学

- 河南省教师招聘考试教师职业道德部分共三章。
- 第一章主要是对教师职业道德的基础概念的介绍，考查题型多偏重于客观题；
- 第二章主要介绍了教师职业道德的基本原则和主要范畴，以及对《中小学教师职业道德规范》的解读，考查题型以客观题为主，也会涉及部分主观题；
- 第三章讲述了教师职业道德修养与评价的相关内容，考查题型以客观题为主。
- 考生要重点掌握第二章的内容，并结合历年真题有针对性地进行复习。

思维导图

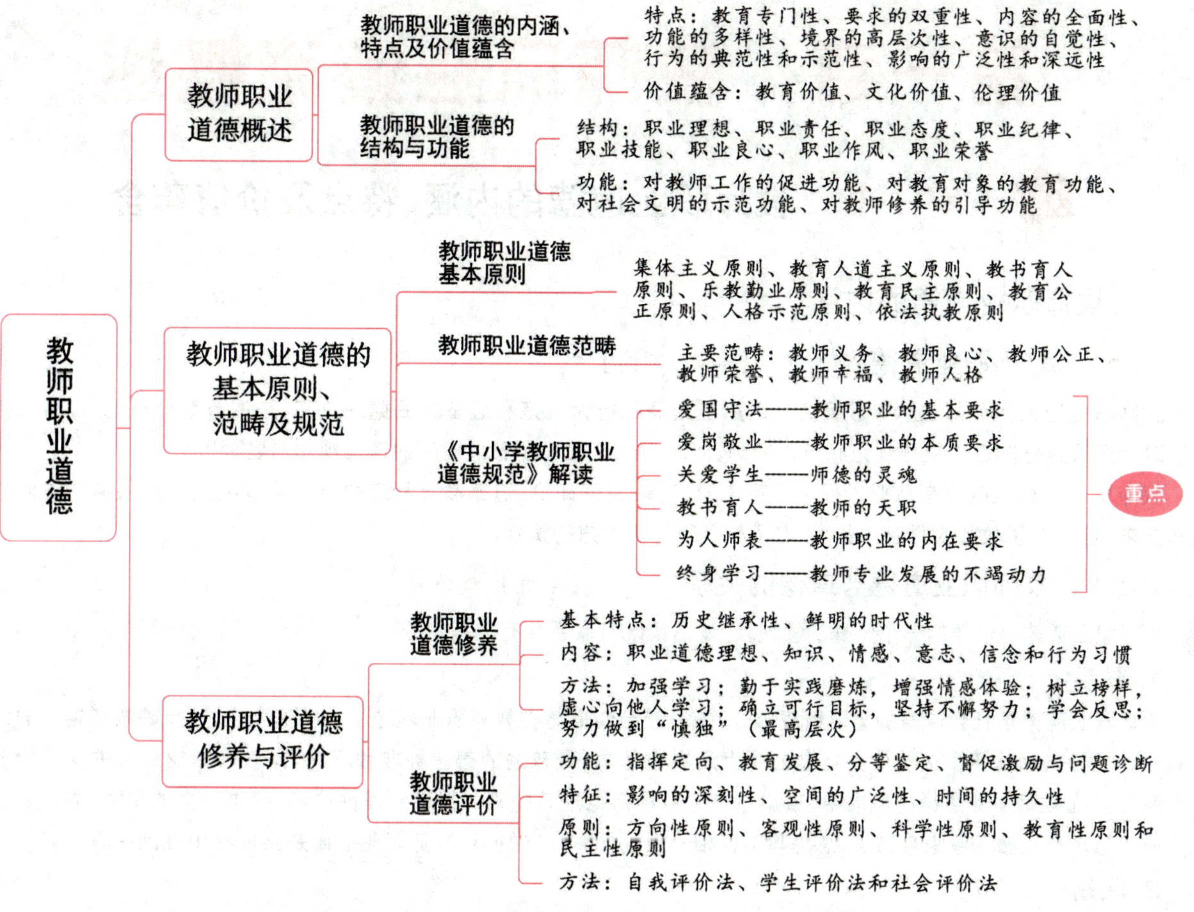

河南考向

本部分内容较为繁琐，多为识记性知识。现对本部分河南考向分析如下：

考点类型	考点名称	常考题型	能力层级	考查热度
高频考点	教师职业道德的特点、结构、功能	单选、多选、判断	识记	★★
	教师职业道德的主要范畴	单选、多选、判断、填空	识记	★★
	2008年修订的《中小学教师职业道德规范》	单选、多选、判断、简答、案例分析	运用	★★★
	教师职业道德修养的内容、方法	单选、多选、判断、填空	识记	★★
新增考点	教师职业道德与道德的关系	单选	识记	★★
	教师职业道德修养的基本特点	多选	识记	★★

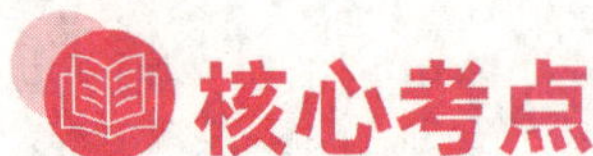

核心考点

第一章　教师职业道德概述

第一节　教师职业道德的内涵、特点及价值蕴含

一、教师职业道德的内涵

考点1　教师职业道德的概念　【单选、判断】

教师职业道德是教师在从事教育劳动时所应遵循的行为规范和必备的品德的总和，是调节教师与他人、与社会等关系时所必须遵守的基本道德规范和行为准则，以及在此基础上所表现出来的道德观念、情操和品质。

教师职业道德是教师在从业过程中进行道德选择、道德评价、道德教育和道德行为等实践活动必须遵循的道德规范和要求，它反映了教师的职业义务，体现了教师所担负的道德责任。

考点2　教师职业道德与道德的关系　新增　【单选】★★

教师职业道德是道德的一个特殊的领域，它与道德既有联系又有区别。

1. 联系

教师职业道德是社会道德的重要组成部分，是一般社会道德在教师职业领域中的特殊表现，它反映着道德对教师职业的专门化影响和作用。道德作为社会公共生活中最基本、最普遍的善恶标准和观念，是教师职业道德的主要价值来源和基础。在教师职业道德的发展中，道德总是为各种师德规范的确立提供合理性论证，提供有力的依据，教师职业道德价值思想总是植根于或来自道德，总是与道德相一致的。总之，道德和教师职业道德是共性和个性的关系。

2. 区别

表5-1　教师职业道德与道德的区别

	教师职业道德	道德
产生时间	人类社会脑体分工之后才开始萌发生长	随着人类社会的产生而萌生
发展情况	主要是在教师职业领域中形成和发展的，是与教师这一职业密切联系在一起的	随着社会整体的发展而发展，是在整个社会的广阔空间里形成和发展的
适用范围	总体上是适应教师职业的需要而产生的，具有专业适用性，主要对教师在教育活动中的行为进行调节，给予善恶的评价	适用范围比较广泛，涉及社会生产生活的各个方面，对人在社会生产生活中的各个方面都具有一般的指导价值和一定的善恶评价意义

真题面对面

[2022南阳四区联考，单，0.7分]关于教师职业道德和道德的关系，下列选项不正确的是(　　)

A. 道德是教师职业道德的主要价值来源和基础

B. 就发展而言，两者都是在教师职业领域中形成和发展的

C. 教师职业道德和道德是个性与共性的关系

D. 就适用范围而言，道德适用于生活的各个方面，教师职业道德有专业适用性

答案：B

二、教师职业道德的特点 【单选、多选、判断】 必背 ★★

1. 教师职业道德的教育专门性(适用的针对性)

教师职业道德适用的针对性表现为教师职业道德对教育善恶的专门体现和专门要求，这是教师职业道德的一个基本特点。

教师职业道德的形成和发展与教师这一行业有着密切联系。教师职业的独特性决定了教师职业道德的针对性。可以说，教师职业道德是关于教育领域是非善恶的道德，它的一切理论都是围绕教师职业展开的。它不仅告诉人们教师职业何以为善的道理，而且指出了教师职业如何为善的途径。

2. 教师职业道德要求的双重性

教师的根本任务是教书育人，教师职业道德的一切内容都是围绕这一根本问题产生的，都是与这一根本问题相联系的。古今教师职业道德的发展，始终贯穿着教书育人的要求。在教师职业道德中，育人被视为教书的根本目的，如我国古代《礼记》中就有“师也者，教之以事而喻诸德者也”，意思是教师的职责是既要教学生有关具体事物的知识，又要让学生知晓立身处世的品德。

3. 教师职业道德内容的全面性

在古今教育发展的长河中，教师职业道德的内容越来越丰富，涉及教师职业劳动的各个方面，充分体现了教师职业道德内容的全面性。

4. 教师职业道德功能的多样性

教师职业道德作为教师这一行业所特有的伦理现象和精神文化，构成了教师这一行业特有的精神风貌，成为教师职业发展源源不断的精神动力。教师职业道德作为教师行为的善恶标准和观念意识，不仅是衡量教师职业行为及其水平的重要依据，对教师行为具有引导作用，而且是教师在职业活动中对各种关系和矛盾加以调节或解决的重要依据，它能提高教师对其职业道德的评价能力，促进教师职业道德修养水平的不断提高……这都说明了教师职业道德功能具有多样性。

5. 教师职业道德境界的高层次性

境界的高层次性是指社会和他人对教师职业道德要求总是在整个社会道德体系中处于较高水平和较高层次。教师职业道德的高层次性是由教师教书育人的目的和任务决定的。

6. 教师职业道德意识的自觉性

意识的自觉性是指教师因职业劳动的特点所决定的在职业道德意识上有更高的自觉性，它是教师职业情感和职业行为的基础。教师职业道德在形成的过程中，主要靠自律而不是靠他律。

7. 教师职业道德行为的典范性和示范性

教师职业道德不仅是对教师自身行为的规范要求，是对学生进行教育的手段，而且也对社会成员具有教育价值。

(1)典范性。行为的典范性是指教师的品德和行为对学生的思想品德的形成与行为具有榜样作用。教师职业道德的典范性是由教师劳动的示范性决定的。教师要以身作则、为人师表，这是教师职业道德区别于其他职业道德的显著标志。

(2)示范性。教育机构自古以来就被认为是道德高尚的场所和人间净土。人们对教师在道德上的要求一般都高于从事其他职业的人员。因此，教师所具备的职业道德广泛、深入地影响着整个社会成员乃至整个社会的进步。

8. 教师职业道德影响的广泛性和深远性

(1)广泛性。所谓教师职业道德影响的广泛性，是指教师的思想道德不仅影响在校学生，而且会通过学生和家长进而影响整个社会。学校是社会主义精神文明建设的基地，教师是精神文明的倡导者和推行者。可以说，教师职业道德建设是一件牵动千家万户并影响千秋万代的大事，具有重大意义。

(2)深远性。教师职业道德影响的深远性是指教师的道德品质和行为将给学生留下深刻久远的印象，它不会因学生的毕业而随之结束，还将延续到毕业之后，有时甚至伴随学生的一生。

知识再拔高

教师职业道德的特点的其他说法

说法一：教师职业道德具有鲜明的继承性、强烈的责任性、独特的示范性和严格的标准性。

(1)鲜明的继承性。教师职业道德是从教师的职业劳动和教育的实践活动中引申出来的，是教师在长期的教书育人中不断总结提炼出来的，是世世代代的教师调整与学生、同行、上级、学生家长等关系中最一般的经验和结晶。这种最一般的关系在不同的时代、不同的社会形态中都是存在的，是能够沿用的。

(2)强烈的责任性。教师职业道德具有强烈的责任性，这是教师自觉、积极职业态度形成的基础，是教师教育、教学和自身发展的重要精神动力。

(3)独特的示范性。教师劳动的示范性决定了教师职业道德本身不只是一种行为准则，而且还是一种教育手段。教师工作中的一言一行、一举一动，对学生、社会都有示范性。教师职业道德具有教育人、感化人的作用。无论是教师个人的道德品质，还是教师的集体风貌，都具有独特的示范性。

(4)严格的标准性。教师职业道德的社会影响比其他职业道德的影响更广泛、更深远。纵观人类道德发展历史，历代教师道德都处在当时社会道德的较高水准上，作为人类道德继承和发展的主要桥梁发挥着积极的作用。因此，教师职业道德具有更严格的标准。

说法二：新时期教师职业道德的特点包括：(1)从教师的社会责任来看，教师职业道德具有全局性；(2)从教师的社会地位来看，教师职业道德具有超前性；(3)从教师职业及个人素质看，教师职业道德具有导向性；(4)从教师的人格评价来看，教师职业道德具有超越一般职业道德的示范性。

说法三：(1)教师职业道德具有适用范围的有限性。(2)教师职业道德具有发展的历史继承性。在长期的实践过程中，教师职业道德会被作为经验和传统继承下来。(3)教师职业道德具有表达形式的多样性。(4)教师职业道德具有强烈的纪律性。教师职业道德有时以制度、章程、条例、守则的形式出现，让从业人员认识到教师职业道德具有纪律的规范性。

真题面对面

1.［2022濮阳范县，单，0.6分］每种职业都有自己的职业道德要求，(　　)是教师职业道德区别于其他职业道德的显著标志。

A. 爱岗敬业　B. 为人师表　C. 爱国守法　D. 关爱学生

2.［2022信阳淮滨，多，1分］与其他职业道德相比，教师职业道德的特殊性体现在(　　)

A. 意识的自觉性　B. 行为的示范性　C. 情感的真实性　D. 影响的深远性

3.［2022开封祥符，判断，1分］“师也者，教之以事而喻诸德者也”体现了教师职业道德要求的双重性。(　　)

答案：1. B　2. ABD　3. √

三、教师职业道德的价值蕴含 【单选、判断】 ★

1. 教育价值

教师是从事教育工作的人，其职业道德的教育价值是客观存在的。教师职业道德对社会成员也具有教育价值。同时，教师职业道德所含有的教育价值也体现在它对教师自身的教育中。

2. 文化价值

教师职业道德既是一种行为规范，又是一种文化现象。它的发展，不仅仅是提出一定的职业道德规范或根据社会及教育的实际变化更新教师职业道德，同时总是伴随着对这些规范的理论解释，它反映着教育对自身文明和社会文明的系统思考和追寻，体现出浓郁而又独特的文化意蕴，进而使教师职业道德不仅呈现出一种独特的规范存在，也体现出一种独特的文化存在。

3. 伦理价值

教师职业道德作为教师的行为规范，在本质上表现为教师职业行为中的向善和“应当”的价值取向，它常常以公正、热爱、民主、团结、廉洁、文明等概念体现出来。在教育过程中，教师职业道德具体表现为热爱学生、尊重学生的人格、培养学生的思想品德、增进学生的健康、挖掘学生的潜力、陶冶学生的情操、锻炼学生的意志、发展学生的个性……所有这些，确立和保护了学生作为个性的人的价值和精神的独立，从而促使他们的发展既符合社会的需要，又满足个体的需要；既符合道德的原则，又符合学生身心成长规律的要求。从这个意义上讲，教师职业道德具有明显的伦理价值。

也有学者认为，教师职业道德对社会来说具有重要的价值意义，主要表现为道义价值、教育价值和文化价值等方面。

真题面对面

[2022 郑州市直，判断，0.5 分]教师职业道德既是一种行为规范，又是一种文化现象。(　　)

答案：√

第二节　教师职业道德的结构与功能

一、教师职业道德的结构　【单选、多选】★★

1. 教师职业理想

所谓职业理想，就是指人们对于未来工作类别的选择以及在工作上达到何种成就的向往和追求。教师的职业理想是其献身教育工作的根本动力。

2. 教师职业责任

所谓教师职业责任，就是教师必须承担的职责和任务。在社会主义条件下，人民教师的根本职责就是培养社会主义新人，换句话说，人民教师的职责是培养社会主义现代化事业的建设者和接班人。

3. 教师职业态度

教师职业态度是指教师对自身职业劳动的看法和采取的行为，简而言之，就是指教育劳动态度或教师劳动态度。

4. 教师职业纪律

教师职业纪律就是教师在从事教育劳动过程中应遵守的规章、条例、守则等。

5. 教师职业技能

教师职业技能集中地表现为教师教书育人的本领，教师教书育人活动的效果是教师职业技能的反映。

6. 教师职业良心

所谓教师职业良心，就是教师在对学生、学生家长、同事以及对社会、学校履行职业义务的过程中所形成的特殊道德责任感和道德自我评价能力。

教师的职业良心可以表现在教育工作的每一个环节，其主要内涵包括：(1)“**恪尽职守**”，实际上就是一种工作责任和纪律的要求；(2)“**自觉工作**”，这是由教师的劳动特点决定的；(3)“**爱护学生**”，是教师的天职；(4)“**团结执教**”，也是教师良心要求的重要组成部分。

7. 教师职业作风

所谓教师职业作风，就是教师在自身职业活动中表现出来的一贯态度和行为。

8. 教师职业荣誉

所谓教师职业荣誉，就是教师在履行职业义务后，社会所给予的赞扬和肯定，以及教师个人所产生的尊严与自豪感。

真题面对面

1. [2021 平顶山湛河，单，0.8分]（　　）是指教师在对学生、学生家长、同事以及对社会、学校履行职业义务的过程中形成的特殊道德责任感和道德自我评价能力。

A. 职业荣誉　　B. 职业作风

C. 职业良心　　D. 职业技能

2. [2022 郑州市直，多，1.2分]教师职业道德的构成因素有（　　）

A. 教师职业技能　　B. 教师职业纪律

C. 教师职业责任　　D. 教师职业理想

E. 教师职业态度

答案：1. C　2. ABCDE

二、教师职业道德的功能 【多选、判断】 ★★

1. 对教师工作的促进功能

教师职业道德相对于学校的规章制度、教育计划、教学大纲等更灵活、更有效，能够时时处处指导、调节与监督教师的教育行为。教师职业道德对教师教育行为的调节主要是通过社会舆论和内心信念两种形式来实现的。教师职业道德能够通过激发动力、评价优劣、调节行为来处理和调节各种利益关系，保证教师教学工作的顺利开展和教育任务的圆满完成，这是教师职业道德**最基本**的社会作用。

2. 对教育对象的教育功能

青少年具有很大的可塑性，他们往往从教师的道德意识和道德行为中汲取是非、善恶观念。当教师按照教师职业道德作为时，会使道德要求具体化、人格化，从而使学生在富于形象性的榜样中受到启迪和教育，在潜移默化中形成教师所期望学生拥有的良好思想品德，增强教师教育的可信度、吸引力和有效性。

3. 对社会文明的示范功能

教师对社会文明的示范功能通过三种途径表现出来：

(1)通过培养学生的优良品德而影响社会道德，学生是具有多重角色的个体，在校是学生，在社会上是公民，他们的多重身份更利于社会文明的传播。

(2)通过教师参加各种社会活动而影响社会道德，当教师严格遵循教师职业道德，以高尚的道德面貌出现在社会中时，他们的道德风貌、人格形象便会对社会各方面产生积极影响。

(3)通过教师家庭生活和社会生活影响社会道德，促进社会主义新型人际关系的建立和发展。

这些都直接或间接地以各种方式体现在社会生活的各个方面，促进文明之花处处开放。

4. 对教师修养的引导功能

社会对教师整体素质的要求高于其他行业的从业人员。教师在工作岗位上不断提高自己的业务能力和道德水平，加强自身修养是教师职业道德品质的重要内容和应有要求。在教师自身修养过程中，教师职业道德具有引导功能。

知识再拔高

教师职业道德的功能(作用)的其他说法

说法一：(1)教师职业道德对教师起调节和教育作用；(2)教师职业道德对学生起榜样和带动作用；(3)教师职业道德对社会起影响和促进作用。

说法二：(1)调节作用。对教育过程的调节作用是教师职业道德最基本、最重要的作用。具体表现在：①通过调节教师与教育事业的关系，促进教师爱岗敬业；②通过调节教师与学生的关系，形成尊师爱生的教育氛围；③通过调节教师与教师的关系，形成团结协作的教育凝聚力；④通过调节教师与学校其他成员及与社会其他成员的关系，形成教育合力。

(2)教育作用。教师职业道德对学生具有很大的教育作用，具体表现在：①教师的道德品质对学生品德的形成具有示范作用；②教师的道德品质对学生智力的发展、科学文化水平的提高有推动作用；③教师的道德品质对培养学生审美情趣具有促进作用；④教师的道德品质对学生良好心理素质的培养具有促进作用。

(3)导向作用。教师的道德品质对于学生的成长、发展尤其是思想品德的形成起着重要的导向作用。这种导向作用具体表现在：①激励作用；②控制作用；③调整作用；④矫正作用。

(4)促进作用。具体表现在：①有利于社会职业道德的发展和从业者道德素质的提高；②有利于家庭美德的形成和整个社会文明程度的提高；③有利于社会公德的发展和良好社会风气的形成。

说法三：(1)对教师工作的动力功能。(2)对教师职业行为的调节功能。(3)对教育对象的教育功能。(4)对教师工作的评价功能。(5)对社会文明的示范功能。(6)对教师自身修养的引导功能。一方面，教师职业道德内容为教师的职业行为提供着“应该怎样，不应该怎样”的标准；另一方面，教师职业道德也常常通过社会舆论和教师个体内心信念等手段，确立教师内在的荣辱观、善恶观，从而实现教师按教师职业道德原则进行自我控制、自我调节、自我修养。教师为保持自己的荣誉，得到他人的肯定和尊重，必然会按社会舆论的导向，遵循教师职业道德规范，加强自身修养，这实际上是教师职业道德对教师自身修养引导功能的实现。

真题面对面

1. [2023周口市直，单，1分]教师按照师德的要求不断加强自身修养，主要体现了教师职业道德的(　　)

A. 反馈功能　　B. 引导功能　　C. 评价功能　　D. 示范功能

2. [2022驻马店驿城，单，1.2分]青少年从教师的道德意识、道德行为中汲取是非、善恶观念。这表明教师职业道德具有(　　)

A. 对教育对象的教育功能　　B. 对教师工作的促进功能

C. 对教师修养的引导功能　　D. 对社会文明的示范功能

答案：1. B　2. A

考点大默写

1. “师也者，教之以事而喻诸德者也”，这体现了教师职业道德要求具有________。
2. 在学校教育中，教师处理教育活动中各种关系的行为准则是________。
3. 教师职业道德对教师教育行为的调节主要是通过________和________的形式来实现的。
4. 教师职业道德的功能包括对教师工作的________，对教育对象的________，对社会文明的________和对教师修养的________。
5. 教师职业道德的特点中，教师职业道德的________表现为教师职业道德对教育善恶的专门体现和专门要求。
6. 人们经常说“身教胜于言传”“以身作则”。这充分证明了教师职业道德具有独特的________。
7. 构成教师职业道德的因素有教师职业理想、________、________、________、教师职业技能、教师职业良心、________、________。

【参考答案】

1. 双重性　2. 教师职业道德　3. 社会舆论；内心信念　4. 促进功能；教育功能；示范功能；引导功能　5. 适用的针对性(教育专门性)　6. 示范性　7. 教师职业责任；教师职业态度；教师职业纪律；教师职业作风；教师职业荣誉

第二章　教师职业道德的基本原则、范畴及规范

 第一节　教师职业道德基本原则

一、教师职业道德基本原则的内涵　【单选、多选、填空】

考点1　教师职业道德基本原则的含义

教师职业道德基本原则是教师在教育职业活动中正确处理各种利益关系所应遵循的最根本的指导准则，是一定社会或阶级对教师在职业活动中提出的最根本的道德要求。它指明了教师职业实践中道德行为的总方向，体现了教师职业道德的本质属性，统帅整个教师职业道德体系，是衡量和判断教师行为善恶的最高道德标准。

教师职业道德基本原则是教师调整个人与他人以及社会关系的根本指导原则，起统帅、灵魂作用，对教师的职业责任、职业态度、职业情感、职业行为品质、职业情操、职业形象等方面提出了基本要求。

考点2　忠于人民教育事业是我国教师职业道德基本原则

忠于人民教育事业是我国教育社会主义性质的必然要求，是教师处理个人利益和社会整体利益关系时所必须遵循的根本指导原则，是衡量教育工作者个人行为和品质的最高道德标准。忠于人民教育事业不仅是教育工作者从事职业活动的基本要求，更重要的是每个教育工作者在自己的教育劳动中要建立崇高的职业理想，把从事教育劳动、培养社会主义事业的建设者和接班人作为自己的志向和抱负，培养自己对教育劳动真挚的、深厚的情感，并以从事教育劳动为荣，以献身教育事业为乐，把自己平生精力都投入到教育事业中，全心全意地为社会主义教育事业服务。

考点3　教师职业道德基本原则与教师职业道德范畴、教师职业道德规范的关系

道德原则是一定社会或阶级对人们行为提出的最基本的要求，是道德体系的核心，它是人们立身处世的基本准则，也是判断是非、善恶的基本标准。道德规范则是比较具体的道德原则，它是在一定条件下、一定范围内人们立身处世和评价是非、善恶的标准。道德范畴存在于每一个人的意识和感情中，是反映人们道德关系和行为调节方向的一些基本概念。

教师职业道德规范和范畴都是由教师职业道德基本原则派生出来的，是教师职业道德基本原则的展开、补充和具体化。

二、教师职业道德基本原则的内容　【单选、判断】　★

(1)集体主义原则;(2)教育人道主义原则;(3)教书育人原则;(4)乐教勤业原则;(5)教育民主原则;(6)教育公正原则;(7)人格示范原则;(8)依法执教原则。其中，教育人道主义原则就是教师在教育劳动过程中，应当从人道主义原则出发，尊重人、关心人、爱护人，协调自己与他人之间的关系，并以人道主义的言行影响、培养学生。教育民主原则是指在教育教学过程中教师要以平等友善的态度对待学生、尊重学生、引导学生，激励学生发展。

真题面对面

[2022南阳宛城，判断，0.9分]教师职业道德基本原则是对教师在职业活动中提出的最根本的道德要求。教

师在教育教学活动中要尊重学生，要引导学生，激励学生发展，体现了教师职业道德基本原则中的教育人道主义原则。(　　)

答案：×

三、教师职业道德基本原则确立的依据

(1)必须反映一定社会经济关系和阶级利益的根本要求；(2)必须符合一般社会道德原则的基本要求；(3)必须反映教师职业活动的特点。

四、教师职业道德基本原则的要求

(1)树立无产阶级的世界观、人生观和价值观；(2)树立崇高的理想、信念和价值目标；(3)具备良好的专业能力素质；(4)具有顽强的意志和崇高的精神境界。

第二节　教师职业道德范畴

一、教师职业道德范畴的含义

教师职业道德范畴是指那些概括和反映教师职业道德的主要特征，体现一定社会对教师职业道德的根本要求，并成为教师的普遍内心信念，对教师的行为发生影响的基本道德概念。

二、教师职业道德的主要范畴【单选、多选、判断、填空】必背 ★★

考点1　教师义务

教师义务是教师在一定的内心信念和道德责任感的支配下，在教育教学实践中，自觉履行对学生、他人和社会应尽的职责和义务。教师义务，从其客观要求和内容来说，是教师的一种职责、使命或任务，具有不以人们的主观意志为转移的客观的约束力，因而也就存在着道德意识强制的因素，获得了“道德命令”的性质。有了这一点，就能使每个教师遵循所有教师职业生活纪律，去做“应该做”的事情。但是，从主观方面来说，它是在教师理解和认识了社会对教师的客观要求，自觉在教师的使命、职责或任务的基础上形成的一种内心信念和意志。因此，履行义务的行为又是自由的。

教师义务的内容主要有：(1)不断提高思想政治觉悟和教育教学业务水平；(2)尽职尽责，教书育人；(3)创设一个良好的内部教育环境。

教师在履行教育义务的活动中，最主要、最基本的道德责任是正反两个方面。正面：教书育人；反面：“不要误人子弟”。教师应当对此有清醒的认识。

真题面对面

1. [2022郑州市直，单，0.8分]教师不断提高自己的政治思想觉悟，这属于(　　)

A. 教师荣誉　　B. 教师技能

C. 教师公正　　D. 教师义务

2. [2022濮阳市直，判断，0.43分]教师在履行教育义务的活动中，最主要、最基本的职业责任是教书育人。(　　)

答案：1. D　2. √

考点2 教师良心

教师良心是教师个人在自己的教育实践中，对社会向教师提出的一系列道德要求的自觉意识，是教师个人对学生、教师集体和社会自觉履行其职责的道德责任感以及对自己教育行为进行道德控制和道德评价的能力，是多种教师职业道德心理因素在教师个人意识中的有机统一。从教师个体职业良心形成的角度看，教师的职业良心首先会受到社会生活和群体的影响。教师良心作为一种精神动力，是一种内在的道德信念，对教师的道德活动和道德行为具有重要的指导、自我监督和评价作用。教师良心与其他职业良心相比，有两个主要的特点：(1)层次性高；(2)教育性强。

教师良心作为教师职业道德的重要范畴，有其自己的特点。具体表现在：

(1)公正性。教师良心的公正性体现在教师对教育事业的正确认识上，对教育教学工作坚持真理、秉公办事上，对学生的一视同仁、赏罚分明上，对同事、领导的开诚布公、团结协作上。

(2)综合性。教师良心，从它的形成来讲，是由教师的知识、以往的生活经历和全部生活方式所决定的，具有综合性；从它的构成机制和要素来看也具有综合性。

(3)稳定性。教师良心是理性和非理性的综合，而且理性的成分占据主要位置。因此，这种在理性指导下所形成的教师良心就具有坚持性、坚定性和稳定性，它不是转瞬即逝的，也不是变化无常的。

(4)内隐性。教师良心是隐藏在教师内心深处的一种对教师社会道德责任感、义务感的认识和感情以及自我评价能力，是教师在教育劳动过程中发自"肺腑"的一种内在的精神力量，也是一定社会的道德原则和规范体现在教师内心深处的认识、情感、意志、信念、理想和行为的有机统一。

(5)广泛性。教师良心一旦形成，其作用的范围是非常广泛的。

真题面对面

[2022南阳宛城，单，0.7分]教师良心与其他职业良心相比有两个主要的特点，教育性强和(　　)

A. 层次性高　　B. 引导性强

C. 理论性强　　D. 创新性强

答案：A

考点3 教师公正

教师公正是教师职业道德修养水平的重要标志，体现着一定社会对教师的根本要求。教师公正是指教师在教育职业活动中，公平合理地对待和评价全体合作者。所谓公平合理地对待和评价全体合作者，即按照社会主义道德原则指导下的伦理定位来对待、评价和处理教师同所面对的群体或个人之间的关系。从外部来看，主要是教师同社会各界的关系；从内部来看，主要是教师个人同领导、同事和学生的关系。其中，公平合理地评价和对待每个学生是教师公正最基本的内容。教师公正是教育公正的核心内容，教育公正不仅包括教师公正，而且也包括教育的制度性公正。

教师公正具有以下两个特点：(1)教师公正的分配性。教师公正的分配性表现为以下两个原则：①授权原则。学生的"贡献"蕴含他要获得的"权益"，而且其"贡献"必须至少等于而不能少于该权益。②承诺原则。教师这一权益角色蕴含着责任与义务，但其学生希望获得的"权益"必须至多等于教师所承担的责任与义务。(2)教师公正具有对等性和可互换性。对等就是指主体对人对事要一视同仁，适用同一个规则或标准。可互换性是对等性的要求和保证。要真正做到对人对己用一个标准，就必须能够让自己处在对方的位置时，仍然接受自己原先承认的法则，即所谓的"己所不欲，勿施于人"。

教师公正的内容主要有：(1)坚持真理；(2)秉公办理；(3)奖罚分明。

教师公正的作用包括：(1)有利于调动每个学生的学习积极性；(2)有利于学生形成公正无私的道德品质；(3)有利于教师威信的形成；(4)有利于形成良好的教育教学环境。

教师必须在细节中体现出公正的意识，做到：(1)与学生人格的平等；(2)接受所有学生；(3)尊重学生的个别差异。其中，要做到尊重学生的个别差异，教师需要注意：①对因材施教有正确恰当的理解；②公正的前提是有利于每一个学生的健康成长；③在教育教学工作中，尽量缩小由于社会不公正给学生带来的差异；④辩证地看待学生的优缺点，不绝对化；⑤不同的学生犯了同样的错误，要考虑不同的动机与原因进行处理。

真题面对面

[2022新乡原阳，单，0.6分]孔子的“己所不欲，勿施于人”主要体现了教师职业道德范畴中的教师(　　)

A. 公正　　B. 幸福　　C. 良心　　D. 仁慈

答案：A

考点4　教师荣誉

教师荣誉即社会对教师的道德行为的价值所做出的公认的客观评价和教师对自己行为的价值的自我意识。

教师荣誉的作用有：(1)教师荣誉是教师道德行为的调节器，对教师道德行为、品质的取向具有导向和制约作用；(2)教师荣誉是激励和推进教师积极进取，更好地履行教师义务，争取个人道德高尚、人格完善的助推器；(3)教师荣誉是促进教师自身道德发展和完善，形成良好师德风尚的重要精神条件。

教师荣誉的内容有：(1)光荣的角色称号；(2)无私的职业特性；(3)崇高的人格形象。

考点5　教师幸福

教师幸福也称教育幸福，是指处于一定社会经济关系和历史环境中的教育工作者，在教育教学过程中，由于感受到目标和理想的实现，而获得的精神上的满足。

准确把握和理解教师幸福的含义，应从四个方面着眼：(1)教师幸福更多体现在精神层面；(2)教师幸福具有给予性和被给予性；(3)教师幸福具有集体性；(4)教师幸福具有无限性。

教师的幸福能力的培养：(1)充分认识教师职业的意义，并与自己的生命意义相联系；(2)培养高尚的师德水平，提升教师的人生境界；(3)教师对自己从事的教育教学活动要有实践能力。

考点6　教师人格

这里的人格主要是指道德人格。教师的道德人格是指个体作为教师这一特定社会角色所表现出的道德面貌与特征，是教师在自己的职业活动中表现出的稳定的道德行为的范式(格式)和道德品质与境界(格位)，也是教师之所以成为教师的主体本质。由于职业的规定性，教师的道德人格与一般道德人格有显著的不同。其主要的特质可以归结为两点：(1)人格与师格的统一；(2)较高的格位水平。

教师人格修养有两个问题：一是修养的策略问题，二是修养的尺度问题。在策略上，采取“取法乎上”的策略，这是因为：(1)人格修养的规律性；(2)师范人格的特点(格位高)；(3)中国古代的伦理智慧。在尺度上要确立教师人格修养的审美尺度。按照审美的尺度去修养教师的人格，就是要进行师表美的建设。从德育(道德教育)的角度看，师表之美的价值至少有三：(1)充分发挥教育主体的德育潜能；(2)充分促成学生的榜样学习；(3)改善教育与道德教育的效能。师表美主要包括：(1)“表美”；(2)“道美”；(3)风格美。其中，“道美”指师表美的精神内涵或内在方面，是教师人格的精神方面，即教师的精神美。

第三节 《中小学教师职业道德规范》解读

改革开放以来，我国于1985年、1991年、1997年先后三次颁布和修订了《中小学教师职业道德规范》。为适应时代发展的需要，2008年9月，教育部、中国教科文卫体工会全国委员会联合发布了重新修订的《中小学教师职业道德规范》（以下简称新《规范》）。新《规范》基本内容有六条，体现了教师职业特点对师德的本质要求和时代特征。爱与责任是贯穿其中的核心和灵魂。

一、1997年修订的《中小学教师职业道德规范》【单选、判断】★

1. 依法执教

学习和宣传马列主义、毛泽东思想和邓小平同志建设有中国特色社会主义理论，拥护党的基本路线，全面贯彻国家教育方针，自觉遵守《中华人民共和国教师法》等法律法规，在教育教学中同党和国家的方针政策保持一致，不得有违背党和国家方针、政策的言行。

2. 爱岗敬业

热爱教育、热爱学校，尽职尽责、教书育人，注意培养学生具有良好的思想品德。认真备课上课，认真批改作业，不敷衍塞责，不传播有害学生身心健康的思想。

3. 热爱学生

关心爱护全体学生，尊重学生的人格，平等、公正对待学生。对学生严格要求，耐心教导，不讽刺、挖苦、歧视学生，不体罚或变相体罚学生，保护学生合法权益，促进学生全面、主动、健康发展。

4. 严谨治学

树立优良学风，刻苦钻研业务，不断学习新知识，探索教育教学规律，改进教育教学方法，提高教育、教学和科研水平。

5. 团结协作

谦虚谨慎、尊重同志，相互学习、相互帮助，维护其他教师在学生中的威信。关心集体，维护学校荣誉，共创文明校风。

6. 尊重家长

主动与学生家长联系，认真听取意见和建议，取得支持与配合。积极宣传科学的教育思想和方法，不训斥、指责学生家长。

7. 廉洁从教

坚守高尚情操，发扬奉献精神，自觉抵制社会不良风气影响，不利用职责之便谋取私利。

8. 为人师表

模范遵守社会公德，衣着整洁得体，语言规范健康，举止文明礼貌，严于律己，作风正派，以身作则，注重身教。

这里主要介绍依法执教、热爱学生和严谨治学这三点。

依法执教是完成本职工作的前提和基础，是国家和社会对教师提出的道德要求，是判断教师行为是非善恶的最根本的道德标准，具有重要的现实意义。坚持依法执教，是教师坚持正确职业行为方向的保证。这一条是教师职业道德的首要准则，是对教师最基本的规范要求。

热爱学生是教育学生的感情基础，是教师职业道德高低的试金石。

严谨治学是教师必备的素质，是教师自我完善的重要途径，是教师适应时代发展的需要。严谨治学的基本要求是：(1)要有精深的专业知识；(2)要有刻苦钻研、精益求精的精神；(3)要有谦虚谨慎的态度；(4)要有锐意创新的品质。

真题面对面

1. [2022南阳宛城,判断,0.9分]严谨治学是教师自我发展的重要途径,是教师适应时代发展的需要。(　　)

2. [2021洛阳市直,判断,0.75分]教师进行有偿家教实际违背了依法执教的职业道德规范。(　　)

答案:1. √　2. ×

二、2008年修订的《中小学教师职业道德规范》【单选、多选、判断、简答、案例分析】

必背　★★★

考点1　爱国守法——教师职业的基本要求

爱国守法是教师处理其与国家社会的关系时所应遵循的原则要求。教师与国家社会的关系是教师必须首先面对的关系,也是在职业行为上必须首先要协调的关系。在教师与国家社会的关系上,教师需要处理自己作为一个公民和自己作为社会职业者与国家社会的关系。

新《规范》中关于"爱国守法"方面所规定的具体职业行为要求有以下几点:

1. 全面贯彻国家教育方针

教师是从事国家教育事业的专业人员,教师代表国家从事人民的教育事业。教师爱国、爱中国共产党、爱社会主义,具体行为表现在全面贯彻国家教育方针。这是要求教师的一切教育教学行为都要符合国家教育方针的要求。

2. 自觉遵守教育法律法规,依法履行教师职责权利

爱国要求教师必须守法,遵守教育法律法规的规范要求。法律法规的核心是权利和义务,因此教师必须自觉履行教育法律法规所规定的教师的权利和义务。

3. 不得有违背党和国家方针政策的言行

上面两个要求是"爱国守法"方面倡导性的职业行为,而这一要求则是禁止性的职业行为规定。在教师的职业活动中,出现违背党和国家方针政策的言行,是违背"爱国守法"职业行为规定的。

真题面对面

[2022南阳卧龙,单,1.3分]教师职业道德的基本要求是(　　)

A. 爱岗敬业　　B. 爱国守法　　C. 关爱学生　　D. 为人师表

答案:B

考点2　爱岗敬业——教师职业的本质要求

爱岗敬业是教师处理其与教育事业的关系时所应遵循的原则要求。教师的职业活动,是一种事业——教育事业。教育事业是教师职业活动的全部内容,是教师职业活动中必须处理好的根本关系。在一定意义上也可以说,教师与教育事业的关系涵盖了教师职业活动内部全部的关系。这里所说的教师与教育事业的关系,是将教育事业作为一个整体,教师与之发生的关系。

新《规范》中关于"爱岗敬业"方面所规定的具体职业行为要求有以下几点:

1. 对工作高度负责

在教师与教育事业的关系上,这一职业行为要求仍然是原则性的,但是从"责任"的要求来看,也可以说是具体的。

这是说，教师对教育事业在行为上最重要的是“责任”。

2. 认真备课上课

教师对教育事业负责，是通过课堂教学来实现的，因而教师在职业行为上首先就要做到认真备课上课。认真备课上课，要求教师认真备好每一节课，认真上好每一节课。

3. 认真批改作业

学生写作业和教师批改作业，是教学活动的重要环节。教师没有认真地批改作业，学生就不能得到准确的学习信息反馈，教学环节就有缺失。

4. 认真辅导学生

现代教学活动是以班级授课制为基础的，但是学生的学习是有个性的、有个体差异的，因而集体教学与个别辅导必须结合起来。只有班级教学活动，而没有学生个别辅导，这样的教学也是不完整的。

5. 不得敷衍塞责

这是禁止性的职业行为规定，也是原则性、概括性的规定。“不得敷衍塞责”是从禁止性方面强调了教师的教育教学责任。

倡导“爱岗敬业”就是要求教师对教育事业具有强烈的责任感和深厚的感情。没有责任就办不好教育，没有感情就做不好教育工作。教师要始终牢记自己的神圣职责，志存高远，把个人的成长进步同社会主义伟大事业、同祖国的繁荣富强紧密联系在一起，并在深刻的社会变革和丰富的教育实践中履行自己的光荣职责。

真题面对面

[2022濮阳华龙，单，1.12分]肖老师采用了很多教育方法，坚持不懈地努力帮助班上一位性格孤僻、行为散漫、对学习不感兴趣的孩子。这反映了肖老师(　　)

A. 践行了爱岗敬业的职业道德　　B. 违背了关爱学生的职业道德

C. 忽视学生自主发展的要求　　D. 尊重学生，扩大学生的优势

答案：A

考点3　关爱学生——师德的灵魂

关爱学生是教师处理其与学生的关系时所应遵循的原则要求。教师与学生的关系是教师职业活动中发生的最重要的关系。教育活动主要就是在教师与学生之间发生的，教师所从事的教育活动中心就是师生关系。

新《规范》中关于“关爱学生”方面所规定的具体职业行为要求有以下几点：

1. 关心爱护全体学生，尊重学生人格，平等公正对待学生

关爱学生的范围是全体学生，而不是某一部分。在实际教育活动中，有些教师不是不能给予学生关爱，而是往往不能给予全体学生关爱。这不符合教师职业行为要求。

关爱学生的核心，是尊重学生人格。尊重学生人格，就是把学生看作与自己一样有尊严、有利益诉求的人。

关爱学生的关键是做到对学生平等公正。平等，是师生之间的平等、生生之间的平等；公正，是将关爱给每一个学生，不论这些学生的发展状况如何、社会背景和家庭背景如何。

2. 对学生严慈相济，做学生的良师益友

关爱学生不是不要严格。严格要求学生，也是对学生的成长负责，然而严格不意味着没有宽容，学生成长总会出现这样那样的问题，所以，要严慈相济。严慈相济体现的也是亦师亦友的师生关系。严格要求是作为教师的责任，倾心帮助是作为朋友的热诚。学生在严慈相济、良师益友的环境中才能健康成长。

3. 保护学生安全，关心学生健康，维护学生权益

关爱学生还要求教师对学生的安全、健康负责，对学生的权益负责。学生的安全，是他们的人身安全；学生的健康，是他们的身心健康；学生的权益，是法律赋予他们的权益。

4. 不讽刺、挖苦、歧视学生，不体罚或变相体罚学生

这是对教师在与学生关系上的禁止性规定。在语言上讽刺、挖苦学生，在态度上歧视学生，这在职业行为上是不容许的。在教育学生的方法上，采用体罚和变相体罚，也是教师职业道德不容许的。

真题面对面

1. [2022 信阳淮滨，单，0.7 分]师德的灵魂是(　　)

A. 加强修养　　B. 关爱学生

C. 认真教学　　D. 提高业务水平

2. [2021 平顶山湛河，单，0.8 分]某班主任因学生成绩不理想生气，以讽刺语气对垫底的学生说："猪都比你们聪明，一群废物。"这违背了(　　)的职业道德。

A. 爱岗敬业　　B. 关爱学生

C. 教书育人　　D. 爱国守法

答案：1. B　2. B

考点 4　教书育人——教师的天职

教书育人是教师在处理其与职业劳动的关系时所应遵循的原则要求。教书育人是教师最核心的职责与任务。教书是育人的主要手段，育人是教书的根本宗旨，二者相辅相成，辩证统一。教师的职业劳动是具体的教育教学活动，教育教学活动从现象上看是"教书"。在教育教学活动中，教师要开展传递知识与技能的活动，知识与技能是教师直接操作的对象，但是，教师操作知识与技能的目的还在于学生。因而，"育人"是教师职业劳动的本质。

新《规范》中关于"教书育人"方面所规定的具体职业行为要求有以下几点：

1. 遵循教育规律，实施素质教育

教育的本质要求是促进人健康全面发展，遵循教育规律就要实施素质教育。素质教育从根本上说，就是"育人"。"教书"是途径，"育人"是目的。两者不可偏废。没有"教书"，"育人"没有依托；没有"育人"，"教书"就失去了本来意义。

2. 循循善诱，诲人不倦，因材施教

符合教书育人要求的教师职业劳动行为应当是"耐心"的、"引导"的、充满教育"热情"的，而且能够实施针对每一个学生"量身定做"的教育。

3. 培养学生良好品行，激发学生创新精神，促进学生全面发展

把"育人"作为目的的教育，把德育放在重要位置上，把教育学生成"人"放在首要位置上；"育人"也要把培养具有创新精神的现代人作为职业劳动的要求。

以"育人"为目的的教育，必须实施全面发展的教育，最终要达到学生全面发展的目的。

4. 不以分数作为评价学生的唯一标准

在"教书育人"方面禁止的行为，就是背离"育人"目标的做法，或者说是应试教育的做法。教师头脑中必须明确，以分数作为评价学生唯一标准的做法，是教师职业行为明确禁止的。

真题面对面

[2022驻马店驿城,单,1.2分]周老师认为,成绩好不是唯一的出路,只要学生的人格没有问题,养成阳光的个性,今后他的发展道路也不一定不好。周老师注重评价多元化,体现了教师职业道德规范要求中的( )

A. 为人师表　　B. 教书育人　　C. 爱国守法　　D. 关爱学生

答案:B

考点5　为人师表——教师职业的内在要求

为人师表是教师在处理其与自己的关系时应遵循的原则要求。教师职业劳动不只是同别人交往,也是同自己交往,即教师也把自己作为职业行为所要调节的对象,就是对自己提出道德的要求,在自己的心中树立起一种职业行为的形象。为人师表作为一种师德规范,蕴涵着丰富而深刻的道德内容,最突出的就是体现了教师对真善美理想人格的追求。

新《规范》中关于"为人师表"方面所规定的具体职业行为要求有以下几点:

1. 坚守高尚情操,知荣明耻

这是要求教师在职业行为上符合社会主义的荣辱观。

2. 严于律己,以身作则

教师在职业活动中对自己要严格要求,要以自己的行为作为他人,特别是学生的楷模。

3. 衣着得体,语言规范,举止文明

以身作则,在行为举止上,要注意穿着、言语和行为符合现代文明要求,能够为学生做出榜样。

4. 关心集体,团结协作,尊重同事,尊重家长

以身作则,也表现在处理与同事、学生家长的关系上,要能够尊重他人,与他人和谐相处。在处理与家长关系时应遵循的道德要求是:(1)主动与学生家长联系;(2)认真听取家长的意见和建议;(3)尊重学生家长的人格;(4)教育学生尊重家长。

5. 作风正派,廉洁奉公

以身作则,体现在为人作风上,就是"廉洁奉公"。这一行为要求在教师方面,就是要求教师不从学生那里谋取自己的利益,就是"廉洁从教"。

6. 自觉抵制有偿家教,不利用职务之便谋取私利

有偿家教,是市场经济条件下出现的比较严重的违背教师职业行为规范的问题,新《规范》特别作为禁止性规定提出。

真题面对面

1. [2023郑州郑东新区,单,1.5分]下列行为或表现符合为人师表这一教师职业道德规范要求的是( )

A. 认真备课上课,认真批改作业,认真辅导学生

B. 作风正派,廉洁奉公

C. 不以分数作为评价学生的唯一标准

D. 循循善诱,诲人不倦

2. [2022郑州市直,判断,0.5分]教师职业道德的内在要求是关爱学生。( )

答案:1. B　2. ×

考点6 终身学习——教师专业发展的不竭动力

终身学习是教师在处理其与自己发展的关系时所应遵循的原则要求。强调教师自己的发展，是说教师在教育活动中，不仅要把学生作为一种发展对象来看待，也要把自己作为一种发展对象来看待。教师的自我发展，也是教师职业行为调节的对象。这是在终身学习的社会中发生的关系。

新《规范》中关于"终身学习"方面所规定的具体职业行为要求有以下几点：

1. 崇尚科学精神，树立终身学习理念，拓宽知识视野，更新知识结构

科学精神是求真的精神，是不断探索的精神。根据科学精神的要求，在一个终身学习的社会里，教师应当具有终身学习的理念，在行为上能够自觉地继续学习，发展自己的知识。

2. 潜心钻研业务，勇于探索创新，不断提高专业素养和教育教学水平

教师的发展，特别是指自己的专业发展。一个能够自觉地提高自己专业水平的教师，才能不断适应教育实践给自己提出的新要求。

一般认为，爱岗敬业、教书育人和为人师表是师德的**核心内容**，关爱学生是**最基本内容**。爱岗敬业是对一切职业的共同要求，没有爱岗敬业的精神，一切都无从谈起。因此，它是师德的基础。教书育人是对教师这一特殊职业的专业要求，它是教师工作的具体内容，师德所引发的效果如何，必须由此而体现，所以它是师德的载体。为人师表是社会对教师这一职业所承担的职责具有的特殊性而提出的比一般职业道德更高的要求，教师的人格、品行所具有的感召力由此得到充分表现，故而它是师德的支柱。三者形成有机整体，缺一不可。作为一位人民教师，必须信奉之、遵循之、笃行之，并在此基础上升华之，力求达到爱岗敬业精神高尚、教书育人水平高超、为人师表品行高洁的"三高"境界。

记忆有妙招

我们把2008年修订的《中小学教师职业道德规范》的六条内容总结为：**三爱**(爱国守法、爱岗敬业、关爱学生)**两人**(教书育人、为人师表)**一终身**(终身学习)。

知识再拔高

2008年修订的《中小学教师职业道德规范》的突出特点

(1)突出了重要性。"教书育人"是原《规范》第二条内的一句话，在新《规范》中升格为第四条的条目。这是非常必要的。因为，"教书育人"是教师的第一要务，是教师职业区别于其他任何职业的根本所在。

(2)体现了时代性。新《规范》新增了"素质教育""知荣明耻""终身学习""探索创新"等词，这是21世纪对教师的时代要求，这也是与时俱进在新《规范》中的具体体现。

(3)提高了针对性。原《规范》有"热爱学生"这一条，"保护学生安全"本是题中之意，但还是被"范跑跑"这样的人钻了空子。这说明原《规范》存在意思不明确，针对性不强的漏洞。新《规范》增加"保护学生安全"的内容，很有必要。类似意义上的增加，还有"自觉抵制有偿家教"等。

(4)增强了概括性。把原《规范》中分散在第五、六、七、八条等四条内的主要内容，精简压缩到了新《规范》第五条"为人师表"之内。另外删除了明显重复的词，如原《规范》中的"以身作则，注重身教"，两词意思很接近，新《规范》删去了"注重身教"。此外，将"探索教育教学规律"改为"遵循教育规律"，也更稳妥一些。

(5)注重了操作性。新《规范》不仅增加了一条"终身学习"，而且每一条都具体化了。比如，在"爱国守法"一条中，增加了"不得有违背国家方针政策的言行"。在"爱岗敬业"一条中，又具体化为"三认真一不得"，即认真备课上课，认真批改作业，认真辅导学生；不得敷衍塞责。

真题面对面

1. [2022信阳淮滨,单,0.7分]加里宁说:“既然你们在今天、明天、后天就得把你们所有的一切都奉献出去,但同时你们如果不日新月异地补充自己的知识、力量和精力,那么你们的任何东西都留不下来了。”这体现了教师职业道德规范中的(　　)

A. 爱国守法　　B. 终身学习　　C. 教书育人　　D. 为人师表

2. [2021郑州高新,判断,0.5分]终身学习是教师在处理其与自身形象的关系时应遵循的职业道德规范。(　　)

答案:1. B　2. ×

考点大默写

1. ________是教育公正的核心内容。
2. 在履行教育义务的活动中,________是教师最主要、最基本的道德责任。
3. ________是教师教育学生的感情基础,是教师职业道德高低的试金石。
4. 《中小学教师职业道德规范》(2008年修订)中,教师职业的基本要求是________。
5. 教师对工作高度负责,认真备课上课,认真批改作业,认真辅导学生,不敷衍塞责。这体现的教师职业道德规范是________。
6. 教师偏爱班里的优等生,对差等生爱理不理,违背了2008年修订的《中小学教师职业道德规范》中的________。
7. 班主任李老师对班里违纪的学生严慈相济,不讽刺、不挖苦、不体罚或变相体罚学生,而是积极引导学生。这种做法符合2008年修订的《中小学教师职业道德规范》中的________。
8. “不以分数作为评价学生的唯一标准”属于2008年修订的《中小学教师职业道德规范》中的________的要求。
9. 在教育教学活动中,教师对学生的不良行为视而不见、不问不管,不注意培养学生的良好品行。这种行为违背了教师职业道德规范中的________。
10. 教师职业的内在要求是________。
11. 某老师在职期间参加了由学生家长付费的旅游。该老师的行为违背了《中小学教师职业道德规范》(2008年修订)中的________。
12. 某老师在工作期间不断学习教育教学知识,努力提高自身能力,提高教育教学水平。这体现了《中小学教师职业道德规范》(2008年修订)中的________。
13. 教师专业发展的不竭动力是________。

【参考答案】

1. 教师公正　2. 教书育人　3. 热爱学生　4. 爱国守法　5. 爱岗敬业　6. 关爱学生　7. 关爱学生　8. 教书育人　9. 教书育人　10. 为人师表　11. 为人师表　12. 终身学习　13. 终身学习

第三章　教师职业道德修养与评价

第一节　教师职业道德修养

一、教师职业道德修养的概念及意义 【判断】 ★

教师职业道德修养是将教师职业道德要求转化为自己的信念并付诸行动的活动。简单说，教师职业道德修养是一种自我锻炼、自我改造、自我陶冶、自我教育的过程。

教师职业道德修养不仅是培养教师职业道德的**首要环节**，也是加强社会主义职业道德建设的**迫切要求**。首先，教师职业道德修养是提高教师职业道德水平和促进个人进步与发展的必由之路；其次，只有加强教师职业道德修养，才能发挥教师职业道德的社会作用。

二、教师职业道德修养的基本特点 新增 【多选】 ★★

1. 历史继承性

中华民族历来是一个崇尚师德和师德修养的民族，从古代的孔子、孟子，到现代的陶行知、蔡元培，历代圣哲先贤、教育家对师德内涵和修养都提出过非常深刻独到的见解和观点，并终其一生践行自己的主张，成为世人楷模。倡导师德修养，首先就需要教师从深厚的历史和文化底蕴中汲取丰富的精神营养，责无旁贷地传承和弘扬中华民族的优秀师德。

2. 鲜明的时代性

伴随社会、经济、文化发展及教育思想的转变，师德内涵不断融入具有鲜明时代特色的思想、观念、道德意识等内容，烙印上深刻的时代印迹。如以人为本、民主平等的教育思想，就是当今社会赋予师德的时代内涵。倡导师德修养，需要我们紧扣时代脉搏，站立时代潮头，开拓创新，与时俱进，丰富和发展中华民族的优秀师德。

真题面对面

[2022南阳宛城，多，2.1分]师德修养的基本特点包括(　　)

A. 鲜明的时代性　　B. 历史继承性　　C. 时代创新性　　D. 发展持续性

答案：AB

三、教师职业道德修养的内容 【单选、多选、判断】 必背 ★★

教师职业道德修养的内容包含两个方面：(1)职业道德意识修养；(2)职业道德行为修养。具体来说，教师职业道德修养主要包括职业道德理想、知识、情感、意志、信念和行为习惯六个方面。

(1)树立远大的职业道德理想。职业道德理想体现了教师职业道德要求的本质。

(2)掌握正确的职业道德知识。学习和掌握教师职业道德知识是教师职业道德修养的**首要环节**和**最初阶段**。

(3)陶冶真诚的职业道德情感。职业道德情感是指人们对现实生活中的职业道德关系和职业道德行为的好恶情绪。它包括以下几方面的内容：

①职业正义感。职业正义感是一种最基本、最高尚的道德情感。教师的正义感是伸张正义、维护学生合法权益的重要因素，它要求教师以公正不倚的态度来对待学生和处理好各种人际关系。

②职业责任感。职业责任感是教师在职业道德活动中形成的对于他人或社会应负什么责任的一种内心体验和道德情感。职业责任感既是职业道德行为的出发点，又是激励教师实现某种职业道德目标的动力。

③职业义务感。职业义务感是教师在履行自己的职业责任过程中产生的一种使命感。教师职业义务的核心是

责任。

④职业良心感。职业良心感是教师对自己的职业道德行为、对自己同他人及社会的职业道德关系的自觉意识和自我评价能力，是一种对职业关系和职业活动的是非、善恶的内心体验。

⑤职业荣誉感。职业荣誉感是教师自觉承担职业道德责任、履行职业道德义务之后，对社会因此而给予的肯定评价和褒奖赞扬所产生的喜悦和自豪等情感体验。

⑥职业幸福感。职业幸福感是教师在履行了职业责任和职业义务、获得了职业荣誉之后所产生的一种自我满足和愉悦的情感体验。它是教师从事职业活动最强大的精神动力和根本目的。

(4)磨炼坚强的职业道德意志。教师职业道德意志是教师在履行职业道德规范的过程中表现出来的决心和坚持的力度。是否具备坚强的职业道德意志是衡量教师职业道德素质高低的**重要标志**。教师职业道德意志是产生职业道德信念和养成职业道德行为习惯的**前提条件**，是职业道德知识和情感转化为职业道德信念和行为的中介环节，也是教师培养良好职业道德品质的重要条件。教师职业道德意志主要表现在道德行为的自觉性、坚持性、果断性和自制性等方面。

①**自觉性**。意志的自觉性是指对行为目的有明确而深刻的认识，并使个人的行为完全符合正确目的的意志品质。它要求教师对自己所从事的事业有明确而深刻的认识和坚定的信念，积极自觉地献身于教育实践。这既是教育事业对每个教师的要求，也是每位教师成就事业的保证。如果行为上偏离了教育目的，就要及时自觉调整。如果出现外界干扰，不论干扰来自何方或有多大，教师都必须有能力抵制和排除它，自觉地实现教育目的。

②坚持性。这种坚持性就是在行动中坚持目标，百折不挠地克服困难的品质。

③果断性。所谓果断性，就是适时决断的品质。教育活动的特点，要求教师必须有计划决断和随机决断的能力。

④**自制性**。所谓自制性，就是善于掌握和支配自己言行的意志品质。当客观现实诱发不利于实现教育目的情绪冲动时，教师能控制自己的情绪，冷静地把握言行和分寸，不会由于意外的成功而得意忘形，不会因意外情况的变化使教育行为受阻而悲观失望。

(5)确立坚定的职业道德信念。坚定教师职业道德信念，是教师职业道德修养的核心问题。它是正确的职业道德知识、真诚的职业道德情感和坚毅的职业道德意志的"合金"，也是形成职业道德行为的强大动力和精神支柱。

(6)养成良好的职业道德行为习惯。职业道德行为的最大特点是自觉性和习惯性。职业道德行为是衡量人们职业道德品质好坏、道德水平高低的客观依据。教师职业道德修养的最终目的是要养成良好的职业道德行为习惯。

总之，提高教师职业道德认识是进行师德修养的必要前提；陶冶教师职业道德情感和磨炼教师职业道德意志是把师德认识转化为师德行为习惯的重要保障；养成良好的教师职业道德行为习惯是师德修养的最终结果。通过这四个环节的有机配合，使得教师逐渐形成良好的师德品质。

真题面对面

1. [2022郑州市直，单，0.8分]要求教师以公正不倚的态度来对待学生和处理好各种人际关系的道德情感属于(　　)

A. 自豪感　　　　B. 幸福感

C. 正义感　　　　D. 荣誉感

2. [2021信阳浉河，单，0.82分]下列关于教师职业道德修养的内容，说法正确的是(　　)

A. 职业荣誉感是教师从事职业活动的根本目的

B. 教师职业义务的核心是责任

C. 教师职业良心是职业道德行为的出发点

D. 职业幸福感是一种最基本、最高尚的道德情感

3. [2021平顶山湛河，判断，0.6分]教师职业道德修养的首要环节和最初阶段是坚持或改变职业道德行为。(　　)

答案：1. C　2. B　3. ×

四、教师职业道德修养的基本原则 【单选、多选、判断】★

(1)知行统一原则;(2)动机和效果统一原则;(3)自律和他律相结合原则;(4)继承和创新相结合原则;(5)个人和社会相结合原则。

五、教师职业道德修养的方法 【单选、多选、判断、填空】必背 ★★

良好的师德修养不是与生俱来的,而是在科学理论的指导下,经过长期的社会实践,不断完善自身的结果,理论与实践相结合是师德修养的根本途径。

1. 加强学习

加强学习,是师德修养的必要途径。学习是修养的前提。

(1)要学习马列主义、毛泽东思想和中国特色社会主义理论体系,树立正确的世界观和人生观。

(2)要学习师德修养的理论,深刻理解教师道德规范和要求,明辨道德是非,提高遵守师德规范和要求的自觉性。

(3)要学习教育科学理论和科学文化知识,掌握教书育人的本领。

2. 勤于实践磨炼,增强情感体验

教育实践是正确师德观念的认识来源,只有在教育实践活动中,才能正确认识教育活动中的各种利益和道德关系,才能修养良好的师德品质。

3. 树立榜样,虚心向他人学习

树立道德榜样是提升师德修养的重要方法。榜样的力量是无穷的,要引导和鼓励教师之间相互学习、探讨、交流和借鉴,大力宣传教师中的先进典型,用榜样人物的先进事迹、高尚情操、模范行为引领广大教师,把抽象的道德观念、行为规范等形象化、具体化,以先进模范的行为激励教师,增强师德修养的自觉性。学习先进教师的优秀品质,主要有两个途径:(1)多读教育界名人的传记和模范教师的先进事迹;(2)学习身边的模范教师。

4. 确立可行目标,坚持不懈努力

教师职业道德修养同人们认识和改造世界的其他活动一样,有着明确的目标作为指导。师德修养实际上是教师道德认识、道德情感、道德意志、道德信念、道德行为和习惯诸要素从无到有、从低到高、从旧到新的矛盾运动过程,这也就决定了它是一个长期的艰苦过程,必然要求教师确立可行目标后做出坚持不懈的努力。

5. 学会反思

反思是提高师德修养水平的重要方法。师德修养是教师自身素养的重要组成部分,是教师自我锻炼、自我陶冶、自我教育、逐步完善的过程。

(1)教师必须对自己的教育教学效果进行不断的反思,及时发现自己的缺点和不足,并及时纠正,不断地实现自我更新,对学生施以积极的教育影响,促进学生健康成长;

(2)教师要反思自己的行为与职业道德理论要求的差距,反思自己与周围其他教师和先进模范教师的差距,努力完善自己;

(3)要善于听取来自各方面的反馈信息,在别人对自己的评价中,更好地认识自己、改造自己。

6. 努力做到"慎独"

教师职业道德修养的最高层次就是"慎独","慎独"一语最早出自儒家经典《礼记·中庸》。"慎独"用我们现代语言来表述,就是指:在没有外界监督、独自一人的情况下,也能自觉遵守道德规则,不做任何对国家、对社会、对他人不道德的事情。显然,这既是一种崇高的道德境界,又是一种重要的职业道德修养方法。

作为教师职业道德修养的方法,"慎独"可以通过自我约束、自我监督,更好地培养、锻炼坚定的职业道德情感、意志和信念,养成良好的职业道德行为习惯。

作为崇高的教师职业道德境界,"慎独"标志着一个教师的职业道德修养已达到高度自觉的程度。"慎独"贵在自觉,贵在坚持。教师要做到慎独,关键要在"隐"和"微"上下功夫。

真题面对面

1. [2021 驻马店,单,1.12 分]教师职业道德修养是加强社会主义精神文明建设的重要内容,是提高教师素质的关键。其最高层次是( )

A. 修养　　B. 操守　　C. 内省　　D. 慎独

2. [2020 开封市直,多,2 分]"慎独"是教师职业道德修养的方法,对其理解有误的是( )

A. 用慎独的态度对待他人

B. 在自我的世界里孤芳自赏

C. 害怕面对自身道德上存在的不足

D. 在无人监督和无人知道的情况下也不背离道德准则

答案:1. D　2. ABC

第二节　教师职业道德评价

一、教师职业道德评价的内涵

教师职业道德评价是指教师自己、他人或社会,根据社会主义教师职业道德准则、规范和科学的标准,在系统广泛地搜集各方面信息、充分占有各种资料的基础上,运用现代技术手段对教师的职业道德意识、道德情感、道德意志和道德行为进行考察和价值判断。

教师职业道德评价的目的是在对教师的道德全面考察、判断和论证的基础上,探索和掌握教师职业道德形成和发展的客观规律,以便更加有效地指导广大教师提高自己的职业道德素质,完善自己的职业道德品质。教师职业道德评价的依据就是教师教育行为的动机和效果。

善恶标准是教师职业道德评价的一般标准,但不是唯一标准,除此之外还有职责标准和素质标准。

二、教师职业道德评价的功能　【多选】★

教师职业道德评价有利于维护和实现教师职业道德规范,有利于教师职业道德素质的形成和发展。教师职业道德评价具有指挥定向、教育发展、分等鉴定、督促激励与问题诊断等功能。其中,教育发展功能是指在教师职业道德评价过程中评价者和被评价者互相影响和启发,通过对方的反馈信息进一步认识到自己的不足,同时学习对方的长处,使自己受到教育,促进自己的思想品德的发展。

真题面对面

[2022 濮阳范县,多,1.4 分]教师职业道德评价的功能包括( )

A. 教育发展功能　　B. 分等鉴定功能　　C. 问题诊断功能　　D. 督促激励功能

答案:ABCD

三、教师职业道德评价的特征　【单选】★

(1)影响的深刻性。教师职业道德评价是涉及教师自己和他人心灵深处的评价,评价者和被评价者都要进行深刻的思想交锋,评价所引起的愉快与痛苦等情感体验,可以在长时间内甚至终身起作用。

(2)空间的广泛性。教师职业道德评价在教师职业生活中,几乎无处不在,无时不有。凡是有教师活动的地方,就必然有教师职业道德评价。

(3)时间的持久性。教师职业道德评价源远流长,并与人类道德共始终。只要人类社会存在,只要教育存在,只要教师这个职业存在,就必然有教师职业道德评价的存在。

真题面对面

[2021新乡卫滨(高新),单,0.6分]( )不是教师职业道德评价的特征。

A. 影响的深刻性
B. 空间的广泛性
C. 时间的持久性
D. 标准的固定性

答案:D

四、教师职业道德评价的原则 【单选、多选、不定项】 ★

教师职业道德评价应遵循的原则有:方向性原则、客观性原则、科学性原则、教育性原则和民主性原则。其中,方向性原则是指教师职业道德评价要体现社会主义的性质,坚持社会主义方向,有利于广大教师提高社会主义的思想觉悟和道德水平。社会主义方向性是我们开展教师职业道德评价的最根本的指导思想和工作原则。因为我们是社会主义国家,我国的教育是社会主义教育,我们的教师职业道德建设和评价必须坚持社会主义方向。

五、教师职业道德评价的方法 【单选、判断】 ★

教师职业道德评价方法是指在教师职业道德评价的过程中所采用的各种方式和手段的总称。教师职业道德评价方法是实现教师职业道德评价的任务、保证教师职业道德评价的顺利进行、取得教师职业道德评价良好效果的**关键性因素**。概括起来,教师职业道德评价的方法主要有自我评价法、学生评价法和社会评价法。

1. 自我评价法

自我评价法是指教师个人根据教师职业道德规范和教师职业道德评价的标准、原则等一系列评价体系,对自己的道德所进行的一种自我认识和自我判断。

自我评价是教师对自己的道德进行评价,在自我评价过程中教师既是评价的主体,又是评价的客体。教师自我评价的内在动力是教师的内心信念。所谓内心信念,是指构成教师行为的内在动机而形成的思想、观点,是教师发自内心地对社会主义教育事业,对社会主义教师的道德原则、道德规范或道德理想的真诚信服和强烈的责任感,是深刻的道德认识、强烈的道德情感和坚定的道德意志的有机统一。它是教师对自身行为进行判断的主导力量,是教师个人精神生活的道德向导,对教师个人从事教育事业具有巨大的推动和调节作用。

2. 学生评价法

学生评价法是指在教师和学生教与学的相互作用中,学生依据教师职业道德的原则和规范对教师的行为予以判断的一种道德评价方式。学生评价实际上也是一种社会评价,但它是一种特殊的社会评价,这是由教师与学生的特殊关系所决定的。一方面,教师与学生是一种朝夕相处、长久共事的关系。学生对教师教书育人的态度、情感、责任心、教学艺术、道德品质、行为举止等表现都看在眼里、记在心头。另一方面,社会主义社会的师生关系是一种相互尊重、相互关心、彼此平等的关系,师生在长久的共处中共同进步。正是这种平等、民主、互爱的师生关系使得学生能够对教师的职业道德进行评价。所以,学生评价法是教师职业道德评价中不可或缺的一种评价方法。

3. 社会评价法

社会评价法是指行为当事人之外的个人或组织,如学校或其他社会方面的人员,根据教师职业道德规范对教师的道德状况做出评价的方法。社会评价法主要是通过社会舆论对教师的道德进行评判。社会舆论是指众人的议论和评判,它是人们用语言或文字对其所关心的社会生活中的某种现象、事件或行为所发表的某种带有倾向性的意见。社会舆论评价的内容多样,如政治舆论、经济舆论、道德舆论等。社会舆论的方式多样,如:(1)有组织的舆论,可以借助报刊、书籍、广播、电视、网络等媒介;(2)无组织的舆论,通过自发的、无组织的形式开展。

此外,教师职业道德评价的方法还有加减评分法、模糊综合评判法等。

★★ 考点大默写 ★★

1. 教师职业道德修养包含两个方面,即__________和__________。

2. 在教师职业道德情感中，教师职业道德行为的出发点是________，教师从事职业活动最强大的精神动力和根本目的是________。

3. 是否具备________是衡量教师职业道德素质高低的重要标志。

4. 教师职业道德修养的最终目的是养成良好的________。

5. 教师在无人监督时仍然能够遵守道德规则，自觉按照师德规范行动。这种教师职业道德修养的方法是________。

6. 教师职业道德评价具有指挥定向、教育发展、________、________和________等功能。

7. 教师职业道德评价具有影响的深刻性、________和________三个特征。

8. 教师职业道德评价应遵循方向性原则、客观性原则、________原则、________原则和________原则。

【参考答案】

1. 职业道德意识修养；职业道德行为修养　2. 职业责任感；职业幸福感　3. 坚强的职业道德意志　4. 职业道德行为习惯　5.“慎独”　6. 分等鉴定；督促激励；问题诊断　7. 空间的广泛性；时间的持久性　8. 科学性；教育性；民主性

边缘考点

考点　教师职业道德规范体系

教师职业道德规范体系包含三个基本层次，即理想层次、原则层次和规则层次。

1. 理想层次

理想层次着眼于从较高层次的理想状态对教师职业道德定位，它代表教师职业道德的发展方向，是社会对教师职业伦理行为的最高要求。

2. 原则层次

原则层次着眼于从理想主义与现实主义相结合的角度对教师职业道德定位，它既表达了现实社会特别是教育工作对教师职业伦理行为的基本要求，同时又考虑到我国教师现有的师德水平以及如何促进教师职业道德向更高层次迈进。

3. 规则层次

规则层次体现了对教师职业伦理行为的底线要求，是每一个教师在教育工作中必须遵守的职业伦理要求。

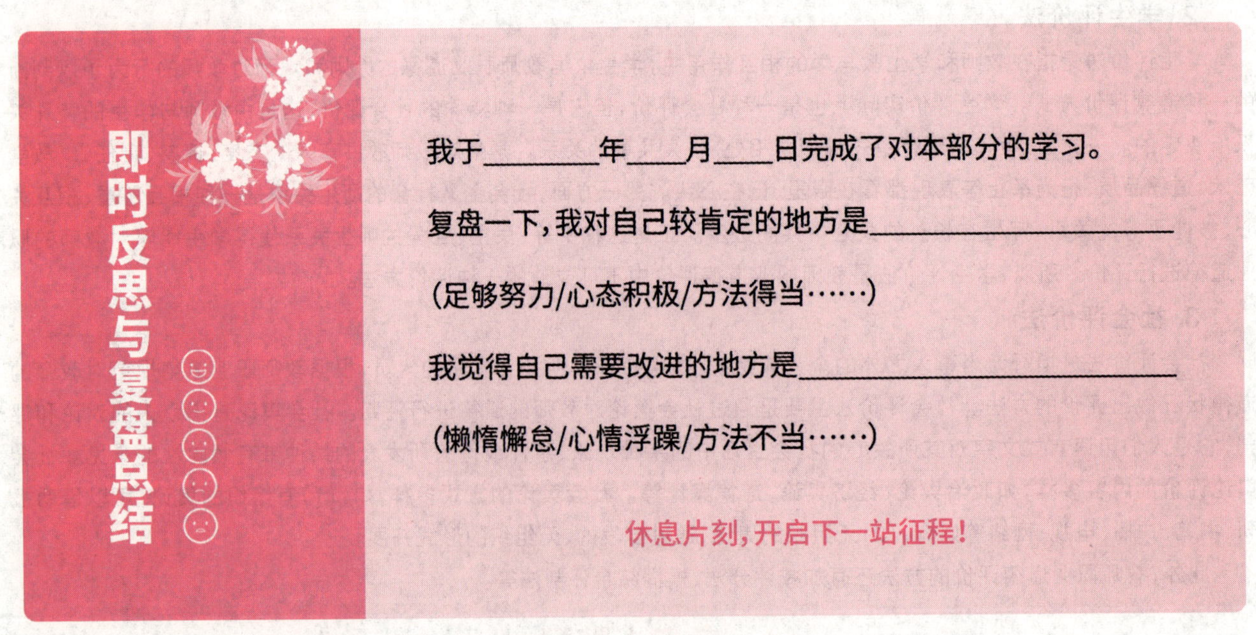

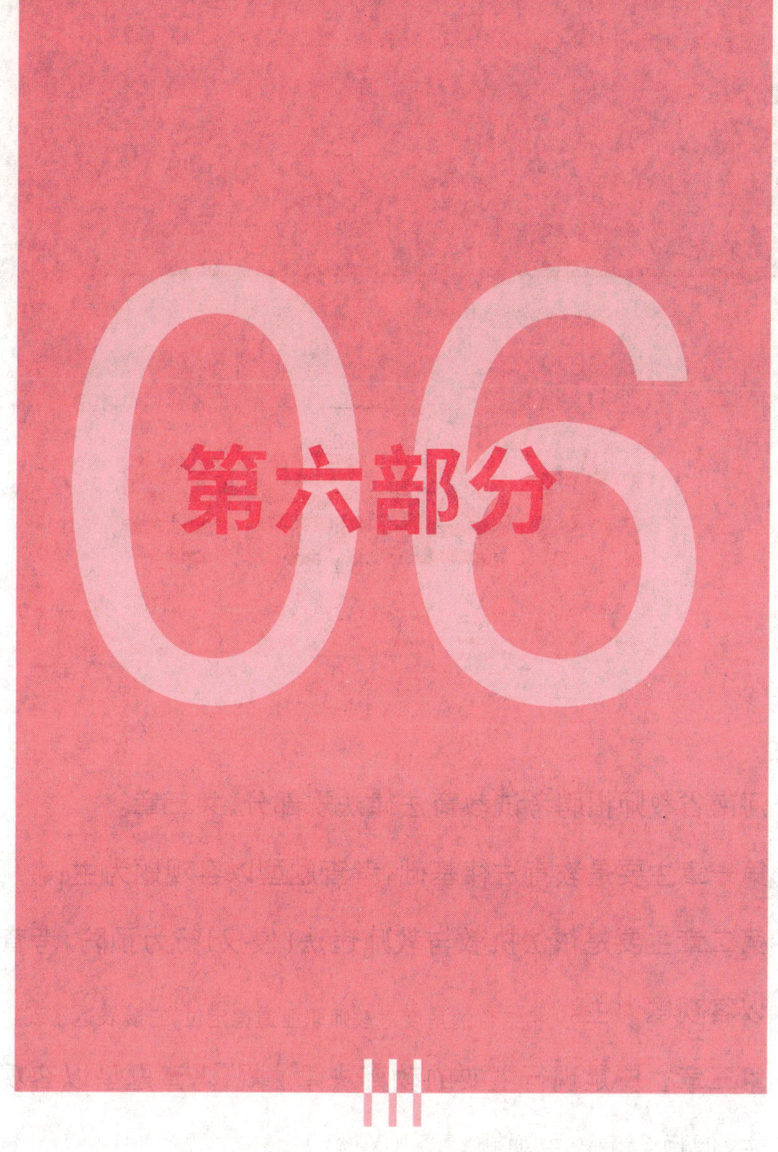

06 第六部分

教育法律法规

SHAN XIANG

内容导学

- 河南省教师招聘考试教育法律法规部分,共三章。
- 第一章主要是教育法律基础,考查题型以客观题为主;
- 第二章主要是依法执教与教师违法(侵权)行为预防,考查题型以客观题为主。
- 第三章主要是现行主要的教育法律法规,考查题型以客观题为主,但也会考查主观题。
- 考生要重点把握第三章的教育法律法规条文,并结合历年真题有针对性地进行复习。

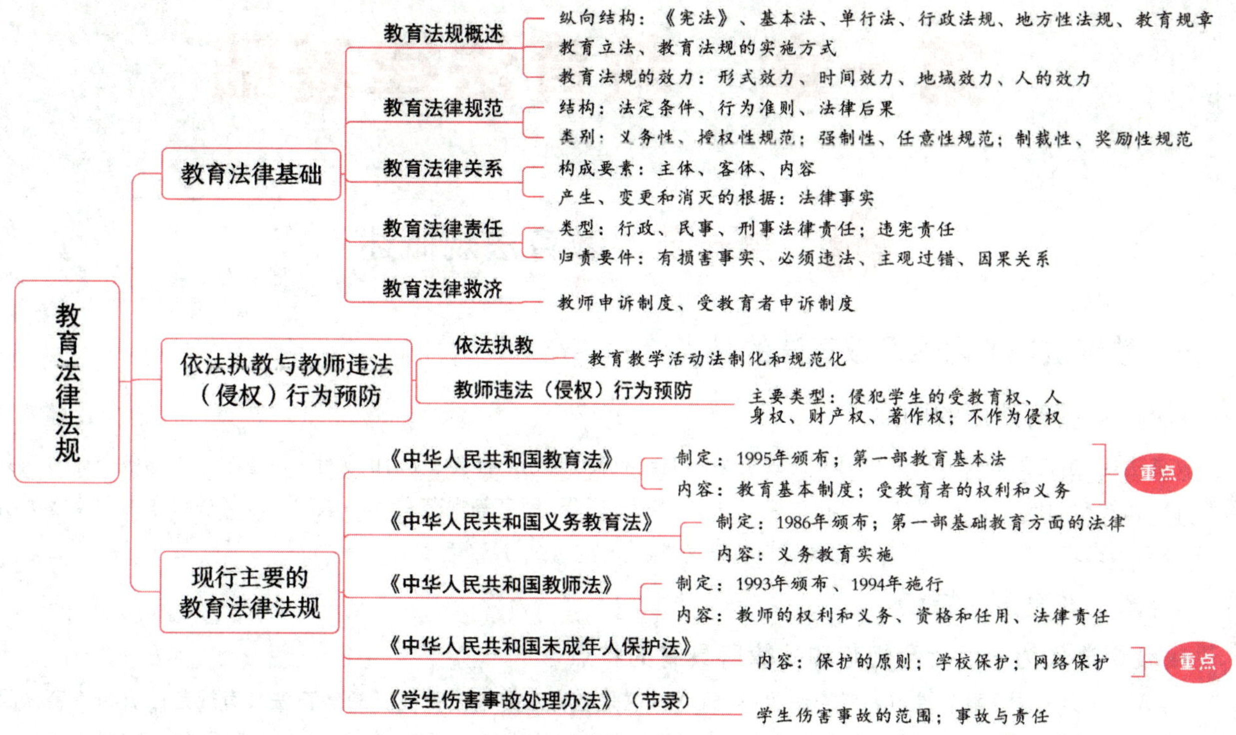

河南考向

本部分的内容主要为教育法律法规知识，内容较为琐碎，需要考生识记的知识点较多。现对本部分河南考向分析如下：

考点名称	常考题型	能力层级	考查热度
教育法规的体系结构	单选、多选、判断	理解	★★
教育法律关系的构成要素	单选、多选、判断	理解	★★
教师违法（侵权）行为的主要类型及其表现特征	单选、多选、判断	理解	★★
《中华人民共和国教育法》	单选、多选、判断、填空	识记	★★★
《中华人民共和国义务教育法》	单选、多选、判断	识记	★★
《中华人民共和国教师法》	单选、多选、判断	识记	★★
《中华人民共和国未成年人保护法》	单选、多选、不定项、判断、案例分析	识记	★★

核心考点

第一章 教育法律基础

第一节 教育法规概述

一、教育法规的内涵及教育法的特点

考点1 教育法规的内涵

教育法规，是指国家权力机关和国家行政机关为调整教育与经济、社会、政治的关系，调整教育内部各个环节的关系而制定和发布的教育法律（基本法律和法律）、法令、条例、规程、制度等规范文件的总称。教育法律是由国家权力机关（或称立法机关）制定或认可的关于教育的规范性文件。

考点2 教育法的特点

1. 教育法作为一般社会规范和法律所具有的特点

(1)教育法具有国家意志性。(2)教育法具有强制性，这是教育法的本质特征。(3)教育法具有规范性。(4)教育法具有普遍性。一方面，在国家权力所及的范围内，教育法律具有普遍的约束力；另一方面，教育法律面前人人平等，不存在适用对象的例外。

2. 教育法区别于其他社会规范和法律的特点

(1)教育法律关系成立的单向性；(2)教育相对主体调整的民主性；(3)教育强制措施施行的柔软性；(4)教育行政管理方式的指导性；(5)教育法规具体内容的广泛性。

知识再拔高

教育法规与教育政策的关系

教育政策是一种有目的、有组织的动态管理过程，是政党或国家等政治实体为实现一定历史时期的教育目标和任务，利用公共资源，解决教育问题，平衡、协调教育内外关系所制定的行动依据和准则。

1. 教育法规与教育政策的联系

(1)教育法规与教育政策都决定于上层建筑，具有共同的目的；(2)教育政策是制定教育法规的依据，教育法规是教育政策的具体化、条文化和定型化；(3)教育政策决定教育法规的性质，教育法规的内容体现教育政策；(4)教育政策是实施教育法规的指导，教育法规是实现教育政策的保证。

2. 教育法规与教育政策的区别

(1)教育法规和教育政策的制定主体不同；(2)教育法规和教育政策的执行方式不同；(3)教育法规和教育政策的规范效力不同；(4)教育法规和教育政策调整和适用的范围不同；(5)教育法规和教育政策所要解决问题的性质不同。

二、教育法规的类型

(1)依据教育法规创制方式和表达方式的不同，教育法规可分为成文法和不成文法，还可以分为制定法、判例法和习惯法。我国现行的教育法规基本上都属于制定法、成文法之列。

(2)依据教育法规的效力等级和内容重要程度的不同，教育法规可分为根本法和普通法，或称之为基本法和单行法。例如，《中华人民共和国教育法》是我国教育的根本法、基本法，而《中华人民共和国义务教育法》《中华人民共和国教师法》等为普通法、单行法。

(3)依据教育法规规定内容的不同，教育法规可分为实体法和程序法。在我国现行教育法规中，尚没有纯粹的程序法，通常是实体性内容与程序性内容同时出现在同一部教育法规中。

(4)依据教育法规的适用范围不同，教育法规可分为一般法和特别法。一般法泛指适用于一国内一般人、一般事，具有普遍约束力的法律规范的总称，如刑法等。特别法专指其适用范围限于特定的人、特定的时间、特定地区或特定的事项的法律。例如，我国《教育法》属于一般法，相对而言，我国《教师法》便是特别法，在同一位阶上的法律，特别法优于一般法。当然，特别法与相关的法律在基本精神上应保持一致，并不能同宪法相抵触。

三、教育法规的渊源与体系

考点1 教育法的渊源

法的渊源简称“法源”，从不同的意义出发，对法的渊源有不同的理解。通常情况下，人们从形式意义的角度使用法的渊源这一概念，它指的是国家机关依法制定的具有不同效力和地位的法的具体表现形式。教育法的渊源则是指教育法的具体表现形式。

我国教育法的渊源主要包括以下几种：(1)宪法；(2)教育法律；(3)教育行政法规；(4)地方性教育法规；(5)自治条例和单行条例；(6)教育规章。

考点2 教育法规的体系结构 【单选、多选、判断】★★

教育法规体系是指教育法作为一个专门的法律部门，按照一定的原则组成的一个相互联系、相互协调、完整统一的法律有机整体。

1.纵向结构

教育法规体系的纵向结构，是指由不同层级的教育法律文件组成的等级、效力有序的纵向体系。由于制定机关的性质和法律地位不同，上下层次的教育法规之间具有从属关系。我国教育法律体系的纵向结构为：

(1)我国《宪法》中有关教育的条款

《中华人民共和国宪法》由最高国家权力机关(全国人民代表大会)制定，具有最高的法律地位和法律效力，是国家的根本大法，是其他一切法律法规制定的依据。《中华人民共和国宪法》中有关教育的条款是我国教育立法的根本依据，是教育法规的最高层次，其他形式的教育法律、法规都不得与之相违背。

(2)教育基本法律

教育基本法律是由全国人民代表大会制定，调整教育内部、外部相互关系的基本法律准则。它对整个教育全局起宏观调控作用，或称为“教育宪法”“教育母法”。**我国的教育基本法律为1995年第八届全国人民代表大会第三次会议通过的《中华人民共和国教育法》。**

(3)教育单行法律

教育单行法律一般是由全国人民代表大会常务委员会制定的，规定教育领域某一方面具体问题的规范性文件，其效力低于《中华人民共和国宪法》和教育基本法。**例如，《中华人民共和国教师法》**等。

(4)教育行政法规

教育行政法规是行政法规的形式之一，是由最高国家行政机关(国务院)依据《中华人民共和国宪法》和教育法律制定的关于教育行政管理的规范性文件，其效力低于《中华人民共和国宪法》和教育法律，高于地方性教育法规和教育规章。它们内容广泛、数量众多，在实际工作中起主要作用。教育行政法规的名称一般有三种：条例、规定、办法或细则，**如《教师资格条例》**等。

(5)地方性教育法规

地方性教育法规是地方国家权力机关制定的规范性文件的专称。由省、自治区、直辖市和设区的市、自治州的人民代表大会及其常务委员会制定。地方性教育法规只在该行政区域内有效，不得同宪法、法律、行政法规相抵触，其名称通常有条例、办法、规定、规则、实施细则等，**如《河南省实施〈中华人民共和国义务教育法〉办法》**等。

(6)教育规章

教育规章是中央和地方有关国家行政机关依照法定权限和程序制定颁布的有关教育的规范性文件,有的称为教育行政规章,包括部门教育规章和地方政府教育规章。

部门教育规章是国务院所属各部、各委员会发布的有关教育的规范性文件。这类文件主要是就国家有关教育的法律、行政法规的实施问题制定出相应的实施办法、条例、大纲、标准等,以保证相关法律、法规的实施,如《中小学幼儿园安全管理办法》等。

地方政府教育规章是省、自治区、直辖市和设区的市、自治州的人民政府所制定的有关教育的规范性文件。地方政府教育规章只在本行政区域内有效,其效力低于《中华人民共和国宪法》、教育法律、教育行政法规和地方性教育法规。地方政府教育规章是整个教育法规体系的重要组成部分。

真题面对面

[2021新乡卫滨(高新),单,0.6分]决定教育发展的根本法,被称为“教育宪法”的是(　　)

A.《中华人民共和国教育法》　　B.《中华人民共和国职业教育法》

C.《中华人民共和国教师法》　　D.《中华人民共和国义务教育法》

答案:A

2. 横向结构

教育法规体系的横向结构是指依据教育法规所调整的教育社会关系的特点或教育关系构成要素的不同,划分出若干处于同一层级的部门教育法,形成法规调整的横向体系。

我国教育法规体系的横向结构主要包含以下几个部类:

(1)教育基本法。(2)基础教育法。(3)高等教育法。(4)职业教育法。(5)成人教育或社会教育法。(6)学位法。(7)教师法。(8)教育投入法或教育财政法。

四、教育法规的制定与执行

考点1　教育立法

1. 教育立法的概念与意义

教育立法即教育法的制定,是指国家立法机关依照法律程序制定规范性教育法律文件的活动。教育立法是实现依法治教的前提和基础。

在现代社会,教育立法具有特殊的意义:(1)教育立法反映了现代国家加强法制化建设的根本要求;(2)教育立法起着保障教育事业在社会发展中的重要地位的作用;(3)教育立法有规范教育发展环境与教育内部管理的作用。

2. 教育立法的基本程序

教育立法的程序一般分为四个步骤:教育法律草案的提出、教育法律草案的审议、教育法律草案的表决和通过、教育法律的公布。

考点2　教育法规的实施方式

教育法规的实施有两种方式,即教育法规的遵守和适用。

1. 教育法规的遵守

教育法规的遵守是教育法规实施的一种基本方式,它是指国家机关及其工作人员、社会团体和公民自觉按照教育法律规范的要求去行为,从而使教育法规得到实施。无论是依法作为,还是依法不作为,都属于守法的范畴。教育法规的遵守是法的自律性实施,是教育关系主体自觉地运用教育法律规范去规范自己的行为,因此,它对教育法规的实施具有更为现实的意义。社会各方面自觉地遵守教育法规是教育法规实施的主要方式。

2. 教育法规的适用　【单选】★

教育法规的适用有广义和狭义之分。广义的教育法规适用,包括国家权力机关、行政机关和国家司法机关及其公职人员依照法定权限与程序，将教育法规运用于具体的人或组织的专门活动。狭义的教育法规适用，则专指国家司法机关依照法定的职权和程序，运用教育法处理各种案件的专门活动，即教育司法。教育法律纠纷的存在是教育司法的前提，即只有当存在教育法律纠纷需要解决时，教育司法才成为必要。

教育法规的适用要求包括：(1)公正准确。公正准确是教育司法活动的灵魂和生命。(2)合法合理。(3)及时高效。

知识再拔高

教育法实施的原则

教育法实施的原则是指教育法实施过程中应遵循的基本准则。教育法的实施作为实现依法治教的重要手段，必须遵循以下原则：

(1)教育性原则，就是在教育法实施的过程中把执法、守法和法规教育结合起来，以说服教育为主，行政、司法强制为辅，使教育法律关系主体自觉做到学法、知法、守法和执法。

(2)效力性原则，这一原则是指实施教育法时，要明确把握各项教育法的适用范围。

(3)民主性原则，这一原则是指在教育法实施过程中，要向公民明示教育法，保护公民的民主权益。

(4)平等性原则，我国《宪法》第三十三条规定："中华人民共和国公民在法律面前一律平等。"在教育法实施过程中，必须遵循平等性原则。

考点3 教育行政法规的执行

1. 教育行政执法的含义

教育执法即教育法规的执行，专指教育法律的执行。我们采用的是狭义的执法概念，也即教育行政执法。教育行政执法是指国家有关行政机关及其所属工作人员，在现实生活中实施教育法规的活动，是有关行政机关及其工作人员按照法定职权和程序所采取的直接影响公民、社会组织或其他社会力量有关教育的权利与义务，或对其教育权利与义务的行使和履行进行监督的行政行为。

2. 教育行政执法的特征

(1)教育行政执法是一种具有国家意志性的活动；(2)教育行政执法是一种具有法律性的活动；(3)教育行政执法是一种具有强制性的活动；(4)教育行政执法是一种具有单方权威性的活动；(5)教育行政执法具有主动性特征；(6)教育行政执法具有执法主体多元性的特征。

3. 教育行政执法的原则

教育行政执法不是一种任意进行的执法活动，它必须遵循合法性、越权无效、应急性、合理性和公开、公正原则。

4. 教育行政执法的形式 【单选】 ★

根据执法对象的不同，教育行政执法分为教育行政许可、教育行政处罚、教育行政强制措施、教育行政强制执行和教育行政奖励五种形式。

(1)教育行政许可。教育行政许可，即国家教育行政机关根据当事人的申请，经审查赋予其从事培训、教学、研究等活动的权利或资格，并予以注册或批准的行为。

(2)教育行政处罚。教育行政处罚是指国家教育行政机关依法对违反教育行政管理秩序的相对人进行惩戒、制裁的行为。它以相对人的行为违反了教育法律、法规为前提，通过行政处罚，惩治个人或实体的违法行为，恢复教育法律秩序。

(3)教育行政强制措施。教育行政强制措施是指为了保障教育行政处理决定的有效执行或避免、排除可能发生的危害后果或制止已经发生的危害结果的进一步持续而依法采取的强制措施。

(4)教育行政强制执行。教育行政强制执行即教育行政机关依法对拒不履行教育法律、法规规定的义务的组织或个人，依法强制其履行义务。它以相对人不履行其应承担的义务为前提，通过行政强制执行，强制不履行义务的机关或个人履行义务。教育行政强制执行的一般程序，大体包括作出行政强制执行决定、告诫和执行三个步骤。

(5)教育行政奖励。教育行政奖励即国家教育行政机关对依法行使教育权，并因其合法行为在维护教育法律的权威性方面成绩突出的组织或个人给予奖励的行为。通过奖励相对人的守法行为，使社会公众增强守法意识，提升法制观念。

五、教育法规的效力

教育法规的效力问题，是指法律在什么时间、什么地域、对什么人有效的问题，即法律规范在时间、地域、对象等方面的效力问题。明确教育法规的效力，是正确执行教育法规的必要条件。

判断和确定教育法律的效力等级通常应遵循以下原则：(1)下位法服从上位法；(2)特殊法优于一般法；(3)后定法优于前定法；(4)特定程序法律优于一般程序法律；(5)被授权机关的立法等同于授权机关自己的立法。

1. 形式效力

法规的形式效力是指母法与子法、上位法与下位法的层级效力关系。宪法是国家的根本大法，它高于其他一切法律。宪法以下依次是教育基本法、教育单行法、教育行政法规、地方性教育法规和教育规章，后者不能与前者相抵触，法律效力也依层降低。因此，在教育法规实施过程中，特别是在制定各类教育规章和学校内部管理制度时，要注意从整体上把握中央和地方、国家权力机关和国家行政机关制定的不同层次的教育法规，分清效力高低，不能以下犯上，顾此失彼。

2. 时间效力

教育法规的时间效力主要是指教育法规何时生效、何时失效、有无溯及既往的效力问题。

教育法规的生效是指教育法规何时生效。确定教育法规的生效日期通常用以下方法：(1)从公布之日生效；(2)预定未来某一时间生效，即先公布后生效；(3)先公布试行，经过一段时间后再正式公布实施。

教育法规的失效是指有效力的教育法规失去效力。确定教育法规的失效通常用以下方法：(1)新法一经施行，旧法即失去效力。(2)新法宣布废除旧法。(3)通过专门的决定废止法规。(4)针对特定工作制定的教育法规，该工作完成，法规失效。

教育法规的溯及力是指对生效日之前的事件和行为是否有效力的问题。现在，法律不溯及既往已经成为公认的法治原则，教育法规仅适用于公布以后社会生活中发生的事实，对于法规公布以前发生的事实不能适用。

3. 地域效力(空间效力)

教育法规的地域效力是指教育法规适用的地域范围。教育法规的地域效力有三种情况：(1)中央国家机关发布的教育法规一般均适用于全国各地；(2)地方各级国家权力机关和地方各级国家行政机关发布的教育法规适用于各该管辖的地区；(3)中央和地方各级国家机关有时发布仅适用于全国某一个或某几个特别地区，或本行政区的某一个或某几个特别地区的教育法规。

4. 人的效力

教育法规对人的效力是指教育法规对什么人有约束力。这里的"人"指法律关系主体，包括自然人和法人，也包括国际组织和国家。

六、教育法规的功能和作用

考点1　教育法规的功能

教育法规的功能指的是教育法规的属性、内容及其结构所决定的教育法规的潜在的效用。它是教育法规具有生命力的内在依据，其功能包括：

1. 规范功能

教育法规是通过规定教育主体在法律上的权利和义务及其实施后所承担的责任来调整教育活动和教育关系的。它具有普遍性。这决定了教育法规具有在一定区域和时间内规范人们的教育行为的能力。

2. 标准功能

教育法规之所以具有规范功能，其中重要的原因是教育法律规范是人们教育行为的标准。人们进行教育行为还是不进行教育行为是以教育法律为准绳的；教育行政部门对教育活动的管理，学校开展教育活动，司法部门办理教育方面的案件，也都是以教育法律为最高标准的。

3. 预示功能

根据教育法律规范和教育法律的实施过程，人们可以预先知晓或估计到如何开展教育活动或在什么范围内开展教育活动。这就是法律的预示功能在起作用。

4. 强制功能

法律是国家意志的体现，尽管要依靠教育使人们自觉地遵守法律，但仅仅依靠教育是不够的，必须以强制力为后盾，使其得以坚决贯彻执行。法律制裁可以保证权利得以实现，义务得以履行，使教育活动有序化。

考点2　教育法规的作用

教育法规的作用指教育法律内在生命力的外部表现，是其内在功能作用于教育实践所引起的实际效应。具体包括：

1. 指引作用

教育法规的指引作用指教育法规体现了国家教育发展的目的、政策，指引人们按照国家的目的和要求开展教育活动。

2. 评价作用

教育法规作为国家的一种普遍的强制性教育行为标准，具有判断、衡量人们的教育行为的作用。

3. 教育作用

教育法律规范的预示功能决定了教育法规具有教育作用。

4. 保障作用

教育法规的保障作用指教育法规保证各种教育主体的教育权利得到实现，教育义务得到履行，从而使教育活动有序、有效进行。

第二节　教育法律规范

一、教育法律规范的概念及结构

教育法律规范是由国家制定或认可，并以国家强制力保证实施的行为规则。

教育法律规范的结构是指构成教育法律规范内容的各个组成部分及其相互关系。从逻辑结构上看，教育法律规范通常由法定条件（假定）、行为准则（处理）和法律后果（制裁）三个要素组成。法定条件指法律规范适用的条件和情况；行为准则指法律规范中规定的行为规则的基本要求；法律后果是指在某种条件或情况出现时，法律关系主体做出或没有做出“行为准则”要求的某种行为，而应承担的法律责任。

二、教育法律规范的类别【单选、多选】★

表 6-1　教育法律规范的类别

分类标准	种类	概念	特点
要求人们行为的性质	义务性规范	教育法律关系主体必须为一定行为或不为某种行为	必须、应该、义务、禁止
	授权性规范	教育法律关系主体有权做出或不做出某种行为	可以、有权、不受……干涉、有……的自由
表现的强制性程度	强制性规范	法律关系参加者必须做出或禁止做出一定行为的规范	禁止性和义务性
	任意性规范	法律关系参加者可以做出一定行为的规范	自行确定
法律后果	制裁性规范	对法律关系参加者做出违反“行为准则”的过错行为进行制裁的规范	预警、惩戒
	奖励性规范	对法律关系参加者做出有益于社会的行为时给予奖励的规范	奖励

真题面对面

[2020郑州惠济，多，1.5分]《中华人民共和国教育法》规定，学校、教师可以对学生家长提供家庭教育指导。这种规范属于(　　)

A. 义务性规范　　B. 强制性规范　　C. 任意性规范　　D. 授权性规范

答案：CD

第三节　教育法律关系

一、教育法律关系的概念及特征

教育法律关系是教育法律规范在调整人们有关教育活动的行为过程中形成的权利和义务关系，是一种特殊的社会关系。在教育领域内，学校与政府、学校与社会、学校与教师、学校与学生的关系因为有相应的法律规定，故皆属于法律关系。

教育法律关系的特征有：(1)教育法律关系的产生以教育法律规范的存在为前提；(2)教育法律关系必须是在教育教学活动过程之中产生的；(3)教育法律关系是以权利和义务为内容的社会关系。

二、教育法律关系的分类

表6-2　教育法律关系的分类

分类依据	类别	概念
教育法律关系主体的社会角色不同	教育内部的法律关系	适用教育法律规范调整的教育系统内部各类教育机构、教育工作人员、教育对象之间的关系
	教育外部的法律关系	适用教育法律规范调整的教育系统与其外部社会各方面之间发生的法律关系
主体之间关系的类型	隶属型教育法律关系	以教育管理部门为核心，向外辐射，与其他主体之间形成的教育法律关系
	平权型教育法律关系	两个具有平等法律地位的教育关系主体之间产生的教育法律关系
教育法律规范的职能	调整性教育法律关系	按照调整性教育法律规范所设定的教育关系模式，主体的教育权利能够正常实现的教育法律关系
	保护性教育法律关系	在教育主体的权利和义务不能正常实现的情况下，通过保护性教育法律规范，采取法律制裁手段而形成的教育法律关系

三、教育法律关系的构成要素　【单选、多选、判断】　★★

教育法律关系的构成要素有主体、客体和内容，三者相互制约、缺一不可，其中任何一个要素的改变，都会导致原有法律关系的变更。

考点1　教育法律关系的主体

教育法律关系的主体是指教育法律关系的参加者，也就是在具体的教育法律关系中享有权利并承担义务的人和组织。我国教育法律关系的主体可分为三类：公民(自然人)、机构和组织(法人)、国家。

教育法律关系中最重要的法律主体是学生与教师，教师的教育教学和学生的学习是教育活动的主要内容和基本形式。教师与学生之间的法律关系是产生教师与学生权利、义务的基础。教师与学生之间的法律关系包括：(1)教育和被教育的关系；(2)管理和被管理的关系；(3)保护和被保护的关系；(4)互相尊重的平等关系。

真题面对面

[2021平顶山卫东,单,0.8分]教育法律关系中两个最重要的主体是( )

A. 教育领导和教师　　B. 教育机构和非教育机构

C. 教育部门和下属学校　　D. 教师和学生

答案:D

考点2　教育法律关系的客体

教育法律关系客体是教育法律关系主体的权利与义务所指向的对象。教育法律关系的客体一般包括物质财富、非物质财富、行为三个大的方面。教育领域中存在的法律纠纷,往往都是因之而引起的。

1. 物质财富

物质财富简称物。它既可以表现为自然物,如森林、土地、自然资源等,也可以表现为人的劳动创造物,如建筑、机器、各种产品等;既可以是国家和集体的财产,也可以是公民个人的财产。物一般可分为动产与不动产两类,不动产包括土地、房屋和其他建筑设施等,动产包括资金和教学仪器设备等。

2. 非物质财富

非物质财富包括创作活动的产品和其他与人身相联系的非财产性的财富。前者也被称作智力成果,在教育领域中主要包括各种教材、著作在内的成果,各种有独创性的教案、教法、课件、专利、发明等。其他与人身相联系的非物质财富包括公民或组织的姓名、名称,公民的肖像、名誉、身体健康、生命等。

3. 行为

行为是指教育法律关系主体实现权利义务的作为与不作为。一定的行为可以满足权利人的利益和需要,也可以成为教育法律关系的客体。在教育领域中,教育行政机关的行政行为、学校的管理行为和教育教学行为都是教育法律关系赖以生存的最基本的行为。

学校、教师、学生的物质财富、非物质财富以及这些主体依法进行的教育行为和教育活动都受法律的承认和保护,都是教育法律关系的重要客体。

考点3　教育法律关系的内容

教育法律关系的内容是教育法律关系的主体依据法律规定而享有的权利与承担的义务。教育法律关系一旦产生,其主体间就在法律上形成了一种权利与义务关系。

权利与义务是法律关系的核心,它由法律规范所确认并由国家强制力保证实施,是教育法律关系的重要构成要素之一。权利与义务相互依存,不可分割。

教育法律权利指的是教育法律关系的主体依据教育法律规范享有的某种权能或利益,表现为教育法律关系的主体可以做出一定的作为或不作为,也可以要求他人做出一定的作为或不作为。教育法律义务是指教育法律关系的主体依据教育法律规范的规定必须承担或履行的某种责任,表现为教育法律关系的主体必须做出一定的作为或不作为。

四、教育法律关系的产生、变更和消灭 【单选】 ★

1. 教育法律关系产生、变更和消灭的概念

(1)教育法律关系的产生,是指教育法律关系主体之间形成了一定的权利与义务关系。例如,某个适龄儿童进入某校学习,即和该校发生了一定的权利与义务关系。

(2)教育法律关系的变更,是指教育法律关系构成要素的改变,包括主体、客体或内容等要素的改变。例如,甲、乙两校签订了联合办学合同,在履行合同的过程中,由于遇到了新情况,甲、乙两校经过协商修改了合同中的某些条款,从而引起了原合同关系内容的部分改变。

(3)教育法律关系的消灭,是指教育法律关系主体、客体的消灭,主体间权利与义务的终止。例如,学校向某一企业借款而形成了民事法律关系(债权关系),学校为债务人,企业为债权人。届时学校依照合同返还了借款,则与该企业的债权关系归于消灭。

2. 法律事实是教育法律关系产生、变更和消灭的根据

教育法律关系的产生、变更和消灭是由一定的客观情况的出现而引起的。通常把能够引起法律关系发生、变更和消灭的客观情况称为法律事实。法律事实依据它是否以教育法律关系主体的意志为转移,可以分为行为和事件。

事件是不以主体的意志为转移的法律事实,如某教师的死亡,会导致一系列法律关系的变化。行为是以主体的意志为转移的法律事实,包括作为和不作为,如挪用教育经费、体罚学生、校舍失修倒塌伤人等。

第四节　教育法律责任

一、教育法律责任的概念

教育法律责任是教育法律关系主体因实施了违反教育法的行为,依法应承担的带有强制性的法律后果。这一概念主要包含了以下几层含义:

(1)存在违法行为是承担教育法律责任的前提。(2)教育法律责任的承担者是具有遵守法定义务的教育法律关系主体。(3)法律责任与法律制裁紧密相连。法律制裁是特定国家机关对违法者依法追究法律责任而采取的惩罚措施。法律责任作为一种否定性的法律后果,体现在国家对违反教育法律、法规的行为的制裁方面。

二、教育法律责任的类型 【单选】★

根据违法主体的法律地位、违法行为的性质和危害程度的不同,教育法律责任主要可分为行政法律责任、民事法律责任和刑事法律责任三种。在特定情况下还可以追究违宪责任。

1. 行政法律责任

行政法律责任是指行为人因实施行政违法行为而应承担的法律责任,简称行政责任。

2. 民事法律责任

民事法律责任是指由于实施民事违法行为所导致的赔偿或补偿的法律责任,简称民事责任。

3. 刑事法律责任

刑事法律责任是指由于实施刑事违法行为所导致的受刑罚处罚的法律责任,简称刑事责任。刑事责任是一种惩罚最为严厉的法律责任。

4. 违宪责任

教育作为宪法确定的公民基本权利之一,与宪法所规定的教育基本制度密切相关。同时,依据宪法和有关教育法的规定,公民对义务教育以外的其他教育具有选择的自由,参与平等竞争的自由,以及教育者具有学术自由等。这些权利的获得,均以宪法为根本来源。因此,在一定情况下,产生违宪责任也是可能的。

此外,涉及共同违法的教育案例处置中,行政法律责任、民事法律责任和刑事法律责任可能会综合出现,即对案例中各违法主体所处的不同地位、所做出的不同行为及其主观过错的不同程度等,分别予以不同的制裁。

知识再拔高

行政处分与行政处罚

根据教育法的规定,承担违反教育法行政法律责任的方式主要有两类:行政处分和行政处罚。

1. 行政处分

行政处分,是国家机关、企业事业单位按照行政隶属关系,给予犯有轻微违法违纪失职行为、尚不够刑事处分的所属人员的一种惩罚措施。国家教育行政机关对其工作人员,学校及其他教育机构对其工作人员所给予的纪律处分,以及其他国家机关、企业事业组织对其工作人员违反教育法规行为的纪律处分都属于行政处分。行政处分的种类有:警告、记过、记大过、降级、撤职、开除等。

2. 行政处罚

行政处罚是指行政机关依法对违反行政管理秩序的公民、法人或者其他组织，以减损权益或者增加义务的方式予以惩戒的行为。《中华人民共和国行政处罚法》规定了行政处罚的种类：(1)警告、通报批评；(2)罚款、没收违法所得、没收非法财物；(3)暂扣许可证件、降低资质等级、吊销许可证件；(4)限制开展生产经营活动、责令停产停业、责令关闭、限制从业；(5)行政拘留；(6)法律、行政法规规定的其他行政处罚。

真题面对面

[2021郑州二七，单，0.7分]教育法律责任分为(　　)

A. 违法责任和刑事责任

B. 民事法律责任和刑事法律责任

C. 违宪责任和违法责任

D. 违宪责任、行政法律责任、民事法律责任和刑事法律责任

答案：D

三、教育法律责任的归责要件 ★

所谓归责是指法律责任的归结，它要解决的是法律责任应该由谁来承担的问题。教育法律关系主体只有具备以下四个教育法律责任的归责要件，才被认定为教育法律责任主体，并要承担相应的法律后果。

1. 有损害事实

有损害事实是指行为人有侵害教育管理、教学秩序及从事教育教学活动的公民、法人和其他组织合法权益的客观事实存在。这是构成教育法律责任的前提条件。

违法行为对社会造成的损害有两种情况：(1)违法行为造成了实际的损害，如体罚学生以致学生身体受到伤害；(2)违法行为虽未实际造成损害，但已存在这种可能性，如有关部门明知学校房屋有倒塌的危险，却拒不拨款维修。

违法行为造成的损害后果表现为物质性的后果和非物质性的后果。物质性的后果具体、有形、能够计量，如挪用学校建设经费，其数额可以计算。非物质性的后果抽象、无形、难以计量，如教师侮辱学生，造成学生精神上、心理上长期的伤害，则无法计量。

2. 损害行为必须违法

行为违法即行为人实施了违反法律、法规的行为，这也是构成教育法律责任的前提条件。这个条件包括两个方面的含义：(1)行为的违法性，只有行为违反了现行法律的规定才是违法行为；(2)违法必须是一种行为。如果内在的思想不表现为外在的行为，则并不构成违法。社会主义法制原则不承认思想违法。

3. 行为人主观有过错

所谓过错是指行为人在实施行为时，具有主观上的故意或过失的心理状态。

所谓故意的心理状态，是指行为人明知自己的行为会发生危害社会的结果，并且希望或放任这种结果的发生。例如，招生办公室主任收受贿赂后，有意招收分数低的学生，不招收分数高的学生，致使分数高的学生落榜。

所谓过失的心理状态，是指行为人应当预见自己的行为可能发生危害社会的结果，因为疏忽大意而没有预见，或者已经预见而轻信能够避免，以致发生这种结果。例如，教师教育方式不当，对学生进行人格侮辱，学生因不堪忍受而自杀，该教师的行为即有过失的因素。

4. 违法行为与损害事实之间具有因果关系

违法行为是导致损害事实发生的原因，损害事实是违法行为造成的必然结果，二者之间存在着内在的必然的联系。因果关系是承担法律责任的重要条件之一。

四、教育法律责任的归责形式

考点1 教育法律责任主体的含义

教育法律责任主体是指承担教育法律责任的对象。根据我国教育法律、法规的有关规定，教育法律责任主体的范围包括国家教育行政机关和其他国家机关及其工作人员，实施教育教学活动的学校、校长和教师、就学学生，义务教育阶段适龄儿童、少年的父母或者其他监护人，其他负有遵守教育法义务的公民和法人。

考点2 教育法律责任的归责形式

教育法律责任的归责形式也就是教育法律责任主体的归责形式。从教育法律关系的角度来看，各教育法律责任主体可能承担的责任形式如下：

1. 教育行政机关及其他国家机关

行政机关承担法律责任主要是补救性的，其承担法律责任的形式主要包括：承认错误、赔礼道歉、恢复名誉、消除影响、恢复职务、撤销违法决定、纠正不正当行为、返还权益、赔偿等。其中，赔偿是行政法律责任的最主要形式之一。

2. 教育行政机关及其他国家机关的工作人员

对行政工作人员的制裁性法律责任主要有：警告、记过、记大过、降级、降职、撤职、开除公职等。

3. 实施教育教学活动的学校、校长和教师

学校承担的教育法律责任形式主要包括：通报批评、整顿、停办、停止招生、取缔、取消学校发放学业证书资格或举办考试资格、没收违法所得、赔偿损失等。

校长承担的法律责任，就其性质而言，包括民事责任、行政责任和刑事责任等。具体形式主要包括：处分、撤销行政职务、罚款、刑事制裁等。

教师承担教育法律责任的形式主要包括：取消教师资格、处分、解聘、赔偿损失、刑事制裁等。

4. 就学学生

由于学生是特殊的教育法律责任主体，一般采用纪律处分，如警告、记过、留校察看等。学校纪律处分就其实质而言，是对违反教育法法定义务的一定处罚，应视为学生承担教育法律责任的一种形式。

5. 父母或者其他监护人

父母或者其他监护人本身并不负有接受义务教育的义务，但由于其监护对象是处于义务教育阶段的适龄儿童和少年，因而父母或者其他监护人负有使被监护人按时入学接受规定年限的义务教育的义务。

6. 其他负有遵守教育法义务的公民和法人

在具体的教育法律关系中承担一定义务的个人和组织若具有违反教育经费管理规定、破坏学校正常教育教学秩序、非法侵害学校权益、侵犯教师和学生的合法权益等违法行为，则应依法承担相应的法律责任。

第五节 教育法律救济

一、教育法律救济概述【单选、多选、简答】★

考点1 教育法律救济的概念及特征

教育法律救济是指教育法律关系主体的合法权益受到侵犯并造成损害时，获得恢复和补救的法律制度。在教育领域中主要运用的法律救济方式包括教师申诉制度、受教育者申诉制度、行政复议、行政诉讼、行政赔偿和民事诉讼。

教育法律救济的特征体现在：(1)是宪法公平、正义的立法精神的体现；(2)纠纷的存在是教育法律救济的基础；(3)损害的发生是教育法律救济的前提；(4)补救受害者的合法权益是教育法律救济的根本目的；(5)法律救济具有权利性；(6)具有补救与监督双重作用。

考点2 教育法律救济的作用

(1)保护教育法律关系主体。教育法律关系主要表现为教师与学生、学生与学校、教师与学校、教师和学生与教育行政部门、学校与教育行政部门等之间的关系。(2)维护教育法律的权威。(3)促进教育行政部门依法行政。(4)有利于推进教育法制建设。

考点3 教育法律救济的途径

法律救济的途径是指相对人的合法权益受到损害时，请求救济的渠道和方式。法律救济的渠道有四种：行政渠道、司法渠道、仲裁渠道和调解渠道。其中，行政渠道、仲裁渠道和调解渠道统称为非诉讼渠道。

(1)行政渠道。行政救济渠道主要有行政申诉和行政复议两种方式。行政救济是教育法律救济的主要方式。

(2)司法渠道。司法渠道又称诉讼渠道，是指相对人就特定的侵权行为向人民法院提起诉讼，请求救济。

(3)仲裁渠道。仲裁渠道与行政、司法渠道不同。仲裁是建立在纠纷双方自愿平等的基础上，由非国家机关的仲裁机构以平等的第三者身份进行的活动。

(4)调解渠道。调解有司法调解、行政调解、民间调解三种形式。

二、教育申诉制度

教育申诉制度是指作为教育法律关系主体的公民，在其合法权益受到侵害时，向国家机关申诉理由，请求处理的制度。我国的教育申诉制度主要有教师申诉制度和受教育者申诉制度。

考点1 教师申诉制度 【单选】★

1. 教师申诉制度的概念及特征

所谓教师申诉制度，是指教师在其合法权益受到侵害时，依照法律、法规的规定，向主管的行政机关申诉理由，请求处理的制度。

教师申诉制度的特征是：(1)法律性。(2)特定性。(3)非诉讼性。

2. 教师申诉的范围

根据《中华人民共和国教师法》的规定，教师申诉的范围包括：

(1)教师认为学校或其他教育机构侵犯其《中华人民共和国教师法》规定的合法权益的，可以提起申诉。

(2)教师对学校或其他教育机构作出的处理决定不服的，可以提出申诉。

(3)教师认为当地人民政府的有关行政部门侵犯其根据《中华人民共和国教师法》规定享有的合法权益的，可以提出申诉。需特别指出的是，这里的被诉对象只能是当地人民政府隶属的行政机关，而不能是当地人民政府。其他企业、事业单位或个人侵犯教师合法权益的，不列入教师申诉制度的范围。

考生应注意：被申诉主体不同，受理教师申诉的机关也有所区别。对学校或其他教育机构：主管的教育部门受理；对当地人民政府隶属的有关行政部门：同级人民政府或者上一级人民政府有关部门受理。

3. 教师申诉的程序

教师申诉程序包括提出申诉、申诉受理和申诉处理三个环节。教师的申诉应当以书面形式提出。

教育行政部门应当在接到申诉书的30日内，作出处理。逾期未作处理或者久拖不决的，若申诉内容涉及人身权、财产权及其他属于行政复议、行政诉讼受案范围的，申诉人可依法提起行政复议或行政诉讼。受理机关作出申诉处理决定后，应将处理决定书发送当事人。申诉处理决定书自送达之日起生效。如果申诉当事人对处理决定不服的，可以向原处理机关隶属的人民政府申请复核或依法提起行政复议或行政诉讼。

真题面对面

[2021郑州二七，单，0.7分]某学校教师李某对学校给予的处分不服，依据相关法律，她可以采用的法律救济途径是(　　)

A. 民事诉讼　　B. 教师申诉　　C. 刑事诉讼　　D. 申请仲裁

答案：B

考点2 受教育者申诉制度 【单选、多选】★

1. 受教育者申诉制度的概念和特征

受教育者申诉制度即学生申诉制度，是指受教育者在其合法权益受到侵害时，依法向主管的行政机关申诉理由，请求处理的制度。受教育者申诉制度具有与教师申诉制度相同的法律性、特定性和非诉讼性。

2. 受教育者申诉的范围

《中华人民共和国教育法》第四十三条规定了受教育者的权利，其中第四项规定："对学校给予的处分不服向有关部门提出申诉，对学校、教师侵犯其人身权、财产权等合法权益，提出申诉或者依法提起诉讼。"根据这一规定，提起申诉的人必须是受教育者或其监护人，被申诉人是学校或教师，申诉的事项必须符合《中华人民共和国教育法》规定的受理范围。

根据《中华人民共和国教育法》的规定，学生申诉的范围包括：

(1)对学校给予的各种处分不服，如警告、严重警告、记过、留校察看、勒令退学、开除学籍等，可以提出申诉；

(2)对学校或教师侵犯其人身权，如在教育活动中对其进行体罚或变相体罚，限制其人身自由权等，可以提出申诉；

(3)对学校或教师侵犯其财产权，如非法乱收费、乱摊派、乱罚款，非法没收其财物，强迫其购买非必需教学物品等，可以提出申诉；

(4)对学校或教师侵犯其知识产权可以提出申诉，如教师剽窃学生的著作权、发明权或其他科技成果权，学校强行将学生的知识产权收归学校等。

3. 受教育者申诉制度的程序

和教师申诉制度一样，受教育者申诉制度也有提出申诉、申诉受理和申诉处理等环节。

(1)提出申诉。申诉可以以口头或书面形式提出。

(2)申诉受理。主管机关接到学生的口头或书面申诉后，可以依据具体情况经审查后作出不同的处理。

(3)申诉处理。对申诉的处理，如果主管机关对申诉进行受理，则应该对事件进行调查核实，根据不同情况作出不同处理。

三、教育行政复议

1. 教育行政复议的概念

教育行政复议是指教育行政相对人(如学校、教师)认为教育行政机关作出的具体行政行为侵犯其合法权益，向作出该行为的机关的上一级教育行政机关或该机关所属的本级人民政府提出申请，受理申请的行政机关对发生争议的具体行政行为进行复查并作出决定的活动。

教育行政复议作为非诉讼的行政法律救济手段，其特征体现在：(1)教育行政复议是一种特殊的行政行为；(2)教育行政复议的提出以行政机关的具体行政行为为对象；(3)教育行政复议的申请人只能是教育行政管理相对人，被申请人只能是作出具体行政行为的行政机关；(4)除法律有规定的之外，教育行政复议的决定不是终局决定；(5)教育行政复议案件的审理，不适用调解。

2. 教育行政复议的范围

根据我国《行政复议法》关于行政复议范围的规定，并结合我国教育行政管理的实际，我国教育行政复议的范围主要包括：(1)对教育行政处罚不服的；(2)对教育行政强制措施不服的；(3)对教育行政机关作出的有关许可证、执照、资质证、资格证等证书变更、中止、撤销的决定不服的；(4)对教育行政机关因不作为违法的；(5)行政相对人认为教育行政机关违法集资、征收财物、摊派费用或者违法要求履行其他义务的；(6)认为教育行政机关侵犯其合法的经营自主权的；(7)认为教育行政机关的其他具体行政行为侵犯其合法权益的。

在我国教育管理实践中，学校对教师的行政处分决定以及学校对学生的处分决定，作为教师或学生如不服的，只能依法通过教育申诉途径来获得救济，而无法通过教育行政复议途径获取救济。

3. 教育行政复议的程序

(1)申请。教育行政复议申请可以书面形式提出，也可以口头申请。书面形式申请应在60日内提出复议申请书。

(2)受理。它是指教育行政复议机关基于相对人的申请,经审查认为符合法律规定的申请条件,决定立案并准备审理的行为。

(3)审理。它是教育行政复议的中心阶段。行政复议机关负责法制工作的机构应当自行政复议申请受理之日起七日内,将行政复议申请书副本或者行政复议申请笔录复印件发送被申请人。被申请人应当自收到申请书副本或者申请笔录复印件之日起十日内,提出书面答复,并提交当初作出具体行政行为的证据、依据和其他有关材料。

(4)决定。它是指对案件进行审理后,在判明具体行政行为的合法性、正当性的基础上,有关机关作出相应的裁断。复议机关应在复议期限内(自受理之日起60日内)作出决定。复议决定有:维持决定,补正程序决定,撤销和变更决定,履行职责决定、赔偿决定。

(5)执行。复议决定生效后就具有国家强制力,复议双方应自觉履行,否则,将强制执行。

四、教育行政诉讼

1.教育行政诉讼的概念

教育行政诉讼,是指教育行政管理相对人认为教育行政机关的具体行政行为侵犯其合法权益,依法向人民法院起诉,请求给予法律救济,并由人民法院对行政行为进行审查和裁判的诉讼救济活动。

2.教育行政诉讼的范围

(1)对教育行政处罚不服的;(2)认为符合法定条件申请教育行政机关颁发许可证或执照,而教育行政机关拒绝颁发或者在法定期限内不予答复的;(3)申请教育行政机关履行保护人身权、财产权等合法权益的法定职责,而教育行政机关拒绝履行或者不予答复的;(4)认为教育行政机关违法要求其履行义务的;(5)认为教育行政机关侵犯其他人身权、财产权等合法权益的。

3.教育行政诉讼的程序

(1)起诉和受理。起诉是公民、法人或其他组织依法向人民法院提出诉讼请求的诉讼行为,将产生一定的法律后果。人民法院在接到起诉状时对符合《中华人民共和国行政诉讼法》规定的起诉条件的,应当登记立案。对当场不能判定是否符合《中华人民共和国行政诉讼法》规定的起诉条件的,应当接收起诉状,出具注明收到日期的书面凭证,并在七日内决定是否立案。不符合起诉条件的,作出不予立案的裁定。裁定书应当载明不予立案的理由。原告对裁定不服的,可以提起上诉。

(2)审理和判决。我国行政诉讼实行两审终审制,二审作出的判决和裁定为终审的判决裁定,案件到此为止最后审结,如果发现确有错误,可以再经审判监督程序予以纠正。

(3)执行。执行程序是诉讼活动的最后阶段。公民、法人或者其他组织拒绝履行判决、裁定、调解书的,行政机关或者第三人可以依法申请强制执行,或者由行政机关依法强制执行。

★★ 考点大默写 ★★

1. 我国的教育基本法律为________________,它对整个教育全局起宏观调控作用。
2. 教育法律关系的构成要素有________、________和内容。
3. 根据违法主体的法律地位、违法行为的性质和危害程度的不同,教育法律责任主要可分为________法律责任、________法律责任和________法律责任三种。在特定情况下还可以追究________责任。

【参考答案】

1.《中华人民共和国教育法》 2. 主体;客体 3. 行政;民事;刑事;违宪

第二章　依法执教与教师违法(侵权)行为预防

第一节　依法执教

一、依法执教的含义

依法执教就是要求教师在教育教学活动中,按照教育法律、法规使自己的教育教学活动法制化和规范化。其含义有二:

(1)教师的教育教学行为要在法律法规所允许的范围内进行。

(2)教师要善于利用法规手段维护自身的合法权益。①要提高教育法律意识,增强教育法制观念;②努力学习和掌握与教师职业行为密切相关的教育法;③注重培养和提高依法分析问题和解决问题的能力和水平。

1995年制定的《中华人民共和国教育法》是我国第一次以国家基本法律的形式明确了教育的地位和作用,从而为教育事业的改革和发展提供了坚实有力的法律保障。

二、依法执教的基本要求

依法执教的基本要求概括来说有以下四点:

(1)坚持正确的政治方向;(2)拥护党的基本路线和领导;(3)自觉增强法律意识;(4)认真贯彻党和国家的方针政策。

教师依法执教的具体内容如下:

(1)教师要模范地遵守宪法及其他各种法律、法规;(2)教师要依法进行教育教学活动。

三、依法执教的意义

(1)依法执教是依法治国的必然要求。依法治国的依据是我国的宪法和法律,基本要求有四个方面,即有法可依,有法必依,执法必严,违法必究。其中,有法可依是依法治国的法律前提,也是依法治国的首要环节;有法必依是依法治国的中心环节。

(2)依法执教是依法治教的重要内容。

(3)依法执教是人民教师之必需。

第二节　教师违法(侵权)行为预防

一、教师违法(侵权)行为的含义

教师违法行为即指教师出于故意或由于过失而侵害他人(主要是学生)合法权利的行为。在履行教师职责、实施教育教学活动中,中小学教师实施的侵权行为若是执行职务的行为,那么学校必须承担因此而导致的损害后果。如果是教师的个人行为导致他人权利受损,则学校不必承担责任。

二、教师违法(侵权)行为的主要类型及其表现特征　【单选、多选、判断】　★★

考点1　侵犯学生的受教育权

受教育权是学生最基本的权利。受教育机会平等一般包括起点上的平等、过程上的平等和终点上的平等这三个基本环节。(1)起点上的平等,是指入学机会上的平等(**学习机会权**);(2)过程上的平等,是指就学过程中学习条件和教育效果的平等(**学习条件权**);(3)终点上的平等,是指学业成就上的平等(**学习成功权**)。受教育机会平等的这三个基本环节,同时也是受教育机会平等原则实现的三个台阶。

常见的侵犯学生受教育权的表现形式主要有:

(1)侵犯学生受教育机会的平等权。我国《教育法》第九条规定了公民受教育机会平等的基本原则。受教育机会平等,是指公民在受教育方面的权利和义务具有平等的法律地位,不因民族、种族、性别、职业、财产状况、宗教信仰等方面的不同或者差别而受到不平等的对待。

(2)侵犯学生的入学权。我国《义务教育法》第十一条规定了义务教育对象的入学条件,即凡达到入学年龄(新学年开学前满6周岁)的儿童,不分性别、民族、种族,只要有接受教育的能力,都必须入学接受规定年限的义务教育。此外,实施义务教育的学校必须依法接收应该在本校就读的适龄儿童入学。

(3)侵犯学生参加考试的权利。我国《教育法》第四十三条规定,受教育者享有"参加教育教学计划安排的各种活动"的权利。这是学生在学校中享有的最基本的权利。在教育教学中,学生有权参加教学计划安排的授课、讲座、课堂讨论、观摩、实验、实习和考试等活动。

(4)随意开除学生。我国《义务教育法》第二十七条规定,对违反学校管理制度的学生,学校应当予以批评教育,不得开除。我国《未成年人保护法》第二十八条规定,学校应当保障未成年学生受教育的权利,不得违反国家规定开除、变相开除未成年学生。一些学校随意开除学生或勒令未成年学生退学的行为,就侵犯了未成年学生的受教育权。

此外,还有侵犯学生上课学习的权利、侵犯学生受教育的选择权、侵犯学生升学复学方面的同等权利、以侵犯姓名权的手段侵犯学生的受教育权、延误学生录取通知书的发放等。

真题面对面

[2022信阳淮滨,多,1分]下列行为属于侵犯学生受教育权的有(　　)

A. 教师不允许班上学习差的学生参加考试

B. 上课期间禁止看与上课无关的书

C. 随意占用学生的上课时间

D. 指派学生参加与教学无关的商业活动

答案:ACD

考点2　侵犯学生的人身权

人身权是公民享有的最基本、最重要的权利。根据有关法律规定,学生的人身权可分为生命权、身体权、健康权、姓名与肖像权、名誉与荣誉权、人格尊严权、人身自由权、隐私权等。

(1)侵犯学生的生命权、身体权和健康权。学生作为公民享有生命权、身体权和健康权。在学校教育中,这类侵害主要是由体罚或变相体罚、教育教学设施设备不安全以及学校、教师的不作为侵权等造成的。

(2)侵犯学生的姓名肖像权、名誉荣誉权。一些特殊情况除外,学生有权禁止他人未经允许制作和使用自己的肖像,有权禁止他人对自己的肖像进行毁损、玷污、丑化或歪曲。学生的名誉不得受到歪曲或损害。荣誉是一个人受到外部给予的光荣称誉,每个学生在学校应有平等的机会获得。

(3)侵犯学生的人格尊严权。学生享有受他人尊重,保持良好形象及尊严的权利。学校和教师必须尊重学生的人格尊严,严禁对学生实施体罚、变相体罚或其他侮辱人格尊严的行为。

(4)侵犯学生的人身自由权。人身自由是公民的一项基本权利,包括身体行动自由和表达的自由。侵害学生人身自由的表现形式有:非法拘禁和限制学生、非法搜查学生、非法限制学生表达自由的权利等。

(5)侵犯学生的隐私权。隐私包括个人私生活、个人日记、照片、储蓄及财产状况、生活习惯及通讯秘密等。隐私权是指公民生活中不愿为他人公开或知悉的个人秘密的不可侵犯的人身权利。学校和教师侵犯学生隐私的表现形式有:故意隐匿、毁弃或者非法开拆学生信件,披露、宣扬学生自身及家庭成员的资料,提供学生成绩的方式不适当等。

(6)性侵害。

考点3 侵犯学生的财产权

个人的财产所有权是指公民对个人所有的财产依法进行占有、使用、收益和处分的权利。学生的合法财产受法律保护，教师不得侵占、破坏或非法扣押、没收等。教师侵犯学生财产权的表现形式有：损坏学生财物、非法没收学生物品、乱罚款、乱摊派等。

真题面对面

[2022郑州市直，单，0.8分]某教师因为学生没有完成作业而对学生进行罚款，这种行为侵犯了学生的( )

A. 人身权　　B. 受教育权　　C. 名誉权　　D. 财产权

答案：D

考点4 侵犯学生的著作权

我国《著作权法》中规定的作品是指文学、艺术和科学领域内具有独创性并能以一定形式表现的智力成果，包括：(1)文字作品；(2)口述作品；(3)音乐、戏剧、曲艺、舞蹈、杂技艺术作品；(4)美术、建筑作品；(5)摄影作品；(6)视听作品；(7)工程设计图、产品设计图、地图、示意图等图形作品和模型作品；(8)计算机软件；(9)符合作品特征的其他智力成果。著作权人对其作品享有发表权，任何人不得未经许可发表其作品。中小学生的作文也是作品，是受我国《著作权法》保护的文字作品。

考点5 不作为违法侵权

依性质不同，侵权行为可分为以下两类：

(1)作为侵权行为，是指行为人以一定的作为致人损害的行为，如体罚、侮辱学生等。

(2)不作为侵权行为，是指行为人以一定的不作为致人损害的行为。根据我国相关法律的规定，学校和教师负有保护学生的法定义务。如果教师没有积极履行保护职责或阻止有害学生的行为即构成不作为侵权。学校和教师不作为侵权行为的表现形式有：①对学生身体状况关照不力；②教师对生病或受伤学生救护不力；③在履行职责中违反工作要求、操作规程；④学校活动组织失职；⑤饮食安全事故；⑥未及时向学生监护人履行告知义务。

真题面对面

[2022洛阳四区联考，单，0.95分]体育课上，杜老师未组织学生热身就开始进行活动，导致有的学生脚踝扭伤、小腿痉挛等。杜老师的这种做法构成( )

A. 作为的侵权行为　　B. 无过错行为

C. 不作为的侵权行为　　D. 共同侵权行为

答案：C

★★ 考点大默写 ★★

1. 开除或变相开除初中生的做法侵犯了未成年学生的________权。
2. 教师对生病或受伤学生救护不力属于________侵权行为。
3. 教师非法拘禁和限制学生、非法搜查学生等行为侵犯了学生的________权。
4. 教师按考试成绩调整座位，将考试成绩排名靠后的同学安排到教室的最后一排。这侵犯了学生的________权。

【参考答案】

1. 受教育　2. 不作为　3. 人身自由　4. 人格尊严

第三章 现行主要的教育法律法规

第一节 《中华人民共和国教育法》

一、《中华人民共和国教育法》的制定

《中华人民共和国教育法》于1995年3月18日经第八届全国人民代表大会第三次会议通过，并由中华人民共和国主席令第45号公布，自1995年9月1日起施行，这是新中国成立以来我国制定的第一部教育基本法，这是我国教育史上具有里程碑意义的大事。它的颁行，标志着我国开始进入全面依法治教的新时期。

《中华人民共和国教育法》进行过三次修改：(1)根据2009年8月27日第十一届全国人民代表大会常务委员会第十次会议《关于修改部分法律的决定》进行第一次修正；(2)根据2015年12月27日第十二届全国人民代表大会常务委员会第十八次会议《关于修改〈中华人民共和国教育法〉的决定》进行第二次修正；(3)根据2021年4月29日第十三届全国人民代表大会常务委员会第二十八次会议《关于修改〈中华人民共和国教育法〉的决定》进行第三次修正。

二、《中华人民共和国教育法》的部分内容 【单选、多选、判断、填空】★★★

第一章 总 则

第一条 为了发展教育事业，提高全民族的素质，促进社会主义物质文明和精神文明建设，根据宪法，制定本法。

第四条 教育是社会主义现代化建设的基础，对提高人民综合素质、促进人的全面发展、增强中华民族创新创造活力、实现中华民族伟大复兴具有决定性意义，国家保障教育事业优先发展。全社会应当关心和支持教育事业的发展。全社会应当尊重教师。

真题面对面

[2022安阳滑县，判断，0.6分]教育是社会主义现代化建设的基础，国家保障教育事业优先发展。(　　)

答案：√

第五条 教育必须为社会主义现代化建设服务、为人民服务，必须与生产劳动和社会实践相结合，培养德智体美劳全面发展的社会主义建设者和接班人。

第六条 教育应当坚持立德树人，对受教育者加强社会主义核心价值观教育，增强受教育者的社会责任感、创新精神和实践能力。国家在受教育者中进行爱国主义、集体主义、中国特色社会主义的教育，进行理想、道德、纪律、法治、国防和民族团结的教育。

真题面对面

[2021郑州中原，填空，1分]《中华人民共和国教育法》规定，国家在受教育者中进行________、集体主义、中国特色社会主义的教育，进行理想、道德、纪律、法治、国防和民族团结的教育。

答案：爱国主义

第七条 教育应当继承和弘扬中华优秀传统文化、革命文化、社会主义先进文化，吸收人类文明发展的一切优秀成果。

第八条　教育活动必须符合国家和社会公共利益。国家实行教育与宗教相分离。任何组织和个人不得利用宗教进行妨碍国家教育制度的活动。

第九条　中华人民共和国公民有受教育的权利和义务。公民不分民族、种族、性别、职业、财产状况、宗教信仰等，依法享有平等的受教育机会。

第十六条　国务院和县级以上地方各级人民政府应当向本级人民代表大会或者其常务委员会报告教育工作和教育经费预算、决算情况，接受监督。

第二章　教育基本制度

第十七条　国家实行学前教育、初等教育、中等教育、高等教育的学校教育制度。国家建立科学的学制系统。学制系统内的学校和其他教育机构的设置、教育形式、修业年限、招生对象、培养目标等，由国务院或者由国务院授权教育行政部门规定。

第十九条　国家实行九年制义务教育制度。各级人民政府采取各种措施保障适龄儿童、少年就学。适龄儿童、少年的父母或者其他监护人以及有关社会组织和个人有义务使适龄儿童、少年接受并完成规定年限的义务教育。

第三章　学校及其他教育机构

第二十七条　设立学校及其他教育机构，必须具备下列基本条件：

（一）有组织机构和章程；

（二）有合格的教师；

（三）有符合规定标准的教学场所及设施、设备等；

（四）有必备的办学资金和稳定的经费来源。

第二十九条　学校及其他教育机构行使下列权利：

（一）按照章程自主管理；

（二）组织实施教育教学活动；

（三）招收学生或者其他受教育者；

（四）对受教育者进行学籍管理，实施奖励或者处分；

（五）对受教育者颁发相应的学业证书；

（六）聘任教师及其他职工，实施奖励或者处分；

（七）管理、使用本单位的设施和经费；

（八）拒绝任何组织和个人对教育教学活动的非法干涉；

（九）法律、法规规定的其他权利。

国家保护学校及其他教育机构的合法权益不受侵犯。

第三十一条　学校及其他教育机构的举办者按照国家有关规定，确定其所举办的学校或者其他教育机构的管理体制。学校及其他教育机构的校长或者主要行政负责人必须由具有中华人民共和国国籍、在中国境内定居、并具备国家规定任职条件的公民担任，其任免按照国家有关规定办理。学校的教学及其他行政管理，由校长负责。学校及其他教育机构应当按照国家有关规定，通过以教师为主体的教职工代表大会等组织形式，保障教职工参与民主管理和监督。

第四章　教师和其他教育工作者

第三十六条　学校及其他教育机构中的管理人员，实行教育职员制度。学校及其他教育机构中的教学辅助人员和其他专业技术人员，实行专业技术职务聘任制度。

第五章　受教育者　必背

第四十三条　受教育者享有下列权利：

（一）参加教育教学计划安排的各种活动，使用教育教学设施、设备、图书资料；

（二）按照国家有关规定获得奖学金、贷学金、助学金；

（三）在学业成绩和品行上获得公正评价，完成规定的学业后获得相应的学业证书、学位证书；

（四）对学校给予的处分不服向有关部门提出申诉，对学校、教师侵犯其人身权、财产权等合法权益，提出申诉或者依法提起诉讼；

（五）法律、法规规定的其他权利。

真题面对面

[2022鹤壁淇县，多，1.53分]受教育者的权利包括（　　）

A. 遵守学生行为规范，养成良好的思想品德和行为习惯

B. 参加教育教学计划安排的各种活动，使用教育教学设施、设备、图书资料

C. 遵守所在学校或者其他教育机构的管理制度

D. 按照国家有关规定获得奖学金、助学金、贷学金

答案：BD

第四十四条　受教育者应当履行下列义务：

（一）遵守法律、法规；

（二）遵守学生行为规范，尊敬师长，养成良好的思想品德和行为习惯；

（三）努力学习，完成规定的学习任务；

（四）遵守所在学校或者其他教育机构的管理制度。

第六章　教育与社会

第四十九条　学校及其他教育机构在不影响正常教育教学活动的前提下，应当积极参加当地的社会公益活动。

第五十一条　图书馆、博物馆、科技馆、文化馆、美术馆、体育馆（场）等社会公共文化体育设施，以及历史文化古迹和革命纪念馆（地），应当对教师、学生实行优待，为受教育者接受教育提供便利。广播、电视台（站）应当开设教育节目，促进受教育者思想品德、文化和科学技术素质的提高。

第七章　教育投入与条件保障

第五十四条　国家建立以财政拨款为主、其他多种渠道筹措教育经费为辅的体制，逐步增加对教育的投入，保证国家举办的学校教育经费的稳定来源。企业事业组织、社会团体及其他社会组织和个人依法举办的学校及其他教育机构，办学经费由举办者负责筹措，各级人民政府可以给予适当支持。

第五十七条　国务院及县级以上地方各级人民政府应当设立教育专项资金，重点扶持边远贫困地区、少数民族地区实施义务教育。

第九章　法律责任

第七十二条　结伙斗殴、寻衅滋事，扰乱学校及其他教育机构教育教学秩序或者破坏校舍、场地及其他财产的，由公安机关给予治安管理处罚；构成犯罪的，依法追究刑事责任。侵占学校及其他教育机构的校舍、场地及其他财产的，依法承担民事责任。

第七十三条　明知校舍或者教育教学设施有危险，而不采取措施，造成人员伤亡或者重大财产损失的，对直接负责的主管人员和其他直接责任人员，依法追究刑事责任。

第二节 《中华人民共和国义务教育法》

一、《中华人民共和国义务教育法》的制定

《中华人民共和国义务教育法》于1986年4月12日第六届全国人民代表大会第四次会议通过，自1986年7月1日起施行，这是新中国成立以来颁布的第一部基础教育方面的法律，是促进和保障我国基础教育健康发展的基本法。它的颁布与实施有力地推动了我国基础教育的普及和全民素质的提高，标志着我国义务教育制度的正式确立。

《中华人民共和国义务教育法》进行过三次修改：(1)根据2006年6月29日第十届全国人民代表大会常务委员会第二十二次会议进行修订；(2)根据2015年4月24日第十二届全国人民代表大会常务委员会第十四次会议《关于修改〈中华人民共和国义务教育法〉等五部法律的决定》进行第一次修正；(3)根据2018年12月29日第十三届全国人民代表大会常务委员会第七次会议《关于修改〈中华人民共和国产品质量法〉等五部法律的决定》进行第二次修正。

二、义务教育的性质和特征 【单选】 ★

义务教育作为一项教育制度和法律制度，具有不同于其他教育制度和教育工作的属性。就其性质而言，义务教育具有强制性(义务性)、普及性(普遍性、统一性)、免费性(公益性)、公共性(国民性)和基础性。其中，强制性是义务教育的最本质特征，普及性是义务教育的基本性质。

真题面对面

[2022南阳卧龙，单，1.3分]下列不属于我国义务教育特征的是(　　)

A. 自愿性　　B. 公共性　　C. 免费性　　D. 基础性

答案：A

三、《中华人民共和国义务教育法》的部分内容 【单选、多选、判断】 ★★

第一章　总　则

第一条　为了保障适龄儿童、少年接受义务教育的权利，保证义务教育的实施，提高全民族素质，根据宪法和教育法，制定本法。

第二条　国家实行九年义务教育制度。义务教育是国家统一实施的所有适龄儿童、少年必须接受的教育，是国家必须予以保障的公益性事业。实施义务教育，不收学费、杂费。国家建立义务教育经费保障机制，保证义务教育制度实施。

第九条　任何社会组织或者个人有权对违反本法的行为向有关国家机关提出检举或者控告。发生违反本法的重大事件，妨碍义务教育实施，造成重大社会影响的，负有领导责任的人民政府或者人民政府教育行政部门负责人应当引咎辞职。

第二章　学　生

第十一条　凡年满六周岁的儿童，其父母或者其他法定监护人应当送其入学接受并完成义务教育；条件不具备的地区的儿童，可以推迟到七周岁。适龄儿童、少年因身体状况需要延缓入学或者休学的，其父母或者其他法定监护人应当提出申请，由当地乡镇人民政府或者县级人民政府教育行政部门批准。

真题面对面

[2022平顶山湛河，单，1.09分]《中华人民共和国义务教育法》规定，条件不具备的地区的儿童入学年龄可推迟到(　　)

A. 6周岁　　B. 7周岁　　C. 8周岁　　D. 9周岁

答案：B

第三章　学　校

第十九条　县级以上地方人民政府根据需要设置相应的实施特殊教育的学校(班),对视力残疾、听力语言残疾和智力残疾的适龄儿童、少年实施义务教育。特殊教育学校(班)应当具备适应残疾儿童、少年学习、康复、生活特点的场所和设施。普通学校应当接收具有接受普通教育能力的残疾适龄儿童、少年随班就读,并为其学习、康复提供帮助。

第二十一条　对未完成义务教育的未成年犯和被采取强制性教育措施的未成年人应当进行义务教育,所需经费由人民政府予以保障。

第二十二条　县级以上人民政府及其教育行政部门应当促进学校均衡发展,缩小学校之间办学条件的差距,不得将学校分为重点学校和非重点学校。学校不得分设重点班和非重点班。县级以上人民政府及其教育行政部门不得以任何名义改变或者变相改变公办学校的性质。

第二十五条　学校不得违反国家规定收取费用,不得以向学生推销或者变相推销商品、服务等方式谋取利益。

第二十六条　学校实行校长负责制。校长应当符合国家规定的任职条件。校长由县级人民政府教育行政部门依法聘任。

第二十七条　对违反学校管理制度的学生,学校应当予以批评教育,不得开除。

真题面对面

[2022郑州中原,判断,0.5分]在义务教育阶段,违反学校教育管理制度的学生,学校应当批评教育,情节严重的,应当开除。(　　)

答案:×

第四章　教　师

第二十九条　教师在教育教学中应当平等对待学生,关注学生的个体差异,因材施教,促进学生的充分发展。教师应当尊重学生的人格,不得歧视学生,不得对学生实施体罚、变相体罚或者其他侮辱人格尊严的行为,不得侵犯学生合法权益。

第三十条　教师应当取得国家规定的教师资格。国家建立统一的义务教育教师职务制度。教师职务分为初级职务、中级职务和高级职务。

第三十一条　各级人民政府保障教师工资福利和社会保险待遇,改善教师工作和生活条件;完善农村教师工资经费保障机制。教师的平均工资水平应当不低于当地公务员的平均工资水平。特殊教育教师享有特殊岗位补助津贴。在民族地区和边远贫困地区工作的教师享有艰苦贫困地区补助津贴。

第三十二条　县级以上人民政府应当加强教师培养工作,采取措施发展教师教育。县级人民政府教育行政部门应当均衡配置本行政区域内学校师资力量,组织校长、教师的培训和流动,加强对薄弱学校的建设。

第五章　教育教学

第三十四条　教育教学工作应当符合教育规律和学生身心发展特点,面向全体学生,教书育人,将德育、智育、体育、美育等有机统一在教育教学活动中,注重培养学生独立思考能力、创新能力和实践能力,促进学生全面发展。

第三十六条　学校应当把德育放在首位,寓德育于教育教学之中,开展与学生年龄相适应的社会实践活动,形成学校、家庭、社会相互配合的思想道德教育体系,促进学生养成良好的思想品德和行为习惯。

第三十八条　教科书根据国家教育方针和课程标准编写,内容力求精简,精选必备的基础知识、基本技能,经济实用,保证质量。国家机关工作人员和教科书审查人员,不得参与或者变相参与教科书的编写工作。

第三十九条　国家实行教科书审定制度。教科书的审定办法由国务院教育行政部门规定。未经审定的教科书,不得出版、选用。

第四十一条　国家鼓励教科书循环使用。

第六章 经费保障

第四十三条 学校的学生人均公用经费基本标准由国务院财政部门会同教育行政部门制定，并根据经济和社会发展状况适时调整。制定、调整学生人均公用经费基本标准，应当满足教育教学基本需要。省、自治区、直辖市人民政府可以根据本行政区域的实际情况，制定不低于国家标准的学校学生人均公用经费标准。特殊教育学校(班)学生人均公用经费标准应当高于普通学校学生人均公用经费标准。

第七章 法律责任

第五十七条 学校有下列情形之一的，由县级人民政府教育行政部门责令限期改正；情节严重的，对直接负责的主管人员和其他直接责任人员依法给予处分：

(一)拒绝接收具有接受普通教育能力的残疾适龄儿童、少年随班就读的；

(二)分设重点班和非重点班的；

(三)违反本法规定开除学生的；

(四)选用未经审定的教科书的。

第三节 《中华人民共和国教师法》

一、《中华人民共和国教师法》的制定

《中华人民共和国教师法》(修订)

《中华人民共和国教师法》从1986年开始起草，后经过八年酝酿、修改，于1993年10月31日经第八届全国人民代表大会常务委员会第四次会议通过，自1994年1月1日起施行。

《中华人民共和国教师法》根据2009年8月27日第十一届全国人民代表大会常务委员会第十次会议通过的《关于修改部分法律的决定》进行过修正。

二、《中华人民共和国教师法》的部分内容 【单选、多选、判断】 ★★

第一章 总 则

第一条 为了保障教师的合法权益，建设具有良好思想品德修养和业务素质的教师队伍，促进社会主义教育事业的发展，制定本法。

第二条 本法适用于在各级各类学校和其他教育机构中专门从事教育教学工作的教师。

第三条 教师是履行教育教学职责的专业人员，承担教书育人，培养社会主义事业建设者和接班人、提高民族素质的使命。教师应当忠诚于人民的教育事业。

第四条 各级人民政府应当采取措施，加强教师的思想政治教育和业务培训，改善教师的工作条件和生活条件，保障教师的合法权益，提高教师的社会地位。全社会都应当尊重教师。

第二章 权利和义务 必背

第七条 教师享有下列权利：

(一)进行教育教学活动，开展教育教学改革和实验；

(二)从事科学研究、学术交流，参加专业的学术团体，在学术活动中充分发表意见；

(三)指导学生的学习和发展，评定学生的品行和学业成绩；

(四)按时获取工资报酬，享受国家规定的福利待遇以及寒暑假期的带薪休假；

(五)对学校教育教学、管理工作和教育行政部门的工作提出意见和建议，通过教职工代表大会或者其他形式，参与学校的民主管理；

(六)参加进修或者其他方式的培训。

第八条　教师应当履行下列义务：

（一）遵守宪法、法律和职业道德，为人师表；

（二）贯彻国家的教育方针，遵守规章制度，执行学校的教学计划，履行教师聘约，完成教育教学工作任务；

（三）对学生进行宪法所确定的基本原则的教育和爱国主义、民族团结的教育，法制教育以及思想品德、文化、科学技术教育，组织、带领学生开展有益的社会活动；

（四）关心、爱护全体学生，尊重学生人格，促进学生在品德、智力、体质等方面全面发展；

（五）制止有害于学生的行为或者其他侵犯学生合法权益的行为，批评和抵制有害于学生健康成长的现象；

（六）不断提高思想政治觉悟和教育教学业务水平。

真题面对面

［2022安阳文峰，单，0.9分］根据《中华人民共和国教师法》的相关规定，下列不属于教师法定义务的是（　　）

A. 贯彻国家教育方针　　B. 为人师表

C. 尊重学生人格　　D. 参与学校的民主管理

答案：D

第三章　资格和任用

第十一条　取得教师资格应当具备的相应学历是：

（一）取得幼儿园教师资格，应当具备幼儿师范学校毕业及其以上学历；

（二）取得小学教师资格，应当具备中等师范学校毕业及其以上学历；

（三）取得初级中学教师、初级职业学校文化、专业课教师资格，应当具备高等师范专科学校或者其他大学专科毕业及其以上学历；

（四）取得高级中学教师资格和中等专业学校、技工学校、职业高中文化课、专业课教师资格，应当具备高等师范院校本科或者其他大学本科毕业及其以上学历；取得中等专业学校、技工学校和职业高中学生实习指导教师资格应当具备的学历，由国务院教育行政部门规定；

（五）取得高等学校教师资格，应当具备研究生或者大学本科毕业学历；

（六）取得成人教育教师资格，应当按照成人教育的层次、类别，分别具备高等、中等学校毕业及其以上学历。

不具备本法规定的教师资格学历的公民，申请获取教师资格，必须通过国家教师资格考试。国家教师资格考试制度由国务院规定。

第十三条　中小学教师资格由县级以上地方人民政府教育行政部门认定。中等专业学校、技工学校的教师资格由县级以上地方人民政府教育行政部门组织有关主管部门认定。普通高等学校的教师资格由国务院或者省、自治区、直辖市教育行政部门或者由其委托的学校认定。具备本法规定的学历或者经国家教师资格考试合格的公民，要求有关部门认定其教师资格的，有关部门应当依照本法规定的条件予以认定。取得教师资格的人员首次任教时，应当有试用期。

第十四条　受到剥夺政治权利或者故意犯罪受到有期徒刑以上刑事处罚的，不能取得教师资格；已经取得教师资格的，丧失教师资格。

第五章　考　核

第二十二条　学校或者其他教育机构应当对教师的政治思想、业务水平、工作态度和工作成绩进行考核。教育行政部门对教师的考核工作进行指导、监督。

第二十三条　考核应当客观、公正、准确，充分听取教师本人、其他教师以及学生的意见。

第二十四条　教师考核结果是受聘任教、晋升工资、实施奖惩的依据。

真题面对面

[2023周口市直，判断，0.5分]《中华人民共和国教师法》规定，学校不能把教师考核的结果作为实施奖惩的依据。(　　)

答案：×

第六章　待　遇

第二十五条　教师的平均工资水平应当不低于或者高于国家公务员的平均工资水平，并逐步提高。建立正常晋级增薪制度，具体办法由国务院规定。

第二十七条　地方各级人民政府对教师以及具有中专以上学历的毕业生到少数民族地区和边远贫困地区从事教育教学工作的，应当予以补贴。

第八章　法律责任

第三十七条　教师有下列情形之一的，由所在学校、其他教育机构或者教育行政部门给予行政处分或者解聘：

(一)故意不完成教育教学任务给教育教学工作造成损失的；

(二)体罚学生，经教育不改的；

(三)品行不良、侮辱学生，影响恶劣的。

教师有前款第(二)项、第(三)项所列情形之一，情节严重，构成犯罪的，依法追究刑事责任。

真题面对面

[2022平顶山湛河，多，1.81分]教师出现下列哪种行为时，学校可以予以解聘(　　)

A. 出国深造

B. 品行不良、侮辱学生，影响恶劣的

C. 故意不完成教育教学任务，给教育教学工作造成损失

D. 与人产生矛盾，受到民事赔偿处罚

答案：BC

第三十九条　教师对学校或者其他教育机构侵犯其合法权益的，或者对学校或者其他教育机构作出的处理不服的，可以向教育行政部门提出申诉，教育行政部门应当在接到申诉的三十日内，作出处理。教师认为当地人民政府有关行政部门侵犯其根据本法规定享有的权利的，可以向同级人民政府或者上一级人民政府有关部门提出申诉，同级人民政府或者上一级人民政府有关部门应当作出处理。

第四节　《中华人民共和国未成年人保护法》

一、《中华人民共和国未成年人保护法》的制定

《中华人民共和国未成年人保护法》于1991年9月4日第七届全国人民代表大会常务委员会第二十一次会议通过，自1992年1月1日起施行。青少年是祖国的未来和希望，他们关系着千家万户的幸福安康，关系着国家的前途命运。《中华人民共和国未成年人保护法》的颁布填补了我国法制建设的一项空白，为保护青少年的健康成长提供了重要的法律依据。

《中华人民共和国未成年人保护法》进行过三次修改：(1)根据2006年12月29日第十届全国人民代表大会常务委员会第二十五次会议进行第一次修订；(2)根据2012年10月26日第十一届全国人民代表大会常务委员会第二十九次会

议《关于修改〈中华人民共和国未成年人保护法〉的决定》进行修正;(3)根据2020年10月17日第十三届全国人民代表大会常务委员会第二十二次会议进行第二次修订。

二、《中华人民共和国未成年人保护法》的部分内容 【单选、多选、不定项、判断、案例分析】★★

第一章 总 则

第一条 为了保护未成年人身心健康,保障未成年人合法权益,促进未成年人德智体美劳全面发展,培养有理想、有道德、有文化、有纪律的社会主义建设者和接班人,培养担当民族复兴大任的时代新人,根据宪法,制定本法。

第二条 本法所称未成年人是指未满十八周岁的公民。

第三条 国家保障未成年人的生存权、发展权、受保护权、参与权等权利。未成年人依法平等地享有各项权利,不因本人及其父母或者其他监护人的民族、种族、性别、户籍、职业、宗教信仰、教育程度、家庭状况、身心健康状况等受到歧视。

第四条 保护未成年人,应当坚持最有利于未成年人的原则。处理涉及未成年人事项,应当符合下列要求:

(一)给予未成年人特殊、优先保护;

(二)尊重未成年人人格尊严;

(三)保护未成年人隐私权和个人信息;

(四)适应未成年人身心健康发展的规律和特点;

(五)听取未成年人的意见;

(六)保护与教育相结合。

真题面对面

[2022新乡原阳,多,1.5分]根据我国《未成年人保护法》相关规定,处理涉及未成年人事项应当符合哪些要求( )

A. 尊重未成年人人格尊严　　B. 听取未成年人的意见

C. 适应未成年人身心健康发展的规律和特点　　D. 保护与教育相结合

答案:ABCD

第二章 家庭保护

第十六条 未成年人的父母或者其他监护人应当履行下列监护职责:

(一)为未成年人提供生活、健康、安全等方面的保障;

(二)关注未成年人的生理、心理状况和情感需求;

(三)教育和引导未成年人遵纪守法、勤俭节约,养成良好的思想品德和行为习惯;

(四)对未成年人进行安全教育,提高未成年人的自我保护意识和能力;

(五)尊重未成年人受教育的权利,保障适龄未成年人依法接受并完成义务教育;

(六)保障未成年人休息、娱乐和体育锻炼的时间,引导未成年人进行有益身心健康的活动;

(七)妥善管理和保护未成年人的财产;

(八)依法代理未成年人实施民事法律行为;

(九)预防和制止未成年人的不良行为和违法犯罪行为,并进行合理管教;

(十)其他应当履行的监护职责。

第十七条 未成年人的父母或者其他监护人不得实施下列行为:

(一)虐待、遗弃、非法送养未成年人或者对未成年人实施家庭暴力;

(二)放任、教唆或者利用未成年人实施违法犯罪行为;

（三）放任、唆使未成年人参与邪教、迷信活动或者接受恐怖主义、分裂主义、极端主义等侵害；

（四）放任、唆使未成年人吸烟（含电子烟，下同）、饮酒、赌博、流浪乞讨或者欺凌他人；

（五）放任或者迫使应当接受义务教育的未成年人失学、辍学；

（六）放任未成年人沉迷网络，接触危害或者可能影响其身心健康的图书、报刊、电影、广播电视节目、音像制品、电子出版物和网络信息等；

（七）放任未成年人进入营业性娱乐场所、酒吧、互联网上网服务营业场所等不适宜未成年人活动的场所；

（八）允许或者迫使未成年人从事国家规定以外的劳动；

（九）允许、迫使未成年人结婚或者为未成年人订立婚约；

（十）违法处分、侵吞未成年人的财产或者利用未成年人牟取不正当利益；

（十一）其他侵犯未成年人身心健康、财产权益或者不依法履行未成年人保护义务的行为。

第二十一条　未成年人的父母或者其他监护人不得使未满八周岁或者由于身体、心理原因需要特别照顾的未成年人处于无人看护状态，或者将其交由无民事行为能力、限制民事行为能力、患有严重传染性疾病或者其他不适宜的人员临时照护。未成年人的父母或者其他监护人不得使未满十六周岁的未成年人脱离监护单独生活。

第三章　学校保护

第二十八条　学校应当保障未成年学生受教育的权利，不得违反国家规定开除、变相开除未成年学生。学校应当对尚未完成义务教育的辍学未成年学生进行登记并劝返复学；劝返无效的，应当及时向教育行政部门书面报告。

第三十一条　学校应当组织未成年学生参加与其年龄相适应的日常生活劳动、生产劳动和服务性劳动，帮助未成年学生掌握必要的劳动知识和技能，养成良好的劳动习惯。

第三十九条　学校应当建立学生欺凌防控工作制度，对教职员工、学生等开展防治学生欺凌的教育和培训。学校对学生欺凌行为应当立即制止，通知实施欺凌和被欺凌未成年学生的父母或者其他监护人参与欺凌行为的认定和处理；对相关未成年学生及时给予心理辅导、教育和引导；对相关未成年学生的父母或者其他监护人给予必要的家庭教育指导。对实施欺凌的未成年学生，学校应当根据欺凌行为的性质和程度，依法加强管教。对严重的欺凌行为，学校不得隐瞒，应当及时向公安机关、教育行政部门报告，并配合相关部门依法处理。

真题面对面

[2021平顶山湛河，单，0.8分]对实施欺凌的未成年学生，学校应当根据（　　），依法加强管教。

A. 被欺凌学生的诉求　　B. 欺凌行为的性质和程度

C. 欺凌行为的类型和原因　　D. 公安机关的要求

答案：B

第四章　社会保护

第四十四条　爱国主义教育基地、图书馆、青少年宫、儿童活动中心、儿童之家应当对未成年人免费开放；博物馆、纪念馆、科技馆、展览馆、美术馆、文化馆、社区公益性互联网上网服务场所以及影剧院、体育场馆、动物园、植物园、公园等场所，应当按照有关规定对未成年人免费或者优惠开放。国家鼓励爱国主义教育基地、博物馆、科技馆、美术馆等公共场馆开设未成年人专场，为未成年人提供有针对性的服务。国家鼓励国家机关、企业事业单位、部队等开发自身教育资源，设立未成年人开放日，为未成年人主题教育、社会实践、职业体验等提供支持。国家鼓励科研机构和科技类社会组织对未成年人开展科学普及活动。

第六十三条　任何组织或者个人不得隐匿、毁弃、非法删除未成年人的信件、日记、电子邮件或者其他网络通讯内容。除下列情形外，任何组织或者个人不得开拆、查阅未成年人的信件、日记、电子邮件或者其他网络通讯内容：

（一）无民事行为能力未成年人的父母或者其他监护人代未成年人开拆、查阅；

（二）因国家安全或者追查刑事犯罪依法进行检查；

（三）紧急情况下为了保护未成年人本人的人身安全。

第五章　网络保护

第六十八条　新闻出版、教育、卫生健康、文化和旅游、网信等部门应当定期开展预防未成年人沉迷网络的宣传教育，监督网络产品和服务提供者履行预防未成年人沉迷网络的义务，指导家庭、学校、社会组织互相配合，采取科学、合理的方式对未成年人沉迷网络进行预防和干预。任何组织或者个人不得以侵害未成年人身心健康的方式对未成年人沉迷网络进行干预。

第七十条　学校应当合理使用网络开展教学活动。未经学校允许，未成年学生不得将手机等智能终端产品带入课堂，带入学校的应当统一管理。学校发现未成年学生沉迷网络的，应当及时告知其父母或者其他监护人，共同对未成年学生进行教育和引导，帮助其恢复正常的学习生活。

真题面对面

[2022洛阳四区联考，单，0.95分]学校应当合理使用网络开展教学活动，未经学校允许，未成年学生不得将手机等智能终端产品带入课堂，带入学校的（　　）

A. 一律销毁　　B. 由学生自行保管　　C. 应当统一管理　　D. 应当归学校所有

答案：C

第七十一条　未成年人的父母或者其他监护人应当提高网络素养，规范自身使用网络的行为，加强对未成年人使用网络行为的引导和监督。未成年人的父母或者其他监护人应当通过在智能终端产品上安装未成年人网络保护软件、选择适合未成年人的服务模式和管理功能等方式，避免未成年人接触危害或者可能影响其身心健康的网络信息，合理安排未成年人使用网络的时间，有效预防未成年人沉迷网络。

第七十四条　网络产品和服务提供者不得向未成年人提供诱导其沉迷的产品和服务。网络游戏、网络直播、网络音视频、网络社交等网络服务提供者应当针对未成年人使用其服务设置相应的时间管理、权限管理、消费管理等功能。以未成年人为服务对象的在线教育网络产品和服务，不得插入网络游戏链接，不得推送广告等与教学无关的信息。

第七十五条　网络游戏经依法审批后方可运营。国家建立统一的未成年人网络游戏电子身份认证系统。网络游戏服务提供者应当要求未成年人以真实身份信息注册并登录网络游戏。网络游戏服务提供者应当按照国家有关规定和标准，对游戏产品进行分类，作出适龄提示，并采取技术措施，不得让未成年人接触不适宜的游戏或者游戏功能。网络游戏服务提供者不得在每日二十二时至次日八时向未成年人提供网络游戏服务。

第七十六条　网络直播服务提供者不得为未满十六周岁的未成年人提供网络直播发布者账号注册服务；为年满十六周岁的未成年人提供网络直播发布者账号注册服务时，应当对其身份信息进行认证，并征得其父母或者其他监护人同意。

第七章　司法保护

第一百一十三条　对违法犯罪的未成年人，实行教育、感化、挽救的方针，坚持教育为主、惩罚为辅的原则。对违法犯罪的未成年人依法处罚后，在升学、就业等方面不得歧视。

第五节　《学生伤害事故处理办法》（节录）

第一章　总　则

第二条　在学校实施的教育教学活动或者学校组织的校外活动中，以及在学校负有管理责任的校舍、场地、其他教育教学设施、生活设施内发生的，造成在校学生人身损害后果的事故的处理，适用本办法。

第三条　学生伤害事故应当遵循依法、客观公正、合理适当的原则，及时、妥善地处理。

第五条　学校应当对在校学生进行必要的安全教育和自护自救教育；应当按照规定，建立健全安全制度，采取相应的管理措施，预防和消除教育教学环境中存在的安全隐患；当发生伤害事故时，应当及时采取措施救助受伤害学生。学校对学生进行安全教育、管理和保护，应当针对学生年龄、认知能力和法律行为能力的不同，采用相应的内容和预防措施。

真题面对面

[2023郑州郑东新区，多，2分]根据《学生伤害事故处理办法》，学校应当对学生进行必要的(　　)

A. 安全教育　　B. 安全管理与保护　　C. 法定监护　　D. 自护自救教育

答案：ABD

第二章　事故与责任

第九条　因下列情形之一造成的学生伤害事故，学校应当依法承担相应的责任：

(一)学校的校舍、场地、其他公共设施，以及学校提供给学生使用的学具、教育教学和生活设施、设备不符合国家规定的标准，或者有明显不安全因素的；

(二)学校的安全保卫、消防、设施设备管理等安全管理制度有明显疏漏，或者管理混乱，存在重大安全隐患，而未及时采取措施的；

(三)学校向学生提供的药品、食品、饮用水等不符合国家或者行业的有关标准、要求的；

(四)学校组织学生参加教育教学活动或者校外活动，未对学生进行相应的安全教育，并未在可预见的范围内采取必要的安全措施的；

(五)学校知道教师或者其他工作人员患有不适宜担任教育教学工作的疾病，但未采取必要措施的；

(六)学校违反有关规定，组织或者安排未成年学生从事不宜未成年人参加的劳动、体育运动或者其他活动的；

(七)学生有特异体质或者特定疾病，不宜参加某种教育教学活动，学校知道或者应当知道，但未予以必要的注意的；

(八)学生在校期间突发疾病或者受到伤害，学校发现，但未根据实际情况及时采取相应措施，导致不良后果加重的；

(九)学校教师或者其他工作人员体罚或者变相体罚学生，或者在履行职责过程中违反工作要求、操作规程、职业道德或者其他有关规定的；

(十)学校教师或者其他工作人员在负有组织、管理未成年学生的职责期间，发现学生行为具有危险性，但未进行必要的管理、告诫或者制止的；

(十一)对未成年学生擅自离校等与学生人身安全直接相关的信息，学校发现或者知道，但未及时告知未成年学生的监护人，导致未成年学生因脱离监护人的保护而发生伤害的；

(十二)学校有未依法履行职责的其他情形的。

真题面对面

[2022开封祥符，单，2分]某校学生小亮带草莓与小芳分享，班主任明知小芳草莓过敏(小亮不知小芳草莓过敏)，却未及时制止。小芳过敏住院，小芳家长要求赔偿相关费用。该事件应承担主要赔偿责任的是(　　)

A. 小亮　　B. 班主任　　C. 小亮家长　　D. 学校

答案：D

第十条　学生或者未成年学生监护人由于过错，有下列情形之一，造成学生伤害事故，应当依法承担相应的责任：

(一)学生违反法律法规的规定，违反社会公共行为准则、学校的规章制度或者纪律，实施按其年龄和认知能力应当知道具有危险或者可能危及他人的行为的；

(二)学生行为具有危险性,学校、教师已经告诫、纠正,但学生不听劝阻、拒不改正的;

(三)学生或者其监护人知道学生有特异体质,或者患有特定疾病,但未告知学校的;

(四)未成年学生的身体状况、行为、情绪等有异常情况,监护人知道或者已被学校告知,但未履行相应监护职责的;

(五)学生或者未成年学生监护人有其他过错的。

第十二条 因下列情形之一造成的学生伤害事故,学校已履行了相应职责,行为并无不当的,无法律责任:

(一)地震、雷击、台风、洪水等不可抗的自然因素造成的;

(二)来自学校外部的突发性、偶发性侵害造成的;

(三)学生有特异体质、特定疾病或者异常心理状态,学校不知道或者难于知道的;

(四)学生自杀、自伤的;

(五)在对抗性或者具有风险性的体育竞赛活动中发生意外伤害的;

(六)其他意外因素造成的。

第十三条 下列情形下发生的造成学生人身损害后果的事故,学校行为并无不当的,不承担事故责任;事故责任应当按有关法律法规或者其他有关规定认定:

(一)在学生自行上学、放学、返校、离校途中发生的;

(二)在学生自行外出或者擅自离校期间发生的;

(三)在放学后、节假日或者假期等学校工作时间以外,学生自行滞留学校或者自行到校发生的;

(四)其他在学校管理职责范围外发生的。

第三章　事故处理程序

第十八条 发生学生伤害事故,学校与受伤害学生或者学生家长可以通过协商方式解决;双方自愿,可以书面请求主管教育行政部门进行调解。成年学生或者未成年学生的监护人也可以依法直接提起诉讼。

真题面对面

[2021信阳市直,多,1.6分]发生学生伤害事故时,学校与受伤害学生或者学生家长可以采取的处理办法有(　　)

A. 双方通过协商方式解决

B. 双方书面请求政府部门进行裁决

C. 未成年学生的监护人依法直接提起诉讼

D. 双方书面请求主管教育行政部门进行调解

答案:ACD

第二十二条 事故处理结束,学校应当将事故处理结果书面报告主管的教育行政部门;重大伤亡事故的处理结果,学校主管的教育行政部门应当向同级人民政府和上一级教育行政部门报告。

第四章　事故损害的赔偿

第二十七条 因学校教师或者其他工作人员在履行职务中的故意或者重大过失造成的学生伤害事故,学校予以赔偿后,可以向有关责任人员追偿。

第二十八条 未成年学生对学生伤害事故负有责任的,由其监护人依法承担相应的赔偿责任。学生的行为侵害学校教师及其他工作人员以及其他组织、个人的合法权益,造成损失的,成年学生或者未成年学生的监护人应当依法予以赔偿。

★★ 考点大默写 ★★

1. 根据我国《教育法》的规定,教育必须为社会主义现代化建设服务、为人民服务,必须与________和________相结合,培养德智体美劳全面发展的社会主义建设者和接班人。

2. 根据我国《教育法》的规定，学校及其他教育机构中的管理人员，实行__________制度。

3. 根据我国《义务教育法》的规定，__________应当接收具有接受普通教育能力的残疾适龄儿童、少年随班就读，并为其学习、康复提供帮助。

4. 根据我国《义务教育法》的规定，对违反学校管理制度的学生，学校应当予以批评教育，不得__________。

5. 根据我国《义务教育法》的规定，义务教育是国家统一实施的所有适龄儿童、少年必须接受的教育，是国家必须予以保障的__________事业。

6. 根据我国《义务教育法》的规定，凡年满__________周岁的儿童，其父母或者其他法定监护人应当送其入学接受并完成义务教育。

7. 根据我国《教师法》的规定，教师是履行教育教学职责的__________，承担教书育人，培养社会主义事业建设者和接班人、提高民族素质的使命。教师应当忠诚于人民的教育事业。

8. 根据我国《教师法》的规定，故意不完成教育教学任务给教育教学工作造成损失或体罚学生经教育不改的教师，所在学校、其他教育机构或者教育行政部门可给予其__________或者__________。

9. 根据我国《未成年人保护法》的规定，未成年人的父母或者其他监护人不得使未满__________周岁或者由于身体、心理原因需要特别照顾的未成年人处于无人看护状态。

10. 根据我国《未成年人保护法》的规定，对违法犯罪的未成年人，实行教育、感化、挽救的方针，坚持__________为主、__________为辅的原则。

11. 因学校教师或者其他工作人员在履行职务中的故意或者重大过失造成的学生伤害事故，学校予以赔偿后，可以向有关责任人员__________。

【参考答案】

1. 生产劳动；社会实践　2. 教育职员　3. 普通学校　4. 开除　5. 公益性　6. 六(6)　7. 专业人员　8. 行政处分；解聘　9. 八(8)　10. 教育；惩罚　11. 追偿

我于________年____月____日完成了对本部分的学习。

复盘一下，我对自己较肯定的地方是____________________

（足够努力/心态积极/方法得当……）

我觉得自己需要改进的地方是____________________

（懒惰懈怠/心情浮躁/方法不当……）

休息片刻，开启下一站征程！

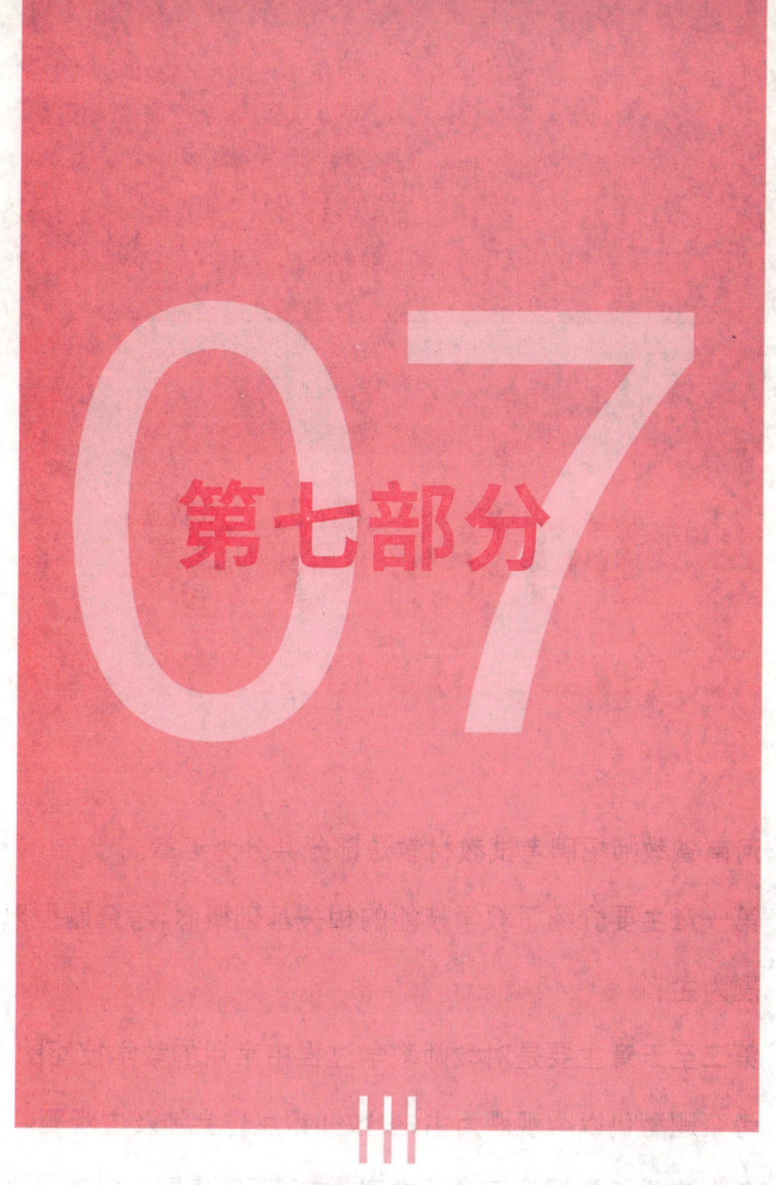

教材教法

SHAN XIANG

内容导学

- 河南省教师招聘考试教材教法部分共分为五章。
- 第一章主要介绍了教学技能的相关基础概念,考查题型以客观题为主;
- 第二至五章主要是对教师教学过程中常用的教学技能的介绍,考查题型仍以客观题为主,少数知识点也会涉及主观题。
- 考生应重点掌握第三章的内容,结合历年真题有针对性地进行学习,并且能够学以致用。

思维导图

- 教材教法
  - 教学技能概述
    - 教学技能的内涵
      - 教学技巧：教学技能发展的初级形态
      - 教学艺术：教学技能发展的最高形态
    - 教学技能的特点、构成和作用
      - 特点：示范性、复杂性、发展性、操作性、整体性
      - 构成：教学设计技能、使用教学媒体技能、课堂教学技能、组织和指导课外活动技能和教学研究技能
  - 教学设计技能
    - 教学目标的设计技能
      - 含义：教学的出发点和归宿、灵魂
      - 正确表述：教学对象、表达学习结果的行为、表现行为的条件和学习程度
      - 特点：外显性、可操作性、可测性
    - 教案的设计技能
      - 类别：记叙式教案、表格式教案、卡片式教案
      - 基本内容：概况、教学过程、板书设计、教学后记或教学反思
      - 要求：切合学生实际，坚持“五性”等
  - 课堂教学技能
    - 课堂导入技能
      - 要素：问题情境、知识衔接、目标指引
      - 类型：直接导入、温故导入、直观导入、问题导入、实例导入、情境导入、经验导入等
    - 课堂提问技能
      - 类型：根据提问的认知水平的划分；根据提问的具体方式的划分
      - 基本要求：合理地设计问题；面向全体学生提问；目的明确，把握好时机；提问的语言要准确，具有启发性；提问的态度要温和自然；及时进行评价和总结
    - 课堂对话技能
      - 类型：人与客体、人与人、人与自身
      - 基本要求：营造对话的气氛；选择适当的对话话题；真诚地倾听学生言说；及时指导和修正对话
    - 课堂板书技能
      - 作用：发挥教师的示范指导作用；使学生集中注意力；激发学生的想象力
      - 形式：板书、板演、板画
      - 结构：系统板书、辅助板书
      - 类型：文字板书、图画板书、综合式板书
      - 设计原则：规范性原则、客观性原则、针对性原则、启发性原则、时效性原则
    - 教学反馈和强化技能
      - 教学反馈的作用：激励、调控、媒介和预测作用
      - 教学强化的类型：语言强化、非言语强化、标志强化、动作强化、活动强化
    - 结课技能
      - 方法：归纳结课、比较结课、活动结课、悬念结课、拓展延伸结课、游戏结课等
      - 一般过程：扼要总结、提示要点、检查学习结果、巩固应用、拓展延伸
      - 基本要求：针对性、全面性和深刻性、简洁明快、趣味性
  - 教学语言技能
    - 教学口语技能
      - 教学口语的地位：教师教学中最基本、最广泛的表达工具
    - 教态语言技能
      - 教态语言的类型：身姿变化、面部表情和外表修饰
  - 说课技能与教学反思技能
    - 说课技能
      - 功能：检查功能、评价功能、培训功能、研究功能
      - 特点：理论性、阐发性、演讲性、预见性
      - 意义：提高教研活动的实效；提高教师备课的质量；提高课堂教学的效率；提高教师的自身素质；没有时间和场地等的限制
      - 类型：研讨性说课、示范性说课、评比性说课、检查性说课
      - 内容：说教材、说教学目标、说学生、说教学方法、说教学过程
    - 教学反思技能
      - 特点：超越性、实践性、过程性、主体性、发展性
      - 作用：有利于提升教师的教学经验；有利于提高教师的职业幸福感；有利于教师形成自己的实践性知识体系
      - 方法和策略：内省式反思、交流式反思、学习式反思、研究式反思
      - 途径：阅读理论文献；撰写教学日志；寻求专业引领和同伴互助；征求学生意见

河南考向

本部分内容较为琐碎，需要理解和识记的知识相对较少。现对本部分河南考向分析如下：

考点类型	考点名称	常考题型	能力层级	考查热度
高频考点	课堂导入的类型	单选、多选	理解	★★
	课堂提问的类型	单选、判断、案例分析	运用	★★
	结课的方法	单选、多选、不定项、判断	理解	★★
新增考点	教学技能的作用	单选	识记	★★
	课堂板书的作用	不定项	识记	★★
	结课的一般过程	单选	识记	★★
	说课的特点、意义和内容	单选、多选	识记	★★
	教学反思的方法和策略	多选	识记	★★

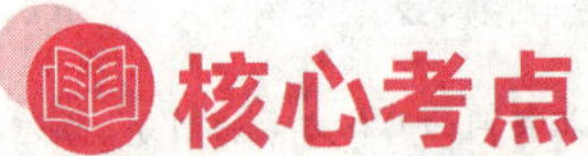

核心考点

第一章 教学技能概述

第一节 教学技能的内涵

教学技能是教师在已有的知识经验基础上，通过实践练习和反思体悟而形成的一系列教学行为方式和心智活动方式。这一定义至少包括以下三层含义：

一、教学技能是一系列教学行为和心智活动方式的整体体现

所谓行为方式，是指一定的社会角色在社会生活中形成的程序化、规范化、模式化的活动。教学行为总是包含着一定的操作步骤，包含着若干按一定程序予以完成的动作，表现出一定的连续性和周期性。教师教学的心智技能是教师按一定程序组织起来并能顺利完成教师认知活动任务的复杂智力动作系统。

在教学情境中，教师教学技能的展现，必定是教师外在行为方式与内在心智活动方式的整体体现，是教师能在复杂的、不确定的教学情境中做出恰当决策、形成独特工作方式的教学智慧的体现。

二、教学技能的形成是内外兼修的结果 【单选、多选】 ★

教学技能的形成不仅是教师长期练习和训练的结果，而且是教师在经验基础上体悟反思的结果。从教学技能发展过程的本质特征和发展方向来看，教师就是在不断的自我反思过程中使教学技能发展成教学技巧，再经过创新发展到教学技艺的水平，最终达到教学的最高追求——教学艺术。教学技巧、教学技艺、教学艺术是教学技能不同发展阶段表现出的三种不同形态。

教学技巧是教学技能发展的初级形态，是教学技能达到一定熟练程度的标志，通常我们所说的“熟能生巧”，就是指某项技能经过练习达到一定熟练程度时，自动化了的多种动作技能间的巧妙配合。可见，教学技巧是教学技能发展的必然结果，是指不但会教，而且能够巧教。

教学技艺是指在巧教的基础上，教师有意识地积累教学经验、自觉探索、不断完善自身的教学技巧并有所创新，使教学呈现美感的一种技能形态。

教学艺术是教学技能发展的最高形态，是在教学技艺的基础上，使教学处处闪烁着创造的火花，教学中刻意追求的痕迹越来越少，内化的个性特点由不随意性转化为随意性，真正到了收放自如的境地。它是教师独特的创造力和审美价值在教学中的表现，其**主要特征**是形成了自己独特的教学风格。

教学技能的发展表明：教师要想形成自己的教学风格和高度的教学智慧，达到艺术化教学的水平，就需要在具体的教学实践中不断超越自我，在反思的基础上进行自我统整，不断突破别人，也不断突破自己，创造出具有美感和个人魅力的教学艺术。

真题面对面

[2020周口太康，单，0.91分]教学技能发展的最高形态是(　　)

A. 教学技艺　　B. 教学技巧　　C. 教学艺术　　D. 教学智慧

答案：C

三、教学技能是在教师已有知识经验的基础上形成和发展起来的

教学技能既能表现为教师个体的经验，又是教师群体经验的结晶，它植根于个体经验，又不是个体经验的简单描述。它是在教师已有知识经验的基础上形成和发展起来的，是在教师群体经验的基础上，经过反复筛选和实践检验而高度概括化、系统化的理论系统。这种在丰富经验基础上形成又以简约化的形态呈现的教学技能体系，既源于教学经验又高于教学经验。教学技能是教师个体经验与教师群体经验、教学理论与教学实践相结合的产物，反映了多样性与简约性的统一。

第二节　教学技能的特点、构成和作用

一、教学技能的特点【多选】★

1. 示范性

由于青少年学生的向师性和模仿性，使得教师教学技能的构成、水平和发展情况，对学生的发展和成长具有直接和间接的自发影响。

2. 复杂性

教学技能的复杂性主要是由教学过程、教育对象、教学任务等方面来决定的。教学过程是一个复杂的系统，是多因素、多主体共同参与的实践活动，总体上遵照一定的规律、一定程序进行，但无时无刻不受外来因素的影响，需要教师来把握。教师的劳动对象是具体的、正处于发展中的、具有独特个性的生命体，需要教师进行细致的观察，准确的判断，以制定出因人而异且能灵活调整的施教方案。教师的任务是多样的，不仅要关心学生的学习进步，更要关注学生的思想品德和身心健康；既要在课堂内系统全面地传授知识，又要组织开展丰富多彩的课外活动。

3. 发展性

教学技能是通过教学行为、活动方式表现出来的，具有一定的稳定性。但同时，教师的教学技能也是发展变化的。由于教师自身的努力以及组织的培养、训练和有效管理等，使教师已经形成的教学技能水平得到不断提高。此外，社会的发展对教育提出新的更高要求，科技的进步使教育不断现代化，青少年学生主体意识增强等，都需要教师的教学技能不断发展和提高。

4. 操作性

教师教学技能是教育教学理论应用的熟练化表现，是教师在对教学技能理解的基础上，通过有计划、有目的、有步骤地训练而获得并提高的，具有很强的操作性。

5. 整体性

一方面，教师的教学技能是由各种具体的技能构成的，每一种技能又有自己的构成要素。但是这些技能不是截然

分开的，而是有机地结合在一起，发挥着整体功能。教师要很好地完成教书育人的使命，就应掌握各种教学技能，使其具有完整性，不能片面强调某一种技能而忽视其他技能。

另一方面，教学是一个系统，具有整体性的特征，正是这种整体性决定和支配着教学活动中的任何一种行为方式或具体的操作，而这就使得教师的各种教学行为方式和活动方式相互联系、相互作用、相互渗透、相互依赖，从而构成一个整体。

二、教学技能的构成 【多选】 ★

在我国，1994年原国家教委在《高等师范学校学生的教师职业技能训练大纲(试行)》中，把教学工作技能分为五类：教学设计技能、使用教学媒体技能、课堂教学技能、组织和指导课外活动技能以及教学研究技能。在课堂教学技能中又设置了九项基本技能，即导入技能、板书板画技能、演示技能、讲解技能、提问技能、反馈和强化技能、结束技能、组织教学技能、变化技能。

真题面对面

[2021平顶山卫东，多，1.2分]教学技能的构成包括(　　)

A. 教学设计技能　　B. 使用教学媒体技能

C. 组织和指导课外活动技能　　D. 教学研究技能

答案：ABCD

三、教学技能的作用 新增 【单选】 ★★

(1)教学技能是提高教学效果的手段；(2)教学技能是衡量教师专业成熟度的重要尺度；(3)教学技能是实现教师人生价值的前提和基础。

★★ 考点大默写 ★★

1. 教学技能是一系列__________和__________的整体体现。
2. 教学技能在不同发展阶段的表现形态有教学技巧、__________和__________。其中，__________是教学技能发展的最高形态，它的主要特征是形成了独特的__________。
3. 教学技能的特点包括示范性、复杂性、发展性、__________和__________。
4. 教学技能可分为五大类：教学设计技能、使用教学媒体技能、__________、__________和__________。

【参考答案】

1. 教学行为；心智活动方式　2. 教学技艺；教学艺术；教学艺术；教学风格　3. 操作性；整体性　4. 课堂教学技能；组织和指导课外活动技能；教学研究技能

第二章 教学设计技能

第一节 教学目标的设计技能

一、教学目标的含义 【单选】

教学目标是学校教学的出发点和归宿，是教学的灵魂，支配着教学的全过程，并规定了教与学的方向。它是教学活动预期达到的学习效果和标准，是对完成教学活动后学习者应达到的行为状态的具体描述。

在分析教学内容之前，教师必须明确教学目标，即必须弄清楚为什么要教这些内容，通过这些内容的学习，学生将获得什么。

二、教学目标的表述

考点1 教学目标的表述的构成 【判断】★

正确表述教学目标是实现教学目标的基础和前提。一个完整教学目标的表述由四个部分组成：教学对象、表达学习结果的行为、表现行为的条件和学习程度。

(1)明确教学对象是指说明教学目标是针对谁提出来的，目标的对象可以是全班学生，也可以是部分学生。行为主体是学生而不是教师。

(2)行为是一个学程结束后应获得的知识、技能和产生的行为，目标行为应该是可观察到的，必须用能精确、具体地描述行为的词来表达。

(3)表现行为的条件指影响学生产生学习结果的特定的限制或范围，主要说明学生在何种情境下完成指定的操作，是学习者表现行为的情境因素，包括环境、信息、时间、人、问题的明确性等。对条件的表述有四种类型：①使用手册和辅助手段或者不允许使用；②提供信息和提示；③使用工具和特殊设备或者不用；④完成行为的情境。

(4)学习程度用以测量学习表现或学习结果所达到的程度，它指出了学生成绩的最低标准，与“好到什么程度”“精确到什么程度”“完整性如何”等问题有关。在教学目标中，行为的表述是基本部分。

真题面对面

[2021平顶山卫东，判断]正确表述教学目标是实现教学目标的基础和前提。(　　)

答案：√

考点2 教学目标的正确表述应该具有的特征 【多选、判断】★

(1)外显性。教学目标是教师期望引起学生知识结构和行为的变化，因此，教学目标的表述必须是外显的而不能是内隐的。

(2)可操作性。教学目标的表述要能给学生指出具体的途径，而不是笼统指出学会什么和掌握什么。

(3)可测性。教学目标是课程目标的进一步具体化，是指导、实施、评价教学的基本依据，其表述要便于教师检查验收，获得反馈信息。

真题面对面

[2021平顶山卫东，判断，0.6分]教学目标是教师期望引起学生知识结构和行为的变化，因此教学目标的表述必须是内隐的。(　　)

答案：×

第二节 教案的设计技能

一、教案的内涵

教案是教师经过周密策划而设计出来的关于课堂教学的具体实施方案，通常以一节课为单位编写，也称之为课时教学进度计划。它既是备课成果的提炼和升华，又是备课的继续和深入。设计教案是教师备课工作的最后一个环节，也是教师备课工作中最全面系统、深入具体的一步，是保证教师有计划、有步骤地上好课的必要手段，对提高教学质量有着重要意义。

二、教案的类别【多选】

教案没有固定的格式，通常各学校可根据自己的实际情况，在遵循教案基本构成要素的基础上编制富有自身特色的教案格式。教案从基本形式上可分为三大类：记叙式教案、表格式教案、卡片式教案。

1. 记叙式教案

记叙式教案是指主要用文字形式将教学方案表达出来的教案。记叙式教案的教学信息容量较大，表达细致，编制简单，是最基本、最常用的教案形式。记叙式教案根据内容的详略分为讲稿式的详案、纲要式的简案，其中，详案是新教师和年轻教师备课时，以及老教师在进行新课题教学时，常常采用的教案类型。

2. 表格式教案

表格式教案是指以表格形式呈现备课内容的教案。表格式教案具有言简意赅、重点突出、方便使用等特点。

3. 卡片式教案

卡片式教案是指将教案的纲要、重点、难点和易忘点等内容，以及需要补充的材料等以卡片的形式呈现的一种教案。卡片式教案适合于有一定教学经验的教师使用，也可以作为教师授课时的辅助材料。卡片式教案通常有两种作用：一是教案纲要提示；二是教学内容提示和材料补充。

卡片式教案没有固定的格式，教师可根据自己的需要确定其书写格式、内容的详略。卡片式教案形式灵活、方便，有利于修改与补充，在辅助课堂教学方面有一定的优势。

三、教案的基本内容【单选、判断、简答】★

教案没有固定的格式，一般来说，教案内容主要由概况、教学过程、板书设计、教学后记或教学反思四部分组成。

1. 概况

主要包括课题、教学目标、教学重难点、课时安排、课型、教法学法、媒体选择等。

课时教学进度计划中的课题是本课时所讲的题目，一般要醒目地写在一页的首行中间。教学目标是一篇(节)教材教学的行动纲领，是课程标准的具体落实，是一节课的出发点和落脚点，教学目标要写得具体明确、恰当适中、有指导作用。教学重难点是依据本节课的教学目标确定的，要有利于实现教学目标。在教学过程中，要突出重点，解决难点，从重难点上启迪学生思维，发展学生的智能。课时安排要根据教学内容的分量和学生的接受能力而定。课时教学内容的分配要科学合理、突出重点、分散难点。此外，上课的课型，运用的教学方法和媒体等，在编写教案时都要写清楚。

2. 教学过程

教学过程是教师为了实现教学目标，完成教学任务而制定的具体的教学步骤和措施。教学过程是整个教案的核心和主体，编写时要根据教学目标及教材的具体情况，做到内容充实、重点突出、详略得当。

具体来讲，一个完整的教学过程包括：(1)导入；(2)讲授新课；(3)巩固练习；(4)归纳小结。

3. 板书设计

教案中要对上课的板书进行精心设计，板书设计要具有科学性、整体性和条理性。

4. 教学后记或教学反思

教学后记或教学反思是指教师课后的教学小结或教学心得，教师要及时总结每一节课的成败，为以后的教学总结经验，积累资料，有效地提高教学水平。

真题面对面

[2021洛阳洛龙，单，0.9分]教师实施授课的效果如何，很大程度上取决于教学方案设计的质量。设计一份好的教学方案，其核心是(　　)

A. 提出教学目标　　B. 规划板书内容

C. 设计教学过程　　D. 选择教学方法

答案：C

四、教案设计的要求 【单选、多选、判断】

(1)端正态度，高度重视。

(2)切合实际，坚持“五性”。教案的编写不仅要切合学生实际，还要坚持“五性”，即科学性、主体性、教育性、经济性和实用性。

(3)优选教法，精设课型。编写教案要根据实际，综合考虑各种因素，认真选择教学方法，以使教学最优化。同时，还要注意课型的设计。教师要认真设计课型，要根据课型及其结构来编写教案。

(4)重视“正本”，关注“附件”。“正本”即教案的主体，它通常包括教学目的、教学内容、教学重难点、教学程序和方法、时间分配及思考题等。“附件”指板书、板面计划和直观演示计划、物资保障计划(如多媒体设备、挂图、图钉等)。教师在备课时既要重视“正本”，编写出高质量的教案，又要抓好“附件”，对板书、板画、图表、实物、模型等直观教具以及多媒体设备的使用和演示进行通盘计划，并做好课前准备工作。另外，还要在教案中用不同色彩的笔标出各种符号，以便于突出重点。

(5)认真备课，纠正“背课”。

(6)内容全面，及时调整。整个教案的编写应内容全面、环节完整、具体明确、层次清楚，各部分的过渡衔接应自然顺畅，以确保教案在教学中的指导作用。在具体教学实施中，教案并不是不可改变的，相反，教师要根据课堂上的实际情况随机应变，对教案进行必要的修改和调整，适应情况的变化，以便更好地完成教学任务。

考点大默写

1. ________________是实现教学目标的基础和前提。
2. 教学目标的正确表述应具备的特征包括____________、可操作性和可测性。
3. ____________是教师备课工作的最后一个环节，也是保证教师有计划、有步骤地上好一节课的必要手段。
4. 教案的基本形式有三大类：记叙式教案、________________和________________。其中，________________是最基本、最常用的教案形式。
5. 教案的一般结构是概况、教学过程、板书设计和____________。其中____________是整个教案的核心和主体。
6. 教案的编写不仅要切合学生实际，还要坚持“五性”，即科学性、____________、____________、____________和____________。

【参考答案】

1. 正确表述教学目标　2. 外显性　3. 设计教案　4. 表格式教案；卡片式教案；记叙式教案　5. 教学后记(教学反思)；教学过程　6. 主体性；教育性；经济性；实用性

第三章　课堂教学技能

课堂教学技能是整个教学技能的核心。所谓课堂教学技能，就是教师在课堂教学中，为完成教学任务、促进学生身心全面发展而运用的稳固的教学行为方式。

根据课堂教学技能的功能和作用，可分为课堂导入技能、课堂讲授技能、课堂提问技能、课堂倾听技能、课堂对话技能、课堂板书技能、教学反馈和强化技能、结课技能、布置和批改作业技能。这里，我们主要阐述课堂导入技能、课堂提问技能、课堂对话技能、课堂板书技能、教学反馈和强化技能、结课技能。

第一节　课堂导入技能

一、课堂导入的内涵 【多选】 ★

课堂导入是教师在新的教学内容和教学活动开始时，通过简短的言语或行为，引导学生迅速进入学习状态的教学行为方式。课堂导入技能要素包括：问题情境、知识衔接、目标指引。课堂导入的好坏对教学成败起着至关重要的作用：

(1)有效的课堂导入能够牢牢吸引学生的注意力，使学生迅速进入课堂角色；

(2)可以强烈地激发学生的学习兴趣和求知欲，使学生迅速做好学习新知识的心理准备，并产生学习期待；

(3)能够使学生明确学习目标，建立新旧知识之间的联系，营造和谐的课堂氛围等。

也有学者认为，课堂导入在教学方面起着不可替代的作用，主要表现在：(1)安定学习情绪；(2)吸引学生注意；(3)激发学习兴趣；(4)沟通师生情感；(5)明确教学目的；(6)启迪学生思维；(7)确定全课基调。

真题面对面

[2021 洛阳洛龙，多，1.2 分]导入技能是教师在进入新课时，营造和谐氛围、激发学生兴趣、建立知识联系的一种教学行为。在当前新课改的背景下，导入技能的主要构成要素包括(　　)

A. 问题情境　　B. 知识衔接　　C. 目标指引　　D. 巩固练习

答案：ABC

二、课堂导入的类型 【单选、多选】 必背 ★★

1. 直接导入

直接导入是指教师上课伊始直接阐明本节课的学习内容、目标和要求的导入方法。这是最简单和最常用的一种导入方法。直接导入一般借用课题、人物、事件、名词、成语等为引入语，然后直接概述新课的主要内容及教学程序，使学生明确本课所要完成的任务，从而把学生的注意力吸引到这节课所要学习的问题上来，准备参与教学活动。

2. 温故导入

温故导入是指教师通过帮助学生复习与即将学习的新知识有关的旧知识，从中找到新旧知识的联结点，合乎逻辑、顺理成章地引导学生学习新知识的一种导入方法。温故导入是由已知导向未知，过渡流畅自然，适用于连贯性和逻辑性较强的知识内容。

3. 直观导入

直观导入指教师借助实物、标本、挂图等直观教具，以及投影、录像等多媒体或示范性实验，对与教学内容相关的信息进行演示，并引导学生通过观察产生疑问，进行思考，从而自然进入新课学习的一种导入方法。这种导入有助于学生获得感性知识，调动学生学习的积极性。

4. 问题导入

问题导入是指教师通过提出富有启发性的问题，引起学生回忆、联想、思考，从而激发学生产生学习和探究欲望，进而导入新的教学内容的一种导入方法。疑问是学习的起点，也是学习的动力。问题导入能激发学生思维，活跃课堂气氛，使学生带着问题学习，从而促使学生对知识的理解更加深刻。

5. 实例导入

实例导入是指教师从学生实际生活中选择与教学内容有密切联系的实例开讲，从而使学生进入学习情境，引出教学内容的一种导入方法。应用实例导入新课，可使抽象的问题具体化，复杂的问题简单化，深奥的问题浅显化。提供实例的方式可以是口头的，也可以是书面的。

6. 情境导入

情境导入是指教师运用满怀激情的朗读、演讲或者通过音乐、动画、录像等创设有趣的学习情境，感染学生，引起学生丰富的想象和联想，使其情不自禁地进入学习情境的一种导入方法。具体生动的情境具有很强的感染力和说服力，可以触及学生的内心深处，使其思想与教学内容发生联结。

7. 审题导入

审题导入是指教师从探讨题意入手导入新课的方法。这种方法直截了当，可以高度概括教材内容，更加突出中心和主题，使学生很快进入对新内容的探讨。审题导入是各科教学中常用的导入方法。运用审题导入新课，关键在于教师应围绕标题或课题，精心设计一系列的问题，通过反问、设问等方式，激发学生思考，以起到导课的作用。

8. 悬念导入

悬念导入是一种以认知冲突的方式设疑，使学生思维进入惊奇、矛盾等状态，构成悬念的导入方法。悬念的设置有助于吸引学生的注意力，使学生思维处于一种激活状态，产生非弄清楚不可的求知心理，从而迅速进入学习知识的最佳状态，在思考、研究中学习新知识。

9. 活动导入

活动导入是通过组织学生讨论、操作、游戏等活动，进而调动学生学习积极性的一类教学导入形式。学生的积极参与是实现课堂价值的基本保证，通过活动，不仅提高了学生的参与度，而且对学生的主体意识的培养具有重要意义。

10. 经验导入

经验导入是以学生原有的生活经验为出发点，教师通过生动而富有感染力的讲解、谈话或提问引起回忆，从而引导学生发现问题的导入方法。间接性是学生学习的一个重要特点，学生学习的通常都是别人体验过的、别人总结发现的知识，而经验的导入可以拉近学生与知识的距离，并在学习的过程中产生切己的情绪体验，深入理解知识的意义与价值。由于经验导入非常贴近学生的生活，学生很容易对所学的新课题感到亲切，这在某种程度上也降低了学习的难度。另外，从认知心理学的角度来说，经验导入是一种同化学习，它有利于知识的迁移，可提高概念学习的质量和效率。

11. 故事导入

故事导入，即通过讲故事的方法来导入新课，这种导入符合学生的认知心理，能够激发他们对即将学习的新课的兴趣。许多老师都有这样的感觉，课堂上提到课本外的内容时，学生的积极性很高，对这些内容特别感兴趣。教师课堂中如能根据学生的这一特点，以一些故事来导入课文，无疑会起到事半功倍的效果。

12. 趣味导入

趣味导入法就是在导入新课时，突出情趣，使学生轻松快乐地学习。主要有谜语导入法、歌谣导入法、游戏导入法等。其中谜语导入是指教师利用已有或自创的谜语导入新课的一种方法。

真题面对面

1. [2022 平顶山湛河，单，1.09 分]教师利用图片、音乐、视频配合语言进行课堂导入，以诱发学生的探究心理，引起其解决问题的欲望和兴趣，促使其思维的积极活动。这属于哪种导入方式(　　)

A. 直接导入　　B. 复习导入　　C. 情境导入　　D. 问题导入

2. [2021平顶山卫东,单,0.8分]教师通过生动而富有感染力的朗读,引起学生丰富的联想和想象,使其情不自禁地进入学习情境中。这种导入方法是( )

A. 直接导入　　B. 经验导入　　C. 情境导入　　D. 故事导入

答案:1. C　2. C

三、课堂导入的基本要求 【单选、多选】

1. 导入要有针对性

课堂导入要根据教学实际有针对性地设计:(1)导入设计要与学科性质、教学内容和教学目标相适应;(2)要针对不同年龄阶段学生的心理特点、知识基础、认识水平设计导入。

2. 导入要有启发性、趣味性

富有启发性的导入能引导学生发现问题,激发学生解决问题的强烈愿望,给学生思维上创造矛盾冲突,调动学生积极的思维活动,使他们更好地理解新的教学内容。

教师可以通过设置悬念、创设情境、做游戏、展示现象等方法来设计具有启发性的课堂导入,激发学生兴趣。

3. 导入要有新颖性

求新求异,喜欢新鲜事物,爱听新鲜事是学生普遍具有的心理。心理学研究表明,令学生耳目一新的"新异刺激",可以有效地强化学生的感知态度,吸引学生的注意。因此,导入的形式和内容要有新意,才能激起学生的兴趣。

新颖性导课往往能"出奇制胜",但应切忌单为新颖猎奇而走向荒诞不经的极端。

4. 要恰当把握导入的"度"

课堂导入的主要目的是把新旧知识联结起来,引出新知识,使学生更好地学习新知识。因此,教师一定要把握好导入的"度"。课堂导入应尽量做到简练省时,力争用最少的话语、最短的时间导入新课,引出新的教学内容。

第二节　课堂提问技能

一、课堂提问的含义

课堂提问是教师在课堂教学中,通过创设问题情境、设置疑问来引导和促进学生学习的教学行为方式。

二、课堂提问的类型 【单选、判断、案例分析】 必背 ★★

考点1　根据提问的认知水平所划分的类型

这一分类又叫"布卢姆—特内教学提问模式",是由教育家特内根据布卢姆《教学目标分类学》的基本思想创设的。

1. 知识(回忆)水平的提问

这一水平的提问可用来确定学生是否已记住先前所学的内容,如定义、公式、定理、具体事实和概念等。如"说出'勾股定理'的公式"。这一水平的提问是最低层次、最低水平的提问,它所涉及的心理过程主要是回忆。学生对这类问题的回答通常可以用正确或错误来进行判断,其内容不超出先前所掌握的知识范围。在知识水平的提问中,教师常使用的关键词是:谁、什么是、哪里、什么时候、写出等。

2. 理解水平的提问

这一水平的提问可用来检查学生对事物本质和内部联系的把握程度,帮助学生组织所学的知识,弄清它们的含义。它要求学生能用自己的话来叙述所学的知识,能比较和对照知识或事件的异同,能把一些知识从一种形式转变为另一种形式。例如,"用你自己的话叙述'勾股定理'""请把这段古文译成现代文"等。要使学生能够回答这一水平的提问,就必须事先把提问所涉及的必需知识提供给学生。在理解水平的提问中,教师经常使用的关键词是:用你自己的话叙述、比较、对照、解释等。

3. 应用水平的提问

这一水平的提问可以用来鼓励和帮助学生应用已学知识去解决问题,它要求学生能把所学的某些规则或理论应用于某些问题，对问题进行分类、选择，以确定正确答案。例如，“运用纬度和经度的知识，在地图上找出北京的经纬度数”。在这一水平的提问中，教师经常使用的关键词是：应用、运用、分类、选择、举例等。

4. 分析水平的提问

这一水平的提问可以用来分析知识的结构、因素，弄清事物间的关系或事项的前因后果，它要求学生进行批判性思维，能分析资料，以确定原因，进行推论。例如，“引起‘代沟’的原因是什么”。在这一水平的提问中，教师经常使用的关键词是：为什么、什么因素、得出结论、证明、分析等。

5. 综合水平的提问

这一水平的提问可用来帮助学生将所学知识以另一种新的或有创造性的方式组合起来，形成一种新的关系。这类问题常用于发展学生的创造能力。它所考查的是学生对某一课题或内容的整体性理解，它要求学生能进行预见，创造性地解决问题。例如，“在什么条件下，森林才能起火”。在这一水平的提问中，教师经常使用的关键词是：预见、创作、如果……会……、总结等。

6. 评价水平的提问

这一水平的提问可用来帮助学生根据一定的标准来判断材料的价值，它要求学生对一些观念、价值观、问题解决办法或伦理行为进行判断和选择，能提出自己的见解。例如，“你怎样看待这篇散文”。在这一水平的提问中，教师经常使用的关键词是：判断、评价、证明、你对……有什么看法等。

真题面对面

[2022郑州新郑，单，0.66分]“已知一正方形的边长是5cm，那么该正方形的面积是多少？”这属于（　　）

A. 知识水平的提问　　B. 理解水平的提问

C. 应用水平的提问　　D. 分析水平的提问

答案：C

考点2　根据提问的具体方式所划分的类型

1. 直问和曲问

（1）直问，指教师在教学中直截了当地提出问题，学生可直接作答，不必拐弯抹角——“问在此而意在此”。

（2）曲问，即“问在此而意在彼”。教师的本意是解决甲问题，却不直接问，而是提出乙问题，乙问题的解决以甲问题的解决为前提，学生只要回答了乙问题，甲问题也就“不答而解”了。

2. 正问和逆问

（1）正问，即正面提问，也叫顺问，教师根据教学内容从正面提出问题，学生在解答问题的过程中获得知识、发展智能。例如，物理教师想让学生掌握“加速运动”这个概念，就可正面问：什么是加速运动？加速运动的定义有哪几个要点？

（2）逆问，即倒问。教师不正面提出问题，而是从反面提出假设，让学生通过对照比较，自己得出结论。这种提问如“平地起波澜”，具有刺激性和挑战性，可促使学生深入思考，训练学生的逆向思维。例如，钱梦龙老师讲《左忠毅公逸事》时，问：文章一开头先交代“风雪严寒”的天气有什么必要？这四个字去掉好不好？

3. 单问和复问

（1）单问，即常规提问，同一时间提问一个学生，是中小学最常见的提问方式。

（2）复问，即并行提问，在同一时间内同时提问几个学生，优点是可以让更多的学生经受锻炼，但不易掌握。

4. 快问和慢问

（1）快问，又称急问抢答。教师发出快速提问，学生争先恐后抢答，以训练学生思维的敏捷性和灵活性。这种提问宜用于较易的内容，使学生抢答时能答出来。

（2）慢问，又称深求慢问。教师提出问题后给学生留出充足的思考时间，让学生周密思考，组织语言，以对问题做出完满回答。这种提问可训练学生思维的深刻性和批判性，突出重点和难点，宜用于较难的内容和高年级学生。

真题面对面

[2021郑州二七,单,0.7分]在讲授《愚公移山》时,张老师通过提问"愚公年龄多大了"来考查学生对"年且九十"中"且"的含义的理解。这种提问属于(　　)

A. 直问　　B. 复问

C. 顺问　　D. 曲问

答案:D

三、课堂提问的基本要求【单选、多选、不定项、判断、简答】★

1.合理地设计问题

(1)要围绕教学目标和学习要求,按照教学内容的逻辑顺序,循序渐进、由浅及深地设计不同层次的问题;要考虑到学生的认知发展规律,循序而问,步步深入,使学生积极思考,逐步得出正确结论。

(2)设计的问题要难易适中、深浅适度,符合学生的认知水平和个性特点,提出的问题最好位于学生思维的"最近发展区"。

(3)教师在设计问题时,要善于设计问题的变式,提问的形式也应多种多样,促使学生对知识深入理解。

(4)提问的问题之间应紧密联系、前后有序,不应孤立、零散。

(5)问题的设计要力求精练扼要,紧扣教材,突出重、难点和关键点。

2.面向全体学生提问

面向全体学生提问至少包括两层含义:

(1)面向全体学生发问,让所有学生都能积极思考教师提出的问题,之后做短暂的停顿,再指定学生回答。这样可以使全班学生都积极思考问题。

(2)面向不同层次的学生提问。提问要关注所有的学生,根据学生的知识水平提出不同要求的问题,对优秀的学生可以合理"提高",对中等学生可以逐步"升级",对学习困难的学生可以适当"降低";还要注意照顾有特殊需要的学生,如提问注意力容易分散的学生可以使其集中精力,对胆小害羞的学生提问其力所能及的问题可以帮助其树立自信,等等。

3.目的明确,把握好时机

(1)课堂提问的目的要明确,应尽量避免与教学内容无关的信口提问。提问要紧紧围绕教学目标的实现,突出教学的重点。

(2)教师提问要做到适时适度,灵活多样。

(3)提问的最佳时机是在学生已开动脑筋,正在生疑、质疑但未能释疑之时。

4.提问的语言要准确,具有启发性

(1)要使学生思维活动指向解决问题,必须使学生明白问题的范围和核心。教师提问的语言要准确表达问题的意图,条理清晰,逻辑性强,切忌含糊不清。

(2)提问要有深刻性和发散性,能启发学生尽可能从多种角度思考和回答问题,培养学生的发散思维能力。

5.提问的态度要温和自然

提问的目的是了解学生的学习情况和教学效果。提问的态度温和自然,可以拉近学生和教师的心理距离,使学生乐意与教师一起去思考,主动去解决问题。

6.及时进行评价和总结

(1)课堂提问的目的在于检查教学效果,巩固学习成果。因此,学生回答问题后,教师应引导学生对其发言予以分析并做出客观的评价,肯定正确部分,纠正错误部分,使问题有明确的结论。教师恰当的评价可强化提问的效果。

(2)教师还要对学生回答问题的情况进行及时的归纳和总结,以利于学生知识的系统化、认识的明晰化、思维的深化,便于学生找出自己学习上的不足,养成良好的思维习惯。

知识再拔高

理答的方式

(1)提示。提示是指当学生回答不出问题、回答错误或回答不完整时,教师通过层层启发,逐级诱导,帮助学生慢慢接近正确答案,并最终由学生自己得出正确答案的一种理答方式。在所有的理答方式中,提示是对教师挑战最大、难度最大的一种。

(2)探究。探究是指在教师提问之后,学生虽然提供了正确答案,但他们提供的答案往往不够深入,或者不够详细,或者不够清楚,或者不够规范,这时教师要求学生提供补充信息,进一步解释或澄清自己的观点,使得自己的回答更深入、更详细、更清晰、更规范的一种理答方式。使用探究的好处在于:可以避免学生仅对问题作“是与否”“对与错”的表面回答,促进学生“知其然”更“知其所以然”;教师也可以从中了解学生的思维方式和思维过程,从而采取相应的措施;同时,与由教师或其他学生直接补充相比,探究更能培养学生的自信心和学习兴趣。

(3)转引。转引是教师就一个问题分别向两个或两个以上学生提问的理答方式。使用转引的好处在于:第一,可以大大增加回答问题的学生人数,吸引更多学生的注意力;第二,转引是实现课堂内学生之间观点与经验共享的有效途径;第三,有利于培养学生合作的态度和交流的能力;第四,能够充分挖掘每一个问题潜在的思维训练价值。

(4)延伸。延伸是指教师在随后的教学中用到学生前面提供的正确结论,或者教师对学生提供的正确答案做进一步的发挥,使其更具概括性、代表性、普遍性的一种理答方式。延伸实际上对学生是一种非常含蓄、十分有效的奖励手段,因为它能满足学生的成功感。同时,延伸也有助于提高学生的认识能力。

(5)回问。回问是指当某位学生不能回答时,教师先把问题转引给其他学生,待其他学生正确回答后,再将原问题提问给刚才那位不会回答的学生,或者再问那位不会回答的学生一道类似的题目,直到他(她)也能正确回答的理答方式。

真题面对面

[2021郑州惠济,不定项,0.9分]课堂提问是中小学课堂教学中普遍采用的一种教学方法,它对于激发学生的思维、活跃课堂气氛、集中学生的注意力、巩固所学的知识以及培养学生口头表达能力,都起到积极的作用,但无效提问也会影响整体教育效率,不利于学生对课程知识的掌握。在课堂教学中,正确运用提问技能应做到(　　)

A. 提问目的要明确　　B. 提问的态度要温和自然

C. 提问的问题要有深度　　D. 要恰当选择提问对象

答案:ABD

第三节　课堂对话技能

一、课堂对话的内涵

课堂对话是指在课堂教学中,通过教师、学生、文本材料之间的相互交流和沟通,有效地实现教学目标的行为方式。其目的在于尊重学生的个体差异,引导学生在各自经验的基础上获得最大程度的发展。

课堂对话是教学过程中师生双方在相互尊重、相互信任、平等互利的基础上,通过语言进行的双向交流和沟通活动。它具有民主性、生成性、多边性、开放性、倾听性等特点。

二、课堂对话的类型 【单选】

课堂对话主要包括人与客体的对话、人与人的对话、人与自身的对话。

(1)人与客体的对话主要指教师、学生与以材料文本为主的教学资源的对话,主要包括教师与文本对话和学生与文本对话。

(2)人与人的对话主要表现为师生对话、生生对话和师师对话。

(3)人与自身的对话是一种高级形态的对话，相当于“自省”，是指个体对自身内在经验和外部世界的回味、认识和探究。

三、课堂对话的基本要求 【判断】

1. 营造对话的气氛

对话氛围的营造，需要教师理解学生、尊重学生、鼓励学生，珍视学生的独特感受，要善于发现学生言语中有价值的部分，给予激励、促进思考。

2. 选择适当的对话话题

对话话题的选择是否恰当，直接影响对话的展开、对话的质量和学生参与的积极性。因此，教师要吃透教材，选准最佳突破口，精心设计对话话题。

3. 真诚地倾听学生言说

教师要以谦逊开放的态度来倾听与学生的对话。教师要把学生看作是与“我”讨论共同话题的对话中的“你”，使学生体验到人格平等，体验到尊重和信任，同时受到激励、指导和建议，形成积极的人生态度和情感体验。

4. 及时指导和修正对话

在课堂教学中，教师不是一个旁听者，也不是一个单纯的倾听者，必须是一个有效的提升者，不断地指导和修正对话，提高对话质量，实现真正的对话。

第四节 课堂板书技能

一、课堂板书的概念与特点 【多选】

课堂板书是指教师在课堂教学中，为了帮助学生理解和掌握知识，配合讲授，把设计好的教学要点写在黑板上的教学行为。课堂板书，有时是指板书的行为，有时是指板书的内容。

课堂板书的特点包括：(1)直观形象性；(2)高度概括性；(3)艺术性。

二、课堂板书的作用 新增 【不定项】 ★★

(1)能发挥教师的示范指导作用。学高为师，身正为范，教师的一言一行、一举一动都是学生模仿的榜样。因此教师一手漂亮的板书具有极强的示范效果和指导作用。

(2)能使学生集中注意力。在教师板书过程中，学生不断思索，注意力被板书深深吸引。

(3)能激发学生的想象力。板书不仅是每堂课的印记，也是思维导图，它能激发学生的想象力，甚至创新力。思维导图板书可以生动地体现出教师对教材的深刻理解和巧妙处理，能给学生强烈的感官刺激，启发学生思考，有利于学生理解、吸收、记忆、复述、背诵所学知识，形成长效记忆，使课堂教学达到事半功倍的效果。

三、课堂板书的内容 【多选】

一般来说，课堂板书主要包括：(1)教学内容的内在逻辑结构；(2)教学的重点和难点；(3)公式及其推导过程；(4)教学内容的补充知识。

四、课堂板书的形式和结构 【多选】

考点1 课堂板书的形式

中小学常用的板书，一般包括板书、板演、板画三种形式。板书是指教师写在黑板上的文字，它是各学科的教学经常用到的一种板书形式。板演是教师在黑板上推导公式、演算例题、书写方程式等，是自然科学教学中常用的一种板书形式。板画是教师在黑板上描画的各种图形、符号、表格等，它是地理、美术、生物、数学、物理、化学等学科常用的一种板书形式。

考点2 课堂板书的结构

根据教学板书的重要性和详略程度，可将板书划分为两类：

(1)系统板书,也叫基本板书、主板书。其特点是能体现教学目标与教学内容内在联系的重点、难点,能够表现教学中心内容的基本事实、基本思想。系统板书构成了整个课堂板书的骨架,一般保留于课堂教学的全过程。

(2)辅助板书,又称附属板书或副板书。其特点是能反映教学内容中有关诠释性、延伸性信息,能提示有关零散的知识。辅助板书是对基本板书的具体补充或辅助说明,一般随教学进程的发展随写随擦或择要保留。

五、课堂板书的类型 【单选、判断】★

1. 文字板书

文字板书是教师在黑板上以文字形式表述教学内容的一种板书形式,它主要有下列五种类型:

(1)纲要式板书。纲要式板书是指教师以讲授内容的内在逻辑关系为线索,从而体现教学信息结构体系的板书形式。纲要式板书也叫纲目式板书,是最基本、最常用、最传统的一种板书形式,几乎适用于所有学科。

(2)语词式板书。语词式板书是指教师从讲授内容中选择或概括一些关键性的词语,随着教学的进展依次书写到黑板上的板书形式。这种板书常用于语文、政治等学科中。

(3)表格式板书。表格式板书是指教师把在讲解过程中提炼出的关键词以表格的形式绘制在黑板上的板书形式。表格式板书通常用于可以明显分项或具有明确对比性的教学内容中。

(4)线索式板书。线索式板书是指教师在黑板上板书教材内容的行文线索的板书形式。

(5)演算式板书。演算式板书是指教师在黑板上用文字、数字和数学符号表述证明过程的板书形式。它广泛应用于数学、化学、物理等理科教学中。

2. 图画板书

图画板书是指教师在黑板上用图画来表述事物的形态和结构等内容的一种板书形式。图画板书可分为示意图板书和简笔画板书两种类型。

3. 综合式板书

综合式板书是指教师综合运用各种板书形式来表述教学内容。

六、课堂板书设计的原则 【单选、多选】

(1)规范性原则。规范性就是要注意书写规范和内容规范。所谓书写规范,就是要写规范文字,不写错别字、繁体字等;所谓内容规范,就是要浓缩整节课的内容为一体,板书的词句要简明精炼,内容表达要明确、清晰、简明。有些教师在板书的运用上存在一些错误倾向:①不写或少写板书;②板书过多过滥;③教师虽然精心设计了板书,但只是结论性的文字显示;④教师在教学中注意了学法指导,但如果没板书出来,正确的学习方法很难在学生脑海里留下印象。

(2)客观性原则。客观性体现在一个"真"字上,即真实、准确,具体包括:①要有明确的目的性;②要确切地反映结构教学内容的各个要素(知识点),以及这些要素之间的联系(即教学内容本身具有的规律性)。

(3)针对性原则。具有针对性的板书有三个特点:①突出重点;②教给方法;③预防错误。板书设计要针对教学内容和学生特点,因文因人制宜,不能千篇一律。根据不同的目的,板书设计也要不同。

(4)启发性原则。板书要有启发性,就是说教师要能通过板书启发学生发现问题、思考问题、解答问题。

(5)时效性原则。板书不仅要讲究内容美、布局美、书法美,还必须注意时效性。①讲课之前板书,重在指引思路。②讲课之中板书,重在展示中心。板书的时机一般分先讲后书、先书后讲和边讲边书,对难度较大的概念、公式等一般适宜先书后讲。③讲完之后板书,重在强化整体。

也有学者认为,板书设计的原则有:(1)语言准确,有科学性;(2)重点突出,有计划性;(3)书写规范,有示范性;(4)层次分明,有条理性;(5)布局合理,有艺术性;(6)形式多样,有启发性。

真题面对面

[2020郑州惠济,多,1.5分]下列关于教师板书的相关行为,做法恰当的是(　　)

A. 根据不同的教学目的设计不同的板书　　B. 不写或少写板书

C. 对难度较大的概念、公式先书后讲　　D. 尽可能将所教授内容都写在黑板上

答案:AC

七、课堂板书的基本要求

(1)要精选内容,突出重点;(2)要条理清晰,层次分明;(3)要形式灵活,布局合理;(4)文字要精当;(5)书写要规范;(6)时机要恰当。

第五节 教学反馈和强化技能

一、教学反馈技能

考点1 教学反馈的内涵 【多选、不定项】

教学反馈是指教师在课堂教学中,有意识地收集和分析教与学的状况,并做出相应反应的教学行为。它是完成教学进程的重要环节,是强化和调控目标检测的重要手段,具有激励、调控、媒介和预测的作用。

考点2 教学反馈的基本要求

要提高教学信息反馈的有效性,教师必须做到:(1)要以促进学生的学习为目的;(2)要多途径地获得学生的反馈信息;(3)反馈必须及时;(4)反馈必须准确;(5)指导学生学会自我反馈。

二、教学强化技能

考点1 教学强化的概念 【单选】

教学强化是指教师采用一定方法促进和增强学生某一行为向教师期望的方向发展的教学行为。

考点2 教学强化的类型 【单选】

课堂强化就是增强学生某种课堂行为重复出现的可能性的过程。任何行为一旦重复就有可能被强化。每一种课堂强化的效果,因学生个性、年级水平、学习行为和教师特点等因素的不同而有所不同。

表7-1 强化的类型

强化类型	内涵
语言强化	教师通过语言对学生的行为及其结果给予肯定,从而使学生的行为向着教师所希望的方向发展的强化。语言强化分为口头语言强化和书面语言强化两种
非言语强化	教师运用某种非言语因素的身体动作、表情和姿势等传递一种信息,对学生的某种行为表现表示赞赏和肯定,常用的非言语强化有:面部表情;眼神的运用;体态语强化;服饰语强化
标志强化	教师运用一些醒目的文字、符号、色彩对比等,对学生的行为进行的强化
动作强化	教师用体态语言对学生的表现进行的强化,包括头势、手势、目光和姿态等,头势如点头或摇头,手势如鼓掌、伸大拇指
活动强化	教师让学生承担任务从而对学生的学习行为进行的强化

真题面对面

[2021平顶山卫东,单,0.8分]课堂上,老师对小明的回答进行了口头表扬,鼓励其他小朋友要向他学习,对他的表现进行强化。这属于教学强化中类型的( )

A. 标志强化　　B. 语言强化　　C. 动作强化　　D. 活动强化

答案:B

考点3 教学强化的基本要求

(1)强化目标要明确;(2)强化态度要诚恳;(3)强化时机要恰当;(4)强化方式要灵活;(5)强化要与反馈有机结合。

第六节 结课技能

一、结课的内涵

结课是指教师在完成课堂教学活动时，为使学生所学的知识得以及时转化、升华、条理化和系统化，对学过的知识进行归纳总结的教学行为。

结课在课堂教学中具有举足轻重的作用：(1)有助于对教学内容进行归纳和总结并使之系统化；(2)有助于检查教与学的效果；(3)有助于激发并维持学生的学习动机；(4)有助于学生巩固所学知识；(5)具有教学过渡的作用。

二、结课的方法 【单选、多选、不定项、判断】 必背 ★★

表 7-2 结课的方法

结课的方法	内涵	特点
归纳结课 (总结式结课)	教师用总结性的语言提纲挈领地再现一节课或一个章节的知识结构体系，从而结束课堂教学	不能对讲授内容简单重复，而应有所创新
比较结课	教师通过分析和比较使学生掌握新旧知识之间的关系，从而结束课堂教学	一般用于具有明显可比较性的教学内容
活动结课	教师采用讨论、实验、演示、竞赛等形式进行结课	主要目的是通过活动引导学生主动参与分析、综合、对比等思维活动，印证所学
悬念结课	教师通过设置疑问、留下悬念以启发学生思考的结课方法(在上下两节课的内容有密切联系时，教师可以通过一个吸引人的悬念激发学生的求知欲，顺势要求学生带着疑问去预习新课，为下一节课做好铺垫)	(1)设置的问题要有启发性；(2)所设的悬念是学生自主探索能够解决的，并且与下节课的内容密切相关
拓展延伸结课	教师把教学内容做进一步延伸和拓展来结束课堂教学	教师要考虑到学生能获得的课程资源，提出的要求一定是学生通过努力能够做到的
游戏结课	根据教学内容和学生特点，运用游戏结束课堂教学，以游戏作小结，寓教于乐	增强教学效果，检验和巩固所学知识，促进学生的学习体验
回味式结课 (意味深长式结课)	教师用含蓄隽永、耐人寻味的语词、诗歌、箴言或隐喻结课	使学生意味深长和难以忘怀
激励式结课	教师以充满激情、洋溢理想的话语、故事、箴言或谚语结课	能够打动学生的心扉，给学生留下深刻的印象

真题面对面

[2021 安阳滑县，单，0.7 分]所教内容学完后，李老师没有马上结束教学，而是根据教学内容，引导学生由课内向课外扩展，使课堂总结成为联系课内外的纽带。李老师采用的课堂结尾方式是(　　)

A. 归纳式　　B. 延伸式　　C. 探求式　　D. 悬念式

答案：B

三、结课的一般过程 新增 【单选】★★

(1)扼要总结。对整个教学内容进行简单回顾,整理研究认识问题的思路。

(2)提示要点。指出教学内容的重点、难点、关键点,必要时可做进一步的说明,进行巩固和强化。

(3)检查学习结果。通过提出问题或采用其他形式检验学习结果。

(4)巩固应用。引导学生把所学知识应用到新的情境中去,在应用中解决新的问题,巩固知识,并进一步拓展学生的思路。

(5)拓展延伸。把前后知识联系起来,形成系统的知识体系,对教学内容进行必要的扩展延伸,指出需进一步研究的问题。

四、结课的基本要求 【多选】★

(1)结课要有针对性;(2)结课要有全面性和深刻性;(3)结课要简洁明快;(4)结课要有趣味性。

★★ 考点大默写 ★★

1. 在整个教学技能中,最重要的核心技能是________。
2. 教师展示实物、标本让学生观察进而导入新课,这种导入的方法属于________。
3. 课堂教学中最简单、最常用的导入形式是________。
4. 以学生原有的生活经验为出发点,教师通过生动而富有感染力的讲解、谈话或提问引起回忆,从而引导学生发现问题的导入方法是________。
5. ________导入的特点是由已知导向未知,过渡流畅自然,适用于连贯性和逻辑性较强的知识内容。
6. 导入要与具体的教学内容、教学目标相适应,这体现了导入的________。
7. 根据布卢姆的教学目标分类学对课堂提问的分类,“你怎样看待这篇散文?”属于________水平的提问。
8. 根据布卢姆的教学目标分类学对课堂提问的分类,课堂提问中,含有“请用自己的话解释”等关键词语的提问一般属于________水平的提问。
9. 板书的时机一般分先讲后书、先书后讲和边讲边书,对难度较大的概念、公式等一般适宜________。
10. 教学反馈的作用主要有预测作用、调控作用、________和________。
11. 教师用体态语言对学生的表现进行强化,属于教学强化类型中的________。
12. 在课程结束时,教师通过班级分组竞赛的方式进行结课。这种结课方式属于________。

【参考答案】

1. 课堂教学技能 2. 直观导入 3. 直接导入 4. 经验导入 5. 温故 6. 针对性 7. 评价 8. 理解 9. 先书后讲 10. 媒介作用;激励作用 11. 动作强化 12. 活动结课

第四章 教学语言技能

第一节 教学口语技能

良好的教学口语是每个教师都应具备的基本教育教学能力，它既具有书面语准确、严密的特点，又具有口语通俗和流畅的特点。教学口语是教师教学中最基本、最广泛的表达工具。

一、教学口语的概念

教学口语是指教师在从事教育教学活动的过程中所使用的专业口头语言，是教学信息的载体，也是教师完成教学任务的重要工具。教师的教学语言技能是提高教育、教学质量的基本技能。教学口语表达就是教师用正确的语音、语调、语义，合乎语法逻辑的口头语言对教材内容和学生问题等进行叙述、解释、说明的行为方式。教师的教学口语表达技能直接影响教学质量和教师形象，正如苏联著名教育家马卡连柯所说的："同样的教学方法，因为语言的不同，结果就可能相差20倍。"

二、教学口语的特点

教学口语除了具备一般语言的简洁、准确、生动、形象、得体等特点外，还具有：(1)教育性；(2)科学性；(3)针对性；(4)规范性；(5)口头性；(6)启发性；(7)可接受性。

三、教学口语的分类

(1)根据教学口语的信息流向，可分为单向传输语言、双向传输语言和多向交流语言。

(2)根据课堂教学的不同阶段，可分为导入语、讲授语和结束语。

(3)根据教学口语内容的性质，可分为说明性语言、叙述性语言、描述性语言、论证式语言、抒情式语言、评价性语言、演示性语言和概述性语言。

四、课堂教学口语的基本要求

(1)符合规范，内容科学，合乎逻辑；(2)通俗易懂，生动活泼，富于启发；(3)条理清晰，层次分明，重点突出；(4)富于创造性，有独特的风格。

五、教学口语表达技能提高的途径

教师要根据不同的教学状况采用得体的教学口语，就需要有高超的教学口语表达技能。提高教师的教学口语表达技能，主要从以下几方面进行训练：

1. 提高内在修养水平

教师要从根本上提高教学口语的表达技能，就必须勤阅读、善积累，不断提高自身的品德、学识、审美情趣和教学理论等多方面的修养。

2. 强化语言外化能力

教学口语是外显的有声语言，教学中的高超表达不是简单地复述课前准备的教案，而是用教学口语准确、规范、清晰、流畅地把自己的思维成果迅速地表达出来，这就需要教师将内部言语迅速转化为规范的教学口语，为学生所感知和接受，而这一转化过程的最高标准是两者的高度一致性。

3. 在实践中进行训练

为了提高语言表达技能，教师要正确对待教学实践中的操作，尽量脱离教案，使自己上课的过程成为锻炼和提高教学口语技能的过程。除了正式的课堂教学外，教学模拟试讲、教学见习实习、说课、评课等都是检验与提高教学语言技能的重要途径。

第二节 教态语言技能

一、教态语言的概念、特征与功能 【单选、多选】

教态语言是教学口语交际的重要辅助手段，是一种以教师的表情、手势、动作、眼神等来传递信息、诉诸学生视觉的无声伴随语言。教态语言表达技能主要是指教师利用表情、动作、手势等体态语，辅助口头语言传递教学信息和表达情感的行为方式。教态语言表达技能是形成教师教学个性与风格的重要因素。

相对于教学口语来说，教态语言具有的特征是：(1)辅助性；(2)连续性；(3)表情性；(4)动作性；(5)情境性。

教态语言的功能包括：(1)教育功能；(2)传递信息功能；(3)激励功能；(4)调控功能；(5)强化功能。

二、教态语言的类型 【单选、多选】 ★

教师的教态语言主要有三类，即身姿变化、面部表情和外表修饰三个方面。

1. 身姿变化

身姿变化又称身姿语，是指人的躯干动作所发出的信息。课堂教学中教师的身姿变化主要包括站姿、走姿和手势。一般情况下，教师不要在课堂上坐着讲课。在课堂教学中，教师举止得体，身姿配合有声语言传递教学信息，将收到良好的效果。

(1)站姿

教师上课一般是站在黑板与讲桌之间，站姿要端庄、稳重、挺直，并与全体学生保持相对稳定。教学时，为了表达喜悦、愤恨等感情和肯定、否定的态度，头部可以做适度的左右上下活动，但要少而精，幅度不能太大。躯干部要求直立平肩，做长时间讲述要挺胸、收腹。

站姿分为两种：①自然式，站立时两腿应挺直，两脚自然分开，略成八字形；②前进式，两脚前后自然分开，相距适中，给人一种欲动之感。教师讲课时应根据教学实际需要而适当活动。

(2)走姿

在课堂教学过程中，教师要注意自身站立位置的适当变化。

一般来说，教师在课堂教学中进行讲解、示范或板书时都要注意自己站立的位置和活动的范围，通过适当地在讲台走动、变换位置，来照顾处于不同位置的学生，使全班学生都能听清自己的讲解，都能看清自己的示范动作和板书。

在学生分组讨论或进行课堂练习和实验时，需要从讲台上走到学生中间，以便进行观察和辅导。

讲解的过程中，教师在学生中间走动，可以控制学生活动，引起学生注意，缩短师生间的距离，显得更为亲切。

(3)手势

手势是传情达意的有效手段和工具，是教师角色行为中动作变化最快、最多、最大的。课堂中的手势是一种与教学内容和有声表述相协调的教学手势。课堂教学中适当的手势可以增强教学口语的感染力和表现力，活跃学生的情绪，给学生留下深刻的印象。动作手势的运用，必须做到简单、自然、适度、与语言协调一致。手势要目的明确，克服随意性，手势的速度、频度、幅度、角度等都要适度。

手势语从教学功能方面大致可分为指示性手势、感情手势、摹状手势和象征手势四类。指示性手势主要用于指示具体对象或数量，含义具体明确，易于辨别和理解，如教学中要求学生注意黑板上的某字某句某图，常用手来指点。感情手势主要用来表达喜怒哀乐的感情，使之形象化、具体化。摹状手势用以描摹或者比画具体事物或者人的形貌，往往给学生一种形象可感的印象。如方圆、大小、长短的摹拟。它所摹拟的事物特征，一般应是形象性、直观性强，容易为学生所接受的。象征手势用于表达抽象的意念，如未来、希望等。它使抽象的概念变得具体可看，关键是把握说话的内容并做出相应的动作，让学生产生联想，形成感情上的共鸣。

2. 面部表情

面部表情是教师通过眼、眉、唇等器官和面部肌肉的活动变化来传递信息的一种形式。教师要善于利用面部表情来表达自己的情感，调控整个教学活动。教师丰富适当的表情，有利于创设教学情境、促进学生积极思维、引导学生迅速进入学习角色。面部表情的关键是把握眼神和微笑。

(1)眼神

眼神也称目光,是指在教学中通过视线接触来传递信息。在教学中巧妙运用眼神可以起到传情达意与导向以及组织教学的作用。它的方式主要有环视(扫视)、注视(凝视)两种。

上课开始,教师扫视全班学生,可以集中学生的注意力,制造良好的上课气氛;教学过程中不断环视学生,既表示教学面对每一位学生,又可了解学生的听课状况;上课时发现学生精力不集中,做小动作或其他与上课无关的事,教师可注视这位学生,引起注意。

教师在运用眼神与学生交流时应注意:①注视的方式。在课堂教学中要以正视和环视为主。②注视的时间。教师应与学生有目光的接触,但时间不能太长。③目光的合理分配。教师应当合理分配目光,让所有学生都能感受到教师的关注。

(2)微笑

微笑是指用略带笑容,不出声的笑来传递信息的态势语言。上课开始,教师面带微笑走进教室,表示上课的愉悦和对学生的亲近;上课过程中的微笑,表示教师对教学内容的自信,对教学过程的从容,对上课表现的满意或赞许,对学生表现的信任;当学生提出问题时,教师边微笑边解释,让学生感到亲切、可信,容易沟通思想感情;当学生回答问题出现错误时,教师边微笑边摇头,不会使学生感到难堪,反而可以激起学生积极思维、探求正确答案的兴趣。

3.外表修饰

外表修饰主要是指教师的衣着服饰、发型配饰、化妆等。它也是教师内心修养和品格气质的外部流露、外在表现。

(1)衣着服饰

衣着服饰是一个人思想情操、情感意志、气质性格、文化修养和审美标准的综合反映。教师的不同着装给学生不同的感受和影响。庄重典雅的衣着服饰,整洁大方,可以衬托出一个教育者的精神面貌,给学生以美的享受。服饰的款式结构符合教师的体形和年龄,穿着得体、舒适、协调,可增加教师的安全感和自信心。教师的仪表美不仅给学生以视觉上的享受,而且给学生以人格上的尊重。在服装上搭配一些小饰品,会让教师整体形象更亮眼,但要符合教师职业,不能太绚丽夺目。

(2)发型配饰

教师要选择适合自己面部特征,体现文化气质、精神风貌和课堂教学环境的发型,以整齐、清爽为首要条件,要简洁、大方、朴素、淡雅、端庄。男教师不宜留披肩长发、不宜剃光头。女教师发型不宜过分新潮、染红黄等颜色,头饰不宜复杂、新异。

(3)化妆

教师适当化妆可以保持良好的精神状态和积极的情绪。教师的化妆应是生活妆(工作妆),要淡雅、自然大方、得体、适当,给人以无雕饰之感,寓修饰于自然健康之中。

真题面对面

[2022濮阳范县,单,0.6分]上课时,李老师一边讲课一边扫视学生,当他发现小明同学小声说话,便用目光凝视他,使其专心听讲。李老师运用的是( )

A.提示技能　　B.间接批评技能　　C.教态语言技能　　D.体态技能

答案:C

考点大默写

1. ________是教师教学中最基本、最广泛的表达工具。
2. 教师的教态语言主要有三类:身姿变化、________和________。
3. 教师的身姿变化中,________是传情达意的有效手段和工具,是教师角色行为中动作变化最快、最多、最大的。
4. 面部表情的关键是把握________和________。

【参考答案】

1.教学口语　2.面部表情;外表修饰　3.手势　4.眼神;微笑

第五章　说课技能与教学反思技能

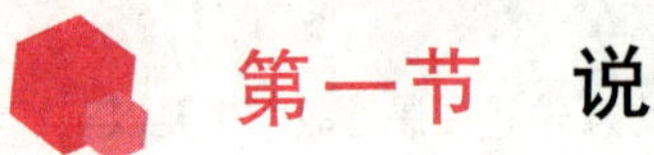

第一节　说课技能

一、说课的含义

结合我国当前说课的实践，并吸收、借鉴有关说课的研究精华，我们认为，说课是说课者运用一定的理论，将自己教学系统设计的思路、依据或者教学后的反思，借助口头语言和其他辅助手段，简约地与同行、教学研究人员以及教育部门有关领导进行交流、探讨，以改进说课者的教学设计、提高教学质量、促进教师成长发展的一种教学研究活动和方式。简言之，说课就是教师阐述在课堂教学中做什么，怎么做，为什么这么做的教学研究活动。说课的重点是"为什么这样做"，要把教学构想、教学效果及其理论依据说清楚。

二、说课的功能　【判断】

(1)**检查功能**。领导可以通过教师说课，检查其备课情况，指出存在的问题，促使其修改教学方案，进一步提高备课质量。

(2)**评价功能**。通过说课，评价教师的教育教学理论功底，文化知识、专业知识掌握程度，评价教师的业务能力，进而综合评价教师的教学水平。

(3)**培训功能**。教师说课需要说清教材分析和处理、教法设计，还需讲出做法的依据，这就必然促使教师去钻研教材、钻研教法，学习教育教学理论，使自身文化业务素质不断提高。

(4)**研究功能**。说课与评"说"是紧密结合在一起的，说者在说前需要深入研究，评者要给予点拨、指导评价。

三、说课的特点　新增　【单选】　★★

1. 理论性

理论阐释在说课中占有突出的地位，是整个说课的灵魂所在。说课不仅要说出教什么、怎么教，而且要说出为什么要教这些、为什么要这样教。

2. 阐发性

说课不仅仅是对教学设计或教学方案的简要说明解释，也不仅仅是对上课的预测和预演，它在兼具上述两点的基础上，更要凸显教学理论对教学设计的指导作用。即以备课为前提，以教案为素材，站在一定的理论高度去阐发案中之理、理中之案。因此，说课的表达方式既有说明，也有证明和阐明。说课的阐发性特征要求教师把理论与实践紧密联系起来，用理论指导实践，用实践去印证理论，使教师向着教育家的行列靠近。

3. 演讲性

说课是对备课的解说，对上课的演示，主要靠语言来表达。这使说课具有演讲性，即对同行或专家、领导发表自己的施教演说。说课的演讲性对教师的语言能力提出了更高的要求。同时，说课的"讲"与上课的"讲"又有所不同。上课是面对学生讲，要通过讲解去激发和指导学生的学习。而说课的"讲"，则是以说课者为中心，单方面阐释自己的教学构想。

4. 预见性

说课要求教师不仅讲出怎样教，还要说出学生怎样学。所以，说课者要对所教学生的知识技能、智力水平、学习态度、思想状况、心理特点、非智力因素等方面的差异进行分析。要估计学生在新知识的学习中可能遇到什么困难，要说出根据不同情况所要采取的措施。

真题面对面

[2022郑州惠济，单，0.5分]说课需要授课教师说出自己教学的意图，说出自己处理教材的方法和目的，让听课教师明白授课教师是怎样教的，为什么要这样教。这体现的说课特点是(　　)

A. 理论性　　B. 评价性　　C. 演讲性　　D. 阐发性

答案：A

四、说课的意义 新增 【多选】 ★★

(1)说课有利于提高教研活动的实效；(2)说课有利于提高教师备课的质量；(3)说课有利于提高课堂教学的效率；(4)说课有利于提高教师的自身素质；(5)说课没有时间和场地等的限制。

五、说课的类型 【单选、多选】 ★

1.研讨性说课(研究性说课)

研讨性说课是指以教研组或年级组为单位，以集体备课为主要形式对说课本身进行探索性研讨的说课。其主要目的是改进备课和说课中存在的问题，帮助教师更好地备课和进一步掌握说课的技能和方法，以不断提高说课者的说课水平，进而提高教学水平。这种类型的说课，一般是为突破教学难点，探讨教学热点问题，寻找解决问题的方法而进行的说课。

2.示范性说课

示范性说课一般是选择素质好的优秀教师，向听课教师示范性说课，再由听课者谈听的感受、认识和收获，最后组织教师或教研人员对该教师的说课及课堂教学做出客观公正的评析。这种说课具有一定的指导和导向功能。

3.评比性说课

评比性说课是指以评价教师说课和教学水平为主要目的的说课，也叫评价性说课或竞赛性说课。开展评比性说课，能调动教师说课的积极性，促使教师钻研教材，学习教育教学理论，精益求精地掌握说课的方法，不断提高说课水平。这种说课形式能很好地体现说课的灵活性、广泛性和实效性。

4.检查性说课

检查性说课是指以检查考核教师业务水平和工作状况为主要目的的说课。它是对教学设想、教学效果等的检查和督促，又叫作“汇报性说课”。它是一种大型的、综合的、全面的说课，凡涉及教学过程的内容都要说到，既要突出重点，又要力求全面。

真题面对面

[2020周口沈丘，单，0.9分]以集体备课为主要形式，为突破重点难点、寻找解决问题的方法而进行的说课是(　　)

A. 研讨性说课　　B. 示范性说课　　C. 检查性说课　　D. 评比性说课

答案：A

六、说课与备课、上课的关系

考点1　说课与备课的关系

1. 联系

说课与备课都是为上好课服务的，都属于课前的一种准备工作；二者都需要教师花费一定的时间和精力来研究课程标准、确定教学目标以及了解学生的学习情况，并结合相关的教学理念，选择并确定合适的教学方法，设计最优化的教学程序，以期达到理想的教学效果。

2. 区别

表7-3　说课与备课的区别

	说课	备课
对象	主要是教育工作者，有一定的经验介绍和交流性质，对教师的理论要求比较高	教师自己独立地进行教学设计，不需要直接面对学生
目的	促进教师学习与反思、改进与优化备课，以提高教师整体素质和实现教师专业化发展为最终目的	为了上好一节课，使教学活动能够正常、规范、高效地开展，以全面提高课堂教学的质量和不断促进学生的发展为最终目的
形式	教师集体共同开展的一种动态的教学研究活动	教师个体独立进行的一种静态的教学研究行为
内容	不仅要解决怎样上好一节课的问题，而且主要回答为什么要教这些内容和为什么这样教的问题，重在说理	解决怎样上好一节课的问题

考点2　说课与上课的关系

1. 联系

通过说课可以展示上课的构想，对上课各个环节进行反思，使上课思路更加清晰，使教学更具计划性，从而提高上课的质量。

2. 区别

表7-4　说课与上课的区别

	说课	上课
对象	同行教师、评议者、学校领导或教学专家等	学生
目的	向听者介绍关于一节课的教学设想，使听者了解教师的课堂教学设计	通过将书本知识传授给学生，培养学生的知识技能，教给学生适当的学习方法，引导学生学会学习
形式	教师解说	课堂教学
内容	教师阐述自己的教学构想、说自己如何教、学生怎样学，并说明理论依据	教哪些知识、如何去教

综上所述，备课是说课、上课的前提和基础，备课的结果直接影响着说课、上课的质量；而说课、上课是备课的表述和检验，是把备课成果付诸实践的两种途径，说课重在对教学内容的分析和设计，上课则是把教学任务付诸实施。

七、说课的内容 【单选】 ★★

1. 说教材

教材是教学大纲的具体化，是教师教、学生学的具体材料。因此，说课首先要求教师说教材。分析教材应从以下几方面来分析：教材的前后联系和所处的地位；教材的内容和作用；教学重点、难点等。

2. 说教学目标

教学目标是讲课的出发点和归宿，所以要制定得明确、具体，这样才能切实对课堂教学起到指导作用。制定目标时要根据课标要求和教材内容，准确地确定若干条目标。

3. 说学生

学生是学习的主体，因此教师说课必须说清楚学生。对学生做出准确无误的分析，这是教学得以正确开展的基础。说学生包括以下几个方面情况：学生的旧知识基础和生活经验；学生的起点能力分析；学生的一般特点与学习风格差异。

4. 说教学方法

（1）说教法。教师说教法，不仅要说选择哪些教法，还要说清楚为什么。对于说教法要注意以下几个方面：一是要明确各种教学方法的特点和作用，做到教法合理优选，有机结合；二是教法的选择和运用应以启发式教学为指导思想；三是选择教法的理论依据要准确、具体、针对性强。

（2）说学法。学法指导是指教师在传授知识、发展能力的同时，对学生进行学习方法指导，使他们掌握一定的学习方法，并获得选择和运用恰当的学习方法进行有效学习的能力。对于说学法要注意以下几方面：一是准备教给学生什么学习方法，培养哪些能力和学习习惯；二是结合教学目标、教材特点和学生年龄，贴切并具体地说出理论依据。

5. 说教学过程

说教学过程是说课的重点部分。说教学过程具体包括：（1）说教学设计；（2）说教学流程；（3）说教学媒体准备；（4）说板书设计。

八、说课的基本要求

（1）语言简明，重点突出；（2）关注教学创新，突出自身特色；（3）说理透彻，理论与实践相结合；（4）要具有较强的教学反思意识。

九、说课中应注意的问题

（1）处理好课程标准与教材的关系，教材不是唯一标准；

（2）理解说课与备课的区别，说课不能按教案说；

（3）理解说课与上课的区别，说课不能视听课对象为学生；

（4）说课要注意详略得当，突出“说”字，切忌“读”和“背”；

（5）备说课教案时要多问几个“为什么”。

第二节　教学反思技能

一、教学反思的概念与特点 【判断】 ★

教学反思是指教师对已经发生或正在发生的教学活动进行积极、持续、周密、深入、自我调节性的思考，并寻求多种方法解决问题的过程。教学反思的特点有：（1）超越性；（2）实践性；（3）过程性；（4）主体性；（5）发展性。

二、教学反思的作用 【判断】 ★

教学反思对教师的专业成长具有十分重要的作用。具体如下：

（1）教学反思有利于提升教师的教学经验；（2）教学反思有利于提高教师的职业幸福感；（3）教学反思有利于教师形成自己的实践性知识体系。

三、教学反思的方法和策略 新增 【多选】 ★★

（1）内省式反思。即通过自我反省的方式来进行反思，可用反思日记、课后备课、成长自传等方法。

（2）交流式反思。即通过与他人的交流来进行反思，可用观摩交流、学生反馈、专家会诊和微格教学等方法。

（3）学习式反思。即通过理论学习或通过与理论对照进行反思。

（4）研究式反思。即通过教育教学研究来进行反思。

真题面对面

[2022郑州二七,多,1.6分]叶澜教授说:"一个教师写一辈子教案难以成为名师,但如果写三年反思则有可能成为名师。"教师交流式反思的主要形式有(　　)

A. 微格教学　　B. 专家会诊

C. 课后备课　　D. 反思日记

答案:AB

四、教学反思的过程

教师反思分为以下四个环节:(1)具体经验;(2)观察与分析;(3)重新概括;(4)积极的验证。

五、教学反思的途径 【单选】★

(1)阅读理论文献,在理论解读中反思;(2)撰写教学日志,通过写作进行反思;(3)寻求专业引领和同伴互助,在对话讨论中反思;(4)征求学生意见,从学生反馈中反思。

★★ 考点大默写 ★★

1. 说课的功能包括检查功能、评价功能、______和______。

2. ______说课是为突破教学难点,探讨教学热点问题,寻找解决问题的方法而进行的说课。

3. ______是指教师对已经发生或正在发生的教学活动进行积极、持续、周密、深入、自我调节性的思考,并寻求多种方法解决问题的过程。

4. 教师通过观摩交流、学生反馈、专家会诊和微格教学等方法来进行反思,这种反思的方法和策略属于______。

【参考答案】

1. 培训功能;研究功能　2. 研讨性(研究性)　3. 教学反思　4. 交流式反思

我于______年____月____日完成了对本部分的学习。

复盘一下,我对自己较肯定的地方是______

(足够努力/心态积极/方法得当……)

我觉得自己需要改进的地方是______

(懒惰懈怠/心情浮躁/方法不当……)

休息片刻,开启下一站征程!

第八部分

教育写作与教育活动设计

SHAN XIANG

内容导学

- 河南省教师招聘考试教育写作与教育活动设计部分共分为两章。
- 第一章是对教育写作的评分标准、写作类型、议论文写作策略的讲解；
- 第二章主要介绍了教育方案设计、教案设计的内容及答题思路。
- 考生要掌握教育写作的技巧及教育活动设计的答题策略。

第一章 教育写作

教育写作是教师招聘考试众多命题形式中的一种，主要考查考生对于全面教育及新课程改革精神的理解和把握，主要目的是通过教育写作使教师掌握新的教学理念，属于知识运用题型。教育写作在招教考试中所占分值较大，在规定时间内写出一篇文质兼具的佳作并非易事，这就要求考生必须掌握写作技巧，懂得写作章法，做到：**字数够、书写佳、主题明、脉络清、气势猛、结尾烈**。

一、评分标准及解读

教育写作分值动辄达三四十分，一道题目就牵动着成千上万考生的命运。教育写作评分标准与高考作文评分标准大致相同，以30分为例，其他分值以此为基准，划分等级，依此类推。

表8-1　写作题评分标准

		一等（30～24分）	二等（23～17分）	三等（16～10分）	四等（9～0分）
评分参考指标	内容（15分）	切合题意	符合题意	基本符合题意	偏离题意
		中心突出	中心明确	中心基本明确	中心不明
		内容充实	内容较充实	内容单薄	内容不当
		思想健康	思想健康	思想基本健康	思想不健康
		感情真挚	感情真实	感情基本真实	感情虚假
		深刻创新	比较新颖	有新颖语句	无新颖语句
	表达（15分）	符合文体要求	符合文体要求	基本符合文体要求	不符合文体要求
		结构严谨	结构完整	结构基本完整	结构混乱
		语言流畅	语言通顺	语言基本通顺	语言不通顺
		工整干净	字体清楚	字体基本清楚	潦草杂乱

以下对各个等级的评分标准进行解读：

1. 切合题意

一等切合题意，二等符合题意，三等基本符合题意，四等偏离题意。

现在的教育写作，无论是话题作文，还是材料作文，正确的立意可能有多个，但是如果材料已经暗示了几个立意角度的关系，那么这些最佳立意角度中最具有辩证性的立意，就是最切合题意的。如果材料叙述冷静客观，没有流露褒贬，从几个允许的角度立意，都算符合题意。基本符合题意是指作文的中心论点与作文材料或题目有关联，是从材料引申出来的，阐述了题目的基本含意但又偏离了出题人的本意。偏离题意是指作文的中心论点与题目毫无关系，这个论点不在材料、命题含意的范围内，如命题人让写的主题是“创新”，考生写的主题是“合作”。

2. 中心突出

一等中心突出，二等中心明确，三等中心基本明确，四等中心不明。

中心突出即全文明确表达出了一种观点，如赞同什么，反对什么，认为是什么，我们该怎么办，有明显的主论点和分论点，并且论据能充分表现主题。中心不明常表现为语言堆砌，多样论据、故事的罗列，各种观点都有，这些观点前后无关联，甚至矛盾，无主旨句，老师阅后不知文章在阐述怎样的道理。

3. 内容充实

一等内容充实，二等内容较充实，三等内容单薄，四等内容不当。

作文内容即作文中运用词句呈现出来的整体情况，包括各种论据、材料，记叙的事件、情节等。内容充实是指作文中所用的材料丰富真实，运用合理，针对现实，言之有物，且言之凿凿。内容单薄指文章像是在做简答题或论述题一样，甚至空发议论，空喊口号，没有可信服的材料，满是空洞的说教之词。内容不当是指论述不着边际，记叙天马行空，让阅卷老师如坠云里雾里。

4. 思想感情

一等思想健康，感情真挚；二等思想健康，感情真实；三等思想基本健康，感情基本真实；四等思想不健康，感情虚假。

如果文章表达的思想感情是作者真挚感情的自然流露，与文章内容和谐一致，融为一体，合情合理，且传递的是正能量，引导读者积极向上，则视为思想健康，感情真挚。如果文章表达的感情不符合情理，是矫揉造作的虚情假意，甚至与文章内容冲突，传递的是负能量，给读者以不良影响，把读者引向灰暗的死胡同，则视为思想不健康，感情虚假。

5. 深刻创新

一等深刻创新，二等比较新颖，三等有新颖语句，四等无新颖语句。

深刻侧重指观点方面：观点一针见血，入木三分，发现问题所在，给人以启发意义；透过现象看到事物本质，揭示事件的原因、过程、结果。创新包括作文的各个方面，涵盖观点、内容等。无新颖语句指满篇都是陈词滥调、说教之词，没有让人眼前一亮、耐人寻味的新巧词句。

6. 符合文体要求

一、二等都需符合文体要求，三等基本符合文体要求，四等不符合文体要求。

文体方面，不做过分的限制，能大致看出是议论文或记叙文、书信体、演讲稿即可。议论文的三要素要齐全，能看出明确的论点、论据、论证方法。记叙文的六要素要完备，故事的时间、地点、人物、起因、经过、结果要叙述清楚。

7. 结构严谨

一等结构严谨，二等结构完整，三等结构基本完整，四等结构混乱。

结构严谨即文章有一个严密有力的框架（骨骼）在支撑，这个框架保证文章可以坚强地站立，有始有终，并有说服力。同时，上下部分紧密相连，前后内容围绕中心，是个有机的整体。结构完整即文章大概有个框架，前后能比较自然地联系、过渡。结构基本完整即文章有个基本的小框架，前后稍微有联系。结构混乱即文章如一盘散沙，条理不清，逻辑不明，甚至没有成篇。

8. 语言流畅

一等语言流畅，二等语言通顺，三等语言基本通顺，四等语言不通顺。

以800字的作文为例，语言流畅即文章语句自然通顺，有文采，语病在3处内；语言通顺即文章读起来上下衔接自然，不一定有文采，语病在5处内；语言基本通顺即上下语句大致能连起来，语病在7～10处；语言不通顺即有大量语病，读起来佶屈聱牙，影响理解。

9. 字体卷面

一等工整干净，二等字体清楚，三等字体基本清楚，四等潦草杂乱。

字体工整即书写规范，端正大方，全文整齐有力，卷面干净即卷面没有随意涂抹、勾勾画画等现象；字体清楚即字体可能不规范，有大有小，上下错落，不够整齐，但易辨识；字体基本清楚是指字迹尚能让阅卷老师看懂写的是哪个字。潦草就不单单是连笔的问题，而是“龙飞凤舞”，难以辨认，无从阅读。

二、题型分析

从命题方式来看，教育写作这一题型主要考查命题作文、材料作文和话题作文。

表8-2　考查类型及特征

命题作文	题型特征	要求考生根据给定的题目进行写作。这类写作对写作内容的限制性较强，直接体现写作意图，可以避免跑题，同时也将考生的思想禁锢在一定范围内，不利于考生创造性的发挥
	真题示例	请以“教育的初心”为题，写一篇不少于300字的小作文。除诗歌外，文体不限
材料作文	题型特征	命题者只给定材料（文字或图画），要求考生在理解材料的实质、内涵，并审明题意后写作。命题者不在题面点明材料的含义
	真题示例	卢梭曾经写道：“大自然希望儿童在成人之前就要像儿童的样子。如果我们扰乱了这个秩序，我们就会造成一些早熟的果实，它们长得既不丰满也不甜美，而且很快就会腐烂；我们将造成一些年纪轻轻的博士和老态龙钟的儿童。儿童自有他特有的看法、想法和感情，如果想用我们的看法、想法和感情去代替他们的看法、想法和感情，那简直是最愚蠢的事情。” 请根据以上材料，从教师的角度出发，自拟题目，写一篇议论文。 要求：(1)思想深刻，观点明确；(2)内容充实，结构完整，语言流畅；(3)800～1000字
话题作文	题型特征	给定材料是对话题的说明、解释，目的在于帮助考生理解话题。 作为一种比较自由的写作形式，考生可以在文章中最大限度地张扬个性，发挥自己的长处
	真题示例	在一次教师节前夕，习近平总书记来到北京师范大学看望教师和学生，观摩课堂教学，进行座谈交流，并提出好教师的四项标准是“有理想信念、有道德情操、有扎实学识，有仁爱之心”。 请以“好教师需有仁爱之心”为话题，写一篇议论文。 要求：观点鲜明，主题明确，分析合理，论述深刻，语言连贯，字数不少于800字

三、议论文写作策略

1. 立意

“文以意为主”，立意就是确立中心思想。这是写好文章的关键。文章的中心思想会统领全文，贯穿首尾，制约每段，支配每句。所以在动笔之前，考生一定要把表达的意图、说明的问题、论述的道理确定好。

(1)立意的基本要求

①立意要准确。立意的准确涵盖两个方面的内容。首先是切题，即要求所确立的主题思想与文章的题目或者题意，与它所反映的社会生活和考生的思想感情相吻合。简单来说，就是要做到文章的材料与内容的高度统一。其次是健康、积极向上。立意的健康与积极不意味着考生只能一味弘扬真、善、美，不允许揭露与抨击社会的伪、恶、丑，而是要求考生能够用全局的、辩证的眼光去看待与分析社会现象，做到批判是为了寻求更好的方法去颂扬和宣传美，要在文章中渗透科学、正确的世界观和方法论。

②立意要集中。立意集中要求一篇文章只能有一个中心思想，做到“目标始终如一，方寸一丝不乱”。文章的所有内容和材料都要指向主题，针对主题，向主题凝聚，为主题服务。只有这样，文章才会做到即使“形散”也“神不散”，才能中心突出，呈现出巨大的影响力和感染力。什么都想说只能导致什么都说不清，说得不够深刻。

③立意要深刻。鲁迅先生说，写文章对材料开掘要深。这就要求文章的主旨不能停留在事物表面现象的罗列和分析上，而是应该透过现象深入本质，揭示问题产生的原因，揭示事物的某种本质，能在一般的认识上再进一步，能发现别

人没有发现的点，并能给人以启示。深入的思考不能随意引申，更不能无原则地提高和升华，必须结合生活实际，要具体、真实、可靠。

④立意要新颖。立意新颖，就要求写作意图要紧扣时代的脉搏，充分反映新人新事、新思想、新风貌，给读者以新鲜感和时代感。所考虑的问题要有新角度，所写的内容要有独特的见解。应采取新颖别致、富于变化的写作方法，使人读了耳目一新，受到感染。

(2)立意的基本方法

①抓关键词句法。有的材料为突出中心，会在材料中设置关键词、句(开头、结尾、对话)，抓住这些关键词、句，再寻找关键词句之间的逻辑关系，并对关键词句的内涵进行阐释，找出其引申义、比喻义，就能列出符合题目要求的几个立意，从而准确把握材料主旨。

②以果溯因法。任何事物的产生、变化和发展，都有其内在或外在的原因。因此，考生可以阅读、分析材料的因果联系，从结果切入，以果溯因，从而确立文章的主题。

③多角度分析。一般来说，材料的各个立意点，是蕴含在材料所涉及的人和事上的，因而我们可以从材料中的人和事入手，问个"为什么"，提炼出多个观点。

【示例】阅读材料，选择一个角度构思，自主立意，写一篇不少于800字的议论文。

一头驴子和一匹马到某磨坊去应聘拉磨工作。结果，驴被选中，马遭淘汰。

一年以后，这匹马被伯乐相中，成了远近闻名的千里马。

磨坊的主人闻讯以后，后悔不迭地跑去对千里马说："你如此能干，当初我居然没有聘用你，我真是有眼无珠呀!"

"幸亏当初没被你聘用。"千里马说，"不然，我现在就不会成为千里马，而是变成一头拉磨驴了!"

从驴和马的能力的角度分析：驴跑不快，适合拉磨工作；马跑得快，不适合拉磨——工作需要认清自己，充分了解自己，明白只有适合自己的才是最好的。

从马应聘拉磨工作失败的角度分析：马遭到淘汰后，没有一蹶不振，甚至成为了千里马——要相信自己，勇于面对挫折和挑战。

从马被伯乐相中的角度分析：马被伯乐相中，成为远近闻名的千里马——要抓住机遇，成就梦想。

从伯乐和磨坊老板的角度分析：伯乐相中了被磨坊老板拒绝的马，发现了马的潜能；而磨坊老板淘汰了马后，后悔不已——要有一双发现人才的眼睛，不要埋没人才。

可选用的立意有：①适合自己的，才是最好的；②认清自己，找准位置；③是金子总会发光的；④要正确地面对挫折；⑤错过也许意味着新生；⑥机遇成就梦想；⑦莫让人才空埋没；⑧塞翁失马，焉知非福。

2. 标题

标题居于一篇文章之首，是文章传递重要信息的有机组成部分。"拟就好题一半功"，这说法虽有夸张之嫌，却凸显了标题在整篇文章中的重要性。

(1)标题的基本要求

①体现论点。古人云：题如文眼。在标题中体现论点，一者可以先为文章定下基调，确保论证条理清楚，说理分明；二者可以使阅卷者在第一时间明确考生观点，把握文章中心。

②简洁鲜明。英国著名戏剧大师莎士比亚曾说："简洁是智慧的灵魂，冗长是肤浅的藻饰。"拟定文章标题，对考生的要求是用适量的字，表达出文章的中心。具体到字数上，单层标题不应超过一行，复合标题不应超过两行。

③略赋文采。"文似看山不喜平，画如交友须求淡。"袁枚在《随园诗话》中为我们点明了文章出彩的重点——文采。文采如同茶叶，稍加一些就会清芬扑鼻，舌有余香。

④书写规范。文章标题应居中书写，副标题加破折号在主标题下缩进两个字书写，尽量做到两边空格均匀。标题的书写格式如下：

□□□□□□□□□□□□□□□□成长的引路者□□□□□□□□□□□□□□□□□□□

□□□□□□□□□□□□□□□□□□□——因材施教□□□□□□□□□□□□□□□□□□

标题较长需回行时，最好居中排列；由一句话分成两部分或两个以上的句子组成的标题，应该在中间空一格，而不能在两句间加标点。长标题的书写格式如下：

□□□□□□□□□□□□营造温情氛围□呵护学生自尊□□□□□□□□□□□□□

(2)拟题的基本方法

①点事实

“事实”指事情的实际情况。点事实，就是把材料中反映的某一事件或问题简单概括出来作为标题，也可以直接引用材料中的原话做标题。需要注意的是，题目中所涉及的事件或问题，一般是材料中的一个点或一个面，这个点或面往往最能反映材料中心，最具有代表性，最能表达作者的强烈感情。

②点论题

点论题也就是标题告诉了读者该文的议论范围。其特点为标题中含有“说”“谈”“论”“讲”等词语。

【示例】论新时代的素质教育/谈诚信

③点论点

中心论点，是作者对所论述问题的最基本的看法，是作者在文章中所提出的最主要的思想观点，是全部分论点的高度概括和集中体现。用中心论点做标题，可以鲜明地告诉读者作者的见解和观点，即作者赞成什么，反对什么。此种标题多用判断句或陈述句的形式表达。点论点是写作题目拟定中最常用、最推崇的一种拟题方法。

【示例】用宽容之心对待学生/责任是教师的使命

(3)优化标题的方法

在教育写作中，作文标题的扣分点主要表现在：①标题表述欠妥，使人产生歧义；②标题不够具体，空洞乏味；③标题的观点、立场不够明确；④标题不够精练，句式复杂，语言啰嗦；⑤标题不够生动，难以给人留下深刻的印象。

因此，考生在准确拟定标题的基础上，还需要对标题进行优化，尽量使标题新颖生动，吸引读者眼球。优化题目的具体方法有：①直接引用古诗词、名言警句、成语典故等为标题。例如，《学高为师 身正为范》《赠人玫瑰 手留余香》等。②用比喻、拟人、对比等修辞手法优化标题。例如，《因材施教还是因“财”施教》《营造温情氛围 呵护学生自尊》等。

3. 开头

(1)开头的基本要求

①有吸引力

教育写作，要起笔不凡，让阅卷者刚刚接触到文章，就被吸引住，有一睹全文的欲望。因此，开头要有吸引力。

②快速切入主题

文章的开头是文章的总体方向，要为总论点服务。因此，开头应快速切入主题，让阅卷者开篇便知道文章的核心观点是什么。开头不要繁冗啰嗦，要简明扼要，以实际内容提出或引出总论点，切忌假大空，不要因为大量列举事例而忽略、埋没文章的中心论点。

③流畅引出下文

布局谋篇要考虑段与段、层与层之间的组合关系，开头除了要完成好自身的任务，还有个重要功能是引出下文，所以开头的最后一句通常要承上启下，或者宏观概括问题，或者简要论述，为下文的延伸阐述留出足够的空间。

(2)开头的方式

文章的开头是展现给读者的“第一缕阳光”，不仅奠定了行文的基调，而且能为读者带来一份好心境。常见的开头写法有“开门见山”式、引用名句式、妙用修辞式、故事引入式等。

①“开门见山”式

开篇直截了当地摆出观点，既能渲染出一种气势，也利于畅通文思，围绕论点展开议论。

【示例】吴晗在《谈骨气》的首段就提出了中心论点“我们中国人是很有骨气的”,来引领全篇,让读者产生强烈的民族自豪感。

②引用名句式

引用诗句、名言、格言、谚语等作为文章的开头,并顺其自然地引出自己的论点。这样不仅使文章立意深邃隽永,而且能展现作者的文采,有先声夺人之势。

【示例】林家箴在《说“勤”》开篇谈道:“中国有句俗话,叫作‘一勤天下无难事’。唐代大文学家韩愈也曾说过:‘业精于勤。’这就是说,学业方面的精深造诣来源于勤奋好学。”

③妙用修辞式

文章开头运用比喻、排比等巧妙而贴切的修辞方法,形成一种形式美,让人印象深刻。

④故事引入式

采用形象化议论,引入故事,提升立意。当然,故事应言简意赅,重点不在于故事本身,而在于为后文提供广阔的议论空间。

4. 论证

一篇文章要想算得上精彩,仅仅通过立意提出论点是不够的,还需要通过论证来证明自己的观点以使人信服。

(1)论证的基本要求

①论据选取准确

论据选取准确包含两方面的内容。一方面是论据要和论点保持一致。论据作为论证论点的材料,支撑论点的工具,需要与论点紧密结合,得出的结论才有足够的说服力;另一方面,论据本身要正确,没有虚构、错误的内容,经得起推敲。

②论证说服充分

文章的论证,不但要选取正确的论据,还要对论据进行分析论述,这样才能更有效地证明论点。这就好比做菜,若将食材直接装盘上桌肯定是不行的,必须施展厨艺对食材进行加工。

③论证方法多样

单调、贫乏从来都是写作的禁忌,在教育写作中考生如能恰当地运用多种论证方法,就能使文章显得丰富而又富有变化,从而拉开与其他考生的距离。

(2)论证的技巧

①举例论证

举例论证是指运用典型事例来证明论点的方法。任何论点不能独立存在,事实胜于雄辩,列举确凿、充分、有代表性的事例,能够增强论证的说服力。

②引用论证

引用论证也叫“引证”,即引用公理、名言警句、经典著作、历史文献、谚语、成语、俗语等作为论据,用以分析问题、说明道理。

③对比论证

对比论证是一种常用的、有说服力的论证方法。事物的特征和本质在对比中最容易显露出来,特别是正反相互对立的事物的比较,具有极大的鲜明性,能给人留下深刻的印象,通过对比,正确的论点会更加稳固。

5. 结尾

(1)结尾的基本要求

一篇文章的写作,起笔收势都非常重要。一个好的结尾会令人拍案叫绝,为文章锦上添花,在最后阶段给阅卷者留下美好的印象。

①完整简洁

结尾的重要作用之一是收束全文。古人说，文章结尾应当“如截奔马”，就是要把洋洋洒洒的文章在适当的地方收住。要掌握好分寸，决不拖泥带水。

②言之有物

我们写作时，对文章的结尾进行适当的升华，并对未来做出展望是可以的，但切忌空喊口号，无实质内容。

(2)结尾的技巧

①照应式结尾

照应式结尾是指结尾扣题，呼应上文，充分体现文章的连贯性，点明文章的主旨。照应式结尾包括照应标题和照应开头。

②总结性结尾

总结性结尾是指对全文内容进行综合和小结，对中心思想做一个准确的提炼和归纳，使读者对全文有一个清晰明确的总印象或点明主旨，揭示文章主旨。

③展望号召式结尾

展望号召式结尾是在文章结尾时发出真挚的呼唤，鼓舞人心，给读者强烈的心灵震撼。展望号召要求我们以坚定有力的语气指明事物未来的发展方向、政策走向，以及问题必然解决、情况必然改善的趋势和前景。一般以感叹句、陈述句等抒发感情，发出倡议。

④借用名言式结尾

借用名言式结尾是指引用教育学家或哲人、经典名著中的权威论述，联系主题进行阐释，借题发挥，有引有阐，发掘文章的内涵思想，提升全文的理论层次，展现教育、道义高度与人文情怀，烘托文章的立意。

四、典例精析

材料：我国古代伟大教育家孔子说过：“其身正，不令而行；其身不正，虽令不从。”苏联教育家马卡连柯曾说过：“不要以为只有你们在教训孩子、命令孩子的时候才是教育，你们在生活中的每时每刻，说的每一句话……这一切都有重要意义。”

根据文意，站在老师的角度，写一篇不少于800字的议论文。(30分)

【深度剖析】

(1)从材料内容来看，孔子和马卡连柯的话都强调了教师的一言一行都会对学生产生巨大的影响，所以教师要以身作则，为人师表，树立正确的教师观。考生可从“为人师表做榜样”的角度出发进行写作。

(2)从写作要求来看，考生需要从教师的角度出发进行写作，站在其他角度均属于跑题。

【结构思路】

以“树立正确教师观，为人师表做榜样”为例：

(1)点明主题。考生可以开门见山，直接点明本文的中心论点。

(2)论证主题。考生可从正反两个方面选取论据，进一步论证教师要“树立正确教师观，为人师表做榜样”的重要性和必要性。

(3)深化主题。考生可联系实际，分析教师应该怎样做才能“为人师表做榜样”，同时在文章末尾再次强调“为人师表做榜样”“树立正确教师观”对学生的重要影响，进一步深化文章的主题。

【佳作示范】(满分30分)

树立正确教师观，为人师表做榜样

教师是学生成长过程中重要的引导者，他们的行为对于培养学生成才至关重要。教师不仅要教书，更要育人，以自己模范的品行来教育和影响学生，成为学生学习的典范。所以教师要树立正确的教师观，在教学过程中以身作则、为人师表，成为学生仿效的榜样。

为人师表是教师的必备素质。张伯苓十分注意对学生进行文明礼貌教育，他认为“教育范围绝不可限于书本教育、智育教育，而应特别着手于人格教育、道德教育”。他指出：“任教者当注重人格感化。”当他劝告学生戒烟而被学生责难时，他立刻当众销毁自己所有的吕宋烟，还折断使用多年的烟袋杆，诚恳地说：“从此以后，我与诸同学共同戒烟。”之后他果然言而有信，成为学生戒烟的榜样。正是他的为人师表，才培养出大批德才兼备的学生，成为近代以来中国民办教育卓有建树的典范，被称为“中国现代教育的一位创造者”。

但有些教师做不到身体力行。一个上课迟到、不及时批改学生作业的教师，如何让学生按时上学，按时完成作业？一个沉迷于有偿家教、把出售知识当作本职的教师，如何让学生体会到师德的高尚？孔子曾说过：“其身正，不令而行；其身不正，虽令不从。”可见，教师的一举一动都是无声的命令。凡是要求学生做到的，教师必须身体力行。

身教重于言教。教师的行为表达着情感，学生从教师的行为中接受着情感的熏染和启迪。这是因为教育是人与人心灵上的相互接触，教师所表现出的道德面貌，既是学生认识社会、认识问题、认识人与人关系的一面镜子，也是学生道德品质成长最直观、最生动的榜样。因此教师必须具有崇高的品德和高尚的人格，才能达到育人的目的。教师要做好人类灵魂的工程师，首先自己要有高尚的道德情操，这样才能以德治教，以德育人，才能成为一名合格的教育工作者。

我们要树立正确的教师观。规范自己的言行举止，要以自己的“言”为学生之师、“行”为学生之范。时时刻刻以自己的人格影响学生，以自己的品行感化学生，以自己的言行引导学生。在学生的眼中，教师是值得信赖的。所以，让我们时时刻刻注意自己的言行，做一个充满爱心的园丁，给这些幼苗一个充满阳光的花园，让他们快乐地成长。

【专家点评】

文章整体采用“总分总”的形式，开篇点题，结尾升华主题，简洁明了。在论证主题时，文章围绕“正确教师观”“为人师表”“榜样”等方面进行写作，并从正反两个方面举例，在鲜明的对比下，针对相关问题提出正确、具体的做法。正反对比，论证充分，具有借鉴意义。

第二章 教育活动设计

第一节 教育方案设计

一、题型简介

教育方案设计一般是根据一定的教育情境或为解决某些教育问题而进行的教育活动方案的设计。

二、答题策略

教育方案设计主要考查考生对教育活动的策划组织能力以及语言表达能力等，对考生综合能力要求较高。考生可从教育活动方案的主题、设计依据、目标、准备、内容与过程、预计效果及检验方法等方面来分析教育活动的内容应如何呈现。

1. 主题

从真题的考查来看，题目设置贴近教育实际，呈现的是实际教育现象、教育情境或教育问题。因此，主题的设计来源于题干的材料，符合学校教育目标和班集体建设、管理的需要。主题可以用关键词和归纳法进行提炼，从具体现象中找到本质问题，并针对这一问题提出对策，这一对策即可升华为活动主题。具体来说，在设计主题时要注意：

(1)主题要有针对性

主题的选择从学生实际情况和需要出发，做到有的放矢。

(2)主题要有知识性和时代性

中小学生富于幻想，有强烈的好奇心和求知欲，要寓教于知识中，同时要从时代和青少年的特点出发，精心设计和构思富有时代特点并能够广泛引起当代学生兴趣的主题。

(3)主题要突出集中，形象生动

一次班级活动最好集中解决一个问题，歌颂一种精神，培养一种品德，避免内容杂乱无章。否则，会使学生无所适从，难以收到良好的教育效果。

(4)少先队、共青团活动要体现党的领导

少先队和共青团都是在中国共产党领导下的先进群众组织，在开展活动时应体现党的领导与国家对青少年儿童的最新要求。

2. 设计依据

设计依据就是阐述题干材料和所设计的主题之间的联系。一般来说，设计依据可以从以下几个角度进行阐述：

(1)活动主题的重要性

这是指该活动对班级的管理、学生的品格发展、身心成长等的促进作用。

(2)活动主题的必要性

这主要是针对教育问题而言的，即这一主题的设计能够对解决当前问题有重要的帮助作用。

(3)活动主题可取得的现实效果

这是预设该活动在解决当前问题中可能取得的良好效果。

3. 活动目标

活动目标是指通过教育活动所期望取得的效果。它指明了教育要达到的标准和要求，是开展教育活动的依据。

(1)活动目标表述的维度

包括认知方面、行为技能方面、情感态度方面。一般来说，教育活动的目标都包含这三个维度，但在实际表述中可根据具体情况,表述其中一个或两个方面。

(2)活动目标表述的要素

行为:通过活动学生能做什么,指向的是学生的行为变化,关注的是学生的行为结果,具有客观性、可操作性。

条件:说明这些行为在什么条件下产生。

标准:指出合格行为的最低标准。

(3)活动目标表述的要求

以学生为主体。根据新课程改革倡导的教育观念,要明确学生在学习中的主体地位,因此,在表述时要以学生为主体,即:学生认识……学生学会……学生能够感受到……要具有可操作性,避免过于笼统、概括和抽象;要清晰、准确、可检测,不能用活动的过程和方法来取代。

4. 活动准备

一般来说,一个教育活动必然有相应的准备工作,本环节可以根据设计的活动内容以及在作答时的字数限制进行考虑。

活动准备包括:知识准备、情感准备、材料准备和空间环境准备。在答题时一般写出的是材料和空间环境准备。

材料准备一般包括活动中涉及的人员角色分配、使用的PPT、卡片、视频、模型、挂图、发言稿、主持词等。空间环境准备一般包括室内或室外、教室布置、桌椅摆放、人员安排等。

5. 活动内容和过程

(1)活动内容和过程设计要求

①契合活动目标,并能够实现活动目标。

②符合相应学段的学生特点。

③活动环节的表述清晰、具体、明确。

④突出学生的主体性,保证学生的参与度。

⑤活动中教育性与趣味性相结合。

(2)活动过程的具体环节

①活动导入(开场)

该环节要点明活动主题,引导学生进入活动,调动学生参与的积极性和主动性。导入部分需要简短,揭示主题,具有一定的吸引力。

一般来说该环节的具体方法包括:名人名言、歌曲、猜灯谜、图片展示、视频播放、设置疑问、情境表演或直接由主持人(班主任或班长等)带入主题。

②活动展开

活动展开即利用各种形式展开活动主题的过程。展开过程可以包括多个环节,要内容充实、有层次、方式多样。常用的方式有:游戏(集体或小组)、表演(歌舞、小品等)、朗诵、故事分享、讨论、辩论、情境辨析等。

考生需要注意,该部分的设计虽然灵活性较强,没有统一的标准,但要符合该部分的设计要求,无论是游戏设置、辩论还是表演,都要为活动主题服务,不仅要具有娱乐性和趣味性,也要具有教育性和意义性。在陈述规则或故事过程时,要力求清晰、简洁。考生应搜集一些常用游戏、名人名言、事例典故、小品或情景剧的材料,有意识地进行整理记忆,这样才能在作答时有所依托,不会言之无物。

③活动总结

活动结束时需要总结主题,深化、升华主题。总结可通过主持人进行总结发言或者班主任寄语的方式进行。总结部分要紧扣主题,引发学生思考,对学生提出希望和要求。

6. 预计效果

预计效果是对教育活动取得的效果的预设。在预计效果时,可以根据活动目标进行作答,特别是针对其行为目标进行阐述,注意贴合实际,做到具体、可检验。

7. 检验方法

检验方法即对预计效果做出检验，以判断其在实际中能否实现。因此，检验方法要与预计效果相对应。通常来说，检验方法包括：观察法（直观形象地感知结果）、沟通交流法（从与交流者的言语中得出结论）、行为检验法（制造某种现象，考查被检验者的行为是否有所改变）、测试法（通过提问、问卷等方式进行考查）。

三、考点例析

学校教育活动种类繁多，以下选取了部分重要的班级活动和教育管理活动进行考点分析，并以典型例题直观展示，以供考生参考。

考点1　班级主题活动（主题班会类）

此类活动设计不仅要按照题目要求的内容进行，还需要在具体环节设计上注意。

1. 提炼主题

在确立班会主题时要注意：

（1）以小见大；（2）有针对性；（3）有创新性；（4）有实用性。

2. 选取内容

充实的内容是主题班会取得成功的重要保证。选取内容时需要注意：

（1）注重积累素材。一些名人案例、谜语故事、游戏表演等，都要在平时下足功夫进行搜集和准备。

（2）融合教育实际。要注意结合学生的实际，让学生能够切实感受到班会主题和自身成长、发展的关系。真实的案例能够引起学生的共鸣，从而取得良好的教育效果。

3. 确定形式

班会要达到寓教于乐的目的，就要根据青少年学生的特点，运用多种形式开展班会。结合案例分析，班会形式的新颖性可以从如下方面着手：

（1）班会开场

例如：《寸草报春晖》的班会，是从学生介绍自己的家长开始的，通过这样的开场，既缓解了家长和孩子的紧张情绪，又让教师了解了家长们的情况，以便在班会开展过程中更有的放矢；《法，离我们并不遥远》的班会是用几个孩子在放学路上打闹受伤引发纠纷的小品开始的；中秋节的班会《中秋"家长来访"》，是以家长们朗读悄悄写给孩子的信开始的。

（2）班会主体

小学的班会要有热度，中学的班会要有深度。因此，在小学班会中可以结合游戏、表演、视频、歌唱等形式，在中学阶段的班会中可以结合案例、主题讨论和说服教育等形式。

（3）班会总结

例如，在召开了《你为集体做了些什么》的主题班会后，就要及时表扬那些关心集体利益，为集体做了好事的同学。在召开《"中秋"家长来访》的班会后，可以让学生给自己的家长也写一封信。另外，班主任的总结性寄语要画龙点睛，这就要求班主任的发言要情感真切，富于感染力，能够强化学生对班会主题的理解。

【典型例题】

为贯彻落实《中共中央国务院关于全面加强新时代大中小学劳动教育的意见》《大中小学劳动教育指导纲要（试行）》，全面提高学生劳动素养，某乡村小学拟开展"公益劳动周"活动。在"公益劳动周"活动开始前，班主任李老师想通过主题班会的形式，使学生们进一步认识公益劳动，积极参加公益劳动。

相关情况：活动对象为小学五年级学生，班级人数为40人。

请你根据上述材料完成主题班会的方案设计。

【参考答案】

1. 活动主题：爱公益，爱劳动

2. 活动目标

(1)学生认识到劳动的重要性，树立劳动最光荣的观念；

(2)学生形成独立生活的能力，并掌握一些基本的知识和技能；

(3)学生能够体会劳动的辛苦，自觉尊重劳动者及其劳动成果，形成参加公益劳动的积极情感。

3. 活动准备

班主任准备好活动方案及班会所需的课件、教具等物品。学生准备好自己的发言稿，协助班主任做好布置教室等事宜。

4. 活动过程：

(1)播放歌曲《劳动最光荣》引入主题。

(2)"这些我来做"深化意识。通过小组合作的方式，让学生共同探讨出生活中可以自己动手完成的事情，并形成"这些我来做"小公约，培养学生爱劳动、勤动手的意识。(学生自由回答在生活中可以自己动手完成的事情)

(3)通过参加劳动技能竞赛体会劳动的乐趣。通过劳动技能竞赛，让学生在劳动中接受锻炼，体会劳动的乐趣，使他们成为生活中的小能手。(鼓励学生积极分享自己参加劳动活动的体验)

(4)"这些事情我要做"升华主题。每位同学以"这些事情我要做"为主题写一写自己可以做哪些公益劳动，如义务植树、义务大扫除等。

5. 活动总结

通过这次主题班会，我们知道了生活中有哪些可以自己动手完成的事情，也体会到了劳动的乐趣和辛苦，希望同学们在今后的学习和生活中能够热爱劳动，自觉做一些自己力所能及的事情。

考点2　班级社会实践活动

社会实践活动方案设计一般包括以下几个方面：

1. 活动的宗旨和目的

由于社会实践活动种类较多，明确社会实践活动的目的，才能在活动中贯彻始终，实现目标，完成好实践活动。

2. 参与主体

一般调研、实践活动需要参与成员进行分工与合作，主体一般包括学生和教师。

3. 组织形式

一般来说，任务繁重的调研和实践都需要成立相关小组，以小组为单位实施活动。

4. 时间要求

做好活动计划和时间分配，要在规定时间内完成规定项目。

5. 成果处理

活动成果通过一定形式进行展示，并体现出指导实践的作用。

【典型例题】

随着人类生活需求的扩大以及工业的迅猛发展，人类赖以生存和发展的环境受到污染，生态遭到破坏，环境问题已成为当今人类面临的全球性问题之一，引起了世界各国的普遍关注。为了增强中学生的环境意识，树立正确的环境观，班主任程老师组织学生利用寒假，对本市的环境污染进行了一系列的考察和调研。

假如你是程老师，请设计一个教育活动方案(自选一个学段)。

【参考答案】

学段：高中

主题：环保在我心中

设计依据：

(1)环境问题与人的生存和发展息息相关，人需要承担社会责任，积极关注环境问题。

(2)高中生已经具备了一定的社会责任意识和实践动手能力。

(3)通过本次实践活动，可以提升学生的实践能力，促进学生成长发展。

活动目标：

(1)学生能够比较全面地了解我市环境问题的现状和防治措施，正确认识人类经济发展同环境协调发展的关系。

(2)学生能够形成一定的调查研究能力。

(3)学生能够做到自觉保护人类赖以生存的自然环境。

活动准备：

(1)学生自愿组合，成立调查小组，民主选举组长，确定调查路线及访问对象。

(2)教师与一些企业的负责人进行联系，请求配合学生的调查访问。

(3)学生搜集企业违法排污，影响群众生产生活的事例，通过真实的例子感知环境对生活的影响。

活动内容与过程：

1. 活动步骤

(1)学习书本知识。认识当今环境问题的产生、现状及其危害，并了解人们为解决环境问题而采取的一般措施。

(2)进行实地考察。查看附近河流水体污染现状，到市区查看大气污染现状，到主要交通干道及建筑施工现场考察噪声污染情况，到垃圾转运中心观察废渣污染情况等。

(3)记录数据。重点走访市环保局、环境检测站、排污站等单位，全面地了解我市环境污染和环境治理的情况。

(4)谈心得体会。撰写《大气污染与防治》《水污染与防治》《噪声污染与防治》《固体废弃物污染与防治》《环境与我们》等一系列文章，并进行分享交流。

2. 实施过程

(1)调查走访

①学生以小组为单位，到河流所在地进行观察及取样，并以表格的形式记录观测的数据。

②学生以小组为单位，对确定的企业进行调查，小组成员合理地进行分工与合作。

③访问河流沿岸居民，询问内容由各组自定。

④在家长的帮助下，通过上网、查阅书籍等方式了解更多的环境问题，以及目前我市的环境状况，并详细记录相关数据。

(2)收集整理

对活动过程中收集的资料进行归纳整理，以小组为单位制作一张小报，内容可以包括：

①活动剪影：调查统计图表、活动的部分照片。

②感想分析：这次实践活动的感想，对一些污染事件的看法等。

(3)宣传环保意识

①评出优秀小报，张贴在校园宣传栏中，并提出倡议。

②当小小解说员，向家长、周围邻居介绍一些环境问题，讲解一些环保做法。

3. 预计效果：

(1)学生能够形成正确的资源观、环境观，具有保护环境的责任感和使命感。

(2)学生在课题研究中能够增强团结协作、信息搜集和处理的能力。

(3)学生能够在日常生活中注意保护环境。

4. 检验方法：

(1)通过学生的调查报告进行直观分析和检验。

(2)观察学生在今后的学习中分析问题的能力以及在日常生活中是否注意保护环境。

考点3 家长会

常规家长会的基本内容及组织的基本流程如下：

1. 家长会的目的

确定召开家长会的主要目的，在不同的时间召开，其目的不同。

2. 制订计划

(1)确定家长会时间、地点和形式。

(2)确定邀请人员及参会人数。

(3)确定会议的主要内容和流程。

(4)准备家长会所需材料(PPT、演讲稿、致家长的一封信等)。

(5)拟订阶段性培养计划。

(6)了解学生家庭情况，掌握班级学生的共性和个性问题。

3. 落实计划

(1)教师致欢迎词，阐明家长会的目的和主要内容。

(2)介绍学校、年级、班级的基本情况以及学生在校学习情况。

(3)注意维持家长会秩序，把握会议进度。

(4)设立教师与家长互动交流和个别交流的环节，也可以设置家长之间互相交流的环节。

(5)征求家长对学校教育教学工作的意见与建议。

(6)总结家长会的经验。

【典型例题】

经过一个学期的学习，学生在学习、交往、综合表现等方面都发生了很大的变化。为了在学期末与家长就学生的整体表现进行沟通和交流，帮助学生在以后的学习中克服缺点，不断进步，班主任决定召开一次家长会。

假如你是该班级的班主任，请设计一个家长会方案(自选一个学段)。

【参考答案】

学段：初中

题目：回顾与展望——期末家长交流会

设计依据：

一个学期过后，需要对学生在本学期的表现做出总结和评价。肯定其努力并且督促其改正问题，继续进步，这需要家长的密切配合，特别是在临近假期之时，需要家长和教师形成教育合力，才能达成对学生教育和影响的一致性。

活动目标：

(1)整合学校、家庭的教育力量，加强教师与家长的沟通，共同办好教育，促进孩子健康成长。

(2)对学生一学期的表现做出合理的评价，增强学生学习的自信心和积极性。

(3)认真听取家长对班级管理和教育教学的意见、建议，做好后续教育教学工作。

活动准备：

(1)选取入场音乐，创设愉快的会场氛围。

(2)设计黑板布置。

(3)向家长发放困惑咨询表和班级建设意见征集表，征求家长在家庭教育方面的困惑和对班级工作的建议和意见。

(4)准备给家长的一封信以及家长会的PPT和演讲稿。

(5)制作班级在本学期取得的各项成绩表及孩子在校生活的视频短片。

(6)请家长提前准备好对孩子在本学期的学习生活的点评和对孩子新学期的展望的发言。(在家长会上进行交流)

(7)与个别家长沟通，准备在家长会上介绍自己的教育心得。(将提前准备发言的家长分在不同小组)

(8)将教室座位合并成几个小组,每个小组6~7人。

活动内容与过程:

(1)向家长分发本学期的学生评语。

(2)班主任总结一学期以来班级建设取得的成绩。

(3)班主任总结期末检测的情况。帮助家长分析原因,提出今后的改进措施,并指导家长正确对待考试成绩。

(4)家长分组交流教育心得和教育中存在的困惑,相互学习,共同提高(讨论结束后,每小组安排一名家长发言)。

(5)家长代表发言:吐露自己的教育心得和感慨,表达对孩子的看法和希望,提出自己的见解,并对班级今后的工作提出建议和意见。

(6)对家长在问卷中提出的问题进行反馈,并给家长提出几点教育孩子的建议。要帮助家长认识到学生的成长应该是全面的,不能仅仅看成绩,更要关注学生在成长过程中的身心健康、人格发展,要以发展的眼光看待学生,关注孩子一点一滴的进步。

(7)观看班级视频短片,取得家长对班级工作的支持和理解。

(8)对新学期的学习生活提出展望和期待。

(9)假期的安全教育。

(10)与部分家长进行个别沟通。

预计效果:

(1)家长有正确的教育理念和方法,能够与教师共同努力,构成教育合力。

(2)学生从家长和教师的评价中获得鼓励和肯定,学习的积极性和主动性得到提高。

检验方法:

(1)与学生沟通,侧面了解家长的想法和做法。

(2)通过联络群组与家长直接沟通,及时了解家长的教育想法和教育方法。

第二节　教案设计

一、中小学教案设计内容

新课程改革背景下的中小学教案,实际上是以学生为中心,围绕学生在学习过程中遇到的学习问题而展开的教学设计。它具有鲜明的目的性、科学的计划性和有序的系统性,而不是一般的教学经验和案例。它是不断循环往复的过程,包括检测、反馈、修正及再实施的认识深化的过程,这个过程特别讲究科学性和创造性。

考点1　中小学教案的基本内容

(1)课题(说明本课名称)。

(2)教学目标(或称教学要求,说明本课所要完成的教学任务)。

(3)课型(说明是新授课,还是复习课)。

(4)课时(说明共需几课时,本节讲授内容为第几个课时)。

(5)教学重点(说明本课必须解决的关键性问题)。

(6)教学难点(说明本课学习时易产生困难和障碍的知识点)。

(7)教学过程(或称课堂结构,说明教学进行的内容、方法和步骤)。

(8)作业处理(说明如何布置书面或口头作业)。

(9)板书设计(说明上课时准备写在黑板上的内容)。

(10)教具(或称教具准备,说明辅助教学手段使用的工具)。

考点2　常见课型教案编写的要点

(1)新授课。①抓好教学各环节的过渡与衔接;②写明有效措施,便于突破难点。

(2)习题课。①设计好设问的问题和时机;②写好方法性总结;③启发引导思维的方向。

(3)复习课。①明确目标,提出问题;②对症下药,实施补救。

(4)实验课。①写明要求;②写清实验中易出现的问题及处理方法。

二、教案设计思路

1.课题

课题名称即所授课的名称。

2.课型

课型是指根据教学任务而划分出来的课堂教学的类型。按照不同的标准,分类也是多种多样的。在教案中常见的有讲授课、练习课、复习课、实验课、示范课、研讨课、汇报课、观摩课、优质课、录像课等。

3.课时

课时主要是指授课内容是第几个课时。

4.教材分析(教材情况+主要内容)

××××是××××(学段)××××(版本)××××年级,第××××册第××××单元中的内容,主要讲解××××(主要内容)。

5.学情分析

××××年级的学生××××,但××××欠缺。所以在教学中××××。

学情分析主要包括:(1)学生已有的认知水平和能力基础;(2)学生可能遇到的问题;(3)应采取的方法措施。

6.教学目标

根据新课改的要求和学生已有的知识基础和认知能力,确定教学目标:

(1)知识与技能目标:通过自主学习××××,学生能够××××。

(2)过程与方法目标:通过合作学习××××,学生能够××××。

(3)情感态度与价值观目标:通过探究学习××××,学生能够××××。

7.教学的重点和难点

本课的教学重点:通过××××学生能够掌握××××。

本课的教学难点:通过××××发展/提高学生××××。

(教学重点是指在授课时必须着重讲解和分析的内容,一般是知识目标;教学难点是指学生经过自学还不能理解或理解有较大困难的内容。一节课可以没有教学难点,但是必须有教学重点)

8.教学方法

主要采取的教学方法:××××法。

在本节课的教学中主要渗透××××法、××××法等。

(教学方法是指在授课过程中所采用的方法,如课堂提问、讨论、启发、自学、演示、演讲、辩论等)

9.教学过程

(1)导入新课

本课主要采用:故事导入/直接导入/游戏导入/情境导入/演示导入/提问导入等。

(具体怎么导入,需要简单阐述)

(2)讲授新课

在讲授新课时,为了突出本节课的第一维知识与技能目标,首先引导学生自主学习,学生对基本的概念和知识初步感知、学习后，再对重要的生词（语文，其他科目视具体情况而定）进行讲解，具体过程如下：

……（讲授第一维目标）

这部分讲授完成后，开始讲解本节课的难点，也就是第二维过程与方法目标，引导学生进行探究学习。学生先进行探究学习，能够用自己的话语总结××××方法。然后，结合实例，对××××方法进行详细讲解，具体过程如下：

……（讲授第二维目标）

（3）巩固练习

必要的练习有利于学生对新知识的掌握，练习题要紧紧围绕教学目标设计，要精巧、有层次、有梯度、有密度，还要考虑练习的方式，是教师板演还是学生板演，如果是学生板演，考生要代替学生将板演的内容写到黑板上（根据各科目自行设计）。

（4）课堂小结

课堂小结也叫归纳小结，在所授课程将要结束时，总结回顾本节课所学的知识。考生在设计时可以根据实际需要，采用合适的方法，力求做到简单明了。

（5）作业布置

作业的设计要适度、适量、新颖，同时要考虑学生的学习差异，对不同程度的学生，设计不同难度的作业，尽量使每个学生都能获得相应的学习成就感。

10. 板书设计

板书是教师为了配合讲解，在黑板上运用文字、图画和表格等视觉符号传递知识的教学行为方式。考生在设计板书时要目的明确、布局合理，与讲授的内容、进度密切结合，同时还要注意形式的美观。

三、教案示例

从你所教的学科和学段中选出一节你所熟悉的课，做一个教学设计。

要求：

（1）各学科教学设计，以各科课程标准为依据，鼓励设计体现出自己的教学特色或教学风格。

（2）突出教学过程的探究性，整体把握教学活动的结构，关注学生，把握预设和生成的统一。

（3）要有教材分析、学情分析、教学目标、教学过程、板书设计、教学反思等环节。

【参考答案】

课题：《赵州桥》（小学三年级，学科：语文）

课型：讲授课

课时：第1课时

教材分析：

这篇课文为我们介绍了赵州桥的雄伟、坚固和美观，课文语言准确、简练，又不乏生动。短短的几百字，不但写明了赵州桥的位置、设计者、建造年代，而且对赵州桥的外形特点及设计的精巧加以详尽的描绘，使人们仿佛身临其境，深切感受到古代劳动人民的智慧和才干。

学情分析：

本课的教育对象是小学三年级学生，这一年龄阶段的学生语言表达能力和感知形象相脱节，需要老师在理解课文内容上对学生加强读和写的指导。

教学目标：

（1）会认11个字，重点认识“智、慧”两个字；会写11个字，重点指导书写“县、设、史”3个字；正确读写“雄伟、坚固、创举、美观、缠绕、智慧”等词语。

（2）有感情地朗读课文，体会课文是怎样描写赵州桥的“美观”的。

（3）读懂课文内容，初步养成留心观察周围事物的习惯和对中国历史文化遗产的热爱与保护意识。

教学重点:了解一句话是怎么围绕一个意思写清楚的。

教学难点:学生养成留心观察周围事物的习惯和对中国历史文化遗产的热爱与保护意识。

教学准备:PPT课件、生字词卡片、有关桥梁方面的资料。

教学过程:

1. 播放课件,激趣导入课文

请同学们欣赏(各种桥的图片)。

在生活中,千姿百态的桥为我们构成了一道独特的优美风景。乡下村头,潺潺流水的小石桥;街头闹市,人来人往,川流不息的天桥;车水马龙、耸立空中的立交桥,构成人间独特的风景线。一桥飞架南北,天堑变通途。雄伟的南京长江大桥,横卧在滚滚江涛之上的黄河公路大桥……见证了我国桥梁事业的飞速发展,体现了劳动人民的无穷智慧和聪明才干。

1400多年前,隋朝的李春设计参与修建了举世闻名的石孔桥。谁知道它的名字叫什么?

同学们想知道吧,请欣赏(赵州桥的图片)。

请大家说一说,它给你留下了怎样的印象?

课文是怎样描述这座桥的呢?今天,我和大家一起欣赏、学习课文内容,领略赵州桥的飒爽英姿。(板书:赵州桥)

2. 初读课文,感知大意

(1)自由阅读课文,读准字音,读通语句。

(2)用笔画出文中带生字的词语,多读几遍。

(3)同桌间相互说一说赵州桥的建造特点。

3. 检查学习字词、理解课文大意的情况

(1)展示生字,指名拼读、认读。

县 济 匠 砌 横 坚 雕 抵 智 慧

设 参 部 跨 举 击 固 栏 案 爪 贵

(2)指名学生领读,同桌间互读,相互检查。

(3)引导学生识记生字,辨析字形、字意。

(4)指名认读多音字、组词,结合具体语境理解字义、读音。

(5)检查词语认读情况。

让全班学生参与,自由选择词语,练习说句子。

生:【雄伟】高大雄伟的万里长城是中华民族智慧的结晶。(真棒)

生:【精美】朋友送我一个精美的文具盒。(多么深厚的友情啊)

生:【宝贵】人的生命是最宝贵的财富。(珍惜我们的生命,让生命更精彩)

生:【创举】北京鸟巢的造型设计是世界建筑史上的伟大创举。(说得多好啊)

……

(6)请同学们以小组为单位推荐代表,说说赵州桥设计上的特点。

4. 精读课文,学习第一自然段

(1)朗读课文第一自然段,看看谁能读出自豪的感情。

(2)指名学生说一说读懂了什么。

生:(交流汇报)文中介绍了赵州桥的位置、名称、设计者、历史状况。

师:赵州桥成为我国桥梁建造史上一颗璀璨的明珠,体现了我国古代劳动人民的聪明与智慧,我们为此感到骄傲和自豪。下面,我们带着自豪的感情朗读第一自然段。

5. 赏析研读课文第二自然段

(1)请同学们品读本段课文。

(2)引导感悟：

①作者是围绕哪句话来写赵州桥的？它在本段中起什么作用？

②作者介绍了桥的哪方面知识？用了什么说明方法？

③赵州桥的设计上有什么特点？这种设计好处在哪里？

④本段在写作上有什么特点？

(学生分小组合作交流、汇报)

生：围绕“赵州桥非常雄伟”来写作，这句话是本段中心句，具有总领全段的作用，主要写赵州桥的雄伟、坚固。

生：写“赵州桥长50多米、宽9米多……横跨在37米多宽的河面上”，运用了列数字的说明方法，具有科学性。

生：赵州桥设计上的特点：①全部用石头砌成，下面没有桥墩，只有一个拱形的大桥洞。②大桥洞顶上左右两边还各有两个拱形的小桥洞。这种设计的作用：减轻流水的冲击力，减轻桥身的重量，节省石料，是建桥史上的一个创举。

生：本段写作上的特点是：采用“总写——分述”的写法，围绕一句话把内容写具体。

6. 拓展延伸：你还知道我国哪些宝贵的历史文化遗产？

板书设计：

赵州桥
- 历史悠久：1400多年
- 外形雄伟：长、宽、全部用石头砌成、没有桥墩、横跨河面
- 设计精巧：一个大桥洞、四个小桥洞
- 坚固美观：精美的图案(有的……有的……还有的……)

→ 智慧和才干
历史文化遗产

教学反思：

本课的教学内容是扫清阅读障碍，解决字词障碍、朗读障碍。教学伊始，教师出示预习任务，学生自学，让学生有据可依，学生轻轻松松完成了学习任务。不足之处：对课堂秩序的把控有待加强。

我于________年____月____日完成了对本部分的学习。

复盘一下，我对自己较肯定的地方是________________

(足够努力/心态积极/方法得当……)

我觉得自己需要改进的地方是________________

(懒惰懈怠/心情浮躁/方法不当……)

恭喜完成对本书的学习，小香祝您金榜题名！

图书反馈

重磅！真题有奖征集！

「**凡提供当年度考试真题者，根据真题完整度，可获得500元以内现金奖励。**」

具体请联系QQ:1831595423

（温馨提示：所提供真题须是当年度考试真题，且真实有效。）

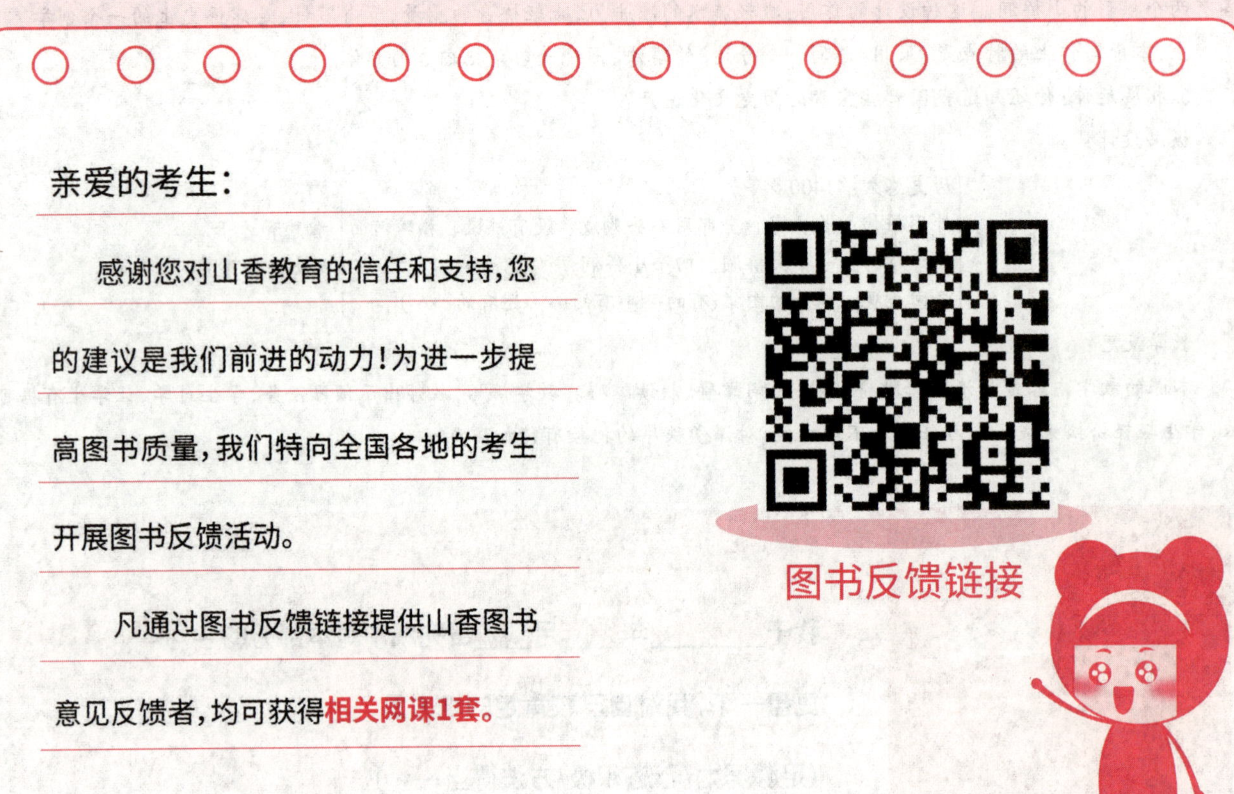

联系方式：400-600-3363　　研发部QQ：1831595423

招教网
招考资讯平台

山香官网
考编服务平台

山香网校
线上学习平台

图书订正链接
勘误更新平台